Heinz Hahn, H. Jürgen Kagelmann (Hg.)
Tourismuspsychologie und Tourismussoziologie

Quintessenz Tourismuswissenschaft

Heinz Hahn
H. Jürgen Kagelmann
(Herausgeber)

# Tourismuspsychologie und Tourismussoziologie

Ein Handbuch zur Tourismuswissenschaft

Quint*essenz*

Anschriften der Herausgeber

Dipl.-Psych. Heinz Hahn
Giselastr. 4
82319 Starnberg

Dr. phil. H. Jürgen Kagelmann, Dipl.-Psych.
Veilchenstr. 41
80689 München

Redaktion: H. J. Kagelmann, M. Gast-Gampe, K. Dötsch, H. Hauschild, R. Kagelmann

Die Deutsche Bibliothek – CIP-Einheitsaufnahme

**Tourismuspsychologie und Tourismussoziologie** : ein Handbuch
zur Tourismuswissenschaft / Heinz Hahn ; H. Jürgen
Kagelmann (Hrsg.). – München : Quintessenz, 1993
  (Quintessenz Tourismuswissenschaft)
  ISBN 3-86128-153-8
NE: Hahn, Heinz [Hrsg.]

Dieses Werk ist urheberrechtlich geschützt. Jede Verwertung außerhalb der engen Grenzen des Urheberrechtsgesetzes ist ohne Zustimmung des Verlages unzulässig und strafbar. Das gilt insbesondere für Vervielfältigungen, Übersetzungen, Mikroverfilmungen und die Einspeicherung und Verarbeitung in elektronischen Systemen.

© 1993 by Quintessenz Verlags-GmbH, München

Umschlagentwurf: Dieter Vollendorf, München
Herstellung: Christa Neukirchinger
Satz: Computersatz Wirth, Regensburg
Druck und Bindung: Auer, Donauwörth
Printed in Germany
ISBN 3-86128-153-8
Verlagsbestellnummer 5153

# Inhalt

Geleitwort .................................................. IX
Vorwort der Herausgeber ...................................... XI

## Teil I Einleitung
Geschichte des Tourismus *(Hasso Spode)* ..................... 3
Entwicklung des Tourismus 1954–1991 *(Rainer Wohlmann)* ...... 10
Gesellschaftliche Rahmenbedingungen für Mobilität/Tourismus/Reisen *(Karl-Wilhelm Grümer)* ................................................. 17

## Teil II Disziplinen der Tourismuswissenschaft
Historische Tourismusforschung *(Hasso Spode)* ............... 27
Tourismusanthropologie *(Hasso Spode)* ....................... 30
Tourismussoziologie *(Heinz-Günter Vester)* .................. 36
Tourismusökonomie *(Helmut Klopp)* ........................... 44
Geographie des Freizeit- und Fremdenverkehrs *(Albrecht Steinecke)* ............. 51
Kulturanthropologie des Tourismus *(Dieter Kramer)* .......... 56
Tourismuspädagogik *(Wolfgang Günter)* ....................... 60
Freizeitpädagogik *(Ilona Stehr, Wolfgang Nahrstedt)* ........ 70

## Teil III Bereiche der Tourismuspsychologie und -soziologie
Freizeitpsychologie *(Horst W. Opaschowski)* ................. 79
Motivationspsychologie *(Harald Krauß)* ...................... 85
Klinische Psychologie und Tourismus *(H. Jürgen Kagelmann)* .. 92
Ökologische Psychologie, Umweltpsychologie *(Gerhard Winter)* .......... 100
Verkehrspsychologie *(Manfred Rochlitz)* ..................... 109
Verkehrssoziologie *(Manfred Rochlitz)* ...................... 112

## Teil IV Theoretische Konzepte der Tourismuspsychologie/-soziologie
Atmosphäre *(Reinhard Schober)* .............................. 119
Authentizität *(Heinz-Günter Vester)* ........................ 122
Crowding *(Heinz-Günter Vester)* ............................. 125

Einstellungen, Stereotype, Vorurteile *(Martina Gast-Gampe)* .............. 127
Einstellungsänderung *(Martina Gast-Gampe)* ........................... 132
(Urlaubs-)Erleben, (Urlaubs-)Erlebnis *(Reinhard Schober)* .............. 137
Flow *(Michael Anft)* ................................................. 141
Fremdheitskonzepte in der Psychologie *(Alexander Thomas)* .............. 148
Informationsverhalten *(Karlheinz Wöhler)* ............................. 155
Interkulturelle Kommunikation *(Joachim R. Höflich)* ................... 161
Kognitive Karten *(Matthias Reiss)* .................................... 166
Kulturschock *(Heinz-Günter Vester)* ................................... 171
Lebensstile *(Horst W. Opaschowski)* ................................... 175
Mobilität (räumliche) *(Margitta Großmann, Manfred Rochlitz)* .......... 180
Opinion Leader *(Joachim Höflich)* ..................................... 184
Psychogeographie *(Christian Kinzel)* .................................. 190
Psychozentrismus/Allozentrismus *(Horst Dieter Rosacker)* .............. 195
(Urlaubs-)Reisemotive *(Ottmar L. Braun)* .............................. 199
Selbstaktualisierung *(Harald Krauß, H. Jürgen Kagelmann)* ............. 208
Soziale und multikulturelle Identität *(Alexander Thomas)* ............. 212
Schema und Attribution *(Alexander Thomas)* ............................ 215
Streß *(Eva Bamberg)* .................................................. 221
Wertewandel *(Karl-Wilhelm Grümer)* .................................... 226
Zeiterleben *(Rudolf Miller)* .......................................... 230

**Teil V Phänomene und Probleme des Tourismus**
Alkoholkonsum und Tourismus *(Johanna Sauter)* ......................... 239
Animation im Urlaub *(Claus Finger)* ................................... 245
Langfristige Erholung *(Martin Lohmann)* ............................... 253
Flugangst *(Bettina Marcinkowski)* ..................................... 259
Gast-Gastgeber-Beziehungen *(Ursula Wilhelm)* .......................... 263
Freizeitberatung *(Ulrike Heß)* ........................................ 267
Interkulturelles Lernen beim Jugendaustausch *(Werner Müller)* ......... 270
Jet lag *(Bettina Marcinkowski)* ....................................... 275
Kulturelle Identität *(Hansruedi Müller, Marion Thiem)* ................ 279
Landschaftserleben, Landschaftswahrnehmung, Naturerlebnis,
Naturwahrnehmung *(Helmer Vogel)* ...................................... 286
Lebenswert „Reisen" *(Harald Schmidt)* ................................. 294
Marginale Paradiese *(H. Jürgen Kagelmann)* ............................ 299
Reiseentscheidung *(Ottmar L. Braun)* .................................. 302
Reisezufriedenheit *(Ottmar L. Braun)* ................................. 308

Resort Cycle *(Heinz-Günter Vester)*........................... 312
Sextourismus *(Dieter Kleiber, Martin Wilke)*................... 315
Touristische Images (Reiseländerimages) *(Wolfgang Meyer)*...... 321
Trinkgeldgeben *(H. Jürgen Kagelmann)*.......................... 326
Urlaubsszenerie *(Reinhard Schober)*............................ 331
Verhalten im Urlaub *(Harald Schmidt)*.......................... 335

## Teil VI Besondere Reise-/Urlaubsformen

Alleinreisende, Singleurlauber *(Michael Spechtenhauser)*....... 341
Ausflugsverkehr *(Manfred Zeiner)*.............................. 344
Behindertentourismus *(Udo Wilken)*............................. 346
Bergsteigen und Bergwandern *(Michael Anft, Ulrike Heß)*........ 351
Bildungsreise, Studienreise *(Wolfgang Günter)*................. 355
Campingurlaub *(Winfried Haas)*................................. 363
Cluburlaub *(Brigitte Scherer)*................................. 366
Familienurlaub *(Joachim Weiß)*................................. 370
Jugendreisen, Jugendtourismus *(Brigitte Gayler)*............... 378
Kreuzfahrten *(Armin Ganser)*................................... 386
Kurwesen *(Hans-Wolfgang Hoefert)*.............................. 391
Nichtreisende *(Harald Schmidt)*................................ 397
Seniorentourismus *(Ulrike Heß)*................................ 399
Studienreisegruppen *(Burkhard Schmidt)*........................ 402
Themenparks *(H. Jürgen Kagelmann)*............................. 407
Trampen *(H. Jürgen Kagelmann)*................................. 416
Verkaufsfahrten *(Walter Becker)*............................... 421

## Teil VII Marketing – Werbung – Medien

Ansichtskarte *(Birgit Schneider)*.............................. 427
Kommunikationspolitik im Tourismus *(Peter Roth)*............... 433
Marketing im Tourismus *(Ulf Klebl, Nikola Maria Böck)*......... 437
Reisefotografie *(Birgit Schneider)*............................ 447
Sponsoring *(Walter Freyer)*.................................... 455
Tourismuswerbung *(Klaus Moser)*................................ 463
Touristische Medien *(H. Jürgen Kagelmann)*..................... 469
Verkaufspsychologie im Tourismus *(Wolfgang Meyer)*............. 479
Werbeplanung im Tourismus *(Peter Roth)*........................ 484
Werbemittel im Tourismus (Reisemedien) *(Klaus Moser)*.......... 490

## Teil VIII Berufssoziologische Beiträge

Touristischer Arbeitsmarkt *(Bernhard Harrer)* ... 499
Besonderheiten des gastgewerblichen Arbeitsmarktes *(Joachim Maschke)* ... 503
Gästeführung *(Marie-Louise Schmeer-Sturm)* ... 507
Reisejournalismus als Beruf *(Gottfried Aigner)* ... 511
Reiseleiter, Reiseführer *(Helmer Vogel)* ... 515
Reiseverkehrskaufmann/-frau *(Michael Noack)* ... 522

## Teil IX Methoden

Methoden und Verfahrensweisen qualitativer Tourismusforschung *(Gudrun Meyer)* ... 529
Attraktionsanalyse *(Reinhard Schober)* ... 533
Die Delphi-Umfrage *(Albrecht Steinecke)* ... 536
Gästebefragungen *(Joachim Bosold)* ... 539
Inhaltsanalyse *(Frank Winter)* ... 542
Urlaubertypologien *(Axel Schrand)* ... 547
Die Repertory Grid-Technik *(Stefan Granzow)* ... 554
Repräsentative Reisebefragungen *(Rainer Wohlmann)* ... 558
Reisebiographien *(Christoph Becker)* ... 564
Tourismusprognosen *(Friedrich Zimmermann)* ... 567

## Teil X Ausgewählte Studien und Projekte

Die Studie „Alpendorf". Auswirkungen des Massentourismus auf das ökonomische und soziale System eines Bergdorfes *(Michael Anft)* ... 577
Eine Theorie des Tourismus – die Enzensberger-Studie *(Katja Asmodi)* ... 583
Urlaub als Auszug aus dem Alltag – die Catania-Studie von Helmut Kentler *(Astrid Podsiadlowski)* ... 587
Die Reisen Sigmund Freuds – die Tögel-Studie *(Markos Maragkos, Gerhard Schmidt)* ... 591
Die Wirkung der „Sympathie-Magazine" *(Martina Gast-Gampe)* ... 596
Die Modellseminare für Jugendreisen und Internationale Begegnungen *(Werner Müller)* ... 600

Angaben zu den Autoren ... 603

Sachregister ... 612

Personenregister ... 622

# Geleitwort

## Tourismusforschung als Zweig der Sozialwissenschaften – Chancen und Kritik aus Sicht der politischen Praxis

Die Tourismusforschung blickt heute auf eine über vierzigjährige Entwicklung zurück, die – ausgehend von ersten noch relativ bescheidenen quantitativen Erhebungen – immer detailliertere Reiseanalysen hervorbrachte, in die schließlich auch qualitative Merkmale wie Einstellungen, Motive und Lebensstile eingeflossen sind. Dabei analysiert die Tourismusforschung als Zweig der Sozialwissenschaften, die sich mit den sozialen Aspekten des menschlichen Lebens beschäftigen und die Voraussetzungen des menschlichen Zusammenlebens in Gesellschaften und Gemeinschaften untersuchen, menschliches Verhalten anhand festgelegter Kriterien in Situationen, die mit der Ortsveränderung und dem Aufenthalt am anderen Ort in Zusammenhang stehen. Ihre Ergebnisse dienen Tourismuswirtschaft und Tourismuspolitik gleichermaßen als Grundlage für die Beurteilung aktueller und die Abschätzung zukünftiger Entwicklungen im Tourismus.

In der Praxis hat die Tourismusforschung gerade in den letzten Jahren an Bedeutung gewonnen. Sie ist in der Reisebranche zu einem wichtigen Faktor für die betriebliche Planung und das Marketing geworden. Trotz ihrer positiven Entwicklung ist die Tourismusforschung nicht unumstritten. Sie steht, wie alle Sozialwissenschaften, vor dem Problem, daß die untersuchten Inhalte – anders als bei den Naturwissenschaften, wo die gewonnenen Werte als eindeutig empfunden werden – oft zu wenig konkret sind. Als Ergebnis erhält der Forscher nicht selten Willensäußerungen oder Absichtserklärungen, die lediglich ein Stimmungsbild liefern und für unterschiedliche Interpretationen offen bleiben.

Politik und Praxis brauchen dagegen Fakten, die möglichst wertneutral und unverfälscht, gleichzeitig aber aussagefähig sind. Dienlichkeit und Aussagekraft der über die Tourismusforschung gewonnenen Informationen sind für den Praktiker oft aber begrenzt, weil die Umstände der Erhebung in der Regel nicht bekannt sind und mitunter wichtige Informationen bei der Darstellung der Zahlen und Statistiken verlorengehen. Er kann so allenfalls einen Trend ablesen, den er selbst – seinen eigenen Vorstellungen entsprechend – verwerten und bewerten kann. Insofern kann die Tourismusforschung ein wichtiger Frühindikator für die Politik sein, indem sie auf Trendverschiebungen und Wertewandel aufmerksam macht.

Die Tourismusforschung versucht, dem Phänomen des Reisens auf die Spur zu kommen. Was motiviert Menschen zu reisen? Ist es nur Neugier, der Reiz des Fremden, Unbekannten, oder ist es Flucht? Welchen Nutzen erwartet der Urlauber von seiner Reise? Was trägt zur Reisezufriedenheit bei? Wann und warum reist er pauschal oder individuell? –

Nicht nur auf diese Fragen findet die Tourismusforschung immer differenziertere Antworten. Auch bei den Urlaubserwartungen, die mit dem sich vollziehenden allgemeinen Wertewandel in unmittelbarem Zusammenhang stehen, gelangt die Forschung zu neuen Ergebnissen. Die Praxis braucht diese Informationen, um Planungs- und Entscheidungsprozesse auf eine möglichst sichere Grundlage zu stellen. Auch die Politik braucht die Ergebnisse für ihre Arbeit. Für sie ist es wichtig zu wissen, welchen Einfluß die Mobilität auf das Reisen hat, welches Gewicht künftig die sogenannten Problemgruppen – Jugendliche, kinderreiche Familien, Senioren, Behinderte – und damit der Sozialtourismus haben und wie der Tourismus als Massenphänomen mit umweltverträglichem und sozialverantwortlichem Reisen in Einklang gebracht werden kann. Welchen Stellenwert hat dabei der Umweltschutz? Bringt das Reisen die Menschen, die Völker einander näher oder vergrößert es die Kluft zwischen ihnen? Kann der internationale Tourismus überhaupt einen Beitrag zur Völkerverständigung leisten? Wie wirkt Tourismus auf die Menschen in den bereisten Ländern? Die Fragen ließen sich weiter fortsetzen.

Die Tourismusforschung kann Hintergründe aufzeigen und Zusammenhänge zwischen dem Urlaubsverhalten und anderen Lebensbereichen darstellen. Es wäre aber nicht fair, von ihr klare Antworten auf alle diese Fragen zu fordern. Ihre Möglichkeiten sind begrenzt, und eine völlige Transparenz unter Ausschluß aller Unsicherheiten wird in absehbarer Zeit nicht erreicht werden. Der „gläserne Tourist" bleibt Utopie. Und das ist gut so. Die Praxis hat gelernt, mit den Schwierigkeiten der Tourismusforschung zu leben; man darf von ihr keine quantifizierbaren und schon gar keine im Detail zutreffenden Prognosen erwarten. Auch sind einige wichtige Bereiche des Reisens lange Zeit von der Erhebung ausgespart worden, so z.B. Reiseausgaben oder Reisezufriedenheit. Aber grundsätzlich gilt, daß Tourismusforschung eine wertvolle Orientierungshilfe für die Politik sein kann.

Man darf dabei jedoch nicht übersehen, daß die Datenerhebung in den überwiegenden Fällen von außen motiviert ist, sich also vollzieht im Auftrag einer Interessengruppe und damit von deren Zielsetzungen beeinflußt ist. Dennoch steht der Tourismuspolitiker nicht unter dem Einfluß einer Lobby. Er muß den Dialog mit allen Gruppen suchen, um sich ein möglichst objektives Urteil bilden zu können und zu vernünftigen, tragfähigen Lösungsansätzen zu kommen. Diese entsprechen durchaus nicht immer den Erwartungen der Interessengruppen.

Neben der schnellen Reaktion auf aktuelles Geschehen muß die Politik vorausschauend planen und durch das Schaffen von Rahmenbedingungen bestimmte Ereignisse herbeiführen bzw. abwenden. Dazu benötigt sie möglichst viele genaue Parameter, um Unsicherheiten bei der Abschätzung von Entwicklungen in der Zukunft zu minimieren. Tourismus ist ein Wachstumsbereich mit erheblicher wirtschaftlicher und gesellschaftlicher Bedeutung und Auswirkungen auf Umwelt und Verkehr. Mit dem Wachstum steigen die Probleme. Und wenn es Probleme gibt, ist gestaltende Politik gefordert. Die Tourismusforschung kann hierzu einen konstruktiven und konkreten Beitrag leisten. Voraussetzung dafür ist, daß ständig Zugriffsmöglichkeit zu aktuellem Datenmaterial möglich ist. Erst Aktualität, Kontinuität und ständige Verfügbarkeit der durch die Tourismusforschung gewonnenen Daten können die Ergebnisse über ein Stimmungsbild hinausheben und für die politische Praxis effektiv nutzbar machen.

*Dr. Olaf Feldmann, MdB*

# Vorwort

Die meisten Abhandlungen über Entwicklung und Eigenart des Tourismus beginnen mit Hinweisen auf eine Industrie, die wie keine andere in den letzten 50 Jahren – zumindest in den westlichen Industriegesellschaften – „geboomt" hat und die sich gegenwärtig vor allem dadurch auszeichnet, daß sie über eine ungebrochene Nachfrage berichten kann. Es scheint so, als ob es jenseits aller Rezessionen und Krisen ein sehr starkes Interesse, ein ungebrochenes Bedürfnis für einen großen Teil der Bevölkerung dieser Länder gäbe, zu reisen – Urlaub zu machen. Die Frage nach der „Motivation" zu reisen ist im Tourismusbereich *zentral*: Weshalb Menschen heute begierig sind, ihre gewohnte Umgebung für einige Wochen zu verlassen und sich auf eine mehr oder weniger neue Umgebung einzulassen, ist eine Frage, die Journalisten, Politiker, Reisemanager und Wissenschaftler ständig erörtern.

Der hier zum Tragen kommende Begriff der Motivation spielt in der Psychologie, aber auch in der Soziologie schon seit langem eine zentrale Rolle, da er theoretisch und praktisch helfen soll, Verhalten von Menschen (Individuen und Gruppen) zu erklären. Wie bei allen theoretischen Konstrukten gibt es auch hier terminologische Alternativen. Letzten Endes ist es aber sekundär, ob wir von einem „Bedürfnis", „Interesse" oder „Wunsch" zu reisen sprechen. Das Faktum bleibt, daß wir es mit Menschen zu tun haben, die dieses Verhalten zeigen, daß es eine Industrie mit differenzierten Angeboten für diese Menschen gibt, und daß die Wissenschaften helfen sollten, dieses Phänomen zu erklären und zu verstehen. Dabei kommt der Psychologie und der Soziologie eine bedeutende Rolle zu.

Nun kann beim ersten Zusehen der Eindruck entstehen, daß sich die Sozialwissenschaften – im Unterschied zu dem Interesse, das sie auf verschiedene andere Bereiche des Alltags richten wie Arbeit, Organisation, Gesundheit/Krankheit, Schule/Erziehung, Werbung/Konsum – mit dem Phänomen des Reisens nicht allzu intensiv befaßt haben. Dieser Eindruck ist sicherlich nicht falsch, wird aber auch durch die Unüberschaubarkeit der bisherigen Tourismusforschung bedingt: Von den Bemühungen und Ergebnissen der Tourismuspsychologie wird wenig bekannt, weniger als etwa von der Einstellungs- und Vorurteilsforschung, der Lehr-Lernfoschung, der Therapieforschung, Werbewirkungsforschung usw.

Dieser Eindruck der Unüberschaubarkeit war der Ausgangspunkt für die Konzeption des hier vorgelegten – weltweit ersten – Handbuches zur Tourismuspsychologie und -soziologie. Von allen im Tourismusbereich involvierten Ausbildungszweigen, Berufen und Institutionen wird immer wieder die Notwendigkeit betont, psychologisches und soziologisches Wissen zur Verfügung gestellt zu bekommen, um die vielfältigen Fragestellungen beantworten zu können.

Der erste Eindruck, der entsteht, wenn sich jemand mit Tourismus-Wissenschaft beschäftigen will, täuscht. De facto gibt es eine breite sozial- und wirtschaftswissenschaftliche Forschung, nur ist sie ziemlich verstreut, ihre Ergebnisse werden manchmal gar nicht oder nur mit Verspätung veröffentlicht, erscheinen etwa psychologische und soziologische Beiträge in betriebswirtschaftlichen, kulturwissenschaftlichen oder geographischen Zeitschriften. Damit kommt man zu einem Grundproblem, das ein Defizit, aber gleichzeitig auch eine Chance ist: die Tourismuswissenschaften sind interdisziplinär verwoben. Das Thema der „Motivation" zu reisen etwa ist etwas, das gleichermaßen Historiker, Soziologen, Geographen, Ökonomen und Pädagogen beschäftigt. Die Methoden, die benutzt werden, um mehr über das Verhalten und die Einstellungen von „Reisenden" zu den „Bereisten" zu erfahren, bereichern die klassischen Verfahren der Sozialwissenschaften. Andererseits kommen weder Psychologen noch Soziologen, die sich mit dem Phänomen des Reisens beschäftigen, ohne Kenntnisse allgemein historischer, geographischer, ökonomischer usf. Art aus. Umgekehrt akzeptieren Anthropologen, Historiker und Politologen, daß ihnen die Psychologie und Soziologie nützliche Theorien mittlerer Reichweite aus ihrem Wissensbestand bereitstellen können. Dies alles macht den Bereich des Tourismus zu einem der interessantesten und vielversprechendsten für die nächste Zukunft.

Es muß aber noch einmal deutlich gemacht werden, daß die Tourismuspsychologie und -soziologie bereits seit langem existiert. Sie verfügt aber *nicht*, wie schon angemerkt, über einen „body of knowledge", sie ist *nicht* eine feste Größe an den wissenschaftlichen Hochschulen und schon gar *nicht* etabliert in der Wissenschaftsförderung; es gibt keine großen wissenschaftlichen Kongresse und auch keine expliziten Fachzeitschriften dazu. Wir haben keinen Zweifel, daß sich dieser Zustand ändern wird. Dieses Buch versteht sich als der Versuch, dazu beizutragen; es will das vorhandene Wissen aus Psychologie, Soziologie und den relevanten Teilen der „Nachbarwissenschaften" sammeln, darstellen und für die weitere Arbeit aufbereiten.

Es gibt über die letzten 30 Jahre hinweg verschiedene Ansätze tourismuswissenschaftlichen Bemühens unter psychologischer und soziologischer Akzentuierung. Nachdem sich schon in den 20er und 30er Jahren dieses Jahrhunderts Sozial- und Wirtschaftswissenschaftler mit dem neuen Phänomen des „Fremdenverkehrs" beschäftigt hatten (Michel, v. Wiese, Glücksmann), und einige Psychologen spekulative oder auch literarische Exkurse dazu unternahmen, wurden in den 50er Jahren sowohl in den USA als auch in Deutschland im Zeichen des aufkommenden Massentourismus erste „Pilot"-Untersuchungen durchgeführt. Claessens/Danckwortt, Dêchene, Böhm und andere befaßten sich dabei erstmals mit dem Jugendtourismus, dem man gerade vor dem Hintergrund der immer noch virulenten Erfahrungen des II. Weltkrieges eine ganz wesentliche Kraft zutraute, zur Völkerverständigung beizutragen. Heute weiß man, daß diese Vorstellungen zu optimistisch waren. Das Faktum bleibt bestehen, daß damals bereits ein zentrales Anliegen der Psychologie, das Thema der Einstellungen und Vorurteile, bzw. der Abbau von ihnen, im Zusammenhang mit Reisen aufgegriffen und so die gesellschaftliche Relevanz des Tourismus gewürdigt wurde.

Weitere Ansätze betrafen das Aufblühen der Demoskopie, die das damals sehr in Mode kommende Befragen von repräsentativen Stichproben der Bevölkerung auf die Urlaubs- und Freizeitgewohnheiten anwandte (Allensbach, DIVO, EMNID), denn es begann bekanntlich in diesen Jahren die erste Welle der Reisefreudigkeit. Weiter gab es einige theoretische Beiträge, die ihrer Zeit eindeutig voraus waren, weshalb sie heute immer noch zitiert und diskutiert werden, wie etwa der berühmt gewordene Aufsatz von Hans Magnus Enzensberger „Vergebliche Brandung der Ferne. Eine Theorie des Tourismus" (1958). Abgesehen von einigen vereinzelten Forschungsprojekten und Lehrveranstaltungen (Knebel, Lehr, Schade, Scheuch, Winter) konnte aber das Thema Reisen und Tourismus während der 60er Jahre an den Psychologischen und Soziologischen Instituten *nicht* Fuß fassen. Offensichtlich war die Zeit nicht reif für eine solche dem Anschein nach eindeutig dem Vergnügen und der Lust gewidmete Freizeitbeschäftigung.

Erhebliche Bedeutung für die sozialwissenschaftliche Beschäftigung mit dem Tourismus hatten die fünf wirtschaftswissenschaftlichen Fremdenverkehrsinstitute in München, Frankfurt, Bern, St. Gallen und Wien, die in den 50er Jahren gegründet worden waren. Sie waren die Stützpunkte für die sozio-ökonomische Analyse des Tourismus und die Vorbereitung einer grundlegenden Tourismussoziologie.

Die Geburtsstunde einer psychologisch-soziologisch orientierten und für interdisziplinäre Kooperation aufgeschlossenen Tourismuswissenschaft kam mit der Gründung des Studienkreises für Tourismus 1961 in München und Starnberg. Einige aufgeschlossene Reiseunternehmer arbeiteten hier mit Vertretern der Kirchen, der internationalen Bildungsarbeit und der Hochschulen zusammen, um einen Forscher-Praktiker-Dialog zustandezubringen.

Besonders in den 60er Jahren wurden durch den Studienkreis die Ideen und Aktivitäten einiger kreativer, aus ganz unterschiedlichen Wissenschafts- oder Berufszweigen stammender Forscher und Praktiker gebündelt.

Man kann die Philosophie des Studienkreises und seine Wirkung auf die Tourismusforschung vielleicht am besten als die einer *Clearing*-Stelle ansehen: Es wurden vielfältige Anstöße zur Bearbeitung verschiedener Fragestellungen gegeben, die bei der Psychologie und Soziologie begannen und Anthropologie, Geographie, Ökonomie und Pädagogik einbezogen. Im engeren Bereich der Sozialwissenschaften wurden schon früh teilnehmende Beobachtungen in Urlaubsorten, Intensivinterviews über Urlaubererwartungen und Reiseländerimages, Pilotprojekte im Bereich der Erholungs- und Umweltforschung gefördert. Besonders erfolgreich war der Studienkreis in den 60er Jahren bei der Aktivierung der Jugendtourismus- und Jugendbegegnungsforschung. In den 70er Jahren wurden besonders neu aufkommende Formen des Urlaubmachens, vom Clubtourismus über jugendliche Rucksacktouristen bis hin zu Familienferiendörfern untersucht.

Bedauerlicherweise kam es nicht zu einer Widerspiegelung dieser Ergebnisse, die in vielen Berichten und Büchern veröffentlicht wurden, an den Universitäten. Dort sperrte man sich bewußt oder unbewußt noch Jahrzehnte später gegen das Thema Tourismus, behandelte es nur hie und da im Zusammenhang mit Freizeit-, Konsum-, Marketing- und Werbepsychologie, wobei Motivations- und Entscheidungsfragen im Vordergrund standen.

In den angloamerikanischen Ländern verlief die Entwicklung etwas anders. Das Interesse von Anthropologen und Soziologen am Phänomen Tourismus führte schon in den 50er und 60er Jahren zu grundlegenden Arbeiten. 1974 gelang es, eine interdisziplinäre sozialwissenschaftliche Fachzeitschrift zu etablieren. Die von Jafar Jafari in den USA begründete „Annals of Tourism Research", die man als wichtigste Zeitschrift ihrer Art ansehen darf, war von Anfang an allen Disziplinen geöffnet, betonte stark die Notwendigkeit interdisziplinärer Arbeit und brachte auch früh innovative Arbeiten aus Psychologie und Soziologie des Tourismus. Hier profitierte man Ende der 70er, Anfang der 80er Jahre von einem allgemeinen Aufschwung der Sozialpsychologie, die eine Zeitlang in Überlegungen zur Schaffung einer angewandten Sozialpsychologie resultierten (Stringer). Immerhin konnten in den „Annals" – allerdings weitgehend unbeachtet von der praxisorientierten Tourismusforschung – schon früh interessante Fallstudien zur Gruppendynamik von Reisegruppen, zur Begegnung der Reisenden und der Bereisten, zu den „Kosten" und „Nutzen" von Gast-Gastgeberbeziehungen, zum Abbau von Stereotypen und Vorurteilen während des Reisens usf. veröffentlicht werden. Hier wurden theoretisch weiterführende Arbeiten, etwa zum Motivations- oder Rollenbegriff, veröffentlicht. Hier stellte man auch neue Methoden und Auswertungsverfahren vor.

Das hier vorgelegte Handbuch versucht nun, die beiden Stränge sozialwissenschaftlichen Bemühens um Mobilität, Reisen, Tourismus zusammenzuführen: Arbeiten gemeinnütziger und kommerzieller Institute, Beiträge von Einzelforschern in den deutsch- und englischsprachigen Ländern. Verstreute, schwer zugängliche, manchmal klassische, manchmal unbekannte Studien theoretischer, empirischer oder praktischer Art sind in 111 Problemanalysen und Literaturberichten dargestellt worden. Die Ausführungen in diesen Stichworten, die von ausgewiesenen Experten verfaßt worden sind, machen eines sehr deutlich: Mehr als andere Wissenschaften sind Tourismuspsychologie und -soziologie heute schon interdisziplinär orientiert.

Die Arbeit an diesem Handbuch war nicht einfach, vor allem deshalb, weil der „Reifegrad" der einzelnen Themenbereiche sehr unterschiedlich ist. Das heißt also, daß es Gegenstände der Tourismuspsychologie/Tourismussoziologie gibt, die vergleichsweise gut gepflegt worden sind, wie z.B. die Tradition der demoskopisch-repräsentativen Reiseanalysen; andere sind zeitweise intensiv bearbeitet und diskutiert worden (wie z.B. Motivations-, Image- und Entscheidungsanalysen); wieder andere erleben gerade aktuell ein mehr als modisches Interesse (wie z.B. alle Fragen, die mit „Erlebnis", „Lebensstil" und „Wertewandel" zu tun haben); und schließlich gibt es Themen, bei denen die Herausgeber hoffen, daß sie in der Zukunft eine Rolle spielen könnten (wie z.B. „Authentizität", „Rolle", „Situation" u.a.m.)

Dem Leser des Handbuches muß bewußt sein, daß er kein über Jahrzehnte hinweg konsolidiertes Wissen von der Art erwarten kann, wie dies etwa in der Entwicklungspsychologie oder Organisationssoziologie der Fall ist. Denkbar ist durchaus, daß sich in einigen Jahren die Darstellung dessen, was als Tourismuspsychologie und -soziologie angesehen wird, sehr verändert haben wird. Diesem möglichen Nachteil steht der Vorteil eines von relevanten Fragestellungen geradezu „strotzenden" und sich innovativen Vorgehensweisen weit öffnenden Feldes gegenüber. Allen an Grundlagenforschung und Praxisübertragung interessierten Benutzern des Handbuchs steht hier jede Türe offen, alte Themen neu anzugehen oder neue Fragen zu beantworten.

Die Auswahl der Schlüsselbegriffe und der Autoren des Bandes sind auch der Garant dafür, daß diese Darstellung des gegenwärtigen Standes der Tourismuspsychologie und -soziologie nicht langweilig wird. Zum Aufbau des Buches: Der einführende Teil I bietet grundlegende Daten zur Geschichte, Entwicklung und Situation des Tourismus. In Teil II kommen Experten aus den Nachbarwissenschaften (Geschichte, Kulturwissenschaft, Geographie, Ökonomie und Pädagogik) zu Wort und stellen die tourismusrelevanten Beiträge ihrer Wissenschaften unter Berücksichtigung psychologischer und soziologischer Aspekte dar. In Teil III behandeln Psychologen und Soziologen wesentliche Teildisziplinen dieser beiden Wissenschaft, die für die Erforschung des Tourismus relevant sind (z.B. Motivationspsychologie, Klinische Psychologie, Umweltpsychologie, Verkehrssoziologie usf.) Eine Auswahl wichtiger Begriffe und Konstrukte, die aus der Psychologie und Soziologie kommen und mit Erfolg auf die Untersuchung des Tourismus angewendet werden können, findet sich in Teil IV. Im darauffolgenden Teil V werden einige spezielle Phänomene und Probleme des modernen Tourismus aufgeführt, die unter Zuhilfenahme psychologischen/soziologischen Wissens betrachtet und analysiert werden können. Diese Liste kann sicherlich noch erweitert werden. Teil VI befaßt sich mit speziellen Reise- und Urlaubsformen, bei denen es gewichtige psychologische oder soziologische Aspekte zu bemerken gibt. Der Abschnitt VII greift einen Themenkomplex heraus, der ohne Zweifel gegenwärtig eine große Rolle spielt: Kommunikation, Information und Werbung. Teil VIII schließlich behandelt berufssoziologische Aspekte des Tourismusfeldes. Teil IX befaßt sich mit den wichtigsten Methoden der Tourismusforschung. Teil X bringt eine – zugegeben sehr subjektive – Auswahl von „klassischen" Studien zu Tourismusphänomenen; diese Auswahl soll zugleich die Bandbreite der Möglichkeiten und Themata aufzeigen.

Mit diesem Handbuch wird Neuland betreten. Die Herausgeber hoffen, daß sie es geschafft haben, eine für Sozialwissenschaftler, Tourismuspraktiker, Fremdenverkehrsfachleute und Reisejournalisten gleichermaßen interessante Aufarbeitung des „state of the art" der psychologisch und soziologisch orientierten Tourismusforschung zu realisieren. Sie danken dem Quintessenz Verlag und seinem Verleger für die vielfältige Unterstützung dieses Projektes. Und sie sind sehr dankbar für alle Formen konstruktiver Kritik an dem Buch und an einzelnen Artikeln, die darauf hinauslaufen könnten, der Tourismuspsychologie/-soziologie als Teil einer zukünftigen interdisziplinären Tourismuswissenschaft den Weg zu bereiten.

München und Starnberg,
Juni 1993

*Heinz Hahn*
*H. Jürgen Kagelmann*

# Teil I

# Einleitung

# Geschichte des Tourismus

## 1. Übersicht

Tourismus ist ein historisch recht junges Phänomen. Vorbehaltlich weiterer Forschungen (→ *Historische Tourismusforschung;* → *Tourismusanthrophologie*) lassen sich eine im 18. Jh. einsetzende Entstehungs- und eine im 19. Jh. einsetzende Ausbreitungs- bzw. Formierungsphase unterscheiden, die nochmals zu unterteilen ist in Einführungs-, Durchsetzungs- und Konsolidierungsphase. Diese Stadien sind nicht trennscharf abgrenzbar und haben heuristischen Charakter: In der Entstehungsphase ist die touristische Reise kein wiederkehrender Bestandteil eines Jahreszyklus, sondern eine exeptionelle Unternehmung. In der Ausbreitungsphase wird diese zu einem möglichst jährlich praktizierten Freizeitverhalten. In Deutschland bleibt die Teilhabe am Tourismus weiterhin lange auf sehr umgrenzte soziale Gruppen beschränkt; erst im Kaiserreich setzt ein beschleunigter und langwährender Aufschwung ein (mehrfach durch Krisen unterbrochen), der nach dem 2. Weltkrieg in einen Prozeß der Durchsetzung der touristischen Reise in der Bevölkerungsmehrheit mündet.

## 2. Nicht- und prototouristische Reiseformen

Schon immer sind Menschen gereist. Dies hat nichts mit einem „Wandertrieb" zu tun. In lose organisierten Gesellschaften war ein wichtiges Reisemotiv die Notwendigkeit der Festigung und Herstellung verwandtschaftlicher Beziehungsnetze; zumal tribale Gesellschaften begegneten der prekären Gefährdung des Fremden (und der Gefahr, die von ihm ausging) mit dem „heiligen" Gastrecht, das den Gast schützte und unter rituellen Vorkehrungen häufig zum Wahlverwandten machte. Bereits im Frühmittelalter war diese Institution brüchig und mußte durch ein spezialisiertes Beherbergungswesen ergänzt werden. Hauptzweck der Reise war die Vermehrung oder Sicherung knapper Ressourcen, der Erwerb im weitesten Sinne (Ohler 1991). Oft eng verwoben waren: Krieg (vgl. *reisen:* Aufbruch zur [Heer]fahrt; Abl.: *Reisige*), Handel, Entdeckung, Administration; ferner der Erwerb immaterieller Güter: Seligkeit, Gesundheit, Wissen. Elemente der Pilger- und der Bäderreise, sowie der Bildungsreise i.w.S. (als im Lebensrhythmus vieler Stände und Berufsgruppen – Adel, Bürger, Studenten, Gesellen – fest integrierte Zeit des Wissenserwerbs in der Fremde) finden sich auch im Tourismus. Seine Geschichte ist somit nach rückwärts offen. Davon unabhängig gab es bereits in der Antike Bildungs-, Erholungs- und religiös motivierte Reisen, die dem modernen Tourismus in manchem recht nahe kamen (Casson 1977). Mit dem Übergang römischer Staatlichkeit und Kultur in die segmentierte mittelalterliche Feudalgesellschaft gingen auch diese antiken Reiseformen unter; zugleich war trotz der Gefährlichkeit des Reisens ein sehr großer Bevölkerungsanteil unterwegs: Bettler, Räuber, Vaganten, Pilger, Scholaren, die meisten Menschen aber auf der Flucht vor Krieg, Seuchen und Hunger. Am Ende des Mittelalters kam es (erneut) zur Herausbildung von Territorialstaaten; im Absolutismus sank infolge drastischer Zwangsmaßnahmen die Zahl der Umherziehenden. Die innere Sicherheit (weniger noch das Transportwesen) verbesserte sich; Reisen wird gefahrloser, es verliert seine überwiegend negative Bewertung und beginnt ein Privileg von „Standespersonen" zu werden, die sowohl rechtlich hierzu befugt sind, als auch über beträchtliche Mengen an Geld und Zeit (mehrere Monate, teils Jahre) verfügen (u.a. Krasnobaev 1980; Kuhnert 1984; Brenner 1989). Es kommt zu einem Aufschwung der Bäderreise. Reiseanleitungen (Apodemiken) und fiktive und reale Reisebeschreibungen erscheinen in großer Zahl. Das Bürgertum entwickelt aus adliger Grand Tour und Gelehrtenreise die (→) *„Bildungsreise"*: Ihr moralisch-pädagogischer Zweck ist „Humanität" im Dienste des Fortschritts, der „Perfektibilität" des Menschen; ihre Ziele sind die der Heimat bekanntzumachenden „Merkwürdigkeiten", wie politische, soziale und technische Einrichtungen. Die Bildungsreise fällt in die „heroische"

Phase der Formierung des modernen Bürgertums und liefert zumeist den Vergleichsmaßstab für die kulturkritische Verdammung des heutigen Tourismus.

## 3. Die Entstehungsphase

Die Entstehungsgeschichte des modernen Tourismus reicht etwa von der Mitte des 18. bis ins erste Drittel des 19. Jahrhunderts. Als eine Spielart (die idealtypischen Reiseformen konnten realiter durchmischt sein) der Bildungsreise entwickelt sich die „sentimentale" bzw. die „*romantische*" Reise, die nicht an der Verstandes-, sondern an der Gefühlsbildung interessiert ist; ihre Ziele sind gerade die noch nicht vom Fortschritt berührte Natur und deren Bewohner. Der Zweck der Gefühlsbildung ist oft nur vage vermittelt; man meint zu reisen um des Reisens willen. Hier dürfte ein Hauptelement der touristischen Reise liegen; erst das vom humanistischen Bildungszweck „entlastete Reisen wandelte sich zum Tourismus" (Stagl 1980, S.379).

Während die „liebliche", von Menschenhand gezähmte Natur sich schon immer hoher Wertschätzung erfreute, treten vereinzelt seit der Renaissance verstärkt ab Mitte des 18. Jahrhunderts bis dato als „wüst" und „schrecklich" empfundene Landschaften in den Blick: die (schweizer) Alpen und die Meeresküsten; in Deutschland später der Rhein (Ritter 1974; Spode 1988; Corbin 1990; Groh & Groh 1991). Häufig sind es romantische Reisebeschreibungen, die einer neuen Landschaftsbewertung zum Durchbruch verhelfen. So wurde die Rheinreise durch Byron populär. A.v. Haller und bes. J.J. Rousseau lösen eine wahre Alpenbegeisterung aus (Lehner 1924; Bernard 1978). Die Maxime „zurück zur Natur" wird zum Leitmotiv dieser neuen Reiseart, der Älpler zum „edlen Wilden" stilisiert. Wagemutige besteigen erstmals die Gipfel; ihnen folgen von Bergführern sicher geleitete Touristen. Dem selben Impuls entspringt die Reise ans Meer, das zur „Zuflucht vor den Unbilden der Zivilisation" wird (Corbin 1990, S.80). Sie wird sowohl literarisch als auch medizinisch legitimiert. 1751 badet das englische Königshaus erstmals im Meer und demonstriert die Gesundheit des Meerwassers. Zu jener Zeit entstehen die ersten *seaside resorts*; um 1800 nimmt deren Zahl an vielen Küsten sprunghaft zu. In Deutschland wird 1793 in Doberan-Heiligendamm das erste Seebad gegründet. Mehr noch als die Alpenreise war die Reise ins Seebad ein Privileg für hoch Begüterte; jedoch erscheint auch das Bedürfnis nach touristischem Erleben überwiegend auf engere adlige und bildungsbürgerliche Kreise beschränkt.

## 4. Die Einführungsphase

Sie reicht etwa vom ersten Drittel des 19. Jahrhunderts bis zur Mitte des 20. Jahrhunderts. In ihr wird Tourismus schrittweise sozial ausgeweitet, bleibt aber einer Minderheit vorbehalten. Der Ausbreitungsprozeß wird ermöglicht durch Kommerzialisierung und Standardisierung (technische und organisatorische Innovationen, die die Planbarkeit der Reise erhöhen und sie verbilligen) und durch das Entstehen neuer Formen der touristischen Reise. Die Nicht-Teilhabe am Tourismus wird zunehmend als diskriminierender Ausdruck sozialer Ungerechtigkeit empfunden.

Im gehobenen Bürgertum des Vormärz gewinnen sowohl die Bäder- als auch die i.e.S. touristische Reise an Beliebtheit. Obschon es keinen bezahlten Urlaub gibt (Finanzierung weiterhin durch Besitz), setzt sich mehr und mehr die verkürzte, dafür häufigere Freizeitreise durch. Indikator und Mittel hierfür zugleich wird seit den 1830er Jahren „der Baedeker" (Lauterbach 1989; Hinrichsen 1990/91), der die bisherigen, im Stil der Apodemik verfaßten Reiseführer für ein oft reiseungewohntes Publikum, das weniger Zeit hat als der Bildungsreisende, strafft und standardisiert. Der Bürger konnte seine Reise präzise vorausplanen. Die Praxis, Sehenswürdigkeiten mit einer Anzahl von Sternchen zu bewerten (zuerst 1813), normierte die touristische Neugier und trug dazu bei, Touristenströme zu kanalisieren. So beförderte bereits 1844 allein die Kölner Preuß.-Rheinische Dampfschiffahrts-Gesellschaft 600 000 Passagiere.

Grundlage der allgemeinen Mobilitätssteigerung im 19. Jahrhunderts war die Verbesserung des Verkehrswesens. Ein rasanter Ausbau des Straßennetzes, Schnellposten und eine Verästelung des Postdienstes erhöhten Reisegeschwindigkeit und Kalkulierbarkeit und erschlossen abgelegene Gebiete (Herrmann 1977; Beyrer 1985; Zarn 1977). Den großen qualitativen Sprung bei der Beschleunigung und Verbilligung des Verkehrs bedeutete dann der Einsatz von Dampfkraft: Bis etwa 1880 war im Eisenbahnbau die Verbindung der Zentren abgeschlossen (es folgte die Verästelung des Schienensystems, teils auf Kosten der Pferdepost). Somit rückten die touristischen Zielgebiete an die Städte heran; die Relationen von Raum und Zeit veränderten sich.

Die Rationalisierung des Transports nutzte auch das entstehende Gewerbe der Reiseorganisation und -vermittlung (Pudney 1955; Fuß 1960). Das 1845 von Thomas Cook gegründete Reisebüro entwickelte das im wesentlichen noch heute verwendete Instrumentarium der Pauschal- und Gesellschaftsreise, seit 1855 mit großem Erfolg auch für Auslandsreisen. Die Sicherstellung der optimalen Nutzung der knappen Reisezeit wurde gegen Entgelt einem Dienstleitungsunternehmen anvertraut. In Deutschland trat v.a. Stangen (gegr. 1863, 1905 zu Hapag) als Veranstalter von Fernreisen hervor; die quantitative Bedeutung des organisierten Tourismus blieb jedoch gering, zumal ihm die sozialpolitische Komponente Cooks fehlte.

Den starken Schub in der Entwicklung des Tourismus brachte der Durchbruch zur Hochindustrialisierung im *Kaiserreich* (Spode 1988). Unter Verwendung der zuvor entwickelten Instrumentarien setzte ein steiler säkularer Aufwärtstrend ein. Zwischen 1871 und 1913 stieg die Zahl der Fremdenübernachtungen – gut siebenmal schneller als die Wohnbevölkerung – um ca. 471% (= 11% im Jahresdurchschnitt) (Hoffmann 1965, S. 687; Übernachtungsziffern bis in die 1930er Jahre sind als Richtwerte zu lesen, s. Menges [1955]). Die Reiseintensität dürfte vergleichbar (auf über 10%) angestiegen sein. Neben Adel, Bildungsbürgertum und hoher Beamtenschaft traten nun Unternehmer, sowie verstärkt nach der Jahrhundertwende mittlere Beamte, Angestellte, Lehrer. Zugleich hatten erstmals Frauen in großem Umfang Anteil am Tourismus. Weithin ausgeschlossen blieben die Landbevölkerung und die stark anwachsende Arbeiterschaft (Reulecke 1976); die Urlaubsreise blieb eine „bürgerliche" Verhaltensweise.

Ein Hauptmotiv der Reise wird die Regeneration; der Erholungsgedanke wird jedoch nur auf geistige Arbeit bezogen. Das hohe Sozialprestige der Urlaubsreise festigt das Standesbewußtsein der neuen Mittelschichten. Seit 1873 wurden Urlaubsbestimmungen für Beamte erlassen, sinngemäß bald auch für Angestellte (Privatbeamte) übernommen. Bis 1914 erhielten ca. 2/3 der Angestellten und fast alle Beamten einen Jahresurlaub von ein bis zwei Wochen, in Leitungsfunktionen waren sechs Wochen nicht ungewöhnlich. Dagegen bekamen rund 90% der Arbeiter keinen Urlaub.

Öffentlichkeit und Privatheit, Arbeit und Freizeit werden zunehmend als Gegensätze empfunden, Lebensqualität wird in der Freizeit gesucht. Im Kontext der gewandelten Funktion der Familie kommt es zur Herausbildung des Familienurlaubs. Der gemeinsam verbrachte Urlaub wird zu einem konstitutiven Element der bürgerlichen Kernfamilie als privatem Refugium.

In manchen Regionen wird der Tourismus zur Haupterwerbsquelle. Verkehrsvereine organisieren die Vermarktung von „Brauchtum" und Landschaft. Haben sie Erfolg, wird häufig der Identitätsverlust beklagt, den der Tourismus bewirke (literarisch z.B. Peter Rosegger, Ludwig Thoma), ohne daß diese Eigendynamik aufzuhalten wäre. Durch Imagepflege, Abbau protoindustrieller Strukturen und den Aufbau einer touristischen Infrastrukur und sekundärer Gewerbe (Souvenirherstellung etc.) gelangen manche Gemeinden zu beträchtlichem Wohlstand (Hanisch 1985; Lepovitz 1989). Auch der Städtetourismus nimmt stark zu. Die gestiegene wirtschaftliche Bedeutung des Tourismus spiegelt sich auch in der Gründung zahlreicher Fördervereine auf Kommunaler und Landesebene, die sich 1902 zum Bund Deutscher Verkehrsvereine zusammenschließen. Wer die touristischen Zentren meiden will oder muß, fährt in die billige „Sommerfrische", wo noch ein weniger kommerzialisiertes Gastgeber-Gäste-Verhältnis vorherrscht (Knebel 1960).

In den deutschen Seebädern steigt die Besucherzahl (1913) auf jährlich ca. 700.000. Das Verhalten im Urlaub wandelt sich grundlegend: Der Strand rückt in den Mittelpunkt des Tagesablaufs (Saison 1986; Corbin 1990); an die Stelle der Badekarren tritt das umzäunte Strandbad, ab 1902 als „Familienbad" für beide Geschlechter. In den Alpen (Bernard 1978) beginnt ein vorerst noch exklusiver Wintertourismus („Skitouristik" nach norwegischem Vorbild). Der „Deutsch-Österreichische Alpenverein" (gegr. 1862, Zusammenschluß 1873) verfügt über Sektionen in fast allen größeren Städten. In Konkurrenz zu den klassischen schweizer Zielgebieten fördert er erfolgreich die touristische Erschließung (Wege, Schutzhütten, Karten, Werbematerial etc.). In den ca. 250 vereinseigenen Hütten zählte man schon 1913 über 200.000 Besucher. Ähnliche Fördervereine bestanden für die meisten Mittelgebirge. Gegen die sozial bürgerlichen, politisch meist national-konservativen Gebirgsvereine entsteht 1895 der proletarische „Touristenverein 'Die Naturfreunde'" (Zimmer 1985). Vermittelt über das Gesellenwandern ist sein vornehmstes Ziel die von genuin bildungsbürgerlichen Idealen geprägte „Veredelung" des Arbeiters. Ähnlich wie bei kleineren örtlichen Zusammenschlüssen von Arbeitertouristen bleiben seine Aktivitäten notgedrungen primär auf die Naherholung (Tageswanderungen) beschränkt.

In der *Weimarer Republik* setzte sich der Aufwärtstrend des Tourismus zunächst verlangsamt fort. Kommerzialisierung und Förderung des Tourismus verstärkten sich; so wurde 1918 das Mitteleuropäische Reisebüro (MER) gegründet, 1920 bzw. 1928 die Reichsbahnzentrale für den Deutschen Reiseverkehr (Auslandswerbung). 1929 lag die Übernachtungsziffer (bei etwa gleicher Wohnbevölkerung) um ca. 24% höher als 1913 (= 2% im Jahresdurchschnitt der Nachkriegszeit). Infolge der Weltwirtschaftskrise sank sie jedoch bis 1933 auf 87% des Vorkriegsstands (Hoffmann 1965, S. 687). Da die Übernachtungsdauer abnahm, dürfte die Reiseintensität bis 1929 um mehr als 24% gestiegen sein. Mit der Anerkennung der Gewerkschaften wurden Urlaubsregelungen in fast alle Tarifverträge aufgenommen; dennoch blieb die Arbeiterschaft (ca. die Hälfte der Erwerbsbevölkerung) im Tourismus kraß unterrepräsentiert; ebenso andere untere Einkommensgruppen. Hauptgründe waren die mangelhafte Ausgestaltung der Urlaubsklauseln und das Verhältnis der Löhne zu den Preisen im Fremdenverkehr. Gegen die prohibitiven Preise wurden zwei Strategien entwickelt (Zimmer 1985; Spode 1991).

Zum einen suchten Teile der Arbeiterbewegung durch den Aufbau eigener Reiseorganisationen (Reisebüros der „Naturfreunde" und des ADGB, Jenaer Ferienheimgenossenschaft etc.) einen „*Volks-*" bzw. „*Sozialtourismus*" aufzubauen. Er sollte die „bürgerliche" Urlaubsreise für Arbeiter bezahlbar machen. Auch andere, oft branchenfremde Veranstalter (Kirchen, Zeitungen, Gebirgsvereine, Volkshochschulen etc.) boten auf gemeinnütziger oder kommerzieller Basis Ferienheim- und Gesellschaftsreisen an; besonders das Reisebüro Carl Degener organisierte Sonderfahrten für den „kleinen Mann". Angesichts der schwierigen Wirtschaftslage blieben die Preise noch zu hoch, um einen Durchbruch des „Volkstourismus" erzielen zu können.

Zum anderen verbilligte die bereits vor dem Krieg entstandene Wanderbewegung das Reisen, die sich bewußt absetzte vom „bürgerlichen", bequemen Urlaub. Politisch höchst disparat, verband die zahllosen Gruppen und Vereine eine bündisch-lebensreformerische Naturbegeisterung, das Ideal einer einfachen, gesunden, natürlichen Lebensweise in Ablehnung der „verderbten" Zivilisation. Wander- und Zeltfahrten wurden Kennzeichen einer jugendlichen Subkultur, auch auf die Erwachsenenwelt einwirkend. 1931 zählte man in den über 2000 Jugendherbergen 4,3 Mill. Übernachtungen. Auch junge Arbeiter/innen hatten Teil an den Wanderfahrten, waren allerdings unterrepräsentiert.

„Volks"- und Wandertourismus waren Ausdruck eines gestiegenen Bedürfnisses nach touristischem Erleben, und wenn es nur für ein oder zwei Tage war. Einen bereits vor dem Krieg eingeleiteten Trend fortsetzend wurde der Übergang zwischen Ausflug und kurzer Urlaubsreise fließend; manche Fremdenverkehrsgemeinde klagte über den Ansturm von Ausflüglern. Zumal die prestigeträchtige „bürgerliche" Reise aber blieb das Privileg mittlerer und höherer Einkommen.

Im *Nationalsozialismus* nahm der Tourismus wieder einen Aufschwung. Zwischen dem Tiefstand 1933 und 1938, dem letzten Jahr vor Kriegsbeginn, stieg die Übernachtungsziffer um ca. 72% (= 14% im Jahresdurchschnitt); 1936 wurde der Höchststand von 1929 überschritten (Hoffmann 1965, S.687). Auch die Reiseintensität dürfte zugenommen haben. Dies vor allem in mittleren Schichten; eine Rolle spielte auch die Verbesserung der Urlaubsregelungen (meist 6–12 Tage) für Arbeiter und besonders Jugendliche (Spode, 1982). Diese Bestimmungen waren international führend und setzten den Regenerationsgedanken erstmals konsequent juristisch um („Erholungsanspruch und -pflicht").

Das Bild vom Urlaub im Dritten Reich war und ist freilich ungleich stärker geprägt von der Urlaubsnutzung: von der semistaatlichen Reiseorganisation „NS-Gemeinschaft 'Kraft durch Freude'" (Buchholz 1976; Spode 1982). Ursprünglich war „KdF" primär als Auffangbecken für die zerschlagenen Sport- und Kulturvereine der Arbeiterbewegung geplant. In diesem Rahmen bot man auch Wander- und Ferienheimfahrten an, sowie einige Urlaubsreisen bürgerlichen Zuschnitts. Die enorme Nachfrage nach diesen Reisen hatte die Initiatoren überrascht. Psychologisch und organisatorisch geschickt reagierten sie mit einer raschen Ausweitung des Angebots.

„KdF" wurde zum weltweit größten Anbieter und erzielte auch im Ausland einen enormen Propagandaerfolg: Zwischen 1934 und 1939 (mit Kriegsbeginn wurde die Reisetätigkeit eingestellt) wurden insgesamt ca. 7,4 Mill. Urlaubsreisen verkauft, darunter 0,7 Mill. Hochseefahrten nach Norwegen, Madeira etc.; zusätzlich hatten fast 38 Mill. an ein- bis zweitägigen Kurzfahrten teilgenommen. (Auch der kommerzielle Veranstaltertourismus nahm zu: Der größte private Anbieter, Carl Degener, brachte es auf jährlich gut 25.000 Reisen.)

Daß der Veranstaltertourismus just in der NS-Zeit einen Durchbruch erzielte, hatte strukturell-politische Gründe: Aufrüstung und Krieg waren gegen den massiven Widerstand der Arbeiterschaft nicht denkbar. Da die Löhne niedrig zu bleiben hatten, sollte im Rahmen der „Volksgemeinschafts"-Ideologie stattdessen die Verbilligung von prestigeträchtigen Konsumgütern (Radios, Autos, Reisen) die soziale Aufwertung des „Arbeitsmenschen" demonstrieren („Sozialismus der Tat"). Ansätze zum „Volkstourismus" aus der Weimarer Zeit griff „KdF" in großem Stil auf und konnte, den terroristischen Staatsapparat im Rücken, eine bis dahin undenkbare Niedrigpreispolitik betreiben, ohne (außer bei den Hochseefahrten) Zuschüsse zu benötigen. Durch „KdF" wurde eine neue, quasi mittlere Ebene touristischen Verhaltens installiert: Zwischen Wanderbewegung auf der einen und „bürgerlicher" Reise auf der anderen Seite verkaufte „KdF" den Urlaub als standardisierte Massenware.

Die Fahrten gingen zunächst in die bekannten touristischen Zielgebiete. Bald kam es jedoch zu massiven Protesten des Fremdenverkehrsgewerbes, und „KdF" wich in bislang unerschlossene Gebiete aus. Nach dem „Anschluß" gingen die Fahrten mehrheitlich nach Österreich und in das Sudetenland. Da sich die Trennung in freien und staatlichen Tourismus an Nord- und Ostsee kaum durchführen ließ, plante „KdF" den Bau von zehn gigantischen „Seebädern" mit einem Fassungsvermögen von je 20.000 Urlaubern.

Das Versprechen, die Arbeiterschaft gleichberechtigt am Tourismus teilhaben zu lassen, konnte nur ansatzweise eingelöst werden: Rund jede zehnte Arbeitererwerbsperson dürfte 1934/39 an einer „KdF"-Reise teilgenommen haben. Zwar stieg die Reiseintensität der Arbeiterschaft und Hemmschwellen wurden abgebaut, doch blieb Tourismus eine Domäne mittlerer und höherer Schichten, die selbst bei „KdF" die Mehrheit stellten. Am Gesamtfremdenverkehr erzielte „KdF" einen Anteil von etwa einem Zehntel. Die Zuwächse im Fremdenverkehr nach 1933 waren primär die Folge des wirtschaftlichen Aufschwungs (Rüstungsboom, deficit spending) und nicht direkter staatlicher Fördermaßnahmen.

## 5. Die Durchsetzungs- und Konsolidierungsphase

Die Durchsetzungsphase begann – nach einer Rekonstruktionsperiode – Mitte der 50er Jahre (ließe sich jedoch, je nach Fragestellung bzw. gewähltem Indikator, auch weit früher ansetzen) und war bereits nach zwei Jahrzehnten insoweit abgeschlossen, als sie nun in eine Konsolidierungsphase des stetigeren Ausbaus der stürmisch gewachsenen Strukturen überging. Obschon sich nach dem Zusammenbruch 1945 die ordnungspolitischen und ökonomischen Entwicklungsfaktoren in beiden Teilen Deutschlands sehr unterschiedlich gestalteten, zeigt sich doch ein vergleichbarer Makrotrend. Die im 19. Jahrhundert entstandene Schere zwischen dem Bedarf nach touristischem Erleben und dessen Realisierungschancen konnte tendenziell geschlossen werden. Der Anspruch auf eine Urlaubsreise war selbstverständlich geworden.

In der *DDR* entstand 1947 erneut ein semistaatlicher Anbieter: der FDGB-Feriendienst. In den 50er Jahren erlangte der FDGB (auch dank Beschlagnahmeaktionen) eine beherrschende Stellung, die die von „KdF" übertraf. Im Unterschied zu „KdF" war Tourismus nun hoch subventioniert, und die „Vergabe von Erholungsplätzen" noch stärker an den Betrieb gebunden; dagegen kopierte man die Hochseefahrten („Friedensflotte") bis ins Detail. 1951 wird ein gesetzlicher Mindesturlaub von 12 (später 18) Tagen eingeführt. Besonders in der Arbeiterschaft stieg die Reiseintensität wahrscheinlich rasch an. Die Urlaubsreise war billig und wurde zum Allgemeingut. In der Regel hatte sie wenig mit der „bürgerlichen" Reise zu tun. Das betrieblich-gewerkschaftliche Ferienheimwesen wurde stark ausgebaut. Der Service war infolge des Anbietermarkts oft schlecht, die Hotellerie verfiel. Prestigeträchtige Urlaubsziele blieben für besonders Ausgezeichnete („Aktivisten") und sozial Privilegierte („Intelligenzler", „Funktionäre") vorbehalten. Nach dem Mauerbau 1961 konnte die Bevölkerung an dem in jener Zeit weltweit einsetzenden Auslandstourismus nur beschränkt teilhaben. Umso stärker wuchs der organisierte und nicht organisierte Inlandstourismus, letzterer auch wegen des allmählich steigenden Motorisierungsgrads. Der Versuch, „Reisefreiheit" wenigstens innerhalb des „sozialistischen Lagers" einzuführen, wurde mit dem ökonomischen Niedergang des Comecon seit Ende der 70er Jahre zunehmend schwieriger. Der Anteil der Auslandsreisen lag unter einem Zehntel. Die Reiseintensität stieg dessen ungeachtet weiter und zog mit der BRD gleich. Die durchschnittliche Urlaubsdauer stieg auf vier (BRD: fünf) Wochen. 1986 verkaufte der FDGB 5 Mill. Reisen, die betrieblichen Gewerkschaftsleitungen 3,1 Mill. (Bagger 1990). Die erwünschte Funktion, das Regime durch Sozialleistungen zu legitimieren, vermochte die DDR-Urlaubspolitik dennoch nicht zu erfüllen. Im Gegenteil war es gerade die vorenthaltene „Reisefreiheit", die nicht wenig zum Ende der DDR beigetragen hatte.

In der *BRD* scheiterte der Aufbau eines gewerkschaftlichen „Sozialtourismus" (Gesorei, DFG) weitgehend. Vielmehr wurde hier das „Wirtschaftswunder" zum Motor der Durchsetzung des Tourismus. Die neugebildeten Länder erließen Urlaubsgesetze mit einer Mindestdauer von 12 (später 15) Tagen. In den 50er Jahren konnte der Urlaub wieder zunehmend für eine Reise genutzt werden. Die Arbeiterschaft hatte zwar auch Anteil daran, blieb aber noch unterrepräsentiert. Die Übernachtungsziffer stieg vom Tiefstand 1949 bis 1959 um ca. 384%; 1953 wurde der Stand von 1913 übertroffen, bereits 1955 der von 1938. Die Reiseintensität verdoppelte sich in den folgenden zwei Jahrzehnten auf fast 60% (Hoffmann 1965, S.687; Dundler 1985, S.3). Die stärksten Zuwächse gab es in den 60er Jahren: Pkw und Flugzeug spielten eine ähnliche Rolle wie einst die Eisenbahn und hoben den Tourismus auf eine neue quantitative Stufe. (→ *Entwicklung des Tourismus, 1954-1991*). Hierbei entwickelte sich der in den 50er Jahren einsetzende Auslandstourismus (Österreich, Italien, Spanien) zur treibenden Kraft; 1968 reisten erstmals mehr Bundesbürger ins Aus- als ins Inland. Dieser Prozeß wurde durch die Chartertouristik verstärkt. Bereits 1948 war auf Initiative Degeners die (spätere) „Touropa" gegründet worden; wie andere, teils auf die 20er Jahre zurückgehende Veranstalter (Hummel, Tigges, Scharnow u.a.) bot sie erfolgreich Bahn- und Busreisen an. Mit der Chartertouristik und der Verbilligung von Fernreisen traten nun kapitalkräftige branchenfremde Unternehmen (Versandhäuser) auf den Markt. Ein Konzentrations- und Rationalisierungsprozeß war die Folge. Während bis dato der Veranstaltertourismus – anders als in der NS-Zeit und der DDR – bezogen auf den Gesamtfremdenverkehr nur eine Nebenrolle gespielt hatte, gewann er nun auch in der BRD stetig an Bedeutung. Der quantitative Sprung in der Durchsetzungsphase des Tourismus brachte kaum grundsätzlich neue Formen im touristischen Verhalten hervor. Offenbar war das Repertoire bereits vor dem Zweiten Weltkrieg weitgehend vollständig; seither verschieben sich lediglich die Gewichte. Diese Verschiebung in Richtung einer durchorganisierten, artifiziellen Urlaubswelt ist allerdings gewaltig.

## Literatur

Bagger, W. (1990). Historische Quellen für touristische Bedürfnisse in der DDR. Touristik & Verkehr, 5(4), 9–12.

Bausinger, H. et al. (Hg.) (1991). Reisekultur. Von der Pilgerfahrt zum modernen Tourismus, München: Beck.

Bernard, P.F. (1978). Rush to the Alps. The evolu-

tion of vacationing in Switzerland. New York: Columbia Press.
Beyrer, K. (1985). Die Postkutschenreise. Phil. Diss., Universität Tübingen.
Brenner, J.P. (Hg.) (1989). Der Reisebericht. Die Entwicklung einer Gattung in der deutschen Literatur. Frankfurt/M.: Suhrkamp.
Buchholz, W. (1976). Die nationalsozialistische Gemeinschaft „Kraft durch Freude". Freizeigestaltung und Arbeiterschaft im Dritten Reich. Phil. Diss., Universität München.
Casson, L. (1976). Reisen in der alten Welt. München: Beck.
Corbin, A. (1990). Meereslust. Das Abendland und die Entdeckung der Küste 1750-1840. Berlin: Wagenbach.
Dundler, F. (Bearb.) (1985). Urlaubsreisen 1954-1984. Starnberg: Studienkreis für Tourismus.
Fuss, K. (1960). Geschichte des Reisebüros. Darmstadt: Jaeger.
Griep, W. (Hg.) (1990). Sehen und Beschreiben. Reisen im 18. und frühen 19. Jahrhundert. Heide: Boyens.
Gröper, K. (1973). Der verkaufte Tourist. Wien.
Groh, R. & D. Groh (1991). Weltbild und Naturaneignung. Zur Kulturgeschichte der Natur, Frankfurt/M.: Suhrkamp.
Günter, W. (1989). Kulturgeschichte der Reiseleitung. Bensberger Manuskripte, 37, 5–20.
Hanisch, E. (1985). Wirtschaftswachstum ohne Industrialisierung: Fremdenverkehr und sozialer Wandel in Salzburg 1918-1938. Mitteilungen der Gesellschaft für Salzburger Landeskunde, 125, 1–14.
Herrmann, S.K. (1977). Die Personenbeförderung bei Post und Eisenbahn in der ersten Hälfte des 19. Jahrhunderts. Scripta Mercaturae, 11 (2), 3–25.
Hinrichsen, A.W. (1990/1991). Baedeker-Katalog. Bibliographie der Baedeker-Reiseführer von 1832-1987, 2. Aufl. Bevern-Stadtoldendorf: Hinrichsen.
Hoffmann, W.G. et al. (1965). Das Wachstum der deutschen Wirtschaft seit der Mitte des 19. Jahrhunderts. Berlin: Springer.
Jäger, H.-W. (Hg.) (1992). Europäisches Reisen im Zeitalter der Aufklärung. Heidelberg: C. Winter.
Knebel, H.-J. (1960). Soziologische Strukturwandlungen im modernen Tourismus. Stuttgart: Enke.
Kramer, D. (1983). Der sanfte Tourismus. Umwelt- und sozialverträglicher Tourismus in den Alpen. Wien: Bundesverlag.
Krasnobaev, B.I. et al. (Hg.) (1980). Reisen und Reisebeschreibungen im 18. und 19. Jahrhundert als Quellen der Kulturbeziehungsforschung. Berlin: Camen.

Kuhnert, R.P. (1984). Urbanität auf dem Lande. Badereisen nach Pyrmont im 18. Jahrhundert, Phil. Diss., Universität Göttingen.
Laqueur, W.Z. (1978). Die deutsche Jugendbewegung. Eine historische Studie, 2. Aufl. Köln: Wissenschaft und Politik.
Lauterbach, B. (1989). Baedeker und andere Reiseführer. Eine Problemskizze. Zeitschrift für Volkskunde, 85, 206–234.
Lehner, W. (1924). Die Eroberung der Alpen, Leipzig, Zürich: Hochalpenverlag.
Lepovitz, H.W. (1989). Gateway to the mountains: Tourism and positive deindustrialization in the Bavarian Alps. German History, 7, 205–248.
Menges, G. (1955). Methoden und Probleme der deutschen Fremdenverkehrsstatistik, Frankfurt/M.
Menges, G. (1959). Wachstum und Konjunktur des deutschen Fremdenverkehrs 1913 bis 1956, Frankfurt/M.
Ohler, N. (1991). Reisen im Mittelalter., 2. Aufl. München: dtv.
Ousby, I. (1990). The Englishmen's England: taste, travel, and the rise of tourism. Cambridge, New York: University Press.
Prahl, H.-W. & A. Steinecke (1981). Der Millionen-Urlaub. Von der Bildungsreise zur totalen Freizeit, 2. Aufl. Frankfurt/M.: Ullstein.
Prignitz, H. (1977). Vom Badekarren zum Strandkorb. Zur Geschichte des Badewesens an der Ostseeküste. Leipzig: Köhler & Amelang.
Pudney, J. (1955). Alles inbegriffen. Die Geschichte des Hauses Cook. Stuttgart: Reclam.
Reulecke, J. (1976). Vom blauen Montag zum Arbeiterurlaub. Vorgeschichte und Entstehung des Erholungsurlaubs für Arbeiter vor dem Ersten Weltkrieg. Archiv für Sozialgeschichte, 16, 205–248.
Reulecke, J. (1989). Kommunikation durch Tourismus? Zur Geschichte des organisierten Reisens im 19. und 20. Jahrhundert. (348–378) In H. Pohl (Hg.), Die Bedeutung der Kommunikation für Wirtschaft und Gesellschaft. Wiesbaden, Stuttgart: F. Steiner.
Rüdiger, H. (1989). Das Baden in der See – Spiegel für den Wandel der Lebensstile. (S. 79–94) In J. Fromme & W. Nahrstedt (Hg.), Baden gehen. Freizeitorientierte Bäderkonzepte. Bielefeld: IFKA.
Saison am Strand. Badeleben an Nord- und Ostsee (1986). Herford: Koehler.
Spode, H. (1982). Arbeiterurlaub im Dritten Reich. In T.W. Mason et al., Angst, Belohnung, Zucht und Ordnung. Herrschaftsmechanismen im Nationalsozialismus. Opladen: Westdeutscher Verlag.

Spode, H. (1988). Der moderne Tourismus. Grundlinien seiner Entstehung und Entwicklung vom 18. bis zum 19. Jahrhundert. (S. 39–76) In D. Storbeck (Hg.), Moderner Tourismus. Tendenzen und Aussichten. Trier: Geographische Gesellschaft.

Spode, H. (Hg.) (1991). Zur Sonne, zur Freiheit! Beiträge zur Tourismusgeschichte. Berlin: W. Moser.

Stagl, J. (1980). Der wohl unterwiesene Passagier. Reisekunst und Gesellschaftsbeschreibung vom 16. bis zum 18. Jahrhundert. (S. 353–384) In B. I. Krasnobaev et al. (Hg.) (1980), Reisen und Reisebeschreibungen im 18. und 19 Jahrhundert als Quellen der Kulturbeziehungsforschung. Berlin: Camen.

Wolschke-Bulmahn, J. (1990). Auf der Suche nach Arkadien. Zu Landschafstidealen und Formen der Naturaneignung in der Jugendbewegung und ihrer Bedeutung für die Landschaftspflege. München.

Zimmer, J. (Hg.) (1984). Mit uns zieht die neue Zeit. Die Naturfreunde. Köln: Pahl-Rugenstein.

Zorn, W. (1977). Verdichtung und Beschleunigung des Verkehrs als Beitrag zur Entwicklung der „modernen Welt". (S. 115–134) In R. Koselleck (Hg.), Studien zum Beginn der modernen Welt. Stuttgart.

**Hasso Spode, Berlin**

# Entwicklung des Tourismus 1954–1991

## 1. Repräsentative Reisebefragungen

Mitte der fünfziger Jahre begann das DIVO-Institut, Frankfurt (Deutsches Institut für Volksumfragen), mit den ersten systematischen Erhebungen zum Reiseverhalten und zu den Reisegewohnheiten der Deutschen. Zuerst 1955 und dann jährlich bis 1968 wurde jeweils zu Beginn des Jahres das Urlaubs- und Reiseverhalten der westdeutschen Bevölkerung im Rahmen von repräsentativen Mehrthemenuntersuchungen (Omnibus) mit 2000 Befragten untersucht. Diese touristischen Untersuchungen waren eine Eigeninitiative des DIVO-Instituts, die zu PR-Zwecken durchgeführt wurde. Die Ergebnisse wurden regelmäßig in den DIVO-Pressediensten, später in zusammenfassenden Berichtsbänden veröffentlicht. In diesen Jahren gab es auch noch andere Untersuchungen, z.B. durch die Institute Allensbacher Institut für Demoskopie, EMNID und Infratest, die aber entweder nicht veröffentlicht oder nicht regelmäßig durchgeführt wurden.

1970 organisierte der Studienkreis für Tourismus, Starnberg, die erste (→) Reiseanalyse. Diese wichtigste repräsentative Untersuchung zum Reiseverhalten der deutschen Bevölkerung wurde seither regelmäßig im Januar/Februar jeden Jahres durchgeführt. Sie basiert, ähnlich wie die DIVO-Untersuchungen, auf der persönlichen Befragung eines per Zufall ausgewählten repräsentativen Querschnitts der bundesdeutschen Bevölkerung über 14 Jahre. Im Rahmen der Reiseanalyse wurden regelmäßig in jedem Jahr ca. 6.000 Personen befragt, so daß die einzelnen Aspekte des Urlaubs- und Reiseverhaltens auf einem sehr hohen Zuverlässigkeitsniveau analysiert werden konnten.

Die Zeitreihen der DIVO-Untersuchungen von 1954 bis 1968 und der Reiseanalyse von 1970 bis heute, die sowohl von der Untersuchungsanlage als auch der Durchführung her sehr ähnlich sind, bilden die Grundlage für die folgende Darstellung der Reisetrends der westdeutschen Bevölkerung. Seit der Wiedervereinigung werden auch die Bürger der neuen Bundesländer in die Reiseanalyse einbezogen. Ihr Urlaubs- und Reiseverhalten unterscheidet sich, aufgrund der für diese Bevölkerungsgruppen neuen Bedingungen und Möglichkeiten, teilweise sehr deutlich vom Verhalten der Bevölkerung in den alten Bundesländern. Aus diesem Grund wird das Reise- und Urlaubsverhalten dieser beiden Bevölkerungsgruppen bei den nachfolgenden Darstellungen getrennt betrachtet (→ *Repräsentative Reisebefragungen*).

## 2. Reiseintensität 1954 – 1991

Die *Reiseintensität* ist eine Meßzahl für die Beteiligung der Bevölkerung am Urlaubs- und Reiseverkehr. Sie gibt an, wieviel Prozent der Bevölkerung ab 14 Jahren in einem Jahr mindestens eine Urlaubsreise von fünf Tagen und länger gemacht haben.

Seit Mitte der 50er Jahre hat sich die Reiseintensität sehr positiv entwickelt. Der Anstieg der Reiseintensität verlief dabei mehr in Stufen, entsprechend der wirtschaftlichen Entwicklung mit ihren Aufschwüngen, Stagnationen und Rezessionen.

In einem Zeitraum von knapp 40 Jahren hat sich die Reiseintensität der Deutschen fast verdreifacht. War 1954 nur etwa jeder Vierte (24%) im Urlaub auf Reisen, so waren dies Anfang der 90er Jahre rund zwei Drittel, d.h. zwei von drei Bundesbürgern machten in diesem Jahre mindestens eine Urlaubsreise. Dazwischen lagen – Ende der 60er und Anfang der 80er Jahre – zwei deutliche Phasen der Stagnation, die dann aber immer wieder durch starke Wachstumsphasen abgelöst wurden (vgl. Abb. 1). 1990 hatte die Reiseintensität mit 68% ihren bisherigen Höhepunkt erreicht. Auf diesem hohen Niveau scheint der Reisemarkt gegenwärtig zu stagnieren. Möglicherweise folgt wieder eine Wachstumsphase, die aber vermutlich nicht mehr so stark sein wird wie in den Vorjahren, da bei einer Reiseintensität von über 70% irgendwann einmal auch die Obergrenze erreicht wird, von der aus eine Steigerung nicht mehr möglich ist (vgl. Abb. 1).

Die Ursachen für diese positive Entwicklung der Reiseintensität liegen in mehreren Bereichen. So hatten der wachsende Wohlstand der Bevölkerung, zunehmende Mobilität, wachsende Konsumorientiertheit eine höhere Bewertung des Reisens – Urlaubmachens generell – zur Folge. Das immer größere Angebot an interessanten und preiswerten Reisen in traditionelle und neu erschlossene Urlaubsgebiete verstärkt das Interesse für das Reisen im Urlaub noch weiter.

Innerhalb dieses Zeitraumes von knapp 40

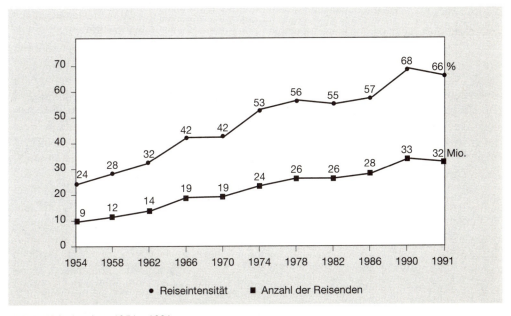

Abb. 1: Urlaubsreisen 1954 – 1991

Jahren ist die Zahl der Reisenden (über 14 Jahre) um mehr als das Dreifache von 9 Mio. auf rund 32 Mio. gestiegen. Im gleichen Zeitraum ist die Bevölkerungszahl in den alten Bundesländern um rund 10 Mio. auf 49,0 Mio. Personen gestiegen. Dadurch ergibt sich, daß teilweise auch in den Stagnationsphasen mit gleichbleibendem oder sogar zurückgehendem Reiseintensitätsgrad die absolute Zahl der Reisenden zugenommen hat (vgl. Abb. 1).

Seit 1954 hat sich auch die Reisehäufigkeit sehr wesentlich verändert. War in den 50er Jahren noch eine Urlaubsreise pro Jahr das Normale, so wurden im Laufe der Jahre die Zweit- und Dritt-Urlaubsreisen immer häufiger. Das heißt, in den zurückliegenden Jahren stieg nicht nur der Anteil der Personen, die am Urlaubsreiseverkehr teilnahmen, sondern auch die Zahl der Urlaubsreisen, die von diesem Personenkreis durchgeführt wurde. Die Gesamtzahl (einschließlich der von Kindern unter 14 Jahren) wuchs von rund 10 Mio. im Jahre 1954 auf rund 46 Mio. Reisen im Jahre 1990.

## 3. Reiseziele der Haupturlaubsreisen 1954–1991

Nicht nur im Hinblick auf das Reisendenpotential und das Volumen an Urlaubsreisen, sondern auch im Hinblick auf die Wahl des Reiseziels haben sich in den letzten 40 Jahren ganz deutliche Verschiebungen ergeben. 1954 gingen fast alle Urlaubsreisen in deutsche Urlaubsgebiete; Anfang der 90er Jahre verbrachten rund 70% der Deutschen ihren Haupturlaub im Ausland (vgl. Abb. 2).

Bis Ende der 60er Jahre profitierten die deutschen Urlaubsgebiete am meisten von der Reisefreudigkeit der deutschen Bevölkerung. Ab etwa 1970 überwiegen die Auslandsreisen ganz deutlich; dieser Trend zum Auslandsurlaub hat sich in den letzten Jahren noch weiter verstärkt.

Trotz der ständig abnehmenden Marktanteile hat der Inlandtourismus absolut gesehen an Bedeutung nichts eingebüßt. Seit Mitte der 60er Jahre verbringen regelmäßig zwischen 9 Mio. und 10 Mio. Deutsche ihren Urlaub in deutschen Urlaubs- und Erholungsgebieten.

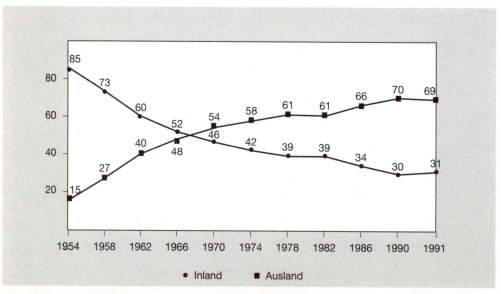

Abb. 2: Reiseziele Haupturlaubsreise 1954 – 1991 (in Prozent)

Vom wachsenden Reiseboom der Deutschen haben jedoch die Reiseziele im Ausland profitiert (vgl. Abb. 3). Während in Deutschland die traditionellen Urlaubsgebiete in den Alpen und Voralpen, an der Nord- und Ostseeküste sowie in den Mittelgebirgen nach wie vor die beliebtesten Reiseziele sind, haben sich die Präferenzen für ausländische Reiseziele stark verschoben: Österreich, das sehr lange das Urlaubsziel Nr. 1 der Deutschen war, mußte seinen ersten Rang Anfang der 80er Jahre an Italien abgeben; 1991 lag Österreich nur noch an dritter Stelle hinter Spanien und Italien.

Die Ursachen für diese Veränderungen sind sehr vielschichtig. Die Faktoren, die für die Reiseintensität von Bedeutung sind, spielen auch bei der Reisezielwahl eine wichtige Rolle, nämlich zum einen die gewachsene Mobilität der Bevölkerung und die normative Motivation, mobil zu werden, zum anderen das immer größer werdende Angebot an neuen, attraktiven Reisezielen im Ausland.

## 4. Reiseverkehrsmittel 1954–1991

Seit Jahren ist der PKW in Deutschland das beliebteste und am häufigsten für Urlaubsreisen genutzte Verkehrsmittel (vgl. Abb. 4). Seit Anfang der 70er Jahre fahren in jedem Jahr rund 60% aller Urlaubsreisenden mit ihrem eigenen Auto in den Urlaub. Die Vorzüge, die der eigene PKW als Reiseverkehrsmittel bietet, sind bekannt: Er bietet Platz für die ganze Familie; löst alle Gepäckbeförderungsprobleme; ermöglicht ein unabhängiges, ganz auf die Familienbedürfnisse ausgerichtetes, Reisen; ist ein preiswertes Verkehrsmittel, das auch Mobilität am Urlaubsort garantiert. Da heute über 70% der Haushalte mindestens einen oder sogar mehrere PKWs zur Verfügung haben, werden diese Wagen oft für die eigenen Urlaubsreisen benutzt.

In den 50er und 60er Jahren hatte der PKW eine wesentlich geringere Bedeutung für den Urlaubsverkehr, weil die meisten Haushalte keinen eigenen PKW zur Verfügung hatten.

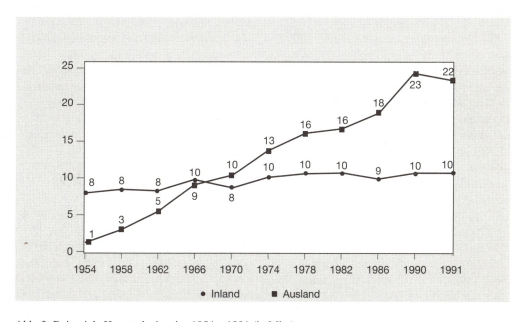

Abb. 3: Reiseziele Haupturlaubsreise 1954 – 1991 (in Mio.)

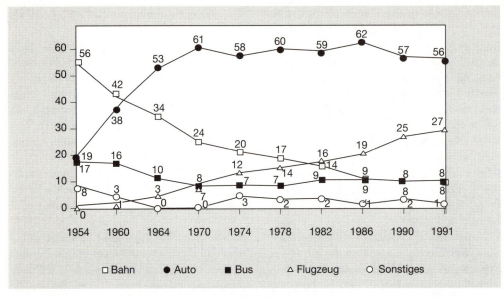

Abb. 4: Verkehrsmittel der Haupturlaubsreise 1954 – 1991

1954 gab es in der Bundesrepublik knapp 1,5 Mio. PKWs und etwa 2,4 Mio. Motorräder, d.h. zu dieser Zeit hatten etwa 6% der Haushalte einen eigenen PKW und etwa 13% ein Motorrad zur Verfügung.

Die Urlauber der 50er Jahre waren deshalb in erster Linie auf die öffentlichen Verkehrsmittel (Bahn und Bus) angewiesen. 1954 war die Bahn mit Abstand das wichtigste Reiseverkehrsmittel. Über die Hälfte der Urlauber (56%) machten damals ihre Urlaubsreise mit der Bahn. Erst mit weitem Abstand folgten PKW und Bus an zweiter und dritter Stelle (19 bzw. 17%). Das Flugzeug hatte als Urlaubsreiseverkehrsmittel praktisch keine Bedeutung. Wichtiger war dagegen das Motorrad, mit dem fast 10% der Deutschen in Urlaub fuhren.

Mit der zunehmenden Motorisierung der Haushalte verloren die Bahn und der Bus an Bedeutung. Ab 1970 zeigt sich in der Nutzung des PKWs und des Busses für Urlaubsreisen eine gewisse Stabilisierung: Seit diesem Zeitpunkt hat der PKW immer einen Anteil von etwa 60% und der Bus einen von durchschnittlich 8% am gesamten Urlaubsreiseverkehr behaupten können. Veränderungen ergaben sich in diesen Jahren nur im Flug- und Bahntourismus. Während der Flugtourismus ständig zunahm, gingen die Urlaubsreisen mit der Bahn immer mehr zurück. Heute ist das Flugzeug mit einem Marktanteil von 27% das zweitwichtigste Verkehrsmittel für Urlaubsreisen.

## 5. Reisegewohnheiten der Bevölkerung in den neuen Bundesländern 1990–1991

Im Rahmen der Reiseanalyse werden die Bürger der neuen Bundesländer seit 1990 über ihr Reiseverhalten und ihre Reisegewohnheiten befragt. Die Ergebnisse dieser Umfragen werden zur Zeit noch gesondert ausgewiesen, da die Verhältnisse in den neuen und alten Bundesländern so verschieden sind, daß sich daraus zwangsläufig Unter-

Tabelle 1: Reisegewohnheiten der Bevölkerung in den neuen Bundesländern

|  | 1990 | 1991 |
|---|---|---|
| *Reiseintensität* | 73 % | 70 % |
| Anzahl der Reisenden | 9,8 Mio. | 9,2 Mio. |
| *Reiseziele* | | |
| Inland | 75 % = 7,4 Mio. | 55 % = 5,0 Mio. |
| Ausland | 25 % = 2,4 Mio. | 45 % = 4,2 Mio. |
| *Reiseverkehrsmittel* | | |
| PKW | 63 % | 60 % |
| Bahn | 27 % | 14 % |
| Bus | 8 % | 20 % |
| Flugzeug | 2 % | 6 % |

schiede im Reiseverhalten und in den Reisegewohnheiten ergeben.

Sowohl 1990 als auch 1991 lag die *Reiseintensität* der Bevölkerung in den neuen Bundesländern mit 73% bzw. 70% ganz deutlich über der Reiseintensität im Westen. Die neue Situation nach der Vereinigung war Anlaß zum intensiven Reisen im Urlaub.

Auch in der Wahl der *Reiseziele* unterscheiden sich die Bürger in den neuen Bundesländern sehr deutlich von den Bürgern im Westen. Drei Viertel der Urlaubsreisen aus den neuen Bundesländern gingen in ost- und westdeutsche Urlaubs- und Feriengebiete. Diese eindeutige Konzentration auf Deutschland als Reiseziel hat sich allerdings 1991 schon wesentlich abgeschwächt. In diesem Jahr blieben nur noch etwas mehr als die Hälfte (55%) der Bevölkerung aus den neuen Bundesländern in Deutschland; die übrigen (45%) wählten sich Ziele im Ausland (vgl. Tab. 1).

Bei den *Reiseverkehrsmitteln* spielt ähnlich wie im Westen der PKW die wichtigste Rolle für die Urlaubsreise. 1990 wie 1991 haben rund 60% der Urlauber aus dem Osten für ihre Urlaubsreise den eigenen PKW genutzt. Das zweitwichtigste Verkehrsmittel war 1990 die Bahn (27%). Bus und Flugzeug spielten dagegen 1990 als Verkehrsmittel für die Urlaubsreise eine untergeordnete Rolle. 1991 hat sich das Bild bezogen auf die Nutzung der Reiseverkehrsmittel schon etwas verändert. Zwar fahren immer noch rund 60% der Bürger aus den neuen Bundesländern mit ihrem eigenen PKW in Urlaub. Durch den starken Anstieg der Auslandsreisen haben aber jetzt Bus und Flugzeug an Bedeutung gewonnen. Die Bahn hat mit dem Rückgang der Inlandreisen auch Marktanteile am gesamten Urlaubsreiseverkehr verloren.

Der Anstieg der Bus- und Flugzeugreisen weist auch auf eine Veränderung in den Organisationsgewohnheiten der Urlauber hin: bei beiden handelt es sich um organisierte Reisen, während die PKW- und Bahnreisen in der Regel individuell geplant und durchgeführt werden.

Die Veränderungen in den Reisegewohnheiten bei der Auswahl sowohl der Reiseziele als auch des Reiseverkehrsmittels deuten darauf hin, daß die Bürger aus den neuen Bundesländern sich in ihren Urlaubsgewohnheiten relativ schnell den Urlaubsgewohnheiten der Bürger aus den alten Bundesländern anpassen werden.

## Literatur

DIVO-Institut (1969). Urlaubsreisen 1968. Frankfurt: DIVO.

Dundler, F. & Keipinger, F. (1992). Urlaubsreisen 1954 – 1991. Starnberg: Studienkreis für Tourismus.

Schmidt, H., Mundt, D. W. & Kohlmann, M. (Hg.). Die Reisen der neuen Bundesbürger. Pilotuntersuchung zum Reiseverhalten in der früheren DDR. Starnberg: Studienkreis für Tourismus.

**Rainer Wohlmann, Frankfurt**

# Gesellschaftliche Rahmenbedingungen für Mobilität/Tourismus/Reisen

## 1. Einleitung

Der Fortschritt bei der Überwindung des Raums ist ein zentrales Kennzeichen aller Industriegesellschaften. Der Tourismus ist dabei ein wesentlicher Bestandteil dieses Phänomens der horizontalen Mobilität, die sowohl eine Form von Zweckmobilität (zielorientierte Ortsveränderungen zur Erfüllung alltäglicher Grundbedürfnisse im Zusammenhang mit Arbeit, Wohnen, Ausbildung und Versorgung) als auch eine Form der Erlebnismobilität umfaßt, die im Gegensatz zur Zweckmobilität nicht durch sachlich vorgegebene Gründe und Motive quasi erzwungen ist, sondern als eher freiwillige Mobilität aufgrund sozialer Wertschätzungs- und Entwicklungsbedürfnisse angesehen werden kann. Erlebnismobilität entwickelt sich damit auch aus einem originären, eigenständigen Bedürfnis heraus und ist nicht allein aus einem Grundbedürfnis (hier z.B. Reisen zur unmittelbaren Deckung des Grundbedarfs: Fahrt zur Arbeit) oder einem Sicherheitsbedürfnis (hier z.B. (→) *Kurwesen)* abgeleitet.

Uns erscheint die Gleichsetzung von Mobilität mit Reisen und Tourismus gerechtfertigt, wir werden im folgenden überwiegend von touristischer Mobilität sprechen. Die Begriffe Tourismus, Reisen und Fremdenverkehr werden hier, wie in der Literatur üblich, ebenfalls als synonyme Begriffe verwendet. Dabei bezeichnet Tourismus nach einer Definition der Welttourismusorganisation (WTO) alle diejenigen „Aktivitäten einer Person, die für weniger als einen bestimmten Zeitraum an einen Ort außerhalb ihrer gewöhnlichen Umgebung reist, wobei der Hauptreisezweck ein anderer ist als die Ausübung einer Tätigkeit, die vom besuchten Ort aus vergütet wird" (Statistisches Bundesamt 1991, S. 10).

Unter dem Begriff ‚gesellschaftliche Rahmenbedingungen' werden hier alle diejenigen sozial bedingten Einflußfaktoren verstanden, die die Entwicklung der touristischen Mobilität begünstigt und geprägt haben. Diese Einflüsse lassen sich im einzelnen zu folgenden Faktorbündeln zusammenfassen: natürliche Faktoren (Natur/Umwelt), sozio-politische Faktoren (Staat/Politik), ökonomische Faktoren (Wirtschaft), sozio-ökonomische Faktoren (Gesellschaftsstruktur) und sozio-kulturelle Faktoren (Gesellschaftskultur). Uns geht es im folgenden um die Kennzeichnung der wichtigsten Einflußfaktoren und der Darstellung ihrer Entwicklung in den letzten Jahrzehnten. Wir werden demnach zwei Entwicklungslinien aufzuzeigen haben: die der sich verändernden touristischen Mobilität und die der sich wandelnden potentiellen und realen Einflußfaktoren.

## 2. Das Modell gesellschaftlicher Rahmenbedingungen

Den Ausgangspunkt der folgenden Überlegungen bildet ein Modell der gesellschaftlichen (also extern vorgegebenen) Einflüsse auf die Entwicklung der touristischen Erlebnismobilität. Ausgeklammert bleiben die innerhalb des Tourismus selbst liegenden (also internen) Einflußfaktoren (Anbietereinflüsse), aber auch die Analysen von Rückkopplungsprozessen, die vom wachsenden Tourismus auf andere Bereiche ausgehen. Auch die gegenseitigen Abhängigkeiten zwischen den einzelnen Rahmenbedingungen sind nicht Gegenstand dieser Analyse (vgl. Abb. 1).

Die hier dargestellten gesellschaftlichen Einflüsse sind im folgenden durch die Bildung empirischer Indikatoren zu konkretisieren. Die für unsere Analyse weniger zentralen Bereiche sind die der natürlichen Umwelt, der ökonomischen und der sozio-politischen Faktoren. Der Bereich der natürlichen Umwelt ist als extern vorgegeben zu betrachten (Klima, Landschaft etc.) und in seiner Grundsubstanz nicht veränderbar. Gesamtwirtschaftliche Entwicklungen und Wachstumspotentiale eines Landes beeinflussen in starkem Maße die touristische Mobilität. Dies gilt etwa für Arbeitsplatz- und Produktionsbedingungen, Einkommens- und Konsumstrukturen, aber auch für die spezifischen Leistungen der Tourismusanbieter wie Produktentwicklung, Preisgestaltung und Werbung.

Sozio-politische Rahmenbedingungen, z.B. in Form von Gesetzgebung und Rechtsordnung, von politischen Beziehungen, aber auch in Form der Bereitstellung einer Verwaltungsinfrastruktur, bilden im Prinzip den konstitutionellen Rahmen für die Entwicklungsmöglichkeiten eines Landes. Ohne gesetzlich oder per Tradition garantierte indivi-

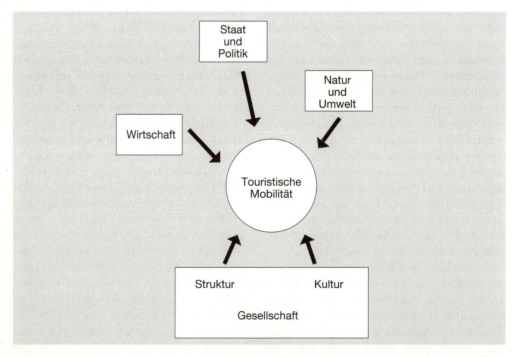

Abb. 1: Modell der Rahmenbedingungen der touristischen Mobilität

duelle Rechte auf freie Entfaltung der Persönlichkeit kann es keine Entwicklung individueller, nicht erzwungener Mobilität großer Teile einer Bevölkerung geben. Dies gilt übrigens nicht nur für die hier zur Diskussion stehende touristische Erlebnismobilität, sondern auch für die vertikale soziale Mobilität des Auf- und Abstiegs in der gesellschaftlichen Positionshierarchie (→ *Mobilität*). Normative Regelungen gesetzlicher oder auch sonstiger Art bilden somit den Humus, auf dem sich eine freie, massenhaft mögliche Mobilität erst entwickeln kann. Auch die Angebotsseite dieser Mobilität (z.B. Tourismus-, Automobil- und Verkehrsindustrie) ist gleichfalls von entsprechenden Grundübereinkünften in starkem Maße abhängig.

Im Grenzbereich zwischen sozio-politischen und ökonomischen Faktoren liegen zudem alle jene durch den Staat bereitgestellten Maßnahmen zur Gestaltung einer Infrastruktur, auf die wiederum eine private Nachfrage reagieren kann, wie z.B. Straßenbaumaßnahmen, landschaftliche Erschließungsvorhaben, Landschaftspflege etc.

Innerhalb des sozio-ökonomischen Bereichs sind Faktoren im Grenzbereich zwischen Wirtschaft und Gesellschaft angesprochen, die in der empirischen Forschung als sozio-demographische Merkmale beschrieben werden. Sie kennzeichnen Individuen aufgrund ihrer Zugehörigkeit zu bestimmten sozialen Kategorien. Im Rahmen unserer Fragestellung sind folgende Merkmale bedeutsam: das Alter, die Bildung, das Einkommen bzw. das Vermögen, die Berufs- und Haushaltsstruktur und das Verhältnis von Arbeitszeit und Freizeit. Es ist davon auszugehen, daß alle diese Merkmale einen Einfluß auf die Entwicklung der touristischen Mobilität in den letzten Jahrzehnten hatten, z.B. war die wachsende Mobilität begleitet von ansteigenden, konsumierbaren Einkommensanteilen und/oder von einem wachsenden Bildungspotential und/oder von einem sich verändernden Zeitverhältnis zwischen Arbeit und Freizeit.

Letzteres führt uns zu dem zweiten wichtigen Merkmalskomplex, dem der sozio-kulturellen Faktoren. Hierunter sind die Einflüsse zu subsumieren, mittels derer ein sogenannter (→) *Wertewandel* beschrieben werden kann, der sich möglicherweise in bestimmten Verhaltensweisen im Freizeitbereich und in entsprechenden Einstellungen zu touristischen Angeboten niederschlägt.

## 3. Die Entwicklungslinien

*(1) Die „entfesselte" Mobilität*
Mit „entfesselter" Mobilität bezeichnete die Zeitschrift „Geo Wissen" (Nr.2/1991) in einer Überschrift die Entwicklung der Überwindung von Raum-Zeit-Strukturen. Anhand einiger Daten wird im folgenden diese Entwicklung für die vergangenen Jahre für die Bundesrepublik Deutschland dargestellt. Als wichtige Kennzahlen für unsere Fragestellung sollen die Entwicklung der Kraftfahrzeuge und hier besonders der Pkws dienen sowie die Entwicklung der Kraftfahrzeugdichte und der Fahrleistungen. Dies sind Indikatoren, die eine „mobile" Gesellschaft in starkem Maße prägen.

Für die Bundesrepublik Deutschland ist ein geradezu explosionsartiger Anstieg der Kraftfahrzeuge im Verlauf von 40 Jahren festzustellen (die Dekade zwischen 1950 und 1960 hatte dabei die stärksten relativen Zuwächse), der bei den einzelnen Fahrzeugarten unterschiedlich verlaufen ist (vgl. Tab. 1). Am auffälligsten ist die massive Zunahme der Pkws, deren Anzahl um fast das 60fache gestiegen ist.

Tabelle 1: Bestand an Kraftfahrzeugen nach Fahrzeugarten sowie die Zahl der motorisierten Fahrzeuge je 1000 Einwohner

| Fahrzeugart | 1950 | 1960 | 1970 | 1980 | 1990 |
|---|---|---|---|---|---|
| Krafträder | 929.516 | 1.892.479 | 228.604 | 738.180 | 1.413.674 |
| PKW | 539.853 | 4.489.407 | 13.941.079 | 23.191.616 | 30.684.811 |
| Kraftomnibusse einschl. Obusse | 15.083 | 33.198 | 47.253 | 70.458 | 70.370 |
| Sonstige Kfz | 536.483 | 3.801.703 | 3.620.494 | 5.226.105 | 4.533.872 |
| Motorisierte Fahrzeuge insgesamt | 2.020.935 | 10.216.787 | 1.7837.430 | 29.226.359 | 36.702.727 |
| Motorisierte Fahrzeuge je 1000 Einwohner | 40 | 185 | 291 | 476 | 592 |

Quelle: Statistisches Bundesamt 1991

Diese Entwicklung spiegelt sich auch in zwei weiteren Kennziffern wider: in der Kraftfahrzeugdichte und den Gesamtfahrleistungen, letztere in besonderer Weise eine Maßzahl für Mobilität im Sinne einer Überwindung von Raum und Zeit. Die Kraftfahrzeugdichte ist seit 1950 kontinuierlich von 40 Fahrzeugen pro Tausend Einwohnern auf 592 Fahrzeuge im Jahre 1990 angestiegen. Eine praktisch parallele Entwicklung finden wir bei den Fahrleistungen: diese stiegen seit 1960 von 110,1 Mrd. km auf 438,5 Mrd. km im Jahre 1989.

Betrachten wir nun die Entwicklung der eigentlichen touristischen Mobilität anhand einiger hierfür spezifischer Kennziffern wie Reiseintensität und Übernachtungshäufigkeit. Nach der jährlichen Reiseanalyse des Studienkreises für Tourismus reisten 1954 etwa 24% der westdeutschen Bevölkerung, im Jahre 1990 waren es ca. 69%. Auch hier können wir demnach eine Steigerung der touristischen Mobilität feststellen, die aber im Zeitablauf leichten Schwankungen vom allgemeinen Wachstumspfad unterlegt ist (vgl. Abb. 2), dabei ist der steile Anstieg der Zahl der Reisenden im Jahr 1990 auf die gemeinsame Befragung im alten und im neuen Bundesgebiet zurückzuführen.

Auf eine vergleichbare Entwicklung trifft man bei der Zahl der Übernachtungen in Beherbergungsstätten (als weiteren Indikator für touristische Mobilität); sie hat seit 1960 von ca. 129 Mio. auf ca. 256 Mio. im Jahr 1990 zugenommen.

Fazit: Alle hier gezeigten Kennzahlen von Mobilität im allgemeinen und von touristischer Mobilität im besonderen zeigen seit dem II. Weltkrieg einen teilweise dramatischen Anstieg bis zum Beginn der 90er Jahre, wodurch das Gesamtbild einer „mobilen" Gesellschaft deutliche Konturen erhält. Daß dies nicht nur für die Bundesrepublik gilt, sondern auch im weltweiten Maßstab, belegen etwa auch Zahlen der Welttourismusbehörde oder der OECD. Danach können wir im letzten Jahrzehnt dieses Jahrhunderts von einer wahren touristischen „Völkerwanderung" sprechen, in der jährlich über 500 Mio. Menschen länger als vier Tage verreisen, wovon wiederum ca. 40% nationale Grenzen überschreiten. Dabei sind die Mobilitätsströme des Touris-

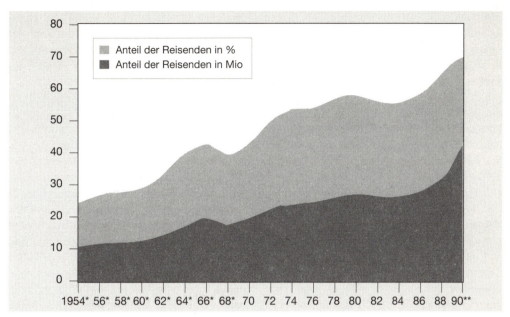

Abb. 2: Reiseintensität 1954–1990
Quellen: Studienkreis für Tourismus: Reiseanalysen;
*Urlaubsreisen 1968, DIVO-Institut. ** Ergebnis für alte und neue Bundesländer

mus ein weltweites Phänomen und nicht nur auf die entwickelten Länder Europas, Nordamerikas und Asiens beschränkt, obwohl hier sicher noch die Schwerpunkte liegen.

*(2) Die Entwicklung in den Rahmenbedingungen*

*Die Entwicklung sozio-ökonomischer Faktoren.* Eine Vielzahl von Analysen verschiedener Institute haben die Abhängigkeit der Reiseintensität von soziostrukturellen Faktoren wie etwa Alter, Bildung, Einkommen, berufliche Stellung u.a. gezeigt:

*Alter.* Nach allen uns vorliegenden Ergebnissen geht die Reiseintensität mit steigendem Alter zurück. Für unsere Überlegungen könnte dies bedeuten, daß die bis heute gestiegene Reiseintensität im wesentlichen durch einen überproportional gestiegenen Anteil jüngerer Personen (im Hinblick auf die Gesamtbevölkerung und hinsichtlich ihrer touristischen Mobilität) bestimmt wurde. Dies ist jedoch in zweifacher Weise ein Trugschluß: einmal hat der Anteil jüngerer Personen an der Gesamtbevölkerung nicht zugenommen, sondern nimmt besonders in den Altersgruppen bis 30 Jahren ab („Pillenknick"), wohingegen der Anteil von Personen über 60 Jahren stark angestiegen ist („vergreisende" Gesellschaft). Zweitens ist die Reiseintensität bis heute durch einen Anstieg in allen Altersgruppen gekennzeichnet, wobei die jüngeren Jahrgänge immer schon mobiler waren im Vergleich zu den älteren Jahrgängen. Letztere weisen aber über die letzten zwanzig Jahre relativ größere Steigerungsraten auf als die jüngeren Altersgruppen.

*Bildung.* Ein weiterer wichtiger Einflußfaktor des sozio-strukturellen Bereichs ist der Bildungsgrad. Seit dem Kriegsende erfolgte eine regelrechte Bildungsexpansion. Die Ausweitung der touristischen Mobilität ist also von einer gleichfalls starken Ausweitung des Bildungspotentials begleitet worden. Die empirischen Analysen von Umfragedaten zeigen nun in allen Jahren, daß die Reiseintensität mit steigender Bildung anwächst. So ergeben die Auswertungen für die Reiseanalyse des Jahres 1991, daß 56% der Bildungsstufe Hauptschule (8./9. Klasse), 76% der Bildungsstufe Mittlere Reife (10. Klasse) und 83% der Stufe Abitur (13. Klasse) wenigstens eine mehr als viertägige Urlaubsreise im letzten Jahr unternommen haben (vgl. Gilbrich 1992, S. 19).

*Einkommen.* Für diesen Faktor (gemessen als Haushaltseinkommen), läßt sich gleichfalls eine eindeutige Beziehung zur Reiseintensität feststellen: je höher das frei verfügbare Einkommen, umso größer ist die Reiseintensität, und um so eher wird auch eine Auslandsreise unternommen. Dabei zeigt sich, daß die touristische Mobilität sehr empfindlich auf Einkommensschwankungen reagiert: Haushalte mit geringerem Einkommen geben dessen Zuwächse in stärkerem Maße für Reisen aus als Haushalte mit höherem Einkommen. Während letztere bei abnehmendem Einkommen zwar eher mit Einschränkungen ihrer Reisetätigkeit reagieren, bleibt ihre Reiseintensität gleichwohl auch unter diesen Bedingungen höher als die der Bezieher niedriger Einkommen. Global betrachtet, hat die grundsätzlich größere Verfügbarkeit von Einkommensanteilen für den privaten Gebrauch jedoch zu einer entsprechenden Ausweitung der Ausgaben für Freizeitgüter seit Mitte der 60er Jahre geführt.

*Haushalte.* Auch für die Merkmale Haushalts- und Berufsstruktur existiert ein enger Zusammenhang zur touristischen Mobilität. Dabei steht die Haushaltsstruktur, hier gemessen als Zahl der im Haushalt lebenden Personen, in einem negativen Verhältnis zur Reiseintensität, zumindest dann, wenn das Alter kontrolliert wird: je weniger Personen demnach in einem Haushalt leben, um so größer ist tendenziell die Reiseintensität. Seit der Mitte unseres Jahrhunderts können wir nun eine drastische Veränderung der Haushaltsgrößen feststellen. So ging die Zahl der Haushalte mit vier und mehr Personen seit 1950 von ca. 32% auf ca. 18% zurück. Im gleichen Zeitraum nahmen die Einpersonenhaushalte von 19% auf 35% zu (vgl. Statistisches Bundesamt 1992, S. 49).

*Berufsstruktur.* Eine positive Korrelation ergibt sich hingegen beim Verhältnis der Berufsstruktur zur touristischen Mobilität: mit steigender beruflicher Stellung wächst auch die Reiseintensität. Dies kann letztlich nicht verwundern: da die berufliche Stellung stark mit der Bildung korreliert ist, mit wachsender Bildung aber, wie gezeigt, die Reiseintensität ansteigt, muß diese auch mit der beruflichen Stellung anwachsen. Dieser Anstieg hat, vermittelt über ein höheres verfügbares Haushaltseinkommen, sicherlich in hohem Maße zur Ausweitung der touristischen Mobilität beigetragen.

*Zeitbudget.* Die wahrscheinlich wichtigste Einzelgröße für die enorm gestiegene touristische Mobilität scheint allerdings ein weiterer Faktor aus dem sozio-strukturellen Bereich gewesen zu sein, nämlich die Veränderungen im Zeitbudget der Menschen: Abnahme der Tages-, Wochen- und Jahresarbeitszeiten und Zunahme der entsprechend verfügbaren Freizeiten. Damit hat sich der Spielraum für Freizeitaktivitäten und hier besonders für Reisen vergrößert. Im Jahre 1972 arbeiteten die Erwerbstätigen durchschnittlich 42 Wochenstunden, in den 80er Jahren waren es 40 Wochenstunden und seit 1990 arbeiten Arbeitnehmer im Durchschnitt nur noch 38 Wochenstunden. Besonders bedeutsam für die Reiseintensität und die Reisedauer war dabei aber der Rückgang der Jahresarbeitszeit infolge des Anwachsens tarifrechtlich geregelter, bezahlter Urlaubszeiten (vgl. Tab. 2).

Tabelle 2: Tariflich vereinbarte Urlaubsdauer im früheren Bundesgebiet

| Wochen | Betroffene Arbeitnehmer (in % aller von Tarifverträgen erfaßten Arbeitnehmer) | |
|---|---|---|
| | Ende 1980 | Ende 1990 |
| 3 bis unter 4 | 5 | 1 |
| 4 bis unter 5 | 22 | 4 |
| 5 bis unter 6 | 69 | 25 |
| 6 | 4 | 70 |

Quelle: Statistisches Bundesamt 1992

*Die Entwicklung der sozio-kulturellen Faktoren (Wertewandel, Lebensstile).* Der wachsende Tourismus ist nicht zuletzt auf einen sich in den letzten Jahren vollziehenden Wertewandel in der Bundesrepublik Deutschland zurückzuführen, durch den dem Arbeits- im Verhältnis zum Freizeitbereich eine neue Bedeutung zugeschrieben wurde. (Für eine Diskussion der einzelnen Dimensionen des Wertewandels und ihrer Auswirkungen auf den Tourismus s. (→) *Wertewandel*).

Darüber hinaus hat seit einigen Jahren auch das Lebensstilkonzept Eingang in die Freizeit- und Tourismusforschung gefunden (→ *Lebensstile*). Allerdings sind die Ansätze noch sehr uneinheitlich und lassen sich kaum aufeinander beziehen (vgl. etwa u.a. Gluchowski 1988; Lüdtke 1980; Uttitz 1985). Die bisher vorliegenden Ergebnisse des Lebensstilkonzeptes in der Freizeitforschung können u.E. jedoch belegen, daß Lebensstil die bisherigen Korrelate von Freizeitaktivitäten (z.B. Alter, Bildung, Beruf, soziale Schicht) modifiziert. Dieses neue sozialwissenschaftliche Konzept dient somit nicht nur dazu, Freizeitzusammenhänge differenzierter betrachten zu können, sondern trägt darüber hinaus zum besseren Verständnis der Bedingungsstrukturen des Verhaltens in der Freizeit bei.

## 4. Zusammenfassung und Ausblick

Der Tourismus hat sich in der Bundesrepublik Deutschland mittlerweile zu einem gesellschaftlichen Phänomen entwickelt, von dem nur noch spezifische Minderheiten gänzlich oder in größeren Teilen ausgeschlossen sind bzw. werden, wie z.B. ökonomisch und sozial Benachteiligte (alte Menschen, Arbeitslose, Sozialhilfempfänger und Behinderte). Seine Entwicklung geht einher mit einer gleichartigen Entwicklung der allgemeinen räumlichen Mobilität und ist wie diese in starkem Maße abhängig von hier skizzierten ökonomischen und sozio-demographischen Veränderungen. Die wichtigsten Veränderungen betreffen den materiellen Wohlstand, die Bereiche Haushalts- und Berufsstruktur sowie die Verfügung über immer mehr freie Zeit. Auf der Seite der kulturellen Teilhabe sind die veränderten Einstellungen zu Arbeit und Freizeit zu nennen. Es ist allerdings zu vermuten, daß sich der Einfluß veränderter Verhaltensweisen und Einstellungen auf die touristische Mobilität, etwa erforscht über das Konzept unterschiedlicher Lebensstilgruppen, verstärken wird, da sich das Ausmaß der Entwicklung der übrigen, bislang wichtigeren Faktoren, in Zukunft abschwächen dürfte.

## Literatur

ADAC (Hg.) (1988). Mobilität. Untersuchungen und Antworten des ADAC zu den Fragen: Was ist eigentlich Mobilität? Wie wird sich Mobilität in Zukunft entwickeln? Kann man Mobilität beeinflussen? München: ADAC.

Bähr, J. (1992). Bevölkerungsgeographie, 2. Aufl. Stuttgart: UTB.

Dundler, F. (1989). Urlaubsreisen 1954–1988. 35 Jahre Erfassung des touristischen Verhaltens der Deutschen durch soziologische Stichprobenuntersuchungen. Starnberg: Studienkreis für Tourismus.

Freyer, W. (1988). Tourismus. Einführung in die Fremdenverkehrsökonomie, München: Oldenbourg.

GEO Wissen (1991). Verkehr – Mobilität, H. 2. Hamburg: Gruner & Jahr.

Gilbrich, M. (1992). Urlaubsreisen 1991. Kurzfassung der Reiseanalyse 1991. Starnberg: Studienkreis für Tourismus.

Gluchowski, P. (1988). Freizeit und Lebensstile. Plädoyer für eine integrierte Analyse von Freizeitverhalten, Erkrath: DGFF.

Institut der deutschen Wirtschaft (Hg.) (1992). Zahlen zur wirtschaftlichen Entwicklung der Bundesrepublik Deutschland 1992. Köln: Deutscher Instituts Verlag.

Jugendwerk der Deutschen SHELL (1980). Einstellungen der jungen Generation zur Arbeitswelt und Wirtschaftsordnung 1979. Hamburg: Jugendwerk der Deutschen Shell.

Kaspar, C. (1992). Die Entwicklung des modernen Tourismus. Ursachen, Erscheinungsformen, Wirkungen (S. 17-25). In Statistisches Bundesamt (Hg.), Tourismus in der Gesamtwirtschaft. Ergebnisse des 4. Wiesbadener Gesprächs am 28./29. März 1990, Bd. 17 der Schriftenreihe Forum der Bundesstatistik. Stuttgart: Metzler & Poeschel.

Lüdtke, H. (1990). Kapitel Freizeit. Kompetenz, Ästhetik und Prestige in der Freizeit. Erkrath: DGFF.

Maslow, A.H. (1977). Motivation und Persönlichkeit. Olten, Freiburg: Walter.

Meulemann, H. (1981). Wertwandel, kulturelle Teilhabe und sozialer Wandel. Unveröff. Manuskr., Köln.

Pappi, F. U. (Hg.) (1979). Sozialstrukturanalyse mit Umfragedaten. Probleme der standardisierten Erfassung von Hintergrundsmerkmalen in allgemeinen Bevölkerungsumfragen. Königstein: Athenäum.

Romeiß-Stracke, F. (1992). Die Veränderungen der gesellschaftlichen Rahmenbedingungen für die Touristik (S. 21-28). In P. Roth & Schrand, A. (Hg.), Touristik-Marketing. München: Vahlen.

Scheuch, E. K. (1977). Soziologie der Freizeit (S. 1–92). In R. König (Hg.), Handbuch der empirischen Sozialforschung, Bd. 11, Freizeit und Konsum, 2. Aufl. Stuttgart: Enke.

Schrand, A. (1992). Tourismus 2000: Der Strukturwandel auf den Touristik-Märkten (S. 1-20). In P. Roth & Schrand, A. (Hg.), Touristik-Marketing. München: Vahlen.

Statistisches Bundesamt (Hg.) (1991). Tourismus in Zahlen 1991. Wiesbaden: Metzler & Poeschel.

Statistisches Bundesamt (Hg.) (1992). Daten-Report 5. Zahlen, Fakten über die Bundesrepublik Deutschland 1991/92. Landsberg: Moderne Industrie.

Strümpel, B. (1977). Die Krise des Wohlstands. Stuttgart: Kohlhammer.

Uttitz, P. (1985). Freizeitverhalten im Wandel, Erkrath: DGFF.

Vester, H.-G. (1988). Zeitalter der Freizeit. Eine soziologische Bestandsaufnahme. Darmstadt: Wissenschaftliche Buchgesellschaft.

**Karl-Wilhelm Grümer, Köln**

# Teil II

# Disziplinen der Tourismuswissenschaft

# Historische Tourismusforschung

## 1. Geschichtswissenschaft und Historische Tourismusforschung

Die Geschichtswissenschaft existiert nur im Plural. Wie jede Wissenschaft vom Menschen hat sie es mit hoch komplexen Strukturen, Prozessen und Ereignissen zu tun, multipliziert mit dem riesigen Bestand des Vergangenen. Dies bedingt Arbeitsteilung und Interpretationsspielräume. Die Historie gliedert sich daher in zahlreiche Disziplinen und Subdisziplinen. Diese sind nicht immer trennscharf abzugrenzen (weder untereinander, noch gegen historisch arbeitende Nachbarfächer, besonders Soziologie, Psychologie, Ethnologie); gemeinsam ist ihnen das Postulat der Quellenkritik, das methodisch verschieden eingelöst wird (klassisch Droysen 1937). Neben forschungspraktisch bedingten geographischen und zeitlichen Einteilungen gibt es nach „erkenntnisleitenden Interessen" unterschiedliche Arbeitsbereiche: vor allem die Politik-, die Sozial- und die Mentalitätsgeschichte. Während in Deutschland lange die Politik- resp. Ereignisgeschichte dominierte, sind seit den 70er Jahren die letzteren, stärker an strukturellen Determinanten interessierten Bereiche in den Vordergrund gerückt (Kocka 1986; Raulff 1987). Entsprechend dem Leitgedanken der Formung des Menschen durch ein Gefüge von kulturellen Traditionen, sozialen Beziehungen und materiellen Bedingungen („Totalität") wird hierbei versucht, die getrennten Disziplinen unter dem Dach der Historischen Sozialwissenschaft zu integrieren, um zu einer umfassenden Gesellschaftsgeschichte zu gelangen. Die schwierige Erstellung eines Gesamtbilds kann interdisziplinär und/oder als Synthese erfolgen; ein Pluralismus der anzuwendenden Theorien und Methoden ist hierfür Voraussetzung. Eine dritte Ebene der Bereichsaufteilung kann der Untersuchungsgegenstand selbst bilden (Frauen-, Ernährungsgeschichte etc.), dabei oftmals, aber nicht notwendig, auf das Ideal eines Gesamtbilds verzichtend. Eine solche Bindestrich-Geschichte ist die Tourismusgeschichte bzw. Historische Tourismusforschung; auch sie hat sinnvoll von der „Totalität" auszugehen und „pluralistisch" zu sein.

Eine eigenständige Historische Tourismusforschung steht noch in den Anfängen (Spode 1991). Daneben gibt es für Deutschland Untersuchungen im Rahmen der Wirtschafts-, Regional- oder Arbeiterbewegungsgeschichte, sowie eine größere Zahl essayistische, *cum grano salis* als kulturhistorisch zu bezeichnende Arbeiten. Auch Soziologie, Volkskunde und Literaturwissenschaft haben sich des Themas angenommen. Die (ökonomische) Fremdenverkehrswissenschaft zeigt sich an der Evolution ihres Gegenstands dagegen wenig interessiert. Ein Verständnis des Tourismus, zumal der tieferen Strukturen und säkularen Trends kann der Historie nicht entraten; somit fällt der Tourismusgeschichte auch die Funktion einer fremdenverkehrswissenschaftlichen Grundlagenforschung zu.

Die Geschichtswissenschaft hat es mit vergangener Gegenwart zu tun, mit Nicht-Veränderbarem; gegenüber der Erforschung gegenwärtiger Gegenwart bietet ihr das den perspektivischen Vorteil des Abstands von den jeweiligen zeittypischen Wissensbeständen resp. Vorurteilen; so kann sie auch helfen, heutige Wissensbestände als Vorurteile zu erkennen. Dies heißt nicht, daß sie schlicht aufzeigt, „wie es eigentlich gewesen" ist (L.v. Ranke), denn sie ist selbst „standortgebunden" und wechselnden Interessen unterworfen; den zu Tage geförderten Quellen kommt für die Deutung lediglich ein „Vetorecht" zu (Koselleck 1977). Umstritten ist, ob sich die Geschichtswissenschaft auf die „idiographische" Erklärung des Besonderen zu beschränken und ihre Ergebnisse für die Theorieentwicklung anderer, „nomothetischer" Fächer zur Verfügung zu stellen habe, oder ob sie selbst Theorien größerer Reichweite entwickeln müsse.

## 2. Der Gegenstand der Historischen Tourismusforschung

Entsprechend der Komplexität ihres Gegenstandes ist Tourismusgeschichte sehr weit zu fassen. Auf der anderen Seite darf sie nicht zu einer „allgemeinen Geschichte des Reisens" ausufern (Beck 1957): Tourismusgeschichte ist heuristisch zu unterscheiden von der Geschichte anderer Reisearten (die teils weit besser erforscht sind), z.B. der Entdeckungs- oder der Bildungsreise. Da der Tourismus Elemente älterer Reisearten inkorporiert hat, wäre eine strikte definitorische Grenzziehung allerdings nicht sinnvoll. Dagegen erweist sich eine pragmatische und empirisch fundierte Bestimmung der Besonderheit der touristischen Reise als wichtige Zielvorgabe der Tourismusgeschichte; aus Gründen der Stoffülle ist sie zudem unumgänglich. Die Historie muß hierbei Fragestellungen und Begriffe entwickeln, die mit den in der Fremdenverkehrswissenschaft verwendeten Definitionen nicht immer deckungsgleich sein können. Ihre Sicht zielt nicht auf das möglichst vollständige Umfassen aller Formen und Folgen vorübergehenden Ortswechsels, sondern auf die Herausarbeitung struktureller Eigenarten der touristischen Reise. Hierbei ist nicht aus einer „Theorie des Tourismus" zu deduzieren, vielmehr ein möglichst weit gefaßter Interpretationsrahmen induktiv fortzuschreiben.

Zu diesem Zweck wird man die touristische Reise als (scheinbar) zweckfreie Reise, ggf. einschränkend als Freizeitreise betrachten (Scheuch 1981). Damit ist der Interpretationsrahmen bereits ausreichend benannt; inhaltlich mag man ergänzen: Im Kontext der Herausbildung der Moderne entstehen Faktoren, deren Kombination das Bedingungsgefüge abgibt, das Tourismus möglich macht. Neben der „freien" Zeit, resp. dem Urlaub, sind dies vor allem ein „frei" verfügbares Einkommen, ein ausreichendes Maß an innerer Sicherheit, eine ausreichend entwickelte Infrastruktur (Beförderung, Beherbergung, Reiseorganisation i.w.S.) und schließlich die „Nachfrage", das keineswegs selbstverständliche Bedürfnis, die vorhandenen Möglichkeiten tatsächlich für eine Reise zu nutzen (Spode 1987, Reulecke 1989). Mit diesen Faktoren ist zugleich ein mögliches Gliederungsschema von Hauptaspekten der Geschichte des Tourismus gegeben.

Wenig sinnvoll wäre es, a priori stärker interpretierende Faktoren einzuführen („Regeneration", „Entfremdung" etc.), oder Tourismusgeschichte als Geschichte des „Massentourismus" zu limitieren. Zum einen ist dieser Begriff kulturkritisch-wertend und nahezu pleonastisch, da Tourismus (z.B. im Gegensatz zur Entdeckungsreise) per se ein Mengenphänomen ist, zum anderen würde er weitere kasuistische Definitionen nach sich ziehen (ab welcher Zahl beginnt die „Masse", bezieht sie sich auf das Zielgebiet oder auf die Reiseintensität etc.). Der Begriff ist aber sehr wohl geeignet, Wahrnehmungen und Phasen innerhalb der Tourismusgeschichte zu markieren.

Die Bandbreite möglicher Themen, Methoden und Darstellungsformen der Tourismusgeschichte ist groß (Eder & Klemm 1988). Sie reicht von der narrativ aufbereiteten Geschichte einer Fremdenverkehrsgemeinde über quantitative Untersuchungen z.B. des Reiseverhaltens, literarische oder ikonographische Studien zum Imagewandel von Landschaften, Ländern, Urlaubsformen, über Firmen- und Verbandsgeschichten, Studien zu Einzelfragen wie Reisevermittlung, Urlaubsrecht, Marketing, Werbung, Verkehrsträger, Beherbergung, Architektur etc., politik-, sozial- und wirtschaftshistorische Untersuchungen der entsprechenden Einflußgrößen und Rückwirkungen bis hin zu mentalitätsgeschichtlichen und synoptischen Darstellungen im Sinne einer Gesellschaftsgeschichte. In der Praxis wird häufig nur ein Aspekt detailliert aufzuarbeiten sein. Dann ist bei der Interpretation des jeweiligen Befundes die enorme Vielschichtigkeit des Phänomens „Tourismus" in Rechnung zu stellen, der man nicht gerecht werden kann, wenn nur eine Schauseite betrachtet wird. Aber erst viele Einzelstudien können zu einem Gesamtbild führen („hermeneutischer Zirkel"). Die Erstellung eines solchen – ggf. dann neuen Erkenntnisinteressen und Quellenbefunden anzupassenden – Gesamtbildes ist noch nicht befriedigend gelungen. Gleichwohl lassen sich Stadien und Trends begründen (→ *Geschichte des Tourismus*). Die Forschungslücken betreffen weniger die Phase der Herausbildung des Bedürfnisses nach touristischem Erleben in Aufklärung und Romantik, als die Formierung der modernen Freizeitreise zu einem festen Bestandteil der Lebensgestaltung in der Industriegesellschaft.

## Literatur

Beck, H. (1957). Geographie und Reisen im 19. Jahrhundert. Prolegomena zu einer allgemeinen Geschichte des Reisens. Petermanns geographische Mitteilungen, 101, 1–14.

Droysen, J.G. (1937). Historik. Vorlesungen über Enzyklopädie und Methodologie der Geschichte, hrsg. v. R. Hübner. München: Oldenbourg.

Eder, W. & Klemm, K. (1988). Historische Tourismusforschung. Touristik & Verkehr, 3 (3), 41–42.

Kocka, J. (1986). Sozialgeschichte. Begriff, Entwicklung, Probleme, 2. Aufl. Göttingen: Vandenhoek & Ruprecht.

Koselleck, R. (1977). Standartbindung und Zeitlichkeit. Ein Beitrag zur historiographischen Erschließung der geschichtlichen Welt. (S. 17–46) In R. Koselleck et al. (Hg.), Objektivität und Parteilichkeit, München: dtv.

Raulff, U. (Hg.) (1987). Mentalitäten-Geschichte. Zur historischen Rekonstruktion geistiger Prozesse. Berlin: Wagenbach.

Reulecke, J. (1989). Kommunikation durch Tourismus? Zur Geschichte des organisierten Reisens im 19. und 20. Jahrhundert. (S. 358–378) In H. Pohl (Hg.), Die Bedeutung der Kommunikation für Wirtschaft und Gesellschaft. Wiesbaden, Stuttgart: F. Steiner.

Scheuch, E. K. (1981). Tourismus. (S. 1089–1114) In Die Psychologie des 20. Jahrhunderts, Bd. 13, Zürich: Kindler.

Spode, H. (1987). Zur Geschichte des Tourismus [Vortrag]. Starnberg: Studienkreis für Tourismus.

Spode, H. (Hg.) (1991). Zur Sonne, zur Freiheit! Beiträge zur Tourismusgeschichte. Berlin: W. Moser.

**Hasso Spode, Berlin**

# Tourismusanthropologie

## 1. Anthropologie als Forschungsperspektive

Der Begriff Anthropologie geht auf Aristoteles zurück und meint „Menschenwissenschaft". Mit dem neutralen Sammelnamen „Humanwissenschaften" (human sciences, sciences de l'homme) ist er jedoch nicht ganz deckungsgleich. Es herrscht zumal in Deutschland ein z.T. unklarer Wortgebrauch. Vereinfachend sind zu unterscheiden: (1) an biologischen Determinanten interessierte Fächer (physical anthropology: Humanethologie, Paläanthropologie etc., bis hin zur einstigen Rassenforschung; Übergänge zu Humangenetik, Soziobiologie); (2) an sozio-kulturellen Determinanten interessierte Fächer (social und cultural anthropology: Ethnologie bzw. Völkerkunde; Übergänge zu Volkskunde, Soziologie, Sozialpsychologie, Linguistik und Geschichtswissenschaft); (3) eine fächerübergreifende Perspektive (Lévi-Strauss 1967, Lepenies 1977), die weiter reicht, als die eigentliche Sozial- bzw. Kulturanthropologie. Sie gründet in einer Auffassung vom Menschen als einem prinzipiell „offenen" bzw. wandelbaren Wesen, wie sie die philosophische (Gehlen 1961, Plessner 1981), und die soziale Anthropologie (Mauss 1978, Douglas 1986) entwickelt hatten, teils auch die Alltags- und die Wissenssoziologie (Bergmann 1981, Stehr & Meja 1981). Hiermit verbunden ist zumeist eine „holistische" Sicht, d.h. die Annahme der *„Totalität"* menschlicher Existenz (im Gegensatz zu „reduktionistischen" Modellen) unter Einschluß biologischer Vorgaben („Kompetenzen"), die die konkrete Mannigfaltigkeit nur in soweit determinieren, als sie sie prinzipiell ermöglichen.

Während die soziale Anthropologie diese Perspektive primär auf tribale Gesellschaften anwandte, um abstrakt-universelle „Bausteine" zu finden und ggf. die hierbei entwickelten Modelle auf komplexere Gesellschaften zu übertragen, zielte die philosophische Anthropologie stärker auf die Moderne und ihre historische Herleitung, resp. auf die Besonderheit der abendländischen Entwicklung. Die einst, vor allem von der angelsächsischen und französischen Ethnologie, auch der amerikanischen Soziologie, propagierte Beschränkung auf „synchronische" Strukturen (zum Tourismus. i.d.S. bes. MacCannell 1976) hat sich aus verschiedenen Gründen als Sackgasse erwiesen, so daß zumindest für komplexe Gesellschaften die anthropologische Perspektive eine historische Ausrichtung hat.

Thematisch hat man es vor allem mit naiv als natürlich empfundenen, faktisch jedoch hoch variablen „körpernahen" Verhaltensweisen (Ernährung, Sexualität etc.), sowie mit Wissenssystemen, Gefühlsweisen, Bedürfnissen, Affektmodellierungen zu tun. Methodisch lassen sich diese als Indikatoren umfassender, „tiefer" liegender Prozesse und Strukturen lesen, deren jeweilige Statik oder Dynamik eine Epoche definiert (Lepenies 1977, Burguière 1978). Die Infragestellung „kultureller

Selbstverständlichkeiten" trifft häufig auf einen starken ethno- bzw. hodiezentrischen „Widerstand" (s.a. Lévi-Strauss 1967, S.33).

## 2. Anthropologie und Tourismus

Gerade für dieses vielschichtige Phänomen bietet sich eine Perspektive an, die versucht, den Touristen als *„Kultur*produkt" (Scheuch 1977) zu erfassen und nicht als Realisierung eines hypostasierten „Wesens" des Menschen („Wandertrieb", „Freiheitsdrang", usf.). Die Fremdenverkehrswissenschaft war ursprünglich als umfassende „Kulturwissenschaft" konzipiert worden (Hunziker 1943), entwickelte sich jedoch zu einer auf die Gegenwart ausgerichteten ökonomisch-geographischen Spezialdisziplin. Die anthroplogische Perspektive erlaubt es, enge Horizonte interdisziplinär und/oder integrativ zu transzendieren. Die Früchte disziplinärer Forschung können für „Synthesebildungsprozesse" (Gleichmann 1986) nutzbar gemacht werden, die Problemlösungslücken aufdecken und die Chancen verbessern, die schwierige Einordnung in den Kontext der *Epoche* zu leisten. Dies stellt eine trennscharfe Bestimmung der Arbeitsbereiche keineswegs zur Disposition (Interdisziplinarität setzt Disziplinarität voraus), wohl aber ihre reduktionistische Abschottung.

Im Mittelpunkt des anthropologischen Interesses am Tourismus steht das *„Bedürfnis"* nach touristischem Erleben, das ein historisches Phänomen ist. Dessen Genese und Wandel erschließt sich nicht umstandslos aus den Äußerungen der Zeitgenossen, sondern über die Aufdeckung jener „tiefer" liegenden Strukturen, die den „Humus" für die bewußten Wünsche und Begründungen bilden (Winter 1988, S. 208; vgl. die auf Marx und Durkheim zurückgehende Unterscheidung in manifeste und latente Funktionen: s. Merton 1967) und in komplexe Makroprozesse eingebunden sind. Das Postulat der Kontextbezogenheit bedingt notwendig Berührungspunkte mit vielen Disziplinen:

Eine eigenständige „Historische Anthropologie" ist in der Forschungslandschaft nur schwach vertreten. Umso stärker dringen ihre Themen in die Historische Sozialwissenschaft ein (Süssmuth 1984); hierbei stellt die Mentalitätsgeschichte quasi ein institutionalisiertes Bindeglied dar (Sellin 1985), insbesondere, wenn sie nach *epochen*typischen Wahrnehmungs- und Gefühlsweisen fragt (Febvre 1988). Dies ist auch das Thema einer im Entstehen begriffenen „Historischen Psychologie", die allerdings nur erfolgreich sein kann, wenn sie eine einfache Projektion psychoanalytischer Kategorien auf die Vergangenheit vermeidet und wissenssoziologische Erkenntnisse aufgreift. Für tourismusrelevante Fragestellungen gibt es aus den vorgenannten Bereichen einige z. Zt. noch vereinzelte Arbeiten (z.B. Schivelbusch 1979, Spode 1988, Corbin 1990, Groh & Groh 1991, Schönhammer 1992). Programmatisch und thematisch der Historischen Anthropologie nahe steht die neuere *Kultursoziologie* (Rehberg 1981), die sich bislang nur mit vortouristischen Reiseformen beschäftigt hat. Bereits früher hatte Knebel (1960) versucht, den Tourismus als sozialen Wandel mit Mentalitätswandel in Beziehung zu setzen; diese wegen quellenseitiger Mängel bisweilen überzogen kritisierte Pilotstudie blieb allerdings ohne Nachfolge. Berührungspunkte ergeben sich schließlich auch zur ethnologisch/volkskundlichen Tourismusforschung, sofern sie nicht primär nach den Wirkungen des Tourismus fragt (Wahrlich 1984).

Anthropologie als eine „originelle Art, die Probleme zu stellen" (Lévi-Strauss 1967, S. 370) tangiert somit soziologische, psychologische und historisch-kulturwissenschaftliche Disziplinen, deren Grenzen (zumal in Deutschland) in diesem Licht teilweise artifiziell erscheinen. Hierbei ist sie nicht an ein bestimmtes Deutungsmuster, an eine festgefügte „Theorie" oder den Status einer prima philosophia i.S. Gehlens gebunden. Die großen, oft aufeinander bezogenen gesellschaftstheoretischen Entwürfe des 19./20. Jahrhunderts (Marx, Durkheim, Weber, Simmel, Schütz u.v.a.) kann sie als Steinbruch für Hypothesen nutzen.

Ein besonders vielversprechendes Konzept hatte Elias (1939/1978) über den Zivilisationsprozeß vorgelegt; in ihm werden psychische und soziale, ökonomische, politische Strukturen in die schlüssige Beziehung gesetzt, Elemente desselben dynamischen „Verflechtungszusammenhangs" zu sein. Ebenfalls vielversprechend sind Ansätze, die auf disziplinarische Zwänge und/oder Mechanismen der „sozialen Logik" und „Distinktion" abheben. Aber auch die neuere Systemtheorie kann viel unter anthropologischen Prämissen leisten; ihr hegemonialer Anspruch und ihre quasi-perfekte Geschlossenheit lassen jedoch von ihrer Anwendung oftmals zurückschrecken.

Vergleichbar mit der Geschichtswissenschaft ist Anthropologie nicht unvermittelt in Handlungswissen umzusetzen; es wäre gut, wenn hier Vermittlungen institutionalisiert und der Tourismusforschung zur Seite gestellt werden könnten.

## 3. Schwerpunkte und interpretative Grundlinien

Von Interesse sind allemal solche historischen Zeiten, in denen signifikante Veränderungen von „Strukturen langer Dauer" stattfanden: Brüche oder Schübe in Denk-, Gefühls- und Verhaltensweisen. Sie betreffen anfangs meist nur kleinere soziale Gruppen und stehen in je spezifischen Wechselwirkungen mit Wandlungen sozio-ökonomischer und politischer Strukturen. Thematisch gilt es, langfristige Veränderungen basaler Kategorien herauszuarbeiten (Wahrnehmungen und Funktionen des Fremden, von Raum und Zeit, Natur, Freiheit, Arbeit etc.), und sie mit den Entwicklungssträngen bzw. der Ausdifferenzierung der touristischen Reise in Beziehung zu setzen. Erfolgreich kann dies allerdings nur geschehen, wenn die Kontextbezogenheit gewahrt wird, d.h. wenn es gelingt, die Befunde als – ggf. auch „relativ eigenständige" – Teile eines Ganzen zu begründen. Wenig sinnvoll ist daher die gängige Suche nach (kontextfreien) „Analogien" oder „Vorläufern" in anderen Gesellschaften bzw. *Epochen* (s. grundsätzlich Lévi-Strauss 1967, S.14ff; Canguilhem 1979, S. 33ff), letzteres ist ein unendlicher Regreß, der zumeist nur deshalb in der Antike endet, weil hier auch der Bildungshorizont endet. Die anthropologische Perspektive ist untrennbar mit dem heuristischen Prinzip der „*Totalität*" verbunden.

Angesichts des teils noch geringen Wissensstands lassen sich anthropologische Dimensionen des Tourimus nur tentativ aufzeigen; das folgende will daher nur Anhaltspunkte nennen, ohne auf die Randbedingungen näher einzugehen (Spode 1988): In den europäischen Territorialstaaten des 18. Jh. mündeten sehr verschiedene langfristige Entwicklungen im „*Fortschritt*" – einem synergetischen Prozeß beschleunigter Evolution. In der Forschung wird hier allgemein eine Epochenschwelle, der „Beginn" der (bis heute nicht abgeschlossenen) Moderne verortet (vgl. Conze 1981). Für den Tourismus scheinen vor allem zwei Aspekte von Bedeutung. Erstens: Die Beschleunigung war den Zeitgenossen sehr bewußt und rief von Anbeginn zwei idealtypisch dichotome Reaktionen hervor: Fortschrittsoptimismus und Fortschrittspessimismus bzw. -kritik (Sieferle 1984), entsprechend der Betonung der Gewinne oder der Verluste, die mit dem Zuwachs „*rationaler Lebensführung*" (vgl. Breuer 1986) verbunden waren. Realiter waren die Einstellungen zumeist durchmischt resp. ambivalent; die kritisch-„romantischen" Elemente wurden ein „Humus" des Tourismus. Zweitens und grundlegender: Der *Fortschritt* in Europa verlief zunächst extrem ungleichmäßig und vermittelte daher die neue Erfahrung der „Gleichzeitigkeit des Ungleichzeitigen". War das Fremde bislang etwas anderes, konnte es nun als vorausgeeilt oder zurückgeblieben eingestuft werden (Koselleck 1975).

Der *„Fortschritt"* erzeugte Ungleichzeitigkeiten auf drei Ebenen: a) geographisch zwischen Zentrum und Peripherie, und zwar sowohl zwischen den Staaten, als auch innerhalb der Staaten zwischen verschieden entwickelten Regionen und zwischen Stadt und Land; b) sozialökonomisch und -psychologisch zwischen den Klassen und Schichten, wobei die Notwendigkeit *„rationaler Lebensführung"* resp. der entsprechenden Verstärkung der „Selbstkontrollapparatur" zunächst nur (Bildungs-)Bürger und Teile des Adels betraf; c) entwicklungspsychologisch innerhalb jener Oberschichten zwischen Erwachsenen und Noch-nicht-Erwachsenen, die in der nun verlängerten Enkulturationsphase die neuen „rationalen" Standards erst gegen Widerstände zu erlernen hatten und ihre Emotionalität („Empfindsamkeit") gegen die „kalte" Vernunft der Erwachsenen stellten.

Die taxonomische Vielfalt des Gleichzeitigen wurde somit in eine dynamische Rangordnung transformiert; die Zeit (→ *Zeiterleben*) wurde zum Maßstab der Entfernung und der Bewertung. Die „Verzeitlichung" des Wissens (z.B. Lepenies 1976) war auch für den Tourismus konstitutiv: Tourismus basiert auf der Erfahrung des (vermeintlichen oder tatsächlichen) Gefälles zwischen Zentrum und Peripherie, Gegenwart und Vergangenheit. Der Tourist „erfährt" Vergangenheit (s.a. Koselleck 1976, Hesse 1978); die scheinbar zweckfreie touristische Reise ist eine „Zeit-Reise".

Mit dem Vorauseilen der sozialen und geographischen Zentren waren fundamentale psychische Veränderungen einhergegangen (Elias 1978, Breuer 1986). Die „rationale Lebensführung" (Zunahme an Sozialdisziplinierung, geforderter Beständigkeit und Berechenbarkeit) korrelierte mit einer zunehmenden Affektkontrolle resp. Selbstdisziplinierung und trat vielen als künstliche, unmenschliche Folge des *Fortschritts* entgegen. Im Unterschied zum Bildungsreisenden wollte der Tourist das Gefälle daher nicht einebnen, sondern aufrechterhalten. Sein Ziel waren *„Natur"* und *„Freiheit":* Eine „romantische" Anschauung der „unberührten", „wilden" *Natur* und ihrer (von den eigenen Zwängen) „freien" Bewohner, sowie für sich selbst ein „freies", weniger verregeltes Verhalten, zumal – und heute am bedeutendsten – in der zweckfrei-offenen Interaktion mit anderen Touristen (s.a. Gleichmann 1973). Letztere kann entwicklungspsychologisch gesehen als Regression in quasi-jugendliche Verhaltensweisen aufgefaßt werden (Winter 1988), S. 221) bzw. unspezifischer als erlaubte *„time-out",* als – wie schon Enzensberger (1958/87) vermutete – temporäre „Flucht" aus dem verregelten Alltag. Unbeschadet der Tatsache, daß gerade Adelige zu den ersten Touristen zählten, ist der Tourismus ein Kind des Bürgertums, das gegen die geburtsrechtlichen Privilegien des Adels seine Maximen „Leistung" und „Gefühl" setzte. Historisch lassen sich manche Elemente der touristischen Reise lange zurückverfolgen, z.B. zur Bäder- oder Pilgerreise oder zu antiken, seit der Renaissance revitalisierten Topoi der Naturwahrnehmung, doch entstand erst im 18. Jahrhundert etwas Neues (das freilich bis heute von den Bildern vergangener Reiseformen lebt). Zu dessen Randbedingungen gehörte eine Steigerung von Sicherheit, Planbarkeit und Prestige des Reisens generell. Der moderne (absolutistische) Territorialstaat brachte somit sowohl das *Bedürfnis* nach Tourismus als auch die Mittel zu seiner Realisierung hervor.

Lange blieb die touristische Reise auf sehr kleine Bevölkerungsgruppen beschränkt. Als mit der Industrialisierung immer breitere Schichten den Regeln *„rationaler Lebensführung"* unterworfen wurden, lockerte sich diese Exklusivität ein wenig, wobei die touristische Reise zur Urlaubsreise verkürzt wurde. Diese wurde zunehmend mit einer Notwendigkeit der *Regeneration* durch die Zivilisation „verzehrter" Kräfte in Verbindung gebracht: Eine Begründung, die sowohl mit der Ausbreitung einer kategorialen Trennung von Arbeit und Freizeit einherging (Bausinger 1981), als auch mit der genuin medizinischen Theorie sog. „Zivilisationskrankheiten" („Neurasthenie" etc.). So wurde Tourismus im Europa der Jahrhundertwende eine Massenerscheinung (zumal in den neuen, konsumorientierten Mittelschichten), die auch ältere Reiseformen beeinflußte. In wechselseitigem Zusammenhang damit standen Strukturbrüche im Verkehrswesen (Ausbau des Schienennetzes, Beginn des motorisierten Straßenverkehrs), die das Raum-Zeit-Verhältnis veränderten. Da die große Mehrzahl der Menschen jedoch weiterhin von der Teilnahme am Tourismus ausgeschlossen blieb, tat sich nun eine weite Schere auf zwischen der Nachfrage und den Partizipationschancen, die schrittweise im 20. Jahrhundert durch Rationalisierung der Reiseorganisation und vor allem durch wachsenden Wohlstand im Verbund mit Pkw und Flugzeug geschlossen wurde, so daß man Tourismus als eine Selbstverständlichkeit betrachtet. Im Weltmaßstab bleibt er natürlich ein Privileg der „vorausgeeilten" Industrienationen.

## Ausblick

Die heutige Tourismusforschung nennt eine große Zahl von Begründungen für die Lust am Reisen, entsprechend vielfältig sind die Verhaltensweisen der Urlauber; auch andere Reiseformen werden „touristisiert", so daß der Definitionskatalog des Tourismus ständig umgeschrieben werden muß. Die Suche nach einer monokausalen „Theorie" des Tourismus führt in den Reduktionismus. Auf der anderen Seite darf die Forschung aber nicht vor der sichtbaren Mannigfaltigkeit kapitulieren. Obschon die anthropologische Perspektive den Tourismus eher als Indikator denn als Gegenstand eigenen Rechts ansieht, kann sie entscheidend zum Verständnis des Tourismus beitragen. Wahrscheinlich hat man es beim Tourismus mit einer „Struktur langer Dauer" zu tun. Ihre basalen anthropologischen Determinanten scheinen trotz einer suksessiv zunehmenden Vielfalt der Motive und Gestaltungsmöglichkeiten konstant geblieben zu sein.

## Literatur

Bausinger, H. (1981). Arbeit und Freizeit. (S. 114–135) In W. Conze, K.-G. Faber & A. Nitschke (Hg.), Funk-Kolleg Geschichte, Bd.1. Frankfurt/M.: Fischer.

Bergmann, W. (1981). Lebenswelt, Lebenswelt des Alltags oder Alltagswelt? Kölner Zeitschrift für Soziologie und Sozialpsychologie 33, 50–81.

Breuer, S. (1986). Sozialdisziplinierung. Probleme und Problemverlagerungen bei Max Weber, Gerhard Oestreich und Michel Foucault. (S. 45–72) In C. Sachße & F. Tennstedt (Hg.), Soziale Sicherheit und soziale Disziplinierung. Frankfurt/M: Suhrkamp.

Burguière, A. (1978). L'anthropologie historique. In J. LeGoff, R. Chartier & J. Revel (Hg.), La Nouvelle Histoire. Paris: CEPL.

Canguilhem, G. (1979). Wissenschaftsgeschichte und Epistemologie, Frankfurt/M.: Suhrkamp.

Cohen, E. (1979). A Phenomenology of Tourist Experiences. In Sociology, 13, 179–196.

Conze, W. (1981). Die moderne Revolution I. Der Beginn der modernen Welt. (S. 137–156) In W. Conze, K.-G. Faber & A. Nitschke (Hg.), Funk-Kolleg Geschichte, Bd. 2. Frankfurt/M.: Fischer.

Douglas, M. (1986). Ritual, Tabu und Körpersymbol. Sozialanthropologische Studien in Industriegesellschaft und Stammeskultur, Frankfurt/M.: Fischer.

Elias, N. (1978). Über den Prozeß der Zivilisation. Soziogenetische und psychogenetische Untersuchungen, Bd.1-2, 5. Aufl. Frankfurt/M.: Suhrkamp.

Enzensberger, H.M. (1987). Eine Theorie des Tourismus. Universitas, 42, 660–676.

Febvre, L. (1988). Das Gewissen des Historikers. Berlin: Wagenbach.

Gehlen, A. (1961). Anthropologische Forschung. Zur Selbstbegegnung und Selbstentdeckung des Menschen. Reinbek: Rowohlt.

Gleichmann, P.R. (1973). Gastlichkeit als soziales Verhältnis. Ein Baustein zu einer Theorie des Tourismus. In Mitteilungen des Instituts für

Fremdenverkehrsforschung der Hochschule für Welthandel. Sonderausgabe. Wien.

Gleichmann, P. R. (1986). Systhesenbilden, ein sozialer Prozeß? Stichworte zu einer Entwicklungstheorie des Synthesenbildens, Ms. (Studiengruppe „Theorie und Geschichte"). Bad Homburg.

Groh, R. & Groh D. (1991). Weltbild und Naturaneignung. Zur Kulturgeschichte der Natur, Frankfurt/M.: Suhrkamp.

Hesse, R. (1978). Massentourismus als Flucht in die Selbstbestätigung? Aspekte des Massentourismus in hochindustrialisierten Gesellschaften. Zeitschrift für Kulturaustausch, 3, 93–96.

Hunziker, W. (1943). System und Hauptprobleme einer wissenschaftlichen Fremdenverkehrslehre. St. Gallen.

Knebel, H.-J. (1960). Soziologische Strukturwandlungen im modernen Tourismus. Stuttgart: Enke.

König, R. & Schmalfuß A. (Hg.) (1972). Kulturanthropologie. Düsseldorf, Wien: Econ.

Koselleck, R. (1975). Fortschritt. In O. Brunner u.a. (Hg.), Geschichtliche Grundbegriffe Bd.2. Stuttgart: Klett.

Koselleck, R. (1976). „Erfahrungsraum" und „Erfahrungshorizont" - zwei historische Kategorien. In U. Engelhardt (Hg.), Soziale Bewegung und politische Verfassung. Stuttgart: Klett.

Lepenies, W. (1976). Das Ende der Naturgeschichte. Wandel kultureller Selbstverständlichkeiten in der Wissenschaft des 18. und 19. Jahrhunderts. München, Wien: Hanser.

Lepenies, W. (1977). Probleme einer historischen Anthropologie (S. 126–159). In R. Rürup (Hg.), Historische Sozialwissenschaft. Göttingen: Vandenhoek & Ruprecht.

Lévi-Strauss, C. (1967ff.). Strukturale Anthropologie, Frankfurt/M.: Suhrkamp.

Luhmann, N. (1985). Soziale Systeme. Grundriß einer allgemeinen Theorie. Frankfurt/M.: Suhrkamp.

MacCannell, D. (1976). The tourist. A new theory of the leisure class. London, New York: Macmillan.

Mauss, M. (1978). Soziologie und Anthropologie. Bd.1-2. Frankfurt/M.: Ullstein.

Merton, R.K. (1967). On theoretical sociology. New York: Free Press.

Pikulik, L. (1979). Romantik als Ungenügen an der Normalität, Frankfurt/M.: Suhrkamp.

Plessner, H. (1981). Die Stufen des Organischen und der Mensch. In ders., Schriften, Bd. 4, Frankfurt/M.: Suhrkamp

Rehberg, K.-S. (1981). Philosophische Anthropologie und die „Soziologisierung" des Wissens vom Menschen. ( S. 160–189) In R. M. Lepsius, (Hg.), Soziologie in Deutschland und Österreich 1918-1945. Opladen: Westdeutscher Verlag.

Ritter, J. (1974). Subjektivität. Sechs Aufsätze. Frankfurt/M.: Suhrkamp.

Scheuch, E.K. (1977). Soziologie der Freizeit (S. 1–192). In R. König (Hg.), Handbuch der empirischen Sozialforschung, Bd. 11, 2. Aufl. Stuttgart: Enke.

Schivelbusch, W. (1979). Geschichte der Eisenbahnreise. Zur Industrialisierung von Raum und Zeit im 19. Jahrhundert, 2. Aufl. Frankfurt/M.: Ullstein.

Schönhammer, R. (1992). In Bewegung. Zur Psychologie der Fortbewegung. München: Quintessenz.

Sellin, V. (1985). Mentalität und Mentalitätsgeschichte. (S. 555–598) In Historische Zeitschrift 241.

Sieferle, R.P. (1984). Fortschrittsfeinde? Opposition gegen Technik und Industrie von der Romantik bis zur Gegenwart. München: Beck.

Spode, H. (1988). Der moderne Tourismus - Grundlinien seiner Entstehung und Entwicklung vom 18. bis zum 20. Jahrhundert. (S. 39–76) In Storbeck, D. (Hg.), Moderner Tourismus – Tendenzen und Aussichten. Trier: Geographische Gesellschaft.

Stehr, N. & Meja, V. (Hg.) (1981). Wissenssoziologie. Opladen: Westdeutscher Verlag.

Süssmuth, H. (Hg.) (1984). Historische Anthropologie. Der Mensch in der Geschichte, Göttingen: Vandenhoek & Ruprecht.

Wahrlich, H. (1984). Tourismus – eine Herausforderung für Ethnologen. Problemdimensionen und Handlungsaspekte im touristischen Bezugsfeld. Berlin: Reimer.

Winter, G. (1988). Motivations- und emotionspsychologische Aspekte von Reisehandlungen. (S. 205–238) In Storbeck, D. (Hg.), Moderner Tourismus – Tendenzen und Aussichten. Trier: Geographische Gesellschaft.

**Hasso Spode, Berlin**

# Tourismussoziologie

## 1. Historische Entwicklung der Tourismussoziologie

Tourismussoziologie ist keine fest etablierte, institutionalisierte Teildisziplin der Soziologie. Zwar liegen zahlreiche soziologische Arbeiten zum Tourismus vor (explorative, theoretisch-konzeptionelle und empirische), ein fundiertes Theoriegebäude oder System empirisch gesicherter Hypothesen existiert aber nicht. Die Geschichte des Reisens (→ *Tourismusgeschichte*) reicht weiter in die Vergangenheit zurück als die Geschichte der Soziologie, doch die Begründer und Klassiker der Soziologie lebten in einem überwiegend noch vortouristischen Zeitalter und hatten dementsprechend den Blick auf andere soziale Phänomene und Probleme gerichtet. Immerhin taucht das Thema der (→) *räumlichen Mobilität*, die Problematik des Fremden in der Fremde, schon bei Klassikern der Soziologie wie Simmel, Park und Schütz auf. Hintergrund für diese Themenstellung waren die Auswanderungswellen von Europa nach Amerika, nicht touristische Migrationsströme.

Erste soziologische Betrachtungen des Fremdenverkehrs finden sich in den 30er Jahren (v. Wiese 1930; Ogilvie 1933; Norval 1936). Nach dem II. Weltkrieg ruft das anbrechende Zeitalter des modernen Massentourismus kritische Betrachtungen hervor (Mitford 1959; Boorstin 1961), umfassendere Darstellungen des Tourismus (Knebel 1960; Wagner 1970) und einzelne empirische Untersuchungen (Nuñez 1963; Forster 1964; Kentler, Leithäuser & Lessing 1969). Ab den 70er Jahren ist eine Intensivierung der Tourismussoziologie festzustellen, die sich in der Entwicklung von Repräsentativuntersuchungen (British National Tourist Survey seit 1954, deutsche Reiseanalyse seit 1970) und in der Gründung internationaler und interdisziplinärer Fachzeitschriften niederschlägt (Annals of Tourism Research ab 1974; Tourism Management ab 1981). In den 70er Jahren sind einige Publikationen erschienen, die zum Kern soziologisch relevanter Tourismusliteratur zählen (Young 1973; Turner & Ash 1975; MacCannell 1976). Über die Entwicklung der Tourismussoziologie bis in die frühen 80er Jahre gibt Cohen (1984), der selbst mit zahlreichen tourismussoziologischen Arbeiten in Erscheinung getreten ist, einen systematischen Überblick. Wachsendes Interesse der Soziologie am Tourismus kommt auch darin zum Ausdruck, daß sich in der International Sociological Association (ISA) 1990 eine Arbeitsgruppe „Internationaler Tourismus" konstituiert hat.

## 2. Untersuchungsgegenstände

Aufgabe der Tourismussoziologie ist die Beschreibung und Erklärung der gesellschaftlichen und kulturellen Erscheinungen, Ursachen, Funktionen und Folgen des Tourismus. Im Gegensatz zur Kulturkritik des Massentourismus hat die Soziologie eine vorurteilsfreie Bestandsaufnahme der Formen und Bedingungen des Reisens in allen Variationen und Facetten zu leisten, und zwar mit Hilfe des Instrumentariums quantitativer und qualitativer Sozialforschung. Die empirische Beschreibung des Tourismus stützt sich auf offizielle Statistiken zu Reisehäufigkeit und Reiseausgaben (Quellen: Statistisches Bundesamt, OECD, World Tourism Organization), auf repräsentative Umfragen zu Reisemotiven und Reiseverhalten (z.B. Reiseanalyse des Studienkreises für Tourismus Starnberg, Umfragen des B.A.T. Freizeit-Forschungsinstituts (→ *Repräsentative Reiseuntersuchungen*) und auf einzelne Feldstudien.

Während sich die Tourismuspsychologie vor allem für (→) *Reisemotive* und -verhalten von Individuen interessiert, stellt die Soziologie das individuelle Verhalten und Erleben in den Kontext soziokultureller Prozesse und Strukturen. Gefragt wird nach den gesellschaftlichen und kulturellen Bedingungen des Reisens sowie nach den Relationen des Tourismus zu anderen sozialen Bereichen. So thematisiert die Tourismussoziologie z.B. Zusammenhänge von Arbeitszeit, Freizeit und Reiseverhalten; die Abhängigkeit des Reisens von materiellen Ressourcen; den Wandel des Reiseverhaltens in Relation zum kulturellen Wertewandel; die aufgrund sozialer Ungleichheiten für verschiedene Bevölkerungsgruppen unterschiedlichen Möglichkeiten und Beschränkungen des Reisens. Des weiteren fragt die Soziologie nach den Rückwirkungen des Tourismus auf Gesellschaft und Kultur, und zwar nicht nur – wie die Fremdenverkehrsökonomie – hinsichtlich der ökonomischen Bedeutung, sondern auch im Sinne sozialer und kultureller Auswirkungen. Hier stehen dann Fragen im Mittelpunkt wie die Veränderung der Beziehungen zwischen Reisenden und Bereisten; die Auswirkungen des Tourismus auf die Sozialstruktur, Verhaltensweisen und Werthaltungen der Bevölkerung in touristischen Zielgebieten. So wurden beispielsweise Effekte des Tourismus anhand der Problembereiche Prostitution und Kriminalität in touristischen Gebieten untersucht. Auf makrosoziologischer Ebene werden die Konsequenzen des Tourismus im Hinblick auf Entwicklungschancen und -risiken „unterentwickelter" Regionen und Gesellschaften thematisiert.

Einen weiteren Themenbereich der Tourismussoziologie stellt die Analyse der Strukturen und Funktionszusammenhänge der sogenannten Tourismusindustrie, der touristischen Märkte sowie der tourismusspezifischen Arbeitsbedingungen und Berufsstrukturen dar. Neben statistischen Bestandsaufnahmen von tourismus- und fremdenverkehrstypischen (Teil-)Arbeitsmärkten (z.B. Koch et al. 1982) finden sich Darstellungen typischer Tourismusberufe, so z.B. des (→) *Reiseführers/Reiseleiters* (Cohen 1985; Datzer & Lohmann 1981; Schmeer-Sturm 1990) und des Animateurs (Finger & Gayler 1990; (→) *Animation*), sowie Studien zur Arbeitswelt in Hotels und Gaststätten (Gabriel 1988; Wood 1992). Konkrete Arbeitsbedingungen, Beziehungen zu Arbeitgebern und Gästen/Touristen werden hier ebenso thematisiert wie Prozesse und Probleme der Professionalisierung und die Frage, was unter Dienstleistung zu verstehen ist bzw. welche Merkmale für Servicequalität typisch sind (Urry 1990, S. 66-81). Über die berufssoziologische Analyse hinaus gehen schließlich organisationssoziologische Untersuchungen der Tourismusindustrie, die von der Beschreibung der sozialen Strukturen und Funktionen von Hotels, Restaurants (Whyte 1948) und Reisebüros über die Analyse der Verflechtung transnationaler Hotelketten (Dunning & McQueen 1981) bis zu Untersuchungen branchen- und nationenübergreifender Vernetzungen der Tourismusindustrie reichen. Tourismussoziologie umfaßt damit nicht nur das Freizeitverhalten der Urlauber, sondern auch die Arbeitswelt der im Tourismus beschäftigten Menschen.

## 3. Theoretische Konzepte

Im Prinzip sind die theoretischen Konzepte der Tourismussoziologie keine anderen als die in der Allgemeinen Soziologie verwendeten. Die Anbindung tourismussoziologischer Arbeiten an die Theorieentwicklung in der Allgemeinen Soziologie ist allerdings lose, d.h. die Theoriefundamente und -erträge tourismussoziologischer Untersuchungen sind oft bescheiden.

Während in der Tourismussoziologie zunächst die theoretischen Konzepte des in den 50er und 60er Jahren die Soziologie bestimmenden Strukturfunktionalismus Verwendung fanden (z.B. Werte, Normen, Rollen), schlagen sich in neueren soziologischen Studien des Tourismus Entwicklungen nieder, die auch in der Allgemeinen Soziologie und der Kulturanthropologie zu registrieren sind. Vor dem Hintergrund des gewachsenen Interesses an Theorierichtungen wie symbolischer Interaktionismus, phänomenologische Soziologie, Semiotik, kulturvergleichende Analysen und Theorien der Postmoderne erfahren auch in der Tourismussoziologie solche Konzepte stärkere Berücksichtigung, die sich mit personalen, ethnischen und kulturellen Identitäten, Erfahrungen und Ausdrucksmöglichkeiten befassen.

Eine zentrale Rolle spielt dabei der Begriff (→) *Authentizität*. So wird etwa untersucht, wie authentisch die Welt des Tourismus erlebt wird, wie die Tourismusindustrie Authentizität produziert und welche Konsequenzen die Vermarktung touristischer Erfahrungen, Räume und Gegenstände hat (Cohen 1988; MacCannell 1973; Pearce 1988; Redfoot 1984). Beliebte soziologische und kulturanthropologische Untersuchungsobjekte sind hier „Theme parks" (→ *Themenparks*) (vgl. Johnson 1981; King 1981; Moore 1980; Moscardo & Pearce 1986; Pearce 1988, S. 60-89), für Touristen arrangierte Shows und Rituale (Goldberg 1983) oder die den Touristen angebotenen Kunstartikel (Graburn 1976; Greenwood 1977). Neuere Arbeiten untersuchen auch die ästhetisch-stilistischen Dimensionen des Reisens (Adler 1989a) oder gehen etwa der Frage nach, was es eigentlich heißt, wenn der Tourist eine sightseeing tour unternimmt (Adler 1989b) und wie sich der „touristische Blick" kultur- und sozialgeschichtlich formiert hat (Urry 1990).

Eine traditionelle Fragestellung der Soziologie interessiert sich für die soziale Verteilung von Ressourcen und Verhaltensweisen. Die insbesondere nach dem Zweiten Weltkrieg in den westlichen Industrieländern festzustellende Zunahme der Verfügung über freie Zeit und Geld, die wachsende Bedeutung hedonistischer Werthaltungen stellen zusammen mit der Öffnung von Grenzen und dem Ausbau der Verkehrsmittel und -wege den Hintergrund für die Entwicklung des Tourismus dar. Gleichwohl sind Ressourcen, Verhaltensmotivationen und -verhaltenstendenzen sozial verteilt. Touristen, ihre Ressourcen, ihre Reisemotivation und ihr Urlaubsverhalten, lassen sich den herkömmlichen Kategorien der *Sozialstrukturanalyse* zuordnen. Allerdings hat auch die Sozialstrukturanalyse ihre Konzepte und Erklärungsansätze nicht unverändert fortgeschrieben. Ist die soziale Herkunft von Reisenden im 19. Jahrhundert noch in Begriffen der Klassenanalyse beschreibbar, so sind die Zielgruppen des modernen Tourismus mit dem Instrumentarium der Schichtungssoziologie differenzierter zu beschreiben. Analog zu den Befunden der Soziologie der 50er und 60er Jahre, die Tendenzen zur nivellierten Massengesellschaft hervorhoben, sind auch in der Tourismussoziologie zunächst Homogenisierungstendenzen sowohl der touristischen

Nachfrage wie des touristischen Angebots festgestellt worden. Vereinheitlichung und Vermassung sind daher auch beliebte Schlagworte der Tourismuskritik. Differenziertere Betrachtungen stellen demgegenüber feinere Unterschiede in den Ansprüchen, Erwartungen und Verhaltensweisen der Urlauber wie in den Angeboten der Tourismusindustrie heraus. Gruppen- und individuenspezifische Unterschiede versucht die Sozialstrukturanalyse mittlerweile mit dem Konzept 'Lebensstil' zu beschreiben, das in der Konsum-, Freizeit- und Tourismusforschung schon seit einiger Zeit Verwendung findet (Vester 1988, S. 58-70; (→) *Lebensstil*). Mit dem Stilkonzept werden kulturelle und ästhetische Dimensionen des Verhaltens stärker akzentuiert, als dies mit konventionellen Schichtungskriterien der Fall ist. Allerdings steht zur Debatte, inwieweit die diagnostizierten Lebens-, Freizeit-, Urlaubs- und Reisestile Artefakte der Erhebungsinstrumente sind und ob sie der Erfahrung und dem Selbstverständnis der untersuchten Menschen tatsächlich entsprechen.

## 4. Auswirkungen des Tourismus

Die rapide Entwicklung des Tourismus in Industrie- und Entwicklungsländern hat in der Makrosoziologie zur verstärkten Thematisierung der sozialen, kulturellen und ökologischen Auswirkungen des Tourismus geführt. Das Bewertungsspektrum reicht von der euphorischen Einschätzung des Tourismus als maßgeblichem Faktor und Katalysator für wirtschaftliches Wachstum, Völkerverständigung und soziokulturelle Entwicklung bis zur Verdammung des Tourismus als Kultur- und Umweltzerstörer ersten Ranges. Für die Beziehung zwischen Touristen und „Gastgebern" wurden folgende negative Punkte in Varianten benannt: der Beitrag von Touristen zum internationalen Verständnis sei gering; die Strapazierung der Gastfreundschaft würde schließlich unerträglich; Beschäftigungsverhältnisse in der Tourismusindustrie seien häufig inhuman; das Verhalten von Touristen ziehe in den Gastgeberkulturen unerwünschte Demonstrationseffekte nach sich; Tourismus verfälsche die lokalen kulturellen Ausdrucksformen; die Tourismusindustrie habe einen schädlichen Einfluß auf die traditionellen sozialen Beziehungen in der Gastgeberkultur (MacNaught 1982). Als handfeste Indikatoren für die negativen Effekte des Tourismus in den Zielgebieten des Tourismus werden steigende Kriminalitätsraten (Walmsley et al. 1983; Chesney-Lind & Lind 1986) und die Zunahme von Prostitution (Thanh-Dam 1983; → *Sextourismus*) angeführt. Und schließlich wird dem Tourismus eine breite Palette negativer ökologischer Folgen angelastet (Krippendorf 1975; Edington 1986; Opaschowski 1991).

Bei der Beurteilung von Auswirkungen des Tourismus bleibt oft unberücksichtigt, daß Tourismus kein einheitliches Phänomen ist. Auch die Gegenüberstellung Massentourismus (mit negativen Folgen) vs. „sanfter Tourismus" (mit positiven Folgen) ist zu simpel. Welche Folgen die eine oder andere Form des Tourismus für die Entwicklung eines Zielgebietes oder einer Gesellschaft hat, hängt von einer Reihe von Variablen ab (Ryan 1991, S. 164f.). Zu diesen zählen Merkmale der Touristen- wie der Gastgeberpopulationen (z.B. Anzahl, Homogenität/Heterogenität, Einstellungen, Erfahrungen), aber auch Merkmale der Zielgebiete (z.B. Erschließungsgrad, Konfrontation mit anderen Formen kulturellen, sozialen und ökonomischen Wandels) sowie des gesellschaftlichen, kulturellen, politischen und ökonomischen Umfeldes (z.B. wirtschaftliche Gesamtkonstellation, Partizipation an Entscheidungen über touristische Projekte, Kontrolle über Investitionen und Beteiligung an Gewinnen aus der Tourismusindustrie).

Ist die wirtschaftliche Bedeutung des Tourismus mit Hilfe einer Reihe von Berechnungsmodellen und Indikatoren noch einigermaßen kalkulierbar, so steht für die Analyse der sozialen, kulturellen und ökologischen Auswirkungen des Tourismus kein verbindliches Instrumentarium zur Verfügung (Cater 1987; Freyer 1988; Hudman & Hawkins 1989; Mathieson & Wall 1982; Ryan 1991; Williams & Shaw 1988). Zwar existieren zahlreiche Fallstudien zu den Folgen touristischer Entwicklungen in relativ überschaubaren Räumen; doch bleibt die Frage offen, inwieweit die fallspezifischen Ergebnisse und die korrespondierenden theoretischen Modelle – z.B. der (→) *„Resort cycle"* (Butler 1980; Haywood 1986; Wall 1982) – auf die komplexere Frage der Auswirkungen des Tourismus auf der Ebene der Gesamtgesellschaft oder der gesellschaftsübergreifenden Systeme verallgemeinert werden können. In diesem Zusammenhang kommt dem Begriff der ‚Tragfähigkeit' touristischer Zielgebiete eine wichtige Bedeutung zu. Ausgehend von einfachen Vorstellungen begrenzter Belastbarkeit touristischer Gebiete wurde versucht, Grenzwerte für Besucherzahlen zu bestimmen. Verfeinerte Modelle haben eine Vielzahl von psychologischen, soziologischen und ökologischen Kriterien entwickelt, die systemtheoretisch miteinander vernetzt werden können (Getz 1983). Demnach ist die Tragfähigkeit touristischer Gebiete keine vorab zu bestimmende Größe, sondern ergibt sich aus Anspruchsprofilen von Touristen und Gastgebern sowie aus den Ressourcen zur Bewältigung von Streßsituationen, die aus der Beanspruchung der Zielgebiete resultieren.

Kritische Untersuchungen zur Rolle des Tourismus in Entwicklungsländern haben wirtschaftliche Ineffizienzen und Reibungsverluste sowie soziale, kulturelle und ökologische Kosten und Disparitäten forcierter Tourismusentwicklung hervorgehoben (Holder 1988; Lea 1988; Lehmann 1980; Ludwig et al. 1990; Thomas 1988). Die Abhängigkeiten touristischer Zielgebiete in der „Dritten Welt" von den in der „Ersten Welt" zentrierten Reise- und Investitionsentscheidungen werden oft im Bezugsrahmen der post- oder neokolonialen Geschichte interpretiert. Bei der Beurteilung der Bedeutung des Tourismus für die Entwicklung einer Gesellschaft oder gar des Weltsystems bestehen gravierende Probleme darin, daß Kosten und Nutzen touristischer Entwicklungen nicht in einer einzigen operationalisierbaren Größe zusammengefaßt werden können; daß oft einzelne Entwicklungstendenzen voneinander isoliert betrachtet werden; und daß die Vor- und Nachteile des Tourismus nicht systematisch zu der Frage in Bezug gesetzt werden, ob soziale Systeme (Gemeinden, Regionen, Länder) zum Tourismus alternative Optionen haben und wie hoch deren Kosten und Nutzen zu veranschlagen sind. Für Entwicklungsländer beispielsweise ist der Vergleich der Kosten-Nutzen-Bilanzen für den Tourismus einerseits und die Landwirtschaft andererseits relevant (Latimer 1985).

## 5. Zukünftige Aufgaben der Tourismussoziologie

Die Tourismussoziologie bedarf der interdisziplinären Kooperation. Den vielfältigen Facetten des Phänomens Tourismus kann eine einzelne Wissenschaftsdisziplin nicht gerecht werden. Den verschiedenen Formen und Funktionszusammenhängen des Tourismus wird möglicherweise eine systemtheoretische Konzeption des Tourismus noch am ehesten gerecht. Daher sind auch verschiedene Systemmodelle des Tourismus entworfen worden (Hudman & Hawkins 1989; Mill & Morrison 1985), die für die Vernetzungen des Tourismus sensibel machen.

Für die zukünftige Tourismusforschung

weisen Witt, Brooke und Buckley (1991, S. 164f.) folgende Aufgaben aus:
- die stärkere Einbeziehung des Tourismus in die theoretische Analyse des Dienstleistungsbereichs insgesamt;
- die Weiterführung von deskriptiven Untersuchungen touristischer Zielgebiete hin zu Analysen der Folgen touristischer Entwicklungen;
- umfassendere Kosten-Nutzen-Analysen, die auf einem ganzheitlichen Ansatz beruhen, der ökonomische, soziologische, ökologische und politische Auswirkungen des internationalen Tourismus einbezieht;
- die Einbeziehung von Studien zum Freizeitverhalten sowie zum Hotel- und Verpflegungswesen in die Analyse des Tourismus;
- ein grundlegenderes Verständnis der Sozialpsychologie der Touristen;
- die Entwicklung von der Analyse einzelner touristischer Maßnahmen und Strategien hin zu einer politischen Wissenschaft vom Tourismus;
- die Rückkopplung von Konzepten des Tourismusmanagements an die Tourismusforschung.

Der Katalog von Desiderata zukünftiger Tourismusforschung kann noch ergänzt werden. So stellt sich die Frage, welchen Beitrag der Tourismus zur kulturellen Globalisierung leistet, ob Tourismus zur Einebnung sozialer und kultureller Unterschiede führt oder ob Tourismus gerade das Bewußtsein für lokale, regionale und nationale Besonderheiten schärft. Damit verbunden sind auch Fragen danach, inwieweit der Tourismus von großen transnationalen Unternehmen beherrscht wird, welche Chancen kleine Betriebe in der Tourismusbranche haben und welche strukturellen Bedingungen für Innovationen am günstigsten sind. Weitere anspruchsvolle Forschungsaufgaben bestehen in der Klärung der Fragen, inwieweit das System des Tourismus anfällig ist für Krisen interner (Überteuerung, Engpässe, Erschöpfung von Ressourcen) sowie externer Art (politische Ereignisse, Klimaveränderungen, Gesundheitsrisiken), wie das Tourismussystem auf diese Störungen reagieren kann und ob das System zu kontrollieren ist oder sich selbst steuern kann.

## Literatur

Adler, J. (1989a). Travel as performed art. American Journal of Sociology, 94, 1366-1391.
Adler, J. (1989b). Origins of sightseeing. Annals of Tourism Research, 16, 7-29.
Boorstin, D.J. (1961). The image: a guide to pseudo-events in America. New York: Harper & Row.
Butler, R.W. (1980). The concept of a tourism area cycle of evolution: implications for management of resources. Canadian Geographer, 24, 5-12.
Cater, E.A. (1987). Tourism in the least developed countries. Annals of Tourism Research, 14, 202-226.
Chesney-Lind, M. & Lind, I.Y. (1986). Visitors as victims. Crimes against tourists in Hawaii. Annals of Tourism Research, 13, 167-191.
Cohen, E. (1984). The sociology of tourism: approaches, issues, and findings. Annual Review of Sociology, 10, 373-392.
Cohen, E. (1985). The tourist guide. The origins, structure and dynamics of a role. Annals of Tourism Research, 12, 5-29.
Cohen, E. (1988). Authenticity and commoditization in tourism. Annals of Tourism Research, 15, 371-386.
Datzer, R. & Lohmann, M. (1981). Der Beruf des Reiseleiters. Starnberg: Studienkreis für Tourismus.
Dundler, F. (1989). Urlaubsreisen 1954–1988. 35 Jahre Erfassung des touristischen Verhaltens der Deutschen durch soziologische Stichprobenuntersuchungen. Starnberg: Studienkreis für Tourismus.
Dunning, J.H. & McQueen, M. (1981). Transnational corporations in international tourism. New York: United Nations Centre on Transnational Corporations.
Edington, J.M. (1986). Ecology, recreation and tourism. Cambridge: Cambridge University Press.
Finger, K. & Gayler, B. (1990). Animation im Urlaub. Studie für Planer und Praktiker. 2. Aufl. Starnberg: Studienkreis für Tourismus.
Forster, J. (1964). The sociological consequences of tourism. International Journal of Comparative Sociology, 5, 217-227.

of tourism. International Journal of Comparative Sociology, 5, 217-227.
Freyer, W. (1988). Tourismus. Einführung in die Fremdenverkehrsökonomie. München: Oldenbourg.
Gabriel, Y. (1988). Working lives in catering. London: Routledge & Kegan Paul.
Getz, D. (1983). Capacity to absorb tourism. Concepts and implications for strategic planning. Annals of Tourism Research, 10, 239-263.
Gilbrich, M. (1992). Urlaubsreisen 1991. Kurzfassung der Reiseanalyse 1991. Starnberg: Studienkreis für Tourismus.
Goldberg, A. (1983). Identity and experience in Haitian Voodoo shows. Annals of Tourism Research, 10, 479-495.
Graburn, N.H.H. (ed.) (1976). Ethnic and tourist arts. Berkeley: University of California Press.
Greenwood, D.J. (1977). Culture by the pound: an anthropological perspective on tourism as cultural commoditization. (pp. 129-139) In V.L. Smith (ed.), Hosts and guests. Philadelphia: University of Pennsylvania Press.
Günter, W. (Hg.) (1991). Handbuch für Studienreiseleiter. Starnberg: Studienkreis für Tourismus.
Haywood, K. M. (1986). Can the tourist-area life cycle be made operational? Tourism Management, 7, 154-167.
Holder, J.S. (1988). Pattern and impact of tourism on the environment of the Caribbean. Tourist Management, 9, 119-127.
Hudman, L.E. & Hawkins, D.E. (1989). Tourism in contemporary society. An introductory text. Englewood Cliffs, NJ: Prentice-Hall.
Johnson, D.M. (1981). Disney World as structure and symbol: recreation of the American experience. Journal of Popular Culture, 15, 157-165.
Kentler, H., Leithäuser, T. & Lessing H. (1969). Jugend im Urlaub. Eine Untersuchung im Auftrag des Studienkreises für Tourismus. Weinheim: Beltz.
King, M.J. (1981). Disneyland and Walt Disney World: traditional values in futuristic forms. Journal of Popular Culture, 15, 116-140.
Klemm, K. & Steinecke, A. (1991). Berufe im Tourismus. Bielefeld: Bertelsmann.
Knebel, H.J. (1960) Soziologische Strukturwandlungen im modernen Tourismus. Stuttgart: Enke.
Koch, A., Arndt, H. & Karbowski, J. (1982). Strukturanalyse des touristischen Arbeitsmarktes. München: Schriftenreihe des Deutschen Wirtschaftswissenschaftlichen Instituts für Fremdenverkehr an der Universität München.
Koch, A., Zeiner, M. & Harrer, B. (1991). Strukturanalyse des touristischen Arbeitsmarktes. München: Deutsches Wirtschaftswissenschaftliches Institut für Fremdenverkehr an der Universität München.
Krippendorf, J. (1975). Die Landschaftsfresser. Bern.
Latimer, H. (1985). Developing-island economies – tourism vs agriculture. Tourism Management, 6, 32-42.
Lea, J. (1988). Tourism and development in the Third World. London: Routledge.
Lehmann, A.C. (1980). Tourists, black markets and regional development in West Africa. Annals of Tourism Research, 7, 102-119.
Ludwig, K., Has, M. & Neuer, M. (Hg.) (1990). Der neue Tourismus. Rücksicht auf Land und Leute. München: Beck.
MacCannell, D. (1973). Staged authenticity: arrangements of social space in tourist settings. American Sociological Review, 79, 589-603.
MacCannell, D. (1976). The tourist – a new theory of the leisure class. New York: Schocken.
MacNaught, T.J. (1982). Mass tourism and the dilemmas of modernisation in Pacific Island communities. Annals of Tourism Research, 9, 359-381.
Mathieson, A. & Wall, G. (1982). Tourism. Economic, physical and social impacts. London: Longman.
Mill, R.C. & Morrison, A.M. (1985). The tourist system. An introductory text. Englewood Cliffs, NJ: Prentice-Hall.
Mitford, N. (1959). The tourist. Encounter, 13(4), 3-7.
Moore, A. (1980). Walt Disney World: bounded ritual space and the playful pilgrimage center. Anthropological Quarterly, 53, 207-218.
Moscardo, G.M. & Pearce, P.L. (1986). Historic theme parks: an Australian experience in authenticity. Annals of Tourism Research, 13, 467-479.
Norval, A.J. (1936). The tourist industry: a national and international survey. London: Pitman.
Nuñez, T.A. (1963). Tourism, tradition and acculturation: weekendismo in a Mexican village. Ethnology, 2, 347-352.
Ogilvie, F.W. (1933). The tourist movement: an economic study. London: Staples.
Opaschowski, H. (1991). Ökologie von Freizeit und Tourismus. Opladen: Leske & Budrich.
Pearce, P.L. (1988) The Ulysses factor. Evaluating visitors in tourist settings. New York: Springer.
Redfoot, D.L. (1984). Touristic authenticity, touristic angst, and modern reality. Qualitative Sociology, 7, 291-309.
Ryan, C. (1991). Recreational tourism. A social science perspective. London: Routledge.
Schmeer-Sturm, M.-L. (1990). Theorie und Praxis der Reiseleitung. Darmstadt: Jaeger.

Thanh-Dam, T. (1983). The dynamics of sex tourism: the case of Southeast Asia. Development and Change, 14, 533-553.

Thomas, C.Y. (1988). The poor and the powerless. Economic policy and change in the Caribbean. New York: Monthly Review Press.

Turner, L. & Ash, J. (1975). The golden hordes: international tourism and the pleasure periphery. London: Constable.

Urry, J. (1990) The tourist gaze. Leisure and travel in contemporary societies. Newbury Park: Sage.

Vester, H.-G. (1988). Zeitalter der Freizeit. Eine soziologische Bestandsaufnahme. Darmstadt: Wissenschaftliche Buchgesellschaft.

Wagner, F. A. (1970). Die Urlaubswelt von morgen. Erfahrungen und Prognosen. Düsseldorf, Köln: Diederichs.

Wall, G. (1982). Cycles and capacity. Incipient theory or conceptual contradiction? Tourism Management, 3, 188-192.

Walmsley, D.J., Boskovic, R.M. & Pigram, J.J. (1983). Tourism and crime: an Australian perspective. Journal of Leisure Research, 15, 136-155.

Whyte, W.F. (1948) Human relations in the restaurant industry. New York: McGraw Hill.

von Wiese, L. (1930). Fremdenverkehr als zwischenmenschliche Beziehung. Archiv für Fremdenverkehr 1.

Williams, A. & Shaw, G. (eds.) (1988). Tourism and economic development. Western European experiences. London: Belhaven Press.

Witt, S.F., Brooke, M.Z. & Buckley, P.J. (1991) The management of international tourism. London: Unwin Hyman.

Wood, R.C. (1992). Working in hotels and catering. London: Routledge.

Young, G. (1973). Tourism – blessing or blight? Harmondsworth: Penguin.

**Heinz-Günter Vester, München**

# Tourismusökonomie

## 1. Die Entwicklung des Tourismus

Der Tourismus in seiner heutigen Form und die Beschäftigung mit den wirtschaftlichen Aspekten des Tourismus ist zwar relativ jung, dennoch gehen die Wurzeln des Reisens in der Geschichte weit zurück (→ *Tourismusgeschichte*). Zu allen Zeiten war der Ortswechsel Gegenstand unterschiedlicher Betrachtungen, zumal auch die Motive, Dauer und Entfernung des Reisens sehr verschieden waren. Handel und Geschäft, Entdeckungs- und Eroberungsdrang, Forschungsinteresse, Bildung und Religion (vgl. Freyer 1990, S. 20) dürften im Mittelalter die Hauptmotive des Reisens gewesen sein, andere jedenfalls als für die Masse der heutigen Touristen. Erst in den 50er Jahren dieses Jahrhunderts setzte im Tourismus eine rasante Entwicklung ein, die auch für Ökonomen Grund genug war, sich intensiver damit zu befassen. Vor allem die Rahmenbedingungen und Entwicklungsfaktoren für das Reisen als ökonomisches Phänomen und ihre Beeinflußbarkeit wurden zunehmend in den Mittelpunkt der Betrachtung gestellt.

*(a) Einkommen und Wohlstand.* Sowohl die Entwicklung des realen Bruttosozialproduktes als auch die verfügbaren Einkommen pro Einwohner haben sich von 1950 bis heute vervielfacht und damit dem Bürger mit steigendem Wohlstand auch einen größeren Anteil des für den Urlaub und das Reisen frei verfügbaren Einkommens geschaffen. Dementsprechend stieg auch die touristische Nachfrage. Daneben haben aber auch die stabile Währung und die günstige Konjunktursituation einen erheblichen Einfluß gehabt.

*(b) Soziale Umwelt* (vgl. Kaspar 1986, S. 30). Auch die Änderung der gesellschaftlichen Ordnung hat erheblich zur Entwicklung des Tourismus vor allem in den europäischen Industriestaaten beigetragen. Mit ihren Hauptmerkmalen der Demokratie und der Marktwirtschaft als Wirtschaftsordnung ist diese Wohlstandsgesellschaft zugleich eine Konsumgesellschaft (Tourismus hat hohe Priorität), eine Leistungsgesellschaft (hohe Leistung und das Prinzip, sich etwas zu gönnen), eine mobile Gesellschaft (Aufstieg in höhere Einkommensklassen, Berufswechsel, räumliche (→) *Mobilität*, eine Bildungsgesellschaft (zunehmend höhere Bildung als Grundlage höherer Reiseintensität) und eine pluralistische Gesellschaft (organisierte Interessengruppen) (vgl. Kaspar 1986, S. 30).

*(c) Urlaub, Freizeit und Lebensbedingungen* (vgl. Freyer 1990, S. 33). Mit der Zunahme der Freizeit und damit des Urlaubs (heute durchweg ca. sechs Wochen effektiver Jahresurlaub) war eine Voraussetzung für eine rasche Entwicklung des Tourismus geschaffen, und die Tendenzen laufen auf weitere Arbeitszeitverkürzungen hinaus. Gleichzeitig wurden aber auch die Arbeitsbedingungen für die Arbeitnehmer zunehmend schlechter, so daß die Sinnhaftigkeit der Arbeit zunehmend hinterfragt wird und Urlaub und Freizeit als notwendige Alternative, als Ausgleich zu Beruf und Alltag gesehen werden.

*(d) Motorisierung und Mobilität.* Einer der stärksten Impulsgeber für die Tourismusentwicklung war ohne Frage die Entwicklung der privaten Motorisierung und der Verkehrsmittel. Die Ausstattung der Familien mit PKW sowie die Ausweitung des Straßensystems, des Flugtourismus und der Entwicklung von Bahn und Bus haben den Tourismus in seiner heutigen Form maßgeblich geprägt. Sicherheit, höhere Geschwindigkeit, Regelmäßigkeit, Bequemlichkeit und Komfort sowie Erhöhung der

Massenleistungsfähigkeit der Verkehrsmittel haben stark zur Entwicklung des Tourismus als Massenphänomen beigetragen (vgl. Kaspar, 1986, S. 34).

Diese Beispiele machen deutlich, wie sehr der Tourismus in den letzten 30 Jahren gerade von wirtschaftlichen, sozialen, politischen, technischen und ökologischen Faktoren sowie der Entwicklung der touristischen Unternehmen geprägt wurde.

## 2. Tourismus als wirtschaftswissenschaftliche Disziplin

So wie der Tourismus von den verschiedensten sozial-/humanwissenschaftlichen Disziplinen untersucht wird (Psychologie, Medizin, Soziologie, Geographie, Geschichte u.a.), so haben sich in den letzten Jahren zunehmend auch die Ökonomen dieses Teilbereiches der *Betriebswirtschaftslehre* angenommen. Sicher ist auch vielfach diskutiert worden, ob und inwieweit die wirtschaftlichen Tourismusfragen eine eigene wissenschaftliche Disziplin darstellen, oder ob sie in das bestehende System der betriebs- und volkswirtschaftlichen Fragestellungen einzuordnen sind. Unter systematischen Gesichtspunkten ist der Tourismus unter wirtschaftlicher Betrachtung sicher eine spezielle Betriebswirtschaftslehre, ähnlich wie die Industrie-, Bank-, Handels- oder Verkehrsbetriebslehre. Hierbei ist die Behandlung allgemein betriebswirtschaftlicher Themen von Bedeutung (wie Beschaffung, Leistungserstellung, Absatz, Finanzierung und Investition, Personalwesen, EDV und Organisation). Daneben spielen aber auch die speziellen Fragestellungen der Branche bzw. der verschiedenen Unternehmensarten eine wesentliche Rolle. Die Hotellerie hat andere wirtschaftliche Besonderheiten als die Reisewirtschaft und diese wiederum andere als die zumeist kommunalen Unternehmen der Kurverwaltungen und Verkehrsämter. Bei Hotel und Reisebüro stehen privatwirtschaftliche Interessen, also die Gewinnzielung im Vordergrund. Bei den kommunalen Unternehmen zumeist die Übernahme von Aufgaben, die von der Privatwirtschaft meist nur mit Defiziten zu führen wären.

Neben dieser betriebswirtschaftlichen Betrachtungsweise, die auf das einzelne Unternehmen bezogen ist, rücken für den Tourismus auch die *gesamtwirtschaftlichen* Themen in den Vordergrund, v.a. zwei Fragen:
– Inwieweit beeinflußt der Tourismus die volkswirtschaftlichen Daten?
– Inwieweit wird der Tourismus von diesen gesamtwirtschaftlichen Rahmenbedingungen beeinflußt?

Einige der Themen, die in diesem Zusammenhang betrachtet werden, sind:
– Wachstum und Konjunktur;
– Zahlungsbilanz und gesamtwirtschaftliches Gleichgewicht;
– Internationale Geld- und Währungspolitik;
– Arbeitsmarkt und Arbeitslosigkeit;
– Auswirkungen des europäischen Binnenmarktes
– Harmonisierung von Steuern, Recht und Niederlassungsfreiheit

Insoweit läßt sich das ökonomische System des Tourismus recht einfach darstellen (vgl. Freyer 1990, S. 50). Gesamtwirtschaftlich sind am Tourismus beteiligt:
(a) *die Konsumenten, Urlauber, Nachfrager;*
(b) *die Anbieter, die Tourismusunternehmen.*

Beide treffen sich auf dem Markt für touristische Leistungen. Es liegt daher nahe, zunächst die Konsumenten aus der Sicht des Wirtschaftlers zu beschreiben, um anschließend die Anbieter und ihre Beeinflussungsmöglichkeiten des Marktes zu untersuchen. Die Tourismuswirtschaft sucht verständlicherweise nach Möglichkeiten, den Umsatz und damit den Gewinn zu erhöhen. Dafür braucht sie aber eine genaue Kenntnis von diesen Konsumenten, den Urlaubern, um sich

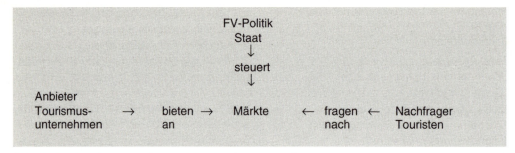

Abb. 1: Grundstruktur eines ökonomischen Tourismusmodells
(nach Freyer 1990, S. 50)

als Anbieter möglichst optimal auf die Nachfrage einzustellen. Wer die Kundenwünsche am besten erfüllt, dem eröffnen sich auch unternehmerisch die größten Gewinnaussichten. So ist es auch mit den Märkten; wer diese am besten kennt und beeinflußt, dem eröffnen sich die besten Gewinnchancen. Unternehmer müssen Entscheidungen fällen, wenn sie am Markt bestehen wollen. Das setzt aber voraus, daß sie sowohl die Nachfrage, die Angebotsseite und den Markt kennen und die Instrumente beherrschen, um diesen Markt und seine Teilnehmer zu beeinflussen (vgl. Abb. 1).

## 3. Die touristischen Anbieter

In der Tourismuswirtschaft haben wir kein einheitliches Untersuchungsobjekt, wie es die Bankbetriebslehre mit dem Bankbetrieb und die Handelsbetriebslehre mit dem Handelsbetrieb hat. Daher wird auch die wirtschaftswissenschaftliche Behandlung der Themen nicht nach Funktionen gegliedert wie beim Industriebetrieb (Beschaffung, Produktion, Absatz, Finanzierung und Investition), sondern die drei großen touristischen Bereiche werden nach institutionellen Gesichtspunkten separat behandelt. Das Hotel- und Gastgewerbe, die Reisewirtschaft und die kommunale Fremdenverkehrswirtschaft (Kurverwaltung/Verkehrsamt) sind zwar typische Tourismusunternehmen, die sich aber sowohl im Produkt, als auch in ihrer betriebswirtschaftlichen Struktur erheblich unterscheiden. Daher soll hier kurz darauf eingegangen werden.

### (1) Das Hotel- und Gastgewerbe

Das Hotel- und Gastgewerbe ist sowohl aus gesamtwirtschaftlicher Sicht, wie auch aus Sicht einer Gemeinde ein beachtlicher Gewerbezweig. In diesem Bereich sind in der BRD mehr Mitarbeiter beschäftigt als in der gesamten deutschen Automobilindustrie. Die Branche ist abgesehen von den Hotelkonzernen und -ketten mittelständisch orientiert und von der wirtschaftlichen Seite her geprägt durch eine hohe Kapitalintensität (hohe Kapitalbindung in den Anlagen), hohe Personalkosten (bis zu 60% der Gesamtkosten) und zumeist eine relativ geringe Eigenkapitalausstattung. Dazu kommen noch eine Vielzahl weiterer wirtschaftlicher Probleme (Saisonalität, Abhängigkeit von Kundenmotiven und -geschmack, von wirtschaftlichen Rahmenbedingungen, von umwelt- und gesellschaftlichen Entwicklungsströmungen).

Hier werden vom Unternehmer rationale Entscheidungen verlangt, die das Unternehmen im nationalen wie internationalen Wettbewerb sichern. Daher sind gerade in diesem Zusammenhang für den verantwortlichen Unternehmer gleichermaßen Ergebnisse der psychologischen wie soziologischen Forschung einzubeziehen, ohne de-

ren Kenntnisse das Unternehmen heute nicht mehr überleben kann. Üblicherweise geht es um die Beantwortung folgender Fragen:
– Wie sehen meine Marktsegmente aus, die ich umwerbe, ihre Motive, Wünsche, Erwartungen an mein Haus, mein Produkt?
– Wie beurteilt der Gast meine Leistung, den Service meiner Mitarbeiter, mein Programmangebot?
– Wie beurteilt der Gast die Rahmenbedingungen, in denen meine Leistung angeboten wird (der Ort und Nachbarorte und ihr Gesamtangebot)?
– Wie sehen Trendänderungen aus bei Motiven und Wünschen?
– Wie beurteilt der Gast Preise und Leistung?

*(2) Die Reisewirtschaft*
Die Reisewirtschaft mit ihren Unternehmen der Veranstalter und Vermittler hat wiederum eine andere Bedeutung, Struktur und betriebswirtschaftliche Besonderheiten in der Tourismusbranche. Die etwa 9500 Haupterwerbsreisebüros erzielten 1990 einen Umsatz von ca. 30 Mrd. DM (nach: DRV 1991, S. 12).

Auch hier haben wir einige Besonderheiten auf der Unternehmensseite:
– bei den Reiseveranstaltern eine starke Konzentration auf 3–4 große Unternehmen,
– eine Nettoumsatzrendite, die seit Jahren vielfach unter 1% liegt,
– hohe Abhängigkeit von saisonalen Strukturen,
– durch die „Kurzlebigkeit" des Produktes Pauschalreise ein hohes unternehmerisches Risiko,
– durch das Reisevertragsgesetz eine besondere Haftung gegenüber dem Kunden,
– hohe Personalkosten (bis zu 60%),
– ein zunehmend internationaler Wettbewerb,
– vorwiegend klein- und mittelständische Unternehmensstrukturen.

Gerade hier werden vom Unternehmer nicht nur Fragen an die ökonomische Wissenschaft gestellt (wie z.B. Verhältnis Kosten – Erlöse, Preispolitik im Rahmen des Gesamtmarketing, Finanzierung, Investition und Personalführung). Hier werden auch zunehmend Antworten von der Psychologie und Soziologie erwartet. Gerade hier wäre die Reisewirtschaft in den letzten Jahren ohne die begleitende psychologische und soziologische Tourismusforschung relativ uninformiert gewesen über viele Vorgänge im Verhalten des Urlaubers, zumal die Mehrzahl aller Unternehmen der Reisewirtschaft zu eigenen Marktforschungsaktivitäten aus Kostengründen und vielfach auch aus fachlichen Gründen nicht in der Lage gewesen war.

Hier stellt die Branche Fragen, die für ihre wirtschaftlichen Entscheidungen von hoher Bedeutung sind und die z.B. in Form der Reiseanalyse seit 1970 jährlich der Branche durch den Studienkreis für Tourismus in Starnberg beantwortet werden (→ *Repräsentative Reiseuntersuchungen*):
– Welche (→) *Reisemotive* und Urlaubserwartungen hat der Urlauber?
– Welche (→) *Reiseentscheidungen* und -planungen werden wann und mit welchem Ergebnis erstellt?
– Welche Reiseziele waren und sind ganz besonders bevorzugt und welche sind immer weniger von Bedeutung?
– Welche Landschaftsformen, Reisearten, Verkehrsmittel, welcher Zeitpunkt, welche Dauer der Reise, Verpflegung, Aktivitäten, Finanzierung wurden genutzt und wie zufrieden war der Gast? Wie sieht die Gruppe der Nicht-Reisenden aus und wie sind sie zu motivieren?

Insgesamt kann man feststellen, daß der ökonomische Erfolg eines Unternehmens der Reisewirtschaft auch abhängig ist von der Quantität und Qualität der zugelieferten Daten über das Verhalten der Gäste. Wer wirtschaftliche unternehmerische Entscheidungen in dieser Branche zu treffen hat, kann heute weniger denn je auf diese Informationen verzichten.

*(3) Kommunale Fremdenverkehrswirtschaft*
Zu dieser Gruppe der Fremdenverkehrsinstitutionen zählen vor allem die kommunalen und staatlichen Verkehrsämter und Kurverwaltungen, Vereine und Verbände. Auch hier haben wir sehr unterschiedliche Betriebe – von einem Ein-Mann-Verkehrsamt bis zur

Kurverwaltungs-GmbH mit 800 Mitarbeitern. Auch hier sind die wirtschaftlichen Strukturen und Probleme teilweise wieder völlig anders als bei Hotellerie und Reisewirtschaft:

- Eine Reihe von Unternehmen sind gar nicht auf Gewinnerzielung orientiert, sondern vertrauen auf die Deckung der Defizite durch den Gemeindehaushalt.
- Kommunale Strukturen bei Rechts- und Unternehmensform, Entscheidungsprozesse im Gemeinderat, Haushalts- und Tarifrecht, Beförderungs- und Leistungsanreize sind vielfach anders als bei privaten Unternehmen.
- Einfluß von Parteien und gesellschaftlichen Gruppen auf den Fremdenverkehr der Gemeinde.
- „Produkte", die nicht mehr der einzelne Anbieter allein gestaltet, sondern die abhängig sind vom gesamten Angebot des Ortes/der Gemeinde.

Gerade hier sind die Fragestellungen an die Psychologie und Soziologie besonders intensiv:
- Wie kann ich das Innenmarketing meiner Gemeinde verbessern?
- Wie kann ich die Vielzahl von „Mitentscheidern" im kommunalen Fremdenverkehr „unter einen Hut bringen"?
- Wie kann ich das gesamte kommunale Marketing mit den Erkenntnissen der psychologischen und soziologischen Forschung verbinden?
- Wie kann ich Kurgästen, die alt, krank, einsam und kontaktarm sind, unter Leitung eines Sozialpädagogen oder Seelsorgers bei der Problembewältigung helfen? Gerade Kurpatienten im Rehabilitationsbereich sind hierauf besonders angewiesen.
- Wie groß ist das Potential an kurwilligen Menschen in der Gesellschaft, wie groß mein Marktsegment?

Nur der Unternehmer, der seinen Markt, sein Produkt und die Wirkung dieses Produktes auf den Gast genau kennt, wer im Rahmen des touristischen Marketing genau weiß, welche psychologischen und soziologischen Rahmenbedingungen zu beachten sind, nur der wird als Wirtschaftler ökonomisch sinnvolle Entscheidungen treffen.

Ob man im Rahmen des Marketing-Management die Produktpolitik, die Preispolitik, die Absatzpolitik oder die Kommunikationspolitik nimmt, bei allen Instrumenten geht es um den Menschen, den Gast, den Urlauber und seine Entscheidung, mein Produkt oder das der Konkurrenz zu kaufen. Deshalb sind auch die ökonomischen Entscheidungen im kommunalen Fremdenverkehr nur so gut, wie sie auch präzise Informationen über das Verhalten der Gäste in diese Entscheidungen einbeziehen.

Sicher sind mit diesen drei touristischen Hauptbereichen (Hotel – Reisewirtschaft – kommunale Fremdenverkehrsunternehmen) bei weitem nicht alle Unternehmen einbezogen, die im weiteren Sinne auch als Tourismusunternehmen zu bezeichnen sind und die in ihrem wirtschaftlichen Entscheidungsprozeß die Ergebnisse der psychologischen und soziologischen Forschung einbeziehen sollten. Hierzu zählt z.B. die gesamte Branche der Personenbeförderung (Flug, Bahn, Bus, Schiff, PKW). Aber auch die sonstigen Anbieter wie Skischulen, Kongreßanbieter, Naherholungsanbieter, Center-Parcs und private Kurmittelanbieter im Heilbad; sie alle beziehen mehr oder weniger die Ergebnisse vieler Nachbardisziplinen in ihren Entscheidungsprozeß mit ein. Seien es die Ergebnisse der medizinischen Forschung, der rechtlichen Rahmenbedingungen, aber auch und vor allem die der Psychologie und Soziologie.

## 4. Das Fremdenverkehrssubjekt

Im Mittelpunkt des Interesses für den Wirtschaftler steht die Frage: wie kann ich auf diesem Tourismusmarkt dem Gast ein möglichst optimales „Produkt" anbieten, damit er zufrieden ist und ich dabei möglichst hohe Umsätze und Gewinne erziele. Dabei stellen wir aber fest, daß dieser Urlauber kein rational denkendes und handelndes Wesen ist. Im

Gegenteil – seine Bedürfnisse und Motive sind so vielfältig bis widersprüchlich, so stark von Mode und Zeitgeist abhängig, daß sehr leicht die Gefahr besteht, an diesem Wesen Urlaubsgast „vorbeizuproduzieren".

*(1) Bedürfnisse und Motive.* Deshalb sind für den Anbieter diese Motive außerordentlich wichtig. Gerade die Wirtschaftstheorie befaßt sich auch in vielen anderen Zusammenhängen mit den Bedürfnissen, die durch die wirtschaftlichen Güter zu befriedigen sind. Sicher gibt es beim Urlauber eine Vielzahl verschiedener Motive, die auch oft sehr schnell wandelbar sind und die auch auf den Tourismus einwirken (→ *Motivationspsychologie;* → *Reisemotive*).

Krippendorf (1975, S. 19) ist der Ansicht, daß sich auch im Tourismus tiefgreifende Wandlungen abzeichnen, die auch den künftigen Tourismus beeinflussen:
- eine Abkehr von der Überbetonung ökonomischer Werte im Verhältnis zu anderen Lebens- und Interessensbereichen;
- zunehmendes Verständnis für immaterielle Werte: Gesundheit, Umwelt, Natur, Wissen, Bildung;
- wachsender Widerstand gegen die totale Anonymisierung in der Masse;
- stärkere Befreiung von gesellschaftlichen Normen und Zwängen (→ *Selbstaktualisierung*).

*(2) Soziale Einflußfaktoren.* Der Mensch lebt und wird geprägt von seiner sozialen Umwelt, wobei die Arbeitswelt und der Arbeitsplatz bereits erheblich auf ihn einwirken und auch sein touristisches Verhalten prägen. Während ursprünglich die Teilnahme am Fremdenverkehr den wohlhabenden gesellschaftlichen Schichten vorbehalten war, wurde mit zunehmendem Wohlstand Urlaub und Freizeit für alle sozialen Schichten erschlossen. „Die Erholung wird zum notwendigen Ausgleich zur beruflichen Tätigkeit und die Ferien bzw. der Urlaub zur verdienten Kompensation des Alltags." (Kaspar 1986, S. 43)

*(3) Wirtschaftliche Einflußfaktoren.* Mit die wesentlichste Bedeutung für das Verhalten der Menschen in bezug auf den Tourismus haben natürlich die ökonomischen Bedingungen wie Einkommen, Vermögensverhältnisse, Preise und Freizeit. In Zeiten wirtschaftlicher Krise und bei schlechter werdenden wirtschaftlichen Rahmenbedingungen reagieren die sozialen Schichten – abhängig vom Einkommen – unterschiedlich. Die höchste soziale Schicht reagiert wohl kaum. Je niedriger dagegen die soziale Schicht, desto stärker macht sich das im touristischen Konsumverhalten bemerkbar. Gleichzeitig werden auch die Grenzen zwischen Freizeitmobilität und Naherholung, Tagesausflügen und Wochenendfahrten, Kurzreisen und längeren Urlaubsreisen immer fließender.

*(4) Sozio-ökonomische Bestimmungsfaktoren.* Wir wissen – und das ist die notwendige Grundlage für viele ökonomische Entscheidungen in Unternehmen – daß es interessante Korrelationen zwischen dem Reiseverhalten und den Reisegewohnheiten auf der einen Seite und den sozio-ökonomischen Faktoren auf der anderen Seite gibt. So ist z.B. die Reiseintensität bei den verschiedenen sozialen Gruppen sehr unterschiedlich. Für den Wirtschaftler sind die Zusammenhänge gerade zwischen Reiseintensität und Einkommen, Berufe, Alter, Haushaltsgröße von Bedeutung. Aber auch Abhängigkeiten vom Bildungsgrad, von der Wohnortgröße und von Zielgebieten können von Bedeutung sein.

Insgesamt wissen wir, daß der Tourismus eine außerordentlich große wirtschaftliche Bedeutung hat, daß er auf Zahlungsbilanz, Beschäftigung, Einkommen und Lebensstandard einen erheblichen Einfluß ausübt. Die unternehmerische Tätigkeit im Tourismus ist aber – genauso wie in anderen Branchen – keine risikofreie Tätigkeit. Die Unternehmen stehen im Wettbewerb, sie können wirtschaftlich erfolgreich sein, sie können aber auch genauso in Konkurs gehen wie jedes andere Unternehmen. Der Tourismus ist zwar eine Wachstumsbranche, aber der Erfolg des einzelnen Unternehmens ist zumeist abhängig von seinen ökonomischen Entscheidungen. Und hierbei sind die Unternehmen inzwischen in hohem Maße angewiesen auf Information und Erkenntnisse, Forschungen und Entwicklungen vieler Nachbardisziplinen. Dazu gehören vor allem aber auch die Psychologie und Soziologie.

## Literatur

DRV (1991). Der deutsche Reisemarkt. Frankfurt: Deutscher Reisebüro-Verband.

Freyer, W. (1990). Tourismus. München: Oldenbourg.

Kaspar, C. (1986). Die Fremdenverkehrslehre im Grundriß. Bern, 3. Aufl. Stuttgart: P. Haupt.

Krippendorf, J. (1975). Die Landschaftsfresser. Bern.

**Helmut Klopp, Heilbronn**

# Geographie des Freizeit- und Fremdenverkehrs

## 1. Das geographische Erkenntnisinteresse

Die Geographie ist eine Raumwissenschaft: Sie beschreibt und analysiert Naturräume (Physische Geographie) und Kulturräume (Anthropogeographie). Ihr Forschungsinteresse gilt zum einen der Erarbeitung von Grundlagenwissen mit dem Ziel, Einsicht in komplexe räumliche Wirkungszusammenhänge zu erhalten. Zum anderen erarbeitet sie praxisorientiertes Wissen für Planungs-, Verwaltungs- und Wirtschaftszwecke.

Die Geographie des Freizeit- und Fremdenverkehrs ist seit den 60er Jahren eine selbständige Teildisziplin der Anthropogeographie. Ihr Erkenntnisinteresse gilt generell der Analyse und Erklärung der raumbezogenen Dimensionen des Tourismus. Aufgrund seiner Bedingtheit durch räumliche Faktoren sowie seiner Nutzung und Veränderung geographischer Ressourcen lassen sich für den Tourismus mehrere Dimensionen des Raumbezuges abgrenzen:

a) *Verhaltensdimension des Tourismus.* Der Tourismus impliziert in jedem Fall eine Raumüberwindung zwischen Wohnort und Zielort und stellt damit eine Form räumlicher (horizontaler) Mobilität dar. Das Reiseverhalten erfährt eine Differenzierung durch die Beteiligung verschiedener Alters-, Sozial-, Wirtschafts- und Lebenszyklusgruppen mit unterschiedlichen räumlichen und zeitlichen Verhaltensweisen sowie unterschiedlichen Formen der Umweltwahrnehmung und Raumbewertung.

b) *Standortdimension des Tourismus.* Der Tourismus spiegelt sich in der Kulturlandschaft durch die Herausbildung von Standorten wider. Die lokale Konzentration von Touristen führt zur lokalen Häufung infrastruktureller und wirtschaftlicher Einrichtungen, die sich in ihrer Angebotsgestaltung am spezifischen Nachfrageverhalten der Urlauber orientieren. Die Herausbildung der touristischen Standorte ist zumindest in der Initialphase der touristischen Entwicklung von naturräumlichen Grundlagen abhängig (besonders Klima, Relief und Vegetation).

c) *Wirkungsdimension des Tourismus.* Durch die aktive Nutzung der natürlichen Ressourcen und durch die Entstehung von Standorten löst der Tourismus in den Zielgebieten nachhaltige Veränderungen in den Bereichen Landschaft und natürliche Umwelt, Wirtschaft, Bevölkerung, Kultur, Siedlungen und Verkehr aus.

d) *Planungsdimension des Tourismus.* Aufgrund seiner vielfältigen Wirkungen ist der Tourismus zum Gegenstand von Planungsmaßnahmen geworden, durch die speziell die ökologischen Belastungen minimiert und die positiven regionalwirtschaftlichen Effekte optimiert werden sollen.

Das Forschungsinteresse der Geographie des Freizeit- und Fremdenverkehrs besteht in der Analyse und Erklärung von Raumstrukturen, die im Freizeit- und Fremdenverkehr durch Standortfaktoren und Standortbildung, durch Verhaltensweisen und Umweltbewertungen sozialer Gruppen, durch Wirkungen der Freizeitnutzung und Standortbildung sowie durch Planungsmaßnahmen entstanden sind bzw. entstehen können (Prognose).

## 2. Die wissenschaftsgeschichtliche Entwicklung der Geographie des Freizeit- und Fremdenverkehrs

Der Tourismus ist seit Anfang des 20. Jahrhunderts ein Forschungsgegenstand der Geographie. Die frühen fremdenverkehrsgeographischen Arbeiten waren methodisch stark geprägt durch nationalökonomische Fragestellungen. Der Begriff Fremdenverkehrsgeographie wird erstmals von Stradner (1905, 2. Aufl. 1917) verwendet. Als Aufgaben dieser Disziplin sieht er die Untersuchung der Einflüsse von natur- und kulturgeographischen Faktoren auf den Fremdenverkehr sowie die kartographische Darstellung der Fremdenverkehrsgebiete.

Wegener (1929) betonte in seiner klassischen Studie einerseits die Wechselbeziehungen und Wechselwirkungen des Fremdenverkehrs zu anderen Geofaktoren (wie Siedlungen, Wirtschaft und Verkehrswesen), andererseits die Wirkungen des Fremdenverkehrs auf das Landschaftsbild. Während er mit diesen Überlegungen an Sputz (1919) anknüpfen kann, entwickelt er die geographische Fragestellung weiter hinsichtlich der Analyse von Fremdenverkehrsstandorten und -räumen sowie der Analyse von Fremdenverkehrsmotiven.

Einen entscheidenden Impuls empfing die deutsche Fremdenverkehrsgeographie durch die Arbeit von Poser (1939), der in seiner Studie über das Riesengebirge sowohl die naturgeographischen Grundlagen des Fremdenverkehrs als auch den Umfang und die Arten des Fremdenverkehrs sowie schließlich die Gestaltung und Typisierung von Fremdenverkehrsorten/-räumen gleichermaßen berücksichtigt. Er führte drei spezifisch geographische Fragestellungen ein:

– den *kulturlandschaftsgenetischen* Ansatz: Wie gestaltet und verändert der Tourismus die Natur- und Kulturlandschaft?
– den *strukturräumlichen* Ansatz: Welche räumlichen und zeitlichen Strukturen bildet der Fremdenverkehr generell bzw. bilden speziell die einzelnen Fremdenverkehrsarten?
– den *funktionalen* Ansatz: Welche räumlich-funktionalen Beziehungen bestehen zwischen dem Zielgebiet des Fremdenverkehrs und den Quellgebieten der Urlauber?

Nach einer Pause während der Kriegs- und ersten Nachkriegsjahre gab es im Jahr 1955 den Versuch einer methodologischen Weiterentwicklung von Christaller. Auf der Suche nach Regelhaftigkeiten in der räumlichen Verteilung des Fremdenverkehrs bestimmte er den „Drang zur Peripherie" als ein wesentliches Merkmal des Reiseverhaltens und der Standortstruktur von Fremdenverkehrsorten (standorttheoretischer Ansatz). Neuere Untersuchungen haben diese Fragestellung aufgenommen und gezeigt, daß die ehemals peripheren Orte allerdings innerhalb der touristischen Erschließung mit neuen Formen der Zentralität (Freizeitzentralität) ausgestattet werden. Damit erfahren die traditionellen Zentrum-Peripherie-Beziehungen eine grundsätzliche Veränderung (Newig 1974).

Eine entscheidende Weiterentwicklung bahnte sich zu Beginn der 70er Jahre mit der Erweiterung der Fremdenverkehrsgeographie zur Geographie des Freizeitverhaltens an, die von Ruppert und Maier (1970) als Teilbereich der Sozialgeographie verstanden wurde. Dieser Ansatz basiert auf dem Axiom einer Funktionsgesellschaft, deren Mitglieder in mehreren Grunddaseinsfunktionen (Wohnen,

Arbeiten, Sichversorgen, Sichbilden, Sicherholen etc.) raumabhängig sind und raumwirksam werden. Jede Grunddaseinsfunktion weist spezifische Flächen- und Raumansprüche auf, die sich unter anderem in der Herausbildung von verorteten Einrichtungen (Versorgungs-, Dienstleistungs- und Infrastruktureinrichtungen) widerspiegeln. Die Kulturlandschaft fungiert als Prozeßfeld, das durch die Aktivitäten sozialer Gruppen bei der Daseinsentfaltung geprägt wird. Jede Grunddaseinsfunktion ist Forschungsgegenstand einer Teildisziplin der Sozialgeographie.

Die Geographie des Freizeitverhaltens untersucht die Raumstrukturen und -prozesse, die sich aus der Grunddaseinsfunktion „Sicherholen" ergeben:
– das *touristische Angebot* (natur- und kulturräumliche Grundlagen),
– die *touristische Nachfrage* (Fremdenverkehrsarten, Herkunft und Sozialstruktur der Touristen),
– die *historische Entwicklung* des Fremdenverkehrs,
– die Fremdenverkehr*sorte* und *-regionen* (qualitativ-deskriptive Analyse, Typisierung),
– den *künftigen Bedarf an Erholungsfläche* (Prognose),
– die *wirtschaftliche Bedeutung* des Fremdenverkehrs,
– die Möglichkeiten der *Raumordnung und Raumplanung*.

Neben dem Tourismus (als längerfristigem Reiseverkehr) wurden nun auch kurzfristige Erholungsformen wie das Freizeitverhalten im Wohnumfeld und im Naherholungsraum sowie das Problem der Zweitwohnsitze zu geographischen Forschungsobjekten. Damit reagierte das Fach auf die Entstehung neuer Freizeitaktivitäten und auf die Bedeutungszunahme kurzfristiger raumbezogener Erholungsformen. Zugleich wurde die verhaltenswissenschaftliche Orientierung gegenüber dem standorttheoretischen Ansatz betont.

Die funktionalistische Sozialgeographie generell und speziell auch die Geographie des Freizeitverhaltens ist seit den 70er Jahren zunehmender Kritik ausgesetzt gewesen. Sie bezog sich besonders auf das eindimensionale Gesellschaftsmodell, das diesem Forschungsansatz zugrundeliegt, und auf die Dominanz verhaltenswissenschaftlicher Fragestellungen (Oestreich 1977; Steinecke 1984).

Die methodologische bzw. methodische Diskussion führte in den 80er Jahren zur Formulierung einer Reihe von neuen Forschungsfragestellungen (vgl. Uthoff 1988):
– Analyse der gesellschaftlichen Ursachen, Steuerfaktoren und Rahmenbedingungen des Tourismus,
– Abgrenzung und innere Gliederung von Fremdenverkehrsregionen (speziell unter dem Aspekt des räumlichen Verhaltens unterschiedlicher Nachfragegruppen),
– Analyse der räumlichen und zeitlichen Verhaltensmuster unterschiedlicher demographischer und sozialer Gruppen,
– Analyse der national- und regionalwirtschaftlichen Effekte des Tourismus,
– Analyse der ökologischen und sozialen Belastungen durch den Tourismus,
– Grundlagenuntersuchungen für lokale und regionale Fremdenverkehrsentwicklungspläne.

Innerhalb ihrer 90jährigen Forschungsgeschichte hat sich damit die Geographie des Freizeit- und Fremdenverkehrs – zusammenfassend betrachtet – von einer regionalen Strukturbeschreibung zur praxisnahen Regionalforschung entwickelt (vgl. Maier 1987).

## 3. Forschungsstand und Forschungsmethodik

*Trends.* Gegenwärtig wird die Geographie des Freizeit- und Fremdenverkehrs generell

gekennzeichnet durch eine Ausdehnung und Spezialisierung der Fragestellungen und Untersuchungsansätze (vgl. Uthoff 1988, S. 6). Dabei sind besonders folgende Entwicklungen zu beobachten:
– fortschreitende Diversifizierung der Forschung,
– Abspaltung immer detaillierterer Fragestellungen,
– globale Ausdehnung der Untersuchungsgebiete,
– zunehmende regionale Spezialisierung,
– Analysen auf unterschiedlichen Maßstabsebenen,
– Verlagerung der Forschung in Grenzbereiche zu den Nachbarwissenschaften (u.a. Soziologie und Psychologie, aber auch Biologie und Ökologie),
– zunehmender Anwendungsbezug bis hin zu einer geographischen
– Fremdenverkehrsentwicklungsplanung,
– Bemühungen um eine Modell- und Theoriebildung auf der Standort- und Verhaltensebene,
– Aufnahme ökologisch orientierter Fragestellungen,
– Einbeziehung von Wahrnehmungen und mentalen Einschätzungen zur Erklärung unterschiedlicher Formen von Umweltwahrnehmung und Raumbewertung.

*Methoden.* Die Mehrzahl der Forschungsergebnisse der Geographie des Freizeit- und Fremdenverkehrs basiert auf empirischen Erhebungen. Zu den Standardmethoden gehören dabei (vgl. Wolf & Jurczek 1986, S. 36f):

*(a) Primärerhebungen*
– Beobachtungen (physiognomische Wahrnehmung freizeit- und tourismusrelevanter Erscheinungen);
– Primärkartierungen (kartographische Aufnahme und Darstellung von Freizeit- und Tourismus-Raumnutzungen);
– Zählungen (quantitative Erfassung freizeit- und tourismusspezifischer Abläufe);
– Befragungen (Durchführung schriftlicher oder mündlicher Befragungen der Erholungssuchenden).

*(b) Sekundärerhebungen*
– Sekundärkartierungen (kartographische Aufnahme und Darstellung von Freizeit- und Tourismuskapazitäten und -entwicklungen);
– Auswertungen von Daten der amtlichen und nichtamtlichen Statistik (Sichtung und Interpretation bereits erhobener Freizeit- und Tourismusdaten);
– Quellenstudien (Zusammenstellung und Synopse sonstiger Freizeit- und Tourismusunterlagen).

Neben den klassischen quantitativen Erhebungsmethoden werden von geographischer Seite auch zunehmend (→) qualitative Forschungsmethoden (z.B. qualitative Interviews, problemzentrierte oder Tiefeninterviews) verwendet und für freizeit- und fremdenverkehrsgeographische Fragestellungen weiterentwickelt (vgl. Schäflein 1992). Weitere empirische Erhebungsmethoden der geographischen Tourismusforschung sind:
– die Erstellung von Prognosen in Form von Trendanalysen, Szenarien und (→) *Delphi-Umfrage* (Zimmermann 1992),
– die Dauerbeobachtung von Fremdenverkehrsgebieten (mit Hilfe komplexer Monitoringsysteme) (Feige 1992),
– die Analyse von (→) *Reisebiographien* (Untersuchung des lebenslangen Urlaubsreiseverhaltens) (Becker 1992),
– die Marktsegmentierung und Zielgruppenbestimmung (Steinecke 1992).

In jüngerer Zeit sind verstärkt die Wirkungen des Tourismus auf die Ökosysteme der betroffenen Räume analysiert worden. Aus diesem Grund spielen auch in der Geographie des Freizeit- und Fremdenverkehrs physisch-geographische Forschungsmethoden aus den Bereichen Bodenkunde, Hydrologie, Klima usw. eine zunehmende Rolle.

# Literatur

Becker, C. (1992). Aktionsräumliches Verhalten von Urlaubern und Ausflüglern: Erhebungsmethodik und Zielsetzungen. (S. 83-128) In C. Becker (Hg.), Erhebungsmethoden und ihre Um-

setzung in Tourismus und Freizeit. Trier (Materialien zur Fremdenverkehrsgeographie, 25).
Becker, C. (1992). Lebenslanges Urlaubsreiseverhalten. Erste Ergebnisse einer Pilotstudie. (S. 70-82) In C. Becker (Hg.), Erhebungsmethoden und ihre Umsetzung in Tourismus und Freizeit. Trier (Materialien zur Fremdenverkehrsgeographie, 25).
Christaller, W. (1955). Beiträge zu einer Geographie des Fremdenverkehrs. Erdkunde, 1, 1-9.
Feige, M. (1992). Monitoringsysteme als Rettungsanker für ökologisch sensible Gebiete? Zur Dauerbeobachtung von Touristenströmen. (S. 148-163) In C. Becker (Hg.), Erhebungsmethoden und ihre Umsetzung in Tourismus und Freizeit. Trier (Materialien zur Fremdenverkehrsgeographie, 25).
Fingerhut, C. et al. (1973). Arbeitsmethoden zur Bewertung der Erholungseignung eines landschaftlichen Angebots für verschiedene Typen von Erholungssuchenden. Landschaft + Stadt, 4, 161-171.
Haimayer, P. (1987). Rahmenbedingungen und Fragestellungen der geographischen Tourismus- und Freizeitforschung in Österreich. Wirtschaftsgeographische Studien, 14, 19-32.
Hofmeister, B. & Steinecke, A. (Hg.) (1984). Geographie des Freizeit- und Fremdenverkehrs. Darmstadt: Wissenschaftliche Buchgesellschaft.
Kulinat, K. & Steinecke, A. (1984). Geographie des Freizeit- und Fremdenverkehrs. Darmstadt: Wissenschaftliche Buchgesellschaft.
Maier, J. (1988). Tourismus als Objekt der Geographie, oder: von der regionalen Strukturbeschreibung zur praxisnahen Regionalforschung. Zeitschrift für Wirtschaftsgeographie, 32 (10), 129-132.
Newig, J. (1974). Die Entwicklung von Fremdenverkehr und Freizeitwohnwesen in ihren Auswirkungen auf Bad und Stadt Westerland auf Sylt. Kiel (Schriften des Geographischen Insituts der Universität Kiel, 42).
Oestreich, H. (1977). Anmerkungen zu einer ‚Geographie des Freizeitverhaltens'. Geographische Rundschau, 29 (3), 80-83.
Poser, H. (1939). Geographische Studien über den Fremdenverkehr im Riesengebirge. Göttingen: Vandenhoeck & Ruprecht (Abhandlungen der Gesellschaft der Wissenschaften zu Göttingen, 20).
Prahl, H.-W. & Steinecke, A. (1989). Der Millionenurlaub: Von der Bildungsreise zur totalen Freizeit. Bielefeld: IFKA (Nachdruck der Originalausgabe von 1979).
Ruppert, K. & Maier, J. (1970). Zum Standort der Fremdenverkehrsgeographie. (S. 9-36) In Zur Geographie des Freizeitverhaltens. Kallmünz/Regensburg: Michael Lassleben (Münchner Studien zur Sozial- und Wirtschaftsgeographie, 6).
Schäflein, S. (1992). Das qualitative Interview in der Freizeitforschung. (S. 129-147) In C. Becker (Hg.), Erhebungsmethoden und ihre Umsetzung in Tourismus und Freizeit. Trier (Materialien zur Fremdenverkehrsgeographie, 25).
Sputz, K. (1919). Die geographischen Bedingungen und Wirkungen des Fremdenverkehrs in Tirol. Wien: Dissertation.
Steinecke, A. (1984). Zur Kritik der funktionalen Geographie des Freizeitverhaltens. (S. 264-278) In B. Hofmeister & A. Steinecke (Hg.), Geographie des Freizeit- und Fremdenverkehrs. Darmstadt: Wissenschaftliche Buchgesellschaft.
Steinecke, A. (Hg.) (1989). Tourismus – Umwelt – Gesellschaft. Wege zu einem sozial- und umweltverträglichen Tourismus. Bielefeld: IFKA.
Steinecke, A. (1992). Methoden der Marktsegmentierung und Zielgruppenanalyse: Möglichkeiten – Probleme – Perspektiven. (S. 180-192) In C. Becker (Hg.), Erhebungsmethoden und ihre Umsetzung in Tourismus und Freizeit. Trier (Materialien zur Fremdenverkehrsgeographie, 25)
Uthoff, D. (1988). Tourismus und Raum. Entwicklung, Stand und Aufgaben geographischer Tourismusforschung. Geographie und Schule, 10, 2-11.
Wegener, G. (1929). Der Fremdenverkehr in geographischer Betrachtung. (S. 25-53) In Industrie- und Handelskammer Berlin (Hg.), Fremdenverkehr. Berlin.
Wolff, K. & Jurczek, P. (1986). Geographie der Freizeit und des Tourismus. Stuttgart: Ulmer.
Zimmermann, F. (1992). Prognosen in der Tourismusforschung: Trends, Szenarien, Delphi-Umfragen am Beispiel der Tourismusentwicklung in Österreich. (S. 9-69) In C. Becker (Hg.), Erhebungsmethoden und ihre Umsetzung in Tourismus und Freizeit. Trier (Materialien zur Fremdenverkehrsgeographie, 25).

**Albrecht Steinecke, Trier**

# Kulturanthropologie des Tourismus

## 1. Tourismus als ein Teil der Kultur

Tourismus ist aktiver und passiver Teil des Kulturprozesses. In, mit und durch Tourismus entfalten die Menschen ihre Kultur.

Tourismus ist zunächst kulturgeprägt, d.h. er hat an jenem Symbolsystem teil, das über die Festlegung von Sinnzielen und Werten das gesellschaftliche Leben regelt. Die Menschen unterschiedlicher Gesellschaften reisen auf verschiedene Weise und haben ihre je eigenen Motive dafür.

Zwar ist exploratives Verhalten (Neugierverhalten, (→) *Fremdheitskonzepte,* (→) *Reisemotive*) ein Gattungsmerkmal der Menschen, aber die daraus resultierende Form ist historisch-kulturell geprägt: Saisonale oder längerfristige Wanderungen von Jägern, Sammlern oder Viehzüchterkulturen sind etwas anderes als Beutezüge, Wallfahrten oder Geschäftsreisen, und diese wiederum unterscheiden sich vom Bildungs-, Erholungs- oder Prestigeurlaub. Geistes- und Ideengeschichte, Technologien, Mentalitäten und Interessendominanzen prägen die konkreten Formen.

Aber Tourismus ist gleichzeitig aktiver Teil des Kulturprozesses: Durch den Tourismus wird dem kulturellen Repertoire von Welterfahrung, Weltinterpretation und Erlebnisformen Neues hinzugefügt. Er trägt so auch bei zur Ausbildung von Symbolsystemen, Sinnzielen und Werten. Sehweisen und Mentalitäten werden durch ihn beeinflußt und verändert, es werden Transfers aus dem Urlaub in den Alltag möglich. Tourismus spielt innerhalb einer Gesellschaft eine ähnliche Rolle wie andere kulturelle Kräfte. Er kann Katalysator soziokultureller Integration sein, indem er die Erlebnissphären und Lebenssphären von Stadt/Land, von verschiedenen Regionen und Sozialmilieus miteinander in Kontakt bringt. Tourismus ist ferner Motor des Kulturwandels, wenn etwa Moden und Gewohnheiten aus den Zentren der Modernisierung in periphere Regionen getragen werden. Durch den Tourismus verändert sich die Kultur der Reisenden und der Bevölkerung der Zielregionen.

## 2. Neue, durch den Tourismus geschaffene kulturelle Umwelten

Durch den aktiven und den passiven Anteil am Kulturprozeß entstehen materielle Objektivationen, mit denen sich die Kulturgeschichte des Reisens, des Tourismus und des Gastgewerbes beschäftigt. Strukturgeschichtliche Phasen lassen sich in diesen Abläufen wiederfinden, es gibt aber auch Ungleichzeitigkeiten (Bausinger et al. 1991; Spode 1991).

In diesen Umkreis gehören die materiellen kulturellen Objektivationen des Tourismus von den Kleidermoden und Souvenirs der Touristen bis zur touristischen (→) *Reisefotografie.* Diese Sachzeugen dokumentieren die

Modi der Umweltaneignung durch den Touristen: Seine Kleidung verrät in ihrer Materialität etwas über Privilegiertheit, Angst, Arroganz oder Vertrautheit, mit der er sich in fremdem Territorium bewegt. Seine Ausrüstung, die Accessoires seiner touristischen Bewegung, die Produkte, die für ihn hergestellt werden, und seine Selbst- und Fremddarstellungen sagen etwas aus über die Kultur des touristischen Erlebens und der Begegnung.

Die Art und Weise, wie Touristen der fremden Umwelt gegenübertreten, ist kulturgeprägt, wandelt sich und folgt spezifischen Kulturmustern. Die Kulturanthropologie hat herausgearbeitet, wie der Tourismus seine eigenen Rituale und kulturellen Formen entwickelt (Gyr 1988) und sucht nach der inneren Logik dieser Rituale. Sie hat Übergangsriten (*rites de passage*), Reinigungs- und Gruppenrituale entdeckt.

Zu den kulturellen Auswirkungen des Tourismus gehört auch die „Möblierung" von Landschaften und die touristische Erschließung mit Wegen, Unterkünften und „Aussichten". Die „Inszenierung" künstlicher Tourismus-Umwelten geht dabei bruchlos in die kulturelle Gestaltung von Umwelt über. Es ist für den Gesamtkomplex des Tourismus unerheblich, ob das, was er produziert, als Fiktion, als Realfiktion oder was auch immer empfunden wird, und es ist auch unerheblich, ob es als vorgetäuschte (→) *Authentizität* kritisierbar ist. Maßgeblich ist vielmehr, daß neue materielle Wirklichkeiten als Bestandteil der kulturellen Umwelt entstehen. Wie alle anderen Bestandteile der Lebenstätigkeit und des Stoffwechsels der Menschen neigt der Tourismus dazu, Welt zu verändern. Die fiktiven und synthetischen Urlaubswelten sind Produkte der arbeitsteiligen Vergesellschaftung, sie sind integrale Bestandteile der Lebenswelt und der Veränderung der umgebenden Welt. Die Fiktion tritt nicht ins Leben, sie ist Leben, und sie gehört zur materiellen Kultur.

Das beeinflußt die Chancen, im Tourismus aktiv Welterfahrung, Weltaneignung zu erleben. Die Inszenierung verstellt den Weg zur Aneignung. Nicht mehr das Land, die Landschaft, die Stadt sind die Ziele, sondern das *Bild*, das von ihnen vorfabriziert wurde. Reduziert wird damit die Chance, daß sich der Besucher ein eigenes Bild durch Erfahrung und Aneignung entwickeln kann. Die Chance zum bildungswirksamen und realitätshaltigen Erleben wird zerstört durch das Angebot von vorgefertigten Kunstwelten.

Aber für Wirklichkeitserleben hat der Tourist kaum Bedarf: Es mag zwar den intellektuellen Tourismuskritikern wichtig sein (und wäre auch für die gesellschaftliche Reproduktion interessant), aber unter den aktuellen Bedingungen ist es für die Touristen unwichtig. Es hat keine Funktion in ihrer Lebenswelt, in der ihr Handeln (anders als das des Händlers, der Kriegers oder Aristokraten von früher) nicht unmittelbar mit anderen Lebenswelten in Beziehung steht. Und die Art und Weise, wie das Leben der Touristen strukturell und mittelbar mit den Perspektiven der globalen Entwicklung verbunden ist, wird im touristischen Alltagsgeschäft nicht zum Thema.

In gewisser Hinsicht ist der Tourismus als „Ferienmaschinerie" mit seinen modernen „Boomfaktoren" (Krippendorf) integraler Teil seiner Wirklichkeit. Er ermöglicht, tarifvertraglich abgesichert, die jährlichen „kleinen Fluchten" in eine andere Welt, ohne die das Leben nicht mehr erträglich ist. Arbeitsrhythmen sind auf die regelmäßige Erholung zugeschnitten. Für den Umgang mit Realität ist der Urlaub unerheblich, nicht aber für die psychische Gesundheit, für den sozialen Status. Das wäre anders, wenn die Fähigkeit, im Alltag erfolgreich zu sein, direkt gekoppelt wäre mit der Welterfahrung, der Realitätseinsicht, den Umweltkenntnissen. Aber das spielt (noch) in den wenigsten Fällen eine Rolle.

Bei der touristischen Inszenierung haben

wir es nicht nur mit der Kolonialisierung der Lebenswelten, sondern auch mit derjenigen der Erlebnisformen zu tun. Das Individuum wird durch Marketing und Prioritätensetzungen so konditioniert, daß es Teil eines touristischen „homogenen Konsumentenverbandes" wird, der an standardisierten Leistungen interessiert ist.

In die reale Entwicklung des Tourismus gehen freilich auch solche Ansprüche an Lebensqualität ein, die nicht bruchlos in die von Ökonomie und Alltag vorgegebenen Strukturen passen. Sie sind Teil jener „Suchbewegungen", mit denen die Menschen neue Chancen ausloten.

## 3. Tourismus und Kulturwandel

Daß Tourismus immer Kulturwandel bewirkt, gilt auch, wenn der Tourismus nicht eindeutig von anderen Faktoren zu trennen ist: Kulturwandel wird vielfältig induziert, auch durch den Tourismus.

Kein Tourismus bleibt ohne kulturelle Folgen in der Zielregion. Einflüsse, Nah- und Fernwirkungen gehen selbst von den touristischen Ghettos aus. Unter dem Stichwort „Folklorismus" wird in der europäischen Ethnologie diskutiert, wie durch die touristische Nachfrage eine „Volkskultur zweiter Hand" entsteht (Bausinger 1979). Ohne Zweifel werden Formen des kulturellen Kontaktes im „dauerhaften Verhältnis wechselseitiger Beziehungen" innerhalb des Tourismus von Begriffen wie *Kulturberührung, -zusammenstoß, -verflechtung und (→) -schock* charakterisiert (Wahrlich 1984, S. 43 f.).

Andere untersuchen, wie die lokalen und traditionalen Wertsysteme sich durch die mehr oder weniger starken intensiven Kontakte mit dem Tourismus wandeln: Je intensiver der Kontakt, desto stärker werden traditionelle Wertsysteme zugunsten von moderneren aufgegeben (Preglau et al. 1985). Der Tourismus hat damit auch Teil an der Rivalität unterschiedlicher kultureller Muster.

Die Kulturaustausch-Forschung hat darauf hingewiesen, daß der Abbau von (→) *Vorurteilen* im Tourismus nur unter günstigen Bedingungen stattfindet (Hartmann 1974). Vielfach (z.B. im Tourismus der Städtepartnerschaften) ist der Austausch mehr Forum der politischen Selbstdarstellung als wirkliche Begegnung.

Es gibt fließende Übergänge vom Tourismus zum „ethnographischen Blick" der Feldforschung, ebenso von dem auf wertfreie Empirie ausgerichteten Blick zum Voyeurismus.

Nicht nur auf der empirischen Ebene läßt sich über Touristenkultur diskutieren, sondern auch auf der *normativen:* Wie sieht eine „humane Reisekultur" (Krippendorf 1984) aus, welche den Kompensations- und sonstigen Wünsche der Touristen, ihren Hoffnungen und Erwartungen in bezug auf Glück, Bereicherung und Erlebniswerte entgegenkommt, aber gleichzeitig kulturverträglich, sozialverantwortlich und umweltbewußt ist (Mäder 1985)? „Der Schlüssel zu einer Humanisierung des Reisens ist der neue, der souveräne Mensch" (Krippendorf 1984, S. 231). Jedenfalls schließt sie die wahrgenommene Verantwortung ein für das, was durch den Tourismus geschieht.

## 4. Gastgeberkultur

Zur kulturwissenschaftlichen Tourismusforschung gehört auch die Frage, wie Touristen und Gastgeber sich aufeinander beziehen und Rituale des Umganges miteinander entwickeln (einschließlich der Dialektik der Beziehung, die mit der Figur der Hegelschen Herr- und Knecht-Dialektik interpretiert werden kann). Die Möglichkeiten reichen von der „Komplizenschaft" zwischen Gast und Gastgeber bis zu der von den Tourismus-Reformern angestrebten Gast-Gastgeber-Reziprozität des „Gästeverkehrs" mit Gleichberechtigung, Gegenseitigkeit und Solidarität (Krippendorf 1984, S. 185; (→) *Gast-Gastgeber-Beziehung*).

Aber neben dieser empirischen Seite gibt es auch bei der Gastgeberkultur wieder eine normative Seite. Zu ihr gehört, daß dauerhafte Lebensweisen mit dem Tourismus entwickelt werden müssen, wie sie auch in anderen Dienstleistungsberufen möglich sind. Den Menschen in den Zielregionen sollen Chancen für ein Leben in humaner Würde und überdauernden (d.h. auch reproduktionsfähigen) Formen zugesichert werden. Familienleben, Sozialstruktur, ökonomische Substanz und Umwelt dürfen dem Tourismus nicht geopfert werden.

Bei der Entwicklung einer stabilen Gastgeberkultur spielt die Zeitachse eine Rolle: in mehreren „Lernphasen" entfaltet sich das Verhältnis zum Tourismus: Zunächst werden die Touristen als „Fenster zur Welt" betrachtet, dann setzt eine „Besinnung auf regionale Tradition" (Kulturkontakt 1988, S. 384) ein, in der die eigene Lebenssphäre der Gastgeber gegen die der Touristen abgegrenzt wird, um mit Hilfe des bewußten Abstandsverhaltens und des Lebens in zwei Welten, der privaten und derjenigen für die Touristen, den Tourismus sozial- und kulturverträglich zu gestalten. Schließlich wird, wenn die ökonomischen Chancen des Tourismus ausgelotet werden, über weitere Expansion nachgedacht.

Gegenpol einer humanen Gastgeberkultur ist Prostitution im Sinne des „Alles, was der zahlende Gast will, mach' ich". Nicht mehr beherrschbare Prozesse der (fremd- und außengesteuerten) Entwicklung stehen auf der einen, Souveränität der Lebensverhältnisse auf der anderen Seite.

## Literatur

Bausinger, H. (1979). Volkskunde. Tübingen: Tübinger Vereinigung.

Bausinger, H., Beyrer, K. & Korff, G. (Hg.) (1991). Reisekultur. Von der Pilgerfahrt zum modernen Tourismus. München: C. H. Beck.

Gyr, U. (1988). Touristenkultur und Reisealltag. Volkskundlicher Nachholbedarf in der Tourismusforschung. Zeitschrift für Volkskunde, 84(2), 224-239.

Hartmann, K. D. (1974). Auslandsreisen. Dienen Urlaubsreisen der Völkerverständigung? Starnberg: Studienkreis für Tourismus.

Krippendorf, J. (1984). Die Ferienmenschen. Für ein neues Verständnis von Freizeit und Reisen. Zürich: Orell-Füssli.

Kulturkontakt, Kulturkonflikt. Zur Erfahrung des Fremden. 26. Deutscher Volkskundekongreß in Frankfurt/M. 1987. Frankfurt/M. 1988 (Notizen. Schriftenreihe des Instituts für Kulturanthropologie und Europäische Ethnologie, 28 1,2).

Mäder U. (1985). Sanfter Tourismus: Alibi oder Chance? Zürich: Rotpunktverlag.

Preglau, M. et. al. (1985). Fremdenverquer. Insbruck: Michael-Gaismair-Gesellschaft.

Smeral, E. (1990). Tourismus 2000. Analysen, Konzepte und Prognosen. Wien: Signum.

Spode, H. (Hg.) (1991). Zur Sonne, zur Freiheit! Beiträge zur Tourismusgeschichte. Berlin: Verlag für universitäre Kommunikation (Institut für Tourismus der FU Berlin, Berichte und Materialien, 11).

Wahrlich, H. (1984). Tourismus – eine Herausforderung für Ethnologen. Problemdimensionen und Handlungsaspekte im touristischen Bezugsfeld. Berlin: Reimer.

**Dieter Kramer, Frankfurt/M.**

# Tourismuspädagogik

## 1. Begriff und Inhalt

Der Begriff „Tourismuspädagogik" hat sich bislang in Wissenschaft und Reisebranche nicht eingebürgert. Üblich geworden ist vielmehr der Begriff „Reisepädagogik", den der Göttinger Pädagoge Hermann Giesecke erstmals 1965 in Bezug auf den Jugendtourismus verwendet hat. Reisepädagogik befaßt sich mit dem touristischen Reisen als dem wichtigsten Inhalt der Jahresfreizeit, dem Urlaub. Sie erforscht die besonderen Bedingungen und möglichen Zielsetzungen eines sinnvollen, umwelt- und sozialverträglichen Reisens, erstellt hierfür geeignete Kriterien, bietet praktische Orientierungshilfen und entwickelt professionelle Modelle didaktischer Planung und methodischer Durchführung.

Reisepädagogik ist sowohl der benachbarten (→) *Freizeitpädagogik* als auch der übergeordneten Erwachsenenpädagogik verpflichtet und teilt mit ersterer emanzipatorische Interessen, mit letzterer das Axiom, daß pädagogisches Handeln an Erwachsenen nurmehr Hilfe zur Selbstbildung sein könne (Siebert 1983). Ihre Instrumente sind deshalb – neben wissenschaftlicher Forschung – vor allem *Information, Beratung, Dialog*. Wie jede andere Sozialwissenschaft ist sie auf enge Kooperation mit Nachbarfächer angewiesen – insbesondere mit Psychologie und Soziologie –, daneben auf empirische Daten, die sie selbst erhebt oder die ihr Institutionen wie der Studienkreis für Tourismus mit seiner jährlichen Reiseanalyse bereitstellen.

## 2. Zur Geschichte: Von der Apodemik zur Reisepädagogik. Die lange Frage nach dem nützlichen Reisen

Wichtigster (aber heute weithin vergessener) Vorläufer der modernen Reisepädagogik war die frühneuzeitliche Apodemik („Reiselehre", vom griech. „Apodemeīn" = „Reisen") (→ *Reiseleiter)*. In den mehr als 200 Jahren ihres Bestehens (die erste apodemische Schrift erschien 1574) brachte diese Literaturgattung bis zu ihrem Erlöschen um 1800 mehr als 200 bislang nachgewiesene Titel hervor (vgl. die Bibliographie von Stagl et al. 1983). Unter ihren Verfassern finden sich illustre Namen der neuzeitlichen Geistesgeschichte, so der Philosoph Francis Bacon, der Naturwissenschaftler und Mitbegründer der Royal Society Robert Boyle, der Völkerrechtler Hermann Conring und der Philosoph John Locke – ein wichtiges Indiz für die Bedeutung der Sache im damaligen Bewußtsein.

Gegenstand der apodemischen Literatur war v.a. die Bildungsreise (Kavaliersreise oder *Grand Tour*), die junge Adlige seit der zweiten Hälfte des 16. Jahrhunderts in Begleitung ihrer sach- und fachkundigen Reisemarschälle nach Italien und später auch nach

Frankreich sowie in andere Länder Europas unternahmen und deren Entstehen eng mit dem gesamteuropäischen Durchbruch der Renaissance zusammenhängt (vgl. ausführlich dazu Günter 1993).

Gemeinsames Anliegen der apodemischen Literatur war der Nutzen des Reisens, das rechte „peregrinari" im Unterschied zum bloßen „vagari", dem nutzlosen Sich-Herumtreiben. Diesen Nutzen sahen die Apodemiker übereinstimmend in der durch Reisen vermittelten Anschauung und Erfahrung. Beide Begriffe weisen wiederum die Apodemik als Kind des Späthumanismus aus, dem es darum gegangen war, dem Wissen durch breitgefächerte Erfahrung eine neue Grundlage zu geben. An Stelle verstaubter Folianten und dumpfer Hörsäle sollte die „Schule des Lebens", das „Buch der Natur", die „Anschauung der Geschichte" treten; an Stelle kritiklos tradierter Lehrformeln ein breitgefächerter Schatz des „Wissenswerten" (*scitu digna*), des „Sehenswerten" (*visu digna*) oder des „Merk-Würdigen" (*memorabile*). Damit verband sich in der Logik des Vollzugs ein zunehmend moralisch-pädagogisches Interesse: Denn in dem Maße wie Erfahrung zur Grundlage von Bildung geriet, mußte wiederum die Vielfalt von Erfahrung zum Maßstab von Bildung werden. Vielfalt und Nutzen der erstrebten Erfahrung, die Grundlage begründeten Wissens also, verlangten nach einer festen Methode, die deshalb auch das Kernstück jedes apodemischen Traktats bildet.

*Kerninhalte der Apodemiken.* In der Regel bestehen sie aus einem mehrgliedrigen Raster von Inhaltsbereichen und einem vielgliedrigen Raster von unterschiedlichen Fragen. Ordnet man Inhalts- und Frageraster einander rechtwinklig zu, so ergibt sich eine Matrix, die wiederum ein landeskundliches Forschungsprogramm von unterschiedlicher Weite absteckt. Hieronymus Turler beispielsweise, der 1574 die erste Apodemik veröffentlichte, nennt als Inhaltsraster: (1) Geographie eines Landes, (2) seine Orte und Städte, (3) seine Bau- und Kunstwerke, (4) seine politische Verfassung und Verwaltung, (5) Sitten, Gebräuche, Religion und Sprache seiner Bewohner. Dem korrespondiert folgendes Frageraster: (1) Namen, (2) Form und Qualität, (3) Größe, Quantität, (4) Herrschafts-/Besitzlage(n), (5) Geographische Lage. Inhalts- und Frageraster sind wiederum durch vielfältige Untergliederungen differenziert, wobei die Methode der Unterteilung der vielgerühmten „Universalmethode" des Pariser Logikers Pierre de la Ramée (Petrus Ramus) entstammt (Stagl 1983).

Eine solche Methode erschließt eine Welt, die schon immer vorkonstituiert ist durch die Methode ihrer Erschließung. Und je länger sie geübt wird, umso mehr verwandelt sie sich in die innere Ordnung des Denkens. Sie schafft einen rationalen Zugang zur Welt, nimmt nur das in den Blick, was zu analysieren ist, was sich messen, vergleichen, bewerten und beurteilen läßt. In ihren Entartungsformen tendiert sie dazu, sich auf Quantitäten zu kaprizieren und damit überwiegend sinnarmes Material zu produzieren. Bereits Montaigne hatte sich in seinem berühmten Essay über die Erziehung darüber beklagt, daß junge Bildungsreisende in Rom vorzugsweise ihre Zeit damit verschwendeten, die Schritte zu zählen, die die Santa Rotunda im Umfang maß, anstatt verstehend in den Geist der besuchten Völker einzudringen und ihr „Gehirn an dem ihrigen zu reiben und zu glätten".

Mit dem Ende der Aufklärung ging auch die Apodemik unter. Die Romantik erschloß dem Reisen des 19. Jahrhunderts neue Inhalte. Indem sie die Begegnung des Menschen mit Natur, Kunst und Geschichte dem Gefühl, der Empfindsamkeit, der Innerlichkeit zuwies, postulierte sie den Vorrang des Erlebens vor dem Erkennen, des Genießens vor dem Studieren. Damit aber hatte sie den Reisenden Ziele gesetzt, die weniger durch rationale Methoden als durch literarische Vorbilder zu vermitteln waren. Die Geschichte der Reisepädagogik im 19. Jahrhundert fällt deshalb weitgehend mit der Geschichte des *Reiseberichts* zusammen, in der Goethes „*Italienische Reise*" eine deutliche Vorzugsstellung genoß.

Die Reisepädagogik des 20. Jahrhunderts stand – soweit sie zunächst nicht einfach nur die Tradition der bürgerlichen Bildungsreise fortsetzte – unter dem Vorzeichen des massenhaften Reisens, wie es vor und nach dem II. Weltkrieg zum irreversiblen Zeichen moderner Industriegesellschaften geworden ist: Steigender Massenwohlstand, wachsendes Freizeitbudget sowie stetige Verbesserungen der touristischen Infrastruktur führten zu einer umfassenden „Demokratisierung" des Reisens.

Die Wucht und die unübersehbaren Folgen dieses Massenphänomens hatten nicht nur verschiedenartige Formen von Tourismuskritik in ihrem Gefolge, sondern auch neue Ansätze pädagogischer Reflexion und Intervention. Sie entwickelten sich zunächst im Pauschaltourismus und hier wiederum in zwei Bereichen, die geradezu ideale Voraussetzungen hierfür boten: im Jugend- und im Bildungstourismus.

Der Göttinger Pädagoge Hermann Giesecke wies 1965 der wissenschaftlichen Pädagogik nachdrücklich den Tourismus als neuartige Herausforderung zu. Sie solle „die Heranwachsenden ‚tourismusfähig' ... machen, das heißt, sie auf die Realitäten des Tourismus vorbereiten." Dabei ging es Giesecke um zweierlei, um „touristische Emanzipation" und um „touristische Erfahrung", und damit in seinem Verständnis um die Fähigkeit, sowohl Reisekonzeptionen optimal zu entwerfen und zu verwirklichen als auch das Reiseerlebnis geistig zu verarbeiten „und in einen hinreichend differenzierten Vorstellungszusammenhang" zu integrieren. Die in diesem Rahmen zu entwickelnde „Reisepädagogik" solle aber nicht nur die Kompetenz verleihen, „die pädagogische Planung des Reisens neu zu durchdenken", sondern auch „geeignete Methoden und Ausbildungsmaßnahmen zu entwickeln" (Giesecke 1965). Offenkundig ging es Giesecke – in der Tradition der bereits von Fritz Klatt (1929) konzipierten Freizeitpädagogik – um etwas letztlich sehr Einfaches: um die allseitige Verbreitung, um die „Demokratisierung" also, von Reisekompetenz als Ermöglichung von Emanzipation und dies unter der Prämisse, daß dem Tourismus selbst ein emanzipatorisches Potential innewohne (letzteres vertieft von Giesecke, Keil & Perle 1967). Heinz Hahn, Wolfgang Nahrstedt oder Horst Opaschowski sind dem Anliegen von Giesecke gefolgt und haben seinen zunächst auf den Jugendtourismus beschränkten Ansatz weiterentwickelt und auf den Tourismus als Ganzes übertragen. Dieser unter dem globalen Anspruch der Emanzipation angetretene Entwurf bot zwar befriedigende Perspektiven für die theoretische Reflexion, zeigte aber – wie häufig in solchen pädagogischen Konstellationen – Schwächen in seiner praktisch-methodischen Umsetzung.

Die Zunahme pauschaler, veranstaltergebundener Studienreisen, der steigende Bedarf an qualifizierten Reiseleitern und an diesbezüglichen Aus- und Weiterbildungsmöglichkeiten stießen in den 70er Jahren eine andere, ergänzende Entwicklung an: die Konzeption didaktischer und methodischer Modelle für die *Reiseleitung*. Ihre Urheber sind in der Regel ehemalige Reiseleiter, die ihre professionelle Erfahrung in pädagogische Konstrukte kleideten – nicht unähnlich jenen gestandenen Reisemarschällen, die einstmals die Apodemik entwickelt haben. Mit diesen teilen sie das Interesse an den Bedingungen für nützliches Reisen, an dessen spezifischen Lernfeldern und an den damit aufgeworfenen methodischen Fragen (vgl. Günter 1991).

Das 1973 erstmals von Wolfgang Günter für die Reiseleiterausbildung eines Studienreiseunternehmens entwickelte Modell geht deshalb von den spezifischen Lernbedingungen einer (veranstaltergebundenen) Urlaubsreise aus, zeigt die unterschiedlichen Lernfelder einer Studienreise auf, entwickelt von hier aus eine Theorie der didaktischen Planung und ein ausführliches Konstrukt methodischer Umsetzung. Die durchgehende Textur dieses Entwurfs ist die Frage, wie aus der raschen Abfolge unterschiedlicher Eindrücke – Charakteristikum jeder Studienfahrt – sinnerfülltes Verstehen wird. Das 1982 in erster Auflage erschienene – ebenfalls von Wolfgang Günter herausgegebene –„Handbuch für Studienreiseleiter" erweitert dann diesen Ansatz zu einer geschlossenen Didaktik und Methodik lerntheoretischen Zuschnitts. Dem gleichen lerntheoretischen Ansatz sind andere Autoren gefolgt: Ehrenfried Kluckert (1981), Marie-Louise Schmeer-Sturm (1984) – letztere im übrigen mit erheblichen Anleihen bei der damals noch virulenten Curriculartheorie, sowie neuerdings auch Andreas Schneider (1990); er bestimmt bis heute weitgehend die reisepädagogische Praxis des pauschalen Studienreisetourismus'.

Unabhängig davon entstand gegen Ende der 70er Jahre aus der Mitte und aus den besonderen Bedürfnissen eines Großveranstalters heraus das sogenannte *„Animationsmodell Länderkunde"* (Müllenmeister & Waschulewski 1978). Es zeigt Methoden zur urlaubsgemäßen Aktivierung und alltagsbezogenen länderkundlichen Information solcher Gäste auf, denen weniger an klassischen Studienreisen gelegen ist, und realisiert damit mehr als die vorgenannten Modelle das „Urlaubshafte" der Feriensituation, das Bedürfnis nach heiterer Entspannung, nach Erlebnis, Abwechslung und Kontakt. Das „Animationsmodell Länderkunde" ist seinerseits den freizeitpädagogischen Animationsansätzen verpflichtet, die seit Mitte der 70er Jahre Eingang in den Tourismus gefunden haben (Studienkreis für Tourismus 1975; Finger et al. 1975; Opaschowski 1981; (→) *Animation*).

Die in der tourismuskritischen Diskussion immer stärker geäußerte Klage über die wachsenden Störungen von Einheimischen, von Natur und Umwelt durch den geballten Ausbau der touristischen Infrastruktur und durch die ins Massenhafte angestiegenen Touristenströme (vgl. Krippendorf 1975/1984) führten im Verlauf der 80er Jahre zum Konzept des „sanften Tourismus" (Jungk 1980), einem derzeit noch nicht endgültig formulierten Regelkanon für einen sozialverantwortlichen und umweltverträglichen Tourismus aller daran Beteiligten, dem neben dem ethischen Anspruch auch ein zunehmender Realitätsbezug eignet (Steinecke 1989). Beunruhigt durch sinkende Buchungszahlen für touristische Ballungszonen nimmt derzeit auch die Touristikindustrie dessen Ratschläge zunehmend ernster.

## 3. Gegenwärtige Reisepädagogik: Tendenzen und Defizite

Reisepädagogik ist gegenwärtig in der Bundesrepublik noch eine Sache weniger Experten: Es wohnt ihr deshalb noch der unbekümmerte Charme und das unausgelotete Potential eines werdenden Fachs inne. Andererseits aber fehlt ihr auch jener institutionelle Rahmen, der einem Fach im technisch-wissenschaftlichen Zeitalter das Gütesiegel verleiht: Lehrstühle und Forschungsinstitute, Fachzeitschriften, regelmäßige Kongresse und Kontroversen. Dies wird sich wahrscheinlich bald ändern; zumindest einige Hochschulen haben bereits reisepädagogische Zusatz- und Fortbildungsqualifikationen in ihr Lehrangebot aufgenommen (vgl. die Überblicke bei Fromme & Kahlen 1991; Eder & Klemm 1986; Nahrstedt 1992).

Über den gegenwärtigen Diskussionsstand der Reisepädagogik vermitteln die publizierten Referate von drei Fachtagungen (vgl. Zeitschrift für Pädagogik: 25. Beiheft 1990; Steinecke 1990; Thomas-Morus-Akademie 1991) einen – allerdings nicht vollständigen – Überblick.

*a) Reisepädagogik für Schüler und Jugendliche*

Das „Jahrbuch für Jugendreisen und internationalen Jugendaustausch" hatte seinen Jahrgang 1978 dem Thema „Lernfeld Schule für den Tourismus" gewidmet und darin nachhaltig gefordert, daß die Schule ihre Zöglinge künftig besser für ihre künftige touristische Lebenswelt vorbereiten solle, u.a. durch eine Revision der Lehrbücher und durch Einführung eines neuen Unterrichtsfachs „Tourismus". Dies ist allerdings nie realisiert worden: Das Unterrichtsfach „Tourismus" wird – in Anbetracht der vielbeklagten Stoffülle der Lehrpläne – auch für die Zukunft eine Illusion bleiben; nach wie vor zeigen die Schulbücher in Bezug auf den Tourismus „erschreckende Mängel" (Ranft). Die Reisepädagogik hat sich im Bereich der Schule vor allem um das Außerunterrichtliche, um die traditionsreiche Klassen- und Schulfahrt gekümmert und in verschiedenen Beiträgen deren pädagogisches Potential für eine Tourismuserziehung aufgezeigt und mit Beispielen verdeutlicht (vgl. das Jahrbuch für Jugendreisen 1987, Thomas-Morus-Akademie 1988). Dabei wurde insbesondere auch eine reisepädagogische Ausbildung künftiger Lehrer gefordert (Günter 1987).

Die reisepädagogischen Bemühungen um den zum Teil subventionierten und mit hohen gesellschaftlichen Erwartungen befrachteten Jugendtourismus sind dagegen beinahe schon Legion: Wie bereits oben gezeigt, hat sich die Reisepädagogik zu einem guten Teil am *Jugendtourismus* entwickelt und dabei insbesondere den internationalen Jugendaustausch, andere Formen des organisierten Jugendtourismus sowie den wachsenden Trend zu Fern- und Alternativreisen behandelt (vgl. als Überblick: Studienkreis für Tourismus 1984; Müller 1987; Braun et al. 1988). Die dabei entwickelten reisepädagogischen Zielkonstanten – von der Völkerverständigung und dem Abbau von (nationalen, ethnischen) Vorurteilen (Danckwortt 1959; Hahn 1965) über die „emanzipatorische Reisepädagogik" (Giesecke, Keil & Perle 1967) bis hin zum Konstrukt des „interkulturellen Lernens" (Breitenbach 1979, vgl. Müller 1987) – befruchteten die Reisepädagogik insgesamt. In kaum einem anderen Tourismusbereich fanden weiterführende empirisch-sozialwissenschaftliche Methoden so schnell und umfassend Eingang (vgl. z.B. Kentler, Leithäuser & Lessing 1969; Winter 1974; Hartmann 1981). Und schließlich schuf sich der Jugendtourismus seit 1984 auf Initiative von Wolfgang Isenberg und Werner Müller in der jährlichen „Lernbörse Reisen" ein Forum, das sich seitdem gleichsam zu einer „ITB des Jugendreisens und der inhaltlichen Diskussion" (Heinz Hahn) entwickelt hat – mit Impulsen für die weitere pädagogische Entwicklung des (→) *Jugendtourismus*.

*b) Reisepädagogik allgemein*

Ihre größten Defizite und zugleich ihre unterschiedlichsten Ansätze weist die Reisepädagogik bislang gegenüber dem Millionenheer der Einzelreisenden auf. Die Relevanz dieses Ansatzes steht außer Frage: Denn hier liegen vor allem die Chancen, modulierend in den urwüchsigen Wildwuchs des massenhaften Reisens einzugreifen, durch Informationen, Beratungen und Anregungen das Phänomen Tourismus selbst zum Problem zu machen und zu nützlichem Reisen – was immer dies dann im Einzelfall auch heißen mag – zu motivieren.

Diese Aufgabe nehmen in erster Linie die *Medien* wahr: Rundfunk und Fernsehen informieren in entsprechenden Sendungen nicht nur über Reiseziele, sondern empfehlen auch angemessenes touristisches Verhalten und reflektieren hin und wieder auch den Tourismus als Ganzes. Dies gilt natürlich auch für die gedruckten Medien, die Zeitungen, die sich je nach Größe und Verbreitung Reisekolumnen oder eigene Reisebeilagen von oft vielbeachtetem Niveau halten (vgl. dazu die Untersuchungen von Michaelsen 1985; Walde 1989; Auer 1991; (→) *Reisejournalismus*).

Der große Markt der Reiseführer und anderer spezieller Reiseinformationen war Gegenstand reisepädagogischer Untersuchung und Erörterung (Steinecke 1988; Thomas-Morus-Akademie 1990). Neben hervorragenden Produktionen, die auch den Kriterien differenzierter Kritik standhalten, herrschen hier vielfach noch traditionelle Muster vor, die in Intention und Darstellungsmethode von einer expliziten reisepädagogischen Reflexion nur profitieren könnten.

Manche Anregungen könnten hierfür von den vom Studienkreis für Tourismus entwickelten (→) *„Sympathie-Magazinen"* ausgehen oder von den ebenfalls vom Studienkreis mitentwickelten *„Blickwechsel-Filmen"*, die den Touristen die Gelegenheit bieten, sich selbst aus der Perspektive der Einheimischen zu erleben und damit intensiv die eigene touristische Rolle nachzuempfinden. „Blickwechsel-Filme" werden im übrigen häufig in Charterflugzeugen auf dem Weg ins Urlaubsziel gezeigt.

Die damit in den Blick kommende Chance, Urlauber während der sonst ungenutzten (aber motivationspsychologisch sicherlich günstigen) Transferzeiten reisepädagogisch zu informieren und zu beraten, ist bislang nur unzureichend genutzt worden: beispielsweise in dem vom ADAC mitkonzipierten Projekt „Touristische Wegweisung", einer Grobinformation in Form von Piktogrammen an Autostraßen über Landschaft, Sehenswürdigkeiten und touristische Attraktionen (vgl. Mikolaschek 1986). Vergleichbare Möglichkeiten böten der Linienflug (ebenfalls über Filminformationen) oder der Bahnverkehr (etwa durch Druckschriften).

Der ungezwungenen Selbstinformation dienen die in letzter Zeit verstärkt entwickelten natur- und kulturkundlichen Lehrpfade mit unterschiedlicher Thematik (z.B. Umwelt, Weinbau, Industrie- und Stadtgeschichte, Literatur), die häufig konzeptionell recht anspruchsvoll sind und umfangreiches Begleitmaterial (z.B. Fragebögen, Schaubilder, weiterführende Erläuterungen) bieten (vgl. Hey 1984, sowie als Überblick Steinecke 1990).

Der reisepädagogischen Breiteninformation widmen sich im übrigen zahlreiche Institutionen (z.B. der Arbeitskreis „Tourismus mit Einsicht", München, oder das „Informationszentrum 3. Welt", Freiburg), die häufig nicht nur Material und Literaturhinweise versenden, sondern auch Touristen individuell beraten (Übersicht mit Anschriften bei Krause 1991). Daneben gibt es ein offensichtlich wachsendes reisepädagogisches Lehrangebot an Volkshochschulen und Volksbildungswerken, die sich insbesondere den Themenbereichen „Sanftes Reisen" und „Reisen in die Dritte Welt" widmen (vgl. z.B. Hamele 1986).

Den geschilderten Ansätzen stehen große Defizite gegenüber: erstens im Bereich der Grundlagenforschung: Zuwenig ist bislang – trotz beachtlicher Vorarbeiten – bekannt über Motive, Bedürfnisse und Verhaltensformen der unterschiedlichen Zielgruppen (die sich im übrigen rasch ändern); und wenig Detailliertes weiß man über die Bedingungsfaktoren der (→) *Reiseentscheidung* (vgl. Braun & Lohmann 1989). Diese Mängel haben zweitens zur Konsequenz, daß die Entwicklung von zielgruppengerechten reisepädagogischen Modellen und von geeigneten Informations- und Beratungsstrategien – und damit eine gezielte Einflußnahme auf das massenhafte Reisen – derzeit nur bedingt möglich ist –, obwohl an globalen Zielsetzungen und Forderungen kein Mangel herrscht.

*c) Reisepädagogik für Reiseleiter*

Neben dem Jugendtourismus hat sich die Reisepädagogik besonders im Pauschaltourismus entwickelt: Für alle Reisearten, von der anspruchsvollen Studienreise bis hin zur Aufenthaltsreise (vgl. das „Animationsmodell Länderkunde"), von der einfachen Busreise (vgl. Bartl 1983, 1987) über die Abenteuerreise (Ölmüller 1991) bis hin zum (→) *Cluburlaub* (vgl. Finger & Gayler 1990) liegen praxisorientierte und erprobte didaktisch-methodische Modelle vor. Neuartige Ansätze sind in den vergangenen Jahren entstanden, so ein explizites Modell interkultureller Kommunikation (Niemeyer 1990) oder ein unter dem Namen „länderkundliche Spurensuche" bekannt gewordenes Modell spontaner geographischer Forschung (Isenberg 1987; 1991), das sich für Einzel- wie für Gruppenreisen gleichermaßen eignet. Daneben fand das Anliegen des „sanften Tourismus" mit zahlreichen Empfehlungen und Forderungen Eingang in die Reiseleiterpraxis (vgl z.B. Steinecke 1989, Steinecke & Steinecke 1991).

*Reiseleiterausbildung.* Zwar bieten Hochschulen reisepädagogische Zusatzqualifikationen an (vgl. oben), aber die wenigsten Reiseleiter dürften sich auf diesem aufwendigen Weg auf ihren Beruf vorbereiten. Zumindest die größeren Veranstalter haben die Bedeutung einer gezielten Reiseleiteraus- und -fortbildung erkannt, aber über den praktischen Wert dieser häufig nur wenige Tage dauernden Kurse sind die Experten höchst unterschiedlicher Meinung. Dies aber hat bislang – im Unterschied zu Ländern wie Griechenland oder Israel, mit einer geregelten Reiseleiterausbildung – wiederum nur eine geringe Professionalisierung der deutschen Reiseleiter zur Folge gehabt (vgl. Schmeer-Sturm 1990). Möglicherweise wird sich dies unter dem Druck EG-rechtlicher Bestimmungen bald ändern: die vom Präsidium der deutschen Touristik-Wirtschaft inzwischen eingerichtete (freiwillige) Zertifikatsprüfung (zur Prüfungsordnung Günter 1991) ist zumindest ein Schritt in die richtige Richtung (→) *Reiseleitung*).

Besser hingegen ist es um die Aus- und Fortbildung der örtlichen oder regionalen (→) *Gästeführer* bestellt (Bartl et al. 1986; Schmeer-Sturm & Springer 1987).

*d) Reisepädagogik für Veranstalter*
Reisepädagogische Grundsatzüberlegungen wurden bereits recht früh bei gemeinnützigen Veranstaltern angestellt (vgl. Pressel 1962; Otto 1982), weniger jedoch bei kommerziellen Unternehmern. Dies hat sich jedoch seit der zweiten Hälfte der 70er Jahre geändert, als Großveranstalter von Pauschalreisen bei ihrer Klientel ein wachsendes Bedürfnis nach aktiverer Urlaubsgestaltung entdeckten, was sie veranlaßte, in zunehmendem Maße animatorische Elemente zu nutzen (vgl. o.g. „Animationsmodell Länderkunde") und ihre Programme mit Hilfe reisepädagogischer Überlegungen zumindest mitzugestalten. Analoges gilt für die Veranstalter von Studienreisen, die ihre Programme zunächst vorwiegend als Rundreisen zwischen Sehenswürdigkeiten konzipiert hatten, um dann allmählich unter dem Druck veränderter Kundenbedürfnisse auch stärker reisepädagogische Überlegungen in die Programmentwicklung einfließen zu lassen, was wiederum die Reiseart stärker ausdifferenziert und damit attraktiver gemacht hat (vgl. Czuchra 1990; Günter 1991; Roth & Langemeyer 1992). Ein weiteres und in seinem Umfang noch nicht ausgeschöpftes Potential bietet sich der Reisepädagogik in der Produktpräsentation, insbesondere bei der Kataloggestaltung (vgl. die eingehende Untersuchung von Putschögl-Wild 1978), bei der Entwicklung von Reiseinformationen (Müllenmeister 1986) sowie bei der Konzeption audiovisueller Medien (z.B. Videos), die vermutlich in Zukunft eine immer größere Rolle bei der Kundeninformation spielen werden (→ *Touristische Medien*).

Trotz der gewachsenen Bedeutung der Reisepädagogik für die Touristik, insbesondere bei der Produktentwicklung und -präsentation, spielt sie bislang bei der (überwiegend betriebswirtschaftlichen) Ausbildung der künftigen Touristiker an den Fachhochschulen keine Rolle.

# Literatur

Auer, M. (1991). Der Markt der Reisezeitschriften. Kath. Universität, Eichstätt: Päd. Diplomarbeit.

Bartl, H. (1983, 1987). Qualifizierte Reiseleitung. Erfolgsrezepte und Strategien für einen modernen Beruf. München: Huss.

Bartl, H.; Schöpp, U. & Wittpohl, A. (1986). Gästeführung in der Fremdenverkehrspraxis. München: Huss.

Braun, O. et al. (1988). Bielefelder Jugendreisestudie. Sommer '87. Forschungsbericht von Reisen und Freizeit mit jungen Leuten. Bielefeld: Institut für Freizeitwissenschaft und Kulturarbeit IFKA.

Braun, O. & Lohmann, M. (1989). Die Reiseentscheidung. Einige Ergebnisse zum Stand der Forschung. Starnberg: Studienkreis für Tourismus.

Breitenbach, D. (Hg.) (1979). Kommunikationsbarrieren in der internationalen Jugendarbeit. 5 Bde. Saarbrücken: Breitenbach.

Czuchra, A. (1990). Die Welt in der Gesellschaft erleben. Studienreisen: Konzepte – Probleme – Prognosen. (S. 31–40) In A. Steinecke (Hg.), Lernen. Auf Reisen? Bildungs- und Lernchancen im Tourismus der 90er Jahre. Bielefeld: Institut für Freizeitwissenschaft und Kulturarbeit.

Danckwortt, D. (1959). Internationaler Jugendaustausch. München: Juventa.

Eder, W. & Klemm, K. (1986). Der Ausbildungsbereich »Wissenschaftliche Reiseleitung und –planung« im Aufbaustudium Tourismus (Freie Universität Berlin). Freizeitpädagogik, 8 (3/4), 156-163.

Finger, C., et al. (1975). Animation im Urlaub. Studie für Planer und Praktiker. Starnberg: Studienkreis für Tourismus.

Finger, C. & Gayler, B. (1980). Animation im Urlaub. Studie für Planer und Praktiker. Starnberg: Studienkreis für Tourismus.

Fromme, J. & Kahlen, B. (1991). Aus-, Fort- und Weiterbildungsangebote für das Arbeits- und Berufsfeld Tourismus. Einige Ergebnisse der Untersuchung „Arbeits- und Berufsfeld Freizeit: Aus-, Fort- und Weiterbildungsangebote im tertiären Bildungsbereich" von 1989. (S. 231-252) In Thomas Morus-Akademie (Hg.), Lernen. Auf Reisen? Reisepädagogik als neue Aufgabe für Reiseveranstalter, Erziehungswissenschaft und Tourismuspolitik. Bensberg: Thomas Morus-Akademie.

Giesecke, H. (1965). Tourismus als neues Problem der Erziehungswissenschaft. (S. 103–122) In H. Hahn (Hg.), Jugendtourismus. München:Juventa.

Giesecke, H.; Keil, A. & Perle, U. (1967). Pädagogik des Jugendreisens. München: Juventa.

Günter, W. (1973). Didaktik und Methodik der Bildungsreise. München: Ausbildungsunterlagen von Studiosus-Reisen.

Günter, W. (Hg.) (1982, 2. Aufl. 1991). Handbuch für Studienreiseleiter. Pädagogischer, psychologischer und organisatorischer Leitfaden für Exkursionen und Studienreisen. Starnberg: Studienkreis für Tourismus.

Günter, W. (1987). Studienfahrten und Lehrerausbildung. Jahrbuch für Jugendreisen und internationalen Jugendaustausch, 15-22.

Günter, W. (1991). Alte Apodemik und moderne Reisepädagogik. (S. 9–25) In Thomas Morus-Akademie (Hg.). Lernen. Auf Reisen? Reisepädagogik als neue Aufgabe für Reiseveranstalter, Erziehungswissenschaft und Tourismuspolitik. Bensberg: Thomas Morus-Akademie.

Günter, W. (1991). Der Nutzen des Reisens. Die frühneuzeitliche Apodemik als Theorie der Erfahrung. (S. 15–19) In H. Spode (Hg.), Zur Sonne, zur Freiheit! Beiträge zur Tourismusgeschichte. Berlin: Verlag für universitäre Kommunikation (Institut für Tourismus der Freien Universität Berlin: Berichte und Materialien Nr. 11).

Günter, W. (1993). Ars Apodemica. Reiseerfahrung als geplantes Lebenslaufelement. In R. Keck & E. Wiersing (Hg.), Vormoderne Lebensläufe – erziehungshistorisch betrachtet. Hildesheim: Lax.

Hahn, H. (Hg.) (1965). Jugendtourismus. München: Juventa.

Hamele, H. (1986). Tourismus als Thema der Erwachsenenbildung. Tourismuskritische Kurse an der Münchener VHS am Beispiel von „Reisen in die Dritte Welt". Starnberg: Studienkreis für Tourismus.

Hey, B. (1984). Der historische Lehrpfad. Freizeitpädagogik, 6(1/2), 81-87.

Hartmann, K.D. (1981). Wirkungen von Auslandsreisen junger Leute. Ein Überblick über Ergebnisse der sozialpsychologischen Forschung. Starnberg: Studienkreis für Tourismus.

Isenberg, W. (1987). Geographie ohne Geographen. Laienwissenschaftliche Erkundungen, Interpretationen und Analysen der räumlichen Umwelt in Jugendarbeit, Erwachsenenwelt und Tourismus. Osnabrück (Osnabrücker Studien zur Geographie Bd 9).

Isenberg, W. (1991). Spontane länderkundliche Forschungen auf Studienreisen. (S. 225–236) In W. Günter (Hg.), Handbuch für Studienreiseleiter. Pädagogischer, psychologischer und organisatorischer Leitfaden für Exkursionen und Stu-

dienreisen. Starnberg: Studienkreis für Tourismus.
Jungk, R. (1980). Wieviel Touristen pro Hektar? Plädoyer für sanftes Reisen. GEO 10, 154-156.
Kentler, H.; Leithäuser, T. & Lessing, H. (1969). Jugend im Urlaub. Untersuchung im Auftrag des Studienkreises für Tourismus. Weinheim: Beltz.
Klatt, F. (1929). Freizeitgestaltung. Grundsätze und Erfahrungen zur Erziehung des berufstätigen Menschen. Stuttgart: Silverburg.
Kluckert, E. (1981). Kunstführung und Reiseleitung. Methodik und Didaktik. Oettingen: Meiners.
Krause, G. (1991). Auswahlbibliographie zur Vorbereitung von Studienreisen. (S. 533–548) In W. Günter (Hg.), Handbuch für Studienreiseleiter. Pädagogischer, psychologischer und organisatorischer Leitfaden für Exkursionen und Studienreisen. Starnberg: Studienkreis für Tourismus.
Krippendorf, J. (1984). Die Ferienmenschen. Für ein neues Verständnis von Freizeit und Reise. Zürich/Schwäbisch Hall: Orell Füssli.
Meyer, W. (1977). Sympathie-Magazine. Untersuchung zur psychologischen Wirkungsweise von Sympathie-Magazinen bei Fernreisenden. Starnberg: Studienkreis für Tourismus.
Michaelsen, K. (1985). Der Reisejournalismus in der deutschen Tagespresse. München: Universität: Päd. Diplomarbeit.
Mikolaschek, P. (1986). Touristische Wegweisung. Ein Großversuch des allgemeinen Deutschen Automobil-Clubs e.V. in Hessen. Freizeitpädagogik 8(3/4), 135-141.
Müllenmeister, H.M. (1986). Animation durch Information. Länderkunde für Urlauber als Service eines Touristikunternehmens. Freizeitpädagogik 8(3/4), 127-134.
Müllenmeister, H.M. & Waschulewski, E. (1978). Animationsmodell Länderkunde. (S. 225– 253) In Studienkreis für Tourismus (Hg.), Mehr Ferienqualität. Bd. 2. Starnberg: Studienkreis für Tourismus.
Müller, W. (1987). Von der „Völkerverständigung" zum „Interkulturellen Lernen". Die Entwicklung des Internationalen Jugendaustauschs in der Bundesrepublik Deutschland. Starnberg: Studienkreis für Tourismus.
Nahrstedt, W. (1992). Reiseleiter und Reisemanager: Weiterbildung für den Tourismus von Morgen. Dokumentation des 2. Bielefelder Tourismustages. Bielefeld: Institut für Freizeitwissenschaft und Kulturarbeit.
Niemeyer, W. (1990). Zur Stellung des Reiseleiters in der interkulturellen Kommunikation. Basel: Arbeitskreis Tourismus und Entwicklung.
Ölmüller, K. (1991). Organisation, Didaktik und Methodik von Erlebnisreisen (S. 400–413). In W. Günter (Hg.), Handbuch für Studienreiseleiter. Pädagogischer, psychologischer und organisatorischer Leitfaden für Exkursionen und Studienreisen. Starnberg: Studienkreis für Tourismus.
Opaschowski, H.W. (1981). Methoden der Animation. Praxisbeispiele. Bad Heilbrunn: Klinkhardt.
Otto, V. (1982). Studienreisen als Aufgabe der Erwachsenenbildung. Beiträge über Studienreisen im Aufgabenverständnis und Programmzusammenhang der Volkshochschule. Frankfurt: Schriften des Hessischen Volkshochschulverbandes.
Pressel, A. (1962). Exkursionen im Programm der Volkshochschulen. Berlin: Heymanns.
Putschögl-Wild, A.M. (1978). Untersuchungen zur Sprache im Fremdenverkehr. Durchgeführt an den Ferienkatalogen einiger deutscher Touristikunternehmen. Frankfurt: Lang.
Ranft, F. (1991). Die Schule sagt nicht viel zum Reisen. In den Lehrbüchern gibt es erschreckende Mängel. Frankfurter Allgemeine Zeitung, Reisebeilage vom 28.2.1991.
Roth, P. & Langemeyer, A. (1992). Die Studienreise der 90er Jahre. Einstellungen, Erwartungen, Entwicklungen. München: Fachhochschule.
Schmeer-Sturm, M.L. (1983). Reisepädagogik. Didaktik und Methodik der Bildungsreise am Beispiel Italien. München: Phil. Diss., Universität.
Schmeer-Sturm, M.L. & Springer, W. (1987). Trainingsseminar für Gästeführer. Grundkurs zur Vorbereitung und Durchführungen von Besichtigungen. Darmstadt: Jaeger.
Schmeer-Sturm, M.L. (1990). Der Reiseleiter: Beruf ohne Berufsbild?. (S. 41–64) In A. Steinecke (Hg.), Lernen. Auf Reisen? Bildungs- und Lernchancen im Tourismus der 90er Jahre. Bielefeld: Institut für Freizeitwissenschaft und Kulturarbeit.
Schneider, A. (1990). Historische Reiseführung auf Studienreisen am Beispiel Griechenlands und Zyperns unter besonderer Berücksichtigung der Alten Geschichte. Leitfaden für Reiseleiter. Berlin: Verlag für universitäre Kommunikation (Institut für Tourismus der Freien Universität Berlin: Berichte und Materialien Bd. 7).
Siebert, H. (1983). Erwachsenenbildung als Bildungshilfe. Bad Heilbrunn: Klinkhardt.
Stagl, J. et al. (Hg.) (1983). Apodemiken. Eine räsonierte Bibliographie der reisetheoretischen Literatur des 16., 17. und 18. Jahrhunderts. Paderborn: Schöningh.
Stagl, J. (1983). Das Reisen als Kunst und als Wissenschaft (16.-18. Jahrhundert). Zeitschrift für Ethnologie 108, 15-34.

Steinecke, A. (1988). Der bundesdeutsche Reiseführer-Markt. Leseranalyse – Angebotsstruktur – Wachstumsperspektiven. Starnberg: Studienkreis für Tourismus.

Steinecke, A. (Hg.) (1989). Tourismus – Umwelt – Gesellschaft. Wege zu einem sozial- und umweltverträglichen Reisen. Bielefeld: Institut für Freizeitwisssenschaft und Kulturarbeit.

Steinecke, A. (Hg.) (1990). Lernen. Auf Reisen? Bildungs- und Lernchancen im Tourismus der 90er Jahre. Bielefeld: Institut für Freizeitwissenschaft und Kulturarbeit.

Steinecke, A. & Steinecke, R. (1991). Sanfter Tourismus als Herausforderung. (S. 99-113) In W. Günter (Hg.), Handbuch für Studienreiseleiter. Pädagogischer, psychologischer und organisatorischer Leitfaden für Exkursionen und Studienreisen. Starnberg: Studienkreis für Tourismus.

Studienkreis für Tourismus (Hg.) (1975). Animation im Urlaub. Anregung oder Verführung? Starnberg: Studienkreis für Tourismus.

Studienkreis für Tourismus (Hg.) (1984). Jugendtourismus. Sammelbericht über drei Tagungen in Walberberg, Salzburg, Bonn. Starnberg: Studienkreis für Tourismus.

Thomas Morus-Akademie (Hg.) (1988). Reisen mit der Schule. Erfahrungen, Barrieren, Konzepte. Bensberg: Thomas Morus-Akademie.

Thomas Morus-Akademie (Hg.) (1990). Wegweiser in die Fremde? Reiseführer, Reiseratgeber, Reisezeitschriften. Bensberg: Thomas Morus-Akademie.

Thomas Morus-Akademie (Hg.) (1991). Lernen Auf Reisen? Reisepädagogik als neue Aufgabe für Reiseveranstalter. Erziehungswissenschaft und Tourismuspolitik. Bensberg: Thomas Morus-Akademie.

Walde, S. (1989). Reisemagazine auf dem deutschen Lesermarkt. Eine vergleichende Inhaltsanalyse zur Positionierung ausgewählter Objekte. München: Universität: Päd. Diplomarbeit.

Winter, G. (1974). Einstellungsänderung durch internationale Begegnung. Sammelbericht über sozialpsychologische Beiträge zum Thema „Völkerverständigung durch Auslandsreisen und internationale Jugendtreffen". Starnberg: Studienkreis für Tourismus.

**Wolfgang Günter, Kirchzarten**

# Freizeitpädagogik

## 1. Grundlegende Begriffserklärungen

Freizeitpädagogik bezeichnet ein pädagogisches Handeln im Freizeitbereich, das auf eine qualitative Gestaltung von Freizeit durch die Förderung von Freizeitlernen und Freizeitkompetenz zielt. Freizeit heute ist gegliedert in Tages-, Wochenend-, Jahres- und Lebensfreizeit. Freizeitpädagogik ist damit zu unterscheiden in eine Pädagogik unterschiedlicher Freizeittypen (vgl. Abb. 1).

Für eine Pädagogik des Tourismus wird zunächst die Pädagogik der Jahresfreizeit (Ferien, Urlaub) interessant. Zunehmend werden jedoch auch die anderen Freizeittypen und damit alle Typen der Freizeitpädagogik für Tourismusplanung und Tourismusmanagement von Interesse. Freizeitpädagogik berücksichtigt dabei die individuellen und gesellschaftlichen Entwicklungsdimensionen und ist an der Gestaltung der Freizeitumwelten beteiligt.

## 2. Allgemeine Zielsetzungen der Freizeitpädagogik

Freizeithandeln wie menschliches Handeln überhaupt ist auf Sinn angelegt. Freizeitsinn ist jedoch in historisch neuer Weise tendenziell für alle Menschen individuell bestimmbar. Die Fähigkeit individueller Sinnbestimmung setzt Lernen voraus. Freizeitpädagogik versucht, dieses Lernen insbesondere über den Freizeitbereich, aber auch außerhalb der Freizeit, z.B. in der Schule, zu fördern.

Das Individuum lebt und lernt in seinen Erfahrungsumwelten. Freizeit erweitert den Erfahrungsraum. Für Freizeit werden neue Erfahrungsumwelten geschaffen (z.B. Freizeitzentren, Freizeitparks, (→) *Themenparks*, Freizeitbäder, Museen, Urlaubslandschaften). Freizeit erschließt jedoch auch erneut ältere Umwelten in Natur (z.B. Naturparks) und Kultur (z.B. „Straße der Romanik"). Ähnliches gilt für die Begriffe Lernen und Pädagogik. Durch Freizeit wird Lernen komplexer.

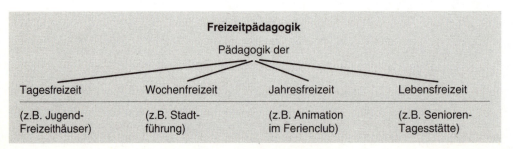

Abb. 1: Gliederung der Freizeitpädagogik (überarb. nach Nahrstedt 1990, S. 33)

Freizeitpädagogik hat es mit komplexen Lernstrukturen zu tun. Für Freizeitpädagogik wird daher Lernen nicht in einem engen schulisch-kognitiven, sondern in einem freizeitangemessenen, allgemeinen und umfassenden Sinne verstanden. Funktionales und intentionales Lernen wird unterschieden. Freizeitpädagogik knüpft an funktionales Lernen an, sucht es in Natur und Kultur zu verstärken, organisiert jedoch auch intentional eigene Lernwelten. Lernen in Verbindung mit Freizeit wird dabei vor allem in einem kreativ-konstruktiven Sinne im Hinblick auf ein „innovatives Lernen" (Peccei 1981) in Anspruch genommen. Lernen soll damit als ein grundlegendes menschliches Vermögen angesehen werden, individuelle, gesellschaftliche und globale Strukturen weiterzuentwickeln. Freizeitpädagogik ist damit eine Gestaltung von Zeitstrukturen, die Lernen als innovative Kraft und als Faktor der Veränderung einbezieht. Dabei gehört zu den Zielen von Freizeitpädagogik die Schaffung und Sicherheit optimaler Voraussetzungen für Lernen in den Freizeitwelten.

*Die Frühgeschichte der modernen Freizeitpädagogik*: Als Begründer gilt Fritz Klatt. Er bestimmte 1929 als Aufgabe der Freizeitpädagogik: Die „freie Zeit setzt sich zusammen aus all den Freiviertelstunden, freien Nachmittagen, Wochenenden und kleinen Urlaubszeiten des Jahres. Und diese unzusammenhängenden kleinen Zeitteile im Leben des Arbeitsmenschen zu einem einheitlichen hellen Band zu verbinden, welches das mühselige Arbeitsleben durchzieht (...), das ist die große Aufgabe der Freizeitpädagogik" (Klatt 1929, S. 2). Die der Freizeitpädagogik zugrundeliegende Idee ist damit eine Befreiung der Zeit. Sie zielt auf die Überwindung der Zerteilung von Zeit. Zeitfreiheit wird ihr Leit- und Lernziel.

Die Freizeitpädagogik ist heute eine pädagogische Teildisziplin innerhalb der Erziehungswissenschaft, die radikal und konsequent für die Analyse pädagogischer Strukturen ihren Ansatz vom Blickpunkt der Zeit her wählt (→ *Zeiterleben*). Zeitliche Strukturen und deren Veränderung, ein Wandel im grundlegenden Verständnis von Zeit und das Entstehen neuer zeitlicher Bezüge gehören zu den Ausgangspunkten einer Freizeitpädagogik. Ihre Bedeutung leitet die Freizeitpädagogik von der Annahme her, daß Zeit insgesamt im Übergang von der Moderne zur Post-Moderne, von der industriellen zur post-industriellen Gesellschaft eine erhöhte Bedeutung und eine neue Qualität (z.B. im Verhältnis zu Geld und Kapital) erhält. Zunehmende Arbeitszeitverkürzungen, wachsende Freizeitblöcke, Umstrukturierung und Dynamisierung der individuellen wie gesellschaftlichen Gesamtheit sind dabei nur ein Ausdruck der neuen gesellschaftlichen Rolle von Zeit. Damit nimmt die Freizeitpädagogik ihren allgemeinen Ausgangspunkt von einem individuellen und gesellschaftlichen Lernproblem, der Neuordnung von Zeit.

Kennzeichnend für die Freizeitpädagogik dabei ist, daß sie als eine Pädagogik in der Freizeit für die Freizeit ansetzt. Das bedeutet nicht, daß Außenbezüge keine Rolle spielen, wohl aber, daß für sie das Leben in der Freizeit mit seinen Bedingungen, Bedürfnissen und Möglichkeiten zum Ausgangspunkt wird. Darin unterscheidet sich die Freizeitpädagogik z.B. von Aus- und Weiterbildungsmaßnahmen, die zwar z.T. ebenfalls in der Freizeit angesiedelt werden, jedoch auf eine Qualifizierung von Erwerbsarbeit gerichtet sind.

Dieser besondere Ausgangspunkt für eine Freizeitpädagogik wurde bereits von Friedrich Schiller in seiner Erholungstheorie sichtbar gemacht: „Wir nennen Erholung den Übergang von einem gewaltsamen Zustand zu demjenigen, der uns natürlich ist. (...) Setzen wir (...) unsern natürlichen Zustand in ein unbegrenztes Vermögen zu jeder menschlichen Äußerung und in die Fähigkeit über alle unsere Kräfte mit gleicher Freiheit disponieren zu können, so ist jede Trennung und Vereinzelung dieser Kräfte (z.B. durch „anspannende und erschöpfende Arbeit") ein gewaltsamer Zustand" (Schiller 1955, S. 671f.). Gerade die „Kräfte" also, die in der Erwerbsarbeit „gewaltsam" unterdrückt worden sind, werden für eine Freizeitpädagogik zum Ausgangspunkt ‚freier Disposition'.

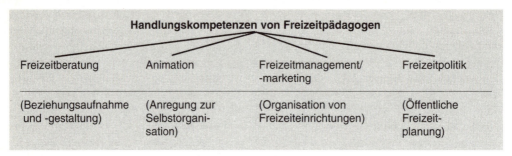

Abb. 2: Freizeitpädagogische Handlungskompetenzen

*Handlungsfelder* sind in der Regel *Freizeiteinrichtungen* wie Freizeitzentren, Spielplätze, Bürgerhäuser, Häuser des Gastes etc. im Wohnumfeld, im Naherholungsbereich, im Heilbad und im Urlaubsort. Daneben wird Freizeitpädagogik auch zunehmend für „geschlossene Einrichtungen" wie Schulen, Fürsorgeheime, Justizvollzugsanstalten, Krankenhäuser, Betriebe, die Bundeswehr in Anspruch genommen. Die Aufnahme von freizeitpädagogischen Ideen in diese Einrichtungen zeigt die gesellschaftliche Kraft des Freizeitgedankens.

## 3. Berufliche Aspekte

Freizeitpädagoge und -pädagogin repräsentieren einen neuen Pädagogentyp. Die Berufsbezeichnung ist allerdings noch sehr diffus: Er/sie heißt FreizeitberaterIn, FreizeithelferIn, AnimateurIn, ReiseleiterIn, JugendreiseleiterIn, TeamerIn, KulturpädagogIn, KulturarbeiterIn, FreizeitmanagerIn, GästebetreuerIn u.a.

*Handlungskompetenzen.* Freizeitpädagogen müssen mindestens über folgende vier Handlungskompetenzen verfügen (vgl. Abb. 2).

Zur Erläuterung:
*(1) Freizeitkommunikation und Freizeitberatung:* Fähigkeiten wie die Gestaltung von Kommunikation, Beziehungsaufnahme, Zuhören, Gesprächsführung etc. sind hier gefordert. Die Herstellung eines pädagogischen Verhältnisses im offenen Bereich deutet sich als eine grundlegende freizeitpädagogische Kompetenz an.

*(2) Animation,* Freizeitinstruktion, Programmgestaltung, Umweltinterpretation: Animation meint die Anregung zur Aktivität von Gruppen, die Bildung von Gruppen und die Verselbständigung der Gruppen bis zur Selbstorganisation. Die Entwicklung neuer Freizeitinitiativen erscheint als zentrale Aufgabe des Freizeitpädagogen. Freizeitinstruktion meint die Fähigkeit zur Vermittlung von Kenntnissen, Fähigkeiten und Einstellungen in Freizeitsituationen. Programmgestaltung bedeutet die Fähigkeit zur Konzipierung, Vorbereitung, Durchführung und Nachbereitung von Veranstaltungen im Freizeitbereich. Umweltinterpretation bezeichnet die Fähigkeit, Natur, Kultur, Geschichte konzeptionell als Freizeit- und Lernmöglichkeit aufzubereiten und in diese Bereiche einführen zu können (z.B. Lehrpfade; Stadtführungen, Gästeführung).

*(3) Management und Marketing.* Management bezeichnet die Fähigkeit, die Voraussetzungen in Organisation, Administration und Planung für die Freizeitpädagogik schaffen zu können, sowohl in öffentlichen, staatlichen, privaten-kommerziellen als auch in frei-gemeinnützigen Einrichtungen und Trägern. Zur Organisation gehört die Vorbereitung von Veranstaltungen, Programmen, Festen, Aktionen, Reisen usw. Administration bedeutet die Fähigkeit, Verhandlungsführung sowie Verwaltungsaufgaben wahrnehmen und Finanz- wie Haushaltspläne erstellen zu können. Planung richtet sich auf Zukunftsaufgaben, die Errichtung neuer Freizeiteinrichtungen usw. Marketing (profit und nonprofit) bedeutet, die Freizeitangebote zielgruppenspezifisch und marktgerecht plazieren zu können. PR, Öffentlichkeitsarbeit, Werbung und Pressearbeit sind für das Marketing erforderlich. Insbesondere die Freizeitpädagogik hat Management und Marketing als notwendige Handlungskompetenzen von Pädagogen deutlich gemacht. Eine konstruktive Verbindung von Pädagogik und Management eröffnet Chancen, die Polarität zwischen der postulierten Freiheit der Freizeit und des Freizeitlernens einerseits und der Notwendigkeit organisatorischer Vorsorge für die Freizeitgestaltung andererseits zu überbrücken.

*(4) Freizeitpolitik.* Hierzu gehört die Fähigkeit, neue Ideen in Staat und Gesellschaft (beim Freizeitträger, in der Kommune, in Land und Bund) durchzusetzen.

Nach den Handlungskompetenzen können vier Typen von Freizeitpädagogen unterschieden werden: (1) Der Freizeitpädagoge im eigentlichen Sinn als Freizeitberater sucht das Gespräch, die Freizeitkommunikation. (2) Animateure, Freizeitdidaktiker, Kulturpädagogen, Freizeitsportpädagogen, Studienreiseleiter stellen Ausprägungen eines zweiten Typs des Freizeitpädagogen dar, der sich vor allem als Didaktiker versteht und an speziellen Freizeitinhalten und ihrer Vermittlung interessiert ist. (3) Immer stärker wird aber auch der Freizeitpädagoge als FreizeitmanagerIn gefordert. (4) Der Freizeitpolitiker gehört zu einem vierten Typ des Freizeitpädagogen, insofern, als er die gesellschaftlichen Voraussetzungen für freizeitpädagogisches Handeln abzusichern sucht.

## 4. Das Handlungsfeld Tourismus

*Geschichte.* Freizeitpädagogik im Tourismus hat eine Vorgeschichte in der Apodemik für die Bildungsreise adliger und großbürgerlicher Söhne bis ins 18. Jahrhundert. Aber auch die Entstehung von schriftlichen Reiseführern seit der ersten Hälfte des 19. Jahrhunderts und das Aufkommen von Wanderführern spätestens mit Alpinismus und Jugendbewegung hat bereits pädagogische Aspekte des Tourismus thematisiert (Prahl & Steinecke 1989). Interessant ist, daß die moderne Freizeitpädagogik als eine Urlaubspädagogik im Volkshochschulheim Prerow a.d. Darß durch Fritz Klatt zwischen 1921 und 1930 entwickelt wurde. Ferienkurse sollten Freizeit und Bildung für die „berufsgebundenen Menschen" miteinander verbinden (Nahrstedt 1991a). Die gegenwärtige stärkere Rezeption der Freizeitpädagogik als Reisepädagogik signalisiert eine neue Situation. Aus einzelnen älteren pädagogischen Ansätzen wird im Zuge eines neuen Qualitäts- und Professionalisierungsschubs der pädagogische Faktor in seiner Komplexität für den Tourismus entdeckt und neu definiert.

Dieser Prozeß hat sich in folgenden Stufen vollzogen: (1) Zunächst waren pädagogische Aspekte des Tourismus auf Klassenreisen und Wandertage der Schulen beschränkt (Giesecke 1965). (2) Die „Pädagogik des Jugendreisens" als ein neues Aufgabenfeld der Pädagogik wurde erst seit den 50er Jahren entdeckt (Kentler 1959; Giesecke et al. 1967; Kentler et al. 1969). (3) Die Differenzierung der Formen, die Anhebung des Qualitätsanspruchs und die Verstärkung der (ökologischen) Probleme des Tourismus führt seit den 70er Jahren zu weiteren pädagogischen Ansätzen für den Gesamttourismus und für alle Altersgruppen. Dazu gehören „Animation im Urlaub" (Finger & Gayler 1975/1990), „Studienreiseleitung" (Günter 1975/1991), „Animationsmodell Länderkunde" (Müllenmeister et al. 1978) und das Konzept des „sanften Tourismus", das auf Jost Krippendorf (1972) und Robert Jungk (1980) zurückgeführt wird (vgl. Steinecke 1988) und das durch die Initiative „Tourismus mit Einsicht" (1986-1992) auch im Hinblick auf pädagogische Maßnahmen präzisiert wurde (Hamele 1988, S. 116-123). Seit den 80er Jahren gibt es das Bemühen um eine „Bilanz pädagogischer Freizeitforschung" (Wallraven 1991) und erste Versuche einer grundlegenden pädagogischen Theorie für Freizeitpädagogik und Reisepädagogik im Tourismus (Wegener-Spöhring 1991). Sie bedürfen einer erziehungswissenschaftlichen Weiterführung.

Freizeitpädagogik und Freizeitpädagogen werden so zunehmend auch im Bereich des Reisens in Anspruch genommen. Freizeitpädagogik als eine neue Dienstleistungsaufgabe bezeichnet im Rahmen des Tourismus die Gesamtheit der Maßnahmen (Handlungen, Berufe und Infrastrukturen) zur Förde-

| | Reisepädagogik | | |
|---|---|---|---|
| Reiseberatung | Reiseleitung | Animation | Urlaubslehre |
| (z.B. Information über Reiseziele) | (z.B. Umweltinterpretation über das Reiseland) | (z.B. Anregung zu Kommunikation und Kreativität im Urlaub) | (z.B. Vermittlung von Urlaubswissen und -können, etwa Segeln, Surfen Fremdsprachen lehren) |

Abb. 3: Aufgabenbereiche der Reisepädagogik (Pädagogik des Tourismus)

rung von Lernprozessen, die Reisen ermöglichen, erleichtern oder optimieren. Vier Aufgabenbereiche lassen sich dabei unterscheiden (vgl. Abb. 3).

Zur Erläuterung:
(1) Reiseberatung und Reiseinformation (Nahrstedt 1975);
(2) Reiseleitung (Schmeer-Sturm 1990), Rundreiseleitung, Studienreiseleitung (Günter 1991) und Umweltinterpretation (Nahrstedt, Hey & Florek 1984);
(3) Animation im Urlaub (Finger & Gayler 1990) und
(4) Urlaubslehre (Skilehrer, Surflehrer, Wanderlehrer usw.) (Nahrstedt 1992).

*Reisepädagogik* (seit Giesecke 1965) ist die Freizeitpädagogik im Rahmen touristischer Veranstaltungen (Nahrstedt 1991). Demgegenüber meint *Freizeitpädagogik* im engeren Sinne eine Pädagogik der Freizeiteinrichtungen im Wohnumfeld. Freizeitpädagogik im weitesten Sinne reflektiert im Rahmen der Allgemeinen Pädagogik die Veränderung und Erweiterung des Begriffs der Pädagogik, die durch die Entstehung von Freizeit und Tourismus in einer Freizeit- und Reisegesellschaft erforderlich werden (Giesecke 1983; Opaschowski 1989; Nahrstedt 1990). Das Verhältnis von „Massentourismus und Pädagogik" erscheint allerdings gegenwärtig noch als eine „gestörte Beziehung" (Wegener-Spöhring 1991).

Freizeitpädagogik mit Tourismus in eine Verbindung zu bringen, erfordert so eine Veränderung auf beiden Seiten: Für den Tourismus signalisiert Freizeitpädagogik eine qualitative Erweiterung. Pädagogik aber ist im Dienstleistungsbereich neu zu verstehen. Der Ausbau der materiellen Infrastruktur stößt im Tourismus zunehmend an Grenzen, ist in den Haupturlaubsgebieten faktisch abgeschlossen. Nunmehr bezeichnen Reiseleitung, Stadtführung, länderkundliche Animation, Clubanimation, aber auch gezielte Hobby- und Trainingskurse, Sprachreisen, Kultur- und Städtetourismus neue berufliche Aufgabenbereiche und Entwicklungsdimensionen. In ihnen steht die persönliche Dienstleistung der Freizeit-, Urlaubs- und Kulturberatung, der Umweltinterpretation, der Vermittlung zwischen Gast und Gastland, der Lernangebote über kulturelle Traditionen, Eigenheiten und Sehenswürdigkeiten im Vordergrund.

## 5. Ziel: „Kommunikativer Tourismus"

Wegen der zentralen Bedeutung der Kommunikation wird für die neue Qualität Kommunikativer Tourismus" als neuer Rahmen- und Zielbegriff eingeführt. Denn „die Umsetzung pädagogischer Ideen und Ziele ist von zwei Komponenten abhängig: Zum einen von organisatorischen und institutionellen Strukturen; zum anderen ist sie abhängig von einer Profession, die eine Idee in ein kommunikatives Geschehen umwandelt" (Koring 1990, S. 14).

Bereits Giesecke, Keil und Perle haben 1967 die Bedeutung der Kommunikation für Reiselernen hervorgehoben: „Unsere Untersuchungen lassen den Schluß zu, daß im Urlaub Lernen überhaupt nur durch die interessante Kommunikation mit interessanten Partnern geschieht. Lernen geht hier gewissermaßen immer nur auf dem Weg über Geselligkeit vor sich; vielleicht ist dies der bedeutsamste Unterschied zur Schule und zu anderen geplanten Bildungsmaßnahmen" (Giesecke, Keil & Perle 1967, S. 118.)

Reisepädagogik wird dem Reisemanagement, die Reiseleiterin der Reisemanagerin gegenübergestellt (Nahrstedt 1993). Die Professionalisierung touristischer Berufe ist zunächst von der Fremdenverkehrswirtschaft ausgegangen. (→) *Reiseverkehrskaufmann/-frau* stellen das bisher einzige in der BRD staatlich anerkannte Berufsbild dar. Jedoch hat das Präsidium der Deutschen Fremdenverkehrswirtschaft 1992 im Anschluß an den 3. Bielefelder Tourismustag zum Thema „Der Reiseleiter im Europa '93" (Nahrstedt & Schmidt 1993) den Antrag auf die staatliche Anerkennung nunmehr auch des Berufsbildes ReiseleiterIn gestellt. Die zunehmende Bedeutung der Freizeitpädagogik im Tourismus wird daran erkennbar. Entsprechend differenziert ist der Gegenstandsbereich der sich abzeichnenden neuen Disziplin der Tourismuswissenschaft mit Elementen sowohl des Reisemarketings, des Reisemanagements, des Reiserechts, der Reise-(Tourismus-)psychologie, aber auch der Freizeitpädagogik und der Reisepädagogik anzulegen.

Eine Untersuchung von Aus-, Fort- und Weiterbildungsangeboten für das Berufsbild Freizeit zeigt, daß etwa ein Viertel der für 1989 ermittelten 142 Freizeit-Curricula in den alten Bundesländern eine dominante inhaltliche Zuordnung zum Tourismus erkennen ließen (Fromme & Kahlen 1990). In diesen Studiengängen werden Freizeitpädagogik bzw. Reisepädagogik künftig verstärkt zu berücksichtigen sein. Im einjährigen Aufbaustudium „Tourismus" an der FU Berlin ist dies im Ansatz mit der „Wissenschaftlichen Reiseleitung" bereits vorgezeichnet. Ein geplantes weiterbildendes Studium „Tourismuswissenschaft" an der Universität Bielefeld versucht, noch stärker die Elemente Tourismusmanagement und touristische Infrastrukturplanung mit Umweltinterpretation und Reisepädagogik zu verbinden (Nahrstedt 1992).

## Literatur

Finger, C. & Gayler, B. (1990). Animation im Urlaub. 2. Aufl. Starnberg: Studienkreis für Tourismus (1. Aufl. 1975).

Freizeitpädagogik (FZP). Forum für Kultur, Medien, Sport, Tourismus. 1979-1993: 15 Jahrgänge. Baltmannsweiler: Schneider.

Fromme, J. & Kahlen, B. (1990). Berufsfeld Freizeit. Aus-, Fort- und Weiterbildungsangebote im tertiären Bildungsbereich. Bielefeld: IFKA.

Giesecke, H. (1965). Tourismus als neues Problem der Erziehungswissenschaft. (S. 103-122) In Hahn, H. (Hg.) (1965), Jugendtourismus. München: Juventa.

Giesecke, H., Keil A. & Perle, U. (1967). Pädagogik des Jugendreisens. München: Juventa.

Günter, W. (1989). Kulturgeschichte der Reiseleitung. Bergisch-Gladbach: Thomas Morus-Akademie.

Günter, W. (Hg.) (1991). Handbuch für Studienreiseleiter. 2. Aufl. Starnberg: Studienkreis für Tourismus (1. Aufl. 1982).

Hahn, H. (Hg.) (1965). Jugendtourismus. Beiträge zur Diskussion über Jugenderholung und Jugendreisen. München: Juventa.

Isenberg, W. (Hg.) (1991). Lernen auf Reisen? Bergisch-Gladbach (Bensberger Protokolle).

Jungk, R. (1980). Wieviel Touristen pro Hektar Strand? Plädoyer für sanftes Reisen. GEO (1980) 154–156

Kahlen, B.; Eibach D. & Nahrstedt, W. (1993). Modelle der Gästebetreuung im Bäderland Nordrhein-Westfalen. Projektstudie in Heilbädern und Kurorten. Gefördert vom MW/MT NRW. In Kooperation mit dem NRW Heilbäderverband e.V. Bearbeitet vom Institut für Freizeitwissenschaft und Kulturarbeit e.V. (IFKA). Düsseldorf.

Klatt, F. (1929). Freizeitgestaltung. Grundsätze und Erfahrungen zur Erziehung des berufsgebundenen Menschen. Stuttgart: Sieberburg.

Kentler, H. (1959). Jugendarbeit in der Industriewelt. Bericht von einem Experiment. München: Juventa.

Kentler, H.; Leithäuser, T. & Lessing H. (1969). Jugend im Urlaub. 2 Bände. Weinheim: Beltz.

Kleinert, H. & Klemm, K. (1981). Modellversuch Tourismus. Mit Schwerpunkt Management und Regionale Planung. Abschlußbericht. Berlin: FU Berlin.

Koring, B. (1990). Einführung in die moderne Erziehungswissenschaft und Bildungstheorie. Weinheim. Beltz.

Krippendorf, J. (1975). Die Landschaftsfresser. Tourismus und Erholungslandschaft. Verderben oder Segen? 2. Aufl. Bern: Hallwag (1. Aufl. 1972).

Müllenmeister, H.M. & Waschulewski, E. (1978). Animationsmodell Länderkunde. Berlin.

Nahrstedt, W. (1975). Freizeitberatung: Animation zur Emanzipation? Göttingen: Vandenhoeck & Ruprecht.

Nahrstedt, W. (1990). Leben in freier Zeit. Grundlagen und Aufgaben der Freizeitpädagogik. Darmstadt: Wissenschaftliche Buchgesellschaft.

Nahrstedt, W. (1991). Von der Erlebnispädagogik zur Reisepädagogik. Defizite pädagogischer Tourismusforschung. Freizeitpädagogik, 2, 106-120.

Nahrstedt, W. (1991a). Zum Verhältnis von Pädagogik und Marketing – Fritz Klatt als Freizeitpädagoge. Pädagogik und Schulalltag, 2, 143-155.

Nahrstedt, W. (Hg.) (1992). Reiseleiter und Reisemanager: Weiterbildung für den Tourismus von morgen. 2. Bielefelder Tourismustag 1991. Bielefeld: IFKA.

Nahrstedt, W. (1992a). Die Kulturreise – Neuer Reisetyp zwischen deutscher Vereinigung und europäischer Integration? Beitrag zur Tagung ‚Kulturtourismus' Wilhelmshaven 4.-6. Nov. 1992. In FVW 1/93, 25-26 unter dem Titel: Von der Kulturreise zur Reisekultur? Thesen zu einem neuen Verständnis von Kulturtourismus.

Nahrstedt, W.; Hey, B. & Florek, H.-C. (Hg.) (1984). Freizeitdidaktik. Teil 1: Theoretische Grundlagen der Freizeitdidaktik. Teil 2: Freizeitdidaktik einzelner Problembereiche und Handlungsfelder. Bielefeld: Pfeffersche Buchhandlung.

Nahrstedt, W. & Schmidt, M. (Hg.) (1993). Der Reiseleiter im Europa '93. Arbeitsfeld, Berufsbild, Ausbildung, 3. Bielefelder Tourismustag Mai 1992. Bielefeld: IFKA.

Opaschowski, H.W. (1989). Tourismusforschung. Opladen: Leske & Budrich.

Peccei, A. (1981). Zukunftschance Lernen (1979). Club of Rome: Bericht für die 80er Jahre. München: Goldmann.

Prahl, H.-W. & Steinecke, A. (1989). Der Millionen-Urlaub. Von der Bildungsreise zur totalen Freizeit. 2. Aufl. Bielefeld: IFKA (1. Aufl. 1979).

Schiller, F. (1955). Werke in drei Bänden. Band 2: 1787-1798. Leipzig: VEB Bibliographisches Institut.

Schmeer-Sturm, M.-L. (1990). Theorie und Praxis der Reiseleitung. Darmstadt: Jaeger.

Stehr, I. (1992). Kompetenztransfer. Zur theoretischen Begründung einer Freizeitpädagogik mit älteren Erwachsenen. Baltmannsweiler: Schneider.

Stehr, J.; Nahrstedt, W. & Beckmann, K. (1992). Freizeit-Barometer. Daten-Analysen-Trends für die 90er Jahre. Bielefeld: IFKA.

Steinecke, A. (Hg.) (1988). Sanfter Tourismus und Reisepädagogik. Freizeitpädagogik 3-4.

Steinecke, A. (Hg.). Lernen. Auf Reisen? Bildungs- und Lernchancen im Tourismus der 90er Jahre. 2. Bielefelder Tourismus-Lektionen. Bielefeld: IFKA.

Wallraven, K.P. (Hg.) (1991). Bilanz pädagogischer Freizeitforschung. Freizeitpädagogik 2, 104–169 (Themenheft). Baltmannweiler: Schneider.

Wegener-Spöhring, G. (1991). Massentourismus und Pädagogik. Essays, Theorien, Gedanken zu einer gestörten Beziehung. Baltmannsweiler: Schneider.

**Ilona Stehr und
Wolfgang Nahrstedt, Bielefeld**

– Teil III –

# Bereiche der Tourismuspsychologie und -soziologie

# Freizeitpsychologie

## 1. Freizeitpsychologie als Teil interdisziplinärer Freizeitwissenschaft

Sozialwissenschaftliche Freizeitforschung gibt es seit Ende der 20er Jahre; sie ist mit den Namen Fritz Klatt und Andries Sternheim verbunden. Anlaß für ihre wissenschaftlichen Reflexionen waren Probleme der „Freizeitgestaltung" der berufstätigen Bevölkerung. Klatt veröffentlichte 1929 seine Grundsätze zur Freizeitgestaltung, wofür er eine eigene „Freizeithochschule" forderte. Und Sternheim setzte sich 1932 in der ‚Zeitschrift für Sozialforschung' mit aktuellen Problemen der Freizeitgestaltung auseinander. Drei Jahre später wurde die erste „psychologische Studie" über Freizeit veröffentlicht (Pearl Greenberg 1932). Und Johannes Feige publizierte wenig später in den ‚Arbeiten zur Entwicklungspsychologie' eine erste systematisch-historische Abhandlung über den Erlebnis-Wandel vom „Feierabend" zur „Freizeit" (Feige 1936).

Empirische Arbeiten zur Freizeitpsychologie entstanden erst Anfang der 60er Jahre. Hans Thomae (1960) untersuchte die Beziehungen zwischen Persönlichkeitsstruktur, Freizeitverhalten und sozialen Faktoren; O. Brinkmann (1961) und Ursula Lehr (1961) lieferten psychologische Analysen zum Verhältnis von Mensch und Freizeit. 1964 erhob der Schweizer D. Hanhart nicht mehr nur das Freizeit-„Verhalten", sondern bezog in seine empirische Untersuchung auch bestimmte Formen des „Erlebens" ein. Als besondere Erlebnisgrößen kam den Einstellungen und Leitbildern eine zentrale Bedeutung zu (Hanhart 1964). Reinhard Schmitz-Scherzer legte schließlich 1974 die erste systematische Monographie zur „Sozialpsychologie der Freizeit" vor. Freizeitpsychologie wurde dabei als Teil einer interdisziplinären Freizeitwissenschaft verstanden. Einen Schritt weiter ging Walter Tokarski mit seiner sozialpsychologischen Studie von 1979, in der er das Verhältnis von Arbeit und Freizeit auf der Basis des Erlebens bestimmte und Wege für eine erfahrungswissenschaftlich-theorieorientierte Erforschung der Freizeit ebnete (Tokarski 1979).

Im Unterschied zur Freizeitsoziologie fragt die Freizeitpsychologie mehr nach den Motivationen des Freizeitverhaltens, den Freizeitinteressen und den Dimensionen des Freizeiterlebens. Die Individuen selbst und nicht Gruppen von Individuen (z.B. Jugendliche, Familien, Singles) stehen im Mittelpunkt psychologischer Freizeitforschung. Als genuin freizeitpsychologische Ansätze (vgl. Schmitz-Scherzer 1974) gelten:
– die Erforschung des Einflusses spezifischer Persönlichkeitsstrukturen oder Persönlichkeitsmerkmale auf das Freizeitverhalten;
– die Erforschung der Freizeitinteressen und -bedürfnisse und ihrer Verankerung im per-

sönlichen, sozialen und situativen Kontext;
– die Erforschung der Zusammenhänge von Interessen/Motiven und Freizeitaktivitäten;
– die Erforschung unterschiedlicher Erlebnisbereiche in der Freizeit.

Die Grenzen zwischen freizeitpsychologischer und freizeitsoziologischer Forschung sind fließend, weshalb auch beide Disziplinen in ihren Forschungsmethoden „auf eine gegenseitige Ergänzung angelegt" (Schmitz-Scherzer 1974, S. 21) sind. Die Verknüpfung psychologischer und soziologischer Fragestellungen und Vorgehensweisen bei der sozialwissenschaftlichen Analyse unterschiedlicher Verhaltens- und Erlebnisweisen legen es nahe, „Psychologie und Soziologie der Freizeit" (Opaschowski 1988) im Rahmen der Freizeitwissenschaft als Forschungseinheit zu behandeln.

## 2. Probleme und Fragestellungen

Die Freizeitforschung steckte bis zu den 70er Jahren in einer Identitätskrise. Freizeit galt als eine Art „Restgröße", die vom Gegenpol Arbeit abgeleitet war. Damit verbunden war eine unbefriedigende Bestimmung des wissenschaftlichen Gegenstandsbereiches, insbesondere theoretische und empirische Mängel bei der Definition von Freizeit.

Mit den 70er Jahren setzte zudem eine systematische, vorwiegend gesellschaftspolitisch begründete Kritik an den Zielen und Vorgehensweisen der Freizeitforschung ein. Opaschowski (1973), Rapoport und Rapoport (1974) sowie Parker (1976) kritisierten den mitunter naiven Empirismus der Freizeitforschung, die „ohne soziale Phantasie" arbeitete und zur „Verdoppelung der Wirklichkeit" (Opaschowski, 1973, S. 34) beitrug. Freizeitforschung war fast ausschließlich beschreibend und weniger begründend und ursachenforschend angelegt. Es fehlten Lebensstilanalysen und Erklärungen über Prozesse sozialen Wandels. Freizeitforschung erschöpfte sich darin, Vorhandenes und Vorhergesagtes zu bestätigen. Datensammlungen gerieten zu Datenfriedhöfen.

In der wissenschaftlich-universitären Freizeitforschung führte die Freizeitpsychologie lange Zeit ein Schattendasein. In der Fachdiskussion dominierten eher die Soziologie und die Pädagogik, wobei die Pädagogik als „die bestimmendere Disziplin" (Tokarski & Schmitz-Scherzer 1985, S. 55) galt. Mit der Institutionalisierung der *„qualitativen Freizeitforschung"* (B.A.T Freizeit-Forschungsinstitut, 1980, S. 29ff.) wurden die Defizite qualitativer und vergleichender Analysen systematisch überwunden.

## 3. Qualitative Forschungsansätze

Anfang der 70er Jahre wurde in der sozialwissenschaftlichen Forschung eine Art Aufbruchstimmung diagnostiziert: Eine Forschungsepoche, die lange unter dem „Primat des Fragebogens und der repräsentativen Stichprobe" (Falk & Steinert 1973, S. 13) stand, schien Alterserscheinungen zu bekommen. Die bis dahin unangefochtene Favorisierung quantitativ-empirischer Verfahren wurde in Frage gestellt. Das „Repräsentativitätspostulat" (Kübler 1984, S. 63 f.) verlor an Überzeugungskraft. Statt dessen verlangte man von der Forschung wieder *Offenheit, sich auf Entdeckungen einzulassen*. Die Wissenschaft sollte sich auch als Vehikel des Entdeckens, ja als *„Medium der Phantasie"* (Otto 1983, S. 539) verstehen und soziale Wirklichkeit nicht nur widerspiegeln, sondern auslegen und ausgestalten helfen.

Mit der Hinwendung zu quantitativen Verfahren war die sozialwissenschaftliche Absicht verbunden, dem Forschungsprojekt nicht einfach von außen „Erklärungen überzustülpen" (Heinze 1983, S. 8), sondern die Individuen selbst möglichst weitgehend in den Forschungsprozeß hineinwirken zu lassen. Aus Geschichten lernen und „Erzählungen lauschen" (Baacke & Schulze 1979, S. 12) und um deren Deutung bemüht sein, lauten berechtigte Forderungen. Die Qualität (und Repräsentativität) der Sozialforschung ist nicht von der Quantität ihrer Daten abhängig. Wesentlicher sind Fragerichtung sowie „Prinzipien und Verfahren der Sinnzumessung durch den Wissenschaftler" (Soeffner 1985, S. 147).

Als Ergebnis der sozialwissenschaftlichen Fachdiskussion in den 70er und 80er Jahren kann festgehalten werden: Qualitative Forschung ist im Kern ein Entdeckungsverfahren, das Zusammenhänge aufdeckt, Gemeinsamkeiten erfaßt und neue Bezüge eröffnet. Hierbei geht es weniger um unterschiedliche Meinungen, Einstellungen und Gewohnheiten, als vielmehr um gemeinsame Empfindungs- und Erlebnisweisen, um Eigenschaften und Selbsterfahrungen, um Emotionen und Einbildungen, die in ihrer Gesamtheit Grundsätzliches, Allgemeines und Regelhaftes zum Ausdruck bringen können.

Hinter dem vermeintlichen Gegensatz quantitativer und qualitativer Forschung verbirgt sich ein speziell in der deutschen Wissenschaftstradition ausgeprägter Dualismus zwischen Natur- und Geisteswissenschaften mit seinen Alternativen von Messen oder Beschreiben, Erklären oder Verstehen. In Wirklichkeit handelt es sich nur um zwei aufeinander bezogene Forschungsstufen (vgl. Kleining 1982; Spöhring 1989):
– Qualitative Forschung zielt auf das *Erfassen von Gemeinsamkeiten* und das Aufdecken von Bezügen.
– Quantitative Forschung zielt auf das *Erfassen von Unterschieden* und das Messen unterschiedlicher Ausprägungen schon bekannter Bezüge.

Qualitative und quantitative Verfahren ergänzen sich, ihre Grenzen sind fließend. Mitunter läßt sich eine Unterscheidung nur danach treffen, ob mit oder ohne Zahlen gearbeitet wird (vgl. Bortz 1984, S. 222). Quantitative Forschung im Wertebereich von Zahlen mag präziser erscheinen. Anderseits lassen sich viele Merkmale des menschlichen Zusammenlebens in Alltag und Urlaub nur qualitativ beschreiben. Qualitative Forschung spürt sensibler und kreativer innere Wirkungszusammenhänge und „gemeinsame Nenner" auf.

## 4. Begründung einer neuen Spektrumswissenschaft

Die Interdisziplinarität der Freizeitforschung ist zwingend geboten. Die Freizeitwissenschaft ist eine neue Spektrumswissenschaft, in der die *Hauptbereiche der Freizeit* – Tourismus – Medien – Kultur – Sport/Spiel – Konsum/Unterhaltung – wie bei einem Farbspektrum fließend ineinander übergehen, sich überschneiden und vermischen. Das Ergebnis dieses Prozesses gleicht sogenannten Legierungen, dem Mischmetall, das durch Zusammenschmelzen mehrerer Metalle entsteht. Am Ende eines solchen spektrumswissenschaftlichen Analyseprozesses steht eine neue Sicht: die *Entdeckung gemeinsamer struktureller Eigenschaften* von scheinbar so verschiedenen Freizeitbereichen wie Kultur (z.B. Theater, Oper, Konzert, Museum) oder Konsum (z.B. Shoppingcenter, Kino, Restaurant). Dies unterscheidet die Freizeitbereiche von allen anderen gesellschaftlichen Bereichen.

Der rote Faden, der wissenschaftstheoretische Wegweiser, durch den sich das *Freizeitspektrum* („sparetime spectrum") erschließt, läßt sich nach Norbert Elias in einem Satz zusammenfassen: In allen Bereichen der Freizeit ist eine bestimmte Lockerung der Affektkontrolle festzustellen („a controlled de-controlling of restraints on emotions", Elias 1971, S. 27 ff): Ein gesellschaftlicher und individueller Handlungsspielraum *mit deutlich mehr Freiheitsgraden als in allen anderen Lebensbereichen,* wenn auch relativ und nicht beliebig, sondern durchaus in sozial kontrollierter Form. Das Spektrum der Freizeit beinhaltet ganz unterschiedliche Formen der Freisetzung: Die Vorbereitung einer Vereinssitzung beispielsweise zwingt in der Regel zu anderen und größeren Rücksichtnahmen und „Sachzwängen" als etwa die Vorbereitung eines Treffs mit Freunden.

Alle Freizeitbereiche haben eine Gemeinsamkeit: Sie sind in einer Zeit angesiedelt, über deren Verwendung die Konsumenten „freier verfügen" (H. v. Hentig 1977). Die freier verfügbare „Dispositionszeit" (Opaschowski 1976) darf allerdings nicht als völlig freie und verhaltensbeliebige Zeit mißverstanden werden. Orte, Anlässe, Gelegenheiten, Kontaktpartner und auch Geld beeinflussen die Freiheitsgrade der Freiheit. Unbestritten aber sind die Freizeitbereiche vom Reisen über den Medienkonsum bis hin zum Sporttreiben durch *Zeitabschnitte mit relativ hoher Zeitautonomie* gekennzeichnet.

Das Freizeitspektrum bewegt sich zwischen den beiden Polen formalisierter (z.B. familiäre Pflichten erledigen) und entformalisierter Tätigkeiten (z.B. in der Sonne liegen). Bei formalisierten Freizeitformen ist die Möglichkeit, das eigene Verhalten selbst zu bestimmen, natürlich am geringsten. Dennoch trägt die „Frei"zeit ihren Namen zu Recht: 82% der Bundesbürger fühlen sich in der Freizeit frei und unabhängig, aber nur 36% im Beruf (Opaschowski 1987, S. 30 f.). Die Freizeit gewährt mehr individuelle Freiräume.

## 5. Wandel des Arbeits- und Freizeitverständnisses

Die in der Sozialforschung bis heute geltende Theorie vom langen Arm des Berufs („The long arm of the job"), wonach die Freizeit lediglich ein Anhängsel der Arbeit sei, verwandelt sich langsam in ihr Gegenteil: Der Arm der Freizeit wird immer länger. Die Transferleistungen von der Freizeit auf die Arbeitswelt werden größer. Die Freizeit bringt die Menschen auf den Geschmack, weniger entfremdet arbeiten zu wollen. Neue Freizeitwerte dringen in die Arbeitswelt, werden zum Gradmesser für eine neue Arbeitsqualität, ja können der Arbeit neuen Sinn geben: Das Arbeitsleben bekommt eine neue Qualität.

Im angelsächsischen Sprachraum ist die These vom *„carry-over"-Effekt der Arbeit* entstanden – pointiert auf deutsch: Sinnlose Arbeit findet in sinnloser Freizeit ihre Fortsetzung. Und je lauter der Ruf in Gesellschaft und Politik nach „sinnvoller Freizeitgestaltung" erschallt, desto mehr entsteht der Eindruck, als solle vom Sinnverlust der Arbeit abgelenkt werden. Vor zwei Jahrzehnten stellte M. Meissner die Schlüsselfrage: „Does work effect leisure?" Meissner lieferte die mögliche Antwort gleich mit: Die soziale Isolation der Arbeit wird in die Freizeit übertragen („carries over"). Wer in der Arbeit unter sozialer Isolation leidet, entwickelt auch in der Freizeit nur ein geringes Interesse an sozialem Engagement (z.B. Mitgliedschaft in Organisationen und Vereinen). „The long arm of the job" greift prägend in das Freizeitgeschehen ein (Meissner 1971).

Bereits Anfang der 80er Jahre wurde in einer Wertewandel-Untersuchung „die neue Einstellung zu Arbeit und Freizeit" diagnostiziert. Auf der Basis einer empirischen Befragung wurde die Freizeit als ein Lebensbereich mit neuartigen Transferleistungen beschrieben: „Die Ausstrahlung von der Freizeit auf andere Lebensbereiche und damit auch auf die Arbeitswelt ist in vollem Gange." Dies war im Ansatz bereits die Umkehrung der These vom langen Arm des Berufs (Opaschowski, 1982, S. 36). Der Beruf, das Lebensideal von einst, fiel auf den fünften Platz der Werteskala zurück: Drei „F" geben dem Leben jetzt einen neuen Sinn: *Familie, Freunde und Freizeit.*

Der lange Arm der Freizeit reicht heute in fast allen Bereiche des täglichen Lebens hinein. Die Grenzen zwischen Freizeit und Nicht-Freizeit werden immer fließender. Selbst „berufliche" Fortbildung empfindet jeder vierte Bundesbürger teilweise als Freizeit. Wenn sich Freizeit und Arbeit im subjektiven Bewußtsein der Bevölkerung immer mehr vermischen, deutet alles auf eine gesellschaftliche Entwicklung hin: „Die Neubewertung der Arbeit und die Aufwertung der Freizeit hängen unmittelbar zusammen. In dieser *integrierten Sichtweise* bedeutet Arbeit nicht automatisch Zwang und ist Freizeit nicht gleich mit Freiheit identisch" (Opaschowski 1980, S. 27). „Lebenswert Arbeit" und „Lebenswert Freizeit" könnten in Zukunft aufhören, gesellschaftliche Widersprüche zu sein.

## Literatur

Baacke, D. & Schulze, H. (Hg.) (1979). Aus Geschichten lernen. München: Juventa.

B.A.T Freizeit-Forschungsinstitut (Hg.) (1980). Analysemethoden in der qualitativen Freizeitforschung. (S. 29–32) In H.W. Opaschowski (Hg.) (1980), Probleme im Umgang mit der Freizeit. Hamburg: B.A.T.

B.A.T Freizeit-Forschungsinstitut (Hg.) (1982). Freizeit im Wertewandel. Die neue Einstellung zu Arbeit und Freizcit (Verf.: H.W. Opaschowski & G. Raddatz). Hamburg: BAT.

Bortz, J. (1984). Lehrbuch der empirischen Forschung für Sozialwissenschaftler. Berlin: Springer.

Brinkmann, D. (1961). Psychologische Probleme der Freizeit. Der Psychologe, 51-57.

Elias, N. (1971). Leisure in the sparetime spectrum. (S. 27-34) In R. Albonico & K. Pfister-Binz (Hg.), Soziologie des Sports. Basel: Birkhäuser.

Falk, G. & Steinert, H. (1973). Über den Soziologen als Konstrukteur von Wirklichkeit. In H. Steinert (Hg.), Symbolische Interaktion. Stuttgart.

Feige, J. (1936). Der alte Feierabend. Masch. schriftl. Diss. Leipzig. In F. Krueger (Hg.), Arbeiten zur Entwicklungspsychologie. 17. Stück, München 1936: C. H. Beck.

Greenberg, P. (1932). Freizeit. Eine psychologische Studie. Masch. schriftl. Dissertation, Wien.

Heinze, T. (1987). Qualitative Sozialforschung. Opladen: Westdeutscher Verlag.

Hentig, H. von (1977). Freizeit als Befreiungszeit. (S. 118-149) In H.W. Opaschowski (Hg.), Freizeitpädagogik in der Leistungsgesellschaft, 3. Aufl. Bad Heilbrunn: Klinkhardt.

Klatt, F. (1929). Freizeitgestaltung. Grundsätze und Erfahrungen zur Erziehung des berufsgebundenen Menschen. Stuttgart.

Kleining, G. (1986). Umriß zu einer Methodologie qualitativer Sozialforschung. Kölner Zeitschrift für Soziologie und Sozialpsychologie 38 (4), 724-750.

Kübler, H.D. (1984). Rezipient oder Individuum. In I. de Haen (Hg.), Medienpädagogik und Kommunikationskultur. Frankfurt/M..

Lehr, U. (1961). Freizeit aus psychologischer Sicht. Der Mensch und seine Freizeit. Berlin.

Meissner, M. (1971). The long arm of the job. A study of work and leisure. Industrial Relations 10, 239-260.

Opaschowski, H.W. (1973). Freizeitforschung ohne soziale Phantasie. Frankfurter Hefte 28/5, 347-356.

Opaschowski, H.W. (1976). Pädagogik der Freizeit. Bad Heilbrunn: Klinkhardt.

Opaschowski, H.W. (1980). Probleme im Umgang mit der Freizeit. Hamburg: BAT (B.A.T Grundlagenstudie zur Freizeitforschung, Bd. 1).

Opaschowski, H.W. (1987). Konsum in der Freizeit. Hamburg: BAT (B.A.T Grundlagenstudie zur Freizeitforschung, Bd. 7).

Opaschowski, H.W. (1993). Psychologie und Soziologie der Freizeit. 2. Aufl. Opladen: Leske & Budrich.

Opaschowski, H.W. (1993). Freizeitökonomie. Marketing von Erlebniswelten. Opladen: Leske & Budrich.

Otto, G. (1983). Zur Etablierung der Didaktiken als Wissenschaften. Zeitschrift für Pädagogik 4.

Parker, S. (1976). The sociology of leisure. London.

Rapoport, R. & Rapoport, R. (1974). Four themes in the sociology of leisure. British Journal of Sociology 2.

Schmitz-Scherzer, R. (1974) Sozialpsychologie oder Freizeit. Stuttgart: Kohlhammer.

Soeffner, H.G. (1985). Anmerkungen zu gemeinsamen Standards standardisierter und nicht standardisierter Verfahren in der Sozialforschung. (S. 109–126) In M. Kaase & M. Küchler (Hg.), Herausforderungen der empirischen Sozialforschung. Mannheim: Zuma.

Spöhring, W. (1989). Qualitative Sozialforschung. Stuttgart: Teubner.

Sternheim, A. (1932). Zum Problem der Freizeitgestaltung. Zeitschrift für Sozialforschung 1 (3), 336-355.

Thomae, H. (1960). Beziehungen zwischen Freizeitverhalten, sozialen Faktoren und Persönlichkeitsstruktur. Psychologische Rundschau 11, 151-159.

Tokarski, W. (1979). Aspekte des Arbeitserlebens als Faktoren des Freizeiterlebens. Frankfurt/M: Lang.

Tokarski, W. & Schmitz-Scherzer, R. (1985). Freizeit. Stuttgart: Teubner.

**Horst W. Opaschowski, Hamburg**

# Motivationspsychologie

## 1. Begriffe: Motiv, Motivation

Die Motivationspsychologie beschäftigt sich mit der Erforschung der Beweggründe, die einen Menschen antreiben, etwas zu tun, sowie mit der Anwendung dieser Erkenntnisse in verschiedenen Bereichen psychologischer Praxis (Pädagogik, Therapie, Berufs- und Freizeitverhalten). Der Erforschung der Motive einer Person ist für viele Psychologen der eigentliche Gegenstand der Psychologie.

Die Definition der Begriffe Motiv und Motivation geschieht in der Literatur nicht einheitlich. Allgemein ausgedrückt beschreibt die Motivation die Gesamtheit der Bedingungen, die zu einer Handlung führen, während Motive individuelle Besonderheiten darstellen, die Bestandteil der Motivation sind (Heckhausen 1980, S. 29).

Motiv wird häufig im Zusammenhang mit dem Willen gesehen, als Ursache des Wollens. Es ist „der bewegende, richtunggebende, leitende, antreibende seelische Hinter- und Bestimmungsgrund des Handelns (Triebfeder des Wollens). Nach den stärkeren Motiven richtet sich meist das Geschehen – die schwächeren werden abgedrängt" (Dorsch 1970, S. 272). Allport definiert kürzer und umfassender „Motive als jede innere Bedingung, welche das Handeln oder das Denken der Person induziert" (1970, S. 192).

Motivation wird bezeichnet als „Prozess des Aktivierens von Verhalten, des Aufrechterhaltens der Aktivität und der Steuerung der Verhaltensmuster" (Young 1961, S. 23f.). Oder als „dasjenige in und um uns, was uns dazu bringt, treibt, bewegt, uns so und nicht anders zu verhalten" (Graumann 1969, S. 1). Die Motivationsforschung untersucht die „Frage, wie etwas in der Vergangenheit Gelerntes und etwas momentan vom Individuum Wahrgenommenes, zusammen mit noch anderen Faktoren die Richtung, Stärke und Persistenz seines Verhaltens bei einer bestimmten Gelegenheit beeinflussen" (Atkinson 1975, S. 18).

## 2. „Schub"-Faktoren der Motivation

Walker (1969) unterteilt die Faktoren, die zur Motivation des Verhaltens beitragen, entsprechend ihrer Wirkweise in vier Wirkklassen: Schub *(push)*, Zug *(pull)*, Struktur *(structure)* und Kleber *(glue)*. Zu den Schub-Faktoren, die von der psychologische Forschung untersucht wurden, zählen die Konstrukte, die in der Person liegen und eine Person „von innen" zu einem Verhalten „schieben". Im Laufe der Entwicklung der modernen Psychologie sind sie mit verschiedenen Begriffen bezeichnet worden, z.B. als „Instinkte", „Triebe", „Bedürfnisse" u.a.m.

*Instinkte.* Zu den frühen Motivations-Konstrukten zählt der Instinktbegriff, der seit Darwin für die Verhaltenssteuerung von Lebewesen eingeführt ist. McDougall formulierte 1908 eine sozialpsychologisch orientierte Instinkttheorie für den Humanbereich. Er definiert Instinkt als „(...) eine ererbte oder angeborene psychophysische Disposition, die ihren Besitzer veranlaßt, Objekte einer bestimmten Art wahrzunehmen (...) und in bezug dazu in einer bestimmten Art und Weise zu handeln (...)" (1908, S. 29). Seine Liste von Instinkten umfaßt elf Faktoren, die das Handeln einer Person steuern: Flucht, Zurückweisung, Neugier, Streitsucht, Selbsterniedrigung, Selbstbehauptung, elterliche Pflege, Fortpflanzung, Geselligkeit, Erwerb und Konstruktion (Keller 1981).

*Triebe, Bedürfnisse.* Der Instinktbegriff wurde von den Psychologen seit den 1920er Jahren durch den Trieb- (Hull 1943) oder Bedürfnisbegriff (Murray 1938) ersetzt. Unter „Trieb" (im nicht-psychoanalytischen Bereich) wurde eher ein Deprivationszustand verstanden, während „Bedürfnis" nach Murray (1938, S. 60) „eine organische Verhaltensmöglichkeit oder -bereitschaft [bezeichnet], unter gegebenen Umständen in einer bestimmten Weise zu reagieren".

In einer Übersicht hat Graumann (1969) eine Vielzahl der bisher untersuchten Trieb- oder Bedürfniskonstrukte aufgeführt, die zur Schub-Motivation beitragen. Zu den „biogenen oder Primärtrieben", die Verhalten oder Verhaltensänderung motivieren, zählt er Hunger, Durst, Beeinträchtigung der Körpertemperatur und Atmung, Ermüdung, mangelnden Schlaf und zu geringe Traumdauer und Sexualität. Weitere postulierte Schub-Motive sind allgemeine Aktivität (Tätigkeitsdrang), Erkundungs- oder Neugiertrieb und Erstreben eines optimalen Stimulationsniveaus oder Vermeiden psychischer Sättigung. Diese Triebe/Bedürfnisse haben lebenserhaltende Funktion und dienen so der Arterhaltung. Die Wirkweise dieser Motive wird mit dem homöostatischen Modell erklärt (Deutsch 1960). Dem Organismus werden Abweichungen von den biologisch vorgegebenen Normwerten gemeldet, worauf dieser ein verändertes Verhalten zur Behebung der Defizite einleitet. Das Vermeiden von Schmerz und das Aufsuchen von lusterzeugenden Situationen wird vielfach als zentrales Motiv angesehen, auf das sich alle anderen zurückführen lassen. Diese hedonistische Modellvorstellung wird durch Experimente von Olds (1955) bzw. Olds und Olds (1965) gestützt, die durch Gehirnreizung von Belohnungszentren „Lust" und das gehäufte Zeigen des Verhaltens und durch Reizung von Bestrafungszentren „Schmerz" und das Vermeiden eines Verhaltens erzeugen konnten.

Einige in neuerer Zeit untersuchte „Schub-Motive" hat Heckhausen (1980) beschrieben: die als Persönlichkeitsdispositionen bezeichneten Konstrukte Ängstlichkeit und Leistungsmotiv und die sich auf das Sozialverhalten beziehenden Motive Anschluß und Macht, ferner Aggression und das Bedürfnis zur Hilfeleistung.

*Balance.* Für die psychologische Forschung und Erkenntnisbildung sehr fruchtbar ist das postulierte Bedürfnis des Menschen, Dissonanzen abzubauen und Balance und Kongruenz herzustellen. Dazu gehören: (a) das von Fritz Heider (1946) formulierte *Prinzip der kognitiven Balance*. Er geht dabei von der Grundannahme aus, das kognitive Systeme immer zu einem Gleichgewichtszustand tendieren. (b) Eine (für Psychologie und Soziologie) sehr einflußreiche Theorie ist die der *kognitiven Dissonanz* von Leon Festinger, derzufolge „(...) das Vorhandensein kognitiver Dissonanz jedem anderen Bedürfniszustand vergleichbar ist. (...) So wie Hunger motivierend ist, ist auch kognitive Dissonanz motivierend. Kognitive Dissonanz löst Aktivität aus, die darauf gerichtet ist, die Dissonanz zu verringern oder zu beseitigen" (1958, S. 70). D.h., daß eine Person immer versucht, gegensätzliche Gefühle, Erfahrungen und Gedanken für sich „stimmig" zu machen.

So zeigte sich in Experimenten, daß Studenten, die für eine schwierige und langweilige Aufgabe einen Dollar bekamen, die Dissonanz zwischen „wenig Geld" und „langweilige Aufgabe, die wegen des Professors ohne Widerstand durchgeführt wird" dadurch auflösten, daß sie die Aufgabe als interessant bewerteten. Studenten, die 20 Dollar bekamen, schätzten die Aufgabe als langweilig ein (vgl. Weiner 1976).

*Kontrolle, Hilflosigkeit.* Ein letztes „Schub"-Motiv ist das in letzter Zeit wieder verstärkt untersuchte Kontrollbedürfnis (Preiser 1988; Flammer 1990). Schon Kelley (1967) sprach von dem Streben des Menschen, „eine kognitive Beherrschung der Zusammenhänge seiner Umwelt zu erlangen" (1967, S. 193).

Die hier aufgeführte Auflistung von Motiven deutet die Vielfalt der untersuchten Konstrukte an. Für Instinkte, Triebe, Bedürfnisse und Motive wurde eine Vielzahl von Fragestellungen empirisch untersucht, um Bedingungszusammenhänge aufzuklären und Verhalten bestimmbar, erklärbar und vorhersagbar zu machen (vgl. Heckhausen 1980; Keller 1981).

## 3. „Zug"-Faktoren der Motivation

*Zielorientiertheit, Zielantizipation, Aufforderungscharakter.* Es zeigte sich im Forschungsprozeß bald, daß Faktoren, die in der Person liegen, nicht allein zur Erklärung von Verhalten ausreichen, sondern auch Bedingungen, die mit dem Ziel des Verhaltens zusammenhängen, auf die Verhaltensrichtung und -intensität einwirken. Hull (1930) sprach von „Zielantizipation" und nahm an, daß das Verhalten zum Teil von Faktoren des Triebes und Faktoren des Anreizes durch die Umwelt bestimmt wird. Kurt Lewin (1935) sprach vom Aufforderungscharakter oder von der Valenz eines Zieles.

Eine besondere Art von Anreiz scheint durch die Neuartigkeit einer Situation zu entstehen. Bei Änderung und Neuartigkeit einer Situation kommt es zu stärkeren vegetativen und verhaltensmäßigen Reaktionen, die von Pawlow (1910/1953) als Orientierungsreflex, von Sokolev (1963) als Orientierungsreaktion oder umgangssprachlich als „Was-ist-los"-Reaktion (Emrich 1983) bezeichnet werden. Dieser „Zug"-Faktor der Verhaltenserklärung wird auch in neuerer Zeit noch zur psychologischen Theorienbildung herangezogen (Hellhammer 1983; Krauß 1993).

Eine „Zug"-Motivation scheint die Nachwirkung einer unerledigten Handlung zu sein, die schon von Freud (1901) als relevant erkannt wurde.

Auf Anregung von Lewin zeigte Zeigarnik (1927), daß Versuchspersonen, die in der Vollendung einer Aufgabe gehindert wurden, diese später schneller wiedererkannten, bei der Wiedererkennung vegetativ stärker reagierten und sich länger an die Aufgabe erinnerten.

In der Motivationspsychologie werden „Zug"-Faktoren vor allem durch Forschungen zur „Motivation durch Erwartung und Anreiz" und „Leistungsmotivation" (Heckhausen 1980) empirisch geprüft.

Bei Untersuchungen zur „Anreiz"-Motivation wurde schon früh durch Experimente gezeigt, daß sich unterschiedliche Anreizstärke auf das Lernverhalten auswirkt. So lernten Ratten schneller einen Weg durch ein Labyrinth, wenn milchgetränktes Brot anstelle von Sonnenblumenkernen als Belohnung winkte. Die Stärke des „Zielverlangens" (Tolman) konnte also durch Anreize in der Umwelt verändert werden. Tolman (1951) sah neben dem „Zielverlangen" die „Zielerwartung" als intervenierende Variable an und entwickelte in seiner Motivationstheorie eine „Erwartungs-Wert-Matrix" (belief-value-matrix). Danach verfestigt sich in einer Person ein Überzeugungssystem, das sich bei einem bestehendem Bedürfnis steuernd auf das Verhalten auswirkt.

*Anspruchsniveau.* Für die Untersuchungen zur Leistungsmotivation ist der Ansatz von Hoppe (1931) bedeutsam. Die „Zug"-Motivation, sich mit einer Leistungsaufgabe zu beschäftigen, hängt mit dem „Erleben einer Leistung als Erfolg oder Mißerfolg" ab und „ist also nicht von ihrer objektiven Güte abhängig, sondern davon, ob das Anspruchsniveau als erreicht oder nicht erreicht erscheint" (1971, S. 218). Erfolge erhöhen, Mißerfolge senken das Niveau, wobei vereinzelte Erfolge/Mißerfolge keine Veränderung des Anspruchsniveaus bewirken. Bei Aufgaben, die zu leicht (Motiv: Reizarmut) oder zu schwer erscheinen, bildet sich kein Anspruchsniveau aus. Es muß mit der Aufgabe ein dosiertes Diskrepanz-Erleben zum Anspruchsniveau verbunden sein, um als Anreiz für Verhalten („Zug") zu wirken.

Der Anreiz einer Aufgabe wird auch durch die Erwartung der Person beeinflußt, daß ein Zusammenhang von eigenem Handlungsverhalten und Bekräftigungswert durch das Ziel besteht. Nach Rotter (1954) ist das Verhaltenspotential (VP) eine Funktion der Erwartung (E) eines Ziels und des Bekräftigungswertes (BW) des Zieles. Führt eine Person die Lösung einer Aufgabe auf Zufall oder Glück zurück, so ist der Belohnungswert external bestimmt, bei Annahme, daß eine Lösung durch das eigene Verhalten oder Tüchtigkeit erreicht wurde, kommt es zu internaler Bekräftigung. Weiner (1976) stellt die „Kausalelemente" Begabung, Aufgabenschwierigkeit, Glück und Anstrengung vor, die das Urteil der Person über Erfolg oder Mißerfolg bilden und so zum Entstehen des Anreizwertes einer Aufgabe beitragen.

Die Alltagserfahrung zeigt, daß ein Großteil des Verhaltens durch eher unfreiwillige „Zug"-Faktoren in Form von Sachzwängen bestimmt sind. So zieht zum Beispiel der Kauf eines Autos eine Reihe von Verhaltensweisen nach sich. Dem Handlungsziel ‚Auto zur Reparatur bringen' müssen sich an einem Tag eine Vielzahl von Verhaltensweisen unterordnen. Ebenso motiviert die innere Verpflichtung für die Sorge eines Kindes zu den Handlungen: ‚Zum Elternabend gehen', ‚Spielzeug kaufen' oder ‚Ferienorte mit Unterhaltungswert für Kinde aufsuchen'. Den Zusammenhang und der Aufbau dieser Handlungshierarchien, die vielfach Sachzwänge darstellen, werden durch die Handlungstheorien beschrieben (Miller et al. 1973; v. Cranach 1980; Oesterreich 1981).

## 4. Lernfaktoren und Motivation

Wie die Ansätze zur Leistungsmotivation zeigen, beeinflußt die Auseinandersetzung der Person mit der Umwelt wesentlich die Ausprägung der Motivationsfaktoren. Schon McDougall (1908) akzeptierte, daß soziokulturelle Einflüsse die von ihm postulierten Instinkte verändern können. Bei Freud nimmt die Triebabwehr durch Über-Ich oder Realängste einen zentralen Rang bei der Entstehung von Neurosen ein. So kann nach seiner Theorie der Subliminierung die Ablenkung des Triebes vom ursprünglichen Ziel (z.B. Sexualbetätigung) durch Subliminierung die Energiegrundlage für herausragende Leistungen auf anderen Gebieten bilden (Freud 1978).

*Konditionierung.* Zu den Lernprinzipien, die das Verhalten ausformen und zur Veränderung der Motivations-Faktoren beitragen, gehören vor allem das Lernen durch Konditionierung, durch Verstärkung und am Modell. Durch Pawlows (1927) Hunde-Experimente zum konditionierten Reflex hat sich zeigen lassen, daß sich ein zuvor neutraler Reiz (Glockenton) bei gleichzeitiger Präsentation an eine physiologische Reaktion (Speichelfluß bei Zeigen von Futter) koppeln läßt. Das Entstehen von Phobien läßt sich auf diese Weise erklären, aber auch, daß eine Person ohne zu überlegen auf die andere Straßenseite wechselt, weil es in der Lerngeschichte dieser Person ungute Erlebnisse mit einem Hund gegeben hat.

Das Effektgesetz von Thorndike (1913) besagt, daß das Verhalten häufiger gezeigt und gelernt wird, auf das eine positive Verstärkung erfolgt. Skinner (1938) hat dieses Gesetz zur Lerntheorie der operanten Konditionierung ausgebaut und gezeigt, daß durch Belohnung von Teilschritten ein erwünschtes komplexes Verhalten (Tauben spielen Pingpong) aufgebaut werden kann.

*Modellernen.* Das Erlernen komplexer Verhaltensweisen läßt sich zum großen Teil durch das Prinzip des Modellernens (Bandura 1969) erklären. Durch das häufig nicht reflektierte Imitieren von Modellpersonen werden von Kindheit an eine Vielzahl von Verhaltensgewohnheiten übernommen, die auch im späteren Leben verhaltensbestimmend bleiben. (Es liegt auf der Hand, daß gerade auf dem Wege der Beobachtung eines relevanten „Modells" viele Verhaltensweisen begründet werden, die im Freizeit-, Reise-, Urlaubsbereich anzutreffen sind.)

*Kognitive Prozesse.* In der Lerngeschichte einer Person entstehen in der ständigen Wechselwirkung von Person und Umwelt auch kognitive Strukturen (sensu Tolman, Rotter), die die Motivation und die Steuerung von Verhalten beeinflussen.

Nach den Attributionstheorien von Heider und Kelley ist der Mensch auf der Suche nach „relativ überdauernden Sichtweisen der Welt" (Heider 1958, S. 80) und bilden zur „Bewahrung der subjektiven Orientierungsgewißheit" (Laucken 1974, S. 224) Theorien über das Zusammenwirken von erlebten Ereignissen aus. „Diejenige Bedingung wird für einen Effekt verantwortlich gehalten, die zugegen ist, wenn der Effekt zugegen ist, und die nicht zugegen ist, wenn der Effekt nicht zugegen ist" (Heider 1958, S. 152). Diese erlernten Alltagstheorien tragen zur Steuerung des Verhaltens bei. So kann die von der Mutter häufig geäußerte Warnung: „Trink mehr, sonst trocknet dein Gehirn ein" dazu führen, daß eine Person im Leben darauf achtet, stets etwas Trinkbares bei sich zu führen. Solche Theorien können zu Fehlattributionen mit Auswirkungen bis hin zu psychischen Störungen führen (Krauß 1993).

*Erlernte Hilflosigkeit.* Ebenso schädlich für eine Person kann eine Lerngeschichte sein, in der sie Ohnmacht und Hilflosigkeit erlernt. DeCharms postuliert, daß sich Personen darin unterscheiden, ob sie sich bei ihren Tätigkeiten frei entscheidend als Täter (origin) oder von fremden Kräften bestimmt als Opfer (pawn) erleben. Von dem Erleben als Täter geht nach dieser Theorie „eine starke motivierende Kraft aus, die kommendes Verhalten steuert" (deCharms 1968, S. 274). Für die Erklärung psychischer Störungen ist das Konzept von Martin Seligman (1975) zur „Erlernten Hilflosigkeit" von großer Bedeutung. Die Experimente zeigen, daß ein Tier oder Mensch, der in mehreren Versuchsdurchgängen keine Lösungsmöglichkeit entwickeln kann, resigniert und psychovegetative oder depressive Symptome entwickelt. Auch bei weiteren Lernversuchen, wenn eine Lösungsmöglichkeit angeboten und gezeigt wird, verhalten sich die Hilflosigkeits-Gruppen resigniert und demotiviert.

Theorien der Motivations- und Lernpsychologie zielen darauf ab, das Alltags-Verhalten einer Person zu erklären. Fragen zum Freizeit- oder Reiseverhalten könnten z.B. sein: Wieso fährt die eine Person jedes Jahr zum gleichen Urlaubsort, eine andere nie? Warum fährt jemand nach langfristiger Buchung und ein anderer nur spontan an einen Urlaubsort? Wer fährt an unbelebte Urlaubsorte, wer an belebte und wer erwartet Animation?

Zur letzten Frage eine Antwort aus einem Therapiegespräch: Ein Mann mit Durchsetzungs- und

Sexualproblemen fährt gern mit dem Wohnmobil in einsame Gegenden Norwegens oder Dänemarks. Dort käme es schon mal zur Sexualität in der Natur, wofür seine Frau sehr empfänglich sei. Hypothese: Häufiger Kontrollverlust im Alltag fördert über das dadurch erhöhte Kontrollbedürfnis den Wunsch nach Unabhängigkeit durch Wohnmobil und wenig Menschen. Das sexuelle Motiv mag weitere Motivationskräfte für diese Art Urlaub mobilisieren.

*Selbstaktualisierung als Motivation.* Eine besondere, im Kontext neuerer Tourismuskritik relevant gewordene Theorie ist schließlich die Selbstaktualisierungstheorie von Abraham Maslow, die besagt, daß der Mensch ein Bedürfnis zu haben scheint, sich selbst als Individuum und sein Verhalten als wirksam zu erleben. Daß dieses Bedürfnis im Rahmen der Freizeitgestaltung eine wichtige Rolle spielt, ist naheliegend. (→ *Selbstaktualisierung*)

## 5. Ausblick

Die Theorien der Motivationspsychologie stellen eine unverzichtbare Grundlage für jede sozialwissenschaftliche Tourismusforschung dar. Leider ist festzustellen, daß über die Befragung von reiselustigen Menschen nach ihren (→) *Reisemotiven* hinaus, wie sie die verschiedenen Standardrepräsentativbefragungen immer wieder vorführen, eine theoretische Grundlegung bisher nicht versucht worden ist. Dies ist als eine der dringlichsten Aufgaben für die zukünftige Tourismusforschung zu fordern. Ansätze und Theorien, die sich in der Humanpsychologie bewährt haben, sei es das Konzept der Erlernten Hilflosigkeit, das Modellernen, die Kognitive Dissonanz, die Bedürfnishierarchie Maslows (→ *Selbstaktualisierung*) und viele andere oben angeführte, von neueren Entwicklungen wie der (→) *Flow*-Theorie ganz abgesehen, dürften mit Erfolg in die Angewandte Tourismuspsychologie und -soziologie integriert werden können.

## Literatur

Allport, G.W. (1970). Gestalt und Wachstum in der Persönlichkeit. Meisenheim: Hain.
Atkinson, J.W. (1975). Einführung in die Motivationsforschung. Stuttgart: Klett.
Bandura, A. (1969). Principles of behavior modification. New York: Holt, Rinehart & Winston.
Bandura, A. (1986). Social foundations of thought and action. A social cognitive theory. New Jersey: Prentice-Hall.
Bischof, N. (1985). Das Rätsel Ödipus. Die biologischen Wurzeln des Urkonfliktes von Intimität und Autonomie. München: Piper.
Brehm, J. W. (1966). A theory of psychological reactance. New York: Academic Press.
Cranach, M. v.; Kalbermatten, U.; Indermühle, K. & Gugler, B. (1980). Zielgerichtetes Handeln. Bern: Huber.
deCharms, R. (1968). Personal causation. New York: Academic Press.
Deutsch, J.A. (1960). The structural basis of behavior. Chicago: University Press.
Dorsch, F. (1970). Psychologisches Wörterbuch. Hamburg: Meiner.
Emrich, H. (1983). Psychophysiologische Grundlagen der Psychiatrie und Psychosomatik. Bewußte und nicht bewußte Wahrnehmung emotionaler Reize. Bern: Huber.
Festinger, L. (1958). The motivating effects of cognitive dissonance. (pp. 65-86) In G. Lindzey (ed.), Assessment of human motives. New York: Rinehart.
Flammer, A. (1990). Erfahrung der eigenen Wirksamkeit. Einführung in die Psychologie der Kontrollmeinung. Bern: Huber.
Freud, A. (1978). Das Ich und die Abwehrmechanismen (11. Aufl.). München: Kindler.
Freud, S. (1901). Zur Psychopathologie des Alltagslebens. Gesammelte Werke, Band IV (1952). Frankfurt: Fischer.
Graumann, C.F. (1969). Motivation. Einführung in die Psychologie. Bern: Huber.
Heckhausen, H. (1980). Motivation und Handeln. Berlin: Springer.
Heider, F. (1946). Attitudes and cognitive organisation. Journal of Psychology, 21, 107-112.
Heider, F. (1958). The psychology of interpersonal relations. New York: Wiley.
Hellhammer, D. (1983). Gehirn und Verhalten. Münster: Aschendorff.
Hoppe, F. (1931). Erfolg und Mißerfolg. Psychologische Forschung, 14, 9-22.
Hoppe, F. (1971). Das Anspruchsniveau. (S. 217-229) In H. Thomae (Hg.), Die Motivation menschlichen Handelns, 7. Aufl. Köln: Kiepenheuer & Witsch.

Hull, C.L. (1930). Knowledge and purpose as habit mechanisms. Psychological Review, 37, 511-525.
Hull, C.L. (1943). Principles of behavior. New York: Appleton-Century-Crofts.
Keller, J.A. (1981). Grundlagen der Motivation. München: Urban & Schwarzenberg.
Kelley, H. H. (1967). Attribution theory in social psychology. (pp. 192-237) In D. Levine (ed.), Nebraska symposium on motivation, Vol. 15. Lincoln: University of Nebraska Press.
Krauß, H. (1993). Verhaltensmedizin und Verhaltensanalyse. München: Quintessenz.
Laucken, U. (1974). Naive Verhaltenstheorie. Stuttgart: Klett.
Lewin, K. (1935). A dynamic theory of personality: Selected papers. New York: McGraw-Hill.
Maslow, A.H. (1954). Motivation and personality. New York: Harper.
McDougall, W. (1908). An introduction to social psychology. London: Methuen.
Miller, G.A.; Galanter, E. & Pribram, K.H. (1960). Plans and the structure of behavior. New York: Holt, Rinehart & Winston (dt. 1973: Strategien des Handelns. Stuttgart: Klett).
Miltner, W. (1986). Streßbewältigung, subliminale Wahrnehmung und Krankheit. (S. 38-110) In W. Miltner, N. Birbaumer & W. D. Gerber, Verhaltensmedizin. Berlin: Springer.
Murray, H.A. (1938). Explorations in personality. New York: Oxford University Press.
Oesterreich, R. (1981). Handlungsregulation und Kontrolle. München: Urban & Schwarzenberg.
Olds, J. (1955). Physiological mechanisms of reward. pp. 73-139) In M.R. Jones (ed.), Nebraska Symposium on Motivation. Lincoln: University of Nebraska Press.
Olds, J. & Olds, M. (1965). Drives, rewards, and the brain. (pp. 327-404) In T.M. Newcomb (ed.), New directions in psychology. Vol. II. New York: Holt, Rinehart & Winston.
Pawlow, I.P. (1927). Conditioned reflexes. London: Oxford University Press.
Pawlow, I.P. (1953). Sämtliche Werke. Berlin/DDR: Akademie Verlag.
Preiser, S. (1988). Kontrolle und engagiertes Handeln. Göttingen: Hogrefe.
Rotter, J.B. (1954). Social learning and clinical psychology. Englewood Cliffs, NJ: Prentice-Hall.
Seligman, M. E. (1975). Helplessness: On depression, development, and death. San Francisco: Freeman. (dt. 1979: Erlernte Hilflosigkeit. München: Urban & Schwarzenberg).
Simmons, R. (1924). The relative effectiveness of certain incentives in animal learning. Comparative Psychology Monographs, 2 (7).
Skinner, B.F. (1938). The behavior of organisms: An experimental approach. New York: Appleton-Century.
Sokolev, E.N. (1963). Perception and the conditioned reflex. London: Oxford University Press.
Thomae, H. (Hg.) (1971). Die Motivation menschlichen Handelns, 7. Aufl. Köln: Kiepenheuer & Witsch.
Thorndike, E.L. (1913). Educational psychology. New York: Columbia University.
Tolman, E.C. (1932). Purposive behavior in animals and and men. New York: Appleton-Century.
Tolman, E.C. (1951). A psychological model. (pp. 279-361) In T. Parsons & E. Shils (eds.), Toward a general theory of action. Cambridge: Harvard University Press.
Walker, E.L. (1969). Reinforcement – The one ring. (pp. 47-62) In J.T. Trapp (ed.), Reinforcement and behavior. New York: Academic Press.
Weiner, B. (1976). Theorien der Motivation. Stuttgart: Klett.
Young, P.T. (1961). Motivation and emotion. A survey of the determinants of human and animal activity. New York: Wiley.
Zeigarnik, B. (1927). Über das Behalten von erledigten und unerledigten Handlungen. Psychologische Forschung, 9, 1-85.

**Harald Krauß, Köln**

# Klinische Psychologie und Tourismus

## 1. Einleitung

Sozialwissenschaftliche Tourismusforschung befaßt sich – auf einen einfachen Nenner gebracht – damit, die Kosten und Nutzen des Reisens/Urlaubmachens/Tourismus für die davon „Betroffenen", die aktiven („Gäste") und passiven Teilnehmer („Gastgeber") zu untersuchen. „Kosten" und „Nutzen" entstehen in vielfältiger Hinsicht, umfassen soziale ebenso wie psychische Aspekte. Der Klinischen Psychologie kommt hier eine Schlüsselstellung zu, auch wenn sich dies bisher rein quantitativ in der Forschung noch nicht gezeigt hat: höchstens ein Anteil von 5% aller Studien dürfte sich mit der Untersuchung der psychischen Kosten und Nutzen des Tourismus befassen. Dies allerdings ergibt sich nur bei einer engen Definition von „klinischer Psychologie" und einer nicht unproblematischen Einschränkung auf „negative" (Aus-)Wirkungen des Tourismus (im Sinne von Streß und seinen Folgen: Alkoholismus, Drogenabhängigkeit, psychopathologische Formen des kulturellen „Schocks"), also den „Kosten" des Tourismus. Bezieht man aber die „positiven" Seiten des Urlaubmachens ein – das, was gemeinhin unter dem Stichwort „Erholung" subsumiert wird – und betrachtet auch den (soziopsychischen) „Nutzen" des Tourismus als einen Gegenstand der klinischen Forschung, dann ist klar, daß wir es mit einer wichtigen Grundlagenwissenschaft zu tun haben. Aufgabenbestimmung einer klinischen Psychologie des Tourismus wäre demnach die Untersuchung der *psychischen Kosten* und des *therapeutischen Nutzens* von Reisen.

## 2. Hauptthemen einer klinischen Psychologie des Tourismus

Gegenstand der Klinischen Psychologie ist nach einer Definition von Benesch (1988, S. 339) die „Erforschung, Systematisierung und Behandlung der psychischen Störungen". Neben der therapeutischen Intervention im breiten Sinne kommt der Klinischen Psychologie aber auch die Aufgabe der Vorbeugung bzw. Nachsorge von psychischen Störungen zu: die Prophylaxe (die individuelle und allgemeine Psychohygiene oder Prävention) einerseits und die Rehabilitation andererseits. Psychische Störungen sind vielfältig und trotz vieler immer wieder verbesserter Ordnungsversuche (nicht zuletzt, weil sich dahinter unterschiedlichste ätiologische Vorstellungen verbergen) schwer zu beschreiben/klassifizieren. In Anlehnung an die derzeit am häufigsten verwendeten Klassifikationssysteme, die *ICD (International Classification of Diseases)* der Weltgesundheitsorganisation WHO, und das *Diagnostische und Statistische Manual psychischer Störungen DSM(-III-R)* der American Psychiatric Association, hat Benesch (a.a.O., S. 340f.) eine Grobeinteilung in elf Störungsgruppen (vgl. Abb. 1) vorgenommen, die für unsere Zwecke hier genügen soll, da die vergleichsweise wenigen auf das Feld Tourismus „angewandten" Forschungen der Klinischen Psychologie dadurch abgedeckt werden. Er unterscheidet: Psychose; Neurose; Verhaltensstörung; Entwicklungsstörung, Funktionsstörung, Leistungsstörung; abweichendes Verhalten, Mentalstörung, Sexualstörung; Sprachstörung; existentielle Leidensformen. Schwerpunkt der therapeutischen Bemühungen sind verhaltenstherapeutische Verfahren.

## 3. Psychische Kosten für die Reisenden

Entgegen landläufigen Meinungen, denen zufolge höchstens die „Bereisten" die „Opfer" des Reisens sein können, ist festzustellen, daß unter bestimmten Bedingungen auch die *Reisenden* als Folge des Reisens oder bestimmter Begleitumstände des Reisens oder als Folge des Aufeinandertreffens mit mehr oder weniger „fremden" Menschen/Kulturen psychische Problematiken oder Störungen entwickeln oder daß sich schon vorhandene Dispositionen, nicht zuletzt auf Grund des Versetztwerdens in eine neue, ungewohnte Umgebung, verstärken. Während die Soziologie

### Psychische Störungen

| *Psychose* | *Verhaltensstörung* | *Funktionsstörung* | *Abweichendes Verhalten* | *Sprachstörung* |
|---|---|---|---|---|
| Schizophrenie | Ipsative Störung | Psychogene Störung |  | Aphasie |
| Zyklothymie | Störung psychischer | Schmerzsyndrom | Alkoholismus | Artikulationsstörung |
| Paranoia | Prozesse | Schlafstörung | Drogenabusus | Phonationsstörung |
| Reaktive Psychose | Identitätsstörung | Amnesie | Verhaltensexzeß | Stottern |
| zerebral-organische | Anpassungsstörung | Kreislaufstörung | Pathologisches | Stammeln |
| Psychose | Situationsstörung | Eßstörung | Spielen | Poltern |
| Borderline-Syndrom | Interaktionsstörung | Stoffwechselstörung | Kleptomanie | Agrammatismus |
| Psychopathie | Isolationsstörung | Somatogene Störung | Pyromanie |  |
|  | Dyssoziative Störung | Traumatische |  | *Existentielle Leidensformen* |
| *Neurose* | Soziopathie | Neurose | *Mentalstörung* |  |
|  | Delinquenz | Simulation |  |  |
| Hysterie |  |  | Geistige Behinderung | Trauerreaktion |
| Phobie | *Entwicklungs-* | *Leistungsstörung* | Humilität | Suizidalität |
| Anankasmus | *störung* |  | Altersdemenz | Deprivation |
| Depression |  | Konzentrations- | Geistige Antriebs- | Inanition |
| Angstneurose | Funktionsstörung | schwäche | schwäche | Deindividuation |
| Neurasthenie | Verhaltensstörung | Schulphobie | Intentionsneurose | Thanatie |
| Depersonalisation | Sozialstörung | Lernstörung |  | Opferreaktion |
| Derealisation | Leistungsstörung | Prüfungsversagen |  |  |
| Hypochondrie | Infantilismus | Studienversagen | *Sexualstörung* |  |
| psychovegetatives | Autismus | Legasthenie |  |  |
| Erschöpfungssyn- | Mutismus | Arbeitsstörung | Funktionsstörung |  |
| drom | Anorexia nervosa | Berufsversagen | Paraphilie |  |
|  | Ablösestörung | Arbeitsunfall | Transsexualismus |  |
|  | Midlife-Crisis | Arbeitsentfremdung | Kohabitationsstörung |  |
|  | Altersinvolution | Freizeitstörung | Kontaktstörung |  |
|  | Disengagement |  |  |  |

Abb. 1: Die wichtigsten Gruppen psychischer Störungen (Benesch 1988, S. 340)

und die Kulturanthropologie eher global vom (→) „*Kulturschock*" als der Summe der nicht gelösten Anpassungsprobleme sozialer, psychischer, kultureller u.a. Art reden, stellen Klinische Psychologie und Psychiatrie die (→) *Streß*reaktionen mit ihren psychosomatischen Problemen und psychischen Störungen heraus, die sich als Folge nicht erfolgreicher Anpassung an eine neue soziopsychische Situation bei den Reisenden (aber natürlich auch bei den Bereisten) herausbilden können.

Dies wird z.B. in der folgenden Zeitungsmeldung deutlich:
*„Touristen halten sich für Gott.* – (...) Überwältigt von der besonderen Atmosphäre des Heiligen Landes erkranken jährlich rund 200 amerikanische und europäische Touristen am sogenannten „Jerusalem-Syndrom" – sie haben messianische Visionen und Erscheinungen oder halten sich selbst für Gott. Dies geht aus einer in der israelischen Hauptstadt vorgestellten Studie einer Gruppe von Psychiatern hervor (...). Derzeit befänden sich etwa 250 Touristen, 60% von ihnen Juden und 40% Christen, im Kfar-Shaul-Hospital zur psychiatrischen Behandlung (...) Zwei von drei Erkrankten seien praktizierende Gläubige, und das „Jerusalem-Syndrom" trete in den ersten zwei Wochen des Aufenthaltes in der Heiligen Stadt auf (...); zwei Drittel der „Befallenen" (sind) Männer, und 80% der Betroffenen sind schon einmal wegen Schizophrenie in psychiatrischer Behandlung gewesen (...)" (Süddeutsche Zeitung 4.9.1991).

Allerdings ist die Anzahl der klinisch-psychologischen Untersuchungen im Kontext von Tourismus und Reisen sehr gering, was schon deswegen erstaunt, da der von verwandten Problemfeldern her bekannte psychische Streß alias „Kulturschock" durchaus zu einer regen Forschungstradition geführt hat, auf die man etwa rekurrieren könnte: So befassen sich Klinische Psychologie und Psychiatrie schon seit langem mit den psychischen Störungen (insbesondere Depressionen) und ihrer Therapie bei beruflich bedingten Auslandsaufenthalten (vgl. z.B. King 1975; Fegert 1990), einschließlich präventiver Möglichkeiten der Vorbereitung auf eben diese „neue Welt" (vgl. z.B. Locke & Feinsod 1982) oder bei erzwungener Migration (vgl. für einen Überblick: Lüthke 1989, S. 45; Emminghaus 1992).

Die einschlägigen, vergleichsweise wenigen empirischen Untersuchungen thematisieren v.a. die folgenden Aspekte:

*(a) Ängste und andere psychische/psychopathologische Begleitumstände und Risiken bei bestimmten Reiseformen (Reiseverkehrsmittel) und Möglichkeiten (psycho-)therapeutischer Intervention.* Bekanntlich hatten bei der Einführung der Eisenbahn viele Fachleute vor den unübersehbaren, Soma und Psyche der Reisenden zweifelsohne beeinträchtigenden, möglicherweise sogar auf das Schlimmste schädigenden Wirkungen der „schnellen" Eisenbahnfahrt gewarnt. Heute sind es eher Überschallflüge oder Langzeitreisen mit dem privaten PKW, die sich negativ auswirken sollen (...) Ein kleiner Schwerpunkt der Forschung betrifft die psychophysiologischen und psychosomatischen Auswirkungen des (→) *Jet lags*. Ein anderer Bereich, der früher schon fast als „Tabuthema" galt, ist die (→) *Flugangst* (die es interessanterweise nicht nur bei Passagieren, sondern auch bei Piloten gibt) und die Möglichkeiten therapeutischer Intervention. Gelegentlich werden in psychiatrischen Zeitschriften auch Einzelfallberichte über berichtete psychotische Zustände in Zusammenhang v.a. mit Langzeit-Reisen veröffentlicht (MacHamm 1977; Osmond 1977).

*(b) Die Therapie von Menschen, die an Agoraphobie, Klaustrophobie und verwandten Formen von Ängsten leiden.* Die Unmöglichkeit für den Agoraphobiker, (alleine) zu reisen und bestimmte offene oder geschlossene „Räume" zu bewältigen, obwohl er aus beruflichen Gründen reisen müßte bzw. dies aus individuellen Gründen tun möchte, kann mit verhaltenstherapeutischen Techniken angegangen werden, wofür es allerdings vergleichsweise wenig dokumentierte Fallbeschreibungen gibt (vgl. z.B. Taylor 1985; Hayes & Barlow 1977; Pataleno 1982).

*(c) Negative Entwicklung prädeterminierter oder latenter psychischer Störungen durch Reisen.* Reisen, das in der expliziten oder „geheimen" Erwartung vorgenommen wird, mit (mehr oder weniger) bewußten psychischen Problemen/Störungen fertigzuwerden, kann vor allem dann, wenn sich an seinen therapeutischen Wert unrealistische Erwartungen knüpfen, zum gegenteiligen Effekt beitragen.

Z.B. fand Streltzer (1979), der die psychiatrischen Notfälle in einer Klinik in Oahu (Hawaii) untersuchte, heraus, daß Touristen Opfer der Selbsttäuschung waren, ihre schon vorher (latent oder manifest) vorhandenen psychischen Probleme könnten durch den Aufenthalt auf einer exotischen Insel schnell behoben werden (vgl. auch Prokop 1970; Uemoto et al. 1982). – Daß sich die psychisch-emotionale Stimmung im Verlauf eines Urlaubsaufenthaltes verändert, ist aus der Alltagserfahrung bekannt; Pearce (1981) wies (durch Untersuchungen auf der Grundlage von Tagebuchnotizen) nach, daß es besonders bei Aufenthalten in „exotischen" Gegenden charakteristischerweise am 2./3. Urlaubstag zu einer negativen Streßsituation, dem „environment shock" kommt.

*Sonstige und zukünftige Bereiche.* Neben den schon angesprochenen Aspekten wäre auf die folgenden Komplexe aufmerksam zu machen:

*(d) Problemanalysen des Langzeiturlaubs* (z.B. „Lebensabend"-Urlaube, das „Überwintern" auf einer „Rentnerinsel", auf Gebieten wie Mallorca und anderswo); die Probleme sozialer wie psychischer Natur, die sich aus ungewohnt langen Perioden des Urlaubmachens für Menschen ergeben, die zumeist an ein geregeltes Arbeits- und Erwerbsleben gewöhnt waren, sind im Gegensatz zu medizinisch-somatischen Fragen bisher nicht behandelt worden. Dabei darf man davon ausgehen, daß es für einen großen Teil der Langzeiturlauber früher oder später zu erheblichen psychischen Problemen in einer immer noch fremden Umwelt kommen kann, denen die Betroffenen wie die Umgebung hilflos gegenüberstehen (interkulturelle Konflikte, Einsamkeit, soziale Isolation, Depressionen und Neurosen).

*(e) Psychosoziale und medizinisch-klinische Risiken des Prostitutions-Tourismus* (→ *Sex-Tourismus*).

(f) Risiken des (→) *Alkoholkonsums* von Reisenden (vgl. Lange & McCune 1989).

## 4. Psychische, psychopathologische Probleme bei den „Hosts"

Klinische Studien über das Vorkommen von psychopathologischen Störungen (auf seiten der „Gastgeber") sind vergleichsweise selten. Allerdings ist es auch sehr schwierig, zu einer Einschätzung der „Kosten" zu kommen, die die meist weitreichenden und tiefgreifenden Veränderungen des immer perfektionierter werdenden Massentourismus auf mehr oder weniger „unberührte" Regionen hat oder haben kann.

Die z.T. tatsächlich massiv über die Gastgemeinden „hereinbrechenden" Urlauberfluten sind u.a. für die Alpenregion nicht zu leugnen. (Z.B. wurden in Saalbach, einem kleinen Städtchen in der Nähe von Salzburg, das etwa 2.400 Einwohner hat, schon 1981 über 2.1 Mio. Besuchernächte registriert; d.h., daß auf einen Einheimischen die „Belastung" von 890 Besuchernächten zukam; vgl. Frantz 1983, S. 19).

Nur selten ergibt sich allerdings die Chance, in einem klassischen Vorher-Nachher-Design die Auswirkungen zu untersuchen. Eine dieser seltenen Möglichkeiten bot sich Guntern mit der Gemeinde Saas-Fee (die er als (→) „*Alpendorf*"-Studie veröffentlichte; vgl. Guntern 1977, 1978a, 1978b, 1979). In einer *zehnjährigen* Studie wurden psychopathologische (und andere) Veränderungen in einer Schweizer Gemeinde nach dem massiven Einsetzen des Massentourismus untersucht; diese „systemische" Analyse des ehemals isolierten und nunmehr in rasantem Tempo zur Touristenhochburg entwickelten Schweizer Dorfs Saas-Fee zeigte mit aller Deutlichkeit, daß Unsicherheit, Angst, Depressionen, psychosomatische Störungen und vor allem steigender Alkohol-Konsum bis hin zum (→) Alkoholismus bei einem großen Teil der „hosts" aufkamen und über lange Zeit die typischen Begleitfolgen ungehemmten Tourismus blieben.

*Coping.* Die vergleichsweise wenigen Untersuchungen zu anderen Regionen sind, wenn überhaupt, nur singulärer Art (zur Karibik vgl. etwa Husbands 1986). Man muß aber herausstellen, daß etwa positive Formen von Streßverarbeitung (positives Coping) – die zweifelsohne vorhanden sind, da sonst auf der ganzen touristischen Welt nur multipel gestörte Einheimische vorhanden wären – bisher nicht in den Blickwinkel der Forschung geraten sind. Hier hätte die neuere Klinische Psychologie und Gesundheitspsychologie durchaus einiges anzubieten: Programme zur Streßverarbeitung, die auf einschlägiger Forschung aufbauen, könnten sinnvoll in die Ausbildung von Dienstleistenden Eingang finden.

Ein Beispiel in diesem Zusammenhang ist die Modellstudie der Region Millstättersee/Kärnten von Krobath (1990) über die psychosozialen Auswirkungen des Fremdenverkehrs; hier wurden u.a. Streßverarbeitungsstrategien mit Hilfe von klinischen Fragebogen erhoben und zu Persönlichkeits- und sozialen Variablen in Beziehung gesetzt. Aus den Ergebnissen könnte man Empfehlungen für entsprechende Schwerpunkte in der Ausbildung von Tourismusbeschäftigten ableiten.

*Diagnostische Probleme.* Ungelöst sind diagnostische Fragen. Zwar können Standardverfahren der Klinischen Psychologie zur Messung der Befindlichkeiten und Problemlagen bei Reisenden angewendet werden; mit Bezug auf die besondere Situation interkultureller Interaktion jedoch einerseits und im Hinblick auf die Notwendigkeit, auch die soziopsychischen Problemlagen der Bereisten zu erkunden, ist die Entwicklung neuer angemessener, d.h. theoriegeleiteter diagnostischer (oder die Adaptation schon existierender) Verfahren unumgänglich. Beuchelt z.B. schlug schon 1982 vor, Schemata zu übernehmen, die in der kulturvergleichenden Psychologie für die Erfassung der Wechselwirkung zwischen Persönlichkeit und Kultur angewendet werden. Zum gegenwärtigen Zeitpunkt befinden wir uns aber erst am Beginn einer solchen Tradition.

## 5. Therapeutischer Nutzen des Reisens und Urlaubmachens

*(a) Kuren, Rehabilitation.* Die Kulturgeschichte des Reisens (→ *Tourismusgeschichte*) zeigt, daß im Altertum, Mittelalter und in der beginnenden Neuzeit einige maßgebliche Motive für das nicht existentiell notwendige Reisen in der Suche nach einer Verbesserung der gesundheitlichen Verfassung von Menschen lagen. Ein wichtiges Beispiel dafür ist der Kur- und Badetourismus vergangener Jahrzehnte, der mit dem Aufsuchen von *Heilquellen* begann (→ *Kurwesen*), der dabei neben den historisch präferierten und dominierenden Formen medizinischer Behandlung immer auch Formen psychotherapeutischer Intervention umfaßte; die Idee der ganzheitlichen Behandlung von Körper und Seele ist schließlich keine Erfindung dieses Jahrhunderts. Daß dies heute wieder so gesehen wird und daß das moderne Kurwesen die psychischen Faktoren der Rehabilitation genauso hoch einschätzt wie die rein medizinischen, spricht für die Vernünftigkeit des Konzeptes.

*(b) Erholung, Regeneration.* Das Motiv der „Erholung" dagegen ist bekanntlich neueren Datums (→ *Langfristige Erholung*). Tatsächlich konnte ein wesentlich auf Erholung hin ausgerichteter Tourismus erst entstehen, als die wirtschaftlich-sozialen Entwicklungen der modernen Industriegesellschaft (zunehmende Arbeitsteilung, Wertschöpfung, Gewerkschaftsbewegung und gesetzliche Urlaubsregelungen usf.) es immer mehr Bevölkerungs-

schichten erlaubten, der Idee nachzugehen, die durch Reisen im Urlaub verbrauchte Arbeitskraft wieder zu regenerieren.

Heute zählt es zu den unwidersprochenen, durch einschlägige Untersuchungen der (→) *Reisemotive* hinlänglich nachgewiesenen Selbstverständlichkeiten der Tourismusforschung, daß der Wunsch nach „Ausspannen" usf. ein geradezu zentrales, wenn nicht sogar *das* zentrale Motiv für die Menschen ist, einen Urlaub zu buchen oder selbst zu gestalten. Dieses Motiv kann man auch als eine Form psychischer Hygiene betrachten.

So kam schon 1967 in der vom Studienkreis für Tourismus vorgelegten motivationspsychologischen Untersuchung zum Thema „*Urlauberwartungen und Reisemotive*" nicht mehr der physisch-regenerative Aspekt als primäres Urlaubsmotiv zum Ausdruck, sondern es wurde von den Befragten der psychische Erholungsaspekt („geistige Entspannung", „Auffrischung geistiger Kräfte", „Abschalten", „weg von dem, was man satt hat" usf.) herausgestellt. In den Versuchen, die Motive für Reisen zu gruppieren, kehrt dieses Motiv genauso immer wieder. Z.B. ist Reisen nach Krippendorf (1984, S. 64 ff.), der (auf allerdings nicht-empirischem Wege) acht Motive oder Motivgruppen zusammenstellte, um Reiseentscheidungen erklären zu können, „(1) Erholung und Regeneration, (...) (7) Selbsterfahrung und Selbstfindung". Daraus wurden später, in den 60er, 70er und 80er Jahren, regelrechte „Urlaubertypen" entwickelt, wie z.B. der „Entspannungsurlauber" (Hartmann) oder der „bewußt Erholung suchende Urlauber" (Geiger), der „Gesundheitsreisende" (Struck) bzw. „der gesundheitsorientierte Urlauber" (Arbeitsgemeinschaft Reiseanalyse) oder sogar der sogenannte „Erlebnissuchende Neurotiker, der Urlaubserlebnisse kulinarisch konsumiert" (Haseloff; sämtl. zit. n. Meyer 1977, S. 281ff.).

Erstaunlicherweise ist jedoch weder der tatsächliche psychologische „Erholungswert" von Urlaub oder von Kuren noch der psychotherapeutische Nutzen von Reisen (bei Menschen mit erwiesenermaßen psychischen oder psychosomatischen Problemen) intensiv untersucht worden (eine der wenigen Ausnahmen: Gebauer 1981, der sich mit den therapeutisch-positiven Auswirkungen von Kreuzfahrten auf psychosomatisch Gestörte befaßte).

*(c) Therapeutische Gemeinschaft „im Urlaub"; Therapeutisches Camping.* Ein interessanter Schwerpunkt der nordamerikanischen Therapieforschung ist die Evaluation vermuteten therapeutischen Nutzens von geplanten, vorstrukturierten Aufenthalten therapeutischer Gemeinschaften außerhalb der normalen (stationären) Umgebung, weshalb z.B. ein Artikel den programmatischen Titel „A therapeutic community goes on holiday" trägt (Lowenstein 1983).

Eine vielbeforschte Sonderform davon ist das *„wilderness camping/survival camping"* (für einen Überblick über verschiedene Programme vgl. Kaplan & Talbot 1983; Byers 1979). Die Erfahrungen mit (im Blick auf Alter, Geschlecht, Schicht) unterschiedlichen Zielgruppen sind insgesamt durchaus positiv zu sehen. Z.B. berichtet Rerek (1973) über ein zweiwöchentliches Camping-Programm für ältere Bürger, das die Integration von (ambulanten und stationären) psychiatrischen Patienten beinhaltet. Grundsätzlich dürfte der Effekt des „life stressing" große Bedeutung haben: Menschen mit Verhaltens- oder Persönlichkeitsstörungen scheinen in einer typisch gruppendynamischen, sehr abgeschlossenen Situation „allein in der Wildnis" Selbstvertrauen und verlorengeglaubte Selbstwertgefühle wiederzuerlangen (die übrigens über längere Zeit stabil bleiben können; vgl. Kaplan & Talbot 1983) und soziales Miteinander neu zu erproben (vgl. z.B. Berube 1975). Meistens handelt es sich jedoch um neurotische oder verhaltensgestörte, meist männliche Kinder und Jugendliche, die an diesen speziellen Programmen teilnehmen (Alper & Algozzine 1977, Shniderman 1974); gerade der Einsatz verhaltensmodifikatorischer Techniken (zur Angstbewältigung, Aggressionsreduzierung usf.) hat sich in diesem speziellen „abgeschlossenen Raum" des Campings bewährt (Hobbs & Radka 1975), wobei für den deutschen Bereich auf das sozialpädagogische Pendant der Erlebnispädagogik mit normalen, verhaltensgestörten oder delinquenten Jugendlichen aufmerksam gemacht werden kann. Auch die „andere Seite" scheint von diesen Campings zu profitieren: Betreuer etwa zeichnen sich nach Absolvierung eines (auch kurzen, z.B. einwöchigen) Campingaufenthaltes durch ein positiveres, realistisches Bild von behinderten/gestörten Kindern/Jugendlichen aus (Herr 1975; Herr, Algozzine & Eaves 1976).

## 6. Ausblick

Die im Gesamtgefüge der akademischen und angewandten Psychologie ansonsten zentrale Klinische Psychologie hat sich mit dem Phänomen von Reisen/ Tourismus/Urlaub bisher nur sehr sporadisch beschäftigt. Für den deutschen Sprachraum ist dies noch auffallender als für den angloamerikanischen, was der Tradition und deutlichen Orientierung der Tourismusforschung, insbesondere unserer Tourismuspsychologie in Richtung auf Markt- und Motivforschung, nur allzugut entspricht; die („klinische") Beschäftigung im angelsächsischen Bereich ist dagegen sehr selektiv auf einige bestimmte Themen angelegt. In dem Maße, wie in der Zukunft die Beachtung des Tourismusphänomens zunehmen wird, werden vermutlich auch die entwickelten diagnostischen, klassifikatorischen, therapeutischen und rehabilitativen Ansätze und Möglichkeiten der Klinischen Psychologie zur Geltung kommen. Als zwei wichtige zukünftige Schwerpunkte darf man vielleicht die Beobachtung von Depressionen als Ausdruck psychosozialen Kulturschocks und die Behandlung von Ängsten und Phobien in Zusammenhang mit Reiseverkehrsmitteln und Reisen ganz allgemein annehmen. Bedeutung müßte auch der bisher fast völlig unbeachtete Bereich der *Prävention* finden. Für angehende Diplom-Psychologen dürften sich mittelfristig neue Arbeitsmöglichkeiten eröffnen, die vielleicht auch in Zusammenhang mit der neuen Tendenz zur (→) *Freizeitberatung* zu begreifen sind. Die Perspektive einer Klinischen Psychologie des Tourismus wäre dabei ohne die interdisziplinäre Zusammenarbeit mit der Soziologie/Sozialanthropologie kaum denkbar. Weitere Erfahrungen aus der psychosozialen Arbeit mit Angehörigen fremder Kulturen könnten schließlich in Zusammenhang mit der immer wichtiger gewordenen Migrationsthematik genutzt werden.

## Literatur

Alper, S. & Algozzine, B. (1977). The effects of a seven day camping experience on volunteer student counselors. Adolescence, 12(48), 533-540.

Benesch, H. (1988). Klinische Psychologie. (S. 338-345) In R. Asanger & G. Wenninger (Hg.), Handwörterbuch Psychologie, 4. Aufl. München: PVU.

Berube, P. (1975). Survival camping: A therapeutic modality. Journal of Leisurability, 2(1), 14-20.

Beuchelt, E. (1982). Ferntourismus und Akkulturation. Sociologus, 32(2), 127-139.

Byers, E. S. (1979). Wilderness camping as a therapy for emotionally disturbed children: A critical review. Exceptional Children, 45(8), 628-635.

Emminghaus, W.B. (1992). Flucht und Kulturkontakt: Ein Arbeitsfeld für Psychologen. BRD-Report-Psychologie 5 (Mai), 18-27.

Fegert, J. (1990). Auslandsaufenthalt und psychosoziale Adaptation. Migrationsfolgen bei französischen Kindern und ihren Familien. Weinheim: Deutscher Studien Verlag.

Frantz, K. (1983). The development and regional structure of Austrian tourism. (pp. 7-26) In E. C. Nebel (ed.), Tourism and culture. A comparative perspective. 3rd Biannual Symposium. University of New Orleans/University of Innsbruck.

Gebauer, O.J. (1981). Urlaub und Erholung in psychologischer Sicht. Eine Modellstudie zum psychotherapeutischen Wert des Urlaubs. Phil. Diss., Freie Universität Berlin.

Guntern, G. (1977). The long-term study Alpendorf. Schweizer Archiv für Neurologie, Neurochirurgie und Psychiatrie, 121(1), 97-113.

Guntern, G. (1978a). Alpendorf: Transactional processes in a human system. Reports from the Laboratory for Clinical Stress Research No 76 (March).

Guntern, G. (1978b). Alpendorf: Tourism, social change, stress and psychiatric problems. Social Psychiatry 13, 41-51.

Guntern, G. (1979). Social change, Streß und mental health in the pearl of the Alps. A systemic study of a village process. Berlin: Springer.

Hayes, S. C. & Barlow, D. H. (1977). Flooding relief in a case of public transportation phobia. Behavior Therapy, 8(4), 742-746.

Herr, D. E. (1975). Camp counseling with emotionally disturbed adolescents. Exceptional Children, 41(5) 331-332.

Herr, D. E., Algozzine, B. & Eaves, R. C. (1976). Modification of biases held by teacher trainees toward the disturbingness of child behaviors. Journal of Educational Research, 69(7), 261-264.

Hobbs, T.R. & Radka, J. E. (1975). A short-term therapeutic camping program for emotionally disturbed adolescent boys. Adolescence, 10(39), 447-455.

Husbands, W. C. (1986). Periphery resort tourism and tourist-resident stress: An example from Barbados. Leisure Studies, 5(2), 175-188.

Kaplan, S. & Talbot, J.F. (1983). Psychological benefits of a wilderness experience. Human Behavior and Environment Advances in Theory and Research, 6, 163-203.

King, L.J. (1975). The depressive syndrome: A follow-up study of 130 professionals working overseas. American Journal of Psychiatry, 132(6), 636-640.

Krobath, J. (1990). Psychosoziale Auswirkungen des Fremdenverkehrs: Eine Modellstudie am Beispiel der Region Millstättersee in Kärnten, Naturwissenschaftliche Fakultät, Universität Graz.

Lange, W.R. & McCune, B.A. (1989). Substance abuse and international travel. Advances in Alcohol and Substance Abuse, 8(2), 37-51.

Locke, S.A. & Feinsod, F. M. (1982). Psychological preparation for young adults traveling abroad. Adolescence, 17(68), 815-819.

Lowenstein, L.F. (1983). A therapeutic community goes on holiday. British Journal of Projective Psychology and Personality Study, 28(1), 7-13.

Lüthke, F. (1989). Psychologie der Auswanderung. Weinheim: Deutscher Studien Verlag.

MacHamm, A. (1977). Long-distance travel. Journal of Orthomolecular Psychiatry, 6(3), 231-240.

Meyer, W. (1977). Aktivität im Urlaub (S. 259-290). In Fortschritte der Marktpsychologie, Bd.1. Frankfurt: Fachbuchhandlung für Psychologie.

Mundt, J.W. & Lohmann, M. (1988). Erholung und Urlaub. Zum Stand der Erholungsforschung im Hinblick auf Urlaubsreisen. Starnberg: Studienkreis für Tourismus.

Osmond, H. (1977). Some psychiatric comments on ‚long-distance travel'. Journal of Orthomolecular Psychiatry, 6(3), 241-247.

Pataleno, A.P. (1982). Use of cognitive relabeling as a coping skill in the treatment of a case of social/evaluative anxiety. School-Psychology Review, 11(4), 448-453.

Pearce, P.L. (1981). „Environment shock": A study of tourists' reactions to two tropical islands. Journal of Applied Social Psychology 11, 268-280.

Prokop, H. (1970). Psychiatric illness of foreigners vacationing in Innsbruck. Schweizer Archiv für Neurologie, Neurochirurgie und Psychiatrie, 107, 363-388.

Rerek, M.D. (1973). Senior citizen camping: An innovative program in community psychiatry. Journal of the Bronx State Hospital, 1(2), 85-87.

Schade, B. (1963). Psychologische und klinisch-psychosomatische Aspekte der Erholungsforschung. In Forschungsmethoden in der allgemeinen Therapie. o. V.

Shniderman, C.M. (1974). Impact of therapeutic camping. Social Work, 19(3), 354-357.

Streltzer, J. (1979). Psychiatric emergencies in travelers to Hawaii. Comprehensive Psychiatry 20, 463-468.

Studienkreis für Tourismus (Hg.) (1962). Erholung und Urlaub. Ergebnisprotokoll der Planungskonferenz für ein Forschungsprogramm „Erholung und Urlaub" in Starnberg am 8./9. April 1962. München: Studienkreis für Tourismus.

Taylor, I.L. (1985). The reactive effect of self-monitoring of target activities in agoraphobics: A pilot study. Scandinavian Journal of Behaviour Therapy, 14(1), 17-22.

Uemoto, N. et al. (1982). Maladies mentales chez les Japonais a Paris. Annales Medico-Psychologiques 140, 717-727.

**H. Jürgen Kagelmann, München**

# Ökologische Psychologie, Umweltpsychologie

## 1. Begriffsklärung, thematische Akzentuierung, normative Orientierung

*Definitorische Abgrenzungen.* Eine inzwischen weit verbreiteten Sprachregelung aufnehmend soll unter Ökopsychologie (oder Ökologischer Psychologie) der Korpus von Ideen, theoretischen Ansätzen und empirischen Forschungsmethoden verstanden werden, der zur näheren Beschreibung und Erklärung individualisierter Mensch-Umwelt-Beziehungen oder/und transindividueller System-Umwelt-Interaktionen dient. Umweltpsychologie hingegen gilt als ein Bereich der Angewandten Psychologie, speziell der Angewandten Sozialpsychologie, in dem Aufgabenstellungen aus der Praxis und für die Praxis im Interesse der psychophysischen Gesundheit der Menschen, ihrer somatogenen Bedürfnisse, emotional-affektiven Beziehungsansprüche, psychomotorischen Bewegungsimpulse oder sensorisch-ästhetischen Ideale bearbeitet werden.

Diese Zielsetzung schließt die Meinung ein, daß der Mensch als Natur- und Kulturwesen den baulich gestalteten Ökosystemen seiner näheren und weiteren Umgebung angehört und letztlich zum eigenen Wohlergehen handelt, wenn er sich für die „Bewahrung der Schöpfung" vehement einsetzt (Trensky 1991). Eine gesellschaftspolitische oder/und moralisch-religiöse Ausrichtung der Umweltpsychologie impliziert, daß Umwelterziehung neben Beratung und aufklärender Öffentlichkeitsarbeit zentrales Anliegen eines Umweltpsychologen darstellt (Fietkau & Kessel 1981; Spada 1990).

*Ethisch-normative Aspekte.* Eine umweltpsychologische Berufstätigkeit ist in lokale oder distante soziale Konfliktfelder eingebettet. Sie bedarf neben der o.a. ethischen Orientierung einer stabilen politischen Motivation, die auch dann wirksam bleibt, wenn Verantwortung über größere räumliche und zeitliche Distanzen hinweg, für „fremde Völker" oder/und zukünftige Generationen, zu übernehmen ist. Die individualpsychologische Betrachtungsweise der personalen Wahrnehmung, der Belohnungserwartung für geleisteten Verzicht, der bewußten Selbst- und Triebkontrolle mit einer systemischen Beschreibung und Analyse des Alltagsgeschehens in räumlich-materiellen Milieus funktional zu verbinden, ist die zentrale Aufgabe einer *theoretisch* ausgerichteten Ökologischen Psychologie (vgl. Kaminski 1986).

Gelingt diese Verknüpfung der Variablen nicht, läuft eine *praxisnahe* Umweltpsychologie Gefahr, sich in unzusammenhängenden, mehr oder weniger beliebig ausgewählten Einzelaktionen zu erschöpfen, die den Kontext der Genese umwelt- und sozialverträglichen Verhaltens weitgehend unberührt lassen. Für die umweltpsychologische Praxis beinhaltet der oben skizzierte holistische Ansatz Chancen für ein antizipatorisches Lernen und Denken, das Spätfolgen und Nebenwirkungen menschlicher Handlungen explizit berücksichtigt. Die Angewandte Psychologie wird durch die Ökopsychologie wenigstens ein Stück weit aus einem engen Spezialistentum herausgeführt und auf die Verhaltenskonsequenzen politischer, administrativer, wirtschaftlicher oder technischer Eingriffe aufmerksam gemacht.

Zahlreiche praxisrelevante Fragestellungen der Umweltpsychologie gelten der Raum- und Regionalgestaltung, dem verhaltensdeterminierenden Einfluß der von Menschen geplanten, geordneten und definierten sozialen Einrichtungen. Beim gegenwärtigen Wissensstand und dem verfügbaren Methodeninventar der Ökopsychologie sind methodische Mängel in Kauf zu nehmen, wenn die Wirkung geplanter (organisatorischer, baulicher) Veränderungen über längere Zeiträume vorausgesagt werden soll. Mögliche Reaktionen in dieser Mängellage bestehen (a) in der drastischen Einschränkung des Untersuchungsfeldes auf „Miniaturwelten" und deren sequentieller Bearbeitung, (b) in der möglichst realistischen, naturgetreuen Nachgestaltung der komplexen, vernetzten Wirklichkeit durch Modellbildung, Computersimulation oder Szenarien (vgl. Krampen 1990).

## 2. Theoretische Positionen: Lewin und Barker

Ein verstärktes psychologisches Interesse am Einfluß der Umwelt – ihrer kognitiven Repräsentation, emotionalen Besetztheit, ihrem Verhaltensangebot – ist, von frühen Arbeiten Hellpachs abgesehen, seit etwa 20 Jahren im deutschsprachigen Raum zu registrieren. Zwei kontroverse Konzeptvarianten haben ihre Spuren in der ökopsychologischen Theoriebildung hinterlassen: (a) eine objekt- bzw. stimulus-zentrierte und (b) eine subjekt-erleb-nisbestimmte Betrachtungs- und Vorgehensweise.

(a) In dem *feldtheoretischen* Ansatz einer psychologischen Ökologie verwendet Kurt Lewin nur nicht-psychologische Daten zur Kennzeichnung der „Grenzbedingungen des Lebens", der „Kanäle der Lebensmittel" für Individuen und Gruppen: „Erst wenn diese Bedingungen bekannt sind, kann man beginnen, mit einer nun psychologischen Untersuchung jene Faktoren zu erforschen, welche die Handlungen der Gruppe oder des Individuums in Situationen bestimmen, die sich als relevant erwiesen haben." (Graumann 1982, S. 291)

(b) Roger Barker, ein Schüler Lewins, stellt in den Mittelpunkt seiner *Behavior-Setting-Analyse* hingegen die synomorphe Beziehung zwischen der räumlich-dinglichen Anordnung (quasi)-natürlicher Milieueinheiten und dem konstanten Verhaltensmuster der Partizipanten (Barker 1968; Kaminski 1986, 1990, 1992).

Im Unterschied zu Lewin geht es in dieser Ökologischen Psychologie nicht mehr um die (vergleichsweise flüchtige) Beschreibung von Grenzbedingungen, Pförtnern und Kanälen bei der Konstituierung von Feldkräften im subjektiven Lebensraum einer Person, sondern um die äußerst detaillierte Schilderung und Ordnung des Lebensrahmens selbst. Raumzeitlich ausgrenzbare Sozialgefüge besitzen Determinationskraft im Hinblick auf das Verhalten der Inhabitanten, nötigen ihnen ein vorgefertigtes Programm auf, dulden im Grunde keine Abweichung und innovative Umformung des normativ Vorgegebenen. Der Preis einer solchen Hinwendung zur „wirklichen Wirklichkeit" ist eine Psychologieferne, die sich nicht zuletzt in der Austauschbarkeit der Settingbenutzer ausdrückt.

*Vermittlungspositionen*. An „integrativen Ansätzen", an Versuchen, die realitätszentrierte Objektperspektive mit der subjektzentrierten Bedeutungsperspektive funktional zu verbinden, hat es nie gefehlt; hier ist z.B. auf die Interaktionismusdebatte, die dialektische Psychologie Riegels, das Skript-Konzept (→ *Fremdheitskonzepte)* oder den Transaktionsbegriff (Riegel 1978; Schank & Abelson 1977; Kruse 1978) hinzuweisen. Für den engeren Bereich der Umweltwahrnehmung sind drei dieser Vermittlungspositionen zu erwähnen: (a) Brunswiks Linsenmodell; (b) Gibsons (1982) Theorie „der Entnahme optischer Informationen"; (c) Boeschs (1980) kulturökologische Wahrnehmungs- und Handlungstheorie.

Nach dieser zuletzt genannten Auffassung ist Kultur das natürliche Biotop des Menschen, und Umwelt erhält ihre Struktur und Funktion erst durch das Wahrnehmen und Handeln des Subjekts. Handlungen werden zwar durch die objektiven Qualitäten der Umwelt angestoßen und in bestimmte Bahnen gelenkt (bzw. gehemmt und ausgedünnt), aber sie konstituieren auch die soziale und symbolisch-phantastische Umwelt, verleihen ihr Nutzen und Valenz, Sinn und Bedeutung. Der Mensch empfindet sich gleichzeitig als Teil wie als Antagonist seines Biotops; Unsere Umwelt wird erst dadurch gestaltet und gegliedert, daß wir ihr kognitive und symbolische Ordnungen auferlegen, in und mit ihr handeln, Rückmeldungen erhalten und eben dadurch die ursprünglichen Bedeutungen präzisieren. Umwelt wird in die Motiv- und Handlungssysteme der Person integriert, und bei dieser Betrachtung erscheinen Gegenstände als Kreuzungspunkte von koordinierten oder rivalisierenden Handlungsketten. So gesehen gibt es nicht die Dinge an sich, sondern nur ihren „phänomenalen Verweis" auf die Totalität der vorgängigen Interpretationen und Handlungserfahrungen.

## 3. Umweltpsychologie als Baustein einer sozialwissenschaftlichen Tourismusforschung und -beratung

Ein potentielles Anwendungsgebiet der Ökologischen Psychologie ist zweifellos der Lebensbereich Freizeit und Tourismus. Fridgen (1984) stellt jedoch nach Durchsicht der US-amerikanischen sozial- und umweltpsychologischen Literatur fest, daß eine „ökopsychologische Perspektive" (sensu Barker) bisher nur relativ selten zum Zuge kam (Wicker 1979, 1981, 1987). Andere psychologische Konzepte aus der Wahrnehmungspsychologie und Imageforschung, der Motivations- und Streßforschung, der Persönlichkeitspsychologie und Sozialpsychologie (z.B. Proxemik und soziale Interaktion) sind demgegenüber häufiger herangezogen worden. Auch im deutschen Sprachraum gibt es nur einige wenige Arbeiten, die explizit eine Verbindung zwischen dem Tourismussektor und ökopsychologischem Gedankengut herstellen (vgl. Krampen 1990; Winter 1990; Schönhammer 1991). Darüber hinaus existieren viele freizeit- und tourismuswissenschaftliche Untersuchungen, die in irgendeiner Weise Umweltvariablen berücksichtigen:

(1) Umwelt, Natur, Landschaft als Ressource für Erholung, psychophysiologische Entmüdung und Entspannung in Verbindung mit Kuraufenthalten (vgl. Mundt & Lohmann 1988).

(2) Umwelt, Natur, Kulturlandschaft als Feld der „Umwelterkundung und Spurensuche" (Isenberg 1988) sowie der „länderkundlichen Animation".

(3) Natur, Landschaft, Kulturraum als *Image* eines Fremdenverkehrsortes/ einer Region und somit als Präferenzfaktor bei der Reiseplanung, -entscheidung und -bewertung (Braun & Lohmann 1989) *(→ Touristische Images)*.

(4) Natur, Landschaft, kulturelle Zeugnisse/Bauten als „sozioökologisches Kapital" bei der Erschließung und Angebotsgestaltung eines Urlaubs- und Feriengebietes (Pitt & Zube 1987; Knopf 1987).

(5) Natur, Landschaft als sozioökologischer Hintergrund bei der Planung und Realisierung einer „passenden Ferienarchitektur" und des ihr zugeordneten „bodenständigen und landestypischen Ferienbetriebes" (vgl. Wagner 1984).

(6) Natur, Landschaft, soziokulturelle Umwelt als Handlungs- und Aktions- bzw. Rückzugsraum, in dem die verschiedenen „Urlaubertypen" mit ihren differenten Lebensstilen sich bewegen oder ausruhen, in konkrete In-

teraktion mit der materiellen und sozialen Wirklichkeit der (→) *Urlaubsszenerie* treten (vgl. Schönhammer 1991; Opaschowski 1984, 1991a; Hartmann 1982 (→) *Urlaubsszenerie*. Solche Interaktionsanalysen sind zum einen zu differenzieren nach den spezifischen Tätigkeiten in der aufgesuchten „Lebenswelt" (z.B. Schwimmen im Meer mit den ragenden Felsen und der Brandung; vgl. Wegener-Spöhring 1991, S. 129 ff) sowie nach der Stärke des Kontrasts zwischen der alltäglichen Umgebung am Heimatort der Urlauber und dem landschaftlichen Ambiente am Ferienort (vgl. Mythos Urlaub, Opaschowski 1991b).

(7) „Fremdheit", jedenfalls in Form wohlorganisierter und gut betreuter Auslandsreisen, hat sich dabei zunehmend als ein Attraktionsfaktor erster Güte herausgestellt, was der wachsende Anteil von Reisen in nicht-europäische Länder ausweist (Kaspar 1987). Auf die mit direkten Kulturkontakten verbundenen (häufig negativen) Auswirkungen des Tourismus auf die Umwelt und die Sozialstruktur der bereisten Dritte-Welt-Länder hat der Studienkreis für Tourismus schon seit den 70er Jahren hingewiesen (vgl. Vielhaber 1979).

(8) Landschaft, Natur, gewachsener Kultur- und Sozialraum als wichtige Ressourcen von Fremdenverkehrsregionen, als Güter, die es durch einen „sanften", umwelt- und sozialverträglichen Tourismus zu bewahren gilt (vgl. Krippendorf 1984; Klingenberg & Aschenbrenner 1991).

(9) Die Unterstützung von Umweltbildung und -erziehung, die der Sorge um die Zukunft des Fremdenverkehrs in Ballungszonen korrespondiert (vgl. Fietkau & Kessel 1981). Die Sozial- und Umweltpsychologie hat sich dieser Aufgabe vor allem durch Konzentration auf zwei Forschungsthemen angenommen: (a) Durch Rekurs auf die seit Jahrzehnten betriebene Forschung über Einstellungs-Verhaltens-Diskrepanzen (vgl. Spada 1990; Fietkau 1984); (b) durch Aktualisierung der gruppendynamischen, pädagogisch-psychologischen und klinisch-psychologischen Kenntnisse über „Verhaltensmodifikation als Strategie zur Veränderung des Umweltbewußtseins" (vgl. Minsel & Bente 1981).

## 4. Psychologische Zugänge zu tourismusrelevanten Fragestellungen

Verhältnismäßig differenziert und beschreibungsintensiv, methodisch sorgfältig geplant und mit vielfältigen theoretischen Konzepten aus der Allgemeinen Psychologie und Sozialpsychologie in Zusammenhang gebracht sind umweltpsychologische Untersuchungen vor allem dann, wenn die emotionalen, ästhetischen oder/und moralischen Aspekte der Mensch-Natur-Beziehung angesprochen werden. Dabei sind wenigstens zwei Typen von Zugängen zu dieser Thematik hervorzuheben: Erhebungen zur Feststellung der Präferenz für bestimmte Landschaftsformen und -komponenten und pädagogisch-psychologische Programme präventiver oder kurativer Art zum Landschafts- und Naturschutz.

*(1) Wahrnehmung und Bewertung von Natur und Landschaft in Feriengebieten.*
Methodisch sind zwei Arten von Untersuchungen zu unterscheiden:

(a) *Evaluative Einschätzungen* (preferential judgments, appraisals), die die Komponenten einer Landschaft in der Perspektive verschiedener „Gästetypen" aufnehmen (vgl. Grosjean et al. 1986). Solche subjektiven Landschaftsbewertungsverfahren erfolgen üblicherweise anhand vorgegebener Eigenschaftslisten, Q-Sortverfahren oder Skalen und beziehen sich hauptsächlich auf die visuell-ästhetischen, emotionalen oder/und symbolischen Qualitäten einer Erholungslandschaft (vgl.

Wohlwill 1976; Craik & Feimer 1987; Krampen 1990; Schneider 1990).

Die Einzelurteile der befragten Gästegruppen können zu komplexeren Indizes zusammengefaßt werden (z.B. zu einem „Perceived environmental quality index, PEQI"), die ein globales Maß für die touristische Attraktivität darstellen und mit globaleren Zufriedenheitswerten der verschiedenen Gästegruppen zu korrelieren sind (z.B. mit Schätzwerten in den Dimensionen „well-being, pleasure, recreational outcomes"; vgl. Knopf 1987).

(b) Die andere Gruppe von Landschaftsbeschreibungs-Designs geht von relativ gut objektivierbaren Landschaftsattributen aus („place-centered appraisal" im Unterschied zu „person-centered appraisal"; Craik & Zube 1976, S. 14 ff) und faßt diese in dem EQI (Environmental Quality Index) zusammen. Man könnte von einer soziophysischen Landschaftsvermessung sprechen, die von einer Experten-Position aus vorgenommen wird. Berücksichtigt werden geographische, geologische und biologische Kriterien wie der relative Anteil von Wasserflächen in einer Region, das Höhenrelief, die Artenvielfalt etc. (Hunziker 1991). Der zuletzt genannte Landschaftsbeschreibungsansatz ist also im Kern nicht-psychologischer Art.

Die erhobenen Daten zur Landschaft im naturwissenschaftlich-geographischen Sinn können jedoch mit Hilfe korrelationsstatistischer Verfahren wenigstens pauschal mit psychologischen Daten zum Landschaftsbild und zum Landschaftserleben in Zusammenhang gebracht werden. Objektive Landschaftsfaktoren gelten dabei als Basis und Rahmen des primär visuellen Landschaftserlebnisses, wobei allerdings einschränkend anzumerken ist, daß eine direkte Zuordnung einzelner objektiver Komponenten wie Relief, Vegetation, Siedlungsdichte zu ganz bestimmten subjektiv-ästhetischen Qualitäten des Landschaftsbildes nur sehr schwer (wenn überhaupt) vorgenommen werden kann.

Die „landschaftlichen Gefallensfaktoren" variieren eben auch mit Grundeinstellungen gegenüber der Landschaft, und diese sind nicht nur von den aktuellen sozialen Verhältnissen der Menschen, sondern auch von der jeweiligen Epoche und dem vorherrschenden Schönheitsideal abhängig. Zudem wird nach Nohl und Neumann (1986) das ästhetische Erlebnis einer Landschaft nicht nur perzeptiv durch die real vorhandene geografische Konstellation, sondern „symptomatisch" (über die Entschlüsselung von Hinweisen auf konkrete Sachverhalte) und „symbolisch" (durch assoziative Deutung des Gehalts ästhetischer Objekte) bestimmt.

Überraschen mag, daß trotz der herausragenden Wichtigkeit des Landschaftserlebnisses für die touristische Nachfrage bisher offensichtlich keine dramatischen Buchungsrückgänge in „landschaftsgeschädigten" Feriengebieten eingetreten sind. Man darf annehmen, daß solche Abweichungen zwischen dem vorgestellten „idealen Landschaftsbild" und der real angetroffenen Landschaft durch Mechanismen der Dissonanzreduktion stark abgemildert werden – jedenfalls bei standorttreuen Gästegruppen.

Offene Fragen sind die folgenden:
– Welche Umweltvariablen sind im Hinblick auf die angestrebte Erholung der Feriengäste tatsächlich von größerer Bedeutung, und wie können diese relevanten soziöokologischen Einflußgrößen einigermaßen verläßlich festgestellt werden (z.B. Variablen wie „Einförmigkeit vs. Abwechslungsreichtum einer Landschaft"; „Natürlichkeit" vs. „man made"; Schönheit vs. Beeinträchtigung/ Störung im Erscheinungsbild einer Natur- und Kulturlandschaft)?
– Durch welche Prozesse der Wahrnehmung/Kognition, der emotionalen Anteilnahme, Identifikation oder Bewertung gewinnen objektive Landschaftsfaktoren Einfluß auf die „Attraktivität" einer Ferienregion? Welche Rolle spielen dabei die ausgeübten Tätigkeiten der Gäste (z.B. sportliche Aktivitäten im Unterschied zu Entspannungshandlungen)?
– Welche dominanten Wünsche/Bedürfnisse der Erholungssuchenden vermitteln zwischen den objektiven Landschaftsattributen und den „belohnenden Wirkungen" (pay-

offs, rewards), die die Urlaubsgäste im Kontakt mit der Natur- und Kulturlandschaft des gewählten Ferienortes erfahren (z.B. Wünsche wie romantische Neigungen, nichteingestandene Sehnsüchte, Abenteuermotive etc.)?

*(2) Planungs- und Interventionsmaßnahmen zum Landschafts- und Naturschutz.*
Je nach dem Zeitpunkt der pädagogisch-psychologischen Intervention ist von Strategien zur Modifikation bereits vorhandener (nicht erwünschter) Umwelteinstellungen und Verhaltensweisen zu sprechen bzw. von präventiven Einflußnahmen zur Verhinderung eines umwelt- und sozialabträglichen Einstellungs- und Verhaltensrepertoires. Die Maßnahmen können sich auf einzelne Personen oder auf Gruppen und Institutionen beziehen (Mikro- vs. Makroebene), sie können psychisches Erleben und Verhalten auf- oder abbauen (Minsel & Bente 1981), antezedente oder konsequente Bedingungen zu kontrollieren suchen, interne oder externe Verstärker einschließen, sozial-kommunikativ (Information, Werbung) oder sozial-normativ sein.

Zieldimension ist ein „sanfter Tourismus", ein „Umweltbewußtsein zu einer neuen Reisekultur" (Klingenberg, Trensky & Winter 1991), das sich in den verschiedensten Konsum- und Verführungssituationen als Einsicht und moralischer Impuls, als Widerstand gegen Gedankenlosigkeit und Bequemlichkeit, als Kraft zu einem innovativen (nicht-egozentrischen, nicht-narzistischen) Verhalten bewährt (Wegener-Spöhring 1991).

Von der Verkehrsmittelwahl bis zur Unterkunftsart (Zweitwohnungsproblematik, Landschaftszersiedlung), den mehr oder weniger landschaftsschonenden Verhaltensweisen auf der Skipiste bis zum mehr oder weniger sensiblen Zurechtkommen in einer fremden Umwelt und Kultur reicht die Skala der „Reisestationen", an denen jeder einzelne Urlauber Verantwortung übernehmen kann – oder auch nicht (Klingenberg & Aschenbrenner 1991; Opaschowski 1991a).

Haupthindernisse für eine effektive Verhaltensänderung sind:
– Informationsdefizite und ein „eindimensionales Denken",
– eine verkürzte Zeit- und Zukunftsperspektive,
– eine zu geringe Betroffenheit bei Schädigung öffentlicher Güter („affektive Signifikanz"; vgl. Lantermann, Döring-Seipel und Schima 1990) sowie
– uneindeutige Bewertungsmaßstäbe (Spada 1990).

Die häufig fehlende soziale Anerkennung eines bemüht umweltfreundlichen individuellen Verhaltens tut ein übriges, um positive Verhaltensansätze frühzeitig wieder zu löschen. So befindet sich der einzelne Bürger allzu oft in einem schwer aufhebbaren Dilemma, das seinen Ursprung zu einem erheblichen Teil in nicht gelösten gesellschaftlichen Wertkonflikten hat (Fietkau 1984). Durchgreifende Änderungen sind letztlich nur zu erwarten, wenn das persönliche Engagement zugunsten der bedrohten Umwelt in der Wahrnehmung der umweltbewußten Personen tatsächlich auch als ein wirksames Mittel zur Realisierung zentraler Wünsche und Bedürfnisse gilt (z.B. für Wert- und Bedürfnisaspekte wie „Sich-wohl-fühlen", Frei-von-externen-Zwängen-sein, Handlungskontrolle ausüben, sozialen Anschluß finden; Lantermann & Döring-Seipel 1990, S. 634).

## 5. Schlußbemerkungen

*Zur Relevanz des Umweltdenkens in der Touristik.* Landschaftliche Schönheit, intakte Ökosysteme und traditionelle Kulturerzeugnisse sind neben dem Preis-Leistungs-Verhältnis und der Aktivitätsvielfalt die wohl wichtigsten Determinanten für die touristische Attraktivität von Feriengebieten und rangieren dementsprechend auf den vorderen Plätzen in der Hierarchie der Angebotsfaktoren (Hartmann 1982; Hunziker 1991).

*Umweltschutz und Umweltpflege* sind in den letzten Jahren nicht nur zu einem bedeutenden Marketingfaktor in der Reisebranche geworden, sondern auch zu einer kommunal-/landespolitischen Aufgabe, die ein professionelles Umweltmanagement erfordert. Sozialwissenschaftliche – und hierbei speziell umweltpsychologische Kenntnisse und Verfahrensweisen – sind vor allem gefragt, wenn es gilt, die Wirkung objektiver Landschaftsfaktoren auf die Urteils- und Meinungsbildung der Touristen, deren Landschaftsbild und Landschaftserlebnis einzuschätzen.

Der Behavior-Setting-Ansatz und die aus ihm abgeleitete Behavior-Setting-Technologie bieten darüber hinaus gewisse Konzepte und Instrumente zur näheren Bestimmung der Kapazitäts- bzw. Belastungsgrenzen von Ferienorten/regionen, zur Antizipation eines sozio-kulturellen Wandels und der mit ihm verbundenen sozialen Konflikte zwischen verschiedenen Nutzergruppen eines Gebietes sowie zur Ablauforganisation und den durchschnittlichen Handlungszyklen der Besucher an ausgewählten Brennpunkten des touristischen Geschehens. Behavior-Setting-Technologie und Behavior-Setting-Surveys sollten jedoch nicht ausschließlich als eine rein wachstums- und geschäftsorientierte Erschließungs- und Evaluationstechnik aufgefaßt werden. Sie enthalten ein „kritisches Potential" insoweit, als Regelverletzungen und „Synomorphiemängel" in den besonders beanspruchten (und umstrittenen) Naturräumen bei Anwendung dieser Feldmethodik offenkundig werden und somit Impulse zur Modifikation der betreffenden Settings entstehen.

*Freiheit und Mündigkeit.* Auf der anderen Seite ist das Attribut „kritisch" auch mit der Bedeutung „Mündigkeit des Touristen" aufzufassen. In umweltpsychologischen Analysen werden die vorgegebenen („fremdbestimmten") kollektiven Strukturen, Programme, Rollen und Benutzungsregeln des touristischen Betriebs sichtbar, die impliziten Regulationsmechanismen zur „Steuerung der Touristenströme". So mag der einzelne Besucher erkennen, wo, wie, wodurch die vielgerühmte individuelle Freiheit tatsächlich eingeschränkt, in vorbestimmte Bahnen gelenkt wird. Setting-gebundene „behavioral constraints" können von den „Settinginhabitanten" durchschaut werden, wodurch sich u.U. „Partizipationskarrieren" (Kaminski 1992) für die in ihrer vollen Teilnahme und Mitwirkung eingeschränkten Feriengäste ergeben – eine andere Variante in der umweltpsychologischen Bearbeitung des Spannungsverhältnisses Person-Umwelt (Little 1987).

*Forschung für die Praxis.* Die Optimierung des „Erholungs-Produktions-Prozesses" (Driver & Brown 1983) nach subjekt- und milieubezogenen Zielkriterien definiert einen wesentlichen Teil des Verantwortungsbereichs eines modernen „recreation policy makers and managers". Umweltpsychologie hat eine Chance, sich in diesen Prozeß einzubringen, wenn es gelingt, verallgemeinerbares, solides Wissen über die komplexen korrelativen oder funktional-kausalen Beziehungen zwischen den (1) natürlichen „visual resources" und „recreational opportunities", (2) den spezifischen Erholungs-/Urlaubsansprüchen der Kunden und (3) ihren Zufriedenheitswerten („benefits") zur Verfügung zu stellen. Ohne eine genauere theoretisch-konzeptuelle Bestimmung und systematische empirische Erfassung der „Erholungserfahrung" selbst, ihrer psychophysiologischen, kognitiven und emotionalen Komponenten, kann dieser Wissenstransfer aber nicht geleistet werden. Immerhin sind seit wenigstens zehn Jahren zumindest in den USA doch so viele Arbeiten zur „Mensch-Natur-Transaktion" vorgelegt worden, daß eine an praktischen Notwendigkeiten ausgerichtete „aussagefähige Urlaubs- und Erholungsforschung" wenigstens schrittweise auch in anderen Ländern eingeführt werden könnte (Mundt & Lohmann 1988; Knopf 1987).

## Literatur

Barker, R.G. (1968). Ecological psychology: Concepts and methods for studying the environment of human behavior. Stanford, CA: Stanford University Press.
Braun, O. & Lohmann, M. (1989). Die Reiseentscheidung. Starnberg: Studienkreis für Tourismus.
Brunswik, E. (1956). Perception and the representative design of psychological experiments. Berkeley, CA: University of California Press.
Boesch, E. E. (1980). Kultur und Handlung. Bern: Huber.
Craik, K.H. & Zube, E.H. (1976). The development of perceived environmental quality indices. (pp. 3-20) In K.H. Craik & E.H. Zube (eds.), Perceiving environmental quality. New York/London: Plenum Press.
Driver, B. & Brown, P.J. (1983): Contribution of behavioral scientists to recreation resource management. (pp 307–339) In I. Altman & J. Wohlwill (eds.), Behavior and the natural environment. Human Behavior and Environment Advances in Theory and Research, Vol. 6. New York: Plenum Press.
Fietkau, H.-J. (1984). Bedingungen ökologischen Handelns. Weinheim: Beltz.
Fietkau, H.-J. & Kessel, H. (1981). Beiträge aus den Sozialwissenschaften. (S. 15-51) In H.-J. Fietkau & H. Kessel (Hg.), Umweltlernen. Veränderungsmöglichkeiten des Umweltbewußtseins. Meisenheim: Hain.
Fridgen, J.D. (1984). Environmental psychology and tourism. Annals of Tourism Research 11(1), 19-39.
Gibson, J.J. (1982). Wahrnehmung und Umwelt. München: Urban & Schwarzenberg.
Graumann, C.F. (1982) (Hg.). Kurt-Lewin-Werkausgabe, Bd. 4 (S. 291-312). Bern: Huber; Stuttgart: Klett-Cotta.
Grosjean, G. und Mitarbeiter (1986). Ästhetische Bewertung ländlicher Räume (MAB-Programm Nr. 20, Schlußbericht). Bern: Geographisches Institut der Universität Bern.
Hartmann, K.-D. (1982) Zur Psychologie des Landschaftserlebens im Tourismus. Starnberg: Studienkreis für Tourismus.
Hunziker, M. (1991). Landschaftsveränderung. Ein Risikofaktor für die touristische Entwicklung des Berggebietes. Diplomarbeit in Geographie. Bern: Geographisches Institut der Universität Bern, Abt. Kulturgeographie.
Isenberg, W. (1988). Spontane Erforschung regionaler Lebenswirklichkeit. Konjunkturen, Kennzeichen, Arbeitsweisen und Defizite lokaler Forschung. (S. 9-29) In Thomas Morus-Akademie (Hg.), Wege in den Alltag. Umweltkundung in Freizeit und Weiterbildung. Perspektiven für die Geographie? Bensberg: Thomas-Morus-Akademie.
Kaminski, G. (1990). Behavior-Setting-Analyse. (S. 154-159) In L. Kruse, C.F. Graumann & E.-D. Lantermann (Hg.), Ökologische Psychologie. München: Urban & Schwarzenberg.
Kaminski, G. (1992). Ein ökopsychologisches Forschungsprogramm und sein Umfeld: Versuch einer Evaluation. Berichte, Psychologisches Institut der Universität Tübingen, Nr. 34.
Kaminski, G. (1986) (Hg.). Ordnung und Variabilität im Alltagsgeschehen. Göttingen: Hogrefe.
Kaspar, C. (1982). Die Fremdenverkehrslehre im Grundriss. Bern, Stuttgart: P. Haupt.
Klingenberg, K.-H., Trensky, M. & Winter, G. (1991) (Hg.). Wende im Tourismus. Stuttgart: Verlagswerk der Diakonie.
Klingenberg, K.-H. & Aschenbrenner, E. (1991). Reise-Stationen. (S. 66-139) In K.-H. Klingenberg; M. Trensky & G. Winter (Hg.), Wende im Tourismus. Vom Umweltbewußtsein zu einer neuen Reisekultur. Stuttgart: Evangelischer Arbeitskreis Freizeit – Erholung – Tourismus in der EKD.
Knopf, R. (1987). Human behavior, cognition and affect in the natural environment. (pp 783-825) In D. Stokols & I. Altman (eds.), Handbook of environmental psychology, Vol. I. New York: Wiley.
Krampen, M. (1990). Umwelteinschätzung. (S. 206-212) In L. Kruse, C.F. Graumann & E.-D. Lantermann (Hg.), Ökologische Psychologie. München: Urban & Schwarzenberg.
Krippendorf, J. (1984). Die Ferienmenschen. Zürich: Orell-Füssli.
Kruse, L. (1978). Ökologische Perspektiven in der Allgemeinen Psychologie (Korreferat). (S. 98-104) In C.F. Graumann (Hg.), Ökologische Perspektiven in der Psychologie. Bern: Huber.
Lantermann, E.D.; Döring-Seipel, E. & Schima, P. (1992). Ravenhorst. Gefühle, Werte und Unbe-

stimmtheit im Umgang mit einem ökologischen Scenario. München: Quintessenz.

Little, B.R. (1987). Personality and the environment. (pp 205-244) In D. Stokols & I. Altman (eds.), Handbook of environmental psychology, Vol. I. New York: Wiley.

Minsel, W.-R. & Bente, G. (1981). Pädagogik und Verhaltensmodifikation als Strategie zur Veränderung des Umweltbewußtseins. (S. 149-186) In H.-J. Fietkau & H. Kessel (Hg.), Umweltlernen. Meisenheim: Hain.

Mundt, J.W. & Lohmann, M. (1988). Erholung und Urlaub. Starnberg: Studienkreis für Tourismus.

Nohl, W. & Neumann, K.–D. (1986). Landschaftsbewertung im Alpenpark Berchtesgaden. Untersuchungen zur Landschaftsästhetik. (Deutsche MAB-Mitteilungen Nr. 23). Bonn: Deutsches Nationalkomitee für das UNESCO-Programm „Man and Biosphere".

Opaschowski, H.W. (1991a). Ökologie von Freizeit und Tourismus. Opladen: Leske & Budrich.

Opaschowski, H.W. (1991b). Mythos Urlaub. Die unerfüllte Sehnsucht nach dem Paradies? (Projektstudie zur Tourismusforschung). Hamburg: B.A.T.–Freizeit–Forschungsinstitut.

Pitt, D. & Zube, E.H. (1987). Management of natural environments. (pp. 1009-1042) In D. Stokols & I. Altman (eds.), Handbook of environmental psychology, Vol. II. New York: Wiley.

Riegel, K.F. (1978) (Hg.). Zur Ontogenese dialektischer Operationen. Frankfurt/M.: Suhrkamp.

Schank, R.C. & Abelson, R.P. (1977): Scripts, plans, goals and understanding. An inquiry into human knowledge structures. Hillsdale, NJ: Erlbaum.

Schneider, G. (1990). Umweltästhetik. (S. 301-310) In L. Kruse, C.F. Graumann & E.-D. Lantermann (Hg.), Ökologische Psychologie. München: PVU.

Schönhammer, R. (1991). In Bewegung. Zur Psychologie der Fortbewegung. München: Quintessenz.

Spada, H. (1990). Umweltbewußtsein: Einstellung und Verhalten. (S. 623-631) In L. Kruse, C.F. Graumann & E.-D. Lantermann (Hg.), Ökologische Psychologie. München: PVU.

Trensky, M. (1991). Umdenken und Umlenken. (S. 36–65) In K.-H. Klingenberg, M. Trensky & G. Winter (Hg.), Wende im Tourismus. Stuttgart: Verlagswerk der Diakonie.

Vielhaber, A. (1979). Einige Aspekte zur Tourismus–Entwicklung in Afghanistan. (S. 29–54) In Studienkreis für Tourismus (Hg.), Tourismus in Entwicklungsländern. Starnberg: Studienkreis für Tourismus.

Wagner, F.A. (1984). Ferienarchitektur. Starnberg: Studienkreis für Tourismus.

Wegener-Spöhring, G. (1991). Massentourismus und Pädagogik. Hohengehren: Schneider.

Wicker, A.W. (1979). An introduction to ecological psychology. Monterey: Brooks/Cole.

Wicker, A.W. (1981). Nature and assessment of behavior settings: Recent contributions from the ecological perspective. (pp. 22-61) In P. Mc Reynolds (ed.), Advances of Psychological Assessment (Vol. 5). San Francisco: Jossey-Bass.

Wicker, A.W. (1987). Behavior settings reconsidered: Temporal stages, resources, internal dynamics, context. (pp. 613-653) In D. Stokols & I. Altman (eds.), Handbook of environmental psychology. New York: Wiley.

Winter, G. (1990). Freiraum-Freizeit-Tourismus. (S. 560-568) In L. Kruse, C.F. Graumann & E.-D. Lantermann (Hg.), Ökologische Psychologie. München: PVU.

Wohlwill, J.F. (1976). Environmental aesthetics: The environment as a source of affect. (pp. 37-86) In I. Altman & J.F. Wohlwill (eds.), Human behavior and environment. Advances in theory and research, Vol.I. New York: Plenum Press.

**Gerhard Winter, Tübingen**

# Verkehrspsychologie

## 1. Begriffsbestimmung

Die Anfänge der Verkehrspsychologie sind schon ziemlich weit vor dem Zeitpunkt, zu dem die systematische Analyse ihres Gegenstandes als Problem erkannt wurde. Insbesondere entwickelte sich die *Fahreignungsdiagnostik* lange bevor man begann, Verkehrsverhalten systematisch zu erforschen und zu erklären (Klebelsberg 1982). Ergebnisse von Analysen des Verkehrs*verhaltens*, insbesondere des Verhaltens der Führer von Verkehrsmitteln (Piloten, Kapitäne, Lokführer und PKW-Fahrer) haben große praktische Bedeutung für die Ausbildung entsprechender Berufe und dort speziell für das Trainieren von Reaktionsweisen sowie allgemeiner für die Verkehrserziehung, das Verkehrsrecht und nicht zuletzt für die Konstruktion von Verkehrs*technik*.

Verkehrspsychologie ist eine Zweigdisziplin der Angewandten Psychologie, die, wie die Arbeits- und Ingenieurpsychologie, ausgeprägtes Interesse an einem störungsfreien Verkehrsablauf und einer gut funktionierenden Verkehrsgestaltung hat. Die Herausbildung der Verkehrspsychologie erfolgte in Westeuropa und den USA nach 1950 im Zusammenhang mit einer rasanten Entwicklung der Verkehrstechnik und einem starken Wachstum des Individualverkehrs. Als zentraler Gegenstand der Verkehrspsychologie wird heute das Verkehrsverhalten von Personen in unterschiedlichen verkehrsrelevanten Situationen betrachtet (vgl. Klebelsberg 1982).

Die Verkehrspsychologie rechtfertigt ihre Existenz auch durch eine enge Beziehung zu anderen psychologischen Teildisziplinen. Sie ist bei der Lösung ihrer Aufgaben auf die Verbindung zur Verkehrstechnik, Verkehrsmedizin und Verkehrssoziologie sowie der Verkehrswissenschaften generell angewiesen.

Institutionen der Verkehrspsychologie in Deutschland sind: die Sektion Verkehrspsychologie innerhalb des Berufsverbandes Deutscher Psychologen, der Forschungsring für Verkehrspsychologie als Fachgremium der Deutschen Gesellschaft für Psychologie. Verkehrspsychologen arbeiten im deutschsprachigen Raum neben anderen verkehrsrelevanten Einrichtungen beim Technischen Überwachungsverein bei der Bundesanstalt für Straßenwesen in Deutschland, bei der Beratungsstelle für Unfallverhütung in Bern, und im Kuratorium für Verkehrssicherheit in Österreich. Verkehrspsychologie wird an einigen Universitäten als Spezialrichtung der Psychologie mit starker Anwendungsorientierung gelehrt (z.B. in Mannheim, Köln, Hamburg, Innsbruck und Wien).

## 2. Forschungs- und Erklärungskonzeption

Die Interpretation des Verkehrsverhaltens als Miniatursituation betrachtet das spezielle Verhalten im Straßenverkehr in gewisser Weise als repräsentativ für menschliches Verhalten (Klebelsberg 1982).

Gegenwärtig scheinen sich verkehrspsychologische Erklärungen und Analysen in Richtung auf eine systematische, ganzheitliche Betrachtung zu bewegen. Das heißt: Nicht einzelne Elemente der Mensch-Verkehrs-Situation stehen im Vordergrund, sondern der Versuch, multidimensionale Zusammenhänge herauszufinden und auch soziokulturelle Faktoren wie Lebenswelten, Lebensstile und ethnische Merkmale mit einzubeziehen.

Die Notwendigkeit eines solchen Theorieansatzes begründet ausführlich Schönhammer (1991). Eine umfassende und differenzierte Darstellung psychologischer Komponenten, die bei der Wahl und Nutzung verschiedener Verkehrsmittel und Fortbewegungsarten existieren, gibt ebenfalls Schönhammer (1991). Dort findet sich auch seine Darstellung personeller *Ortsveränderung,* die kulturanthropologische und philosophisch-soziologische Interpretationen und Forschungsergebnisse einschließt. Die „Psychologie" des Zug-, Auto-, Motorrad- und Radfahrens, aber auch des Gehens, wird vornehmlich auf der Basis von qualitativ-beschreibenden Analysen (Erfahrungsbericht) dargestellt.

Die Begründung einer sogenannten Eigenlogik dieser Ortsveränderung liefert interessante und bislang in so prägnanter Weise im deutschsprachigen Raum noch nicht vorliegende Ergebnisse und theoretische Problemstellungen.

*Verkehrspsychologie und Tourismus.* Der subjektive Wert von Reisen, Tourismus und Freizeitvergnügen ist sehr eng mit den psychologischen Komponenten der jeweils genutzten Verkehrsmittel verbunden.

Die *Wahl der Verkehrsmittel* im Urlaub und bei touristischer Freizeitgestaltung generell unterliegt zu einem großen Teil (neben ökonomischen Gesichtspunkten) dem Erlebniswert, der bestimmten Verkehrsmitteln zugesprochen und selbst wahrgenommen wird (vgl. Hahn 1979).

Die hohe individuelle Wertschätzung der *PKW-Mobilität,* wie sie heute nahezu weltweit zu beobachten ist, hat auch vielfältige psychologische Gründe. Sie ermöglicht auf besondere Weise individuelle Raumaneignung, z.B:
– Privatheit kann mittransportiert werden,
– Routenwahl erfolgt nach individuellen Vorstellungen,
– die technische Ausstattung des PKW verstärkt und kompensiert real und scheinbar psychische und physische Faktoren des Verhaltens und Erlebens, u.a.m.

Verkehrspsychologie ist heute zu einem großen Teil *Auto*-Verkehrspsychologie. Die allgemeine gesellschaftliche Akzeptanz der mit einer gesteigerten Massenmotorisierung verbundenen sozialen und ökologischen Probleme stößt auf Vorbehalte und Widerstände, die auch durch den widersprüchlichen Erlebniswert von PKW-Mobilität mit ausgelöst werden (Risser 1988, 1990).

Beeinflußt von der gewaltigen Mobilitätsentwicklung großer Gruppen von Menschen, vor allem in den westlichen Industrieländern, gewinnen Fragen nach den Ursachen sowie den sozialen, ökologischen und auch psychischen Wirkungen von Mobilität immer mehr an Bedeutung (Bundesminister für Verkehr 1990).

Psychologische Mobilitätsforschung trägt zum Verständnis aktueller gesellschaftlicher Ereignisse und Problemlagen bei. Dabei werden verkehrssoziologische und philosophische Erklärungen (letztere versucht, psychologische Faktoren von Verkehrsverhalten und Ortsveränderung zu integrieren, Sloderdijk 1988) miteinbezogen.

## Literatur

Bundesminister für Verkehr (Hg.) (1990). Verkehr in Zahlen. Bonn: Bundesministerium für Verkehr.

Echterhoff, W. (1991). Verkehrspsychologie. Entwicklung, Themen, Resultate. Köln: Verlag TÜV Rheinland.

Hahn, H. et al. (1979). Urlaubsreisen 1979. Psychologische Leitstudie Reiseverkehrsmittel. Starnberg: Studienkreis für Tourismus.

Klebelsberg, D. (1982). Verkehrspsychologie. Berlin: Springer.

Risser, R. (1988). Kommunikation und Kultur des Straßenverkehrs. Wien: Literas.

Risser, R. (Hg.) (1990). Straßenverkehr und Lebensqualität. Wien: Literas.

Schönhammer, R. (1991). In Bewegung. Zur Psychologie der Fortbewegung. München: Quintessenz.

Sloderdijk, P. (1989). Eurotaoismus. Zur Kritik der politischen Kinetik. Frankfurt/M.: Suhrkamp.

**Manfred Rochlitz, Dresden**

# Verkehrssoziologie

## 1. Begriffsbestimmung

*Räumliche* oder *horizontale Mobilität* ist ein für die Existenz und die Entwicklung der Gesellschaft grundlegender und mit anderen sozialen Vorgängen verflochtener Prozeß. Sie ist wichtiger Gegenstand soziologischer Forschung und Theorie. Als Begründer des sozialwissenschaftlichen Mobilitätsbegriffes gilt allgemein P.A. Sorokin; er führte ihn 1927 in die Soziologie ein (Sorokin 1929).

Der Mobilitätsbegriff und die ihm verbundenen Sachverhalte waren oft Gegenstand von kontrovers geführten Diskussionen. Das betrifft auch die Einbeziehung des Begriffes der sozialen Mobilität in die Analyse des Verhältnisses von vertikalen und horizontalen Vorgängen in der Gesellschaft. Die *vertikale* Dimension der Mobilität betrifft die sozialstrukturelle und sozialdemographische Entwicklung und Gliederung der Gesellschaft, während sich der Begriff der horizontalen Mobilität auf die verschiedenen Formen personeller Ortsveränderung bezieht. Die *horizontale* (→) *Mobilität* wird häufig durch die Begriffe territoriale, räumliche oder geographische Mobilität erfaßt (Albrecht 1972, S. 6). Einen umfassenden Überblick über die räumliche Mobilitätsforschung gibt Franz (1984, S. 23-44). Über die Forschungen in der ehemaligen DDR informiert Grundmann (1987).

Im Rahmen von soziologischen Forschungen werden auch Aspekte anderer räumlicher Mobilitätsformen (z.B. migrationelle Mobilität) untersucht. Ansätze zur Entwicklung einer soziologischen Zweigdisziplin, die sich vorrangig den verkehrsrelevanten räumlichen Mobilitätsformen zuwendet, sind von Spiegel (1976), Höttler (1974), Klugermann und Leuthe (1987) publiziert worden.

In der letzten Zeit befassen sich, bedingt durch die wachsenden sozialen Folgen des Straßen- und vor allem des Autoverkehrs, Soziologen verstärkt mit verkehrsrelevanten Mobilitätsformen. Die Beziehung zwischen räumlicher Mobilität und Lebensweise der Menschen sowie die Struktur der Mobilität, ihren sozialen Voraussetzungen und Wirkungen, bleiben bei diesen Darstellungen aber noch weitgehend unberücksichtigt. Eine sozialwissenschaftlich orientierte Erklärung der räumlichen Mobilität muß diese Aspekte reflektieren.

Einen verkehrssoziologisch interessanten Ansatz gibt Kutter (1986), indem er die Ortsveränderung, die immer Bestandteil regionaler Mobilität ist, mit ihrer sozialen Zweckmäßigkeit verbindet. Die Mobilität wird nicht als Selbstzweck, sondern vorrangig in ihrer instrumentellen Funktion gesehen.

Für verkehrssoziologische Anliegen ist es geboten, eine Definition auszuarbeiten, die die soziale Komplexität räumlicher Mobilität erfaßt. Räumliche Mobilität wird durch ein spezifisches Verhalten sozialer Gruppen der Bevölkerung bei der Teilnahme an allen Formen der Raumbewegung charakterisiert. Sie ist für Menschen notwendig, um die für sie individuell nützliche natürliche und soziale Umwelt erreichen und generell um Gelegenheiten zur Bedürfnisbefriedigung wahrnehmen zu können.

Verkehrsmobilität entsteht im Zusammenhang mit der Nutzung von Verkehrssystemen. Sie ist Ortsveränderung außerhalb der eigenen Wohnung und des Wohngrundstückes.

Räumliche Mobilität ist ein grundlegendes Bedürfnis sozialer Subjekte unter jeweils konkreten historischen und spezifischen territorialen Bedingungen, die durch die Ortsveränderung – meist mit Nutzung von Verkehrsmitteln und Verkehrssystemen – realisiert wird (Rochlitz 1990).

Verkehrssoziologie ist eine noch junge soziologische Zweigdisziplin, die angesichts der rasant anwachsenden räumlichen Mobilität großer Gruppen von Menschen insbesondere in den Industrieländern und der nicht minder rasanten Erweiterung von Verkehrssystemen an Bedeutung gewinnt. Sie wendet sich vorrangig den sozialen Komponenten verkehrsrelevanter Mobilitätsformen zu.

Verkehrssoziologie als soziologische Zweigdisziplin wurde in Ostdeutschland an der Hochschule für Verkehrswesen Dresden und in Westdeutschland bislang mehr als periphere Disziplin im Rahmen soziologischer Stadt- und Migrationsforschung (z.B. an den Universitäten Hamburg und München) betrieben. Als Zweigdisziplin ist sie auf einen soziologisch noch unzureichend erklärten Wirklichkeitsbereich gerichtet. Eine Differenzierung der verkehrsrelevanten räumlichen Mobilitätsforschung in eine Verkehrs- und in eine (→) *Tourismussoziologie* (letztere ist auf die Erklärung des sozialen Verhaltens im Prozeß touristischer Mobilität gerichtet) ist denkbar.

## 2. Problemlagen

(a) *Die Entwicklung der räumlichen Mobilität* gehört zu den existentiellen Bedingungen des Lebens der Menschen. Sie ist mit deren biotischen, psychischen und sozialen Bedürfnissen unmittelbar verbunden. Der Homo sapiens, der sich in einem Millionen Jahre währenden Evolutionsprozeß aus dem Tier-Mensch-Übergangsfeld herausgelöst hat, ist genetisch und sozial zum ortsveränderlichen Dasein gezwungen. Dabei ist die Orientierung des Menschen in seinem unmittelbaren Lebensraum für seine emotionale Geborgenheit und für seine soziale Sicherheit wichtig. Sie ist zugleich Voraussetzung für eine energieoptimale und über die Befriedigung elementarer psychischer Lebensbedingungen hinausreichende Lebensgestaltung.

So war der Transport von Rohstoffen, von Erzeugnissen aus Metall, von Stoffen und Gewürzen, von Schmuck und Edelmetallen bereits in antiken Gesellschaften stark ausgeprägt. Wo Handel stattfand, sowie Transportwege und Transportmittel zur Verfügung standen, waren Anreize und Möglichkeiten für eine räumliche Mobilität vorhanden. Religiöse Bräuche und Sitten haben ebenfalls in der Geschichte den Bau von Verkehrswegen und Verkehrsanlagen gefördert. Prozessionen, Wallfahrten und religiöse Opfer, an denen oft Tausende von Menschen teilnahmen, waren nur bei Vorhandensein von dafür geeigneten Verkehrsanlagen möglich.

Es entstehen also im Verlaufe der Geschichte unterschiedliche Formen der räumlichen Mobilität. Primär galt es, die räumliche Trennung der Elemente des Arbeitsprozesses zu überwinden bzw. zu verringern. Entweder die Arbeitskräfte bewegen sich in Richtung der Standorte der Arbeitsgegenstände, die in der Geschichte häufig zur Bildung von Siedlungen und von Städten geführt haben, oder die Arbeitsgegenstände und die gewonnenen Naturrohstoffe werden in die Zentren der Arbeitskräfte transportiert.

Die Herausbildung verschiedener Formen räumlicher Mobilität resultiert aus der regional unterschiedlich vollzogenen Siedlung der

Menschen, der räumlichen Trennung von Wohnen, Arbeiten und Erholen, und dem Bedürfnis der Menschen, ungleich auf der Erde verteilte klimatische und geographische Lebensbedingungen und Regionen kennenzulernen.

(b) *Formen räumlicher Mobilität*
Die Bedingungen und die Wirkungen der räumlichen Mobilität betreffen die sozialen und ökonomischen Möglichkeiten zur Ortsveränderung, aber auch die Gefährdung von Menschen im Prozeß der Ortsveränderung. Dies gilt besonders für den öffentlichen und den individuellen Personenverkehr. Die ökologischen Wirkungen der Verkehrsmittel auf die natürliche und die bebaute Umwelt (z.B. Lärm, Schadstoffe, Veränderung und Vernichtung der Landschaft) gehören heute zu den negativen Effekten der räumlichen Mobilität. Das trifft auf die Umweltbelastung durch den motorisierten Straßenverkehr und den Massentourismus zu.

Die verschiedenen Formen der räumlichen Mobilität erfüllen unterschiedliche Funktionen und ergänzen sowie stimulieren sich wechselseitig. Zu unterscheiden sind vom Inhalt und von den Funktionen im gesellschaftlichen Reproduktionsprozeß drei in sich weiter gegliederte Formen: die migrationelle, die alltägliche und die touristische Mobilität.

Die *migrationelle* Mobilität ist durch die Ortsveränderung im Sinne eines Wohnungswechsels über die Grenzen einer Siedlung hinaus gekennzeichnet. Grundmann (1988) bezeichnet die Migration als den Wohnortwechsel in einer ansonsten durch Seßhaftigkeit gekennzeichneten Gesellschaft.

Die *alltägliche* oder rekurrente Mobilität ist eine Mobilitätsform, die für die Befriedigung grundlegender und nahezu täglich auftretender Ortsveränderungsbedürfnisse notwendig ist. Bedingt ist sie vorrangig durch die räumliche Trennung von Wohnen und Arbeiten sowie durch die soziale Infrastruktur in einer Region. Die alltägliche Mobilität kann entsprechend den Ortsveränderungszielen und -bedürfnissen sowie nach den Lebenstätigkeiten, die zu ihrer Erfüllung beitragen, in den Berufs-, den Bildungs-, den Versorgungs-, den Freizeit- und Erholungsverkehr unterteilt werden. Die Ortsveränderungen, die sich nicht ausreichend genau in diese Teilmobilitäten eingliedern lassen, können dem sonstigen Verkehr, z.B. Besucherverkehr, zwanglose Kommunikation und ähnliches zugeordnet werden.

Der Bildungsverkehr, der auch der persönlichen Begegnung und Kommunikation dient, kann, da er meist in andere verkehrsaufwendige Lebenstätigkeiten einbezogen ist, zum Freizeit- und Erholungsverkehr oder zur touristischen Mobilität gezählt werden. In den Fällen, in denen er durch das Studium oder den Schul- oder Lehrgangsbesuch verursacht worden ist, hat er viele Ähnlichkeiten mit dem Berufsverkehr. In verkehrsplanerischen und verkehrssoziologischen Untersuchungen sollte er jedoch als relativ selbständige Form des Verkehrs berücksichtigt werden.

Die *touristische* Mobilität entsteht und entwickelt sich in Verbindung mit dem Bedürfnis nach interessanter individuell oder gemeinschaftlich gestalteter Freizeit und Erholung sowie entsprechend den Möglichkeiten, dieses Bedürfnis durch die Ortsveränderung befriedigen zu können. Ortsveränderungen, die mit der touristischen Mobilität auftreten, sind durch eine bestimmte Entfernung, die über den unmittelbaren Nahraum des alltäglichen Lebens hinausreicht, charakterisiert. Für die touristische Mobilität ist kennzeichnend, daß die Entfernung zwischen dem Wohnort und dem Erholungs-, Urlaubs- und Ferienort Bedeutung für die Erlebnisqualität hat. Die touristische Mobilität kann ferner nach
– der Dauer der Reise
– dem Reiseziel
– dem Zweck der Reise und
– der Reiseform
gegliedert werden.

## Literatur

ADAC (1988). Mobilität. Untersuchungen und Antworten des ADAC, 2. Aufl. München: ADAC.

Albrecht, G. (1972). Soziologie der geographischen Mobilität. Stuttgart: Enke.

Franz, P. (1984). Soziologie der räumlichen Mobilität. Frankfurt/M.: Campus.

Grundmann, S. (1988). Das Territorium – Gegenstand soziologischer Forschungen. Berlin/ DDR: Akademieverlag

Höttler, R. (1974). Verkehr und soziales System. Veröffentlichungen des Instituts für Städtebauwesen, H. 16. Braunschweig.

Klugermann, G. & Leuthe, E. (1987). Sozialwissenschaftliche Grundlagen räumlichen Verhaltens und ihre Folgerungen für die ländliche Verkehrsmobilität. Schriftenreihe des Instituts für Verkehrsplanung und Verkehrswegebau. Technische Universität Berlin, 67-127.

Kutter, E. (1986). Warum eine Abkehr von der sektoriellen Verkehrsbetrachtung? Tagungsbericht 20./21.02.1986. Kassel.

Sorokin, P.A. (1929). Social mobility. In social and cultural mobility. New York 1959.

Spiegel, E. (1976). Zur gegenwärtigen Situation der Verkehrssoziologie in der Bundesrepublik. Stadt – Region – Land, H. 36, Aachen, S. 7-12.

**Manfred Rochlitz, Dresden**

# Teil IV

# Theoretische Konzepte der Tourismuspsychologie/ -soziologie

# Atmosphäre

## 1. Zur Definition

Die Anziehungskraft (Attraktion) einer (→) *Urlaubsszenerie* hängt wesentlich davon ab, welche Atmosphäre sie dem Gast vermittelt. Atmosphäre kann dabei definiert werden als die emotionale Wirkung einer (räumlich definierten) Situation. Sind optimale atmosphärische Bedingungen vorhanden, tritt eine ganz bestimmte Stimmung ein. Verwandte Begriffe dafür sind: Ausstrahlung, Ausdruckswirkung, Ambiente, Fluidum, Flair. Die Verwendung einer aus der Physik stammenden Metapher für Beschreibungen touristischer Settings ist durchaus sinnvoll: wenn ein Urlaubsort keine Atmosphäre hat, gibt es auch kein „Urlaubsleben". Eine Atmosphäre besitzt neben der emotionalen Wirkung auf den aktiv adaptierenden Urlauber auch den von Kurt Lewin hervorgehobenen „Aufforderungscharakter", regt somit zu einem bestimmten (→) *Verhalten im Urlaub* an. Wichtige Begriffe der Theorie der Atmosphäre sind: Atmosphäreart, -feld, -träger (s.u.). Die Aufgabe für psychologische Fachberater, die Atmosphäre eines touristischen Angebotes zu untersuchen und zu gestalten, zentriert besonders um die Bestimmung der Einflußgrößen und die Beseitigung der Störfaktoren (s.u.).

## 2. Zentrale Begriffe

(1) *Atmosphäreart* ist das Gesamt der atmosphärisch manifesten Einflußfaktoren. Die Bestimmung (Klassifikation) der Atmosphäreart wird durch einen Raster eines Koordinatenkreuzes zweier Achsen (positiv-anziehend/negativ-abweisend; Erregung/Ruhe) vorgenommen. Ein Ort, eine Region o.ä. können somit (vgl. Abb. 1) einer von vier Klassen zugeordnet werden:

(a) *Aggressive Atmosphäre* (z.B. starke Verkehrsströme im Urlaubsgebiet; Überfüllung [s.a. → *Crowding*], aufdringliche Architektur oder Werbemedien, Lärm usf.
(b) *Anregende Atmosphäre* (z.B. interessante farbenprächtige Märkte; prächtige Boulevards, barocke Schlösser, beeindruckend-ungewöhnliche Landschaftsphysiognomie; Überraschungen aller Art usf.)
(c) *Beruhigende Atmosphäre* (z.B. Möglichkeiten für Spazierengehen, Strandleben, Hüttenromantik, Gourmeterlebnisse, romantisch-mittelalterliche Städte, Thermalbäder usf.)
(d) *Bedrückende Atmosphäre* (z.B. „Depressionsarchitektur" voller Monotonie und Grauheit; gleichförmige Straßen, Kurorte mit „Kliniklook", asphaltierte Wanderwege u.a.m.)

Auf der Basis dieser Grundarten sind vielfältigste Differenzierungen und Mischungen anzutreffen bzw. zu entwickeln.

Ergänzende Methoden zur Erfassung der Atmosphäreart sind die fotografische Dokumentation; Befragungen von Touristen und evtl. Einheimischen mit anschließender qualitativ-inhaltsanalytischer Auswertung (→ *Inhaltsanalyse*); verdeckte Beobachtung (Mimik, Gestik, Verhalten) durch entsprechend ausgebildete psychologische Fachleute (→ *Attraktionsanalyse*).

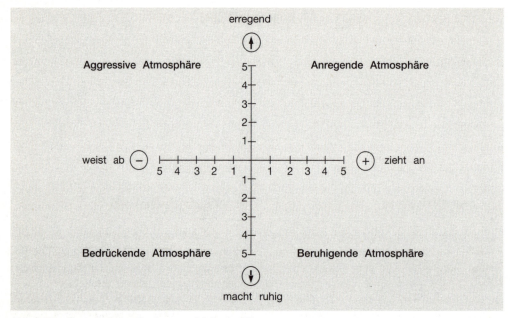

Abb. 1: Koordinatenkreuz zur Bestimmung der Atmosphäreart

(2) *Atmosphärefeld* meint die Ausdehnung einer Atmosphäreart. Positive Felder entstehen, wenn drei Faktoren gegeben sind:

(a) Eine qualitative *Reizdichte* wechselnder Intensität; d.h. die Versammlung einer Vielzahl unterschiedlicher und interessanter Reize in einem Urlaubsangebot, das für eine gleichbleibende Spannung sorgt, aber unter Vermeidung eines Überangebots (z.B. das mit unterschiedlichen Höhepunkten aufwartende, aber nicht „vollgestopfte" Museum);

(b) *Reizintensität;* d.h. das Vorhandensein intensiverer, der Langeweile, Eintönigkeit, Sättigung entgegenwirkender Reizkonfigurationen, die insgesamt so wirksam sind, daß sie emotional positive Wirkungen, aber keine negativen, wie z.B. Angst, Ärger, aufkommen lassen (z.B. keine Funktionsbauten; aber Lokalkolorit u.ä.);

(c) *Reizdauer;* d.h. die Möglichkeit, daß bestimmte Reize zeitlich wirksam werden können; dem Besucher muß Zeit gelassen werden, sich auf die Reizsituation einzustellen, die Reize intensiv wahrnehmen zu können.

Ein gutes Beispiel für ein touristisches Setting, in dem diese Merkmale gegeben sind, ist die Stadt Rothenburg; sie hat zweifellos ein großes Atmosphärefeld.

(3) *Atmosphäreträger* sind die einzelnen Wirkfaktoren des Atmosphärefeldes. Bestimmte Reize werden zu Atmosphäreträgern, wenn entsprechende psychologische Bedingungen gegeben sind. Exemplarisch dafür kann das „Figur-Grund"-Verhältnis, das aus der Gestaltpsychologie bekannt ist, dafür benannt werden. Einflußreich ist auch die aus der Lern- oder Kommunikationspsychologie als wichtig bekannte Anordnung von Reizen innerhalb einer Sequenz (*primacy- vs. recency-effect*).

Besonders interessante Atmosphäreträger sind *Spannungsreize;* sie entstehen bei unerwarteten, ungewohnten Situationen, die Neugier und Erwartung generieren. Alles, was einen Kontrast zum Alltag verspricht, gehört dazu, leichtes Nichtzusammenpassen von Farben und Formen, kontrastierende Elemente, kontrolliert abenteuerliche Situationen, originelle Settings u.v.a.m. Die Kenntnis bestimmter psychologischer Wirkungen – wie etwa die von Farben (vgl. Frieling 1979) und von Formen (man denke etwa an die fraktale Geometrie; vgl. Mandelbrot 1991), von Stilen (vgl. Schuster 1992) und Elementen – ist zur Analyse und Einrichtung von Atmosphäreträgern und -feldern genauso unumgänglich wichtig wie die Kenntnis von wahrnehmungspsychologischen und psychophysiologischen Grundgegebenheiten (Akustik, Lärmwirkungen, Kinästhetik, Haptik, Olfaktorik).

(4) *Störfaktoren (Atmosphärestörungen)* sind häufig. Exemplarisch können folgende Beeinträchtigungen der Fremdenverkehrsort-Atmosphäre aufgeführt werden: monotone Ortsrandbebauung; Dominanz des Autoverkehrs; „Fußgängerzonengerümpel"; zu hoher Anteil funktionaler Architektur (Supermärkte, Fastfoodrestaurant, Bürohäuser); enge, aufdringliche und überproportionierte Reklameflächen, Betonblumenkübel, weiße Silageabdeckplanen in der Landschaft, alle Umweltschäden usf. Wird eine Störung dominant (z.B. zur Figur) kippt die Urlaubssituation. Sie wird zum Atmosphärekiller.

## 3. Ausblick

Entgegen der noch verbreiteten Meinung ist Atmosphäre meßbar und gestaltbar. Mit den vorhandenen traditionellen Methoden der Sozialforschung (→) *(Gäste-)Befragung*, Beobachtung, auch (→) *Inhaltsanalyse*) und neueren innovativen Ansätzen (z.B. (→) *Attraktionsanalyse*) kann ein neuer Typ von Daten und Einsichten über die positiven und problematischen Atmosphäreaspekte eines touristischen Settings erhoben und daraus Leitkonzepte für Fremdenverkehrsentwicklungen und Marketingstrategien abgeleitet werden. Eine Intensivierung dieser angewandten Psychologie in der nächsten Zukunft darf daher erwartet werden.

## Literatur

Berlyne, D.E. (1974). Konflikt, Erregung, Neugier. Stuttgart: Klett.
Frieling, H. (1979). Farbe im Raum. München: Callwey.
Hellpach, W. (1950) Geopsyche. Stuttgart: Enke.
Kaminski, G. (Hg.) (1976). Umweltpsychologie. Stuttgart. Klett.
Kaminski, G. (Hg.) (1986). Ordnung und Variabilität im Alltagsgeschehen. Göttingen: Hogrefe.
Keller, E. (1991). Duft und Gemüt. Münsingen-Bern: Fischer Druck AG.
Kruse, L., Graumann, C.F. & Lantermann, E.D. (Hg.) (1990). Ökologische Psychologie. Ein Handbuch in Schlüsselbegriffen. München: PVU.
Küppers, H. (1989). Harmonielehre der Farben. Köln: DuMont.
Lewin, K. (1969). Grundzüge der topologischen Psychologie. Bern, Stuttgart: Huber.
Mandelbrot, B.B. (1991). Die fraktale Geometrie der Natur. Basel: Birkhäuser.
Pawlik, J. (1971). Theorie der Farbe. Köln: DuMont.
Schober, R.C. (1978). Atmosphäre – die neue Planungsdimension. Ein Erfahrungsbericht zur Atmosphärenforschung und Atmosphärengestaltung. Der Fremdenverkehr + Das Reisebüro.
Schuster, M. (1992). Wodurch Bilder wirken. Göttingen: Hogrefe.
Valnet, J. (1989). Aroma-Therapie. München: Heyne.
Wagner, F.A. (1984). Ferienarchitektur. Die gebaute Urlaubswelt. Modelle, Erfahrungen, Thesen. Starnberg Sudienkreis für Tourismus.

**Reinhard Schober, München**

# Authentizität

## 1. Definition

Seit Mitte der 70er Jahre erfährt in der soziologischen und sozialpsychologischen Tourismusforschung das Thema „Authentizität" Beachtung. Authentizität meint im allgemeinen die *Echtheit* von Erfahrungen und Erlebnissen, im Kontext des Tourismus die Echtheit von touristischen Orten, Plätzen, Szenerien, Gegenständen (z.B. Souvenirs, Kunstwerke) und folkloristischen Darbietungen (z.B. Tänze) sowie von Interaktionen zwischen Touristen und der am Urlaubsort ansässigen Bevölkerung.

Goffman (1959) hat in seinem mittlerweile klassischen Beitrag zur Soziologie dargestellt, wie in alltäglichen Interaktionen Menschen versuchen, einen Eindruck zu hinterlassen, und wie sie durch dieses „impression management" zugleich ihre soziale Identität konstruieren. Goffman bedient sich der Analogie des Theaterspiels und benutzt die Begriffe „Vorder- und Hinterbühne", um zu zeigen, daß Interaktion ein Wechselspiel zwischen veröffentlichten (offenen) und verborgenen Handlungen und Zeichen darstellt. Der Darsteller ist bemüht, seinem Publikum einen authentischen Eindruck zu vermitteln. Dabei achtet er darauf, daß die Hinterbühne dem Blick der Öffentlichkeit verborgen bleibt. Umgekehrt versucht der Adressat der Präsentation, diese auf ihre Authentizität hin zu überprüfen, d.h. er/sie ist bemüht, einen Blick hinter die Fassaden zu erhaschen.

Goffmans Ansatz wurde von MacCannell (1973; 1976) auf den Tourismus übertragen. Nach letzterem ist der Tourist von einem unstillbaren Verlangen nach Authentizität getrieben. Bei seiner Suche nach authentischen Erfahrungen steht der Tourist in der Nachfolge des nach Erlösung suchenden Pilgerreisenden, allerdings mit dem Unterschied, daß die Suche des Touristen nach Authentizität aussichtslos ist. In dem Maße, wie der moderne Tourismus kommerzialisiert und kommodifiziert ist, bewegt sich der Tourist in für ihn erstellten Szenerien, auch dort noch, wo ihm suggeriert wird, das Typische und Charakteristische des Urlaubsortes und seiner Menschen unverfälscht zu erleben. Auf den touristischen Bühnen ist Authentizität nicht unmittelbar gegeben; es wird nur ein Eindruck von Authentizität hergestellt und vermittelt.

## 2. Differenzierte Konzepte

Während MacCannell die Ansicht vertritt, daß der moderne Tourismus kaum mehr authentische Erlebnisse zuläßt, und Greenwood (1977) unterstellt, daß durch die Verdinglichung und Kommerzialisierung touristischer Dienstleistungen und Objekte ein Sinnverlust stattfindet, gelangt Erik Cohen (1988) zu einem differenzierteren Begriff von Authentizität. Danach wird Tourismus durch Kommerzialisierung nicht notwendigerweise des authentischen Sinns beraubt. Authentizität bzw. Inauthentizität ist nicht eine vorab gegebene Eigenschaft von Plätzen, Dienstleistungen, Objekten und Interaktionen, die dann durch den Tourismus zerstört würde. Vielmehr muß Authentizität immer erst von Interakteuren *ausgehandelt* werden. Aus zunächst unecht Scheinendem kann allmählich und graduell Authentizität hervorgehen („emergent authenticity", Cohen 1988, S. 380). So kann etwa die artifizielle Tourismusattraktion „Disneyland" zum authentischen Ausdruck amerikanischer Kulturtradition werden. „Theme Parks" (→ *Themenparks*), jene künstlichen und zugleich perfekten Erlebniswelten, die Touristenströme anziehen, sind daher auch auf das Interesse von Psychologen, Soziologen und Kulturanthropologen gestoßen (Johnson 1981; King 1981; Moore 1980; Moscardo & Pearce 1986).

Eine weitere Differenzierung von Authentizität im Tourismus nimmt Philip Pearce (1988) vor, indem er sowohl die touristische Szenerie wie die in ihr auftretenden Menschen hinsichtlich Authentizität und Inauthentizität bzw. ihres Vorder- und Hinterbühnencharakters unterscheidet. Pearce weist auch darauf hin, daß Authentizität nicht in allen touristischen Situationen relevant ist und daß nicht für alle Touristen gleichermaßen Authentizität zur Urlaubszufriedenheit beiträgt, daß inauthentische Erfahrungen nicht notwendigerweise in Unzufriedenheit resultieren. Seine Untersuchungen verdeutlichen, daß Authentizität bzw. Inauthentizität keine vorab gegebene Eigenschaft touristischer Situationen ist, sondern eine *Wahrnehmungskategorie*, die von den Bedürfnissen, Erwartungen und Erfahrungen der Wahrnehmenden abhängt.

## 3. Authentizität und Postmoderne

Die Beschäftigung mit dem Problem der Authentizität touristischer Szenerien und Erfahrungen bringt oft eine kulturkritische Haltung gegenüber dem angeblich zur Inauthentizität verkommenen Tourismus zum Ausdruck. Stichworte wie *„Pseudo-Ereignis" (pseudo event*, Boorstin 1961), *„Simulation"* (Baudrillard 1988) und *„Hyperrealität"* (Eco 1986) sind auch in der Tourismuskritik übernommen worden. Der Boom von Museumsbauten, die Restauration des kulturellen Erbes („heritage industry", Urry 1990, S. 104) und die Entwicklung von urbanen Formen, die Arbeits-, Einkaufs- und Vergnügungsstätten miteinander kombinieren, haben vielerorts postmoderne Umwelten entstehen lassen, in denen mit der Unterscheidung Authentizität vs. Inauthentizität spielerisch umgegangen wird. Diese postmodernen Szenerien stellen Anziehungspunkte für den postmodernen Erlebnis- und Kulturtourismus dar. Wie Urry (1990) zeigt, handelt es sich bei touristischen Angeboten wie dem „kulturellen Erbe", der „natürlichen Landschaft" oder der „exotischen Lebensweise" weniger um Entdeckungen des Ursprünglichen oder authentische Rekonstruktionen, sondern um Erfindungen und Konstruktionen. Postmoderne Szenerien bedienen sich der pasticheartigen Stilvermischung und bringen einen spielerisch-ironischen Umgang mit Geschichte und Kultur zum Ausdruck. Die adäquate Haltung des entsprechenden Touristen, von Feifer (1985) als *Post-Tourist* bezeichnet, besteht in einem spielerischen Umgang mit der touristischen Szenerie. Der *Post-Tourist* weiß, daß Tourismus ein Spiel oder eine Serie von Spielen ist, in dem es keine Authentizitätsvorgaben gibt. Der *Post-Tourist* ist selbstbewußter Teilnehmer an diesem Spiel; er oder sie geht nicht in der touristischen Rolle auf, sondern kann spielerisch mit ihr umgehen und vermag sich auch von den Rollenerwartungen zu distanzieren. Der Post-Tourist hat die Naivität des nach authentischer Erfahrung suchenden Touristen abgelegt, der enttäuscht ist, wenn er Inauthentizität vorfindet (Urry 1990, S.

100f.). Las Vegas, Disney World oder die postmoderne *Shopping mall* werden den nach Authentizität fahndenden Touristen enttäuschen, während sie für den Post-Touristen höchst attraktiv sein können.

Man mag die Inauthentizität folkloristischer Rituale, Tänze und kunsthandwerklicher Gegenstände, die dem Touristen dargeboten werden, beklagen. Doch ist andererseits nicht zu übersehen, daß ohne den Tourismus zahlreiche dieser kulturellen Traditionen überhaupt vergessen wären. Die als inauthentisch kritisierte Wieder(er)findung von Kultur macht oft die Problematisierung ihrer Authentizität erst möglich.

## Literatur

Baudrillard, J. (1988). America. London: Verso.

Boorstin, D.J. (1961). The image: a guide to pseudo-events in America. New York: Harper & Row.

Cohen, E. (1988). Authenticity and commoditization in tourism. Annals of Tourism Research, 15, 371-386.

Eco, U. (1986). Travels in hyper-reality. London: Picador.

Feifer, M. (1985). Going places. London: MacMillan.

Goffman, E. (1959). The presentation of self in everyday life. Garden City, NY: Doubleday. (Dt.: Wir alle spielen Theater. Die Selbstdarstellung im Alltag. München: Piper, 1969)

Greenwood, D.J. (1977). Culture by the pound: an anthropological perspective on tourism as cultural commoditization. (pp. 129-139) In V.L. Smith (ed.), Hosts and guests. Philadelphia: University of Pennsylvania Press.

Johnson, D.M. (1981). Disney World as structure and symbol: recreation of the American experience. Journal of Popular Culture, 15, 157-165.

King, M.J. (1981). Disneyland and Walt Disney World: traditional values in futuristic forms. Journal of Popular Culture, 15, 116-140.

MacCannell, D. (1973). Staged authenticity: arrangements of social space in tourist settings. American Sociological Review, 79, 589-603.

MacCannell, D. (1976). The tourist: a new theory of the leisure class. London: MacMillan.

Moore, A. (1980). Walt Disney World: bounded ritual space and the playful pilgrimage center. Anthropological Quarterly, 53, 207-218.

Moscardo, G.M. & Pearce, P.L. (1986). Historic theme parks: an Australian experience in authenticity. Annals of Tourism Research, 13, 467-479.

Pearce, P.L. (1988). The Ulysses factor. Evaluating visitors in tourist settings. New York: Springer.

Urry, J. (1990). The tourist gaze. Leisure and travel in contemporary societies. London: Sage.

**Heinz-Günter Vester, München**

# Crowding

*Crowding* ist ein theoretisches Konzept, mit dem in der Sozial- und Umweltpsychologie die Erfahrung sozialer Dichte beschrieben wird. Crowding steht in einem theoretischen Spannungsverhältnis zu „privacy" (Altman 1975, 1978). Es wird angenommen, daß Crowding – im Gegensatz zur Privatheit (und ihrer Wahrung) – negativ empfunden wird. Von der bloßen Erfahrung sozialer Dichte in einem Raum ist Crowding zu unterscheiden (Stokols 1972). Crowding läßt sich nicht objektivistisch bestimmen, etwa durch eine feststehende Anzahl von Benutzern eines Raumes oder von Besuchern eines Ortes, bei deren Überschreiten Crowding gleichsam automatisch auftritt. Nicht allein die Anzahl von Personen pro Verhaltensraum bestimmt das Crowding-Erlebnis. Weitere Determinanten von Crowding sind die Merkmale des Raumes, die Ähnlichkeit bzw. Unterschiedlichkeit der Menschen im Raum, ihre subjektiven Erwartungen, Präferenzen und Motive hinsichtlich des Raumerlebens, die erwarteten und tatsächlichen Interaktionen mit anderen Menschen im Raum, die subjektive Wahrnehmung der Qualität des Raumes und der in ihm angetroffenen Personen.

Das Crowding-Erlebnis wird als eine Streßerfahrung aufgefaßt, deren Kern vor allem das Gefühl der Reizüberflutung ist. Wichtiger allerdings als die Belastung durch eine bestimmte Quantität von Reizen ist ihre qualitative Konfiguration, d.h., ob und inwiefern bestimmte Reize zusammenpassen, unvereinbar sind oder sich überlagern. Ob und wann etwa ein Urlaubsort als reizarm oder überflutet wahrgenommen wird, hängt von den Verhaltens- und Erwartungsprofilen der Touristen ab, von den Interaktionen der Touristen untereinander sowie den Interaktionen zwischen Touristen und den Nichttouristen vor Ort (Manning 1985; Shelby et al. 1983).

Individuen haben unterschiedliche Schwellen, ab derer sie Crowding erfahren. In einem konkreten Interaktionsraum wie etwa einem Urlaubsort können je nach Zusammensetzung der einheimischen Bevölkerung sowie der touristischen Population sehr unterschiedliche Erwartungen und Normen aufeinanderstoßen. Was für den einen eine lebhafte und anregende Szene darstellt, kann bei einem anderen zur Crowding-Erfahrung führen, und zwar nicht notwendigerweise aufgrund unterschiedlicher psychischer Dispositionen, sondern auch bereits dann, wenn unterschiedliche Ziele und Freizeitaktivitäten verfolgt werden – wie z.B. (gleichzeitig stattfindendes) Angeln und Wasserskifahren auf einem Gewässer (Gramann & Burdge 1981). Die individuellen Folgen von Crowding reichen von Unzufriedenheit bis zu schweren Streßreaktionen mit pathologischen Konsequenzen. Grundsätzlich gilt, daß Art und Intensität der Streßfolgen von den individuell verfügbaren Möglichkeiten zur Streßbewältigung („*Coping*") abhängen (Costa & McCrae 1989; Rüger, Blomert & Förster 1990) sowie von der sozialen Unterstützung bei der Streßbewältigung (Winnubst, Buunk & Marcelissen 1988) (→ *Streß*).

Ursachen und Folgen von Crowding sind in Experimenten sowie in Studien zur „*Outdoor Recreation*" erforscht worden, über die einige Überblicksarbeiten informieren (Gramann 1982; Rödl, 1991; Shelby, Vaske & Heberlein 1989; Sundstrom 1978). Die nordamerikanische „*Outdoor Recreation*"-Forschung hat sich in starkem Maße mit dem Freizeitverhalten und Raumerleben in relativ natürlichen Räumen wie Nationalparks oder „Wilderness Areas" beschäftigt. Inwieweit die in diesen Studien gewonnenen Erkenntnisse auch auf hochgradig urbane Tourismusorte übertragen werden können, bleibt weiterer Klärung vorbehalten.

Bei einer wünschenswerten Ausweitung des Crowding-Konzepts auf die Tourismusforschung wären Forschungshypothesen zu spezifizieren, vor allem im Hinblick auf die unterschiedlichen Typen von Touristen, die jeweiligen Besonderheiten des touristischen Zielgebietes und dessen Entwicklungsstadium. Der Aspekt interkultureller Unterschiede und Konflikte dürfte eine zentrale Rolle spielen, wenn man das Crowding-Konzept von den in der amerikanischen Forschung typischerweise untersuchten Erholungsgebieten auf die vielfältigere Gesamtheit touristischer Gebiete überträgt. Genauer herauszuarbeiten wäre auch, inwiefern sich die Crowding-Erfahrungen der Touristen von den Erfahrungen derjenigen Bevölkerungsgruppen unterscheiden, die im Tourismus arbeiten oder nur indirekt von ihm betroffen sind. Die Kenntnis solcher Unterschiede und der Konsequenzen, die von Crowding betroffene Touristen (bzw. Gastgeber) für ihre Reiseplanung und -gestaltung (bzw. ihr Angebot touristischer Dienstleistungen) ziehen, ist eine wichtige Grundlage für die Planung und Entwicklung touristischer Gebiete sowie für Entscheidungen und Strategien im (→) *Marketing im Tourismus*.

## Literatur

Altman, I. (1975). The environment and social behavior: privacy, personal space, territory, crowding. Monterey, CA: Brooks/Cole.

Altman, I. (1978). Crowding: historical and contemporary trends in crowding research. (pp. 3-29) In A. Baum & Y.M. Epstein (eds.), Human respose to crowding. Hillsdale, NJ: Erlbaum.

Costa, P.T., Jr. & McCrae, R.R. (1989). Personality, stress, and coping: some lessons from a decade of research. (pp. 269-285) In K.S. Markides & C.L. Cooper (eds.), Aging, stress and health. Chichester: Wiley.

Gramann, J.H. (1982). Toward a behavioral theory of crowding in outdoor recreation: an evaluation and synthesis of research. Leisure Sciences, 5, 109-126.

Gramann, J.H. & Burdge, R.J. (1981). The effects of recreational goals on conflict perception: the case of water skiers and fishermen. Journal of Leisure Research, 16, 15-27.

Manning, R.E. (1985). Crowding norms in backcountry settings: a review and synthesis. Journal of Leisure Research, 17, 75-89.

Rödl, M. (1991). Crowding und Freizeit. Konzepte, Theorien und soziologische Relevanz der Crowding-Forschung. Unveröff. Diplomarbeit. Universität München: Institut für Soziologie.

Rüger, U.; Blomert, A.F. & Förster, W. (1990). Coping. Theoretische Konzepte, Forschungsansätze, Meßinstrumente zur Krankheitsbewältigung. Göttingen: Vandenhoeck & Ruprecht.

Shelby, B.; Vaske, J.J. & Heberlein, T.A. (1989). Comparative analysis of crowding in multiple locations: results from fifteen years of research. Leisure Sciences, 11, 269-291.

Shelby, B.; Heberlein, T.A.; Vaske, J.J. & Alfano, G. (1983). Expectations, preferences, and feeling crowded in recreational activities. Leisure Sciences, 6, 1-14.

Stokols, D. (1972). On the distinction between density and crowding: some implications for future research. Psychological Review, 79, 275-277.

Sundstrom, E. (1978). Crowding as a sequential process. Review of research on the effects of population density on humans. (pp. 32-116) In A. Baum & Y.M. Epstein (eds.), Human response to crowding. Hillsdale, NJ: Erlbaum.

Winnubst, J.A.M, Buunk, B.P. & Marcelissen, F.H.G. (1988). Social support and stress: perspectives and processes. (pp. 511-528) In S. Fisher & J. Reason (eds.), Handbook of life stress, cognition and health. New York: Wiley.

**Heinz-Günter Vester, München**

# Einstellungen, Stereotype, Vorurteile

## 1. Einleitung

Welche Einstellungen haben Reisende ihrem Gastland und ihren Gastgebern gegenüber? Wie stark sind sowohl die Reisenden als auch die Bereisten von Vorurteilen gegenüber der anderen Nation behaftet? Ist so etwas wie Völkerverständigung überhaupt möglich, oder stehen diesem Ziel Vorurteilsstrukturen entgegen, die nur schwer aufzulösen sind? All dies sind entscheidende Fragen, zu deren Beantwortung es notwendig ist, die Struktur und den Mechanismus von Einstellungen, Stereotypen und Vorurteilen aufzuklären, will man das Konsumverhalten, die Einstellungen gegenüber dem Gastland verändern.

Die Begriffe *Einstellung* und *Vorurteil* entstammen dem alltagssprachlichen Gebrauch. In wissenschaftlichen Definitionen ist es üblich geworden, die Begriffe Stereotyp und Vorurteil dem der Einstellung unterzuordnen. Die Begriffe werden hier der Übersichtlichkeit halber getrennt dargestellt, obwohl sich bestimmte Bereiche überschneiden.

## 2. Einstellungen

*Aspekte der Einstellungsforschung.* Zum Gegenstand der Wissenschaft wurde der Begriff *Einstellung* ab der Jahrhundertwende, als im deutschsprachigen Raum vor allem Wissenschaftler der Würzburger Schule den Einfluß von Einstellungen auf das Verhalten untersuchten. Anfänglich wurde Sozialpsychologie sogar mit der Wissenschaft von der Erforschung von Einstellungen gleichgesetzt, was zeigt, welchen Stellenwert die Einstellungsforschung in den 20er und 30er Jahren hatte. Allport faßte 1935 in seiner viel zitierten Definition den damaligen Wissensstand zusammen: „Eine Einstellung ist ein seelischer und nervlicher Bereitschaftszustand, der durch die Erfahrung organisiert einen richtenden und dynamischen Einfluß auf die Reaktion des Individuums auf alle Objekte und Situationen ausübt, mit denen es verbunden ist" (Allport 1935, S. 810).

Diese Definition enthält wesentliche Elemente: (a) Einstellung wird als ein hypothetisches Konstrukt aufgefaßt, d. h., Einstellungen sind nicht direkt beobachtbar, sondern müssen aus dem Verhalten erschlossen werden. (b) Einstellungen werden durch Lernprozesse erworben, was bedeutet, daß sie auch wieder modifiziert und verändert werden können. Allerdings erweisen sich Einstellungen teilweise als äußerst änderungsresistent.

*Der Dreikomponentenansatz.* Sehr populär wurde in der Einstellungsforschung die ursprünglich von Rosenberg und Hovland (1960) und Katz (1967) entwickelte „Drei-Komponenten-Konzeption" der Einstellung. Rosenberg und Hovland (1960) definieren Einstellung folgendermaßen: „Einstellungen sind Tendenzen, auf bestimmte Klassen von Reizen mit bestimmten Klassen von Reaktionen zu antworten und (wir) bezeichnen die drei hauptsächlichen Klassen von Reaktionen als kognitive, affektive und verhaltensmäßige." (S. 3)

Einstellungen enthalten also erstens eine kognitive Komponente, d. h., das Einstellungsobjekt wird in einer ganz bestimmten Weise wahrgenommen („Ich halte einen bestimmten Bundestagsabgeordneten für intelligent und liberal."). Die zweite, affektive Komponente beschreibt die Emotion, von der die Vorstellung begleitet ist („Der Abgeordnete ist mir sympathisch, ich mag ihn."). Einstellungen enthalten drittens eine Handlungs- oder konative Komponente, die sich als Handlungsbereitschaft oder offenes Verhalten zeigt („Ich werde bei der nächsten Wahl für diesen Abgeordneten stimmen."). Dieser Dreikomponentenansatz erweist sich als äußerst griffig zur Beschreibung von Einstellungen. Er gelangte deshalb in den letzten Jahren wieder zu neuer Popularität (Breckler 1984; Zanna & Rempel 1988).

*Einstellung als Teil des Informationsverarbeitungsprozesses.* Ab den 50er Jahren erfolgte die kognitive Wende in der Sozialpsychologie. Einstellungen werden von nun an als kognitive Strukturen angesehen und damit den Theorien zur Informationsverarbeitung zugeschlagen. Die kognitiven Strukturen sind die Bausteine, die z. B. in Form von Einstellungen, Vorurteilen und Stereotypen die mentalen Organisationseinheiten darstellen, in denen unsere Erfahrungen abgespeichert sind und unser Verhalten gesteuert wird.

*Einstellung und Verhalten.* Bestimmend für die Einstellungsforschung war lange Zeit die Hoffnung, durch die Erfassung der jeweiligen Einstellungen das konkrete Verhalten voraussagen zu können. Diese Hoffnung hat sich nicht erfüllt. La Pierre (1934) konnte in seiner sehr bekannt gewordenen Studie zeigen, daß die von Hotelbesitzern geäußerte negative Einstellung chinesischen Gästen gegenüber sich nicht in dem konkreten Verhalten der Hoteliers niederschlug: sie nahmen die Asiaten trotz anders lautender Aussagen als Gäste auf. Heute kann man davon ausgehen, daß die Erfassung der Einstellung einer Person zu einem bestimmten Sachverhalt nicht unbedingt eine zutreffende Verhaltensprognose erlaubt, außer es handelt sich um bestimmte klar umrissene Themen wie z. B. Untersuchungen zum Wählerverhalten, zur Religiosität oder zur Geburtenkontrolle.

*Methoden zur Erfassung von Einstellungen.* Die Einstellungsforschung hat sich sehr stark mit der Erfassung von Einstellungen beschäftigt. Die wichtigste Methode der Einstellungserfassung ist die Einstellungsskala. Eine Einstellungsskala besteht aus einem Satz von Aussagen (Items), die einer Person oder Personengruppe mündlich oder schriftlich vorgelegt werden. Aufgrund der Antworten der befragten Personen wird auf ihre Einstellung geschlossen.

Die Methoden zur Skalierung von Eigenschaften haben zu drei Skalenmodellen geführt: Die *Thurstone-Skala* (Methode der gleichständigen Intervalle), die *Likert-Skala* (Methode der summierten Bewertungen) und die *Guttman-Skala* (Methode der kumulativen Skalierung). Eine häufig eingesetzte Methode ist das *Semantische Differential* (Osgood 1957): Dies ist eine bipolare Einstufungsskala, deren Endpunkte von gegensätzlichen Adjektivpaaren (etwa: gut-schlecht, hart-weich) gebildet werden. Diese Skala kann für unterschiedlichste Einstellungsgegenstände verwendet werden, wobei die Befragten aufgefordert werden, das Einstellungsobjekt assoziativ den einzelnen Adjektivpaaren zuzuordnen.

## 3. Stereotype

„Italiener sind leidenschaftlich, künstlerisch, impulsiv und musikalisch." – „Engländer sind sportlich, konventionell, traditionsgebunden und konservativ". Solche oder ähnliche Urteile hat jeder von uns schon in irgendeiner Form gedacht oder geäußert. Wissenschaftlich bestätigt wurde das Vorhandensein derartiger ethnischer Stereotype erstmals in einer von Katz und Braly 1933 durchgeführten Untersuchung über rassische und nationale Stereotypien. Sie konnten zeigen, daß es nicht nur deutliche Unterschiede gibt in der Stereotypisierung verschiedener Volksgruppen, sondern daß auch manche Volksgruppen deutlich negativer bewertet wurden als andere. In Folgeuntersuchungen fiel z.B. das Stereotyp des Deutschen und des Japaners deutlich negativer aus als zum ersten Untersuchungszeitpunkt, was wohl auf die Ereignisse im zweiten Weltkrieg zurückzuführen ist (Gilbert 1951).

*Was sind Stereotype und wie entstehen sie?*
In der Stereotypenforschung lassen sich zwei wesentliche Trends ausmachen, die mehr oder weniger miteinander integriert werden. Zum einen geht es um die rein kognitive Erfassung dessen, was ein Stereotyp ausmacht. Auf der anderen Seite werden die sozialen Funktionen untersucht, die die Stereotypenbildung für Gruppen und das individuelle Gefühl der Gruppenzugehörigkeit hat.

*Stereotype und Wahrnehmung.* Mit der Untersuchung des kognitiven Aspekts begann die Stereotypenforschung, als der amerikanische Journalist Walter Lippmann 1922 erstmals den Begriff „Stereotyp" in die Psychologie einführte. Er beschrieb Stereotype als „pictures in our head", die unsere Wahrnehmung beeinflussen. Stereotype sind demnach vereinfachte, relativ rigide und schwer zu verändernde Denkmuster, die mit der äußeren Realität nicht übereinstimmen müssen, jedoch unser Verhalten stärker beeinflussen als die tatsächlichen Bedingungen.

Lippmanns Vorstellungen wurden von vielen Sozialpsychologen aufgenommen. Stereotype werden betrachtet als stark vereinfachte, generalisierte, klischeehafte Vorstellungen. Sie beziehen sich auf Menschen oder Menschengruppen. Die vereinfachten Vorstellungen, die man sich z. B. über das Verhalten seiner Mitmenschen bildet, orientieren sich an Normen und kulturell tradierten (Klischee-) Vorstellungen. Generalisierungen, die durch Stereotypisierung entstehen, unterscheiden sich von anderen Verallgemeinerungen durch ihre besondere Rigidität, d. h. sie sind selbst durch neue Erfahrungen schwer zu revidieren. In Untersuchungen zu ethnischen Stereotypien, die im Abstand von zwanzig Jahren durchgeführt wurden, konnte gezeigt werden, daß sich die nationalen Stereotype hinsichtlich ihres Inhalts kaum gewandelt hatten (Gilbert 1951).

Die sog. *kognitive Wende* in der Sozialpsychologie wurde u. a. durch Tajfel (1969) eingeleitet. Für ihn haben Stereotypen die Funktion, die Komplexität von Informationen, die der menschliche Organismus aus seiner Umwelt erfährt, zu vereinfachen und zu systematisieren. Die Klischeevorstellungen und Übertreibungen, die charakteristisch sind für Stereotypien, gelten als Folge der Begrenztheit des menschlichen Informationsverarbeitungssystems.

*Stereotype als Phänomen von Gruppenbeziehungen.* Diese rein kognitive Beschreibung von Stereotypen reicht allerdings nicht aus. Stereotypien werden meist von einer großen Anzahl von Personen geteilt, d. h. sie haben eine soziale, eine Gruppenfunktion. Sie werden zur Abgrenzung der eigenen Gruppe gegenüber anderen benutzt und dienen somit dem Selbstverständnis der Gruppe. Stereotypien von Personen, die nicht der eigenen Gruppe angehören, sind typischerweise weniger positiv als diejenigen, die sich auf die eigenen Gruppenmitglieder beziehen. Insofern tragen Stereotype bei zur Schaffung und Aufrechterhaltung von Ideologien, die eine Reihe sozialer Aktivitäten gegenüber Leuten rechtfertigen, die nicht der eigenen Gruppe angehören.
Sherif und Sherif (1953) konnten in ihren sehr bekannt gewordenen Ferienlager-Experimenten Stereotypen als Funktion der (positiv oder negativ getönten) intergroup-relations nachweisen. Die rivalisierenden Gruppen neigten dazu, die „Die-Gruppe" im Vergleich zur eigenen („Wir")-Gruppe negativ zu stereotypisieren. Erst die Gegenüberstellung mit einem „gemeinsamen Feind" konnte die negative Stereotypisierung zumindest abschwächen (Sherif & Sherif 1953). Diese Art von Ethnozentrismus konnte übrigens in verschiedensten Kulturen beobachtet werden.

## 4. Vorurteil

*Definition und Abgrenzung gegen andere Begriffe.* Das Konzept des Stereotyps und das des Vorurteils sind nur schwer voneinander zu trennen. Vorurteile haben die Struktur von Stereotypen – also von stark vereinfachten, generalisierten, klischeehaften Vorstellungen. Unterschieden werden die beiden Begriffe lediglich hinsichtlich ihres Bewertungsaspekts: Vorurteile beinhalten eine ausschließlich negative Einstellung einem einzelnen oder einer Gruppe gegenüber.

Vorurteile sind Einstellungen, die einerseits die Wahrnehmung und die Interpretation der Umwelt bestimmen, andererseits das Verhalten des Menschen steuern. Sie sind also ebenfalls mit dem Dreikomponentenansatz beschreibbar. Vorurteile beinhalten einen kognitiven Aspekt, d. h., sie bieten sich dar als Vorstellungen, Bilder, Images von Objekten („Türken stinken immer nach Knoblauch"). Sie beinhalten den affektiven Aspekt, d.h. Vorurteile schließen immer die Ablehnung des Vorurteilsobjekts mit ein („Immer wenn ich neben einem Türken stehe, wird mir schlecht"). Sie beinhalten den konativen Aspekt, d.h. Vorurteile sind Dispositionen für das Verhalten („Jedesmal, wenn ich einem Türken begegne, wechsle ich die Straßenseite").

Vorurteile sind immer soziale Urteile, da es um die Beurteilung von Menschen oder Menschengruppen geht. Sozial sind derartige Urteile auch, weil sie immer nur verstehbar sind im gesellschaftlichen Zusammenhang, in dem sie sich ausbilden und artikulieren. Eine Definition von Davis (1964) beinhaltet alle diese Aspekte:

„Vorurteile sind negative oder ablehnende Einstellungen einem Menschen oder einer Menschengruppe gegenüber, wobei dieser Gruppe infolge stereotyper Vorstellungen bestimmte Eigenschaften von vorneherein zugeschrieben werden, die sich aufgrund von Starrheit und gefühlsmäßiger Ladung, selbst bei widersprechender Erfahrung, schwer korrigieren lassen." (Davis 1964, S. 53)

Nachdem die kognitiven Anteile und die sozialen Anteile, die Vorurteile für Individuen haben, dargestellt wurden, sollen kurz noch die psychodynamischen Funktionen dargestellt werden, die die Verwendung von Vorurteilen und Stereotypen für den einzelnen haben. Ostermann und Niklas (1982) nennen spezifische psychodynamische Funktionen, die Vorurteile für die menschliche Psyche besitzen:

– Vorurteile dienen der Abwehr von Unsicherheit und Angst. Zur Bewältigung der immer schwerer zu durchschauenden gesellschaftlichen Zusammenhänge werden einfache und klare Interpretationsmuster gewählt, um die aus der Vieldeutigkeit und Unsicherheit erwachsende Angst zu beschwichtigen.
– Vorurteile dienen zur Stabilisierung des eigenen Selbstwertgefühls und des sozialen Selbstverständnisses. Durch die Diskriminierung einer anderen ethnischen oder sozialen Gruppe, die gesellschaftlich schlechter gestellt ist, wird der Wert der eigenen Gruppe und damit der Wert der eigenen Person erhöht.
– Vorurteile bieten die Möglichkeit einer gesellschaftlich gebilligten Aggressionsabfuhr. Da unsere gesellschaftlichen Zwänge in der Regel für das Individuum nicht durchschaubar sind und insofern die Aggressionen nicht gegen die wahren Ursachen der Unterdrückung gerichtet werden können, bieten die gesellschaftlich designierten Vorurteilsobjekte Ziele an, um Aggressionen zu artikulieren.
– Vorurteile bieten die Möglichkeit, im eigenen Kollektiv Geborgenheit zu finden: „Der Gewinn, den ein geteiltes Vorurteil abwirft, liegt darin, daß wir in konformem Verhalten mit der Gruppe auch ihre spezifischen Erleichterungen mitgenießen dürfen. Wir dürfen mit den Wölfen heulen, wir dürfen nach Vorurteilen agieren, mithandeln und unsere eigene Triebspannung

damit erleichtern. Die Ablenkung der Triebspannung nach außen, auf Minoritätsgruppen, ist gleichsam der ökonomische Trick zur Erhaltung des Gruppengleichgewichts." (Mitscherlich 1962, S. 12)

*Exkurs.* In der Psychoanalyse wird vor allem die triebentlastende Funktion des Vorurteils betont: das Ziel der Diskriminierung wird nicht wegen bestimmter Eigenschaften angegriffen, sondern wegen seiner Eignung, als Aggressionsziel Befriedigung zu verschaffen. Insofern sind die Objekte in gewissen Grenzen austauschbar (seien es Juden oder Schwarze, die Mechanismen sind die gleichen). Eine Gruppe eignet sich als Sündenbock, wenn ihre gesellschaftliche Macht geringer ist als die der eigenen Gruppe und wenn sie durch äußere Merkmale kenntlich ist. Die Psychoanalyse bietet auch ein Erklärungsmuster für die Hartnäckigkeit von Vorurteilen: da die Vorurteile eine stabilisierende Funktion für das schwache Ich haben, bedeutet sie aufzugeben eine tiefe narzißtische Kränkung.

## Literatur

Allport, G. W. (1935). Attitudes. In C.M. Murchison (ed.), Handbook of social psychology. Worcester, MA: Clark University Press.
Allport, G.W. (1954). The nature of prejudice. Cambridge, MA (dt.: Die Natur des Vorurteils. Köln: Kiepenheuer & Witsch 1971).
Bar-Tal, D.; Graumann, C.F.; Kruglanski, A.W. & Stroebe, W. (1989). Stereotyping and prejudice: changing conceptions. New York: Springer.
Breckler, S. J. (1984). Empirical validation of affect, behavior, and cognition as distinct components of attitude. Journal of Personality and Social Psychology, 47, 1191-1205.
Davis, E. (1964). Zum gegenwärtigen Stand der Vorurteilsforschung. In Vorurteile – ihre Erforschung und Bekämpfung. Politische Psychologie, Bd. 3, Frankfurt/M.
Gilbert, G.M. (1951). Stereotype persistence and change among college students. Journal of Abnormal and Social Psychology, 46, 245-254.
La Pierre, R. T. (1934). Attitudes vs. actions. Social Forces 13, 230-237.
Katz, D. & Braly, K. W. (1933). Racial stereotypes of 100 college students. Journal of Abnormal and Social Psychology, 28, 280–290.
Katz, D. & Braly, K. W. (1935). Racial prejudice and racial stereotypes. Journal of Abnormal and Social Psychology, 30, 175–193.
Mitscherlich, A. (1962). Revision der Vorurteile. Der Monat, 165.
Osgood, C. E.; Suci, G. J. & Tannenbaum, P. H. (1957). The measurement of meaning. Urbana, IL: The Free Press.
Ostermann, A. & Nicklas, H. (1982). Vorurteile und Feindbilder. München: Urban & Schwarzenberg.
Rosenberg, M. L. & Hovland, C. I. (1960). Cognitive, affective, and behavioral components of attitudes. (pp 1–14) In M. J. Rosenberg, C. I. Hovland, W. J. McGuire, R. P. Abelson & W. J. Brehm (eds.), Attitude organisation and change. New Haven: Yale University Press.
Sherif, M. & Sherif, C. W. (1953). Groups in harmony and tension. New York.
Six, B. (1988). Einstellungen, Stereotype und Vorurteile. (S. 16–51) In S. Kowal (Hg.), Sozialpsychologie als Unterrichtsfach. Bonn: Deutscher Psychologen Verlag.
Tajfel, H. (1982). Gruppenkonflikt und Vorurteil. Entstehung und Funktion sozialer Stereotypen, Bern: Huber.
Tholey, V. & Hoeth, F. (1983). Sozialstereotype. Analyse sozialer Wertvorstellungen unter Berücksichtigung ihrer Bedeutung für die psychologische Diagnostik und die empirisch-psychologische Umfrageforschung. Stuttgart: Enke.
Thomas, A. (1991). Einstellung und Einstellungsänderung. (pp 131–162) In A. Thomas, Grundriß der Sozialpsychologie. Göttingen: Hogrefe.
Zanna, M. P. & Rempel, J. K. (1988). Attitudes: A new look at an old concept. (p. 315–334) In D. Bar-Tal & A. Kruglansky (eds.), The social psychology of knowledge. New York: Cambridge University Press.

**Martina Gast-Gampe, München**

# Einstellungsänderung

## 1. Einleitung

Gerade in der Tourismusbranche geht es häufig um Veränderung von Einstellungen: sei es die Veränderung von Einstellungen gegenüber den einzelnen Gastländern, den Reiseveranstaltern usf., oder sei es auf der anderen Seite im politischen Interesse, den Reisenden z.B. eine umweltbewußtere Einstellung in Form eines „Sanften Tourismus" zu vermitteln. Wie soll man vorgehen, wenn man einen Sinneswandel bewirken will?

## 2. Einstellungsänderung innerhalb des Kommunikationsprozesses

Einstellungen entstehen und verändern sich in alltäglichen Kommunikationsprozessen. Dies geschieht im privaten Bereich durch Gespräche mit Freunden z.B. über die Wahl des Urlaubsortes (erwiesenermaßen kommt der Mundpropaganda ein entscheidender Stellenwert bei der Urlaubswahl zu; (→) *Opinion Leader*) oder im öffentlichen Bereich durch den Einfluß der Medien. Wie vollzieht sich Kommunikation und welche Faktoren spielen bei der Einstellungsänderung eine Rolle?

Soll die Kommunikation Gegenstand einer Untersuchung werden, müssen die einzelnen Anteile des Prozesses aufgeschlüsselt werden. Lasswell (1948) prägte die klassische Beschreibungsformel für den Kommunikationsprozeß: Wer sagt was zu wem, wie und mit welchem Effekt? Dieses Modell unterscheidet zwischen dem Kommunikator, der Kommunikation selbst, der Art der Übermittlung (Medium), der Natur des Empfängers und der Wirkung des gesamten Ablaufs.

Experimente zum Einstellungswandel und zur Massenkommunikation wurden bereits während des zweiten Weltkriegs durchgeführt (Hovland et al. 1949), um ein wirksames Mittel gegen die faschistische Massenpropaganda zu entwickeln. Diese „Yale-Studien" von Hovland und Mitarbeitern (Hovland et al. 1953) stellen eines der umfassendsten Forschungsprogramme dar, das sich mit der Wirkung persuasiver Kommunikation auf die Einstellungen der Empfänger befaßt. Bei diesen und folgenden Forschungsarbeiten wurde die Wirksamkeit der einzelnen Elemente des Kommunikationsprozesses genau untersucht.

*(1) Die Rolle des Kommunikators*
Für den sozialen Einfluß des Kommunikators sind drei Aspekte von Bedeutung: erstens die Glaubwürdigkeit des Kommunikators, besonders hinsichtlich seiner Fachkompetenz und Vertrauenswürdigkeit. So konnten Hovland und Weiss (1951) zeigen, daß eine Gruppe Studenten einen identischen Zeitungsartikel dann als glaubwürdiger einschätzten, wenn er angeblich von dem Wissenschaftler Robert Oppenheimer verfaßt wurde und weniger glaubwürdig, wenn er angeblich aus der Prawda stammte. Zweitens ist die Attraktivität

des Kommunikators von Bedeutung und zwar hinsichtlich seiner Ähnlichkeit mit dem Empfänger, seiner Bekanntheit und der Sympathie, die er ausstrahlt. Der Kommunikator kann dann mehr einstellungsändernden Einfluß ausüben, wenn er seine Zielperson kennt und wenn zwischen ihnen eine positive Beziehung herrscht. Drittens ist die Macht des Kommunikators von Bedeutung.

*(2) Die Art der Informationsdarbietung*
Die Art der Informationsdarbietung ist vor allem für die Gestaltung der Medien von Interesse, seien es Reisebroschüren o.ä. Die Art der Botschaft (z.B. Anteil der emotionalen gegenüber den rationalen Appellen), die Anordnung der Argumente innerhalb der Botschaft, das Ausmaß von Verdeutlichungen, Schlußfolgerungen und Empfehlungen, der Anteil von Pro- und Contra-Argumenten sowie deren Reihenfolge wurde im Hinblick auf ihre Bedeutung im Prozeß der Einstellungsänderung untersucht. Die Ergebnisse sind teils widersprüchlich, z. B. was den Vorteil der emotionalen gegenüber den rationalen Appellen betrifft. Widersprüchlich sind außerdem die Ergebnisse, ob Erzeugung von Angst und Furcht eine Einstellungsänderung beschleunigt oder verhindert. Man kann wohl davon ausgehen, daß zwischen Furcht und Einstellungswandel eine umgekehrt U-förmige Beziehung besteht, d.h. sowohl eine geringe Furcht als auch ein sehr hohes Furcht- und Angstniveau verhindern einen Einstellungswandel, wogegen ein mittleres Angstniveau den Einstellungswandel fördert. Bei der Frage, ob ein- oder zweiseitige Kommunikation besser geeignet ist, den Rezipienten zu überzeugen, zeigt sich, daß einseitige Kommunikationsinhalte dann wirkungsvoller sind, wenn die Zuhörer bereits weitgehend einer Meinung mit dem Kommunikator sind, zweiseitige dagegen bevorzugt werden sollte, wenn die Zuhörer über beide Seiten informiert sind.

Was sich für die Einstellungsänderung tatsächlich als relevant erwiesen hat, ist die bloße wiederholte Darbietung ein und desselben Reizmaterials. Zajonc (1968) konnte zeigen, daß die mehrfache Darbietung ein und desselben Reizes die Einstellung zu diesem Reiz verbessert – ein in der Werbung viel beachteter Grundsatz. Dies geht auch aus Untersuchungen im amerikanischen Wahlkampf hervor, in dem bis dahin unbekannte Kandidaten in Abhängigkeit von der Häufigkeit ihres Auftretens im Fernsehen Wahlerfolge hatten.

*(3) Die Eigenschaften des Empfängers*
Erfahrungen und Vorkenntnisse der Zuhörer sowie deren psychologische und soziale Situation sind bedeutsame Variablen für die Entstehung und den Wandel von Einstellungen. Was bestimmte Persönlichkeitsfaktoren betrifft, so ließ sich zeigen, daß Personen mit geringem Selbstwertgefühl eher zur Einstellungsänderung bereit sind. Außerdem beeinflußt das Gefühl der Gruppenzugehörigkeit die Bereitschaft zum Einstellungswandel erheblich, d.h. Argumente, die von der Bezugsgruppe geteilt werden, werden bereitwilliger aufgenommen. Auch grundsätzlich sind soziale Vergleichsprozesse ein bedeutsamer Einflußfaktor bei der Übernahme von Einstellungen (Gottlieb 1983).

## 3. Einstellungsänderung durch gezielte Programme

Einstellungen lassen sich durch den gezielten Einsatz von Strategien, Techniken und Interventionsprogrammen ändern, wozu verschiedenste Untersuchungen vorliegen.

Einen behavioristischen Ansatz, in dem Einstellungsveränderung als Lernprozeß angesehen wird, vertreten die Forscher der Yale-Gruppe, Hovland und Mitarbeiter. Zusätzlich zu den oben beschriebenen Variablen des

Kommunikationsprozesses ist es ihrer Meinung nach wichtig, daß der Empfänger bei der Übernahme der Kommunikatormeinung eine potentielle Verstärkung erhält. Staats (1968) entwickelte ein Einstellungs-Verstärker-Diskriminations-Modell, das auf den Prinzipien des klassischen Konditionierens beruht. Der Einstellungswandel wird erreicht über die Paarung eines unkonditionierten Reizes (z. B. eines attraktiven Senders) mit einem Stimulus (einstellungsdiskrepanter Kommunikationsinhalt), der mit der Zeit die gleichen emotionalen Reaktionen hervorruft (z.B. Sympathie) wie der unkonditionierte Reiz, auch wenn dieser nicht mehr anwesend ist.

In kognitiv orientierten Ansätzen konnte gezeigt werden, daß Einstellungsänderungen durch die Ausführung einstellungskonträrer Handlungen erzielt werden können. Diese zum Thema der kognitiven Dissonanz durchgeführten Forschungsarbeiten untersuchen Einstellungsänderungen im Anschluß an Handlungen, die die Versuchspersonen eigentlich aufgrund ihrer eigenen Einstellungen nicht hätten ausführen dürfen (Festinger & Carlsmith 1959). Es ergab sich das fast paradox anmutende Ergebnis, daß Einstellungen durch das konkret ausgeführte Verhalten deutlicher beeinflußt werden können als das umgekehrt der Fall ist.

Der Versuch, durch Rollenspiele eine Einstellungsänderung herbeizuführen, wurde erstmals von Janis und King (1954) gemacht. Gerade im schulischen Bereich werden bevorzugt Rollenspiele durchgeführt, die vor allem dann erfolgreich sind, wenn sie innerhalb eines Curriculums über mehrere Jahre verwendet werden. Einstellungsänderungen durch Unterrichts- und Kursprogramme wurden ebenfalls mit Erfolg eingesetzt, so z. B. um im Schulunterricht Veränderungen der Einstellungen gegenüber Minderheiten zu bewirken (Holfort 1982).

## 4. Einstellungsänderung durch Fernreisen

Gezielte Interventionsprogramme werden im Tourismusbereich wohl weniger zum Tragen kommen. Interessanter ist wohl die Frage nach den sich mehr oder weniger ungeplant vollziehenden Einstellungsänderungen während einer Urlaubsreise. Sind Auslandsreisen dazu angetan, die Einstellungen der Reisenden oder Bereisten gegenüber anderen Völkern zu verändern? Dienen Auslandsreisen als „Brückenschlag zwischen den Völkern" oder bewirken sie, wie manche Skeptiker meinen, viel eher den Aufbau und die Verfestigung neuer Vorurteile?

Empirische Untersuchungen verschiedener Autoren (Allport 1954; Amir 1976; Cook 1970) haben gezeigt, daß der Kontakt zwischen ethnischen Gruppen Konflikte, Spannungen und Vorurteile abbauen kann. Kontakt bewirkt jedoch nicht per se bereits eine positive Veränderung von Einstellungen – worauf der amerikanische Sozialwissenschaftler Amir hinweist – sondern nur unter bestimmten Bedingungen. Amir (1976) differenziert unter sozialpsychologischer Perspektive die für einen Vorurteilsabbau „günstigen" bzw. „ungünstigen" Bedingungen.

Ein wesentlicher Faktor ist die Statusebene, auf der sich der Kontakt abspielt. Als günstig erweist sich, wenn der Kontakt zwischen den Mitgliedern verschiedener ethnischer Gruppen auf gleicher Statusebene zustande kommt. Bei ungleichem Status ist es günstiger, wenn der Minoritätsgruppe ein höherer Status zukommt als der Majoritätsgruppe. Negativ wirkt sich aus, wenn die Mitglieder der Minoritätsgruppe einen niedrigeren Status besitzen oder wenn das Prestige oder der Status einer Gruppe erniedrigt wird als Resultat der Kontaktsituation, wie es z.B. häufig im Dienstleistungsbereich des Hotelgewerbes der Fall ist.

Zum Abbau von Vorurteilen trägt nach Amir außerdem bei, wenn der Kontakt eher persönlicher und weniger zufälliger Natur ist, was vielleicht noch bei Individualreisen, keinesfalls jedoch im Massentourismus der Fall ist. Häufig ist das soziale Klima oder eine „Autorität" für den Kontakt zwischen den Gruppen förderlich. Positiv wirkt sich auch aus, wenn die Mitglieder beider Gruppen Ziele entwickeln, die den individuellen Zielen der einzelnen Gruppen übergeordnet werden.

Folgende Umstände dagegen verstärken nach Amir Vorurteile oder rufen sie sogar erst hervor: wenn die Kontaktsituation eine Rivalität zwischen den Gruppen schafft oder wenn sich eine Gruppe im Zustand der Frustration befindet (z.B. ausgelöst durch wirtschaftliche Probleme) und durch den Kontakt mit einer anderen Volksgruppe diese zu einem ethnischen „Sündenbock" abstempelt. Vorurteile entstehen außerdem da, wo die am Kontakt beteiligten Gruppen moralische oder völkische Standards besitzen, die einander entgegenstehen.

Grundsätzlich entstehen Vorurteile dann, wenn der Kontakt zwischen zwei Gruppen unerfreulich, unfreiwillig und spannungsgeladen ist. Vorurteile werden dagegen abgebaut, wenn sich dieser Kontakt für beide Gruppen erfreulich oder befriedigend gestaltet.

Die unter sozialpsychologischer Perspektive für einen Vorurteilsabbau „günstigen" Bedingungen bilden nach Amir (1985) die Voraussetzung dafür, daß die Mitglieder der Gruppen bereit sind, auch kognitiv ihre Einstellungen zu verändern und bisherige Stereotypen aufzugeben. Einstellungsänderung bedeutet ja, irrtümliche Informationen durch neuere, adäquatere zu ersetzen. Der Kontakt schafft die Möglichkeit, vorgefaßte, unzutreffende Urteile über andere Gruppen zu revidieren.

Inwieweit im Tourismusbereich für die Reisenden Bedingungen geschaffen werden können, die den Abbau von Vorurteilen begünstigen, wird wohl stark damit zusammenhängen, ob die negativen Asuwirkungen eines Massentourismus eingedämmt werden können. Ein „Sanfter Tourismus" erscheint aufgrund der von Amir dargestellten Erkenntnisse weit mehr dazu angetan, Vorurteile und Stereotypen auf beiden Seiten abzubauen oder gar nicht erst entstehen zu lassen.

## Literatur

Allport, G.W. (1954). The nature of prejudice. Reading, MA: Addison-Wesley.

Amir, Y. (1976). The role of intergroup contact in change of prejudice and ethnic relations. (pp. 245-308) In P. A. Katz (ed.), Towards the elemination of racism. New York: Pergamon.

Amir, Y. & Ben-Ari, R. (1985). International tourism, ethnic contact and attitude change. Journal of Social Issues, 41 (3), 105-115.

Cook, S.W. (1970). Motives in conceptual analysis of attitude-related behavior. (pp. 179-236) In W.Y. Arnold & D. Levine (eds.), Nebraska symposium on motivation. Lincoln, NE: University of Nebraska Press.

Festinger, L. & Carlsmith, J.M. (1959). Cognitive consequences of forced compliance. Journal of Abnormal and Social Psychology, 59, 203-210.

Gottlieb, B.H. (1983). Social support as a focus of integrative research in psychology. American Psychologist, 38, 278-287.

Holfort, F. (1982). Benachteiligung ohne Ende? Düsseldorf: Schwann.

Hovland, C.I.; Janis, I.L. & Kelley, H.H. (1953). Communication and persuasion. New Haven, Conn.: Yale University Press.

Hovland, C.I.; Lumbsdaine, F.D. & Sheffield, F. D. (1949). Experiments on mass communication. Princeton, N.Y.: Princeton University Press.

Hovland, C.I. & Weiss, W. (1951). The influence of source credibility on communication effectiveness. Public Opinion Quarterly, 15, 635-650.

Janis, I.L. & King, B.T. (1954). The influence of role-playing on opinion change. Journal of Abnormal and Social Psychology, 49, 211-218.

Lasswell, H.D. (1948). The structure and function of communication in society. (pp. 37-51) In L. Bryson (ed.), Communication of ideas. New York, NY: Harper & Row.

Six, B. & Schäfer, B. (1985). Einstellungsänderung. Stuttgart: Kohlhammer.

Staats, A.W. (1968). Social behaviorism and human motivation: Principles of the attitude-reinforcement-discriminative System. (pp. 33-66) In A.G. Greenwald et al. (eds.), Psychological foundations of attitudes. New York: Academic Press.

Thomas, A. (1991). Einstellung und Einstellungsänderung. (S. 131–162) In ders., Grundriß der Sozialpsychologie. Göttingen: Hogrefe,

Zajonc, R.B. (1968). Attitudinal effects of mere exposure. Journal of Personality and Social Psychology. Monograph Supplement, 9, Vol. 2, 1-27.

**Martina Gast-Gampe, München**

# (Urlaubs-)Erleben, (Urlaubs-)Erlebnis

Wohl nur wenige Kategorien oder Begriffe sind alltagssprachlich so relevant und in der akademischen Fachwissenschaft so unterbeachtet wie das „Erleben" (oder auch „Erlebnis"). Das war durchaus einmal anders; in früheren Phasen der Psychologie-Geschichte hat man sich ausführlich mit dem Erleben oder dem Erlebnis befaßt (vgl. Dorsch 1950, S. 78; Lersch 1962; Reykowski 1973). Heute stehen wir vor einer Renaissance und neuen Fragestellungen (vgl. Schulze 1992).

In der Tourismuswissenschaft spielt der Begriff des Erlebens naturgemäß eine große Rolle, denn logischerweise muß sich eine „angewandte" Wissenschaft, die sich mit der Frage befaßt, wie Menschen etwas (einen Ort, eine Region, eine Sehenswürdigkeit, eine Beförderungsmöglichkeit, eine Dienstleistung oder einen gesamten Urlaub) „erleben", wie ein möglichst positives oder optimales Erleben erreicht, d.h. gestaltet werden kann und wie die Menschen selbst ein positives Erleben steigern und intensivieren können. „Urlaubs-Erleben" hätte somit einerseits zweifellos eine gewisse Nähe zum Begriff der Zufriedenheit (→ *Reisezufriedenheit*), andererseits zum (→) *Flow*-Zustand. Das Schaffen (oder Vermitteln) eines Urlaubserlebnisses stünde schließlich u.a. eng mit der (→) *Animation* und der (→) *Freizeitberatung* in Zusammenhang.

## 1. Erleben als Prozeß

Die Urlaubspsychologie betrachtet Erleben nicht als einen Zustand, sondern als einen *Prozeß*. Das Verbindungsstück zwischen Motiv und Ziel wäre ungefähr wie folgt zu charakterisieren und idealtypisch in acht Einzelphasen zu zerlegen:

(1) Aus dem Bewußtsein nicht oder nur ungenügend befriedigter Wünsche entsteht beim Menschen (dem zukünftigen touristischen Kunden) eine Bedürfnisspannung (oder eine Motivationslage). (2) Das Individuum sucht nach einem geeigneten Ziel, um sein Bedürfnis befriedigen zu können. (3) Die Wahrnehmung dieses Ziels und der damit verbundenen Erlebnismöglichkeiten schafft eine gewisse Vorfreude und allgemeine emotionale Aktivierung. (4) Nach Überwindung von Barrieren, d.h. Problemen, Schwierigkeiten, wird das Ziel erreicht, worauf sich der besondere Zustand des Erlebens einstellt. (5) Eine Intensivierung der Zielerreichung bringt das gesteigerte Erleben, „lustvolle" Lebensgefühl mit sich. (6) In der Regel ist das typische Gefühl des Erlebens oder Erlebnishabens dann eine Zeitlang voll entfaltet, bevor (7) die Erlebnisintensität allmählich absinkt und der Zustand der (psychophysischen) Sättigung eintritt, und schließlich (8) der Organismus in seinen früheren Gleichgewichtsstand zurückgekehrt ist. Erleben ist mit der Sättigung nicht vorbei. Im Unterbewußtsein steht eine

jederzeit abrufbare Bildergalerie der Urlaubserlebnisse bereit, die Urlaubserinnerung.

## 2. Erlebnisbereiche im Urlaub

Wiederum idealtypisch können vier wesentliche Erlebnisbereiche unterschieden werden, die im Urlaub eine Rolle spielen:

(a) *Exploratives Erleben*: das suchende Informieren oder Erkunden, das spielerische Probieren, das Neugierigsein auf etwas Besonderes. Ein gelungener Urlaub zeichnet sich dadurch aus, daß er eine Alternative zum „langweiligen" Alltag mit seinen vorhersehbaren, bekannten, immer gleichen Strukturen bietet und sozusagen „wohldosierte" Reize schafft, ohne daß dies mit evidenten Gefahren, sichtbaren Angstreizen verbunden ist. (Beispiele: Bummeln in unübersichtlich-interessanten, aber nicht gefährlichen Bazaren; Ausprobieren von exotischen Speisen in vertrauter Hotelumgebung, Safari-Ausflüge unter Anleitung eines Führers usf.),

(b) *Soziales Erleben*: die Suche nach einem nicht zu verbindlichen Kontakt mit anderen (z.B. Familien), um soziale Defizite im normalen Alltag zu kompensieren, ohne daß dies aber in starke soziale Verpflichtungen ausartet. (Der soziale Kontakt ist mit Urlaubsende auch häufig und problemlos beendet. In bestimmten Settings wird diese Idee propagiert und forciert, z.B. im (→) Cluburlaub.)

(c) *Biotisches Erleben*: alle Formen sonst nicht vorhandener, auch ungewöhnlicher Körperreize: kalkulierte Gebirgswanderungen; umfassendes Bräunungserlebnis; „frische Luft"-Schnappen auf einem stürmischen Segeltörn; aber auch olfaktorische Erlebnisse: unbekannte, „reiz-volle" Gerüche u.ä.

(d) *Optimierendes Erleben*: der „sekundäre Erlebnisgewinn", die soziale Verstärkung eines erfolgreichen, eben: erlebnisreichen Urlaubs, durch das soziale Umfeld in der gewohnten Alltagsumgebung, in die der Urlauber wieder zurückkehrt. (Bestes Beispiel: das – zumindest früher übliche – Bewundern der sichtbaren Urlaubsbräune.)

## 3. Emotionale Aspekte des touristischen Erlebens

Der spezielle Erlebnisinhalt ergibt sich aus dem Aufeinandertreffen einer speziellen individuellen Motivationslage und einer Ziel- oder Wunschvorstellung bzw. einer Realisierung. Individuelle Erfahrungen und aktuelle Stimmungslagen können dabei einen Einfluß haben. Die Stimmungslagen oder Emotionen kann man sich als durch zwei Achsen bestimmt vorstellen: die *Lust-Unlust-Achse* und die *Erregung-Ruhe-Achse*.

Die dabei entstehenden vier Segmente sind wie folgt zu charakterisieren:

Segment A – zwischen Erregung und Lust – betrifft das *Vergnügen* im eigenen und weiteren Sinne. (Beispiele: Die Pracht eines Schlosses zu bewundern, ein fröhlicher Abendbummel, ein spannendes Tennismatch.)

Segment B ist das Segment der *Entspannung*. Der Urlaub, so wie ihn viele Menschen anstreben, findet zwischen den Polen „Lust" und „Ruhe" statt. (Beispiele: Dösen im Strandkorb, gemütliche Radtouren, entspannte Spaziergänge, Sonnenbaden).

Segment C – zwischen Unlust und Ruhe – charakteri-

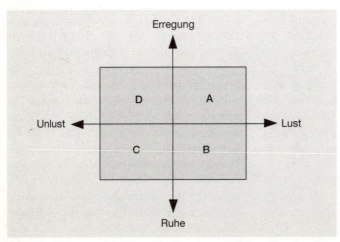

Abb. 1: Darstellung von Emotionen auf der Lust-Unlust-Achse und der Erregung-Ruhe-Achse

siert die *Langeweile*. (Sie ist zweifellos an vielen touristischen Settings gegeben, in denen nicht für ein umfassendes Angebot an die Besucher Sorge getragen worden ist; das Phänomens der „am Abend hochgeklappten Bürgersteige").
Segment D – zwischen Erregung und Unlust – kennzeichnet die von spezifischen Emotionen, wie z.B. Ärger, geprägten Problemzonen oder -phasen im Urlaub (Beispiel: Verkehrslärm, der den Touristen aggressiv oder frustriert werden läßt).

## 4. Strategien der Optimierung von Erleben

Die Kunst der Angebotsgestaltung liegt v.a. darin, das Erleben zu verändern bzw. zu intensiveren, um einen möglichst zufriedenen Kunden zu bekommen und eine Positionierung auf dem Tourismarkt zu erreichen.

Eine Erlebnis*intensivierung* kann dabei stattfinden durch:
– die Verbesserung der Erlebnisfähigkeit mittels gezielter Informationen oder Hinweise oder spezieller Programme („Schule des Erlebens");
– die Erhöhung der Bedeutung des Ziels;
– die bewußt „eingebaute" Verzögerung der Zielerreichung, durch die Anlage von „Barrieren" (Beispiel: der Bergsteiger freut sich nach überwundenen Schwierigkeiten mehr über die Erreichung des Gipfels als ein Seilbahnfahrer; (→) *Flow;* (→) *Bergsteigen);*
– einen deutlichen, nicht zu starken Überraschungseffekt;
– „Gefühlsansteckung" (Beispiel: das ganz besondere Leben und Treiben auf einer Promenade oder in einem Festzelt);
– einen Erlebnisaustausch, also das miteinandersprechen darüber, was einem gefallen hat usf.

Eine Erlebnis*verlängerung* kann erreicht werden durch:
– die gewollte zeitweilige Unterbrechung der individuell wirksamen Reize (nach typischen Erlebens-Hochphasen muß eine Erholungspause, Besinnungspause, Verlangsamung kommen, die die Wirkung einer darauf folgenden erneuten Gefühlsreaktion erst ermöglicht);
– den (vorübergehenden) Wechsel zu einem anderen Thema oder einen Situation (der wieder die Rückkehr zu dem eigentlichen zentralen Thema folgt);
– eine facettenreiche, vielfältige Reizsituation;
– die Sensibilisierung für andere als die zentralen Facetten und Aufmerksamkeitslenkung auf den Reiz dieser anderen Themata;
– durch „Phantasiearbeit", die Ermunterung, das Erlebte mit anderen Inhalten assoziativ in Verbindung zu bringen;
– durch eine Lenkung und Verschiebung der Aufmerksamkeit hin zu neuen Aspekten der gleichen Reizsituation (also den gezielten Hinweis, auf bestimmte, übersehene Dinge zu achten);
– durch einen Erlebnisaustausch mit anderen Menschen (s.o.).

## 5. Ausblick

Angewandte Erlebenspsychologie im touristischen Kontext – mit dem zentralen Ziel, die Attraktivität des Angebotes zu untersuchen (→ *Attraktionsanalyse;* → *Atmosphäre*) und zu verbessern und somit zu einer Optimierung des Erlebens beizutragen – ist Gegenstand einiger Auftragsarbeiten gewesen; die Arbeit des psychologischen Beraters richtet sich dann z.B. auf das gesamte Angebot einer Region oder Stadt (z.B. Baden-Baden, s. Schober 1981), oder einzelner Einrichtungen (Hallenbäder u.ä.)

Die Beachtung der Kategorie des Erlebnisses hat im touristischen Setting ihre sichtbaren Konsequenzen. Die Idee eines expliziten „Erlebnis-Urlaubs" oder eine besonderen „Erlebniswelt" auf Reisen wird mehr und mehr aufgegriffen, z.B. durch die Einrichtung von „Erlebnishotels", von „Erlebnisparks" (→ *Themenparks*), usf.

## Literatur

Dorsch, F. & Giese, F. (1950). Psychologisches Wörterbuch. Tübingen: Matthiesen.

Hartmann, K. D. (1981). Erlebnisse und Verhaltensweisen am Urlaubsort. Sozialpsychologische Beobachtungen und Befragungsmedien „vor Ort". In Studienkreis für Tourismus (Hg.), Reisemotive – Länderimages – Urlaubsverhalten. Starnberg: Studienkreis für Tourismus.

Lersch, P. (1962). Aufbau der Person. München: Barth.

Reykowski, J. (1973). Psychologie der Emotionen. Donauwörth: Auer.

Schober, R. (1981). Tätigkeiten und Stimmungen während des Urlaubs. Eine Urlaubstagebuch-Studie des Südfunks Stuttgart. In Studienkreis für Tourismus (Hg.), Reisemotive – Länderimages – Urlaubsverhalten. Starnberg: Studienkreis für Tourismus.

Schulze, G. (1992). Die Erlebnisgesellschaft. Frankfurt: Campus.

**Reinhard Schober, München**

# Flow

## 1. Geschichte – Zum Entstehen des Flow-Konzeptes

Wenn von einem *Flow-Erlebnis* gesprochen wird, ist etwas gemeint, das eigentlich jeder kennt: Eine Tätigkeit, deren Ausführung ausgesprochenen Genuß bereitet. Der Handelnde ist bei dieser Tätigkeit stark konzentriert, er beachtet nur die zur Ausführung relevanten Reize, geht völlig auf in seinem Tun. Alle banalen oder wichtigen Alltagsprobleme verblassen. Das Zeitgefühl geht verloren. Denken und Tun verschmelzen zu einer Einheit. Man ist sich seiner selbst nicht mehr bewußt, man geht selbstvergessen in der Tätigkeit auf. Man spürt einen starken Drang danach, das, was man in diesem Moment getan hat, wieder zu tun. Mitunter werden sogar Erfahrungen von Transzendenz berichtet.

Der aus Ungarn stammende amerikanische Psychologe Mihaly Csikszentmihalyi führte im Rahmen seiner Studien zur intrinsischen Motivation Anfang der 70er Jahre (Csikszentmihalyi 1975; 1985) 200 Tiefeninterviews mit Personen durch, die alle Tätigkeiten nachgingen, von denen man annahm, daß sie um ihrer selbst willen, und nicht allein aufgrund extrinsischer Belohnungen, ausgeführt wurden. Er nannte sie autotelische Tätigkeiten (griechisch: auto = selbst, telos = Ziel). Unter den Interviewten waren Schachspieler, Kletterer, Basketballspieler, Tänzer, Komponisten und auch Chirurgen, also Personen, die ihre aus sich heraus motivierende Tätigkeit im Rahmen ihres Berufs oder als Teil ihrer Freizeit ausübten. Ziel dieser Befragungen war es zu ergründen, wie diese Personen ihr Erleben beschreiben, wenn sie diesen Tätigkeiten nachgehen, insbesonders die Momente, in denen es „gut läuft". (Ein Beispiel: Warum bereitet Klettern Freude? Der Kletterer nimmt Risiken, Entbehrungen und körperliche Anstrengungen bis zur Erschöpfung in Kauf, ohne etwa dafür besondere extrinsische Belohnungen, wie Geld oder Ansehen, zu erhalten.)

Ergebnis war die Formulierung der Flow-Theorie, eines Modells der Freude am Tun. Diese Bezeichnung kam von den Interviewten selbst, die ihr Erleben häufig als etwas beschrieben, das „im Fluß" sei; daher wurde später der ursprüngliche Begriff autotelisches Erleben durch den griffigen Ausdruck Flow ersetzt. Csikszentmihalyi faßte diese Ergebnisse 1975 in seinem Buch „Beyond Boredom and Anxiety" zusammen. Tatsächlich dauerte es zehn Jahre, bis dieses originelle und innovative Buch in deutscher Übersetzung vorlag. Die deutsche Wortbildung „Flußerlebnis" für Flow setzte sich allerdings nicht durch. Heute redet man nur noch von Flow.

In den Jahren nach der Publikation dieses Buches erfolgte in einer größeren Zahl empirischer Studien eine tiefere Ergründung des Flow-Erlebens, der Bedingungen und der Tätigkeiten, die Flow-Erleben ermöglichen. Das Flow-Konzept erwies sich dabei als sehr valide und robust (M. & I. S. Csikszentmihalyi 1991).

## 2. Zur Theorie des Flow-Erlebens

Im Zustand des Flow stehen alle Inhalte des Bewußtseins zueinander und zu den Zielen, die das Selbst der Person definieren, in Harmonie. Diesen Zustand nennt Csikszentmihalyi *Negentropie* und stellt ihn dem Zustand der *psychischen Entropie* gegenüber, in dem durch Zielkonflikte im Selbst Unordnung und ein Integritätsverlust hervorgerufen werden, was das Erleben von Angst, Langeweile, Apathie oder Verwirrung bewirkt. Es kommt zu einer Effizienzminderung, Aufmerksamkeit wird abgezogen und steht nicht mehr in voller Gänze der Handlungssteuerung zur Verfügung. (Ein klinisches Beispiel dafür: Bei Krankheitsbildern der Depression kommt es nachgewiesenermaßen zu einer Minderung der Aufmerksamkeit.)

Flow (*Negentropie*) stellt, als Gegenpol zur psychischen Entropie, einen Zustand optimalen Funktionierens dar, in dem der Ausführende stark konzentriert ist und seine ganze Informationsverarbeitungskapazität den relevanten Reizen widmen kann. Die Ausführung der Handlung bereitet Freude, der negentropische Zustand erzeugt den Wunsch nach Wiederholung.

Flow-Erlebniskomponenten sind vor allem:
– Gefühl der Freude, Begeisterung,
– starke Konzentration auf relevante Reize,
– Tätigkeit als Herausforderung,
– Gleichgewicht von Anforderung und Können,
– Kontrolle,
– Prozeßhaftigkeit
– Bewegung im Fluß,
– Verlust des Gefühls für Zeit und Raum,
– Vergessen der Alltagssorgen,
– Transzendenz, Verschmelzungserfahrung,
– Wunsch nach Wiederholung,

Ein wichtiger Aspekt im Flow-Geschehen ist das *Anforderungs-Können-Gleichgewicht*. Übersteigen die Anforderungen die Fähigkeiten zum Handeln, so kann Angst und Sorge die Folge sein. Ist man jedoch unterfordert, sind die Anforderungen niedriger als die Fähigkeiten, so stellt sich Langeweile ein. Nur wenn sich Anforderungen und Können die Waage halten, kann Flow erlebt werden. Zudem darf das durchschnittliche Fähigkeits- und Anforderungsniveau einer Person nicht unterschritten werden. (Dieser Flow-Bereich wird durch den zweiten Quadranten in Abbildung 1 gekennzeichnet.)

*Kontrolle, Fluß, Konzentration.* In diesem Gleichgewichtszustand von Anforderung und Können ist die optimale *Kontrolle* über die Situation gewährleistet. Der Ausführende erlebt Selbstwirksamkeit und Eigenverantwort-

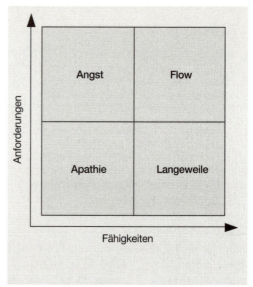

Abb 1: Modell des Flow-Zustands (nach Csikszentmihaly 1991, S. 286)

lichkeit, er hat die Sache „im Griff". Er erlebt sich als Urheber der Handlung („origin") im Sinne von deCharms (1968). Dieser Motivationspsychologe wurde bekannt durch das von ihm formulierte „Konzept der persönlichen Verursachung", das der Formulierung der Flow-Theorie vorausging.

Man taucht dabei ein in den Handlungsprozeß, die Handlung ist im *Fluß*. In diesem prozeßhaften Zustand verliert und vergißt sich der Ausführende im Handeln. Das Spiel von Kindern kann hier sehr gut zur Veranschaulichung der *Selbstvergessenheit* angeführt werden. Die starke *Konzentration* bringt den Verlust des Zeitempfindens mit sich, Selbstzweifel treten zurück, die autotelische Handlung steht gänzlich im Zentrum. Ein eingängiges Beispiel sind Programmierer, die ganze Nächte am Computer verbringen und Zeit, Hunger, Schlaf und ihre Familie völlig „vergessen". Die ganze Aufmerksamkeit wird der Flow-Tätigkeit gewidmet. Dieses völlige Aufgehen im Tun kann sich in seltenen Fällen bis zur Erfahrung von *Transzendenz* stei-

Tabelle 1: Auf Flow untersuchte Tätigkeiten/Berufe

| | |
|---|---|
| – Schachspielen | – Programmieren |
| – Klettern, Bergsteigen | – Texte abfassen |
| – Basketballspielen | – Hochseesegeln |
| – Tanzen | – Motorradfahren |
| – Arbeit des Chirurgen | – Leben im Kloster (Jesuiten) |
| – Komponieren | – und andere |

(nach Csikszentmihalyi 1985; Csikszentmihaly & Csikszentmihalyi 1991)

gern. Die Person erlebt im Zustand des intensiven „tiefen" Flows Momente der Erfüllung und des höchsten Glücks. Religiöse, metaphysische und ekstatische Gefühle überwältigen den Handelnden. Hier wird die Verwandtschaft des Flow-Erlebens zu dem von Maslow (1964) formulierten Phänomen der „peak experiences" offenbar. Es sind „Momente von Erfüllung und höchstem Glück" (Maslow 1962).

*Strukturmerkmale.* Um das Erleben von Flow zu ermöglichen, muß die Tätigkeit gewissen Strukturmerkmalen genügen. Neben einer klaren Aufgabenstruktur mit eindeutigen Zielen sollte sie den Handelnden mit unmittelbaren Rückmeldungen über die Ergebnisse seiner Aktionen versorgen. Damit die Tätigkeit auch nach Einübung und Gewöhnung noch eine Herausforderung darstellt, sollte die Schwierigkeit steigerungsfähig sein. Zu den Strukturmerkmalen gehören demzufolge:
– klare Handlungsanforderungen und Ziele,
– direkte Rückmeldung,
– Herausforderung an Problemlösekompetenz,
– Steigerungsfähigkeit der Schwierigkeit.

Neben den Aspekten der Aufgabenstruktur tritt als weiterer Faktor noch ein persönlichkeitspsychologischer Aspekt hinzu. Nicht jeder Mensch ist, bei gleichen Aufgaben und gleichen individuellen Leistungsvoraussetzungen, immer in der Lage, Flow zu erleben. Hier gibt es interindividuelle Unterschiede, der *autotelische Persönlichkeitstyp* kommt leichter und häufiger in den Flow-Zustand. Grundsätzlich können Männer und Frauen gleichermaßen in den Genuß der Tätigkeitsfreude kommen und das Flow-Erlebnis ist, wie empirisch belegt, ein interkulturelles Phänomen.

Grundsätzlich kann man bei allen Tätigkeiten Flow erleben, wenn diese bestimmten Strukturmerkmalen genügen. Zum Eintauchen in den tiefen Flow-Zustand bedarf es Tätigkeiten hoher Komplexität. Tätigkeiten mit niedriger Komplexität können allenfalls ein Flow-Erleben sehr eingeschränkter Qualität („*microflow*") ermöglichen. Mittlerweile gibt es eine ganze Reihe von Tätigkeiten, zu denen Berichte über Flow-Erleben vorliegen (vgl. Tab. 1): Die Tätigkeiten entspringen sowohl dem Arbeits- als auch dem Freizeitbereich. Sie sind in ihrer Eigenart meist grundverschieden, doch haben sie alle die *flow*-relevanten Tätigkeitsmerkmale gemein.

## 3. Empirische Studien zum Flow-Erleben

Empirische Studien zur Erforschung des Flow-Erlebens bedienen sich einer eigens dafür entwickelten Methode zur Selbstbeobachtung (Massimini & Carli 1991). Diese *Experience Sampling Method (ESM)* funktioniert nach folgendem Prinzip: Der Proband trägt im Alltag einen kleinen, portablen Piepser bei sich. Dieser ertönt nach dem Zufallsprinzip bis zu achtmal täglich. Die Versuchspersonen müssen dann jeweils einen Selbstbeobachtungsbogen ausfüllen. Darin festgehalten wird die gerade ausgeführte Tätigkeit, Emotionen werden erfragt und Flow-relevante Fragen beantwortet. Damit ist eine systematische Erfassung des Flow-Erlebens im Alltag möglich, insbesondere wie häufig, wie lange, bei welchen Tätigkeiten und bei welchen Personengruppen Flow-Erleben auftritt.

So erhob Lefevre mit der ESM-Methode Daten von 106 Arbeitnehmern über den Zeitraum einer Woche (Csikszentmihalyi & Lefevre 1989; Lefevre 1991). Zentrales Anliegen der Studie war es zu erkunden, wieviel Zeit sich Erwachsene im täglichen Leben im Flow-Zustand befinden. Entgegen der Erwartungen befanden sich die Untersuchten in ihrer Arbeitszeit häufiger im Flow-Zustand (54%) als in ihrer Freizeit (18%). Dort dominierte dagegen der Zustand der Apathie (52%). Der ESM-Fragebogen erfaßte auch die Motivation, Aktivation, Konzentration, Kreativität und Zufriedenheit der Personen. Diese Kenngrößen sind im Flow-Zustand durchweg hoch, im Zustand der Apathie dagegen niedrig. Wells (1991) konnte in ihrer ESM-Studie bei arbeitenden Müttern (N=49) nachweisen, daß diese in ihrer Berufstätigkeit doppelt so oft Flow-Erlebnisse haben wie zu anderen Zeiten. Zudem weisen die Frauen, die häufiger Flow erleben, eine höhere Selbstbewertung auf.

Massimini und Carli (1991) konnten zeigen, daß der Flow-Zustand durchweg mit positiven Emotionen begleitet ist. Die 47 Teilnehmer dieser ESM-Studie beschrieben sich in Flow-Situationen als „glücklich, stark, aktiv, engagiert, kreativ, frei, angeregt, offen, klar und zufrieden".

Die Befunde zeigen, daß Personen im Arbeitskontext mehr Erfüllung und Freude durch häufigere Flow-Erlebnisse empfinden als in ihrer Freizeit. Das ist erstaunlich, wird doch Freizeit als etwas Erstrebenswertes angesehen, im Sinne von „je mehr Freizeit, desto besser". Anscheinend bestehen Probleme, mit der freien Zeit sinnvoll umzugehen, die Qualität des Erlebens ist dort niedriger als in der Zeit, in der wir im Kontext der Arbeit Ziele verfolgen, Herausforderungen begegnen und Probleme lösen.

Sind diese Studien ein weiterer Beleg für die Krise der Freizeit? Jedenfalls formuliert Csikszentmihalyi (1992) auf dieser Basis seine These der „Verschwendung der Freizeit": Man gehe in der Freizeit vorwiegend passiven Beschäftigungen nach und habe Schwierigkeiten, sie strukturiert zu nutzen. Im Sinne stellvertretender Teilnahme beobachtet man *andere*, wie diese Herausforderungen begegnen, Schwierigkeiten meistern, wie sie Dinge tun, die man selbst in Angriff nehmen könnte. Auch in der von Opaschowski vor kurzem vorgestellten Studie des B.A.T. Freizeit-Forschungsinstituts „Freizeit 2001" wird ein eher düsteres Bild von dem Freizeitmenschen der nahen Zukunft gezeichnet. Dieser habe zunehmende Schwierigkeiten, mit der arbeitsfreien Zeit sinnvoll umzugehen, sich zu freuen. Er ist auf der Flucht vor Langeweile und Überdruß und stürzt sich in waghalsige „thrills", wie etwa Bungee-jumping.

Um die Freizeit aufzuwerten, müßte Unterstützung und Anleitung gegeben werden, hin zu einer bewußteren und strukturierteren Freizeitgestaltung, in der man aktiv Herausforderungen begegnet, an denen man sein Können messen kann und Selbstwirksamkeit erlebt. Denn wer Flow häufig erlebt, ist zufriedener, entwickelt ein positiveres Lebensgefühl und hat ein höheres Selbstwertgefühl (Lefevre 1991; Massimini & Carli 1991; Wells 1991). Flow-Erlebnisse können zu innerem Wachstum und zur Selbstverwirklichung beitragen (Deci & Ryan 1985).

## 4. Tourismus und Flow-Erleben

Bislang sind noch keine ESM-Studien zum Flow-Erleben im Urlaub bekannt geworden. Doch nimmt man eine Parallelität zu den Ergebnissen des Freizeitverhaltens an. Es kann vermutet werden, daß das Interesse der Touristikindustrie darauf hinausläuft, alles so zu gestalten, daß Flow-Erlebnisse häufig auftreten: Die Alltagssorgen werden vergessen, die Zeit vergeht wie im Flug. (Beispiel: (→) *Themenparks* à la Disneyland.) Vor allem heißt

Flow „freudiges Tätigsein". Für Csikszentmihalyi sieht so die richtige *Erholung* aus, im Gegensatz zum passiven und unstrukturierten Verbrauch der Zeit.

Auf der Basis der Flow-Erlebenskomponenten und der empirisch gewonnenen Anforderungen an Flow-gerechte Tätigkeiten kann man Überlegungen anstellen, wie Urlaubsangebote gestaltet sein könnten, um Flow-Erleben zu ermöglichen.

*(1) Im Zentrum stehen Aktivitäten.* Freude am Tun heißt auch, andere etwas *tun* zu lassen! Viele Veranstalter und Fremdenverkehrsverbände haben das bereits erkannt. Sie bieten ein umfangreiches Freizeitangebot an. Man spricht in diesem Rahmen auch vom Aktiv- und Erlebnisurlaub.

*(2) Sport und Spiel* sind typische Flow-Tätigkeiten. Klare Ziele, Steigerung der Schwierigkeit, direkte Rückmeldung und ein fester Satz an Regeln sind die Kennzeichen. In der Urlaubsregion sollten sportliche Aktivitäten angeboten werden, und es sollte ermöglicht werden, auch neue Sportarten zu erlernen. Spiele gehören traditionsgemäß zum Programm der Clubreiseveranstalter.

*(3) Neuartigkeit.* „Etwas Neues ausdenken oder entdecken" beschrieben die von Csikszentmihalyi (1985) befragten Bergsteiger, Schachspieler oder Komponisten als etwas der Flow-Tätigkeit Naheliegendes. Exkursionen ins Landesinnere, das Kennenlernen und die Einführung in fremde Kulturen und Lebensweisen kommen vermutlich diesem Drang zu Exploration, zur Lust am Neuartigen entgegen.

*(4) Klare Ziele und Regeln.* Die Formulierung eines groben Zeitplans, die Definition von Tagesetappen und Zielen gibt eine Struktur vor und verhindert Desorganisiertheit und Chaos. Doch sollte nicht *alles* lückenlos geplant und vorherbestimmt sein. die Beteiligten sollten Spielräume haben und eigene Entscheidungen treffen können. So merkt Mitchell (1991) an, daß Flow-Erfahrungen nur möglich sind, wenn den Teilnehmern eigene Entscheidungen, auch für bedeutsame Dinge, möglich sind. Als Negativ-Beispiel führt er eine Floßfahrt an, bei der alles bis ins Detail geregelt und vorbereitet war. Die einzige Entscheidung, die die Teilnehmer treffen mußten und durften war, damit einverstanden zu sein, naß zu werden.

*(5) Keine Über- oder Unterforderung.* Beides ist dem Flow-Erleben abträglich. So sollten Berg- und Klettertouren, Segeltörns oder Radreisen dem Können und der Leistung der Teilnehmer angepaßt sein. Nur so kann das Gefühl entstehen, die Sache unter *Kontrolle* zu haben. Neben einer erhöhten Unfallgefahr sind bei Überforderung Angst, Erschöpfung und Enttäuschung die Folge. Sind die Ansprüche aber zu niedrig, so kann sich Langeweile und Apathie einstellen.

*(6) Fortbewegung* als Flow-Tätigkeit. Die Fortbewegung zu Fuß oder mit einem Verkehrsmittel kann Flow-Erfahrungen vermitteln (siehe zum Motorradfahren: Sato 1991; Segeln: Macbeth 1991; → *Bergsteigen*). So kann dies auch ein möglicher Faktor dafür sein, warum eine beträchtliche Anzahl von Personen das eigene Auto als Verkehrsmittel bei der Urlaubsreise anderen Verkehrsmitteln vorziehen. Auch widrige Dinge wie Staus, Hitze und lange Fahrzeiten scheinen nicht abzuschrecken. Im Zeitraum von 1968 bis 1988 verwendeten konstant um die 60% das eigene Fahrzeug, um das Urlaubsziel zu erreichen (Dundler 1989).

Nach den Anreizen befragt, schildern über 60% von 150 Motorradfahrern (Rheinberg 1987) unter anderem folgende Aspekte: Beherrschung der Maschine (75%), spüren, wie sich das eigene Können verbessert (60%), Genuß im Umgang mit der Maschine (53%) und sozialer Kontakt (63%).
Reiseberichte von Motorradfahrern thematisieren primär das Erlebnis des Fahrens. Es geht weniger um eine Schilderung der Ziele, sie sind nebensächlich (Nagels 1984; zit. in Rheinberg 1987). Der Weg ist das Ziel.
Erfolgversprechend könnte es somit für bestimmte Personengruppen sein, An- und Abreise sowie Zwischenetappen mit dem eigenen oder einem gestellten Fahr-

zeug (Auto, Motorrad, Fahrrad) zu ermöglichen. Auch wenn Schönhammer (1991) das Flow-Konzept im Rahmen der Psychologie der Fortbewegung als eine einseitige Sichtweise kritisiert, die positives Erleben ausschließlich dem aktiv Tätigen zubilligt, so beschreibt die Flow-Theorie dennoch wichtige Elemente des Erlebens im Umgang mit Fortbewegungsmitteln: das Gefühl der Kontrolle, die Möglichkeit, eigene Entscheidungen zu treffen und die Steigerungsmöglichkeit des Könnens.

## 5. Diskussion

Die These Csikszentmihalyis zur „Verschwendung der Freizeit" ist kritisch zu sehen. So ist das Freizeitverhalten sicherlich nicht abgekoppelt vom Arbeitskontext eines Individuums. Zumindest in Teilbereichen kann man einen *Kompensationszusammenhang* annehmen. So könnten die Arbeitnehmer in den Studien von Lefevre und Wells schon deshalb an ihrem Feierabend weniger Aktivitäten nachgehen und Herausforderungen begegnen, weil sie nach dem anstrengenden Arbeitstag einfach ruhen und ausspannen müssen. Zudem liegt die freie Zeit bei Arbeitnehmern mit einer 40-Stunden-Woche nicht gerade im Hoch der biologischen Tagesleistungskurve. Einige Befunde weisen auf einen kompensatorischen Zusammenhang zwischen Arbeits- und Freizeitverhalten hin:

Wahlers und Etzel (1985) unterschieden in ihrer Fragebogenstudie (N=597) Anregungssucher und Anregungsvermeider. Sie erhoben den im aktuellen Lebenskontext (Arbeit, Freizeit) erfahrenen Anregungsgehalt und die bevorzugte Art des Urlaubs. *Anregungssucher*, die ein Anregungsdefizit auszugleichen haben, wünschen sich eine *andere, einzigartige, ungewöhnliche, packende, abenteuerreiche und aufregende* Zeit. *Vermeider* haben im Alltag schon mehr als genug Anregung. Sie übersteigt ihr Optimum. Sie ziehen im Urlaub einen soliden, vertrauten und familiären Kontext vor.

Derjenige, der im Alltag, in Arbeit und Familie vorwiegend Stabilität, Sicherheit und Abwesenheit von Risiko vorfindet, sucht als Ausgleich die „kontrollierte Unsicherheit", z.B. in der Form des (→) *Bergsteigens*. Zu diesem Ergebnis kam Mitchell (1983), ein Verfechter der Kompensationsthese, bei der Analyse der Mitgliederdaten von Bergsteigervereinen.

Das optimale Ausmaß an Aktivitäten ist interindividuell verschieden sowie beeinflußt vom Arbeits- und Lebenskontext der Person. Bei der Gestaltung von Urlaubsangeboten soll nicht einem blinden Aktivismus das Wort geredet werden. Dennoch kann eine ausreichende Anzahl geeigneter Aktivitäten Flow-Erleben begünstigen und damit die Erlebensqualität – hin zu mehr Freude, Zufriedenheit und Selbstverwirklichung – steigern.

## Literatur

Csikszentmihalyi, M. (1975). Beyond boredom and anxiety. San Francisco: Jossey-Bass.
Csikszentmihalyi, M. (1985). Reflections of enjoyment. Perspectives in biology and medicine, 28(4), 489-497.
Csikszentmihalyi, M. & Lefevre, J. (1989). Optimal experience in work and leisure. Journal of Personality and Social Psychology, 56(5), 815-822.
Csikszentmihalyi, M. (1985). Das Flow-Erlebnis: Jenseits von Angst und Langeweile: Im Tun aufgehen. Stuttgart: Klett-Cotta, 2. Aufl. 1987.
Csikszentmihalyi, M. (1992). Flow: Das Geheimnis des Glücks. Stuttgart: Klett-Cotta.
Csikszentmihalyi, M. & Csikszentmihalyi, I. S. (Hg.) (1991). Die außergewöhnliche Erfahrung im Alltag: Die Psychologie des Flow-Erlebnisses. Stuttgart: Klett-Cotta.
deCharms, R. (1968). Personal causation. New York: Academic Press.
Deci, E. & Ryan, R. (1985). Intrinsic motivation and self-determination in human behavior. New York: Plenum Press.
Dundler, F. (1989). Urlaubsreisen 1954-1988: 35 Jahre Erfassung des touristischen Verhaltens der Deutschen durch soziologische Stichprobenuntersuchungen. Starnberg: Studienkreis für Tourismus.
Lefevre, J. (1991). Flow und die Erlebensqualität im Kontext von Arbeit und Freizeit. (S. 313-325) In M. Csikszentmihalyi & I. S. Csikszent-

mihalyi (Hg.), Die außergewöhnliche Erfahrung im Alltag: Die Psychologie des flow-Erlebnisses. Stuttgart: Klett-Cotta.

Macbeth, J. (1991). Das Hochseesegeln (S. 233-253). In M. Csikszentmihalyi & I. S. Csikszentmihalyi (Hg.), Die außergewöhnliche Erfahrung im Alltag: Die Psychologie des flow-Erlebnisses. Stuttgart: Klett-Cotta.

Massimini, F. & Carli, C. (1991). Die systematische Erfassung des flow-Erlebens im Alltag (S. 291-312). In M. Csikszentmihalyi & I. S. Csikszentmihalyi (Hg.), Die außergewöhnliche Erfahrung im Alltag: Die Psychologie des flow-Erlebnisses. Stuttgart: Klett-Cotta.

Mitchell, R. G. (1983). Mountain experience: The psychology and sociology of adventure. Chicago: University of Chicago Press.

Mitchell, R. G. (1991). Soziologische Implikationen des flow. (S. 50-76) In M. Csikszentmihalyi & I. S. Csikszentmihalyi (Hg.), Die außergewöhnliche Erfahrung im Alltag: Die Psychologie des flow-Erlebnisses. Stuttgart: Klett-Cotta.

Maslow, A. (1962). Towards a psychology of being. Princeton: Van Nostrand.

Maslow, A. (1964). Religions, values and peak-experiences. Columbus: Ohio State University Press.

Nagels, E. (1984). Zur Anreizstruktur des Motorradfahrens: Eine Erkundungsstudie zur Aufklärung eines anreizheterogenen Phänomenbereichs. Unveröff. Diplomarbeit, Ruhr-Universität Bochum.

Rheinberg, F. (1987). The motivational analysis of high-risk sport. (pp. 249-259) In F. Halisch & J. Kuhl (eds.), Motivation, intention, and volition. Berlin: Springer.

Sato, I. (1991). Bosozoku: flow in japanischen Motorradbanden. (S. 111-138) In M. Csikszentmihalyi & I. S. Csikszentmihalyi (Hg.), Die außergewöhnliche Erfahrung im Alltag: Die Psychologie des flow-Erlebnisses. Stuttgart: Klett-Cotta.

Schönhammer, R. (1991). In Bewegung: Zur Psychologie der Fortbewegung. München: Quintessenz.

Wahlers, R. D., & Etzel, M. J. (1985). Vacation preference as a manifestation of optimal stimulation and lifestyle experience. Journal of Leisure Research, 17(4), 283-295.

Wells, A. J. (1991). Selbstbewertung und optimales Erleben. (S. 335-350) In M. Csikszentmihalyi & I. S. Csikszentmihalyi (Hg.), Die außergewöhnliche Erfahrung im Alltag: Die Psychologie des flow-Erlebnisses. Stuttgart: Klett-Cotta.

**Michael Anft, München**

# Fremdheitskonzepte in der Psychologie

## 1. Einleitung: Der Fremdheitsbegriff in der Psychologie

Die Psychologie kennt kein explizites Fremdheitskonzept. Begriffe wie „fremd", „Fremdheit", „das Fremde" vs. „das Vertraute" sind keine geläufigen psychologischen Termini. Allerdings finden sich in der Psychologie Theorien und Forschungsfelder, in denen unter Verwendung anderer Begriffe Phänomene erklärt werden, die eine starke Affinität zum Fremdheitsbegriff (und dem alltäglichen Verständnis von Fremdheit) haben, aber begrifflich anders gefaßt werden. Leitgedanke ist dabei (Sbandi 1973) folgende Erkenntnis: Je unstrukturierter eine Situation für ein Individuum ist, desto größer ist der erlebte Fremdheitscharakter. Daraus entsteht eine Tendenz zur Wiedergewinnung von Vertrautheit, Orientierungs- und Handlungssicherheit. Handlungen, die geeignet sind, dieses Ziel zu erreichen und den als bedrohlich erlebten Zustand der Unstrukturiertheit und Orientierungslosigkeit zu überwinden, wie z.B. soziales Anschlußhandeln, sozialer Vergleich, Konformität, Kategorisierung und Stereotypisierung, Akkommodation und Assimilation, Kontrastierung, Generalisierung usw. werden bevorzugt aktiviert und so lange beibehalten, bis ein befriedigender Zustand der Orientierung und Vertrautheit wiederhergestellt ist.

Da Menschen in der Lage sind, über sich selbst und andere Menschen nachzudenken, können sie gleichsam wie ein außenstehender Beobachter ein Bild von sich selbst (Selbstbild) entwickeln und dies mit dem Bild, das sie sich von anderen Menschen machen (Fremdbild), vergleichen. Mit Hilfe des Nachdenkens über Gedanken, Gefühle und Handlungsweisen anderer Personen (rekursives Denken) läßt sich eine Differenzierung, Strukturierung und Orientierung im Bereich verschiedener Fremdperspektiven gewinnen, bis hin zu deren Übernahme (Oppenheim 1980). Das so entstandene Fremdbild ist also nicht unstrukturiert, sondern z.T. hochgradig strukturiert und dem Betrachter wohl bekannt und vertraut.

Der Eindruck von Fremdheit entsteht also erstens aus einem Mangel an Strukturiertheit und Vertrautheit; zweitens wird der Begriff „fremd" aber auch als kategoriales Beschreibungsmerkmal zur Ab- und Ausgrenzung aller nicht zum eigenen Selbst gehörenden Objekte verwendet, wobei man meist glaubt, sehr genau zu wissen, worin sich das Eigene vom Fremden unterscheidet. Untersucht werden die psychischen Bedingungen, Verlaufsprozesse und Wirkungen dieser Vorgänge in der Allgemeinen und Entwicklungspsychologie; relevant für interkulturelle Interaktionen sind besonders die Ansätze aus der Sozialpsychologie.

## 2. Entwicklungspsychologie: Fremderfahrung in der frühen Kindheit

In der entwicklungspsychologischen Forschung über die frühe Kindheit ist das Phänomen des „Fremdelns" ausführlich beschrieben worden (Escher-Gräub 1983).

Beim Anblick einer bisher noch nicht gesehenen fremden Person zeigen Kinder im Alter zwischen 6-12 Monaten, bevorzugt im 8. Lebensmonat, deutliche emotionale Reaktionen: Versteifung des Körpers, starke Pupillenerweiterung, erstarrte Mimik, Anzeichen von Angst u.a.m. Wenn die fremde Person sich dem Kind distanziert nähert, erfolgt nach dem Aufmerksamwerden zunächst eine Neugierreaktion, die dann aber beim Näherkommen schnell in heftige Angstreaktionen umschlägt (Keller & Voss 1976). Es besteht offenbar ein enger Zusammenhang zwischen Angstreaktion, fortschreitender Ausreifung des Gehirns und der damit verbundenen kognitiven Entwicklung. Das Erleben eines Wahrnehmungsobjektes als „fremd" setzt also einen kognitiven Reifungsprozeß voraus, der es dem Kind erlaubt, Umweltreize (Gesichter) mit bereits ausgebildeten kognitiven Schemata (Schema vertrauter Gesichter, vorrangig der Mutter) zu vergleichen. In dieser Phase können bereits Vergangenes und Gegenwärtiges vergleichend bewertet sowie eigene und fremde Handlungen und Wirkungen differenziert werden. Es fehlt allerdings noch die volle Kontrolle über die Handlungsplanung und die Antizipation der Folgen eigenen Handelns. Ob vorangegangene belastende Erfahrungen oder allein die Ausbildung kognitiver Kategorien ausschlaggebend sind, feststeht, daß Kinder um das erste Lebensjahr herum die Fähigkeit zur Fremdwahrnehmung entwickelt und ausgebildet haben.

Entwicklungspsychologische Forschungen haben weiter gezeigt, daß eine gesicherte Bindungsbeziehung (zur Mutter), besonders in emotional belastenden Situationen wie z.B. Fremdheitssituationen, für das Kind von existentieller Bedeutung zur Situationsbewältigung ist (Scheuerer-Englisch 1989). Kommt es in kulturellen Überschneidungssituationen zu Fremderfahrungen, die als emotional belastend und bedrohlich erlebt werden, so ist zu erwarten, daß im Individuum ein Vorstellungsschema aktiviert wird, das von der bereits in der Kindheit ausgebildeten Bindungsqualität bestimmt ist und ein dementsprechendes Reaktionsverhalten auf die Fremdheitssituation hervorbringt. Eine sichere Bindung verhindert zuerst einmal das Entstehen lähmender Emotionen. Eine unsichere Bindung kann Angst- und Hilflosigkeitsgefühle verstärken, die wiederum situationsangepaßtes Reaktionsverhalten erschweren.

## 3. Allgemeine Psychologie: Neugier und Aktivation, Angst und Exploration

Jean Piaget formulierte (1946), daß mit dem Neugiermotiv, dem „Interesse an Neuem", eine grundlegende motivationale Voraussetzung für Entwicklung schlechthin gegeben ist. Neugier treibt die Menschen dazu an, aktiv ihnen bisher fremde Situationen und Personen aufzusuchen, mit ihnen zu interagieren, mit dem Ziel, daraus etwas zu lernen oder den Reiz des Neuen zu erleben und auszukosten.

Die neuere Neugier- und Explorationsforschung (Voss & Keller 1981) hat gezeigt, daß Explorationsverhalten aus einem Wechselspiel zwischen der Tendenz, das Angstniveau niedrig zu halten und der Tendenz, ein optimales Niveau neuer Stimulation zu garantieren und aufrechtzuerhalten, resultiert. Neugier führt bei suboptimaler Stimulation (z. B. im Zustand aufkommender Langeweile) zu Aktivation, also zum aktiven Aufsuchen und Gestalten von neuen, fremdartigen Situationen. Solche explorativen Handlungen können aber auch dazu dienen, Angst in zu fremden Situationen durch differenzierende Interaktionen und effektive Problemlösungsversuche, z. B. Erkunden von „Fluchtmöglichkeiten", zu reduzieren. Erst bei erhöhtem Angstniveau in einer als subjektiv aussichtslos empfundenen Lage ohne produktive Strukturierung der Situation oder der Möglichkeit, „aus dem Felde zu gehen", wird exploratives Handeln eingestellt und abgelöst von resignativem Rückzug in sich selbst mit der Folge von Hilf- und Orientierungslosigkeit. Dauert diese Situation längere Zeit an, so lassen sich leichte psychopathologische und psychosomatische Auffälligkeiten beobachten. Hier bietet sich eine Parallele zu den im Rahmen der (→) *Kulturschock*-Forschung gewonnenen Erkenntnisse an (vgl. Furnham & Bochner 1986).

Kulturvergleichende Studien (Draguns 1981) zeigen nicht nur deutliche individuelle, sondern auch kulturelle Variationen in der Ausprägung des Neugiermotivs. Verschiedene Kulturen fördern oder hemmen Neugierverhalten generell und in bestimmten Kontextbedingungen, legen das als angemessen betrachtete Niveau von Aktivation und Neugierverhalten fest und bestimmen den angemessenen Umgang mit Fremdheit und kulturfremden Personen.

## 4. Sozialpsychologische und sozialkognitive Ansätze

Die wichtigsten Theorien sind die folgenden:
*(1) Kognitive Dissonanztheorie*
Ausgehend vom Prinzip des homöostatischen Gleichgewichts, dem jeder lebende Organismus folgt, formulierte Festinger (1957/1978) seine Theorie der kognitiven Dissonanz. Demnach gibt es im Menschen in bezug auf Objekte, Personen und Situationen konsonante (d.h. zueinander passende) oder dissonante (d.h. nicht zueinander passende) Kognitionen. Treten dissonante Kognitionen auf, so ist das Individuum bemüht, diese in konsonante Kognitionen zu überführen. Erst wenn wieder kognitive Konsonanz erreicht ist, beruhigt sich das Individuum, da dann die angestrebte Ordnung wiederhergestellt ist. Dissonante Kognitionen können entstehen, wenn eine Person in „fremden" Kulturen – mit anderen Personen, Objekten und Ereignissen konfrontiert wird, die sie bisher nicht gekannt hat, die anders sind, als sie es erwartet hat und über die sie etwas erfährt, was ihren Einstellungen und Erfahrungen widerspricht.

Die Möglichkeiten zur Wiederherstellung von Konsonanz reichen von einer Veränderung der eigenen Kognitionen bis zur Uminterpretation und zum Ignorieren der dissonanten Information. Dissonante Kognitionen erzeugen einen Eindruck von Fremdheit und Unvertrautheit. Das Bemühen um Konsonanz könnte man interpretieren als Versuch, gewohnte Vertrautheit wieder zu erlangen. Die Bereitschaft, dissonante Kognitionen hinzunehmen und zu tolerieren (Ambiguitätstoleranz), ist sicherlich kulturell determiniert und unterliegt zudem individuellen, während der Sozialisation erworbenen Variationen.

*(2) Verstärkungs-Affekt-Theorie*
Das auf lerntheoretischen Vorstellungen aufbauende Verstärkungs-Affekt-Modell von Byrne (1971) erklärt die Beziehungen zwischen Ähnlichkeit, positiver Stimmungslage und Attraktivität. Ähnlichkeit bzw. Andersartigkeit/Fremdheit (gemessen an der Anzahl gemeinsamer Einstellungen) bewirkt demnach eine sogenannte „induzierte affektive Reaktion", die im Falle hoher Ähnlichkeit positiv, im Falle hoher Fremdartigkeit negativ ausfällt. Diese „induzierte affektive Reaktion" reguliert das Maß an Sympathie bzw. Ablehnung.

Aus dieser Forschungsrichtung lassen sich für *interkulturelle* Begegnungen v.a. diese Folgerungen ableiten:

(a) Je fremder oder unähnlicher ein fremdkultureller Interaktionspartner in seinen Werthaltungen, Einstellungen und Normen wahrgenommen wird, desto stärker wird die „induzierte affektive Reaktion" und damit die erlebte Antipathie sein.

(b) Wenn aber während des ersten Kontaktes eine positive Voreinstellung oder gar Euphorie – angesichts der Möglichkeit, Fremdes und bisher Unbekanntes kennenzulernen – aufgebaut wird, wären eventuell sogar längerfristig stärkere von Sympathie getragene Interaktionen zu erwarten als nach einem anfänglichen Zustand der Angespanntheit, Ängstlichkeit und Aversion.

(c) Beurteilt ein Individuum eine ihr fremde Person zuerst negativ, verändert dann aber ihr Urteil allmählich und sachlich begründet zum Positiven hin, so wird es diese fremde Person als noch sympathischer einschätzen als eine Person, die von Anfang an eine positive Beurteilung erfuhr (Mettee & Aronson 1974).

*(3) Assimilations-Kontrast-Theorie*
Nach dieser Theorie (Sherif & Hovland 1961) wird gezeigt, daß Personen dazu neigen, Merkmale anderer Personen, die in den eigenen Akzeptanzbereich fallen, zu assimilieren, d.h. sie der eigenen Person als ähnlicher ansehen, als sie tatsächlich sind, und alle Merkmale, die in den Ablehnungs-/Zurückweisungsbereich fallen, zu kontrastieren, d.h. als noch unähnlicher, personferner und fremder zu bewerten und zu behandeln, als sie tatsächlich sind.

In Gruppen, deren Mitglieder sich einander fremd gegenüberstehen, auch wenn sie sich eigentlich recht ähnlich sind bzw. in ihren Einstellungen übereinstimmen, finden weniger Vergleichsprozesse untereinander statt als in Gruppen, in denen sich die Mitglieder kennen (Haisch & Frey 1984). Hat eine Person während ihres Aufenthaltes in einer fremden Kultur keine Vergleichsperson oder Vergleichsgruppe verfügbar, so wird sie zunächst versuchen, eine ihr ähnliche zu finden. Gelingt ihr dies z.B. aufgrund eingeschränkter Mobilität oder mangelnder Sprachkenntnisse nicht, steigt der allgemeine Grad der Verunsicherung an und zugleich nimmt das Vergleichsbedürfnis zu. Sie wird unter diesen Umständen versuchen, die anderen sich oder sich den anderen ähnlicher zu machen. So wird sie bemüht sein, die anderen von der eigenen Meinung zu überzeugen, oder sie wird die im fremdkulturellen Kontext vorherrschende, vormals fremde Meinung übernehmen. Auch der von den Mitgliedern der Gastkultur ausgeübte Gruppendruck verstärkt diese Prozesse.

Gemäß dieser Theorie müßten als fremd wahrgenommene Personen, zumal dann, wenn die Fremdartigkeit in Bereichen erlebt wird, die für den Beurteilenden besonders bedeutsam sind, und in denen er hochrangige Werte und Einstellungen verankert hat, noch fremder, ich-ferner und unähnlicher beurteilt werden, als sie es tatsächlich sind. Nach der Akzentuierungstheorie (Eiser & Stroebe 1972) ist aber damit zu rechnen, daß in einer eher fremdenfreundlichen Gesellschaft oder Gruppe zu negative Bewertungen fremder Personen unerwünscht sind und durch die Tendenz zur „sozialen Erwünschtheit" die Kontrasteffekte vermindert werden, eine fremde Person also nicht so stark abweichend beurteilt wird.

*(4) Soziale Vergleichstheorie*
Die Sozialpsychologie konnte zeigen, daß es für Menschen wichtig ist, eine genaue Kenntnis über die Richtigkeit ihrer Einstellungen und Wertvorstellungen sowie über die Einschätzung ihrer Fähigkeiten durch andere zu erlangen. Dies gelingt über den sozialen Vergleich mit anderen Personen. Je unsicherer eine Person in ihrer Einschätzung ist, um so mehr steigt ihr Vergleichsbedürfnis an. Merkmalsähnliche Personen werden dabei eher zum Vergleich herangezogen als unähnliche, wenn Werthaltungen abgesichert werden sollen. Merkmalsunähnliche Personen dienen der Absicherung von Meinungen, falls diese der eigenen Meinung zustimmen, da so ein höheres Maß an Meinungssicherheit erreicht werden kann (Haisch & Frey 1984).

Wahrgenommene Ähnlichkeit führt zur Bereitschaft, häufiger miteinander zu interagieren, was die Chancen erhöht, einander ähnlicher zu werden, einander sympathischer zu finden und füreinander an Attraktivität zu gewinnen. Erlebte Fremdheit läßt eine Person als unähnlich erscheinen, reduziert ihre Chance zum sozialen Vergleich, schwächt die Interaktionsbereitschaft und damit die Attraktivität der Person und führt im günstigsten

Falle zur Ignoranz, im ungünstigsten Falle zur Aversion.

## 5. Konsequenzen für die Praxis

Erlebte Fremdheit kann nur dann Vergleichsverhalten anregen und die Attraktivität fremder Personen und Situationen erhöhen, wenn dadurch das Neugiermotiv (s.o.) aktiviert wird und zugleich Angst- und Verunsicherungsemotionen ausgeschlossen oder auf einem mittleren Niveau stabilisiert sind. Aus einer gefestigten und sozial abgesicherten Position heraus, z.B. als Entwicklungsexperte, als Wissenschaftler, als Missionar, als Kapitalgeber, als Manager mit begehrtem know how, kann eine Person sich „gefahrlos" auf Fremdheit einlassen. Es ist allerdings zweifelhaft, ob sie unter diesen Umständen noch in der Lage ist, das Fremde in seiner ganzen Breite und Vielfalt zu erfassen. Vielmehr werden verstärkt Tendenzen zur Selektion und Interpretation des Fremden unter spezifischen Ziel- und Erwartungseinstellungen zunehmen. Die so zu gewinnende Bestätigung für bereits Gewußtes und Erwartetes reduziert die Wahrscheinlichkeit für das Auftreten von Gefühlen der Verunsicherung und der Angst vor dem Fremden (Xenophobie) (Furnham & Bochner 1986).

Wenn von der Austauschforschung immer betont wird, daß interkulturelles Lernen und Verstehen voraussetzt, daß Fremdartiges nicht nur einfach zur Kenntnis genommen wird, sondern auf dem Hintergrund eigenkultureller Gewohnheiten, in einem interkulturellen Vergleichsprozeß gewürdigt und bewertet werden muß, dann werden damit zugleich hohe Anforderungen gestellt. Selbst dann, wenn das Neugiermotiv sehr stark ausgeprägt ist und das Bestreben, an einer friedlichen Weltgesellschaft mitzuarbeiten, hoch bewertet wird, ist die aktive Auseinandersetzung mit dem Fremden eine ständige Provokation gegenüber dem Bedürfnis nach Absicherung eigener Werte, Meinungen, Einstellungen u.a. und dem Bedürfnis nach Selbstwerterhöhung bzw. Selbstwerterhaltung. Die mit der Fremdheitswahrnehmung, mit Fremdheitskognitionen und dem Handeln unter Fremdheitsbedingungen einhergehenden emotionalen Verunsicherungen, Bedrohungen und Verlusterlebnisse (z.B. Selbstwertverlust) wurden allerdings bisher zu wenig beachtet.

Den hohen Stellenwert dieser Thematik zeigen indirekt die vielen Untersuchungsergebnisse zum internationalen Studentenaustausch, in denen übereinstimmend festgestellt wird, daß Studenten nach einem abgeschlossenen Auslandsstudium in ihrer Ergebnisbilanz dem Gewinn an persönlicher Entwicklung und Reifung die oberste Priorität einräumen. Die Auseinandersetzung mit und die Bewältigung von Ambiguität, Verunsicherungen, Annäherungs- und Vermeidungskonflikten und Identitätskonflikten bewirkt diese Entwicklung (vgl. Thomas 1986a).

Weitere sozialpsychologische/sozialkognitive Theorien, die z.T. schon intensiver in bezug auf ihre mögliche Anwendung auf Formen interkulturellen Austausches diskutiert werden, sind:
– die Schematheorie und die Attributionstheorie (→ *Schema und Attribution*)
– die Theorie der sozialen Identität (→ *Soziale und multikulturelle Identität*)
– die Handlungstheorie interkulturellen Austausches.

## 6. Ausblick

Die hier beschriebenen Konzepte der Kognitions- und Sozialpsychologie zeigen, wie bestimmte Wahrnehmungs-, Kategorisierungs-, Bewertungs- und Attributionsmuster das eigene Verhalten, den Umgang mit anderen Personen und die Bewältigung von Situationen bestimmen. Falls zwei oder mehr Partner aus relativ unterschiedlichen Kulturen aufeinandertreffen, um Aufgaben und Situationen zu bewältigen, für deren Regelung in den Kulturen unterschiedliche Kulturstandards ausgebildet wurden, und wenn sie die gegenseitigen Standards nicht kennen, dann können sie nur auf die eigenkulturellen Standards zurückgreifen. Daraus ergeben sich zwangsläufig Kommunikations- und Interaktionsstörungen. Die Reaktionen der Partner werden ungenügend oder überhaupt nicht verstanden, sie sind nicht adäquat vorhersehbar und somit nicht in den eigenen Handlungsplan integrierbar. Die beteiligten Partner sehen diese Störungen nicht als Ursache der interkulturellen Begegnungssituation an, sondern sie attribuieren sie personenspezifisch (→ *Schema und Attribution*). Die Störungsursache wird als Unfähigkeit oder Unwilligkeit des Interaktionspartners angesehen, und der Partner wird dementsprechend behandelt.

Daher wird in organisierten Formen professionellen interkulturellen Austausches (z.B. Manageraustausch) darauf hingearbeitet, wirksame Trainingsprogramme zu entwickeln, die dazu beitragen sollen, Fremdheit, erlebte Unähnlichkeit, Dissonanzen usw. zu verringern und Vertrautheit, Ähnlichkeit und Übereinstimmungen mit fremden Kulturen herzustellen. Für den Bereich des Tourismus ist das Zukunftsmusik, obwohl sich einige konkrete Praxisbereiche denken lassen, bei denen die Vermittlung dieses sozialpsychologischen Wissens sinnvoll und fruchtbar wäre – wie z.B. im organisierten (→) *Jugendtourismus* oder in der organisierten Erwachsenenbildung, wobei man versucht, gründliche Vorbereitungen auf eher anspruchsvolle interkulturelle Begegnungen im Rahmen von Studien- und anderen Reisen zu gestalten. (→ *Tourismuspädagogik*)

## Literatur

Berber, E. (1935). Psychologie der Neugier. Leipzig: J. A. Barth.

Byrne, D. (1971). The attraction paradigma. New York: Academic Press.

Dorsch, F. (Hg.). (1982). Psychologisches Wörterbuch. Bern: Huber.

Draguns, J.G. (1981). Kulturvergleichende Psychologie und Neugierforschung (S. 309-330). In H.-G. Voss & H. Keller (Hg.), Neugierforschung. Grundlagen – Theorien – Anwendungen. Weinheim: Beltz.

Eiser, J.R. & Stroebe, W. (1972). Categorization and social judgement. London: Academic Press.

Escher-Gräub, C.D. (1983). Zum Phänomen des Fremdelns: Eine verhaltensbiologische Strukturanalyse. Inaugural-Dissertation aus dem Institut für Allgemeine Zoologie der FU Berlin, Abt. für Verhaltensbiologie. Berlin.

Festinger, L. (1978). A theory of cognitive dissonance. Stanford: Stanford University Press 1957 (dt.: Theorie der kognitiven Dissonanz. Bern: Huber 1978).

Furnham, A. & Bochner, S. (1986). Culture shock. London: Methuen.

Haisch, J. & Frey, D. (1984). Die Theorie sozialer Vergleichsprozesse (S. 75-96). In D. Frey & M. Irle (Hg.), Theorien der Sozialpsychologie, Bd. 1. Bern: Huber.

Kruse, L. (1972). Gruppe und Gruppenzugehörigkeit (S. 1539-1593). In C.F. Graumann (Hg.), Handbuch der Psychologie, Bd. 7.2, Sozialpsychologie. Göttingen: Hogrefe.

Mettee, D.R. & Aronson, E. (1974). Affective reactions to appraisal from others (pp. 235-283). In T.L. Huston (ed.), Foundations of interpersonal attraction. New York: Academic Press.

Moran, R.T. & Harris, P.A. (1982). Managing cultural synergy. Houston: Gulf Publ.

Oppenheim, L. (1980). Die Beziehung zwischen rekursivem Denken und sozialer Perspektivenübernahme: Eine Entwicklungsstudie (S. 211-227). In L. Eckensberger & R.K. Silbereisen (Hg.), Entwicklung sozialer Kognitionen. Stuttgart: Klett-Cotta.

Piaget, J. (1946). Psychologie der Intelligenz. Zürich: Rascher.

Sbandi, P. (1973). Gruppenpsychologie. München: Pfeiffer.

Scheuerer-Englisch, H. (1989). Das Bild der Vertrauensbeziehung bei zehnjährigen Kindern und ihren Eltern: Bindungsbeziehungen in längsschnittlicher und aktueller Sicht. Regensburg: Inaugural-Dissertation, Universität Regensburg.

Sherif, C.W. & Hovland, C.F. (1961). Social judgement. New Haven: University Press.

Tajfel, H. (1981). Human groups and social categorization. Cambridge: University Press.

Thomas, A. (1986a). Vergleich interkultureller Handlungsverläufe am Beispiel eines deutsch-amerikanischen Studentenaustausches. Regensburg: Universität, Institut für Psychologie, Abt. f. Sozialpsychologie.

Thomas, A. (1986b). Interkulturelles Handlungstraining in der Managerausbildung. Wirtschaftswissenschaftliches Studium, Heft 6, 281-287.

Thomas, A. (1988). Untersuchungen zur Entwicklung eines interkulturellen Handlungstrainings in der Managerausbildung. Psychologische Beiträge, 30(1-2), 147-165.

Thomas, A. (1989a). An action psychological approach to cross-cultural understanding. (pp. 287-304) In P. Funke (ed.), Understanding the USA. Tübingen: Narr.

Thomas, A. (1989b). Trainingsmaterialien zum „China business and culture assimilator". Regensburg, unveröff. Materialheft.

Triandis, H.C. (1975). Cultural training, cognitive complexity, and interpersonal attitudes. (pp. 39-77) In R.W. Brislin, S. Bochner & W. Lonner (eds.), Cross cultural perspectives on learning. Beverly Hills: Sage.

Voss, H.-G. & Keller, H. (Hg.). (1981). Neugierforschung. Grundlagen – Theorien – Anwendungen. Weinheim: Beltz.

**Alexander Thomas, Regensburg**

# Informationsverhalten

## 1. Einleitung

Vor dem Erreichen eines Reiseziels gibt es wenige Anhaltspunkte, die Qualität des Reiseangebots zu beurteilen. Was man besitzt, ist ein Leistungsversprechen des Anbieters. So verspricht beispielsweise ein Reiseveranstalter, daß er zur Leistungserbringung – „..Bei uns wird Ihr Urlaub zum Erlebnis!" – fähig und bereit ist. Erst wenn sich der Reisende zum Ort der Leistungserbringung begibt und die gebuchte Leistung in Anspruch nimmt, kann er aus Erfahrung beurteilen, ob das Leistungsversprechen eingelöst werden konnte. Ob sich allerdings das „Urlaubserlebnis" als Resultat der touristischen Leistungserbringung im/am Reisenden tatsächlich manifestiert, hängt von einer Vielzahl situativer und prozessualer Einflußfaktoren ab. Nicht zuletzt wird die Qualität der zu erstellenden Leistung auch von dem Reisenden (Urlauber, Gast oder Besucher) mitbestimmt (vgl. Wöhler 1992): Er ist sowohl Konsument als auch Produzent, d.h. eine Leistung wie z.B. ein „Urlaubserlebnis" kann nur entstehen, wenn sich der Urlauber bei der Leistungserstellung mitbeteiligt (= Integration als externer Potentialfaktor; „uno-actu-Prinzip").

Während Sachgüter relativ einfach anhand von Such-Eigenschaften vor dem eigentlichen Kauf beurteilt werden können, sind für Dienstleistungen, also auch für touristische Angebote, sogenannte Erfahrungs- und vor allem Vertrauenseigenschaften von zentraler Bedeutung (vgl. Zeithaml 1981, S. 186ff.). Ist schon die am/im Urlauber zu erbringende Leistung immateriell (um „Urlaubserlebnisse" zu erstellen, besteht zwischen Anbieter und Reisendem zu keinem Zeitpunkt ein Transferobjekt wie bei Sachleistungen, vgl. Meyer 1991, S. 198f.), so kommt durch das Leistungsversprechen noch eine weitere Immaterialität hinzu. Um bei derartigen Vertrauens- und Glaubensprodukten die damit einhergehenden Risiken und Inkonsistenzen zu vermeiden bzw. zu reduzieren (das Versprechen könnte ja nicht mit der späteren, tatsächlichen Leistung korrespondieren), benötigt der potentielle Urlauber vor der Buchung Informationen.

## 2. Wahrgenommenes Risiko

Das Ergebnis einer Reiseentscheidung ist immer Ausfluß individuellen Informations- und Entscheidungsverhaltens. Da der potentielle Urlauber einer Vor-Entscheidungs-Dissonanz ausgesetzt ist (z.B. stehen „entgangene Urlaubsfreuden" und gespartes Urlaubsgeld im Konflikt mit dem intangiblen Glaubensprodukt „Urlaub"), wird er verschiedene Risikoreduktionsstrategien verfolgen. Zwar legen empirische Untersuchungen nahe, daß in der höchsten Risikoklasse doppelt so viele Dienstleistungen vertreten sind wie andere Produktarten (vgl. Guseman 1981, S. 201), doch die Risikowahrnehmung hängt wesentlich von den risikobehafteten Leistungsfaktoren ab. Zeithaml (1988, S. 6ff.) unterscheidet intrinsische (in der Leistung liegende) und extrinsische (außerhalb der Leistung liegende) Leistungskriterien. Insofern ein Kunde erst am „point of consumption" die für ihn bedeutsamen intrinsischen Leistungskriterien nachprüfen kann, wird er sich am „point of purchase" auf extrinsische Kriterien wie Marke, Preis, Image oder Surrogate verlassen und diesbezügliche Informationen suchen. In diesem Zusammenhang wird er weitere Schlüsselinformationen heranziehen, die ihm hinreichende Auskünfte über die Leistungsqualität geben (vgl. Wöhler 1992a). Die extrinsischen Kriterien dienen dazu, dem wahrgenommenen Kauf- bzw. Buchungsrisiko zu entgehen.

Offensichtlich steuert das Risikoverhalten das Entscheidungsverhalten und somit auch das Informationsverhalten. Das empfundene Risiko besteht aus zwei Komponenten (vgl. Laws 1991, S. 70ff.; Moutinho 1987, S. 22ff.):
– Ungewißheit über das Entscheidungsergebnis. Ungewißheit meint, daß bei der Wahl eines touristischen Angebots Unklarheit über die mit einer Entscheidung implizierten Konsequenzen herrscht.
– Ausmaß des Involvements. Involvement beschreibt den Grad wahrgenommener persönlicher Wichtigkeit, der durch eine konsumbezogene Aktivität wie z.B. eine Reiseentscheidung hervorgerufen wird.

Kreuztabelliert man diese Komponenten miteinander, so ergeben sich vier Risikostrategien, die zugleich unterschiedliche, idealtypische Informationsverhaltenstypen hervorbringen (vgl. Abb. 1):

|  | Involvement | |
|---|---|---|
|  | hoch | niedrig |
| Ungewißheit hoch | • Externe Ungewißheitsreduktion<br>• Extensive Entscheidungsprozesse<br>• Markentreue<br>• *Informationsbeibehaltung oder bewußte Informationssuche*<br>**1** | • Externe Konsequenzenbegrenzung<br>• Zufallsauswahl<br>• Testen/Probieren/Abwechslung<br>• *Zufällige Informationsaufnahme*<br>**2** |
| Ungewißheit niedrig | • Interne Ungewißheitsreduktion<br>• Dissonanzreduktion<br>• Attribution<br>• *Selektive Informationssuche*<br>**3** | • Interne Konsequenzenbegrenzung<br>• Zufallsauswahl<br>• „unechte" Markenloyalität<br>• *Passive Informationsaufnahme*<br>**4** |

Abb. 1: Vier Risikostrategien

(ad 1) Potentielle Reisende (Urlauber usf.) sehen den Urlaub als besonders wichtig an. Sie wägen die Alternativen ab und kommen unter Berücksichtigung aller möglichen Aspekte und Informationen zu dem Ergebnis, nicht den Leistungsanbieter zu wechseln. Möglich ist aber auch, daß sie sich keinen weiteren Informationen aussetzen als jenen, die sie im Zusammenhang mit dem gewählten Anbieter kennen.

(ad 2) Es werden zwar zwischen den alternativen Angeboten Unterschiede festgestellt, doch dem Reisenden ist es nicht besonders wichtig, welches Angebot er nun vorzieht. In solchen Situationen wechselt er z.B. den Reiseveranstalter. Oftmals gibt eine zufällige Information einer Referenzperson (→ *Opinion Leader*) den Ausschlag.

(ad 3) Reisende schreiben in diesem Fall die wahrgenommenen Unterschiede zwischen den Anbietern Umständen zu, die diese weniger zu verantworten haben (z.B. dem Urlaubsland, den Wechselkursen). Da für sie die Reise besonders wichtig ist, suchen sie jene Informationen aus, die Auskunft über die für sie bedeutungsvollen Aspekte geben. Dabei meiden sie risikoerhöhende Informationen und gehen noch nicht bekannten Anbietern aus dem Wege. Nach dem Urlaub neigen sie dazu, Informationen aufzunehmen, die ihre Entscheidung bestätigen.

(ad 4) Diese Reisenden sind „träge". Informationen werden nur passiv und flüchtig aufgenommen. Wenn sie einmal einen Anbieter bzw. ein Angebot (zufällig) kennengelernt haben und damit zufrieden waren, entwickelt sich eine „flüchtige Anbietertreue". Läuft etwas schief, dann führen sie es eher auf ihren geringen Informationsaufwand zurück. Um den Bedarf an Informationen zu decken, werden im Zusammenhang mit diesen Risikoreduktionsstrategien und Entscheidungen unterschiedliche Informationsquellen genutzt.

## 3. Informationsquellen

Welche Informationsquellen genutzt werden, ist ein Ergebnis des bei der Risikoreduzierung verfolgten Suchverhaltens (vgl. zum folgenden Moutinho 1987, S. 12ff.; Murray 1991, S. 12ff.; Wöhler 1992a, S. 25ff.). Prinzipiell werden auf der Suche nach entscheidungs- bzw. buchungsrelevanten Informationen über touristische Angebote die persönliche Kommunikation und der private Erfahrungsaustausch (Mund-zu-Mund-Kommunikation) als verläßliche Informationsquellen herangezogen (vgl. Gilbrich 1992, S. 32ff.). Wenngleich durch eine intensive Verwendung personaler Informationsquellen die „objektiven" Informationen verändert werden, so sind sie dennoch weitaus glaubwürdiger als solche Informationen, die, wie z.B. Werbematerial (→ *Werbemittel;* → *Werbeplanung*), anbieterbestimmt sind. An vorderster Stelle bei den personalen Informationsquellen stehen Verwandte, Bekannte, Freunde und Referenzpersonen (→ *Opinion Leader*). Wenn diese Personen eine angemessene Auskunft geben können, dann vermindert sich meist schlagartig die Suche nach weiteren Informationen. Insofern werden Suchkosten reduziert. Vor diesen externen Suchprozessen stehen allerdings interne. Falls individuelle Erfahrungen mit der touristischen Leistung vorliegen, werden sie zuerst aktiviert und zur Bewertung des Angebots herangezogen. Dabei spielen vergangene Anbieter-Urlauber-Beziehungen eine entscheidende Rolle.

Grundsätzlich determinieren die Kosten der Informationssuche das Informationsverhalten und damit auch die individuellen Risikoreduktionsstrategien. Sind verläßliche und glaubwürdige Informationen gefunden, dann wird die Suche (aus Kostengründen) eingestellt. Kann nicht auf personale Informationsquellen zurückgegriffen werden, dann sind neben Markennamen (und somit dem → *Image*) und Angebotspreisen (hoher Preis – hohe

Qualität – Verläßlichkeit) neutrale Dritte typische Informationsquellen mit hoher Glaubwürdigkeit und Verläßlichkeit. Bei Tagungs- und Seminargästen sind beispielsweise Berichte in Fachzeitschriften, Anzeigen in Fachzeitschriften und Tagungsstättenführer Auskunftsstellen, die für den potentiellen Kunden zuverlässige Informationen über die Angebotsqualität geben. Es zeigt sich an diesem Beispiel, daß neben dem wahrgenommenen Risiko und den Informationssuchkosten die Art der gewünschten Information die Auswahl von Informationsquellen bestimmen kann.

Insofern die touristischen Angebote in Sortimenten zusammengefaßt werden, kann der potentielle Reisende bei seiner Informationsbeschaffung auf Stellen wie das Reisebüro, Fremdenverkehrsbüro oder sonstige Vertriebsstellen zurückgreifen (vgl. Gilbrich 1992, S. 32ff.). Dort können die Angebote verglichen und aus einer Fülle von Alternativen ausgewählt werden. Dadurch wird eine relative Sicherheit erzeugt, und der Reisende gewinnt das Gefühl, seine Reise selbst hergestellt zu haben.

Alle empirischen Untersuchungen (vgl. den Überblick bei Murray 1991) belegen im übrigen die begrenzte Wirksamkeit und Bedeutung der klassischen Werbung. Sie dient weniger der Informationsbeschaffung als vielmehr dem Wecken von Aufmerksamkeit und dem Hinlenken auf Informationsstellen.

## 4. Reihenfolge der Informationsaufnahme

Die Art der gewünschten Informationen lenkt auf den Umstand, daß potentielle Urlauber bestimmte Informationen als wichtig ansehen. Da touristische Leistungen immateriell bzw. intangibel sind, ist es z.B. für die werbliche Kommunikationspolitik nicht unerheblich, auf welche Informationen zuerst geachtet wird. Die Reihenfolge der Informationsaufnahme gibt zugleich Auskunft über die Informationsverarbeitung.

Woodside und Lysonski (1989, S. 12f.) bestätigen in diesem Zusammenhang, daß die Größe und Zusammensetzung des „Evoked Sets" von alternativen touristischen Leistungen wie z.B. Urlaubsdestinationen, welche Urlauber bei der Wahl eines Angebots zugrunde legen, relativ klein ist (4,2 im Durchschnitt). Dabei werden zuerst jene Destinationen genannt und aus den Alternativen realisiert, die aufgrund der psychischen und sozialen Erreichbarkeit sofort bewußt sind (z.B. für Amerikaner: USA und Großbritannien, dann Australien und mit Abstand Deutschland). In das Entscheidungsfeld und somit in die Informationsverarbeitungsstrategie eingebaut werden naheliegende und vertraute Alternativen. Das Traumziel, hier die Fidschi-Inseln, ist eben die erträumte Urlaubswelt, die zwar als Alternative noch bewußt ist, doch es wird als nicht realisierbar aussortiert. Demgemäß erfolgt auch hierüber keine aktive Informationssuche.

Bevor sich jemand für ein Reiseziel entscheidet, betrachtet er nach und nach bestimmte Leistungskriterien, d.h. er ordnet und bewertet die ihm zugänglichen Reisezielinformationen nacheinander. Moutinho (1984, S. 15) fand für britische Touristen heraus, daß sie zunächst „Kuriositäten/Abwechslung", dann „Erholung", „Unter-Freunden-Sein", „sportliche Aktivitäten", „Sehenswürdigkeiten" und schließlich „Kulturelle Veranstaltungen" als entscheidende Kriterien ansehen. Die Reihenfolge der Informationsaufnahme ist parallel zu dieser Rangfolge, die gleichzeitig den wahrgenommenen Nutzen widerspiegelt. Der Preis spielt eine eher untergeordnete Rolle bzw. er wird in Relation zu den Leistungskriterien gesetzt. Saleh und Ryan (1992, S. 166ff.) bestätigen am Beispiel der Wahl von Hotels andere Untersuchungsergebnisse, wonach bei intangiblen Leistungen zuerst Informationen über tangible Leistungsbestandteile (Gebäude, Räumlichkeiten, Ausstattung, Zugangswege usw.) aufgenommen werden. Derartige Informationen dienen als Indikator für die Leistungsqualität in der Vor-Kaufs-bzw. Entscheidungsphase. Hält sich jedoch ein Gast zum wiederholten Mal in demselben Hotel auf, dann rücken Informationen über die Servicequalität in den Vordergrund. Insofern besitzt der Gast eine breitere Wahlheuristik, d.h., er kann seine Wahl danach treffen, wo für ihn im Vergleich zu anderen Alternativen Vorzüge liegen. Demzufolge rücken zunächst Informationen über die präferierten Leistungseigenschaften in den Vordergrund.

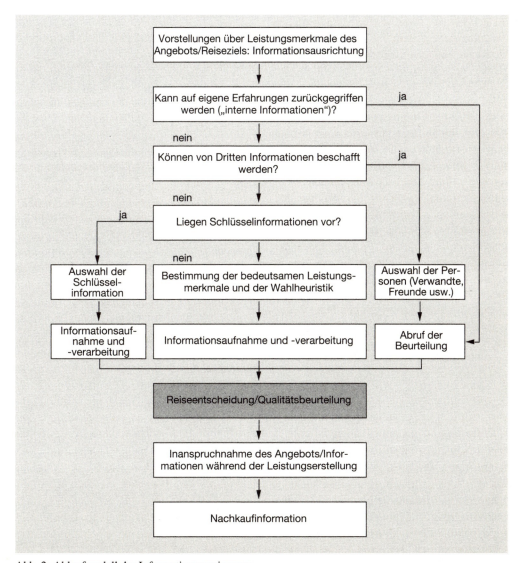

Abb. 2: Ablaufmodell der Informationsgewinnung

## 5. Zusammenfassung und Folgerungen

Folgt man den hier vorgestellten empirischen Analysen, dann kann nicht länger von einem komplexen Informations- und demzufolge Entscheidungsverhalten ausgegangen werden. Um sich ein Urteil über ein Reiseangebot oder -ziel zu bilden, werden vor dem Hintergrund als zunächst wesentlich erachteten Leistungskriterien verschiedene Informationen zusammengefügt und die darin enthaltenen Merkmale zu einem Gesamturteil zusammengefaßt (vgl. Olshavsky 1985, S. 10ff.). Drei vereinfachte Verhaltensmechanismen sind dabei zu unterscheiden: (1) Man greift auf eigene (erlernte) Erfahrungen zurück. (2) Man sucht bei Dritten nach Informationen und (3) man nutzt Schlüsselinformationen. Abbildung 2 (basierend auf Olshavsky 1985, S. 12) veranschaulicht diesen Zusammenhang.

Bei Erstreisen, bei einem Wechsel des Anbieters und bei hochpreisigen Reisen/Angeboten wird das gesamte verfügbare Informationsrepertoire genutzt. Welche einzelnen Leistungsmerkmale bei der Informationssuche im Vordergrund stehen, ist ebenso noch unerforscht wie der Umstand, ob bei der Inanspruchnahme einer touristischen Leistung eine Selbstattribution in dem Sinne erfolgt, daß der Reisende eine mögliche unerwünschte Leistung auf seine mangelhafte Informationssuche zurückführt (vgl. etwa Zeithaml 1981, S. 189). Die Suche und Verarbeitung von Nachkaufinformationen bzw. Nach-Urlaubsinformationen dient zur Vermeidung von kognitiven Dissonanzen. Umgekehrt können sich dadurch erst Dissonanzen (→ *Motivationspsychologie*) bilden. Insofern ist es bedeutsam, welche Informationen der Reisende während des Urlaubs erhält, so daß schon frühzeitig einer Unzufriedenheit entgegengewirkt werden kann. Es bedarf weiterer Forschungen, um sich über diese und andere Fragen und Probleme Klarheit zu verschaffen.

## Literatur

Gilbrich, W. (1992). Urlaubsreisen 1991 – Kurzfassung. Starnberg: Studienkreis für Tourismus.

Guseman, D.S. (1981). Risk perception and risk reduction in consumer service. (pp. 200-204) In J.H. Donelly & W.R. George (eds.), Marketing of services. Chicago: American Marketing Assoc.

Laws, E. (1991). Tourism marketing. Leckhampton: Stanley Thornes.

Meyer, A. (1991). Dienstleistungs-Marketing. Die Betriebswirtschaft, 51, 195-209.

Moutinho, L. (1984). Vacation tourist decision process. Quarterly Review of Marketing, 9 (Spring), 8-17.

Moutinho, L. (1987). Consumer behavior in tourism. European Journal of Marketing, 21(10), 3-44.

Murray, K.B. (1991). A test of services marketing theory: Consumer information acquisition activities. Journal of Marketing, 55 (January), 10-25.

Olshavsky, R.W. (1985). Perceived quality in consumer decision making: An integrated theoretical perspective. (pp. 3-29) In J. Jacoby & J. Olson (eds.), An Assessment of Marketing Thought & Practice, Chicago:Lexington Books.

Saleh, F. & Ryan, C. (1992). Client perception of hotels. Tourism Management, 13, 163-168.

Wöhler, Kh. (in Druck). Qualitätsmarketing durch Beteiligung der Urlaubern. Materialien zum Tourismusmarketing 2 (2. Aufl.). Universität Lüneburg.

Wöhler, Kh. (1992a). Touristische Marktkommunikation: Schlüsselinformationen in der Tourismuswerbung. Materialien zum Tourismusmarketing 4. Lüneburg. In Studienkreis für Tourismus (Hg.) (in Druck), Werbung im Tourismus. Starnberg: Studienkreis für Tourismus.

Woodside, A.G. & Lysonski, S. (1989). A general model of traveller destination choice. Journal of Travel Research, 27 (Spring), 8-14.

Zeithaml, V.A. (1981). How consumer evaluation process differ between goods and services. (pp. 186-190) In J.H. Donelly & W.R. George (eds.), Marketing of services. Chicago: American Marketing Association.

Zeithaml, V.A. (1988). Consumer perceptions of price, quality, and value: A means-end model and synthesis of evidence. Journal of Marketing, 52 (July), 2-22.

**Karlheinz Wöhler, Lüneburg**

# Interkulturelle Kommunikation

## 1. Interkulturelle Kommunikation als „Differenz"

Angefangen von den Telegraphenverbindungen des vorigen Jahrhunderts über das Telefon bis hin zu neuen Kommunikationstechnologien (Höflich 1992), brachten vor allem verbesserte und immer schneller werdende Verkehrsmöglichkeiten, die z.B. einen Massentourismus überhaupt erst ermöglichen, Potentiale für interkulturellen Austausch, die lange Zeit schon aus Gründen geographischer Distanz für unmöglich gehalten wurden. Interkulturelle Kommunikation wird wiederum meist so verstanden, daß die Kommunikationspartner Mitglieder unterschiedlicher Kulturen sind (Porter & Samovar 1988) und daß deren Beziehung durch kulturelle Unterschiede bestimmt ist. Mit anderen Worten: interkulturelle Kommunikation ist interpersonale Kommunikation nach dem „*Prinzip der Differenz*" (Casmir & Asuncion-Lande 1989, S. 284). Dies ist von der Forschungsseite her ausführlich dokumentiert worden, sowohl hinsichtlich der sprachlichen (Spillner 1990) als auch der nicht-sprachlichen Kommunikation – etwa bezüglich Gestik, Mimik, Blickkontakt, Raum- und Zeitverhalten u.a. (Argyle 1979; Andersen 1988). Dazu gehören aber auch Unterschiede im Umgang mit den Dingen des Alltagslebens (Dennis 1957) und schließlich auch *kulturspezifische Wahrnehmungsmuster und Interpretationen* (Singer 1986). Selbst im Hinblick auf die Äußerung von Gefühlen oder Schmerzen unterscheiden sich Mitglieder verschiedener Kulturen (Zborowski 1952).

Solche angesprochenen kulturellen Unterschiede werden mit Kommunikationsbarrieren verbunden. Dabei erweist es sich häufig als Irrtum, zu glauben, daß mit der Beseitigung sprachlicher Hindernisse andere „Differenzen" ebenso verschwinden. Folgt man Edward T. Hall, so scheinen z.B. die non-verbalen Elemente der Kommunikation in unterschiedlichen Kulturen verschieden gewichtet zu sein. Dies kommt in seiner Unterscheidung von „*High-Context*"- und „*Low-Context*"-*Kulturen* zum Ausdruck (Hall 1976, S. 91ff.).

Während „High-Context"-Kommunikationen in geringerem Maße von den expliziten Botschaften bestimmt sind, sondern implizit aus der Umgebung oder von der Person her erschlossen werden müssen (Ableitung sozialer Informationen aus *non-verbalen* Codes), ist eine „Low-Context"-Kommunikation wesentlich durch die ausdrücklich *(sprachlich)* kodierte Botschaft gekennzeichnet, wobei in diesem Falle Merkmale der Kommunikationsumgebung und Aspekte des non-verbalen Kommunikationsverhaltens in ihrer Bedeutung zurücktreten. Beispielhaft für eine „High-Context"-Kommunikation ist die für Japaner kennzeichnende Interaktionsbeziehung des „enryo-sasshi" (Ishii & Bruneau 1988), die auf eine besondere Art das Verhältnis von Sender und Empfänger bestimmt: Der Sender gibt sich reserviert, liefert explizit weniger Informationen als der

Empfänger aufnimmt („enryo"). Dieser wiederum muß mit dem entsprechend erforderlichen Einfühlungsvermögen die Information aus der Kommunikationssituation heraus entwickeln – vermuten, schließen, interpretieren („sasshi"). Ganz im Gegensatz steht dazu das „Low-Context" Verhalten z.B. der Amerikaner, bei dem im Gegensatz zu den Japanern durch eine stärkere Betonung und positive Bewertung verbaler Ausdrucksfähigkeiten kommunikative Kompetenz demonstriert wird, das zugleich jedoch vom Empfänger hinsichtlich der verfügbaren verbalen Mitteilungen vermehrt Reduktionsleistungen abverlangt.

Mit diesem Beispiel wird zugleich die Aufmerksamkeit darauf gelenkt, daß es kulturell unterschiedliche Vorstellungen von „angemessenen" und „unangemessenen" (gerade auch nicht-sprachlichen) kommunikativen Verhaltensweisen gibt, die sich in den der Kultur eigenen *Normen* bzw. *Kommunikationsregeln* manifestieren.

## 2. Interkulturelle Kommunikation und Kommunikationsregeln

*Regelgeleitetes Handeln* umfaßt Bewertungen, einhergehend mit negativen sozialen Konsequenzen (Sanktionen) bei unangemessenem Verhalten (Höflich 1988). Diese Bewertungen erstrecken sich dabei nicht nur auf die Handlung, sondern zugleich auf die Person, die im Falle einer Regelverletzung als unachtsam, unsensibel oder zerstreut, im schlimmsten Fall sogar als unmoralisch angesehen wird. Regeln lassen sich dabei definieren als Handlungsvorschriften, die besagen, welches Verhalten unter bestimmten, ähnlichen Situationen verbindlich, bevorzugt oder verboten ist (Shimanoff 1980, S. 74). Situative Umstände legen also nahe, wann welche Regel mit welchem Verpflichtungsgrad zu gelten hat. Demgemäß spezifizieren Regeln situationsangemessenes Verhalten und begrenzen zugleich als Selektionskriterien mögliche Handlungsalternativen. Der hinter den Regeln stehende „Zwang" ergibt sich aus den negativen Sanktionen im Falle einer Regelverletzung sowie dem Ziel der Menschen, positiv bewertet zu werden und damit auch ihre Identität zu sichern.

Regeln variieren von Kultur zu Kultur. Unterschiedliche Regeln verweisen dabei nicht nur auf kulturspezifische normative Rahmenbedingungen kommunikativen Verhaltens, sondern zugleich auf unterschiedliche Sichtweisen und Perspektiven und somit auf unterschiedliche Bedeutungswelten (als beispielhafte Studien vgl. Noesjirwan 1978; Cushman & King 1986; Clyne 1985). Greift man in diesem Zusammenhang das erwähnte „Prinzip der Differenz" wieder auf, so ist festzuhalten, daß nicht jede „differente" Kommunikation und auch nicht jede Kommunikation zwischen Mitgliedern verschiedener Kulturen als interkulturelle Kommunikation zu verstehen ist. Zum einen zeichnet sich jede Kommunikation durch (individuelle, soziale) Differenzen aus. Zum anderen tritt eine kulturelle Differenz bei persönlichen/intimen kommunikativen Beziehungen zwischen Mitgliedern unterschiedlicher Kulturen (wenn auch nicht immer) in den Hintergrund. Die „Differenz" bei interkultureller Kommunikation wird vor allem dann bedeutsam, wenn die *Definition der Situation* und das entsprechende Handeln auf der Basis der Regeln einer jeweiligen Kultur (gesellschaftliche/kulturelle Regeln) erfolgen. Mißverständnisse sind dann eher zu erwarten, weil von den Kommunikationspartnern jeweils unterschiedliche Regeln zugrunde gelegt bzw. weil Regeln unterschiedlich interpretiert werden. So verstanden ist interkulturelle Kommunikation eine Form der *Intergruppen-Kommunikation*, die nachgerade durch Identifikationen mit der eigenen Gruppe und deren eigenen sozialen Regeln getragen ist. „When cultural dissimilarities exist, communication is in part a function of group membership" (Gudykunst 1989, S. 334). Es könnte ein Kontinuum gedacht werden, an dessen einem

Ende die persönliche, interpersonale Kommunikation, mit individuell geprägten Regeln bis hin zu möglichen „Idiosynkrasien", und an dessen anderem Ende die Intergruppen- und interkulturelle Kommunikation steht, die wiederum auf generellen gesellschaftlichen/kulturellen Regeln und – im negativen Sinne – auf „Stereotypen" basiert. Damit ist ein weit gefaßtes Verständnis von interkultureller Kommunikation mit unterschiedlichen Graden an „interculturalness" (Casmir & Asuncion-Lande 1989, S. 285) verbunden, das auch die Kommunikation zwischen Mitgliedern von Subgruppen und „Subkulturen" beinhaltet (vgl. Abb. 1).

Allerdings sind in der jeweiligen Kommunikationssituation immer auch individuelle Momente der Kommunikation im Kontext des interkulturellen kommunikativen Austausches, andererseits kulturspezifische Handlungsschemata in der persönlichen Kommunikation zwischen Mitgliedern verschiedener Kulturen von Bedeutung.

## 3. Intergruppenbeziehungen – der Fremde

Als *Fremder* wird nun der betrachtet, der als Mitglied einer Gruppe mit Mitgliedern einer anderen, ihm weniger vertrauten Gruppe in Kontakt tritt. Aus soziologischer Sichtweise hat sich Georg Simmel als einer der ersten mit der Thematik des Fremden beschäftigt. Der Fremde wird hierbei beschrieben als einer, der zwischen zwei Welten steht und dessen Verweilen nicht auf Dauer gedacht ist. Gemeint ist also nicht der, „(...) der heute kommt und morgen geht, sondern der, (...) der heute kommt und morgen bleibt – sozusagen der potentiell Wandernde (...)" (Simmel 1908, S. 685). Offenkundig erschöpfen sich aber die Beziehungen zwischen Mitgliedern unterschiedlicher Gruppen nicht in dieser Konzeption. Als eine differenziertere Betrachtung hat dabei Gudykunst eine Typologie vorgeschlagen, die sowohl unterschiedliche (positive, ambivalente, negative) Haltun-

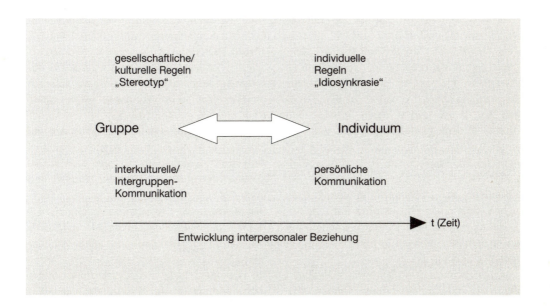

Abb. 1: Interkulturelle Kommunikation als Intergruppen-Kommunikation

| Reaktionen der Gruppe gegenüber Fremden | Interesse des Fremden an der Gruppe | | |
|---|---|---|---|
| | Besuch | Aufenthalt | Mitgliedschaft |
| positiv | Gast | Neuankömmling | „newcomer" |
| ambivalent | Besucher | Simmels Fremder | Immigrant |
| negativ | Eindringling | Minorität | Randseiter |

Abb. 2: Typologie von Intergruppen-Beziehungen

gen und Reaktionen der Gruppen gegenüber dem Fremden, als auch dessen Interessen an der Gruppe (Besuch, Aufenthalt, Mitgliedschaft) zum Ausdruck bringt. Die obige Übersicht (vgl. Abb. 2) faßt dies zusammen (Gudykunst 1985, S. 160):

Die beiden Kategorien des Gastes und des Besuchers sind vor allem für Touristen kennzeichnend. Deren Absicht ist ein (mehr oder weniger) kurzer Besuch, der seitens der kontaktierten Gruppe, wenngleich auch unterschiedlich motiviert (ökonomische Interessen, Kontaktabsichten u.a.), positiv bewertet wird (*Gast*) oder, möglicherweise im Zeitablauf sich dahin entwickelnd, ambivalent ist (*Besucher*). Der letzte Fall zeichnet gerade ein veralltäglichtes Verhältnis zu den Touristen aus. Man schätzt deren Anwesenheit nicht mehr übergebührlich hoch ein und geht seinen Alltagsgeschäften nach – zu deren Teil auch die Touristen geworden sind (MacCannell 1976, S. 106). Als *Eindringling* wird schließlich der empfunden, dessen Besuch nicht einmal erwünscht ist (dies traf z.B. Ende der 80er Jahre in bestimmten Ländern auf den damaligen österreichischen Staatspräsidenten Waldheim zu).

*Neuankömmlinge* wollen zwar residieren, aber nicht Mitglied der Gruppe werden (z.B. Geschäftsleute, diplomatisches Personal). Besteht hier eine positive Haltung seitens der Gruppe gegenüber dem Fremden, so ist dies bei Minoritäten anders, die zwischen den niedrigen und höheren sozialen Schichten der Innengruppe angesiedelt sind („middle-man-minorities") und die, wie die Eindringlinge, mit feindlichen Reaktionen zu rechnen haben (dies ist z.B. in Attacken gegenüber Koreanern während der Rassenunruhen in Los Angeles sichtbar geworden). Dazwischen, mit einer ambivalenten Haltung der Gruppe verknüpft, ist Simmels Fremder anzusiedeln.

Ist der Fremde an einer Mitgliedschaft in der Gruppe interessiert, so wird bei einer positiven Beziehung der Gruppe der Fremde als *Mitgliedschaftsanwärter* („newcomer") bezeichnet, Ambivalenz kommt in der Kategorie *Immigrant* zum Ausdruck, während der *Randseiter* („marginal man"), der in keiner von zwei Kulturen so richtig zu Hause ist, ebenso wie Minoritäten auf negative Reaktionen stößt. Typologien, und so auch diese, können immer ergänzt werden. Hier sei nur noch der Hinweis angebracht, daß die einzelnen Kategorien, wie schon hinsichtlich des Gastes und Besuchers angemerkt, nicht als statisch aufzufassen sind. So kann sich das Verhältnis des Fremden zur Gruppe ebenso im Zeitablauf ändern wie (und nicht immer damit verbunden) die Reaktionen gegenüber den Fremden.

## Literatur

Andersen, P. (1988). Explaining intercultural differences in nonverbal communication. (pp. 272-282) In L.A. Samovar & R.E. Porter (eds.), Intercultural communication: A reader. Belmont, CA: Wadsworth.

Argyle, M. (1979). Körpersprache und Kommunikation. Paderborn: Junfermann.

Casmir, F.L. & Asuncion-Lande, N.C. (1989). Intercultural communication revisited: Conceptualization, paradigm building, and methodological approaches. (pp. 278-309) In J. Anderson (ed.), Communication yearbook 12. Newbury Park/London: Sage.

Clyne, M. (1985). Beyond grammar: Some thoughts on communication rules in our multicultural society. (pp. 12-23) In J.P. Pride (ed.), Cross-cultural encounters: Communication and mis-communication. Melbourne: River Seine.

Cushman, D.P. & King, S.S. (1986). The role of communication rules in explaining intergroup interaction. (pp. 39-50) In W.B. Gudykunst (ed.), Intergroup communication. London: Edward Arnold.

Dennis, W. (1957). Use of common objects as indicators of cultural orientations. Journal of Abnormal and Social Psychology, 55, 21-29.

Gudykunst, W.B. (1985). Normative power and conflict potential in intergroup relationships. (pp. 155-173) In W.B. Gudykunst; L.P. Stewart & S. Ting-Toomey (eds.), Communication, culture, and organizational processes. Beverly Hills/London: Sage.

Gudykunst, W.B. (1989). Culture and the development of interpersonal relations. (pp. 315-333) In J. Anderson (ed.), Communication Yearbook 12. Newbury Park/London: Sage.

Hall, E.T. (1976). Beyond culture. New York: Anchor Books.

Höflich, J.R. (1988). Kommunikationsregeln und interpersonale Kommunikation. Ausgangspunkte einer regelorientierten Kommunikationsperspektive. Communications, 14, 61-83.

Höflich, J.R. (1992). Interpersonale und technisch vermittelte interkulturelle Kommunikation. Eine regelorientierte Betrachtung. (S. 287-304) In H. Reimann (Hg.), Transkulturelle Kommunikation und Weltgesellschaft. Opladen: Westdeutscher Verlag.

Ishii, S.A. & Bruneau, T. (1988). Silence and silcences in cross-cultural perspective: Japan and the United States. (S. 320-315) In L. Samovar & R.E. Porter (eds.), Intercultural communication: A reader. Belmont, CA: Wadsworth.

MacCannell, D. (1976). The tourist. A new theory of the leisure class. New York: Schocken.

Noesjirwan, J. (1978). A rule-based analysis of cultural differences in social behavior: Indonesia and Australia. International Journal of Psychology, 13, 305-316.

Porter, R.E. & Savovar, L. (1988). Approaching intercultural communication. (pp. 15-30) In L. Samovar & R.E. Porter (eds.), Intercultural communication: A reader. Belmont, CA: Wadsworth.

Shimanoff, S.B. (1980). Communication rules. Theory and research. Beverly Hills, London: Sage.

Simmel, G. (1908). Exkurs über den Fremden. (S. 685-691) In: Soziologie. Untersuchungen über die Formen der Vergesellschaftung. Leipzig: Dunker & Humblot.

Singer, M.R. (1987). Intercultural communication. A perceptual approach. Englewood Cliffs, NJ: Prentice Hall.

Spillner, B. (Hg.) (1990). Interkulturelle Kommunikation. Kongreßbeiträge zur 20. Jahrestagung der Gesellschaft für Angewandte Linguistik GAL. Frankfurt/M.: Lang.

Zborowski, M. (1952). Cultural components in response to pain. Journal of Social Issues, 8, 16-30.

**Joachim R. Höflich, Hohenheim**

# Kognitive Karten

## 1. Einleitung: Theoretischer und empirischer Hintergrund

Schon die Kartierungsversuche im Mittelalter sagen aus unserer Sicht weniger über den dargestellten Weltausschnitt aus als über das Weltbild dessen, der die Karte entwarf. Diese Repräsentationen, kognitive Karten genannt, wurden erst relativ spät zum Gegenstand psychologischer Forschung. Zuvor beschäftigte sich die Psychophysik mit der Frage, wie sich Zuwachs physikalischer Größen und subjektive Größenurteile entsprechen. Bereits 1834 wurde von Weber dieser Zusammenhang mathematisch formuliert. Die Beschäftigung mit Zusammenhängen über den Bereich physikalischer Größen hinaus geht zurück auf Untersuchungen zur *sozialen Wahrnehmung*, also auf einen Bereich zwischen Wahrnehmungs- und Sozialpsychologie, der sich mit sozialen Einflüssen auf den Wahrnehmungs- und Urteilsprozeß beschäftigt. So untersuchten schon Bruner und Goodman (1947), wie groß Münzen im Vergleich zu gleich großen Pappscheiben beurteilt wurden. Man fand später heraus, daß insbesondere Kinder aus unteren Einkommensschichten die Münzen in ihrer Größe überschätzten. Diese Größenakzentuierung läßt sich über einen weiten Bereich verallgemeinern. So werden auch Personen, denen man mit Respekt begegnet (z.B. Lehrer bei Schülern), in ihrer Größe im Vergleich zu neutralen Personen überschätzt. Diese Untersuchungen waren Anlaß für Bruners *New Look*, einen Vorläufer der sog. *kognitiven Wende*, aber in einer Zeit, in der der Behaviorismus noch die dominierende psychologische Strömung war. Mit kognitiven Karten wurde dieser Ansatz auf einen weiteren Gegenstand ausgeweitet, der sozialpsychologisch bedeutsam und von der Struktur her komplexer ist.

## 2. Zur Definition. Was versteht man unter kognitiven Karten?

Bei kognitiven Karten handelt es sich um eine interne Repräsentation externer Gegebenheiten. Das kann die Art und Weise sein, wie man sich einen Kontinent vorstellt, ein Land, eine Region oder auch nur die direkte Umgebung eines Hauses. Es kann sich bei dieser Repräsentation um ein dreidimensionales Objekt oder die zweidimensionale Darstellung eines dreidimensionalen Gebildes handeln. Einen Zugang zu diesem Phänomen findet man über das, was Downs und Stea (1982) *kognitives Kartieren* nennen: die externe Darstellung der internen Repräsentationen. Die Methoden dazu reichen von einer einfachen Zeichnung bis zur multidimensionalen Skalierung aufgrund von Paarvergleichen. In der Regel werden die Lage geographischer

Orte und der Distanzen zwischen ihnen untersucht; in wenigen Untersuchungen ging es um das Finden eines optimalen Weges (Problem des Handlungsreisenden bei Garling 1989; Gebrauch von Landkarten bei Leiser, Tzelgov & Henik 1987).

## 3. Verzerrungen

Subjektive geographische Schätzungen sind systematisch verzerrt. Zwar gibt es auch zufällige Unsicherheiten, die auf mangelndes geographisches Wissen zurückgehen. Diese Unsicherheiten führen jedoch nicht zu systematischen Verzerrungen, sondern zu einer zweidimensionalen Normalverteilung der Schätzungen, deren Mittelwert mit der wirklichen geographischen Lage identisch ist. So verschätzt man die Lage von Berlin einmal nach Osten und ein anderes Mal nach Westen, einmal nach Süden und ein anderes Mal nach Norden. Im Durchschnitt jedoch heben sich diese Verschätzungen auf. Systematische Verzerrungen liegen dann vor, wenn sich erhebliche Unterschiede zwischen dem Mittelwert der Schätzungen und der geographischen Lage ergeben.

*(1) Der Fischaugeneffekt*
Nahezu alle Menschen neigen dazu, die Entfernungen in ihrer unmittelbaren Umgebung zu überschätzen, jedoch die gleiche Entfernung zwischen zwei abgelegenen Orten zu unterschätzen. So beginnt für einen Garmisch-Partenkirchner die dänische Grenze gleich hinter Hamburg und er kann sich nicht vorstellen, daß diese von dort noch weiter entfernt ist als München von seiner Heimatstadt. Ein Flensburger dagegen meint, der Bodensee sei in unmittelbarer Umgebung von Stuttgart und dieser sei für die Stuttgarter viel näher als seine Landeshauptstadt Kiel. Mathematisch wurde diese Repräsentation durch eine Potenzfunktion dargestellt:

$$d = k \cdot D^n$$

wobei $d$ die subjektive Entfernung ist, $D$ die objektive Entfernung, $k$ die skalenspezifische Konstante und $n$ der Exponent der Potenzfunktion (mit $n<1$).

Wären $k$ und $n$ gleich 1, so würden subjektive Distanzen etwa zwischen Städten deren objektiven Distanzen entsprechen ($d = D$). Dies kann praktisch nicht der Fall sein, weil wir dann eine exakte Repräsentation solcher Maße wie Kilometer haben müßten. Deswegen braucht man eine skalenspezifische Konstante, die lediglich dafür sorgt, daß alle subjektiven Distanzen in gleichem Maße gedehnt bzw. gestaucht werden. Auf Karten wäre diese mit unterschiedlichen Maßstäben vergleichbar. Wenn dieselbe Projektion der Erdkugel vorliegt, sind die Größenverhältnisse immer dieselben, ganz gleich, ob es sich um eine Europakarte oder eine Deutschlandkarte handelt (so beträgt die Entfernung zwischen Hamburg und Frankfurt ebenso wie die zwischen München und Köln immer ungefähr 500 km, auch wenn diese Distanz auf der Europakarte vielleicht 5 cm beträgt, auf der Deutschlandkarte jedoch 15 cm). Das wesentliche Ergebnis bestand jedoch darin, daß der Exponent der Potenzfunktion kleiner als 1 ist (Lundberg & Ekman 1972). Dies beschreibt die Verzerrung, die man plastisch als Fischaugeneffekt beschreiben kann: *Nahe Entfernungen werden überschätzt, große Entfernungen werden unterschätzt.*

*(2) Soziale Einflüsse*
Der Fischaugeneffekt ist jedoch nicht die einzige Art systematischer Verzerrung. Es hat bei der oben angegebenen psychophysischen Funktion immer einzelne Städte gegeben, die sich nicht exakt an die Kurve anpassen ließen. Eine nachträgliche Analyse der vorliegenden empirischen Untersuchungen ergab, daß es insbesondere die osteuropäischen Städte waren, deren Entfernung überschätzt

wurde (Reiss 1978). Prag, Warschau, Moskau, Bukarest werden wesentlich weiter nach Osten geschätzt, als ihre wirkliche geographische Lage erwarten lassen würde. Die Erklärungen für dieses Phänomen sind bisher noch unzureichend erforscht. Mögliche Erklärungen bestehen darin, daß (→) *Einstellungen* die Einschätzung geographischer Distanzen beeinflussen und daß eingeschränkte Möglichkeiten, diese Distanzen in einer Reise zurückzulegen (Garling, Book & Lindberg 1984; Garling et al. 1990), zu Entfernungsüberschätzungen führte.

*(3) Die Orthogonalisierung*
Es gibt eine weitere Tendenz, Landkarten zu verzerren, indem man geographische Flächen zu Rechtecken vereinfacht. So läßt sich die Komplexität einer Landkarte nur unzureichend im Gedächtnis abspeichern. Deshalb sucht man ein Rechteck, das der Form eines Landes oder einer Region nahekommt (die Bundesrepublik vor 1990 etwa als längliches Rechteck, die USA als breites Rechteck). Die einzelnen Teile einer subjektiven Landkarte setzen sich dann aus mehreren solcher Rechtecke zusammen. Dies führt zu Verzerrungen z.B. bei Ländern, die eine ausgeprägt diagonale Lage haben wie Italien (von Nordwesten nach Südosten). Ein Kontinent wird aus diesen Rechtecken zusammengesetzt; dies führt bisweilen zu Unstimmigkeiten, die nur durch Verzerrungen gelöst werden können.

## 4. Verfahren zur Erfassung subjektiver Landkarten

*(1) Zeichnungen*
Die einfachste Möglichkeit besteht darin, einen geographischen Raum zeichnen zu lassen. Dies kann unstrukturiert geschehen, d.h., es wird nicht darauf hingewiesen, was dargestellt werden soll, sondern nur die Anweisung gegeben, einen geographischen Bereich zu zeichnen. Dieser Ansatz ermöglicht es, individuelle Besonderheiten besonders stark zu berücksichtigen.Vergleichsmöglichkeiten subjektiver Landkarten verschiedener Personen sind somit aber eingeschränkt, denn jede Person hält andere Charakteristika eines Raumes für wichtig (vgl. Downs & Stea 1982; Pearce 1981; Schönhammer 1993).

In einem strukturierten Ansatz wird ein geographischer Bereich vorgegeben und die Versuchspersonen werden darum gebeten, bestimmte Punkte einzutragen. So kann man etwa den Bereich Europas mit drei Kreuzen vorgeben, die die geographische Lage dreier Städte angeben. Die Aufgabe besteht dann darin, eine gewisse Anzahl von anderen Städten einzutragen. Auf der Bandbreite von einem strukturierten zu einem unstrukturierten Ansatz sind eine Reihe von Zwischenstufen möglich, die es erlauben, stärker die individuellen Besonderheiten einer Person zu berücksichtigen oder die interindividuellen Vergleichsmöglichkeiten zu betonen.

*(2) Multidimensionale Skalierung*
Bei der multidimensionalen Skalierung werden Distanzen zwischen abstrakten Punkten geschätzt und mit Hilfe eines Auswertungsalgorithmus wird aus diesen Distanzen ein subjektiver Raum konstruiert (Shepard, Romney & Nerlove 1972; Yum 1988). Dieser Ansatz ist für die Repräsentation größerer geographischer Räume insofern angemessener, weil dann der Globus erheblich von einer zweidimensionalen Fläche abweicht. Mit Hilfe der multidimensionalen Skalierung kann nun festgestellt werden, inwiefern die Versuchspersonen dieser Tatsache Rechnung trugen.

So kann man eine Entfernung vorgeben (z.B. die zwischen Äquator und Nordpol), und die Versuchspersonen werden gebeten, für alle Paare von geographischen Punkten (z.B. Städten) anzugeben, durch welchen Prozentsatz dieser Entfernung sich die Distanz zwischen diesen beiden Punkten bestimmen läßt. Bei diesem Verfahren ergibt sich die Schwierigkeit, daß die Anzahl der Paarvergleiche quadratisch mit der Anzahl der Punkte wächst. Bei mehr als zehn Städten wird die Anzahl der Schätzungen so groß, daß die Versuchspersonen überfordert werden.

## 5. Bedeutung kognitiver Karten für die Tourismusforschung

Geographische Räume werden intern in einer systematisch verzerrten Form abgespeichert. Sie sind zu komplex, um in jedem Detail wirklichkeitsgetreu repräsentiert werden zu können. Das Problem wird dadurch verschärft, daß auch zweidimensionale Landkarten gekrümmte Ebenen, wie sie die Oberfläche des Globus nun einmal ist, nicht exakt abbilden können. Die Schwierigkeiten nehmen zu, je größer die geographischen Räume sind, die man betrachtet. Die Projektion einer gekrümmten Ebene auf eine zweidimensionale Fläche kann nicht gleichzeitig Winkel, Flächen und Entfernungen korrekt abbilden. Aber aus solchen bereits verzerrten Darstellungen haben wir unser geographisches Wissen erworben.

Es kommt die systematische Verzerrung durch den Fischaugeneffekt, soziale Einflüsse und die Tendenz zur Orthogonalisierung hinzu. Alles zusammengenommen führt zu erheblichen Orientierungsschwierigkeiten in bisher unbekannten geographischen Räumen. Die Verfälschung durch die Art der Projektion kann man verstehen lernen. So wissen die meisten Menschen, die eine winkelgetreue Weltkarte mit parallelen Längengraden sehen, daß die scheinbare Größe Grönlands nicht der Realität entspricht. Auch die oben beschriebenen sozialen Einflüsse sind historisch bedingt und man kann sie vermutlich minimieren. Der Tendenz zur Orthogonalisierung und dem Fischaugeneffekt liegen wahrscheinlich universellere Wahrnehmungsphänomene zugrunde, die im Sinne einer Informationsreduktion in anderen Bereichen von Nutzen sind. Sie dürften, auch wenn man ihre Wirkungsweise kennt, wirksam sein. Weitere Anwendungen der kognitiven Karten in der Tourismusforschung bietet auch ein Ansatz, bei dem nicht nur die Metrik des Raumes untersucht wird, sondern einzelnen Regionen bestimmte Eigenschaften zugeordnet werden (z.B. Eignung als Feriengegend; vgl. Fridgen 1987).

## Literatur

Bruner, J.S. & Goodman, C.C. (1947). Value and need as organizing factors in perception. Journal of Abnormal and Social Psychology, 42, 253-260

Downs, R.M. & Stea, D. (1982). Kognitives Kartieren. Die Welt in unseren Köpfen. New York: Harper & Row.

Fridgen, J.D. (1987). Use of cognitive maps to determine perceived tourism regions. Leisure Sciences, 9, 101-117.

Garling, T. (1989). The role of cognitive maps in spatial decisions. Journal of Environmental Psychology, 9, 269-278.

Garling, T.; Book, A. & Lindberg, E. (1984). Cognitive mapping of large-scale environments: The interrelationship of action plans, acquisition, and orientation. Environment and Behavior, 16, 3-34.

Garling, T.; Book, A.; Lindberg, E. & Arce, C. (1990). Is elevation encoded in cognitive maps? Journal of Environmental Psychology, 10, 341-351.

Garling, T.; Lindberg, E.; Carreiras, M. & Book, A. (1986). Reference systems in cognitive maps. Journal of Environmental Psychology, 6, 1-18.

Leiser, D.; Tzelgov, J. & Henik, A. (1987). A comparison of map study methods: Simulated travel vs. conventional study. Cahiers de Psychologie Cognitive, 7, 317-334.

Lundberg, U. & Ekman, G. (1972). Geographical data as psychophysical stimuli. Scandinavian Journal of Psychology, 13, 81-88.

Pearce, P.L. (1981). Route maps: A study of travellers' perceptions of a section of countryside. Journal of Environmental Psychology, 1, 141-155.

Reiss, M. (1978). Einstellung und Psychophysik. Eine Studie zur sozialen Wahrnehmung. Frankfurt/M.: Lang.

Schönhammer, R. (1993). Interrail. Zur Phänomenologie des Jugendtourismus. (S. 127-143) In H. J. Kagelmann (Hg.), Tourismuswissenschaft. Soziologische, sozialpsychologische und sozialanthropologische Untersuchungen. München: Quintessenz.

Shepard, R.N.; Romney, A.K. & Nerlove, S.B. (1972). Multidimensional scaling. New York: Seminar Press.

Yum, J.O. (1988). Multidimensional analysis of international images among college students in Japan, Hong Kong, and the United States. Journal of Social Psychology, 128, 765-777.

**Matthias Reiss, Stuttgart**

# Kulturschock

## 1. Begriff und Phänomen

Der Begriff *Kulturschock* hat Eingang in den populären Sprachgebrauch gefunden. Gemeint wird damit meist eine plötzliche, unangenehme Konfrontation mit bislang unbekannten oder unerwarteten Merkmalen fremder Kulturen. Solche unvermittelten und daher schockartigen Erfahrungen können ausgelöst werden durch Ortsveränderungen, welche die Grenzen einer Kultur überschreiten, also bei touristischen Reisen, aber auch bei Geschäftsreisen, längeren Aufenthalten im Ausland zum Zwecke von Studium oder Berufsausübung, bei Flucht oder Auswanderung (Migration).

Die psychosoziale Situation des Fremden in der Fremde, des Grenzgängers zwischen Kulturen war immer wieder Gegenstand der belletristischen Literatur. Die Konturen des Kulturschocks als eines sozialwissenschaftlichen Konzepts sind allerdings unscharf. Klassische sozialwissenschaftliche Arbeiten haben sich vor dem Hintergrund von Auswanderungsbewegungen mit dieser Thematik befaßt (Park 1928; Stonequest 1937), allerdings weniger unter der dramatisch anmutenden Bezeichnung *Kulturschock*. Symptome für einen kulturellen Schock hat in einer eher anekdotischen Arbeit zuerst der Anthropologe Oberg („cultural shock" 1960) beschrieben: Emotionen wie Angst und Verunsicherung, Gefühle des Verlustes und der Zurückweisung, die als Folge von Orientierungsproblemen auftreten. Die Bemühungen um eine wissenschaftliche Präzisierung des Kulturschocks sind in unterschiedlichen Richtungen erfolgt, haben sich mal auf Streßsymptome, mal auf Streßursachen, mal auf Streßreaktionen konzentriert oder auf die Beschreibung von Phasen des Kulturschocks (Furnham 1984, S. 44f.); ferner in der Psychologie auf (→) *Fremdheitskonzepte* und Gefährdung der (→) *sozialen Identität*. Das übergeordnete Problem beim Kulturschock besteht in dem zeitweiligen Status des Fremden, in der Begegnung mit dem Unvertrauten (Greenblat & Gagnon 1983). Um von Schock sprechen zu können, muß idealtypischerweise die Begegnung mit dem Unvertrauten pötzlich und die einhergehende Reaktion heftig und überwältigend sein (Torbiorn 1982, S. 95).

## 2. Symptome, Funktionen, Phasen des Kulturschocks

Systematisch lassen sich die Symptome des Kulturschocks in *kognitive* (Informationsmangel, Orientierungsverlust), *affektive* (Angst, Gefühle des Verlassenseins und der Ohnmacht) und *verhaltensmäßige* Komponenten (Handlungsunfähigkeit, Überreaktionen, Aggressionen) unterscheiden. Begriff und Phänomen des *Kulturschocks* sind Konzepten wie „Entfremdung" und „Anomie" verwandt. Gemeinsam ist diesen Begriffen, daß sie auf einen Zustand verweisen, der durch Unklarheiten und Unvereinbarkeiten innerhalb einzelner und/oder zwischen verschiedenen Werten und sozialen Normen gekennzeichnet ist. Im Gegensatz zu rein physisch bedingten (→) Streßerfahrungen, wie sie infolge von Reisen auftreten können (z.B. → *Jet lag*, Klimaschock, gesundheitliche Beschwerden), sind die Belastungen beim Kulturschock auf kulturelle und soziale Kontrasterfahrungen und Veränderungen zurückzuführen. Unterstellt wird, daß der erfahrene Schock ein vorübergehendes Phänomen ist und im Laufe eines Anpassungsprozesses überwunden wird.

Akzentuierten der Begriff „Schock" und die entsprechende Forschung zunächst negative Implikationen, so sind der Erfahrung des Kulturschocks aber auch positive Funktionen zugeschrieben worden (Adler 1975; David 1971). Die Bewältigung des Kulturschocks hat längerfristig positive Konsequenzen, insofern das kulturelle Wissen und das Verhaltensrepertoire durch neue Werte, Verhaltensnormen, Einstellungen und Verhaltensweisen erweitert wird oder die bislang gültigen Werte und Normen aufgrund der Kontrasterfahrung überprüft werden. Die erfolgreiche Bewältigung des Schockerlebnisses steigert außerdem das Gefühl der Handlungskompetenz und trägt zur Anhebung des Selbstwertgefühls bei.

Die Stärke des Kulturschocks und die Chancen seiner erfolgreichen Bewältigung hängen zum einen von individuellen Dispositionen ab, und zwar von kognitiven (Informationen über die fremdartige Kultur), affektiven (Ambiguitäts- und Frustrationstoleranz), motivationalen (Bereitschaft, sich mit Fremdartigem auseinanderzusetzen), von früheren Erfahrungen in ähnlichen Situationen und den erlernten Bewältigungsstrategien. Zum anderen variiert die Stärke des Kulturschocks auch mit den Unterschieden zwischen den kontrastierenden Kulturen. Untersuchungen, die den Kulturschock als Anpassungsprozeß konzipieren, haben diesen Prozeß in Phasen unterteilt. Anzahl und Länge dieser Phasen variieren in den verschiedenen Phasenmodellen. Umstritten bleibt vorläufig die Frage der Generalisierbarkeit der Modelle, d.h., ob Kulturschocks notwendigerweise die Phasen des Modells durchlaufen müssen oder ob einzelne Phasen übersprungen werden können (Furnham & Bochner 1986, S. 131-136).

## 3. Kulturschock bei Touristen

Die Probanden der meisten Untersuchungen zum Kulturschock sind nicht Touristen, sondern gehören Gruppen an, die über einen längeren Zeitraum in einer fremden Kultur leben und dies zudem mehr oder weniger unfreiwillig. Im Gegensatz zu Auswanderern, Gastarbeitern oder Gaststudenten sind Touristen nicht gezwungen, sich in eine fremde Kultur längerfristig einzuleben. Touristen sind nicht im gleichen Maße gefordert, sich im Alltag der fremden Kultur zurechtzufinden. Die touristische Begegnung mit der fremden Kultur bleibt auf Ausschnitte beschränkt, die oft mehr durch die Besonderheiten der touristischen Szenerie als durch die typischen Züge einer fremdartigen Kultur geprägt sind. Die Konfrontation mit fremden Verhaltensweisen, Normen und Werten kann zwar auch bei Touristen zu Kulturschocks führen. Kognitive, affektive und verhaltensmäßige Schwierigkeiten, sich in einer ungewohnten Umgebung zurecht zu finden, können bei Touristen ebenso auftreten wie die einzelnen Phasen der Euphorie, Irritation, Ablehnung und Akzeptanz des Fremdartigen. Doch in dem Maße, wie Tourismus in organisierten Bahnen verläuft, verringert sich das Risiko des Kulturschocks. Die typischen Kontakte des Touristen zu der fremden Kultur sind durch touristische Arrangements (z.B. Pauschalreisen) und Moderatoren (z.B. Reiseführer) vermittelt und gefiltert, die Begegnung mit Fremdartigem erfolgt oft in relativ sicheren, ritualisierten Bahnen. Da die wenigsten Touristen allein reisen, bietet der Reisepartner oder die Reisegruppe ein soziales Unterstützungssystem, das für die Abfederung und Bewältigung eventueller Streß- und Schockerfahrungen von Bedeutung ist.

## 4. Kulturschock der „Bereisten"

Einige wenige Arbeiten thematisieren den Kulturschock, den „Gastgeber" und „Bereiste" erfahren. Für das Ausmaß des Schocks ist dabei nicht nur die Verschiedenartigkeit kultureller Muster zwischen den Touristen und ihren Gastgebern von Bedeutung, sondern auch das quantitative Verhältnis von lokaler Bevölkerung zur Anzahl der Touristen. Nicht allein die Andersartigkeit der Touristen, sondern das massive Auftreten des anderen führt dann zu schockartigen Erfahrungen, insbesondere wenn Grenzziehungen zwischen privaten Räumen und Zonen der Gastgeber und den für Touristen zugänglichen Bereichen verletzt werden. Haben die Bereisten zudem den Eindruck, daß die Touristen knappe Ressourcen (Raum, Wasser, Lebensmittel) über die Maßen beanspruchen, macht sich auch Unbehagen an der Kultur der Touristen breit. Anfängliche Zurückhaltung, Neugierde oder gar Euphorie kann dann in Rückzugsverhalten, Ressentiment oder offene Feindseligkeit umschlagen. Aber auch für die Bereisten ist der Kulturschock nur eine Phase in einem Anpassungsprozeß. Auf den Kulturschock können die Bereisten durch neue Grenzziehungen zwischen ihrer Kultur und der der Touristen reagieren. Als positive Konsequenz des überwundenen Kulturschocks kann sich bei den Bereisten das Bewußtsein für die Besonderheiten der eigenen Kultur sowie für ihre eventuelle Schutzbedürftigkeit verstärken. Allerdings ist zu betonen, daß die Bereisten nur in den seltensten Fällen eine homogene Bevölkerungsgruppe darstellen und sich dementsprechend mögliche Schockerfahrungen und Reaktionen unterscheiden (Dogan 1989).

## 5. Kulturelles Lernen

Bei Migranten, Austauschschülern und -studenten wurden klinische Manifestationen des Kulturschocks festgestellt. Entsprechend wurden therapeutische Modelle entwickelt, die auf einem medizinisch orientierten Anpassungskonzept beruhen. Für Menschen, die sich auf einen längeren Auslandsaufenthalt vorbereiten wollen, sind Trainingsprogramme des kulturellen Lernens entwickelt worden (Furnham & Bochner 1986, S. 232-244). Bei diesen steht weniger das Ziel der Anpassung im Mittelpunkt als das Vertrautwerden mit und Erlernen von charakteristischen Merkmalen der fremden Kultur. Bei der Realisierung und Evaluierung solcher Programme hat sich herausgestellt, daß rein kognitive, auf Information beruhende Strategien weniger erfolgreich sind als solche, die ein „learning by doing" implizieren sowie Emotionen ansprechen und verarbeiten. Für touristische Zwecke sind Trainingsprogramme des kulturellen Lernens gewiß zu aufwendig; sie vermögen aber darauf aufmerksam zu machen, welche Probleme des Kulturschocks auch bei Urlaubsreisen auftreten können und wie ihnen im Prinzip zu begegnen wäre (→ *Klinische Psychologie und Tourismus*).

## Literatur

Adler, P.S. (1975). The transitional experience: an alternative view of culture shock. Journal of Humanistic Psychology, 15, 13-23.

David, K. (1971). Culture shock and the development of self-awareness. Journal of Contemporary Psychotherapy, 4, 44-48.

Dogan, H.Z. (1989). Forms of adjustment. Sociocultural impacts of tourism. Annals of Tourism Research, 16, 216-236.

Furnham, A. (1984). Tourism and culture shock. Annals of Tourism Research, 11, 41-57.

Furnham, A. & Bochner, S. (1986). Culture shock. Psychological reactions to unfamiliar environments. London: Methuen.

Greenblat, C.S. & Gagnon, J.H. (1983). Temporary strangers. Travel and tourism from a sociological perspective. Sociological Perspectives, 26, 89-110.

Oberg, K. (1960). Cultural shock: adjustment to new cultural environments. Practical Anthropology, 7, 177-182.

Park, R.E. (1928). Human migration and the marginal man. American Journal of Sociology, 33, 881-893.

Stonequest, E. (1937). The marginal man. New York: Scribner.

Torbiorn, I. (1982). Living abroad. Personal adjustment and personnel policy in an overseas setting. Chichester: Wiley.

**Heinz-Günter Vester, München**

# Lebensstile

## 1. Begriffsklärung und Theoriediskussion

Der Begriff „Lebensstil" geht auf Max Weber zurück, der ihn weitgehend synonym mit „Lebensführung" verwendete. Der Begriff wurde im Englischen mit „style of life" übersetzt (Weber 1946). Dabei ging Weber seinerzeit davon aus, daß „alle 'Stilisierung' des Lebens" entweder ständischen Ursprungs sei oder doch „ständisch konserviert" werde (Weber 1956, S. 536 f.). Nach Ulrich Beck sind heute die ständisch geprägten Lebensstile durch wachsende Bildungsabhängigkeit, Zwänge und Chancen zur Mobilität und durch Ausdehnung von Konkurrenzbeziehungen „aufgelöst und bis zur Unkenntlichkeit verändert" (Beck 1986, S. 137). In nachständischer Zeit individualisieren sich Lebensstile zusehends. Schon Georg Simmel, ein Zeitgenosse Max Webers, sprach von der „Vielheit der Stile" (Simmel 1900, S. 495). Offensichtlich gehören Vielheit der Stile (Pluralisierung) und Individualisierungstendenzen in der modernen Industriegesellschaft zusammen.

Die neuere Lebensstildiskussion wurde wesentlich durch Pierre Bourdieus Veröffentlichung über „Die feinen Unterschiede" (1984) und die Einführung des „Habitus" als zentralem Schlüsselbegriff bestimmt. Danach läßt sich der gesamte Lebensstil einer Klasse oder sozialen Gruppe bereits „aus deren Mobiliar und Kleidungsstil" ablesen. Lebensstil ist für ihn ein Ausdruck moderner Klassenverhältnisse in entwickelten Konsumgesellschaften.

In der modernen Soziologie der Lebensstile sind Hartmut Lüdtkes Theorieansätze prägend für die Fachdiskussion geworden. Lebensstil stellt für Lüdtke eine bedeutsame Dimension sozialer Ungleichheit dar. Als theoretisch-empirisches Konstrukt erlaubt die Lebensstil-Beschreibung Vorhersagen für bestimmte Gruppen wie z.B. Mobilitätsneigungen (→ *Mobilität*) oder Wahrnehmung neuer Freizeit- und Konsummöglichkeiten. Menschen orientieren sich bevorzugt an Gruppen mit ähnlichen Lebensstilen im Hinblick auf Wohnausstattung, Kleidung, Freizeit- und Konsumgewohnheiten. Im Hinblick auf die Erkenntnisse der Freizeitforschung gelangt er zu dem Ergebnis, daß zahlreiche Lebensbereiche noch „unerschlossen" sind (Lüdtke 1989 a, b).

Weil Freizeit heute mehr denn je ein Raum ist, in dem zentrale „sinnstiftende" Bedürfnisse befriedigt werden, forderte Peter Gluchowski eine Neuorientierung der Freizeitforschung im Hinblick auf zusammenhängende Untersuchungen von Freizeit, Konsum und Lebensstil. Der Freizeitstil kann dabei nicht nur als „Subkategorie eines allgemeinen Lebensstils" aufgefaßt werden. Auf diese Weise gelangt Gluchowski zu neuen „Lebensstil-Gruppierungen" – vom „jungen freizeitorientierten Konsumenten" bis zum „etablierten beruflich Erfolgreichen" (Gluchowski 1988, S.25).

Hierauf aufbauend wurden speziell in der Tourismusforschung neue Lebensstil-Typen entwickelt, wobei Lebensstil als ein Muster/Set von Einstellungen und Verhaltensweisen definiert wurde, „das für das tägliche Leben relevant und bei einer Gruppe von Personen ähnlich ist" (Studienkreis für Tourismus 1991, S. 119). Die einzelnen Lebensstil-Typen unterscheiden sich dabei deutlich in ihrer Reisephilosophie, ihrem Reiseverhalten und ihren Urlaubsinteressen.

## 2. Problem- und Fragestellungen

Die Lebensstil-Forschung läuft derzeit Gefahr, ausufernd-inflationäre Formen zu bekommen, was Sobel am Beispiel des amerikanischen Wortes *„lifestyle"* demonstrierte, das zur Erklärung von Mode und Zen-Buddhismus genauso verwendet wird wie zur Bewertung der französischen Küche (Sobel 1981, S. 1). Glatzer und Zapf sprechen von einer „Pluralisierung der Lebensstile" als einem zentralen Trend: Unterschiedliche Wohnbedingungen, Haushalts- und Familienformen sowie eine Vielfalt von Organisationen und privaten Netzen schaffen neue Freiräume, aber auch neue Belastungen (Glatzer & Zapf 1984, S. 399 f.). Bolte und Hradil (1984, S. 256) diagnostizieren eine zunehmende „Differenzierung der Lebensstile", weil es gruppen- und milieuübergreifende Lebenslagen kaum mehr gibt. Und Berger sagt als Folge sozialstruktureller Unbestimmtheit eine „Heterogenisierung der Lebensstile" voraus (Berger 1987, S. 69 ff.). Koslowski warnt vor dem „Anarchismus der Stile", der der Losung „Anything goes" folgt und den Gefahren der Beliebigkeit unterliegt.

Der Wertewandel der 70er und 80er Jahre hat auch bei der Entwicklung von Lebensstilen seine Spuren hinterlassen. Wer heute und in Zukunft einen eigenen Stil entwickeln und seine ganz persönliche Note finden will, orientiert sich immer mehr an Leitbildern im Umfeld von Freizeit und Konsum. Für die Mehrheit der Bevölkerung hat die Berufs- und Arbeitswelt ihre Leitbildfunktion verloren: Die Identifikation mit der Arbeit, also die Art, wie man seinen Beruf ausfüllt, wird nur mehr von einem Drittel der Bevölkerung als lebensstilprägend (Frauen: 26%; Männer 40%) eingeschätzt, eine deutliche Mehrheit der Bevölkerung (55%) aber sieht „in dem, was ich mit meiner Freizeit anfange", das zentrale Bestimmungsmerkmal zur Findung eines individuellen Lebensstils (Institut für Demoskopie Allensbach, Archiv Nr. 5013).

Die Begründung liegt nah: Arbeit und Geldverdienen sind unverzichtbar, lassen aber im Vergleich zum Privat- und Freizeitleben relativ wenig Spielraum für die Verwirklichung ganz persönlicher Ziele, Wünsche oder gar Träume. Die Berufsarbeit zwingt eher zu Konformität zwischen Pflichterfüllung und Disziplin. Wirklich frei und unbeschwert, sich zu kleiden und zu geben wie sie wollen, fühlen sich die meisten Menschen erst nach Feierabend – wenn alles getan ist: In der Familie, im Freundeskreis oder in der Freizeitclique, beim Fernsehen, Aus- oder Essengehen. Erst jenseits von Betrieb und Büro fangen die meisten Menschen zu leben, zu erleben und aufzuleben an: „Das ist das, wofür ich eigentlich lebe, warum ich das hier aushalte" (Jugendlicher). Für die eigene Profilierung sind die private Lebensgestaltung, insbesondere der Freizeitkonsum, fundamental. Hieraus leiten immer mehr Menschen ihr Selbstwertgefühl und ihre Identität ab.

## 3. Zur Freizeitorientierung der Lebensstilforschung

In der modernen Soziologie umschreibt „Lebensstil" empirisch feststellbare Merkmale,

# Lebensstile

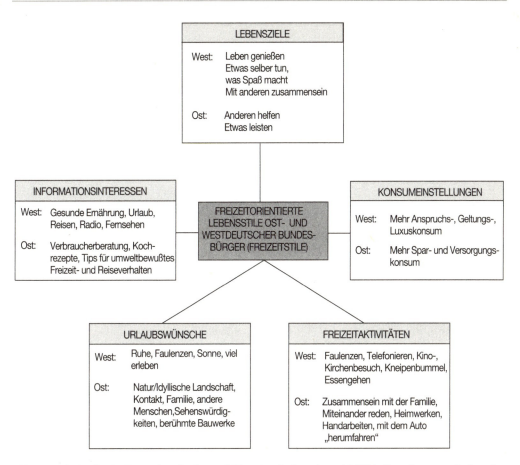

Abb. 1: Freizeitstile der Deutschen in Ost und West (nach Opaschowski 1991, Forschungsergebnisse des B.A.T. Freizeit-Forschungsinstituts)

die einer Gruppe von Menschen gemeinsam sind. Weil die Freizeitorientierung des Lebens in den letzten dreißig Jahren auf breiter Ebene und bei fast allen Bevölkerungsschichten kontinuierlich zugenommen hat, werden sich „Lebensstil" und „Freizeitstil" immer ähnlicher, ja fast deckungsgleich. Die These von der weitgehenden Identität von Lebensstil und Freizeitstil wird auch von der modernen Sozialforschung bestätigt:

Schon Mitte der 70er Jahre prägte der Amerikaner James E. Murphy den Begriff „Freizeit-Lebensstile/leisure-life-styles" (Murphy 1974, S. 112 f.; vgl. auch Attias-Donfut 1978). Das Wort „lifestyle" wird seither in der amerikanischen und mittlerweile auch in der deutschen Öffentlichkeit als diffuser Begriff mit einer fast unübersehbaren Bedeutungsvielfalt verwendet (vgl. Sobel 1981, S. 1). Eine inflationäre Verwendung des Lebensstil-Begriffs läßt sich nur durch klare Zuordnungen und Konkretisierungen verhindern, indem „Lebensstil" weitgehend der Freizeitsphäre zugeordnet wird". Auf diese Weise erscheinen die beiden Begriffe Freizeit und Lebensstil „tatsächlich austauschbar" und die „Geschichte des Lebensstils mit einer Geschichte des Freizeitverhaltens identisch" (Becher 1990, S. 11).

– Anfang der 80er Jahre diagnostizierte die Freizeitforschung einen neuen Lebensstil als Ausdruck eines allgemeinen Bewußtseinswandels: „Die selbstbestimmten Handlungsmöglichkeiten der Freizeit werden zum Lebenssinn aufgewertet und im freizeitkulturellen Lebensstil praktiziert" (Opaschowski 1983, S. 78; vgl. auch Sobel 1981). Zur gleichen Zeit ermittelte die internationale Sozialwissenschaft einen „zentralen Trend" zur Herausbildung „feiner Unterschiede" (vgl. Bourdieu 1983; Glatzer & Zapf 1984). Hobby, Sport, Kleidung, Urlaubsreise, Medienkonsum und kulturelle Aktivitäten ermöglichten eine immer größere Vielfalt freizeitorientierter Lebensstile.

– Seit Ende der achtziger Jahre setzt sich in der Forschung die Erkenntnis durch, „Freizeitstil und Lebensstil als identisch aufzufassen" (Tokarski 1989, S. 43; vgl. auch Vester 1988, S. 63). Der individuelle Lebensstil gilt als Vehikel persönlicher Identität, die sich „hauptsächlich in Freizeit und Urlaub ausdrückt" (Romeiss-Stracke 1991, S. 33).

Es bleibt festzuhalten: Erst die Durchsetzung von „Zeitwohlstand" (Opaschowski 1987, S. 39; Hörning et al. 1990, S. 12) auf breiter Ebene erlaubt die weitgehende Gleichsetzung von Lebensstil und Freizeitstil. Ein Freizeitstil entwickelt sich in der Regel erst dort, wo Pflicht, Notwendigkeit oder Zwang enden. Ein persönlicher Lebensstil kann nur im Rahmen selbstgewählter Tätigkeiten („Freizeit-Beschäftigungen") zur Entfaltung gelangen. „Stil haben" setzt individuelle Freiräume voraus.

Die Neuorientierung der Freizeitforschung im Hinblick auf eine integrative Betrachtung von Freizeit und Lebensstil läßt jedoch die Frage der Konkretisierung und Operationalisierung weitgehend offen, so daß Schmitz-Scherzer, Schulze und Tokarski zu Recht kritisieren, die Freizeitforschung habe sich zu wenig „um eine Operationalisierung desjenigen Bereichs des Lebensstils, der Freizeit angeht – nämlich den Freizeitstil – gekümmert" (Schmitz-Scherzer et al. 1984, S. 19).

In eigenen empirischen Untersuchungen analysierte Opaschowski den Prozeß der deutschen Vereinigung in den beiden Jahren 1990 und 1991. Dabei standen die „Freizeitstile der Deutschen in Ost und West" (Opaschowski 1991) im Mittelpunkt. „Freizeitstile" wurden definiert als freizeitorientierte Lebensstile in der Wechselwirkung von Lebenszielen, Informationsinteressen, Freizeitaktivitäten, Urlaubswünschen und Konsumeinstellungen (vgl. Abb. 1). Solche integrativen Sichtweisen werden für die Freizeit- und Tourismusforschung der 90er Jahre unverzichtbar sein.

## Literatur

Attias-Donfut, C. (1978). Freizeit, Lebenslauf und Generationen (S. 354-375). In L. Rosenmayr (Hg.), Die menschlichen Lebensalter. München: Juventa.

Becher, U.A.J. (1990). Geschichte des modernen Lebensstils. München: C.H. Beck.

Beck, U. (1986). Risikogesellschaft. Auf dem Weg in eine andere Moderne. Frankfurt/M.: Suhrkamp.

Berger, P.A. (1987). Klassen und Klassifikationen. Kölner Zeitschrift für Soziologie und Sozialpsychologie, 39, 59-85.

Bolte, K.M. & Hradil, S. (1984). Soziale Ungleichheit in der Bundesrepublik Deutschland, 5. Aufl. Opladen: Westdeutscher Verlag.

Bourdieu, P. (1982). Die feinen Unterschiede. Kritik der gesellschaftlichen Urteilskraft. Frankfurt/M.: Suhrkamp.

Giegler, H. (1982). Dimensionen und Determinanten der Freizeit. Opladen: Westdeutscher Verlag.

Glatzer, W. & Zapf, W. (Hg.) (1984). Lebensqualität in der Bundesrepublik. Frankfurt/M.: Campus.

Gluchowski, P. (1988). Freizeit und Lebensstile. Plädoyer für eine integrierte Analyse von Freizeitverhalten. Erkrath: Edition Freizeit.

Hörning, K.H. et al. (1990). Zeitpioniere. Flexible Arbeitszeiten – neuer Lebensstil. Frankfurt/M.: Suhrkamp.

Lüdtke, H. (1989a). Expressive Ungleichheit. Zur Soziologie der Lebensstile. Opladen: Leske.

Lüdtke, H. (1989b). Kapital Freizeit. Kompetenz, Ästhetik und Prestige. Erkrath: Edition Freizeit.

Murphy, J.F. (Hg.) (1974). Concepts of leisure. Englewood Cliffs: Prentice Hall.

Opaschowski, H.W. (1983). Arbeit. Freizeit. Lebenssinn? Opladen: Leske.

Opaschowski, H.W. (1987). Konsum in der Freizeit. Hamburg: B.A.T. (Bd. 7, B.A.T. Schriftenreihe zur Freizeitforschung).

Opaschowski, H.W. (1990). Typologie des Freizeitkonsumenten (S. 116-120). In Szallies & G. Wiswede (Hg.), Wertewandel und Konsum. Landsberg: Moderne Industrie.
Opaschowski, H.W. (1990). Freizeit, Konsum und Lebensstil (Hg. v. Arbeitgeberverband der Metallindustrie Köln). Köln: Eigenverlag.
Opaschowski, H.W. (1991). Freizeitstile der Deutschen in Ost und West. Forschungsergebnisse des B.A.T. Freizeit-Forschungsinstituts. Hamburg: B.A.T.
Romeiss-Stracke, F. (1991). Zukunftsperspektiven für den Tourismus. (S. 26-34) In Tourismus in der Gesamtwirtschaft (Bd. 17, Schriftenreihe Forum der Bundesstatistik). Stuttgart: Kohlhammer.
Schmitz-Scherzer, R.; Schulze, H. & Tokarski, W. (1984). Perspektiven in der Freizeitforschung. Kassel: Eigendruck.
Scitovsky, T. (1977). Psychologie des Wohlstands (engl. Orig. The joyless economy, 1976). Frankfurt/M.: Campus.
Simmel, G. (1900). Philosophie des Geldes. Leipzig.
Sobel, M.E. (1981). Lifestyle and social structure. New York.
Studienkreis für Tourismus (Hg.) (1992). Reiseanalyse 1991. Starnberg: Studienkreis für Tourismus.
Tokarski, W. (1989). Freizeit- und Lebensstile. Kassel: Universität-GHS.
Vester, H.-G. (1988). Zeitalter der Freizeit. Darmstadt: Wissenschaftliche Buchgesellschaft.
Weber, M. (1946). Essays in Sociology. Oxford.
Weber, M. (1956). Wirtschaft und Gesellschaft. Bd. II. Tübingen: Siebeck-Mohr.

**Horst W. Opaschowski, Hamburg**

# Mobilität (räumliche)

## 1. Begriffsgeschichte

Mobilität bedeutet Beweglichkeit des Menschen innerhalb eines definierten sozialräumlichen Systems. Der Begriff der *räumlichen* Mobilität steht synonym für horizontale, geographische, territoriale oder regionale Mobilität (Albrecht 1972; Franz 1984). Alle diese Begriffe bringen die Bewegung des Menschen in sozialen und natürlichen Räumen zum Ausdruck.

Die räumliche (horizontale) Mobilität grenzt sich zur *sozialen* (vertikalen) Mobilität ab. Während sich die räumliche Mobilität auf die verschiedenen Formen der personellen Ortsveränderung bezieht, betrifft die soziale Mobilität die sozialstrukturelle und sozialdemographische Entwicklung und Gliederung der Gesellschaft. Zwischen beiden bestehen Wechselwirkungen.

Die räumliche Mobilität wird durch die Bedürfnisse mobilitätsfähiger Menschen, die Raum-Zeit-Struktur sozialer Systeme und durch die verfügbaren und individuell nutzbaren Verkehrsmittel bestimmt. Sie besitzt qualitative und quantitative Merkmale.

Die *quantitative* Seite der Mobilität kann in Form der zurückgelegten Entfernung in Personenkilometern (Pkm) und mittels der Häufigkeit der in einem definierten Zeitraum (pro Tag, innerhalb von 24 Stunden) außer Haus zurückgelegten Wege (Wegehäufigkeit) bestimmt werden.

*Qualitativ* ist Mobilität nur über eine Vielzahl einzelner und heterogener Merkmale beschreibbar. Solche sind: Sinn und Zweck der Mobilität, Erlebnisinhalt, subjektiv empfundener Wert, gesellschaftliche Bedeutung der Ortsveränderung, Umweltverträglichkeit der Ortsveränderung.

Die Messung der qualitativen Seite der Mobilität erfolgt bisher in Deutschland und anderen europäischen Ländern vorrangig mittels statistischer Erhebungsverfahren. In Westdeutschland wurden in unterschiedlichen Abständen durch das KONTIV (kontinuierliche Erhebung des Verkehrsverhaltens) und in Ostdeutschland bis 1990 durch das SrV (System der repräsentativen Verkehrsbefragung) ausgewählte Merkmale der Mobilität bestimmter Personengruppen untersucht. Das KONTIV wurde von Socialdata München entwickelt (Socialdata München und Verband Deutscher Verkehrsunternehmen Köln, 1991). Das SrV entstammt der Arbeit von Verkehrswissenschaftlern an der Technischen Universität Dresden sowie der Hochschule für Verkehrswesen Dresden (Voigt 1987). 1991 wurde das SrV mit dem KONTIV kooperativ verbunden.

Der *modal split* spiegelt die Aufteilung des Verkehrs auf die einzelnen Verkehrsmittel und -arten wieder: den öffentlichen Personenverkehr (Eisenbahn, Bus, Flugzeug, Schiff) und den Individualverkehr (Pkw, Motorrad, Wohnmobil, Fahrrad, Boot, zu Fuß).

Unterschieden wird auch zwischen Zweck- und Erlebnismobilität (Weich et al. 1988). Diese Unterscheidung ist jedoch relativ, wenn davon ausgegangen wird, daß Zweckmobilität an die Erfüllung alltäglicher Lebensfunktionen (Arbeiten, Wohnen, Bilden,

Versorgen) gebunden ist, während Erlebnismobilität sich vorrangig durch Freizeitspaß und einen hohen Erlebniswert auszeichnet.

*Formen in der Mobilität.* Hinsichtlich des sozialen Inhaltes, des Zweckes und ihrer Ursachen können verschiedene Formen der Mobilität unterschieden werden:

– *Migrationelle* Mobilität wird durch Ortsveränderung verursacht, die mit einem Wohnortwechsel über eine definierte Grenze (Stadt und Region) verbunden ist (Franz 1948).

– *Alltägliche* Mobilität entsteht mit der Befriedigung grundlegender und nahezu täglich auftretender Ortsveränderungsbedürfnisse. Berufs-, Bildungs- und Versorgungsverkehr sind vorherrschender Ausdruck dieser Mobilität.

– *Touristische* Mobilität ergibt sich aus dem Wunsch oder der Notwendigkeit, sich zeitweise außerhalb des Wohnortes zu begeben und dort zu verweilen, dies aber nicht zum Zweck der beruflichen Niederlassung oder um ein Arbeitsrechtsverhältnis einzugehen (AIEST 1954). Obwohl dem *Freizeit*tourismus und dem *Geschäfts*tourismus unterschiedliche Motive zugrunde liegen, gibt es keinen Tourismus ohne Mobilität. Beide Tourismusarten werden von unterschiedlichen Mobilitätskulturen begleitet, die mit den touristischen Verhaltensmustern korrespondieren.

Die touristische Mobilität umfaßt neben den räumlichen auch soziale Aspekte. Wird touristische Mobilität mit ökonomischen Problemen in Verbindung gebracht, ist sie vorwiegend auf Bewegungen der Tourismuswirtschaft gerichtet.

## 2. Problemfelder und Entwicklungen

Die letzten Jahrzehnte des 20. Jahrhunderts sind – v.a. in den Industrieländern – durch eine gewaltige Mobilitätszunahme gekennzeichnet. Bemerkenswert ist, daß nicht die außerhäusliche Wegehäufigkeit angewachsen ist, sondern – bedingt durch die individuelle Motorisierung, die Entwicklung von Verkehrstechnik sowie Verkehrssystemen – die zurückgelegten Entfernungen zugenommen haben. Auch die Zeit für die Alltagsmobilität (Wohnen, Arbeiten, Besorgen) ist relativ konstant geblieben. In Deutschland erfolgen derzeit etwa 1.000 Ortsveränderungen pro Person und Jahr außer Haus, die mit einem täglichen Zeitaufwand (Verkehrszeit) von etwa 50–70 Minuten verbunden sind (Wolf 1992).

Geographische Räume verringern mittels moderner Verkehrstechnik ihre subjektiven Dimensionen. Entfernungen, die mittels der Benutzung moderner Verkehrsflugzeuge zurückgelegt werden, lassen fremde Orte über weite Distanzen zum fast als normal erlebten Alltag werden.

Freizeitvergrößerung, Wohlstandsmehrung, höhere soziale Sicherheit, moderne Verkehrssysteme und der postmoderne Wertewandel, in dessen Verlauf die protestantische Arbeitsethik tendenziell durch eine hedonistische Gesinnung ergänzt oder ersetzt worden ist, haben zur Ausweitung von individuellen und gesellschaftlichen Mobilitätskonstellationen beigetragen, die in der Geschichte bislang unbekannt waren. Charakteristisch für diese Entwicklung ist, daß Massen von Menschen daran beteiligt sind. Dies gilt insbesondere für Mobilitätsformen (wie die Freizeitmobilität), die zur Erlebnisvertiefung und -erweiterung beitragen.

Quantitative und qualitative Veränderungen hat insbesondere die Freizeitmobilität erfahren. Sie verkörpert sich in den propagierten Ansprüchen an eine intakte Umwelt, aktive Erholung, Entspannung und Abenteuer sowie unverwechselbare Erlebnisse. Charakteristisch für die derzeitige Situation ist, daß eine wechselnde Vielfalt von Motiven bei der Mehrzahl der Menschen in Deutschland die Freizeit- und Urlaubsgestaltung beeinflußt

(Opaschowski 1990; Gilbrich 1992). Bei einzelnen Urlaubergruppen und -typen treten entsprechend ihrer lebensweltlichen Orientierung bestimmte Motive und Motivkombinationen auf (Lohmann & Besel 1990).

Der gegenwärtig in Deutschland zu beobachtende Trend, häufiger zu verreisen und die Verweildauer für einzelne Urlaube zu kürzen, führt zu einer Zunahme der touristischen Mobilität (Opaschowski 1990) und der zurückgelegten räumlichen Distanzen.

Der *modal split* im touristischen Freizeitverkehr hat sich zugunsten der Nutzung des individuellen Pkw verändert. Das Auto hat in bislang einmaliger Weise unser Zeiterleben und gesellschaftliche Zeitstrukturen individualisiert. Dennoch ist angesichts gegenwärtiger Entwicklungen damit zu rechnen, daß es vielerorts und zeitlich konzentriert an selbstverursachte Mobilitätsgrenzen stößt. 1989 erfolgten in den westlichen Bundesländern Deutschlands rund 80% des Freizeitverkehrs mit dem individuellen Pkw (Bundesminister für Verkehr 1991).

Der Modal split im Urlaubsverkehr war 1991 in West- und Ostdeutschland annähernd gleich. 60% der ostdeutschen und 56% der westdeutschen Urlauber haben bei ihrer (Haupt-)Urlaubsreise den individuellen Pkw genutzt. Westdeutsche Urlauber entschieden sich im Unterschied zu den ostdeutschen bislang häufiger – bedingt durch den höheren Pauschalreiseanteil und durch den höheren Anteil an Fernreisezielen – für das Flugzeug als Reiseverkehrsmittel (Gilbrich 1992).

Mobilität mittels Nutzung des Pkw besitzt trotz zunehmender Verkehrskonflikte und gestiegener Unfallrisiken nach wie vor bei vielen Menschen einen hohen Erlebnis- und Eigenwert. Das Auto ist nicht nur Instrument der Ortsveränderung, sondern es ist zu einem Bestandteil der Alltagskultur geworden, das im Mobilitätsgeschehen vielfältige psychische Erlebnismuster auslöst. Der private Pkw ermöglicht eine nahezu ubiquitäre Mobilität (vgl. Schönhammer 1991).

Durch moderne Verkehrssysteme, wie den privaten Pkw und das Flugzeug, insbesondere durch Charterflüge, ist – neben anderen Faktoren (Wohlstandssteigerung, Verstädterung, Freizeitzunahme) – die Entwicklung des Tourismus in den westlichen Industriegesellschaften maßgeblich beeinflußt und gefördert worden (Krippendorf et al. 1989). Trotz vieler Verbesserungen in den Verkehrssystemen haben sich aber die negativen ökologischen und häufig auch sozialen Wirkungen des Verkehrs verstärkt. Dies steht vorrangig im engen Zusammenhang mit Veränderungen zugunsten des motorisierten Individual- und Güterverkehrs.

Bemühungen um Verkehrsberuhigungen, Verkehrsreduzierungen in Tourismusregionen und -orten sind Reaktionen auf die negativen ökologischen und sozialen Wirkungen des Pkw-Verkehrs in diesen Zonen. Sozialverantwortlicher und umweltverträglicher Tourismus ist auf veränderte und neue Mobilitätsszenarien und Verkehrskonzepte orientiert (Hamele et al. 1991).

Räumliche Mobilitätsentwicklung ist lokal und weltweit ein brisantes Ereignis, das politische, ökonomische, ökologische und vielfältige soziale Problemfelder und auch Risiken einschließt. Der Zusammenhang von räumlicher Mobilität und gesellschaftlichen Zukunftsperspektiven ist ein kontroverser, aber auch bislang nur selten ein genügend tiefgründig problematisierter Gegenstand wissenschaftlicher Forschung und Theorienbildung gewesen.

Mit den Arbeiten von Sloderdijk (1989), Wolf (1986) sowie dem Sammelband Verkehr und Mobilität (Geowissen 1991) liegen informations- und problemhaltige Arbeiten vor, die philosophisch, verkehrspolitisch, verkehrsökologisch und verkehrstechnisch über den Sachverhalt räumlicher Mobilität informieren. Soziologisch und psychologisch orientierte Mobilitätsforschung findet sich bei Franz (1984), Hahn (1979) und Schönhammer (1991).

## Literatur

AIEST-Konferenzmaterialien. (1954). St. Gallen: AIEST.
Albrecht, G. (1972). Soziologie der geographischen Mobilität. Stuttgart: Enke.
Bundesminister für Verkehr. (1991). Verkehr in Zahlen. Bonn.
Franz, P. (1984). Soziologie der räumlichen Mobilität. Frankfurt/M., New York: Campus.
Gilbrich, M. (1992). Urlaubsreisen 1991 (Kurzfassung der RA '91). Starnberg: Studienkreis für Tourismus.
Geowissen (1991). Verkehr und Mobilität. Hamburg: Gruner & Jahr.
Hahn, H. (1979). Urlaubsreisen 1979 – Psychologische Leitstudie. Starnberg: Studienkreis für Tourismus.
Hamele, H. et al. (1991). Mehr wissen – mehr handeln. München: ADAC.
Krippendorf, J. (1989). Freizeit und Tourismus. Berner Studien zum Fremdenverkehr, H. 22. Bern.
Lohmann, M. & Besel, K. (1990). Urlaubsreisen 1989 – Kurzfassung der Reiseanalyse 1989. Starnberg: Studienkreis für Tourismus.
Opaschowski, H. (1990). Trendwende im Urlaubsverhalten? Die Grenzen grenzenlosen Reisens. Hamburg: BAT.
Ratti, R.; Barras, Ch. & Maggi, R. (1982). Verkehr, Kommunikation und Mobilität: wo steht die Forschung. Thema 5, 8-11.
Socialdata (1991). Mobilität in Deutschland. Institut für Verkehrs- und Infrastrukturforschung München und Verband Deutscher Verkehrsunternehmen Köln.
Schönhammer, R. (1991). In Bewegung – Zur Psychologie der Fortbewegung. München: Quintessenz.
Sloderdijk, P. (1989). Eurotaoismus. Zur Kritik der politischen Kinetik. Frankfurt: Suhrkamp.
Vogler, M. (1990). Kirche und touristische Mobilität. Fribourg: Universitätsverlag.
Voigt, W. (1987). Verkehr und Wohngebiet. Berlin: Transpress.
Weich, G. (1988). Mobilität. München: ADAC.
Wolf, W. (1986). Eisenbahn und Autowahn. Personen- und Gütertransport auf Schiene und Straße. Geschichte, Bilanz, Perspektiven. Hamburg: Rasch & Röhring.

**Margitta Großmann und
Manfred Rochlitz, Dresden**

# Opinion Leader

## 1. Herkunft und Entwicklung des Konzeptes

Das Konzept des Opinion Leader (Meinungsführer) entstammt dem Bereich der Massenkommunikationsforschung. Es wurde aus der Erkenntnis heraus entwickelt, daß (entgegen den Annahmen der frühen Massenkommunikationsforschung) ein Einfluß der Massenmedien auf einzelne Rezipienten eines Massenpublikums nicht direkt (i.S. einer „hypodermic needle") erfolgt, sondern sozial vermittelt (und damit verstärkt oder auch konterkariert) wird. Grundlegend hierfür ist die von Lazarsfeld, Berelson und Gaudet (1944) durchgeführte Studie „The people's choice", in der die Wirkung von Wahlpropaganda in Rundfunk und Presse im Zusammenhang mit der US-Präsidentschaftswahl im Jahre 1940 untersucht wurde. Anders als ursprünglich vermutet zeigte sich dabei, daß die Wahlentscheidung weit weniger durch die Massenmedien, sondern (im Rahmen des jeweiligen sozialen Umfeldes und der Gruppenzugehörigkeit) durch direkte, face-to-face-Kommunikation beeinflußt wird. Personen wiederum, die hierbei besonders erfolgreich waren, solche also, die andere politisch überzeugten oder die von anderen um politischen Rat gebeten wurden, bezeichnete man als Opinion Leaders.

Unmittelbar mit dem Konzept der Opinion Leaders verbunden ist dabei die Hypothese vom Zwei-Stufen-Fluß der Kommunikation *(„two-step-flow of communication")*, demgemäß massenmedial vermittelte Ideen nicht direkt von den Massenmedien zum Publikum, sondern in einer ersten Stufe von den Medien zu den Opinion Leaders fließen, um dann, in einer zweiten Stufe, weniger Aktive bzw. Interessierte zu erreichen (vgl. Abb. 1).

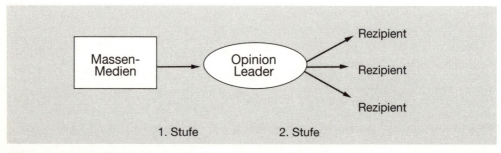

Abb.1: Zwei-Stufen-Fluß der Kommunikation

Entsprechend diesem Modell haben nun Meinungsführer zum einen eine Relaisfunktion, indem sie medial vermittelte Inhalte an weniger Aktive weiterleiten, zum anderen eine Verstärkerfunktion, die in der Beeinflussung der weniger aktiven und interessierten Personen begründet ist (Katz 1957).

Unmittelbar darauf folgende Studien, die vor allem vom „Bureau of Applied Social Research" an der Columbia Universität ausgingen, beschäftigten sich vertiefend besonders mit dem Ausmaß und der Richtung des persönlichen Einflusses, den Charakteristika der Meinungsführer und deren Verhältnis zu den Massenmedien. Schließlich führten Untersuchungen der 60er und 70er Jahre zu einer weiteren kritischen Evaluation, Spezifikation und letztlich Relativierung der „klassischen" Meinungsführerkonzeption (Schenk, Donnerstag & Höflich 1990; Schenk 1987, S. 246ff.; Mayer & Schneider 1978). Dabei sind vor allem folgende Erkenntnisse herauszuheben:

– Meinungsführer orientieren sich nicht nur an den Massenmedien, sondern auch an anderen Personen (es gibt „Meinungsführer der Meinungsführer").
– Untersuchungsergebnisse legen des weiteren entsprechend nahe, statt von einem „two-step-flow" von einem *„multi-step-flow of communication"* auszugehen, demzufolge der Kommunikationsfluß über mehrere, auch miteinander in Kontakt stehende Meinungsführer zu den Gefolgsleuten gelangt.
– Allerdings gelangen Botschaften auch in einem Schritt zu den Rezipienten. Unterscheidet man hierbei zwischen massenmedial induziertem Informationsfluß und Beeinflussung, so kommt man zu dem Ergebnis, „daß die Hypothese vom Two-Step-Flow of Communication für den Prozeß der Informationsübernahme kaum noch praktische Relevanz beanspruchen kann" (Schenk 1987, S. 259).

– Beeinflussung und Einstellungsänderung durch Massenmedien hingegen scheinen auf einem Zwei-Stufen-Fluß zu gründen. Dies führte zur Formulierung des *„Two-Cycle-Flow"*-Modelles des Kommunikationsflusses (Troldahl 1966), demgemäß Meinungsführer bei anderen Meinungsführern und Experten („professional intermediaries") nachfragen, des weiteren aber auch von der Gefolgschaft aktiv angegangen werden, dann vor allem, wenn Inkonsistenzen zwischen aufgenommenen Informationen und eigenen Überzeugungen bestehen.
– Das Verhältnis von Meinungsführern und Gefolgsleuten ist auch keineswegs ein einseitiges, sondern eines von „opinion givers" und „opinion askers", das nicht zu einer Beeinflussung, sondern zu einer Meinungsteilung führt. Daneben gibt es allerdings Inaktive („silenters"), die dem Einfluß der Massenmedien weit stärker unterliegen.
– Neuere Studien auf der Grundlage von Kommunikationsnetzwerk-Analysen machen schließlich darauf aufmerksam, den Informationsfluß und soziale Einflußnahmen i.S. der Meinungsführerkonzepts nicht nur innerhalb einer Gruppe (Primärgruppe), sondern als Intergruppenprozeß mit den jeweilig gruppenverbindenden Positionen (wie Brücken bzw. Liaisonen) zu untersuchen (Schenk 1989). Letztes betrifft vor allem den Prozeß der Diffusion von Innovationen und Ideen (vgl. auch Punkt 4).

## 2. Merkmale von Opinion Leaders

Der Versuch, mit Blick auf die Literatur (Lowery & DeFleur 1991; Schenk, Donnerstag & Höflich 1990; Wiswede 1978; Lazarsfeld & Menzel 1973) wesentliche Merkmale von Opinion Leaders zusammenzufassen, ergibt zunächst, daß sich deren Einflüsse im

Regelfall auf bestimmte Gebiete des Soziallebens beschränken, seien dies Politik, Gesundheit, Mode, Konsumgüter u.a. Ist dies der Fall, so werden die Opinion Leaders als „monomorphic", im Gegensatz zu vielseitigen, „polymorphic" Meinungsführern, bezeichnet. Gerade für die Untersuchung des Verbraucherverhaltens ist es dabei bedeutsam, produkt- oder produktgruppenbezogene Meinungsführer auszuloten. Deren Einfluß scheint wiederum besonders dann an Bedeutung zu gewinnen, wenn die Kaufentscheidung mit einem hohen (finanziellen, sozialen) Risiko verbunden ist und der potentielle Konsument nach einer Reduktion der Unsicherheit trachtet.

Die bereichsbezogene Bedeutung der Opinion Leader wird dadurch unterstrichen, daß ihnen auf dem jeweiligen Einflußbereich eine größere Sach- respektive Fachkompetenz und Glaubwürdigkeit zugesprochen wird. Dies spiegelt sich nicht zuletzt darin, daß er Medien, wenn auch nicht extensiver, sondern intensiver nutzt. „Der Meinungsführer (...) liest, hört, sieht nicht mehr, aber er nutzt die Medien aufmerksamer, er hat eine bessere Erinnerung, und deshalb kann er über das Gelesene, Gehörte, Gesehene sprechen, Fragen beantworten" (Noelle-Neumann 1990, S. 153). Ihren Einfluß gewinnen Opinion Leaders nicht durch einen sozial abgehobenen Status, sondern dadurch, daß sie aus der gleichen sozialen Schicht wie die Meinungssucher kommen und damit von ihnen nicht durch soziale Distanzunterschiede getrennt werden. Das wiederum bedeutet, daß soziodemographische Merkmale (wie Bildung, Einkommen u.a.) zur ihrer Kennzeichnung nur begrenzt heranzuziehen sind.

Bedingt durch eine günstige strategische soziale Lokalisierung, d.h. vor allem durch einen größeren Freundes- und Bekanntenkreis, zeichnen sich Opinion Leaders durch ein größeres Interaktionspotential aus und werden darum auch eher um Rat gebeten. Die soziale Verankerung in der jeweiligen sozialen Gruppe und die kommunikativ zentrale Stellung impliziert allerdings nicht eine herausragende Innovationsfreudigkeit. Vielmehr wurde immer wieder festgestellt, daß Opinion Leaders die Wertvorstellungen und Normen der jeweiligen sozialen Gruppe, der sie angehören, meist stärker als die anderen Gruppenmitglieder vertreten.

## 3. Methoden zur Ermittlung von Opinion Leaders

Die wesentlichen Methoden zur Identifikation von Meinungsführern haben bereits Rogers und Cartano (1952) zusammengefaßt. Sie nennen hierbei: Soziometrische Verfahren, Schlüsselinformanten-Verfahren und Selbsteinschätzungsverfahren.

(a) Das *soziometrische* Verfahren besteht darin, die Mitglieder einer Gruppe danach zu fragen, bei wem sie um Rat oder Meinungen nachfragen. Geeignet scheint die Methode dabei, wenn alle Mitglieder einer Gruppe erfaßt werden können. Bei größeren Gruppen ist diese Methode kaum noch praktikabel.

(b) Die *Befragung von Schlüsselpersonen* („key informants") ist forschungspraktisch einfacher zu handhaben. Man geht hier davon aus, daß durch die Forscher ausgewählte Personen in der Lage sind, Opinion Leaders in der jeweiligen Gruppe anzugeben. Diesem Verfahren kommt allerdings in der praktischen Anwendung kaum Bedeutung zu, wobei als besonderes Problem hierbei vor allem die Verortung relevanter „key informants" und deren Vorstellung von einflußreichen Personen anzusehen ist.

(c) Das *Selbsteinschätzungsverfahren* wurde indessen häufiger angewandt. Personen werden dabei danach gefragt, ob sie sich selbst als Opinion Leader einschätzen. Für viele

Untersuchungen bildet hierbei – in mehr oder weniger modifizierter Form (King & Summers 1970; Childers 1986) – folgende von Rogers und Cartano (1962, S. 439f.) entwickelte 6-Item-Skala den Ausgangspunkt:

„1. During the past six month have you told anyone about (...)?
  (a) Yes
  (b) No

2. Compared with your circle of friends are you
  (a) more or
  (b) less likely to be asked for advice about (...)?

3. Thinking back to your last discussion about (...)
  (a) were you asked for your opinion of (...) or
  (b) did you ask someone else?

4. When you and your friends discuss new ideas about (...), what part do you play?
  (a) Mainly listen or
  (b) try to convince them for your ideas?

5. Which of these happens more often.
  (a) you tell your neighbors about (...), or
  (b) they tell you about (...)?

6. Do you have the feeling that you are generally regarded by your neighbors as a good source of advice about (...)?
  (a) Yes
  (b) No".

Ein neueres, auf der Selbsteinschätzung basierendes Verfahren, ist die Bestimmung der „*Persönlichkeitsstärke*" (Noelle-Neumann 1990; SPIEGEL 1983). Personen, die auf einer entsprechenden Skala hoch angesiedelt waren, weisen Eigenschaften nach, die sie wiederum als Meinungsführer kennzeichnen. Obwohl forschungsökonomisch leichter durchführbar, bedingt auch die letztgenannte Methode der Selbsteinschätzung mögliche verzerrende Artefakte. Man denke hier insbesondere an eine Selbstüberschätzung als Opinion Leader oder, entsprechend einer antizipierten sozialen Erwünschbarkeit, an eine Unterschätzung oder Verheimlichung. Idealiter könnte dabei eine Koppelung mit soziometrischen Methoden eine Evaluation der selbst zugeschriebenen Eigenschaften ergeben.

## 4. Opinion Leaders und Reiseentscheidung

Die über die Massenmedien zugänglichen Reiseinformationen, angefangen bei der Reiseliteratur in Buchform, über Reise-, Fach- und special interest-Zeitschriften, Reisebeilagen und touristische Informationen in Tageszeitungen, bis hin zur Reisequizsendung im Fernsehen, haben stark zugenommen. Reiseangebote und -möglichkeiten sind so groß wie noch nie. Daher kommt gerade den Massenmedien bei der Vermittlung reiserelevanter Informationen eine bedeutende Rolle zu (→ *Touristische Medien*). Andererseits unterliegt die Reiseentscheidung immer auch sozialen Einflußnahmen. Während nun, wie durch die bisherige Forschung unterstrichen, durchaus davon ausgegangen werden kann, daß auch reisebezogene Informationen von den Massenmedien direkt zu den Rezipienten gelangen, so ist doch bei der Frage nach einer möglichen Beeinflussung der (→) *Reiseentscheidung* der Blick auf mögliche „influentials" resp. Opinion Leaders zu richten. Die Bedeutung von Opinion Leaders wurde diesbezüglich zwar durchaus erkannt und untersucht (Heidi Hahn 1980; 1983 anhand der Reiseanalyse); dabei wurde etwa gefragt: „Werden Sie bei Gesprächen, die die Urlaubsreise betreffen, um Ihre Meinung gefragt?" – Hinsichtlich systematischer und differenzierter Studien über reisebezogene Opinion Leaders besteht allerdings ein Defizit.

Jede Reiseentscheidung unterliegt dabei mehr oder weniger großen Unsicherheiten entsprechend reisebedingter Unabwägbarkeiten (Wetter, Unterkunft, Essen, Gesundheit u.a.). Folgt man den Erkenntnissen der Meinungsführerforschung, so kann wiederum davon ausgegangen werden, daß der Einfluß von Opinion Leaders dann vor allem hoch zu veranschlagen ist, wenn die Entscheidungssituation besondere Risiken (finanzielle Risiken, soziale Anerkennung, physische/ psychische Befindlichkeit, gesundheitliche Risiken u.a.) in sich birgt. Hier kommt nachgerade die den Meinungsführern zugeschriebene fachliche Kompetenz zum Tragen, sei diese begründet in einem besseren Informationsstand, der sich auch auf dem Gebiet Reise und Tourismus zeigt (Hahn 1980), durch Primärerfahrung am Reiseziel, oder durch *professionelle Fachkompetenz* (Reisebüro). Da diesen letztgenannten eine Interessengebundenheit und damit begrenzte Glaubwürdigkeit unterstellt wird, darf allerdings die Möglichkeit von Reiseverkäufern als Opinion Leaders nicht überbewertet werden (Wiswede 1978). Abhängig von den Reisezielen, den persönlichen Beweggründen und der sozialen Funktion von Reisen werden nicht zuletzt Meinungen bei unterschiedlichen Personen, seien diese aus dem engeren oder entfernteren sozialen Umfeld, nachgefragt. Was die Entdeckung neuer Reiseziele anbelangt, so verweisen beispielsweise Motive der *Distinktion* – etwas Besonderes zu erleben und sich damit von anderen unterscheiden – aus dem eigenen Gruppenrahmen hinaus.

Gerade die Verbreitung von Reiseideen und die Durchsetzung von „In"- bzw. Trendzielen deuten auf solche Einflüsse. Opinion Leaders sind entsprechend ihrer bisherigen Kennzeichnung durch ihre zentrale Lokation innerhalb der eigenen Gruppe und damit durch ein hohes Interaktionspotential ausgewiesen. Dabei wird allerdings der Blick auf mögliche Intergruppenprozesse eingeengt. Unterscheidet man hierbei mit Granovetter (1973) zwischen starken Verbindungen („strong ties") – gemeint sind Beziehungen zu Familienangehörigen, Freunden und Verwandten – und schwachen Verbindungen („weak ties"), d.h. weniger gut bekannten Personen wie z.B. Arbeitskollegen, so zeichnen sich letztere dadurch aus, daß sie über den eigenen Gruppenrahmen hinausführen und dabei an Innovationen, neue Ideen, Informationen resp. auch an neue Reiseanregungen und -entscheidungshilfen heranführen.

## Literatur

Childers, T.L. (1986). Assessment of the psychometric properties of an opinion leadership-scale. Journal of Marketing Research, 23, 184-188.

Granovetter, M.S. (1973). The strength of the weak ties. American Journal of Sociology, 78, 1360-1380.

Hahn, Heidi (1980). Die Meinungsmacher unter den Urlaubsreisenden 1978. Das Reisebüro, 3, 1-5.

Hahn, Heidi (1983). Opinion Leader bei Reiseentscheidungen. Media Spectrum, 2, 4-10.

Katz, E. (1957). The two-step-flow of communication. An up-to-date report on a hypothesis. Public Opinion Quarterly, 21, 61-78.

King, Ch.W. & Summers, J.O. (1970). Overlap of opinion leadership across consumer product categories. Journal of Marketing Research, 7, 43-50.

Lazarsfeld, P.F.; Berelson, B. & Gaudet, H. (1944). The peoples's choice. New York: Columbia University Press, 3rd. ed. 1965.

Lazarsfeld, P.F. & Menzel, H. (1964). Massenmedien und personaler Einfluß. (S. 117-139) In W. Schramm (Hg.), Grundfragen der Kommunikationsforschung, 5. Aufl. München: Juventa 1973.

Lowery, S.A. & DeFleur, M.L. (1983). Milestones in mass communication research. Media effects. New York, London: Longman, 2nd ed. 1988.

Mayer, H. & Schneider, H. (1978). Neuere Untersuchungen zur Theorie der Meinungsführerschaft. Jahrbuch der Markt- und Absatzforschung, 24, 128-173.

Noelle-Neumann, E. (1990). The people's choice – revisited. (S. 147-174) In W.F. Langenbucher (Hg.), Paul F. Lazarsfeld. München: Ölschläger.

Rogers, E.M. & Cartano, D.G. (1962). Methods of measuring opinion leadership. Public Opinion Quarterly, 26, 435-441.

Schenk, M. (1989). Massenkommunikation und interpersonale Kommunikation. (S. 406-414) In M. Kaase & W. Schulz (Hg.), Massenkommunikation. Theorien, Methoden, Befunde. [Son-

derheft 30 der Kölner Zeitschrift für Soziologie und Sozialpsychologie]. Opladen: Westdeutscher Verlag.
Schenk, M. (1987). Medienwirkungsforschung. Tübingen: Mohr-Siebeck.
Schenk, M.; Donnerstag, J. & Höflich, J.R. (1990). Wirkungen der Werbekommunikation. Köln, Wien: Böhlau.
SPIEGEL-Dokumentation (1983). Persönlichkeitsstärke. Hamburg: Spiegel-Verlag.
Troldahl, V.C. (1966). A field test of a modified two-step-flow of communication model. Public Opinion Quarterly, 30, 609-623.
Wiswede, G. (1978). Meinungsführung und Konsumverhalten. Zur Metamorphose eines kommunikationswissenschaftlichen Konzepts. Jahrbuch der Absatz- und Verbrauchsforschung, 24, 115-127.

**Joachim Höflich, Hohenheim**

# Psychogeographie

## 1. Zur Begrifflichkeit

Der Lauf der Geschichte lehrt, daß zu vielen Zeiten Dichter und Schriftsteller in ihrer Poesie Spielarten menschlicher Erfahrung zu Worte bringen, die Jahrhunderte später in Philosophie und Psychologie mit neuen Begrifflichkeiten ihren Ausdruck finden. Psychogeographie, in diesem Sinne bereits in *nuce* in Karl Philip Moritz' „Anton Reiser. Ein psychologischer Roman des 18. Jahrhunderts" enthalten, versteht sich als junger Teilbereich der Psychoanalyse, weniger als eigenständige Disziplin denn als ein Ansatz, in dessen Fokus die Erforschung und das Verständnis der Beziehung zwischen Raum (wo man ist) und Psyche (wer man ist), d.h. die Bedeutung und Repräsentation des Raumes in der menschlichen Psyche, steht.

Psychogeographische Studien differenzieren im wesentlichen zwischen drei Dimensionen psychischen Geschehens: (1) dem Prozeß der Attribution (Zuschreibung) und Allokation psychischer Inhalte auf Personen, Räume, Formen und Gegenstände jenseits der eigenen Psyche; (2) der diesem Prozeß zugrundeliegenden intra- und extrapsychischen Strukturen sowie (3) der Bedeutung dieses Prozesses für eine Vielzahl an Phänomenen, wie z.B. die Partizipation an Gruppen, die Interaktion ihrer Mitglieder und der historischen/raumzeitlichen Kontinuität dieses Systems. Es wird davon ausgegangen, daß Beziehungen, Ereignisse und Gruppen(-phänomene) auf dem Wege über verschiedene psychische Mechanismen durch die meist unbewußten Vorstellungen, die Menschen von sich selbst, von anderen und der äußeren Welt haben (den sog. Selbst- und Objektrepräsentationen), beeinflußt werden (Stein 1984).

Eine der wesentlichsten epistemologischen Prämissen der Psychogeographie ist jene menschliche Erkenntnis, die bereits von Kant und in Ansätzen im nachsokratischen Hellas des 1. Jahrhunderts von Epiktet formuliert wurde, daß die Welt nicht neutral sei, respektive nicht die Dinge die Menschen verwirren, sondern die Ansichten, die sie von den Dingen haben. Implizit in diesen Aussagen enthalten ist das Phänomen, daß menschliche Wahrnehmung nicht „isoliert" erfolgt, sondern vor dem Hintergrund unserer im Laufe der Sozialisation erworbenen Erfahrungen interpretiert wird. Unbewußtes Material aus ontogenetisch frühen Lernkontexten, vorwiegend aus der Interaktion mit den ersten Bezugspersonen und den Mitgliedern der Primärfamilie entstammend, Affekte, Motivationen, aber auch Muster familiärer Beziehungen werden im sog. Unbewußten symbolisiert. Obwohl auf soziale und physische Umwelten projizierend, verhalten sich Menschen, als ob das Projizierte, im letztendlichen Sinne Aspekte des eigenen unbewußten Selbst, Eigenschaften einer anderen Person oder der äußeren Realität sei; das Selbst wird als etwas Anderes erfahren.

Dieser Prozeß ist jedoch keineswegs unidirektional; im gleichen Maße, wie soziale und physikalische Umwelten unbewußte psychische Prozesse und Strukturen symbolisieren, findet eine umgekehrte Beeinflussung statt. Anhand dieser Prämissen ergibt sich als zentrales Aufgabengebiet der Psychogeographie die Fragestellung, anhand welcher Motivationen und auf welche Weise Realität und Psyche sich wechselseitig beeinflussen, in Beziehung stehen und dadurch menschliches Verhalten prägen.

## 2. Zur Geschichte einer neuen Disziplin

Die Entwicklung und Konzeptualisierung der Psychogeographie als eigenständiges Forschungsgebiet stellt sich als Schnittstelle verschiedener theoretischer und klinischer Ansätze aus Psychoanalyse, psychoanalytischer Entwicklungs- und Systemtheorie, allgemeiner Entwicklungspsychologie, Soziologie und Anthropologie dar. Zu ihren bedeutsamsten wissenschaftsgeschichtlichen Einflußgrößen zählen u.a. Piaget (1977), der in zahlreichen Untersuchungen aufzeigen konnte, daß die Erfassung des Raumes durch das Kind nicht von libidinösen oder interpersonellen Faktoren, sondern von der intrapsychischen Entwicklung der Fähigkeit, die Realität zu begreifen, abhängt; Hall (1977), ein Anthropologe, der auf der Grundlage von Melanie Kleins Konzept der projektiven Identifikation die Bedeutsamkeit unbewußter kultureller Normen für den „persönlichen Raum" innerhalb transkultureller Verständigung diskutierte; der Familientherapeut Minuchin (1974), für den die Gestaltung des Raumes durch Familienmitglieder (Sitzanordnung, gestural patterns) eine Analogie ihrer intrafamiliären Beziehungsmuster darstellt. Arensberg (1955) konnte anhand des paradigmatischen Beispieles euro-amerikanischer Gemeinschaften eine Beziehung zwischen sozialen Strukturen und deren räumlichen Nutzung nachweisen. In „Narratives of a Child Psychoanalysis" beschrieb Klein (1977) eine therapeutische Arbeit während des II. Weltkrieges, in der ein Kind unter Zuhilfenahme einer Landkarte aktuelle militärische Aktionen auf eine Weise nach„spielte", als ob es Angriffe auf den Körper der Mutter wären; das Interessante an dieser Arbeit ist nicht nur die Anthropologisierung der Landkarte; Aufmerksamkeit verdient ebensosehr das Phänomen der Personalisierung politisch-militärischer Ereignisse anhand der emotionalen Topographie der Mutter-Kind-Beziehung. Trotz zahlreicher richtungsweisender Arbeiten gelang es erst in den späten 70er Jahren des 20. Jahrhunderts, psychodynamisch orientierte Arbeiten über den räumlichen Symbolismus unter dem Begriff Psychogeographie zu subsumieren.

## 3. Theoretische Grundlagen

In den Überlegungen zur Begrifflichkeit der Psychogeographie wurde bereits angedeutet, daß (a) die Wahrnehmung der Umwelt durch psychische Prozesse wie Projektion und Verschiebung beeinflußt wird und (b) die Fähigkeit zur Realitätsprüfung eine höherentwickelte Leistung des menschlichen Bewußtseins darstellt, in die frühe Lernerfahrungen prädeterminierend eingehen. Daraus ergibt sich für das adäquate Verständnis einer Morphologie des Raumes die Notwendigkeit, sowohl psychogenetische Aspekte der Topographie als auch der Struktur der menschlichen Psyche zu berücksichtigen.

Fine (1987) betont in „Psychogeography and the Superego", daß die sukzessive Ablösung des Kindes von der elterlichen Kontrolle und somit dessen psychische Entwicklung mit der Eroberung räumlicher Dimensionen einhergehe. Aus der ursprünglichen symbiotischen Beziehung zur Mutter tritt das Kind in neue Umwelten ein; die Dyade wird zur Triade, neben die Primärfamilie stellen sich Spielplätze, Kindergärten, Vorschulen, Freizeitgruppen etc. mit ihren vielfältigen Interaktionsmöglichkeiten und -formen. Die Bewältigung dieser *rites de passages* korrespondiert bereits in den frühesten Jahren mit einem sukzessiven Abbau der kindlichen Abhängigkeit von den Eltern. Nach Mahler (1975) ist ein ausreichendes Maß an wechselseitigem Vertrauen notwendig, das es dem Kind in der Individuations- und Separationsphase (6. bis 36. Monat) erlaubt, sich von der Mutter zu lösen, um die Umwelt erkunden und eigene Fähigkeiten aufbauen zu können. Überkontrolle in jeder dieser Entwicklungsstufen birgt die Gefahr in sich, das Kind innerhalb bestimmter geographischer Grenzen zu fixieren, welche internalisiert (um präziser zu formulieren: inkorporiert) werden und neben Objekt- und Beziehungsrepräsentationen psychische Strukturen und auf dieser Grundlage Verhalten, Erleben, Befindlichkeit und auch neurotische Konflikte mitbestimmen.

## 4. Anwendungsgebiete

Alle die sich die Frage stellen, warum von Völkerfamilien, von Vater- oder Mutterland gesprochen, Deutschland in persona des „deutschen Michels" oder Frankreich als „Marianne" dargestellt werden, welche symbolische Phantasien mit Namen wie Amerika oder Kalifornien verbunden sind, finden in psychogeographischen Studien geeignete Antworten (Stein 1984; Niederland 1971). Die wissenschaftliche Provenienz der Forscher bestimmt dabei vielfach den Untersuchungsgegenstand.

Beispielhaft für die Interdisziplinarität dieser Arbeiten sind im Bereich der politischen Psychologie u.a. Ebel (1980), der den Versuch unternahm, eine psychoanalytisch orientierte Systemtheorie auf internationale Beziehungen anzuwenden und zu verdeutlichen, wie sich intrafamiliäre Beziehungsmuster auf Staatenebene widerspiegeln; Binion (1976) und Stierlin (1976) konnten entsprechend aufzeigen, daß sich die ideologischen und politischen Grundlagen der nationalsozialistischen Ostexpansion *bona fide* gruppenpsychodynamisch und psychogeographisch analysieren lassen.

Die enorme Vielfalt der Themenkreise verdeutlicht die Komplexität dieses Ansatzes; unter ihnen finden sich Untersuchungen über die internationale Diplomatie vor und während des Zweiten Weltkrieges, die auf Projektionen und Verschiebungen von familiären Rollen und Interaktionen verweisen (Ryan 1980); psychohistorische Studien über den Zionismus, die die zionistische Vision als Rückgewinnung von und Vereinigung mit der Mutter begreifen, in die sowohl Ängste vor dieser Fusion als auch ödipale Ängste vor der Realisierung des verbotenen Wunsches eingehen (Gonen 1975, 1978, 1980), sowie Arbeiten über Konflikte zwischen ethnischen Minderheiten, exemplarisch durchgeführt von Volkan (1979) und Simos (1981) anhand gruppenpsychodynamischer Überlegungen zum Zypernkonflikt.

Allgemeinere Arbeiten widmen sich eher isolierten Phänomenen und deren Auswirkungen, wie der Wahrnehmung fremder Staaten, deren Interaktion, der geographischen Ausgestaltung sozialer und kultureller Normen, Führerschaft, Phantasien, die beim Betrachten von Landkarten entstehen, und artverwandten Phänomenen. Die weitreichende Konsequenz dieser Studien veranlaßt Stein (1987) sogar, Psychogeographie in jene wissenschaftlichen Revolutionen einzureihen, die von Freud einstmals als narzißtische Kränkungen der Menschheit bezeichnet wurden. Neben den bahnbrechenden Arbeiten von Darwin, Einstein, Freud und – in Ergänzung – einigen Systemtheoretikern (Bion, Stierlin, Minuchin, Bowen, DeMause) verändert die von ihm mitbegründete Psychogeographie „das Verständnis unseres Selbst und zwingt uns, unsere Beziehung zu anderen Menschen und zur Welt zu überdenken. Der Grundgedanke der Psychogeographie ist sowohl ein Affront als auch eine Möglichkeit, da sie uns zeigt, daß wir von der wirklichen Welt entfernter sind als wir uns eingestehen" (Stein 1984).

## 5. Psychogeographie und Reisen/Tourismus

Die Beziehung zwischen Psychogeographie und Reisen ist eine indirekte und wurde in der bisherigen Forschung zu wenig berücksichtigt. Eine der wenigen nennenswerten Ausnahmen stellt Fine (1987) dar, der erkundet, inwieweit sich Reisen auf die Persönlichkeit, d.h. das Erleben und Verhalten des reisenden Menschen und vice versa auswirkt.

Beobachtungen aus der therapeutischen Praxis legen eine Differenzierung in drei Persönlichkeitstypen nahe: Manche Menschen empfinden das Reisen als eine psychische Erleichterung von alltäglichen und persönlichen Anforderungen, die häufig mit einer Erleichterung oder gar Remission psychischer und körperlicher Krankheitssymptome einhergeht. Andere wiederum reagieren in Zeiten des Reisens gegensätzlich und entwickeln Angst und/oder Symptome. Die dritte Gruppe dagegen erweist sich als nicht reagibel. Fine erklärt die unterschiedlichen Reaktionsweisen durch interindividuelle Variationen in der Struktur der psychischen Instanz des Überichs, d.h. der Stätte der moralischen Anforderungen und des Gewissens.

Entstanden durch Internalisierungsprozesse elterlicher und später gesellschaftlicher Anforderungen existiert innerhalb des Überichs ein Teilsystem, welches jene Grenzen repräsentiert, mit denen das Kind in seinen frühen Lernerfahrungen vertraut und/oder konfrontiert worden ist. Während ein Verlassen dieser internalisierter Grenzen zu einem Nachlassen der elterlichen Überkontrolle führt, verspricht ein Verbleiben innerhalb dieser Grenzen die aus der Kindheit bekannten Abhängigkeitsbelohnungen. Dieses Geschehen erklärt, warum manche Menschen auf Reisen manisch-depressiv reagieren. (→ *Klinische Psychologie und Tourismus*)

Auf die o.g. Differenzierung angewandt, ergibt sich folgendes Bild: Jene Reisenden, deren psychische Befindlichkeit sich verbessert, verfügen über ein Überich, welches eindeutig definierte geographische Bereiche repräsentiert. Jenseits dieser Grenzen zeigt sich das Überich schwächer, so daß vormals „gewissensbelastete" und verbotene (meist lustvolle) Bedürfnisse, Wünsche und Impulse befriedigt werden können. Die Abschwächung moralischer Forderungen ist jedoch nur temporär; früher oder später zeigt sich das Überich in alter Form – nach der Rückkehr, aber auch bei einem längeren Verweilen „jenseits der Grenzen".

Für Reisende mit angstbesetzten Reaktionen übt die Umwelt, in der sie leben, eine beschützende Funktion aus. Internalisiert als Teil des Überichs führt ein Verlassen des gewohnten Lebensbereiches (der manchmal nur aus einem eng umgrenzten Stadtbezirk bestehen kann) zu einem Verlust dieser Form des Schutzes, woraus Angst resultiert. Erst die Rückkehr in die altvertraute Umgebung gewährleistet Erleichterung.

Im Gegensatz zu den erstgenannten Gruppen steht das Überich jener Menschen, welche keine erkennbare (psychische) Reaktion auf Reisen zeigen, in keiner direkten Beziehung zur Umwelt; sie verhalten sich trotz unterschiedlicher Anforderungen seitens der Realität stets auf die gleiche Weise. Unfähig, flexibel zu reagieren, weist diese Gruppe die schwersten und dauerhaftesten psychischen Störungen auf.

Welche Implikationen ergeben sich aus diesen Ausführungen für Reisen und Touristik als gesellschaftliches, ökonomisches und sozialpsychologisches Phänomen respektive Handlungsfeld? Fine (1987) verweist in diesem Zusammenhang lediglich auf notwendige Modifikationen hinsichtlich der Verschreibung von Reisen als therapeutisches Adjuvens und betont eine differenziertere Diagnostik (der Überich-Strukturen) des Klienten, um auf dieser Grundlage effektiver entscheiden zu können, ob Reisen zu einem gesundheitlichen Gewinn beiträgt. Denkbar ist jedoch auch ein erweitertes Verständnis des reisenden Menschen mit all seinen Verhaltens- und Erlebensweisen sowie seinen Motivationen: Wie erklären sich all jene in der Regel auf Inseln gerichtete Sehnsüchte und Phantasien, und welchen Aufforderungscharakter haben sie für die Reiseentscheidung? Lassen sich umgekehrt die Antworten auf diese Fragen oder psychogeographisches Wissen in Form von werbewirksamen Aktivitäten oder Sympathie-Magazinen aufgreifen? Abenteuer- und Extremreisen, (→) *Bergsteigen* (→) *Sextourismus* und Selbstfindungstourismus, FKK-Urlaube etc. mit all ihren Begleiterscheinungen, aber auch das meist unbewußt motivierte Erleben und Verhalten des „gewöhnlichen" Reisenden werden in ihrer teilweisen Bizarrheit transparenter und eröffnen seitens professioneller und semi-professioneller Touristikexperten einer neuen und tieferen Dimension des Verstehens den Weg.

## 6. Zusammenfassung

Psychogeographie versteht sich als ein interdisziplinärer Ansatz, der sich der Erforschung der wechselseitigen Beeinflussung von Psyche und Raum widmet. Unbewußte psychische Inhalte, d.h. Selbst- und Objektrepräsentationen, Triebderivate, Affekte, psychosexuelle Konflikte etc. werden auf andere Personen, Räume und Gegenstände externalisiert, wodurch diese zu quasi äußeren Bezugspunkten für psychogeographische Wahrnehmungen und Handlungen werden. Zahlreiche zwischenmenschliche und gesellschaftliche Phänomene, unter ihnen verschiedene Erscheinungsformen des Tourismus, sowie Erlebens- und Verhaltensweisen reisender Menschen lassen sich unter Bezugnahme auf psychogeographische Erkenntnisse erfassen und erklären. Dem Menschen zu einer adäquateren, d.h. von (pathologischen) Lernerfahrungen befreiteren Realitätserfassung und -überprüfung zu verhelfen, ist das wesentliche Ziel psychogeographischer Studien, das sie auf dem Wege einer realistischeren Wahrnehmung, die sich weniger auf projektive Prozesse als auf Empathie stützt, zu erreichen versuchen.

## Literatur

Arensberg, C. M. (1955). American communities. American Anthropologist, 57, 1143-1162.
Binion, R. (1976). Hitler among Germans. New York: Elsevier.
Ebel, H. (1980). How nations "use" each other psychologically. Journal of Psychoanalytic Anthropology, 3, 283-294.
Fine, R. (1987). Geography and the superego: Contributions to psychogeography and the psychology of travel. Journal of Psychohistory, 14, 351-363.
Gonen, J. Y. (1975). A psychohistory of zionism. New York: Mason/Charter.
Gonen, J. Y. (1978). The Israeli illusion of omnipotence following the Six Day War. Journal of Psychohistory, 6, 241-271.
Gonen, J. Y. (1980). The day of atonement war. Journal of Psychohistory, 8, 53-65.
Hall, E. T. (1977). Beyond culture. Garden City, NY: Anchor Press/Doubleday.
Klein, M. (1955). On identification (pp. 309-345). In M. Klein; P. Heimann & R. Money-Kyrle (eds.), New directions in psychoanalysis. New York: Basic Books.
Klein, M. (1977). Narrative of a child psychoanalysis. New York: Dell.
Mahler, M.S.; Pine, F. & Bergman, A. (1975/1988). Die psychische Geburt des Menschen. Symbiose und Individuation. Frankfurt/M.: Fischer.
Minuchin, S. (1974). Families and family therapy. Cambridge, MA: Harvard University.
Niederland, W. C. (1971). The history and meaning of California: A psychoanalytic inquiry. Psychoanalytic Inquiry, 40, 485-490.
Piaget, J. (1977). The essential Piaget. New York: Basic Books.
Ryan, S. (1980). Petain and Vichy: Abandonment, guilt, „Love of Harlot", and repetition compulsion. Journal of Psychohistory, 8, 149-158.
Simos, A. T. (1981). Cyprus and Cuba: An episcopal fantasy. Journal of Psychoanalytic Anthropology, 4, 223-238.
Stein, H. (1984). The scope of psychogeography: The psychoanalytic study of spatial representation. Journal of Psychoanalytic Anthropology, 7, 23-73.
Stein, H. F. (1987). Culture change, symbolic object loss, and restitutional process. Psychoanalysis and Contemporary Thought, 8, 301-332.
Stierlin, H. (1976). Adolf Hitler: A family perspective. New York: The Psychohistory Press.
Volkan, V. D. (1979). Cyprus – War and adaptation: A psychoanalytic of two ethnic groups in Conflict. Charlottesville, Virginia: University Press of Virginia.

**Christian Kinzel, München**

# Psychozentrismus/Allozentrismus

## 1. Einleitung: Das Konzept

In den tourismuspsychologischen und -soziologischen Indizes findet sich seit Jahren das Begriffspaar „psychozentrisch vs. allozentrisch" von C.S. Plog (1972/73), mit dem Menschen hinsichtlich ihrer Urlaubspräferenzen differenziert werden sollen. Das Konzept steht offenbar in der Tradition der Typologisierungsversuche der empirischen Persönlichkeitsforschung, die ihrerseits ihr ursprüngliches Begriffsrepertoire ja noch der alten Charakterkunde verdankt. Indes sind die gewählten Bezeichnungen problematisch, weil sie sich nicht nur vage bis kryptisch anhören, sondern weil man sogleich über die möglichen Bedeutungen zu spekulieren beginnt. Und das sollte man in diesem Fall nicht tun, denn:

C.S. Plog hatte seinerzeit zunächst nur Persönlichkeitsunterschiede von Flugreisenden vs. Nichtflugreisenden festgestellt. Seinen Untersuchungen zufolge waren letztere allgemein ängstlich, weniger abenteuerlustig, fürchteten (allzu)viel Aktivität und fühlten sich in vielen Lebenslagen den Problemen nicht gewachsen. Er postulierte daraufhin eine Dimension mit folgenden Charakteristiken:

Es gibt Menschen, die „Urlaubsziele nahe ihres Wohnortes" wählen und deren „Urlaubsaktivitäten Reisen ohne Flugzeug, sichere Urlaubsorte, Zusammenbleiben mit anderen Reisenden, Meiden der Bevölkerung des Gastlandes, Aufenthalt in erstklassigen Hotels mit hohem Komfort, amerikanisches Essen und/oder amerikanische Restaurantketten vertraute Arten der Unterhaltung" u.ä. umfassen (zit. nach Hoxter & Lester 1988; s. a. die Gegenüberstellung der beiden typischen Ausprägungen dieser Dimension in Tabelle 1). Individuen mit diesen Eigenschaften nannte Plog „psychozentrisch", wobei „psycho-" für ihn offenbar mit „vertraut", „bekannt" o.ä. assoziiert war. Und wohl, weil Menschen mit den entgegengesetzten Eigenschaften „andere" Ziele hatten bzw. „anders" waren oder reisten oder Urlaub machten, labelte er diese „allozentrisch" (vgl. Tab. 1).

Tabelle 1: Die Plogsche Beschreibung von Psychozentrikern und Allozentrikern (nach Hoxter & Lester 1988)

| Psychozentriker (PZ) | vs. | Allozentriker (AZ) |
|---|---|---|
| gehemmt | vs. | selbstbewußt („self-confident") |
| nervös | vs. | (emotional) stabil |
| nicht abenteuerlustig | vs. | abenteuerlustig |
| eingeengt | vs. | in vielen Lebenslagen erfolgreich |

Tabelle 2: Zusammenhang von Psychozentrikern und Allozentrikern mit Cattellschen 16 PF-Dimensionen (Hoxter & Lester 1988)

| Psychozentriker (PZ) | | vs. | | Allozentriker (AZ) |
|---|---|---|---|---|
| reserviert | A- | vs | A+ | aus sich herausgehend |
| intelligenter | B+ | vs. | B- | weniger intelligent |
| emotional stabil | C+ | vs. | C- | emotional weniger stabil |
| weniger rigide | G- | vs. | G+ | gelassen („staid") |
| schüchtern | H- | vs. | H+ | abenteuerlustig |
| vertrauend („trusting") | L- | vs. | L+ | argwöhnisch/mißtrauisch |

In amerikanischen Tourismus-Lehrbüchern wird dieses Konzept offensichtlich wegen seiner vermeintlichen Plausibilität immer noch benutzt (vgl. z.B. MacIntosh & Goeldner 1990), wiewohl die wenigen empirischen Nachprüfungen keine sensationellen Ergebnisse gezeitigt haben.

## 2. Faktorenanalytische Nachuntersuchungen

Um die Aussagen von Plog zu verifizieren und eventuelle Übereinstimmungen mit gebräuchlichen Persönlichkeitsbeschreibungen aufzudecken, führten Hoxter und Lester (1987a, b; 1988) eine Untersuchungsreihe durch, die zu beschreiben deshalb sinnvoll ist, weil an ihr gezeigt werden kann, daß die häufig mit großem Aufwand (hier: Faktorenanalysen) betriebenen Versuche empirischer Fundierung von Urlaubstypen – abgesehen von methodischen Mängeln – nur wenig ergiebig sind.

In ihren ersten beiden Studien wurde je ein Aspekt der Plogschen Dimension überprüft: (1) die Wahl der *Urlaubsziele* (1987a) und (2) die bevorzugten *Urlaubsaktivitäten* (1987b), jeweils in Abhängigkeit von *Cattells Sixteen Personality Factor(s) Questionaire – 16PF*. Dabei gab es in bezug auf die Ziele erstaunlicherweise keine, in bezug auf die Aktivitäten aber sehr wohl signifikante (Produkt-Moment-)Korrelationen, die zu der in Tabelle 2 wiedergegebenen Typenbeschreibung führten.

Die Buchstaben stehen für folgende ausgewählte (deutsche) 16PF-Faktorbezeichnungen (positive Ladungen zuerst): A= Affektothymie vs. S(ch)izothymie; B = hohe vs. niedrige (allgemeine) Intelligenz (g); C= hohe vs. niedrige Ich-Stärke; G = hohe vs. niedrige Überich-Stärke; H = soziale Initiative vs. soziale Gehemmtheit; L = (paranoider) Argwohn vs. Vertrauen.

In einem weiteren Schritt verglichen Hoxter und Lester (1988) die so gewonnenen Beschreibungsdimensionen mit dem von H.J. Eysenck (1967; cf. 1975) aufgestellten zweifachen Typengegensatz von E (Extraversion vs. Introversion) und N (Neurotizismus vs. emotionale Stabilität) und glaubten sich zu der Hypothese berechtigt, daß „Psychozentriker" stabile Introvertierte und „Allozentriker" neurotische Extravertierte seien. Indes erbrachte die Untersuchung anhand des *Eysenck Personality Inventory – EPI* (Eysenck & Eysenck 1965/1970) vergleichsweise magere Resultate: sowohl Urlaubsziele als auch Urlaubsaktivitäten korrelierten lediglich mit der E(xtraversion)-Dimension, und dies signifikant auch nur bei weiblichen Probanden. Fazit: Der vermutete Zusammenhang von „urlaubstypischem Verhalten (sensu Plog) mit empirischen Persönlichkeitskonstrukten (sensu Cattell bzw. Eysenck) ist – sofern überhaupt nachweisbar (die meisten Korrelationskoeffizienten lagen unter der Signifikanzschwelle) – allenfalls gering.

## 3. Kritische Würdigung

Eine kritische Diskussion der o.a. Befunde kommt nicht an den methodischen Defiziten (zu kleine und nicht repräsentativ ausgewählte Datenbasis von 78 Collegestudenten bei der 1988er Studie) vorbei und auch nicht an den gravierenden inhaltlichen Einschränkungen: Die meisten Probanden waren noch nie ins Ausland gereist, und wie die Autoren selber zugeben, wären die Resultate vermutlich ganz anders ausgefallen, wenn die Probanden älter gewesen und einschlägige Reiseerfahrungen im Ausland gehabt hätten. Falls hier ein echtes Forschungsanliegen besteht, wäre von zukünftigen Untersuchungen folgendes zu fordern:
– eine größere Zahl von Probanden;
– repräsentative Stichproben einzelner, für die Touristik relevanter Populationen;
– ausgeklügeltere Reiseziele (differenziert nicht nur nach Nah-, Mittel- und Fernzielen, sondern auch nach Länder-, Klima- und Landschaftstypen);
– Einbeziehung aller möglichen Reisemittel (nicht nur Flugzeuge);
– Differenzierung nach Bildungsniveau (z.B. Sprachkenntnissen);
– Berücksichtigung der „heimischen" oder „exotischen" Situation am Urlaubsort bzw. im Reiseland.

Darüber hinaus ist der Versuch, Urlaubsverhalten mit allgemeinen Persönlichkeitsdimensionen in Verbindung zu setzen, nur auf den ersten Blick sinnvoll: Selbst wenn es einen Test gäbe, der AZ von PZ trennte, würde man damit nicht voraussagen können, ob ein *einzelner* Tourist demnächst eine Flugreise buchen und am Urlaubsort ein bestimmtes Hotel oder Animationsprogramm wählen würde usf. Denn abgesehen davon, daß Persönlichkeitsfaktoren operationale Begriffe sind, deren Sinn nur aus der genauen Kenntnis der verwendeten Test- oder Beobachtungsverfahren eruierbar ist, handelt es sich bei den Resultaten lediglich um statistische Durchschnittswerte über Populationen, was in unserem Fall allerhöchstens bedeuten mag, daß AZ (also die „Flieger") *in der Mehrzahl* das berichtete Reiseverhalten zeigen (immer vorausgesetzt, daß die Testergebnisse valide und reliabel sind), aber eben nur die meisten von ihnen. Für das einzelne Individuum besteht bei derartigen Gruppeneigenschaften nur eine statistische Wahrscheinlichkeit, daß es sich dem Testergebnis entsprechend verhalten wird. Ob aber andererseits der Tourismusindustrie, die an statistischen Analysen natürlich interessiert sein sollte, die oben berichteten Ergebnisse helfen, mag dahingestellt bleiben. Jedenfalls ist der wiederholt beklagte ungenügende methodische Standard der sozialwissenschaftlichen Tourismusforschung auch bei der Untersuchungsreihe zum Plogschen Konzept nicht wegzuleugnen. Schließlich muß davor gewarnt werden, die Aktualität des hier beschriebenen Typologisierungskonzeptes angesichts der entweder nicht vorhandenen oder nur bedingt aussagefähigen empirischen ($\rightarrow$ *Urlaubertypologien*) Studien zu überschätzen.

## Literatur

Eysenck, H.J. (1973). Die Ungleichheit der Menschen (Übers. von H.D. Rosacker). München: List.

Eysenck, H.J. & Eysenck, S.B.G. (1965). Manual of the Eysenck Personality Inventory. London: Hodder & Stoughton.

Cattell, R.B.; Eber, H.W. & Tatsouka, M.M. (1967). Handbook for the Sixteen Personality Factor Questionnaire. Champaign, Ill: IPAT.

Hall, C.S. & Lindzey, G. (1978/79). Theorien der Persönlichkeit, 2 Bde. (Übers. von H.D. Rosacker). München: Beck (Orig. Theories of personality, 2nd ed.; New York: Wiley, 1970).

Hoxter, A.L. & Lester, D. (1987 a). Personality correlates of allocentrism versus psychocentrism in choice of destinations for travel. Psychological Reports, 60(3), 1138.

Hoxter, A.L. & Lester, D. (1987 b). Holiday activities and personality. Psychological Reports, 61(3), 862.

Hoxter, A.L. & Lester, D. (1988). Tourist behavior and personality. Personality and Individual Differences, 9(1), 177-178.

MacIntosh, R.W. & Goeldner, C.R. (1990). Tourism: Principles, practices, philosophies, 6th ed. Somerset, NJ: Wiley.

Plog, S.C. (1972). Why destination areas rise and fall in popularity. Unpubl. manuscr., Travel Research Association. Los Angeles 1972; [wieder abgedruckt in:] Cornell Hotel & Restaurant Administration Quarterly, Nov., 1973, 55-58.

Rosacker, H.D. (1992). Moderne Reisetypen. Psycho- und Allozentriker auf den Spuren von Cattell und Eysenck. Unveröff. Manuskript. München.

**Horst Dieter Rosacker, München**

# (Urlaubs-)Reisemotive

## 1. Begriffsklärung

Nach der Definition der United Nations Conference on International Travel and Tourism wird der Begriff Tourist sinngemäß wie folgt umschrieben: Touristen sind zeitweilige Besucher eines Landes, die sich mindestens 24 Stunden im Zielland aufhalten und deren Reisemotiv sich folgender Klassifikation zuordnen läßt:
a) Freizeit (Erholung, Urlaub, Gesundheit, Studium, Religion und Sport)
b) Geschäft, Familie, Mission, Konferenz.
   Dauert der Aufenthalt weniger als 24 Stunden, so handelt es sich lediglich um einen „Ausflug".

Wir verstehen im folgenden unter einer „Reise" die zeitliche begrenzte Entfernung vom Wohnort zu geschäftlichen oder privaten Zwecken. Beim Reisenden besteht außerdem die Absicht, wieder an den Heimatort zurückzukehren.

Unter *Reisemotiven* verstehen wir die Gesamtheit der individuellen Beweggründe, die dem Reisen zugrunde liegen. Psychologisch gesehen handelt es sich um Bedürfnisse, Strebungen, Wünsche, Erwartungen, die Menschen veranlassen, eine Reise ins Auge zu fassen bzw. zu unternehmen. Wie andere Motive auch sind sie individuell verschieden strukturiert und von der sozio-kulturellen Umgebung beeinflußt.

*Zur Definition von „Motiven".* Wenn Heckhausen (1980, S. 28) sagt: „In Wirklichkeit gibt es überhaupt keine Motive", will er damit deutlich machen, daß Motive nicht unmittelbar beobachtet werden können und daß sie nur etwas Ausgedachtes sind, eine gedankliche Hilfskonstruktion, ein hypothetisches Konstrukt (→ *Motivationspsychologie*). Man kann aber auch nicht einfach Motive erfinden, sondern, so Heckhausen (a.a.O.): „Will man den ‚Motivbegriff im Sinne eines hypothetischen Konstrukts verwenden, so muß man zunächst festlegen, unter welchen vorauslaufenden besonderen Bedingungen ein ‚Motiv' überhaupt ins Spiel kommt und sodann festlegen, welche nachfolgenden und beobachtbaren Wirkungen es im Verhalten hervorbringen soll." Heckhausen nennt acht motivationspsychologische Grundprobleme, die es zu erforschen gilt, wobei sich vier auf Motive beziehen und vier auf die Motivation. Die vier motivbezogenen Grundprobleme lauten:

(1) Motiv*klassifikation*,
(2) Motiv*genese* (Anfänge, Entwicklung und Änderung einzelner Motive),
(3) Motiv*messung* (Verfahren zur Erfassung individueller Unterschiede in der Ausprägung einzelner Motive),
(4) Motiv*anregung* (Eingrenzung und Differenzierung der motivspezifischen Anregungsbedingungen der Situation).

*Aufgabe der Reisemotivforschung* wäre demnach, die Reisemotive zu klassifizieren, ihre Entstehung zu untersuchen, danach zu forschen, wie sie sich im Laufe der Zeit und im

Laufe der persönlichen Entwicklung ändern. Außerdem müßten Verfahren zur Messung der Reisemotive entwickelt werden. Darüber hinaus wären die Situationen zu bestimmen, die die Motive anregen. Im folgenden werden einige Ansätze der deutschen Urlaubsreisemotivforschung dargestellt, um sie dann im Lichte der soeben genannten Ansprüche kritisch zu würdigen.

## 2. Erforschung der Reisemotive

Bei der Erforschung der Reisemotive (genauer Urlaubsreisemotive, denn Geschäftsreisen bleiben unberücksichtigt) handelt es sich im wesentlichen um Ansätze, bei denen eine Motivklassifikation anhand von Aussagen von Personen über sich selbst vorgenommen wurde. Es wurden Konstrukte in Listen gesammelt, die in der psychologischen Literatur mit Bedürfnissen, Antrieben, Neigungen, Erwartungen oder Motiven beschrieben wurden (vgl. Lersch 1938; Thomae 1944; zsf. Heckhausen 1980). Als Methode der Datenerhebung wurde in den meisten Fällen die Befragung oder die Beobachtung eingesetzt.

*Die DIVO/Hartmann-Studie:* Die Pionierarbeit der empirischen deutschen Urlaubsreisemotivforschung wurde von Hartmann anhand der DIVO-Studie (1961) im Auftrag des Studienkreises für Tourismus geleistet. Mit 280 teilstrukturierten Interviews wurden die Urlaubserwartungen und Reisemotive von Urlaubsreisenden zum Zwecke „einer sinnvollen Marktlenkung und Marktausweitung" erfaßt. Hartmann unterscheidet vier Gruppen von Reisemotiven, die in Tabelle 1 dargestellt sind.

Hartmann referiert allerdings nicht nur die Nennungen der Befragten, sondern liefert auch psychologische Analysen und Hinweise auf zugrundeliegende psychologische Prozesse. So berichtet er beispielsweise, daß „Erholung" als Urlaubsreisemotiv stereotypisch im Zusammenhang mit Urlaub genannt, daß es aber aktive Formen und passive Formen der Erholung gebe.

Tabelle 1: Vier Gruppen von Reisemotiven (nach Hartmann 1962)

**I. Erholungs- und Ruhebedürfnis**
– Ausruhen, Abschalten, Herabsetzung geistig-seelischer Spannung, Minderung des Konzentrationsgrades;
– Abwendung von Reizfülle, keine Hast und Hetze.

**II. Bedürfnis nach Abwechslung und Ausgleich**
– Tapetenwechsel, Veränderung gegenüber dem Gewohnten;
– Neue Anregungen bekommen, etwas Neues, ganz anderes erfahren und erleben als das Alltägliche, neue Eindrücke gewinnen;
– im Alltag nicht beanspruchte Fähigkeiten verwirklichen, sich selbst entfalten, zu sich selbst kommen.

**III. Befreiung von Bindungen**
– Unabhängigkeit von sozialen Regelungen, tun, was man will, sich frei und ungezwungen bewegen, auf niemand Rücksicht nehmen;
– Befreiung von Pflichten, Ausbrechen aus den alltäglichen Ordnungen.

**IV. Erlebnis- und Interessenfaktoren**
– Erlebnisdrang, Neugierde, Sensationslust,
– Reiselust, Fernweh, Wanderlust,
– Interesse an fremden Ländern, Menschen und Kulturen,
– Kontaktneigung,
– Geltungsstreben, „oben sein", sich bedienen lassen.

Die zweite Gruppe von Motiven betrifft die Abwechslung und den Ausgleich. Die Urlauber wollen etwas Neues kennenlernen, das sie im normalen Alltag nicht erleben können. Die Befragung von Bindungen, das Erleben von Freiheit und die Flucht aus dem Konformitätsdruck des Alltags stellt für Hartmann eine dritte Gruppe zentraler Urlaubsmotive dar.

Hartmann weist auch darauf hin, daß den bisher genannten Urlaubsmotiven eine „*Fort-von*-Motivation" zugrundeliegt, die für das eigentliche Urlaubsverhalten noch keine Richtung liefert. Erst die „*Hin-Zu*-Motive" vermitteln dem Urlaubsverhalten eine Richtung. Gäbe es sie nicht, so wäre der Urlaub an irgendeinem zufälligen Ort mit irgendeinem zufälligen Verhalten schon Befriedigung genug (Hartmann 1967, 1976, 1979).

*Weitere Forschungen in den 60er Jahren* zu den Reisemotiven der Urlaubsreisenden: Ursula Lehr berichtete (1964) die Ergebnisse von 50 Explorationen (2-3 Stunden am Urlaubsort), 100 Intensivinterviews (1 Stunde am Urlaubsort) und 200 Befragungen (in Westdeutschland) über die Assoziationen, Erwartungen und Rollenvorstellungen von Urlaubern. Sie teilt das Material in drei Inhaltsbereiche, die aus der Kategorisierung auf die Frage nach den Assoziationen zum Thema „Urlaub" entstanden:
– Urlaub und mitmenschlicher Kontakt
  20,3%
– Urlaub als Gegenpol zum Alltag
  32,0%
– Urlaub, Zeit extremer Freizeit
  41,2%

Das Zusammensein mit „netten" Menschen, ein „Kennenlernen neuer Menschen" gehört mit zu den Haupt-Urlaubserwartungen der Reisenden. Es folgt der Gegenpol zum Alltag („Herauskommen aus dem Alltag, mal völlig umschalten, in einer anderen Welt leben"). Und Urlaub stellt auch eine Zeit extremer Freizeit dar. Man möchte den Urlaub als eine Zeit erleben, wo man nicht nur nicht arbeiten muß, sondern sich innerlich frei fühlt. Ähnlich gelagert ist der Ansatz von Wiemann (1970), die als Reisemotive die Flucht aus dem Alltag, das Glücksgefühl der Freiheit, das Flair des Besonderen, die Entdeckung neuer Welten, das Spiel von Lieblingsrollen und den Prestigegewinn nennt.

*Theorien der Reisemotivation*: Einen Überblick über die theoretischen Ansätze bis 1969 geben Schmitz-Scherzer und Rudinger (1969); eine neuere Übersicht findet man bei Datzer (1981). Neben den empirischen Erhebungen, bei denen ermittelt wurde, wieviel Prozent der Stichprobe ein bestimmtes Motiv nennen, sind auch Versuche unternommen worden, den Bedeutungsgehalt der jeweils genannten Wünsche und Erwartungen zu explorieren (Pivonas 1972; Hartmann & Meyer 1982). Daneben sind einige Versuche zu verzeichnen, explizite Motivationstheorien zu formulieren.

Enzensberger (1958/1962) prägte den Begriff von der „Flucht aus dem Alltag" (→ *Enzensberger, Eine Theorie des Tourismus*). Dieses Motiv nennen auch Schade und Hahn (1969), die den Urlaub als einen Gegenpol zum Alltag begreifen. Die Autoren vertreten jedoch die Ansicht, daß es auch positive Korrelationen zwischen Alltag und Urlaub in dem Sinne gibt, daß sich das Alltagsverhalten im Urlaub fortsetzt.

Knebel (1960) stellt eine soziologische Theorie des Tourismus vor, die auf dem Rollenbegriff basiert. Dabei wird die Rolle des Touristen als Erklärung für sein Verhalten herangezogen. Er sieht in den Prestigebedürfnissen die Ursachen des Reisens.

Böhm (1962) schließlich unterscheidet zwischen der *faktischen* und der *psychischen* Reise. Die psychische Reise ist zeitlich weiter ausgedehnt und beinhaltet neben der faktischen Reise die Reisevorbereitungen und die Erwartungen sowie die Auswirkungen nach der Rückkehr.

Kentler, Leithäuser und Lessing (1965) befragten und beobachteten in einer heute als klassisch geltenden Untersuchung (→ *Catania-Untersuchung*) jugendliche Urlauber und erklärten das Entstehen einer selbständigen Subkultur im Urlaub.

## 3. Die Reiseanalyse: Kontinuierliche Erforschung der Motive (und Aktivitäten)

Viele der zuvor berichteten Arbeiten gingen in die Konzeption der Reiseanalyse des Studienkreises für Tourismus ein, die seit 1970 regelmäßig durchgeführt wird. Im Jahr 1972 (Pivonas 1973) und später noch einmal 1981 (Hartmann & Meyer 1982) wurden zusätzlich zur Reiseanalyse (RA) psychologische Leitstudien (Pilotstudien) durchgeführt, in denen die Reisemotive neu untersucht wurden. Das Ergebnis dieser Leitstudien ist eine ergänzte Liste von Erwartungen/Wünschen, die man an bzw. in Bezug auf einen Urlaub haben kann. In der RA wird dann seit 1971 die Frage gestellt: „Worauf kam es Ihnen bei Ihrer (Haupt-) Urlaubsreise 19.. eigentlich hauptsächlich an? Hierzu habe ich einige Vorgaben, bitte kreuzen Sie alle zutreffenden Nennungen an." (Mehrfachnennungen, Listenvorgabe).

Die Ergebnisse der RA 72, RA 80 und RA 90 sind in Tabelle 2 dargestellt (Laßberg & Steinmassl 1991).

Betrachtet man die Ergebnisse, so sieht man, daß bei allen „Motiven" eine Zunahme über die Zeit zu verzeichnen ist. Die Gründe hierfür können vielfältig sein:
– Die Befragten stimmen heute generell häufiger zu als noch vor 10 oder 20 Jahren.
– Durch die Zunahme psychologischen Wissens und die Psychologisierung der Gesellschaft machen sich heute mehr Leute als damals Gedanken über ihre „Motive". Deshalb sind diese introspektiv zugänglicher und werden auch häufiger genannt.
– Reisemotive sind Wünsche, die im Alltag nicht befriedigt werden können; durch den zunehmenden Streß nehmen auch diese Reisemotive zu.

*Faktorenanalytische Aufarbeitungen der Daten zu den „Reisemotiven".* Hier kann nicht entschieden werden, warum eine Zunahme der Nennungen zu verzeichnen ist. Da die Daten zu den vielen Einzelmotiven – angenommen, diese wären tatsächlich so vorhan-

Tabelle 2: Reisemotive und Urlaubserwartungen

| (Zustimmung in %) | RA 90 Neue Bundesländer | RA 90 Alte Bundesländer | RA 80 | RA 73 |
|---|---|---|---|---|
| **Entspannung/Erholung/ Besinnung/Gesundheit** | | | | |
| Abschalten, ausspannen | 77,8 | 81,0 | 66,2 | 61,5 |
| Frische Kraft sammeln | 68,0 | 66,5 | 49,2 | 51,1 |
| Zeit füreinander haben | 66,8 | 54,7 | 44,0 | 33,2 |
| Sich verwöhnen lassen, sich etwas gönnen, genießen | 35,0 | 43,7 | 23,0* | 17,2* |
| Viel ruhen, nichts tun, nicht anstrengen | 25,7 | 45,1 | 35,1* | 43,2* |
| Etwas für die Gesundheit tun, Krankheiten vorbeugen | 35,5 | 27,0 | * | * |
| Etwas für die Schönheit tun, braun werden | 21,1 | 30,2 | * | * |

(Urlaubs-)Reisemotive

**Abwechslung/Erlebnis/Geselligkeit**

| | | | | |
|---|---|---|---|---|
| Aus dem Alltag herauskommen, Tapetenwechsel | 76,1 | 73,7 | 58,1 | 56,9 |
| Gut essen | 43,7 | 55,1 | 29,6 | 21,9 |
| Mit anderen Leuten zusammensein, Geselligkeit haben | 51,9 | 50,4 | 54,2* | 39,2* |
| Viel erleben, Abwechslung haben, | 55,4 | 47,8 | 32,3 | 21,0 |
| Viel Spaß und Unterhaltung haben, sich vergnügen, amüsieren | 46,8 | 49,4 | 44,0 | 30,8 |
| Urlaubsbekanntschaften machen | 32,8 | 33,3 | * | * |
| Verwandte, Bekannte, Freunde wiedertreffen | 42,9 | 25,0 | * | * |
| Flirt und Liebe | 12,4 | 11,7 | 9,9 | * |

**Eindrücke/Entdeckung/Bildung**

| | | | | |
|---|---|---|---|---|
| Ganz neue Eindrücke gewinnen, etwas anderes kennenlernen | 64,9 | 46,1 | 43,8* | 37,8* |
| Andere Länder erleben, viel von der Welt sehen, Einheimische kennenlernen | 42,1 | 41,3 | * | * |
| Viel herumfahren, unterwegs sein | 50,5 | 33,5 | * | * |
| Den Horizont erweitern, etwas für Kultur und Bildung tun | 38,7 | 31,0 | 19,7 | 15,1 |
| Erinnerungen (an eine Gegend, einen Ort) auffrischen | 24,4 | 27,1 | * | * |
| Auf Entdeckung gehen, ein Risiko auf sich nehmen, etwas Außergewöhnlichem begegnen | 15,2 | 15,3 | 19,8 | 11,9 |

**Selbständigkeit/Besinnung/Hobbies**

| | | | | |
|---|---|---|---|---|
| Tun und lassen können, was man will, frei sein | 45,6 | 42,7 | * | * |
| Tun, was einem gefällt | * | * | 38,8 | 34,3 |
| Frei sein | * | * | 22,8 | 18,9 |
| Sich eigenen Interessen widmen | 33,7 | 36,7 | 22,8 | 15,9 |
| Sich auf sich selbst besinnen, Zeit zum Nachdenken haben | 25,1 | 27,4 | 17,2* | 15,9* |
| Hobbies, Liebhabereien machen | 10,4 | 13,7 | * | * |

**Natur erleben/Umweltbewußtsein/Wetter**

| | | | | |
|---|---|---|---|---|
| Natur erleben | 65,5 | 57,0 | * | * |
| Reinere Luft, sauberes Wasser, aus der verschmutzten Umwelt herauskommen | 49,5 | 44,7 | * | * |
| In die Sonne kommen, dem schlechten Wetter entfliehen | 26,7 | 47,7 | * | * |

**Bewegung/Sport**

| | | | | |
|---|---|---|---|---|
| Sich Bewegung verschaffen, leichte sportliche und spielerische Aktivitäten | 44,9 | 42,5 | * | * |
| Aktiv Sport treiben, sich trimmen | 9,8 | 18,0 | 13,2 | 9,8* |

\* nicht gefragt bzw. Fragestellung geändert

den – sehr unübersichtlich sind, wurde deshalb des öfteren versucht, die Motive durch Faktorenanalysen zu Gruppen zusammenzufassen. Eine erste Faktorenanalyse, basierend auf den Ergebnissen der RA stammt von Kanthak (1973). Er fand als ersten Faktor die „Erholung", dann das „Vergnügen" und drittens die „Bildung". Sommer (1974) hat aufgrund der Antworten auf die Motivfrage der RA 72 versucht, die grundlegenden Motivdimensionen zu ermitteln. Insgesamt fand er vier Faktoren: „Erholung und neue Kraft schöpfen", „Bildung", „Vergnügen und Unterhaltung" und „Sport". In einer sehr aufwendigen und methodisch anspruchsvollen Studie von Lohmann und Wohlmann (1987) konnten insgesamt 11 Faktoren extrahiert werden. Auch sie fanden als Hauptfaktor die Erholung.

Da auch die reinen Häufigkeitsdaten die Erholung als wichtiges Motiv ausweisen, überrascht dieses Ergebnis nicht. Allerdings handelt es sich bei der Erholung um ein soziales Stereotyp, das immer im Zusammenhang mit Urlaub genannt wird. Zu untersuchen wäre der Erholungsprozeß, die vorauslaufenden Bedingungen für die Erholung, physiologische Korrelate usw. (→ *Langfristige Erholung*).

Auch in der Untersuchung Urlaub 86/87 des BAT-Instituts (Opaschowski, 1987) und in der Intensivstudie „Mythos Urlaub" (Opaschowski, 1991) wurden die Urlaubserwartungen erforscht. Insgesamt neun Motive werden genannt: Sonne, Natur, Ruhe, Spaß, Kontrast, Freiheit, Kontakt, Komfort und Aktivität.

## 4. Kritische Bewertung der bisherigen Motivforschung

Es ist unübersehbar, daß die Reiseanalyse und weitere Reihenanalysen einen beherrschenden Einfluß auf die Diskussion der Frage nach den Reisemotiven hatten und haben. Dennoch haben wissenschaftlich arbeitende Psychologen schon früh Zweifel daran geäußert, ob bei den o.g. Untersuchungen *tatsächlich* die Motive und die Motivation des Reisens erfaßt werden können.

„Eine Umfrage, bei der Mehrfach-Nennungen möglich waren, ergab, daß 60% aller Reisenden im Urlaub abschalten, 51% frische Kraft sammeln und 45% mit netten Leuten zusammensein wollen. Die verschiedenen Motivationen zum Reisen können bei diesen Resultaten genausowenig näher ergründet werden wie die Frage nach den Bestimmungsgrößen dieser sogenannten Motive, die den Interviewten meist ohne theoretische Reflexion vorgegeben wurden. Die Motivation zum Verreisen ist also kaum bekannt. (...) Die Tourismustheorie des Schriftstellers Hans Magnus Enzensberger von 1958 und der Ansatz des Soziologen Hans Joachim Knebel von 1960 scheinen die ersten und zugleich die letzten Versuche theoretischer Sichtweisen darzustellen" (Schmitz-Scherzer 1977, S. 25) (→ *Enzensberger Studie – Eine Theorie des Tourismus*).

Wenn wir uns daran erinnern, was Heckhausen als eine Motivforschung begriff und wir die vorliegenden Arbeiten daraufhin prüfen, so können wir feststellen:

(a) Die *Klassifikation* von Motiven in Form von Motivlisten hat stattgefunden.

(b) Zur *Motivgenese* (Anfänge, Entwicklung und Änderung einzelner Motive) liegen bisher keine Erkenntnisse vor.

(c) Die *Motivmessung* (Verfahren zur Erfassung individueller Unterschiede in der Ausprägung einzelner Motive) ist bisher nicht über die verbalen Selbstberichte hinausgekommen. Im Gegenteil, anfangs gab es noch die Bemühungen der Forscher (Hartmann, Lehr), durch (→) *Inhaltsanalysen* eine Art Messung vorzunehmen. Inzwischen beschränkt man sich unter stillschweigender Annahme auf den Einsatz von Interviewern, die nach vorgegebenen Listen das Vorhandensein eines Motivs abfragen.

(d) Die *Motivanregung* (Eingrenzung und Differenzierung der motivspezifischen Anregungsbedingungen der Situation) ist bisher nicht systematisch untersucht worden. Diese Versäumnisse wurden z.T. in neueren theoriegeleiteten Untersuchungen behoben, die im folgenden dargestellt werden.

## 5. Neuere Tourismustheorien

*Erleben.* Folgt man Schober (1975, 1979), so ist das Erlebnis das eigentliche Urlaubsziel. Das (→) *Erleben* ist im Vergleich zum Erkennen die vitalere Form der Wahrnehmung. Im Urlaub geht es um das unmittelbare Erleben, das im Alltag kaum möglich ist. Schober sieht vier Erlebnisbereiche: Das explorative Erleben (Neues und Ungewohntes erleben), das biotische Erleben (Erleben des vergessenen Körpers), soziales Erleben (Kontakt und Geselligkeit) und optimierendes Erleben (brauner werden, sich effektiv erholen, Gefühl des Kräftesammelns, Durchsetzung gegenüber anderen im Urlaub). Zusammenfassend besagt sein Ansatz, daß die Urlauber „Leben tanken" wollen, da im Urlaub direktes Leben möglich ist. Praktisch fand der Ansatz zusammen mit Schobers (→) *Attraktionsanalyse* seinen Niederschlag in der Konzipierung von *Urlaubsumwelten.*

*Flow.* Ein anderer theoretischer Ansatz, der bei der Analyse von Urlaubsaktivitäten angewandt wird, stammt von Csikszentmihalyi (1975) und wird im Deutschen meist mit „Flow-Erlebnis" bezeichnet. Das *(→) Flow*-Erlebnis entsteht dann, wenn die Ausführung einer Tätigkeit Genuß bereitet. Der Handelnde ist stark konzentriert, das Zeitgefühl geht verloren, Denken und Handeln verschmelzen zu einer Einheit. Das *Flow*-Erlebnis ist eine Form intrinsischer Motivation. Es wurde von Csikszentmihalyi bei Schachspielern, Kletterern, bei verschiedenen Sportlern, aber auch bei Chirurgen und Programmierern untersucht.

Das soeben beschriebene Konzept weist Ähnlichkeiten mit der Theorie der *statischen vs. dynamischen Orientierung* zur Umwelt von Wicklund (1986 a,b) auf. Diese Theorie – bei der es u.a. um Prozesse der Selbstkonstruktion geht – wurde von Braun (1993) als Grundlage für die Konzipierung empirischer Untersuchungen herangezogen. Es konnte gezeigt werden, daß die Selbstziele, die eine Person anstrebt, die Reisebedürfnisse, die Reiseentscheidung, das Reiseverhalten und die Reisezufriedenheit determinieren.

*Sättigung.* Bereits oben wurde erwähnt, daß in vielen Untersuchungen die Erholung als Motivationsfaktor gefunden wurde. In einer Langzeitstudie mit fünf Meßzeitpunkten wird derzeit am Institut für Tourismus- und Bäderforschung in Nordeuropa (NIT) in Kiel untersucht, welche Auswirkungen ein Urlaub auf das subjektive Erholungsbefinden hat (→ *langfristige Erholung*). Die Hypothesen wurden aus der Theorie zur psychischen Sättigung von Anitra Karsten (1928) abgeleitet. Diese Untersuchung genügt mehreren o.g. Ansprüchen: Sie ist theoriegeleitet und behandelt Probleme der Motivanregung.

*Biographieforschung.* Ein anderer vielversprechender Ansatz wird z.Zt. am Europäischen Tourismus-Institut (ETI) in Trier verfolgt (Becker 1992). Unter dem Arbeitstitel (→) *Reisebiographien* soll untersucht werden, wie sich das Reiseverhalten im Laufe des Lebens verändert. Damit wäre man auf dem Weg, auch das zweite Grundproblem der Motivforschung, die Motivgenese, einer Lösung näherzuführen.

Schließlich soll auch die *Neugestaltung der Reiseanalyse* mehr Informationen zu den Reisemotiven bringen. „Mehr Fragen als bisher sind Motiven, Einstellungen und Erwartungen gewidmet" (FVW 19/1992, S. 35).

## Literatur

Anft, M. (1992). Flow. Psychomed, 4(2), 128-132.
Becker, C. (1992). Lebenslanges Urlaubsreiseverhalten – Erste Ergebnisse einer Pilotstudie. (S. 70-82) In Erhebungsmethoden und ihre Umsetzung in Tourismus und Freizeit Trier: Selbstverlag der Geographischen Gesellschaft Trier, Fachgruppe Geographie der Universität Trier.
Böhm, W. (1962). Zur Motivation junger Auslandsreisender. Ein Bericht über eine empirische Studie. (S. 111-122) Jahrbuch für Jugendreisen und internationalen Austausch. Bonn: Jugendforum-Verlag.
Braun, O.L. (1993). Vom Alltagsstress zur Urlaubszufriedenheit. München: Quintessenz.
Czikszentmihalyi, M. (1975). Beyond boredom and anxiety. San Francisco: Jossey-Bass.
Datzer, R. (1981). Ein Überblick über Ansätze der psychologischen und sozialpsychologischen Tourismusforschung. (S. 7-39) In Reisemotive – Länderimages – Urlaubsverhalten. Starnberg: Studienkreis für Tourismus.
DIVO (1961). Die Reise im Vorstellungsbild und in den Erwartungen des Touristen. Unveröff. Untersuchung. München: Studienkreis für Tourismus.
DIVO (1962). Urlaub und Reise. Eine sozialpsychologische und motivationspsychologische Voruntersuchung. Unveröff. Untersuchung. München: Studienkreis für Tourismus.
Enzensberger, H.M. (1958). Vergebliche Brandung der Ferne. Eine Theorie des Tourismus. Merkur, 12(8), 701-720.
Enzensberger, H.M. (1962). Eine Theorie des Tourismus. In Ders., Einzelheiten, 1, Frankfurt/M.: Suhrkamp.
FVW International, 19/92, S. 35.
Hartmann, K.D. (1962). Gruppierung von Urlaubsbedürfnissen aufgrund der Studie DIVO (1962), zit.n.e.unveröff.undatiertem Manuskr. von Hartmann mit dem Titel: Zur Ermittlung von Urlaubsmotiven und Urlaubserwartungen. Starnberg: Studienkreis für Tourismus.
Hartmann, K.D. (1967). Urlaubserwartungen und Reisemotive. Die Anzeige, 13.
Hartmann, K.D. (1967). Reisemotive und Urlaubserwartungen. Öffentliches Gesundheits-Wesen 38, 160-163. Stuttgart: Thieme.
Hartmann, K.D. (1979). Psychologie des Reisens. In N. Hinske & M.J. Müller (Hg.), Reisen und Tourismus. Trier: Universität Trier.
Hartmann, K.D. & Meyer, G. (1982). Urlaubsreisen 1981 – Psychologische Leitstudie: Urlaubserwartungen, Urlaubsaktivitäten, Urlaubsarten. Unveröff. Untersuchung Starnberg: Studienkreis für Tourismus.
Heckhausen, H. (1980). Motivation und Handeln. Berlin: Springer.
Kanthak, J. (1973). Möglichkeiten der Marktsegmentierung durch die Ermittlung von Urlaubertypen. (S. 49-57) In Urlaubsreisen 1972. Bericht über die Auswertungstagung der Arbeitsgemeinschaft Reiseanalyse. Starnberg: Studienkreis für Tourismus. (Unveröff. Ms.).
Karsten, A. (1928). Psychische Sättigung. Psychologische Forschung, 10, 142-254.
Knebel, H.-J. (1960). Soziologische Strukturwandlungen im modernen Tourismus. Stuttgart: Enke.
Laßberg, D.v. & Steinmassl, C. (1991). Urlaubsreisen 1990. Kurzfassung der Reiseanalyse 1990. Starnberg: Studienkreis für Tourismus.
Lehr, U. (1964). Urlaubserwartungen – Lebensalter. Das Reisebüro, 3.
Lersch, Ph. (1938). Aufbau des Charakters. München: Barth.
Lohmann, M. & Wohlmann, R. (1987). Urlaub in Deutschland. Starnberg: Studienkreis für Tourismus.
Opaschowski, H.W. (1987). Urlaub 86/87 – Was Reiseziele bieten müssen. Hamburg: BAT Freizeit-Forschungsinstitut.
Opaschowski, H.W. (1991). Mythos Urlaub. Die unerfüllbare Sehnsucht nach dem Paradies? Eine motivationspsychologische Studie. Hamburg: B.A.T.
Pivonas, G. (1972). Reiseerwartungen, Reisemotive, Reisearten. In Urlaubsreisen 1973. Bericht über die Auswertungstagung der Arbeitsgemeinschaft Reiseanalyse. Starnberg: Studienkreis für Tourismus.
Prahl, H.W. & Steinecke, A. (1981). Tourismus. Stuttgart: Reclam.
Schade, B. & Hahn, H. (1969). Psychologie und Fremdenverkehr. In Wissenschaftliche Aspekte des Fremdenverkehrs. Hannover: Akademie für Raumforschung und Landesplanung.
Schmitz-Scherzer, R. (1977). Urlaub – Wer reist warum wohin: Tourismus-Forschung. Psychologie heute, (Juni), 25-26.
Schmitz-Scherzer, R. & Rudinger, G. (1969). Motive, Erwartungen, Wünsche in bezug auf Urlaub und Verreisen. In Motive – Meinungen – Verhaltensweisen. Starnberg: Studienkreis für Tourismus.
Schober, R. (1975). Was wollen die Urlauber wirklich? In Animation im Urlaub. Starnberg: Studienkreis für Tourismus.
Schober, R. (1979). Urlaubserwartungen – Urlaubswünsche. Das Reisebüro, Heft 9, Sonderdruck.
Sommer, R. (1974). Urlaubsreisen 1972 – Psychologische Segmentationsstudie Berichtsband. Un-

veröff. Untersuchung. Starnberg: Studienkreis für Tourismus.
Studienkreis für Tourismus (Hg.) (1971, 1972, ff. 1991). Urlaubsreisen (1970, 1971, ff. 1991). Berichts- und Tabellenbände zur Reiseanalyse. Starnberg: Studienkreis für Tourismus.
Thomae, H. (1944). Das Wesen der menschlichen Antriebsstruktur. Leipzig: Barth.
Wicklund, R.A. (1986a). Orientation to the environment vs. preoccupation with human potential. (pp. 64-95) In R.M. Sorrentino & E.T. Higgins (eds.), Handbook of motivation and cognition: Foundations of social behaviour. New York: Guilford.
Wicklund, R.A. (1986b). Fitting to the environment and the use of dispositions. (pp 143-169). In R. Schwarzer (ed.), Self-related cognitions in anxiety and motivation. Hillsdale, NJ: Erlbaum.
Wiemann, I. (1970). Der Mann und seine Freizeit. Unterwegs. Zur Psychologie des Urlaubs. Stuttgart: Ehapa.

**Ottmar L. Braun, Trier**

# Selbstaktualisierung

## 1. Einleitung: Selbstaktualisierung als Motivation

Das Bedürfnis, sich selbst als Individuum und sein Verhalten als wirksam zu erleben, ist unter den vielen Bedürfnissen, Strebungen und Motiven, die Menschen haben, sicher ein ganz besonderes. Die Beachtung dieses von Maslow (schon 1943) postulierten Selbstaktualisierungs-Bedürfnisses ist für die Gestaltung des *Freizeitbereichs* besonders wichtig. Einmal stellen wir für die als entfremdet erlebte Arbeitssphäre einen zunehmenden individuellen Kontrollverlust und die Einschränkung des Freiheits- und Selbstbestimmungserlebens fest (die sich nicht selten in einer Zunahme psychischer Störungen wie Depression und Paniksyndrom zeigt, vgl. auch Preiser 1988), weshalb auch zunehmend nur in diesem Freiraum (in der Freizeit) die notwendige persönliche Entwicklung und ein Ausgleich für Stress erwartet wird.

Psychologen haben sich immer wieder mit dem Verlust von Freiheit und Kontrolle und den Möglichkeiten der (Wieder-)Erlangung von Autonomie befaßt, wie z.B. Brehm in seiner *Reaktanz*-Theorie (1966). Als gesichert darf gelten, daß bei Verlust der Freiheit sich gesteigerte Aktivität und Aggressivität gegen die vermuteten Ursachen zeigen wird. Ein Experiment mit Kindern zeigte z.B., daß sie weniger häufig als zuvor mit ihrem Lieblingsspielzeug spielten, wenn sie für das Spielen mit diesem Spielzeug belohnt wurden (Lepper, Greene & Nisbett 1973). Albert Bandura sieht in seiner sozial-kognitiven Theorie (1986) das Erleben von *Wirksamkeit (perceived self-efficacy)* als zentralen kognitiven Faktor überhaupt an, der für die Entwicklung der Person von großer Bedeutung ist. Für den Bereich der Psychobiologie hat Norbert Bischof (1985) eine umfassende Analyse zum Urkonflikt Intimität und Autonomie vorgelegt und ein Autonomiebedürfnis des Menschen postuliert. Schließlich sei noch auf die (→) *Flow-Theorie* als jüngste Entwicklung hingewiesen, in der gleichfalls auf dieses Bedürfnis eingegangen wird.

## 2. Maslows Bedürfnis-Modell

Die hier vorgestellten Konstrukte beschreiben mit anderen Begriffen, ebenso wie dies einer der Begründer der humanistischen Psychotherapie, Abraham Maslow (1954), tat, das grundlegende Bedürfnis nach Autonomie und Selbstaktualisierung (Selbstverwirklichung). Sein Modell einer Bedürfnis-Hierarchie wurde schnell populär, hatte allerdings vergleichsweise geringe Auswirkung auf die empirische Forschung. Maslow postulierte eine Hierarchie von fünf aufsteigenden Bedürfnissen in Form einer Pyramide oder Leiter. Der wesentliche Gedanke dabei ist, daß erst die hierarchisch geordneten „niederen" (Mangel-)Bedürfnisse befriedigt sein müssen, ehe die „höheren" Wachstumsbedürfnisse wirksam werden können. „Niedrigere" Bedürfnisse treten im Entwicklungsprozeß früher auf, sind fester an biologische Notwendigkeiten gebunden und haben einen engeren Spielraum als „höhere". Maslow stellt damit den Entwicklungscharakter der Motivation heraus (→ *Motivationspsychologie*).

Krech und Crutchfield (1985, S. 35-36) erläutern Maslows Modell recht plastisch wie folgt:
„Man kann sich nicht der Gewährleistung der eigenen Sicherheit widmen, solange die physischen Erfordernisse nicht erfüllt sind. Erst nachdem man ein fundamentales Gefühl von Sicherheit erreicht hat, können Liebesbeziehungen und das Gefühl der Zusammengehörigkeit mit Menschen ihre volle Kraft erlangen. Und ein entsprechendes Maß an Befriedigung des Bedürfnisses nach Liebe gestattet ein uneingeschränktes Streben nach Wertschätzung und Selbstachtung. Und erst wenn alle vorangegangenen Ebenen erfolgreich gemeistert wurden, kann die Tendenz zur Selbstverwirklichung ihren Höhepunkt erreichen. Die Entwicklung der Motivationsstruktur des Individuums vollzieht sich natürlich nicht in strikt voneinander getrennten Schritten – das jeweils niedrigere Bedürfnis muß nicht vollständig befriedigt sein, bevor das nächst höhere Bedürfnis auftritt. Eher könnte man von aufeinanderfolgenden Wellen sprechen, wobei sich die Dominanz zwischen den verschiedenen Bedürfnissen allmählich von einem zum anderen verlagert.

Dieser natürliche Verlauf der Entwicklung kann entgleisen, wenn auf einer der genannten Ebenen eine unzureichende Befriedigung der Bedürfnisse erfolgt. Die nächsthöheren Bedürfnisse werden dadurch an ihrer vollen Entfaltung gehindert und die höchsten treten vielleicht niemals auf. Der Mensch, dessen lebenslange Umwelt nur die kargsten Voraussetzungen für sein physisches Überleben bietet, wird aller Wahrscheinlichkeit nach keine drängenden Bedürfnisse nach Leistung, Prestige und Schönheit entwickeln. Der chronisch Hungrige wird nie den Versuch unternehmen, eine „schöne neue Welt" zu errichten. Er ist zu sehr damit beschäftigt, seine unmittelbaren und dringenden Nahrungsbedürfnisse zu befriedigen. Nur das Individuum, das von der Herrschaft der niedrigeren Bedürfnisse befreit ist, kann durch andere als mangelbedingte Antriebe motiviert werden. Die ideale physische und soziale Umwelt ist deshalb so beschaffen, daß sie die Befriedigung jeder Bedürfnisebene dann ermöglicht, wenn diese beim einzelnen ihren Höhepunkt erreichen. Das war die visionäre Idee Abraham Maslows." (vgl. Abb. 1).

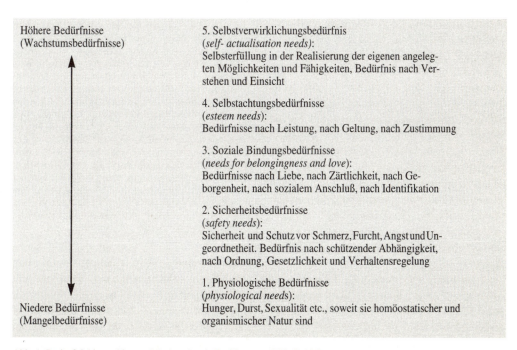

Abb. 1: Bedürfnishierarchie von Maslow (nach Heckhausen 1980, S. 105)

## 3. Die Relevanz des Selbstaktualisierungsbedürfnisses für den Tourismus

Neu ist der Versuch, Maslows Motivationstheorie auf das Phänomen des Reisens und des Tourismus zu übertragen. Der Soziologe Dann brachte schon 1977 das Konzept des „ego-enhancement" ins Spiel, das sich als fast deckungsgleich mit Maslows Selbstaktualisierungsmotiv erweist. 1984 formulierte der israelische Soziologe Erik Cohen sein Unbehagen an der an vordergründigen „Motiven" sich festmachenden Tourismusforschung (→ *Reisemotive*). „Motivation" sei nicht als ein kurzfristig-eindimensionales Konstrukt zu begreifen, das vordergründig zu erklären vermöge, welche Gründe für und welche Befriedigungen aus dem Reisen gezogen werden könnten, sondern als ein *komplexer* Prozeß, der mit den Lebensplänen und dauerhaften psychologischen „needs" (Bedürfnissen) von Menschen zusammenhänge. Dabei komme dem Bedürfnis nach *„Selbstaktualisierung"* (sensu Maslow) wesentliche Bedeutung zu.

Der ökologisch orientierte schweizer Tourismuskritiker Jost Krippendorf griff Maslows Bedürfnispyramide Mitte der 80er Jahre auf und entwickelte die These, daß gerade Reisen die Befriedigung einer „höheren" Form von Bedürfnissen darstellen und damit zur Selbstverwirklichung dienen könne. Diese Überlegung verband er mit der Konstruktion eines „neuen Menschentypus", der in Zusammenhang mit der Idee eines umweltverträglichen „Sanften Tourismus" entstanden war: der „Neue Sanfte Tourist" (Krippendorf 1986 b).

Streng genommen handelt es sich (bei der Anwendung des „Selbstaktualisierungsprinzips" auf den Tourismus) um zwei verschiedene Ideen: Einmal um die Vorstellung, daß Menschen, die ihre Grundbedürfnisse – entsprechend der von Maslow propagierten „Leiter" – befriedigt haben, das Bedürfnis nach einer höheren Form von Strebungen entwickeln. Reisen ist dann eine Möglichkeit, das Bedürfnis nach Selbstaktualisierung auszuleben. Zum zweiten scheint Krippendorf aber eine spezielle „Reise-Bedürfnis-Pyramide" vorauszusetzen, derzufolge es auch verschiedenwertige Formen von Reisen gibt, unter denen diejenigen normativ hervorzuheben seien, die ein explizites Bedürfnis nach Selbstentfaltung, Selbstverwirklichung beinhalten. Innerhalb der großen Gruppe von Reisenden/Touristen sei dieser Typ dann der „emanzipierte Tourist" oder „neue Tourist", der sich als Folge eines „Reifeprozesses" entwickle.

„Sein Bedürfnis nach rein körperlicher Erholung (schlafen, essen, trinken) wird zugunsten des Bedürfnisses nach ‚Erholung der Gefühlswelt' durch Aktivitäten und Erlebnisse, die im Alltag nicht möglich sind, abnehmen. Der Tourist wird anspruchsvoller. Er setzt die einwandfreie Befriedigung seiner elementaren Bedürfnisse, also zum Beispiel gute Verpflegung und bequeme Unterkunft, weitgehend als selbstverständlich voraus. Er sucht vielmehr seine sozialen Bedürfnisse, den Kontakt zu anderen Menschen und seine Bedürfnisse nach Selbstverwirklichung durch Erlebnisse, schöpferische Tätigkeit, Bildung und Entdecken zu befriedigen. Vom Vergnügen im Bauch zum Vergnügen im Hirn. Die Entwicklung weist in Richtung einer stetigen Verfeinerung und Kultivierung der Erholungsbedürfnisse, auch schon als ‚Geburt einer neuen Reisekultur' bezeichnet. Und gibt es nicht auch viele neue Merkmale in unserer Gesellschaft, die mithelfen könnten, diesen Wandel zu beschleunigen? So das verstärkte Streben nach Unabhängigkeit und Individualität, gepaart mit einem wachsenden Verständnis für immaterielle Werte wie Gesundheit, Umwelt, Natur, Wissen und Bildung. Also: vom fremdbestimmten/manipulierten über den informierten/erfahrenen zum emanzipierten/mündigen Touristen" (Krippendorf, 1988, S. 24)

Selbstverständlich handelt es sich bei diesem „mündigen, lernbereiten" usf. Touristen um eine idealisierte Konstruktion, die einen stark utopischen Charakter hat, schon alleine, weil sie voraussetzt, daß es in der umgebenden Gesellschaft einen gemeinsam getragenen Konsens aller öffentlichen, politischen und kommerziellen Institutionen in Richtung auf einen „Sanften Tourismus" gibt (Krippendorf 1988 b, S. 68).

Interessant ist allemal, daß wir es hier mit einem der vergleichsweise seltenen Fälle zu tun haben, in denen psychologische Modelle/Theorien auf tourismuskonzeptionelle Vorstellungen angewendet werden. Bisher gibt es allerdings keine bekanntgewordenen Untersuchungen, die die Übertragbarkeit von Maslows Selbstaktualisierungsprinzip oder Krippendorfs erweiterte, idealisierte Weiterführung Maslows überprüfen.

## Literatur

Bandura, A. (1986). Social foundations of thought and action. A social cognitive theory. New Jersey: Prentice-Hall.

Bischof, N. (1985). Das Rätsel Ödipus. Die biologischen Wurzeln des Urkonfliktes von Intimität und Autonomie. München: Piper.

Brehm, J. W. (1966). A theory of psychological reactance. New York: Academic Press.

Cohen, E. (1984). The sociology of tourism: Approaches, issues and findings. Annual Review of Sociology, 10, 373-392.

Dann, G. (1977). Anomie, ego-enhancement and tourism. Annals of Tourism Research, 4, 184-194.

Dann, G. (1981). Tourist motivation: an appraisal. Annals of Tourism Research, 8, 187-219.

Heckhausen, H. (1980). Motivation und Handeln. Berlin: Springer.

Keller, J.A. (1981). Grundlagen der Motivation. München: Urban & Schwarzenberg.

Krech, D., Crutchfield, R.S. et al. (1985). Grundlagen der Psychologie, Bd. 5: Motivations- und Emotionspsychologie. Weinheim: Beltz.

Krippendorf, J. (1986a). Die Ferienmenschen. Für ein neues Verständnis von Freizeit und Reisen. München: dtv, 2. überarb. Aufl. [1. Aufl. Zürich: Orell-Füssli 1984].

Krippendorf, J. (1986 b). Der neue sanfte Tourist. In TUI-Tag '86-Referate (Touristik Union International, Hg.). Hannover.

Krippendorf, J. (1988a). Für einen ganzheitlichorientierten Tourismus. (S. 18-28) In J. Krippendorf, P. Zimmer & H. Glauber (Hg.), Für einen andern Tourismus. Probleme, Perspektiven, Ratschläge. Frankfurt/M.: Fischer, 2. Aufl. 1988.

Krippendorf, J. (1988b). Der neue Tourist. Eine Charakterisierung. (S. 66-68) In J. Krippendorf, P. Zimmer & H. Glauber (Hg.), Für einen anderen Tourismus. Probleme, Perspektiven, Ratschläge. Frankfurt/M.: Fischer, 2. Aufl. 1988.

Lepper, M. R.; Greene, D. & Nisbett, R. E. (1973). Undermining children's intrinsic interest with extrinsic reward: A test of the overjustification hypothesis. Journal of Personality and Social Psychology, 28, 129-137.

Maslow, A.H. (1943). A theory of human motivation. Psychological Review, 50, 370-396.

Maslow, A.H. (1954). Motivation and personality. New York: Harper.

Preiser, S. (1988). Kontrolle und engagiertes Handeln. Göttingen: Hogrefe.

**Harald Krauß, Köln
und H. Jürgen Kagelmann, München**

# Soziale und multikulturelle Identität

Identität ist ein zentraler Begriff für die Beschreibung der psychischen Mechanismen, die in Formen interkultureller Interaktion (Geschäftsreisen, Diplomatie, touristische Reisen, Manageraustausch, Entwicklungshilfe u.a.m.) auftreten. Für das Verständnis solcher interkultureller Interaktion und den dabei festzustellenden Prozessen der Fremdwahrnehmung, Fremdbeurteilung (→ *Fremdheitskonzepte*) ist besonders die *Theorie der sozialen Identität* (Tajfel 1981) von Bedeutung. Dabei ist zwischen sozialer und (→) *kultureller Identität* zu unterscheiden.

Unter *sozialer Identität* wird verstanden: die Summe des Wissens einer Person über ihre Zugehörigkeit zu einer sozialen Gruppe, verbunden mit dem Wert und der emotionalen Bedeutung, die sie der Gruppenmitgliedschaft beimißt. Eine feste Verankerung in einer als bedeutsam angesehenen Gruppe hat für den einzelnen eine ordnungsstiftende Funktion, befriedigt das Bedürfnis nach sozialer Zugehörigkeit und ermöglicht realistische soziale Vergleiche. Schon in einfach strukturierten Begegnungssituationen wird eine Person, die eine soziale Identität entwickelt hat, andere Personen nach ihrer Zugehörigkeit in Eigen- und Fremdgruppe kategorisieren. Dem Bedürfnis nach positiver Bewertung sozialer Identität folgend, wird auf der Beurteilungsebene ein Fremdgruppenmitglied deutlich negativer bewertet als ein Eigengruppenmitglied (wie es in der Parole „Ausländer raus!" allzudeutlich wird).

Dabei kommt es zu Kontrasteffekten, indem die Unterschiede überbewertet und die Gemeinsamkeiten unterbewertet werden. Zudem wird das Verhalten der Fremdgruppenmitglieder als eher gleichförmig, stereotyp und gruppentypisch, das der Eigengruppenmitglieder dagegen als eher variabel und individuell determiniert wahrgenommen und eingeschätzt. Genau dies sind zugleich auswirkungsreiche Voraussetzungen zur sozialen Stereotypisierung, Vorurteilsbildung, Stigmatisierung und Diskriminierung (→ *Einstellungen*, → *Stereotype*, → *Vorurteile*)

Eine produktive Auseinandersetzung mit Fremdem, fremden Personen und Situationen kommt unter diesen Bedingungen nur dann zustande, wenn die soziale Identität erhalten bleibt, oder wenn sie im Verlauf interkulturellen Lernens so *erweitert* werden kann, daß vorher „Fremdes" mit der Zeit als nunmehr „dazugehörig" wahrgenommen, bewertet und behandelt wird. Diese Idee wurde lange Zeit als ‚Prinzip der Völkerverständigung durch die Begegnungen auf Reisen' gehandelt, wobei allerdings mit der Zeit die Annahme einer gleichsam automatischen Verbesserung interkultureller Kommunikation als Folge des Reisens aufgegeben worden ist.

Der Umgang mit Fremdheit in interkulturellen Überschneidungssituationen ist weiterhin beeinflußt vom Grad der (→) *kulturellen Identität*. Mit Adler (1977) kann man darunter das Merkmal einer Person verstehen, in dem die grundlegenden Erfahrungen des eigenen Selbst mit dem Weltbild, dem Wertesystem, den Einstellungen und Überzeugungen der Bezugsgruppe eingebunden sind. Soziale Identität und kulturelle Identität sind eng miteinander verflochten und bedingen sich gegenseitig.

Die Erweiterung der Identität wird von Adler (1977) als *„multikulturelle Identität"* bezeichnet und von Bochner (1973, 1977, 1981) unter dem Stichwort der *„mediating persons"* diskutiert. Damit sind Personen gemeint, die aufgrund einer größeren Durchlässigkeit ihres Selbstkonzepts, ihrer überdurchschnittlichen Anpassungsfähigkeit und ihrer Begabung, kontinuierlich ihre Motivationen, Bedürfnisse, Zielvorstellungen und Erwartungen dem jeweiligen kulturellen Kontext anzupassen vermögen, die über bedeutsame Vermittlungsqualitäten zwischen den Kulturen verfügen. Nicht selten ist dies bei Reiseführern oder -agenten der Fall; andere Beispiele sind Diplomaten, Journalisten, Schriftsteller.

Eine solche Entwicklung zu einer Persönlichkeit, die sich in mehreren Kulturen heimisch oder vertraut fühlt, ist allerdings auch nicht unproblematisch; so weist Adler (1977) auf die Gefahr der Desintegration bei diesem Lebens- und Persönlichkeitsstil hin, weil dieser eine kontinuierliche Assimilation fremdkultureller Inhalte erfordert. Die paradox anmutenden Folgen, durch Identitätserweiterung Fremdheit zu überwinden, können in Orientierungslosigkeit und Selbstentfremdung bestehen, letztlich zu einem sich nirgendwo ‚zu Hause fühlenden Wanderer zwischen den Welten' führen, wie er vielfach in der Belletristik beschrieben worden ist.

Besitzt eine Person eine stark ausgeprägte und sozial gesicherte kulturelle Identität, so wird sie diese in der Position kultureller *Überlegenheit* gerade gegenüber Fremdeinflüssen dadurch zu verteidigen versuchen, daß sie sich deutlich von „den Anderen" abzugrenzen trachtet (z.B. als kultivierter Mensch gegenüber „Barbaren", als Angehöriger einer westlichen Industriegesellschaft gegenüber einer Entwicklungsgesellschaft der Dritten Welt, als Besitzender gegenüber Armen, als reicher Tourist gegenüber „primitiven Eingeborenen"). Kulturelle Überlegenheit ergibt sich im einfachen Fall daraus, daß sich eine Person oder Gruppe aufgrund kultureller Besonderheiten einer anderen Person oder Gruppe überlegen fühlt, daß sie sich in diesem Gefühl durch Einstellungen und Verhaltensweisen der Eigengruppenmitglieder bestärkt weiß oder aus Tradition oder Gewohnheit von der eigenen kulturellen Überlegenheit überzeugt ist. Kulturelle Überlegenheit ergibt sich gleichsam zwangsläufig, wenn die Mitglieder einer Kultur über Kenntnisse, Fertigkeiten, Produkte und allgemein über Ressourcen verfügen, für die in einer anderen Kultur ein hoher Bedarf existiert, und die Mitglieder der anderen Kultur durch ihr Verhalten zeigen, daß sie die kulturelle Überlegenheit akzeptieren – eine Situation, die im Tourismus nicht untypisch ist. Kulturelle Überlegenheit als selbstverständliche und mehr kritisch reflektierte Handlungsmaxime ist zudem oft so stark ideologisch verankert (Ethnozentrismus, Kulturimperialismus, religiöser Fundamentalismus), daß sie keiner Realitätsprüfung mehr bedarf.

Während der Fall des „westlichen" Touristen, der sich dank der technologischen und wirtschaftlichen Hochentwicklung seines Heimatlandes den Menschen im Besuchsland ‚himmelhoch' überlegen glaubt, oft beschrieben worden ist, darf doch andererseits die umgekehrte Konstellation nicht vergessen werden, derzufolge ein sehr fundamentalistisch-religiös, stark normativ geprägter „Einheimischer" sich den „schamlosen Ungläubigen" wiederum überlegen glaubt und dementsprechend sein Verhalten in eher feindseliger Weise ausgestaltet (– was bis zu Angriffen auf Touristen, z.B. von islamischen Fundamentalisten in Ägypten o.ä. gehen mag). Überlegenheitsgefühle und deren soziale Konsequenzen sind nicht auf westliche Touristen beschränkt.

Befindet sich nun ein Individuum in einer Position kultureller *Unterlegenheit*, so wird es dazu tendieren, an seiner kulturellen Identität strikt festzuhalten und sie gegen Angriffe der Majorität zu verteidigen, um sich auf diese

Weise einen Teil seiner kulturellen Selbständigkeit zu erhalten. Auch in diesem Falle wird die Kategorie der kulturellen Zugehörigkeit stark eingeschränkt und die der Nicht-Zugehörigkeit, also des kulturell Fremden, übergebührlich ausgeweitet.

Eine Veränderung kultureller Identität im Sinne einer Ausweitung (z.B. auf andere Gruppen) oder Ausdifferenzierung (z.B. des Werte- und Einstellungsspektrums) ist nur dann zu erwarten, wenn die Kulturbegegnung eine eher symmetrische Kontingenzstruktur aufweist und wenn die Partner sich nicht zu sehr auf den Erhalt einer spezifischen Ausprägung kultureller Identität fixieren, sondern flexibel mit den Inhalten (Werten, Welt- und Menschenbildern, Einstellungen, Überzeugungen und Verhaltensgewohnheiten) umgehen und für Veränderungen offen sind. Im Fall des Tourismus bedeutet dies unter anderem, daß – von den Einflüssen von Schule, Elternhaus und Massenmedien einmal ganz abgesehen – z.B. in reisevorbereitenden Kursen (etwa in der Erwachsenenbildung) oder über geeignete Medien (→ „Sympathiemagazine"; → touristische Medien) versucht wird, zu einer kritischen Reflexion der eigenen ideologischen Positionen beizutragen.

## Literatur

Adler, P.S. (1977). Beyond cultural identity: Reflection on cultural and multicultural man. (pp. 173-185) In R.W. Brislin (ed.), Culture learning. Concepts, applications, and research. Hawaii: University Press.

Bochner, S. (1973). The mediating man: Cultural interchange and transnational education. Honolulu: East-West Center.

Bochner, S. (1977). The mediating man and cultural diversity. (pp. 85-110) In R.W. Brislin (ed.), Culture learning: Concepts, applications and research. Honolulu: University Press of Hawaii.

Bochner, S. (ed.) (1981). The mediating person: Bridges between cultures. Cambridge, MA: Pergamon.

Furnham, A. & Bochner, S. (1986). Culture shock. London: Methuen.

Tajfel, H. (1981). Human groups and social categorization. Cambridge: University Press.

Thomas, A. (1989a). An action psychological approach to cross-cultural understanding. (pp. 287-304) In P. Funke (ed.) Understanding the USA. Tübingen: Narr.

Thomas, A. (1989b). Trainingsmaterialien zum „China business and culture assimilator". Regensburg, unveröff. Materialheft.

Triandis, H.C. (1975). Cultural training, cognitive complexity, and interpersonal attitudes. (pp. 39-304) In R.W. Brislin, S. Bochner & W. Lonner (eds.), Cross cultural perspectives on learning. Beverly Hills: Sage.

Voss, H.-G. & Keller, H. (Hg.) (1981). Neugierforschung. Grundlagen – Theorien – Anwendungen. Weinheim: Beltz.

**Alexander Thomas, Regensburg**

# Schema und Attribution

Zwei wichtige Begriffe, die in der Sozial- bzw. Kognitionspsychologie in den vergangenen Jahrzehnten entwickelt worden sind, und die auf Phänomene interkultureller Begegnung (Manageraustausch, Studentenaustausch, Tourismus allgemein usf.) (→ *Fremdheitskonzepte*) fruchtbar angewendet werden können, sind „Schema" und „Attribution".

## 1. Die Schematheorie der Informationsverarbeitung

Die Kognitionspsychologie, die sich mit Prozessen der Informationsverarbeitung befaßt, liefert mit ihrer *Schematheorie* (Wyer 1980) eine tiefergehende Erklärung für die *Wahrnehmung von Fremdheit*: Informationen über Personen, Objekte und Ereignisse sind in Wissensstrukturen organisiert und als Konfiguration (Schemata) kognitiv repräsentiert.

Neue Informationen führen zur Aktivierung vorhandener Schemata und zur Prüfung, ob sie sich zur Interpretation (Zuschreibung von Bedeutungen, Bewertungen, Erwartungen u.ä.) eignen. Für außergewöhnliche, nicht zur Alltagsroutine gehörende Informationen kommen evtl. mehrere Schemata zur Interpretation in Betracht. In diesem Fall wird das am leichtesten und schnellsten zugängliche Schema verwendet. So wird verständlich, warum an Ausländern wahrgenommenes Verhalten meist mit Hilfe des *nationalen Stereotypenschemas* (→ *Einstellungen/Vorurteile*) interpretiert und bewertet wird. Zudem bestimmen der Zweck, für den die Information benötigt wird und der Grad persönlicher Bedeutsamkeit, welches Schema Verwendung findet. In jedem Fall bewirkt das aktivierte Schema eine *selektive* Speicherung der neuen Informationen, denn es werden nur die Merkmale angenommen, die einen Bezug zum Schema haben.

Eine Situation oder Merkmale einer Person können nur dann als fremdartig wahrgenommen und interpretiert werden, wenn kein adäquates Schema vorliegt. Die Informationsverarbeitung ist gestört, die Information bleibt unverständlich, Qualität und Reichweite der Information werden nicht erkannt. Der Handelnde droht die Orientierung zu verlieren, Zielperson und -situation werden als bedrohlich und emotional belastend erlebt.

Neben Objektschemata, deren Aussehen und deren statische und dynamische Eigenschaften verfügt der Mensch über Personenschemata und Ereignisschemata *(Skripte)*. Bei Personenschemata lassen sich vier Typen unterscheiden: (1) Schema konkret handelnder Personen, (2) Schema für Personengruppen und Typen von Personen, (3) Schema über Eigenschaften von Personen und (4) Schema über die eigene Person (Selbstschema).

Die Zuordnung einer Person oder einer Gruppe von Personen zu sozialen Kategorien ist für die Orientierung des Handelnden in seiner Umwelt unerläßlich. Besteht die Anforderung, eine fremde, unvertraute Person in eines der vorhandenen Personenschemata einzuordnen, so können sich dabei zwei Fehler einschleichen: Die fremde Person wird einer Kategorie zugeordnet, zu der sie nicht gehört, oder sie wird einer ihr zustehenden Kategorie nicht zugeordnet. Ausschlaggebend für die Zuordnung ist die bestehende Ähnlichkeit in der Bewertung von Person- und Schemamerkmalen. Zeigt eine fremde Person eher negativ bewertete Attribute, so steigt die Wahrscheinlichkeit, daß einer negativ bewerteten Kategorie (Schema) zu viele Eigenschaften und Merkmale der Person zugeordnet werden und einer positiv bewerteten zu wenige. Es kommt also zu einer Wahrnehmungs- und Urteilsverzerrung in Richtung auf den negativen Bewertungspol.

*Ereignisschemata (Skripte)* ermöglichen dem Handelnden, einzelne Szenen und Episoden zu einem integrierten Ereignisablauf zu verbinden. Sie sind eine äußerst ökonomische Form der Informationsspeicherung. Die Aktivierung eines Skriptes liefert sofort einen Handlungsplan und Handlungsablaufentwurf. Der Handelnde weiß, welches Verhalten in der gegebenen Situation adäquat ist. Situationsbezogene Fremdheit tritt dann ein, wenn eine Ereignisabfolge Hinweisreize enthält, die kein passendes Skript aktivieren oder die vom aktivierten Ereignisschema abweichen bzw. ihm zuwiderlaufen. Auch in diesem Falle sind Unsicherheiten, Angst und Abwehrreaktionen zu erwarten.

Man kann davon ausgehen, daß jede Person im Verlauf ihrer individuellen Sozialisationsgeschichte aufgrund eigener Erfahrungen bzw. eher noch durch Unterweisung ein „Fremden"-Schema ausgebildet hat, das immer dann aktiviert werden kann, wenn Personen, Situationen und Ereignisse Merkmale aufweisen (Hautfarbe, Sprache, Kleidung, Verhaltensgewohnheiten, Gerüche etc.), die nicht zu den gewohnten Schemata und Skripts passen. Die Einordnung in ein bereits verfügbares „Fremden"-Schema bewahrt vor Unsicherheit und erfüllt eine wichtige Orientierungsfunktion. Falls sich herausstellt, daß die so kategorisierte Person nicht recht in das „Fremden"-Schema paßt, weil sie zu viele abweichende Merkmale aufweist, kann sie als „untypische" Fremde kategorisiert werden. Sie wird dann entweder einer vertrauten Eigenkategorie zugeordnet („Eigentlich ist er einer von uns, ihm fehlt nur noch ...") oder sie erweckt Neugier und Interesse, wird als Interaktionspartner attraktiv und setzt einen Lernprozeß in Gang, der schließlich zur Ausdifferenzierung des globalen „Fremde"-Schemas und zur Bildung adäquaterer Personen- und Ereignisschemata führt.

## 2. Attributionstheorie

Fremdheit erlebt und bewertet eine Person in der Regel nicht an sich selbst, sondern nur in der Beobachtung anderer Personen, Objekte und Situationen. Allein diese Tatsache führt, wie die attributionspsychologische Forschung herausgearbeitet hat (Jones & Nisbett 1971), zu weitreichenden Konsequenzen. Handelnder und Beobachter unterscheiden sich nämlich grundlegend in der Wahrnehmung von Handlungsursachen. Bei der Beobachtung einer Handlung begnügt sich der Beobachter nicht nur mit einer reinen Verhaltensregistrierung, sondern er versucht, die Handlung der beobachteten Person zu verstehen, indem er sie auf spezifische Ursachen zurückführt. Nun hat die Attributionsforschung gezeigt, daß *Beobachter* dazu tendieren, die an einer anderen Person beobachteten Handlungen in stabilen *Personmerkmalen* der handelnden Person begründet zu sehen, wohingegen der *Handelnde* dieselbe Handlung aus seiner Sicht in *Situationsmerkmalen* begründet wahrnimmt. Beobachter und Handelnder verfügen über unterschiedliche Quantitäten und Qualitäten von Informationen und erleben das Geschehen sehr verschieden. Für den Beobachter handelt eine Person gleichsam als dynamisch-bewegte Figur in einer Situation, die als relativ stabiler Hintergrund in Erscheinung tritt. Der Handelnde selbst erlebt sein Verhalten dagegen als stark abhängig von wechselnden Umgebungs- und Situationscharakteristiken. Sein Verhalten erscheint ihm eher beeinflußt von attraktiven Gegenständen, einschränkenden Bedingungen, situativen Zwängen usw.

Das als fremd erlebte Verhalten einer Person wird somit immer auf die Person und ihre Disposition, nicht aber auf situative Bedingungen zurückgeführt. Dieser fundamentale Attributionsfehler erschwert beim Beobachter eine realistische Einschätzung der Ursachen für fremdartiges Verhalten. Selbst dann, wenn er diesen Ursachen näher auf die Spur kommen möchte, wird sein Interesse in die falsche Richtung gelenkt, nämlich auf die Person und ihre Disposition für bestimmte Handlungen und nicht auf die das Handeln ermöglichenden und beeinflussenden Kontextbedingungen. Wird das Verhalten als fremd wahrgenommener Personen zudem noch in fremdkulturellen Situationskontexten beobachtet, so verstärken sich die Urteilsverzerrungen.

## 3. Anwendungen der kombinierten Attributions- und Schema-Theorien

Die Attributionstheorie in Verbindung mit der Schema-Theorie der Informationsverarbeitung liefert auch Erklärungen für die Personbeurteilung im Kontext von Intergruppenbeziehungen, besonders der Eigen- und Fremdgruppenthematik (Stephan 1985). Unterscheiden lassen sich: *Selbstschemata, Fremdgruppen- und Ursachenschemata*. Sie beeinflussen die Aufmerksamkeit, die Schnelligkeit der Informationsverarbeitung und die Art, wie soziale Informationen organisiert und behalten werden. So sind Selbstschemata für die Wahrnehmung von Merkmalsausprägungen bei anderen Personen bedeutsam, wobei entweder identische oder abweichende Merkmale wahrgenommen werden. Fremdartigkeit wird an anderen Personen und Gruppen nur entlang der Merkmalsdimensionen bemerkt, auf denen der Beurteiler sich selbst einordnen kann. Sein Standpunkt wird gleichsam zum Bezugspunkt, von dem andere Personen mehr oder weniger stark abweichen.

Eigen- und Fremdgruppenschemata erreichen unterschiedliche Grade der Komplexität. Das komplex ausgebildete Eigengruppenschema ermöglicht differenziertere und gemäßigtere Beurteilungen anderer Personen, da jede neue Information mit dem aus vielen positiven und negativen Bewertungen gebildeten Durchschnittswert verrechnet wird. Das einfach strukturierte Fremdgruppenschema führt dagegen zu extremen Urteilen, da jede neue Information einen relativ großen Einfluß auf das Urteilsergebnis hat. Zudem hat sich gezeigt, daß Fremdgruppenschemata wegen ihrer geringen Komplexität starken kontextabhängigen, affektiven Schwankungen unterliegen. Je nachdem, ob die gegebene Gesamtsituation und die Bedeutung der Fremdgruppe und ihrer Mitglieder für das eigene Befinden eher positiv oder negativ eingeschätzt werden, kommt es zu Urteilsverschiebungen hin zum positiven oder negativen Pol.

Wenn nun soziale Kategorien (wie Fremd- und Eigengruppe) in Verbindung mit sozialen Attribuierungen (wie internal versus external verursacht) aktiviert werden, dann führt dies nach Pettigrew (1979) zu vier möglichen Attributionsmustern, die geeignet sind, positives Fremdgruppenverhalten zu leugnen. Diese Attributionsmuster werden besonders gegenüber Gruppen angewandt, die eine Konfliktgeschichte haben, die stark vorurteilsbelastet sind, und zu denen deutliche rassische und ethnische sowie kulturelle und sozioökonomische Unterschiede bestehen. Es wird argumentiert, daß Fremdgruppen grundsätzlich kein positiv zu bewertendes Verhalten entwickeln können. Falls dies doch einmal der Fall sein sollte, dann soll es erstens eine Ausnahme von der Regel darstellen, zweitens ein Spezialfall sein, der in einem besonderen Nutzeffekt für den Handelnden begründet liegt, drittens dadurch zustande gekommen sein, daß Fremdgruppenmitglieder, z.B. durch harte Arbeit, ausnahmsweise die üblichen Gruppengrenzen überwunden haben und viertens aus besonderen Rollenanforderungen in spezifischen Ausnahmesituationen resultierten.

Bei der Eigengruppe werden die positiven Merkmale internal attribuiert, bei der Fremdgruppe die negativen. Am Zustandekommen dieses fundamentalen Attributionsfehlers sind Stereotypisierungs- und Vorurteilsprozesse maßgeblich beteiligt. Wenn Stereotype und Vorurteile eindeutige Erwartungen aktivieren und eine klare Eigen- und Fremdgruppenunterscheidung gegeben ist, dann wird ein kognitives Muster der Erwartungsbestätigung aktiviert und das den Erwartungen entsprechende Verhalten der Gruppenmitglieder (bei der Eigengruppe positiv und bei der Fremdgruppe negativ bewertet) internal attribuiert. Dies führt zu einer weiteren Verstärkung der Stereotype und Vorurteile gegenüber Fremdgruppenmitgliedern. Sie sind für ihr Fehlverhalten immer selbst verantwortlich zu machen, da sie es aufgrund ihrer Fähigkeiten, Fertigkeiten, Einstellungen usw. verursacht haben. Darüber hinaus gewinnt der Beurteiler die Gewißheit, die Fremdgruppen genau zu kennen, ihr Verhalten präzise antizipieren und stimmig begründen zu können. Aus seiner Sicht hat er ein geschlossenes und realistisches Fremdbild entwickelt, das keiner Veränderung mehr bedarf. Die sich daraus ergebenden Schwierigkeiten interkulturellen Lernens, Verstehens und Handelns sind noch weitgehend unerforscht.

## 4. Verwandte Theorien

Die Theorie der korrespondierenden Inferenz (Jones & Davis 1965; Jones 1979; Weiner 1985) ist eine spezifische Attributionstheorie, die zu erklären versucht, wie eine Person aus den beobachteten Handlungsergebnissen einer anderen Person Informationen über deren Verhaltensursachen, nämlich den Intentionen und den Persondispositionen gewinnen kann. Sie versucht zu erklären, wie beim Beobachter eine Korrespondenz zwischen Handlungsergebnis und Handlungsursache hergestellt wird.

War z.B. die beobachtete Handlung sozial erwünscht, üblich oder erwartet bzw. hatte der Akteur offensichtlich wenig Handlungsfreiheit, so werden die Handlungsergebnisse weniger durch eine spezifische Eigenschaft des Handelnden determiniert wahrgenommen, als wenn die Handlung in den Augen des Beobachters beabsichtigt, verantwortet und in ihren Folgen vorhersehbar war. In diesem Fall werden verstärkt spezifische Persönlichkeitsmerkmale attribuiert. Je mehr sich zudem der Beobachter von der Handlung des Akteurs betroffen fühlt (positiv oder negativ), und je fester er der Überzeugung ist, daß sie ihm persönlich gegolten hat, desto stärker kommt die korrespondierende Inferenz zum Tragen, d.h. der Beobachter wird Dispositionen des Akteurs (z.B. ‚Freundlichkeit' oder ‚Aggressivität') für das Handlungsergebnis verantwortlich machen. Die korrespondierende Inferenz ist dann hoch, wenn der angenommene Wert eines dem Akteur zugeschriebenen Merkmals von der durch den Beobachter gemutmaßten Position einer *Durchschnittsperson* auf dieser Merkmalsdimension stark abweicht. Die korrespondierende Inferenz ist entsprechend niedrig, wenn beides zusammenfällt.

Gerade bei ungewohnten, fremdartigen und unerwarteten Handlungen wird demnach die korrespondierende Inferenz hoch sein, da die am Akteur beobachteten Merkmale von der zum Vergleich herangezogenen Durchschnittsperson stark abweichen. Zudem wird in diesem Fall der fundamentale Attributionsfehler (s.o.) gravierend sein, da der Beobachter weniger auf situationsabhängige Determinanten der beobachteten Handlung achtet, sondern Persondispositionen und Intentionen des Handelnden für die Handlungsresultate verantwortlich macht.

Aufgrund der Theorie der korrespondierenden Inferenz müßten bei einem Beobachter, der eine kritische, d. h. unerwartete, unvollständige, fremdartige Interaktionssequenz in einer interkulturellen Überschneidungssituation auf der Basis internalisierter Kulturstandards seiner Heimatkultur interpretiert, folgende Prozesse zu beobachten sein:

(1) Wegen der begrenzten Kenntnisse hinsichtlich der Ausprägung und Variabilität fremdkultureller Verhaltensmerkmale des Akteurs wird die Anzahl möglicher Erklärungen für das Verhalten gering sein, was mit hoher Wahrscheinlichkeit zu einer Personattribution führt.
(2) Die Unkenntnis des Beobachters über die sozialen und situativen Handlungszwänge des fremdkulturellen Akteurs werden zu verstärkter Personattribution führen.
(3) In kulturellen Überschneidungssituationen, in denen definierte Ziele erreicht werden sollen, und in denen ein hohes Maß an Interaktionszwang herrscht und der Beobachter somit vom Verlauf und den Resultaten der Handlungen des fremdkulturellen Partners in hohem Maße persönlich betroffen ist (z.B. Entwicklungshilfeprojekte, aber auch hochgradig strukturierte Studienreisen), wird die Tendenz zu einer Personattribution verstärkt.

Die sich aufgrund der korrespondierenden Inferenzen ergebenden Wahrnehmungsverzerrungen und Attributionsfehler können womöglich nur dann reduziert und u. U. vermieden werden, wenn der Beobachter vorher auf die kulturspezifischen Merkmale der Überschneidungssituation vorbereitet ist und mit den kulturspezifischen Ausprägungen situationsabhängiger Handlungsdeterminanten vertraut ist. Dazu wird ein *interkulturelles Training* erforderlich sein, das in einigen spezifischen Handlungsfeldern (z.B. Manageraustausch) schon institutionalisiert ist.

## 5. Ausblick

Schema-, Attributions- und Inferenztheorien haben eine große Anzahl an Forschungsarbeiten hervorgerufen, die Fremdheitskonzepte in differenzierter Weise erklären können und insbesondere die Genese von fremden Völkern, Rassen, Kulturen zugeschriebenen (→) *Vorurteile* und Stereotypen beschreiben können. Bisher ist allerdings die Anwendung dieses Theorienfundus auf das Geschehen in „normalen", alltäglichen Begegnungssituationen, wie sie auf Reisen/im Urlaub stattfinden, erst in bescheidenem Maße erfolgt. Der hohe Grad an Formalisierung dieser psychologischen Theorien und ihre experimentelle Begründung mag dazu ebenso beigetragen haben wie die noch unbefriedigende interdisziplinäre Verknüpfung der Tourismusforschung allgemein.

## Literatur

Furnham, A. & Bochner, S. (1986). Culture shock. London: Methuen.
Haisch, J. & Frey, D. (1984). Die Theorie sozialer Vergleichsprozesse. (S. 75-96) In D. Frey & M. Irle (Hg.), Theorien der Sozialpsychologie, Bd. 1. Bern: Huber.
Jones, E.E. (1979). The rocky road from acts to dispositions. American Psychologist, 34, 107-117.
Jones, E.E. & Davis, K.E. (1965). A theory of correspondent inferences: From acts to dispositions. In L. Berkowitz (ed.), Advances in experimental and social psychology, Vol. 2. New York: Academic Press.
Jones, E.E. & Nisbett, R.E. (1971). The actor and the observer: Divergent perceptions of the causes of behavior. Morristown, NJ: General Learning Press.
Pettigrew, T.F. (1979). The ultimative attribution error: extending Allport's cognitive analysis of prejudice. Personality and social Psychology Bulletin, 5, 461-476.
Stephan, W.G. (1985). Intergroup relations. (pp. 599-658) In G. Lindzey & E. Aronson (eds.), Handbook of social psychology, Vol. 2. New York: Random House.

Tajfel, H. (1981). Human groups and social categorization. Cambridge: University Press.
Weiner, B. (1985). „Spontaneous" causal thinking. Psychological Bulletin, 97(1), 74-84.
Wyer, R.S. (1980). The acquisition and use of social knowledge: Basic postulates and representative research. Personality and Social Psychology Bulletin, 6, 558-573.

**Alexander Thomas, Regensburg**

# Streß

## 1. Der Streßprozeß

Von Streß ist jeder betroffen. Ob im Beruf, in der Familie oder in der Freizeit: Es gibt kaum einen Lebensbereich, bei dem sich nicht eine Vielzahl von Menschen unter Streß fühlen. Streß als Modebegriff der jüngeren Zeit zu betrachten, ist jedoch unangemessen: Bereits im mittelalterlichen Englisch wurde Streß als Alltagsbegriff mit der Bedeutung von äußerer Not und auferlegter Mühsal verwendet. In der psychophysiologischen Fachliteratur wurde er 1914 von Cannon eingeführt und von Hans Selye in den 50er Jahren popularisiert (Schönpflug 1987; Greif 1991). Entgegen der ursprünglichen Bedeutung hat Selye nicht nur negative, sondern auch positive Zustände mit Streß bezeichnet und hier zwischen *distress* und *eustress* unterschieden: „Das Wort Streß in meinem Sinne bezeichnet die Summe aller unspezifischen Wirkungen von Faktoren (normale Tätigkeiten, Krankheitserzeuger, Medikamente usw.), die den Körper beeinflussen können" (Selye 1957, S. 57).

Die Begriffsbestimmung von Selye läßt sich den *reaktionszentrierten Streßmodellen* zuordnen. Diese Konzepte definieren bestimmte Reaktionen des Organismus als Streß. Ob Streß vorliegt oder nicht, wird demnach durch die Aktivertheit des Organismus determiniert; die Ursache bleibt unberücksichtigt. Den reaktionszentrierten Streßkonzepten lassen sich *reizzentrierte Streßmodelle* gegenüberstellen. Diese verstehen unter Streß bestimmte Stimuluskonstellationen, die aus einzelnen Reizen oder aus globaleren Bedingungen bestehen können. Auch das Fehlen von Stimulation, z.B. durch soziale Isolation, wird als Streß bezeichnet. Ausgangspunkt dieses Ansatzes ist die Überlegung, daß bestimmte Bedingungen – unabhängig von den betroffenen Personen – Streß darstellen.

Durch die Beschränkung auf streßauslösende Bedingungen bzw. auf Streßreaktionen können die genannten Konzepte den Zusammenhang zwischen Streßursachen und -folgen nur unzureichend erklären. Die psychologische Streßforschung der Gegenwart stützt sich deshalb vorwiegend auf *transaktionale Streßkonzepte* (vgl. Lazarus & Launier 1981), die den Streßprozeß in den Vordergrund rücken; diese Konzepte basieren darauf, daß Grundlage von Streß eine Person-Umwelt-Beziehung ist. Streß entsteht durch ein als unangenehm erlebtes Ungleichgewicht zwischen Anforderungen der Umgebung und Kapazitäten der Person. Der Prozeß des Streßgeschehens läßt sich wie folgt beschreiben:

(1) Es bestehen potentiell *streßauslösende* Bedingungen. Dabei ist zu unterscheiden zwischen *Stressoren* (als Faktoren, die Streß erzeugen) und *Ressourcen* (d.h. denjenigen Bedingungen, die potentielle Entlastungen mit sich bringen). Bei Stressoren und Ressourcen handelt es sich um situative Bedingungen bzw. Umgebungsbedingungen und/oder um personale Faktoren.

(2) Die potentiell belastende Situation wird von den Betroffenen bewertet. Diese *kognitiven Bewertungsprozesse* beziehen sich zum einen auf die Bedeutung eines Ereignisses für das Wohlbefinden der eigenen Person

(*primäre* Bewertung), zum anderen auf die verfügbaren Bewältigungsmöglichkeiten (*sekundäre* Bewertung).
(3) Streßauslösende Bedingungen und Bewertungsprozesse bestimmen die *Streßbewältigung* (Bewältigungsverhalten, Streßregulation). Darunter sind diejenigen Prozesse zu verstehen, die dazu dienen, Belastungen zu reduzieren oder negative Belastungsfolgen zu verringern.
(4) Die Auswirkungen von Stressoren können kurz- und langfristig auf drei Ebenen gegeben sein:
– auf der *somatischen* Ebene (z.B. Herz-Kreislauferkrankungen),
– auf der *kognitiv-emotionalen* Ebene (z.B. Depressivität),
– auf der *Verhaltensebene* (z.B. Beeinträchtigungen des Leistungs- oder Freizeitverhaltens).

Wenn der beschriebene Prozeß des Streßgeschehens zugrunde gelegt wird, dann folgt daraus, daß Streß in der Regel ganz unterschiedliche Lebensbereiche des Menschen miteinander verbindet: Vor allem die Folgen von Streß bei der Arbeit sind nicht auf diesen Lebensbereich beschränkt, sondern erstrecken sich auch auf die arbeitsfreie Zeit. Für die Tourismuspsychologie und -soziologie stehen beim Thema Streß somit zwei Fragen im Vordergrund: Welche Stressoren treten bei Tourismus auf? (Abschnitt 2) und: Welche Wirkungen haben Arbeitsstressoren auf Freizeit und Tourismus? (Abschnitt 3).

## 2. Tourismus und Streß

Eine bedeutsame Forschungsrichtung zu Streß ist die *life event-Forschung* (häufig synonym verwendet mit life change, life crises, social stressors oder life stressors). Dieses Konzept beinhaltet, daß positive und negative events Auswirkungen auf die Gesundheit haben können (Katschnig 1980). Von der Tradition her läßt sich der Ansatz dem reizzentrierten Streßmodell (s.o.) zuordnen. Lange Zeit hat sich die live event-Forschung auf seltenere Lebensereignisse konzentriert. Seit einiger Zeit wird aber die Notwendigkeit betont, Mikrostressoren, sog. alltägliche kleine Ärgernisse (*daily hassles*), zu berücksichtigen. Hintergrund ist die Annahme, daß die Streßwirkungen von life events vorrangig auf alltägliche Stressoren zurückzuführen sind und daß gerade den alltäglichen Ärgernissen eine besondere Bedeutung für die psychosoziale Gesundheit zukommt (DeLongis, Folkman & Lazarus 1988).

Life events und alltägliche Stressoren durch Tourismus betreffen vor allem zwei Personengruppen:

(1) Die Personen, die am Tourismus insofern beteiligt sind, als daß sie zur Gewährleistung entsprechender Dienstleistungen direkt oder indirekt beitragen. Für diese Personengruppe kann Streß durch die *Veränderung ihrer Lebensbedingungen* entstehen oder durch die *Arbeitstätigkeit* gegeben sein.

In einer Längsschnittuntersuchung von Guntern (1979) wird über Veränderungen berichtet, die darauf zurückzuführen sind, daß eine Alpengemeinde (Saas-Fee, „the pearl of the alps") ihren bisherigen ökonomischen Schwerpunkt der Landwirtschaft aufgibt, und sich dem Tourismus als wirtschaftlicher Grundlage zuwendet. Durch diese *Lebensveränderungen* entstehender Streß und dessen Folgen auf soziale Strukturen, auf Gesundheit und Wohlbefinden sind ein Hinweis dafür, daß die ökonomische Entwicklung in dieser Gemeinde mit hohen psychischen Kosten für die Bevölkerung verbunden ist (→ „*Alpendorf*").

Neben dem Streß durch Veränderungen der Lebensbedingungen ist die Arbeit, die im Rahmen von Tourismus zu leisten ist, für viele Beteiligte mit einer Reihe klassischer *Arbeitsstressoren* verbunden. Dazu gehören: Belastungen, die durch Saisonarbeit entstehen, wie ungeschützte Beschäftigungsverhältnisse, Arbeitsplatzunsicherheit, über das Jahr unregelmäßig verteilte Arbeitszeiten, hohe Arbeitsintensität zu Hochsaisonzeiten und geringes Qualifikationsniveau der Tätigkeiten. Wenn es auch kaum Untersuchungen über Streß bei in der Tourismusbranche tätigen Personen gibt, so ist doch aufgrund einschlägiger Untersuchungen zu Streß am Arbeitsplatz (vgl. z.B. Greif, Bamberg & Semmer 1991) zu erwarten, daß die hier genannten Stressoren beeinträchtigende Wirkungen auf Gesundheit und Wohlbefinden haben.

(2) Die Touristen sind die zweite Gruppe, die von Streß betroffen ist. Für diese kann sich Streß durch die typischen *Bedingungen des Tourismus* oder durch bestimmte *Freizeittätigkeiten* ergeben. Meldungen über kilometerlange Staus, Nachrichten über auf Parkplätzen vergessene Kinder, Berichte von stundenlangen Wartezeiten an Liftstationen oder Bilder von Menschenmassen an Badestränden verweisen ebenso wie einschlägige Untersuchungen darauf, daß mit Tourismus vielfache *Streßbedingungen* verbunden sind. Dem entspricht, daß – nach einer Studie des BAT-Freizeit-Forschungsinstituts – zwei Drittel der Bundesbürger über Streß in der Freizeit klagen, der vor allem auf Gedränge, auf Ruhestörungen und auf Verpflichtungen zurückzuführen sei (BAT 1986).

Immer wieder wird auf Wahlmöglichkeiten beim Freizeitverhalten verwiesen. Wenn sich Menschen in der Freizeit belastenden Bedingungen aussetzen, so geschehe dies demnach in der Regel freiwillig: Niemand sei gezwungen, sich an überfüllten Stränden zu sonnen, da einsame Badestellen häufig nur wenige Meter entfernt seien; wer sich ins Gewühle stürzt, wenn auf den Straßen stundenlang nur Schrittempo möglich ist, bei dem wird gar eine „Lust am Stau" vermutet.

Einige Freizeittätigkeiten verweisen in der Tat darauf, daß bei Menschen ein – interindividuell unterschiedlich ausgeprägtes – Bedürfnis nach Streßerlebnissen besteht. Köhler schildert am Beispiel von Extrembergsteigern, wie Belastungen gesucht und Streßerlebnisse gebraucht werden: „Nur unter Qualen und Gefahren gewinnen sie das Gefühl, lebendig zu sein (...) sie betrachten das Hochgebirge, diese lebensfeindliche, menschenleere Wüste, als eine Art Pilgerstätte, auf der sie ihre Identität wiederzufinden hoffen" (Köhler 1988, S. 38f) (→ *Bergsteigen*).

Wenn auch die Streßkonzepte der Gegenwart voraussetzen, daß Streß als unangenehm erlebt wird, so schließt das nicht aus, daß Streßsituationen – bzw. vor allem die erfolgreiche Bewältigung von Streßsituationen – in einigen Fällen erwünscht sind. Das heißt aber nicht, daß Streß, der in Freizeit und Tourismus auftritt, immer angestrebt wird. Bei einer solchen Argumentation bliebe nämlich unberücksichtigt, daß es eine Wechselwirkung zwischen Streß in den verschiedenen Lebensbereichen, vor allem in Arbeit und Freizeit (und damit auch in Arbeit und Tourismus) gibt.

## 3. Folgen von Arbeitsstreß auf Freizeit und Tourismus

In den Untersuchungen zum Zusammenhang Arbeit – Freizeit wird immer wieder hervorgehoben, daß Arbeitstätigkeit und Arbeitsbedingungen Auswirkungen auf die Freizeit haben (vgl. Bamberg 1986; Bamberg 1991; Hoff 1986). Vor allem *(1) generalisierende* und *(2) kompensierende* Effekte werden dabei genannt.

Zu (1). *Generalisierende* Wirkungen bestehen dann, wenn psychische Merkmale der Arbeit sich auf die Freizeit übertragen. Dabei kann es sich um ganz unterschiedliche Dimensionen, wie z.B. psychisches Befinden oder Verhalten handeln. Auch wenn Arbeitsstressoren damit verbunden sind, daß die Betroffenen ihre Freizeit als belastend beurteilen, entspricht dies einer generalisierenden Wirkung der Arbeit auf die Freizeit.

Diese generalisierenden Wirkungen von Arbeitsstressoren auf die Freizeit können dadurch gegeben sein,
– daß die Auswirkungen der Arbeitsbedingungen und der Arbeitstätigkeit zur Entstehung von belastenden Situationen in der Freizeit führen;
– daß Streß am Arbeitsplatz Ressourcen für die Bewältigung außerbetrieblicher Stressoren reduziert, und/oder
– daß Arbeitsbelastungen die kognitiven Bewertungs-

prozesse, d.h. die Einschätzung unangenehmer Situationen in der Freizeit, beeinflussen.

Streß in der Freizeit und beim Tourismus kann somit eine Wirkung von Arbeitsbelastungen sein. Wer aufgrund von hohen Belastungen und hoher Arbeitsintensität nicht mehr über Kapazitäten verfügt, Freizeit zu planen, d.h. Ziele der Freizeit festzulegen, Alternativen zu suchen, sich für angemessene Alternativen zu entscheiden, für den ist die Wahrscheinlichkeit, auch in der Freizeit von Streß betroffen zu sein, besonders hoch. Deutlich wird damit „the long arm of the job" (Meissner 1971): Streß bei der Arbeit ist nicht isoliert zu sehen, sondern hat beeinträchtigende Folgen auf Freizeitgestaltung allgemein und Tourismus speziell.

Zu (2). Wird versucht, in der Freizeit negativ erlebte Arbeitsbedingungen auszugleichen, so fällt dies unter den Erklärungsansatz des *Kompensationsmodells*. Nach diesem Modell dient die Freizeit dazu, Defizite der Arbeit auszugleichen. Wenn Kompensation sich auf Streß bezieht, ist sie eine Form der Streßbewältigung.

An Freizeit und Tourismus wird der Anspruch gestellt, Alltagsstreß, Defizite von Alltag und Beruf zu kompensieren und die individuellen Ressourcen für Gesundheit und Wohlbefinden zu erhöhen. Meist sind sehr weitreichende Zielvorstellungen mit Freizeit und vor allem mit Tourismus verknüpft: auszusteigen oder etwas zu erleben. Für die oben erwähnten Bergsteiger heißt das z.B.: Sie „erleben es als eine Art Befreiung, wenn im Verlauf schwerer Touren Grübel- und Denkzwänge, diese Quälgeister der modernen Lebens- und Arbeitswelt, sich auflösen und der Kopf einem Denken in großen Bögen und Bewegungen folgen kann" (Köhler 1988, S. 36).

Es gibt eine Reihe von Untersuchungen, die zeigen, daß eine Kompensation von negativen Arbeitserfahrungen in der Freizeit zwar immer wieder angestrebt wird, häufig aber nur ungenügend möglich ist. Eine mögliche Erklärung dieser Ergebnisse bieten Überlegungen zur Effektivität von Streßbewältigung (Schönpflug & Battmann 1988), die sich auf die *Effektivität von Freizeitverhalten* übertragen lassen.

Unter dem Kriterium der Streßreduktion ist Freizeitverhalten dann effektiv, wenn es dazu beiträgt, bei einem günstigen Kosten-Nutzen-Verhältnis und unter Vermeidung von negativen Nebeneffekten oder von Risikofaktoren Defizite des Alltags auszugleichen und/oder zur Erhöhung von Ressourcen beizutragen. Durch ineffektives Freizeitverhalten dagegen können sogar zusätzliche Belastungen oder Risikofaktoren für die Gesundheit entstehen. Wenn z.B. Touristen sich – aufgrund von Hektik und Anstrengung im Alltag – in ihrem Urlaub drei Wochen lang am Strand liegend südlicher Sonne aussetzen, so sind damit Risikofaktoren für ihre Gesundheit gegeben. Dieses Beispiel und der weiter oben angeführte Fall des Extrembergsteigers zeigen, daß Kompensation zwar häufig angestrebt wird, nicht aber unbedingt im Sinne eines effektiven Freizeitverhaltens realisiert wird.

## 4. Streß als Thema der Tourismuspsychologie und -soziologie: Zukünftige Aufgaben

Streß wird als Thema der Tourismuspsychologie und -soziologie vor allem unter drei Schwerpunkten zu bearbeiten sein. Diese betreffen (1) die Streßursachen bei Tourismus, (2) den Zusammenhang zwischen Streß bei der Arbeit und durch Tourismus sowie (3) die Unterstützung effektiver Streßbewältigung im Rahmen von Freizeit und Tourismus.

*(1)* Bei dem Schwerpunkt *streßauslösende Bedingungen durch Tourismus* geht es um die Untersuchung der Frage, welche mit Touris-

mus verbundenen Bedingungen für die Betroffenen (als Touristen und/oder als diejenigen, die den Tourismus gewährleisten) streßverursachend wirken und wie diese Bedingungen im Sinne einer Streßreduktion verändert werden können. Auf dieser Grundlage dürfte es möglich sein, bei touristischen Maßnahmen ein besseres Kosten-Nutzen-Verhältnis für alle Beteiligten zu gewährleisten.

*(2) Zwar gibt es eine Reihe von Untersuchungen zum Zusammenhang zwischen Arbeit und Freizeit* (vgl. Bamberg 1986; 1991), Studien über *Arbeitsstreß und Streß durch Tourismus* sind aber demgegenüber bedeutend weniger häufig (→ *Klinische Psychologie*). Insofern liegt in einer systematischen Analyse dieses Zusammenhangs eine wesentliche Aufgabe. Auf dieser Grundlage wäre zu prüfen, inwieweit die mit Freizeit und Tourismus verbundenen Ziele, Defizite und Alltagsstreß zu kompensieren, überhaupt realistisch sind, oder ob es nicht notwendig ist, den Stellenwert, den Freizeit und Tourismus im Leben der Menschen haben kann, zu relativieren.

*(3) Die Unterstützung effektiven Freizeitverhaltens* ist ein Aufgabenfeld, bei dem derzeit auf nur wenige Vorarbeiten zurückgegriffen werden kann. Hier sind Grundlagen zu erarbeiten, um Kriterien für effektives und ineffektives Freizeitverhalten formulieren zu können. Auf dieser Basis wäre zu prüfen, inwieweit effektives Freizeitverhalten unterstützt werden kann. Dies kann sich zum einen auf die Verhaltensweisen beziehen, die im Rahmen von Tourismus verbreitet sind. Eine Reihe von Tourismusveranstaltungen dienen aber nicht nur dem Ziel der Kompensation von Streß, sondern sie haben darüber hinaus explizit den Anspruch, Streßbewältigungskompetenzen auch langfristig zu verbessern. Dazu gehören etwa workshops zum Streßmanagement oder die sogenannten Überlebenstrainings (Berube 1975; → *Campingurlaub;* → *Klinische Psychologie*). Zu prüfen inwiefern solche Maßnahmen erfolgreich sind, ist eine wichtige Aufgabe der Evaluationsforschung in der Tourismuspsychologie.

## Literatur

Bamberg, E. (1986). Arbeit und Freizeit. Eine empirische Untersuchung zum Zusammenhang zwischen Streß am Arbeitsplatz, Freizeit und Familie. Weinheim: Beltz.

Bamberg, E. (1991). Arbeit, Freizeit und Familie (S. 201-221). In S. Greif, E. Bamberg & N. Semmer (Hg.), Psychischer Streß am Arbeitsplatz. Göttingen: Hogrefe.

BAT Freizeit-Forschungsinstitut (Hg.) (1986). Zukunftsfaktor Freizeit. Dokumentation zur Lage und Entwicklung der Freizeit. Hamburg: BAT.

Berube, P. (1975). Survival camping: A therapeutic modality. Journal of Leisurability, 2(1), 14-20.

Greif, S. (1991). Stress in der Arbeit – Einführung und Grundbegriffe (S. 1-28). In S. Greif, E. Bamberg & N. Semmer (Hg.), Psychischer Streß am Arbeitsplatz. Göttingen: Hogrefe.

Greif, S.; Bamberg, E. & Semmer, N. (Hg.). (1991). Psychischer Streß am Arbeitsplatz. Göttingen: Hogrefe.

Guntern, G. (1979). Social change, stress and mental health in the pearl of the Alps. Berlin: Springer.

Hoff, E.H. (1986). Arbeit, Freizeit und Persönlichkeit. Bern: Huber.

Katschnig, H. (Hg.) (1980). Sozialer Streß und psychische Erkrankung. München: Urban & Schwarzenberg.

Köhler, W. (1988). Die Psyche der Be(rg)steiger. Psychologie Heute, 15(2), 34-39.

Lazarus, R. S. & Launier, R. (1981). Streßbezogene Transaktion zwischen Person und Umwelt (S. 213-260). In J. Nitsch (Hg.), Stress: Theorien, Untersuchungen, Maßnahmen. Bern: Huber.

Meissner, M. (1971). The long arm of the job: A study of work and leisure. Industrial Relations, 10, 239-260.

Schönpflug, W. (1987). Beanspruchung und Belastung bei der Arbeit – Konzepte und Theorien (S. 130-184). In U. Kleinbeck & J. Rutenfranz (Hg.), Arbeitspsychologie. Bd. 1. Göttingen: Hogrefe.

Schönpflug, W. & Battman, W. (1988). The costs and benefits of coping (pp. 699-713). In S. Fisher & J. Reason (eds.), Handbook of life stress, coping and health. New York: Wiley.

Selye, H. (1957). Stress beherrscht unser Leben. Düsseldorf: Econ.

**Eva Bamberg, Berlin**

# Wertewandel

## 1. Einleitung

Werte sind im allgemeinen Verständnis der Sozialwissenschaften relativ stabile Grundüberzeugungen innerhalb von Gesellschaften und stehen erfahrungsgemäß nur in einem eher indirekten Verhältnis zum tatsächlichen Verhalten. Werte sind orientiert an erklärungs- und interpretationsbedürftigen Zielvorstellungen und Präferenzen, sie unterscheiden sich damit von Normen, die in aller Regel ein bestimmtes Verhalten festlegen. Werte beziehen sich erstens auf bestimmte, mehr oder weniger gewünschte Objekte, sie beinhalten zweitens Einstellungen zu diesen Objekten und können drittens ein Maßstab sein für soziales Handeln und die Wahl zwischen Alternativen. Werte und Normen unterscheiden sich somit im Grad der Verbindlichkeit der sich aus ihnen ergebenden Handlungen.

## 2. Wertewandel in der Bundesrepublik Deutschland

Der sogenannte „Wertewandel" in der Bundesrepublik Deutschland ist in den vergangenen 25 Jahren vielfach beschrieben und teilweise sehr unterschiedlich bewertet worden. So beklagt etwa Noelle-Neumann (1978) bezüglich des beobachteten Wandels von Wertorientierungen einen Verfall sogenannter „bürgerlicher Tugenden", während ihr Gegenpart in dieser Diskussion, Strümpel, in diesem Wandel das positive Zeichen einer notwendigen gesellschaftlichen Besinnung sieht (vgl. von Klipstein & Strümpel 1985). Der Amerikaner Inglehart (1977) interpretiert den Wertewandel als eine grundsätzliche Verschiebung von Wertorientierungen von sogenannten „materiellen" zu „postmateriellen" Werten. Klages (1984) unterscheidet schließlich zwischen Pflicht- und Akzeptanzwerten auf der einen und Selbsterfahrungswerten auf der anderen Seite. Dabei glaubt er einen Rückgang der Orientierung an ersteren feststellen zu können, der verbunden ist mit einem Anstieg der Selbstentfaltungswerte.

Über die Vielzahl von Argumenten und Hypothesen zu den Ursachen dieses Wandels existiert reichhaltige Literatur (vgl. dazu kritisch etwa Jagodzinski 1985 oder zusammenfassend etwa v. Rosenstiel & Stengel 1987 sowie Luthe & Meulemann 1988). Konsens besteht jedoch darin, daß ein Wandel der Wertorientierungen, der nach Klages (1984) Anfang der 60er Jahre einsetzte und dessen dynamischste Phase in der Mitte der 70er Jahre lag, nicht nur das gesellschaftliche Klima der Bundesrepublik gekennzeichnet hat, sondern auch konkrete Auswirkungen auf bestimmte gesellschaftliche Bereiche hatte, so z.B. auf die Politik (das Aufkommen einer ökologischen Partei und wachsendes politisches Interesse), auf die Familie (Zunahme der Ehescheidungen, Rückgang der Geburtenhäufigkeit und Entwicklung neuer Erziehungsziele), auf die Kirche (Zunahme der Kirchenaustritte und Rückgang der Gottesdienstbesucher), auf Wirtschaft und Verwaltung (wachsendes Selbstbewußtsein der Bürger und Autoritätsverlust). Besonders gravierend und nachhaltig wirkte dieser Wertewandel auf die Bereiche Politik, Wirtschaft und Verwaltung. Bislang noch zentrale Werte wie wirtschaftliches Wachstum, Technikakzeptanz, Leistungsbereitschaft und Arbeitsethos sind in den Präferenzskalen abgesunken und haben ambivalenten, aber auch neuen Einstellungen Platz gemacht.

Die kontroverse und z. T. diffuse Diskussion innerhalb der Sozialwissenschaften um den Wertewandel wie auch diejenige um die Erklärungskraft vertikaler Spannungslinien führt zu folgenden Schlußfolgerungen (vgl. dazu etwa Scheuch 1987):

(1) Noch bis in die 50er Jahre existierende gesellschaftliche Spannungslinien aufgrund einheitlicher politischer und kultureller Milieus sind deutlich weniger ausgeprägt und teilweise ganz verschwunden.

– Die Veränderungen in der Berufsstruktur führten zur Erosion der beruflichen Milieus und damit auch zu einer Angleichung der Einstellungen und Verhaltensweisen zwischen den „weißen"- und „blauen"-Kragen-Berufen.

– Der Prozeß der Urbanisierung hat auch das sogenannte „flache" Land erreicht; Teile von Großstädten werden zu Kleinstädten.

– Die konfessionellen Gegensätze sind verblaßt und bilden keine Belastungen mehr im politischen Bereich und im Nahbereich der sozialen Netzwerke. Damit einher geht dann einer der mit Umfragedaten am deutlichsten zu belegenden Prozesse des sozialen Wandels: der Rückgang kirchlicher Bindungen als einer Form der Abkehr von traditionellen kollektiven Bezügen.

(2) Die früher starken Unterschiede in den Rollenerwartungen zwischen Männern und Frauen sind zurückgegangen: allgemein haben sich die Frauen in starkem Maße in traditionellen Männerdomänen (Beruf und Öffentlichkeit) bewährt, wohingegen die Bereitschaft der Männer zur Übernahme von Rollenverpflichtungen in traditionellen Frauenbereichen (Familie) sicherlich weniger deutlich ausgeprägt ist. Grundsätzlich gilt jedoch: Annäherung der Optionen und Handlungsalternativen für Männer und Frauen.

(3) Ein wachsendes Auseinanderdriften von Einstellungen und Verhaltensweisen zwischen Mikrowelten (familiales Umfeld, Arbeitsplatz, Nachbarschaft etc.) und Makrowelt ist zu beobachten. Während Mikrowelten heute weitgehend als positiv und konfliktfrei interpretiert werden, erscheinen Entwicklungen in der Makrowelt in stärkerem Maße als unsicher und bedrohlich.

(4) Die Bedeutung vertikaler Ungleichheitsindikatoren (z. B. Beruf, Bildung, Einkommen und ihrer Synthese als soziale Schicht) für die Erklärung des Verhaltens ist zurückgegangen. Die alten Gegensätze zwischen „oben" und „unten" sind durch offensichtlich stärker wirkende Unterschiede in der Horizontalen ersetzt worden, die die aktuelle soziologische Diskussion mit neuen theoretischen und empirischen Konzepten, wie denen der „sozialen Lage", der „sozialen Milieus" und des „Lebensstils", zu erfassen sucht (vgl. dazu Berger & Hradil 1990).

## 3. Wertewandel und Tourismus

Hier setzen nun die Überlegungen möglicher Beziehungen zwischen einem Wertewandel und wachsendem Tourismus ein. Basis dieser Überlegungen ist die bereits oben beschriebene Tatsache einer rapiden Zunahme der Freizeit gegenüber der Arbeitszeit (→ *Gesellschaftliche Rahmenbedingungen für Mobilität/Tourismus*). Denn in dem Maße, wie nun mehr Zeit zur freien Disposition stand – und dies nicht nur stundenweise, sondern gerade auch als geblockte Zeitquanten –, mußte diese Zeit sinnvoll gefüllt werden. Die Freizeit (→ *Freizeitpsychologie*) bekam damit in den subjektiven Präferenzen einer Mehrzahl der Bevölkerung einen immer stärkeren Stellenwert, ohne daß damit aber die Arbeit entsprechend weniger wichtig geworden wäre. Der Wandel von einer Arbeits- zu einer Freizeitorientierung, der in verschiedenen Studien nachgewiesen wurde, kann durchaus auch ein Resultat der unterschiedlichen Fragestellungen sein.

Die Bedeutung des Berufs und damit die Akzeptanz der zeitlichen und sonstigen Inanspruchnahme durch ihn haben sich nicht wesentlich verändert. Vielmehr werden die „neuen" Werte der Selbstverwirklichung und Selbstentfaltung auch in die Arbeitswelt hineingetragen und ersetzen die alten Werte der unbefragten Akzeptanz gegenüber Organisationszielen und den damit einhergehenden Verhaltensdisziplinierungen. Alle vorliegenden empirischen Ergebnisse zum Verhältnis von Arbeit und Freizeit zeigen keinen Verfall der Arbeitsethik, sondern eine Pluralisierung der Wertorientierungen innerhalb der Arbeit.

Entgegen einem gängigen Klischee war mit dem Wertewandel keine vollständige Neu- und Umbewertung zentraler gesellschaftlicher Orientierungen verbunden. Er sollte eher als ein schrittweises Aufbrechen traditionaler Wertmuster verstanden werden. Die Folge war eine Pluralität von Grundorientierungen und Werten auf der Ebene der Gesellschaft und eine Individualisierung von Verhaltensweisen in der Form gewachsener individueller Entscheidungsspielräume und Optionen. Dies bedeutet auch, daß nunmehr Einstellungen und Verhaltensweisen miteinander vergesellschaftet sein können, die bislang als gegensätzlich angesehen wurden oder nur in Grenzen miteinander vereinbar waren. Eine exakte Zuordnung des Einflusses dieses Wertewandels auf die touristische Mobilität ist somit schwierig.

Hinzu kommt die in den Sozialwissenschaften schon seit langem bekannte Problematik der nur unter bestimmten Bedingungen vorhandenen Konsistenz zwischen Einstellungen und Verhalten. Dies wird z.B. deutlich an dem in den letzten 10 bis 15 Jahren gestiegenen allgemeinen Umweltbewußtsein: so sehen 82% unserer Bevölkerung in der Umweltbelastung durch den Autoverkehr das größte Risiko einer wachsenden Freizeit (vgl. Opaschowski 1992, S. 42). Diese kritische Einstellung ist jedoch im Bereich der Mobilität generell, wie auch im Bereich des Tourismus, nicht entscheidend auf das jeweilige individuelle Verhalten übertragen worden. Die Ausnutzung individueller Freiheitsspielräume zu Lasten der Umwelt hat weiter zugenommen: dies belegt die weiterhin steigende Zunahme des individuellen Kfz-Verkehrs im Alltag und in der Freizeit und der touristische Masseneinfall in ökologisch bedrohte Regionen, um nur die gravierendsten Beispiele zu nennen.

## 4. Zusammenfassung

Die Gesellschaft als Ganzes ist gekennzeichnet durch eine allmähliche Auflösung zentraler Grundorientierungen und ein offensichtlich dauerhaftes Nebeneinander verschiedener Werthaltungen. Dieser Wertepluralismus ist in seiner Bedeutung für und in seinem Einfluß auf Einstellungen zu bestimmten Formen der Freizeit und den damit verbundenen Verhaltensweisen sowohl theoretisch als auch empirisch nicht hinreichend erforscht.

Die spezifische Zuschreibung des Einflusses kultureller Faktoren auf die touristische Mobilität ist daher ohne eine theoretisch fundierte sozialwissenschaftliche Forschung schwierig. Will man nicht weitgehend bei einer deskriptiven Analyse verbleiben, so liegt hier u.E. ein wichtiges Feld für zukünftige

Grundlagenforschung in der (→) *Tourismussoziologie* und der Tourismuspsychologie, die die Suche nach Ursache-Wirkungs-Zusammenhängen ernst nimmt und in der Folge geeignete Instrumente anbieten könnte, um bessere Prognosen für zukünftige Entwicklungen zu erstellen.

## Literatur

Berger, P. A. & Hradil, S. (Hg.) (1990). Lebenslagen, Lebensläufe. Lebensstile. [Soziale Welt, Sonderheft 7]. Göttingen: O. Schwartz.

Gluchowski, P. (1988). Freizeit und Lebensstile. Plädoyer für eine integrierte Analyse von Freizeitverhalten. Erkrath: DGFF.

Inglehart, R. (1977). The silent revolution. Changing values and political styles among western publics. Princeton: University Press.

Jagodzinski, W. (1985). Gibt es einen intergenerationellen Postmaterialismus? Zeitschrift für Sozialisationsforschung und Erziehungssoziologie, 5, 71–88.

Klages, H. (1984). Wertorientierungen im Wandel. Rückblick, Gegenwartsanalyse, Prognosen. Frankfurt/Main: Campus.

Lüdtke, H. (1990). Kapital Freizeit. Kompetenz, Ästhetik und Prestige in der Freizeit. Erkrath: DGFF.

Luthe, H.-O. & H. Meulemann (Hg.) (1988). Wertewandel-Faktum oder Fiktion? Bestandsaufnahmen und Diagnosen aus kultursoziologischer Sicht, Frankfurt/M: Campus.

Noelle-Neumann, E. & Strümpel, B. (1984). Macht Arbeit krank? Macht Arbeit glücklich? Eine aktuelle Kontroverse. München: Piper.

Opaschowski, H. W. (1988). Psychologie und Soziologie der Freizeit. Opladen: Leske & Budrich.

Opaschowski, H. W. (1992). Freizeit 2001: Ein Blick in die Zukunft unserer Freizeitwelt, B.A.T. Freizeit- Forschungsinstitut. Hamburg: BAT.

Scheuch, E. R. (1987). Wertewandel in einer hochtechnisierten Gesellschaft. Politische Studien, 38 (Nr. 293), 306–314.

Uttitz, P. (1985). Freizeitverhalten im Wandel, Erkrath: DGFF.

Klipstein, M. von & Strümpel, B. (1985). Wertwandel und Wirtschaftsbild der Deutschen. Aus Politik und Zeitgeschichte, Bd. 42, 19-38.

Rosenstiel, L. von & Stengel, M. (1987). Identifikationskrise? Zum Engagement in beruflichen Führungspositionen. Bern, Stuttgart: Huber.

**Karl-Wilhelm Grümer, Köln**

# Zeiterleben

Alle Lebewesen leben in der Zeit, d.h. sie sind eingebunden in eine Vielzahl von Veränderungen in ihrer Umwelt und im eigenen Organismus. Das Erleben dieser Veränderungen setzt deren Wahrnehmung voraus und bedeutet, daß diese Veränderungen bewußt werden. Zu der besonderen Leistung des Menschen gehört es dabei, diese Veränderungsprozesse mit Hilfe des Gedächtnisses reflektieren zu können (vgl. Fraisse 1985 oder Elias 1984).

## 1. Historisch-kultureller Hintergrund des Zeitverständnisses

Zeit wird in diesem Jahrhundert – wie eine Betrachtung umgangssprachlicher Formulierungen verdeutlicht – überwiegend als objektive physikalische Größe begriffen. Nur wenn man ein solches Verständnis voraussetzt, kann Zeit „drängen" oder „vergehen" (vgl. Heinemann & Ludes 1978). Im Vordergrund steht der instrumentale Charakter der Zeit: die Uhrzeit.

Das war nicht immer so, obwohl Uhren in Form von Sonnenuhren bereits 3000 v. Chr. erwähnt wurden. Das Zeitverständnis unterliegt vielmehr einem historisch kulturellen Veränderungsprozeß. Vorgängig besteht ein zyklisches Verständnis von Zeit, d.h. die Zeit ist durch periodisch sich wiederholende Rhythmen wie Jahreszeiten, Tag und Nacht etc. gekennzeichnet. Laermann (1973) spricht in diesem Zusammenhang von qualitativer Zeit, da sich unterschiedlich lange Zeitabschnitte durch unterschiedliche Tätigkeiten definieren. Diese aufgabenbezogene Zeiteinteilung ist nach Thompson (1973) für die Menschen konkreter und noch nicht von der Trennung zwischen Arbeit und Leben geprägt.

Dem gegenüber steht das Konzept der linearen Zeit, in dem von einer Zeitstrecke ausgegangen wird, auf der der Mensch sich immer in derselben Richtung bewegt. Durch diese Definition abstrakter Dimensionen (Datum, Uhrzeit, Jahreszahlen) wird die Zeit mathematisch gegliedert. Dieses Zeitkonzept ist die Grundlage der Organisation des Zusammenlebens arbeitsteiliger Gesellschaften. In dieser Konzeption spielen natürliche Ereignisse eine nachgeordnete Rolle. Im Vordergrund steht die Koordination verschiedener Tätigkeiten auf einer für alle verbindlich gegliederten Zeitachse. Zeit ist damit nicht mehr die Folge von Ereignissen, sondern eine lineare Abfolge von Zeitpunkten und damit neutral gegenüber Ereignissen (Heinemann & Ludes 1978, S. 221).

Wendorf (1980, S. 105f) verweist darauf, daß die Einteilung des Tages über feste Zeitpunkte in den mittelalterlichen Klöstern entstand. Hintergrund war die sich verändernde Wertschätzung der Arbeit. Während in früheren klösterlichen Gemeinschaften Arbeit eher als Ablenkung von der mystischen Hinwendung zu Gott verstanden wurde, begann unter Papst Sabinianus am Anfang des 7. Jahrhunderts mit der Zeiteinteilung durch Glockengeläute eine Disziplinierung in Richtung Askese. Die Definition von Zeit wird ein Mittel der Machtausübung, wie es auch in den Arbeitskämpfen seit Beginn der industriellen Revolution dokumentiert ist.

Es kann hier nicht der gesamte historische Bogen der Veränderung des Zeitbewußtseins bis hin zu einer abstrakt linearen Zeit gespannt werden (vgl. dazu Thompson 1973; Wendorff 1982; Meyer 1982). Bedeutsam ist allerdings die tiefgreifende Veränderung zum Ende des 18. Jahrhunderts. Das heutige Zeiterleben und -bewußtsein wurde geprägt durch die beginnende Zentralisierung der Produktion und die damit ergebene Möglichkeit, Arbeit in der Manufaktur zu teilen. Damit waren die Voraussetzungen für die Ökonomisierung der Zeit geschaffen. Neben dem immer geläufigeren „Zeit-Einteilen" und „Zeit-Planen" entstand in diesem Zusammenhang auch der Begriff des „Zeit-Sparens". Damit wird Zeit vollständig inhaltsleer und neutral gegenüber konkreten Ereignissen. Sie verliert ihre sinnstiftende Funktion und ermöglicht jedem einzelnen einen Dispositionsspielraum – Zeit wird damit zur Ware.

Begleitet wurde dieser Umbruch von der schnellen Verbreitung der Uhr etwa ab 1790. Thompson (1973, S. 87) begründet die Parallelität der Entwicklung damit, daß „genau in dem Moment, in dem die industrielle Revolution eine größere Synchronisierung der Arbeit verlangt", die Verbreitung von Wand- und Taschenuhren voranschreitet. Laermann (1975, S. 90) argumentiert, daß es nach Beginn dieser Entwicklung keinen sozialen Raum mehr gibt, der nicht der Kontrolle durch Uhren unterliegt. Im 19. Jahrhundert wird dieser Prozeß durch die industrielle Fertigung der ersten „Billig-Uhr" auch in die unteren sozialen Schichten getragen.

Diese Entwicklung setzt sich fort durch die Notwendigkeit der Vereinheitlichung der Ortszeiten mit der Einführung der Eisenbahn. In England gab es die sog. Eisenbahnzeit. Durch die immer größer werdende Reichweite der Koordination wirtschaftlicher Aktivitäten wurde der Zwang nach Vereinheitlichung der Zeit immer größer. Mit der Einführung der Weltzeit 1884 und der Weltzeitzonen wird die Zeiterfahrung des Menschen nicht nur unabhängig von seinen jeweiligen Tätigkeiten, sie ist auch losgelöst von traditionellen Werten. Die objektivierte Zeit hat sich als physikalisch-technische Meßgröße zur „objektiven Realität" entwickelt und dient als regelmäßiges Bezugssystem zur zeitlichen Einordnung von Ereignissen.

## 2. Zur Psychologie der Zeit

Es hat lange gedauert, bis das Thema Zeit in der psychologischen Fachliteratur stärkere Beachtung gefunden hat. In alten Lehrbüchern der Experimentalpsychologie findet sich die Zeit als ein Objekt der sinnlichen Wahrnehmung. Ihre Behandlung im psychologischen Laboratorium ging davon aus, daß der Begriff Zeit eindeutig geklärt ist und es nur darauf ankommt, das Bewußtsein von Zeit oder ihr Erleben zu untersuchen. Damit wird in diesem Bereich die Subjektivität der Versuchspersonen ausgeklammert. Gerade das subjektive Erleben der Zeit schlägt sich jedoch in unserem Handeln nieder.

In der Psychologie um die Jahrhundertwende wurde Zeit als Sinn verstanden, vergleichbar dem Geruchs- oder Gehörsinn. Zeit galt als etwas objektiv Gegebenes, und der Experimentalpsychologe sucht nach dem Sinn(esorgan), welches die Zeitreize auffassen und verarbeiten kann (Lang 1979). Nach Lang zieht sich diese Betrachtungsweise durch die Geschichte der experimentellen Psychologie bis zum heutigen Zeitpunkt. Im Mittelpunkt steht die Frage, unter welchen Bedingungen Zeit als mehr oder weniger lang erlebt wird (Borg & Galinat 1985; Liebner & Fischer 1986). Fraisse (1985) verweist kritisch darauf, daß die häufig auftretenden interindividuellen Differenzen nicht zu weiteren Untersuchungen über das subjektive Phänomen der Zeit geführt haben.

Eine Auseinandersetzung mit psychologischen Aspekten der Zeit greift zu kurz, wenn sie sich auf die in der akademischen Psychologie vorherrschenden Aussagen in Gesetzesform beschränkt, die in atomischer Betrachtung Zusammenhänge zwischen der physikalischen Zeit und psychologischen Variablen formulieren. Bedeutender sind Überlegungen zur grundlegenden Relevanz des Zeitbegriffs im menschlichen Alltag.

## 3. Zeitbewußtsein

Innerhalb der Psychologie ist der Bewußtseinsbegriff keineswegs eindeutig definiert. Bedeutsam ist aber, daß über die Begriffsdefinitionen von Wundt bis z.B. Plattner (1990) die Betonung auf dem Aspekt der Ganzheit und Komplexität liegt. Dabei sind die drei Komponenten Zeiterleben, Zeitperspektive und zeitbezogenes Handeln von Bedeutung, die jedoch nur in ihrer Zusammenschau eine Definition ergeben. Bei der Auseinandersetzung mit Konzepten des Zeitbewußtseins (Plattner 1990) und der Zeiterlebens (Wallace & Rabin 1960) ergibt sich eine Ausweitung auf eine eher ganzheitliche Betrachtung. Diese vollzieht sich immer zwischen den beiden Polen Zeit als Erkenntnisgegenstand der Natur außerhalb der menschlichen Erfahrung, wie Newton die Zeit definierte, oder Zeit als im Menschen existierende Größe vor jeder menschlichen Erfahrung wie bei Kant. Elias (1984) versucht eine dialektische Verknüpfung dieser beiden Betrachtungsweisen, indem er objektive und subjektive Aspekte der Zeit als wechselseitig bedingt ansieht.

## 4. Zeiterleben

Auf der emotionalen Ebene umfaßt Zeiterleben das subjektive Erleben von Zeit. Bekannte Alltagsphänomene sind sowohl die Langeweile als auch die Zeitknappheit. Allgemein ist davon auszugehen, daß das subjektive Erleben von Zeit sowohl von der Anzahl, der Art und Qualität der Ereignisse als auch von der aktuellen Stimmungslage der Person abhängt. Das aktuelle Zeiterleben ist nicht denkbar ohne die Antizipation zukünftigen Handelns. Thomae (1944) spricht in diesem Zusammenhang beim antizipatorischen Charakter des Erlebens von „Urkategorie" und Lersch (1954) bezeichnet dieses als „existential". Nach Fraisse (1985) wird die Zeitdauer nur erfahren, wenn die gegenwärtige Situation auf andere Situationen in der Zukunft oder der Vergangenheit verweist. Wenn diese beiden Perspektiven fehlen, ist die Gegenwart nicht ausgefüllt.

Langeweile, „leere Zeit" bei Meumann als inneres Erleben bezeichnet, wird vom Individuum gleichzeitig als äußeres „leeres" Geschehen betrachtet. Es fehlt das Handlungsziel („was soll ich spielen?"). Langeweile kann als das Ergebnis von Ereignislosigkeit verstanden werden. Diese erlebte Ereignislosigkeit kann aber auch als Folge einer psychischen *Sättigung* (Karsten 1982) empfunden werden. So sucht der eine gerade die Stille – die ereignisarme Situation –, die der andere wegen der in ihr empfundenen Langeweile meidet. Die Interpretation einer Situation als erlebnisarm oder langweilig ist also stimmungsabhängig und subjektiv.

*Die Bedeutung von Streß.* Gegensätzlich dazu ist das Erleben von Zeit als Zeitdruck. Einige Autoren verbinden diesen Begriff mit dem Streßkonzept (vgl. dazu Braem 1988 oder McGrath 1988). Aufgrund der besonderen Bedingungen in der Arbeitswelt sieht Gallinat (1987) Zeitstreß im Arbeitsprozeß am weitesten verbreitet. Zeit ist dort eine knappe Ressource, und die ständige Vergegenwärtigung einer nicht ausreichend zur Verfügung stehenden Zeit induziert eben diesen Streß.

Eine interessante Perspektive hat Mundt (1990) herausgearbeitet. Er untersucht das Phänomen Streß im Urlaub, also einer arbeitsfreien Zeit. Mundts überraschendes Ergebnis ist, daß gerade die subjektiv empfundene alltägliche Langeweile oder psychische Sättigung viele Menschen im Urlaub Streßsituationen aufsuchen läßt.

*Flow.* Als eine besondere Form des Zeiterlebens kann der (→) Flow angesehen werden, eine Steigerung des physiologischen und psychologischen Streßerlebens. „Die objektive Dauer, die wir in Beziehung zu äußeren Ereignissen wie Tag und Nacht ordentlich nach der Uhr messen, wird durch die von der Aktivität diktierten Rhythmen bedeutungslos. Oft scheinen Stunden in Minuten zu vergehen (...)". Sowohl das subjektive Empfinden der gestreckten Zeitdauer als auch das der zu kurzen bedeuten, „daß bei einer flow-Erfahrung das Zeitgefühl nur wenig Beziehung zum tatsächlichen Verstreichen der Zeit hat, die mit durch die Uhr auferlegten Konventionen gemessen wird" (Csikszentmihalyi 1992, S. 29). Tunner (1984, S. 111) verweist darauf, „daß der Eindruck erfüllter Zeit mit dem Schwinden des Bewußtseins von der Zeit einhergeht und daß solche Vorgänge mit gesteigerter Erlebnisintensität verbunden sind."

Bei der Analyse des Zeiterlebens müssen sowohl *situationsspezifische* als auch *situati-*

*onsübergreifende* Merkmale berücksichtigt werden. Zum einen ist das der lebensgeschichtliche Verlauf, zum anderen sind es die aktuellen Bedingungen. Eine ganz wesentliche Rolle spielen außerdem gesellschaftliche Normen und Werte. Nur unter Berücksichtigung des gesellschaftlichen Kontextes gelingt eine annähernd befriedigende Antwort auf die Frage, warum sich der eine langweilt und der andere gehetzt fühlt. „Die verschiedenen Formen der Zeitverschwendung sind in unserer Sozialordnung nicht gleichrangig, sondern erfahren eine unterschiedliche moralische Bewertung. In unserer gesellschaftlichen Wertordnung werden Zeitnutzung, Zeitökonomie und Zeitbewußtsein in erster Linie nach wie vor bestimmt durch die Arbeit, der Wert der Arbeit wird im wesentlichen durch die Arbeit erlebt (...)" (Heinemann & Ludes 1978, S. 229).

Allerdings scheint dieses Wertsystem in einer Veränderung begriffen zu sein. Nicht nur die in fast allen Beschäftigungsbereichen erkennbare Reduzierung der formalen Arbeitszeit, auch der sich vollziehende Wertewandel, mit dem ein verändertes Bewußtsein des Stellenwerts der Arbeit einhergeht (Lück & Miller 1990), sowie das nach wie vor quantitativ und qualitativ zunehmende Freizeitverhalten führen zu einer veränderten Erwartung an Freizeit (→ *Freizeitpsychologie),* einer veränderten Bewertung von Freizeit und einer veränderten Erlebnisintensität.

## 5. Zeitperspektive

Ein umfangreicher Bereich psychologischer Arbeiten zum Phänomen Zeit befaßt sich mit dem Konstrukt der Zeitperspektive. Der Begriff der Zeitperspektive beinhaltet die Dimensionen Vergangenheit, Gegenwart und Zukunft. Erwähnt wird der Begriff zum ersten Mal bei Frank (1939) und er wird insbesondere von Lewin schon 1942 umfassender definiert: „Das Ziel eines Menschen umfaßt seine Erwartungen von der Zukunft, seine Wünsche und seine Wachträume" (Lewin 1953, S. 165). Lewin stellt damit eine enge Verbindung zwischen Zeitperspektive und Anspruchsniveau her.

Nach Plattner (1990, S. 72) bilden die Vergangenheits-, Gegenwarts- und Zukunftsbezogenheit „drei Dimensionen der Zeitperspektive; sie stehen miteinander in einem Wechselwirkungsverhältnis. Strukturmerkmale der Zeitperspektive sind die zeitliche Reichweite, die positive oder negative Tönung und die Anzahl der konkreten zeitperspektivischen Inhalte, die Einschätzung der Realisierungswahrscheinlichkeit der zukunftsbezogenenen Inhalte sowie die Gewichtung der drei Dimensionen Vergangenheit, Gegenwart und Zukunft. Die Zeitperspektive ist als die mehr kognitive Komponente des Zeitbewußtseins zu betrachten." Plattner konnte in ihren Untersuchungen zeigen, daß der Konkretheitsgrad der Inhalte ein wichtiges Strukturmerkmal der Zeitperspektive ist. Ergänzt wird dieses durch das von Lewin erwähnte Anspruchsniveau, das sich in der Aufstellung von Zielen konkretisiert.

Ein Zusammenhang zwischen Lebensgeschichte und Zeitperspektive wird erkennbar bei Analysen der Lebensbedingungen von Langzeitarbeitslosen (vgl. Heinemann 1982). Die Zeitperspektive auf der Dimension Zukunft verringert sich zunehmend mehr in Richtung „fehlende Zukunftsorientierung". Daran wird deutlich, daß individuelles Zeitbewußtsein nicht statisch ist, sondern sich in Abhängigkeit von Ereignissen im Lebenslauf prozeßhaft konstituiert.

## 6. Zeitbezogenes Handeln

*Zeitbezogenes Handeln* beinhaltet das Planen und Einteilen von Zeit. Plattner (1990, S. 72) definiert den Umgang mit der Zeit wie folgt:

„Die Komponente Umgang mit der Zeit wird verstanden als die Bewältigung spezifischer Anforderungen, die sich aus der Verwendung von (Alltags-)Zeit ergeben. Diese Anforderungen beziehen sich auf die Orientierung an zeitlichen Strukturierungen, der Planung und Einteilung von Zeiträumen sowie dem Ausfüllen von Zeiträumen mit bestimmten Tätigkeiten. Der Umgang mit Zeit bildet die mehr aktionale Komponente des Zeitbewußtseins."

Objektivierbare Anforderungen an zeitbezogenes Handeln sind: das Ausmaß der von außen vorgegebenen Zeitstrukturen; das Ausmaß der zu bewältigenden Aufgaben im Sinne fremd- oder selbstgestellter Anforderungen und die Vorhersehbarkeit der zu bewältigenden Aufgaben. Subjektive Merkmale des Umgangs mit Zeit sind: die subjektive Bedeutsamkeit der Zeiteinteilung und des Zeitausfüllens; individuelle Gestaltungsformen der Zeiteinteilung und des Zeitausfüllens; die subjektive Zufriedenheit im Umgang mit Zeit und die bewußte Orientierung an Zeit.

Der Umgang mit Zeit wird in hohem Maße von gesellschaftlichen Wertungen bestimmt: „Ähnlich wie Geld Dispositionsfreiheit und Entscheidungsmöglichkeiten eröffnet (...), geht auch von der Zeit ein entsprechender Leistungs- und Gestaltungsanspruch aus, stellt Zeit Anforderungen an die individuelle Improvisation und Planungsfähigkeit, müssen Entscheidungen über alternative Verwendungsformen der Zeit getroffen werden" (Heinemann & Ludes 1978, S. 227). Die Verwendung von Zeit unterliegt zwar gesellschaftlichen Normen, ist aber aufgrund der fehlenden Bindung an natürliche Ereignisse und der damit einhergehenden Entqualifizierung von Zeit nicht eindeutig definiert. Hinzu kommt die Verbindung von Zeit und Geld, so daß für das Individuum daraus ein Leistungs- und Gestaltungszwang entsteht (vgl. Heinemann 1982). Zeit darf nicht „sinnlos" verwendet werden.

Vor diesem Hintergrund ist die eher negative Bewertung des „Zeit-habens" zu verstehen. Oder anders ausgedrückt, „Weltbrauchbarkeit" (Prange 1984) demonstriert sich durch einen Mangel an Zeitreserven im Sinne knapper Terminkalkulation und „wenig Zeit". Insbesondere die Literatur zur Arbeitslosigkeit verdeutlicht den niedrigen sozialen Status derer, die mehr Zeit haben, als man haben darf (Laermann 1975). Unabhängig von diesen gesellschaftlichen Wertungen demonstrieren Untersuchungen an Arbeitslosen den Zerfall des Zeitempfindens und die zunehmende Unfähigkeit zum Planen und Einteilen von Zeit (Heinemann 1982). Gerade letzteres ist allerdings stets verknüpft mit dem Vorhandensein einer Zukunftsperspektive, diese ist aber insbesondere Langzeitarbeitslosen weitgehend versagt.

Diese am Beispiel der Arbeit entwickelten Betrachtungen der Zeit verdeutlichen zwei wesentliche Aspekte. Arbeit strukturiert nicht nur die Zeit – einschließlich der Lebenszeit –, sie hat auch eine sinnstiftende Funktion. Aber genau an dieser Stelle sind Veränderungen im Wertsystem erkennbar. Auch Freizeit bekommt heute eine zunehmend stärker sinnstiftende Funktion (→ *Freizeitpsychologie*). Damit gelangt eine ökonomische Komponente mit ins Spiel. Die bereits erwähnte (vermeintliche) Knappheit der Zeit führt zu einer Verbindung von Zeit und Geld in dem Sinn, daß für mehr Geld mehr Zeit im Sinne von Erlebnisqualität gekauft werden kann – Freizeit wird verkauft (Müller-Wichmann 1984).

## 7. Wechselwirkungen

Zeitperspektive, zeitbezogenes Handeln und Zeiterleben stehen in einer wechselseitigen Beziehung zueinander. Ohne die Fähigkeit, Vergangenes zu reflektieren und Zukünftiges zu antizipieren, ist die Wahrnehmung der Zeit als etwas Fließendes nicht möglich. Erst wenn die Zukunft inhaltslos erscheint und zukunftsbezogenes Streben aufgegeben wird, entsteht der Eindruck vom Stillstand der Zeit. Die Auseinandersetzung mit der Zukunft bestimmt die Planung und Einteilung von Zeiträumen mit und prägt somit den Umgang mit Zeit, d.h. das zeitbezogene Handeln. Der Umgang mit der Zeit wird aber auch geprägt von Formen der Bewältigung spezifischer Anforderungen, die sich aus der Verwendung von Zeit ergeben. Diese prägen dann wieder unterschiedliche Formen des Zeiterlebens wie z.B. die der Zeitknappheit.

Die Zeitperspektive hat wiederum Einfluß auf das Zeiterleben. So bestimmt z.B. die Antizipation eines Urlaubs als zukunftsbezogener Inhalt der Zeitperspektive das Erleben der letzten Arbeitstage, die als schleppend lange empfunden werden. Die inhaltliche Struktur der Zeitperspektive und des Umgangs mit Zeit wirken auf das Erleben ein. So kann die Orientierung an einer Vielzahl von Ereignissen in der Zukunft bei einem gleichzeitig aufgestellten rigiden Zeitplan für die Gegenwart zu dem Gefühl des Gehetztseins (→ *Streß*) führen. Umgekehrt können aber auch das aktuelle Erleben von Zeitknappheit und ein dichter Zeitplan dazu führen, daß nur wenige Zukunftsperspektiven entwickelt werden.

## 8. Zusammenfassung

Vor dem Hintergrund der kurz skizzierten Entwicklung des Zeitbegriffs wird die Spannweite gesellschaftlicher Werte und Normen erkennbar, vor denen das individuelle Zeiterleben und -bewußtsein zu verstehen ist. Damit wird deutlich, daß eine psychologische Forschung, die sich in ihrer naturwissenschaftlich-quantitativen Ausrichtung primär am Ideal des kritischen Rationalismus orientiert, diesem komplexen Phänomen nicht gerecht werden kann. Bei der Betrachtung des Phänomens Zeit kann ein psychologischer Zugang nur über das Subjekt erfolgen. Insbesondere die subjektiven Aspekte wie das Erleben und das Bewußtsein von Zeit ermöglichen einen adäquaten Zugang.

## Literatur

Anft, M. (1992). Flow. Psychomed, 4 (2), 128-131.
Benussi, V. (1913). Psychologie der Zeitauffassung. Heidelberg: Winter.
Borg, I. & Galinat, W. H. (1985). Der Einfluß von Merkmalen der Situation auf das Erleben ihrer Dauer. Zeitschrift für Experimentelle und Angewandte Psychologie, 32 (3), 353-369.
Braem, H. (1988). Selftiming. Über den Umgang mit der Zeit. München: Langen Müller/Herbig.
Csikszentmihalyi, M. (1992). Flow – die sieben Elemente des Glücks. Psychologie heute, 19(1), 20-29.
Elias, N. (1985). Über die Zeit, 2.Aufl. Frankfurt/M.: Suhrkamp.
Fraisse, P. (1985). Psychologie der Zeit. Konditionierung, Wahrnehmung, Kontrolle, Zeitschätzung, Zeitbegriff. München: Reinhardt.
Frank, L.K. (1939). Time perspective. Journal of Social Philosophy, 4, 293-312.
Graumann, C.F. (1960). Grundlagen der Phänomenologie und Psychologie der Perspektivität. Berlin: de Gruyter.
Graumann, C.F. (1974). Bewußtsein und Bewußtheit. Probleme und Befunde der psychologischen Bewußtseinsforschung. (S. 79-127) In K. Gottschaldt; Ph. Lersch; F. Sander & H. Thomae (Hg.), Handbuch der Psychologie, 1. Bd., 1. Halbbd. Göttingen: Hogrefe.
Heidegger, M. (1967). Vorträge und Aufsätze, Teil II. Pfullingen: Mohr.
Heinemann, K. & Ludes, P. (1978). Zeitbewußtsein und Kontrolle der Zeit. Kölner Zeitschrift für Soziologie und Sozialpsychologie, Sonderheft 20, 220-243.
Heinemann, K. (1982). Arbeitslosigkeit und Zeitbewußtsein. Zeitschrift für Sozialwissenschaftliche Forschung und Praxis. Soziale Welt, 33, 87-101.
Janich, P. (1980). Die Protophysik der Zeit. Konstruktive Begründung und Geschichte der Zeitmessung. Frankfurt: Suhrkamp.
Jüttemann, G. (Hg.) (1985). Qualitative Forschung in der Psychologie. Grundfragen, Verfahrensweisen, Anwendungsfelder, Weinheim: Beltz.
Knüsel, R. (1975). Psychologische Aspekte der Zeiterfahrung. Universität Zürich: Phil. Dissertation.

Laermann, K. (1975). Alltags-Zeit. Bemerkungen über die unauffälligste Form sozialen Zwangs. Kursbuch, 41, 87-105.

Lang, A. (1979). Über den Primat der subjektiven Wahrnehmungsdimension, dargestellt am Beispiel der Zeitpsychologie. Schweizerische Zeitschrift für Psychologie, 29(1/2), 45-51.

Lewin, K. (1942). Time perspective and morale. New York: Wiley.

Lewin, K. (1953). Lösungen sozialer Konflikte. Bad Nauheim: Christian.

Lersch, Ph. (1954). Aufbau der Person. München: Barth.

Liebner, K. & Fikentscher, E. (1986). Beitrag zum Problem des Zeiterlebens. Wissenschaftliche Zeitschrift der Martin-Luther-Universität Halle Wittenberg. Mathematisch-Naturwissenschaftliche Reihe, 35(2), 27-30.

Lück, H.E. & Miller, R. (1990). Führung und Wertewandel. (S. 181-196) In G. Wiendieck & G. Wiswede (Hg.), Führung im Wandel. Neue Perspektiven für Führungsforschung und Führungspraxis. Stuttgart: Enke.

McGrath, J.E. (ed.) (1988). The social psychology of time. New perspectives. Newbury Park: Sage.

Merleau-Ponty, M. (1966). Phänomenologie der Wahrnehmung. Berlin: de Gruyter.

Meyer, W.-H. (1982). Arbeitszufriedenheit. Ein interessantes Mißverständnis. Opladen: Westdeutscher Verlag.

Miller, R. (1988). Zeiterleben. (S. 869-872) In R. Asanger & G. Wenninger (Hg.), Handwörterbuch Psychologie, 4. Aufl. München: PVU.

Müller-Wichmann, C. (1984). Zeitnot. Untersuchungen zum „Freizeitproblem" und seiner pädagogischen Zugänglichkeit. Weinheim: Beltz.

Mundt, J.W. (1990). Wozu brauchen wir Urlaub? Psychologie heute, 17(8), 21-29.

Plattner, I.E. (1990). Zeitbewußtsein und Lebensgeschichte. Theoretische und methodische Überlegungen zur Erfassung des Zeitbewußtseins. Heidelberg: Asanger.

Prange, K. (1984). Arbeit und Zeit – Anthropologische Aspekte der Arbeitslosigkeit. Zeitschrift für Pädagogik, 39(4), 487-497.

Revers, W.J. (1964). Das Zeitproblem in der Psychologie. Archiv für die gesamte Psychologie, 116, 279-290.

Rifkin, J. (1988). Uhrwerk Universum. Die Zeit als Grundkonflikt des Menschen. München: Kindler.

Rohracher, H. (1971). Einführung in die Psychologie. Wien: Urban & Schwarzenberg.

Stern, W. (1911). Die differentielle Psychologie. Leipzig: Barth.

Thomae, H. (1944). Das Wesen der menschlichen Antriebsstruktur. Leipzig: Barth.

Thompson, E.P. (1973). Zeit, Arbeitsdisziplin und Industriekapitalismus. In R. Braun; W. Fischer; H. Großkreuz & H. Volkmann (Hg.), Gesellschaft in der industriellen Revolution. Köln: Kiepenheuer & Witsch.

Tunner, W. (1984). Erlebnisintensität und Zeiterleben. Gestalt Theory, 6(2), 111-117.

Wallace, M. & Rabin, A.I. (1960). Temporal experience. Psychological Bulletin, 57, 49-64.

Wendorff, R. (1980). Zeit und Kultur: Geschichte des Zeitbewußtseins in Europa. Wiesbaden: Westdeutscher Verlag.

**Rudolf Miller, Hagen**

# Teil V

# Phänomene und Probleme des Tourismus

# Alkoholkonsum und Tourismus

## 1. Einleitung

Urlaubsreisen aber auch berufsbedingtes Reisen gehen mit der Neigung zu gesteigertem Alkoholkonsum einher. Über das Ausmaß des Alkoholkonsums liegen zwar keine quantitativen Ergebnisse vor, die Tatsache selbst entspricht aber unserem Alltagswissen und den Aussagen Professioneller (Lange & McCune 1989; Walker & Williams 1983). Wieviel Alkohol in einem Staat konsumiert wird, wird in hohem Maße von sogenannten (→) *Lebensstil*-Variablen bestimmt: Neben dem Einkommen und der Religion hat das Ausmaß an Tourismus einen bedeutsamen Einfluß (Hoadley, Fuchs & Holder 1984). Der gegenüber dem Alltag vermehrte Alkoholkonsum bringt sowohl direkte als auch indirekte *gesundheitliche Gefahren* mit sich: Als direkte Folge beschleunigt Alkoholkonsum reisebedingte physiologische Probleme und stellt somit eine Komplikation während des Reisens und am Zielort dar. Indirekt kann erhöhter Alkoholkonsum zu einer indifferenten Einstellung gegenüber dem gesundheitlichen Risiko führen, welches mit dem Genuß von kontaminierten Getränken und Speisen verbunden ist. Ferner wurde unter Alkohol ein erhöhtes Risikoverhalten gegenüber Infektionskrankheiten, die auf sexuellem Weg übertragen werden, festgestellt (MacGregor, 1988; Stall et al. 1986; Stall 1988).

## 2. Die physiologische Wirkung des Alkohols und seine Bedeutung für das Reisen

Lange und McCune (1989) haben die medizinische Literatur über die gesundheitlichen Aspekte des Alkoholkonsums auf Reisen zusammengestellt.

*Flugreisen.* Besonders deutlich läßt sich die negative Wirkung des Alkohols auf den Körper beim *Fliegen* erkennen. Hier zeigt der Körper eine besondere Empfindlichkeit gegenüber den akuten Auswirkungen des Alkohols. Die veränderte Zusammensetzung der Luft, der Luftfeuchtigkeit und die veränderten Druckverhältnisse verschlimmern viele chronische Krankheiten. So erhalten beispielsweise Patienten mit chronisch obstruktiven Atemwegserkrankungen meist ein absolutes Alkoholverbot für die Zeit des Fluges. Die beruhigende Wirkung des Alkohols kann dazu führen, daß man zu wenig atmet und dadurch zu wenig Sauerstoff aufnimmt. Außerdem verstärkt der diuretische Effekt des Alkohols den Wasserentzug, der ohnehin beim Fliegen auftritt, und der von der geringen Luftfeuchtigkeit von weniger als 10% in der Kabine herrührt. Alkohol erhöht die Gefahr des *Barotraumas*. Darunter werden Schäden durch Unter- oder Überdruck in lufthaltigen Körperhöhlen, wie z.B. dem Mittelohr verstanden. Zu diesen Schäden kann es beim Flugzeugabstieg (aber auch beim Tauchen) kommen, wenn der Reisende durch den Alkohol sediert ist, zu wenig Sauerstoff aufnimmt und dabei unfähig ist, einen Druckausgleich im Mittelohr herzustellen. Weiterhin verstärkt Alkohol die akute Reisekrankheit (Übelkeit, Erbrechen) in der Luft und auf See.

*Jet Lag.* Bei *Transmeridianflügen* werden in kurzer Zeit mehrere Zeitzonen übersprungen. Flüge nach Westen stellen dabei eine künstliche Verlängerung, Flüge nach Osten eine künstliche Verkürzung des Tages dar. Erstere werden besser vertragen, da auch der endogene Rhythmus von Schlaf, Temperatur und Hormonspiegel, länger ist als 24 Stunden. Der endogene *zirkadiane Rhythmus*, die ‚biologische Uhr', wird bei Zeitzonenwechsel von den äußeren Zeitgebern wie Tag/Nacht und soziale Kontakte abgekoppelt. Reisende haben daher am Zielort kurzfristig Probleme mit dem Schlaf-Wach-Rhythmus (→ *Jet-lag*-Symptome). Punktueller Alkoholgenuß kann sowohl den Schlaf fördern als auch stören: Die sedierende Wirkung des Alkohols führt zwar zu schnellerem Einschlafen, nach Alkoholgenuß wacht man aber erheblich häufiger auf und verbringt weniger Zeit im REM-Schlaf. Leidet man darüber hinaus unter Atemproblemen, so kann der REM-Schlaf bis auf die Hälfte reduziert sein. Da Alkohol das homöostatische Gleichgewicht beim Schlafen kurzfristig und auf Dauer beeinflußt, verschlimmert es die *Jet-lag-Symptome* und verzögert die Rücksetzung der biologischen Uhr (Lange & McCune 1989; Knab 1989).

*Höhenkrankheit.* Alkohol erschwert die Anpassung des Körpers an Höhen und beeinflußt somit Auftreten, Intensität und Dauer der Höhenkrankheit, welche in einer Höhe ab etwa 3.500 m auftritt. Mit zunehmender Höhe nimmt der Atmungsdruck ab. Damit sinkt auch der Sauerstoffpartialdruck und die Sauerstoffsättigung des Blutfarbstoffes. Die Symptome der mangelnden körperlichen Anpassung an den großen Höhenunterschied sind: Konzentrationsmangel, Ermüdung, Kopfschmerzen, Schwindel, Erbrechen, Atem- und Pulsbeschleunigung, Herzklopfen bis zur Bewußtlosigkeit.

*Extremklima.* Der gefäßerweiternde Mechanismus des Alkohols verlängert den Prozeß der *Akklimatisation* in heißen Gegenden, da Alkohol mit dem Hitzeaustausch interferiert. Der Konsum einer größeren Menge Alkohol ist ein wichtiger Risikofaktor für Hitzschlag. Auch für Unterkühlungen und Erfrierungen kann der Genuß von Alkohol wegen seiner gefäßerweiternden Wirkung häufig verantwortlich gemacht werden.

*Magen-Darm-Erkrankungen.* Aber selbst wenn sich der Reisende am Zielort an Tageszeit, Klima und Höhenmeter angepaßt hat, können noch alkoholbedingte Probleme auftreten: Alkohol kann die Empfindlichkeit des Verdauungstraktes gegenüber einer ungewohnten Speisenzubereitung erhöhen. Er vermindert nämlich beispielsweise die Toleranz gegenüber scharf gewürzten Speisen, aber erhöht auch das Risiko für einen *Reisedurchfall*. Viele Menschen glauben fälschlicherweise, Alkohol töte Bakterien ab und nehmen unbesorgt eisgekühlte alkoholische Getränke und Cocktails zu sich. Gerade diese Getränke kommen als Ursache für den Reisedurchfall in Frage.

*Verkehrstüchtigkeit.* Auch ernste, sogar lebensbedrohliche Schäden beim Reisen stehen mit Alkoholkonsum in Verbindung: Alkohol vermindert die Aufmerksamkeit, engt das Blickfeld ein und stört die feinmotorische Koordination. Er stellt die Hauptursache für Verkehrsunfälle dar. Dies gilt für kleinere Touren, aber auch für Auslandsreisen. Alkohol ist die Ursache für schwere *Unfälle* bei Fußgängern und Autofahrern. Er ist weltweit für die meisten Autobahnunfälle verantwortlich. Auch die meisten Bootsunfälle, Unfälle mit Ertrinken und schweren Verletzungen geschehen unter Alkoholeinwirkung.

## 3. Die psychologische Wirkung des Alkohols und seine Relevanz für den Urlauber

Die ‚psychologische' Wirkung des Alkohols verläuft in zwei Phasen: Anfangs wirkt Alkohol anregend und belebend, was manche als euphorisierende Hochstimmung erleben. Erst später wirkt er stimmungsdämpfend, was als Verstimmung oder Spannung erlebt wird.

Allein schon die Erwartung an die Wirkung von Alkohol hat eine deutliche Wirkung. So wurde unter vermeintlichem Alkoholkonsum in *sozialen Belastungs*situationen eine meßbar geringere Herzschlagfrequenz und subjektive Angsteinschätzung festgestellt. Frauen reagierten in ähnlichen Experimenten teilweise anders als oben beschrieben, aber in Übereinstimmung mit den eigenen *Erwartungen*. Die Art der Alkoholwirkung wird offensichtlich auch bei sozialem Trinken von den Erwartungen der Person beeinflußt (Schneider 1985). Neben sozialem Streß zeigten sich ähnliche Ergebnisse auch für sexuelle Erregbarkeit und Aggressivität. Männliche Versuchspersonen ließen, unter der fälschlichen Annahme Alkohol getrunken zu haben, deutlich mehr von diesem Verhalten zu. Bei Personen mit hohem Testwert „Schuldgefühle bezüglich Sexualität" zeigte sich die *erwartungsentsprechende Wirkung* von vermeintlichem Alkoholkonsum besonders deutlich. Andere Verhaltensweisen, die von den Erwartungen der Person unabhängig sind, wie Reaktionszeit, motorische Fertigkeiten und einfache Behaltensaufgaben weisen diesen Placeboeffekt nicht auf.

Alkohol wirkt auf das Zentralnervensystem: Lernen und Erinnern wird zustandsabhängig: Was man angetrunken bewußt oder unbewußt lernt, kann man leichter oder nur wieder in diesem Zustand wiedergeben. Höhere Dosen von Alkohol senken die Fähigkeit, sich selbst zu kontrollieren.

Die „Vorteile" des Alkoholkonsums wie: Erleichterung sozialer Interaktionen, Fertigwerden mit Streß, Erhöhung sexueller Aktivität und Stärkung der Selbstwertschätzung werden nicht nur vom Individuum beobachtet, da erwartet, sondern auch über die Medien vermittelt. Eine Analyse von Fernsehfilmen zeigte obige *Funktionen des Alkoholtrinkens* (George & Marlatt 1983). All diese Funktionen dürften auch beim Urlauber von Bedeutung sein.

*Geschlechtsrolleninteraktion.* Menschen fahren weg, um einen Ausgleich zu finden, für das, was sie im Alltag vermissen. Sie wollen abschalten und auftanken, etwas erleben und ihre Freiheit genießen, Kontakte knüpfen und sich amüsieren. Diese und ähnliche Reisemotive findet der Studienkreis für Tourismus immer wieder bei seinen Umfragen (→ *Reisemotive*).

Alkohol ist das ‚soziale Schmiermittel', nicht nur für Kontaktscheue. Besonders unter Alkoholeinfluß tritt unter einigen männlichen Gästen leicht eine Anmachstimmung auf, und sie behandeln anwesende Frauen als Sexualobjekte. Die gesellschaftliche Tabuisierung des Themas „sexuelle Belästigung" erschwert es den Reiseleiterinnen allerdings, dagegen vorzugehen. Finger und Gayler (1990) schlagen aus diesem Grund vor, „die Auswirkungen der Geschlechterrollen in die Ausbildung der Reiseleiter und Animateure unbedingt aufzunehmen" (S. 218).

*Alkoholtourismus.* Mancher, der im Berufsalltag seinen Alkoholkonsum bewußt auf das Wochenende beschränkt, mag im Urlaub eine Gelegenheit sehen, ohne Risiko ‚unbegrenzt' dem Alkohol zuzusprechen. Dies gilt in besonderer Weise für Reisende aus Ländern, in welchen der Zugang zu Alkohol durch *staatliche Kontrolle* erschwert wird. Die staatlichen Regulationsmechanismen, Monopolisierung und Lizensierung, können nämlich den Alkoholkonsum pro Kopf im Durchschnitt um ein Viertel reduzieren (Hoadley et al. 1984). In Finnland beispielsweise hat deshalb der „*Alkoholtourismus*" nach Leningrad eine lange Tradition (Jokinen & Vejola 1988).

*Probleme und Einsamkeit.* Das Wegfallen des gewohnten Alltagsrhythmus, mag bei einigen Urlaubern Gefühle der Leere und Langeweile mit sich bringen, die mit Alkohol zugedeckt werden können. Bei Weltreisenden, die über Monate und Jahre unterwegs sind, kann es sogar zu einer soziokulturellen Vereinsamung kommen. Die *soziale Anonymität*, der Wegfall von familiären und gesellschaftlichen Einflüssen und die Verfügbarkeit von billigen Drogen erhöhen die Wahrscheinlichkeit, daß mit Suchtmitteln experimentiert wird.

Untersuchungen von Westermeyer und Berger (1977) zeigten, daß nur 20% der Drogenabhängigen unter Asienreisenden, die sich in Behandlung begaben, bereits im Heimatland abhängig waren. Diese Gruppe war gegenüber einer Vergleichsgruppe von Drogenabhängigen in den USA älter, gebildeter und häufiger alleinstehend. Die Einsamkeit mag bei diesen Singlereisenden aus der Mittelschicht eine Rolle für ihre Suchtkarriere gespielt haben (Berger & Westermeyer 1977). Andererseits ergab eine Verlaufsuntersuchung zum Drogen-, Alkohol- und Zigarettenkonsum junger schweizer Männer zwischen 19 und 22 Jahren (Sieber & Angst 1981), daß starke Drogenkonsumenten häufig, starke Zigarettenkonsumenten etwas weniger häufig ausgedehnte Reisen ins Ausland unternehmen.

Starke Drogen- und Zigarettenkonsumenten unterscheiden sich von den Alkoholkonsumenten durch eine starke *Erlebnisorientierung*: Dies drückt sich durch ausgedehnte Reisen ins Ausland, größere Wichtigkeit der Freunde und Bekannten und seltenere Teilnahme an häufig verbreiteten, in der Gemeinschaft realisierten Freizeitbeschäftigungen wie Sport oder Betätigung in einemVerein aus.

## 4. Maßnahmen der Gastländer gegenüber dem Drogenproblem ihrer Gäste

In einer Zeit, in der Drogenmißbrauch, u.a. auch Alkohol, ein Problem nicht nur in amerikanischen Großstädten darstellt – ein Drittel der high-school-Studenten gaben in einer Untersuchung 1984 an, daß sie Drogen konsumieren –, werden auch kleinere, besonders bei Jugendlichen beliebte Urlaubsorte mit diesem Problem konfrontiert. Wenn man sich vorstellt, daß beispielsweise in der 7.000 Einwohner zählenden Kleinstadt Ocean City an der Ostküste von Maryland sich in den Sommermonaten ständig bis zu 500.000 vorwiegend junge Menschen aufhalten, erstaunt es nicht, daß dieser *Touristenboom* von einem dramatischen Anwachsen an Suchtstoffen begleitet wird und diese Stadt in den Sommermonaten zur Stadt mit dem größten Drogen- und Alkoholproblem des Landes wird. Die *Beratungs-* und *Kriseninterventions*stellen (und auch die Polizei) sind in der Regel von ihrer Stellenkapazität her nicht auf einen solchen Ansturm eingerichtet.

Der Staat Maryland startete ein Pilot-Programm zur Beratung und Weitervermittlung von jugendlichen Urlaubern, das ‚Counseling, Outreach Program for Youth in Resorts', genannt COPYIR (Silverman & Rusinko 1988). Es stellt einen Telefondienst, der Tag und Nacht sowie an Sonn- und Feiertagen besetzt ist, und bietet Krisenintervention, Prävention, Schulung und Weitervermittlung für Jugendliche, junge Erwachsene und alle, die Information über Alkohol- und Drogenprobleme wünschen. Der Service reicht von Information über Drogen, Drogenidentifikation, Information über Therapie für Abhängige, Unterstützung für die Angehörigen, Assistenz der Heilberufe bei der Krisenintervention, bis zur Hilfe bei Suizidgedanken, die sich unter Alkohol zuspitzen. Das erfahrene Beratungspersonal kommt aus ganz Maryland, zu Beginn des Projekts vorzugsweise von erfahrenen Einrichtungen, die durch Methadon-Programme für diese Aufgaben geschult sind. Das Personal wechselt alle zwei Wochen, wird weiterhin vom Heim-Arbeitgeber bezahlt und arbeitet unter Supervision eines Teamleiters. COPYIR wird von allen Beteiligten sehr positiv bewertet.

## 5. Der Alkoholkonsum der Gastgeber

In Gegenden, die dem Tourismus erschlossen wurden, wurde über einen Anstieg des Alkoholkonsums und anderer Suchtmittel berichtet. Zur Erklärung werden Theorien des *sozialen Wandels* sowie *Streß*theorien herangezogen (→ *„Alpendorf"*). Der Befund, daß es nach touristischer Erschließung zu einem Anstieg des Alkoholkonsums der Einwohner kommt, ist methodisch unzureichend gestützt: Vergleichszahlen des Alkoholkonsums vor der Erschließung liegen nicht vor, Kontrollgruppe und Wiederholung der Befragung fehlen. Der beobachtete Anstieg des Alkoholkonsums in der Bevölkerung muß kein tourismusspezifischer Befund sein, sondern kann auf eine generelle Veränderung der *Lebensbedingungen* in einer industrialisierten Gesellschaft zurückgehen. Zweifelsohne ist aber in sehr touristischen Regionen ein Großteil der Bevölkerung, der in der Gastronomie arbeitet, suchtgefährdet, denn dieser Dienstleistungssektor ist mit einem generellem *Berufsrisiko* für erhöhten Alkoholkonsum verbunden: Eine Statistik aus der Schweiz zeigt, daß die dortigen Kellner unter fünf Berufsgruppen den höchsten Alkoholkonsum von täglich 50 ml reinen Alkohols aufweisen (Biener & Lang 1979).

## 6. Zusammenfassung und Diskussion

Alkohol und Drogen wirken direkt auf das Zentrale Nervensystem ein. Daneben beeinflußt aber auch die gelernte Erwartungshaltung, „wie ein Rausch ausfällt". Einige der beim Reisen möglicherweise auftretenden Gesundheitsprobleme treten unter Einfluß von Alkohol und Drogen erst in Erscheinung oder werden durch diese verschärft (z.B. Schwierigkeiten mit Jet lag, Akklimatisation, Vergiftungen, Hitzschlag).

Obwohl der Alkoholkonsum Reisender erhöht ist, liegen doch keine Anhaltspunkte vor, daß das Risiko, beim Reisen eine Sucht zu entwickeln, höher ist. Dieses Risiko kann einzig für Alleinreisende nicht ausgeschlossen werden, die sich über einen sehr langen Zeitraum in einem völlig fremden Kulturkreis aufhalten. Für diesen Personenkreis ist aber zu berücksichtigen, daß die leichte Verfügbarkeit von billigen Drogen bereits als Reisemotiv häufig eine Rolle spielt. Einige Touristenorte haben daher für diese Problemgäste Beratungs- und Behandlungsdienste eingerichtet.

Die Einnahme von Suchtmitteln kann v.a. bei Flugreisen bestimmte gesundheitliche Probleme mit sich bringen. Da der Konsum von Suchtmitteln beim Reisen durchaus üblich ist, sollte eine diesbezügliche Information durch das Reisebegleitpersonal in Erwägung gezogen werden. Zusammengefaßt können im wesentlichen folgende Schwierigkeiten auftreten:

– Medizinische Probleme wie Reiseübelkeit, hitzebedingte Beschwerden, Durchfall können sich durch Substanzmißbrauch zuspitzen;
– wenn der Reisende unter Einfluß von Alkohol-, Opiat- oder Beruhigungsmitteln steht, so ist seine Anpassung an Höhe, Klima und Zeitumstellung erschwert;
– Reisen ist ein Risikofaktor für Substanzmißbrauch, da es eine bestehende Suchtproblematik verschlimmern kann bzw. das Risiko für einen Rückfall in eine frühere Abhängigkeit erhöht;
– Suchtmittelkonsum erhöht die Unfallgefahr und kann zu juristischen Schwierigkeiten im Gastland führen;
– Suchtmittelkonsum bei Sexualkontakten (oder Nadeltausch) mit HIV- oder Hepatitis B-Infizierten erhöht die Infektionsgefahr, da Schutzmaßnahmen nicht getroffen werden.

Das Problemfeld Alkohol und Tourismus steht bislang noch nicht im Blickfeld der Öffentlichkeit. Weitere Forschungen zu diesem Thema wären wünschenswert.

## Literatur

Berger, L.J. & Westermeyer, J. (1977). 'World traveler' addicts in Asia: II. Comparison with 'stay at home' addicts. American Journal of Drug and Alcohol Abuse, 4, 495-503.

Biener, K. & Lang, W. (1979). Bereichsspezifischer Alkoholkonsum. (S. 32-33). In D. Maul (Hg.), Alkohol am Arbeitsplatz. Hamburg: Neuland Verlagsgesellschaft.

Finger, C. & Gayler, B. (1990). Animation im Urlaub. Starnberg: Studienkreis für Tourismus.

George, W.H. & Marlatt, G.A. (1983). Alcoholism. The evolution of a behavioral perspective. In M. Galanter, (ed.), Recent developments in alcoholism. New Haven: Hill House Press.

Hoadley, J.F., Fuchs, B.C. & Holder, H.D. (1984). The effect of alcohol beverage restrictions on consumption: A 25-year longitudinal analysis. American Journal of Drug and Alcohol Abuse, 10, 375-401.

Jokinen, E. & Vojola, S. (1988). Finnischer Alkoholrausch im Ausland. Drogalkohol, 12, 197-210.

Knab, B. (1989). Schlafstörungen. Stuttgart: Kohlhammer.

MacGregor, R.R. (1988). Alcohol and drugs as co-factors for AIDS. Advances in Alcohol & Substance Abuse, 7 (2), 47-71.

Lange, W.R. & McCune, B.A. (1989). Substance abuse in international travel. Advances in Alcohol & Substance Abuse, 8, 37-51.

Schneider, R. (1985). Suchtverhalten aus lerntheoretischer und verhaltenspsychologischer Sicht. (S. 48-65). In Deutsche Hauptstelle gegen die Suchtgefahren (Hg.), Süchtiges Verhalten. Grenzen und Grauzonen im Alltag. Hamm: Hoheneck.

Sieber, M. & Angst, J. (1981). Drogen-, Alkohol und Tabakkonsum. Bern: Huber.

Silverman, H.B. & Rusinko, W.T. (1988). COPY-IR – The Ocean City experience. Journal of Psychoactive Drugs, 20, 445-448.

Stall, R; (1988). The prevention of HIV infection associated with drug and alcohol use during sexual activity. Advances in Alcohol & Substance Abuse, 7 (2), 73-88.

Stall, R., McKusick, L., Wiley, J. et al. (1986). Alcohol and drug use during sexual activity and compliance wit safe sex guidelines for AIDS: The AIDS Behavioral Research Project. Health Education Quarterly, 13, 359-496.

Walker, E. & Williams, G. (1983). Preventing illness while abroad. British Medical Journal, 286, 960-963.

Westermeyer, J. & Berger, L.J. (1977). 'World traveler' addicts in Asia: I. Demographic and clinical description. American Journal of Drug and Alcohol Abuse, 4, 479-493.

**Johanna Sauter, München**

# Animation im Urlaub

## 1. Zur Begriffsbestimmung und Geschichte der Animation

„Animation" ist heute Bestandteil der deutschen Umgangssprache. Rehabilitationstherapeuten bedienen sich des Begriffes genauso wie Architekten, Designer, Werbefachleute oder Theaterproduzenten; Ausdrücke wie Museums-Animation oder animative Didaktik sind durchaus gebräuchlich. Bereits 1974 schrieb Friedrich A. Wagner in der F.A.Z., „Ein Wort geht durch die Ferienwelt", und mittlerweile finden sich auch in Nachschlagewerken Einträge dazu (s. z.B. Brockhaus-Enzyklopädie 1986, 19. Aufl., Bd. 1, S. 591). Darüber hinaus finden wir den Begriff Animation und die davon abgeleiteten Formen inzwischen auch im gesamten europäischen Sprachraum und in fast allen Ländern rund um das Mittelmeer, in allen jenen Regionen also, in denen der Tourismus zum Wirtschaftsfaktor geworden ist.

Animation in Freizeit und Urlaub ist ein selbständiger Teilbereich der *sozio-kulturellen Animation*, wie sie als Begriff durch den Europarat geprägt wurde: „Animation [...] bezeichnet eine Handlungskompetenz der nicht-direkten Motivierung, Anregung und Förderung in offenen Situationsfeldern. [Sie] ermöglicht Kommunikation, setzt Kreativität frei, fördert die Gruppenbildung und erleichtert die Teilnahme am kulturellen Leben." (Opaschowski 1979, S. 47)

*Frühe Ansätze.* Die Geschichte der Animation ist geprägt durch die Entwicklung der sozialen Gruppenarbeit im Frankreich der 30er Jahre: In Jugendorganisationen entstand damals eine Vorstellung von der Bedeutung der Partizipation der Jugendlichen im Sozial- und Freizeit-Bereich. Eng damit verbunden ist die Entstehung der „Häuser der Jugend und Kultur" in den 40er Jahren. Daraus entwickelte sich bald nach dem zweiten Weltkrieg eine staatlich geförderte und staatlich anerkannte, qualifizierte Ausbildung zum „Animateur" (vgl. Opaschowski 1979). Es war naheliegend, dieses Gedankengut der partizipativen Animation auf den Freizeit- und Urlaubsbereich zu übertragen: Pioniere waren Gérard Blitz und Gilbert Trigano, die 1949 den Club Méditerranée gründeten. Parallel dazu entstanden in den 50er Jahren die französischen Familien-Feriendörfer, die von Beginn an Animationsprogramme in ihre Angebote integriert hatten. Im deutschen Sprachraum wurde Animation etwa um 1970 eingeführt (durch den Aufbau der deutschen Ferienclubs wie „Robinson Club" oder „Club Aldiana") und fand darüber hinaus Eingang in die „normale" Ferienhotellerie in allen Urlaubsländern Mittel- und Südeuropas (→ *Cluburlaub*).

Trotz unterschiedlicher Ziele ist allen Animationskonzepten gemeinsam, daß sie als Ansatz offene Situationsfelder (insbesondere im Freizeit- und Urlaubsbereich) wählen, daß sie den Menschen die Anonymität der Umgebung nehmen, ihnen Mut machen, Kommunikationsbarrieren, Kontaktschwellen und Hemmungen zu überwinden und ihnen (im Idealfall) ein Gefühl emotionaler Geborgenheit und sozialer Sicherheit geben wollen.

*Touristische Urlaubsanimation vs. soziokulturelle Animation.* Freizeitkulturelle Breitenarbeit geht davon aus, daß sich bei immer mehr Menschen das Bedürfnis nach neuen

Formen der Kommunikation in der Freizeit verstärkt. Die Ursachen hierfür sind hauptsächlich in der kommunikationsarmen Arbeitswelt und in den kontaktfeindlichen Wohnstrukturen einer verdichteten Gesellschaft zu suchen, in der die Menschen die meisten ihrer natürlichen Begegnungsstätten verloren haben. Bisherige Stätten sozialer Kontakte, z.B. in der Drei-Generationen-Familie, im und vor dem Haus in der städtischen Umwelt, im Hof auf dem Lande, auf dem Dorfplatz, am Ausgang der Kirche, auf dem Markt, in der Kneipe, im Café und im Tante-Emma-Laden gibt es in den Neubaugebieten und Satellitenstädten kaum oder gar nicht mehr (Opaschowski 1979).

Wegen dieser gesellschaftlichen Entwicklungen wird die *Freizeit- und Urlaubs-Animation* meist als eingebettet in den Gesamtrahmen der sozio-kulturellen Animation betrachtet. Allerdings gibt es auch kritische Stimmen, die behaupten, die Urlaubsanimation werde aus dem freizeit-kulturellen Methodenverbund herausgelöst und verselbständigt (Opaschowski 1979). In erster Linie aus methodischen und systematischen Gründen wird Urlaubsanimation jedoch weiterhin als eigenständiger Bereich aufgefaßt. Die ihr eigenen Begrenzungen (zeitgebundene Aktionen, zeitlich limitiert, auf die Urlaubszeit beschränkt) ändern nichts an ihrer Zugehörigkeit zur sozio-kulturellen Animation: in ihrem Gesamtzusammenhang muß sie langfristig gesehen werden, da sie über Freizeit und Urlaub hinauswirkende gesellschaftliche Ziele beinhaltet. Die Entwicklung seit den 70er Jahren hat diese Überzeugung eher verstärkt: Animation ist kein Privileg exklusiver Ferienclubs mehr, sondern eine Form sozialkommunikativer Dienstleistung im Bereich der Ferienhotellerie und der Fremdenverkehrswirtschaft, eingebettet in den Gesamtrahmen unserer Gesellschaft und ihrer gesellschaftlich-ökonomischen Trends (Freizeit – kultureller Lebensstil, Tourismus).

## 2. Pädagogische Grundlagen: Die „Handlungskompetenz" der sozio-kulturellen Animation

*Das Prinzip Motivation.* Wesentlich an der Animation ist eine neue Form von Handlungskompetenz, „daß sie sich anderer als nur verbaler Mittel bedient, daß sie außer den intellektuellen auch den emotionalen und sozial-kommunikativen Bereich anspricht und selbst [...] dort noch wirksam ist, wo menschliche Sprache versagt (z.B. im Freizeit-, Beschäftigungs- und sozialtherapeutischen Bereich)" (Opaschowski 1979, S. 47).

Dabei bezieht man sich auf pädagogische Prinzipien, die Giesecke (1989, S. 48f) aufgestellt hat. Giesecke geht von der Vorstellung der „Intervention" aus und beschreibt sie als „Lernhilfe"; er unterscheidet fünf Grundformen des Lernhilfe-Handelns, 1. Unterrichten; 2. Informieren; 3. Beraten; 4. Arrangieren und 5. Animieren. Das letzte meint, die in einer gegebenen Situation vorhandenen Lernmöglichkeiten auch zu initiieren und Lernprozesse wieder in Gang bringen zu können. Der Begriff schließt also auch das ein, was gemeinhin „Motivieren" genannt wird.

*Die Prinzipien Lernen vs. Unterhaltung.* Der Begriff der Animation wird freilich nicht nur im pädagogischen Sinne einer bestimmten Lernhilfe, sondern auch im Sinne der Unterhaltung benutzt. Nach allgemeiner Überzeugung bedeutet Unterhaltung gerade, daß man nichts lernen will, sondern der lustvollen Erfüllung des Augenblicks verhaftet sein möchte. Das schließt nicht aus, daß man trotzdem etwas lernt, wenn man sich unterhalten läßt, mit dem Nachteil, daß dieses Lernen nicht planmäßig kalkulierbar ist. Unterhaltung meint immer eine „gesellige" Form, also die Situation des sozialen Miteinanders. Möglichkeiten der Geselligkeit kann man arrangieren. In Anlehnung an Giesecke wird daher gefordert, daß der Pädagoge (und damit der Animateur) in der Freizeit immer auch gesellig handeln können muß.

## 3. Animation im Urlaub

Der Tourismus hat seit den 60er Jahren große Veränderungen aufzuweisen: Erhöhung der Reiseintensität der Bevölkerung (vgl. Dundler 1989); Vermehrung der Gästezahlen; Vergrößerung der Unterkunftskapazitäten (Großhotels, Ferienzentren); Einführung neuer Unterkunftsarten (Feriendörfer, Clubs); hoher Rationalisierungsgrad und weniger Personal; die Einführung neuer Organisationsformen (Apartment-Hotels, Time-sharing); Wandlung des sozialen Kontaktes zwischen (→) „Gast" und „Gastgeber" hin zu unpersönlicheren Formen, und die Verschlechterung der (zahlenmäßigen) Relation zwischen Urlaubern und Einheimischen.

Ein Ergebnis dieser Veränderungen ist, daß die Freizeit- und Urlaubssituation heute bei vielen Menschen widersprüchlich erlebt wird: Einerseits gibt es Defizite im sozialkommunikativen Bereich, woraus sich das in den *vorliegenden Reiseanalysen (→ Repräsentative Reiseuntersuchungen)* belegte ausgeprägte Bedürfnis nach Sozialkontakten („Mit netten, neuen Leuten zusammen sein"), nach Abwechslung und Erlebnis erklärt. Andererseits hat man bei den Urlaubern immer wieder Hemmung oder Unfähigkeiten zu konstatieren, diese Bedürfnisse selbst zu verwirklichen. Die Diskrepanz zwischen Wunsch und tatsächlichem Verhalten ist allenthalben im Urlaubsmilieu zu beobachten. Ein Grund dafür ist darin zu sehen, daß die Menschen in einer medienorientierten und medien-abhängigen „außengeleiteten" (sensu Riesman) Gesellschaft auf permanente Impulse von außen angewiesen sind. Das gilt für die Arbeitswelt, noch mehr für Konsum und Freizeit und besonders für den Urlaub; hier warten viele Menschen (Urlauber) geradezu auf Anregungen von außen.

Die gesellschaftliche Entwicklung verlangt im Freizeitbereich nach einer zusätzlichen Angebotskomponente, einer „sozial-kommunikativen Dienstleistung der Anregung". Die Situation macht auf seiten der Dienstleistungsanbieter eine neue Gast-Orientierung und einen neuen Typus von Mitarbeitern nötig, damit Menschen leichter miteinander ins Gespräch kommen können. Diese Dienstleistung wird mit dem Begriff Animation beschrieben: Animation ist Anregung zum gemeinsamen Tun. Aus den Elementen obiger Definition ergeben sich folgende Aussagen:

*Anregung.* Animation ist ein aktiver Vorgang der Anregung, Ermunterung, Ermutigung und freundlichen Aufforderung. Animation ist also mehr als Information, ist mehr als Angebot, ist mehr als die Zur-Verfügung-Stellung von Infrastruktur. Aus diesem Verständnis heraus kann der Vorgang der Anregung, der Initiative, der Aufforderung nur von Personen ausgehen.

*Gemeinsam(es Handeln).* Animation ist immer nur innerhalb Gruppen von Menschen vorstellbar. Die Interaktion ist der Kern der Animation, die aktive Teilnahme an der gemeinsamen Aktion ihre eigentliche Wesensart. Hier wird auch im Ansatz deutlich, wie weit Animation von Entertainment und bloßer Unterhaltung entfernt ist.

*Tun.* Animation fordert stets zu einer aktiven Handlung auf im Gegensatz zum passiven Konsum oder dem nach innen gerichteten Erleben. Daraus folgt, daß sich die Inhalte der Animation unter allen Umständen an den Bedürfnissen der Urlaubsgäste zu orientieren haben.

## 4. Bereiche und Tendenzen der Urlaubsanimation

Animation im Urlaub erstreckt sich auf alle denkbaren Bereiche der Urlaubsgestaltung, die sich vielfach überlagern. Dazu gehören vor allem: Geselligkeit – Bewegung – Bildung, Entdecken und Erleben – Kreatives Tun – Abenteuer – Ruhe und Besinnung („zu sich selbst finden") – Spiel – Erlebnis (vgl. Abb. 1).

Kann in diesen Bereichen eine Urlaubsanimation realisiert werden, dann kommt es zu positiven sozio-emotiven Wirkungen und gleichermaßen positiven wirtschaftlichen Folgen: (a) Der Gast erlebt einen insgesamt bes-

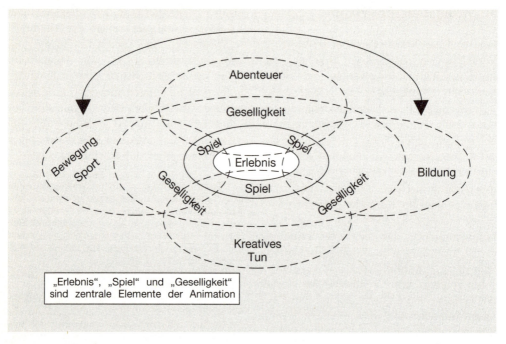

Abb. 1: Bereiche der Animation

seren, erfüllteren Urlaub, weil er mehr Erlebnis, Spaß, Abwechslung, Kontakt findet, kurz: zufriedener ist. Daher erhöht sich seine Bereitschaft, wiederzukommen und Stammgast zu werden. (b) Die Tourismusanbieter verzeichnen bessere Nebenumsätze (Bar, Restaurant) und können mittelfristig bessere Logis- und Arrangement-Preise durchsetzen, weil Gäste für gute Leistung auch bereit sind, höhere Preise zu bezahlen. Positiv wirkt sich auch die Mundpropaganda und der Image-Transfer ( → *Touristische Images*) aus.

Für die weitere Entwicklung der Urlaubsanimation lassen sich zwei Strömungen erkennen:

(a) *Clubanimation.* Die Betonung eines qualitativ hochwertigen Sportangebotes, von „Entertainment" und „Show" (wobei der Gast aber nicht im ursprünglichen Sinne der Animation mit einbezogen wird). Auffächerung des Clubprodukts und Differenzierung der Angebote nach Interessen- und Zielgruppen (z.B. Kinder, Jugendliche und Familien).

(b) *Animative Gästebetreuung.* Akzentuierung eines partizipatives Systems von Gästeprogrammen, das von einer großen Zahl der Mitarbeiter, ergänzend zu ihrer normalen Servicefunktion, getragen wird. Hier entwickelt sich eine konzeptionelle Variante der Animation, die in Form eines „Netzwerkes" (vgl. Abb. 2) besonders für die kleinstrukturierte, eher mittelständische Ferienhotellerie eine ganze Reihe von erheblichen Vorteilen bietet.

Die „partizipative" Arbeitsweise bezieht den Gast, aber auch den Mitarbeiter mit seinen Hobbies und Interessen, den Unternehmer selbst als „Gastgeber" und nicht zuletzt die Einheimischen, deren Kultur, Geschichte, Tradition, aber auch Natur und Umwelt, also das gesamte „Umfeld" des Urlaubers in die Animations-

# Animation im Urlaub

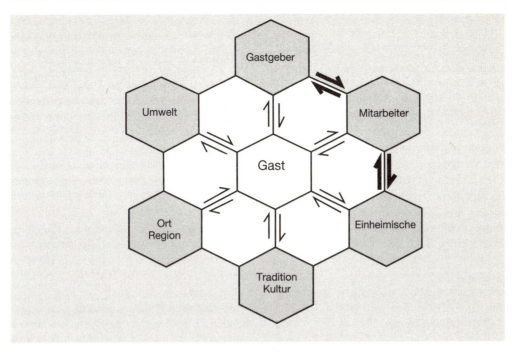

Abb. 2: Das „Netzwerk" der partizipativen, partnerschaftlichen Animation

angebote ein. Damit ändert sich das „Beziehungsgeflecht" zwischen allen Beteiligten: Der Gast erhält Anregungen und Impulse von den partnerschaftlichen agierenden Mitarbeitern: sie sind keine „Diener" mehr, sondern Partner. Er erfährt mehr und anderes über seinen Urlaubsort, die Umgebung, das „Umfeld". Er erlebt mehr und anderes, gemeinsam mit anderen Gästen, sein Urlaub wird erfüllter.

Die Mitarbeiter verwenden einen Teil ihrer Arbeitszeit, um ihre eigenen Interessen und Initiativen an den Gast weiterzugeben. Ihre Beziehung zum Gast ist nicht mehr nur durch ihre Servicefunktion geprägt: die Arbeit für und mit dem Gast wird qualitativ besser, dadurch attraktiver; Arbeitsqualität und Lebensqualität erhöhen sich.

Der Unternehmer kann seinen Gästen eine viel breitere Palette von (animativen) Angeboten machen, er selbst wird in seiner Gastgeberfunktion entlastet; seine Mitarbeiter sind im Idealfall motiviert, haben mehr und andere Erfolgserlebnisse; die Fluktuationsrate wird geringer. Voraussetzung allerdings ist die partnerschaftliche Mitarbeiterführung. Dieses Modell enthält allerdings auch Risiken: mehr Vertrauen für die Mitarbeiter bedeutet das Risiko des Mißbrauches und des nicht adäquaten Verhaltens; mehr und bessere Personalführung kann Konkurrenzneid innerhalb des Betriebes bedeuten, u.a.m.

## 5. Berufsbezogene Aspekte des Animateurs/der Animateurin

Beim Animateur handelt es sich nicht immer, aber meist um einen zusätzlichen Mitarbeiter. Es kann auch ein bereits vorhandener, geeigneter, motivierter und gastorientierter Mitarbeiter (haupt-, nebenberuflich, ehrenamtlich) sein: Ein Hoteldirektor genauso wie eine Rezeptionistin, eine Sekretärin des Verkehrsbüros oder ein pensionierter Förster, eine Hobbygärtnerin oder ein Kneipenwirt. Da Animation als in sich geschlossenes, eigenständiges Arbeitsgebiet definiert wird, hat dies konsequenterweise Auswirkungen auf die personellen Anforderungen und das sich langsam entwickelnde Berufsbild (Anforderungsprofil) des Animateurs.

*Berufsbild.* Die Tatsache, daß sich bei dem jungen Beruf des Animateurs/der Animateurin bislang kein festes Berufsbild entwickelt hat, liegt nicht zuletzt darin begründet, daß die bekannt hohe Fluktuation im Urlaubs- und Tourismusbereich bei vielen die Vorstellung einer lebenslangen Tätigkeit im Bereich der Animation nicht zuläßt. Für die künftige Entwicklung werden darüber hinaus noch weitere Berufsfelder Kontakt mit dem Freizeitbereich bekommen bzw. in den Freizeitbereich hinein und also in der Animation tätig werden. Die Vielzahl dieser Berufsfelder deutet an, welch starke Dynamik von dem gesamten Bereich der Animation im Urlaub im weitesten Sinne in Zukunft zu erwarten ist:

– *Dienstleistungsberufe* (Berufe des Gastgewerbes, des Tourismus, des Verkehrsgewerbes; Werbe- und Marketingfachleute, Medienfachleute u. a. m.);
– *Berufe in kulturellen Einrichtungen und der Kulturarbeit* (Theaterfachleute, Künstler, Museumsfachleute, Musiker, Erwachsenenbilder, Archäologen usw.);
– Berufe der *Raumplanung,* Landschaftspflege, Stadtplanung und Ökologie (Raumplaner, Ökologen, Landschaftsarchitekten, Landwirte, Förster, Botaniker, Zoologen, Vogelkundler, Naturschutzbeauftragte, Stadtplaner, Stadtentwicklungsplaner, Geographen).

## 6. Psychische und soziale Belastungen

Beschäftigte im Tourismus arbeiten in der Freizeit anderer. Was für die Urlauber Service, Unterhaltung oder Vergnügen ist, bedeutet für sie Arbeit. Problematisch ist v. a. die besondere soziale Situation des Animateurs (vergleichbar mit der des Reiseleiters):

(a) *Stress.* Der Animateur lebt und arbeitet immer in „seinem" Ferienhotel/Ort. Sein „Arbeitsplatz" ist der Urlaub der Gäste. Für die Gäste hat er immer im Dienst zu sein, u.U. bis zu 14 Stunden am Tag. Damit unterliegt er einem vom Üblichen abweichenden Zeitrhythmus, der familiäre und soziale Kontakte stark einschränkt (→ *Streß*).

(b) *Besondere soziale Isolation.* Die Beschränkung auf die künstliche, „Ghetto"-Situation des Hotels, eine hohe, nicht immer freiwillige Mobilität (ein im Ausland liegendes Einsatzgebiet, eine sich ohne Unterbrechung über Monate hinziehende Tätigkeit), der unverbindlich-fluktuierende Wechsel der zu betreuenden Gäste, u.a.m. verhindern oft dauerhafte Kontakte und Partnerbeziehungen.

Ein besonderes Faktum ist der kontinuierliche Wechsel der Gäste, der keine weitergehenden persönlichen Beziehungen erlaubt; im Gegenteil, die Angst vor den sich stetig wiederholenden Verlusterlebnissen bei der Abreise macht vielen Animateuren so stark zu schaffen, daß sie sich den Gästen als Person gar nicht erst nähern oder gar öffnen. Ironischerweise entsteht so gerade bei den Menschen, die für Kommunikation unter ihren Gästen sorgen sollen, ein erhebliches eigenes Kommunikationsdefizit, eine gefährliche Form der Vereinsamung.

(c) *Ansprüche an quasi psychotherapeutische Dienstleistungen.* Animateure und Animateurinnen werden nicht selten in eine „totale Rolle" gedrängt und als Erfüllungsgehilfen unrealistischer Glückserwartungen betrachtet. Die Gefahr, daß der Animateur hinter seiner äußerlich freundlichen Maske dabei in Zynismus abgleitet, „desensibilisiert wird", ist erheblich.

(d) *Zusätzliche Stressoren ökonomisch-juristischer Art.* In der größten Zahl der Fälle ist der Club- oder Hotel-Animateur Angestellter eines ausländischen Dienstleistungsunternehmens und damit „Gastarbeiter": Er hat nicht nur das soziale Umfeld seiner Heimat, seines Wohnortes, seiner Familie, seines Freundeskreises verloren, sondern befindet sich auch in einer arbeitsrechtlich und sozial – verglichen mit den Verhältnissen in der Bundesrepublik – wesentlich schlechteren und unsichereren Situation. Das beginnt mit der Krankenversicherung und der medizinischen Versorgung im Einsatzgebiet und endet bei unzureichender oder fehlender Altersversorgung; von Arbeitslosenversicherung und dergleichen gar nicht zu sprechen. Auch dies bedingt oder verschärft die schon beschriebenen psychosozialen Probleme. Die Effekte sind vielfach zu beobachten:

Alle diese beruflichen Belastungen und Frustrationen, die Phasen konstanten (→) *Stresses,* können entweder zur Aufgabe des Berufes oder zu einem „Rückzug", zu einer inneren Abkapselung und Vereinsamung führen, was bei labilen Charakteren in ernsten psychischen Gefährdungen, also Depressionen oder sogar schweren Psychosen, resultieren mag. Hier liegt einer der Gründe für die hohe Fluktuation im Animationsbereich. In der heutigen Tourismusbranche werden die psychohygienischen Probleme der Animateure (ähnliches gilt übrigens für den Reiseleiter) von den Verantwortlichen noch weitestgehend unterschätzt. Auch diese Auswirkungen der sozialen Situation führen bei vielen Animateuren zu gefährlichen psychischen Spannungen, schließlich zum Scheitern an der Aufgabe und zur Abwendung von diesem Berufsfeld.

*Psychohygiene und Coping.* Dabei ist es denkbar, daß unter den richtigen Voraussetzungen Animation, also die lebendige Betreuung von Urlaubsgästen, durchaus ein attraktiver, zufriedenstellender Lebensberuf sein kann, wenn der Animateur in der Lage ist oder in die Lage versetzt wird, mit den spezifischen psychosozialen Problemen seines Berufes fertig zu werden *(coping).* Der Zwang der Präsenz muß seinen Ausgleich finden in einer verbindlichen täglichen Zeit für sich selbst, eine Zeit des Abschaltens und der Selbstfindung. In Teamarbeit lassen sich Organisations- und Arbeitsformen finden, die einerseits den Gast zufrieden stellen, auf der anderen Seite aber Freiräume schaffen, um den schnellen Verschleiß an gutem Willen, Kraft und Engagement der Animateure zu vermeiden. Freundlichkeit kostet Kraft und wer sie nicht schöpfen kann, kann nicht freundlich sein.

## Literatur

Animation im Urlaub (1975). Tagungsbericht. Starnberg: Studienkreis für Tourismus.
Dundler, F. (1989). Urlaubsreisen 1954-1988. Starnberg: Studienkreis für Tourismus.
Finger, C. & Gayler, B. (1990). Animation im Urlaub, Studie für Planer und Praktiker, 2. überarb. Aufl. Starnberg: Studienkreis für Tourismus.
Gayler, B. (1984). Probleme der Urlaubs-Animation. Animateure sind auch nur Menschen. Animation, März/April.
Giesecke, H. (1989). Animation als pädagogische Handlungsform. In R. v.d. Horst & G. Wegener-Spöhring (Hg.), Begegnungen. Erstes Göttinger Symposium „Neues Lernen für Spiel und Freizeit". Ravensburg: O. Maier.
Krippendorf, J.; Kramer, B. & Müller, H. (1986). Freizeit und Tourismus. Eine Einführung in Theorie und Politik. Berner Studien zum Fremdenverkehr, Heft 22. Bern: Forschungsinstitut für Fremdenverkehr der Universität Bern.
Müller, L. & Weichler, K. (1990). Arbeitsfeld Freizeit. Der Schlüssel zu den animativen Berufen. Reinbek: Rowohlt.
Nahrstedt, W. (1984). Handlungskompetenz der Freizeitpädagogik. In W. Nahrstedt, Freizeit und Pädagogik, Aufsätze 1971-1982. Bielefeld: Institut für Freizeitwissenschaft und Kulturarbeit (IFKA).
Opaschowski, H. (1979). Einführung in die freizeitkulturelle Breitenarbeit. Methoden und Modelle der Animation. Bad Heilbrunn/Obb.: Klinkhardt.
Opaschowski, H. (1981). Methoden der Animation. Praxisbeispiele. Bad Heilbrunn/Obb.: Klinkhardt.
Reiseanalysen 1988-1991 des Studienkreises für Tourismus. Starnberg: Studienkreis für Tourismus.

Wagner, F.A. (1974). Ein Wort geht durch die Ferienwelt. Frankfurter Allgemeine Zeitung, 16. Mai 1974.
Zoll, A. (Hg.) (1993). Praxis-Handbuch für die Gästebetreuung und Animation. Petersberg: Deutsches Institut für Freizeitberatung und Animation.

**Claus Finger, Heusenstamm**

# Langfristige Erholung

## 1. Begriff Erholung

Die Wissenschaften haben sich bisher zuwenig mit Fragen der (längerfristigen) Erholung beschäftigt. Das betrifft sowohl Fragen der begrifflichen Konzeption als auch der Methodologie (Operationalisierung). Es ist unklar, wer warum erholungsbedürftig ist, welche Arten der Erholung wann „indiziert" sind und welche Erholungseffekte erwartet werden können. Schon der alltagssprachliche Begriff der Erholung ist nicht eindeutig bestimmt. Seine Verwendung in der wissenschaftlichen Diskussion kann deswegen verwirrend sein. Wann jemand „erholt" ist, ist mindestens ebenso schwer zu definieren wie der Zustand der „Gesundheit". Über die möglichen Beiträge von „Erholung" zur Gesundheit bzw. zur Lebensqualität sind zur Zeit kaum gesicherte Aussagen möglich. Das gilt in besonderem Maße für die verbreitete Form der Erholung auf Urlaubsreisen, aber auch für andere relativ langfristige Erholungsprozesse (z.B. Kuraufenthalte).

Die Verknüpfung von Urlaub(-sreisen) und Erholung ist ein soziales Stereotyp. Sie erscheint zwar als unmittelbar einleuchtend, es bleibt aber unklar, was mit Erholung eigentlich gemeint ist (Mundt & Lohmann 1988). Die Verknüpfung von Kur und Erholung erscheint ebenso einleuchtend, ist aber ebenfalls nur unzureichend untersucht. Dies ist besonders bedauerlich, da bei einer Kur neben den spezifischen Heil- bzw. Präventionseffekten (meist wohl in Bezug auf manifeste somatische oder psychosomatische Leiden) ja in vielen Fällen auch unspezifische Erholungseffekte zu vermuten und erwünscht sind (→ *Kurwesen*).

Bei aller Unklarheit kann auf den Begriff der Erholung in der soziologischen, psychologischen und medizinischen Forschung allerdings nicht verzichtet werden. „Erholung" muß als hypothetisches Konstrukt aufgepaßt werden, das einer Operationalisierung bedarf.

## 2. Erholung und Verreisen

Die heilende und erholsame Funktion von Quellen und Bädern war bereits im Altertum bekannt (Casson 1974). Besonders die Römer richteten zahlreiche Badeorte in ganz Europa ein. Schon hier diente das Gesundheits- und Erholungsmotiv wie später bei der eleganten Badereise des 18. Jahrhunderts vielen als Vorwand für Vergnügungen verschiedenster Art. Vollständig ausgeschlossen ist dieser Aspekt natürlich auch für die heutige Kur nicht. Aber die „Wiederentdeckung" der Bäderreise im 18. Jahrhundert ist auch motiviert durch die Ergebnisse einer naturwissenschaftlichen Medizin. So gesehen begann die (medizinische) Erholungsforschung bereits im 18. Jahrhundert, blieb allerdings auf den Kur- und Bäderbereich beschränkt, nicht zuletzt auch deshalb, weil Freizeit, Erholung und (Urlaubs-)Reisen noch kaum eine Rolle spielten.

Urlaub und Erholung sind eine Erfindung des späten 19. und frühen 20. Jahrhunderts. Erst mit der Industrialisierung und der rigiden Trennung von (langer) Arbeitszeit und (sehr kurzer) Freizeit wird Erholung zu einem artikulierten Bedürfnis. Die Taylorisierung der Arbeitswelt verlangt darüber hinaus nach verläßlichen technischen Beschreibungen der Arbeitskomponente „Mensch", um ihren Einsatz zu optimieren. Dies führt Anfang des 20. Jahrhunderts zur Etablierung der Arbeitswissenschaften (Ergonomie, Arbeitsphysiologie, Arbeitspsychologie), die den Menschen und seine Leistungsfähigkeit unter verschiedenen Bedingungen vermessen. Wichtige Themen sind dabei die Ermüdung und die Ermittlung von Erholungszeiten. Allerdings beschränken sich diese Untersuchungen in der Regel bis heute auf kurzfristige Erholung (Grandjean 1979) und lassen längere Erholungszeiten wie den Urlaub unberücksichtigt. Zudem sind sie vielfach ganz „von der Arbeit her gedacht", sie thematisieren Erholung nur unter dem Blickwinkel einer optimierten Arbeitsleistung (Graf 1927; Lohmann 1986).

## 3. Langfristige Erholung: Ein Modell und ein Tabu

Die Begründung der Verknüpfung von Urlaub und Erholung folgt bislang meist einem *„Modell der schiefen Ebene"*, nach dem die tägliche Erholungszeit nicht ausreicht, um die Auswirkung der Anforderungen und Beanspruchungen auf den Menschen vollständig zu kompensieren. So argumentierte bereits 1924 der Arzt Karl Behm: Jeden Tag bleibt ein Rest von Ermüdung in uns hängen, der sich nach einer gewissen Zeit zur Erholungsreife aufaddiert und nur durch einen Urlaub wieder rückgängig gemacht werden kann. Auch Hittmair (1962) folgt im Grunde diesem Modell, wenn er Erholung definiert als „die durch etwa ein halbes Jahr anhaltende Wiederherstellung normaler Reaktionsabläufe aus dem Zustand der Abspannung".

Erste Ansätze einer eigentlichen Urlaubs- und Erholungsforschung gibt es erst ab Anfang der sechziger Jahre mit dem von Hittmair über den Studienkreis für Tourismus angeregten *Experiment von Trins* (Mundt & Lohmann 1988, S. 69ff.). Die Notwendigkeit eines zumindest jährlichen Urlaubs ist entweder so sinnfällig, daß sie keinerlei weiterer Begründung mehr bedarf, oder aber Urlaub ist eine Art „sozialer Besitzstand" geworden, der jenseits aller möglichen Begründungen über notwendige Erholung seine Legitimation in sich selbst findet. Dafür spricht, daß kurzfristige Pausen- und Erholungszeiten im Produktionsablauf seit Jahrzehnten Gegenstand ausführlicher Forschungen sind, während Analysen langfristiger Erholung auch nach dem als Pilotstudie angelegten Experiment von Trins noch immer fehlen.

Der Einfluß gesellschaftlichen Wandels auf Urlaub und Erholung zeigt sich am deutlichsten in der Entwicklung der Arbeits- und Urlaubszeitregelungen seit Anfang dieses Jahrhunderts. Obwohl die durchschnittliche wöchentliche Arbeitszeit seither deutlich gesunken ist, die täglichen Erholungszeiten also angestiegen sind, hat sich in Deutschland die Dauer des tarifvertraglich abgesicherten Urlaubs mehr als verzehnfacht. Geht man von der oben skizzierten „Theorie der schiefen Ebene" aus, müßte mit der Verkürzung der Wochenarbeitszeit aber eigentlich die Notwendigkeit einer Langzeiterholung für breite Bevölkerungskreise wegfallen. Es gibt also nicht so etwas wie einen „natürlichen" Erholungsbedarf i.S. von Urlaub. Sondern das, was als notwendig anerkannt wird, ist das Produkt gesellschaftlicher Rahmenbedingungen, Interpretationen und Vereinbarungen. Urlaub und Erholung können deswegen sinnvoll nur untersucht werden, wenn man auch diese Rahmenbedingungen und ihre Veränderbarkeit berücksichtigt.

## 4. Schritte zur Klärung: Ein Forschungsansatz

Erholung wird in den weitaus meisten Untersuchungen nur negativ definiert: als Zeit, in der nicht gearbeitet wird (zur komplexen Definition von Arbeit vgl. Frieling 1975). Die wichtigsten einzubeziehenden Faktoren sind die folgenden:

a) Erholung kann sinnvoll nur definiert werden über die Analyse *vorausgegangener Anforderungen und Beanspruchungen*. Daher kommt es zunächst darauf an, langfristige Belastungen und ihre Auswirkungen auf Physis und Psyche zu erfassen. In einem zweiten Schritt ist zu prüfen, welche Umweltbedingungen (z.B. Klima, Landschaft, Kleingruppen), Tätigkeiten, Kurdauer und -häufigkeit etc. für welche Patienten- bzw. Urlaubergruppen erholsam sind.

b) *Erholungsbedürftigkeit* im Sinne von „urlaubsreif sein" läßt sich wahrscheinlich nicht zu einem Zeitpunkt messen, sondern zeigt sich eher in über längere Zeiträume verteilten Mustern von Unlust, psychischer Sättigung, Leistungsabfall und *physiologischen* Indikatoren.

c) Wie bei der Ermittlung von Anforderungen und Beanspruchungen auch, sind Erholungsbedürftigkeit und Erholung nicht allein physiologisch zu messen und zu erklären. Es handelt sich um *soziopsychische* Phänomene, die durch gesellschaftliche Entwicklungen, Ansprüche und persönlichkeitsspezifische Merkmale. u.U. auch durch interkulturelle Faktoren, beeinflußt werden.

d) *Erholungsforschung* kann nur *interdisziplinär* angelegt sein. Sie muß in differenzierter Weise die verschiedenen Muster von Ausgangslagen erfassen, um den Einfluß unterschiedlicher Urlaubs- und Erholungsformen darauf zu untersuchen. Das bedeutet freilich nicht, daß forschungspraktisch ein schrittweises Vorgehen aussichtslos ist, bei dem versucht wird, einzelne Bedingungen und Wirkungskomponenten isoliert zu betrachten.

e) Untersuchungen über die Wirkungen von Kur und Urlaub auf Erholung sollten als *Längsschnitt* angelegt sein, um die postulierten langen Wellen zwischen „Erholungsbedürftigkeit" und „erholt sein", welche die kurzzeitige Rhythmik der täglichen Ermüdung und Erholung überlagern, überhaupt messen zu können.

f) Für die Erforschung von Urlaub und Erholung wäre ein Rückgriff auf das Konzept *psychischer Sättigung* (Lewin 1928; Hacker & Richter 1980) zweckmäßig. Das Reisen im Urlaub ist gleichbedeutend mit einer temporären Entfernung aus dem Alltag, die primär durch psychische Sättigung mit den täglichen Anforderungen motiviert ist. Es ist analog dem „aus dem Felde gehen" in den arbeitspsychologischen Experimenten. So gesehen ist allein schon das Verreisen an einen anderen Ort als erholsam anzusehen.

Dabei können wir probeweise annehmen, daß die Sättigung dazu führt, daß die emotionalen Anforderungen und Beanstandungen nicht mehr akzeptiert (ertragen) werden können. „Erholung" könnte dann im wiedergefundenen Gefühl der Kontrolle bestehen. Braun (1993) stellt ähnliche Überlegungen an, allerdings eher unter einem differentialpsychologischen Ansatz. Das Gefühl wieder erlangter Kontrolle kann natürlich auch ein „Beiwerk" des Erholt-Seins sein. Die Verknüpfung von Erholung mit Kontrolle und daraus folgender Kompetenz entspricht auch einem älteren Begriffsverständnis, bei dem Erholung als (erteilter) Rat aufgefaßt wurde (Mundt & Lohmann 1988, S. 7).

g) Forschungsmethodisch ist es wohl zweckmäßig, „Kur" oder „Urlaub" als eine „Therapie" mit dem Ziel der Erholung anzusehen und von den in der Therapieforschung bereits gefundenen methodologischen Lösungen Gebrauch zu machen. Inhaltlich freilich erscheint eine solche Sicht verkürzt, sie läßt z.B. das Potential zur Persönlichkeitsentwicklung, das in diesen „Interventionen" steckt, u.U. außer acht.

Ein Entwurf für eine Erforschung langfristiger Erholung müßte folgende Bereiche und ihre verschiedenen Aspekte berücksichtigen: Erholungsbedürftigkeit, Erholungsgestaltung, Erholungsziele, Erholungseffekte.

Im einzelnen verbergen sich dahinter:
a) *Erholungsbedürftigkeit:* Arbeitsbelastung, Streß, Ermüdung (zentral, peripher), Monotonie, Sättigung, Vigilanz, Krankheit (auch psychosomatische) und Genesung, Angst, Persönlichkeit, Handlungsstrategien, Indikatoren (biochemisch: Katecholamine, Prolactin, (psycho-)physiologisch: EEG, Reflexschwellen, psychisch: Konzentration, Wohlbefinden), Modell der schiefen Ebene, gesellschaftliche Einflüsse, Änderungen des Arbeitslebens);
b) *Erholungsgestaltung* (Dauer, Umwelt, Tätigkeiten): Erholung als Bildung/Lernen (Gesundheitslernen); dabei auch: Bezug zum Arbeitshandeln (Generalität, Kompensation) und Anforderungen und Beanspruchungen während der Erholung);
c) *Erholungsziele* (im Hinblick auf das Alltagsleben und die Arbeitssituation): Normalisierung, Stabilisierung oder Prävention), aber auch als eigenständiger Lebens- und Wertebereich, der nicht einer Begründung im Beitrag für einen anderen Lebensbereich bedarf (Neulinger 1974);
d) *Erholungseffekte:* Erholungseffekte sind nicht nur während und im Anschluß an die Erholungszeit, sondern auch als Vorauswirkung und (langfristige) Nacheffekte zu prüfen (Cohen 1980; Graf 1927); außerdem ist zu beachten, daß durchaus nicht nur „positive" Effekte zu erwarten sind (Lohmann 1986).

Für die weitere Erforschung von Erholungsfragestellungen ist vorerst von einem eindimensionalen Erholungsgeschehen auszugehen. Es handelt sich um ein prinzipiell unter einem Oberbegriff, nämlich Erholung, zusammenfaßbares Geschehen, dem allerdings individualspezifischen Reaktionsmuster zugrundeliegen, ähnlich wie sie Fahrenberg et al. (1979) für Aktivierungsvorgänge ermittelt haben. Dabei darf die Erholung natürlich nicht nur anhand einer Variable (Selbsteinschätzung, systolischer Blutdruck o.ä.) erfaßt werden.

Ausgehend von Befunden der (arbeits-)psychologischen Pausenforschung ist die Hypothese aufzustellen, daß sich Erholungsziele und -inhalte in Abhängigkeit von der Ausgangssituation vor der Erholungszeit unterscheiden. Ganz einfach wären bei Zuständen nach Ermüdung ruhige, nach Monotonie anregende und nach Sättigung abwechslungsreiche Erholungstätigkeiten indiziert. In diesem Sinn sind aus dem vorliegenden Untersuchungsmaterial weitere Hypothesen zu formulieren und zu überprüfen.

Die Kurmedizin beginnt sich in letzter Zeit wieder stärker mit Fragen der Erholung zu beschäftigen. Nach wie vor besteht aber das Problem, daß hier mit den Untersuchungen immer erst am Kurort begonnen wird und Kontrollgruppen fehlen (so z.B. Hildebrand et al. 1992). Dabei wird die Notwendigkeit solcher Untersuchungen immer deutlicher: einmal werden bei den gängigen Kuren neben dem jeweils spezifischen „medizinischen" Erfolg in starkem Maße unspezifische Erholungseffekte vermutet, die man natürlich gerne beschreiben möchte. Andererseits gibt es den Vorwurf kritischer Autoren, die Wirkung einer Kurmaßnahme ginge häufig gar nicht über diesen unspezifischen Erholungseffekt hinaus; um diese Sichtweise zu widerlegen, muß man natürlich Erholungsforschung betreiben. Und schließlich haben die Kurorte ein gewisses Interesse daran, sich mit Erholungsfragen zu beschäftigen. Im Lichte der Gesundheitsreform befürchten viele, sie müßten ihr Angebot in Zukunft mehr auf Gäste einrichten, die nicht als (Kassen-)Kurpatient, sondern als aufgeklärter, selbstzahlender und nicht-kranker Gesundheitsurlauber kommen. (Deutsche Reisebüro Zeitung 1988)

*Erste Ergebnisse einer Pilotstudie.* Für den Bereich der Erholung auf Urlaubsreisen wird zur Zeit an unserem Institut eine Pilotstudie durchgeführt, die zur Prüfung von verschiedenen Methoden zur Messung von Erholungsbedürftigkeit und von Erholungseffekten dient, und gleichzeitig erste Hinweise auf die psychischen Effekte von Urlaub gibt. Damit wäre die Grundlage für spätere umfangreiche Projekte gelegt. In einem Quasi-Experiment wird eine Stichprobe von Urlaubern, die im Sommer 1992 wenigstens eine Woche Urlaub machten, mit Hilfe psychologischer Verfahren zur Messung von allgemeiner Befindlichkeit, Aktivation, Arbeitsleistung und psychischer Sättigung auf ihre „Erholungsbedürftigkeit" im Zeitraum vor, während und nach der Reise untersucht. Ziel der Untersuchungen ist in erster Linie ein verbessertes Verständnis der psychischen Bedingungen des „sich-erholt-Fühlens" i.S. einer Operationalisierung des Begriffes Erholung. Die Ergebnisse werden u.a. in Abhängigkeit von der Urlaubsregion (z.B. Küste Nordeuropa vs. Küste Mittelmeer) und der Urlaubsgestaltung analysiert. Neben ersten inhaltlichen Ergebnissen werden methodische Hinweise (Methodenentwicklung) für eine größer angelegte Studie zur Erholungswirkung von Urlaubsreisen erwartet.

## Literatur

Behm, K. (1924). Diskussionsbeitrag zur Klärung des Begriffes „Erholung". (S. 491-493) In Stephani (Hg.), Erholung und Erholungsfürsorge. Leipzig: Voss.

Braun, O. (1993). Vom Alltagsstreß zur Urlaubszufriedenheit. München: Quintessenz.

Braun, O.L. & Lohmann, M. (1989). Die Reiseentscheidung. Einige Ergebnisse zum Stand der Forschung. Starnberg: Studienkreis für Tourismus.

Casson, L. (1974). Travel in the ancient world. London: Allen & Unwin (dt. Ausgabe: Reisen in der alten Welt. München: Prestel, 1976).

Cohen, S. (1980). Aftereffects of stress on human performance and social behavior: A review of research and theory. Psychological Bulletin, 88, 82-108.

Fahrenberg, J. et al. (1979). Psychophysiologische Aktivierungsforschung. München: Minerva.

Frieling, E. (1975) Psychologische Arbeitsanalyse. Stuttgart: Kohlhammer.

Gehrke, A. (1988). Die Kur im Rahmen unseres Gesundheitswesens. Antrittsvorlesung 19.2.88, Klinik für Physikalische Medizin der Universität München.

Görne, H. (1968). Urlaub nach Maß. Die Kunst sich richtig zu erholen. Düsseldorf: Econ.

Graf, O. (1927). Die Arbeitspause in Theorie und Praxis. Psychologische Arbeiten, 9, 563-681.

Grandjean, E. (1979). Physiologische Arbeitsgestaltung. Leitfaden der Ergonomie. Thun: Ott.

Hacker, W. & Richter, P. (1980). Psychische Fehlbeanspruchung: Psychische Ermüdung, Monotonie, Sättigung und Streß. Berlin/DDR: Deutscher Verlag der Wissenschaften.

Haubner, K. (1966). Fremdenverkehr und Erholungswesen. (S. 490-514) In Akademie für Raumforschung und Landesplanung (Hg.), Handwörterbuch der Raumforschung und Raumordnung. Hannover: Jänecke.

Hellpach, W. (1946). Klinische Psychologie. Stuttgart: Thieme.

Hildebrandt, G. et al. (1992). Über den Verlauf einiger Befindensparameter während der Kurbehandlung in Bad Soden-Sallmünster. Heilbad und Kurort, 44(3-4), 54-59.

Hittmair, A. (1962). Begriffskatalog. (S. 15; 21-22) In Studienkreis für Tourismus (Hg.), Erholung und Urlaub. München: Studienkreis für Tourismus.

Kohen, R.; Lohmann, M. & Mundt, J.W. (1989). Psychologische Überprüfung der Erfolge eines neuen Kurkonzeptes. Unveröffentl. Gutachten. Starnberg: Studienkreis für Tourismus.

Levy-Valensi, E. & Veil, C. (1959). Les loisirs et la fatigue – Divertissement ou recréation? Esprit, 27, H. 6, 1068-1072.

Lewin, K. (1928). Bedeutung der psychischen Sättigung für einige Probleme der Psychotechnik. Psychotechnische Zeitschrift, 3, 182-188.

Lohmann, M. (1986). Lärm in Arbeitspausen. Psychologisch-experimentelle Untersuchungen über extraaurale Lärmwirkungen während der Erholung. Phil. Diss. Universität Würzburg.

Mundt, J.W. (1989). Urlaubsreisen 1988. Starnberg: Studienkreis für Tourismus.

Mundt, J.W. & Lohmann, M. (1988). Erholung und Urlaub. Zum Stand der Erholungsforschung im Hinblick auf Urlaubsreisen. Starnberg: Studienkreis für Tourismus.

Neulinger, J. (1974). The psychology of leisure. Springfield, Ill: Thomas.

Plath, H.-E. & Richter, P. (1978). Der BMS (I)-Erfassungsbogen – Ein Verfahren zur skalierten Erfassung erlebter Beanspruchungsfolgen. Probleme und Ergebnisse der Psychologie (Berlin, DDR), H. 65, 45-85.

Stephani (Hg.) (1924). Erholung und Erholungsfürsorge. Bericht über die Tagung der Vereinigung Deutscher Kommunal-, Schul- und Fürsorgeärzte vom 9. bis 12.9.24 im Kindererholungsheim Heuberg bei Stetten am kalten Markt. Leipzig: Voss (Zeitschrift für Schulgesundheitspflege und soziale Hygiene, 37, Ergänzungsheft 12b).

Studienkreis für Tourismus (Hg.) (1962). Erholung und Urlaub. Ergebnisprotokoll der Planungskonferenz für ein Forschungsprogramm „Erholung und Urlaub", Starnberg, 8./9. April 1962. München: Studienkreis für Tourismus.

Studienkreis für Tourismus (Hg.) (1987). Urlaubsreisen 1986. Berichts- und Tabellenbände mit den Ergebnissen der Reiseanalyse 1986. Starnberg: Studienkreis für Tourismus (unveröffentl.).

Studienkreis für Tourismus (Hg.) (1989). Urlaubsreisen 1988. Berichts- und Tabellenbände mit den Ergebnissen der Reiseanalyse 1988. Starnberg: Studienkreis für Tourismus.

Winter, G. (1988). Motivations- und emotionspsychologische Aspekte von Reisehandlungen. (S. 205-237) In D. Storbeck (Hg.), Moderner Tourismus, Trier: Geographische Gesellschaft. Materialien zur Fremdenverkehrsgeographie, H. 17.

ohne Autor (1988). Neue Inhalte finden. Deutsche Kurorte und Heilbäder: Zukunftsängste. Deutsche Reisebüro Zeitung 13.10.88.

**Martin Lohmann, Kiel**

# Flugangst

## 1. Einleitung

Das Flugzeug gilt als das sicherste Transportmittel unserer Zivilisation. Dennoch belegen internationale Studien, daß ca. 25% der Bevölkerung unter Flugangst oder flugangstähnlichen Symptomen leiden. Etwa 10% der Flugängstlichen meiden das Fliegen sogar völlig. Die Statistiken zeigen, daß Flugangst aufgrund der Ausweitung des Flugverkehrs zu einer der häufigsten Angstbehinderungen geworden ist und sich eine ansteigende Tendenz vermuten läßt (Greco 1989). Während Flugangst früher nur bei Militärpiloten bekannt war (vgl. Andersson 1989, Strian 1983), wird die Symptomatik seit etwa 1970 auch bei Zivil-Fluggästen untersucht und vorwiegend verhaltenstherapeutisch behandelt.

## 2. Zur Definition

Flugangst ist eine moderne Zivilisationskrankheit. Um die „Angst vor dem Fliegen" zu beschreiben, werden in der Fachliteratur die Termini *„Flugangst"* und *„Flugphobie"* verwendet. Der Unterschied liegt in der interindividuellen Ausprägung der Angst (vgl. Carr 1978). Die Ausmaße der Flugangst reichen vom Gefühl des Unwohlseins über Ängstlichkeit bis zur Panik. Strian (1983) definiert die Flugphobie als eine zu den heutigen Flugrisiken disproportioniert erscheinende Flugangst, die dazu führt, daß die Betroffenen das Fliegen völlig vermeiden oder nur mit extremer Angst unternehmen. Zu den häufigsten Erscheinungsformen der Flugangst zählen:
– die Klaustrophobie (Angst vor geschlossenen Räumen),
– die Agoraphobie (Angst vor Menschenansammlungen),
– die Akrophobie (Höhenangst) und
– die Thanataphobie (Angst vor dem Tod)
(Greco 1989).

## 3. Die Auslöser und Ursachen der Flugangst

Während bei den *Auslösern* der Flugangst das Flugzeug oder die Flugsituation der aktuelle Anlaß für die Flugangst ist, sind die *Ursachen* der Angst häufig in bestimmten Persönlichkeitsmerkmalen und flugunabhängigen Ängsten zu finden.

Einer der bedeutendsten Auslöser der Flugangst ist das Gefühl des Ausgeliefertseins. Das große Maß an ungewollter *Passivität*, Kontrollverlust und Hilflosigkeit evoziert Angst. Verstärkt wird dieses Gefühl häufig durch die unzureichende Kenntnis über das Flugzeug und die Abläufe während des Fluges, sowie durch das mangelnde Vertrauen in die Technik und gegebenenfalls durch aktuelle Medienberichte über Flugkatastrophen. Braunburg und Pieritz (1979) unterscheiden zwischen mehreren situationstypischen Auslösern. Bei den *akustischen* Auslösern entsteht Flugangst aufgrund von unbekannten, nicht einordbaren Flugzeuggeräuschen, wie z.B. das Einziehen des Fahrwerks nach dem Start. Zu den *visuellen* Angstauslösern zählen z.B. das Flugzeug selbst, die Demonstration der Schwimmwesten und Sauerstoffmasken, die Leuchtschilder „Bitte Anschnallen" und „Notausgang" sowie das Verriegeln der Flugzeugtüren. Hinzu kommen die *taktilen* Angstauslöser. Hierbei signalisieren die Tastsinne des Körpers Enge, Festgebundensein und unliebsamen Körperkontakt mit fremden Menschen. Bei bewegungsabhängigen Flugangstauslösern reagieren die Gleichgewichtsorgane mit außerordentlicher Empfindlichkeit auf die geringste Bewegungsveränderung des Körpers. Vor allem Start und Landung, Schräglagen und Turbulenzen werden als extrem unangenehm empfunden.

Eine weitere Ursache der Flugangst kann auch die aktuelle seelische und körperliche Verfassung des Passagiers sein (Doctor 1990). Die Flugangst ist hierbei nicht mehr primäres, sondern sekundäres Symptom für andere Probleme, wie etwa finanzielle Schwierigkeiten oder Probleme im Beruf. Auch psychische Krankheiten (z.B. Depressionen) sowie organische Störungen (z.B. Überfunktion der Schilddrüse) und (→) *Streß* (Strian 1983) können Flugangst verursachen.

## 4. Die Symptome der Flugangst

Die Symptome der Flugangst lassen sich in drei Gruppen einteilen: subjektive, körperliche und verhaltensbezogene Symptome (vgl. Greco 1989).

Zu den *subjektiven* Symptomen zählen Gefühle der Isolation, des Alleingelassenseins, Vernichtungs- und Ohnmachtsgefühle, sowie Unruhe und Nervosität. Ausgelöst werden diese Gefühle häufig durch angststeigernde Gedankenprozesse, wie z.B. Vorstellungen von Flugzeugabsturz, Triebwerksausfall und Notlandung (Greco 1989). Zu den häufigsten bei Flugangst genannten *körperlichen* Symptomen gehören Herzklopfen, Zittern, feuchte Hände, trockener Mund, Verkrampfung der Muskulatur, Schwindelgefühl und Atemnot. Ein häufiges Verhaltensmuster bei Angst ist das *„fight or flight"-Syndrom*. Dieses Kampf- oder Fluchtverhalten ist auch bei Flugängstlichen zu erkennen (vgl. Andersson 1989). Das Reaktionsmuster des Kampfes zeigt sich häufig in der Aggressivität, die vor und während des Fluges zunimmt und die sich besonders in dem Verhalten gegenüber dem Boden- und Kabinenpersonal zeigt. Das Fluchtverhalten des Flugängstlichen teilt sich in aktive und passive Flucht. Während bei der aktiven Flucht der Flugängstliche den Flug nicht antritt, wird bei einem passiven Fluchtverhalten versucht, die Angstsituation zu entschärfen, indem zu Tabletten und Alkohol gegriffen wird (Greco 1989), um so die Wahrnehmungsschwelle herabzusetzen bzw. die Empfindungsfähigkeit zu verringern.

## 5. Die Betroffenen der Flugangst

Verschiedene Untersuchungen haben ergeben, daß sich unter den Flugängstlichen Vielflieger, Gelegenheitsflieger und solche, die noch nie geflogen sind, befinden (vgl. Roberts 1989; Doctor 1990). Beim fliegenden Personal tritt Flugangst infolge von Überbeanspruchung oder in kritischen Situationen auf, z.B. bei einem Beinahzusammenstoß (*near-miss*) (Strian 1983).

*Soziodemographische Variablen. Geschlecht, Status, Alter.* Von Flugangst sind Männer und Frauen gleichermaßen betroffen. Untersuchungen zu den Persönlichkeitseigenschaften von Phobikern zeigen, daß diese häufig unter mangelndem Selbstbewußtsein und Durchsetzungsvermögen leiden, zum Perfektionismus und zu Depressionen neigen, ein starkes Bedürfnis nach Kontrolle haben und generell ängstlicher sind (Greco 1989, Andersson 1989). Führungskräften fällt die „Kompetenzübergabe" an die Besatzung besonders schwer, da sie aufgrund ihrer leitenden Position gewohnt sind, zu delegieren und selbst Entscheidungen zu treffen.

Zur Altersverteilung ist zu sagen, daß die meisten Flugängstlichen zwischen 25 und 50 Jahren alt sind (vgl. Greco 1989; Roberts 1989; Doctor 1990; Spilka 1977; Haug 1990). Zu erklären ist diese Altersstruktur mit dem beruflichen (→) *Streß*, der gerade in dieser Zeitspanne vor allem in mittleren und gehobenen Positionen am größten ist. Eine uneingeschränkte Einsatzbereitschaft wird für eine berufliche Karriere immer wichtiger und ist neben dem Wunsch des schnellen Erreichens attraktiver Fernziele im Urlaub für viele Flugängstliche der Hauptgrund für eine notwendig werdende therapeutische Intervention ihrer Angstsymptome.

## 6. Die Maßnahmen zur Bekämpfung von Flugangst

Je nach Intensität und Komplexität der Flugangst gibt es für den Betroffenen unterschiedliche Bewältigungsstrategien.

(a) Als eine effiziente eigenständige Maßnahme gilt die *Vermeidung von Streß*: Der Flugängstliche sollte unnötigen Streßsituationen vorbeugen; entspannende Lektüre, leicht verdauliche Speisen, wenig Kaffee und Alkohol (Greco 1989) sowie ruhige Musik helfen dabei, die Angst während des Fluges zu verringern.

(b) *Entspannung, Verhaltenstherapie.* Die meisten expliziten Therapien beginnen mit einer Analyse der Faktoren, die Flugangst evozieren (Lufthansa o.J., Haug 1987, Doctor 1990). Als sehr erfolgreich gegen Flugangst hat sich die Methode der *systematischen Desensibilisierung* erwiesen (vgl. Roberts 1989; Greco 1989; Andersson 1989). Unterschieden wird hierbei zwischen einer *imaginativen Form* (z.B. eine Tonbandaufnahme von Flugzeuggeräuschen, Simulation der Flugsituation) und einer *in-vivo-Desensibilisierung* (z.B. eine Flughafenbesichtigung, Entspannungsübungen in einem Flugzeug). Ziel ist bei beiden Methoden, die Spannungen, die durch die Flugangst entstehen, Schritt für Schritt durch Entspannungsübungen abzubauen und dabei dem Flugangstauslöser immer näher zu kommen. An Entspannungstechniken haben sich besonders bewährt: Autogenes Training, Biofeedback und *progressive Muskelentspannung*. Die richtige Anwendung sollte mit Hilfe eines Psychotherapeuten erlernt werden.

Das autogene Training arbeitet mit Selbstsuggestionen, die sich auf die vegetativen Körperfunktionen beziehen. Mit Hilfe von Atemübungen und Herzübungen wird Entspannung geübt. Die progressive Muskelentspannung nach Edward Jacobson basiert auf der Erkenntnis, daß Angst und Verspannung der gesamten Muskulatur untrennbar miteinander verbunden sind. Prinzip der angstlösenden, progressiven Muskelentspannung ist das intensive Anspannen und anschließende Entspannen der gesamten Muskulatur. Der große Erfolg dieser Enspannungstechnik liegt in dem schnellen Erlernen und der effektiven Anwendungsmöglichkeit sowohl vor als auch während des Fluges.

(c) Schließlich wird von vielen führenden Fluggesellschaften die Teilnahme an Anti-Flugangst-Seminaren angeboten. Die Erfolgsquote dieser Seminare soll bei ca. 80% liegen (Lufthansa).

Wird die Flugangst aufgrund einer angstneurotischen oder einer anderen psychiatrischen Erkrankung ausgelöst, sind speziellere Psychotherapien oder psychiatrische Interventionen erforderlich (Strian 1983).

## 7. Schlußbemerkung

Trotz diverser erfolgreicher Methoden gegen Flugangst und Flugphobie gibt es bislang noch keine Methode, die eine hundertprozentige Bekämpfung der Angst garantiert. Die meisten angewandten Methoden gegen Flugangst basieren auf den Kenntnissen über allgemeine Angst- und Phobienbehandlung. Flugangst ist jedoch häufig eine Kombination aus verschiedenen Phobien und muß daher möglichst mit einer Kombination aus verschiedenen Methoden behandelt werden. Der Behandlungserfolg erhöht sich, je mehr man über die Persönlichkeitsstruktur des Flugängstlichen weiß. Die Forschung auf dem Gebiet der zivilen Flugangst ist allerdings noch relativ jung (Strian 1983). Der Anstieg des Luftverkehrsaufkommens fordert jedoch verstärkte Untersuchungen in diesem Bereich. Schon alleine um die finanziellen Einbußen, die durch flugängstliche Passagiere entstehen, möglichst gering zu halten, sind neben den Wissenschaftlern vor allem die Fluggesellschaften aufgefordert, den Passagieren mehr gegen Flugangst anzubieten.

## Literatur

Andersson, G. (1989). A psychodynamic approach to flight phobia: Evaluation of a new percept-genetic instrument. Psychological Research Bulletin, 29(4-5), 1-23.

Bayaz, A. & Krefting, R. (1993). Entspannt fliegen. Strategien gegen die Flugangst. Stuttgart: Trias.

Bennett, J. (1988). Pilot incapacitation and aircraft accidents. European Heart Journal, 9, 21-24.

Brasch, I. & Richberg I.M. (1990). Die Angst aus heiterem Himmel: Panikattacken und wie man sie überwindet. München: Mosaik.

Braunburg, R. (1989). Fliegen ohne Flugangst. Stuttgart: Motorbuch.

Braunburg, R. & Pieritz, R.J. (1979). Keine Angst vorm Fliegen. Niedernhausen: Falken.

Carr, J.E. (1978). Behavior therapy and the treatment of flight phobia. Aviation, Space, and Environmental Medicine, 49(9), 1115-1119.

Deutsche Lufthansa & Agentur Silvia Texter (1988). [Broschüre] „Seminare für entspanntes Fliegen". München.

Doctor, R.M. et al. (1990). Long-term behavioral treatment effects for the fear of flying. Phobia Practice and Research Journal, 3(1), 33-42.

Greco, T.S. (1989). A cognitive-behavioural approach to fear of flying: A practioner's guide. Phobia Practice and Research Journal, 2 (1), 3-15.

Haug, T. et al. (1987). A three-system analysis of fear of flying: A comparison of an consonant vs a non-consonant treatment method. Behaviour Research and Therapy, 25(3), 187-194.

Kielholz, P. & Adams, C. (Hg.) (1989). Die Vielfalt von Angstzuständen. Köln: Deutscher Ärzte-Verlag.

Moser, S. (1986). Wie sicher ist das Fliegen? Zürich: Orell-Füssli.

Reinecker, H. (Hg.) (1990). Lehrbuch der klinischen Psychologie: Modelle psychischer Störungen. Göttingen: Hogrefe.

Roberts, R.J. (1989). Passenger fear of flying: Behavioural treatment with extensive in-vivo exposure and group support. Aviation, Space & Environmental Medicine, 60(4), 342-348.

Spielberger, C. (1980). Stress und Angst: Risiko unserer Zeit. Weinheim: Beltz.

Spilka, B. (1977). Death concern and feelings and behavior about air travel. Omega, Journal of Death and Dying, 8(2), 107-116.

Strian, F. (1983). Angst – Grundlagen und Klinik. Berlin: Springer.

Wolff, E.C. (1982). Flying: Some psychoanalytic observations and considerations. Psychoanalytic Study of the child, 37, 461-483.

Yaffé, M. (1987). Taking the fear out of flying. London: David & Charles.

Ziegler, V.W. (1983). Freude am Fliegen. Wien: Orac/Pietsch.

**Bettina Marcinkowski, München**

# Gast-Gastgeber-Beziehungen

## 1. Einleitung

Die sozialwissenschaftliche Tourismusforschung konzentrierte sich bisher vorwiegend auf die Urlauber – sie untersuchte Reisemotive und Urlauberserwartungen, erstellte Gästetypologien, ging den ethnischen Einstellungen und Vorurteilen der Touristen nach und befaßte sich mit deren Erlebensweisen und Reisezufriedenheit. Meist geschah dies in der Absicht, das Produkt „Urlaub" besser vermarkten zu können. Zunehmend findet man in der Literatur aber auch Hinweise auf die Rolle des Gastgebers. In den 70er und 80er Jahren wurden die Bereisten, vor allem die Einwohner von Entwicklungsländern zum Gegenstand zahlreicher Analysen gemacht (Armanski 1978; Mäder 1982). Vereinzelt erforscht sind Auswirkungen auf die Bevölkerung der Zielgebiete, ihre Lebensformen und Wertvorstellungen, ihre Bräuche und Sitten, der Verlust von Identität und Familienbindungen.

Die Dimension der Interaktion zwischen Einheimischen und Touristen war bislang allerdings eher vernachlässigt, wenn man von der Erforschung von Einstellungen und Stereotypen absieht.

Schon 1930 hat Leopold von Wiese über den „Fremdenverkehr als zwischenmenschliche Beziehungen" geschrieben. Die Position des Touristen, seine „totale Rolle" (Knebel 1960, S. 100) mit Flucht- und Kompensationscharakter sind ergiebig diskutiert. Dieser Freizeitwelt des Urlaubers, welche vorwiegend durch seine Bedürfnisse und seinen „demonstrativen Erfahrungskonsum" (Knebel 1960, S. 112 ff.) bestimmt wird, steht die Arbeitswelt des Einheimischen gegenüber: Bedient-werden versus Dienst-leisten. Die Beziehung zwischen Gast und Gastgeber ist eine psycho-ökonomische und wird durch mehrere Faktoren geprägt: Erwartungen, Einstellungen, Kontaktwünsche und -fähigkeiten, soziale Distanz, Gastfreundschaft.

## 2. Erwartungen

Die im Fremdenverkehr Tätigen, Unternehmer wie Angestellte, wollen vom Tourismus profitieren. Sie lassen die Motive und Wünsche der potentiellen Gäste erforschen und tendieren dazu, den antizipierten Erwartungsvorstellungen zu entsprechen. Interaktionsprozesse lassen sich als Austausch von materiellen und nicht-materiellen Gütern betrachten. Der Kontakt ist ein funktionaler und erfolgt demnach auf der Basis von Aufwand und Ertrag. Für den Gastgeber stellen Arbeitsaufwand, Aufwand an Zeit, der persönliche Einsatz, das Schaffen von heimeliger Atmosphäre, Gefühlsarbeit, die Aufgabe von persönlichen Interessen und Bedürfnissen *Kosten* dar. *Gewinne* sind Gratifikationen nicht nur finanzieller, sondern auch sozialer Art, wie Anerkennung, Bestätigung, Selbständigkeit, soziales Ansehen. Bei Stringer

(1981) und Wilhelm (1977) wird deutlich, wie problematisch die Rollenvielfalt und der damit verbundene Rollenstreß ist und wie belastend die Vieldeutigkeit der Rahmenregeln; aber auch, daß das Gespräch darüber den Kontakt zwischen Vermieter/in und Gast fördert.

## 3. Einstellungen und Identität

(→) *Einstellungen* sind als Verhaltensbereitschaft mit bewertendem Aspekt zu sehen. Sie beeinflussen die gegenseitige Wahrnehmung und determinieren die soziale Interaktion. Tsartas (1992) konnte beispielsweise bei der Bevölkerung von Ios, einer touristisch hochentwickelten griechischen Insel, Gefühle von Xenophobie feststellen. Zahlreiche Untersuchungen haben auch bewiesen, wie wenig sich Einstellungen durch Reisen verändern.

Bruner (1991, S. 246) bemerkt, daß sich das „native self" mehr verändert als das der Reisenden. Damit ändert sich auch die Beziehung der beiden sich begegnenden Gruppen zueinander. Die Begegnung von Eingeborenen mit Touristen weckt die Frage nach der eigenen Identität und nach dem sozialen Status. Das durch die Tourismuswerbung vermittelte Klischee – man läßt sich sagen, wer man sei – wirkt auf die einheimische Bevölkerung zurück und wird häufig als eigene Identität mißverstanden.

## 4. Kontakt, Sozialdistanz

„Land und Leute kennenlernen" sowie „Kontakte knüpfen" sind als geäußerte Urlaubswünsche hinreichend dokumentiert. Demgegenüber steht aber auch die unzureichende Einlösung dieses Anliegens. Wirkliche Kontakte scheinen unter den Bedingungen des Massentourismus kaum möglich (Armanski 1978; Beutel et al. 1978; Pi-Sunyer 1977).

Tsartas (1992) berichtet in seiner Studie über die sozioökonomischen Auswirkungen auf zwei Inseln in Griechenland, daß die Einheimischen am Aufbau von Beziehungen zu Gästen explizit nicht interessiert sind. Entscheidenden Einfluß auf die Beziehung zwischen Gastgeber – Gast hat die Variable „Quantität der Gäste". Natürlich muß man die Art des Tourismus mit berücksichtigen – ob in Industrie- oder Entwicklungsländern, ob Pauschal- oder Individualreisen, ob in großen Hotelkomplexen oder auf einem Bauernhof in den Alpen. Das Grundproblem ist das kumulierte Auftreten der Reisenden. Die „Masse" setzt Grenzen für die Begegnung.

Unter *Sozialdistanz* wird der Grad der Intensität und Intimität der sozialen Beziehung zwischen zwei Individuen oder Gruppen verstanden. Dieser Abstand zwischen „host" und „guest" kann als ein wichtiges Merkmal für die Gestaltung ihrer Beziehung gesehen werden.

Aus der psychotherapeutischen Praxis könnte man die Notwendigkeit eines fließenden Gleichgewichtes zwischen Nähe und Distanz, zwischen Hineingehen und Loslösen (Elsaesser 1981) auch für die im Tourismus Beschäftigten übernehmen. Oder gemäß Bellaks Stachelschweindilemma (1975) wäre zu fragen: „Wie nah kann der Gastgeber den Gast kommen lassen, ohne daß dieser zur Belastung wird?" Das heißt: Wieviel Distanz ist nötig, damit das Selbst nicht beeinträchtigt wird?

Psychologen betonen, ein wirkliches Sich-Einlassen auf einen anderen Menschen setze Ich-Stärke und die Fähigkeit zur Selbstabgrenzung voraus (Lay 1989; Luthe 1985).

Mangelnde Identität kann nicht durch Identifikation mit den Richtlinien der Tourismuspolitik aufgefüllt werden. Verständniswerbung bei der heimischen Bevölkerung, Medienkampagnen zur Hebung der Tourismusakzeptanz, Appelle zur Verbesserung der Fremdenverkehrsgesinnung haben mittlerweile in mehreren Alpenländern Platz in der

Diskussion um das Tourismusbewußtsein gefunden. Sie betonen jedoch nur die ökonomische Bedeutung des Tourismus, vernachlässigen aber weiterhin die psychologischen Faktoren.

## 5. Gastfreundschaft und Gefühlsarbeit

Die im Laufe der Sozialisation angeeigneten Normen und Gefühlsregeln beeinflussen die Beziehung zwischen Einheimischen und Urlaubern. Bruner (1991) bezeichnet den Begriff „guest-host-relationship" für die Beziehung zwischen Europäern und Afrikanern bzw. anderen Primitiven als irreführend, da er deren kommerzielle Natur verschleiere.

Hochschild (1983, S. 35 ff.) unterscheidet zwischen „surface acting" und „deep acting", je nachdem ob man ein Lächeln zeigt, obwohl einem gar nicht danach zumute ist oder ob man das entsprechende Gefühl wirklich empfindet. Gefühle und damit verbundene unangenehme Spannungen können natürlich durch kognitive Umstrukturierungen verändert und manipuliert werden, bis eine konsonante Beziehung entsteht (Herkner 1981).

Lächeln, Gefühle, Gastfreundschaft sind im Massentourismus massenerzeugte Ware und verursachen besonderen (→) Streß. Nach Joerges (1978) trägt die Quantität maßgeblich zur Kommerzialisierung von Gastfreundschaft bei. Sie kann zur Ablehnung von Touristen und Tourismus führen. Die Vielfalt der Rollenerwartungen, die kumuliert auftretenden Verpflichtungen, die enorme Gefühlsarbeit, „the management of privacy" (Stringer 1981, S. 366), die ungenügende Distanz führen zu Konflikten. Wenn die Kosten größer sind als der soziale Gewinn, spricht die Tourismuskritik von Selbstausbeutung.

In einer Studie (Wilhelm 1977) konnte nachgewiesen werden, daß die einheimischen Vermieter bei intensivem Fremdenverkehr stärkere Distanzierungsmechanismen zeigen. Kontakthäufigkeit und -intensität, sowie Interesse und gegenseitiger Austausch nehmen ab, die Beurteilung der Gäste fällt negativer aus, die soziale Distanz ist größer. Man bevorzugt neue Gäste gegenüber Stammgästen, weil diese psychisch weniger belasten.

Den emotionalen Beziehungen zwischen Gastgebern und Gästen sind also gewisse Grenzen gesetzt – die persönlichkeitsspezifischen des Individuums (innere Hemmung, Unsicherheit, Kontaktfähigkeit, Kontaktbereitschaft), die durch physische und psychische Belastungen gekennzeichnete Streßsituation der Gastgeber, die ganz andere Freizeitsituation der Urlauber, spezifische Komponenten der Rollen, räumliche und zeitliche Gegebenheiten.

## 6. Ausblick

In Anlehnung an den Begriff Umweltressourcen sollten zukünftige sozialwissenschaftliche Forschungsprojekte größeres Augenmerk auf die „human resources" legen. Vordringlich wäre eine sinnvolle Operationalisierung von sozialer Kompetenz, gesundheitlicher und psychischer Belastung, Selbstverständnis, Lebensqualität, sowie noch weitergehende empirische Abklärung der sozialpsychologischen Bedingungen und Auswirkungen des Tourismus auf die Beziehungen zwischen Gastgeber und Gästen.

## Literatur

Armanski, G. (1978). Die kostbarsten Tage des Jahres. Berlin: Rotbuch.
Bellak, L. (1975). Das Stachelschweindilemma. Hamburg: Hoffmann & Campe.
Beutel, M.; Greverus, I.M.; Schanze, R.; Speichert, E. & Wahrlich, H. (1978). Tourismus. Ein kritisches Bilderbuch. Bensheim: Päd. extra. 2. Aufl. 1980.

Bruner, E.M. (1991). Transformation of self in tourism. Annals of Tourism Research, 18, 238-250.

Elsaesser, P.S. (1981). Wenn sie dir zu nahe kommen ... Die seelische Ökonomie des Psychotherapeuten. Weinheim: Beltz.

Herkner, W. (1981). Einführung in die Sozialpsychologie. Bern: Huber.

Hochschild, A.R. (1983). The managed heart. Berkeley: University of California Press.

Joerges, B. & Karsten, D. (1978). Tourismus und Kulturwandel. Berlin: Wissenschaftszentrum. A propos Tourismus. Papers aus dem Internationalen Institut für Umwelt und Gesellschaft. III/78, 1-20.

Knebel, H.J. (1960). Soziologische Strukturwandlungen im modernen Tourismus. Stuttgart: Enke.

Lay, R. (1989). Das Bild des Menschen. Frankfurt: Ullstein.

Luthe, H.O. (1985). Distanz. München: Fink.

Mäder, U. (1982). Fluchthelfer Tourismus: Wärme in der Ferne? Zürich: Rotpunktverlag.

Pi-Sunyer, O. (1977). Through native eyes: Tourists and tourism in a Catalan maritime community (pp. 149-155). In V.L. Smith (ed.), Hosts and guests: The anthropology of tourism. University of Pennsylvania Press.

Stringer, P. (1981). Hosts and guests. The Bed-And-Breakfast phenomenon. Annals of Tourism Research, 8, 357-376.

Tsartas, P. (1992). Socioeconomic impacts of Tourism on two Greek isles. Annals of Tourism Research, 19, 516-533.

Wiese, L. v. (1930). Fremdenverkehr als zwischenmenschliche Beziehungen. Berlin: Archiv für den Fremdenverkehr.

Wilhelm, U. (1977). Die soziale Beziehung zwischen Gastgebern und Gästen. Aufgezeigt am Beispiel zweier Fremdenverkehrszentren im Ötztal. Dissertation, Universität Innsbruck.

Zuzan, W.D. (1975). Das Verhältnis Gast – Gastgeber in einem ausgewählten Reisegebiet (S. 99-108). In R. Schmitz-Scherzer (Hg.), Reisen und Tourismus. Darmstadt. (Praxis der Sozialpsychologie 4).

**Ursula Wilhelm, Innsbruck**

# Freizeitberatung

## 1. Einleitung

In traditionalen Gesellschaften waren nicht nur Beruf, Arbeitszeit und Stand festgelegt, auch Rahmen und Inhalt von Freizeit wurden gesellschaftlich vorgegeben. Sowohl Zeitbudget als auch Wahlmöglichkeiten vergrößerten sich in der Moderne für immer mehr Altersgruppen und immer breitere Schichten. Diese Entwicklung wird in der Gegenwart noch durch Individualisierungsprozesse und ständig zunehmende Freizeit verstärkt. Mehr Menschen denn je sehen sich in der Situation, eine lange Spanne nicht vorstrukturierter Zeit mit Sinn anfüllen zu müssen. Der Trend der Zunahme von freier Zeit hält weiterhin an. Arbeitszeitverkürzung und Verlängerung des Urlaubs, aber auch frühe Pensionierung und eine hohe Sockelarbeitslosigkeit sind hierfür Beispiele. Freizeit ist nichts Selbstverständliches und Unproblematisches mehr, sondern häufig im Überfluß vorhanden und muß im Übermaß der Angebote, die durch den individuell vorgegebenen finanziellen und personellen Spielraum begrenzt werden, gestaltet werden. Hier soll Freizeitberatung helfend eingreifen.

Einen grundlegenden Begriff von Freizeitberatung kennzeichnet Gerald O'Morrows (1968, S. 71, zit. n. Vester 1988, S. 150) wie folgt: Freizeitberatung bezeichne eine „(...) Technik, mit der ein berufsmäßiger Berater alle über eine Person verfügbaren Informationen benutzt, um Interessen und Einstellungen zu erforschen, die hinsichtlich Freizeit, Erholung und Zerstreuung sowie Sozialbeziehungen bestehen, mit dem Ziel, diese Person zu befähigen, die verfügbaren Möglichkeiten zur Freizeitgestaltung festzustellen, aufzusuchen und zu benutzen."

Diesem relativ instrumentellen Begriff steht der Versuch entgegen, Freizeitberatung als Mittel zur Entwicklung der Gesamtpersönlichkeit zu benutzen. In diesem Sinne bestimmt Stehr, in Anlehnung an Nahrstedt (1975): „Als Freizeitberatung soll eine Beratung verstanden werden, die in der Freizeit und bei Freizeitproblemen ansetzt, jedoch auf die Entwicklung der Gesamtpersönlichkeit in allen Lebensbereichen und auf die Bearbeitung tendenziell aller Lebens- wie Gesellschaftsprobleme zielt. Freizeitberatung wird dabei gesehen als ein pädagogisches Handeln, das auf Initiative des Ratsuchenden zustande kommt." (Stehr 1983, S. 4f.)

## 2. Geschichte der Freizeitberatung

Der Begriff „Freizeitberatung" wurde in Deutschland in der Übersetzung von Riesmans „Die einsame Masse" 1956 erstmals benutzt, zunächst jedoch ohne eine praktische Umsetzung des amerikanischen Konzepts zu versuchen. 1970 erfolgte die Gründung einer Ausbildungsrichtung in der Fachschule für

„Freizeitberater" im Landkreis Fulda. Anfang der 80er Jahre schließlich fand ein Modellprojekt Freizeitberatung durch die Uni und VHS Bielefeld statt. (vgl. Stehr 1983, S. 1ff.). Auch in den USA gab es einen breiteren Ausbau und differenziertere Auseinandersetzung mit den psychologischen und pädagogischen Konzepten erst in den 70er Jahren. Freizeitberatung wird seitdem aber auch verstärkt durchgeführt. In Deutschland ist dagegen Freizeitberatung über die erwähnten Modellversuche hinaus kaum bekannt geworden.

## 3. Inhalte und Praxis von Freizeitberatung

*(a) Kommerzielle Freizeitberatung*
Auch wenn das Anliegen von Freizeitberatung primär im psychosozialen Bereich liegt, sollte nicht übersehen werden, daß es eine ganze Reihe Beratungsmöglichkeiten im kommerziellen Sektor schon gibt. Angefangen bei Verkaufsberatung von Freizeitartikeln, sportlichen Unternehmungen, wie Fitneßcentern oder Golfclubs: wer zahlt und sich für eine bestimmte Aktivität entschieden hat, bekommt Beratung. Besonders interessant ist aber der auffällige Erfolg von „Ferienclubs" (→ *Cluburlaub*), deren Angebot insbesondere durch eine breite Palette von Sportmöglichkeiten und dem Einsatz von Animateur/inn/en geprägt ist. (Vgl. hierzu auch Wegener-Spöhring, 1990, die über die selbstverständlich vorhandene Anwesenheit von Animateuren der Reiseveranstalter berichtet, denen die Pädagogen eigene „Animationsversuche" entgegensetzen wollen.) Hier hat sich offensichtlich ein Bedarf an Beratung gezeigt, der vom freien Markt – in dessen Rahmen – umgehend befriedigt wurde. Um so wichtiger ist es, sich dem Problem von Freizeitberatung aus einem psychosozialen Blickfeld zu nähern, das den Menschen nicht nur als Konsumenten begreift und sich auch auf die Freizeit außerhalb der Ferien erstreckt.

Diese marktgängige Form von Freizeitberatung beschränkt sich auf das bloße Aufzeigen von Freizeitmöglichkeiten. In der psychologischen und pädagogischen Diskussion werden (vgl. die Definition von Stehr) dagegen Ansätze gefordert, die auf die Entwicklung der Gesamtpersönlichkeit, das soziale Umfeld und weiterreichende psychische Probleme abzielen.

*(b) Psychologische Modelle von Freizeitberatung*
Mit Tinsley und Tinsley (1984) können drei Formen von Freizeitberatung unterschieden werden:
(1) *„Leisure guidance"* beschränkt sich auf das Vermitteln von Informationen, die Klienten helfen sollen, ihnen entsprechende Freizeitaktivitäten zu wählen, hat also keine weitere therapeutische Intention. Es gibt verschiedene Formen von Einzel- und Gruppenberatungen, die sich sowohl auf Einzelstunden als auch auf längere Workshops verteilen können. Ziel ist es vor allem, den Klienten zu stärken, seine eigene Kompetenz zu erhöhen, die Freizeit zu strukturieren.
(2) *„Leisure decision making"*: Zur bloßen Informationsvermittlung kommt hier eine Betonung des therapeutischen Aspekts durch stärkere Berücksichtigung der Klienten-Therapeuten-Beziehung „by interacting with the client in a knowing, caring way" (Montagnes 1976, zit. n. Tinsley & Tinsley, S. 85). Das Hauptziel ist dabei die Erweiterung der Selbstkenntnis des Klienten, um selbst adäquate Freizeitaktivitäten wählen zu können.
(3) *„Leisure counseling"* als „ganzheitliche" Form der Freizeitberatung, die sich nicht auf den Freizeitbereich beschränkt, sondern den Anspruch hat, den ganzen Menschen zu berücksichtigen, sowie durch die Bearbeitung von Schwierigkeiten im Freizeitsektor auch etwaige psychische Probleme berührt. Sie ba-

siert – in verschiedenen Ansätzen – auf erprobten therapeutischen Methoden, z.B. Rogers Gesprächstherapie oder die Gestalttherapie.

Tinsley und Tinsley formulieren in diesem Zusammenhang folgende Forderungen (S. 91): „The paradigm we propose reflects our definition of leisure counseling as a process during which a client and a counselor work together to clarify and diagnose the client's concerns, to identify mutually agreed upon long- and short-term goals for counseling, and to develop and implement a treatment plan to achieve these goals (...). The feature that differentiates leisure counseling from other forms of counseling, however, is that leisure counseling focuses in some substantial way on the client's leisure as it relates to his/her self-actualization." (→) *Selbstaktualisierung*

Als Beispiel für den konkreten Ablauf psychotherapeutischer Freizeitberatung sei auf McDowell (1976, zit. n. Tinsley & Tinsley, S. 86) verwiesen: Am Anfang steht eine Evaluation, diagnostische Tests oder Interviews zur Einschätzung der Freizeitinteressen, des Selbstkonzepts und der Einstellungen des Klienten. Es folgt eine Bestimmung der Ziele des Klienten, die Identifizierung der darin enthaltenen Bedürfnisse, sowie der Hindernisse, die Freizeitziele zu erreichen. Daraus ergibt sich die gemeinsame Informationssammlung, um die Freizeitinteressen des Klienten zu einem konkreten Plan formulieren zu können. Daraufhin nimmt der Klient an den ausgewählten Freizeitaktivitäten teil, dabei wird die Beratung weitergeführt. Am Schluß folgt eine Evaluation des gesamten Vorgangs.

## 4. Ausblick

Freizeitberatung als psychologisch, sozialpädagogisch begriffene Aufgabe soll es Menschen ermöglichen, sich in der modernen „Unübersichtlichkeit" der Freizeitgesellschaft zurechtzufinden und Zugänge für sie jeweils befriedigende Formen der Erholung zu schaffen. Idealerweise wird durch eine solche positive Gestaltung des Freizeitbereichs eine allgemeine Verbesserung der Lebenszufriedenheit und der psychischen Gesundheit erreicht. Bisher gibt es jedoch nur eine geringe Praxis von Freizeitberatung im deutschsprachigen Raum. Angesichts der gesellschaftlichen Entwicklung zu mehr Freizeit, größeren Wahlmöglichkeiten und geringerer Sicherheit auch Menschen zu finden, mit denen man diese verbringen kann, wäre die Notwendigkeit zu Beratung vorhanden.

## Literatur

Dowd, E. T. (ed.) (1984). Leisure counseling. Concepts and applications. Springfield, Ill.: Thomas.

Nahrstedt, W. (1975). Freizeitberatung. Animation zur Emanzipation? Göttingen: Vandenhoeck & Ruprecht.

Montagnes, J. A. (1976). Reality therapy approach to leisure counseling. Journal of Leisurability, 3, 37-45.

O'Morrow, G. (1968). A study of recreation service to psychiatric patients in relation to pre-discharge planning and after care. Columbia University: Ph.D. Thesis.

Stehr, I. (1983). Freizeitberatung. Theoretische Grundlagen eines pädagogischen Modells, Universität Bielefeld (unveröff. Diplomarbeit).

Tinsley, H. E.A. & Tinsley, D. J. (1984). Leisure counseling models. (pp. 80-96) In E.T. Dowd (ed.), Leisure counseling. Concepts and applications. Springfield, Ill: Thomas.

Vester, H.-G. (1988). Zeitalter der Freizeit. Eine soziologische Bestandsaufnahme, Darmstadt: Wissenschaftliche Buchgesellschaft.

Wegener-Spöhring, G. (1990). Mallorca, du Schöne ... Senioren im Freizeiturlaub. Freizeitpädagogik, 12, 139-145.

**Ulrike Heß, München**

# Interkulturelles Lernen beim Jugendaustausch

## 1. Einleitung

*Interkulturelles Lernen* ist für viele Bereiche, die sich mit der Begegnung verschiedener Kulturen befassen, ein zentraler Begriff. Neben dem Jugendaustausch trifft dies beispielsweise für die Entwicklungshilfe, die Arbeit mit Ausländern im eigenen Land („Ausländerarbeit") u.a.m. zu. Zwischen diesen einzelnen Feldern gibt es in Deutschland bisher nur wenige Anknüpfungspunkte, geschweige denn systematische Zusammenarbeit. Ein weiteres Feld ist das des unter „Tourismus" subsumierbaren *Jugendaustauschs,* der *Jugendbegegnung* und des (→) *Jugendtourismus.*

Bei Austauschexperten gibt es allerdings eine Diskussion darüber, ob Reisen mit dem Ziel der internationalen (Jugend-)Begegnung zum Tourismus zu zählen sind oder nicht. Der Begriff „Tourismus" ist in diesen Kreisen weitgehend negativ besetzt, was sich u.a. in Formulierungen in bestehenden Förderrichtlinien ausdrückt: „Maßnahmen, die überwiegend der Erholung oder der Touristik dienen (...) werden nicht gefördert" (Bundesjugendministerium 1985).

Andererseits ist Tourismus nach klassischer Definition „(...) der Inbegriff der Beziehungen und Erscheinungen, die sich aus der Reise und dem Aufenthaltsort Ortsfremder ergeben, sofern durch den Aufenthalt keine Niederlassung begründet wird und damit keine Erwerbstätigkeit verbunden ist" (Hunziker & Krapf 1941, S. 78). Nach diesem Verständnis gehören Jugendaustausch und Jugendbegegnung eindeutig zum Tourismus.

Der internationale Jugendaustausch ist ein Teil des Gesamtkomplexes *Internationale Jugendarbeit*. Als solches beinhaltet er geplante Veranstaltungen mit pädagogischen Zielsetzungen für ausschließlich junge Leute, die ein fremdes Land besuchen bzw. junge Gäste aus einem solchen Land empfangen.

Ein verwandter Begriff ist der der *internationalen Jugendbegegnung,* der als ein wesentlicher Bestandteil des Jugendaustauschs gilt und alle Aktionen und Beziehungen bezeichnet, die sich aus dem geplanten Zusammentreffen ausschließlich junger Leute verschiedener Nationalitäten ergeben. Darüber hinaus gibt es auch Jugendaustauschprogramme ohne geplante Zusammentreffen, z.B. Auslandsstudienreisen für junge Leute.

## 2. Der Begriff „Interkulturelles Lernen"

Die Begriffsschöpfung „Interkulturelles Lernen" existiert in der Fachliteratur der internationalen Jugendarbeit seit Veröffentlichung der Breitenbach-Studie (Breitenbach 1979), die eine zentrale Bedeutung für die weitere Auseinandersetzung mit Austauschinhalten erlangte.

Derzeit gilt allgemein, daß interkulturelles Lernen die der internationalen Jugendarbeit angemessene Form des *sozialen Lernens* ist, was aber beinhaltet, individuelle und Gruppenaspekte (sprachliche und kulturelle Unterschiede) der am Lernprozeß Beteiligten zu berücksichtigen (Müller 1987, S. 153f).

Bis heute gibt es jedoch keine allgemein verbindliche Definition von interkulturellem Lernen. Breitenbach bietet folgende Erläuterung an: „Interkulturelles Lernen ist an Vorhandensein anderskultureller Kontextvariablen in der Lernsituation, an relativ komplexe Kulturmuster-Situationen gebunden und setzt eine spezifische Lernmotivation voraus, die ihre Ursache in affektiven und/oder kognitiven Erfahrungen der Fremdartigkeit solcher Lernsituationen hat" (Breitenbach 1979, Bd. 1, S. 14f). Praktiker bevorzugen griffigere Formulierungen: „Der Begriff Interkulturelles Lernen soll (...) jenen Lernvorgang bezeichnen, bei dem sich die Verhaltensänderungen der Individuen aus feststellbaren Unterschieden zwischen Kulturen ergeben" (Ingendoh o.J, S. 50). Neuere Veröffentlichungen begreifen interkulturelles Lernen schließlich als einen Beitrag zur Förderung von interkultureller Verständigung und stellen damit zugleich ein wesentliches Ziel heraus (Rademacher 1991, S. 20).

## 3. Ziel und Inhalte von interkulturellem Lernen

Nach dem Zweiten Weltkrieg galt es in Deutschland als erklärtes politisches Ziel, die Barrieren zuden Nachbarländern wieder abzubauen. Die junge Generation sollte zu diesem Zweck besonders unterstützt werden. Daher fördert der Bundesjugendplan von Beginn an Programme der internationalen Jugendarbeit. Diese Maßnahmen wurden (und werden überwiegend bis heute) mit drei Kernzielen legitimiert:
– Abbau von Vorurteilen,
– Beitrag zum Frieden,
– internationale Verständigung.

Für pädagogische Mitarbeiter, die diese Ziele in der Praxis umsetzen sollten, waren diese Formulierungen zwar akzeptabel, aber zu wenig konkret. Erst durch die differenzierte Beschäftigung mit dem Phänomen des interkulturellen Lernens konnten methodisch-didaktische Zwischenschritte entwickelt werden, die den Weg zu den Kernzielen bereiteten. Interkulturelles Lernen wird als Sensibilisierungsprozeß verstanden, der zum Ziel hat, andere Kulturen besser zu verstehen, bestehende Vorurteile abzubauen und in begründete Urteile abzuwandeln, um damit zur internationalen Verständigung beizutragen. Interkulturelles Lernen ist also keine Methode, sondern eine Einstellung bzw. die Förderung einer bestimmten Einstellung. Wesentliche Elemente dieses Sensibilisierungsprozesses sind u.a.:
– das Bewußtmachen von kultureller Identität, Enkulturation und Ethnozentrismus;
– die Begründung von Konflikten und kulturellen Unterschieden bei interkulturellen Begegnungen;
– die unterschiedliche Bedeutung von Sprache, Zeit und Raum, sowie Besitz, Macht und Geld;
– das Verhältnis von Individuum und Gruppe.

Vorteilhaft für den Lernprozeß ist zum einen die Fähigkeit zur Empathie, dem Sicheinfühlen in andere Personen und deren kulturelle Zusammenhänge, und andererseits die Ambiguitätstoleranz, um widersprüchliche und verunsichernde Situationen zu ertragen (vgl. Rademacher 1991, S. 25ff).

## 4. Methodisch-didaktische Aspekte

Über die Rahmenbedingungen interkulturellen Lernens in internationalen Jugendbegegnungen hatte bereits Breitenbach Erkenntnisse gewonnen, die in späteren Untersuchungen bestätigt wurden (vgl. Müller 1982; Gabriel & Schmidt 1989).

- Ein entspanntes soziales Klima begünstigt interkulturelles Lernen, hochgradige Planmäßigkeit behindert dagegen.
- Kleine Arbeitsgruppen mit klarer Aufgabenstellung und genügend Zeit wirken überdurchschnittlich begünstigend, während z.B. Frontal-Vorträge fast immer ungeeignet sind.
- Die mittlere Phase eines Begegnungsprogramms bietet die größte Bereitschaft zum interkulturellen Lernen, da die Teilnehmer sich innerlich nicht mit der Ankunfts- oder Abschiedssituation befassen.
- Im voraus zu organisierende Aspekte (wie z.B. die Wahl des Programmorts, die Art der Verpflegung oder die Gruppenzusammensetzung) beeinflussen die interkulturelle Begegnungssituation positiv und bestimmen das Klima für interkulturelle Anreize.

Enge, von den pädagogischen Mitarbeitern unterstützte, persönliche Kontakte zwischen den teilnehmenden Jugendlichen sind die intensivste Form aller untersuchten Möglichkeiten. Das (Sach-)Thema spielt für das Ziel des interkulturellen Lernens dagegen nur eine sekundäre Rolle.

Darüber hinaus haben sich folgende Aspekte/Inhalte als positiv erwiesen:
- Sport ist ein vorzügliches Einstiegs- und Kontaktmedium für internationale Begegnungen, sofern er gezielt als solches eingesetzt wird; diese Feststellung gilt besonders für sprachlich unterprivilegierte Gruppen.
- Politische Bildung ist danach zu beurteilen, wie sie methodisch-didaktisch aufbereitet wird; sprachlich komplizierte Konzepte und klassische Seminarformen sind ungeeignet; wichtig erscheint die Orientierung an einem Thema, das im Alltag der Beteiligten eine Rolle spielt und interkulturell verglichen werden kann; Umsetzungen könnten zum Beispiel durch Theater-, Zeitungs- oder Videoprojekte erfolgen.
- Touristische Aktivitäten bieten ausgezeichnetes Material für die Beschäftigung mit interkulturellem Lernen (z.B. „Sightseeing", „Shopping"). Nachbereitende Gespräche in entspannter Runde bilden dafür die Voraussetzung. Begegnungsexperten, die ihre Probleme mit dem Tourismus haben, unterschätzen dieses Potential gemeinhin.

## 5. Tourismus und interkulturelles Lernen

Erst in den letzten Jahren wurde das interkulturelle Lernen auch im kommerziellen Tourismus berücksichtigt. Wesentlicher Impuls war dafür die Bewegung des sogenannten *Sanften Tourismus*, die sich als Teil der Ökologiedebatte versteht und seit Beginn der 80er Jahre an Bedeutung gewann. Seitdem besteht weitgehende Einigkeit darüber, daß der Tourismus nicht automatisch zur Völkerverständigung beiträgt. In diesem Zusammenhang werden die Probleme der Menschen verdeutlicht, deren Heimat vom Massentourismus vereinnahmt wird und deren kulturelle Identität zu verschwinden droht. Besonders die Arbeitsgemeinschaft ‚Tourismus mit Einsicht' (1990) wies immer wieder (zwischen 1986 und 1992) auf diese Umstände hin. Parallel dazu dürften auch einige spezielle (→) *touristische Medien*, wie besonders die (→) „Sympathie-Magazine" des ‚Studienkreises für Tourismus' die um ein besseres Verständnis für das bereiste Land werben, bei vielen Fernreisenden Wirkungen gehabt haben.

Mittlerweile wird auch in der Ausbildung von (→) *Reiseleitern* eine Beschäftigung mit dem „interkulturellen Lernen auf Reisen" (vgl. Schmeer-Sturm, Müller & Ude 1990, S. 94-109) thematisiert. Im Mittelpunkt stehen dabei einerseits die Reflexion und Veränderung von Stereotypen, also der Abbau von Vorurteilen (→ *Einstellungsänderung*) und zum zweiten die Förderung der Empathiefähigkeit (nicht zuletzt deshalb, um dem Bild des „häßlichen Deutschen" im Ausland entgegenzuwirken). Dem Reiseleiter wird bei der Umsetzung dieser Inhalte, ähnlich dem pädagogischen Mitarbeiter des Jugendaustauschs, eine zentrale Position als Kulturmittler zugewiesen. In den Ausbildungsseminaren für Reiseleiter werden dabei Konzepte favorisiert, die an Übungen aus Vorbereitungstrainings für Entwicklungshelfer angelehnt sind.

## 6. Aktuelle Probleme und Perspektiven

Das Konzept des interkulturellen Lernens sieht sich dem Dilemma gegenüber, daß es a) nur sehr langsam greift und in kurzzeitpädagogischen Programmen kaum vermittelbar ist und b) nur eine sehr kleine Minderheit von Menschen erreicht.

Die aktuellen internationalen Entwicklungen erfordern aber ein breites Allgemeinwissen über interkulturelle Phänomene, damit die erforderliche internationale Kooperation und Kommunikation funktioniert. Folgerichtig gibt es nicht wenige Experten, die interkulturelles Lernen als übergreifendes Prinzip in allgemeine Ausbildungsgänge (wie Schulen, Hochschulen etc.) integrieren möchten. Zunehmend wird auch gefordert, nicht beim (interkulturellen) Lernen stehenzubleiben, sondern darauf aufbauend eine Vielzahl von „interkulturellen Aktionen" zu initiieren, die jenseits wirtschaftlicher oder organisatorisch vorgegebener Prozesse direkt zwischen den Menschen Europas ablaufen („Europa von unten").

In der Realität sind für den internationalen Jugendaustausch in Deutschland noch viele Grundlagen ungeklärt:
– Die Strukturen und Rahmenbedingungen lassen vielfach nicht zu, daß Erkenntnisse und Erfahrungen systematisch gesichert und weitergegeben werden. Selbst verantwortliche Positionen, z.B. in der Mitarbeiterausbildung, waren entweder nur mit ehrenamtlichen Laien oder mit überforderten Kräften besetzt.
– Die Kooperation zwischen Wissenschaft und Praxis ist zufällig und kommt bisher nicht über einzelne experimentelle Ansätze hinaus.
– Die bestehenden Förderrichtlinien geben keine Anreize für eine notwendige trägerübergreifende Zusammenarbeit.

Einige Initiativen bemühen sich um den Abbau dieser Defizite:
– Sowohl beim Deutsch-Französischen Jugendwerk als auch über den „*Forscher-Praktiker-Dialog*" (Studienkreis für Tourismus; Sozialwissenschaftlicher Studienkreis für internationale Probleme SSIP) wird eine kontinuierliche Kooperation zwischen Wissenschaftlern und Praktikern gepflegt, die sich mit interkulturellem Lernen beschäftigen.
– In Modellprogrammen werden „*Mediatoren*" für die interkulturelle Begegnung ausgebildet; das sind Experten, die interkulturell angelegte Zusammenhänge und Prozesse beraten und begleiten.
– Austauschkonzepte für Jugendliche sollen den politischen Veränderungen der letzten Jahre gerecht werden und mehr Jugendliche erreichen als bisher. Bei letzterem sind zwei Trends zu verzeichnen:

Die sogenannten „Zellen der Begegnung" bilden beständige Partnerschaften zwischen zwei (oder mehreren) Jugendgruppen/cliquen aus verschiedenen Ländern. Sie führen miteinander keine herkömmlichen Austauschprogramme durch, sondern ihre Mitglieder besuchen sich individuell oder in kleinen Gruppen und nehmen am Alltagsleben in der anderen Stadt teil. Dabei werden auch gemeinsame Projekte geplant. In jeder Stadt steht eine Wohnung für Besucher und ein pädagogischer Mitarbeiter zur Verfügung. (Nach heutigen Förderungsrichtlinien ist dieses Konzept allerdings kaum durchführbar.)

Aktuelle Jugendkulturen werden als Anknüpfungspunkt für Austauschprogramme stärker berücksichtigt. Dahinter steht die These, daß sich Jugendliche heute eher über eine gemeinsame Mode, Musikpräferenz oder Trendsportart identifizieren als nur über ihre nationale Identität. Traditionelle Begegnungskonzepte grenzen diese Sichtweise bisher aus.

Nach ca. 15 Jahren an Erfahrungen mit dem Konzept des interkulturellen Lernens erscheint damit eine breit angelegte Qualitätsdebatte über Ziele, Inhalte und politische Rahmenbedingungen des internationalen Jugendaustauschs vonnöten.

## Literatur

Arbogast, C.; Lenhard, H. & Pompl, W. (1979). Internationaler Jugendaustausch: Konzeption und Mitarbeiterbildung. München: Bayerischer Jugendring.

Breitenbach, D. (Hg.) (1979). Kommunikationsbarrieren in der internationalen Jugendarbeit. Bd. 1-5. Saarbrücken: Breitenbach.

Bundesjugendministerium (1985). Richtlinien für den Bundesjugendplan (Erlaß 215–2411/86).

Dadder, R. (1987). Interkulturelle Orientierung. Saarbrücken: Breitenbach.

Danckwortt, D. (1959). Internationaler Jugendaustausch. München: Juventa.

Gabriel, E. & Schmidt, K. (1989). Interkulturelles Lernen während einer multinationalen Begegnung. Köln: Studienkreis für Tourismus (unveröff. Manuskr.).

Hunziker, W. & Krapf, K. (1941). Beiträge zur Fremdenverkehrslehre und Fremdenverkehrsgeschichte. Bern.

Ingendoh, L. (o.J.). Interkulturelles Lernen – Anspruch und Wirklichkeit am Beispiel der Internationalen Jugendgemeinschaftsdienste e.V. Unveröff. Diplomarbeit, Universität Göttingen.

Müller, W. (1982). Bedingungen und Methoden des interkulturellen Lernens. München: Bayerischer Jugendring.

Müller, W. (1987). Von der „Völkerverständigung" zum „Interkulturellen Lernen". Starnberg: Studienkreis für Tourismus.

Müller, W. & Kosmale, J. (Hg.) (1991). Materialbox International, 2. Aufl. Frankfurt/M.: Bundesarbeitsgemeinschaft Evangelischer Jugendferiendienste.

Oberste-Lehn, H. & Wende, W. (Hg.) (1992). Handbuch Internationale Jugendarbeit – Interkulturelles Lernen. Düsseldorf: DKV-Verlag.

Ostermann, Ä. & Nicklas, H. (1982). Vorurteile und Feindbilder. München: Urban & Schwarzenberg.

Ott, H. (1968). Handbuch der internationalen Jugendarbeit. Köln.

Otten, H. (1985). Zur politischen Didaktik interkulturellen Lernens. Opladen: Leske & Budrich.

Rademacher, H. (1991). Spielend interkulturell lernen? Berlin: VWB Verlag.

Ropers, N. (Hg.) (1988). West-Ost-Reisen. Bonn: Deutsche Kommission Justitia et Pax.

Schmeer-Sturm, M.L.; Müller, W. & Ude, G. (1990). Theorie und Praxis der Reiseleitung. Darmstadt: Jaeger.

Thomas, A. (Hg.) (1984). Interkultureller Personenaustausch in Forschung und Praxis. Saarbrücken: Breitenbach.

Thomas, A. (Hg.) (1991). Kulturstandards in der internationalen Begegnung. Saarbrücken: Breitenbach.

Tourismus mit Einsicht (1990). München: AG Tourismus mit Einsicht.

**Werner Müller, Köln**

# Jet lag

## 1. Einleitung

Die Einführung von Düsenflugzeugen in die zivile Luftfahrt und die Erschließung der Flugwege über den Atlantik und den Pazifik (1937-1939) machten es der reisenden Bevölkerung zum ersten Mal in der Geschichte möglich, transkontinentale Strecken innerhalb von wenigen Stunden zurückzulegen. Seit 1951 stieg das Flugverkehrsaufkommen jährlich zwischen 10 und 15% an. Im Jahr 1990 benutzten weltweit 1,166 Milliarden Linienpassagiere das Flugzeug als Transportmittel (ICAO Statistik, Montreal). Ein erheblicher Nachteil dieses schnellen Reisens ist der physiologische (–›) *Streß,* dem die Passagiere, die in Ost- und Westrichtung entlang der Erdrotation fliegen, ausgesetzt sind. Die ersten, die dieses Unwohlsein nach transmeridianen Flügen entdeckten, waren die Jetpiloten selbst. Die Auswirkungen des sogenannten *„Jet lags"* werden seit 1937 sowohl im Feld (McFarland 1975) als auch in Labors (z.B. Monk 1988) getestet und ausgewertet.

*Die geographischen Zeitzonen der Erde.* Einer der wichtigsten Faktoren, die bei Jet lag in Betracht gezogen werden müssen, ist die Beziehung zwischen den geographischen Zeitzonen, die die modernen Jetflugzeuge überfliegen und den Problemen, die durch den schnellen Transport für die Besatzung und die Passagiere entstehen.

Ferdinand Dowd (1825-1904) hatte die Idee, die Erde in 24 Zeitzonen – ausgehend vom Nullmeridian – einzuteilen. Jede Zone umfaßt 15 der insgesamt 360 Längengrade. Der Zeitunterschied von Zone zu Zone beträgt genau eine Stunde. Über dem Nullmeridian, der durch die Sternwarte Greenwich in London geht, ist die Weltstandardzeit *„Universal Time co-ordinated" (UTC)* definiert. Der Verlauf der Zeitzonen wurde weitestgehend den Staatengrenzen angepaßt. Dadurch wollte man vermeiden, daß in einem Staat mehrere Zeiten herrschen.

Die eingesetzten Langstreckenflugzeuge (z.B. Boing 747 Jumbo) für die Zivilluftfahrt fliegen mit einer Geschwindigkeit von 520 Knoten (963 km/h) in einer Flughöhe von 37 000 – 39 000 Fuß (11 277 – 11 837 m) und überfliegen somit eine Zeitzone pro Stunde.

## 2. Die Entstehung von Jet lag

Die meisten der physiologischen und mentalen Funktionen des Menschen laufen in einem regelmäßigen, etwa 24 Stunden dauernden Rhythmus ab. Dieser Tag-Nacht-Rhythmus wird mit dem englischen Begriff *„circadian rhythm"* bezeichnet (vgl. McFarland 1974). Neben dem Schlaf und Wachzustand wechseln auch eine große Anzahl an Körperfunktionen parallel zum Tag-Nacht-Kreislauf, so z.B. die Ausschüttung der Hormone Adrenalin und der 17-Ketosteroide, die Ausscheidungsfunktionen sowie die mentale und psychomotorische Leistung.

Das bedeutendste Problem bei transkontinentalen Langstreckenflügen ist die durch die Zeitverschiebung bedingte Veränderung des biologischen Rhythmus. Die für den menschlichen Organismus typischen Konsequenzen der Zeitverschiebung werden als Desynchronisation (McFarland 1974) bezeichnet. Die Intensität dieser Desynchronisation ist von der Anzahl der überflogenen Zeitzonen abhängig. Entscheidend hierbei ist die Flugrichtung. Bei Ost-West-Flügen spürt der Passagier weniger die Auswirkungen des Jet lags, da die innere Uhr des Menschen zu einem Rhythmus tendiert, der die 24 Stunden überschreitet. Diverse Untersuchungen haben gezeigt, daß Flüge von Westen nach Osten anstrengender empfunden werden, da aufgrund der Zeitverkürzung der biologische Rhythmus um mehrere Stunden beschnitten wird (z.B. Wooldridge 1990). Bei Flügen von Norden nach Süden und umgekehrt ensteht kein gravierender Jet lag, da hierbei selten mehr als eine Zeitzone überflogen wird. Der Fluggast fühlt sich zwar erschöpft, eine Verschiebung der zircadianen Rhythmik oder eine Einschränkung der psychologischen Leistung tritt nicht ein (McFarland 1975, Wooldridge 1987).

## 3. Die Auswirkungen von Jet lag

Die Auswirkungen von Jet lag werden bei den meisten vorliegenden Studien vor und nach einem transmeridianen Flug untersucht. Untersuchungsparameter sind u.a. die Körpertemperatur, die Konzentration von Adrenalin, Noradrenalin, Kalium und Natrium im Urin, Leistungsfähigkeit, Blutdruck, Reaktionszeit und Schlafverhalten (Hauty & Adams 1966; Vokac 1984; Monk 1988). Wie stark Jet lag empfunden wird, hängt sowohl von dem persönlichen Zustand des Flugpassagiers ab (McFarland 1974), als auch von den allgemeinen und spezifischen Flugbedingungen.

Zu den persönlichen Faktoren des Passagiers zählen das Alter, die körperliche Verfassung, die Flugerfahrung und die Eß- und Trinkgewohnheiten vor, während und nach dem Flug. Die allgemeinen Flugbedingungen beinhalten Lärm, Vibration, geringe Luftfeuchtigkeit, geringer Luftdruck und eingeschränkte Beweglichkeit. Zu den spezifischen Flugbedingungen zählen die Startzeit, die Flugrichtung, die Flugdauer, die Wetterbedingungen, die Anzahl der überflogenen Zeitzonen und die Temperaturveränderungen zwischen Abflugs- und Ankunftsort.

Die offensichtlichste Auswirkung von Jet lag ist die empfundene Müdigkeit, die durch Verkürzung oder Verlängerung des Tages und durch die Störung des biologischen Rhythmus des Körpers ausgelöst wird. Weitere Begleiterscheinungen sind Schlaflosigkeit, eine langsamere Reaktionsfähigkeit, Verdauungsstörungen, Reizbarkeit, Depressionen, eine herabgesetzte Leistungsfähigkeit und Konzentrationsschwierigkeiten (Wooldridge 1990, McFarland 1975).

Eine interessante Studie von Richards und Jacobson (1978) hat die Auswirkungen von Jet lag bei Flügen mit dem Überschallflugzeug Concorde untersucht. Fragebögen wurden den Passagieren auf den Hin- und Rückflügen Washington, D.C.–Paris (3,5 Stunden Flugzeit) und Rio de Janeiro–Paris (7 Stunden Flugzeit) ausgeteilt. Die Auswertungen zeigten, daß 58% der Passagiere keine Anzeichen von Jet lag verspürten; 75% fühlten sich nach einem Concorde-Flug wohler und ausgeruhter als nach einem konventionellen Flug und auch die physikalischen Beschwerden wurden als geringer eingestuft.

Durchschnittlich wird für zwei Stunden Zeitverschiebung eine Mindestzeit von 24 Stunden benötigt, um die Auswirkungen des Jet lags vollständig zu kompensieren. Die Desynchronisation nach einem Flug in Richtung Westen verläuft schneller als bei einem Flug in den Osten (vgl. Hauty & Adams 1966).

## 4. Die Maßnahmen gegen Jet lag

*Essen, Trinken, Rauchen.* Die Verringerung von Jet lag kann durch Verhaltensmaßnahmen bereits während des Fluges gefördert werden. So sollten während des Fluges nur kleine Portionen von leicht verdaulichen, kohlenhydratreichen Speisen zu sich genommen werden (Minors & Waterhouse 1988). Aufgrund der geringen Luftfeuchtigkeit – sie liegt bei ca. 10% – ist ferner auf reichliche Flüssigkeitsaufnahme zu achten. Zu viel Alkohol sollte jedoch vermieden werden, da sich die Auswirkungen von Alkohol verstärken, wenn die Konzentration des Sauerstoffs im Blut abnimmt ($\rightarrow$ *Alkoholkonsum*). Je nach Flughöhe entspricht der Kabinendruck einer Höhe von etwa 2000 bis 2500 Metern und der Sauerstoffdruck sinkt auf 90 bis 92% ab. Ein weiterer Faktor, der den Sauerstoff im Blut verringert, ist das Rauchen. Um das Wohlbefinden nicht unnötig einzuschränken, sollte auf das Rauchen weitgehend verzichtet werden (McFarland 1975). Da die Konzentrations- und Leistungsfähigkeit eingeschränkt ist, wird Geschäftsleuten empfohlen, wichtige Entscheidungen erst zwei Tage nach Beendigung des Flugs zu treffen (McFarland 1974; Wooldridge 1990).

*Synchronisation.* Den Fluggesellschaften wird nahegelegt, den Zeitunterschied nicht erst kurz vor der Ankunft zu nennen, sondern bereits beim Boarden sollten die Passagiere auf die Zeit des Ankunftsorts hingewiesen werden. Auch die Mahlzeiten und die Ruhezeiten während des Fluges sollten bereits mit der Zeit des Zielorts synchronisieren, damit eine langsame und bessere Anpassung möglich wird (Ford 1988; Woodruff 1988).

*Ruhezeiten.* Um Jet lag-Auswirkungen der Crews möglichst gering zu halten, wurden von der *ICAO (International Civil Aviation Organization)* und der EG Mindestruhezeiten festgelegt. Die Flugdienstzeit pro Tag beträgt demnach zehn bis maximal 14 Stunden bei einer Mindestruhezeit von 10 Stunden. Besteht zwischen dem Abflugs- und Ankunftsort ein Zeitzonenunterschied von vier und mehr Zeitzonen, ist die Mindestruhezeit auf 14 Stunden zu erhöhen (2.DVO LuftBO).

*Hormone.* In der jüngsten Forschung (Arendt 1987; Nickelsen et al. 1990) wird der Ausscheidung des Hormons *Melatonin* eine wichtige Rolle für den biologischen Rhythmus zugeschrieben. Biomediziner sehen dieses Hormon der Pinealdrüse als Herzstück der ‚inneren Uhr' an. Es ist etwa identisch mit der Zirbeldrüse oder Hypophyse und wird vermehrt bei Dunkelheit ausgeschüttet. Melatonin ist somit ein wichtiger Mittler des endogenen Zeitgebersystems des Gehirns. Mit ihm wird die Entgleisung des Biorhythmus, als Jet lag, in Verbindung gebracht. Seit 1988 testen Forscher der „Deutschen Forschungs- und Versuchsanstalt für Luft- und Raumfahrt" die gezielte Verabreichung von Melatonin. Die ersten Ergebnisse zeigen einen positiven Einfluß auf die Zeitverschiebungssymptome. Die erforderliche Konzentration und mögliche Nebenwirkungen müssen jedoch noch eingehender untersucht werden.

## Literatur

Arendt, J.; Aldhous, M.; English, J. & Marks, V. et al. (1987). Some effects of jet-lag and their alleviation by melatonin. Ergonomics, 30(9), 1379-1393.

Ford, B.J. (1988). More on avoiding jet lag. Nature, 331, 309.

Hauty, G.T. & Adams, T. (1966). Phase shifts of the human circadian system and performance deficit during the periods of transition: II. West-east flight. Aerospace Medicine, 10, 1027-1033.

Jauhar, P. & Weller, M.P. (1982). Psychiatric morbidity and time zone changes. British Journal of Psychiatry, 140, 231-235.

McFarland, R.A. (1974). Influence of changing time zones on air crews and passengers. Aerospace Medicine, 6, 648-658.

McFarland, R.A. (1975). Air travel across time zones. American Scientist, 63(1), 23-30.

Minors, D. S. & Waterhouse, J.M. (1988). Avoiding jet lag again. Nature, 332, 23-24.

Monk, T.H.; Moline M.L. & Graeber, R.C. (1988). Inducing Jet lag in the laboratory: Patterns of adjustment to an acute shift in routine. Aviation, Space, and Environmental Medicine, 59 (8), 703-710.

Nickelsen, T.; Lang, A. & Bergau, L. (1990). The effect of 6-, 9- and 12-hour time shifts on circadian rhythm: adaption of sleep parameters and hormonal patterns following the intake of melatonin or placebo. Frankfurt/M.: Department of Endocrinology, Center for Internal Medicine, University Clinic.

Richards, L.G. & Jacobson, I.D. (1978). Concorde: Ride quality and passenger reactions. Aviation, Space, and Environmental Medicine, 49(7), 905-913.

Vokac, Z.; Jebens, E. & Vokac, M. (1984). Phase-shifts of apparent circadian rhythms due to west and east transmeridian flights or to corresponding night-shift sleep disturbances. Chronobiology International, 1(2), 139-144.

Woodruff, M. (1988). How to avoid jet lag. Nature, 331, 217.

Wooldridge, W.E. (1990). Medical complications of air travel. Who is at risk? Postgraduate Medicine, 87(7), 75-77.

**Bettina Marcinkowski, München**

# Kulturelle Identität

## 1. Begriffe und Phänomene

In der Zielsetzung sind sich alle einig: Der Tourismus soll zur Verbesserung der Lebensqualität beitragen. Lebensqualität setzt sich zusammen aus dem wirtschaftlichen Wohlstand und dem subjektiven Wohlbefinden. Voraussetzung für subjektives Wohlbefinden aber ist eine starke Identität. „Das analytische Konstrukt der Identität bezeichnet die Fähigkeit des einzelnen, sich der Kontinuität seines Lebens und damit auch seiner 'Einmaligkeit' über alle Wechselfälle und Brüche hinweg bewußt zu bleiben." (Hoffmann 1985, S. 114). Diese Ich-Identität ist jedoch nicht erreichbar ohne das Gefühl der Zugehörigkeit zu einer Bezugsgruppe. Somit ist die gesellschaftliche (kulturelle) Identität die Grundlage für die Ich-Identität und damit eine wichtige Voraussetzung für Lebensqualität.

Da die kulturelle Identität heute vielfach als gestört oder gar zerstört gilt, ist die Stärkung der kulturellen Identität ein wichtiger Beitrag zur Verbesserung der Lebensqualität jedes einzelnen und der Gesellschaft. Identität soll somit nicht als starres Konzept, sondern als Prozeß verstanden werden. Dem entspricht die folgende Definition von Hans A. Pestalozzi (1987), wonach unter Kultur ganz einfach das zu verstehen ist, „was für eine menschliche Gemeinschaft in einer bestimmten Region typisch ist." Dieser weite Kulturbegriff geht weder von einem starren Kulturkonzept, noch von einem kulturpessimistischen Ansatz aus.

Die Ich-Identität ist Ausdruck eines fortwährenden Pendelns zwischen Anpassung und Widerstand. Anpassung steht für das menschliche Grundbedürfnis nach Sicherheit und Zugehörigkeit, Widerstand für die Abgrenzung und Eigenständigkeit des Individuums. Dieselben Kern-Voraussetzungen der Identität finden sich in der Psychologie und Anthropologie: Greverus (1978, S. 229) etwa bezeichnet sie als „Sicherheit" und „Aktivität".

Diese Voraussetzungen der Ich-Identität gelten auch für die kulturelle Identität, müssen jedoch durch eine dritte Dimension erweitert werden: den kulturellen Pluralismus. Er ermöglicht die Integration verschiedener Gruppen in eine Gesellschaft und verhindert somit deren Ausgrenzung. Will der Tourismus zur Verbesserung der Lebensqualität beitragen, muß versucht werden, die kulturelle Identität (mit ihren Voraussetzungen Sicherheit, Aktivität und Pluralismus) zu stärken.

## 2. Das Vier-Kulturen-Modell als Strukturierungsansatz

Um die vielschichtigen Wechselwirkungen zwischen dem Phänomen Tourismus und der kulturellen Identität zu durchleuchten, haben wir einen vierteiligen Strukturierungsansatz entwickelt. Er basiert auf einem Tourismus-Erklärungs-Modell von Jafari (1982), der von den betroffenen Kulturen ausgeht. Jafari unterscheidet dabei nicht nur – wie allgemein üblich – die Kultur der touristischen Zielgebiete von derjenigen der touristischen Quellgebiete, sondern erweitert diese Zweiteilung um eine dritte Kultur, die Touristenkultur. Darunter ist der (→) *Lebensstil* zu verstehen, den Touristen auf Reisen pflegen. Aufgrund der Tatsache, daß die touristischen Zielgebiete neben ihrer gewachsenen eine eigene tourismusspezifische Kultur herausbilden, kann Jafaris Ansatz nochmals um eine Kultur erweitert werden. Demnach umfaßt das Vier-Kulturen-Modell folgende Elemente:

*a) Die Kultur der Quellregion:* das, was für alle Einwohner eines touristischen Entsendegebietes typisch ist;

*b) die Ferienkultur (Touristenkultur):* das, was für die Touristen während ihren Reisen typisch ist;

*c) die Dienstleistungskultur:* das, was für die vom Tourismus Betroffenen in einer bestimmten touristischen Zielregion typisch ist;

*d) die Kultur der Zielregion:* das, was für alle Bewohner eines touristischen Empfangsgebietes typisch ist (vgl. Abb. 1).

In den folgenden zwei Abschnitten sollen Auswirkungen der Dienstleistungskultur auf die kulturelle Identität der Zielregion sowie die Funktion der Ferienkultur für die kulturelle Identität der Quellregion beschrieben werden.

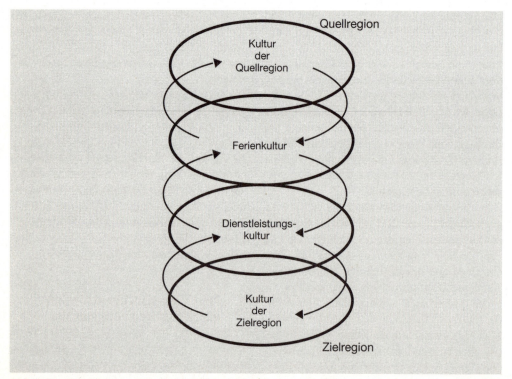

Abb. 1: Das Vier-Kulturen-Modell (nach Thiem 1992, S. 23)

## 3. Kulturelle Identität in der Quellregion

Seit den frühen 80er Jahren hat sich eine Art monokausaler Erklärung des Tourismus in der Form der Fluchtthese (→ *Reisemotive*) durchgesetzt: Tourismus im Industriezeitalter wird als eine große Fluchtbewegung vor dem als unbefriedigend empfundenen Alltag interpretiert. Wohn-, Arbeits- und Freizeitwelt können demnach nur ertragen werden, wenn der Ausbruch auf Zeit in Form von Ferien für breite Schichten möglich ist (vgl. Krippendorf 1984). Die Ferien haben also *suspensiven* (die Zwänge zeitweilig aufhebenden), *kompensativen* (für Defizite der Alltagswelt entschädigenden) und *regenerativen* (die körperliche und seelische Erschöpfung ausgleichenden) Charakter.

Aufgrund der Tatsache, daß erstens Touristen sich in diesen Analysen und Erklärungen nur teilweise wiedererkennen, zweitens manche Positionen eine Instrumentalisierung des Tourismus als Mittel zur Gesellschaftskritik offenbaren, drittens diese Fluchtthese stark den rein äußeren Bedingungen und Ausgestaltungen des Tourismus verhaftet ist und viertens in einigen wenigen Studien eine tiefergehende Interpretation des Reisens angeregt wird, ist von den Autoren ein weiterer Ansatz zur Erklärung der kulturellen Funktion des Tourismus für die Entsenderegion entwickelt worden. Dieser setzt die Fluchtthese als akzeptiert voraus und will sie ergänzen. Er ist insofern einseitig, als die äußeren Bestimmungsfaktoren des Reisens ausgeklammert werden.

Die Entwicklung von der Agrar- über die Industrie- bis hin zur Informationsgesellschaft bedroht fortlaufend unsere kulturelle Identität:
– Rationalisierung sowie zweck- und nutzengerichtetes Denken und Handeln widersprechen dem Pluralismus;
– der Verlust des Lebenszusammenhangs zerstört nicht nur das Gefühl der Ganzheit, sondern auch das der Sicherheit;
– eine zunehmende Arbeitsteilung und daraus erwachsende Fremdbestimmung erschweren die Aktivitätsentfaltung.

In diesem Prozeß übernimmt die Ferienkultur neuzeitlicher, westlicher Prägung vitale Funktionen zur Identitätsfindung. Sie befriedigt insbesondere Grundbedürfnisse im sinnlichen und emotionalen Bereich, die in der Industriegesellschaft kaum mehr Platz haben: Mythen, rituelle und zyklische Verläufe, positive Utopien. Diese Funktionen wurden früher von der Religion, von Bräuchen, von alten Überlieferungen oder auch von den Künsten übernommen, alles Identitätsgrundlagen, die im modernen Leben eine immer kleinere Rolle spielen. Es stellt sich somit die Frage, inwieweit die kulturelle Identität in der Quellregion und den daraus abgeleiteten Voraussetzungen – des Pluralismus, der Sicherheit und der Aktivität – durch die Ferienkultur gestärkt werden kann. Dafür sind drei Begriffe relevant: Mythos, Ritual und Utopie.

*(1) Mythischer Charakter der Ferienkultur als Förderer des Pluralismus*

In der Industriegesellschaft ist der Bereich des Mythischen beinahe völlig ausgeklammert, insbesondere seit die Religion ihre bedeutsame Rolle verlor. Die mythische Wahrnehmung ist in unserem Sprachgebrauch dem rationalen Denken klar unterlegen. die daraus resultierende rein rationale Erklärung der Welt und der Sinneszusammenhänge hat zur Folge, daß die Vielschichtigkeit menschlicher Erfahrung und Bedürfnisse nicht nur vernachlässigt, sondern sogar geleugnet wird (vgl. Hübner 1987, S. 46).
Für die Industriegesellschaft ist die Ferienkultur derjenige Bereich, der für das Mythische sozusagen „zuständig" ist. Hierher wird die Verwirklichung sinnlicher und emotionaler Bedürfnisse verlegt, die Suche nach Freiheit und Glück, der Traum von Friede und Mühelosigkeit. Perfekt zeigt sich diese Aufgabenteilung zwischen rationalem und mythischem Denken durch ihre hohe Diffusion in die gesamte Kultur der Quellregion, zum Beispiel in der Werbung, die sich für Güter und Leistungen aller Art ausgiebig des Flairs von Freiheit, Glück, Sinnlichkeit und Unbeschwertheit bedient, das mit der Darstel-

lung von Reise- und Feriensituationen assoziiert wird.
Die Ferienkultur kann also als diejenige Ergänzungswelt der Kultur der Quellregion verstanden werden, die den Erfahrungshorizont des rational geprägten Menschen um wichtige emotionale, intuitive und sinnliche Dimensionen erweitert und somit mythischen Charakter hat.

*(2) Ritueller Charakter der Ferienkultur als Förderer der Sicherheit*

Auch der Begriff des Rituals ist in der Industriegesellschaft mit einem negativen Beigeschmack belegt: Als „rituell" gelten nicht hinterfragte und nicht zielgerichtete Handlungen, was in einer dem Zweckdenken verhafteten Gesellschaft einer Abqualifizierung gleichkommt. Tatsächlich aber haben Rituale drei für die Sicherheit und damit die Identität entscheidende Funktionen:
a) sie reduzieren Komplexität, indem sie für bestimmte Situationen ein bestimmtes Verhalten vorschreiben;
b) sie schaffen ein Gefühl der Zusammengehörigkeit und Gemeinschaft (vgl. Erikson 1978, S. 64);
c) sie strukturieren durch regelmäßige Wiederkehr die Zeit und ermöglichen somit eine gewisse Orientierung.

Es ist ganz offensichtlich, daß diese Überhöhung des Alltags und die Strukturierung der Zeit, wie sie früher in Ritus, Kult und Fest stattfanden, heute von der Ferienkultur wahrgenommen werden. Denken wir an die rituellen Reisevorbereitungen, an die wiederkehrenden Reiseverhaltensmuster oder an den weit verbreiteten Sonnen- und Körperkult während der Ferien, so wird die rituelle Bedeutung der Ferienkultur offensichtlich. Sie bildet Raum für gemeinsame Erinnerungen, Hoffnungen und Phantasien und stärkt so das Gemeinschaftsgefühl und damit die Sicherheit als Teil der kulturellen Identität.

Wie der mythische hat auch der rituelle Charakter der Ferienkultur Gültigkeit für alle Träger der Kultur der Quellregion: Auch für Nicht-Reisende wird sie durch zahlreiche Erscheinungen vermittelt, so zum Beispiel durch die allgemeine Aufbruchsstimmung zu Ferienzeiten oder durch die regelmäßigen Reisebeilagen in Zeitungen usw.

*(3) Utopischer Charakter der Ferienkultur als Förderer der Aktivität*

Ungeachtet der grundlegenden Bedeutung für die persönliche und kulturelle Identität ist der Begriff „Utopie" in unserer Gesellschaft zutiefst suspekt und fremd geworden. Er wird in der heutigen Umgangssprache assoziiert mit unrealistisch, verträumt oder versponnen, was in der auf Diesseitigkeit und Machbarkeit fixierten Industriegesellschaft eindeutig negativ verstanden wird.
Nun ist aber „Nicht-Ort" (so die wörtliche Übersetzung des griechischen „Utopia") zwar Ausdruck der Nicht-Lokalisierbarkeit, keinesfalls aber eines mangelnden Realitätsbezugs. Im Gegenteil: Utopien entstehen immer aus einer Unzufriedenheit mit einer als mangelhaft erkannten Realität heraus und sind ein klarer Gegenentwurf zu ihr. Utopien sind Träume aber von einer anderen, gerechteren, besseren Realität. Ihr Irrealismus ist somit nicht Manko, sondern Ausdruck von Aktivität (vgl. Biesterfeld 1985, S. 139).

Jede Kultur prägt ihre eigenen Formen der Utopie. Eine wichtige Form in der Industriegesellschaft ist die Ferienkultur. Zwar scheint auf den ersten Blick die Bedingung des „Nicht-Orts" bei der Ferienkultur nicht gegeben zu sein, da sie ihre Vorstellungen vom besseren Leben ja offensichtlich in der Ferienrealität verwirklicht sieht. Diese Lokalisierbarkeit ist jedoch nur eine scheinbare, da eine Vorstellung bleibt und weder der Realität der Alltagskultur noch derjenigen der tatsächlichen Ferien entspricht.

Utopien tragen immer eskapistische Züge. Sie wollen also die Realität nicht verändern, sondern ihr entfliehen. Der Wunsch nach zeitweiliger Flucht sollte aber nicht als grundsätzlich negatives Symptom der Industriegesellschaft interpretiert werden (Kramer 1987, S. 66). Vielmehr wäre es wichtiger und konstruktiver, die dahinterstehenden Bilder und Träume zu entschlüsseln und die Ferienkultur als Freiraum zur Aktivitätsentwicklung zu akzeptieren.

Fazit: Die moderne Ferienkultur ist derjenige Bereich, auf den uralte seelische Grundmotive (Archetypen) in besonderem Maße projiziert werden und der die entsprechenden Bedürfnisse für die Kultur der Quellregion erfüllt. Der mythische, rituelle und der utopische Charakter von Ferien und Reisen übernimmt wichtige Funktionen für Pluralismus, Sicherheit und Aktivität und damit für die kulturelle Identität in der Quellregion.

## 4. Kulturelle Identität in der Zielregion

In der Tourismusforschung ist es üblich, die Kommerzialisierung einheimischer Kultur (z. B. „Gastfreundschaft", „Folklore") als Negativ-Posten unter den Auswirkungen des Tourismus zu vermerken. Tatsächlich aber muß gemäß dem zu fordernden empathischen Ansatz beachtet werden, ob diese Kommerzialisierung aus der Sicht der Bewohner der betreffenden Region als positiv oder als negativ empfunden wird. Nur so ist es möglich, nicht nur die Form, sondern auch die Funktion von Kulturbestandteilen und ihren eventuellen Veränderungen zu erfassen – eine grundsätzliche Unterscheidung, die die Tourismusforschung nicht selten außer acht läßt. Die Grundfrage muß also lauten: Wie kann der Tourismus den Voraussetzungen der kulturellen Identität (Pluralität, Sicherheit und Aktivität) förderlich bzw. hinderlich sein?

*(1) Die Dienstleistungskultur als Förderer des Pluralismus als Teil der kulturellen Identität der Zielregion*

Der Pluralismus erfährt durch die Dienstleistungskultur sowohl in zeitlicher wie auch in räumlicher Hinsicht entscheidende materielle und immaterielle Impulse. Mit der zeitlichen Orientierung ist in erster Linie die Revitalisierung alter, nicht mehr gelebter Kulturelemente gemeint, allerdings nicht im Sinne einer Wiederaufnahme alter Tradition, sondern als eine in Form und Funktion auf die neue Situation angepaßte Neukomposition. Ähnlich wie für die zeitliche läßt sich auch für die räumliche Orientierung pluralismusfördernde Impulse durch die Dienstleistungskultur ausmachen. Hier geht es vor allem um die Innovation, nachweisbar am Beispiel der postmateriellen Werte, die vor allem durch Zuzügler eingebracht werden.

*(2) Die Dienstleistungskultur als Förderer der Sicherheit als Teil der kulturellen Identität der Zielregion*

Sicherheit meint im Zusammenhang mit Identität in erster Linie Verhaltens-Sicherheit, wozu auch das Gefühl des Aufgehoben-Seins in einer Gruppe und die Ausprägung eines positiven Wir-Gefühls gegen Außen gehört. Die Dienstleistungskultur kann auf verschiedenen Ebenen positive Einflüsse ausüben. So läßt sich nachweisen, daß durch die touristische Entwicklung die Abwanderung aus Berggebieten gestoppt werden kann, was für die Verhaltens-Sicherheit von vitaler Bedeutung ist. Auch die von den Bewohnern der Tourismusregionen selbst festgestellten Verbesserungen der materiellen Lebensbedingungen können eine Zunahme des Selbstwertgefühls und damit der Sicherheit unterstützen.

*(3) Die Dienstleistungskultur als Förderer der Aktivität als Teil der kulturellen Identität der Zielregion*

Mit Hilfe der touristischen Entwicklung ist sowohl der Wille als auch die Fähigkeit zu eigenständiger Gestaltung, zur Abwehr von Fremdbestimmung, zu Wahrnehmung vergrößerter Aktivitätsangebote im Freizeitbereich, zu Verwirklichung sozialer Mobilität usw. gestärkt worden, alles Zeichen vorhandener Aktivität in einer Gesellschaft. Besonders im Bereich der Kunst bewirkt die Dienstleistungskultur die Erstellung von Einrichtungen, die in der Kultur der Zielregion sonst nicht vorhanden wären.

Die Dienstleistungskultur kann aber selbst einen gestärkten Willen zur Abwehr von Fremdbestimmung fördern, wenn auch im allgemeinen erst nach einem erheblichen „Leidensdruck". Denn eine aufgrund negativer Erfahrungen sich entwickelnde Skepsis gegenüber einer weiteren touristischen Entwicklung kann zur Formierung von Widerstand gegen touristische (Groß-)Projekte führen, die von außen geplant werden. Der Aktivitätsgrad wird dann noch größer, wenn neben der Abwehr auch Entwicklungsalternativen aus der Zielregion hervorgebracht werden. Allerdings gibt es auch Gefahren, die mit den Begriffen „Anonymität", „Unsicherheit" und „Inaktivität" umschrieben werden können.

*Gefahr (1) Die Dienstleistungskultur als Förderer der Anonymität in der Kultur der Zielregion*

Die „Namenlosigkeit" (so die Übersetzung des griechischen Begriffs „Anonymität") äußert sich auf kultureller Ebene in Austauschbarkeit, Konturenlosigkeit, Beliebigkeit – alles bekannte Begleiteigenschaften einer touristischen Entwicklung. Eine Kultur, die diese Merkmale aufweist, kann kaum ihre Identität (neu) ausbilden. Als Wirtschaftsfaktor unterliegt der Tourismus – und damit die Dienstleistungskultur – den Forderungen nach „Normung, Montage und Serienfertigung" (Hans Magnus Enzensberger). Mit dem Trend zum „touristischen Eintopf", sei es auf der Speisekarte, im Dienstleistungsangebot oder in der Architektur, wächst die Gefahr der Anonymität. Dem Pluralismus werden damit Grenzen gesetzt.

*Gefahr (2) Die Dienstleistungskultur als Förderer der Unsicherheit*

Die Entwicklung von der traditionellen hin zur balancierenden Identität ist grundsätzlich von einer Zunahme der Unsicherheit gekennzeichnet. Dem Vorteil der zunehmenden Wahlmöglichkeiten und größeren Selbstentfaltungs-Chancen des/der einzelnen im Zuge der touristischen Entwicklung steht der Verlust eines offenen Normen- und Sanktionssystems gegenüber. Auch die veränderte Status-Definition, die weniger über die Herkunft und stärker über die Leistung erfolgt, bringt zum Teil ausgeprägte Existenzängste mit sich (Vgl. Hartfiel 1972, S. 21).

Die Dienstleistungskultur mit ihren neuen Ausbildungs- und Berufsmöglichkeiten, mit ihrem Einfluß auf Preissteigerungen, mit der neuen Konkurrenzsituation, mit der zunehmenden Beeinträchtigung der Privatsphäre usw. kann die Unsicherheit drastisch verschärfen, insbesondere wenn die Assimilationszeiten zu kurz sind. Eine These besagt nämlich, daß die kulturellen Veränderungen immer hinter den strukturellen Veränderungen nachhinken (Messerli 1989). In vielen Zielgebieten hat sich die wirtschaftliche und sozio-demographische Struktur im Laufe der Wachstumseuphorie schnell und stark gewandelt. Das sozio-kulturelle Anpassungsvermögen blieb oft unberücksichtigt. Ein gesunkenes Tourismusbewußtsein ist vielerorts die natürliche Folge. Die Assimilationszeit stellt somit auf dem Weg zu einer starken kulturellen Identität die kritische Größe dar.

*Gefahr (3) Die Dienstleistungskultur als Förderer der Inaktivität*

Wo es am Willen und an der Fähigkeit zu eigenständiger Gestaltung des Umfeldes fehlt, wird sich ein Gefühl der Bedeutungslosigkeit und der mangelnden Einflußmöglichkeiten breitmachen. Das weckt und verstärkt wiederum Gefühle der Abhängigkeit, der Unselbständigkeit und des Ausgeliefertseins, wodurch sich Inaktivität weiter vertieft.

In der Dienstleistungskultur steckt ein gefahrenvolles Potential, solche Gefühle in der Kultur der Zielregion zu schüren. Im allgemeinen werden Einheimische in die Entscheidungsprozesse über die touristische Entwicklung nicht oder nicht ausreichend eingebunden, so daß sie keinen oder einen nur ungenügenden Einfluß auf die materielle und immaterielle Gestaltung ihres Umfeldes haben. Folge davon sind oft sinkende Tourismusgesinnung, Apathie, Resignation, geistige oder auch ganz konkrete Abwanderung. Inaktivität kann sich auch in Form einer kritiklosen Übernahme von Werten und Verhaltensweisen (Akkulturation) oder in einem übermäßigen Alkoholkonsum niederschlagen (→ *„Alpendorf"*).

Fazit: Die einzelnen Chancen und Gefahren der Dienstleistungskultur für die kulturelle Identität der Einheimischen treten nicht vereinzelt auf, sondern sind eng mit der touristischen Entwicklung verknüpft: In einer ersten Phase sind häufig Bewunderung für die und die Übernahme einzelner Elemente aus der Dienstleistungskultur zu beobachten. Es folgt dann sehr häufig eine Phase der kritischen Distanz, die von einer dritten Phase abgelöst wird, die im einen Fall von Resignation und passiver Ablehnung, im anderen Fall von einer aktiven Suche und Entwicklung von eigenständigen Alternativen gekennzeichnet ist.

# Literatur

Biesterfeld, W. (1985). Einführung in Begriff, Geschichte und Didaktik der Utopie (S. 139-149). In Ders. (Hg.), Utopie, Arbeitstexte für den Unterricht. Stuttgart: Eigenverlag.

Enzensberger, H.M. (1976). Eine Theorie des Tourismus (S. 179-205). In Ders., Einzelheiten I. Bewußtseins-Industrie. 9. Aufl. Frankfurt/M.: Suhrkamp.

Erikson, E.H. (1978). Kinderspiel und politische Phantasie. Stufen in der Ritualisierung der Realität. Frankfurt/M.: Fischer.

Greverus, I.M. (1978). Kultur und Alltagswelt. Eine Einführung in Fragen der Kulturanthropologie. München: Eigenverlag.

Hartfiel, G. (1972). Wörterbuch der Soziologie. Stuttgart: Enke.

Hoffmann, H. (1985). Kultur für morgen. Ein Beitrag zur Lösung der Zukunftsprobleme. Frankfurt/M.: Unveröffentlichtes Manuskript.

Hübner, K. (1987). Exotismus und Mythos (S. 44-47). In Exotische Welten – Europäische Phantasien. Katalog zur Ausstellung des Instituts für Auslandsbeziehungen und des Württembergischen Kunstvereins im Kunstgebäude am Schloßplatz. Stuttgart.

Jafari, J. (1982). Understanding the structure of tourism – An avant propos to studying its costs and benefits (S. 51-72). In AIEST (Hg.), Wechselwirkungen zwischen Nutzen und Kosten des touristischen Angebots. St. Gallen: AIEST-Verlag.

Kramer, F.W. (1987). Eskapistische und utopische Motive in der Frühgeschichte der deutschen Ethnologie (S. 66-71). In Exotische Welten, Europäische Phantasien. Ausstellung des Instituts für Auslandsbeziehungen und des Württembergischen Kunstvereins. Stuttgart.

Krippendorf, J. (1984). Die Ferienmenschen – Für ein neues Verständnis von Freizeit und Tourismus. Zürich: Orell-Füssli (2. Aufl. München: dtv 1986).

Messerli, P. (1989). Mensch und Natur im alpinen Lebensraum. Risiken, Chancen, Perspektiven. Bern: P. Haupt.

Pestalozzi, H.A. (1987). Kultur: Freiraum oder Alibi? Vortrag in der Reihe „Aua, wie leben!", 12.5.1987, Bern.

Thiem, M. (1992). Tourismus und kulturelle Identität – Die Bedeutung des Tourismus für die Kultur touristischer Ziel- und Quellgebiete. Inauguraldissertation, Universität Bern.

**Hansruedi Müller und
Marion Thiem, Bern**

# Landschaftserleben, Landschaftswahrnehmung, Naturerlebnis, Naturwahrnehmung

## 1. Die Entdeckung der Natur als touristisches Potential

Gegen Ende des 18. Jahrhunderts wurden die Bildungsreisen der höheren Stände unter dem Eindruck von Rousseaus Roman „Emile" (1792) und seiner Forderung „Retournons à la nature" um den Aspekt des Natur-Erlebens erweitert. Das Erleben der von Schriftstellern und Malern als wildromantisch gekennzeichneten Natur wurde bei manchen Reisen erstmalig zum eigentlichen Gegenstand des Interesses, was in der Folgezeit zur Entstehung des Alpentourismus führte. Spode (1987, S. 3) führt gar die Entstehung der „touristischen Reise" auf die Entdeckung der Alpen als touristisches Ziel zurück. Dabei hatte Luther noch die Alpen im Tagebuch seiner Romreise überhaupt nicht erwähnenswert gefunden, und für Voltaire waren sie (im 18. Jahrhundert) ebenfalls nur „ein häßliches Bollwerk, das die Völker trennt."

Mit Rousseau kam jedoch eine Renaissance der Liebe zur Natur, welche „(...) rasch zum Leitmotiv eines wachsenden Unbehagens am gesellschaftlichen Fortschritt" wurde (Spode 1987, S. 4). Der Mensch des 18. Jahrhunderts (zumindest der Angehörige der damaligen gebildeten Oberschicht) ist also in seiner Lebensart und Denkweise dem Mensch unserer heutigen Zeit sehr ähnlich (Braudel 1971); ebenso vergleichbar den heutigen dürften die Reisemotive der damaligen Zeit gewesen sein.

In der Romantik wurde das Landschafts- und Naturerlebnis bewußt in das Bildungs- und Reiseerlebnis einbezogen. Das emotionale Erlebnis von Landschaft rückte in den Vordergrund. Nur wenig später wurde auch die Geschichte als interessanter Inhalt der Reise entdeckt. Da die Begegnung mit Natur und Geschichte jedoch von den Romantikern dem Gefühl der Empfindsamkeit, des inneren Erlebens zugewiesen wurde, „(...) postulierten sie zugleich den Vorzug des Erlebens vor dem Erkennen, des Genießens vor dem Studieren. Erlebnis und Genuß, und damit nicht mehr primär Bildung, wurden damit Hauptinhalte des Reisens" (Günter 1988). Der Gedanke der Erholung, des Genusses einer heilen Welt und unberührten Natur, der seit der industriellen Revolution immer mehr an Bedeutung gewinnt, beginnt sich bereits hier abzuzeichnen.

In der Zeit der industriellen Revolution gewann das Reisen „(...) in dem Maße an Attraktivität, wie die Arbeit monoton, das Leben verzweckt und die Städte unwirtlich wurden". Reiste man nun zum einen „mit dem beruflich konkreten Ziel der Information" (Knebel 1960, S. 14), so gewann gerade in der Phase der Hochindustrialisierung der Regenerations- und Rekreationsgedanke an Bedeutung, Naturerlebnis wurde unter vorwiegend gesundheitlichen Aspekten (Spode 1987, S. 8) als Gegenpol zur Monotonie der Arbeitswelt und der Städte gesucht. Spielte in der Zeit nach dem Zweiten Weltkrieg der Erholungsgedanke und der Wunsch nach Ausbruch aus der Isolation eine erhebliche Rolle, wurde „unberührte" und „unzerstörte" Natur als wohltuender Gegensatz zu den zerstörten, unwirtlichen Städten erlebt, so ist seit den späten 70er Jahren eine erhebliche Sensibilisierung der Urlauber in Hinblick auf eine Belastung der Umwelt zu konstatieren. Dies ist als eine Folge einerseits zunehmender Umweltverschmutzung zu sehen, andererseits jedoch auch aus einer ausufernden Übernutzung durch Sport und Freizeitbetätigung. Es erfolgt eine Wiederbesinnung auf die Ästhetik der Landschaft, die Sehnsucht nach „unberührter", unzerstörter Natur gewinnt ab Mitte der 80er Jahre wieder erheblich an Bedeutung, wie dies u.a. an Ergebnissen der Reiseanalyse des „Studienkreises für Tourismus, Starnberg" abzulesen ist.

## 2. Landschaftsästhetik: Natur und Landschaft als Erlebnis

Eine wesentliche Facette des Tourismus stellt das Landschaftserlebnis dar. Abhängig vom jeweiligen Kulturkreis, dem der Tourist angehört, von seinen Wertvorstellungen und seiner Sozialisation, entwickelt er eine unterschiedliche Landschaftsästhetik, die sein Landschaftserleben, die Art der Landschaftswahrnehmung und sein daraus resultierendes Verhalten bestimmt. Viele Völker haben keinen Blick für die Schönheit von Landschaften, sondern sehen sie anders als die Europäer rein unter dem Gesichtspunkt ihres Nutzwertes oder ihrer Gefahren (Hartmann 1982, S. 5).

Weiterhin entscheidend für die Art der Wahrnehmung sind Erwartungen, die der jeweilige Wahrnehmende an die Landschaft stellt (vgl. Lilli 1983) bzw. Schemata, die „ganze Gruppen von organisierten Informationseinheiten" (Anderson 1989, S. 129ff) repräsentieren und die wir zur Wahrnehmung und Identifikation von geographischen Räumen benutzen.

Ein „Konzept" wie zum Beispiel ein Haus oder eben auch eine Landschaft ist durch eine Konfiguration von Merkmalen definiert, „(...) wobei jedes Merkmal einen Wert spezifiziert, den das Objekt hinsichtlich einer Eigenschaft (...) besitzt. Die Repräsentation durch Schemata ist ein Weg, um diese Struktur von Beziehungen zu erfassen. Schemata repräsentieren die Struktur eines Objekts durch eine Struktur von Leerstellen für Attribute, die Werte spezifizieren." (Anderson 1989, S. 120f). Daraus ergibt sich nach Anderson für ein Haus z.B. die Schemareprasentation *Oberbegriff:* Gebäude; *Material:* Holz, Stein; *enthält:* Zimmer etc. Ein Schema Landschaft würde wie folgt definiert werden können: Mittelgebirge; *Formenschatz:* sanftgewellte Hügellandschaft; *Klima:* relativ gemäßigt, häufig regenreich etc. – Die Wahrnehmung von Landschaft (oder besser: von geographischen Räumen als Landschaft) folgt also bestimmten Mustern.

Die Entdeckung der Landschaft als „sehenswert" oder „erlebenswert" verdanken wir Schriftstellern und Malern, die die Landschaft als „Spiegel einer seelischen Befindlichkeit" (Hartmann 1982) entdeckten. Damit verbunden war eine jeweilige Stilisierung der Landschaft, z.B. als romantisch, wild etc., die sich heute noch bei Touristen findet. Dies macht sich auch die Tourismuswerbung zu Nutzen, wenn sie diese Stilisierungen aufgreift und in „Werbelyrik" (Hartmann 1982) umsetzt.

Ähnlich verhält es sich auch mit den Vorstellungen von Natur; „Natur" und „Landschaft" werden und wurden häufig gleichgesetzt, was ebenfalls kulturhistorisch bedingt ist. Ein in diesem Zusammenhang noch heute gebräuchliches Kulturmuster ist, „(unberührte) Natur" im Gegensatz zu „Zivilisation" zu sehen. Allerdings gibt es heute überhaupt keine „unberührte" Natur mehr, – zumindest in den sogenannten zivilisierten Ländern. Der Wunsch vieler Touristen nach möglichst „unberührter" Natur ist folglich irreal bzw. mit falschen Assoziationen behaftet. „Man will aus der ‚künstlichen', zweckhaften, rationellen Umwelt der Stadt „zurück" in die reine Natur, die als das ursprüngliche, organisch

Gewachsene angesehen wird, von dem sich der Mensch sträflich entfernt hat. Landschaft soll dementsprechend vom Menschen nicht umgestaltete Natur sein." (Hartmann 1982 S. 7). Was jedoch unberührte Natur ist, wird von den Werbeagenturen bzw. von unseren Wertvorstellungen vorgegeben. Wirklich sich selbst überlassene „Natur" erscheint uns düster und abweisend, ja teilweise furchterregend; zwar sucht der Tourist das Abenteuer und Erlebnis, aber wenn schon, dann aus sicherer Entfernung, von einem bequemen oder sicheren Wald- oder Wanderweg aus und mit der Erwartung auf schöne Aussichtspunkte und einem entsprechenden Komfort am Ende des Weges. Zudem haben wir, je nach Sozialisation und damit in Zusammenhang stehenden Wertvorstellungen, ästhetische Vorstellungen von „Natur", was sich in Wohlmutsäußerungen über einen „schönen" (d.h. Wirtschafts-)Wald oder aber einen „ungepflegten", längere Zeit nicht durchforsteten Wald, über eine „unaufgeräumte" Wiese nach einer heftigen Überschwemmung äußert. Hier erfährt Müller-Freienfels' Sicht eine Renaissance, wenn er feststellt: „Wir betrachten die Natur, als ob sie Kunst, d.h. von Menschen geschaffen wäre." (zit. n. Hartmann 1982, S. 12).

## 3. Psychologische Ansätze zur Landschaftswahrnehmung

Landschaftswahrnehmung ist ein in der neueren Literatur und vor allem im Tourismus noch immer relativ unterbehandeltes Thema. Hilfreich ist hier immer noch Hellpachs Ansatz zur „Geopsyche" (1950): Seine Definition orientiert sich traditionell am Ästhetischen als zweckfreier Sinneswahrnehmung; demnach nimmt ein Bauer oder auch ein Ingenieur keine „Landschaft" wahr, da beide ihre Umwelt rein unter Nutzungsaspekten betrachten. Ein Tourist dagegen betrachtet Landschaft unter (rein) ästhetischen Gesichtspunkten. Die Natur wird nach Hellpach nur dann zur Landschaft, wenn sie ohne Nutzzweck als hauptsächliches Sinneserlebnis hingenommen wird, wenn wir sie als Eindruck auf uns wirken lassen. Dies ist nicht auf das Sehen beschränkt, sondern die anderen Sinnesorgane sind mit daran beteiligt: Klänge und Geräusche (wie Meeresrauschen), Gerüche (wie Laubgeruch oder Wiesenduft), Hautsinne (Wind und Wärme, Weichheit der Luft) etc.: „Wir verstehen also unter Landschaft den sinnlichen Gesamteindruck, der von einem Abschnitt der Erdoberfläche samt dem darüber befindlichen Abschnitt des Himmels im Menschen erweckt wird". (Hellpach 1950, zit. n. Hartmann 1982, S. 9). Nach Hartmann könne Landschaftsbetrachtun zu einer besonderen „Kunst" werden. „Die Kultivierung des Landschaftserlebens dürfte daher eine wichtige Aufgabe der Pädagogik in der Erziehung zu einem voll erfüllten Reisen sein." (Hartmann 1982, S. 10).

Hartmann folgert, daß Landschaft unter sehr subjektiven Gesichtspunkten wahrgenommen wird, daß die objektiven geographischen und biologischen Gegebenheiten einer Lokalität nur zu einem geringen Teil in diese Wahrnehmungen einfließen. „Wie etwas als Landschaft wahrgenommen wird, präziser ausgedrückt: überhaupt erst zur Landschaft wird, ist von psychologischen Auslese- und Projektionsprozessen abhängig, die bestimmten Menschengruppen gemeinsam sind, aber auch individuelle Verschiedenheiten erkennen lassen." (dito, S. 13). Damit wird zu neueren sozial- und kognitionspsychologischen Theorien übergeleitet.

## 4. Landschaftsbezogene Urlaubertypologien

Aus den unterschiedlichen Landschaftsbevorzugungen von Individuen ebenso wie aus dem jeweiligen Naturerlebnis heraus ergeben sich Landschaftstypologien von Touristen bzw. Urlaubern: es wird versucht, Urlauber nach ihren – sozialisationsbestimmten – Präferenzen für einzelne Landschaftsarten in Typ[ologi]en zu fassen. Jede Gruppe, die eine bestimmte Landschaftsform bevorzugt, würde demnach ein besonderes ‚Profil' aufweisen, das zwar nicht für jeden einzelnen Angehörigen dieser Gruppe in gleichem Maße gilt, aber doch den ‚Typus' kennzeichnet. (Hartmann 1982). Allerdings sind dieser subjektiv-selektiven Wahrnehmung Grenzen durch die objektiven „Reizgegebenheiten" oder „hard facts" gesetzt. Dieser theoretische Ansatz findet sich ebenfalls in der Geographie, wie er in den USA in den 60er Jahren entwickelt wurde: Die historische Geographie forderte Erkenntnisse darüber, wie Menschen früherer Zeiten ihre Umwelt bewertet hatten, um so Rückschlüsse auf gewisse Raumstrukturen ziehen zu können.

Die Unterscheidung von Urlaubertypen (wenn man ihr eine gewisse Validität unterstellt) ist sichtlich von Vorteil u.a. bei der touristischen Planung, und hierbei wiederum bei der Erfassung von Zielgruppen. Wenn man also unter ‚Urlaubertypen' relativ konstante Einstellungs- und Verhaltenskomplexe versteht, die bestimmten Menschengruppen gemeinsam sind, kann man z.B. „idealtypische" Mittelgebirgs-Urlauber, Hochgebirgs-Urlauber, Mittelmeer-Urlauber, Nordsee- und Ostsee-Urlauber, Doppel-Urlauber (die regelmäßig im Sommer am Meer, im Winter in den Bergen Urlaub machen), Flachland-Urlauber unterscheiden (→ *Urlaubertypologien*).

## 5. Landschafts-/Länderimages

Urlauber wählen jeweils verschiedene Landschaften, die ihnen besonders zusagen, aus dem Spektrum zugänglicher Landschaftsformen aus, über deren wahrgenommene Merkmale weitgehende Übereinstimmung besteht. Diese Zwischenglieder von Landschaftsbildern oder Landschaftsvorstellungen prototypischer Art können unter den Begriff „Landschaftsimages" gefaßt werden.

Ein Image ist nach Meyer (1981, S. 142) das „abgekürzte, formelhafte und im ganzen wenig differenzierte Bild in den Köpfen (...) von einem Land bei dem Betreffenden bzw. bei Gruppen von Urlaubern (...)", also das Gesamtbild, „das sich ein Mensch von einem Objekt macht, mit dem er sich auf irgendeine Weise auseinandersetzt" und das seine Handlungsbereitschaft maßgeblich beeinflussen wird. Ein Image ist mehr als ein objektives, ein Spiegelbild der Realität, in ihm schwingen Wertungen, Stimmungen, Wunschdenken und individuelle Erfahrung mit" (Naether 1981, S. 173).

Ein Image von einem Land, einer Region, einer Landschaft besteht also aus objektiven und subjektiven, aus richtigen und evtl. auch falschen Vorstellungen, Einstellungen, Erfahrungen einer Person bzw. Personengruppe von diesem Meinungsgegenstand (Meyer 1981, S. 143). Mit Hilfe von Images wird die Urlaubsentscheidung getroffen; sie sind aber auch entscheidend an der Selektion der Informationen im Zielgebiet beteiligt und damit wichtig für das Verhalten der Touristen „vor Ort". Auf diese Weise wird die psychologische Bewältigung der Umwelt erleichtert: Images wirken im Sinne der „selektiven Wahrnehmung" und erleichtern dem Urlauber die Orientierung, wo er sonst vor der Fülle der ihn überflutenden Informationen kapitulieren müßte.

## 6. Raum- und Umweltwahrnehmung

*(1) Der psychologische Ansatz*

Individuen bewerten ihre Umgebung nach ganz bestimmten Kriterien, die von Person zu Person differieren. Dementsprechend unterschiedlich kann auch die Bewertung ein und desselben Objektes oder Sachverhaltes ausfallen: So kann ein Bummel durch eine (mit Menschen) überfüllte Einkaufsstraße für den einen ein Vergnügen darstellen, während ein anderer dabei erheblichen Streß empfindet. Wenzel bezeichnet den Vorgang der Betrachtung und Bewertung der Umgebung eines Individuums, die von sehr subjektiven Empfindungen und Eindrücken abhängt, als „Raum- und Umweltwahrnehmung": „Der wahrnehmungstheoretische Ansatz (...) geht (...) von der Erkenntnis aus, daß Raum und Umwelt zwar real existieren (und auch so faßbar sind), jedoch in einer subjektiven/sozialspezifischen Wahrnehmungsdimension erfahren werden" (Wenzel 1982, S. 330).

Der/die objektive reale Raum/Umwelt besteht aus einer unendlichen Vielzahl von Einzelinformationen, die jeweils ein Faktum darstellen. Kein Individuum ist aber in der Lage, diese unendlich große Zahl an Einzelinformationen abzurufen, aufzunehmen und zu verarbeiten. Daher werden in das Vorstellungsbild nur jene Reize aufgenommen, d.h., einer bewußten begrifflichen Erkennung zugeführt (vgl. Wimmer & Perner, 1979, S. 155), die für den Wahrnehmenden von vitalem Interesse sind, ein Vorgang, der als „Selektivität der Wahrnehmung" bezeichnet wird und sowohl bei auditiver als auch bei visueller Wahrnehmung stattfindet.

Die Auswahl oder Art der Wahrnehmung ist von der Sozialisation (Erziehung, soziales Umfeld, Beruf etc.) des Individuums abhängig; diese Sozialisation wirkt bei der Auswahl der Informationen als ein erster Filter. Sozialisation ist hier zu verstehen als die Gesamtheit aller Vorgänge, in deren Verlauf der Mensch zum Mitglied einer Gesellschaft und Kultur wird, besonders aber die Übernahme und Internalisierung („Verinnerlichung') von soziokulturellen Werten, Verhaltenserwartungen und sozialen Rollen. Die derart ausgewählten Einzelinformationen geben dem

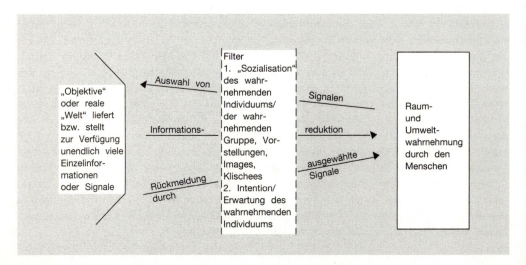

Abb. 1: Raum- und Umweltwahrnehmung durch den Menschen (nach Wenzel 1982).
Entwurf: Vogel 1992

Wahrnehmenden eine Rückmeldung, wobei diese wiederum „gefiltert" (in diesem Fall z.B. abhängig von seiner augenblicklichen Verfassung, seiner Stimmung u.a.m.) bei ihm ankommen (vgl. Abb. 1).

*Soziale Faktoren der selektiven Wahrnehmung.* Die (subjektive) soziale Situation des Individuums bzw. der Gruppe bestimmt also bei der Wahrnehmung, wie der/die entsprechende Raum bzw. Umwelt aufgenommen wird. Das betrifft die Zugehörigkeit zu einer bestimmten Gesellschaft, soziale Lage, Schicht- bzw. Klassenzugehörigkeit, und die entsprechenden Wertvorstellungen.

*Wahrnehmungs"hypothesen".* Nach der „Hypothesentheorie der Wahrnehmung" von Bruner und Postman (1951) wird „die Wahrnehmung nicht durch die tatsächliche, sondern durch die erwartete Reizsituation determiniert, d.h. durch die vom Individuum in die Situation ‚mitgebrachten' Erwartungen. Diese fungieren als Wahrnehmungs-Hypothesen." (Lilli 1983, S. 192).

Nach den Ausführungen von Lilli (1983) stellt sich der Wahrnehmungsvorgang in drei Stufen folgendermaßen dar: Ein Individuum erstellt aufgrund seiner Sozialisation, Vorinformation, seines Interesses und seiner Intention eine Hypothese über ein bevorstehendes Wahrnehmungsereignis, also zum Beispiel: Auf Bali leben alle Menschen glücklich und zufrieden. Der Bereitstellung der Hypothese entspricht eine Wahrnehmungsbereitschaft über die Lebensweise der Menschen auf Bali. Dort angekommen, werden Informationen aufgenommen und verarbeitet (Kontakt mit der Reizsituation). Anschließend vergleicht der Beobachter/Wahrnehmende die aufgenommenen Informationen mit seinen Erwartungen (Wahrnehmungshypothese). Entsprechen diese Informationen seiner Erwartungshaltung, wird die Hypothese bestätigt, der Wahrnehmungsvorgang ist damit abgeschlossen, die Information (alle Balinesen sind glücklich) wird gespeichert. Entsprechen die Informationen der Erwartungshypothese nicht, wird der Wahrnehmungsvorgang mit geänderter Hypothese wiederholt, und zwar theoretisch so lange, bis Erwartungshypothese und Informationen übereinstimmen und der Wahrnehmungsvorgang abgeschlossen wird.

*(2) Physiologische Aspekte der Raum- und Umweltwahrnehmung*

Wießner (1978) teilt (in Anlehnung an Downs 1970) den Ablauf menschlichen Verhaltens in fünf Bereiche ein:

1. Wahrnehmung (perception) bzw. Wahrnehmungsverhalten
2. Bewertung (evaluation) bzw. Bewertungsverhalten
3. Entscheidung (decision) bzw. Entscheidungsverhalten
4. Suche (search) bzw. Suchverhalten
5. Verhalten (behavior in space) im Sinne von Aktivität

Der Vorgang der Wahrnehmung ist in Abbildung 2 dargestellt.

Die reale Welt sendet Informationen aus, die vom Menschen unter Einschaltung seines Wertsystems bzw. seiner Wertvorstellungen (wobei diese wiederum von dessen subjektiver Sozialisation bestimmt sind) und abhängig von seiner Interessenlage abgerufen und in sein Image eingeordnet werden, das er von einem jeweiligen Land, Gegenstand, einer Person o.ä. hat. Das der realen Welt (oder einem Land, einer Situation etc.) entgegengebrachte Interesse ist bestimmt durch:

(a) die Sozialisation des Wahrnehmenden und die daraus resultierenden Wertvorstellungen; dies geschieht unbewußt;

(b) die Intention oder Zielsetzung des Beobachters, mit der dieser den Raum betrachtet bzw. wahrnimmt; dies geschieht bewußt; es handelt sich hierbei um eine wichtige Ergänzung von Wenzels Vorstellungen (1982). Wesentlich sind nämlich die Intention des Wahrnehmenden, die dieser dem Raum entgegenbringt und die Erwartungen, die dieser an den Raum stellt.

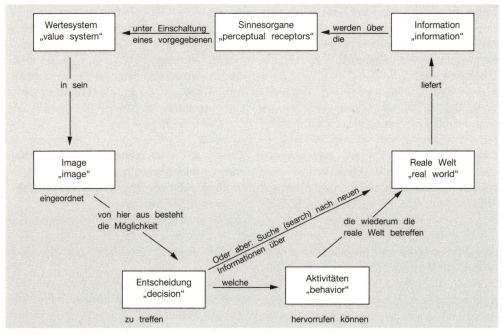

Abb. 2: Der Vorgang der Raum- und Umweltwahrnehmung: Informationsauswahl und -verarbeitung. Entwurf: Vogel 1992

Dies führt zu einer Entscheidung, die nun zu Aktivität bzw. Raumverhalten führen kann, was wiederum Auswirkungen auf den realen Raum hat. Wenn die Entscheidung jedoch unbefriedigend ausfällt bzw. wenn die ankommenden Informationen nicht mit dem Wertsystem und den Images des Wahrnehmenden übereinstimmen, kann dies eine Suche nach neuen Informationen aus der oder über die reale Welt auslösen, wobei der Vorgang der Wahrnehmung von neuem einsetzt.

Folgendes Beispiel soll dies verdeutlichen: Bei der Betrachtung einer naturbelassenen Landschaft wird ein Touristikmanager mit der Fragestellung „Wie kann ich diese Landschaft touristisch inwertsetzen?" den entsprechenden Raumausschnitt betrachten. Entsprechend wird die Auswahl der Informationen aus dieser realen Welt sein, die er abruft: „Für welche Art von Tourismus ist dieses Gebiet am besten geeignet?" Folglich wird der Touristikmanager Informationen abfragen wie „Landschaftsbild, visueller Reiz, Erreichbarkeit, Erschließbarkeit" u.a.m. Die Rückmeldung der Informationen bei ihm und der weitere Wahrnehmungsprozeß wird entsprechend ausfallen. Ein engagierter Naturschützer wird dagegen, da seine Interessen anders gelagert sind, von vornherein ganz andere Informationen abfragen („Artenvielfalt, Refugienfunktion, Schutzwürdigkeit etc.") und auch eine andere Rückmeldung bekommen, und ein Holzhändler wiederum andere.

*(3) Verhalten im Raum als Folge der Raum- und Umweltwahrnehmung*

Der Prozeß der Raum- und Umweltwahrnehmung führt zu einer Entscheidung, die ein gewisses Verhalten zur Folge hat. Dieses Verhalten kann im Sinne einer Aktivität raumwirksam werden („aktionsräumliches Verhalten" im Sinne von Wagner, 1981), es kann jedoch auch zu einer Suche nach neuen, weiteren Informationen kommen; dann beginnt der Prozeß der Wahrnehmung von neuem (vgl. Abb. 2).

Grundsätzlich ist Verhalten eine Reaktion auf die Raum- und Umweltwahrnehmung, ist also davon direkt abhängig (vgl. Abb. 1). Dieses Verhalten kann sich einerseits darin äußern, daß man sich als Ergebnis des Wahrnehmungsprozesses eine Meinung bildet, die zum Bestandteil der persönlichen Einstellung wird und zur Bildung von Images (im Sinne von Kleining 1959) führt. Diese Imagebildung kann ein unmittelbares Handeln zur Folge haben; sie kann aber auch lediglich eine Meinungsäußerung oder überhaupt keine unmittelbare Aktion nach sich ziehen.

## Literatur

Anderson, J.R. (1989). Kognitive Psychologie. 2. Aufl. Heidelberg: Spektrum.

Böhn, D. (1980). Wertvorstellungen in der regionalen Geographie. (S. 72-81) In W. Birkenhauer, W. Sperling u.a. (Hg.), Länderkunde – Regionale Geographie, München.

Busche von dem, H. (1969). Meinungen über Urlaubsländer. (S. 102-109) In Studienkreis für Tourismus (Hg.), Motive – Meinungen – Verhaltensweisen. Starnberg: Studienkreis für Tourismus.

Braudel, F. (1971). Die Geschichte der Zivilisation. München.

Downs, R.M. (1970). Geographic space perception. Past approaches and future prospects. Progress in Geography, 2, 65-108.

Fichtinger, R., Geipel, R. & Schrettenbrunner, H. (1974). Studien zu einer Geographie der Wahrnehmung. Der Erdkundeunterricht, H. 19, 3-86.

Forgas, J.P. (1987). Sozialpsychologie. Eine Einführung in die Psychologie der sozialen Interaktionen. München: PVU.

Günter, W. (1989). Kulturgeschichte der Reiseleitung. Bensberg: Thomas Morus-Akademie.

Hartfiel, G. & Hillmann, K.-H. (1982). Wörterbuch der Soziologie. Stuttgart: Kröner.

Hartmann, K. (1969). Meinungen über Urlaubslandschaften und Urlaubsorte. (S. 76-101). In Studienkreis für Tourismus (Hg.), Motive – Meinungen – Verhaltensweisen. Starnberg: Studienkreis für Tourismus.

Hartmann, K.D. (1982). Zur Psychologie des Landschaftserlebens. Starnberg: Studienkreis für Tourismus.

Hellpach, W. (1950). Geopsyche. Die Menschenseele unter dem Einfluß von Wetter und Klima, Boden und Landschaft, 6. Aufl. Stuttgart: Enke.

Kleining, G. (1959). Zum gegenwärtigen Stand der Imageforschung. Psychologie und Praxis. Bd. 3., 198-212.

Kramer, G. (1981). Meinungen über deutsche Landschaften. (S. 131–140) In Studienkreis für Tourismus (Hg.), Reisemotive – Länderimages – Urlaubsverhalten. Starnberg: Studienkreis für Tourismus.

Leser, H.; Haas, H.-D.; Mosimann, T.; Paesler, T. & Poesler, R. (1984). Diercke Wörterbuch der Allgemeinen Geographie, 2 Bde. Braunschweig: Westermann.

Lilli, W. (1983). Hypothesentheorie der Wahrnehmung. (S. 192-195) In D. Frey & S. Greif. (Hg.), Sozialpsychologie. Ein Handbuch in Schlüsselbegriffen. München: PVU (2. Aufl. 1987).

Meyer, W. (1981). Das Image von Dänemark als Urlaubsland. (S. 141-158) In Studienkreis für Tourismus (Hg.), Reisemotive – Länderimages – Urlaubsverhalten. Starnberg: Studienkreis für Tourismus.

Naether, E.A. (1981). Das Image von Jugoslawien als Urlaubsland. (S. 173-186) In Studienkreis für Tourismus (Hg.), Reisemotive – Länderimages – Urlaubsverhalten. Starnberg: Studienkreis für Tourismus.

Spode, H. (1987). Zur Geschichte des Tourismus. Eine Skizze der Entwicklung der touristischen Reisen in der Moderne. Starnberg: Studienkreis für Tourismus.

Vogel, H. (1992). Aufgaben und Möglichkeiten von Reiseleitern zur Verhaltenssteuerung von Touristen. (S. 452-462) In Pillmann, W. & S. Predel (eds.), Strategies for reducing the environmental Impact of Tourism. Wien: Eigenverlag.

Wagner, H.-G. (1981). Wirtschaftsgeographie. Braunschweig: Westermann.

Wenzel, H.-J. (1982). Raumwahrnehmung/Umweltwahrnehmung. (S. 326-333) In L. Jander, W. Schramke & H.J. Wenzel (Hg.), Metzler Handbuch für den Geographieunterricht. Stuttgart: Metzler.

Wießner, R. (1978). Verhaltensorientierte Geographie. Die angelsächsische behavioral geography und ihre sozialgeographischen Ansätze. Geographische Rundschau 30(11), 420-426.

Wimmer, H. & Perner, J. (1979). Kognitionspsychologie. Stuttgart: Kohlhammer.

**Helmer Vogel, Würzburg**

# Lebenswert „Reisen"

## 1. Terminologische Fragen

Die Soziologie erklärt (Lebens-)Werte als innere Führungsgrößen oder Leitlinien, die das menschliche Verhalten steuern, sofern nicht biologische Triebe, Zwänge oder rationale Nutzenserwägungen den Ausschlag dafür geben (Klages 1984). Werte werden soziologisch häufig unterschieden nach *Ebenen* (gesellschaftliche, gruppenspezifische, individuelle) oder nach dem *Inhalt* (arbeitsorientierte, hedonistische oder Pflicht- bzw. Akzeptanzwerte und Selbstentfaltungswerte oder Grundwerte, d.h. allgemeine Lebenswerte, berufliche, familiäre, Freizeitwerte usw.).

Werte (oder Wertorientierungen) stehen mit einer unterschiedlichen Gewichtung in einer Struktur in Beziehung. Diese Wertestruktur ist keineswegs starr, sondern kann sich durch innere Konditionen des Menschen oder äußere Einflüsse – zum Beispiel durch einen gesellschaftlichen Wertewandel – verändern. Grundwerte, die sich meist bereits im Kindes- und Jugendalter entwickeln, bleiben in der Regel im Lebensverlauf erhalten. Ihre Ausprägung kann sich ändern, d.h. die Wertestruktur unterliegt Veränderungen.

*Ein Beispiel zur Verdeutlichung.* Tourismusstudien des ehemaligen Leipziger Jugendforschungsinstituts haben ergeben: Jugendliche, die auf dem Lande leben oder in ländlichen Regionen aufgewachsen sind, haben weniger Interesse am Reisen, als Jugendliche aus mittelgroßen und großen Städten. Studenten aus ländlichen Wohnorten, die aber in Städten studieren, verreisen oft weniger als ihre Großstadtkommilitonen ins Ausland und bekunden auch ein geringeres Interesse daran, als diese. Hierzu stellt die Studie TOURIST '90 fest: Mehr als 15 Urlaubsreisen ins Ausland hatten bis zum Zeitpunkt der Befragung: 15% der Studenten aus einem Herkunftswohnort mit weniger als 10 000 Einwohnern und 26% der Studenten aus einem Herkunftsort mit mehr als 100 000 Einwohnern unternommen (Schmidt 1990).

Der Wert „Reisen" nimmt bei den Deutschen (West und Ost) in der Freizeit-Werte-Hierarchie einen vorderen Rangplatz ein, bei Jugendlichen sogar einen Spitzenplatz. Auch die reale Reisetätigkeit liegt hoch im Vergleich zu anderen Freizeittätigkeiten; bei den Deutschen bereits seit Jahrzehnten (s.u.). Obwohl die Reisequote quantitativ hoch liegt, etwa zwei Drittel der Deutschen heute mindestens einmal im Jahr im Urlaub wegfahren, gibt es Diskrepanzen zwischen Wunsch und Tätigkeit. Reisen hat ein so großes Gewicht in der gesellschaftlichen und individuellen Wertestruktur, daß das Verhalten „zurückbleiben" muß. Bezogen auf das Individuum wirken hierbei innere und äußere Faktoren.

Diskrepanzen bestehen bei den Werten („höherer Ebene"), die mit Reisen erlebt werden sollen und wollen, und den Möglichkeiten ihrer Realisierung. Werte bestimmen Werte und werden durch andere Werte bestimmt; sie beinhalten andere Werte und sind Bestandteil anderer.

Der Wert *„Reisen"* wird durch andere individuelle und gesellschaftliche Werte bestimmt. Durch (Freizeit-)Reisen wollen Menschen andere Werte verwirklichen, die im Alltag durch die Arbeitswelt und die Lebensbedingungen mehr oder weniger zurückgedrängt werden (müssen): Gesundheit, Familie, Freiheit, Selbständigkeit, Harmonie, Bildung, Kommunikation, u.a. Doch auch in der (freien) Reise-Zeit gibt es Diskrepanzen zwischen Wertorientierung und Möglichkeiten des Werte-Nachlebens.

*Exkurs.* Der Wunsch zu reisen war bereits in den 50er Jahren bei den Deutschen groß. Im Jahre 1953 z.B. steht Reisen an der Spitze von 12 vorgegebenen Freizeittätigkeiten (nach einer repräsentativen Bevölkerungsbefragung des Instituts für Demoskopie Allensbach/Allensbacher Langzeitstudie 1953-79). Die Reisequote hat sich in den zurückliegenden 40 Jahren erheblich verstärkt. Nach Untersuchungen des DIVO-Instituts und des Studienkreises für Tourismus in Starnberg verreisten 1954 etwa 24% der westdeutschen Bevölkerung im Urlaub. 1991 betrug der Anteil der Reisenden 67% (Dundler & Keipinger 1992). Zwischen dem Wunsch zu verreisen und dem tatsächlichen Verhalten gibt es bemerkenswerte Diskrepanzen. Einerseits rangierten bei den deutschen Bundesbürgern (1984) an der Spitze der beliebtesten Freizeittätigkeiten Fernsehen, Zeitungen/Zeitschriften Lesen und gemütlich zu Hause Bleiben, während Wegfahren/Verreisen nur einen mittleren Platz belegt. Andererseits steht der Wunsch nach mehr Reisen aber an der Spitze der Tätigkeiten, die man bei Vorhandensein der entsprechenden Voraussetzungen dazu zukünftig mehr oder intensiver ausüben würde (vgl. Abb. 1).

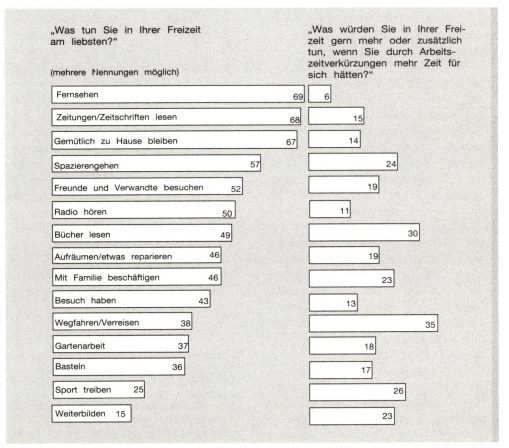

Abb. 1: Bevorzugte Freizeitbeschäftigungen
(Quelle: Allensbach/Stern-Umfrage 1984 (Stern-Magazin, 13/1984, Hamburg, S. 78 ff.); zit. n. Krippendorf, Kramer & Müller 1989, S. 27)

## 2. Soziodemographische Variablen

Die Sozialforschung differenziert den Wert „Reisen" nach dem Charakter der Reise und nach sozialen Merkmalen der Reisenden. Es gibt mitunter Diskrepanzen zwischen Wert und Verhalten sowie große Unterschiede des Gewichts des Reise-Werts in der Wertestruktur der Individuen. Diese Unterschiede sind zunehmend erkennbar innerhalb sozialer Schichten und weniger zwischen sozialen Schichten.

Folgende wichtige soziale Bedingungen wirken auf die individuelle Biographie ein und beeinflussen damit Werte- und Interessenstrukturen (z.B. Reiseinteressen):

a) Die *soziale Herkunft* hat eine Langzeitwirkung. Bereits in der Kinder- und Jugendzeit werden Grundwerte aufgebaut und Gewichte pro oder contra einzelner Freizeitwerte gesetzt. In starkem Maße bieten bei den Heranwachsenden die Eltern durch ihr Verhalten Anregungspotential für den Jugendlichen – im positiven wie im negativen Sinne. Die mehr oder weniger starke Ausprägung des Wertes „Reisen" per se, das Präferieren von Werten, die durch Reisen erfüllt werden sollen, touristische Interessen und Tätigkeiten u.a.m. können aus der Sozialisationsgeschichte und den Wirkungen des Elternhauses, vor allem die Förderung bestimmter Wertorientierungen und Verhaltensweisen durch das Elternhaus, erklärt werden.
b) Die *regionale Herkunft* bestimmt Wertorientierungen, Interessen und Verhalten. Das betrifft (nachgewiesen durch zahlreiche empirische Forschungen) die Wohnortlage, die Wohnortgröße und das unmittelbare Umfeld des Wohnsitzes:
 – Einwohner der Großstädte reisen häufiger, geben mehr Geld für Reisen aus und haben ein größeres Reiseinteresse als Einwohner aus kleineren Orten.
 – Das gilt auch für die Region (ländliches oder Ballungsgebiet). In Deutschland gibt es in Bezug auf Reisen ein Süd-Nord-Gefälle (die großen Städte ausgenommen), d.h. die Bayern und Sachsen reisen mehr als die Schleswig-Holsteiner und Mecklenburger.
 – Bewohner großer Mietshäuser unternehmen häufiger Freizeitreisen als Bewohner von Eigenheimen.
c) die Lern- bzw. Arbeitstätigkeit wirkt auf die Freizeitwerte-Struktur und auf deren Realisierungsbestreben durch die Persönlichkeit. Die empirische Tourismusforschung bestätigt Korrelationen zwischen Bildungsgrad einerseits und Reiseinteresse, Reisemotiven, Art und Form des Reisens im Urlaub andererseits. So gehören deutlich mehr höher beruflich Ausgebildete und entsprechend beruflich Tätige zu den aktiven Urlaubern (Ausflüge unternehmen, Sport treiben usw.) als weniger Gebildete. Studien des Leipziger Jugendforschungsinstituts und LEIF-Instituts haben ergeben, daß z.B. Abiturienten häufiger und weiter in den Ferien gereist waren als gleichaltrige Lehrlinge (Studie: (TOURIST '90/Schmidt 1991).
d) Das *Einkommen* hat nur in relativ geringem Maße Bedeutung für die Herausbildung des Reise-Werts und zunehmend weniger auch für die Realisierung des Reise-Werts, für die Reisetätigkeit.

Konsumprioritäten sind offenbar immer weniger vom Einkommen abhängig; nach Scheuch sind es heute Kombinationen von Konsumgütern (Reise, Auto, Wohnungseinrichtung) und nicht das einzelne Konsumgut, das „soziale Verschiedenheit" kennzeichnet. „Haushalte mit geringem Einkommen können durch Konzentration der Dispositionsbeträge ein Gut wie ein teures Automobil erwerben, das eigentlich nicht zur eigenen Wirtschaftslage paßt. Eine solche Grenzüberschreitung ist jedoch für die Kombination von Gütern (...) sehr viel schwieriger." (Scheuch 1991)

e) *Alter, Geschlecht*. Für die Freizeit-Werte-Struktur, d.h. für das Gewicht des Wertes „Reisen" sind soziale Merkmale wie Geschlecht oder Alter zunehmend von sekundärer Bedeutung. Zwar beeinflußt das Alter die Reisetätigkeit, d.h. die Möglichkeit der Realisierung des Wertes „Reisen", aber die Wert-Ausprägung ist relativ gering.

Die Differenzierungen Herkunft und Tätigkeit haben eine entscheidende Bedeutung für den Umgang mit dem Reisen, für die Gewohnheit in puncto Reisen *(Nichtreisen)*. Der Wert *„Reisen"* in der individuellen Wertestruktur kann zu entsprechenden starken oder geringen Aktivitäten des Individuums führen. So wird ein Mensch, der sehr gern reist, d.h. bei dem Reisen eine hohe Wertigkeit besitzt, alles versuchen, auch unter ungünstigen (z.B. ökonomischen) Bedingungen seine Reise zu ermöglichen. Die individuelle Wertestruktur wirkt auf die Verteilung individueller (familiärer) Mittel. Wer verreisen will, versucht auch Wege zu finden. Individuelle Konditionen und Werte können gesellschaftlich gesetzte Rahmenbedingungen „ausdehnen".

## 3. Postmoderner Wertewandel

Soziale, ökonomische, politische und ökologische Konditionen können einen *Wandel* der gesellschaftlichen und individuellen Werte bewirken. Nach Klages (1984) verläuft der vorherrschende Trend des Werte-Wandels von den Pflicht- und Akzeptanzwerten zu den Selbstentfaltungswerten. Wir erleben in den 80er und 90er Jahren beispielsweise in Deutschland und in der Schweiz einen Wandel des Gewichts von arbeitsorientierten zu hedonistischen Werten. Auch der Wert „Reisen" erlebt einen Wandel. Weniger sein prominenter Platz in der Freizeit-Werte-Struktur verändert sich, sondern es verändert sich die Wertigkeit der Reisearten. Und es wandeln sich die Werte, die mit dem Reisen verbunden werden (→ *Wertewandel*).

Nach Krippendorf et al. (1989) hat der Wunsch nach einem neuen Lebensstil „einen großen Einfluß auf die touristische Nachfrage und bildet einen guten ‚Nährboden' für neue touristische Verhaltensmuster."

Die jährlich mittels der *Reiseanalyse* erhobenen und vom „Studienkreis für Tourismus" interpretierten Daten über Reisen der deutschen Bevölkerung lassen erkennen, daß sich die im Urlaub zu realisierenden Werte verändert haben: Vom ausgesprochenen Ausruh- und Erholungsurlaub zum Erlebnis- und Vergnügungsurlaub (Dundler & Keipinger 1992, Tab. 10). Mehr freie Zeit und ökonomische Bedingungen bewirken diesen Wandel. Die Spannbreite von „Erlebnis" und „Vergnügen" ist heute sehr groß und wird größer.

*Methodenfragen*. Werte exakt zu messen, ist in der empirischen Sozialforschung immer noch schwierig, weil der Proband hier unter „Laborbedingungen" Auskunft über ein Thema geben soll, das ihn im Alltag wenig beschäftigt. Zudem kann die gesellschaftliche Werte-Struktur als Norm stark auf das Antwortverhalten wirken.

Bei der Datenerhebung und -interpretation sollte deshalb beachtet werden:
– Werte werden in soziologischen Befragungen in sogenannten Batterien angeordnet. Dabei können nur Werte-Indikatoren gleicher Werte-Ebene jeweils in einer Batterie aufgenommen werden. Die Einordnung des Werts „Reisen" in eine Grundwerteebene (z.B. Freiheit – Unabhängigkeit – Frieden – Demokratie) würde zu Verzerrungen bei der Datenerhebung und -interpretation führen. Aber auch die Ebene „oberer" individueller Werte (wie Gesundheit – Familie – Kinder – Freunde) eignet sich für das Messen des Werts „Reisen" wenig. Als günstig haben sich bisher Freizeit- oder Konsum-Wert-Skalen erwiesen. In den em-

Tabelle 1: Konsumprioritäten

Studie: REISE '91
Quelle: LEIF
Frage: Nehmen wir an, Sie können sich aus finanziellen Gründen weniger leisten als bisher. In welchem Bereich würden Sie Einschränkungen vornehmen?

|  | sehr stark/stark einschränken | Rang |
|---|---|---|
| Essen | 12% | 1. |
| Kleidung | 47% | 5. |
| Theater, Konzert | 46% | 4. |
| Auto | 35% | 2. |
| Urlaubsreisen Ausland | 57% | 6. |
| Deutschland | 38% | 3. |

pirischen Forschungen werden allerdings Werte-Ebenen mitunter „vermischt".
- Es ist ein Aufsplitten „oberer" Werteebenen in „untere" Sub-Werte-Ebenen zu empfehlen. Das „Leipziger Institut für empirische Forschung" (LEIF) ermittelt einen differenzierten Wert „Reisen". So ergibt z.B. eine Konsumprioritäten-Indikatorbatterie, daß viele Ostdeutsche sich aus finanziellen Gründen zwar beim Reisen einschränken, aber kaum völlig verzichten würden (Studie: REISE '91; s. Tab. 1).
- Beim Vergleich verschiedener Studien muß die jeweilige Populationsauswahl berücksichtigt werden. Unterschiedliche Biographien produzieren unterschiedliche Wertstrukturen.
- Bei der Analyse müssen soziale Merkmale der Probanden, v.a. soziale und regionale Herkunft, Tätigkeit, Bildung, in eingeschränktem Maße auch Alter und Einkommen, berücksichtigt werden.
- Es bietet sich eine Korrelation von Wertorientierung und Tätigkeit an.

## Literatur

Dundler, F. & Keipinger, R. (1992). Urlaubsreisen 1954 – 1991, Dokumentation soziologischer Stichprobenerhebungen zum touristischen Verhalten der Bundesdeutschen. Starnberg: Studienkreis für Tourismus.
Hartmann, K.D. (1979). Urlaubsland Schleswig-Holstein. Eine motiv- und meinungspsychologische Untersuchung, Kurzfassung. Starnberg: Studienkreis für Tourismus.
Klages, H. (1984). Wertorientierungen im Wandel. Frankfurt/M.
Krippendorf, J.; Kramer, B. & Müller, H. (1989). Freizeit und Tourismus. Eine Einführung in Theorie und Politik. Bern: Forschungsinstitut für Freizeit und Tourismus.
Scheuch, E. (1991). Referat, Reiseforum der Tourismusmesse Leipzig. Unveröff. Manuskr.
Schmidt, H. (1990). Der deutsche Jugend-Tourist. Jugendsoziologische Studien über Reiseinteressen und -tätigkeiten junger Leute aus Ost- und Westdeutschland. Berlin: Freie Universität, Institut für Tourismus, UNIKOH.
Schmidt, H. (1992). Wandel des Freizeittourismus im Osten? Melsungen: Touristik & Verkehr, 3, 5-6.

**Harald Schmidt, Leipzig**

# Marginale Paradiese

Der Begriff des „marginalen Paradieses" *(marginal paradise)* ist von dem israelischen Soziologen Erik Cohen in Zusammenhang mit der Analyse des unkonventionellen Jugendtourismus in Regionen der Dritten Welt geprägt worden. Er versteht sich als Beitrag zur Bestimmung typisch subkultureller Reisebedürfnisse und -motive von Jugendlichen.

Im Gegensatz zum organisierten, geplanten, teilweise sogar didaktisch strukturierten (→) *Jugendtourismus* mit der implizierten Aufgabe des Jugendaustausches im Sinne des (→) *interkulturellen Lernens* und der Völkerverständigung einerseits und zu dem Ausschnitt des Pauschaltourismus, den die Touristikindustrie auf jugendliche Zielgruppen zugeschnitten hat, stellt der „drifter"-, „Rucksack-" oder „Alternativtourismus" die dritte große Jugendtourismusbewegung dar, die seit den 60er Jahren existiert und besonders in den späten 60er und 70er Jahren Bedeutung gewonnen hat; beeinflußt ist sie stark von der Hippie-Bewegung, der Drogenbewegung und spirituellen Erweckungsbewegungen fernöstlicher Provenienz.

*Der Hintergrund: Die Drifter-Touristen als Konsumenten marginaler Paradiese.* Der „Drifter-Tourismus" ist ein typisches Phänomen der Jugendphase, vereinigt also alle Anzeichen der Lebensform „Subkultur" in sich, wie z.B. das Experimentieren (Ausprobieren) der Lebensform „Reisen", die Abgrenzung von den Lebens-, Freizeit-, Reiseformen der älteren Generation; der meist nur temporäre Zusammenschluß mit Gleichaltrigen, der Aufbau eines Gemeinschaftsgefühls und einer Identität durch charakteristische („typische") jugendeigene Einstellungen und Verhaltensformen v.a. in den Bereichen Freizeit, Musikpräferenzen, politische Einstellungen, Sexualverhalten, Drogenkonsum(-gewohnheiten). Zu seiner Abgrenzung sind weniger bestimmte Reiseverkehrsformen relevant (weder (→) *Trampen* noch Jetflüge werden ideologisch abgelehnt oder präferiert), als vielmehr (a) der Umgang mit der frei verfügbaren Zeit (→ *Zeiterleben*) einer noch nicht in den Arbeitsprozeß eingegliederten Gruppe, der die temporäre Möglichkeit des „Aussteigens" miteinbezieht; (b) die Betonung von Unabhängigkeit in allen das Reisen betreffenden Fragen; und (c) die Präferenz für den Ferntourismus: Der Prototyp des Drifter-Touristen ist der (männliche oder weibliche) 16- bis 25jährige Jugendliche mit abgeschlossener (mindestens Mittel-)Schulbildung, eher höherer Bildung und aus der Mittel- oder Oberschicht kommend, mit einem durchaus ausreichenden, jedenfalls nicht knappen Geldbudget, frei-libertärer Einstellung zur Sexualität und zum Konsum v.a. weicher Drogen, Interesse an spirituellen Motiven, v.a. fernöstlicher Religionen oder Sekten, nicht selten esoterischem Interesse, Interesse an bestimmten modisch-aktuellen („in-") Regionen (wie Südostasien, Indien/Nepal, die

Andenregion), und einer ökologisch-orientierten, die westliche Fortschritts- und Industrieideologie und dessen inhärente (protestantische Arbeits-)Ethik ablehnenden Einstellung; konstitutiv ist ferner häufig die Langzeitreise (wenn auch nicht immer).

*Paradiese vs. marginale Paradiese.* Im Gegensatz zu gelegentlich vertretenen Vorstellungen ist der Drifter-Tourist durchaus nicht nur an aktivem Herumreisen (sightseeing) interessiert, sondern mindestens gleichgewichtig an „Erholung" (vacationing), so daß im Verlauf von längeren Reisen (Langzeit-Rucksacktourismus) immer wieder Erholungs- und Ausruhphasen eingelegt werden; dies an Orten, die der Ideologie des Drifter-Touristen (den wir hier nur prototypisch verstehen dürfen) entgegenkommt. Wie beim (erwachsenen) „normalen" oder „Pauschal-" Touristen auch, spielt für diese Erholungssuche der Begriff des „Paradieses" eine große Rolle. Dieser mythische Begriff, zweifellos eine Metapher, wird durch Reisekataloge, Reisezeitschriften, Videos und andere (→) *Touristische Medien/Reisemedien* geradezu inflationär benutzt („atemberaubend schöne Strände", „tropische Inselparadiese" u.ä.) und nicht selten auf einige wenige Charakteristika reduziert: Einsamer Strand beim Sonnenuntergang, Strand, Wellen, Sonne, Kokospalmen, zutrauliche Tiere, ehrliche Eingeborene usw.

*Die Facetten der Marginalität.* Für den Rucksacktouristen, der fast immer den „Normaltourismus" mit dessen zentralen Images und Metaphern ablehnt, sind indessen „marginale Paradiese" wichtig. Deren Marginalität ergibt sich aus den folgenden Kennzeichen:
(a) *geringe Bekanntheit*: „paradiesähnliche" Regionen, Orte, die wenig bekannt und so gut wie gar nicht touristisch erschlossen, somit „ursprünglich", „natürlich", ja: „authentisch" und „echt" sind (→ *Authentizität*) und nicht selten als „Geheimtip" in der Kommunikation zwischen den Globetrottern auftauchen;

(b) *geographische Abgeschiedenheit* (entlegene Inseln, unzugängliche Bergregionen usf.);
(c) *untergeordnete ökonomische und auch politische Bedeutung*: diese Inseln oder ähnliche „paradiesische" Regionen können deshalb zu einem marginalen Paradies für Rucksacktouristen werden, weil sie „abgeschnitten", „unentdeckt" sind, d.h. für die Wirtschaft des Landes keine Rolle spielen;
d) *psychologisch marginale Bedeutung* („ (...) sie sind ein ‚Paradies' für den Touristen – aber ein ‚Touristenparadies', dem das tiefergehende Charakteristikum des ‚Zentrums' fehlt, das das Symbol des Paradieses im religiösen Bewußtsein ausmacht. Und weit davon entfernt, das endgültige Reiseziel der Touristen zu sein, sind sie nicht nur von marginaler Bedeutung für den Lebensentwurf der Touristen, sondern auch für deren Reise: eine schöne Unterbrechung, aber ohne tiefere Bedeutung.") (Cohen 1992, S. 31)

*Bedürfnisse und Nutzen.* Die jugendlichen Rucksacktouristen nutzen die abgeschiedenen „marginalen Paradiese" fast ausschließlich zum Ausspannen, Regenerieren, Pausieren, nicht zum Kontakt mit der einheimischen Bevölkerung oder Kultur. „Der Schlüssel zum Verständnis der touristischen Erfahrung (...) ist das ubiquitäre Bedürfnis nach Entspannung. Entspannung ist dabei grundsätzlich eine stationäre Existenzform, eine Art oberflächlicher Kontemplation. Der vorherrschende Zeitvertreib ist (...) das Liegen am Strand, wenn möglich nackt, das stundenlange Sitzen in den kleinen offenen Restaurants und das (...) Marihuana-Rauchen. Es gibt kaum Bewegung und noch weniger Bedürfnis nach physischer oder psychischer Anstrengung. Nur wenige schwimmen am offenen Meer, joggen oder machen Gymnastik (...), unternehmen Spaziergänge (...) oder besuchen nähergelegene Ortschaften, von deren Existenz manche Jugendliche nie etwas erfahren. Die Dörfer werden nicht als ‚Sehenswürdigkeiten' angesehen. Die meisten jugendlichen Touristen interessieren sich lediglich für die Schönheiten der Natur (die Sonne, das Meer und den Sand)." (Cohen 1992, S. 48; vgl. dazu auch die Schilderung kulturspezifischen Urlaubsverhaltens bei Passariello 1983/1993). Dieses „setting" ist daher auch nur temporär von Interesse: „Das Ärgerliche am Paradies ist, daß es so schnell langweilig wird." (Turner & Ash 1975, S. 167)

e) *temporäre Bedeutung*: sie sind – logischerweise – nur dann und nur solange „Paradiese" (und „Geheimtip"), wie sie nicht allgemein bekannt, d.h., nur einem sehr geringen Teil von „Aussteigern" bekannt sind. Da aber (ganz im Sinne der Diffusionstheorie sozialer Entwicklungen) einige „frühe" Rucksacktouristen in der Regel weitere, oder sogar viele solcher Touristen nach sich ziehen, die wiederum erste mutige „Normaltouristen" und dann nicht selten den ganzen Querschnitt des Pauschaltourismus mit sich bringen, ist die Lebensdauer eines „marginalen Paradieses" naturgemäß beschränkt. Es wird nach meist kurzer Zeit von einem anderen abgelöst. Im Verschieben der „Paradiese" drückt sich daher auch der geographisch unstete Charakter des nicht-organisierten Jugendtourismus aus: heute „in", morgen „out".

Dies wird von Cohen in seiner Studie über den Bungalowtourismus (1982/1993) auch explizit an den wesentlichsten Faktoren, z.B. der (tourismus-)ökonomischen Entwicklung zweier solcher Paradiesregionen an Stränden auf den Inseln von Südthailand nachgewiesen. Durchaus nicht gleichgewichtig und auch nicht gleichzeitig zeigt sich hier am Vergleich zweier Regionen, wie der beginnende Tourismus, der sich in den Präferenzen der Drifters für diese marginalen Paradiese ausdrückt, zu schneller oder zögerlicher typischer Tourismusentwicklung führen kann. Entscheidend dafür ist aber in jedem Fall die Schnelligkeit und Flexibilität, mit der einheimische Unternehmer auf die latenten touristischen Entwicklungsmöglichkeiten „marginaler Paradiese" reagieren und diese in „normale Paradiese" für den Pauschal- und Massentourismus umformen.

## Literatur

Cohen, E. (1973). Nomads from affluence: Notes on the phenomenon of drifter tourism. International Journal of Comparative Sociology, 14, 89-103.

Cohen, E. (1982). Marginal paradises. Bungalow Tourism on the islands of Southern Thailand. Annals of Tourism Research, 9, 189-228 (dt. in H. J. Kagelmann (Hg.), Tourismuswissenschaft. München: Quintessenz, 1993).

Cohen, E. (1984). The sociology of tourism: Approaches, issues and findings. Annual Review of Sociology, 10, 373-392.

Cohen, S. & Taylor, L. (1976). Escape attempts. Harmondsworth: Penguin.

Passariello, P. (1983). Sonntags nie? Mexikanische Touristen am Strand. (S. 115-126) In H. J. Kagelmann (Hg.), Tourismuswissenschaft. München: Quintessenz, 1993.

ten Have, P. (1974). The counter-culture on the move: A field study of youth tourists in Amsterdam. Mens en Maatschapij, 49, 297-315 (zit. n. Cohen, 1982).

Turner, L. & Ash, J. (1975). The golden hordes. London: Constable.

Vogt, J.W. (1978). Wandering: Youth and travel behavior. (pp. 19-40) In V.L. Smith (ed.), Tourism and behavior (Studies in third world societies, Vol 5).

**H. Jürgen Kagelmann, München**

# Reiseentscheidung

## 1. Abgrenzung des Begriffs Reiseentscheidung

Mit dem Begriff Reiseentscheidung ist die Entscheidung (bzw. das Bündel von Teilentscheidungen) gemeint, die jemand trifft, bevor er eine Reise antritt. Im folgenden wird allerdings nur von Urlaubsreiseentscheidungen die Rede sein; Geschäftsreiseentscheidungen werden nicht berücksichtigt.

Zu den Determinanten der Reiseentscheidung gehören gesellschaftliche Rahmenbedingungen (soziale Zugehörigkeiten, Einkommens- und Besitzmerkmale, Konjunkturlagen), persönliche Reisemotive (Werthaltungen, Erwartungen, Interessen, Neigungen, Wünsche), Reiseerfahrungen, soziale Normen, die Attraktivität und das Image verschiedener Urlaubsziele und Reiseformen sowie die Verfügbarkeit von Informationen.

Ziel der Reiseentscheidungsforschung ist es einerseits, theoretische Modelle und Hypothesen zu formulieren, um die Aus- und Wechselwirkungen dieser Determinanten besser verstehen und vorhersagen zu können. Andererseits werden deskriptive Daten erhoben, um Wissen über die Reiseentscheidung zu sammeln.

Dem Prozeß der Entscheidungsbildung wird besondere Aufmerksamkeit gewidmet. Die Frage ist, welche Theorie geeignet ist, den Prozeß adäquat abzubilden. Hier kann schon vorweggenommen werden, daß bis heute keine Theorie existiert, die in der Lage wäre, die Entscheidung ansatzweise zu erklären. Allgemein wird von einem Modell ausgegangen, nach dem Reize auf Bedürfnislagen, Erwartungen, Werte oder Ziele einer Person treffen und sie dazu anregen, sich mit dem Thema Reise oder Urlaub zu beschäftigen. Die Person nutzt dann verschiedene Informationsquellen (Hahn & Hartmann 1973, Datzer 1983) und orientiert sich über die verschiedenen Möglichkeiten des Urlaubs. Sie trifft Teilentscheidungen über Reiseziel, Reiseform, Verkehrsmittel, Unterkunft, Verpflegung usw., die aber letztlich eine homogene Gesamtentscheidung darstellen müssen.

## 2. Die Anfänge der Reiseentscheidungsforschung

Die grundlegende Arbeit zur Reiseentscheidung von Hahn und Hartmann (1973) beruht auf den DIVO-Studien 1961 und 1962, auf psychologischen Leitstudien zur Reiseanalyse 1971 (Hahn & Hartmann 1971), auf einer Studie zum Urlaubsland Schleswig-Holstein von Hartmann (1972) sowie auf den Reiseanalysen (RA) 1970 bis 1972. Die Autoren gehen davon aus, daß der Urlauber bezüglich folgender Merkmale einer Urlaubsreise Wahlfreiheit hat: Reiseart (Erholungsreise, Bildungsreise), Zielreise oder Rundreise, Reiseland, Reisegegend, Zielort, Reisezeitpunkt,

Reiseverkehrsmittel, Unterkunftsart, Quartier, Form der Reiseorganisation (Einzelreise, Gesellschaftsreise), Veranstalter und Ausgaben. Allerdings weisen die Autoren auf das grundlegende Ergebnis der Untersuchungen zum Prozeß der Reiseentscheidung hin, daß es eine Mehrzahl von Einzelentscheidungen gar nicht gibt, sondern daß die Teilentscheidungen eng miteinander zusammenhängen und einander bedingen oder daß gar keine Entscheidung getroffen wird, weil von vornherein schon eine Festlegung bestand.

## 3. Ausgewählte Ergebnisse der Reiseentscheidungsforschung

In der Leitstudie zur RA 73 (Pivonas 1973) wurde nach der Bedeutsamkeit der Teilentscheidungen gefragt. Danach ist die Entscheidung über das Zielgebiet bzw. den Zielort die bedeutsamste (Teil-)Entscheidung, es folgen Art des Urlaubs (Erholungs-, Bildungs-, Hobbyurlaub, Verwandtenbesuch), Preis/Reisekosten, Unterkunftsart, Verkehrsmittel, Reiseorganisation.

Als Gründe für die Zielgebietswahl nannten 43,7% der Reisenden in der RA 82 das Motiv „Landschaft gefällt mir", 32,5% „Urlaubsgebiet gefällt mir besonders", 31,7% „besseres Wetter/Klima" usw. Die Hauptgründe für die Zielgebietswahl sind also die attraktive Landschaft und das bessere Wetter.

Der Zeitpunkt der ersten Reiseüberlegungen liegt in der Mehrzahl der Fälle im Zeitraum zwischen dem Oktober des Vorjahres und dem März des Reisejahres. Im Rahmen einer Verlaufsanalyse (Pivonas 1980) wurden die verschiedenen Phasen der Reiseentscheidung (erste Anregung, Bekräftigung, eigentlicher Entschluß, Vorbereitung) genauer untersucht. Dabei wurden den Befragten die verschiedenen Phasen des Modells erläutert und sie wurden dann nach der Zustimmung gefragt. Aufgrund der Plausibilität der vier Phasen fand das Modell große Zustimmung bei den Befragten.

In den Reiseanalysen wurde auch immer nach den Informationsquellen gefragt, die bei der Entscheidung für das Reiseziel benutzt wurden. Tabelle 1 gibt die Ergebnisse der RA 89 wieder.

Wie der Tabelle zu entnehmen ist, sind die eigenen Erfahrungen und persönliche Gespräche die wichtigsten Informationsquellen. Bei den persönlichen Gesprächen stehen an erster Stelle die Berichte von Bekannten und Verwandten und an zweiter Stelle die Auskunft durch Fachleute. Eine weitere wichtige Informationsquelle stellen die Kataloge der Veranstalter dar.

Meinungsmacher/-führer sind theoretisch als diejenigen Personen definiert, die Einfluß auf die Meinung (und das Verhalten) anderer Personen haben (→ *Opinion Leaders*). Zu den Reisemeinungsmachern gehören nach eigenen Angaben besonders Mehrfachreisende, Pauschaltouristen, Auslandsreisende und Angehörige der höheren Bildungsschichten (Heidi Hahn 1980 und 1983; RA 82). Das Konzept der Meinungsmacher ist allerdings umstritten und es ist bisher nicht schlüssig nachgewiesen, auf welchen Wegen die Meinung „gemacht" wird.

In der RA 87 wurde nach der bevorzugten Landschaftsform gefragt. Die Befragten bevorzugen das Meer im Süden, Seen und Inseln im Süden. Mittelmäßig beliebt sind die Mittelgebirge in Berg- und Waldlandschaften, die Nord- und Ostsee und Flußlandschaften. Ungeklärt ist die Frage, worin letztlich die Faszination des Wassers liegt.

Ein Versuch von Hartmann (1978, S. 58ff), die Teilentscheidung für ein Urlaubsland durch die Verwendung eines *Erwartung x Wert-Modells* zu erklären (intrapersonelle Gewichtung von Vor- und Nachteilen verschiedener Alternativen), schlug fehl. Ein solches Modell konnte die Entscheidung für einen Urlaubsort nicht vorhersagen.

Tabelle 1: Ergebnisse der RA 89

| RA 89 | 1989 |
|---|---|
| Reisende: 32,6 Mio, n = 4.079 | |
| Mehrfachnennungen, Listenvorlage | % |
| **Persönliche Gespräche** | |
| Berichte von Verwandten, Bekannten | 33,3 |
| Auskunft/Beratung im Reisebüro, Fremdenverkehrsstelle | 17,5 |
| **Kataloge/Prospekte** | |
| Kataloge von Reiseveranstaltern | 17,5 |
| Ortsprospekte | 7,6 |
| Unterkunftsprospekte | 6,3 |
| Gebiets-/Länderprospekte | 6,2 |
| **Neutrale Informationsquellen** | |
| Reiseführer | 9,0 |
| Reiseberichte in Zeitungen und Zeitschriften | 6,5 |
| Reiseberichte in Fernsehen und Rundfunk | 4,2 |
| Reisebücher/Romane | 3,0 |
| Hotel-/Campingführer | 2,3 |
| Video-Reisefilme | 1,0 |
| Elektronische Informations- und Reservierungssysteme | 0,2 |
| **Werbung** | |
| Werbung in Zeitungen, Zeitschriften, auf Plakaten | 4,1 |
| Messen/Ausstellungen | 0,8 |
| Rundfunk-/Fernsehwerbung | 0,5 |
| Bekannt aus eigener Erfahrung, Haus/Wohnbesitz am Urlaubsort | 38,7 |
| **Keine Infoquelle genutzt** | 15,8 |
| Durchschnittl. Zahl der genutzten Infoquellen pro informiertem Reisenden | 1,58 |

Eine methodisch sehr aufwendige Studie stammt von Lohmann und Wohlmann (1987). In dieser Studie wurden Reisemotive erfaßt und faktorisiert. Die Faktorenwerte jeder befragten Person wurden dann mit dem Ergebnis einer simulierten Entscheidung in Zusammenhang gebracht, in der das Image verschiedener Urlaubsorte erfaßt wurde. Die Autoren fanden zwölf Entscheidungsdimensionen, von denen drei einen wesentlichen Einfluß auf die Reiseentscheidung haben: Sie wurden von den Autoren mit Erholung/Gesundheit, Aktivität und Komfort bezeichnet.

Weitere Gegenstände der bisherigen Reiseentscheidungsforschung waren die Entscheidungskriterien für die Unterkunft, die Vor- und Nachteile der Pauschalreise, Reisehemmungen und Reiseängste, der Zeitpunkt der endgültigen Entscheidung, Zusammenhänge zwischen Entscheidungszeitpunkt und Reiseantritt, Entscheidungsträger, Änderung von Reiseplänen aufgrund von Krisenmeldungen (Unruhen, Naturkatastrophen). Eine Zusammenfassung über den Stand der Forschung zur (Urlaubs-)Reiseentscheidung findet sich bei Braun und Lohmann (1989).

## 4. Zusammenfassender Überblick über die Forschungsergebnisse

Die berichteten Forschungsergebnisse lassen sich grob in zwei Kategorien einteilen: Einerseits gibt es Theorien, Modelle oder Hypothesen und andererseits existieren deskriptive Daten.

(a) Das *Vierphasenmodell* der Reiseentscheidung (von Pivonas) wurde in der RA 73 durch direkte Befragung „geprüft". Darüber hinaus gab es eine verlaufsanalytische Untersuchung (Pivonas 1980) im Rahmen des Vierphasenmodells. Eine angemessene empirische Überprüfung des Modells steht nach wie vor aus, da das methodische Vorgehen in beiden Fällen nicht geeignet war, das Modell zu belegen. Hartmann (1978) testete ein *Erwartung x Wert-Modell* und stellte fest, daß keine Vorhersage der Reisezielentscheidung durch die Ermittlung des Attraktionswertes eines Reiselandes möglich ist. Dem E x W-Modell liegt das Bild eines rational handelnden Menschen zugrunde. Diese Annahme trifft nur unter besonderen Bedingungen zu. Häufig entscheiden Menschen auf der Basis von Gewohnheiten, auf Empfehlung von Vertrauenspersonen, um kognitive Inkonsistenzen auszugleichen (Theorie der kognitiven Dissonanz, Festinger 1957), um ein angestrebtes Selbstbild zu vervollständigen (Braun 1993), oder auf der Basis des Zufalls. Umfassendere Theorien, die das Entscheidungsverhalten hinsichtlich der Urlaubsreise erklären, sind dem Autor nicht bekannt.

(b) Die deskriptiven Ergebnisse der bisherigen Reiseentscheidungsforschung können wie folgt zusammengefaßt werden:
– Die Anstöße zur Beschäftigung mit dem Urlaub kommen in erster Linie von Freunden, Bekannten und Verwandten.

Über 30% beschäftigen sich schon im Jahr vor Reiseantritt intensiv mit der Urlaubsreise, die inzwischen zur Selbstverständlichkeit geworden ist. Bevor sich Reisende für einen Urlaubsort entscheiden, benötigen sie Informationen über den Ort, die Landschaft, die Preise, das Wetter und das Klima. Persönliche Gespräche mit Freunden, Bekannten und Reisebüromitarbeitern dominieren dabei als Informationsquelle, aber auch Kataloge werden genutzt. Wenn es nach der Zielwahl später um konkrete Dinge wie Preis, Verkehrsverbindungen und Unterkunftsmöglichkeiten geht, nimmt die Bedeutung von Katalogen und Prospekten und die Auskunft durch kompetente Stellen zu. Eine weitere wichtige Informationsquelle ist die eigene Erfahrung. In den letzten Jahren hat die Bedeutung der Informationsquelle „Freunde, Bekannte und Verwandte" leicht nachgelassen, die Bedeutung der Beratung im Reisebüro hat zugenommen. Da die Freunde und Bekannten eine dominierende Stellung als Informationsquelle einnehmen, wurde das nicht unumstrittene Konzept der Meinungsmacher (→ *Opinion Leaders*) im Reisebereich angewandt. Meinungsmacher reisen viel, sie reisen häufig ins Ausland und sie gehören den oberen Bildungsschichten an. Medien, die besonders häufig genutzt werden, sind Radio, Fernsehen, Programmzeitschriften und regionale Abonnementzeitungen.

– Eine Reise besteht aus vielen Einzelbestandteilen, deshalb müssen auch viele Teilentscheidungen getroffen werden. Zuerst wird über Zeitpunkt und Ziel der Reise entschieden, dann wird die Dauer der Reise festgelegt. Preis, Unterkunft, Verkehrsmittel und Organisationsform der Reise werden erst nachrangig entschieden.

Die Landschaft, das Wetter und Erfahrung mit einem Zielgebiet sind die Hauptgründe, ein bestimmtes Gebiet zu besuchen. Interessante Unterschiede ergeben sich dabei zwischen Deutschland- und Auslandsurlaubern. Für die Auslandsurlauber zählt insbesondere das Wetter, die Deutschlandurlauber führen die geringe Entfernung, familiäre und finanzielle Gründe an. Auf die Frage nach alternativen Reisezielen berichtet die Mehrheit der Reisenden, daß die Entscheidung von vornherein feststand. Seen, Inseln und das Meer im Süden sind die bevorzugte

Landschaftsform für den Urlaub. Dies gilt insbesondere für die jüngeren Leute. Sauberkeit, annehmbare Preise, eine schöne Umgebung, gutes Essen und eine gemütliche Atmosphäre sind die entscheidenden Kriterien für die Wahl einer Unterkunft. Die Vorteile einer Pauschalreise werden darin gesehen, daß sie bequemer ist und durch die komplette Organisation weniger Arbeit verursacht; der Nachteil wurde darin gesehen, daß man in seiner Freiheit eingeschränkt ist. Die zentralen Reiseängste bestehen darin, daß man während der Reise verunglücken oder erkranken könne oder daß Pannen auftreten.

- Im Jahr vor Reiseantritt entscheidet sich gut ein Drittel aller Reisenden für die Urlaubsreise im folgenden Jahr. Häufig geschieht dies schon direkt im oder im Anschluß an den Urlaub. Die Hauptentscheidungsmonate sind jedoch der Januar und der Februar. In den Jahren 1976 bis 1986 ist der Anteil der Personen, die sich bereits im Jahr vor Reiseantritt für ein Reiseziel entschieden haben, von 16,9% auf 27,7% gestiegen, entsprechend ist der Anteil der Entschlüsse im Reisejahr gesunken.
- Nach der Entscheidung sind Informationen über die Erreichbarkeit der Urlaubsorte wichtig. Welche Informationen nach der Reisezielentscheidung noch wichtig sind, ist erst noch zu klären. Reisepläne werden, stehen sie erst einmal fest, kaum noch geändert. Lediglich Stimmungsumschwünge und Krankheiten veranlassen die Reisenden, ihre getroffenen Entscheidungen zu revidieren.
- Eine zentrale Determinante für die Reiseentscheidung ist die (→) *Urlaubszufriedenheit*. Je zufriedener man mit einem Urlaubsort war, um so höher ist die Wahrscheinlichkeit, daß man ihn wieder besucht. Ähnlich dürfte sich die Zufriedenheit mit anderen Teilaspekten des Urlaubs auswirken; wer z.B. positive Erfahrungen mit einer Clubreise gemacht hat, wird auch in Zukunft wieder Clubreisen buchen.

## 5. Kritik und Ausblick

Bei der Beurteilung der bisherigen Ergebnisse sollte man die angewandten Methoden nicht außer acht lassen. Die bisherigen Erkenntnisse beruhen alle auf Interviews oder Intensivinterviews. Besonders das Ergebnis, daß gar keine Alternativen zum gewählten Urlaubsort genannt werden, läßt die Vermutung aufkommen, daß Erinnerungslücken die Befunde verändert haben könnten. Das in den Sozialwissenschaften zur Verfügung stehende methodische Inventar wurde bisher kaum ausgenutzt. Bis auf wenige Ausnahmen (Braun 1993; → *langfristige Erholung*) fehlt bisher gänzlich der Einsatz experimenteller, quasiexperimenteller und feldexperimenteller Verfahren (Cook & Campbell 1979), die jedoch für die Abklärung von Kausalrichtungen und zur Erforschung unbewußt ablaufender Prozesse notwendig sind.

Der Tatsache, daß Urlauber häufig in kleinen Gruppen verreisen (Familie, Clique), wurde bisher bei der Erforschung der Reisemotive kaum Beachtung geschenkt (→ *Familienurlaub*).

Zukünftige Ansätze sollten die individuelle Verlaufsform des Entscheidungsprozesses über die Zeit näher untersuchen, dabei aber methodisch sauberer vorgehen, als dies in der Vergangenheit getan wurde (vgl. Pivonas 1980). Ein vielversprechender theoretischer Ansatz wird z.Zt. von Lohmann und Mitarbeitern verfolgt. Dabei wird das Verhalten von Personen im Alltag unter dem Konzept der psychischen Sättigung (Karsten 1928) betrachtet. Die Flucht aus dem Alltag dient demnach der Minderung der psychischen Sättigung und trägt damit zur Erholung – dem unerforschten Generalfaktor der (→) *Reisemotive* – bei.

## Literatur

Braun, O.L. & Lohmann, M. (1989). Die Reiseentscheidung. Starnberg: Studienkreis für Tourismus.

Braun, O.L. (1993). Vom Alltagsstress zur Urlaubszufriedenheit. München: Quintessenz.

Cook, T.D. & Campbell, D.T. (1979). Quasi-Experimentation. Design & analysis issues for field settings. Boston: Houghton Mifflin.

Datzer, R. (1983). Informationsverhalten von Urlaubsreisenden. Starnberg: Studienkreis für Tourismus.

DIVO (1961). Die Reise im Vorstellungsbild und in den Erwartungen des Touristen. Unveröff. Untersuchung. München: Studienkreis für Tourismus.

DIVO (1962). Urlaub und Reise. Eine sozialpsychologische und motivationspsychologische Voruntersuchung. Unveröff. Untersuchung. München: Studienkreis für Tourismus.

Festinger, L. (1957). A theory of cognitive dissonance. Stanford, CA: Stanford University Press.

Hahn, Heidi (1980). Die Meinungsmacher unter den Urlaubsreisenden 1978. Der Fremdenverkehr + Das Reisebüro, 3, 1980.

Hahn, Heidi (1983). Opinion leader bei Reiseentscheidungen. Media Spectrum, 2/83.

Hahn, H. & Hartmann, K.D. (1971). Urlaubsreisen 1971. Psychologische Leitstudie. Unveröff. Untersuchung. Starnberg: Studienkreis für Tourismus.

Hahn, H. & Hartmann, K.D. (1973). Reiseinformation, Reiseentscheidung, Reisevorbereitung, Starnberg: Studienkreis für Tourismus.

Hartmann, K.D. (1972). Urlaub in Schleswig-Holstein. Eine motiv- und verhaltenspsychologische Untersuchung. Unveröff. Untersuchung. Starnberg: Studienkreis für Tourismus.

Hartmann, K.D. (1978). Urlaubsreisen 1978. Psychologische Leitstudie. Unveröff. Untersuchung. Starnberg: Studienkreis für Tourismus.

Karsten, A. (1928). Psychische Sättigung. Psychologische Forschung, 10, 142-254.

Lohmann, M. & Wohlmann, R. (1987). Urlaub in Deutschland. Starnberg: Studienkreis für Tourismus.

Pivonas, G. (1973). Urlaubsreisen 1973. Psychologische Leitstudie. Berichtsband. Unveröff. Untersuchung. Starnberg: Studienkreis für Tourismus.

Pivonas, G. (1980). Reiseentscheidung. Eine verlaufsanalytische Untersuchung. Unveröff. Untersuchung. Starnberg: Studienkreis für Tourismus.

Studienkreis für Tourismus (Hg.) (1971, 1972, ff. 1990). Urlaubsreisen (1970, 1971, ff. 1989) Berichts- und Tabellenbände zur Reiseanalyse.

**Ottmar L. Braun, Trier**

# Reisezufriedenheit

## 1. Reisezufriedenheit als Kundenzufriedenheit

Ein aktueller Anlaß: Im Oktober 1992 wurde von der Deutschen Bundespost/Postdienst in Zusammenarbeit mit der Deutschen Marketing-Vereinigung das Deutsche Kundenbarometer als marktforscherische Innovation vorgestellt. Denn erstmals wurde die Kundenzufriedenheit bei mehr als 35 Branchen gesamtdeutsch erfaßt. Eines der wichtigsten Ergebnisse war: „Unter den untersuchten Branchen sind die Bereiche Reisen, Auto und Gesundheit die Spitzenreiter in puncto Kundenzufriedenheit" (Anton Meyer, Pressemitteilung vom 16.10.1992). In der mitgelieferten Rang-Tabelle liegen die Urlaubsregionen mit 2,02 (auf einer fünfstufigen Skala von „1–zufrieden" bis „5–unzufrieden") auf dem ersten Rang. Obwohl der Nutzen einer solchen Untersuchung fragwürdig ist, weil kein Reiseveranstalter bzw. kein Zielgebiet weiß, was daraus abzuleiten ist, wird dennoch eines klar: Reisezufriedenheit ist eine Form von Kundenzufriedenheit.

Die Reisezufriedenheit wurde ausführlich in der Leitstudie zur Reiseanalyse (RA) 86 von Purucker (1986) untersucht, der auch den Zusammenhang zwischen der Reisezufriedenheit, den Reiseerwartungen/-motiven und der Reiseentscheidung herausstellt: „Werden nun die bedeutsamen Erwartungen und Motive durch die Reise zur Zufriedenheit der Reisenden erfüllt, sind sie insgesamt zufrieden; es besteht eine hohe Wahrscheinlichkeit, daß sie eine ähnliche Urlaubsreise wieder unternehmen." (Purucker 1986, S. 167)

Purucker favorisiert ein Modell, bei dem Erwartungen und Motive befriedigt werden und wo sich dann, in Abhängigkeit des Grades der Befriedigung, die Urlaubszufriedenheit einstellt. Außerdem ist dabei die individuelle Wichtigkeit der Motive zu berücksichtigen. Das Gesamtmodell wird seiner Ansicht nach durch folgendes Zitat gut ausgedrückt: „Tourist satisfaction is the result of the interaction between a tourist's experience at the destination area and the expectations he had about that destination (weighted sum total of experiences compared to the expectations" (Pizam, Neumann & Reichel 1978, zit. n. Purucker 1986, S. 8). M.a.W.: Es handelt sich um ein *Erwartungs-Erfüllungs-Modell* der Urlaubszufriedenheit, bei dem die Urlaubszufriedenheit umso höher sein sollte, je mehr die individuellen Erwartungen erfüllt worden sind. Obwohl Purucker die erhobenen Daten nicht exakt so ausgewertet hat, wie das Modell es erfordert hätte, erscheint es insgesamt recht plausibel (Braun & Lohmann 1989).

Braun (1993, Studie XI) konnte zeigen, daß bei Personen, die im Urlaub einen guten Eindruck hinterlassen wollten, ein deutlich positiver Zusammenhang zwischen dem Erfolg beim Eindruck-Hinterlassen und der Urlaubszufriedenheit bestand (r = .71). Bei Personen, denen es weniger wichtig war, im Urlaub einen guten Eindruck zu hinterlassen, betrug die entsprechende Korrelation nur noch r = .34, der Zusammenhang war also geringer. Diese Studie bestätigt, obwohl sie in einem anderen theoretischen Zusammenhang dargestellt wurde, prinzipiell die Richtigkeit eines Erwartungs-Erfüllungs-Konzepts der Urlaubszufriedenheit.

Auch Wohlmann (1981, S. 239) hatte bereits eine solche Vorstellung: „In der Regel wird die Reisezufriedenheit umso größer sein, je mehr die Reise den Vorstellungen entsprochen oder sie sogar übertroffen hat. Sind diese Erwartungen aus irgendwelchen Gründen nicht erfüllt worden, hat die Urlaubsreise nicht das gebracht, was an Hoffnungen und Wünschen damit verbunden wurde, so stellt sich ein mehr oder weniger starkes Gefühl der Unzufriedenheit ein, das sich in einer negativen Bewertung der Reise niederschlagen wird."

## 2. Reisezufriedenheit in Repräsentativbefragungen

Die Reisezufriedenheit ist auch seit einigen Jahren Gegenstand verschiedener repräsentativer Reiseuntersuchungen:

(a) In der Reiseanalyse wird seit 1986 mit einer 7-stufigen Gesichterskala (Cunin 1955) erfaßt, wie zufrieden die Reisenden sind. 1989 wählten 0,4% das Gesicht 1 (negatives Gesicht), 0,8% Gesicht 2, 1,4% Gesicht 3 und 3,7 % Gesicht 4. Insgesamt waren also 6,3% der Urlauber mit ihrem Urlaub mittelmäßig oder gar nicht zufrieden. 13,6% wählten das Gesicht 5, 29,6% das Gesicht 6 und 50,5% das Gesicht 7 (positives Gesicht) (Lohmann & Besel 1990).

(b) Im Rahmen der Repräsentativerhebung Jugendtourismus 1987 (Gayler & Unger 1989) wurde gefunden, daß die Reisezufriedenheit von Jugendlichen höher ist, wenn sie
– nicht mit den Eltern fahren (Freiheit),
– ein niedrigeres Bildungsniveau haben,
– im Ausland waren.
Interessanterweise gibt es in dieser Studie auch deutliche Zusammenhänge zwischen der Alltagssituation und der Urlaubsreisezufriedenheit. Je größer der Freundeskreis und je besser das Verhältnis zu den Eltern ist, um so besser wird der Urlaub beurteilt.

Berechnet man die durchschnittliche Zufriedenheit mit den Einzelleistungen, die in der RA nur gelegentlich erfaßt wurden (Transport, Verpflegung, Unterkunft), so kann man feststellen, daß dieser Mittelwert niedriger liegt, als die Gesamtzufriedenheit (Wohlmann 1981). Das ist aber auch nicht verwunderlich, denn die erwähnten Einzelleistungen befriedigen ja nicht ausschließlich die Erwartungen und Wünsche der Reisenden, sie sind nur das, was der Reisende bezahlt. Konstrukte wie Ruhe, Erholung, Anerkennung oder Bekanntschaften üben sicher auch einen (vielleicht sogar sehr bedeutsamen) Einfluß auf die Reisezufriedenheit aus, sie werden aber aus der Sicht von Beherbergungsbetrieben oder Veranstaltern leicht übersehen, weil sie im Leistungsangebot nicht explizit aufgeführt werden.

## 3. Reisezufriedenheit und Organisationsentwicklung

Folgt man Peters und Waterman (1982), so ist die Kundenzufriedenheit (neben einigen anderen Faktoren wie Mitarbeiterzufriedenheit, Bindung ans angestammte Geschäft, straff-lockere Führung etc.) eine wesentliche Erfolgsdeterminante von Unternehmen bzw. von Organisationen. Moderne touristische Organisationen (z.B. Reiseveranstalter oder Fremdenverkehrsverbände) führen deshalb empirische Analysen der Kundenzufriedenheit durch. Dabei werden die Fragebögen auf die besondere Situation am Urlaubsort zugeschnitten. Es gibt jedoch auch Standardinstrumente wie den Leitfaden für (→) *Gästebefragungen* von Bosold (1988), die bei sachgemäßer Anwendung wertvolle Hinweise auf die Produktgestaltung und Verbesserungsmöglichkeiten liefern.

Braun (1987) sowie Braun, Porwol und Korbus (1989) berichten über Untersuchun-

gen bei einem Bielefelder Jugendreiseunternehmen (RuF-Reisen). In diesen jährlich durchgeführten Untersuchungen wird für alle Kunden repräsentativ die Reisezufriedenheit und die Zufriedenheit mit Einzelleistungen erfaßt. Die Auswertung und Umsetzung stellt sich dann wie folgt dar:
– Berechnung der Korrelationen zwischen der Gesamturlaubszufriedenheit und der Zufriedenheit mit Einzelleistungen;
– Theoretische Analyse hinsichtlich der Kontrollierbarkeit von Ursachen durch den Veranstalter;
– Mittelwertsberechnung für alle Ursachen.
Die Entscheidung zur Verbesserung von Ursachenfaktoren der Urlaubszufriedenheit wird zugunsten der Einflußfaktoren getroffen, die kontrollierbar sind, einen hohen Einfluß auf die Reisezufriedenheit haben und auf einem niedrigen Niveau liegen.

Tabelle 1 gibt die Korrelationen zwischen der Reisezufriedenheit und der Beurteilung der Einzelleistungen wieder. Wie man der Tabelle entnehmen kann, variieren die Korrelationen teilweise zwischen den Jahren. Diese Veränderungen sind durch die Veränderungen organisatorischer Rahmenbedingungen zu erklären. Prinzipiell empfiehlt es sich also, von Zeit zu Zeit die Korrelationen neu zu prüfen. Außerdem sind die vorgestellten Ergebnisse nicht auf alle Reiseformen und Altersgruppen zu übertragen, sie gelten nur unter den ganz spezifischen Bedingungen einer Jugendgruppenreise.

Prinzipiell ist es möglich, mit diesem Vorgehen bei allen Veranstaltern oder Zielgebieten diejenigen Faktoren zu identifizieren, die einen maßgeblichen Einfluß auf die Reisezufriedenheit und damit auf den Geschäftserfolg haben.

Tabelle 1: Korrelationen zwischen der Beurteilung von Einzelaspekten des Urlaubs und der Reisezufriedenheit bei Jugendgruppenreisen

| Erhebungsjahr | 1987<br>N = 270 | 1988<br>N = 800 | 1989<br>N = 250 |
|---|---|---|---|
| Anreise | – | .15 | .15 |
| Urlaubsland | – | .33 | .31 |
| Platz | .31 | .27 | .34 |
| Unterhaltungs-Angebote | – | – | .24 |
| Freizeit-Angebote | – | – | .39 |
| Sportangebote | – | – | .33 |
| Wetter | .24 | .19 | .19 |
| Strand | – | .23 | .33 |
| Kneipen etc. | – | .18 | .26 |
| Landschaft | – | .30 | .21 |
| Sanitäranlagen | – | .13 | .13 |
| Prospekt | .35 | .27 | .29 |
| Zelte | .21 | .40 | .25 |
| Organisation | .51 | .46 | .47 |
| Aktivitäten | .44 | .42 | .50 |
| Ausflüge | – | – | .34 |
| Essen | .45 | .51 | .38 |
| Koordinator | – | .30 | .26 |
| Teamer | .61 | .41 | .38 |
| Aktionen d. T. | – | – | .42 |
| Gruppe | – | .51 | .47 |
| andere Leute | – | .42 | – |
| Urlauber | – | – | .24 |
| Einheimische | – | – | .35 |

## 4. Zusammenfassung und Ausblick

Das Thema Urlaubszufriedenheit steht im engen Zusammenhang zu den Reiseerwartungen/Reisemotiven und zur Reiseentscheidung. Zufriedenheit ist dabei die Konsequenz erfüllter Erwartungen und vorauslaufende Bedingung zugunsten einer Entscheidung in Richtung auf einen ähnlichen Urlaub.

Die Ergebnisse des Deutschen Kundenbarometers zeigen, daß die Deutschen mit den Urlaubsregionen bzw. Veranstaltern, wo immer diese liegen und was immer sie auch getan haben und welche Motive sie auch im einzelnen hatten, nahezu genauso zufrieden sind, wie mit dem Hersteller ihres Kraftfahrzeugs. Aus der Reiseanalyse wissen wir schon sehr viel konkreter, wie zufrieden einzelne Kundengruppen sind und wir wissen auch, daß die Reisezufriedenheit nicht dem Durchschnitt von (nichtrepräsentativen) Einzelzufriedenheiten entspricht.

Theoretisch spricht vieles dafür, ein Erwartungs-Erfüllungs-Modell der Reisezufriedenheit beizubehalten, bei dem zur Vorhersage die Summe der Produkte aus Wichtigkeit und Erfüllungsgrad von Urlaubsmotiven bzw. Urlaubserwartungen herangezogen wird.

Besondere Bedeutung kommt der Analyse der Reisezufriedenheit im Rahmen der Organisationsentwicklung zu, weil sie als Kundenzufriedenheit entscheidenden Einfluß auf den wirtschaftlichen Erfolg eines Unternehmens hat.

Reisezufriedenheit = Summe (Wichtigkeit x Erfüllungsgrad von Motiven und Erwartungen)

## Literatur

Braun, O.L. (1987). Urlaubszufriedenheit jugendlicher Urlauber. Jugendtouristischer Informationsdienst, 12/1987.
Braun, O.L. (1993). Vom Alltagsstreß zur Urlaubszufriedenheit. München: Quintessenz.
Braun, O.L. & Lohmann, M. (1989). Bewertung des Urlaubs: Die Reisezufriedenheit. (S. 92-99) In Die Reiseentscheidung. Starnberg: Studienkreis für Tourismus.
Braun, O.L., Porwol, B. & Korbus, T. (1989). Rahmenbedingungen und Ursachen des Urlaubsglücks. Jahrbuch für Jugendreisen und Internationalen Jugendaustausch, 7-22.
Cunin, T. (1955). The construction of a new type of attitude measure. Personnel Psychology, 8, 65-77.
Dann, G. (1978). Tourist satisfaction: A highly complex variable. Annals of Tourism Research, 5(4).
Gayler, B. & Unger, K. (1989). Jugendtourismus 1987. Starnberg: Studienkreis für Tourismus.
Lohmann, M. & Besel, K. (1990). Urlaubsreisen 1989. Kurzfassung der Reiseanalyse 1989. Starnberg: Studienkreis für Tourismus.
Meyer, A. (1992). Das Deutsche Kundenbarometer. Bonn: Pressemitteilung der Deutschen Bundespost Postdienst, 16.10.1992.
Peters, T.J. & Waterman, R.H. (1982). In search of excellence: Lessons from American best run companies. New York: Warner Books.
Pizam, A.; Neumann, Y. & Reichel, A. (1978). Dimensions of tourist satisfaction with a destination area. Annals of Tourism Research, 3, 314-321.
Purucker, H.K. (1986). Urlaubsreisen 1986 – Psychologische Leitstudie Reisezufriedenheit – Berichtsband. Unveröff. Untersuchung. Starnberg: Studienkreis für Tourismus.
Raalj, W.F. & Francken, D. A. (1984). Vacation decision, activities and satisfaction. Annals of Tourism Research, 11(1).
Wohlmann, R. (1981). Reisezufriedenheit – Urlaubszufriedenheit. Ursachen und Auswirkungen. In Reisemotive – Länderimages – Urlaubsverhalten. Neue Ergebnisse der psychologischen Tourismusforschung. Starnberg: Studienkreis für Tourismus.

**Ottmar L. Braun, Trier**

# Resort Cycle

Das Konzept „*Resort Cycle*" wurde von Geographen entwickelt und dient dazu, die Veränderungen der Strukturen touristischer Zielgebiete über eine mittelfristige Zeitperiode zu erfassen. Unterstellt wird nicht eine geradlinige, sondern eine zyklische Entwicklung von Fremdenverkehrsorten oder -regionen. Nach Butler (1980) durchläuft der Zyklus folgende Phasen: 1. „exploration" (Erkundung), 2. „involvement" (Erschließung), 3. „development" (Entwicklung), 4. „consolidation" (Konsolidierung), 5. „stagnation" (Stagnation), 6. „rejuvenation" (Erneuerung) oder „decline" (Niedergang).

Als erstes und relativ einfaches Kriterium, um die Entwicklung des touristischen Zielgebietes zu bestimmen, dient die Zahl der Touristen oder Übernachtungen, die ein definiertes Gebiet pro festgesetzter Zeiteinheit hat. Das Modell unterstellt, daß in der ersten Phase die Zunahme der Touristenzahlen zögerlich einsetzt, in den folgenden Phasen ein deutlicher Anstieg zu verzeichnen ist, während in der Konsolidierungsphase die Zuwachsrate abnimmt und in der Stagnationsphase keine weitere Steigerung der Touristenzahlen mehr zu verzeichnen ist. An die Stagnationsphase schließt sich eine von drei Alternativen an: die Touristenzahlen bleiben auf dem erreichten Niveau, sinken oder steigen wieder an.

In dieser Form ist das Konzept simpel. Die Entwicklung der Touristen- oder Übernachtungszahlen in einem Zielgebiet sagt nichts über seine Qualität aus, ja nicht einmal über seine wirtschaftliche Rentabilität. Insofern legen die Benennungen der Phasen falsche Schlüsse nahe, da die Steigerung von Touristenzahlen je nach Randbedingungen auch den ökologischen und ökonomischen Niedergang eines Gebietes einläuten kann. Damit wird deutlich, daß das zyklische Modell sinnvollerweise um einige Beobachtungskriterien zu erweitern ist, wenn man die Entwicklung eines touristischen Zielgebietes realistisch beschreiben will. So wurde dann auch die Entwicklung von Urlaubsgebieten daraufhin untersucht, welche Typen von Touristen in welchem Entwicklungsstadium die Szene bestimmen. Ein weiteres Kriterium, anhand dessen sich Veränderungen touristischer Zielgebiete bestimmen lassen, sind die Einstellungen der Bewohner gegenüber den Touristen und dem Phänomen Tourismus. Einstellungswandlungen, die von Euphorie und Enthusiasmus über Apathie und Irritation bis zur Feindseligkeit reichen, werden von Doxey (1976) dargestellt. Auf die zyklischen Veränderungen nicht nur der Organisation von touristischen Zielgebieten, sondern auch der Beziehungen zwischen Touristen und Gastgebern sowie der symbolischen Bedeutungen der Zielgebiete weisen Machlis und Burch (1983) hin.

Des weiteren sind auch die räumlichen/architektonischen Veränderungen ein Kriterium für den Resort Cycle. Diese reichen von ursprünglicher Wildheit, über die Einführung touristischer Infrastrukturen, die allmähliche Dominanz der gebauten über die nichterschlossene Umwelt bis zur vollständigen Urbanisierung (Pearce 1981). Nicht zuletzt sind auch die in das touristische Gebiet fließenden Investitionen, deren Höhe selber nach einem zyklischen Modell schwanken kann (Miossec 1977), für die Entwicklung der touristischen Destination von Bedeutung. Der Resort Cycle setzt sich demnach aus mehreren Entwicklungen zusammen (Wall 1982), die miteinander mehr oder weniger stark verkoppelt sein können.

Das Konzept entbehrt wie jedes andere zyklische Modell nicht der Plausibilität, ist aber auch mit zahlreichen theoretischen und methodischen Schwächen behaftet. So kritisiert Wall (1982, S. 190), daß die empirische Evidenz für das Modell schwach sei; daß nicht klar sei, auf welche Art von Gebieten es anzuwenden ist, ob es für urbane und nichturbane Gebiete gilt und ob es auf die Entwicklung von touristischen Anlagen, Gemeinden, Regionen und Ländern gleichermaßen zu beziehen ist. Ungeklärt ist die Dauer der einzelnen Phasen, und offen ist auch, wo die Schwellen anzusetzen sind, die den Übergang zwischen den Phasen markieren. Unklar ist schließlich, was die Ursachen und was die Folgen für das Voranschreiten im Zyklus sind (z.B. die Frage, ob ein Urlaubsgebiet einen Niedergang erlebt, weil die Touristen ausbleiben, oder ob deshalb weniger Touristen kommen, weil sich das Gebiet im Niedergang befindet).

*Anwendungen.* In einer Reihe von Arbeiten ist das Konzept des Resort Cycle angewandt worden. Dabei sind die untersuchten Gebiete sehr unterschiedlich, die Fallbeispiele reichen von den Northwest Territories Kanadas (Keller 1987) über die Bahamas (Debbage 1990) bis zu einzelnen kleinen Inseln (Meyer-Arendt 1985), Landkreisen (Hovinen 1982) oder Agglomerationen von Zweitwohnungen (Strapp 1988).

Die einzelnen Untersuchungen haben sich zwar um bessere Operationalisierung der untersuchten Variablen bemüht und auf eine Reihe hypothetischer Zusammenhänge zwischen den Variablen aufmerksam gemacht, doch fügen sich die Teilergebnisse bislang noch nicht zu einem theoretisch fundierten Modell zusammen. Die Fallbeispiele haben das Konzept vor allem zur Deskription von konkreten Entwicklungen in relativ überschaubaren Gebieten herangezogen. Im Vergleich zu seinem deskriptiven Wert ist der Erklärungsgehalt wie auch der prognostische Wert des Konzepts schwächer einzustufen. Die heuristische Fruchtbarkeit des Konzepts dürfte sich aber erwiesen haben, nicht zuletzt auch im Hinblick auf Marketingstrategien und Planungskonzepte, die vom Resort Cycle ausgehend nach Möglichkeiten suchen, dem Niedergang von Urlaubsorten entgegenzuarbeiten (Haywood 1986). Der Schritt vom deskriptiven Konzept zu einem präskriptiv verstandenen Modell wird mitunter in Marketingstrategien und Planungskonzepten unreflektiert vollzogen. Die Vorstellung, daß sich Gebiete notwendigerweise einem Modell entsprechend entwickeln müssen, ist problematisch, wenn nicht berücksichtigt wird, daß sich auch Zielvorgaben und Prioritäten bei der Entwicklung touristischer Gebiete – womöglich ebenfalls zyklisch – im Laufe der Zeit wandeln, und wenn übersehen wird, daß Vorstellungen von Stagnation, Erneuerung und Niedergang nicht wertfrei sind.

## Literatur

Butler, R.W. (1980). The concept of a tourism area cycle of evolution: implications for management of resources. Canadian Geographer, 24, 5-16.

Debbage, K.G. (1990). Oligopoly and the resort cycle in the Bahamas. Annals of Tourism Research, 17, 513-527.

Doxey, G.V. (1976). When enough's enough: the natives are restless in old Niagara. Heritage Canada, 2, 26-27.

Haywood, K.M. (1986). Can the tourist-area life cycle be made operational? Tourism Management, 7, 154-167.

Hovinen, G.R. (1982). Visitor cycles. Outlook for tourism in Lancaster County. Annals of Tourism Research, 9, 565-583.

Keller, C.P. (1987). Stages of peripheral tourism development – Canada's Northwest Territories. Tourism Management, 8, 20-32.

Machlis, G.E. & Burch, W.R.Jr. (1983). Relations between strangers: cycles of structure and meaning in tourist systems. Sociological Review, 31, 666-692.

Meyer-Arendt, K. (1985). The Grand Isle, Louisiana resort cycle. Annals of Tourism Research, 12, 449-465.

Miossec, J.M. (1977). Un modèle de l'espace touristique. L'Espace Géographique, 6, 41-48.

Pearce, D. (1981). Tourist development. London: Longman.

Strapp, J.D. (1988). The resort cycle and second homes. Annals of Tourism Research, 15, 504-516.

Wall, G. (1982). Cycles and capacity. Incipient theory or conceptual contradiciton? Tourism Management, 3, 188-192

**Heinz-Günter Vester, München**

# Sextourismus

„Denn der westlichen Kultur, der großen Schöpferin all
der Wunder, an denen wir uns erfreuen,
ist es nicht gelungen, diese Wunder ohne ihre
Kehrseiten hervorzubringen."
Claude Lévi-Strauss, Traurige Tropen

## 1. Begriffsgeschichte

„Sextourismus" ist ursprünglich ein von den Medien aufgegriffener Alltagsbegriff, der seit einigen Jahren immer häufiger auch in der wissenschaftlichen Diskussion vorkommt. 1974 berichtete der „Spiegel" in einem Artikel „Bangkok: Jermans here velly happy", 20-30% der deutschen Thailandreisenden seien Sextouristen, womit er eine bis heute nicht zum Stillstand gekommene Flut von Berichten zu diesem Thema auslöste. Seit Beginn der 80er Jahre brachten dann vor allem kirchliche, Frauengruppen sowie Dritte-Welt-Gruppen neue Akzente in die Berichterstattung. Thematisiert wurden nun vorrangig Aspekte der sexuellen, aber auch wirtschaftlichen *Ausbeutung* der Dritten Welt durch Sextouristen aus den reichen Industrienationen. Für die massenhafte Nachfrage deutscher Männer nach sexuellen Dienstleistungen in der Dritten Welt wurden dabei auch die (deutschen) Reiseveranstalter mitverantwortlich gemacht, die als Auslöser und Profiteure dieser Art des Tourismus eingeschätzt werden. Der damalige Diskussionsstand wurde 1983 vom Zentrum für Entwicklungsbezogene Bildung (ZEB) in Stuttgart in einer Dokumentation „Tourismus, Prostitution, Entwicklung" zusammengefaßt. 1984 und 1988 wurde Sextourismus dann u.W. erstmalig zum Thema parlamentarischer Anfragen im Deutschen Bundestag. 1990 wurde eine vom Bundesministerium für Jugend, Familie, Frauen und Gesundheit geförderte Studie über „Frauenhandel und Prostitutionstourismus" veröffentlicht, die eine Bestandsaufnahme zum Thema bietet sowie eine Rechtsexpertise beinhaltet.

Mit Fragen des internationalen (Sex-)Tourismus hatte sich – wenn auch unter neuen Aspekten – die vom Deutschen Bundestag eingesetzte Enquête-Kommission zu befassen, in der die „Gefahren von AIDS und wirksame Wege zu ihrer Eindämmung" (vgl. Deutscher Bundestag, 1990) eingeschätzt werden sollten. Die Gefahr der forcierten internationalen Ausbreitung von HIV als Folge des offenbar zunehmenden Sextourismus hat dazu geführt, daß nicht mehr allein von Journalisten oder Aktivisten dieses Thema bearbeitet wird, sondern daß sich heute auch Sozialwissenschaftler und Mediziner mit den gesundheitlichen Folgeproblemen des Sextourismus beschäftigen müssen.

*Zur Geschichte des Phänomens.* Historisch ist das, was heute unter dem Label „Sextourismus" diskutiert wird, tatsächlich als Folgeproblem des Massentourismus in Fernreiseländer während der letzten zwanzig Jahre zu interpretieren. Erst die Möglichkeit, mit Jumbojets schnell und preiswert in Länder der Dritten Welt zu reisen, schuf die Voraussetzung für dieses Phänomen. Am besten belegt ist die Entwicklung des Sextourismus in Thailand und auf den Philippinen, wo die Stationierung von US-Truppen während des Vietnamkriegs und die damit verbundene Einrichtung von „Rest & Recreation Centers" als Vorläufer des nach dem Vietnamkrieg einsetzenden Sextouristenbooms gelten. Rund um die Militärbasen wurden damals große Amüsiercenter geschaffen, in denen viele Frauen als Prostituierte arbeiteten, die nach dem Abzug der Soldaten dann anders eingesetzt und von „zivilen" Touristen besucht wurden. Ob Prostitution ein in Thailand besonders verbreitetes und schon lange existierendes gesellschaftliches Phänomen ist, oder ob Prostitution der thailändischen Gesellschaft durch die Interessen des Westens aufoktroyiert wurde, ist dabei umstritten (vgl. Renschler 1987; Gräning 1988). Umstritten ist auch, ob es sich beim Sextourismus nur um eine „Begleiterscheinung, oder um einen immanenten Bestandteil eines Segmentes des Ferntourismus handelt" (May 1984, S.167). Wie groß dieses Segment ist, d.h. wieviele Touristen tatsächlich sexuelle Kontakte zu einheimischen Partnerinnen/Partnern (in Ländern der Dritten Welt) suchen, ist gegenwärtig nicht eindeutig klärbar.

## 2. Begriffsdefinition

Trotz der breiten Berichterstattung über Sextourismus in den Medien gibt es bis heute nur vergleichsweise sehr wenige Versuche, sich dem Thema wissenschaftlich zu nähern. Eine Sichtung der vorhandenen Literatur zum Bereich Urlaub und Sexualität dokumentiert eine weitgehende Leerstelle sozial- und sexualwissenschaftlicher Forschung (vgl. Wilke 1989). Bis heute überwiegen Entwicklungsanalysen, Beschreibungen und Abschätzungen der Folgen des zunehmenden Sextourismus – vorrangig unter feministischer oder entwicklungspolitischer Perspektive (vgl. Emma 1991; Agisra 1989; Renschler 1987; Lipka 1989; Launer 1988, Maurer 1991). Bisher haben wir nur bruchstückhaftes und wenig gesichertes Wissen über das konkrete *Verhalten* von Reisenden und seine Determinanten. Auch die Tourismus*psychologie* hat sich bis heute vorrangig auf die Erforschung von Einstellungen und Reisemotiven beschränkt und das tatsächliche Verhalten der Urlauber fast vollständig ausgeblendet. Aspekte der Marktforschung beherrschen bisher vorrangig das Feld der Tourismusforschung (vgl. Kagelmann 1988).

In den Berichten der Massenmedien wird das Phänomen Sextourismus oft durch das Bild von häßlichen, bierbäuchigen, tätowierten, weißen Touristen dokumentiert, die ebenso aufgeschwemmt wie biersilig und bekleidet mit vor Ort gekauften grellen Billighemden und bedruckten T-Shirts sind, in einem Arm eine sehr viel besser gekleidete, meist sehr junge, zierliche asiatische Frau haben und mit dem anderen Bierkrüge schwenken.

*Sextourismus als Prostitutionstourismus in Dritte Welt-Länder.* Den heute vorrangig als Zielländer des internationalen Sextourismus bekannten Ländern (Thailand, Philippinen, Kenia, Brasilien, sowie – in jüngster Zeit – die Dominikanische Republik) ist gemeinsam, daß sie (a) versuchen, eigene wirtschaftliche Probleme zu mindern, indem Besucher aus Industrieländern (Europa, Nordamerika, Japan) als Urlauber angeworben werden und daß es (b) in ihren Touristenzentren eine „Prostitutions-Infrastruktur" gibt, die sich explizit an ausländische Touristen wendet, wobei die Strukturen vor Ort sehr unterschiedlich sein können. Von „Sextourismus" (oft gleichgesetzt mit „Prostitutionstourismus") wird also *nur im Zusammenhang mit Ferntourismus in Dritte Welt-Länder* gesprochen, wobei das strukturelle Ungleichgewicht zwischen der Ersten und der Dritten Welt für die Bewertung des Phänomens eine zentrale Rolle spielt. Daneben existiert aber ein weites Feld sexueller Aktivitäten von Reisenden und Bereisten; die Übergänge vom (nicht anstößigen) Urlaubsflirt ohne finanzielle Interessen zur gewerbsmäßigen Prostitution sind in diesen Ländern oft fließend, da Touristen für viele Bewohner aus der Dritten Welt als per se reich gelten und damit a priori attraktive Partner darstellen, auf die sich die materiellen Erwartungen des (der) Einheimischen richten. Eine klare und umfassende Begriffsdefinition des Sextourismus ist deshalb aber nur schwer möglich, nicht zuletzt auch, weil die Gruppe der Sextouristen – wenn man den Medien Glauben schenkt – immer größer zu werden scheint (homosexuelle Männer, Interessenten für Kinderprostitution, Frauen als sexsuchende Touristinnen, etc.). Eine pragmatische Definition wäre: *Sextouristen sind alle Reisenden, die in den Zielländern (der Dritten Welt) materiell belohnte sexuelle Kontakte mit einheimischen Partner(inne)n suchen.*

## 3. Forschungsstand

*Typologie-Versuche.* Einen ersten Versuch, eine Charakteristik von Sextouristen zu erstellen, unternahm – auf der Basis teilnehmender Beobachtungen und Interviews „vor Ort" – Birgit Latza (1987), die ein psychoanalytisch beeinflußtes Erklärungsmuster vorstellte. Sie differenziert zwischen schizoiden, anal-sadistischen, oral-depressiven, defizitären, gehemmten, sadistischen, pädophilen und phallischen Sextouristen. Diesen unscharfen und auch nicht trennscharfen Typen schreibt Latza spezielle Defizite und zentrale Themen zu (z.B. beim schizoiden Typ eine „Angst vor der Liebe", beim anal-sadistischen Typ ein „Machterleben" als das jeweils zentrale Thema oder Motiv), ohne daß diese Autorin allerdings verdeutlicht, auf welchem theoretischen oder gar empirischem Hintergrund sie zu solchen Aussagen kommt.

*Empirische Untersuchungen: Untersuchungen des Sexualverhaltens und Konsequenzen für die AIDS-Prävention.* International (also sowohl im deutsch- als auch im englischsprachigen Raum) liegen bisher überhaupt nur wenige empirische Untersuchungen zum Thema Sextourismus vor. Erst im Zusammenhang mit Fragen nach der Bedeutung des internationalen Sextourismus für die Ausbreitung von HIV/AIDS wurde dieses Defizit ansatzweise überwunden. Mediziner und hier insbesondere Tropenmediziner sind mit der Erforschung von Tropen- und Geschlechtskrankheiten von Urlaubern befaßt, wenn diese in ihre Heimatländer zurückkehren (vgl. Malin et al. 1991; Hawkes et al. 1992; Howeling & Coutinho 1991), oder aber sie untersuchen infektionsepidemiologische Probleme einreisender Ausländer (Pankova 1992). Insgesamt liegt der gegenwärtige Schwerpunkt des Interesses v.a. bei der Identifikation von HIV-Prävalenzraten. Sozialwissenschaftliche Untersuchungen dagegen haben das *tatsächliche* Verhalten der Sextouristen im Urlaub und seine Determinanten thematisiert, um aus entsprechenden Analysen Strategien für die Gestaltung von Präventionsmaßnahmen abzuleiten (Cohen 1986; Cohen, 1988; Stricker et al.,1988; Kleiber 1991; Wilke & Kleiber 1991; Herold 1992; Wilke & Kleiber 1992; Fadul et al. 1992; Wirawan et al. 1992).

*Eine empirische Studie.* Ausführlicher ist auf eine in der Bundesrepublik vom Bundesministerium für Gesundheit (BMG) und als Vorstudie vom Senator für Wissenschaft und Forschung Berlin geförderte Studie zum Thema „AIDS und Sextourismus – Eine Untersuchung zu sozialen und psychologischen Charakteristika deutscher Sextouristen" einzugehen.

Mit Hilfe eines strukturierten Gesprächsleitfadens („Männerfragebogen") wurden im Rahmen der Vorstudie zunächst 152 deutschsprachige, heterosexuelle

Sextouristen in Thailand am Urlaubsort befragt. Erstaunlicherweise zeigte sich, daß die Angebote sexueller Dienstleistungen offenbar so ubiquitär verfügbar waren, daß eine Art „Normalität der Abweichung" entstand, in der die Aktivitäten als Sextouristen entgegen der Befürchtungen keineswegs verleugnet wurden. Im Gegenteil war etwa jeder zweite angesprochene Mann spontan bereit, offen über sich und die eigenen Erfahrungen als Sextourist Auskunft zu geben.

Unter den befragten Sextouristen waren Männer aller Einkommens- und Bildungsschichten im Alter zwischen 20 bis 76 Jahren. Die Hauptgruppe stellten allerdings die 30- bis 40jährigen, überwiegend ledigen oder geschiedenen Männer. Bei der Mehrzahl der Männer handelte es sich um im Sextourismus *erfahrene* Männer, die bereits zum wiederholten Mal in Thailand und oft auch in anderen Zielländern des Sextourismus gewesen waren, wo sie ebenfalls regelmäßig sexuelle Kontakte mit einheimischen Frauen gehabt hatten. Die von uns befragten Männer waren zum Zeitpunkt des Interviews im Durchschnitt seit 12 Tagen im Urlaubsland und hatten in diesem Zeitraum durchschnittlich mit drei Frauen 18 sexuelle Kontakte (Median = 8) gehabt. Hochgerechnet auf den Gesamturlaub, der in der Regel 4 Wochen (Median = 23 Tage) und bei einem nicht geringen Teil der Reisenden noch länger dauert, wäre davon auszugehen, daß ein durchschnittlicher Sextourist in Thailand während eines 3-4wöchigen Urlaubs etwa 30-40 Kontakte mit insgesamt 6 verschiedenen Frauen haben dürfte.

Dies wäre gesundheitspolitisch irrelevant, würden nicht zusätzliche Informationen über die dabei üblichen Kondombenutzungsraten ein für die AIDS-Diskussion erschreckendes Bild zeichnen: Weniger als 30% der Männer haben bei ihren Sexualkontakten konsequent Kondome benutzt. Zu fragen ist, warum die Kondombenutzungsraten von Sextouristen so dramatisch niedrig und niedriger liegen, als die Kondombenutzungsraten von Freiern, die in der Heimatland Prostituierte aufsuchen. Hier liegen die Kondombenutzungsraten in einer Größenordnung von 80-90%. (vgl. Kleiber, Velten & Jacobowski 1990; Kleiber & Velten 1991; Velten & Kleiber 1990, 1991, 1992a, in Druck).

Als wichtige Ursachen für die niedrigen Kondombenutzungsraten wurden identifiziert: (a) „Setting- Faktoren", (b) „die spezifische Struktur der Prostitution im Urlaubsland", (c) die „Wahrnehmung der thailändischen Frauen als emotional gebende Partnerinnen", (d) insbesondere aber auch eine „mangelnde Professionalität und Durchsetzungsfähigkeit der Frauen in Thailand" (vgl. Kleiber 1992, i. Dr.). V.a. die *Alleinreisenden* und die *Fernreiseerfahrenen* (Reiseprofis), die bereits mehrfach in Thailand und anderen Fernreiseländern gewesen waren, verhielten sich *unsafe*. Je privater das Setting war, in dem der die Reisenden Sex gehabt hatten (Bordell vs. Hotel bzw. Wohnung), umso weniger Kondome wurden benutzt. Auffällig war auch, daß es einen negativen Zusammenhang gab zwischen der *Dauer* des Zusammenseins mit der Prostituierten und der Wahrscheinlichkeit, daß Kondome benutzt worden sind. Schließlich haben insbesondere diejenigen Männer seltener Kondome benutzt, die sich in die Frauen in Thailand verliebt hatten (immerhin etwa 40%).

*Fazit.* Bedenkt man, daß die Prostitutionsbesucher in Thailand mit den Prostituierten in der Mehrzahl mehrere Tage verbracht haben, daß hierzulande aber etwa ein 30 bis 60-Minutenrythmus für Prostitutionskontakte üblich ist, so wird nachvollziehbar,

– daß das Prostitutionssetting in Thailand *privateren* Charakter hat,
– daß partnerschaftsähnliche Beziehungsstrukturen auch in der Prostitution wahrscheinlicher sind,
– daß die weiblichen Prostituierten in Thailand jünger und weniger durchsetzungsfähig sind als deutsche Prostituierte, die zudem häufiger eine professionelle Einstellung zur Prostitution haben,

so wird verständlich, warum Sextouristen im Urlaubsland seltener Kondome benutzen als bei Prostitutionskontakten zu Hause. Bedenkt man weiter,

– daß die Zahl der Sextouristen keineswegs gering ist (allein nach Thailand reisten 1990 etwa 250 000 deutsche Touristen, von denen 40–60 000 als Sextouristen aktiv gewesen sein dürften; etwa 200 000-300 000 deutsche Sextouristen dürften jährlich eines der Hauptzielländer des Sextourismus besuchen),
– daß die Männer sich am Urlaubsort hoch promisk und sexuell aktiv verhalten,
– und daß sie in der Urlaubssituation zugleich besonders *risikobereit* sind (d.h. besonders selten Kondome benutzen),

so wird vielleicht verständlich, warum nachdrücklich verstärkte Aufklärungs-, Präventionsmaßnahmen und verstärkte Bemühungen zur Erforschung der Bedingungen effektiver AIDS-Prävention von Reisenden eingefordert werden müssen. Dabei ist zu berücksichtigen, daß die Mehrzahl der Männer sich nicht mit dem Label „Sextourist" identifizieren mochte, obwohl die sexuellen Kontaktwünsche in der Regel bereits die Wahl des Reisezieles beeinflußt hatten. Eine Ansprache der Männer als „Sextouristen" dürfte daher wenig erfolgreich sein. Daß eine Identifizierung und Ansprache dieser Gruppe von Reisenden vor Ort aber überhaupt möglich ist, gehört zu den wichtigen Ergebnissen der o.g. Studie.

## Literatur

Agisra (Hg.). (1989). Sextourismus und Frauenhandel. Kiel: Verlag Frühlingserwachen.

Agisra (Hg.). (1990). Frauenhandel und Prostitutionstourismus. Eine Bestandsaufnahme. München: Trickster.

Cohen, E. (1986). Lovelorn Farangs: The correspondence between foreign men and Thai girls. Anthropological Quarterly, 59 (3), 115-127.

Cohen, E. (1988). Tourism and AIDS in Thailand. Annals of Tourism Research 16, 467-486.

Deutscher Bundestag (Hg.) (1990). AIDS. Fakten und Konsequenzen. Endbericht der Enquête-Kommission des 11. Deutschen Bundestages „Gefahren von AIDS und wirksame Wege zu ihrer Eindämmung". Bonn: Deutscher Bundestag, Referat Öffentlichkeitsarbeit.

Emma. (1991). Nr. 1, S. 16-21.

Fadul, Rosario, et al. (1992). Sexual interaction and HIV/AIDS risk between female sex workers and foreign tourists. (Abstract PoD 5618) VIIIth International Conference on AIDS, Amsterdam, Vol. 2.

Gränig, B. (1988). Prositutionstourismus nach Thailand. Bremen: Selbstverlag.

Hawkes, S.J. et al. (1992). A study of the prevalance of HIV infection and associated risk factors in international travellers. (Abstract PoD 5225) VIIIth International Conference on AIDS, Amsterdam, Vol. 2.

Herold, E. et. al. (1992). Canadian tourists and sexual relationships. (Abstract PoD 5226) VIIIth International Conference on AIDS, Amsterdam, Vol. 2.

Houweling, H. & Coutinho, R.A. (1991). Risk of HIV infection among Dutch expatriates in sub-Sahara Africa. International Journal of STD & AIDS, 2, 252-257.

Kagelmann, H.J. (1988). Tourismus. (S. 498-517) In D. Frey; C.G. Hoyos & D. Stahlberg (Hg.), Angewandte Psychologie. München: PVU.

Kleiber, D. (1991). AIDS und (Sex-)Tourismus. (S. 1-28) In Niedersächsisches Sozialministerium (Hg.), AIDS und Tourismus. Edition AIDS 11. Hannover: Sozialministerium.

Kleiber, D. & Wilke, M. (in Druck). AIDS-bezogenes Risikoverhalten von (Sex-)Touristen in Thailand. In W. Heckmann et al., Sexualverhalten in den Zeiten von AIDS. Berlin: Edition Sigma.

Kleiber, D.; Velten, D. & Jacobowski, C. (1990). Soziale und psychologische Charakteristika von Besuchern weiblicher Prostituierter. Untersuchung von Ansätzen zur AIDS-Prävention. Berlin: Verlag des Sozialpädagogischen Institutes Berlin.

Latza, B. (1987). Sextourismus in Südostasien. Frankfurt: Fischer.

Launer, E. & Wilke-Launer, R. (1988). Zum Beispiel Sextourismus. Göttingen: Lamuv.

Lévi-Strauss, C. (1978). Traurige Tropen. Frankfurt: Suhrkamp.

Lipka, S. (1989). Das käufliche Glück in Südostasien – Heiratshandel und Sextourismus. Münster: Verlag Westfälisches Dampfboot.

Malin, A., et. al. (1991). HIV-seroprevalance and risk factors among heterosexual travellers attending the hospital for tropic diseases. (Abstract M.C. 3293). VIIth International Conference on AIDS, Florence, Vol. 1.

Maurer, M. (1991). Tourismus, Prostitution, AIDS. Arbeitskreis Tourismus und Entwicklung, Basel: Rotpunktverlag.

May, S. (1985). Tourismus in der Dritten Welt. Von der Kritik zur Strategie: Das Beispiel Kapverde. Frankfurt/M.: Campus.

Niedersächsisches Sozialministerium. (1990). HIV-Prophylaxe bei Auslandsreisen. Edition AIDS 8. Hannover: Sozialministerium.

Pankova, G. (1992). Compulsory HIV-antibody testing of the foreigners, arriving to the USSR (Abstract PoD 5231). VIIIth International Conference on AIDS, Amsterdam, Vol. 2.

Renschler, R.; Ackermann, L.; Gabriel-Luzon, J., Pfäfflin, G. F. & Schmitz, A. (1988). WARE Liebe. Wuppertal: P. Hammer.

Stricker, M.; Steffen, R.; Witassek, F.; Eichmann, A. & Gutzwiller, F. (1988). TROPEX. Das Reise- und Sexualverhalten Schweizer Tropentouristen und die Häufigkeit von Infektionen mit HIV, HAV, T.pallidum und E.histolytica. Zürich: Institut für Sozial- und Präventivmedizin der Universität Zürich.

Velten, D. & Kleiber, D. (1991). Prostitution and AIDS: Results of an investigation of prostitutes' clients. VII International Conference on AIDS, Abstract No. W.C. 3125, p. 261.

Velten, D. & Kleiber, D. (1992a). Characteristics and sexual behavior of clients of female prostitutes. VIII International Conference on AIDS/

STD. World Congress, Amsterdam (19-24 July 1992). Abstract No. 5677, p. D501.

Velten, D. & Kleiber, D. (in Druck). HIV-Infektionsrisiken im Rahmern gewerblicher Sexualität: Zur Rolle der Freier. In W. Heckmann, Sexualverhalten in Zeiten von AIDS. Berlin: Edition Sigma.

Wilke, M. (1989). Sextourismus – Stand und Entwicklung eines Phänomens des Massentourismus (unveröff. Arbeit). Freie Universität Berlin: Institut für Tourismus.

Wilke, M. & Kleiber, D. (1991). AIDS and sextourism. (Abstract M.D. 4037) VIIth International Conference on AIDS, Florence, Vol. 1.

Wilke, M. & Kleiber, D. (1992). Sexual behavior of gay German (sex-)tourists in Thailand. (Abstract PoD 5239) VIIIth International Conference on AIDS, Amsterdam, Vol. 2.

Wirawan, D.N. et. al. (1992). Sexual behavior and condom use of male sex workers and their tourist clients in Bali, Indonesia. (Abstract PoD 5240) VIIIth International Conference on AIDS, Amsterdam, Vol. 2.

Zentrum für Entwicklungsbezogene Bildung (ZEB) (1983). Tourismus, Prostitution, Entwicklung – Dokumente: Stuttgart.

**Dieter Kleiber und
Martin Wilke, Berlin**

# Touristische Images (Reiseländerimages)

## 1. Image-Begriff und verwandte Begriffe

Der Image-Begriff hat in der Psychologie und in den Sozialwissenschaften allgemein eine wechselvolle Geschichte. Psychologie und Soziologie haben ihn Ende der fünfziger Jahre aus der Kommunikationswissenschaft übernommen, wo er 1959 von K. E. Boulding eingeführt und durch das Buch gleichen Titels von D. J. Boorstin (1964) bekannt gemacht wurde. Während er in der Phase der sich entwickelnden und differenzierenden Sozialwissenschaften in den 60er und 70er Jahren durchaus zum Standardthema von Grundlagenforschung und angewandter Psychologie und Soziologie zählte, begegnet man ihm heute nur noch in speziellen Feldern. Dazu gehören v.a.: Marktpsychologie/Marktforschung (vgl. Meyer 1981c; Rosenstiel 1982 & Sauermann 1980), Politische Psychologie, Massenkommunikationssoziologie (vgl. Silbermann 1982, S. 174f.), Sozialpsychologie und (seit relativ kurzer Zeit) Umwelt-/Ökologische Psychologie (vgl. Schneider 1990). Viele neuere Standardwerke der Psychologie kommen völlig ohne den Begriff „Image" aus (s. z.B. Corsini 1987). Dies mag darauf zurückzuführen sein, daß eine *weitgehende inhaltliche Überlappung* des Bedeutungsgehaltes von „Image" mit Facetten des zentralen Begriffs der (→) *Einstellung* (attitude) oder des *Stereotyps* (stereotype) bzw. des „stereotypen Systems" (Bergler 1966) festzustellen ist. Als wesentlicher Unterschied könnte festgehalten werden, daß „Einstellungen" einen stärkeren *Verhaltensbezug* aufweisen als „Image" (vgl. Moser 1990, S. 122 f.; zu historischen Ansätzen der Begriffsklärung und Begriffsgeschichte von „Image" sowie den damit verwandten Begriffen vgl. Bergler 1963, Johannsen 1971, Lilli 1983, Spiegel 1961 und Wolf 1979.)

Die größte Bedeutung genießt der – auch in die Alltagssprache eingegangene – Begriff „Image" in der Werbepsychologie/Marktforschung und in der Marketing-Literatur. Dort finden sich pragmatische Definitionen, wie z.B. in der neuesten Auflage von Nieschlag, Dichtl und Hörschgen (1988, S. 1002), wo es heißt, ein Image sei die

„Gesamtheit aller (richtigen und falschen) Vorstellungen, Einstellungen, Kenntnisse, Erfahrungen, Wünsche, Gefühle usw., die Menschen (Einzelpersonen oder Personengruppen) mit einem bestimmten Meinungsgegenstand verbinden. Das Image charakterisiert ein Bezugsobjekt ganzheitlich, also insbesondere mit allen als relativ erachteten Einstellungsdimensionen."

Bei dieser Definition von Image besteht mit der Mehrzahl der Forscher sicher Einigkeit hinsichtlich (1) der Vielzahl verschiedener *Dimensionen (Mehrdimensionalität)*, die (2) jeweils (subjektiv für die Beurteiler) als relevant für die Beschreibung und Bewertung (3) aller möglichen „*Meinungsgegenstände*" herangezogen werden müssen. Probleme werden sichtbar im geforderten Einbezug von (4) „richtigen und falschen" Vorstellungen einerseits, in der (5) Gleichwertigkeit suggerierenden Aufzählung von „Vorstellungen, Einstellungen,

Kenntnissen, Erfahrungen, Wünschen, Gefühlen usw." andererseits. Ad 4) kann u.a. auf die sozialpsychologische Literatur zur *Vorurteilsproblematik* verwiesen werden, wonach grundsätzlich Urteile über soziale Gruppen als Verallgemeinerungen sozialpsychologische Sachverhalte darstellen, die eo ipso nicht als „richtig" oder „falsch" charakterisiert werden können (Einstellungen, Vorurteile; ad 5) wird in der Definition durch die Aufzählung ein indirekter Hinweis auf *Kognition, Emotion und Handlungsimpuls als Imageaspekte* gegeben, die ihrerseits aber als „theoretische Konstrukte" angesehen werden können, die jeweils der Operationalisierung bedürfen (vgl. dazu die einschlägigen Beiträge in Hoyos et al. 1990, sowie Irle 1983. Daß sich ein Image aus emotionalen Komponenten (eher diffusen Sympathien/ Antipathien gegenüber Ländern, Völkern, usf.), motivationalen Komponenten (subjektive Urlaubsbedürfnisse) und kognitiven Komponenten (sachliche Informationen über Urlaubsziele u.ä.) zusammensetzt (Wellhoener 1992, S. 13f), dürfte in dieser Allgemeinheit hinlänglich akzeptiert sein.

## 2. Image und Imageforschung in der Praxis von Tourismus und Fremdenverkehr

Auch in der *tourismus*wissenschaftlichen Literatur geschieht die Berücksichtigung des Image-Begriffes nicht einheitlich. Während z.B. Alkjaer feststellt, daß „Images als Hintergrund für die von Touristen gefaßten Entschlüsse weit bedeutungsvoller sind, als dies für Verbraucher in den meisten Zweigen des Warenmarktes (...) der Fall ist" (zit. n. Seitz, S. 34), wird z.B. in einem der neueren Tourismus-Titel (Freyer 1991) darauf nur kursorisch verwiesen. (Eine ähnliche Minderbeachtung trifft auch auf neuere Sekundärliteratur zur Konsumentenpsychologie und der Marketingforschung zu; vgl. Robertson & Kassargian 1991; Green & Tull 1982). In der angewandten Tourismus-Forschung spielte (und spielt) die Untersuchung von Images aber nachweislich eine Rolle. Im touristischen Bereich hat man u.a. folgende Themata untersucht:
– Images von Reise*zielen*, also Urlaubs-Ländern, -Regionen und -Städten (vgl. Meyer 1973, 1981a, 1981b; Naether 1981; Jasper 1992);
– Images von Reise*verkehrsmitteln* (vgl. Meyer & Meyer 1975, wo ansatzweise auch die Images der mit dem PKW konkurrierenden Verkehrsmittel Bahn, Flugzeug, Schiff und Omnibus untersucht worden sind),
– Images von Reise*veranstaltern* und von Reisebüros.
(Eine Reihe von unveröffentlichten Untersuchungen dieser Art findet sich im Archiv des Studienkreises für Tourismus, Starnberg.)
Allerdings fällt auf: Selbst wenn man davon ausgeht, daß die größere Zahl von Image-Analysen, die Touristikunternehmen in Auftrag gegeben haben, nicht veröffentlicht worden sind, so wird doch eine Diskrepanz zwischen verbal herausgestellter Wichtigkeit des Images für die Orientierung des Touristen einerseits und der tatsächlich dokumentierten Relevanz dieses Forschungsbereichs – gemessen an veröffentlichten Ergebnissen – sichtbar. Erst 1990 ist in der Reiseanalyse des Studienkreises für Tourismus (davor nur in Leitstudien dazu) erstmals auf das Image von Reisezielen eingegangen worden (Wellhoener 1992). Das Primärmaterial ist dabei nur global für die Teilgruppen Alte und Neue Bundesländer dargestellt worden.

## 3. Prinzipien für die Durchführung von Image-Analysen für Urlaubsziele (speziell Urlaubsländer)

Unter der Bezeichnung „Image-Analyse" werden außerordentlich heterogene Untersuchungen eingeordnet. Sie sind vom theoretischen Hintergrund, der Methodik, der Durchführung, der Auswertung und der Interpretation häufig kaum vergleichbar. Am häufigsten sind sicher Befragungen in der Bevölkerung von Touristen (→ *qualitative Tourismusforschung).* Andere Verfahren der Imageforschung, wie das *Semantische Differential* oder *multidimensionale Skalierung* oder auch die (→) *Repertory Grid-Technik* (vgl. Riley & Palmer 1977) werden noch selten benutzt, eher als Teil von Interviews wie auch *projektive Tests* und bestimmte qualitative Verfahren der Sozialforschung. Als Fazit langjähriger Erfahrung mit der praktischen Imageforschung im Bereich Konsum und Freizeit, speziell aber im Tourismus, können die folgenden Leitlinien für qualitative/quantitative Image-Analysen Gültigkeit beanspruchen (vgl. dazu Meyer 1965; 1981a, 1986):

(1) In der praktischen Forschung kann eine Image-Analyse immer nur *Ausschnitte* eines Imagessystems erfassen. Das genügt in der Regel, um die Instrumente im Marketing-Mix – vor allem des Kommunikations-Mix – auf der Basis der Verbrauchereinschätzung optimieren zu können.
(2) Um die relevanten Image-Dimensionen möglichst vollständig erfassen zu können, bedarf es eines *mehrstufigen* Untersuchungsansatzes, mindestens aber der Vorschaltung einer *Pilot-Studie*.
(3) *Erfassung von Tiefendimensionen.* Verhaltensrelevante, also als Motivfaktoren wirksame Imagegehalte können „unterschwellig" bleiben, weshalb es sich empfiehlt, auch *indirekte* und *projektive* Verfahren einzubeziehen.
(4) *Langfristig angelegte Vergleichsuntersuchungen:* Ein Image umfaßt wenigstens zum Teil auch Einstellungen (darunter z.B. Vorurteile), die relativ starr und stereotyp sein können. Imageänderungen gehen daher in der Regel langsam vor sich, ein Image ist meist *langlebig*. Auch gewollte und gezielte Image-Veränderungen bedürfen hinreichender Zeit; daraus folgt, daß Vergleichsuntersuchungen erst nach drei bis fünf Jahren durchgeführt werden sollten.
(5) *Einfluß subjektiver Komponenten:* Touristen beobachten in vielen Fällen *ungenau*, weil ihnen das Interesse z.B. für die Urlaubsländer als solche fehlt. Sie interessieren sich für die Erreichung subjektiver Urlaubszwecke, aber nur sekundär dafür, um welches Urlaubsland es sich handelt. Auf diese Weise kommt es zu (objektiv) falschen Aussagen oder zu Verwechslungen.
(6) *Beachtung von Reaktivitätswirkungen und Forschungsartefakten:* Schon die Befragung selbst kann suggestiv wirken, somit die Ergebnisse verfälschen, d.h., Meinungen eher zu positiv färben, wenn dies methodisch nicht kontrolliert und dabei auch so weit wie möglich ausgeschaltet wird, daß der Auftraggeber subjektiv leicht identifiziert werden kann (zu diesen „*Forschungsartefakten"* vgl. Bungard 1977.)
(7) „*Relativität".* Das Image eines Urlaubslandes entsteht u.a. im Laufe von Vergleichsprozessen mit anderen Zielregionen ebenso wie mit (konkurrierenden) Urlaubsländern. Viele Merkmale sind nicht nur in der Relation zueinander, sondern auch im Vergleich mit den *konkurrierenden* Urlaubszielen zu bewerten.
(8) *Suche nach einem idealtypischen Profil:* Das Image eines Urlaubslandes ist wesentlich durch die Bedürfnisse, Wünsche, Erwartungen und Anforderungen bestimmt, die bei Individuen und Gruppen im Hinblick auf Urlaubszwecke und -funktionen bestehen. Faßt man diese Erwartungen und Anforderungen zusammen, so bilden sie das „*Idealprofil eines Urlaubslandes".* Dieses Idealprofil stellt den – an der Stichprobe für die Image-Analyse selbst gewonnenen – „Maßstab" für die Bewertung der Merkmale und Eigenschaften dar, die einem Urlaubsland zugeschrieben werden („Realprofil des Urlaubslandes X").
(9) Befragt man eine (repräsentative) Bevölkerungsstichprobe über das Image eines Urlaubslandes und bildet aus allen Befragungen ein „Image-Profil", so ist das eigentlich unzulässig, weil man quasi Äpfel und Birnen zusammenzählt. Aussagen über ein Urlaubsland und seine Wettbewerber müssen eine unterschiedliche Basis haben, je nach dem Kontakt und den Erfahrungen der Befragten mit dem interessierten Urlaubsland und mit den konkurrierenden Urlaubszielen.
(10) *Berücksichtigung landestypischer Reiseerfahrungen.* Es ist ein Fehler, Aussagen von Besuchern – vielleicht sogar von Stammgästen – eines Landes mit solchen von Personen zusammenfassen, die in einem Urlaubsland noch nie Urlaub gemacht haben. Der Unterschied zwischen diesen Gruppen liegt sowohl in der Motivation als in der Erfahrung, daß sie getrennt voneinander betrachtet werden müssen. Das ist die Aufgabe einer sachgerechten Analyse des gewonnenen Primärmaterials.
(11) *Kontrastgruppenanalyse nach dem Verhalten gegenüber dem Urlaubsland.* Bei der bewußten, analytischen Zusammensetzung der Stichprobe für eine *qualitative* Image-Analyse sowie bei der Auswertung einer *quantitativen*, repräsentativen Image-Analyse sind vor allem Personengruppen zu unterscheiden, die sich in ihrem Verhalten gegenüber dem betreffenden Urlaubsland unterscheiden: a) Mehrfach-Urlauber, b) Erst-Besucher, c) Personen, die in dem Land noch nie Urlaub gemacht haben. Unter psychologischem Aspekt ergeben sich dadurch Gruppen mit unterschiedlicher Motivation und Erfahrung.
(12) Ein zusätzliches Kriterium für Stichprobenbildung und/oder Auswertung betrifft die *Absicht*, das Land in der Zukunft besuchen/ nicht besuchen zu wollen. Nach diesem Merkmal dürften sich zusätzlich Aufschlüsse

über die Erlebnisverarbeitung früherer Motivations- und Erfahrungskonstellationen gewinnen lassen.
(13) Bei *qualitativen* Image-Analysen muß die *sozio-demographische* Struktur (darunter v. a. Geschlecht, Alter, Haushaltsgröße und -zusammensetzung, evtl. auch soziales Niveau) der Kontrastgruppen vergleichbar gehalten werden, um Scheinkorrelationen zu vermeiden. Bei quantitativen Image-Analysen ist die Auswertung entsprechend zu konzipieren.

## 4. Forschungsperspektiven

Es wäre sinnvoll, Image-Analysen im Rahmen der Tourismusforschung zukünftig so anzulegen, daß erstens die Ergebnisse – zusätzlich zum eigentlichen Anwendungszweck für den Auftraggeber – auch für den Aufbau sozialpsychologischer Theorien mittlerer Reichweite Nutzen bringen. Hierbei könnten Hypothesen zum Zusammenhang komplexer kognitiver Systeme mit dem Verhalten, auch im Sinne der Prognose individuellen und gruppenspezifischen Verhaltens, verifiziert oder falsifiziert werden.

Zweitens könnten Befunde zum Image von Urlaubsländern mit der Imageforschung über Herkunftsländer von Konsum- und Investitionsgütern, über politisch befreundete Länder u.ä. in Beziehung gesetzt werden. Drittens könnten sich gegenseitige Ergänzungen und Befruchtungen der (kommerziell ausgerichteten) Imageforschung im Tourismusbereich mit der Friedens- und Konfliktforschung, der Erforschung von Intergruppenbeziehungen (Minderheiten; nationale Stereotypen; vgl. Meyer 1961; Wolf 1979; Yum 1988) sowie mit der Austauschforschung (internationaler Austausch von Arbeitern, Praktikanten, Akademikern, Managern) ergeben.

## Literatur

Bergler, R. (1963). Psychologie des Marken- und Firmenbildes. Göttingen: Vandenhoeck & Ruprecht.

Bergler, R. (1966). Psychologie stereotyper Systeme. Göttingen: Vandenhoeck & Ruprecht.

Boorstin, D.J. (1964) The image. Michigan: University of Michigan, Press.

Boulding, K.E. (1956). The image. Michigan: University of Michigan Press.

Bungard, W. (1977). Artefakte und Möglichkeiten der Artefaktkontrolle (S. 85-106). In K.D. Hartmann & K. Koeppler (Hg.), Fortschritte der Marktpsychologie, Bd. 1. Frankfurt: Fachbuchhandlung für Psychologie.

Bussche, H. v. d. (1969). Meinungen über Urlaubsländer (S. 102–109). In Studienkreis für Tourismus (Hg.), Motive – Meinungen – Verhaltensweisen. München: Studienkreis für Tourismus.

Corsini, R.J. (ed.) (1987). Concise encyclopedia of psychology (abridged ed.). New York: Wiley-Interscience.

Drees, N. (1987). Zur aktuellen Bedeutung projektiver Untersuchungsmethoden in der Marktforschung (S. 237-257). In H. Haase & K. Koeppler (Hg.), Fortschritte der Marktpsychologie, Bd. 4. Bonn: Deutscher Psychologen Verlag.

Freyer, W. (1991). Tourismus. Einführung in die Fremdenverkehrsökonomie. München: Oldenbourg.

Green, P.E. & Tull, S. (1982). Methoden und Techniken der Marketingforschung, 4. Aufl. Stuttgart: Poeschel.

Hoyos, C.G.v.; Kroeber-Riel, W.; Rosenstiel, L. v. & Strümpel, B. (Hg.) (1990). Wirtschaftspsychologie in Grundbegriffen, 2. Aufl. München: PVU.

Jasper, M. (1992). Images von ausgewählten inländischen Ferienorten. Dokumentation, 34. Pirmasenser Fachkursus für die Fremdenverkehrspraxis/XXXI. Europäisches Seminar für Tourismus Salzburg. 12.-16.1.1992 (hektrogr.).

Johannsen, U. (1971). Das Marken- und Firmen-Image. Berlin: Duncker & Humblot.

Karsten, A. (1966). Vorstellungen von jungen Deutschen über andere Völker. Ein Bericht über die bisherige Forschung. Frankfurt: Stiftung für internationale Länderkenntnis der Jugend.

Koch-Hildebrecht, M. (1977). Das Deutschenbild. Gegenwart, Geschichte, Psychologie. München: C. H. Beck.

Lilli, W. (1983). Perzeption, Kognition: Image. (S. 408-471). In M. Irle (Hg.), Marktpsychologie Handbuch der Psychologie, 12. Bd. (1. Halbbd.). Göttingen: Hogrefe.

Meffert, H. (1992). Marketingforschung und Käuferverhalten, 2. Aufl. Wiesbaden: Gabler.

Meyer, G. & Meyer, W. (1975). Autotourismus. Einstellungen und Gewohnheiten deutscher Auto-Urlaubsreisender. Starnberg: Studienkreis für Tourismus.

Meyer, G. (1965). Psychologische Aspekte der Geschäftswahl (S. 106–120). In R. Bergler (Hg.), Psychologische Marktanalyse. Bern: Huber.

Meyer, W. (1961). Deutsches Autostereotyp und Heterostereotype von Amerikanern und Persern. Zeitschrift für experimentelle und angewandte Psychologie, 7, 122–135.

Meyer, W. (1973). Ferntourismus. Vorstellungen über Ceylon, Kenia, Tansania, Tunesien als Urlaubsländer. Starnberg: Studienkreis für Tourismus.

Meyer, W. (1981a,b). Das Image von Dänemark als Urlaubsland. (S. 141–157); Das Image von Frankreich als Urlaubsland. (S. 159–171) In Studienkreis für Tourismus (Hg.), Reisemotive, Länderimages, Urlaubsverhalten. Starnberg: Studienkreis für Tourismus.

Meyer, W. (1981c). Psychologie des Konsums. (S. 1007–1014). In Stoll (Hg.) (1981), Die Psychologie des 20. Jahrhunderts, Bd. XIII: Anwendungen im Berufsleben - Arbeits-, Wirtschafts-, und Verkehrspsychologie. Zürich: Kindler.

Meyer, W. (1986). Motive bei der Wahl des Urlaubslandes. Hamburg: A. Springer.

Moser, K. (1990). Werbepsychologie. Eine Einführung. München: PVU.

Naether, E.-A. (1981). Das Image von Jugoslawien als Urlaubsland (S. 173–177). In Studienkreis für Tourismus (Hg.), Reisemotive, Länderimages, Urlaubsverhalten. Starnberg: Studienkreis für Tourismus.

Nieschlag, R.; Dichtl, E. & Hörschgen, H. (1988). Marketing, 15. Aufl. Berlin: Duncker & Humblot.

Riley, S. & Palmer, J. (1975). Of attitudes and latitudes: A repertory grid study of perceptions of seaside resorts. Journal of the Market Research Society, 17, 74-90.

Robertson, T.S. & Kassargian, H.H. (eds) (1991). Handbook of consumer behaviour. Englewood Cliffs: Prentice-Hall.

Rosenstiel, L. v. & Neumann, P. (1982). Einführung in die Markt- und Werbepsychologie. Darmstadt: Wissenschaftliche Buchgesellschaft.

Sauermann, P. (1980). Marktpsychologie. (Einführung in die Praxis der Wirtschaftspsychologie, Bd. 2). Stuttgart: Enke.

Schneider, G. (1990). Image: Bedeutungsbezogene Umweltrepräsentation (S. 278-287). In L. Kruse; C.-F. Graumann & E.-D. Lantermann (Hg.), Ökologische Psychologie. Ein Handbuch in Schlüsselbegriffen. München: PVU.

Schrattenecker, G. (1984). Die Beurteilung von Urlaubsländern durch Reisekonsumenten. Die Anwendung von Konsumverhaltensmodellen in der Tourismusforschung. Schriftenreihe empirische Marketingforschung, Bd. 1. Wien.

Seitz, E. (1983). Die Bewertung alternativer Strategien der Imagewerbung im Fremdenverkehr (Städtetourismus) auf der Grundlage von Werbeerfolgskontrollen. Dissertation, Freie Universität Berlin.

Silbermann, A. (1982). Handwörterbuch der Massenkommunikation und Medienforschung. (2 Bde.). Berlin: V. Spiess.

Spiegel, B. (1961). Die Struktur der Meinungsverteilung im sozialen Feld. Bern: Huber.

Trommsdorf, V. (1990). Image als Einstellung zum Angebot (S. 117-128). In C.G. Hoyos; F. Kroeber-Riel; L. v. Rosenstiel & B. Strümpel (Hg.), Wirtschaftspsychologie in Grundbegriffen, 2. Aufl. München: PVU.

Wellhoener, B. (1992). Das Image von Reisezielen. Starnberg: Studienkreis für Tourismus.

Wolf, H.E. (1979). Kritik der Vorurteilsforschung. Stuttgart: Enke.

Yum, J.O. (1988). Multidimensional analysis of international images among college students in Japan, Hong Kong, and the United States. Journal of Social Psychology, 128, 765-777.

**Wolfgang Meyer, München**

# Trinkgeldgeben

## 1. Einleitung

Es ist erstaunlich, daß sich die Sozialforschung mit einem so alltäglichen Problem wie dem Trinkgeldgeben beschäftigt. Andererseits muß es zu denken geben, daß gerade zu diesem Problem kaum Beiträge aus sozialwissenschaftlich/tourismuswissenschaftlicher Perspektive vorliegen, die es erlauben, das Faktum „Trinkgeldgeben" zu verstehen und daraus womöglich Empfehlungen für Praxisanwendungen abzuleiten. Die Bedeutung dieses „pekuniären" Problems für die Touristik braucht sicherlich nicht erläutert zu werden, es genügt darauf hinzuweisen, daß es derzeit wohl keinen Reiseführer und kaum einen Reiseprospekt gibt, der nicht mehr oder weniger Empfehlungen für das Verhalten von („unerfahrenen") Touristen in fremden Ländern bei der Interaktion mit dortigen Dienstleistern gibt.

Von Bedeutung ist das Phänomen aber auch für die „andere" Seite, die Empfänger der Leistungen im großen Spektrum des touristischen Geschehen, – um so mehr, als es viele Regionen (v.a. in der Dritten Welt) gibt, in denen das Trinkgeld die wichtigste Einkommensquelle für die touristischen Dienstleister ist, und nicht etwa ein normales Gehalt. Schließlich erweist sich die Relevanz dieses so wenig analysierten Vorganges auch aus der Tatsache, daß in einigen Gesellschaften/Ländern/Kulturen immer wieder versucht worden ist, das Trinkgeldgeben (und in Empfang nehmen) – vor dem Hintergrund unterschiedlicher ideologischer Begründungen – abzuschaffen.

Als „trinkgeldfreie" Länder, in denen das „tipping" mehr oder weniger gesellschaftlich verpönt ist, gelten Island, Grönland und Japan, ferner Kuba, sowie die frühere Sowjetunion. („Daß ein Mann sich seinen Lebensunterhalt dadurch verdient, daß er in einem Restaurant bedient, ist kein Grund, ihn dadurch zu beleidigen, daß man ihm ein Trinkgeld anbietet!", hieß es auf Schildern nach der Russischen Revolution, die der Chronist John Reed beobachtete.) Zu den „Ausnahmeregionen" gehört heute auch Skandinavien, wo Trinkgelder für Taxifahrer unüblich sind.

Das Trinkgeld kann definiert werden als „ein kleines Geldgeschenk, das an einen Untergebenen, besonders an einen Diener oder Angestellten eines anderen, für erbrachte oder erwartete Dienstleistungen gegeben wird" (Oxford English Dictionary 1933, zit. n. Shamir 1993, S. 13). Mit dieser Definition wird auf einen rein ökonomischen Grund für die Existenz des Phänomens angespielt. Der israelische Soziologe und Sozialpsychologe Boas Shamir konnte aber zeigen, daß diese eindimensionale Betrachtungsweise dem Phänomen nicht gerecht wird, sondern durch einen disziplinübergreifenden Ansatz ersetzt werden muß. Wie häufig, kann auch in diesem Fall ein soziales Phänomen besser verstanden werden, wenn mehrere theoretische

Perspektiven herangezogen und kombiniert werden, als wenn der sparsamere und vermeintlich elegantere Zugang über eine einzige Theorie gewählt wird.

## 2. Wissenschaftliche Erklärungen des „Tipping"

*(1) Die ökonomische Erklärung*
Einer weitverbreiteten ökonomischen, auch Alltagstheorie zufolge ist das Trinkgeld in folgener Weise zu verstehen: (a) einmal stellt es die Bezahlung für eine „Extra-Leistung", einen „Extra-Service" oder eine „Extra-Anstrengung" dar. Trinkgeld ist demnach der Mechanismus, der den regulär festgesetzten Marktmechanismus in Situationen ergänzt, in denen die verkaufte Dienstleistung nicht standardisierte und nicht meßbare Komponenten enthält. Beispiel Restaurant: Die Speisekarte definiert zwar scheinbar eindeutig den Preis für eine bestimmte Sache, eine Speise, und ist als solche von der Organisation, d.h. der Geschäftsleitung des Restaurants festgelegt. Dies ist aber nicht der Fall bei verschiedenen Formen des „Extras": besonders freundliche Bedienung, Aufmerksamkeit, Lächeln, und besonders: der prompte Service; dafür wird ein vom Kunden ad hoc festgelegtes „Entgelt", das Trinkgeld, bezahlt. Einer gleichfalls verbreiteten Ansicht zufolge soll die Höhe des Trinkgeldes das Ausmaß der Bemühung des Dienstleistenden widerspiegeln, bzw. das Ausmaß charakterisieren, in dem die Bemühung über die normalen Pflichten hinausgeht. (Empirische Untersuchungen zeigen allerdings, daß die Höhe des Trinkgeldes vor allem eine Funktion von quantitativen Faktoren wie der Größe der speisenden Gesellschaft und der Höhe der Rechnung (Butler & Snizek 1976) sowie von individuellen Charakteristika des Gastes (Karen 1962) ist).

Das Defizit der ökonomischen Theorie liegt im zweiten Teil dieser Argumentation, derzufolge stillschweigend postuliert wird, das „tipping" geschehe in der Absicht, zukünftige überdurchschnittliche Bedienung zu garantieren (Do-ut-des-Prinzip). Dies würde aber eine kontinuierliche Interaktion zwischen Gast und Dienstleister voraussetzen – eine Konstellation, die sicherlich nur in einem kleinen Teil der täglich überall stattfindenden „Trinkgeldsituationen" der Fall ist. Touristen, die nur einmal in einem bestimmten Hotel an der Costa Brava Station gemacht haben und im nächsten Jahr woanders logieren werden, hätten keinen (ökonomischen) Grund, sich durch ein Trinkgeld die zukünftige Aufmerksamkeit der Zimmermädchen und Kellner zu sichern. Das Ausdrücken von Dankbarkeit in Form eines bei der Abreise gegebenen Trinkgeldes wäre zwar denkbar, jedoch im Rahmen einer rein ökonomischen Theorie als quasi altruistisches Verhalten unsinnig. Daher müssen weitere Faktoren zur Erklärung herangezogen werden.

*(2) Soziologische Aspekte*
Soziologische Theorien könnten hier weiterführen. Sie knüpfen an der Idee an, daß das Trinkgeldgeben immer nicht spezifizierbare, nicht standardisierbare Elemente enthält, somit eine Form sozialen Austausches darstellt. Verfolgt man diese Austauschidee in historischer und kulturanthropologischer Perspektive, stößt man auf den (ritualisierten) *Geschenke-Tausch* in primitiven und anderen Gesellschaften. Geschenke haben hier die Funktion, Gefühle der Verpflichtung und der Dankbarkeit hervorzurufen; sie sollen eigene Überlegenheit, soziale Macht demonstrieren. Aus Reiseschilderungen kennt man etwa den Vorgang in afrikanischen Dörfern, wonach ein Fremder selbstverständlich Nahrung und Unterkunft, also Gastfreundschaft erhält, von ihm aber erwartet wird, bei der Abreise dem Gastgeber ein Gegengeschenk zu machen, das seinem sozialen Status angemessen ist. Der wesentliche Punkt ist hier, daß Geschen-

ke eben nicht etwas Freiwilliges sind, sondern eine soziale Verpflichtung darstellen.

Würde man diesen Vorgang auf das „moderne" Trinkgeldgeben anwenden, dann hieße das, daß der Empfänger einer Dienstleistung mehr oder weniger intensive Gefühle der Dankbarkeit angesichts eines geschenkeähnlichen Extra-Services dadurch „abzulösen" gedenkt, daß er sich „entschuldet". Das heißt konkret, daß er seinerseits ein Geschenk in Form eines Trinkgeldes macht. Damit kann er sich gegen das Gefühl, dankbar sein zu müssen, verteidigen (und zugleich die persönliche Überlegenheit wahren). Präzise formuliert: Er gibt also nicht etwa ein Trinkgeld, weil er dankbar ist, sondern weil er eben nicht dankbar sein will! (Dafür würde sprechen, daß das Trinkgeld am Ende der Dienstleistungs-Interaktion, und eben nicht als Motivationshilfe an ihrem Beginn gegeben wird; ferner, daß es in quasi abschätziger, also den Statusunterschied betonender Weise, mit der Bestimmung abgegen wird, als „pourboire", zum Genuß alkoholischer Getränke verwendet zu werden.)

Aber auch die soziologische Annahme setzt Kontinuität in der sozialen Beziehung voraus; schließlich soll sozialer Austausch zu stabilen sozialen Strukturen führen. Hingegen sind viele Trinkgeldsituationen eine einmalige Angelegenheit, dessen Wiederholung unwahrscheinlich ist. Außerdem müßten dieser Theorie zufolge regelmäßige Kunden einer Dienstleistung mehr Trinkgeld geben als unregelmäßige, da erstere in größerem Maße Interesse daran haben sollten, sich dem Dienstleistenden nicht verpflichtet zu fühlen. Dies ist jedoch empirischen Untersuchungen zufolge nicht der Fall: Regelmäßige Kunden geben (Karen 1962) weniger Trinkgeld als unregelmäßige Kunden. Der gravierendste Einwand betrifft jedoch die „Sichtbarkeit" dieser Form des Austausches. Das ritualisierte Geschenkeaustauschen hat einen hochgradig öffentlichen Charakter; die meisten Situationen, Trinkgeld zu geben, sind jedoch von einer Atmosphäre der Zurückhaltung und Diskretion gezeichnet: der Tourist „hinterläßt" etwas im Aschenbecher seines Hotelzimmers, oder drückt etwas in die halboffen gehaltene Hand des Reiseführers nach Beendigung der Reise: die Höhe des Trinkgeldes soll für andere unbekannt bleiben, und man erwartet sogar, daß der Empfänger es unbesehen in die Hosentasche schiebt, usf. – Letztlich ist aber auch entscheidend, ob der Tourist die Leistungen des Reiseleiters als zu dessen (berufsspezifischen) Pflichten gehörend attribuieren kann, also als Ergebnis der Ausübung dessen (Berufs-)Rolle betrachtet. Nur wenn das nicht der Fall ist, wird sich um so eher ein Gefühl einstellen, dankbar sein zu müssen.

*(3) Sozialpsychologische Überlegungen*
Jenseits der Überlegungen, wonach ökonomische Motivationen und soziale Austauschmechanismen zumindest teilweise am Werk sein können, greift die Sozialpsychologie mit zusätzlichen Erklärungsansätzen ein. Demzufolge kann das Geben von Trinkgeld mindestens vier psychologische Nutzen haben:

(a) Es kann eine Form von *„Ego-Massage"* darstellen, für die Aufrechterhaltung eines bestimmten Selbstbildes von Nutzen sein. (Auch ohne Publikum nützt es dem Touristen, sich als „reich, mächtig und generös" darzustellen.)

(b) Mit dem Trinkgeldgeben kann der Tourist sich und anderen demonstrieren, daß er „unabhängig", frei von ritualisierten merkantilen Verpflichtungen ist. (Er gibt eben nicht die in Reiseführern empfohlenen „10 Prozent", sondern mehr oder weniger.) Sozialpsychologisch formuliert, hätten wir es eher mit einer internen als mit einer externen Kontrolle zu tun.

(c) In Analogie zum *Spenden*handeln (bei öffentlicher Bettelei wie beim Weihnachtssammeln karitativer Institutionen) dient das

„tipping" dazu, ein mehr oder weniger unbewußtes Gefühl von Schuld loszuwerden, also: Gewissensberuhigung zu betreiben (dies könnte das Motiv vor allem bei Aufenthalten in Luxushotels jener Dritte-Welt-Regionen sein, die zu den sog. Armenhäusern der Welt gehören).

(d) Eine innovative Betrachtungsweise bezieht sich schließlich in Anlehnung an Goffman (1959/69) darauf, daß man mit dem Trinkgeld in gewisser Hinsicht das *Schweigen* derjenigen erkaufen will, die Zugang zur Intimsphäre des Kunden gehabt und vielleicht emotionale Regungen erlebt haben, die mit Peinlichkeit verbunden sind (Zimmermädchen, Friseuse, aber auch z.B. die Reiseführer auf einem Survival- oder sonst anstrengenden, fordernden Trip).

## 3. Spezielle Aspekte für den Fall des Touristen

In der einen oder anderen Art mögen die oben geschilderten Ansätze das Verhalten von Touristen erklären. Tatsächlich ist die Sache komplizierter, als Touristen zu den größten Trinkgeldgebern überhaupt gehören. Gründe dafür mögen
(a) in unterschiedlichen Normen zwischen Herkunftsland und Gastland liegen wie im Fall des US-amerikanischen Touristen, der dieselben Trinkgelder wie zu Hause gibt, allerdings nicht weiß, daß er damit im exotischen Urlaubsland „schief liegt").
(b) Ferner sind bei Tourismus-„Novizen" logischerweise beträchtliche Unsicherheitsgefühle auf Grund mangelnder Erfahrung vorhanden.
(c) Besonders das oben angedeutete „Schuld"-Motiv ist aber sicherlich nicht zu unterschätzen, wie aus vielen Urlaubssituationen in der Dritten Welt belegt werden kann.
(d) Ein wesentliches – psychologisches – Motiv dürfte aber darüber hinaus in der von Gottlieb (1982/93) herausgearbeiteten Bedürfnisstruktur vieler Touristen gesehen werden, *„König/-in für einen Tag"* zu sein, d.h. für die Dauer des Urlaubs in einer womöglich von der Heimatregion kulturell und geographisch sehr verschiedenen Region die normale soziale Situation völlig umkehren zu wollen. Das meint vor allem, über die Maßen großzügig, ja verschwenderisch zu sein, um somit eine künstliche Zugehörigkeit zu einer oberen sozialen Schicht zu schaffen. Der Tourist will sich von den normalen, üblichen Beschränkungen seines Zuhause frei fühlen, und das Gefühl haben, daß für seine Ich-Bedürfnisse vorübergehend besser gesorgt ist als unter alltäglichen Bedingungen.

## 4. Zusammenfassung und Ausblick

*Die Notwendigkeit multitheoretischer Ansätze.* Die Arbeit von Shamir zeigt die Notwendigkeit, von eindimensionalen, scheinbar „einfachen" und „überzeugenden" monokausalen Erklärungsmodellen für touristisches Verhalten abzugehen und statt dessen die Möglichkeiten unterschiedlicher wissenschaftlicher Disziplinen, in diesem Fall die der Ökonomie Soziologie/Kulturanthropologie und (Sozial-)Psychologie, zu nutzen. Würde man etwa nur die ökonomische oder nur die soziologische Theorie heranziehen, wäre in einer Reihe von Situationen überhaupt kein „Tipping" zu erwarten.

*Offene Fragen.* Es soll aber auch nicht an der Tatsache vorbeigesehen werden, daß es gegenwärtig noch kaum empirische Untersuchungen zu (a) den Begleitumständen von „Tipping" gibt, (b) daß kaum versucht worden ist, die Höhe des Trinkgeldes und Begleitumstände des Gebens von Trinkgeld mit situationsspezifischen, persönlichkeitsbezogenen und kulturellen Variablen in Beziehung zu setzen, und daß (c) insbesondere die Konsequenzen bestimmter Trinkgeldsituationen überhaupt noch nicht untersucht worden sind. Darüber hinaus harren (d) Versuche, das Trinkgeldgeben zu de-individualisieren und zu institutionalisieren (wie etwa in Hotels, in denen es ein „gemeinsames Sparschwein für die ganze Belegschaft" gibt, dessen Ertrag nach einem festgelegten Schlüssel verteilt wird), noch ihrer Erklärung (Holloway 1985). Schließlich sind nationale, subkulturelle und „lifestyle"-Faktoren, die auf das Trinkgeldgeben Einfluß haben, noch nicht untersucht (Holloway 1985).

Daß eine weitergehende Beachtung des Phänomens „Trinkgeldgeben" sinnvoll ist, beweisen die täglich stattfindenen Unsicherheiten und Konflikte in vielfältigen sozialen Situationen. Insofern handelt es sich vielleicht hier um eines der seltenen Phänomene, in denen forscherisches Interesse auf ein gleichfalls großes Interesse der betroffenen „Industrie" trifft, Dinge so zu klären, daß daraus Umsetzungen für die Praxis des Tourismus stattfinden, die von Wert für alle Betroffenen, Dienstleister, Kunden und Reiseindustrie sind.

## Literatur

Ben Zion, V. & Karni, E. (1976). Tip payments and the quality of service. Tel Aviv: The Froeder Institute for Economic Research. Tel Aviv University (zit. n. Shamir 1982/93).

Blau, P. (1964). Exchange and power in social life. New York: Wiley.

Butler, S. & Skipper, J.K. (1980). Waitressing, vulnerability and job autonomy: the case of the risky tip. Sociology of Work and Occupations, 7 (4), 487-502.

Butler, S. & Skipper, J.K. (1981). Working for tips: An examination of trust and reciprocity in a secondary relationship of the restaurant organization. Sociological Quarterly, 22, 15-27.

Butler, S.R. & Snizek, W.I. (1976). The waitress-diner relationship. A multivariate aproach to the study of subordinate influences. Sociology of Work and Occupations, 3, 207-222.

Goffman, E. (1959). Wir alle spielen Theater. Die Selbstdarstellung im Alltag. München: Piper 1969.

Gottlieb, A. (1982). Urlaub auf Amerikanisch. (S. 77-96) In H. J. Kagelmann (Hg.), Tourismuswissenschaft. Soziologische, sozialpsychologische und sozialanthropologische Arbeiten. München: Quintessenz 1993 [zuerst erschienen u.d.T. „American vacations" in: Annals of Tourism Research, 9 (2), 165-187].

Holloway, J.C. (1981). The guided tour: A sociological approach. Annals of Tourism Research, 8 (3), 377-403.

Holloway, J.C. (1985). Between gratitude and gratuity. Commentary on Shamir. Annals of Tourism Research, 12, 239-258.

Karen, A.L. (1962). Some factors affecting tipping behavior. Sociology and Social Research, 47, 68-74.

Mauss, M. (1950). Die Gabe. Form und Funktion des Austausches in archaischen Gesellschaften. Frankfurt/M.: Suhrkamp, 1990.

Rotter, J.B. (1966). Generalized expectancies for internal vs. external locus of reinforcement. Psychological Monographs, 80(1), whole no. 609.

Schwartz, B. (1967). The social psychology of the gift. American Journal of Sociology, 73 (1), 1-11.

Shamir, B. (1980). Some differences in work attitudes between Arab and Jewish hotel works: An exploratory study. International Journal of Intercultural Relations, 5, 35-50.

Shamir, B. (1983). A note on tipping and employee perceptions and attitudes. Journal of Occupational Psychology, 56, 255-259.

Shamir, B. (1984). Zwischen Dankbarkeit und Verpflichtung. Eine Analyse des Trinkgeldgebens. (S. 97-114). In H. J. Kagelmann (Hg.), Tourismuswissenschaft. Soziologische, sozialpsychologische und sozialanthropologische Arbeiten. München: Quintessenz 1993 [zuerst erschienen u.d.T. „Between gratitude and gratuity. An analysis of tipping" in: Annals of Tourism Research, 11, 59-78].

Simmel, G. (1923). Soziologie. Untersuchungen über die Formen der Vergesellschaftung, 3. Aufl. München: Duncker & Humblot.

**H. Jürgen Kagelmann, München**

# Urlaubsszenerie

## 1. Aktionsradius, Verhaltensraum, Urlaubsszenerie

Urlaub ist vor allem ein Phänomen des Raums, der Örtlichkeiten, an denen etwas geschieht. Zu den Urlaubsgewohnheiten des normalen Urlaubers gehört es, sich einen Aktionsradius abzustecken, den er immer wieder durchstreift und innerhalb dessen er sich täglich auf bestimmten Plätzen einfindet. Ein Verhaltensrhythmus spielt sich ein. Anstelle von *Aktionsradius* oder *Verhaltensraum* kann der Begriff der Urlaubs*szenerie* verwendet werden. Er bringt die lebendige Beziehung zwischen agierendem Urlaubsgast, den Schauplätzen des Geschehens, ihren Kulissen und dem Thema des „heiteren Spiels" zum Ausdruck. Der Urlauber wird hier nicht wie ein Mensch wie jeder andere betrachtet, sondern als jemand, der in eine *Rolle*, die Urlauberrolle, geschlüpft ist.

## 2. Das Prinzip des Refugiums

Voraussetzung für einen gelungenen Urlaub ist der klare Trennungsstrich zum Alltag. Wird der Urlauber konfrontiert mit Straßenverkehr, Industrieanlagen und aggressiver Werbung an Gebäuden, stellt sich vermutlich nicht die reine (Urlaubs-)Freude ein. Auf vielen Ebenen dringt die örtliche und allgemeine Alltagswelt in die Feriengebiete ein. Wenn der Fremdenverkehr ein bedeutender und stabiler Wirtschaftsfaktor sein soll, muß ein Bewußtsein für notwendige Abwehrmaßnahmen gegenüber dieser Alltagswelt geschaffen werden. Folgende Faktoren sollten bei der Angebotsgestaltung mehr Beachtung finden:

– Die *Raumplanung*, also die verkehrsberuhigte Urlaubslandschaft. (Leitfrage: Wo kann man z.B. noch wandern, ohne in gewissen Abständen den Lärm naher oder ferner Autos ins Ohr zu bekommen?)

– *Freiräume* (Leitfrage: Wie können Wege für Radfahrer und Wanderer gewonnen werden, nachdem landwirtschaftliche Nutzungen der Landschaft vielfach unwirtschaftlich geworden sind; wie kann die Verzaunung der Landschaft abgebaut werden?)

– *Abbau von refugienfeindlichen Ortselementen*. (Gemeinden, die jahrelang den Anschluß an „die moderne Welt" suchten und den Fremdenverkehr ausbauen wollen, müssen erkennen, daß viele Dinge refugiumfeindlich sind, wie z.B. die Belegung der alten Dorfstraße durch Discounter, riesige Reklametransparente an Fachwerkhäusern, Zigarettenschirme und Zigarettenfahrradständer, Fast-Food-Restaurants, Banken und Kreissparkassen in ihrem typischen Stil, hohe Durchfahrtstraßenleuchten auf der Hauptstraße, Abriß historischer Häuser zu Gunsten von Pseudonachbauten, Flachdacharchitektur, und überall im Ort

Abb. 1: Vier Schauplätze der Urlaubsszenerie

parkende Autos. Die Gemeinden trachten danach, diese refugienfeindlichen Ortselemente möglichst weit zurückzudrängen.)

## 3. Verfügbarkeit der Möglichkeiten

Ein „traumhaftes" Refugium kann erst richtig zur Geltung kommen, wenn sich dem Urlauber das Fremdenverkehrsgebiet auch erschließt. Viele Fremdenverkehrsorte sind viel attraktiver, als sie sich den Gästen darstellen. „Verfügbarkeitsaspekte" sind z.B. die folgenden:
– *Information.* (Dies betrifft alle Formen, von einem neuen Gesamtaspekt bis zur Beratung bei der Gästeinformation.)
– *Akzeptable, gut gelegene Unterkünfte.* (Sie sind der „Hauptstandort", zu dem „Nebenstandorte" wie Cafés, Gaststätten u.a.m. kommen.)
– *Die Orientierung.* (Dies meint erstens ein System von Wegen und Straßen, und zweitens eine gute, funktionale, aber nicht überbordende Beschilderung.)
– *Gute allgemeine Verkehrsanbindung.* (Sie sollte ein Stück vor dem Fremdenverkehrsgebiet enden, da sonst der Alltag mit den Problemen des Durchfahrtsverkehrs wieder relevant wird.)
– *Der Preis.* (Für Gäste mit kleinerem Einkommen oder besonderen Belastungen ein sehr wichtiger Einflußfaktor.)
– *Eingangsbereiche.* (Z.B. bei Bädern, die, falls sie auf eine nette, gewinnende originelle Art angeboten werden, Verfügbarkeit und Attraktivität demonstrieren.)
– *Zugänglichkeit zu Sehenswürdigkeiten.*
– *Sinnvoll organisierte Unterkünfte.*

Die ideale Verfügbarkeit der Urlaubsszenerie wäre sozusagen, dem Urlauber die Illusion zu geben, daß er nicht Gast des Garten Edens ist, sondern Bewohner.

## 4. Die Schauplätze

Vier Schauplätze sind es, die den emotionalen Gehalt des Urlaubs, somit der Urlaubsszenerie, ausmachen: das Hotel (oder eine vergleichbare Unterkunftsart), der Ort, die Landschaft, die Ausflüge (vgl. Abb. 1).

*(1) Schauplatz Hotel*
Das Hotel (bzw. die Pension, der Campingplatz) ist für den Urlauber der Mittelpunkt der Urlaubsszenerie. Darum hat die Lage einen so hohen Stellenwert: Nähe zu allem, was wichtig ist, und doch ruhige Lage ist ein Ideal; ein zweites „herzliche Gastfreundschaft" auf der einen und Freizügigkeit auf der anderen Seite. Häuser sind am beliebtesten, die über Ausstrahlung verfügen. Wohnlichkeit und Sauberkeit, vor allem auch gute Lüftung, weiterhin frische Blumen, kein „Plastikfrühstück" sind Dinge, die den Hotelaufenthalt angenehm machen. Nachgeordnet sind die verschiedenen Zusatzangebote im Freizeitbereich.

*(2) Schauplatz Ort*
*Ortsbild.* Kaum zu unterschätzen ist die Bedeutung des Ortsbilds. Zur Zeit ist das „romantische" Ortsbild sehr beliebt. Je umfangreicher, vielgestaltiger und zusammenhängender ein „romantisches Areal" ist, desto geringer ist die Gefahr, daß der Urlauber nach ein paar Blicken alles gesehen hat und wieder abreist. Mit der Aufenthaltsdauer steigt die Eignung für den Städtetourismus.

*Die Bummelstrecke.* Fester Bestandteil der örtlichen Angebotsgestaltung ist eine Bummelstrecke (oder Promenade), um das Reisemotiv 'Flanieren, Einkaufen, in Cafés sitzen, Leben und Treiben genießen' zu befriedigen. Wo die Gelegenheit dafür erst noch zu schaffen ist, wird immer schwer verstanden, wie ein Ort dadurch an Wert gewinnen kann. Allerdings ist es keine Kleinigkeit, von Punkt Null an eine Flaniermeile zu entwickeln. Geschäftsleute etwa müssen sich auf die charakteristischen Sortimentsbedürfnisse der Urlauber einstellen. Der öffentliche Raum muß anregend gestaltet werden; Gestaltungsauflagen und vor allem ihre Durchsetzung müssen die schnell auftauchenden negativen Erscheinungen abwehren.

*Lokale.* Fest verbunden mit dem Ort und ihn mitprägend ist die Gastronomie (Traditionsgaststätten ebenso wie neue Arten von Lokalen). Mit typischem Essen und Trinken beginnt die Urlaubsfreude; ‚Gemütlichkeit' ist eines der meistgefordertsten Kriterien. Hier wie anderswo kommt immer wieder das Urlaubsmotiv des ‚Kontrastes zum Alltag' ins Spiel.

*Fremdenverkehrseinrichtungen.* Sie sind ein Instrument, mit dem man von kommunaler Seite aus gut auf den Attraktionswert eines Ortes Einfluß nehmen kann. Maßstab sollte sein, inwieweit ein oder mehrere Reisemotive befriedigt werden können. Es ist dabei nicht notwendig, alles abdecken zu wollen, sondern eher wichtig, auf einem zentralen Sektor eine beeindruckende Vielfalt (Sortimentstiefe) zur Auswahl stellen zu können. Ein Beispiel dafür ist das „Bad". Bäder gehören zu den Einrichtungen, die die Gäste am meisten ansprechen, bei denen aber am wenigsten über Aspekte wie Attraktivität nachgedacht wird. Gelungene Bäder, vom Thermalbad bis zum sog. Erlebnisbad, können viel für einen Ort tun.

*Kurpark.* Gesucht werden Parks, von denen etwas ausgeht, z.B. durch wirklich überschäumende Blumenpracht, Wasserspiele, Konzerte oder Anlagen, die durch introvertierte Schönheit bestechen, z.B. durch einen versteckten Seerosenteich, wilde Hecken, Schattenstauden, Vögel, ein unvermutet sich öffnender kleiner Platz, eine bemooste Steinskulptur, geschwungene Bänke. Die Realität dagegen sind Parks mit einer stereotypen Aneinanderreihung von Grün nach dem Muster Baum – Busch – Baum – Busch, langweilige Wegeführung, monotone Kurvenlinealwege usw.

*Sportanlagen.* Zwar wird die große „Bewegungslust" der Urlauber immer wieder herausgestellt (Wandern, Spazierengehen, Baden), aber es dominiert meist die naturnahe, nicht leistungsorientierte und vor allem spontane Betätigung. Nur 16% übten nach der Reiseanalyse des Studienkreises für Tourismus 1990 aktiven Sport aus. Ein breiter Urlaubstrend ist das sportliche Aktivsein gegenwärtig offenbar nicht.

*Haus des Gastes.* Diese überzeugende Idee wird nur selten genutzt, ist meist höchst langweilig und unattraktiv gestaltet.

*Besichtigungsmöglichkeiten.* Zur Abrundung eines motivgerechten Fremdenverkehrsortes gehören mindestens zehn Besichtigungsmöglichkeiten, im Ort selbst oder in unmittelbarer Nähe, mit einer mindestens einstündigen Besichtigungsdauer, wie z.B. Museen, Ausstellungen, Schlösser, Burgen, Industriedenkmäler, Naturdenkmäler, interessante moderne technische Anlagen oder ein enges historisches Geflecht von Gassen und Gäßchen, dazu entsprechende Führungen, Vorträge, Broschüren. Ein Ort gewinnt dadurch an „Neugiertiefe".

*(3) Schauplatz Landschaft*
Die Landschaft ist die Hauptattraktion. Gutes Klima und frische Luft gehören dazu. Bevorzugung von Reisezielen bedeutet im Fremdenverkehr in erster Linie Bevorzugung bestimmter Landschaften. Die unterschiedlichen Landschaftstopographien und die speziellen Beschaffenheiten vermitteln eine ganz unterschiedliche Erlebniswirkung. Trotz individueller Varianten, wie man die Erscheinungsform einer Landschaft aufnimmt, d.h. was man mit ihr anfängt, kann man einigermaßen klar beschreiben, was den potentiellen Gast erwartet. Die anschauliche Bestimmung dessen, was die Landschaft ausmacht und was sie einem gibt, gehört zur Angebotsgestaltung und stellt keine geringen Anforderungen. Sie gehen ein in die Prospektgestaltung, in die Information und in die landschaftsplanerische Ausgestaltung eines Landschaftsraums, in dem z.B. das ursprünglich Typische wiederhergestellt wird, wo es nur geht.

*Die zusammenhängende Landschaft.* Neben Umweltproblemen und der störenden Vermischung mit dem Alltag (z.B. durch zuviele Verkehrsdurchschneidungen) erfahren Wanderer und Radfahrer oft unangenehme Zerstückelungen reizvoller Landschaftsräume. Das Flächenstillegungsprogramm in der Landwirtschaft, das „Wiederzusammennähen" auseinandergerissener Naturräume, bietet hier Chancen für den Fremdenverkehr, weil dadurch u.U. eindrucksvolle Gebiete entstehen können.

*Landschaftliche Vielfalt.* Dies bedeutet z.B. eine Dramaturgie der Wegeführung, die für Vielfalt sorgt.

*(4) Schauplatz Ausflüge*
Der Ausflug ist eine Art Urlaub vom Urlaub, in jedem Fall ein „Ereignis". Dabei gehört der Schauplatz Ausflug eng zum Reiseziel. Ein Ort kann nur gewinnen, wenn er von einer Perlenkette lohnender Ausflugsziele umgeben ist. (Allerdings können auch konkurrierende Orte von diesem Prinzip profitieren: Im Emsland entwickelte man ein System, wodurch jeder Ort für den anderen zum Ausflugsziel wurde. In den Ortsprospekten wurden die Nachbarorte und deren Reize ausführlich dargestellt.)

## Literatur

Hartmann, K.D. (1977). Zur Psychologie der Angebotsgestaltung im Fremdenverkehr. Starnberg: Studienkreis für Tourismus.

Hartmann, K.D. (1982). Zur Psychologie des Landschaftserlebens im Tourismus. Starnberg: Studienkreis für Tourismus.

Schober, R. (1975). Die Szenerie des Raums. In Studienkreis für Tourismus: Animation im Urlaub. Starnberg: Studienkreis für Tourismus.

Schober, R. (1986). Über die Schauplätze des Urlaubslebens. Handlungsräume, Rollenspiele, Szenerien im Urlaub. Studienkreis für Tourismus (Hg.), Die Reiselust der Deutschen. Fachtagung ITB 1986. Starnberg: Studienkreis für Tourismus. (Unveröff. Manuskript).

Wagner, F.A. (1984). Ferienarchitektur. Die gebaute Urlaubswelt. Modelle – Erfahrungen – Thesen. Starnberg: Studienkreis für Tourismus.

**Reinhard Schober, München**

# Verhalten im Urlaub

## 1. Terminologische Aspekte

*Verhalten* wird in der Psychologie meist als allgemeine Bezeichnung für Aktivitäten jeglicher Art, in der Soziologie mitunter nur als Synonym für Handeln verwendet (Gukenbiehl 1992).

Das Verhalten am Urlaubsort wird von Tourismusforschern grob nach „aktiv" und „passiv" differenziert, wobei sich in der Praxis schwer einzelne Beschäftigungsarten zuordnen lassen. Als praktikabel für die empirische Forschung und die Anwendung im Tourismus gilt die Systematik der Aktivitäten des Starnberger Studienkreises für Tourismus (Reiseanalyse). Sie unterscheidet:

- Regenerativ-passive Beschäftigungen (sich sonnen, viel schlafen, ausruhen, am Strand, auf der Liegewiese liegen);
- regenerativ-aktive Beschäftigungen (Spaziergänge machen, Tier-, Freizeit-, Naturparks besuchen, Kurmittel anwenden);
- bildungsorientierte Beschäftigungen (Sehenswürdigkeiten, Museen besichtigen, kulturelle Veranstaltungen, Vorträge besuchen);
- sportliche Betätigungen (Schwimmen, Baden, Wandern, Bergsteigen, Bewegungs- und Ballspiele);
- gesellig-kommunikative Beschäftigungen (Gespräche, Urlaubsbekanntschaften machen, Kinderspiele, Tanzen, Feiern);
- Eigeninteresse, Unterhaltung (Zeitschriften, Zeitungen und Bücher lesen, Briefe und Karten schreiben, Radio hören, Fernsehen, Fotografieren und Filmen, Hobbies betreiben);
- sonstige Aktivitäten (Gaststättenbesuch, Einkaufsbummel).

Kein Urlauber wird nur einer Beschäftigung nachgehen; es gibt vielmehr eine Bündelung gleichartiger oder auch völlig unterschiedlicher Tätigkeiten, die von Körper und Geist des Urlaubers mehr oder weniger Aktivität abfordern.

## 2. Einflußfaktoren für das Urlaubsverhalten

Zwischen den Kategorien Werte(-struktur), Interessen oder Bedürfnisse, Vornahme bzw. Absicht für Verhalten und realem Verhalten im Urlaub gibt es direkte, indirekte und Schein-Zusammenhänge, die von verschiedenen Faktoren beeinflußt werden.

So können *Werte* nicht direkt auf das Verhalten wirken, sondern nur für das Handeln eine Orientierung sein. Urlaubsinteressen und Urlaubsaktivitäten korrelieren zwar stark miteinander. Doch kann vom bekundeten Interesse nicht direkt auf die Tätigkeit geschlossen werden, die Beziehung wird multifaktoriell beeinflußt, d.h. durch:

- den *Urlauber* selbst, seine Persönlichkeitsstruktur, seine Fähigkeiten, Fertigkeiten,

Einstellungen und Interessen, die wiederum durch seine bisherige Biographie, seine psychosomatischen Konditionen bestimmt werden;
- die *soziale Umwelt*, in der er lebt (Freunde, Familie, Mitreisende, andere Urlauber, Gastgeber);
- die Bedingungen am *Urlaubsort*, die teilweise (durch Einholen entsprechender Informationen) erkannt und bewußt in die Urlaubsgestaltung einbezogen werden, aber auch mehr oder weniger unvorhergesehen existieren.

Unterschiede des Verhaltens im Urlaub lassen sich durch folgende Faktoren begründen:
a) die unterschiedliche Interessenstruktur der Urlauber;
b) ihre unterschiedlichen Voraussetzungen (in geistiger und körperlicher Verfassung, Berufs- und Bildungsstand);
c) soziale (z.B. duch Mitreisende) und gegenständliche Möglichkeiten am Urlaubsort.

*Persönlichkeitsmerkmale,* die das Urlaubsverhalten beeinflussen können, sind vor allem:
- die Einstellung zu bestimmten Verhaltensweisen bzw. Tätigkeiten;
- die berufliche Tätigkeit und der Bildungsstand;
- das Alter und das psychosomatische Befinden;
- das Aktivitätsniveau (z.B. bisheriges Reiseverhalten, Reiseerfahrung).

Erst unter Berücksichtigung dieser Indikatoren kann in der empirischen Sozialforschung das reale Reiseverhalten interpretiert werden.

In der Regel werden Urlaubsformen und -orte entsprechend den individuellen Werten, Einstellungen und Absichten aufgesucht. Fehlentscheidungen können auf Fehlinformationen (z.B. durch Reisebüro, Medien, Bekannte) oder auf äußere Faktoren (z.B. Mitreisende, ökonomische Situation des Reisenden) beruhen.

Zum Beispiel verhalten sich (junge) Familien mit Kindern anders am Urlaubsort als Singles, eine (jugendliche) Reisegruppe anders als Touristen in einem Ferienklub.

Das Leipziger LEIF-Institut stellt in einer Studie unter Camping-Urlaubern (CAMPING '92) grundsätzlich andere Freizeittätigkeiten fest, als bei der Mehrheit der (anderen) Urlauber. Es dominieren vor allem Tätigkeiten auf dem Campingplatz, wie Ausruhen, Schlafen, Sonnenbaden, Kommunikation mit anderen Campern, Sport, Zeitungen und Zeitschriften lesen. Camper unternehmen in der Regel weniger Ausflüge, Besichtigungsfahrten, Besuche von Gaststätten oder kulturellen Stätten im Vergleich zu Teilnehmern anderer Urlaubsformen.

*Vier wesentliche Grundbestrebungen* lassen sich beim Verhalten im Urlaub kombinieren:
a) Das Verhalten im Alltag, im beruflichen Leben wird im Urlaub „fortgelebt"; der aktivere Mensch bleibt auch im Urlaub aktiv (z.B. unternimmt ein Lehrer Bildungsreisen).
b) Tätigkeiten, die im Alltag, im Beruf nicht verrichtet werden können, werden im Urlaub nachgeholt. Es erfolgt sozusagen eine Kompensation fehlender körperlicher bzw. geistiger Anforderungen.
c) Der völlige Ausgleich durch gegensätzliches Verhalten (bzw. Tätigkeiten) wird gesucht. (Der aktive (ausgepowerte) Mensch „schlafft" z.B. ab.)
d) Der Urlaub kann sogar eine „verhaltensprägende Vorreiterrolle" spielen. Im Urlaub wird auf Zeit ausprobiert, was dann im Alltag auf Dauer praktiziert wird (Spiel, Sport, Kommunikation- und Kontaktpflege) (Opaschowski 1989). Krippendorf (1984) meint in diesem Zusammenhang, der Tourist als „Ausnahmemensch tut Dinge, die bei ihm zu Hause am Arbeitsplatz oder in der Familie als höchst ungewöhnlich taxiert und mit Sanktionen belegt würden."

Das Verhalten am Urlaubsort unterliegt bei den meisten Individuen einem *gruppendyna-*

*mischen Prozeß*. Kommunizieren und soziale Kontakte pflegen ist für viele Touristen ein wichtiges Urlaubsziel. Andere Menschen kennenlernen, mit Gleichgesinnten etwas gemeinsam unternehmen, die Gewohnheiten ausländischer Gastgeber erfahren sind mehr bei den Ost- als bei den Westdeutschen wichtige Interessen. Nur eine Minderheit der Touristen schirmt sich im Urlaub gegen die Umwelt ab. Die Kontaktmöglichkeiten sind vielfältiger Art; das Gespräch mit dem Gast am Nachbartisch, die Kontaktaufnahme durch (die) Kinder, Förderung durch professionelle Animation. Es bilden sich mehr oder weniger intensiv agierende „Feriengruppen", die kürzer oder länger bestehen. Die Mitglieder dieser Gruppierungen verhalten sich zeitweise ähnlich (z.B. beim Wandern, Spielen, Sporttreiben). Hartmann (1981) schreibt von „ritualisierten Verhaltensweisen" am Urlaubsort, „(...) die einerseits durch räumliche und bauliche Gegebenheiten der Urlaubseinrichtungen – die touristische Infrastruktur – und andererseits durch die ‚Tradition' der Saison bestimmt werden."

Doch auch andere Arten des „Gruppen-Verhaltens" im Urlaub sind erkennbar. Dazu gehören z.B. das Flanieren an abendlichen Uferpromenaden oder das plötzliche Aufbrechen der Sonnenanbeter vom Strand. Sehen und gesehen werden, sich entsprechend verhalten, wird im Urlaub für vielen Individuen zur wichtigen Verhaltensmaxime, die aber häufig nicht bewußt von ihnen wahrgenommen wird.

Verhaltensweisen im Urlaub sind nicht leicht zu bewerten. Datzer meint (1981), daß bei den Vertretern einer rein auf Aktivität und ‚Leistung' ausgerichteten Gruppe von Urlaubern häufig übersehen werde, daß auch gerade das Nichtstun und Faulsein kreative Momente enthält. Die sogenannten ‚Leistungsverweigerer' seien häufig eher in der Lage, sich zu entspannen und erholt aus dem Urlaub zurückzukehren als mancher ‚Aktivist', der seinen Urlaubsbeschäftigungen mit dem gleichen Leistungsdruck begegnet, wie den Anforderungen seiner Berufstätigkeit.

Erholen durch unterschiedliches Verhalten ist typbedingt: Urlaubstypen bilden sich durch unterschiedliche Faktoren und Konditionen in der Biographie, der Bildung und beruflichen Tätigkeit, dem Zeitgeist, aber auch auf Grund psychosomatischer Eigenschaften heraus. Der eine erholt sich bei einer Bildungsreise, der andere durch Faulenzen. Für den einen bedeutet Autofahren Entspannung, für den anderen qualvolle Arbeit. Problematisch kann (!) es nur sein, wenn der einzelne sich im Urlaub etwas zumutet, was seinem Typ widerspricht, es muß aber nicht.

Methodische Aspekte: Wichtig für das empirische Erfassen von Freizeit- und Urlaubsinteressen und -beschäftigungen erscheint folgendes: Urlaubsinteressen und -tätigkeiten korrelieren stark miteinander. Doch ist bei einer direkten Zuordnung der beiden Kategorien Vorsicht geboten, da das subjektive Verständnis recht unterschiedlich ist (z.B. Sport treiben, Erholen).

Eine Aufsplitterung der Population bei der Datenerhebung und eine differenzierte Zuordnung der Daten (bei einer statistischen Zusammenfassung bzw. Typenbildung) wird deshalb zur Grundvoraussetzung für ein annähernd präzises Messen der Realität.

## Literatur

Datzer, R. (1981). Aktivitäten am Urlaubsort 1979. In Reisemotive – Länderimages – Urlaubsverhalten. Bericht über eine Fachtagung des Studienkreises für Tourismus im Rahmen der 15. Internationalen Tourismus-Börse 1981. Starnberg: Studienkreis für Tourismus.

Geiger, H. (1969). Interessen und Verhaltensweisen von Urlaubsreisenden. In Motive – Meinungen – Verhaltensweisen. Einige Ergebnisse und Probleme der psychologischen Tourismusforschung. Starnberg: Studienkreis für Tourismus.

Gukenbiehl, H.L. (1992). Verhalten. (S. 355 ff.) In B. Schäfers (Hg.), Grundbegriffe der Soziologie, 3. Aufl. Opladen: Leske & Budrich.

Hartmann, K.D. (1979). Urlaubsland Schleswig-Holstein. Eine motiv- und meinungspsychologische Untersuchung. Starnberg: Studienkreis für Tourismus.

Hartmann, K.D. (1981). Erlebnisse und Verhaltensweisen am Urlaubsort. Sozialpsychologische Beobachtungs- und Befragungsstudien „vor Ort". (S. 223-232) In Studienkreis für Tourismus (Hg.), Reisemotive – Länderimages – Urlaubsverhalten. Starnberg: Studienkreis für Tourismus.

Krippendorf, J. (1984). Die Ferienmenschen – Für ein neues Verständnis von Freizeit und Tourismus. Zürich: Orell-Füssli (2. Aufl. München: dtv 1986).

Krippendorf, J.; Kramer, B. & Müller, H. (1989). Freizeit und Tourismus. Eine Einführung in Theorie und Politik, Bern: Forschungsinstitut für Freizeit und Tourismus, Universität Bern.

Mäder, U. (1988). Aufbruch im Alter, Ansätze. Zürich: Rotpunktverlag.

Meyer, G. & Meyer, W. (1984). Familienurlaub in Bibione, Beobachtungen und Erfahrungen eines Psychologenehepaares beim Urlaub in einer Ferienwohnung. Starnberg: Studienkreis für Tourismus.

Opaschowski, H.W. (1989). Tourismusforschung. Opladen: Leske & Budrich.

Studienkreis für Tourismus (Hg.) (o. J.). Beobachtungsstudien 1961–1991 (unveröff. Materialien für Tourismusforschung; 50 teilnehmende Beobachtungsberichte). Starnberg: Studienkreis für Tourismus.

**Harald Schmidt, Leipzig**

# Teil VI

# Besondere Reise-/ Urlaubsformen

# Alleinreisende, Singleurlauber

Daß Alleinreisende tiefer in die Tasche greifen (können) als Familienurlauber, ist bekannt. Aber auch ihre relative Unabhängigkeit von Schulferien, ihr hohes Bildungsinteresse und ihr Wunsch nach Geselligkeit machen die Singleurlauber zu einer interessanten Gruppe. Von der Touristikbranche kaum beachtet, in den aufwendigen Reisekatalogen nie erwähnt, haben sich die Alleinreisenden in den letzten Jahren zu einer beachtlichen Zielgruppe entwickelt. Daß diese Zielgruppe weiter anwachsen wird, zeigt ein Blick auf die Statistik: Während es noch vor 30 Jahren in Deutschland lediglich 19% Einpersonenhaushalte gab, ist diese Zahl mittlerweile auf über 35% angestiegen; Tendenz: weiter steigend. Betrachtet man dabei den deutschen Markt etwas genauer, so waren 1989 fast vier Millionen Urlauber alleine unterwegs.

Die Wahrscheinlichkeit, allein zu verreisen, ist in bestimmten Lebensphasen besonders groß, während sie in anderen Zyklen ausgesprochen gering ist. Besonders hoch ist sie dabei:
- in der „Gründungsphase": besonders bei jüngeren alleinreisenden Personen (unter 30 Jahre);
- in der „Konsolidierungsphase": besonders bei alleinstehenden Personen (unter 50 Jahre) mit größeren Kindern;
- in der „Stagnationsphase"; speziell bei alleinstehenden Personen mittleren Alters (unter 60 Jahre) mit erwachsenen Kindern;
- und in der „Altersphase" (über 60 Jahre).

So verwundert es auch nicht, daß bereits jeder zweite Alleinreisende 60 Jahre und älter ist (→ *Seniorentourismus*). Die Gruppe der 20- bis 29jährigen stellt aber ebenfalls schon 25%. Zwei Drittel der Alleinreisenden sind Frauen; die Altersstruktur bringt es mit sich, daß ca. 40% der Singles derzeit weniger als 2.000 DM monatlich verdienen. Bei allen Reisenden sind es dagegen nur 14%. Daß dies jedoch kaum Auswirkungen auf die Urlaubsausgaben hat, wird sich später bei den Ausgaben zeigen.

Da berufstätige Alleinreisende häufig wenig Zeit für die Suche nach dem richtigen Urlaubsziel aufwenden wollen bzw. können, ist der Anteil an Pauschalreisen im Vergleich zur Gruppe aller Reisenden überdurchschnittlich hoch, nämlich 45 zu 37%. Das wiederum bedeutet, daß die „traditionellen" Anbieter von Reisen, wie eben Reisebüros oder -veranstalter, bei Erstinformation und Buchung vorne liegen. Nicht unterschätzt werden darf jedoch, daß jeder fünfte durch Freunde oder Bekannte über das Urlaubsziel informiert wird (→ *Opinion Leaders*). Die Tourismusbüros auf lokaler und regionaler Ebene spielen dabei nur eine untergeordnete Rolle: Ganze 3% der Alleinreisenden geben an, sich bei diesen Stellen ihre Urlaubsinformationen eingeholt zu haben. Bei der gesamten Gruppe der Reisenden sind es 8%.

Kann der Single aber einmal von einem Angebot überzeugt werden, so ist seine Reisezieltreue sprichwörtlich: Jeder Dritte war bereits fünfmal und öfter in dem besuchten Gebiet.

Um den Single aber erst einmal als Gast gewinnen zu können, müssen seine Reisemotive bekannt sein. Wie alle Reisenden, so haben auch Alleinreisende ähnliche *allgemeine* Motive wie z.B. „abschalten/ausspannen, aus dem Alltag herauskommen/Tapetenwechsel oder frische Kräfte sammeln". Vielfach noch unbekannt sind jedoch jene speziellen Motivgruppen von Alleinreisenden, die sich aus Befragungen des Studienkreises für Tourismus herauskristallisiert haben:

– *Wunsch nach Geselligkeit.* Tätigkeiten, die darauf abzielen, andere Menschen kennenzulernen, z.B. „Urlaubsbekanntschaften machen", „Bekannte und Freunde wiedertreffen", wie „mit anderen Leuten zusammensein", „Flirt und Liebe" usf.
– *Bildungsinteresse.* Der überdurchschnittlich hohe Anteil an Studien- und Bildungsreisen belegt diese Motivation.
– *Wunsch nach Abenteuer.* Abenteuerurlaube werden meist in kleineren Gruppen durchgeführt. Gerade diese Art des Urlaubs läßt die Gemeinschaft schneller zusammenwachsen.

Aus den verschiedenen Motivgruppen heraus lassen sich auch die präferierten Aktivitäten ziemlich genau ableiten:

(a) Urlaubsaktivitäten, bei denen die Alleinreisenden die *Gesellschaft* anderer Reisender suchen (Gespräche mit anderen führen, Urlaubsbekanntschaften machen). Dies zeigt das große Interesse vieler Alleinreisender, ihren Urlaub gesellig zu verbringen.

Um die Situation des Alleinseins zu überwinden, ist es allerdings notwendig, sie zunächst zu akzeptieren, um dann auf andere Urlauber zugehen zu können. „Nur wer das Alleinsein bejaht, der kann es überwinden. Das ist bloß scheinbar paradox. Denn je nachdem, wie ein Mensch mit dem Alleinsein selber fertig wird, vermittelt er seinen Mitmenschen entweder das, was sich dieser wünscht, aber nicht hat, nämlich Selbständigkeit und Unabhängigkeit" oder aber das, wovor dieser sich fürchtet, nämlich Einsamkeit, Angst und Verzweiflung (Schreiber 1978).

(b) Urlaubsaktivitäten, die auch *allein* unternommen werden können, wie z.B. Kino gehen, Radio hören oder Fernsehen. Hier widerspiegelt sich die Situation im Alltag, wobei dies von vielen Alleinreisenden jedoch nicht als Problem empfunden wird.

(c) Urlaubsaktivitäten, die in Verbindung mit *Kultur* angeboten werden.

(d) Aktivitäten, die der *Gesundheit* dienen.

Ausgerichtet auf ihre Motive und Aktivitäten ergeben sich daraus logische Präferenzen, wenn es um die Wahl der Unterkünfte geht, z.B. für das Hotel und die Pension, aber auch die Nächtigung bei Verwandten bzw. Bekannten. Hingegen werden andere Unterkunftsformen aus den unterschiedlichsten Gründen nahezu komplett abgelehnt, wie der Urlaub auf dem Bauernhof und das Campieren, der Urlaub im Appartement bzw. Wohnung oder in einem Wohnwagen.

Der überdurchschnittlich hohe Anteil an Pauschalreisen färbt naturgemäß auf die gebuchte Verpflegungsleistung ab. Jeder vierte Alleinreisende bucht Vollpension, während dies bei allen Reisenden nur jeder achte macht. Der Anteil der Selbstversorger ist im Vergleich zur Gesamtheit der Reisenden nur halb so groß.

Zwar zählen 40% der Alleinreisenden zu den unteren Einkommensschichten, doch sind Solo-Touristen bei den Urlaubsausgaben führend. Die gesamten Mehrausgaben liegen um ein Drittel höher, in einzelnen Teilbereichen sogar um bis zu zwei Drittel. Interessant dabei, daß alle touristischen Anbieter gleichermaßen von diesen Mehrausgaben profitieren (vgl. Tab. 1).

Die Reisezeiten konzentrieren sich zwar bei den Alleinreisenden auch auf die Monate Juli

Tabelle 1: Gegenüberstellung der durchschnittlichen Ausgaben deutscher Urlauber

| Ausgaben/Person | in DM | | Mehrausgaben in Prozent | Zuwachs 1979/89 | |
|---|---|---|---|---|---|
| | allein | alle | | allein | alle |
| Gesamt | 1.736,0 | 1.321,0 | 31,4 | 64,6 % | 33,0 % |
| Reisevorbereitung | 226,7 | 138,1 | 64,2 | 109,2 % | 35,7 % |
| Fahrt/Unterkunft/Verpflegung | 1.187,8 | 974,7 | 25,3 | 60,4 % | 37,1 % |
| Nebenausgaben | 476,4 | 314,1 | 51,7 | – | – |

(Quelle: Deutsche Reiseanalyse, eigene Berechnungen)

und August. Allerdings ist die zeitliche Einengung deutlich geringer als bei der Gesamtgruppe der Urlauber (41% vs. 52%). Dennoch ist zu beobachten, daß die Vorsaison (Mai, Juni: 31,5%) und die Nachsaison (September 11,6%) von Alleinreisenden deutlich häufiger frequentiert werden, als von der Gesamtheit der Reisenden (22,6% bzw. 11,2%).

## Literatur

Allein im Urlaub (1978). Loccumer Tourismus-Tagung 1977. Tagung vom 17.-19.10.1977, Loccum.

Auf dem Weg zur Singlegesellschaft. Salzburger Nachtstudio, Österreich 1 vom 15.5.1991.

Chancen für den Frühjahrestourismus in Südtirol (1989). In Tourismusbericht und Dokumentation der Autonomen Provinz Bozen-Südtirol, Nr. 4.

Dundler, F. (1985). Singles. Vernachlässigte Zielgruppe? Touristik Report (11.1.85), 12–13.

Hachmann, H. (1977). Urlaub – Station der Sehnsucht. Der Fremdenverkehr, 10–18.

Motive, Meinungen und Verhaltensweisen der Südtirolgäste – Gästebefragung Südtirol Sommer '90 (1991). In Tourismusbericht und Dokumentation der Autonomen Provinz Bozen-Südtirol, Nr. 10.

Opaschowski, H.W. (1986). Allein in der Freizeit. 2. Aufl. Hamburg: B.A.T.

Opaschowski, H.W. (1989). Psychologie und Soziologie der Freizeit. Opladen: Leske & Budrich.

Schreiber, H. (1978). Singles. Allein auf Urlaub. Besser als zu zweit? München.

Steinecke, A. & Klemm, K. (1985). Singles. Allein im Urlaub. Soziodemographische Struktur, touristische Verhaltensweisen und Wahrnehmungen von Alleinreisenden. Starnberg: Studienkreis für Tourismus.

Ungefug, H.-G. (1984). Single-Tourismus: Höherer Verantwortungsteil. Fremdenverkehrswirtschaft, 66.

Wolff, S. (1982). Reisemotive von Alleinreisenden und Familienreisenden. Das Reisebüro, 5–9.

**Michael Spechtenhauser, Innsbruck**

# Ausflugsverkehr

Obgleich unbestreitbar ein wichtiger Teil des Tourismus, hat man bisher dem Ausflug weit weniger wissenschaftliche Aufmerksamkeit zukommen lassen als den Reisen mit Übernachtung. Wegen der großen Schwierigkeit, eine allgemeinverbindliche Definition des Begriffes „Ausflug" vorzugeben, hat man sich international dahingehend arrangiert, eine Art Negativabgrenzung vorzunehmen. Ein Ausflug ist demnach jedes Verlassen des Wohnumfeldes, das
– nicht als Fahrt von oder zur Arbeit, Schule, Verein etc.,
– nicht als Einkaufsfahrt zur Deckung des täglichen Bedarfs,
– nicht als regelmäßige oder Routinefahrt (z.B. Gottesdienstbesuche, Behördengänge, Arztbesuche)
zu bezeichnen ist.

Am Ausflugsverkehr beteiligen sich nahezu alle Bevölkerungsschichten. 89,1% der Deutschen (nur alte Bundesländer) unternehmen pro Jahr mindestens einen Ausflug. Hinderungsgründe sind, wenn überhaupt, so allenfalls im persönlichen Bereich zu finden (hohes Alter, Krankheit etc.). Im Durchschnitt werden pro Jahr ca. 20 Ausflüge pro Kopf der Bevölkerung unternommen. Allein in den alten Bundesländern ergibt sich daraus eine Zahl von rund 1,2 Milliarden Ausflügen vom Wohnort. Ausflüge, die während des Urlaubs getätigt werden, sind hierbei noch nicht mitgerechnet und ebensowenig Ausflüge, die vom Ausland in die Bundesrepublik unternommen werden.

Ähnlich wie beim Reiseverhalten zeichnet sich auch bei den Ausflügen die (groß-) städtische Bevölkerung durch eine höhere (→) *Mobilität* aus. Zwar ist der Anteil der Ausflügler in der Bevölkerung (= Ausflugsintensität) nahezu gleich, aber die Zahl der Ausflüge pro Kopf (= Ausflugshäufigkeit) liegt mit gut 23 in Großstädten doch deutlich über jener in ländlichen Gebieten.

Der Ausflugsverkehr wird durch eine äußerst gleichmäßige Verteilung über das gesamte Jahr hinweg charakterisiert. Saisonspitzen wie im Urlaubs-Reiseverkehr gibt es nicht. Allerdings konzentrieren sich Ausflüge auf die Wochenenden. Knapp die Hälfte aller Ausflüge werden an Sonn- und Feiertagen durchgeführt, rund ein Viertel an Samstagen. An den jeweiligen Werktagen werden jeweils 5-6% der Ausflüge unternommen.

*Dauer.* Der *durchschnittliche Ausflug* dauert 8,3 Stunden, beginnt morgens zwischen 9 und 10 Uhr und endet abends zwischen 18 und 20 Uhr. Rund ein Drittel aller Ausflüge fällt unter die Rubrik Kurzausflug (bis 6 Stunden). Die mittlere Entfernung zwischen Ausgangs- und Zielort eines Ausflugs liegt bei 83 km, wobei allerdings jeder zweite Ausflug in einem Bereich unter 50 km bleibt. Fünf von sechs Ausflügen werden mit dem PKW durchgeführt. Hochrechnungen haben ergeben, daß rund 20% der gesamten jährlichen PKW-Fahrleistung in den alten Bundesländern auf Ausflüge entfallen.

*Motive.* Die wichtigsten Motive, aus denen heraus Ausflüge unternommen werden, sind:
- Erholung (das schöne Wetter ausnutzen, frische Luft schnappen etc.),
- Verwandten-/Bekanntenbesuch,
- Besuch von Sehenswürdigkeiten.

Nahezu bei jedem zweiten Ausflug wird ein Spaziergang bzw. Bummel (innerstädtisch) durchgeführt. Neben dem Besuch von Restaurants/Cafés ist das Spazierengehen damit die mit Abstand beliebteste Aktivität der Ausflügler. Sportliche Aktivitäten stehen weit seltener auf dem Programm der Ausflügler als kulturelle (Museums- und Kirchenbesuche).

Ausflügler sind auch in ökonomischer Hinsicht eine äußerst interessante Zielgruppe. Nur bei einem Sechstel aller Ausflüge werden, abgesehen von Fahrtkosten, keine Ausgaben getätigt. Im Durchschnitt werden bei einem Ausflug rund 28 DM pro Kopf am Zielort umgesetzt. Das Vorurteil, wonach Ausflügler außer Müll nichts im Zielgebiet zurücklassen, kann keinesfalls beibehalten werden. Im Gegenteil, in vielen Orten und Gebieten ist der ökonomische Stellenwert des Ausflugsverkehrs sogar höher anzusetzen als jener des mit Übernachtungen verbundenen Fremdenverkehrs. Inwieweit seit der ersten bundesweiten Erfassung des Ausflugverhaltens im Jahre 1986 Veränderungen eingetreten sind, läßt sich z.Zt. nicht feststellen. Klarheit wird erst eine erneute, diesmal ganz Deutschland umfassende Untersuchung erbringen, die für das Jahr 1993 geplant ist.

## Literatur

Feige, M. (1991). Zum Ausflugsverkehr in Reisegebieten. Schriftenreihe des DWIF, H. 41, München: DWIF.

Feige, M. (1988). Senioren – Ein bedeutender Markt im Ausflugsverkehr. Jahrbuch für Fremdenverkehr. München, 34/1988, 125–133.

Koch, A.; Zeiner, M. & Feige, M. (1987). Die ökonomische Bedeutung des Ausflugs- und Geschäftsreiseverkehrs (ohne Übernachtung) in der Bundesrepublik Deutschland. Schriftenreihe des DWIF, H. 39, München: DWIF.

Statistisches Bundesamt (Hg.) (1991). Tourismus in der Gesamtwirtschaft, Bd. 17 der Schriftenreihe Forum der Bundesstatistik. Stuttgart: Metzler & Poeschel.

Statistisches Bundesamt (Hg.) (1991). Tourismus in Zahlen. Mit gesamtdeutschen Ergebnissen.

Zeiner, M. (1984). Der Ausflug – Überlegungen zur definitorischen Abgrenzung. Jahrbuch für Fremdenverkehr. München, 32/1984, 114–125.

Zeiner, M. (1988). Der grenzüberschreitende Ausflugsverkehr aus der Bundesrepublik Deutschland. Jahrbuch für Fremdenverkehr. München, 34/1988, 113–123.

**Manfred Zeiner, München**

# Behindertentourismus

## 1. Urlaub und Reisen als „Bürgerrecht"

Im Rahmen der Entwicklung des allgemeinen gesellschaftlichen Lebensstandards ist Reisen und Ferienmachen zu einem unverzichtbaren Teil individuell erstrebter Lebensqualität geworden. Was in früheren Zeiten das Vorrecht weniger Menschen war, hat sich im Zuge der Technisierung, Industrialisierung und sozialpolitischen Entwicklung seit dem vergangenen Jahrhundert als elementarer Lebensstil für viele entwickelt. Trotz stetiger Zuwächse im Tourismussektor unternehmen aber in den letzten Jahren konstant etwa 42% der Bundesbürger keine Urlaubsreise (Opaschowski 1992). Zu diesen Nichtreisenden zählten (1988) 56% der Bezieher eines Haushalts-Nettoeinkommens von 1.500 bis 2.500 DM (Opaschowski 1989). Die Teilnahme an der touristischen Feriengestaltung wird also wesentlich durch die Einkommenshöhe begrenzt. Die Polarisierung zwischen denen, die sich keine Reise leisten können und jenen, deren Einkommenssteigerung immer häufigere Ferienreisen ermöglichen, wird immer größer. Von einer allgemeinen Gleichberechtigung hinsichtlich eines *„Bürgerrechts auf Urlaubsreisen"* kann somit noch nicht gesprochen werden.

Da es behinderte Menschen bei der Urlaubsgestaltung schwerer haben und zudem viele von ihnen zu den Geringverdienern zählen, wundert es nicht, wenn ihre Reiseintensität geringer ist als die nichtbehinderter Personen. Daten über die Reiseintensität von Menschen mit Behinderungen, die letztmalig im Zusammenhang mit der Reiseanalyse 1986 vom Studienkreis für Tourismus, Starnberg, erhoben wurden, ergeben folgendes Bild: Während aus der Gesamtgruppe der Bevölkerung 57% verreisten, waren es aus der Gruppe der Behinderten lediglich 36%. Eine geringe Reiseintensität findet sich auch bei jenen Menschen, die Behinderte im Haushalt haben. Von ihnen konnten zum Zeitpunkt der Erhebung 45% in den zurückliegenden drei Jahren keine Reise machen, wobei 21% noch nie eine längere Reise von wenigstens fünf Tagen unternommen hatten (Gayler 1989). Insofern kann auch bei Behinderten und ihren Angehörigen nicht von einer gleichberechtigten Teilhabe am „Bürgerrecht auf Urlaubsreisen" gesprochen werden.

## 2. Aktuelle Tendenzen im Reiseangebot für Behinderte

Allerdings liegen – jenseits finanzieller Begrenzungen – die Gründe für die aufgewiesene geringe Reiseintensität nicht primär im Faktum der Behinderung, sondern darin begründet, daß den spezifischen behinderungsbezogenen Reisebedürfnissen nur selten entsprochen wird und daß behinderte Menschen auch im Urlaub Vorurteilen und Ausgrenzungen begegnen (Wilken 1989). Sowohl die bislang nicht reisenden behinderten Personen und ihre Angehörigen als auch die über 70jährigen Senioren scheinen eine in ihren Reisebedürfnissen nicht genügend ernst genommene Zielgruppe zu bilden (Hintzke 1992). Dabei zeigen Erfahrungen von gemeinnützigen Reiseveranstaltern aus dem Bereich der Behindertenorganisationen, der Wohlfahrtsverbände und der Kirchen, die ihre Tätigkeit z.T. modellhaft dokumentiert haben (vgl. Gayler & Köppen 1982; Studienkreis für Tourismus 1985), daß bei Berücksichtigung behinderungsspezifischer Bedürfnisse eine Urlaubs-, Ferien- und Reisegestaltung möglich wird, die Normalisierungsprinzipien unter qualitativen Aspekten Rechnung trägt. Subjektiv wirken sich diese touristischen Aktivitäten identitätsstabilisierend aus und führen zu einer Aufwertung der sozialen Rolle des behinderten Menschen.

Um behinderte Menschen vom „Bürgerrecht auf Urlaubsreisen" nicht länger auszuschließen, müßten über die Ferien- und Urlaubsangebote dieser gemeinnützigen Veranstalter hinaus vermehrt Angebote auch zur Teilnahme am normalen Tourismus eröffnet werden. Es existieren Überlegungen, wie behinderte Personen zahlreicher und befriedigender als bisher selbstorganisierte Einzelreisen unternehmen können (Saerberg 1990) und wie sie über sozialtouristische Nischen hinaus zahlreicher als bisher auch am Pauschaltourismus der kommerziellen Reiseveranstalter partizipieren können. Erste Ansätze bieten hier kleinere Reiseveranstalter und Spezialanbieter von „behindertengerechten" Reisen (Escales 1990; Lettl-Schröder 1990; BSK 1990). Angesichts des Kostendrucks von Vertrieb und Werbung erreichen diese Unternehmen aber ohne Kooperation untereinander und mit den Behindertenverbänden nur schwer ihre Zielgruppe. Größere Reiseveranstalter wie TUI, NUR und ITS haben es hier leichter, ihre Zusatzinformationen für behinderte Reisende, die sie zu ihren Urlaubs- und Ferienkatalogen parat haben, bekanntzumachen. Dennoch bleiben auch diese Informationen für viele Reiseinteressierte mit Behinderung ein Zufalls- und Geheimtip, solange in den allgemeinen Reiseprospekten und Katalogen über das Bestehen dieser Spezialangebote nicht offen informiert und geworben wird. Es besteht dann ein „verschwiegener" Reisemarkt, der im Grunde reiseinteressierte behinderte Menschen ausgrenzt (Wilken 1992a).

## 3. Nutzungsschwierigkeiten und Nutzungshindernisse

Wir können drei große Zielgruppen von „Behindertenreisen" unterscheiden: a) die „Behinderten" im engeren Sinn, b) chronisch kranke Menschen, c) altersbehinderte Personen.

Wenn im Zusammenhang mit dem Tourismus eine Thematisierung der Bedürfnisse von Menschen mit Behinderungen erfolgt, so wird a) entsprechend der allgemeinen Definition eine Person dann als *behindert* angesehen, wenn ihre körperlichen, geistigen oder seelischen Funktionen bzw. das Hören, Sprechen oder Sehen so stark beeinträchtigt sind, daß die unmittelbaren Lebensverrichtungen oder die Teilnahme am Leben der Gesellschaft auf Dauer wesentlich erschwert sind. Im Blick auf spezifische Tourismusanforderungen sind aber b) *chronisch kranke* Personen zu berücksichtigen wie Diabetiker oder Reisende mit Leberschädigungen und Bluthochdruck, die auf eine entsprechende Diät angewiesen sind, sowie Dialyse-Patienten, die z.B. über Dialysemöglichkeiten am Urlaubsort informiert sein wollen (Hammers-Kaplan 1990), und Allergiker, die eine angemessene Unterkunft suchen. In Analogie zu einer genannten Zahl (Aengenendt 1989) von gut 13 Millionen Verkehrsbehinderten im öffentlichen Personenverkehr kann man von einer etwa ebenso großen Anzahl für den Transportbereich im Tourismus ausgehen.

*Hindernisse.* Behinderte Personen, chronisch Kranke und altersbehinderte Reisende haben nicht nur Nutzungsschwierigkeiten und Nutzungshindernisse in bezug auf Urlaubsinformationen, spezifische Serviceleistungen und verkehrstechnische Gegebenheiten. Sie werden auch durch architektonische Barrieren in ihrer Mobilität beeinträchtigt (Wilken 1992b); damit ist sowohl die mangelhafte Barrierefreiheit von Gaststätten, Hotels und öffentlichen Gebäuden als auch eine wenig behindertenfreundliche Umweltgestaltung gemeint. Trotz positiver Beispiele (vgl. z.B. Deutsche Gesellschaft für Freizeit 1980) werden die „biotektonischen" Anforderungen z.B. an die Gestaltung von Wanderwegen in den Urlaubsgebieten und der innerstädtischen Verkehrswege bisher nicht hinreichend berücksichtigt. Diese vielfältigen Erschwernisse bei der Urlaubsplanung und Urlaubsgestaltung sind geeignet, über den technischen Bereich hinaus die Entwicklung und Wahrnehmung sozial-kommunikativer Beziehungen zu beeinträchtigen. Sie stellen insgesamt auch erhöhte intrapsychische Anforderungen an den von Behinderung betroffenen Reisewilligen. Es besteht die Gefahr, daß bei permanenter Behinderung der Teilhabe an den gesellschaftlichen Lebensvollzügen, das Grundbedürfnis nach Selbständigkeit, Unabhängigkeit und Spontaneität erlischt und sich ein zunehmend passivierend-resignatives Verhalten entwickelt bzw. die für soziale Integration benötigte kommunikative Kompetenz erlahmt. Deshalb bedarf es der offensiven Ermutigung zum Reisen (Wilken 1992c) als einem ganz normalen Bürgerrecht auf Teilnahme am Fremdenverkehr. Die von Behindertenorganisationen neuerdings geführte Diskussion über das grundgesetzlich verankerte Diskriminierungsverbot zielt auch im Blick auf den Tourismus auf die Schaffung einklagbarer Normen hinsichtlich eines gleichberechtigten Miteinanders (Wilken 1993).

*Zur Doppelbedeutung von „Behinderung".* Dieser Terminus meint zum einen das Ergebnis einer individuell-spezifischen organischen und funktionellen Schädigung, zum anderen das Produkt eines fortschreitend sich verstärkenden psycho-sozialen Behinderungsprozesses. Dieser Prozeß wird häufig bestimmt durch negative individuelle bzw. kollektive Reaktionsformen insbesondere seitens nichtbehinderter Mitbürger auf die Schädigung und die mit ihr verbundenen Lebenserschwerungen. Unter sozial-integrativem Aspekt korrespondiert dieser Doppelbedeutung des Behinderungsbegriffes ein doppeltes Mandat dergestalt, daß einmal der von Behinderung betroffene Mensch in seinem Umfeld zur Integration zu befähigen ist, um seine berechtigten Bedürfnisse selbstbestimmt und kompetent vertreten zu können, und daß zum anderen die ihn umgebende Gesellschaft mit ihren Verhältnissen sich als integrationsbereit und integrationsfähig zu erweisen hat.

Lokale, regionale und überregionale Freizeit- und Urlaubsstätten werden sich künftighin stärker als bisher behinderten Menschen öffnen müssen. Dabei kann die touristische Gestaltung als freizeitpädagogischer und psychologischer Mikrokosmos betrachtet werden, in dem Probleme und Chancen einer integrativen Ausgestaltung fokussieren. Die dahinterstehenden Überlegungen gehen in die Richtung, daß sich zwar soziale Akzeptanz nicht durch verkehrs- und bautechnische Verbesserungen allein verwirklichen läßt, bestehende dissoziale Barrieren sich aber um so eher minimieren lassen werden, sobald die technische Barrierefreiheit zu einer vermehrten Präsenz behinderter Menschen im Urlaub geführt hat.

## 4. Überwindung sozialer Barrieren

Obgleich Urlauber ihr Alltags-Ego mit in die Ferien nehmen und von daher bewußt sein sollte, daß sich soziale Integration, ähnlich wie im Alltag, nicht selbstverständlich ergibt, ist doch die aktuale, die emotionale und die voluntative Bereitschaft, auch bei bestehender Servicementalität, auf kommunikative Harmonie gerichtet (Wilken 1991). Insofern wird über den landläufig als urlaubstypisch gekennzeichneten geographischen Tapetenwechsel hinaus ein sozial aktivierender, erlebnisbereichernder Tapetenwechsel Beachtung finden können. Indes kann durch die Anwesenheit behinderter Menschen dieses Harmoniebedürfnis beeinträchtigt werden, wie der Fall beweist, der dem Flensburger Behindertenurteil von 1992 zugrunde liegt (Wilken 1993). Allerdings weisen die statistischen Erhebungen zu dem sensiblen Thema der Akzeptanz behinderter Menschen im Urlaub eine sehr hohe soziale Integrationsbereitschaft der nichtbehinderten Bevölkerung nach. So hat im Zusammenhang mit den Reiseanalysen 1980 und 1986 der Starnberger Studienkreis für Tourismus erstmals auch Reaktionen auf die Präsenz behinderter Urlauber mit einbezogen. Nach diesen empirischen Erhebungen äußerten 1981 12% der Befragten ein Störungsempfinden bei möglicher Anwesenheit behinderter Miturlauber. 1986 äußerten dies nur noch 8%. Positiv gewendet heißt dies: Fühlten sich 1981 88% der Bevölkerung nicht gestört, so waren es 1987 bereits 92%, die angaben, sich im Urlaub durch die Anwesenheit von Menschen mit Behinderungen nicht gestört zu fühlen (Gayler 1989). In der bei Wilken (1992a) erfolgenden Interpretation dieser Reiseanalysen erweist sich als bedeutsam die Zunahme der Störungsbereitschaft bei Anwesenheit mehrerer behinderter Miturlauber, ferner die soziographische Differenzierung der Respondenten sowie die Störungsempfindlichkeit von selbst behinderten Urlaubern gegenüber der Präsenz ebenfalls behinderter Miturlauber.

Die tatsächlich bestehende Ablehnungsbereitschaft gegenüber der statistisch erfaßbaren dürfte indes größer sein, da bei derartigen Befragungen vermehrt sozial erwünschte Antworten erfolgen. Insofern wären die immer wieder erlebbaren negativen Reaktionsweisen gegen die Präsenz behinderter Menschen im Urlaub auch unter jene Erscheinungen zu subsumieren, die als Freizeit- und Urlaubsegoismus in ihren vielfältigen Ausprägungsgraden das Freizeit- und Tourismusgeschehen immer wieder belasten. Wenn nach einer Erhebung zum Freizeit-Streß sich 45% der Bürger gestreßt fühlen, wenn sie im Rahmen ihrer persönlichen Freizeitaktivitäten auch „auf andere Rücksicht nehmen müssen" (Opaschowski 1987), so sind die Reaktionsweisen, denen behinderte Urlauber, ihre Angehörigen, Freunde und Betreuer immer wieder einmal ausgesetzt sind, entsprechend realistisch einzuordnen.

Eine integrative Sozialdidaktik wird es vermeiden, durch indolenten Sozialrigorismus die sozialintegrative Frustrationstoleranz aller Beteiligten über Gebühr zu strapazieren. Es ist auch zu bedenken, daß das Verhaltensrepertoire gegenüber behinderten Menschen von Verhaltensunsicherheit und nicht nur von grundsätzlicher Ablehnung und Intoleranz geprägt ist. Zudem sind nicht alle negativ getönten Reaktionsweisen gegen den behinderten Menschen als Person gerichtet, sondern oftmals primär gegen das als konsternierend erlebte Faktum einer Behinderung (Neubert & Cloerkes 1987, S. 32 ff.).

Es wäre ein Schritt hin zur Realisierung des Bürgerrechts auf Urlaubsreisen und zu mehr Ferienqualität für behinderte Menschen, wenn alle, die mit dem Tourismus für Menschen mit Behinderungen befaßt sind, ihre Bemühungen um einen barrierefreien und behindertenfreundlichen Tourismus im Rahmen einer „Charta für behinderte Urlauber" zum Ausdruck brächten. Bei allen behinderungsspezifischen Besonderheiten haben behinderte Menschen viel mehr Bedürfnisse mit ihren nichtbehinderten Zeitgenossen gemeinsam. Auf der Grundlage einer animativen Sozialdidaktik (Wilken 1990), die alle in der Reise- und Tourismusbranche verantwortlich Tätigen mit einbezieht, könnte sich in unserer Gesellschaft eine sozialintegrative Urlaubskultur als Teil einer humanen Sozialkultur entwickeln.

## Literatur

Aengenendt, H. (1989). 10 Mio. Verkehrsbehinderte unterwegs. Selbsthilfe. Zeitschrift der BAG Hilfe für Behinderte. Sonderausgabe, 2/3, 4-11.

Bundesverband Selbsthilfe Körperbehinderter (Hg.) (1990). Reise ABC 91/92. Krautheim: BSK.

Deutsche Gesellschaft für Freizeit (Hg.) (1980). Vorbildliche Freizeiteinrichtungen auch für Behinderte. Düsseldorf: DGF.

Escales, Y. (1990). Reisetips Deutschland. Selbsthilfe. Sonderausgabe, 5/6, 81-92.

Gayler, B. (1989). Gesellschaftliche Akzeptanz von behinderten Reisenden. (S. 19-43) In Bundesvereinigung Lebenshilfe für geistig Behinderte (Hg.), Geistig behinderte Menschen und Touristik. Marburg: Lebenshilfe-Verlag.

Gayler, B. & Köppen, W. (Hg.) (1982). Reisen mit Behinderten. Starnberg: Studienkreis für Tourismus.

Hammers-Kaplan, S.K. (1990). Dialyse-Patienten – Urlaubsreisen als Rehabilitation. Selbsthilfe. Sonderausgabe, 5/6, 21-22.

Hintzke, A. (1992). Behinderte – ein verschwiegener Reise-Markt? (S. 114-118) In Deutsches Seminar für Fremdenverkehr (Hg.), Der Mensch im Mittelpunkt des Tourismus, Dokumentation der Internationalen Vortragsreihe 1991. Berlin: Selbstverlag Deutsches Seminar für Fremdenverkehr.

Lettl-Schröder, M. (1990). Reisen für Behinderte. Die Nachfrage nach behindertengerechten Reisen wird wachsen. Sonderdruck aus: Zeitschrift Fremdenverkehrswirtschaft International, 1989.

Neubert, D. & Cloerkes, G. (1987). Behinderung und Behinderte in verschiedenen Kulturen. Heidelberg: Heidelberger Verlagsanstalt/Edition Schindele.

Opaschowski, H.W. (1987). Der Freizeitbrief. BAT Freizeit-Forschungsinstitut Hamburg, 8 (63), 24.11.1987.

Opaschowski, H.W. (1989). Der Freizeitbrief. BAT Freizeit-Forschungsinstitut Hamburg, 10 (77), 13.2.1989.

Opaschowski, H.W. (1992). Der Freizeitbrief. BAT Freizeit-Forschungsinstitut Hamburg, 13 (102), 17.2.1992.

Raske, W. (1982). Behinderten-Tourismus als sozialpolitsche Aufgabe. Soziale Arbeit, 31, 369-378.

Saerberg, S. (1990). Blinde auf Reisen. Über eine „andere" Lebenswelt. Köln: Böhlau.

Studienkreis für Tourismus (Hg.) (1985). Behinderte im Urlaub. Erfahrungen, Modelle, Voraussetzungen. Starnberg: Studienkreis für Tourismus.

Wilken, U. (1989). Die Bedeutung des Tourismus für geistig behinderte Menschen. (S. 44-61) In Bundesvereinigung Lebenshilfe für geistig Behinderte (Hg.), Geistig behinderte Menschen und Touristik. Marburg: Lebenshilfe-Verlag.

Wilken, U. (1990). Behinderung, Freizeit und Touristik. (S. 460-470) In O. Speck & K.-R. Martin (Hg.), Handbuch der Sonderpädagogik: Sonderpädagogik und Sozialarbeit, Bd. 10. Berlin: Spiess/Edition Marhold.

Wilken, U. (1991). Touristik und Feriengestaltung als Bausteine einer integrativen Sozialdidaktik. (S. 287-296) In A. Sander & P. Raidt (Hg.), Integration und Sonderpädagogik. St. Ingbert: Röhrig.

Wilken, U. (1992a). Behinderte – ein verschwiegener Reise-Markt? (S. 80-94) In Deutsches Seminar für Fremdenverkehr (Hg.), Der Mensch im Mittelpunkt des Tourismus, Dokumentation der Internationalen Vortragsreihe 1991. Berlin: Selbstverlag Deutsches Seminar für Fremdenverkehr,

Wilken, U. (1992b). Behinderung, Urlaub und Reisen – Ziele einer humanen Reisekultur. Die Rehabilitation, 31(2), 104-106.

Wilken, U. (1992c). Selbstbestimmt leben – Handlungsfelder einer offensiven Behindertenpädagogik. Hildesheim: Olms.

Wilken, U. (Hg.) (1993). Reisen trotz Handicaps? Behinderte gestalten ihre Freizeit. Sonderheft der Zeitschrift Freizeitpädagogik, 15(1), (i. Dr.).

**Udo Wilken, Hildesheim**

# Bergsteigen und Bergwandern

## 1. Einleitung

Die Entdeckung der alpinen Bergwelt als ein Naturwunder, das nicht als lebensfeindlich, sondern als ästhetisches und ruhespendendes Refugium vor den Zumutungen des Alltagslebens wahrgenommen wird, begann im 18. Jahrhundert. Die Besteigungen des Montblanc durch Paccard und Balmat [1786] und des Großglockner durch Horrasch [1800] (Perfahl 1984) legten die Fundamente für die Entdeckung des Bergsteigens als Freizeitvergnügen. Aber erst in unserem Jahrhundert wurde Bergsteigen und Bergwandern zur Massenbewegung, die mittlerweile sogar zu beträchtlichen sozialen Problemen und ökologischen Belastungen in der Alpenregion geführt hat (vgl. Schwarzenbach 1977; (→) *Alpendorf*). Der Deutsche Alpenverein (DAV) zählte 1992 547.000 Mitglieder. Die Zahl der in Alpenvereinen organisierten Bergsteiger wurde schon 1984 (März 1985) europaweit mit über 1,5 Millionen angegeben. Eine erste notwendige sozialpsychologische Fragestellung wäre also, diesen Ansturm auf die Erholungsregion Gebirge aus unserer Gesellschaftsform zu erklären.

Urlaub als sportliches Erlebnis der Berge gibt es mittlerweile in zahlreichen Formen: das normale Bergwandern, das Familien- und Kinderbergsteigen, das alpine Weitwandern von Hütte zu Hütte, das Bergsteigen in Verbindung mit dem Tourenskilauf, Trekking, das Expeditionsbergsteigen, das Extrembergsteigen, das Begehen von Klettersteigen, das Felsklettern, das Eisklettern, das Sportklettern, das Freiklettern und Bouldern (Reibungsklettern). Der Versuch, diese verschiedenen Möglichkeiten des Bergsports durch Definitionen zu unterscheiden, wird erschwert durch die fließenden Übergänge zwischen Spazierengehen oder Bergwandern und sportlichem Bergsteigen oder Extrembergsteigen. Als Grundlage einer psychosozialen Analyse erscheint es sinnvoll, zunächst die Übereinstimmungen zu betrachten: Allen ist der Freizeitcharakter, das Naturerlebnis und die nach dem normalen Büroalltag besonders erwünschte Bewegung gemeinsam. Bergsteigen unterscheidet sich jedoch von den einfacheren Arten des Bergtourismus durch seinen Leistungssportcharakter, die Notwendigkeit spezieller Ausrüstung, durch die Möglichkeit, schwer zugängliche Regionen erreichen zu können und damit verbunden durch größere Gefährlichkeit. Diese Form des Bergsteigens ist psychologisch am besten untersucht. Deshalb sollen die verschiedenen motivationspsychologischen Ansätze am Beispiel des Extrembergsteigens vorgestellt werden.

## 2. Motivationen des Bergsteigens

Bergsteiger bewegen sich mit ihrem Sport in den Spannungsfeldern von Natur- und Gemeinschaftserlebnis, Erholung und Risiko,

Stimulierung und *„thrill"*. Eine erste Annäherung an diese Motivstrukturen bietet die empirische Untersuchung von Ewert (1985). Ewert befragte 460 Kletterer zu ihren Motiven. Er unterzog die Fragebogenergebnisse einer Faktorenanalyse und fand folgende sechs Komponenten:

*(1) Herausforderung und Risiko.* Jede Tour stellt neue Anforderungen an das Können und Wissen des Bergsteigers. Es bestehen Risiken und Schwierigkeiten, die es zu überwinden gilt.

*(2) Katharsis.* Es wird ein Ausgleich zum Alltag gesucht; man sucht Ablenkung und Zerstreuung und will dem Alltagstrott entfliehen.

*(3) Anerkennung.* Es sich und anderen zu beweisen, Bekanntheit zu erlangen, ist ein extrinsisches Motiv, besonders der weniger erfahrenen Kletterer. Mit wachsendem Können gewinnen eher intrinsische Motivationsfaktoren, wie Herausforderung und Kontrollmöglichkeit, an Bedeutung.

*(4) Kreativität.* Wegewahl, Zeiteinteilung, Einschätzen der Wetterlage und Kenntnis der eigenen Möglichkeiten und Grenzen stellen Problemlöseanforderungen. Da keine Tour der anderen gleicht und immer neue Bedingungen herrschen, gilt es für den Alpinisten, kreative Ideen zu entwickeln.

*(5) Kontrolle.* Die Möglichkeit, eigene Entscheidungen zu treffen, die Situation selbst zu kontrollieren, stellt eine wichtigen Anreiz, vor allem für erfahrenere Kletterer, dar. Er hat sein Leben selbst in der Hand, es kommt nur auf ihn selbst an. Er erfährt Selbstwirksamkeit und hat die Freiheit, eigene Ziele zu setzen.

*(6) Landschaft.* Dem Bergsteiger oder Kletterer bietet sich ein einzigartiges Naturerlebnis, er erfährt ungewohnte An- und Ausblicke. Er hält sich in einem Lebensraum auf, der in völligem Kontrast zur Alltagserfahrung steht.

Als weiterer, in Ewerts Aufzählung nicht angeführter Anreizfaktor ist die *soziale Komponente* von großer Bedeutung. Bergsteigen wird selten alleine betrieben, man geht meist in der Gruppe. Bei den extremen Touren ist man aufeinander besonders angewiesen. Soziale Rollendifferenzen werden egalisiert, man ist einander gleichgestellt und ausgerichtet auf ein gemeinsames Ziel (Aufmuth 1989).

## 3. Psychologische Erklärungen

Insbesondere dient das – zumindest von Nicht-Bergsteigern als extrem empfundene – *Gefahrenpotential* als Ansatzpunkt zu Theorien der Motivstruktur des Bergsteigens. „Extreme haben ein suchtartiges Bedürfnis nach einer Reizdosis, die für normale Menschen der absolute Horror wäre." Aufmuth (1989, S. 108).

*(1) Zuckermans Konzept des „sensation seeking".* „Reizsuche" („sensation seeking") ist, nach Zuckerman, ein Persönlichkeitsmerkmal, das auf biologischen Grundlagen beruht. Zuckerman unterscheidet „hohe" und „niedrige" Reizsucher (Zuckerman 1978, S. 16). Hohe Reizsucher leiden besonders unter sensorischer Deprivation, benötigen ständig neue Stimulationen und Abwechslung. Zuckerman definiert Sensation-Seeking als „(...) das Bedürfnis nach verschiedenartigen, neuen und komplexen Stimulationen und Erlebnissen und die Bereitschaft, dafür physische und soziale Risiken in Kauf zu nehmen." (Zuckerman 1983, S. 285).

Zur Messung dieses Persönlichkeitsmerkmals entwickelte er eine *„Sensation-Seeking-Scale"*, die interindividuelle Differenzen bezüglich des Punkts, an dem ein optimales Erregungsniveau herrscht, messen soll. Im Zusammenhang des Extrembergsteigens ist wichtig, daß Personen mit höherem Stimulationsbedarf, also höheren Sensation-Seeking-Werten, tendenziell riskantere Sportarten, wie Fallschirmspringen, Drachenfliegen, Klettern, Skifahren oder Tauchen betreiben (Rowland, Franken & Harrison 1986; Watson 1985; Zuckerman 1983).

Robinson (1985) konnte für 30 „Profikletterer" (8. bis 12. Grad, durchschnittlich 9 Jahre Klettererfahrung) im Vergleich zu Soccer- und Rugby-Spielern (N=27) signifikant höhere Sensation-Seeking-Werte und signifikant niedrigere Angstwerte nachweisen. – Angst befällt hohe Sensation-Seeker in geringerem Maße, „mit Risiken verbinden die starken Reiz-Sucher mehr Spaß als Angst" (Zuckerman 1978, S.16).

Motive von Extrembergsteigern sind also in ihrer Charakterstruktur begründet; diese Theorie ermöglicht es jedoch nur, Menschen zu verstehen, die tatsächlich gefahrvolle Varianten des Bergsports ausüben. Bergwanderer, die lediglich Kondition benötigen und ansonsten die Landschaft und das Gemeinschaftserlebnis genießen wollen, können mit Zuckermans Ansatz nicht erfaßt werden.

*(2) Angstlust – Aufgeben und Wiedererlangen der Sicherheit.* Balint (1959) thematisiert das auch aus dem Alltagsleben bekannte Phänomen, Lust an der Nähe der Gefahr zu verspüren, in seinem Buch „Angstlust und Regression". Für ihn setzt sich Angstlust („thrill") aus drei wesentlichen Elementen zusammen:
(a) Bewußtsein einer äußeren Gefahr;
(b) Freiwilliges sich der Gefahr Aussetzen;
(c) Hoffnung und Vertrauen, die Gefahr zu beherrschen und in die Geborgenheit zurückzukehren; Hoffnung auf ein gutes Ende.
Alle drei Punkte charakterisieren treffend die Situation des Extrembergsteigers. Der Kletterer und Bergsteiger verläßt den sicheren Biwak, setzt sich der Gefahr am Berg aus und kehrt schließlich in die Sicherheit zurück. Dabei wird die Hoffnung auf ein gutes Ende getragen von der Zuversicht, durch Training, Wissen und Erfahrung sowie durch eine geeignete Ausrüstung, das Risiko genügend eingrenzen zu können.

Balint formulierte auf Basis der psychoanalytischen Theorie zwei Typen, den *Philobaten* und den *Oknophilen*. Das Verhalten, das Bergsteiger ausführen, mit ihrer Suche nach „thrill", gehört nach Balint zur Persönlichkeit des Philobaten. Philobaten zeichnen sich weiter dadurch aus, daß sie Objekte meiden, während für sie Leere und Weite Sicherheit bedeutet. Oknophile meiden nicht nur „thrill", sie benötigen auch die physische Nähe und Berührung von Objekten (Balint 1959, S. 30). Mit diesen Typen ist wiederum – durch die Suche nach Angstlust – in erster Linie die tiefenpsychologische Motivstruktur von Extrembergsteigern möglich. Da Philobaten jedoch auch weite Landschaften bevorzugen, ließe sich eine Vorliebe für Bergtourismus allgemein für diese Charakterstruktur postulieren.

*(3) Flow.* Ein drittes Konzept, das es ermöglicht, die Motive von Bergsteigern zu ergründen, gleichzeitig aber besser übertragbar auf „normale" Gebirgstouristen scheint, ist Csikszentmihalyis Theorie des „Flow". Stehen Anforderungen der Situation und Können des Menschen im Gleichgewicht, so kann sich ein *flow*-Erlebnis einstellen (→ *Flow*; vgl. Csikszentmihalyi 1987; Mitchell 1983; 1991; Anft 1992): Dabei steht die Freude am Tun im Mittelpunkt. Durch Konzentration und Kompetenz wird die Herausforderung oder Gefahr gemeistert. Beim völligen Aufgehen in der Tätigkeit werden Alltagssorgen oder Selbstzweifel vergessen. Ein Griff ergibt sich aus dem anderen, die Tätigkeit ist im „Fluß". Es entsteht ein Gefühl der Kontrolle, der Selbstwirksamkeit.

Diese Definition läßt sich auf alle Sportarten im Gebirge beziehen, nicht nur auf das Extrembergsteigen. Alle diese Arten erfüllen die Anforderungen der von Csikszentmihalyi (1987) formulierten, intrinsisch motivierenden *autotelischen* Tätigkeit: Klare Ziele und Regeln, Steigerungsmöglichkeit der Schwierigkeit und der Notwendigkeit, Herausforderungen zu begegnen und Schwierigkeiten zu überwinden.

## 4. Die psychologische Bedeutung des Bergsteigens

Alle obengenannten Theorien haben gemeinsam, daß sie von einer spezifischen Lebensstruktur des zeitgenössischen Menschen ausgehen, die in der entfremdeten Routine des täglichen Lebens mangelnde Möglichkeiten der Selbstbestätigung bietet. Eine Form, sich diese zurückzuerobern, ist Bergsteigen. Bei Menschen, die nicht den Charakterstrukturen von Extrembergsteigern entsprechen, greift am ehesten das Konzept des „Flow". Auch bei einfachen Wanderungen können sich den eigenen Möglichkeiten entsprechende Erfolgs- und Glückserlebnisse einstellen.

Für den Psychotherapeuten und Vertreter der Existenzanalyse Viktor Frankl (1992) ist Bergsteigen eine „moderne" Form der Askese in der Überflußgesellschaft, eine Hilfe bei der *Suche nach Sinn*. Der im Alltag oft seelisch, und vor allem auch körperlich unterforderte Mensch begibt sich nach Frankl freiwillig in lebensfeindliche Regionen, „leistet" bewußt Verzicht auf gewohnten Komfort, setzt sich eigene Ziele und geht mitunter bis an die Grenzen seines Leistungsvermögens. Er erschließt sich damit neue, ihm sonst verborgen bleibende, Dimensionen psychischen und körperlichen Erlebens und gleicht diesbezügliche Defizite aus (vgl. auch Aufmuth 1989, S. 18-55).

Insofern ist es nicht erstaunlich, daß sich der Alpentourismus in den letzten Jahrzehnten in einer solchen Weise ausgeweitet hat. Der Suche nach Ausgleich zum Alltagsleben und den eigenen Fähigkeiten entsprechenden Tätigkeiten wird hier in besonderer Weise entsprochen.

## Literatur

Anft, M. (1992). Flow. Psychomed, 4 (2), 128-131.
Aufmuth, U. (1989). Zur Psychologie des Bergsteigens. Frankfurt/M.: Fischer.
Balint, M. (1959). Angstlust und Regression. Stuttgart: Klett.
Csikszentmihalyi, M. (1987). Das Flow-Erlebnis: Jenseits von Angst und Langeweile: Im Tun aufgehen, 2. Aufl. Stuttgart: Klett-Cotta.
Ewert, A. (1985). Why people climb: the relationship of participant motives and experience level to mountaineering. Journal of Leisure Research, 17, 241-250.
Frankl, V.E. (1992). Bergerlebnis und Sinnerfahrung. Innsbruck: Tyrolia.
Heckmaier, A. (1978). Bergsteigen. München: Nymphenburger.
März, F. (1985). Wegsuche. (S. 24-27) In Deutscher Alpenverein (Hg.), Bergsteigen: heute – morgen: Entwicklungen, Tendenzen, Ziele. München: Deutscher Alpenverein.
Mitchell, R. G. (1983). Mountain experience. The psychology and sociology of adventure. Chicago: University of Chicago Press.
Mitchell, R.G. (1991). Soziologische Implikationen des flow-Erlebnisses. (S. 50-76) In M. Csikszentmihalyi & I.S. Csikszentmihalyi (Hg.), Die außergewöhnliche Erfahrung im Alltag: Die Psychologie des flow-Erlebnisses. Stuttgart: Klett-Cotta.
Perpfahl, I. (1984). Kleine Chronik des Alpinismus. Rosenheim: Rosenheimer Verlagshaus.
Robinson, D.W. (1985). Stress-seeking: selected behavioral characteristics of elite rock climbers. Journal of Sport Psychology, 7, 400-404.
Rowland, G.L.; Franken, R.E., & Harrison, K. (1986). Sensation seeking and participation in sporting activities. Journal of Sport Psychology, 8, 212-220.
Schwarzenbach, F.H. (1977). Grenzen der Belastbarkeit touristischer Regionen. (S. 124-132) In Österreichischer Alpenverein (Hg.), Bericht Symposion Bergsteigen – Lebensform und Lebenshilfe. Innsbruck: Österreichischer Alpenverein.
Watson, J.S. (1985). Volunteer and risk-taking groups are more homogeneous on measures of sensation seeking than control groups. Perceptual and motor skills, 61, 471-475.
Zuckerman, M. (1978). Warum manche den Nervenkitzel brauchen. Psychologie Heute, 5 (6), 14-21.
Zuckerman, M. (1983). Sensation seeking and sports. Personal and Individual Differences, 4 (3), 285-293.

**Michael Anft, München, und Ulrike Heß, München**

# Bildungsreise, Studienreise

## 1. Der empirische Befund

2,5 Mio und damit 8% der insgesamt 31,8 Millionen Reisenden des Jahres 1988 bezeichneten ihre Urlaubsfahrt selbst als „Studienreise" (ca. 2 Mio) oder als „Bildungsreise" (ca. 0,5 Mio). Bei der Frage nach ihren Motiven legten sie sich markant häufiger als der Durchschnitt aller übrigen Reisenden auf folgende Statements fest: *„Den Horizont erweitern, etwas für Kultur und Bildung tun"* (79,9% gegenüber 25,8%), *„Andere Länder erleben, viel von der Welt sehen"* (72,1% gegenüber 35,1%) und *„Ganz neue Eindrücke gewinnen, etwas anderes kennenlernen"* (71,3% gegenüber 38,5%) (Quelle: Reiseanalyse des Studienkreises für Tourismus 1988). Unverkennbar ist hier der aus Neugierde gespeiste und auf Bildung hinzielende Bogen einer besonderen Bedürfnisstruktur, der der Grund dafür ist, bei diesem touristischen Segment von „Bildungstourismus" zu sprechen. Gut die Hälfte aller seiner Teilnehmer buchen ihre Fahrt als (veranstaltergebundene) Pauschalreise. Deren Zahl hat sich in den vergangenen Jahren so stark vermehrt, daß der Bildungstourismus derzeit einer der interessantesten Spezialmärkte der Reisebranche überhaupt ist (Günter 1991).

## 2. Geschichte des Bildungstourismus

Die beiden vorerwähnten Veranstaltungsformen, die Studien- und die Bildungsreise, haben eine lange Tradition und eine dementsprechend komplexe Begriffsgeschichte. Dies ist letztlich auch der Grund dafür, daß beide Begriffe im allgemeinen Sprachgebrauch bis heute vieldeutig, ja diffus sind (Hartmann 1982; Ganser 1991; Günter 1991; Roth & Langemeyer 1992), obwohl unter Experten über ihre Merkmale innerhalb der Touristik weitgehende Einigkeit herrscht (Hartmann 1982; Günter 1991; Ganser 1991).

Die „Bildungsreise" entstand im 19. Jahrhundert als Veranstaltung des höheren Bürgertums. Wie vordem die adelige „Kavalierstour" oder „Grand Tour" (Günter 1982, 1989) diente sie zunächst dem Abschluß der Erziehung, dann aber – begünstigt durch die rasante Entwicklung der modernen Verkehrsmittel – auch der kurzfristigen Unterbrechung des Arbeitsalltages: Sie wurde damit zu einer Urlaubsveranstaltung im modernen Wortsinn. Ihre innere Orientierung – womit sich ein weiterer Unterschied zur früheren Kavalierstour andeutet – empfing sie von der deutschen Klassik, insbesondere von Goethe: Die Idee, daß die Begegnung mit Wahrem, Gutem und Schönem analoge Kräfte der Seele wecke, gleichsam „ausbilde", wurde durch dessen Lebenswerk zum Gemeinplatz bürgerlicher Kultur. Sie bildete den orientierenden Rahmen für die „Wilhelm Meister" entnommene Sentenz, daß *„ein gescheiter Mensch seine beste Bildung auf Reisen findet"*, die wiederum ihr konkretes Programm in der „Italienischen Reise" fand: Auf deren Spuren ist deshalb auch die Bildungsreise entstanden.

Von ihrem Vorbild übernahm sie ihr Ziel (Italien und später auch Griechenland) und gewann damit ihre charakteristische Orientierung an den alten Kulturen des Mittelmeerraumes – freilich mit der impliziten Tendenz, all das souverän zu mißachten, was die jeweilige Gegenwart der bereisten Länder ausmacht. Von Jugendbewegung und Reformpädagogik ausgestaltet und von den sozialen Differenzierungsprozessen des 20. Jahrhunderts zunehmend demokratisiert, war die Bildungsreise bis in unsere unmittelbare Gegenwart hinein Inbegriff des niveauvollen Reisens schlechthin.

Die Pioniere der modernen Touristik, Thomas Cook, und in Deutschland die Gebrüder Stangen, setzten die Traditionen der bürgerlichen Bildungsreise mit den modernen Mitteln der pauschalen Gesellschaftsreise fort (Günter 1982). Erst in den zwanziger Jahren differenzierte sich der Bildungstourismus als Spezialmarkt innerhalb der zum Massentourismus hin expandierenden Reisebranche, vor allem durch das Lebenswerk des der Volksbildungsbewegung nahestehenden Hubert Tigges (1895-1971), dessen Bedeutung für die Reisebranche in der Zeit nach dem Zweiten Weltkrieg höchstens noch von Werner Kubsch (1922-1992) erreicht worden ist. Beiden ist es zu verdanken, daß sie Bildungs- oder Studienreise heute im touristischen Angebot zu einer hochwertigen und – wie der internationale Vergleich zeigt – typisch deutschen Spezialität geworden ist.

Der Begriff „Bildungsreise" tauchte bis zum Ende der 50er Jahre in Veranstalterkatalogen auf, um dann unvermittelt einem anderen Begriff zu weichen, dem der „Studienreise". Unter „Studienreise" verstand man seit der ersten Hälfte des 18. Jahrhunderts eine wissenschaftliche Forschungsreise. Sie bewegte sich räumlich oder zumindest thematisch zum Unbekannten und war – als Teil der neuzeitlichen Wende zur Empirie – Instrument akademischer Forschung und Lehre. Der Umstand, daß der Begriff „Studienreise" seit den 50er Jahren auf die traditionsreiche Bildungsreise und damit auf eine touristische Veranstaltung übertragen worden ist, die ihrem Ursprung nach keinen Zusammenhang mit einer akademischen Lehr- und Forschungsfahrt kannte, hat komplexe Ursachen: Einmal den rasanten Ausgriff des Bildungstourismus auf Gebiete, die keinen Zusammenhang mehr mit dem humanistischen Bildungskanon kannten; zum anderen den allgemeinen gesellschaftlichen Bewußtseinswandel mit seiner Demontage des als antiquiert empfundenen Bildungsbegriffs und dessen Ersatz durch pragmatischere Größen wie „Lernen", „Wissen", „Können".

Geht man in Anbetracht dieser Veränderung der Frage nach, warum noch 1988 die eingangs erwähnte halbe Million von Reisenden ihre Fahrt als „Bildungsreise" bezeichnet hat, so ergibt sich ein interessantes Bild: Eine Minderheit von meist älteren Reisenden versteht den Begriff noch ganz in seinem tradierten Sinn, während bei der Mehrheit – zumeist jüngerer Reisenden – diese Bedeutungstradition abgerissen ist; für sie bedeutet „Bildungsreise" etwas Neues, nämlich „Ausbildungsreise" (z.B. Sprachreisen, Jugendaustausch, Auslandspraktikum) (Heidi Hahn 1989).

Auch die Studienreise blieb zunächst überwiegend historisch orientiert, interessierte sich vor allem für Kunst und Kultur und führte in der Mehrzahl der unternommenen Fahrten in den Mittelmeerraum. Aber der Rahmen hatte sich gewandelt: Nach der psychologischen Leitstudie zur Reiseanalyse des Studienkreises für Tourismus von 1972 soll die Studienreise im Bewußtsein der Reisenden „dem Erwerb und der Erweiterung von Kenntnissen" dienen, der Reiseleiter hat die „Funktion eines Lehrers". Diese Vorzeichen rückten die Studienreise in die Nähe primärer Bildungsinstitutionen wie Schule oder Universität: Ihr Leitbild wurde nunmehr das „rollende Seminar"; die Veranstalter reklamierten für ihr Angebot „wissenschaftliche" oder „akademische" Reiseleitung. Der alsbald üppig wuchernde Wildwuchs provozierte bereits 1979 ein Expertenteam zu der Forderung, den Begriff „Studienreise" im Interesse des Verbraucherschutzes gesetzlich als Markenbegriff zu schützen (Ganser 1991) – eine Aufgabe, die dann schließlich die Rechtsprechung geleistet hat (vgl. ausführl. Günter 1991).

Gegen Ende der 70er Jahre begann sich die Studienreise unter dem Druck gesellschaftlichen Wandels zu verändern: Geschichte, Kunst und Kultur traten zurück zugunsten eines neuartigen Interesses an der Gegenwart, am Alltagsleben und den verschiedenartigen darin begriffenen Aktualitäten; der bereits totgeglaubte Typ der Themen-Studienreise fand wieder Liebhaber; zugleich entstanden neuartige Themen-Studienreisen, die sich beispielsweise mit Umwelt, Natur, Frauenfragen, Dritter Welt oder Sozialem befassen konnten.

Parallel dazu kristallisierte sich ein verwandter Trend zur Aktivität heraus – in intellektueller wie in physischer Hinsicht. Ersterer führte – besonders im Jugendtourismus – zu didaktischen Modellen, die unter Verzicht auf das vordem so hoch gepriesene akademische Niveau auf verstärkte Eigeninitiativen der Teilnehmer setzten, wie beispielsweise „Nahraumerkundung" oder „Spurensuche". Letzterer ließ die Buchungszahlen von Erlebnisreisen (z.B. Wander- und Fahrradstudienreisen oder Trekkingtouren) in die Höhe schnellen.

Diese Trends nach Aktualität und Aktivität

verraten eine neuentdeckte Freude am Erlebnis als Maßstab des Reisegenusses. Es scheint, als ob die Reisebranche und ihre Kunden das Urlaubshafte einer touristischen Studienfahrt wiederentdeckt hätten. Die traditionelle Studienfahrt mit ihrer eher asketischen Suche nach Bildung und Wissen war zur „bildenden Erlebnisreise" (Kubsch 1988) geworden, dem Reiseleiter war die eher schwierige Rolle eines „Animateurs mit Hochschulbildung" zugewachsen (Scherer 1986).

Diesen Trends ordnen sich wichtige Veränderungen innerhalb der Reiseformen zu: Der bis in die 70er Jahre dominierende Typ der globalen Studienreise, die ein ganzes Land, einen geschlossenen Kulturkreis in oft strapaziöser Hast durcheilt, bestimmt höchstens noch das Angebot der Fernreisen, weicht aber ansonsten der Tendenz zur regionalen Kammerung (statt der „Großen Frankreichfahrt" also „Provence" oder „Burgund"), die es erlaubt, das jeweilige Zielgebiet mit mehr Muße und Genuß zu erkunden. Eine ähnliche Tendenz zeigen die zunehmend beliebteren (und besonders bequemen) Aufenthalts- und Kreuzfahrtstudienreisen an. Diese Trends werden mitgetragen durch die Zunahme immer kürzerer Reisen bei gleichzeitigem Anstieg der Reisehäufigkeit. Es steht zu erwarten, daß diese Tendenz anhält und damit in wachsendem Maße die saisonale Enge des bisherigen Reisens auflöst.

## 3. Der Markt der Reiseveranstalter

Im Vergleich zu Buchungsaufkommen und Umsatz der touristischen Großveranstalter spielt der Bildungstourismus die eher bescheidene Rolle eines Spezialmarktes. Unter den jährlich von der Fachzeitschrift „Fremdenverkehrswirtschaft" (FVW) veröffentlichten 18 größten Veranstaltern taucht regelmäßig nur ein einziger Studienreiseveranstalter auf, der Marktführer Studiosus-Reisen, München – zuletzt an 17. Stelle!

Eine Erhebung über die Zahl der deutschen Studienreiseveranstalter liegt nicht vor; sie dürfte auch recht schwierig sein, denn die Abgrenzung nach unten, gegenüber mitveranstaltenden Busunternehmen und Reisebüros (die dazu neigen, ihre Produkte durch die Bezeichnung „Studienreise" aufzuwerten), ist häufig problematisch. Die nachfolgenden Angaben beruhen deshalb auf – manchmal recht groben – Schätzungen. Neben 20 überregionalen Veranstaltern von Studienreisen (Datzer 1986) bieten derzeit etwa 120 Veranstalter Pauschalreisen an, die den Kriterien für Studienreisen zumindest nahekommen, wie beispielsweise die Rundreisen von Busunternehmern. Die meisten dieser Veranstalter sind allerdings nur regional tätig und häufig auch nur auf einzelne Zielregionen spezialisiert. Zusätzlich gibt es neuerdings eine wachsende Zahl kleinerer Unternehmen (aber durchaus mit überregionalem Anspruch), die Studienreisen besonderer Art und für spezielle Zielgruppen anbieten: so Spezialisten für alternatives Reisen (etwa 10), für Erlebnis- und Abenteuerreisen (etwa 50), für Naturreisen (etwa 10), für Jugendreisen (etwa 30) und für Special Events-Touren (Festival-, Musik- und Theaterreisen, etwa 20). Zusammen dürfte es also gegenwärtig in der Bundesrepublik etwa 260 kommerzielle Veranstalter von Studienreisen geben. Daneben existiert das schier unübersehbare Angebot gemeinnütziger Veranstalter: Zahlreiche Jugendorganisationen bieten neben Austausch-, Begegnungs- und Sprachreisen auch Studienfahrten an; hinzu kommen kirchliche Einrichtungen, Bildungsorganisationen, Berufsverbände, Vereine und Kommunen; und schließlich veranstalten viele der etwa 850 Volkshochschulen und Volksbildungswerke ebenfalls Studienreisen.

## 4. Der Typus der Studienreisenden

Der Anteil jener Reisenden, die ihre Reise selbst als „Studienreise" bezeichnen, erhöhte sich in den letzten Jahren sprunghaft: Während demgemäß 1976 nur 3,6% aller Reisenden eine Studienfahrt unternommen haben, stieg deren Anteil bis 1988 auf 8%; gleichzeitig nahm innerhalb dieses Marktsegments der Anteil der Pauschalreisen zu: Während 1976 nur 30% der Studienreisenden eine Veranstalterreise buchten, waren es 1988 bereits 51,4% und damit deutlich mehr als in anderen Bereichen der Reisebranche (wo derzeit die Faustregel gilt, daß auf 40% Pauschalreisen 60% Individualreisen kommen): Die aufgezeigte Tendenz wird durch die Geschäftsentwicklung der Studienreiseveranstalter bestätigt (FVW 1/1989; Günter 1991) und durch zwei stabile Trends unterstützt:

Zum einen ist das Marktpotential, d.h. die Anzahl jener Reisenden, die für die nächsten drei Jahre bestimmt oder wahrscheinlich eine Studienreise planen, beachtlich: Es belief sich 1988 (wie bereits 1987) auf 6,5 Mio und damit auf das 2,6fache der in diesem Jahr tatsächlich unternommenen Studienreisen. Ihre Relevanz gewinnt diese Zahl, wenn man sich vergegenwärtigt, daß sie ein Fünftel des Gesamtreiseaufkommens des Jahres 1988 ausmacht.

Zum anderen halten Studienreisende mit ausgesprochener Treue an ihrer Reiseart fest: Über 60% der Studienreisenden haben bereits in den vorausgegangenen drei Jahren eine Studienreise unternommen; und über 70% der Studienreisenden des Jahres 1988 planen auch für die nächsten drei Jahre eine Studienfahrt (der Rest interessiert sich überwiegend für verwandte Reisearten, wie Städtereisen, Erlebnis- und Abenteuerreisen).

*Soziodemographische Merkmale.* Im Hinblick auf diese Konsistenz im Reiseverhalten ist in der Tourismusforschung wiederholt die Frage erörtert worden, ob es einen *besonderen Typus* „Studienreisender" gäbe (z.B. Richter 1981; Hartmann 1982; Steinecke 1988, Günter 1991). Im Interesse einer vorsichtigen Typisierung sollen deshalb nachfolgend jene soziographischen Merkmale erfaßt werden, die bei Studienreisenden entweder vermehrt auftreten oder vermehrt entfallen; dabei ist zwischen Individual- und Pauschalreisenden zu unterscheiden; das Bezugsjahr 1988 wurde deshalb gewählt, weil zu diesem Jahr die letzte dazu benötigte Korrelationsuntersuchung auf der Grundlage der Reiseanalyse vorgenommen worden ist (vgl. ausführl. Günter 1991).

*Variable Geschlecht.* Tabelle 1 zeigt ein geringes Übergewicht der Frauen unter den Studienreisenden. Das Verhältnis verändert sich jedoch, wenn man es in die beiden Organisationsarten aufgliedert: Unverkennbar suchen mehr Frauen die organisatorische und soziale Geborgenheit einer Gruppenreise, während Männer eher zur Selbstorganisation ihrer Studienreise neigen.

*Variable Ehestand.* Während die Verheirateten – entsprechend ihrem Anteil an der Gesamtbevölkerung – bei den Reisenden insgesamt überwiegen, ist bei den Studienreisen

Tabelle 1: Geschlecht und Familienstand in %

|  | alle Reisende | | alle Studienreisende | | Studienreisende pauschal | | individual | |
|---|---|---|---|---|---|---|---|---|
| Geschlecht | m | w | m | w | m | w | m | w |
|  | 48,8 | 52,2 | 49,2 | 50,8 | 42,0 | 58,0 | 61,5 | 31,5 |
| Familienstand | nv | v | nv | v | nv | v | nv | v |
|  | 39,7 | 60,3 | 48,5 | 51,5 | 55,6 | 44,3 | 45,5 | 55,5 |

Tab. 2: Altersstruktur der Studienreisenden in %

| Altersgruppe | 14–19 | 20–29 | 30–39 | 40–49 | 50–59 | 60–69 | 70 u.ä. |
|---|---|---|---|---|---|---|---|
| Alle Reisende | 12,3 | 18,2 | 15,8 | 19,8 | 14,8 | 9,7 | 9,4 |
| Studienreisende | 17,4 | 19,2 | 10,0 | 17,7 | 16,2 | 10,8 | 8,7 |
| – pauschal | 17,4 | 17,9 | 7,5 | 13,6 | 17,9 | 13,6 | 11,7 |
| – individual | 17,3 | 21,4 | 14,0 | 24,7 | 13,2 | 5,7 | 3,3 |

deren Verhältnis zu den Nichtverheirateten (Ledige, Geschiedene, Verwitwete) annähernd ausgeglichen: *Nichtverheiratete* bevorzugen also diese Reiseart. Wiederum zeigen sich markante Unterschiede zwischen den beiden Organisationsarten: In Gruppenreisen überwiegen die Nichtverheirateten, während Verheiratete häufiger auf Individualreise gehen.

*Variable Alter.* Von Interesse ist die Altersstruktur der Studienreisenden: Junge und Ältere unternehmen deutlich mehr Studienreisen als die entsprechenden Altersgruppen aller Reisenden. Während die Jüngeren häufiger ihre Studienfahrt individuell durchführen (der trotzdem relativ hohe Anteil pauschalreisender Teenies und Twens erklärt sich aus dem reichhaltigen Angebot preiswerter Jugendreisen), ziehen die Älteren Pauschalreisen vor. Die Gründe dafür sind leicht nachvollziehbar: Gruppenreisen bieten größere organisatorische Sicherheit bei gleichzeitig hohem Komfort (vgl. Tab. 2).

*Variable Bildung.* Erwartungsgemäß finden sich unter den Studienreisenden überdurchschnittlich viele Höher- und Hochgebildete: Umfang und Qualität der Bildung scheint ohnehin die entscheidende Basismotivation für diese Reiseart zu sein. Mit wachsender Bildung steigt zudem die Vorliebe für eine individuell geplante und durchgeführte Studienreise: Verständlich, wenn man bedenkt, daß eine bessere Bildung nicht nur Fremdsprachenkenntnisse vermittelt, sondern auch insgesamt kundiger und weltläufiger macht. Hieraus erklärt sich auch, daß weniger Gebildete eher dazu neigen, die durch Organisation, Programm und Reiseleitung verbürgte Sicherheit einer Pauschalreise zu suchen (der relativ hohe Anteil geringer Gebildeter in Tabelle 3 läßt vermuten, daß hier vielfach auch einfache Rund- und Besichtigungsfahrten als Studienreisen gezählt worden sind).

*Variable Einkommen.* Tabelle 4 gliedert die Studienreisenden nach Einkommensgruppen. In deutlicher Progression bevorzugen Besserverdienende Studienreisen; in den beiden obersten Einkommensgruppen sind sie überproportional vertreten. Mit wachsendem Ein-

Tabelle 3: Bildungsniveau der Studienreisenden in %

|  | Haupt-/Mittelschulbildung | Abitur | Hochschulabschluß |
|---|---|---|---|
| Alle Reisende | 79,4 | 11,5 | 9,5 |
| Alle Studienreisende | 64,4 | 15,1 | 20,5 |
| – pauschal | 68,9 | 13,4 | 17,6 |
| – individual | 56,2 | 18,2 | 25,6 |

Tabelle 4: Haushaltseinkommen im Monat in %

|  | bis 2000 | bis 3000 | bis 4000 | bis 5000 | über 5000 (DM) |
|---|---|---|---|---|---|
| Alle Reisende | 16,0 | 25,0 | 25,2 | 17,7 | 16,2 |
| Alle Studienreisende | 12,9 | 15,4 | 22,2 | 21,9 | 27,6 |
| – pauschal | 12,2 | 16,0 | 25,0 | 21,1 | 25,8 |
| – individual | 14,0 | 17,0 | 17,3 | 23,1 | 30,5 |

kommen steigt zudem das Interesse an selbständigem Reisen; in den beiden obersten Einkommensgruppen sind Individualreisende überrepräsentiert – was nicht verwundern kann, denn diese Einkommensgruppen sind weitgehend identisch mit den Höher- und Höchstgebildeten, von denen vorher die Rede war. Die Pauschalstudienreisenden gewinnen jedoch in den Einkommensgruppen über DM 3000/Monat ein festes Plateau, was wiederum zur Folge hat, daß etwa drei Viertel der Pauschalreisenden zu den einkommensstärkeren Teilen der Bevölkerung zählen.

*Reiselust.* Während sich knapp 80% aller Reisenden mit einer Urlaubsfahrt pro Jahr begnügen, leisten sich über 40% der Studienreisenden jährlich zwei oder mehr Urlaubsreisen von einer Dauer über vier Tagen; besonders reisefreudig sind dabei die Pauschalreisenden. Hinzu kommt, daß gerade Studienreisende überdurchschnittlich häufig Kurzreisen (2-4 Tage Dauer) unternehmen, wobei wiederum die Pauschaltouristen an der Spitze liegen. Die überdurchschnittliche Reiselust der Studienreisenden wird begünstigt durch weitere demographische Merkmale, die sich gerade bei ihnen häufen: das größere Zeitbudget (Selbständige, höhere Beamte, wie z. B. Lehrer, Rentner/Pensionäre), das höhere Bildungsniveau und das überdurchschnittliche Einkommen.

Auf Studienreisen sind (→) *Alleinreisende* überrepräsentiert: Während 88% aller Reisenden den Urlaub in Begleitung (Partner, Verwandte, Bekannte) verbringen, reisen immerhin 20% der Studienreisenden alleine. Die Quote gliedert sich unterschiedlich innerhalb der Organisationsarten auf: 27% der Individualreisenden – also wohl die unternehmungslustigen Jüngeren – gehen allein auf die Reise, während nur 15% der Pauschalreisenden ohne Begleitung starten: Letzteres rückt das Vorurteil zurecht, Gruppenreisen seien das Refugium von Alleinreisenden.

Die Studienreisenden wenden durchschnittlich mehr Geld für ihre Haupturlaubsreise auf

Tabelle 5: Reisehäufigkeit der Studienreisenden in %

|  | Anzahl der Reisen | | | Anzahl der Kurzreisen | | | |
|---|---|---|---|---|---|---|---|
|  | eine | zwei | drei und mehr | eine | zwei | drei | vier und mehr |
| Alle Reisende | 78,7 | 15,5 | 5,8 | 13,3 | 11,4 | 6,8 | 6,8 |
| Alle Studienreisende | 59,8 | 26,8 | 13,4 | 14,2 | 20,1 | 6,2 | 9,8 |
| – pauschal | 57,0 | 31,8 | 10,8 | 16,5 | 20,2 | 6,1 | 11,5 |
| – individual | 64,4 | 18,1 | 17,3 | 9,9 | 19,8 | 6,6 | 13,2 |

Tabelle 6: Reisekosten pro Person

|  | Durchschnitts-ausgaben in DM | Ausgaben bis 1200 DM in % | Ausgaben über 1200 DM in % |
|---|---|---|---|
| Alle Reisende | 1215,80 | 58,0 | 42,0 |
| Alle Studienreisende | 1513,09 | 41,8 | 58,2 |
| – pauschal | 1635,74 | 37,8 | 62,2 |
| – individual | 1300,97 | 48,8 | 51,2 |

als alle übrigen Reisenden. Von Interesse ist hier wieder das Binnengefälle innerhalb der Organisationsarten: Nur 51% der Individualreisenden, aber 62% der Pauschalreisenden sind bereit, für ihren Urlaub jeweils mehr Geld auszugeben als der Durchschnitt der übrigen Reisenden. Zusammen mit der bereits beobachteten überdurchschnittlichen Reisehäufigkeit weist dies erneut auf den hohen existentiellen Rang hin, den das Reisen im Leben dieser Personengruppe spielt.

## Literatur

Datzer, R. (1986). Studienreisen – eine bewährte Reiseform im Wandel. Fremdenverkehrswirtschaft, 1, 12-18.

Ganser, A. (1991). Studienreisen. (S. 115-135) In J. Wolf & E. Seitz (Hg.), Tourismusmanagement und Marketing. Landsberg/Lech: Moderne Industrie.

Günter, W. (1982). Geschichte der Bildungsreise. (S. 3-25) In W. Günter (Hg.), Handbuch für Studienreiseleiter. Pädagogischer, psychologischer und organisatorischer Leitfaden für Exkursionen und Studienreisen. 2. Aufl., Starnberg: Studienkreis für Tourismus.

Günter, W. (1989). Kulturgeschichte der Reiseleitung. Bensberg: Thomas-Morus-Akademie.

Günter, W. (1991). Der moderne Bildungstourismus. Formen, Merkmale und Beteiligte. (S. 26-49) In W. Günter (Hg.), Handbuch für Studienreiseleiter 2. Aufl. Starnberg: Studienkreis für Tourismus.

Hahn, Heidi (1989). Die Studienreisenden sind anders, als Sie denken ... Fremdenverkehrswirtschaft, 1/1989, 16-19.

Hartmann, K.D. (1982). Der moderne Bildungstourismus. Formen, Merkmale und Teilnehmerkreise. (S. 28-52). In W. Günter (Hg.), Handbuch für Studienreiseleiter. Pädagogischer, psychologischer und organisatorischer Leitfaden für Exkursionen und Studienreisen. Starnberg: Studienkreis für Tourismus.

Kubsch, W. (1988). Ein Lob der Studienreise. (S. 28-34). Studienkreis für Tourismus (Hg.), Festschrift zum 60. Geburtstag von Paul Rieger. Starnberg: Studienkreis für Tourismus.

Prahl, H.W. & Steinecke, A. (1979). Der Millionen-Urlaub. Von der Bildungsreise zur totalen Freizeit. Darmstadt, Neuwied: Luchterhand [Nachdruck: Bielefeld 1989].

Richter, R. (1981). Urlaubertypologien. Typologien als Methodik der Datenanalyse und der Zielgruppendefinition. (S. 85-96) In Studienkreis für Tourismus (Hg.), Reisemotive – Länderimages – Urlaubsverhalten. Starnberg: Studienkreis für Tourismus.

Roth, P. & Langemeyer, A. (1992). Die Studienreise der 90er Jahre. Einstellungen, Erwartungen, Entwicklungen. Dokumentation zum Forschungsprojekt. München: Fachhochschule.

Scherer, B. (1986). Ideal für unterwegs: Animateure mit Hochschulbildung. Frankfurter Allgemeine Zeitung. Reisebeilage, 20.2.1986.

Schmidt, H. et. al. (1990). Die Reisen der neuen Bundesbürger. Pilotuntersuchung zum Reiseverhalten in der früheren DDR. Starnberg: Studienkreis für Tourismus.

Steinecke, A. (1988). Urlaubserwartungen und Urlaubertypologien. Möglichkeiten und Probleme der soziologischen und psychologischen Zielgruppenbestimmung und Marktsegmentierung. (S. 333-341) In D. Storbeck (Hg.), Moderner Tourismus. Tendenzen und Aussichten. Trier: Geographische Gesellschaft.

Studienkreis für Tourismus (Hg.) (1978). Studienreisen zwischen Bildungsanspruch und Vermarktung. Bericht über ein Expertengespräch der Evangelischen Akademie Tutzing und des Studienkreises für Tourismus e.V. vom 30.9.-2.10.1977 in Nürnberg. Starnberg: Studienkreis für Tourismus.

Studienkreis für Tourismus (Hg.) (1972). Urlaubsreisen 1972. Analyse des Urlaubs- und Reiseverhaltens der westdeutschen Bevölkerung 1972. Psychologische Leitstudie. Starnberg: Studienkreis für Tourismus (Unveröff. Untersuchung).

Studienkreis für Tourismus (Hg.) (1982). Urlaubsreisen 1981. Analyse des Urlaubs- und Reiseverhaltens der westdeutschen Bevölkerung 1981. Psychologische Leitstudie: Urlaubserwartungen, Urlaubsaktivitäten, Urlaubsarten. Starnberg: Studienkreis für Tourismus (Unveröff. Untersuchung).

**Wolfgang Günter, Kirchzarten**

# Campingurlaub

## 1. Begriff

Campingurlaub gilt als eine Form der ungebundenen Freizeit- und Urlaubsgestaltung. Unter dem Begriff Camping läßt sich der mobile Teil der Freizeitwohnformen zusammenfassen. Dementsprechend kann Camping als „ein zum Zweck der Erholung im Freien geführtes Leben (Urlaub und Naherholung) mit zeitweiligem Aufenthalt in einer transportablen Unterkunft (Zelt, Wohnwagen, Reisemobil)" verstanden werden (Deutscher Fremdenverkehrsverband, 1985). Auch angesichts der zunehmend komfortabler ausgestatteten Caravans und Wohnmobile bleibt Camping eine naturnahe Erholungsform.

Hinsichtlich Dauer und zeitlicher Gestaltung des Camping können mehrerer Formen des Campingurlaubs unterschieden werden:
- Touristikcamping umfaßt sowohl den Kurz- und Wochenendcamper (zwischen 1-3 Tagen) als auch den Urlaubscamper (zwischen 1-3 Wochen).
- Dauercamping ist mit einem Dauerstellplatz für die Campingunterkunft verbunden, so daß Camping ganzjährig möglich ist. Als Campingunterkünfte werden Zelt, Faltanhänger, Wohnmobil (Motorcaravan), Wohnwagen (Caravan), Wohncontainer sowie Mobilheime genutzt.

## 2. Historische Entwicklung

Camping nimmt seit vergleichsweise langer Zeit einen Platz im Tourismus ein. Bereits zu Beginn dieses Jahrhunderts fand diese Urlaubsform zahlreiche Interessenten, wie die Gründungen von ersten Campingclubs und Campingplätzen bezeugen. Anfang der 30er Jahre wurde in Deutschland der erste Caravan gebaut; seit dieser Zeit haben sich die Dimensionen des Campingurlaubs deutlich erweitert.

Die zunehmende Motorisierung und das Entstehen einer Camping- und Caravan-Branche in den 50er und 60er Jahren verursachten eine rasante Campingentwicklung. Die Zahl der Camper erhöhte sich permanent. Zum gegenwärtigen Zeitpunkt campen ca. 20% der deutschen Bevölkerung mehr oder weniger regelmäßig. Camper sind in beinahe allen Altersgruppen und sozialen Schichten zu finden.

Der Weg vom einfachen Zelt ohne Komfort über den Caravan bis zum Wohnmobil und Mobilheim zeugt von beträchtlichen technischen Verbesserungen der Campingausrüstung und wachsenden Ansprüchen an Funktionen und Komfort.

Das Wachstum der Nachfragepotentiale verhalf dem Campingwesen zu einem lang anhaltenden Aufschwung. In allen Regionen entstanden Campingplätze und Stellplätze für Motorcaravans. Das Serviceangebot und der

Komfort dieser Einrichtungen wurde zunehmend höheren Ansprüchen gerecht. Auch auf Grund dieser Veränderungen konnte sich Camping als gleichwertige Urlaubsform neben anderen behaupten.

In der ehemaligen DDR war der Campingurlaub angesichts der begrenzten Reise- und Urlaubsmöglichkeiten eine weitverbreitete Form der Feriengestaltung. Die – meist jedoch mit geringem Komfort ausgestatteten – Campingplätze in ostdeutschen Urlaubsgebieten waren ständig ausgebucht. Campingurlaub stellte eine Alternative zum überfüllten Ferienheim der Einheitsgewerkschaft bzw. des Staatsbetriebes dar. Wer es sich leisten konnte, reiste mit seiner Campingausrüstung in die damals für DDR-Bürger zugänglichen Länder Osteuropas. Im Gegensatz zur Campingentwicklung in den alten Bundesländern, wo der Caravan immer beliebter wurde, spielte dieser in der ehemaligen DDR keine Rolle. Wohnwagen waren kaum käuflich, und deren Unterhalt konnten sich fast nur Betriebe leisten.

## 3. Motive und Interessen für Campingurlaub

a) Die Entscheidung, im Urlaub zu campen, entspringt sicherlich vor allem dem Wunsch, auf eine unkonventionelle Art und Weise den Urlaub zu verbringen. Der Aufenthalt in einer mobilen Behausung stellt für den Camper *Alternative und Kontrast zum Alltag* dar. Flucht aus zumeist städtischer Enge und Lärm, die Nähe zur Natur, Ungebundenheit und Ungezwungenheit sowie Geselligkeit und Sozialkontakt sind die von den Urlaubern am häufigsten geäußerten Wünsche, die sich mit einem Campingurlaub verwirklichen sollen. Ebenso spielen familien- und kinderfreundliche Konditionen eine Rolle.

b) Camping wird als *preiswerte*, jedoch keineswegs billige Urlaubsform geschätzt. Immerhin sind erhebliche finanzielle Aufwendungen für die Anschaffung der immer komfortableren Campingausrüstung notwendig.

Neben grundsätzlichen Gemeinsamkeiten der Interessen und Motive bei Touristik- und Dauercampern sind bei letzterer Gruppe bestimmte Besonderheiten zu beachten. Die Standplätze der Dauercamper befinden sich häufig im Nahbereich der Wohnorte, was erkennen läßt, daß die stationären Campingausrüstungen oft als Ersatz für ein Wochenendhaus/Gartengrundstück das ganze Jahr über fungieren. Dem Alltagsstreß kann so entflohen werden, Abwechslung von der gewohnten Umgebung und Naturnähe sind häufig möglich.

Nicht selten entwickeln Dauercamper auf den Campingplätzen intensive soziale Beziehungen untereinander. Bedall (1989) kennzeichnet die Dauercamper eines Campingplatzes als eine soziale Gruppe mit gemeinsamen Interessen, wechselseitigen Beziehungen und einem bemerkenswerten Zusammengehörigkeitsgefühl. Camping vermittelt offensichtlich ein Gefühl der Geborgenheit in einer überschaubaren Gemeinschaft. Wer einmal auf den Geschmack gekommen ist, scheint ein Leben lang Anhänger dieser Urlaubsform zu sein.

## Literatur

Bedall, T. (1989). Hintergründe und Ursachen für die Nachfrage nach Dauercampingplätzen. (S. 1-46) In Jahrbuch für Fremdenverkehr, 35. München: Deutsches Wirtschaftswissenschaftliches Institut für Fremdenverkehr an der Universität München.

Deutscher Fremdenverkehrsverband (Hg.) (1985). Campingtourismus – Naturschutz und Landschaftspflege. Bonn: Dokumentation 123 des Deutschen Fremdenverkehrsverbandes.

Fick, W. (1982/83). Der Campingtourismus – ein Bestandteil des Fremdenverkehrs. (S. 1-37) In Jahrbuch für Fremdenverkehr, 30/31. München: Deutsches Wirtschaftswissenschaftliches Institut für Fremdenverkehr an der Universität München.

Groves, D.L. & Groves, S.L. (1977). Trends in camping and value development. Journal of the Association for the Study of Perception, 12(2) (Fall), 22-28.

Hartmann, K.-D. (1969). Meinungen über Urlaubsunterkünfte, insbesondere über das Camping. (S. 59-75) In Studienkreis für Tourismus (Hg.), Motive – Meinungen – Verhaltensweisen. Einige Ergebnisse der psychologischen Tourismusforschung. Starnberg: Studienkreis für Tourismus.

Institut für Demoskopie (1965). Urlaubsglück in Zelt und Wohnwagen. Campingbewegung erfaßt rund 8% der Bevölkerung. Mit Sofapuppen und künstlichen Blumen ins Grüne. Informationsdienst Allensbach, Juli 1965.

Koch, A. (Projektleitung); Feige, S.; Harrer, B. & Zeiner, M. (1990). Campingurlaub in der Bundesrepublik Deutschland. München: Schriftenreihe des Deutschen Wirtschaftswissenschaftlichen Instituts für Fremdenverkehr an der Universität München. H. 40.

Schroeder, G. (1991). Lexikon der Tourismuswirtschaft. Hamburg: Tour Con H. Niedecken.

Twight, B.W.; Smith, K.L. & Wissinger, G.H. (1981). Privacy and camping: Closeness to self vs. closeness to others. Leisure Sciences, 4(4), 427-441.

Yuan, M. & McEwen, D. (1989). Test for campers experience preference differences among three ROS setting classes. Leisure Sciences, 11(3), 177-185.

**Winfried Haas, Leipzig**

# Cluburlaub

*Die Club-Idee und ihre Entwicklung.* Der touristische Markenartikel Cluburlaub entstand aus einer ideologischen Vision: „Wir schlafen wie Wilde, wir speisen wie Fürsten. Wer den Club wählt, vergißt seine Herkunft", hieß das Motto, mit dem der belgische Diamantenschleifer Gérard Blitz und sein französischer Freund, der Journalist und Kommunist Gilbert Trigano, den 1950 von Blitz gegründeten Club Méditerranée in den Anfangsjahren führten: ein künstliches „Südseeparadies" für Gleiche unter Gleichen, in dem man sich duzte, mit Perlen statt Geld zahlte und möglichst ein tiefgeschlungenes Hüfttuch, den Pareo, trug. Eine der fundamentalen Neuerungen des „Clubs" bestand darin, daß Wasserskifahren und Segeln, damals Sportarten der Reichen, im *Pauschalpreis* inbegriffen waren. Innerhalb der von Wächtern umrundeten Clubmauern war immer Frankreich. Das Land draußen blieb Kulisse, es bot Anregung für die Bauform und das exotische Gewürz für das Grand Buffet: eine nachindustrielle Aussteigeridee gegen das konventionelle Beherbergungsgewerbe, die das Hotel selbst – in Form des Clubdorfs – zum Ferienziel machte.

Fünfundzwanzig Jahre später präsentierte „Robinson" die deutsche Gegenformel. Der Robinson Club (im Besitz des Touristikkonzerns Touristik Union International), bezog sich ausdrücklich auf Impulse der Jugendbewegung um die Jahrhundertwende. Als Kontrast zur mechanisierten Arbeitswelt sollte der Gast den Urlaub ungezwungen in einer überschaubaren, dörflichen Umgebung in möglichst unberührter Landschaft erleben, mit einem „Hauch von Romantik und Abenteuer", so die Eigenwerbung. Der Animation war die Rolle einer „lustvollen Besetzung von Freizeitaktivitäten" zugedacht. Man prophezeite damals sogar, daß der Beruf des Animateurs „in zehn Jahren" den gleichen Stellenwert besitzen werde wie der des „Priesters oder Arztes" (→ *Animation im Urlaub*).

Heute macht der Cluburlaub nicht mehr ideologisch, sondern wirtschaftlich Furore. Er ist im austauschbaren Katalogangebot einer der wenigen *Markenartikel*, die nicht im Dauer-Preiskrieg verkauft werden müssen. Auf dem deutschen Markt kamen die Clubfirmen „Aldiana" (Neckermann) und zuletzt „Calimera" (ITS) zu „Robinson" dazu. Die Diskussion über den Inhalt der Ferienform Cluburlaub hielt am dauerhaftesten in Deutschland an. Der Club Méditerranée (größtes Touristikunternehmen in Frankreich überhaupt) dagegen bekennt sich längst zu den Realitäten des Massentourismus und wuchs damit zu einem global operierenden Freizeitkonzern, der entsprechend der jeweiligen Märkte in Amerika oder Südostasien sein Profil variiert. – Zielgruppe ist nirgends mehr jene elitäre Minderheit aus den Gründerjahren, die den Urlaub im romantisierten Strohhüttenstil für die Rückkehr ins ursprüngliche Leben nahm: *„Le Club"* wurde zum Dienstleistungsunternehmen für den normalen Bürger, der keine Zeit oder keine Lust hat, den Urlaub selbst zu organisieren. Für die verschiedenen Komfort-, Eß- und Urlaubsgewohnheiten werden inzwischen riesige Clubs (wie im französischen Opio) gebaut, die sich ausdrücklich auch für Kongresse und Firmentreffen empfehlen.

Im Touristikjahr 1991/92 war der Robinson Club in Deutschland Marktführer mit 56% der Cluburlauber oder 207.000 Gästen; die Beliebtheit des Cluburlaubs wird durch die Steigerungsrate von 15,2% gegenüber den Vorjahresbuchungen unterstrichen. Während der Club Méditerranée auf eine Wachstumsrate von 5,8% kam, konnte der dritte Anbieter, Club Aldiana, sogar 58,5% mehr Buchungen als im Vorjahr melden. – Laut der Reiseanalyse 1991 hatten in den zurückliegenden drei Jahren 1,9 Mio. Deutsche (alte Bundesländer) im Alter zwischen 14 und 79 Jahren einen Cluburlaub unternommen; die Absicht, dies in den nächsten Jahren einmal zu tun, äußerten 4,1 Mio. Unter den Cluburlaubern sind männliche Gäste und solche zwischen 45 und 49 Jahren überproportional vertreten. Internationaler Marktführer ist der Club Méd, der 106 Clubs anbietet; der Robinson-Club hat 24, Club Aldiana 11 Anlagen. (G+J; Südd. Zeitung 30.3.92).

*Erwartungen und Bedürfnisse der Cluburlauber:* Komfort, Unterhaltung und Sporteinrichtungen sind bei den deutschen Club-Anbietern immer perfekter geworden. Wie eine McKinsey-Studie 1991 ergab, ist in diesem Punkt der deutsche Cluburlauber sehr anspruchsvoll. Er erwartet: üppige Vielfalt beim Essen, hohen Wohnkomfort mit Telefon und Safe im Zimmer, ein umfangreiches Angebot von Sportmöglichkeiten unter professioneller Anleitung, persönliche Kontakte zu den Clubmitarbeitern, Kinderbetreuung, jeden Abend eine Show, phantastische Lage, eindrucksvoll-innovative Architektur, höchste Servicequalität und alles zum Inklusivpreis, dazu Sauberkeit (die für 99 Prozent der Kunden „sehr wichtig" oder „wichtig" ist).

Wirtschaftlich betrachtet gilt der Cluburlaub einerseits als sichere Investition, denn Clubdörfer sind weder austauschbar mit normalen Hotels noch beliebig zu vermehren. Andererseits machen die gestiegenen Ansprüche der Urlauber den Clubfirmen zu schaffen. Für neue Clubs wird es immer schwieriger und teurer, geeignete Bauplätze zu finden, seit der Cluburlaub deutscher Provenienz nicht mehr als Refugium elitärer Einfachheit, sondern als durchorganisiertes Schlaraffenland für jedermann Karriere machte. Zum nicht geringen Teil sind die deutschen Clubanbieter an der Anspruchsspirale ihrer Stammkundschaft selbst schuld. Vor allem die neuen Dörfer in der Türkei hatten sich vor ein paar Jahren mit täglichen Extraleistungen vom Champagnerfrühstück bis zur arabisch illuminierten Nacht überboten. In der Türkei konnten sie sich das leisten, denn die Bauplätze waren oft vom Staat gepachtet, das Personal billig. Beim nächsten Cluburlaub erwartete der Stammgast dann die Besonderheiten der türkischen Clubs mitsamt den Extras des diesmal ausgesuchten Clubs. Nun versuchen die Firmen, ihr Angebot zu standardisieren oder immer größere Clubdörfer zu bauen, um die Rentabilität zu verbessern.

*Einstellungen und Urlaubsverhalten.* Obwohl sich die deutschen Clubs als Spiegelbilder deutscher Perfektion und deutscher Anspruchshaltung profilierten, hält sich die Ansicht hartnäckig, daß Cluburlauber *romantischer, abenteuerlustiger, individueller* als die Durchschnittsreisenden oder auf der Suche nach einer idyllischen Urlaubs-Gegenwelt seien. Die wahren, aber eher handfesten Vorzüge von Angebotsfülle, lückenloser Organisation des Ferienalltags und attraktiven Inklusivpreisen werden meist ebenso verschwiegen wie die *Lebenshilfe*, die der Cluburlaub bietet. Er ist vor allem etwas für Familien. Kinder machen Urlaub mit Kindern und werden fachmännisch betreut, ihre Eltern können ohne schlechtes Gewissen beim Unterhaltungsprogramm oder beim Sport teilnehmen. Paaren mit unterschiedlichen Interessen verhilft der Club leichter zu einem friedlichen Urlaub ohne Auseinandersetzung über dessen kontroverse Gestaltung. Alleinreisende finden im anhaltenden Sport- und Animationsbetrieb einfacher Anschluß als im Hotel. Der Cluburlaub eröffnet vielfältige Lösungsmöglichkeiten für die Wechselfälle und Probleme des bürgerlichen Lebens am Ende des zwanzigsten Jahrhunderts – aber er ist weder elitär noch individuell.

*Animation als konstitutives Prinzip.* Gleichwohl kaschieren die deutschen Cluburlaubs-Produzenten die totale Betreuung im Club mit Versprechungen von „persönlicher Entfaltung" und „Freiheit der Wahl", denn „im Paradies macht jeder, was er will", wie der Robinson-Katalog lockt. (Allerdings besteht ein interessanter Gegensatz zwischen den Ansprüchen der Cluburlauber hinsichtlich eines totalen und üppigen Angebotes aller möglichen Zeitvertreibe, Spiele und Sportmöglichkeiten, und dem tatsächlichen Verhalten, denn 60% zumindest der deutschen Urlauber in einer Umfrage beteiligten sich praktisch nie an den Veranstaltungen; vgl. Test 1983).

Unverzichtbarer Bestandteil des Cluburlaubs ist die *Animation*. Doch wo „Animation" beim Club Méditerranée ein Synonym für Unterhaltung ist, geht es in Deutschland nicht ohne ideologischen Überbau. Nach dem *therapeutischen Anspruch* deutscher Clubfirmen, mit Hilfe der Animation „Lernprozesse in Gang zu bringen", kam die *„subtile"* Animation auf. Was sie im einzelnen bedeutet, hängt von Clubfirma, Clubdorf und Zeitgeist ab. Fest steht nur, daß die Animation das Einzige ist, was den Cluburlaub vom Urlaub im Hotel unterscheidet und damit die zentrale Leistung der Clubfirmen bleibt. Trotz gegensätzlicher Meinungen der Cluburlauber über die real existierende Animation ruft keine oder eine nur „sanfte" Animation noch mehr Proteste hervor. (Zwischen 65 und 80% befragter deutscher Cluburlauber meinten, daß es in der abgelegenen, nicht selten Ghetto-ähnlichen Clubanlage „ohne Animateure manchmal doch langweilig" wäre; Test 1983). Ob Animation, Organisation und Betreuung rund um die Uhr im Club als verschwenderisches Angebot oder Bevormundung erlebt werden, ist weiterhin eine Frage der Weltbetrachtung.

Erholung braucht egoistisches Verhalten. Gerade dies kann aber im Club weder gefördert noch ausgelebt werden, da damit der notwendige Verhaltenskonsens der Urlaubsreisenden in ihrer Gemeinschaft zerstört würde. Normalerweise fehlt die Zeit, um ausreichend Sport zu treiben, ins Kino zu gehen, zu bummeln, zu faulenzen, Musik zu hören, fernzusehen und sich um Kinder und Partner zu kümmern. Im Club wird animiert, in möglichst kurzer Zeit alle diese Wünsche zu befriedigen. Was zuhause aus Bequemlichkeit in Wochen oder Monaten nicht gelingt, soll jetzt in zwei Wochen nachgeholt werden. Damit werden Aktion und Aktionismus des Berufslebens mit anderem Etikett fortgeführt.

Dies ist für viele ein erwünschter Effekt des Clublebens. Mit zunehmender Freizeit wächst die Langeweile, stellte Parkinson schon vor Jahren im Amerika fest. Und nach Untersuchungen des deutschen BAT Freizeit-Forschungsinstituts ergab sich, daß sich auch jeder dritte Bundesbürger, mit sich allein gelassen, auf die Nerven geht. So wandelt sich im Urlaub der „Arbeitnehmer" offenbar nicht ungern zum „Freizeitnehmer": „Er sucht unbewußt auch in der Freizeit noch unter dem Deckmantel der Unterhaltung und des Nervenkitzels nach der arbeitsbegleitenden Routine und der entscheidungsentlastenden Sicherheit im Rhythmus der „Arbeitsmonotonie", wie es der Philosph Bernd Guggenberger ausdrückte. (→ *Freizeitpsychologie,* → *Wertewandel*)

Angesichts dieser Situation müßte man annehmen, daß der Cluburlaub ein interessantes und intensives Forschungsfeld für die Sozialwissenschaften darstellen sollte; dem ist aber erstaunlicherweise nicht so. Bisher existieren – abgesehen von marktstatistischen Daten und internen Studien der Veranstalter – nur einige (teilnehmende) Beobachtungsstudien (z.B. Pannenbecker 1985).

## Literatur

Finger, C. & Gayler, B. (1990). Animation im Urlaub. Studie für Planer und Praktiker, 2. überarb. Aufl. Starnberg: Studienkreis für Tourismus.

G+J-Märkte + Tendenzen (1993). Cluburlaub. Gruner & Jahr Marktanalyse 2/93. Hamburg: Gruner & Jahr.

Hartmann, K.D. (1973). Einstellungen und Erwartungen von Ferienzentrums-Interessenten. In Ferienzentren. Architektonische, psychologische, touristische Probleme. Starnberg: Studienkreis für Tourismus.

Pannenbecker, M. (1985). Club-Urlaub und Animation. Beobachtungen in einem Hotel des Robinson Club auf Fuerteventura, Kanarische Inseln. Starnberg: Studienkreis für Tourismus.

Rödling, M. (1973). Einstellungen zu „Ferien-Clubs", insbes. zum Club Méditerranée. In Ferienzentren. Architektonische, psychologische, touristische Probleme. Starnberg: Studienkreis für Tourismus.

Test (1983). Die großen Drei im Vergleich. Test (Stiftung Warentest, Berlin), 4, 354-362.

**Brigitte Scherer, Mainz**

# Familienurlaub

## 1. Reisetätigkeit der westdeutschen Familien

Die *Reiseintensität* der Deutschen erreichte 1989 einen Wert von 66,8%, wobei bei der Definition einer Reise eine Dauer von mindestens fünf Tagen zugrundegelegt wurde. Von den bundesdeutschen Familien mit Kindern unternahmen 1989 sogar 69,6% eine Urlaubsreise. Diese und die folgenden Werte stammen – soweit nicht anders angegeben – aus der Reiseanalyse 1989 des Studienkreises für Tourismus, einer Untersuchung, die zu Beginn des Jahres 1990 mit mehr als 6000 Interviews durchgeführt wurde und deren Daten repräsentativ für die westdeutsche Bevölkerung ab einem Lebensalter von 14 Jahren sind. Wenn im folgenden „Familien" denjenigen Personen gegenübergestellt werden, die nicht in „Familien" leben, bezieht sich der Begriff „Familie" auf Lebensgemeinschaften, in deren Haushalt Kinder leben. Dieser Begriff von Familie kommt der aktuellen, von dem Familienpsychologen Klaus A. Schneewind (1991) entwickelten psychologischen Sichtweise von Familie sehr nahe, welche als wesentliches Kriterium das „Prinzip des gemeinschaftlichen Lebensvollzugs" (Schneewind 1991, S.16) ansieht. Entsprechend gelten hier z.B. auch Pflegefamilien und nichteheliche Lebensgemeinschaften mit Kindern als Familie.

Die Höhe der Reiseintensität von Familien bedeutet, psychologisch betrachtet, daß eine Urlaubsreise für eine Familie zu einem „normativen Ereignis" geworden ist. Im Lichte dieser Normalität des Reisens stellt sich nicht nur die Frage nach der Reisemotivation der Urlauberfamilien, sondern durchaus auch die Frage nach den Gründen für das Zuhausebleiben des kleineren Teils (ca. 30%) der Familien.

Auf die Frage „Aus welchen Gründen bleiben Sie im Urlaub normalerweise zu Hause?" zeigte die Reiseanalyse 1989 folgende Ergebnisse: 61,8% der Familien gaben „finanzielle Gründe" an. Da Mehrfachnennungen möglich waren, antworteten darüber hinaus 50,9% der Familien „wegen der Kinder", 33% „Zuhause ist es doch am schönsten" und 30% „Möchte mein Geld auch einmal für andere Dinge verwenden". Im Kontrast dazu war die am häufigsten angegebene Antwortkategorie bei den Haushalten ohne Kinder „Zuhause ist es doch am schönsten" (48%), gefolgt von der Antwortmöglichkeit „aus finanziellen Gründen" (43,3%), ferner „aus gesundheitlichen Gründen" (38,9%), „aus Altersgründen" (38,5%) und „Habe wenig Interesse an Urlaubsreisen" (32,4%).

Diese unterschiedlichen Werteverteilungen machen zum einen auf die deutliche ökonomische Benachteiligung von Familien mit Kindern und auf den mit „steigender Kinderzahl sinkenden finanziellen Spielraum von Familien mit Kindern" (Schneewind 1992, S.

21) aufmerksam. Zum anderen ist auch der am zweithäufigsten genannte Hinderungsgrund „wegen der Kinder" zu beachten und nicht nur in Zusammenhang mit dem finanziellen Aspekt zu sehen. Denn differentielle Betrachtungen von Familien mit Kindern verschiedener Altersstufen zeigen, daß der Grund „wegen der Kinder" insbesondere Probleme des Urlaubs mit kleinen Kindern adressiert: Waren die Kinder unter 6 Jahre alt, wurde der Hinderungsgrund „wegen der Kinder" von 66,2% der Befragten angegeben; waren die Kinder zwischen 6 und 14 Jahre alt, betrug die Nennungshäufigkeit 41,8%.

Was die bei diesen Analysen betrachtete Vergleichsgruppe der Personen aus Haushalten ohne Kinder betrifft, lassen die hohen Werte der Antwortkategorien „aus Altersgründen" und „aus gesundheitlichen Gründen" erkennen, daß sich diese Gruppe zumindest im Stichprobenmerkmal Alter von der Gruppe der untersuchten Familien unterscheidet. Dementsprechend sind Einschränkungen bei der Interpretierbarkeit der Daten zu berücksichtigen.

## 2. Reiseziele der westdeutschen Familien, Verkehrsmittel, Unterkunft und Kosten

Das beliebteste *Reiseziel* der Westdeutschen war 1990, ebenso wie in den vorausgegangenen Jahren, Deutschland. Dies trifft auch auf Familien zu. Hier liegt der Prozentsatz derer, die 1990 ihre Urlaubsreise im Inland unternahmen, bei rund 30% (Gayler 1991). Innerhalb von Deutschland ist für Familien zwar insgesamt Bayern das beliebteste Urlaubsland (9%), für Familien mit Kindern im Vorschulalter jedoch Schleswig-Holstein (12%). Die Rangliste der ausländischen Urlaubsländer, die 1990 von westdeutschen Familien bereist wurden, wird von Italien angeführt (12%; bei Familien mit Kleinstkindern sogar 17%), gefolgt von Spanien (10%) (Gayler 1991).

Bezüglich der bei der (Haupt-)Urlaubsreise benützten *Verkehrsmittel* zeigt sich folgendes Bild: Familien fuhren – verglichen mit Personen aus Haushalten ohne Kinder – besonders häufig mit dem Auto in den Urlaub (66,7% gegenüber 48,0%). Wohnmobile, Kleinbusse und Pkw mit Wohnwagen wurden von Familien ebenfalls häufiger verwendet (insgesamt 7,2% gegenüber 2,7%). Andererseits kamen bei Urlaubsreisen von Familien seltener die Verkehrsmittel Eisenbahn (4,1% gegenüber 10,2%), Omnibus (3,9% gegenüber 11,6%) und Flugzeug (17,2% gegenüber 24,7%) zum Einsatz. Die Tatsache, daß Familien typischerweise mit dem Pkw in Urlaub fahren, ist u.a. in Zusammenhang mit ihrer Präferenz von nahen Reisezielen im Inland und nahegelegenen Ausland, wie z.B. Italien und Österreich, zu sehen.

*Unterkünfte*, die die westdeutschen Familien für ihre (Haupt-)Urlaubsreise im Jahre 1989 benützten, verteilen sich im wesentlichen auf die folgenden Kategorien:

33,4% der Familien wohnten in einer Ferienwohnung bzw. in einem Ferienhaus. Demgegenüber spielt das Hotel mit 18,2% eine deutlich geringere Rolle, insbesondere bei Reisen im Inland, wo diese Möglichkeit nur von 2% der Familien gewählt wird (vgl. Gayler 1991). Neben 10% der Familien, die eine Unterkunft bei Verwandten oder Bekannten hatten, besuchten 9,3% eine Pension, 6,7% Privatzimmer. 5,7% machten Campingurlaub im Zelt, weitere 5,7% im Wohnwagen; 2,2% schliefen in einem Wohnmobil. Urlaubs- bzw. Unterkunftsarten, die speziell auf Familien zugeschnitten sind, stellen „Urlaub auf dem Bauernhof" (3,2%) und „Familienferienheime" (1,2%) dar. Als Hauptgründe für die in diesen Zahlen deutlich gewordene Bevorzugung von Ferienwohnungen bzw. Ferienhäusern und von Campingurlaub sind die Faktoren Preisgünstigkeit und Unabhängigkeit anzusehen (vgl. Gayler 1991). Hierfür wird in Kauf genommen, daß diese Alternativen mit Arbeit, meist insbesondere für die Mütter, verbunden sind. Unter Berücksichtigung der oben angesprochenen ökonomischen Benachteiligung von Familien mit Kindern soll die Urlaubsoption der gemeinnützigen Familienferiendörfer erwähnt werden, da oftmals ein „Mangel an Information" und ein „Mangel an Umgangsmöglichkeiten mit bestimmten Angeboten besteht" (Hahn 1984, S. 4). Gemeinnützige Familienferiendörfer werden insbesondere von Familien aus unteren Sozialgruppen genutzt. Diese Urlaubsmöglichkeit ist nicht nur preisgünstig, sondern kommt auch dem ersten Motiv der Nutzer dieser Einrichtungen, „nicht selbst kochen zu müssen", entgegen (vgl. Gayler 1982).

Über alle Formen von Familienurlaub hinweg lagen 1989 die durchschnittlichen Reisekosten für 19,8% der Familien zwischen 1000 und 1999 DM, für 26,4% der Familien bei 2000 bis 2999 DM, für 19,2% der Familien bei 3000 bis 3999 DM. Weitere erwähnenswerte Verteilungshäufigkeiten finden sich noch in den Kategorien 4000 bis 4999 DM (8,6%) und 5000 bis 5999 DM (6,7%). Verglichen mit der Gesamtheit der westdeutschen Urlauber liegen pro Kopf gesehen die Reiseausgaben bei Familien niedriger. Dies hängt u.a. mit der etwas kürzeren durchschnittlichen Reisedauer von Familien zusammen. Allerdings liegt die Gesamtsumme der Urlaubskosten bei einer Familie höher als bei einem kinderlosen Ehepaar. Vor allem aus diesem Grunde werden Familien bei Urlaubsbefragungen bevorzugt angesprochen. Sie gelten als „Meinungsmacher im Urlaubsgeschehen" (Gayler 1982, S.11).

## 3. Information, Organisation, Entscheidungsfindung

Bei den *Informationsquellen*, die die westdeutschen Familien zur Entscheidung für das gewählte Urlaubsziel benutzten, spielen „personale Medien" die wichtigste Rolle.

41,9% der Familien war das Urlaubsziel vorher „aus eigener Erfahrung bekannt". Für 34,3% waren „Berichte und Empfehlungen von Bekannten, Verwandten oder Arbeitskollegen" wichtig. Weitere, relativ häufig genannte Informationsquellen sind: „Kataloge/Prospekte von Reiseveranstaltern" (16,4%), „Auskunft, Beratung im Reisebüro/Fremdenverkehrsbüro" (15,5%), „Ortsprospekte" (8,8%), „Reiseführer" (7,9%), „Prospekte einzelner Unterkünfte" (7,2%) und „Gebiets- und Länderprospekte" (7,1%). Diese Werte unterscheiden sich nicht wesentlich von denjenigen der Personen aus Haushalten ohne Kinder.

Demgegenüber ergaben sich deutliche Unterschiede zwischen Familien und Nicht-Familien hinsichtlich der *Organisation* der Reise: Mitglieder von Familien haben ihre Reise häufiger „selbst organisiert" (69,9% gegenüber 59,5%). Die „gesamte Reise gebucht (Fahrt/Flug/Unterkunft)" haben nur 18,3% der Familien, gegenüber 33,4% bei Personen aus Haushalten ohne Kinder; und „nur die Unterkunft gebucht" haben 9,4% der Familien (gegenüber 4,7%).

Auch wenn eine Familie zur Urlaubsplanung verschiedene Informationsquellen zur Verfügung hat – die *Entscheidungsfindung* wird durch die Vielfalt an Informationsquellen und Informationsmitteln oftmals nur noch schwieriger. In einer soziologischen Betrachtung ist das Problem der Entscheidungsfindung vor dem Hintergrund einer in unserer Gesellschaft allgemein zunehmenden „Optionserweiterung menschlicher Lebensgestaltung" zu sehen, „die sich auch im partnerschaftlichen und familiären Bereich äußert" (Schneewind 1992, S. 32). Darüber hinaus treffen im Falle einer Familie meist verschiedene Interessen aufeinander, die sich in der Regel besonders zwischen Eltern und Kindern unterscheiden.

Eine Studie an 300 amerikanischen Familien (Belch et al. 1985) untersucht den Einfluß der Väter, der Mütter und der Kinder, getrennt für verschiedene Entscheidungsgegenstände, wie z.B. Erwerb eines Fernsehers, eines Autos oder von Haushaltsgegenständen. Für das Entscheidungsobjekt Familienurlaub wird ein etwas größerer Einfluß für die Väter gegenüber den Müttern ermittelt, wobei der Unterschied allerdings nur eine leichte Tendenz und nicht statistisch signifikant ist. Dies gilt für alle drei betrachteten Phasen des Entscheidungsprozesses: 1. Anstoß, 2. Informationssuche und -bewertung, und 3. endgültiges Treffen der Entscheidung. Der Einfluß des Kindes wird insgesamt, sowohl aus der Perspektive des Vaters, der Mutter und des Kindes, als deutlich geringer eingestuft, ebenfalls in allen drei Phasen. Eine differentielle Betrachtung verschiedener Themen innerhalb der Urlaubsentscheidung errechnet einen gegenüber der Mutter etwas größeren Einfluß des Vaters in den Fragen „Wieviel Geld ausgeben?", „Wann fahren?" und „Wieviel Zeit verwenden?". Hingegen kann das Gewicht von Vater und Mutter hinsichtlich der Fragen „Wohin fahren?" und „Wo übernachten?" als gleich groß angesehen werden. Unter diesen fünf Fragen zeigt sich für das Kind der größte Einfluß in der Frage „Wohin fahren?", der allerdings auch hier deutlich geringer als der Einfluß von Vater und Mutter ist.

Das Miteinbeziehen der Kinder bei der Entscheidung für ein bestimmtes Urlaubsziel ist nach Steidle (1982) von großer Bedeutung: „Wer sein Ziel nur nach den Wünschen der Erwachsenen wählt, stellt die erste Weiche zum Mißerfolg." Sozialhistorisch betrachtet läßt sich insgesamt für dieses hier befürwortete Mitspracherecht eine deutliche Steigerungstendenz feststellen, d.h. es „wandelt sich die Eltern-Kind-Beziehung immer mehr zu einem partnerschaftlichen Zusammenleben. Aus dem Erziehungsverhältnis wird ein Beziehungsverhältnis." (Schneewind 1992, S.11)

## 4. Motive bei Familienreisen

In jede Reiseentscheidung gehen bestimmte Wünsche und Erwartungen ein, die (→) *Reisemotive*. Bereits die Ergebnisse zu der folgenden Frage können erste Aufschlüsse über die Motive bei Familienreisen geben: „Als was würden Sie Ihre (Haupt-) Urlaubsreise, die Sie im Jahre 1989 gemacht haben, am ehesten bezeichnen?" Die häufigsten Antwortkategorien der westdeutschen Familien waren „Ausruhurlaub" (28,8%), „Strand-/Bade-/Sonnenurlaub" (27,8%), „Vergnügungsurlaub" (20,6%) und „Verwandten-/Bekanntenbesuch" (9,3%). Unterstellt man diesen Befragungen eine gewisse Validität, dann stehen offensichtlich Erholungs- und Genußaspekte deutlich im Vordergrund.

Die Soziologin Sabine Wolff ordnet in ihrer Studie „Reisemotive von Alleinreisenden und Familienreisenden" (1982) die Vielfalt der möglichen Urlaubsmotive folgenden vier Rubriken zu: „Kommunikationsmotive", „Motive explorativen Erlebens", „Motive physischen Ausgleichs" und „Motive psychischen Ausgleichs". Nach den Ergebnissen dieser Untersuchung waren 1981 für westdeutsche Familienreisende mit Kindern unter 14 Jahren Motive der Rubrik „Kommunikation" etwas weniger wichtig als für Alleinreisende: Das Urlaubsmotiv „mit anderen Leuten zusammensein, Geselligkeit haben" hielten 56,0% der Familienreisenden gegenüber 68,6% der Alleinreisenden für „wichtig" oder „sehr wichtig". Ebenso war „Urlaubsbekanntschaften machen" für 36,7% der Familienreisenden und für 51,8% der Alleinreisenden „(sehr) wichtig". Die untersuchten „Motive explorativen Erlebens" stehen bei Familienreisenden im Vergleich zu Alleinreisenden auch etwas weniger im Vordergrund: „Ganz neue Eindrücke gewinnen, etwas anderes kennenlernen" hielten 66,8% der Familienreisenden und 74,9% der Alleinreisenden für „(sehr) wichtig". Bei dem Motiv „den Horizont erweitern, etwas für die Bildung tun" waren es 33,4% der Familienreisenden gegenüber 42,6% der Alleinreisenden. Demgegenüber haben für Familienreisende „Motive physischen Ausgleichs" größeres Gewicht: „Sich Bewegung verschaffen, leichte sportliche und spielerische Aktivitäten" nannten 58,3% der Familienreisenden gegenüber 38,8% der Alleinreisenden als „(sehr) wichtig". Im Urlaub „aktiv Sport zu treiben, sich zu trimmen" ist für 32,0% der Familienreisenden und für 26,4% der Alleinreisenden „(sehr) wichtig". Die „Motive psychischen Ausgleichs" sind sowohl für Familienreisende als auch für Alleinreisende die bedeutsamsten, wobei die Werte für Familienreisende insgesamt noch höher liegen. „Aus dem Alltag herauskommen, Tapetenwechsel" war für 91,3% der Familienreisenden und für 89,7% der Alleinreisenden bedeutsam, „Abschalten, Ausspannen" für 90,9% der Familienreisenden und 83,6% der Alleinreisenden. Für folgende weitere „Motive psychischen Ausgleichs" wurden die folgenden Prozentsätze für Familienreisende gegenüber Alleinreisenden ermittelt: „In die Sonne kommen, dem schlechten Wetter entfliehen": 70,9% gegenüber 67,0%; „gut essen": 70,5% gegenüber 67,5%; „sich verwöhnen lassen, sich was gönnen, genießen": 62,3% versus 62,0%; und „braun werden": 47,5% versus 36,0%.

## 5. Urlaubszufriedenheit

Die Befunde zur (→) *Urlaubszufriedenheit* von Familien sind uneinheitlich, was sicherlich zum Teil auf die verwendeten unterschiedlichen Meßinstrumente zurückzuführen ist.

So berichtet Steidle in seiner Studie „Urlaub mit Kindern: Erfolg und Mißerfolg" (1982) folgende Befunde: Von den 1200 – im Rahmen der „Aktion Familienurlaub 1980" der Zeitschrift „Eltern" – befragten Eltern „zeigten sich insgesamt 38% enttäuscht" (Steidle 1982, S.22). Dabei war „Enttäuschung" bzw. Unzufriedenheit operationalisiert durch die Antwortkategorien „Uns hat es weniger gut gefallen" (27%) und „Wir hatten uns den Urlaub ganz anders vorgestellt" (11%). Die 62% der Eltern, für die Urlaubszufriedenheit festgestellt wurde, hatten entweder angegeben: „Wir waren zufrieden mit diesen Ferien" (46%) oder „Wir haben uns sehr wohl gefühlt und gut erholt" (16%).

Demgegenüber berichtet Gayler (1991) in ihrer Bewertung der „Reiseanalyse 1990" insgesamt positivere Resultate, wenn sie feststellt, daß „die Familienmitglieder in der großen Mehrheit zufrieden von der Reise zurückkehrten" (S.24). Die Operationalisierung der Zufriedenheit erfolgte hier durch Abbildungen von „sieben griesgrämigen bis lachenden Gesichtern" (S.24), denen darüber hinaus die Noten 1 („sehr unzufrieden") bis 7 („sehr zufrieden") zugeordnet waren. 42,5% der Familien gaben ihrem Urlaub die Note 7, 29,9% die Note 6, 17,2% die Note 5. Auf die Noten 1 bis 4 entfielen insgesamt nur 10,3% der Antworten. Lag allerdings das Alter der mitgereisten Kinder bei unter 2 Jahren, war der Anteil der „sehr zufriedenen" Eltern (Note 7) mit 33,3% deutlich niedriger. Darüber hinaus stellt Gayler (1991) bei einem Vergleich der Reiseanalysen der letzten Jahre fest, daß der Anteil derer, die den Urlaub „ohne Einschränkung als gelungen bezeichnen, (...) stark zurückging" (S. 24). Als Erklärung für diesen Trend wird angeführt, daß es durch „vielfältigere Erwartungen (...) schwieriger" geworden ist, „alle erfüllt zu bekommen" (S. 25).

*Einflußfaktoren der Zufriedenheit.* Das Ausmaß der Urlaubszufriedenheit wird bei Gayler (1991), wie auch in einigen anderen Studien (siehe z.B. Wolff 1982) allein durch das Ausmaß an Erfüllung der Reisemotive erklärt. Reisezufriedenheit sollte aber über die Motiverfüllung hinaus auch in Abhängigkeit von folgenden Faktoren gesehen werden:
(1.) ist der Einfluß von vorher geahnten oder ungeahnten Urlaubsproblemen zu beachten, wie z.B. gespannte innerfamiliäre Beziehungen oder Krankheit eines Familienmitglieds.

Die Bedeutung der zwischenmenschlichen Situation in der Familie stellt z.B. die Studie von Pietropinto (1985) heraus: 400 amerikanische Psychiater wurden gefragt, was ihrer Einschätzung nach am ehesten positive Freizeiterlebnisse einer Familie verhindert. 42% der Psychiater entschieden sich für die Antwortoption „Spannungen zwischen Familienmitgliedern", 25% gaben an „Unvereinbarkeit der Interessen", 22% „Beschäftigtsein mit der Arbeit" und 4% „die Ansprüche der Kinder".

Zwischenmenschliche Probleme im Familienurlaub treten nach Rosenblatt und Russell (1975) besonders häufig in den Fällen auf, in denen Verwandte oder Freunde mit in den Urlaub fahren, die außerhalb des Urlaubs nicht mit der Familie zusammenwohnen.

(2.) Die bei Motivbefragungen von den Urlaubern für wichtig gehaltenen Ferienmerkmale erweisen sich nicht uneingeschränkt als die wichtigsten Kriterien für Urlaubszufriedenheit. Rittelmeyer (1982) erfaßte neben den Urlaubsmotiven auch die faktisch vorgefundene Situation am Urlaubsort und korrelierte sowohl die Motive als auch die Situationskennzeichen mit der Zufriedenheit, die die befragten Familien am Ende ihres Urlaubs äußerten. Die Ergebnisse legen nahe, daß der Urlaubswunsch „den Kindern Neues bieten" zwar von 76% der Eltern geäußert wurde, jedoch die Erfüllung dieses Motivs nach den Ergebnissen der Korrelationsanalysen nicht sehr wichtig ist. Andererseits erwiesen sich folgende Kennzeichen für die Zufriedenheit als wichtiger, als es die Motivbefragungen zeigten: „Ausspannen", „Wohnkomfort" und „kindergerechte Speisen".

Abschließend sei darauf hingewiesen, daß bei Familienreisen „der Erfolg wesentlich von der Zufriedenheit der Kinder" abhängt: „Kinder können die gemeinsame Reise entweder zur Tortur oder zum Bombenerfolg machen." (Gayler 1988, S.80) Die Zufriedenheit der Kinder wird inzwischen auch von den Reiseveranstaltern zumindest deshalb als wichtig angesehen, da Kinder die „Gäste von morgen" (Gayler 1982) darstellen.

## 6. Wirkungen

Die meisten Autoren beschreiben die *Auswirkungen* eines gemeinsam verbrachten Urlaubs auf die Familie als *positiv*. So meinen z.B. Elder und Reihl (1988), daß ein Familienurlaub „dabei helfen kann, die Beziehungen in der Familie aufzubauen und zu stärken, dadurch daß die Interaktionen zwischen den Familienmitgliedern vermehrt werden" (S. 430). Nach Pietropinto (1985) können Kinder durch einen Familienurlaub „eine gesunde Sicht des Erwachsenenlebens als einer Zeit mit Vergnügungen und nicht als ein endloser Abschnitt von Verantwortlichkeiten und Arbeit" ermöglicht bekommen.

Eine andere amerikanische Studie, die mittels vor und nach dem Urlaub eingesetzter Fragebögen die Wirkungen des Urlaubs untersuchte (Hoopes & Lounsbury 1989) kam zu differenzierten Resultaten: Zwar erhöhte der Urlaub die „globale Lebenszufriedenheit", jedoch konnte hinsichtlich der Zufriedenheit im Bereich Ehe und Familie keine Veränderung festgestellt werden. In der Diskussion ihrer Ergebnisse erklären sich die Autoren das Ausbleiben statistisch signifikanter Wirkungen auf den partnerschaftlichen und familiären Bereich wie folgt: Positive Urlaubseffekte auf einen Teil der Ehen und Familien werden durch negative Effekte auf einen bestimmten Prozentanteil der Partnerschaften und Familien im statistischen Mittel wieder aufgehoben.

Die Möglichkeit auch *negativer* Wirkungen eines gemeinsam verbrachten Urlaubs auf die Familie wird durch die von Rosenblatt und Russell (1975) in ihrer Arbeit „The social psychology of potential problems in family vacation travel" aufgezeigten möglichen Probleme verständlich: Im Urlaub haben die Familienmitglieder in der Regel viel weniger Möglichkeiten, sich aus dem Weg zu gehen. Die größere räumliche und zwischenmenschliche Nähe kann ungewohnt und problematisch sein. Die Autoren weisen außerdem darauf hin, daß die Aufgabenbereiche und „Territorien" (1975, S. 210) der Familienmitglieder zu Hause im Alltag relativ festgelegt sind, im Urlaub hingegen erst ausgehandelt werden müssen. So kann beispielsweise darüber Streit entflammen, wem im Hotelzimmer welcher Platz zusteht. Die Wahrscheinlichkeit für das Auftreten großer derartiger Schwierigkeiten des Arrangements wird nach Rosenblatt und Russell geringer, wenn die Ferienunterkunft den häuslichen Wohnverhältnissen ähnlich ist. Dies könnte ein weiterer Grund für die oben beschriebene Bevorzugung von Ferienwohnungen durch Familien sein. Für die Problemkonstellationen, die sich oftmals im Urlaub von Familien mit Jugendlichen ergeben, wird als Erklärung gesehen, daß eine Situation von „zu vielen Chefs" vorliegt und somit Auseinandersetzungen darüber hervorruft, „wer das Recht hat, Dinge zu kontrollieren oder seinen Willen durchzusetzen" (1975, S. 212). Trotz dieser möglichen Probleme beschreiben Rosenblatt und Russell die Wirkungen eines Familienurlaubs auch als positiv und „spannungsreduzierend". Einer der Gründe für die entspannenden Auswirkungen könnte nach ihrer Meinung sein, daß Familien Freude darin finden können, „neue erfolgreiche Muster des Umgangs miteinander zu finden und auszuprobieren" (S. 214).

Der derzeitige Forschungsstand zum Thema Wirkung von Familienreisen ist als unzureichend zu betrachten. Die oben zitierte Untersuchung von Hoopes und Lounsbury (1989), die im statistischen Mittel keine signifikanten Wirkungen auf Ehe- und Familienleben feststellen konnte, macht die Notwendigkeit von differentiell angelegten Untersuchungen deutlich. Empfehlenswert ist eine methodische Vorgehensweise, die getrennt für bestimmte Gruppen bzw. Typen von Familien die Auswirkungen des Urlaubs untersucht. Eine Möglichkeit der Gruppenbildung von Familien aus einer Stichprobe ist die weitverbreitete Klassifikation nach dem „*Circumplex Modell für Ehe- und Familiensysteme*" nach D.H. Olson (vgl. Olson 1986).

Mit Hilfe dieses Modells und seiner Operationalisierung in Form des Fragebogens „Family Adaptability and Cohesion Evaluation Scales (FACES)" werden Familien nach ihrer Ausprägung auf den zwei Dimensionen „Kohäsion" („Zusammenhalt") und „Anpassungsfähigkeit" („Flexibilität") eingeteilt. Die Kombination dieser Dimensionen mit ihren jeweils vier Abstufungen ergibt 16 Typen von Familiensystemen. Nach Olson sind die Familien, die auf keiner der beiden Dimensionen sehr niedrige oder sehr hohe Ausprägungen haben, am funktionsfähigsten. Als ungünstig gelten dementsprechend zum einen Systeme mit zu niedriger oder zu hoher Ausprägung an „Kohäsion" („losgelöste" oder „verstrickte" Systeme), zum anderen mit zu niedriger oder zu hoher „Flexibilität" („rigide" oder „chaotische" Systeme). Diese Einteilung ist nicht nur für den Familienalltag, sondern auch für das Thema Familienurlaub als relevant anzusehen. So wird beispielsweise für eine Familie mit extrem niedriger „Kohäsion", deren Mitglieder meist getrennte Wege gehen, die oben diskutierte Intensivierung der Beziehungen im Urlaub viel problematischer sein als für ein im Alltag ohnehin eng zusammenlebendes Familiensystem. Die für „losgelöste" Familien ungewohnte Nähe im Urlaub kann zum extremen Stressor werden.

Der Einsatz des „Circumplex Modells" eignet sich zum einen für eine differentielle Erfassung von Urlaubswirkungen. Die Wahrscheinlichkeit für das Finden von Urlaubseffekten wird durch die Anwendung dieser Klassifikation – zumindest für einzelne Gruppen bzw. Typen von Familien – erhöht. Urlaubswirkungen könnten erstens hinsichtlich der Lebenszufriedenheit vor und nach dem Urlaub und zweitens auch bezüglich Veränderungen in der Ausprägung auf den beiden „Circumplex"-Dimensionen untersucht werden. Eine familienpsychologische Urlaubsstudie, die das „Circumplex-Modell" zur Messung der Veränderung in „Kohäsion" und „Flexibilität" bereits einsetzte, stellt die Untersuchung von Katschnig und Wanschura (1987) dar. Die dort beschriebene Evaluation ihres Projektes „Familientherapie in den Ferien" bezieht sich auf eine klinische Stichprobe. Der Autor dieses Abschnitts empfiehlt den Einsatz dieser Klassifikation von Familien an nicht-klinischen, „normalen" Stichproben, und zwar auch zu den Themen Urlaubsmotive und Präferenz bestimmter Urlaubsformen von verschiedenen Typen von Familien. Derartige Studien könnten einen Beitrag zu einer zukünftigen Verknüpfung der Bereiche Tourismus und Psychologie darstellen (vgl. Kagelmann 1988).

## Literatur

Belch, G.E.; Belch, M.A. & Ceresino, G. (1985). Parental and teenage child influences in family decision making. Journal of Business Research, 13, 163-176.

Elder, L. & Reihl, D. (1988). Camping vacations for the whole family. Journal of Visual Impairment and Blindness, 82(10), 430-431.

Gayler, B. (1982). Familienurlaub: Kein Platz an der Sonne für Familien mit Kindern? Unveröff. Manuskript. Starnberg: Studienkreis für Tourismus.

Gayler, B. (Hg.) (1987). Familienferien in Deutschland. Erkenntnisse aus dem Bundes-Wettbewerb 1986 für familienfreundliche Ferienangebote in der Bundesrepublik Deutschland. Starnberg: Studienkreis für Tourismus.

Gayler, B. (1988). Familienferien – Viele Wünsche unter einem Hut. In Festschrift zum 60. Geburtstag von Paul Rieger. Starnberg: Studienkreis für Tourismus.

Gayler, B. (Hg.) (1991). Familienferien in Deutschland. Erkenntnisse aus dem 2. Bundeswettbewerb 1990 für familienfreundliche Ferienangebote in der Bundesrepublik Deutschland. Starnberg: Studienkreis für Tourismus.

Hahn, H. (1984). Grundsatzreferat zum Thema „Familienurlaub". Unveröff. Manuskript. Starnberg: Studienkreis für Tourismus.

Hoopes, L.L. & Lounsbury, J.W. (1989). An investigation of life satisfaction following a vacation: A domain-specific approach. Journal of Community Psychology, 17, 129-140.

Kagelmann, H.J. (1988). Tourismus. (S. 499-517) In D. Frey; C. Graf Hoyos & D. Stahlberg (Hg.), Angewandte Psychologie. Ein Lehrbuch. München: PVU.

Katschnig, H. & Wanschura, E. (1987). Familientherapie einmal anders: Organisation, Durchführung und Evaluation des Modells „Familientherapie in den Ferien". Zeitschrift für personenzentrierte Psychologie und Psychotherapie, 6(2), 141-146.

Lounsbury, J.W. & Hoopes, L.L. (1985). An investigation of factors associated with vacation satisfaction. Journal of Leisure Research, 17(1), 1-13.

Meyer, G. (1981). Familien im Urlaub. Eltern und Kinder haben unterschiedliche Wünsche. (S. 111–124) In Reisemotive – Länderimages – Urlaubsverhalten. Starnberg: Studienkreis für Tourismus.

Meyer, G. & Meyer, W. (1984). Familienurlaub in Bibione. Beobachtungen und Erfahrungen eines Psychologenehepaares beim Urlaub in einer Ferienwohnung. Starnberg: Studienkreis für Tourismus.

Olson, D.H. (1986). Circumplex Model VII: Validation studies and FACES III. Family Process, 25, 337-351.

Pietropinto, A. (1985). Recreation and the family. Medical Aspects of Human Sexuality, 19(1), 197-201.

Rittelmeyer, C. (1982). Familie und Ferien – Eine Tourismusstudie über Urlaubswünsche und Urlaubserleben. Animation, 3(2).

Rosenblatt, P.C. & Russell, M.G. (1975). The social psychology of potential problems in family vacation travel. Family Coordinator, 24(2), 209-215.

Schneewind, K.A. (1991). Familienpsychologie. Stuttgart: Kohlhammer.

Schneewind, K.A. (1992). Familien zwischen Rhetorik und Realität: eine familienpsychologische Perspektive. (S. 9-35) In K.A. Schneewind & L. v. Rosenstiel (Hg.), Wandel der Familie. Göttingen: Hogrefe.

Steidle, J. (1982). Urlaub mit Kindern: Erfolg und Mißerfolg. Unveröff. Manuskript. Starnberg: Studienkreis für Tourismus.

Wolff, S. (1982). Reisemotive von Alleinreisenden und Familienreisenden. Der Fremdenverkehr und das Reisebüro, 12, 5-9.

**Joachim Weiß, München**

# Jugendreisen, Jugendtourismus

## 1. Begriffsgeschichte

Der Begriff „Tourismus" taucht in der deutschen Literatur in Verbindung mit „Jugendreisen" erstmals 1953 auf, als Graßl versucht, einige Grenzen zwischen Jugendwandern/Jugendreisen und Tourismus abzustecken. Er warnt zwar davor, in eine Schwarzweißmalerei zu verfallen und Schlagworte wie „Vermassung" und „Verflachung" zu benützen, hält es aber für notwendig, daß sich das Jugendreisen und Jugendwandern gegenüber dem von Technisierung, Kommerzialisierung und Kollektivierung geprägten Tourismus behaupten müßten: „Eine Reisegesellschaft kann die Gruppe nicht ersetzen. Das Gemeinschaftserlebnis der Gruppe auf Fahrt, das Bildungserlebnis (...) dürfen der Jugend durch den ‚Tourismus' nicht genommen werden." Der Begriff Jugendtourismus erscheint ein Jahr später in einem Artikel von Portmann (1954), in dem auf den „Drang der Jugend über die Grenzen" hingewiesen und vor einem „kommerziellen und sinnlosen Jugendtourismus" gewarnt wird. Der Jugendtourismus wurde lange Zeit (und wird z.T. heute noch) dem Massentourismus subsumiert, von dem sich die pädagogischen Formen des Jugendreisens abzugrenzen suchen.

Anfang der 60er Jahre prägte Kentler in Zusammenhang mit dem Jugendtourismus die Begriffe „Urlaub als Auszug aus dem Alltag" (1963) und „Urlaub als Subkultur" (1965). Der Pädagoge Hermann Giesecke (1964) versuchte eine erste Bewertung aus pädagogischer Sicht, die zwar den Jugendtourismus nicht verdammt, ihn aber deutlich von Jugendreisen unterscheidet:

„Zunächst ist es wohl zweckmäßig, eine grundsätzliche Trennung zwischen Jugendtourismus und pädagogisch geplanten Jugendreisen vorzunehmen. Daß das Reisen ein wichtiger und unerläßlicher Beitrag zum jugendlichen Bildungsgang sei, sofern es nur richtig vom Pädagogen geplant und gestaltet wurde, dies ist eine unbestrittene Ansicht der meisten Pädagogen der Neuzeit. (...) Jugendtourismus und pädagogisch geplantes Jugendreisen verhalten sich demnach zueinander wie Schule und Leben (...) Im Jugendtourismus partizipiert der Jugendliche so uneingeschränkt an der Liberalität der Erwachsenenwelt wie nirgends sonst."

Beobachtungen in verschiedenen Jugendferienprojekten hatten ergeben, daß die Qualität der Reisen von der Qualität der Reiseleiter abhing, unabhängig von der Art der Veranstalter. Eine inhaltliche Trennung zwischen Jugendreisen und Jugendtourismus war nicht klar vollziehbar. Konsequenterweise definierte Opaschowski (1969) so: „Jugendtourismus umfaßt alle die Aktionen und Beziehungen, die sich aus den Ferien- und Urlaubsreisen im Kreise ausschließlich junger Leute, die nicht mehr dem Kindesalter angehören und noch nicht ganz die Erwachsenenrolle übernommen haben, ergeben, die aber dennoch ganz im Stile von Erwachsenen auf die Befriedigung individueller Lebens-, Luxus- oder Kulturansprüche gerichtet sind."

Gayler kam daher zu dem Schluß, „daß eine eindeutige Eingrenzung des Begriffes „Jugendtourismus" weder durch das Alter, noch durch die Organisationsform, weder durch den Veranstalter noch durch den Inhalt der Reise, durch die Lernziele und Lernerfolge gezogen werden kann. Die Definition für Jugendtourismus heißt für uns also: Jugendtourismus ist der Oberbegriff aller Reisen junger Leute, die unter sich bleiben. Internationale Jugendprogramme und Reisen von Jugendverbänden stellen also nur eine Spezialgruppe innerhalb des Oberbegriffs Jugendtourismus dar. Sie bilden keinen Gegensatz zum Jugendtourismus." (Gayler, 1975, S. 75).

## 2. Entwicklung und Untersuchungen in den 50er und 60er Jahren

Die Reiseintensität der Bundesbürger und der Anteil der Auslandsreisen stieg in den 50er und 60er Jahren beständig (vgl. Tab. 1).

Angeregt durch den 1961 gegründeten Studienkreis für Tourismus wurden verschiedene Beobachtungs- und Befragungs-Studien durchgeführt, die das Wissen vom Feld Jugendreisen sehr erweiterten. Einige der wichtigsten Ergebnisse faßte Kentler 1965 wie folgt zusammen:

(1) Die jungen Leute wollen in ihrem Urlaub unter sich sein (...).
(2) Die jungen Leute streben in ihrem Urlaub danach, ihre Vorstellungen vom Erwachsenenleben möglichst ungehemmt zu verwirklichen (...)". Für Kentler schließen sich diese beiden Punkte nicht gegenseitig aus: „Es ist kennzeichnend für die Situation der Jugend in einer repressiven Gesellschaft, daß sie sich in den Sichtschatten der Erwachsenen verziehen und dort die Nähe der Gleichaltrigen suchen muß, wenn sie sich ein erwachsenenähnliches Verhalten erlauben will." (Kentler 1965, S. 75)

Seine eigene Beobachtungsstudie von 1962, die jugendliches Urlaubsverhalten in Catania (Sizilien) beschrieb, rief einen Sturm der Entrüstung hervor, da zum ersten Mal deutlich wurde, daß 18-25jährige ihre Vorstellungen vom Erwachsenenleben auch auf sexuellem Gebiet verwirklichen möchten (Doppelzimmer für Unverheiratete waren in jener Zeit undenkbar) *(→ Catania-Studie)*. In der Folge wurden die rund 30 *Jugendferienwerke*, die bis Ende der 50er Jahre entstanden, z.T. scharf angegriffen; die Ausbildungsseminare für Jugendreiseleiter wurden intensiviert; die Aufsichtspflicht wurde auch auf nächtliche Kontrollen in den Schlafzimmern der jungen Reisenden ausgedehnt. Immerhin akzeptierte man an den Jugendferienwerken, daß Auslandsreisen ihre Berechtigung haben, auch wenn sie nicht unbedingt dazu beitragen, das Land und seine Bevölkerung zu verstehen. Erholung und Geselligkeit, Sport und Spaß

Tabelle 1: Reisende Bundesbürger

|  | Anteil der Reisenden | | Inland-reisende | Ausland-reisende |
|---|---|---|---|---|
|  | % | Mio. | % | % |
| 1954 | 24 | 9,3 | 85 | 15 |
| 1960 | 28 | 11,8 | 69 | 31 |
| 1964 | 39 | 16,8 | 57 | 43 |
| 1968 | 39 | 16,8 | 49 | 51 |

(Quelle: DIVO 1968).

standen vielfach im Vordergrund – zum Leidwesen mancher Pädagogen, die Völkerverständigung als vornehmstes Ziele der Angebote an junge Leute ansahen. Hahn (1963, 1965) beschrieb u.a. die Eigenart der Ferienwerke wie folgt:

„1. Sie wurden von Kräften aus der traditionellen Jugendarbeit gegründet, die neue Formen der Betreuung und Erziehung von unorganisierten Jugendlichen suchten. 2. Es handelt sich um Spezialorganisationen, die nicht mehr ganzjährig eine umfassende Jugendarbeit betreiben, sondern nur noch während der Ferienzeit bestimmte Erholungs- und Bildungsziele verfolgen wollen. 3. Als Ziele werden Erholungshilfe, Freizeitgestaltung und Gemeinschaftserziehung genannt, dies aber in einer Sprache, welche die Vorliebe junger Leute für ‚zwanglose' und ‚komfortable' Ferien anspricht. 4. Bei den Ferienprogrammen stehen Gruppenaktivitäten im Vordergrund (...). Die Teilnehmer werden örtlich oder regional geworben, wobei gedruckte, bebilderte, mehrfarbige Werbeprospekte verwandt werden, die in der Aufmachung an die Prospekte der Reiseunternehmen erinnern (...)"

Die Teilnehmer der größeren Jugendreiseorganisationen waren überwiegend zwischen 18 und 25 Jahre alt. 1962 hatten die elf größten Organisationen 23.500 Kinder bis 17 Jahre und 75.000 über 18jährige als Teilnehmer. Zwei Jahre später war die Zahl schon auf 30.000 Kinder und 96.400 junge Erwachsene gestiegen.

*Nicht-organisierter Jugendtourismus.* Neben dem organisierten Jugendtourismus entwickelten sich auch schon in den 60er Jahren individuelle Formen des Jugendreisens. Freundesgruppen fuhren per Rad oder Autostop ins Ausland, der Rucksack wurde wieder hervorgeholt und diente als bequemes Gepäckstück. Die Bundesbahn war beliebtes Verkehrsmittel, auch wenn immer mehr junge Erwachsene begannen, mit dem Auto auf Reisen zu gehen.

*Repräsentativerhebungen* von DIVO (1954-1968) und EMNID (1954) konnten schon zu Beginn der 50er Jahre einige Auskünfte über das Urlaubsverhalten junger Leute geben.

Von Danckwortt (1956) wurde erstmals eine soziologische Untersuchung über die Reisegewohnheiten der 14-18jährigen aus Hannover durchgeführt. Anfang der 60er Jahre entstand, angeregt durch den Studienkreis für Tourismus, eine Reihe von teilnehmenden Beobachtungsstudien und Motivuntersuchungen, z.B.: Dechêne (1961), Packeiser (1962), Kentler (1963), Perle (1963), Schön (1963), sowie ein Sammelband von Hahn (1965) zum Thema „Jugendtourismus". Ein Jahr zuvor wurde vom Studienkreis eine große Untersuchung gestartet, deren Ergebnisse von Kentler, Leithäuser und Lessing (1969) in zwei Bänden dokumentiert wurden. Außerdem führte die Studie durch Giesecke, Keil und Perle (1967) zur Ausarbeitung einer Theorie der „Pädagogik des Jugendreisens" (→ *Tourismuspädagogik*).

## 3. Die 70er und 80er Jahre

Seit 1970 wird jährlich vom Studienkreis für Tourismus die Reiseanalyse (→ *Repräsentative Reiseuntersuchungen*) als Repräsentativerhebung durchgeführt, die die kontinuierliche Erfassung des Reiseverhaltens in den verschiedenen Altersgruppen ermöglicht. Die Ergebnisse zeigen nicht nur eine steigende Reiseintensität, sondern auch eine Zunahme der Auslandsreisen. In der Altersgruppe der 20-29jährigen ist „Urlaubsreisen" fast identisch mit „Auslandsreisen"; die entfernteren Ziele nehmen dabei immer mehr zu (vgl. Tab. 2).

1972 wird vom Studienkreis für Tourismus die erste eigene Repräsentativuntersuchung zum Thema Jugendtourismus (1972) organisiert, 15 Jahre später kann sie wiederholt werden (vgl. Gayler & Unger 1987), die eine Kurzfassung der Ergebnisse veröffentlichten).

Während in den 60er und 70er Jahren einige große Reiseveranstalter das Feld beherr-

Tabelle 2: Reiseintensität und Reiseziele der jungen Bundesbürger

|  | 1971 % | 1977 % | 1981 % | 1987 % | 1991 % |
|---|---|---|---|---|---|
| *Reiseintensität* | | | | | |
| 14-19jährige | 57 | 57 | 68 | 71 | 68 |
| 20-29jährige | 55 | 65 | 62 | 70 | 73 |
| *Reiseziele* | | | | | |
| 14-19j. Inland | 40 | 42 | 35 | 26 | 23 |
| Ausland | 60 | 57 | 65 | 74 | 77 |
| 20-29j. Inland | 35 | 26 | 23 | 15 | 19 |
| Ausland | 65 | 75 | 77 | 85 | 81 |

(Quelle: Studienkreis für Tourismus, Reiseanalysen 1971–1991)

schen, werden in den 80er Jahren von engagierten jungen Pädagogen viele neue Organisationen gegründet. Eine große Zahl kleiner und kleinster Veranstalter bieten Jugendreisen mit unterschiedlichen Schwerpunkten an.

Wolfgang Isenberg von der Thomas-Morus-Akademie schaffte mit seiner „Lernbörse Reisen" ein jährliches Forum, um neue Konzepte bekannt zu machen und den Überblick für die einzelnen Anbieter zu ermöglichen. Hier entstand ein Klima, in dem Konkurrenzdenken abgebaut und gemeinsame Projekte entwickelt werden konnten. So konnten auch trägerübergreifende Fortbildungsseminare entstehen. Werner Müller organisiert seit 1986 (→) *Modellseminare*, die der Studienkreis für Tourismus zusammen mit transfer durchführt, für die Ausbilder von Freizeitbetreuern und Jugendbegegnungsleitern.

Gleichzeitig geraten jene jungen Leute ins Blickfeld, die ohne einen Veranstalter verreisen: (→) *Tramper*, Globetrotter, Rucksacktouristen, Interrailfahrer. (Im Jahrbuch für Jugendreisen 1984 werden einige Untersuchungen zu diesem Feld vorgestellt.) Das Interrail-Angebot der Deutschen Bundesbahn im Verbund mit zunächst 20 (später 26) europäischen Ländern und Marokko ermöglicht jungen Leuten preisgünstige Reisen. 1981 nahmen 70.800 deutsche Jugendliche daran teil. Im Sommer 1992 haben allerdings einige Länder ihren Austritt aus dem Interrail-System für Januar 1993 erklärt.

Es bleibt abzuwarten, ob mit der Europäischen Vereinigung die vergünstigten Bahnreisen europaweit beibehalten werden können. Schönhammer (1987, 1989) war der erste, der eine *psychologische* Studie über das Reisen im europäischen Netz der Bahn von Jugendlichen verschiedener Nationen durchführte. Er erarbeitete auch eine neue Phänomenologie des Jugendtourismus. Vom Studienkreis für Tourismus wurde 1984 der Wettbewerb „Jugend reist und lernt Europa kennen" initiiert, um auch jene jungen Reisenden zu erreichen, die ohne Reiseorganisation unterwegs sind, und sie anzuregen, über das besuchte Land nachzudenken und Kontakte mit den Einwohnern zu suchen. Der Wettbewerb wurde 1989 wiederholt, der Aufruf durch die Bundesministerin für Jugend und die Willy Scharnow-Stiftung erfolgte zwei Wochen vor Öffnung der innerdeutschen Grenzen, so daß die jungen Leute aus der damaligen DDR mit einbezogen werden konnten. Verschiedene Dokumentationen und Auswertungen der insgesamt mehr als 1500 eingegangenen Erlebnisberichte konnten veröffentlicht werden (vgl. Siemsen 1987; Lutz & Piepenschneider 1988, Orlovius 1989; Gayler & Kroiß 1991).

## 4. Junge Reisende zu Beginn der 90er Jahre

Zu Beginn der 90er Jahre gilt für die 17-19jährigen Westdeutschen, daß sie im Schnitt schon zwischen sieben und acht verschiedene Länder persönlich kennengelernt haben. Niemand in dieser Altersgruppe gibt an, noch nie außerhalb der Grenzen gewesen zu sein. Parallel zu der vermehrten Auslandsreisetätigkeit stieg die Schulbildung: 1972 noch verließen 60% der Jugendlichen mit Ende der Vollzeitschulpflicht die Schule, Ende der 80er Jahre ist es nur noch ein Drittel. Durch den vermehrten Besuch der weiterführenden Schulen sowie durch die flächendeckende Einführung des Fremdsprachenunterrichts in der Hauptschule stiegen die Fremdsprachenkenntnisse – insbesondere die der englischen Sprache – in den letzten Jahren an. Nach eigener Einschätzung besitzen 90% der westdeutschen Teenager und Twens eine Kenntnis des Englischen, die zumindest zu alltagssprachlicher Verständigung reicht. Auslandserfahrungen und die Fähigkeit, sich wenigstens in einer Fremdsprache verständlich machen zu können, bilden also die Basis für die Ferienwünsche und das Reiseverhalten der jungen Westdeutschen. Anders sieht die Entwicklung bei den jungen Ostdeutschen aus. Für sie sind die westeuropäischen Länder noch Neuland (ebenso wie die englische oder französische Sprache). Gereist wurde überwiegend in Ost-Westdeutschland sowie in die osteuropäischen Länder, wobei die CSFR schon von mehr als der Hälfte der jungen Ostdeutschen besucht wurde.

Einige Erkenntnisse aus der Reiseanalyse 1990: Die unterschiedlichen Erfahrungen wirken sich auf die Erwartungen aus. Die jungen westdeutschen Touristen, die auch bisher schon die Möglichkeit gehabt hätten, Osteuropa zu besuchen, zeigen sich viel weniger neugierig als die gleichaltrigen Ostdeutschen. Innerhalb der nächsten drei Jahre (1991, 1992, 1993) wollen nur 12-13% in den neuen Bundesländern Urlaub machen, wogegen mehr als die Hälfte der jungen Ostdeutschen wünscht, die neuen Bundesländer kennenzulernen (61% der 14-19- und 54% der 20-29jährigen). Nur 10% der Teenager und 21% der Twens aus Westdeutschland haben die Länder des real existierenden Sozialismus in Osteuropa besucht, und das Interessse bleibt auch nach der politischen Wende äußerst gering. Die Westdeutschen werden auch weiterhin die bisher bevorzugten Länder aufsuchen, besonders Mittelmeerländer, an der Spitze Spanien und Italien. Die Ostdeutschen wollen Neues entdecken und äußern deshalb noch häufiger als die jungen Touristen aus dem Westen den Wunsch, diese Länder innerhalb der nächsten drei Jahre zu besuchen.

Der Jugendtourismus aus Deutschland (West und Ost) wird sich in den ausgewählten Zielen in den nächsten Jahren also angleichen. Das Verhalten vor Ort wird sich dagegen vermutlich noch einige Zeit unterscheiden, wobei zumindest anteilig die jungen Ostdeutschen eher daran interessiert sind, neue Dinge kennenzulernen, als die Westdeutschen, von denen häufiger die Sonne und Braunwerden als Urlaubsbedürfnisse genannt werden (vgl. Tab. 3a-c). Da die Reisen der jungen Ostdeutschen (zum größten Teil aus finanziellen Gründen) im Durchschnitt viel kürzer dauern als die Reisen der gleichaltrigen Westdeutschen, verwundert es nicht, daß ihnen die Zeit zum Ausruhen zu schade ist.

Jugendtouristische Angebote werden noch einige Zeit mit sehr unterschiedlichen Teil-

Tabelle 3a: Reiseabsichten der Jugendlichen
In den nächsten Jahren wollen Jugendliche folgende Reisen machen

| | | |
|---|---|---|
| Städtereisen | | |
| | Teenager | 61% Ost : 41% West |
| | Twens | 59% Ost : 32% West |
| Urlaub zur Weiterbildung | | |
| | Teenager | 31% Ost : 17% West |
| | Twens | 17% Ost : 12% West |
| Kulturreisen | | |
| | Teenager | 21% Ost :  7% West |
| | Twens | 13% Ost :  3% West |

Tabelle 3b: Urlaubswünsche, die deutlich mehr von den westdeutschen Touristen 1990 genannt wurden

| | | | | |
|---|---|---|---|---|
| In die Sonne kommen | Teenager | 53% : 40%, | Twens | 56% : 33% |
| braun werden | Teenager | 41% : 37%, | Twens | 38% : 28% |
| ruhen, schlafen | Teenager | 49% : 30%, | Twens | 41% : 28% |
| gut essen | Teenager | 47% : 36%, | Twens | 54% : 49% |
| aktiv Sport treiben | Teenager | 32% : 17%, | Twens | 22% : 14% |

Tabelle 3c: Reisemotive, die von den Ostdeutschen deutlich häufiger genannt wurden

| | | | |
|---|---|---|---|
| Neue Eindrücke gewinnen | Teenager | 83% : 58%, | Twens 66% : 51% |
| tun, was man will | Teenager | 73% : 54%, | Twens 51% : 49% |
| Zeit füreinander haben | Teenager | 37% : 29%, | Twens 68% : 52% |
| viel erleben, Abwechslung | Teenager | 87% : 77%, | Twens 73% : 56% |
| sich Bewegung verschaffen | Teenager | 60% : 49%, | Twens 46% : 42% |
| Spaß, Unterhaltung | Teenager | 84% : 79%, | Twens 66% : 60% |
| viel herumfahren | Teenager | 53% : 40%, | Twens 59% : 41% |
| andere Leute kennenlernen | Teenager | 68% : 61%, | Twens 60% : 55% |
| außergewöhnliche Entdeckungen | Teenager | 35% : 23%, | Twens 23% : 21% |
| Natur erleben | Teenager | 57% : 42%, | Twens 58% : 52% |

(Quelle: Studienkreis für Tourismus, Reiseanalyse 1990)

nehmerinteressen zu rechnen haben. Während die westdeutschen jungen Reisenden vielfach einen geselligen Badeurlaub suchen und sich jene, die sich für das Urlaubsland interessieren, eher auch ohne Zuhilfenahme einer Jugendreiseorganisation im kleineren oder größeren Freundeskreis auf die Reise begeben, zeigen die jungen Ostdeutschen zunächst großes Interesse an Sehenswürdigkeiten. Sie genießen Gesellichkeit, Spaß und Unterhaltung, wünschen daneben aber auch, möglichst viel von dem fremden Land kennenzulernen.

Die Erscheinungsformen des Jugendtourismus zu Beginn der 90er Jahre sind vielfältig. Die großen Jugendreiseorganisationen der 60er und 70er Jahre haben sich aufgelöst, an ihre Stelle sind viele kleinere Organisationen getreten, die unterschiedliche Schwerpunkte vertreten. Die Jugendverbände führen ihre Reisen schwerpunktmäßig eher mit Kindern und jüngeren Jugendlichen durch. Internationale Begegnungsangebote werden ebenso gemacht wie sportliche oder gesellige Reisen. Die konfessionellen Jugendferiendienste und

Jugendferienwerke werden auch weiterhin wichtige Funktionen haben, gerade auch bei jungen Leuten, die sich sonst keine längere Reise leisten können oder die die Gemeinschaft Gleichgesinnter suchen. Der Schwerpunkt des Jugendreisens liegt jedoch nicht im organisierten Jugendtourismus, sondern im individuellen, manchmal auch Alternativtourismus. Die Mehrzahl der jungen Touristen reist mit Freunden oder einem Freund/einer Freundin, den Rucksack auf dem Rücken und auf eigene Faust, meistens mit den billigsten verfügbaren Reiseverkehrsmitteln.

## Literatur

Adler, J. (1985). Youth on the Road: Reflections on the history of Tramping. Annals of Tourism Research, 12 (3).

Böhm, W. (1962). Zur Motivation junger Auslandsreisender. Ein Bericht über eine empirische Studie. (S. 111-122) In Studienkreis für Tourismus (Hg.), Jahrbuch für Jugendreisen und Internationalen Jugendaustausch. Starnberg: Studienkreis für Tourismus.

Danckwortt, D. (1957). Reisegewohnheiten der 14-18jährigen in Hannover. Deutsche Jugend, 15, 70-75.

Dechêne, H. (1961). Über jugendlichen Reisedrang. Eine motivationspsychologische Studie. Zeitschrift für experimentelle und angewandte Psychologie, (4), 461–507.

DIVO (1954-68). Erhebungen über Tourismus. Ein Bericht über Urlaub und Reisen der westdeutschen Bevölkerung. Frankfurt: DIVO-Institut.

EMNID (1954). Jugend zwischen 15 und 24. Eine Untersuchung zur Situation der deutschen Jugend im Bundesgebiet. Bielefeld: Emnid-Institut.

Föllmer, E.M. (1984). Der Globetrotter – Zum Selbstverständnis eines neuen Typs von Reisenden. In Studienkreis für Tourismus (Hg.), Jahrbuch für Jugendreisen und Internationalen Jugendaustausch. Starnberg: Studienkreis für Tourismus.

Gayler, B. (1975). Der inhaltliche Wandel eines Begriffes. Jugendtourismus. (S. 83-90) In Praxis der Sozialpsychologie, Bd. 4: Reisen und Tourismus.

Gayler, B. & Kroiß, E. (1991). Osteuropareisen junger Deutscher vor und nach der politischen Wende. Starnberg: Studienkreis für Tourismus/Frankfurt: Willy Scharnow-Stiftung.

Gayler, B. & Unger, K. (1989). Jugdtourismus 1987. Meinungen und Verhaltensweisen junger Urlauber. Starnberg: Studienkreis für Tourismus/Frankfurt: Willy Scharnow-Stiftung. (Repräsentativ-Untersuchung, durchgeführt von EMNID).

Giesecke, H. (1965). Tourismus als neues Problem der Erziehungswissenschaft. (S. 103-122) In H. Hahn (Hg.), Jugendtourismus, München: Juventa.

Giesecke H.; Keil, A. & Perle, U. (1967). Pädagogik des Jugendreisens. München: Juventa.

Graßl, A. (1953). Tourismus – Zeitgeschichtliche Beobachtungen. Deutsche Jugend, 1 (2), 16-27.

Hahn, H. (1965). Jugendtourismus. Beiträge zur Diskussion über Jugenderholung und Jugendreisen, München: Juventa.

Hahn, H. (1965). Ferienwerke und Reisedienste für junge Leute. (S. 41-53) In H. Hahn (Hg.), Jugendtourismus. München: Juventa.

Institut für Jugendforschung (1972). Jugendtourismus. Motive, Meinungen, Verhaltensweisen junger Urlauber. Starnberg: Studienkreis für Tourismus.

Kentler, H. (1963). Urlaub auf Sizilien. Deutsche Jugend, 11 (3), 118-124.

Kentler, H.; Leithäuser, T. & Lessing, H. (1969). Jugend im Urlaub. Eine Untersuchung im Auftrag des Studienkreises für Tourismus, Bd. I/II. Weinheim: Beltz.

Korbus, T. (1992). Fallbeispiel III: RuF Reisen. Gelungene Produkt-Profilierung im Ferienzielverkehr. Fremdenverkehrswirtschaft International, 17/92.

Lutz, F. & Piepenschneider, M. (1988). Europabewußtsein – Geschichtsbewußtsein bei jungen Reisenden. Starnberg: Studienkreis für Tourismus.

Müller, W. (1987). Von der „Völkerverständigung" zum „Interkulturellen Lernen". Die Entwicklung des Internationalen Jugendaustauschs in der Bundesrepublik Deutschland. Starnberg: Studienkreis für Tourismus.

Opaschowski. H.W. (1969). Phänomenologie des jugendlichen Touristen. (S. 87-94) In Studienkreis für Tourismus (Hg.), Jahrbuch für Jugendreisen und Internationalen Jugendaustausch. Starnberg: Studienkreis für Tourismus.

Opaschowski, H.W. (1970). Jugendauslandreisen. Geschichtliche, soziale und pädagogische Aspekte. Darmstadt: Luchterhand.

Orlovius, A. (1989). Jugend erlebt Europa. Psychologische Studie über die Wahrnehmung der Fremde bei deutschen Reisenden. Starnberg: Studienkreis für Tourismus.

Packeiser, F. (1962). Wo verbringt die Hamburger Schuljugend ihre Sommerferien? (S. 43-60) In

Studienkreis für Tourismus (Hg.), Jahrbuch für Jugendreisen und Internationalen Jugendaustausch, Starnberg: Studienkreis für Tourismus.
Perle, U. (1961). Urlaub im Port Issol. München: Studienkreis für Tourismus.
Portmann, T. (1954). Lehrgänge für Leiter von kulturellen Jugendreisen und Jugendaustausch. Youth, Jeunesse, Jugend, 2, 6-11.
Siemsen, B. (1987). Junge Leute allein auf Reisen. In Studienkreis für Tourismus (Hg.). Jahrbuch für Jugendreisen und Internationalen Jugendaustausch. Starnberg: Studienkreis für Tourismus.
Schönhammer, R. (1987). Jugendliche Europa-Touristen. Eine psychologische Studie über das Reisen im europäischen Netz von Bahn und Jugendherbergen. Starnberg: Studienkreis für Tourismus.
Schönhammer, R. (1989) Interrail. Zur Phänomenologie des Jugendtourismus. Zeitschrift für Volkskunde (2).
Schönhammer, R. (1989) Interrail: Zum Verhalten und Erleben jugendlicher Touristen. Zeitschrift für Sozialisationsforschung und Erziehungssoziologie 1989 (1).
Siemsen, B. (1984). Zur Bedeutung des Trampens für Frauen. In Studienkreis für Tourismus (Hg.), Jahrbuch für Jugendreisen und Internationalen Jugendaustausch. Starnberg: Studienkreis für Tourismus.
Studienkreis für Tourismus (Hg.) (erscheint jährlich). Jahrbuch für Jugendreisen und Internationalen Jugendaustausch. Starnberg: Studienkreis für Tourismus.
Studienkreis für Tourismus. Reiseanalyse 1970, 1971... 1991. Starnberg: Studienkreis für Tourismus.
Studienkreis für Tourismus (1986). Dokumentation zum 1. Wettbewerb Jugend reist und lernt Europa kennen 1984/85. Starnberg: Studienkreis für Tourismus.
Studienkreis für Tourismus (1991). Dokumentation zum 2. Wettbewerb Jugend reist und lernt Europa kennen 1989/90. Starnberg: Studienkreis für Tourismus.
Studienkreis für Tourismus (1986). Jugendliche Tramper. Starnberg: Studienkreis für Tourismus.
Tüting, L. (1984). Wie aus dem „Reisen auf eigene Faust" ein „alternativer Tourismus" wurde. In Studienkreis für Tourismus (Hg.), Jahrbuch für Jugendreisen und Internationalen Jugendaustausch. Starnberg: Studienkreis für Tourismus.

**Brigitte Gayler, Starnberg**

# Kreuzfahrten

## 1. Die Schiffe

Eine Kreuzfahrt läßt sich definieren als „eine Vergnügen, Erholung bzw. Studien gewidmete Reise mit Vollpension auf einem mit Kabinen, Bewirtschaftungs- und Aufenthaltsräumen ausgestatteten Fluß- oder Hochseeschiff". Im Gegensatz zu Fährschiffen, die zwischen zwei Häfen pendeln und deren Zweck darin besteht, Fahrzeuge und Passagiere zu transportieren, laufen Kreuzfahrtenschiffe „neben dem Abfahrts- und Ankunftshafen mindestens noch einen weiteren Hafen an. An Bord ist in der zum Pauschalpreis gebuchten Reise mindestens eine Übernachtung eingeschlossen" (Ganser 1991, S. 14).

Das alljährliche, von Reiseveranstaltern und Reedereivertretungen in Katalogen zusammengestellte Angebot an Kreuzfahrten auf den deutschsprachigen Märkten umfaßt etwa 70 Schiffe der Weltflotte. Sie fahren teils auf immer den gleichen Rundkursen (z.B. jeden Samstag ab Venedig über Piräus zu Hellas-Inseln und zurück zum Ausgangshafen) oder in bestimmten Seegebieten, von Jahreszeiten und Wetter abhängig (z.B. Nordeuropa nur Juli/August oder: Frühjahr/Herbst Mittelmeer, Karibik im Winter).

*Reiseentscheidung, Reisezufriedenheit.* Die Entscheidung für eine bestimmte Seereise hängt ab vom Preis, dem passenden Termin, dem Fahrtgebiet und der Route, kaum dagegen von der Flagge (vgl. Lenner 1990, S. 94).

Dagegen gibt es zwei Kriterien, die unmittelbar mit dem Schiff zu tun haben und die für die Reisezufriedenheit vieler Gäste sehr entscheidend sind: (1) Größe und Bauweise des Schiffes, (2) Umfang der Serviceleistungen. Beide Kriterien sind meßbar.

Das „Berlitz Complete Handbook to cruising" (1989) sieht die Reisezufriedenheit abhängig von der in Bruttoregistertonnen vermessenen Größe des Schiffes: „There is a cruise and ship to suite every type of personality, so it is important to take in account your own personality when selecting a ship". Berlitz teilt in vier Arten ein: „intime" Schiffe bis zu 10 000 BRT, „kleine" von 10.000 bis 20.000 BRT, „mittlere" von 20.000 bis 30.000 BRT und „große" über 30.000 BRT. Das sind allerdings andere Vorstellungen als sie deutschsprachige Urlauber hegen. Als „intim" empfinden diese vermutlich nur Schiffe bis vielleicht 3.000 BRT.

Berlitz gibt im genannten Handbuch bei jedem Schiff an, wieviele BRT pro Passagier sich rechnerisch ergeben, wenn alle Betten belegt sind. An den so zustandekommenden Kennzahlen sollen Interessenten ersehen, ob sie sich auf dem in Aussicht genommenen „Musikdampfer" wohlfühlen.

Nach Erfahrungen des Autors spielen Raumgrößen für die Zufriedenheit zwar eine Rolle (z.B. gute Noten erteilen Bordgäste regelmäßig den sehr großzügig dimensionierten Kabinen auf der deutschen „Europa" mit 57,5 BRT pro Passagier). Passagierbefragungen ergaben jedoch, daß sich deutschsprachige Gäste gern verwöhnen lassen, d.h. umfangreichen perfekten Service als Maßstab ihrer Beurteilung schätzen. Diese Meßzahl gibt an, wieviele Passagiere jedem Besatzungsmitglied gegenüberstehen. Z.B. auf russischen Schiffen, die ihre Mitarbeiter vergleichsweise mäßig bezahlen und die sich deswegen viele Servicekräfte leisten können, nur 1,4 bis 1,7 Gäste, auf Schiffen unter deutscher Flagge aber 2,1 bzw. 2,4; vgl. Ganser 1982, Anh. II).

Auf den Märkten der deutschsprachigen Länder stagniert die Zahl der verkauften Kreuzfahrten gegenwärtig bei etwa jährlich 200 000 Reisen. Anders der Markt in USA: 1991 wurden dort bei alljährlichem Wachstum von 5-10% ca. vier Millionen Seereisen gebucht. Allerdings dauerten sie in der Regel nur drei bis sieben Tage, während Europäer mindestens zwei Wochen dauernde Fahrten unternehmen. Zahllose Studien versuchen seit Jahren, die Gründe für die Stagnation in Europa herauszufinden. Dabei unterscheiden die Forscher zwei die Seereiselust dämpfende Bereiche:

(1) Hemmschwellen auf der Tradition der früheren Atlantik-Linienschiffahrt – wie gesellschaftliche Zwänge (z.B. ständiges Umziehen, zuviele Essenssitzungen) und Exklusivität der Reiseart;

(2) Ängste (vor der Seekrankheit, vor Unglücken nach Art der „Titanic").

In diesem Zusammenhang wurde sogar die Bezeichnung „Kreuzfahrt" in Frage gestellt, weil sie falsche Vorstellungen weckt. So meinte z.B. Göckeritz: „Das Wort könnte bei vielen, zumindest unterschwellig, die Angst vor der Seekrankheit und die Befürchtung, man wäre auf See zu eingeengt, zu sehr an das Schiff gebunden, verstärken". Als Alternativvorschläge würden sich anbieten: „Seereise", „Urlaub auf See", „Lustreise", „Ferien im schwimmenden Hotel" u.a.

## 2. Das Publikum

*Erwartungen.* Kreuzfahrten sind keine Reiseart zur Welterkundung. Es gibt allerdings einige wenige Expeditionsschiffe, die auch in entlegene Regionen, z.B. in die Eiswüste der Arktis verstoßen, wobei sich das Interesse der Bordgäste ausschließlich auf die Natur richtet. Als Regel gilt üblicherweise: Die Reise soll Spaß machen. Ob das gelingt, hängt von der Bauart des Schiffes, den Servicekräften und dem Unterhaltungs- bzw. Animationsprogramm ab. Bei Europäern ergänzen Landausflüge das immerwährende Bordvergnügen. Amerikaner dagegen gehen – wenn überhaupt – nur an Land, um Souvenirs als Beweis für das Dagewesen-Sein zu kaufen. Sie verlangen noch viel mehr Unterhaltung als Europäer, wollen möglichst rund um die Uhr „have fun".

*Kundentreue.* Auf jedem Schiff drehen sich erste Kontaktgespräche stets um die Frage: Ist man erstmals auf See-Trip oder „Repeater"? Die meisten Schiffe haben hohe Anteile an Wiederholern (70-80%), und die Reedereien versuchen alles (mit Ehrungen, Wiedersehens-Clubs, Kundenzeitungen), um noch mehr Gäste an ihre Schiffe zu binden. Zu bestimmten Terminen treffen sich immer wieder Gäste, die sich bereits von anderen Schiffen und Routen zur gleichen Reisezeit kennen. Die Insider blicken mit ihren (meist in den Erzählungen maßlos übertriebenen) Erlebnissen von Gefahren und skandalösen Vorkommnissen oftmals überlegen auf Newcomer herab, sind aber jederzeit dazu bereit, ihren Wissensvorsprung wortreich vor Anfängern auszubreiten.

Auch auf sehr luxuriösen Schiffen (= ab 650 DM pro Tag aufwärts) setzt sich das Publikum in der Regel aus den unterschiedlichsten sozialen Schichten zusammen: vom gut verdienenden Handwerker bis zum pensionierten Ministerialdirektor, von der solo reisenden Fremdsprachensekretärin bis zur Unternehmerin.

*Emotionale Aspekte.* Sie alle reisen im gleichen „Hotel". Doch das gemeinsame „Dach" erleben sie intensiver als die Unterkunft an Land. Die Fachautoren heben immer hervor, daß das Schiff für Urlauber aus Europa bereits am zweiten Reisetag zum vertrauten Zuhause wird. An diesem Reisemittelpunkt gleiten zwischen den Ausblicken auf das Wasser quasi in bunten Kurzfilmen die Länder und Landschaften vorüber, in deren Häfen das

Schiff fest macht. Lohmann formulierte (1982): „Unter psychologischen Gesichtspunkten scheint dieser Urlauberkreis das Schiff als 'home away from home' zu erleben, als Basis, von der aus die Fremde ‚sicher' erfahren werden kann".

Amerikaner entwickeln dagegen nicht die emotionale Bindung ans Schiff. Für sie ist es nur Kulisse für ein paar Tage Vergnügen. Würde das Schiff sich drei Tage lang nur im Hafen von Miami drehen, würde das kaum jemandem auffallen.

Was erwarten Deutschsprachige neben „Spaß" sonst noch von der Seereise? In erster Linie – darin stimmen alle Befragungen überein – *Kontakte zu Mitreisenden*. Ganz gleich, ob man allein oder mit dem Partner an Bord gegangen ist. Nur bei Cliquen, also bereits vor Abfahrt zusammenhängenden Kleingruppen, ist das Kontaktbedürfnis geringer; aber auch sie versuchen permanent, weitere Reisende in ihren Beziehungskreis einzubeziehen.

*Zielgruppen.* Die Kreuzfahrt wirkt in Europa auf bestimmte soziale Gruppen in der Gesellschaft besonders anziehend, die im Alltag zuweilen oder ständig Ausgrenzung und Verlassenheit erleben: Witwen, Singles, Senioren. Sie haben an Bord die Chance, in kürzester Zeit neue Berührungspunkte zu finden und sozusagen wieder „in" zu sein. Und dies alles, ohne sich in Gefahr zu begeben. Denn das Schiff liefert das Parkett für Kontakte und es ist zugleich der Flucht- und Ruhepunkt, von dem aus man die exotische Umgebung betrachten kann. Obwohl alle wissen, daß bei Landausflügen den Preisen nicht entsprechende Leistungen gegenüberstehen, wagen es immer nur wenige, auf eigene Faust eine Hafenstadt zu erkunden. Der Ausflugs-Bus steht als Garant für pünktliche, sichere Rückkehr ins schwimmende traute Heim.

Die Qualität der an Bord eingegangenen sozialen Beziehungen ist von Unverbindlichkeit geprägt. Nur Anfänger nehmen Einladungen von Bordbekanntschaften zu sich nach Hause ernst oder glauben, eine Liebesbeziehung würde nach der unterwegs erlebten Intensität halten. Viele buchen ja gerade deswegen eine Kreuzfahrt, um ohne Gefahr aus ihrem Alltag auszubrechen, einmal „Unerlaubtes" zu tun oder – z.B. an der Bar – über die Stränge zu schlagen.

## 3. Das Bordleben

*Typische Angebote.* Das Tagesprogramm, als Blättchen oder kleine Zeitung abends unter der Tür in die Kabine geschoben, ist für den Kreuzfahrt-Urlauber von ähnlich zentraler Bedeutung wie der Tagesbefehl für den Soldaten. Die Mahlzeiten – Frühstück, Brühe um 11, Mittagessen, Kaffee, Abendessen, Mitternachts-Snack – bilden darin die Vorrang-Termine. Das Abendprogramm – Show, Film, Konzert, Theater – ist das Mindeste, was der durchschnittliche Bordgast „mitnimmt". Auf den Plätzen folgen in den Passagierbefragungen: Bingo, Tanzkurse, Brückenbesichtigungen, Vorträge über „Land und Leute", Shuffleboard, Sport- und Spaßwettbewerbe, Tontaubenschießen, Computer-, Bastel- und Sprachkurse, Andachten, Frühgymnastik, Yoga.

Ohne feste Termine verweisen die täglich neu von den Reiseleitungen gefertigten, oft witzig gemachten Programme auf weitere Aktivitäten: Trimmen im Fitnessraum, Saunieren, Einkaufen in den Bordgeschäften, Lektüreausgabe in den Bordbibliotheken, Karten- und sonstige „Wohnzimmerspiele".

Zur „Bordordnung" gehört die klare Trennung der verschiedenen Aktivitätenbereiche. Was beim Tanz, in den Kabinen, auf nächtlichen Gängen, beim Bingo oder am Swimmingpool passiert, hat nichts miteinander zu tun. Zum Ritual des Umgangs miteinander auf deutschsprachigen Schiffen gehören die mehrfachen täglichen Begrüßungen: Beim

Frühstück, beim Mittagessen, zum Showabend. Hat ein Gast an einem Abend ein paar Worte mit einem anderen Gast an der Bar gewechselt, so begrüßen sich beide am nächsten Abend wie alte Bekannte. Aber eben nur an der Bar. Erst bei Reisen von über einer Woche beginnen sich die Grenzen der „Beziehungswelten" allmählich zu verwischen.

Eine der negativen Meinungen über Kreuzfahrten lautet prägnant zusammengefaßt: „Luxus, Langeweile, Leberschaden". In der Realität kann heute von Luxus keine Rede mehr sein. Der Schmuck bleibt meist im Safe, nur beim Captain's Dinner oder an Weihnachten dominiert noch festliches Outfit. „Leger" heißt an immer mehr Tagen der Bekleidungstip der Reiseleitung. Langeweile kommt heute bei dem üppigen Angebot an Bordunterhaltung mit Sicherheit nirgendwo mehr auf. Wechselt ein Schiff vom Fahrtgebiet Mittelmeer in die Karibik (oder umgekehrt), dann legen die Reedereien die Kurse so fest, daß der Atlantik in wenigen reinen Seetagen bewältigt wird. Denn gerade die europäischen Gäste wollen nicht lange „Wasser und nichts als Wasser" sehen.

Alkohol ist auf den meisten Schiffen billiger als an Land. So tanken viele weit mehr Promille als sonst auf. Daheim eingeübte Vorsicht wird aber selbst „vollbenebelt" auch noch auf dem Schiff praktiziert: Man verspeist mehr als daheim (entschuldigende Erklärung: „Seeluft macht hungrig"). Das Essen gerät zur gesellschaftlich tolerierten Triebbefriedigung.

## 4. Das Personal

*Anforderungen und Qualifikationen.* Kreuzfahrten in der Art, wie sie sich Deutschsprachige wünschen, kann nur jener Veranstalter perfekt arrangieren, der ein ganzes Schiff chartert. Zufriedenstellen lassen sich deutsche Gäste auch unter internationalem Publikum, wenn die Reiseleitung deutsch ist. Schickt ein deutscher Veranstalter mehr als 20 Kunden auf ein amerikanisches Schiff, muß er, um drohende Reklamationen zu vermeiden, der Gruppe unbedingt einen eigenen deutschen Reiseleiter mitgeben.

Reiseveranstalter und Reedereien müßten, um das verwöhnt-anspruchsvolle Kreuzfahrtenpublikum zufriedenzustellen, hoch motivierte und gründlich ausgebildete Mitarbeiter auf die Schiffe schicken. Doch das geht meist aus finanziellen Gründen nicht. (Die „Europa" ist eines der wenigen Schiffe, auf denen die ständig mehrere Wochen ohne Pause durcharbeitenden Reisebegleiter(innen) regelmäßig zwei bis drei Wochen Urlaub zum Regenerieren erhalten.) Kaum eine andere Reiseart beansprucht die (→) *Reiseleiter* – 95% von ihnen sind Frauen – psychisch so stark wie Kreuzfahrten. Die Verschleißrate ist sehr hoch.

Die für das Personal größte Herausforderung aber stellen sogenannte Weltkreuzfahrten (= Langzeitreisen) dar, die zwischen 90 und 110 Tage dauern. Bei einem Münchner Veranstalter waren regelmäßig bis zu 70% der Bordgäste vom ersten bis zum letzten Reisetag dabei, während 30% der Betten in Abschnitten von zwei bis drei Wochen wechselnd belegt wurden. Psychische Probleme auf solchen Fahrten bleiben nicht aus – beim Publikum nicht und auch nicht beim Personal. Trotzdem sind etwa 90% der Weltreisenden Repeater, die solche Reisen trotz der ihnen bekannten Begleitumstände immer wieder buchen.

## 5. Zusammenfassung

Kreuzfahrten bilden eine Reiseform mit einer im deutschsprachigen Markt im Vergleich zur Gesamtzahl der Reisenden kleinen Schar von Anhängern. See-Urlaub ist auf der einen Seite durch überkommene Vorurteile oder tatsächlich negative Begleitumstände belastet. Zum anderen aber ist mit dieser Art Ferien ganz eng der Begriff „Traum-Urlaub" verbunden („Traumschiff"-Serien im Fernsehen). Das heißt: Kreuzfahrten mit ihrem Komfort, mit dem noch immer ihnen anhaftenden Image von Exklusivität und Luxus, regen zum Träumen an, wecken Wünsche. Kreuzfahrten sind Kulissen-Urlaub, Ferien mit einer zur Scheinwelt inszenierten Realität.

An Bord eines Musikdampfers Urlaub zu machen, kann mit der Wirkung einer Droge verglichen werden. Man kennt die Wirkung im voraus, konsumiert sie mit Genuß, aber ohne Reue, und sie macht zwar süchtig auf „Repeaten" im folgenden Jahr. In einer ständig aufgedrehten Stimmung sind aber zusammen mit ihrem „süchtigen" Publikum auch die Reiseleiter Bestandteile der Inszenierung. Doch bei ihnen brechen nach einiger Zeit psychische Abnutzungserscheinungen durch.

Trotzdem bleibt ein – allerdings begrenzter Prozentsatz – von Frauen bei diesem Beruf.

## Literatur

Berlitz (1989). Complete handbook to cruising. Lausanne: Berlitz Guides.

Ganser, A. (1982). Kreuzfahrt für junge Leute, Beobachtungsstudie. Starnberg: Studienkreis für Tourismus.

Ganser, A. (1991). Kreuzfahrten (S. 137–161). In J. Wolf & E. Seitz (Hg.), Tourismus-Management und -Marketing. Landsberg/Lech: Moderne Industrie.

Göckeritz, H. (1988). Kreuzfahrt oder Ferien auf See? FVW international 1.11.1988.

Lenner, K. (1990). Entwicklung und Bedeutung von Billigflaggen. Unveröff. Diplomarbeit, FH München.

Lohmann, M. (1987). Land in Sicht – neue Zielgruppen für Kreuzfahrturlaub. Unveröff. Referat, DRV-Tag 1987, Lissabon.

**Armin Ganser, München**

# Kurwesen

## 1. Geschichte

Die Geschichte des Kurwesens reicht mindestens 3500 Jahre bis in die mittlere Bronzezeit zurück. Vielfältige Funde von Opfergaben im germanischen, keltischen sowie im mediterranen Kulturraum deuten auf eine kultische Verehrung und Nutzung von Heilquellen hin (vgl. Amelung & Hildebrandt 1986; Krizek 1990; Merckens 1991).

*Antike.* Von einer „Heilkunst" kann erst im Zusammenhang mit der Einrichtung von Tempeln der griechischen Antike gesprochen werden, die dem Heilgott Asklepios gewidmet waren. Psychologisch bemerkenswert ist die Tatsache, daß dort neben diätetischen und physiotherapeutischen Verfahren gleichrangig auch kultisch-suggestive Behandlungspraktiken verwendet wurden. Vom 6. bis 4. Jh. v. Chr. gab es etwa 500 solcher „Kurstätten" in Griechenland.

Eine erste „wissenschaftliche" Fundierung wird vor allem auf Hippokrates (460-370 v. Chr.) zurückgeführt. Nach Ansicht der hippokratischen Ärzte entsteht Krankheit durch ein Mißverhältnis der Grundelemente Feuer, Luft, Erde und Wasser auf der einen Seite und den Körpersäften des Menschen auf der anderen Seite. Ihre Vorschläge zielten ab auf eine Harmonisierung der Lebensgewohnheiten, auf Diätetik, Gymnastik, Massagen, Schwitzkuren und verschieden temperierte Bäder – später auch auf die Nutzung von natürlich temperierten und z.B. durch Schwefel angereicherten Quellen (prominentes Beispiel: Adepsos auf Euböa).

Im römischen Kulturraum fand ein technischer Aufschwung des Bäderwesens durch Unterwasserheizung und großräumige Badeanlagen statt (im römischen Imperium wurden ca. 170 solcher Großbadeanlagen errichtet). Dabei dienten diese Anlagen zunehmend mehr als städtisch-bürgerliche Kommunikationszentren (man war „ad aquas"), als Kapitalanlagen und nicht zuletzt auch als Orte, an denen reiche Bürger diverse Heilmittel-Anwendungen (Schlämme, Inhalationen u.a.) in Anspruch nehmen konnten. Die Funktion dieser Badeanlagen veränderte sich zuerst an der Peripherie des römischen Reiches durch die Notwendigkeit, kranke und verletzte Soldaten medizinisch zu rehabilitieren (Beispiele: Bath/England, Baden/Schweiz, Aachen, Baden-Baden, Wiesbaden).

Nach dem Zerfall des römischen Reiches sind die Erkenntnisse der Balneotherapie vor allem durch die arabischen Ärzte Rases (865-925 n. Chr.) und Avicenna (980-1038 n. Chr.) konserviert und erweitert worden. Ihre Schriften wurden noch vor der Renaissance in das Lateinische übersetzt und bereicherten die italienische Medizin, welche ihre Indikationen bereits auf spezifische Wasseranalysen (Alaun, Eisen, Kupfer usw.) gründete.

*Mittelalter.* In Deutschland wurde die italienische Entwicklung erst Jahrhunderte später aufgegriffen (Beispiel: öffentliche Badestuben im 13. Jh.). Auch hier dominierten – folgt man den Bewertungen aus zeitgenössischer Sicht – weniger medizinische Bedürfnisse als solche nach Kommunikation und Zerstreuung. Heilung wurde neben den balneologischen Anwendungen (unter Zusetzung von Kräutern und Mineralstoffen) durch Schröpfen oder kleinere chirurgische Eingriffe erhofft. Derartige Sekundärbehandlungen führten – neben der allgemeinen Wasserverunreinigung und übertrieben langer Wassernutzung („suffocatus in balneo") – nicht selten zu Sepsis und Tod. Hoheitsrechtliche Hygieneregelungen bzw. kirchliche Moralgebote beeinflußten den mittelalterlichen Badebetrieb in der Praxis weniger als Ereignisse wie die Ausbreitung von Pest und Cholera oder der Dreißigjährige Krieg mit Zerstörung und Verknappung von Geld und Heizungsmitteln.

Kennzeichnend für die weitere Entwicklung in Deutschland ist die Hinwendung zur Trinkkur, welche nicht nur typisch für die Biedermeier-Zeit ist, sondern auch heute noch zu finden ist. Trinkkuren waren vor allem dem Adel und dem gehobenen Bürgertum seit dem 17. Jahrhundert vorbehalten. Neben den architektonischen Zeugnissen der Folgezeit (Bäder nach römischem Vorbild, Theater, Spielsäle) sind auch die Begründungen für diese Form des Kurbetriebes bemerkenswert: gegen das Unbehagen an der Kultur, der Maxime folgend ‚heraus aus den Städten' (vgl. Merckens 1989). Parallel zur „Trinkkultur" entwickelte sich die wissenschaftliche Analyse von Wässern, deren künstliche Herstellung und

Tabelle 1: Frühe Bädergründungen

| Zeit | Gründung |
|---|---|
| 1750 | Entstehung der ersten Seebäder in Brighton und Margate (England) für Lungen- und Gemütskranke |
| 1776 | erstes Meerwasserkrankenhaus an der Atlantikküste (Frankreich) für Lungen- und Gemütskranke |
| 1794 | erstes deutsches Seeheilbad in Heiligendamm/Ostsee |
| 1797 | Norderney/Nordsee, dort späterer Sitz des Kinderhospizes „Kaiserin Friedrich" |
| 1803 | erstes Solbad in Elmen/Magdeburg |
| 1800–30 | Seebäder Travemünde (1802), Wangerooge (1804). Wyk/Föhr (1819), Kiel (1822), Helgoland (1826) |

auch der Fernversand solcher Wässer (Beispiel: Selters, Niederselters).
Weiterhin kennzeichnend für die Entwicklung in Deutschland (ähnlich in anderen europäischen Ländern) ist die Kaltwasserbewegung, die im 19. Jh. durch Vinzenz Priessnitz und Sebastian Kneipp begründet wurde. Sie hat sich seitdem als Bestimmungsgröße für Indikationen und Kurortentscheidungen etabliert.
Markante Stationen der neuzeitlichen Kurwesen-Geschichte werden in Tabelle 1 zusammengefaßt.
Mit diesen Gründungen geht eine Ideengeschichte der Entdeckung von Natur und ihrer natürlichen Heilquellen einher, die sich wie in Tabelle 2 skizzieren läßt.
Die Prosperität der Klima-, Sol- und Meerestherapie zu Anfang unseres Jahrhunderts dokumentiert sich nach dem damaligen Wissenschaftsverständnis vor allem in Verzeichnissen der natürlichen Heilquellen und geeigneter Orte (vgl. das „Handbuch der Balneologie" von Dietrich & Kaminer in den Jahren 1916 bis 1926) sowie in der Gründung zahlreicher einschlägiger Gesellschaften und erster Forschungszentren (Beispiel: Bad Nauheim).

*Die Neuzeit.* Aus geschichtlicher Sicht verbleiben als „Denkmäler" nicht nur die pseudo-antiken Bauten des 19. und 20. Jahrhunderts (Beispiel: Friedrichsbad und als Postmoderne die Caracalla-Thermen in Baden-Baden). Es verbleibt auch eine Ideengeschichte, die in diesem Jahrhundert Eingang in die Sozialgesetzgebung gefunden hat. Jene ist offiziell gekennzeichnet durch formale Regelungen der Kur-Berechtigungen (auf der Basis der Reichsversicherungsordnung) und formale Änderungen und Erweiterungen (bisherige Kostendämpfungs- und Rentenreformgesetze sowie Neufassungen des Sozialgesetzbuches).
Inoffiziell finden Gedanken, die in ihrem Kern nicht neu sind, in den jeweiligen Neuformulierungen ihren Niederschlag:
– *Moralität:* Die phasenweise ausgesprochen lustbetonte Nutzung von Kureinrichtungen wurde bereits im Altertum von Cicero und Seneca moralisch kritisiert. Aus ideologischen Gründen hat auch die Kirche im Mittelalter Kureinrichtungen als „Herbergen des Lasters" desavouiert. Es scheint so, als wollten die kai-

Tabelle 2: Erste Begründer von Thalasso- und Klimatherapien

| Epoche | Zentrale Idee | Autor |
|---|---|---|
| 17. Jh. | Wetter- und Klimaabhängigkeit der | Thomas Sydenham (1624-1689) |
| 18. Jh. | menschlichen Gesundheit – Luft hat zuzeiten mehr Heilkraft als die Arznei selbst (J. Dryander) | Richard Russel (1700-1771) |
| 19. Jh. | Bioklimatik bestimmt den Zeitpunkt für die beste Intervention im Seeklima (Haeberlin), im Mittel- bzw. im Hochgebirgsklima, | Carl Haeberlin (1870-1954) |
|  | verbunden mit Liegekuren (Dettweiler), (Brehmer) | Herrmann Brehmer (1826-1886) Peter Dettweiler (1837-1904) |
|  | (Kohlensäurehaltige) Solbäder können Meeresluft in ihrer Wirkung ersetzen – nützlich v.a. für Rheumakranke und Herz/Kreislaufgeschädigte | Friedrich Beneke (1824-1882) August Schott (1839-1886) |

serliche Ordnungssprechung und später die Reichsversicherungsordnung eine Moralität auf dem Weg über genau spezifizierte Teilnahmekriterien am Kurwesen sowie durch explizite und verbindlich gemachte Verhaltensregeln in den Griff bekommen, die sich ideengeschichtlich auch in heutigen Hausordnungen von Kurkliniken widerspiegeln, wenngleich die Durchsetzung dieser Normen weder einheitlich noch pädagogisch konsequent verfolgt wird.

- *Wirtschaftlichkeit*: Schon in der Antike hat sich das Kurwesen „wirtschaftlich" organisieren müssen (vgl. entsprechende Hinweise von Plutarch). Noch mehr wurde dieser Gedanke im Römischen Imperium verfolgt, z.B. durch den Kauf und die Vermietung von heißen Heilquellen insbesondere in Süditalien. Heute stehen wir am vorläufigen Endpunkt einer Entwicklung, in der sich um die eigentlich heilungsgeeigneten Mittelpunkte (Kurmittelzentren, Kliniken) zahlreiche Wirtschaftsbetriebe gebildet haben, die in Zentren politischer, ökonomischer oder kultureller Macht üblicherweise vorhanden sind und die indirekt zur infrastrukturellen Funktionsfähigkeit von Kurorten beitragen. Insofern führen Ideen der „Purifizierung" („Reinerhaltung" der Orte allein für medizinische Maßnahmen) ebenso wie der „Klinifizierung" (Verfügung über Dienstleistungen und Kurmittel allein durch gesetzlich beauftragte Kliniken) in eine betriebswirtschaftlich und von der Sozialhistorie des Kurwesens nicht gerechtfertigte Richtung.
- *Heilungsgerechtigkeit:* Die historisch bekannten und teilweise sehr berühmten Kurorte sind heute nicht unbedingt mehr die „heilungsgerechten" Orte. Erstens haben sich bestimmte, früher gefürchtete Krankheiten, z.B. Lungentuberkulose, derentwegen viele Kliniken gegründet wurden, als relativ einfach heilbar erwiesen. Zweitens sind andere, „moderne" Krankheitsbilder (z.B. Allergien, bestimmte Auswirkungen von Lebens- und Arbeitsstreß, Übergewicht) entstanden oder haben in ihrer Bedeutung zugenommen, die in der Gründungszeit der Kurkliniken und ihrer damaligen Indikationsstellung noch nicht abschätzbar waren. Drittens haben die Kliniken durch die erst im 19. Jahrhundert eingerichteten Krankenkassen und Rentenversicherungen neue Aufgabenstellungen im Zuge von ordnungspolitischen Bereinigungen erhalten. Viertens hat sich die Ökologie mancher Kurorte klimatisch und vom Verkehrsaufkommen in einer Weise gewandelt, die z.B. eine Klassifikation als „Luftkurort" nicht mehr gerechtfertigt erscheinen läßt. Fünftens muß zunehmend das supranationale Angebot in Betracht gezogen werden. So erscheinen manche ausländische Regionen therapeutisch geeigneter als traditionelle deutsche Kurorte (vgl. Hoefert 1992).

## 2. Zum Selbstverständnis der Kurorte

Folgt man den „Grundsätzen für eine zeitgemäße Behandlung in den Heilbädern und Kurorten" von 1969 (vgl. Deutscher Bäderverband 1992), dann wird die Kurortbehandlung nicht als Alternative, sondern als sinnvolle *Ergänzung* zur klinischen Medizin betrachtet. Sie soll sich auf die natürlichen Heilmittel des Bodens, des Klimas und der Landschaft stützen, wobei die Bäderbehandlung (Balneotherapie) als Reaktions- und Regulationstherapie zu verstehen ist.

„Das Ziel der allgemeinen Therapeutik am Kurort ist eine Umstimmung und Aktivierung der Ordnungs- und Selbstheilungskräfte im Menschen nach einem individuellen Heilplan, der Krankheitsbefund, Befinden und Verhalten des Kranken berücksichtigt und zu einer Stabilisierung der vegetativen, hormonellen und psychonervösen Regulationen des Organismus führt." (ebd., S. 8). Dieses Ziel werde u.a. „durch Harmonisierung des Tagesrhythmus (...), durch gesunde Ernährung, unter Muße als einer Voraussetzung innerer Lebensordnung usw." erreicht. Bevorzugte Methoden seien die o.e. Balneotherapie, die gezielte Klimatherapie mit Sonnenbehandlung, Verfahren der physikalischen Therapie, die Therapie nach Kneipp, Priessnitz und Felke sowie die Diätbehandlung (ebd., S. 9).

Wie man sieht, sind die genannten Ziele und Verfahren nicht wesentlich verschieden von denen, die im einleitenden geschichtlichen Überblick genannt wurden. Daher wird es auch verständlich, daß der unspezifischen Kurtherapie vor allem von Seiten der modernen Rehabilitationsmedizin Unwissenschaftlichkeit und von Seiten der Gesundheitspolitik teilweise Verschwendung vorgeworfen worden ist.

Die Kurorte ihrerseits versuchen, dem Vorwurf der Unwissenschaftlichkeit durch eigene, umgrenzte Forschungsprojekte und durch die Beteiligung am Programm „Kurforschung 2000" (vgl. Reha-Kommission bei Verband Deutscher Rentenversicherungsträger, seit 1989 fortl.; Wiss. Reihe des Deutschen Bäderverbandes fortl.) zu begegnen. Daneben weisen die Kurorte gegenüber den Sozialversicherungsträgern darauf hin, „(...) daß für jede für eine Kurortbehandlung ausgegebene Mark das Dreifache an sonst anfallenden Krankheitskosten (Arzt-, Medikamentenkosten, Arbeitsunfähigkeitszeiten) eingespart wird (...)" (Stoyke 1990).

Eine gewisse Unsicherheit scheint bei der Gliederung der Kurorte und Heilbäder nach „Heilanzeigen" bzw. Indikationen zu bestehen: Noch 1992 erfolgt diese nach den Kriterien „Herz- und Gefäßerkrankungen, Erkrankungen des Stütz- und Bewegungsapparates, Frauenleiden" usw., obwohl sie sich erstens nur in *Teilen* mit den – dort auch wieder unterschiedlichen – Klassifikationssystemen der Kranken- und Rentenversicherungsträger decken, wobei diese zweitens auch nur in *Teilen* mit den supranationalen Klassifikationssystemen (DSM, ICD) übereinstimmen. Von solchen Sytemen hängt aber primär die Wahl bzw. Empfehlung des indikationsspezifischen Kurortes ab.

Einigermaßen sinnfällig, wenn auch trivial erscheint dagegen die traditionelle Gliederung in die vier Bädersparten Mineral- und Moorheilbäder, heilklimatische Kurorte, Seeheilbäder und Seebäder sowie Kneippheilbäder und Kneippkurorte. Über die Eignung dieser Orte unter psycho-sozialen Aspekten (entsprechende Versorgungsangebote, psychologisches „Ortsklima", „Publikumsmischung" u.ä.) ist damit noch wenig ausgesagt, obwohl die jeweiligen Ortsprospekte solche Merkmale – wenn auch diskret – erkennen lassen: Allzu deutliche Hinweise auf eine örtliche Spielbank, auf gehobene Gastronomie oder Freizeitangebote könnten zu Verdächtigungen eines „Kurtourismus" führen und damit die Zuwenderseite irritieren.

## 3. Wirtschaftliche Gesichtspunkte

Einige wenige Daten sollen kurz den wirtschaftlichen Aspekt beleuchten. Das Kurwesen in Deutschland ist heute eng mit dem allgemeinen Fremdenverkehr bzw. dem Tourismus „zu Zwecken der gesundheitlichen Stabilisierung" verbunden. Allein die 266 westdeutschen Heilbäder und Kurorte bedienen pro Jahr mehr als 10 Mio. Gäste und stellen damit etwa die Hälfte des Beherbergungsangebotes unter den 2.500 westdeutschen Fremdenverkehrsorten (Deutscher Bäderverband, Jahresbericht 1990 (1991, S. 54).

Bei der Einschätzung der wirtschaftlichen Situation der Kurorte und Heilbäder müssen noch folgende Umsatzgrößen in Rechnung gestellt werden (Basis 1989):
– Verkauf ortsgebundener natürlicher Kurmittel (Heilwässer, Peloide) und Anwendungen der physikalischen Therapie (Massagen, Krankengymnastik) in den Kurhäusern – etwa 450 Mio. DM Umsatz;
– Einnahmen durch Kurtaxen – etwa 240 Mio. DM Umsatz.

Bezieht man weiter die Umsätze der ambulanten Kurgäste, Passanten und Tagesausflügler ein, so errechnet sich ein Gesamtumsatz von über 13 Milliarden DM (mit einer geschätzten Nettowertschöpfung von etwa 6,5 Milliarden DM) pro Jahr aus den Leistungsbereichen Kur- und Bäderwesen.

## 4. Bedeutung der medizinischen Rehabilitation im Kurwesen

Die *medizinische* Rehabilitation (Reha) stellt – wie oben bereits betont wurde – das wirtschaftliche und vor allem „ideologische" Rückgrat des Kurwesens dar; die drei anderen Typen – berufliche Reha, schulische Reha und psychosoziale Reha – bleiben hier weitgehend außer Betracht.
Nach dem Modell der Krankheitsfolgen der Weltgesundheitsorganisation WHO setzt Reha dort an, wo infolge von Krankheiten weitere Behinderungen drohen oder bereits vorhanden sind (*impairments, disabilities, handicaps*). „Rehabilitation umfaßt alle Maßnahmen, die das Ziel haben, das Einwirken jener Bedingungen, die zu Einschränkungen oder Benachteiligungen führen, abzuschwächen und die eingeschränkten und benachteiligten Personen zu befähigen, soziale Integration zu erreichen (...)" (WHO 1980). Im Regelfall werden alle medizinisch-therapeutischen Maßnahmen, die z.B. während eines Aufenthaltes im Akutkrankenhaus notwendig sind, von den *Krankenversicherungen* getragen; dazu zählen Maßnahmen zur Vermeidung bzw. Minderung von Pflegebedürftigkeit (SGB V). Demgegenüber erbringen die *Rentenversicherungen* Leistungen, um den Auswirkungen einer Krankheit oder einer körperlichen, geistigen oder seelischen Behinderung auf die Erwerbsfähigkeit entgegenzuwirken, ein vorzeitiges Ausscheiden aus dem Erwerbsleben zu verhindern und die Versicherten möglichst dauerhaft wieder in das Erwerbsleben einzugliedern (vgl. 9 SBG VI auf der Basis des Rentenreformgesetzes von 1992).
Im Kontext des Kurwesens verdienen besonders jene Überlegungen der Reha-Kommission (VDR 1992) psychologisches Interesse, welche die Rolle des Ex-Patienten im Reha-Prozeß betreffen: „Charakteristisch für die stationäre Reha ist eine individuell geplante, therapeutische Arbeit, die sich über den ganzen Tag verteilt und die aktive Mitarbeit des Rehabilitanden erfordert." (ebd., S. 13). „Der Erfolg der Reha hängt wesentlich davon ab, inwieweit der Rehabilitand selbstverantwortlich und aktiv in die Reha einbezogen und er selbst zum Subjekt (und nicht Objekt) des Reha-Prozesses wird." (ebd. S. 18). Diese Mitwirkungspflicht des Patienten wird in 9 Abs. 2 SGB VI ausdrücklich formuliert. Damit erhalten Fragen der *Motivation* bzw. Motivierbarkeit von Patienten eine vergleichsweise neue Akzentuierung. Diese Motivation soll u.a. auch durch *Gesundheitsbildung* erreicht werden, die auf der Basis eines vertrauensvollen Therapeuten-Klienten-Verhältnisses (mit dem Ziel höchstmöglicher *„compliance"*) oder durch andere Verfahren geschaffen werden kann. In jedem Fall sollen die Versicherten angeleitet werden, eigene Abwehr- und Heilungskräfte zu entwickeln (15 Abs. 1,1 SGB VI).
Die von der Reha-Kommission vorgeschlagenen Therapie-Verfahren umfassen neben physiotherapeutischen Maßnahmen oder Gesundheitsbildung auch spezielle Programme (Entspannung, Gewichtsreduktion, Schmerzbewältigung, Streßtraining, Raucherentwöhnung usw.) – Programme also, die insgesamt die gesundheitlichen Risikofaktoren reduzieren sollen. Dabei wird von einem *„biopsychosozialen Modell"* ausgegangen, das den Menschen – vom theoretischen Anspruch her – in seinen inneren und äußeren Wechselfunktionen sieht.

## 5. Psychosoziale Faktoren: Kuren als „kritische Lebensphase"

Kuren sind – wahrscheinlich wegen ihres Images als eher heilende, beruhigende und mitunter amüsante Lebensabschnitte – bisher weitgehend aus der Betrachtung „kritischer" Lebensereignisse ausgeblendet gewesen (vgl. Fillip 1981, Ulich 1987). Sowohl medizinisch als auch psychologisch gelten Kuren als Verarbeitungs- oder Präventivphasen im Hinblick auf „Ereignisse" und sind somit nicht mehr als „kritisch", d. h. als einschneidende Veränderungen zu bewerten.

Dem kann entgegengehalten werden, daß Kuren und insbesondere Reha-Maßnahmen vom Angebot, von den Anforderungen und auch von den persönlichen Zielen her oft „kritischer" im Sinne neuer normativer Umorientierungen wirken als das möglicherweise vorhergehende nicht-normative Lebensereignis (z.B. Herzinfarkt).

Auch wenn man die *dramatischen* bzw. *chronifizierenden* Anlässe einer Kur außer acht läßt, bleiben verschiedene Gründe, warum das *Leben in der Kur* – vor allem über eine längere Zeitdauer – als „kritische Phase" begriffen werden kann:

– *Die Trennung von Familie und Heimatort* kann im gesundheitsförderlichen Sinne zu einer distanzierten Selbstfindung beitragen, aber auch Trennungsängste und irrationale Bindungsbedürfnisse verstärken.
– *Die Trennung von Beruf und Heimatort* kann – ähnlich wie bei anderen touristischen Aufenthalten – zu einem neuen Statusgewinn (im Kur-Setting z.B. bei Patien-

ten und Kurpersonal) führen, aber auch einen (durch Arbeitsunfähigkeit erlittenen) Statusverlust durch die Reduzierung auf das „Patientendasein" vertiefen („sekundärer Krankheitsgewinn").
– Die (im Rahmen des individuellen Kurplans auftauchende) *Forderung nach Veränderung des Lebensstils und der Lebensgewohnheiten* kann zu drastischen Neuorientierungen in der Einstellung zum Arbeits-, Privat- und sonstigem Freizeitleben (und damit verbundenen Motivationsschüben) führen, oder eben wegen des erlebten Forderungsgrades schlicht abgelehnt werden und zu einer Verfestigung unterfordernder „alter" Gewohnheiten führen.
– Die Möglichkeit, *neue soziale Bindungen* eingehen zu können, ist nicht kurspezifisch, verstärkt sich aber bekanntlich mit der Länge der *Aufenthaltsdauer*. Auch die Forderung des Gesetzgebers nach mehr therapeutischer Hinwendung kann emotionale Konfusionen hervorrufen, wenn keine professionelle Distanz vorliegt. Daneben bietet die Aufenthaltsdauer auch die Möglichkeit, neue Kommunikations- und Bindungsmuster zu *erproben* und womöglich zu *stabilisieren*, wobei Konflikte in der back-home-Situation nicht selten sein dürften.

Alle diese Ambivalenzen zeigen, daß Kuren – auch wenn sie gesundheitspolitisch mehr als früher *organisiert* sind – nach wie vor Erlebnis- und Erprobungsphasen im menschlichen Lebenslauf darstellen, die dem Forschungsbetrieb bisher wenig zugänglich waren und vielleicht auch sein werden, wenn der Gedanke des *Schonraumes* für sonst im Privat- und Berufsleben beständig diagnostizierte, kontrollierte und in irgendeiner Weise „gemessene" Menschen ernstgenommen wird.

## Literatur

Amelung, W. & Hildebrandt, G. (Hg.) (1986). Balneologie und medizinische Klimatologie. Berlin: Springer.
Deutscher Bäderverband (1991). Jahresbericht 1990. Bonn: Deutscher Bäderverband.
Deutscher Bäderverband (1992). Deutsche Heilbäder und Kurorte. Bonn: Deutscher Bäderverband.
Fillip, S.-H. (Hg.) (1981). Kritische Lebensereignisse. München: Urban & Schwarzenberg.
Hoefert, H.-W. (1989). Der Mensch in der Organisation. Gießen: Schmidt.
Hoefert, H.-W. (1992). Psychologische und psychotherapeutische Aspekte einer Hauttherapie – geeignete Verfahren und Orte. Psychomed, 4(2), 112-115.
Koch, U. & Haag, G. (1988). Rehabilitation als Hilfe zur Bewältigung der Behinderung. Eine Problemanalyse des Rehabilitationswesens am Beispiel eines Herzinfarktpatienten. Praxis der klinischen Verhaltensmedizin und Rehabilitation, 1, 55-65.
Koch, U. & Barth, M. (1990). Kritische Übersicht über das System der medizinischen Rehabilitation. Psychomed, 4(2), 217-221.
Krizek, V. (1990). Kulturgeschichte des Heilbades. Stuttgart: Kohlhammer.
Merckens, M. (1989). Zur Geschichte der Hysterie. Psychomed, 1(3), 198-203.
Merckens, M. (1991). Kultbad, Volksbad, Heilbad. Psychomed, 3(4), 261-271.
Schuntermann, M. (1988). Konzept zur Beurteilung medizinischer Rehabilitationsmaßnahmen durch das Rentenversicherungsträger. Deutsche Rentenversicherung, 4-5, 238-265.
Stoyke, B. (1990). Die volkswirtschaftliche Bedeutung des Kurwesens. Bonn: Deutscher Bäderverband.
Ulich, D. (1987). Krise und Entwicklung. München: PVU.
Verband Deutscher Rentenversicherungsträger (VDR) (1992). Empfehlungen der Reha-Kommission, Teil A. Würzburg.

**Hans-Wolfgang Hoefert, Berlin**

# Nichtreisende

Mehr als die Hälfte aller Deutschen unternimmt jährlich mindestens eine Urlaubsreise, die länger als vier Tage dauert. Demgegenüber stehen 30% Bürger, die auf eine Urlaubsreise verzichten (Studienkreis für Tourismus, Starnberg 1990/91): 1990 waren es 30,8 %, 1991 33,2 %.

Für das Nichtverreisen gibt es regionale, soziale, ökonomische und psycho-physische Gründe. Die Gruppe der Nichtreisenden im Urlaub läßt sich anhand ihrer primären Beweggründe unterteilen in:
– Urlaubsverzichter
– Daheimbleiber.

(a) Zu den *Urlaubsverzichtern* gehören nicht nur gesundheitlich oder sozial Schwache, sondern oftmals Selbständige und Freiberufler, d.h. beruflich Engagierte, die für Urlaub keine Zeit haben. In den neuen deutschen Bundesländern verzichten z.B. Existenzgründer sehr oft auf Urlaub. Nach der Studie REISE '92 des Leipziger LEIF-Instituts versagten sich 1991 etwa 5% der Ostdeutschen einen Urlaub. Der Anteil bei den Selbständigen und Freiberuflern betrug 19% und wird sich kaum verringern.

(b) Die *Daheimbleiber,* die größte Gruppe der Nichturlaubsreisenden, nehmen dagegen sehr wohl Urlaub, verbringen ihn aber in der Wohnung bzw. auf dem (eigenen) Haus- oder Gartengrundstück. Psychische und physische Persönlichkeitsmerkmale als auch regionale Besonderheiten sind entsprechende Faktoren für die Verhaltensweise. So gehören zu dieser Gruppe viele Altersrentner. Allerdings reisen heute mehr Senioren, auch mehr in höheren Altersjahrgängen, als vor zehn oder zwanzig Jahren. Diese verstärkte Reiselust und Reisetätigkeit der aktiven „Alten" ist zu einem wichtigen Segment für die Tourismuswirtschaft geworden. Aber auch Bewohner kleinerer Ortsgrößenklassen in ländlichen Regionen zählen zur Gruppe der Daheimbleiber, wie Berufsgruppen, die durch landwirtschaftliche Produktion gebunden sind und/oder die aufgrund optimaler Bedingungen (auf eigenem Grundstück) in landschaftlich reizvoller Umgebung ihre Freizeitbedürfnisse sehr gut realisieren können. Vertreter des „Sanften" Tourismus weisen auf empirische Forschungen hin, die erkennen lassen, daß Freizeit-Mobilität durch das Schaffen humanerer Bedingungen am Wohnort der Menschen verringert werden könnte. Die These wird allerdings durch ein Betrachten der *Reise-Motivstruktur* eingeschränkt.

Zweifellos besteht ein Einfluß (individueller) ökonomischer Bedingungen auf die Reisehäufigkeit bzw. das Daheimbleiben. Von den Bevölkerungsgruppen mit niedrigem Einkommen und mit niedriger Bildung bleiben anteilig mehr im Urlaub zu Hause als von anderen. Jedoch dürfen diese ökonomischen Konditionen nicht einseitig überbetont werden. Die Wirkungen auf eine Reiseentscheidung sind multifaktoriell und werden sehr stark von den Wertevorstellungen des Individuums dominiert.

Wer gern reist, wird auch bei individuellen finanziellen Engpässen zumindest in einem gewissen Rahmen sein Einkommen entsprechend umverteilen. Wer dagegen ein so geringes Einkommen hat, mit dem er ohnehin kaum Freizeitbedürfnisse befriedigen kann, hat verständlicherweise auch kaum Möglichkeiten zum Umverteilen. In diese Richtung gehen Ergebnisse der Tourismusforschung, denen zufolge Daheimbleiber nicht jedes Jahr auf eine Urlaubsreise verzichten, sondern ein Jahr oder zwei Jahre für ein (teureres) Reisevorhaben sparen.

*Psychologische Aspekte.* Ähnlich wie bei der Reise(ziel)entscheidung im speziellen Fall kann Reisen oder Nicht-Reisen mit zunehmender Persönlichkeitsentwicklung zur Gewohnheit, d.h. im sozialpsychologischen Sinne zur verfestigten Verhaltensweise (habitualisiert) werden. Dieses Verhalten kann – Ergebnissen der Jugendforschung zufolge – in der Biographie bereits früh z.B. durch das Elternhaus oder durch soziale und regionale Konditionen geprägt werden.

*Methodische Aspekte.* Methodenkritisch ist auf folgenden Aspekt hinzuweisen: In der Tourismusforschung hat sich in bezug auf die Dauer einer Urlaubsreise die Definition von einem Mindestaufenthalt von fünf Tagen durchgesetzt. Wer weniger als fünf Tage vom Heimatort verreist, unternimmt eine per Definition Wochenend- oder Kurzreise. Im Alltag hat sich in den vergangenen Jahren allerdings aus verschiedenen sozialen und ökonomischen Gründen tendenziell eine Aufsplitterung des Jahresurlaubs durchgesetzt. So sind unter der Gruppe „Nichtreisende" einerseits Bevölkerungsgruppen zu finden, die tatsächlich überhaupt nicht reisen, andererseits aber auch Kurzreisende „aus Prinzip", also Urlauber, die gern mehrere kürzere Reisen unternehmen.

## Literatur

Gilbrich, M. (1992). Urlaubsreisen 1991, Kurzfassung der Reiseanalyse 1991. Starnberg: Studienkreis für Tourismus.

Schmidt, H. (1992). Reiselust wider Alltagsfrust!? Aspekte der touristischen Nachfragestruktur der Ostdeutschen. Touristik aktuell, 9, 21-22.

**Harald Schmidt, Leipzig**

# Seniorentourismus

## 1. Definition, Umfang und Arten von Seniorentourismus

Unter Seniorentourismus soll hier das Reiseverhalten von Menschen *über 60 Jahren* verstanden werden. Die meisten empirischen Daten beziehen sich auf über 60jährige; es gibt jedoch zahlreiche andere Veröffentlichungen, die diesen Personenkreis schon ab dem 55. Lebensjahr ansetzen.

Diese Bevölkerungsgruppe zeichnete sich lange Zeit durch ein im Vergleich zur Gesamtbevölkerung deutlich geringeres Reisevolumen aus. Neuere Untersuchungen (Gruner & Jahr, Märkte + Tendenzen 10/92) zeigen aber, daß

– 55,4% der 60-69jährigen,
– 49,3% der 70-79jährigen und immerhin noch
– 27,6% der über 80jährigen

eine Urlaubsreise unternehmen, die länger als vier Tage dauert. (Zum Vergleich: 1990 fuhren 69,2% der bundesdeutschen Gesamtbevölkerung in Urlaub.) Diese Zahlen sind umso bemerkenswerter, wenn man bedenkt, daß ältere Menschen tatsächlich häufig durch Krankheiten oder allgemeinen Abbau körperlicher Leistungsfähigkeit beeinträchtigt sind. Allerdings nimmt der Anteil der Auslandsreisen mit zunehmendem Alter ab: z. B. fuhren die 60-69jährigen noch zu über 50%, die über 80jährigen aber nur zu 25% ins Ausland (vgl. G + J, Märkte + Tendenzen, 10/92).

Darüber hinaus präferieren ältere Reisende insbesondere bestimmte Reiseformen, v.a.: klassische Studienreisen, Thermalferien, (→) *Kreuzfahrten* und Langzeit-Urlaube (zum Überwintern), ferner Kurzreisen (2-4 Tage). Man konnte feststellen, daß Ausruh- und Gesundheitsurlaub von Senioren bevorzugt wurde, ebenso wie Verwandtenbesuche. Hinzuzufügen wären dieser Liste noch die „Butterfahrten" (→*Verkaufsfahrten*) als fast ausschließlich von SeniorInnen frequentierte Reiseform. Es gibt also spezifische Eigenschaften, die ältere Urlauber in ihren Gewohnheiten und Präferenzen von der übrigen Bevölkerung unterscheiden.

## 2. Aktivität oder Disengagement? Der Beitrag alterssoziologischer Theorien

Bei der Frage nach Charakteristika reisender Senioren ist die Debatte um die Altersrolle in unserer Gesellschaft besonders interessant. Traditionell bedeutete Altsein Rückzug und Passivität – also Eigenschaften, die dem Reisen entgegengesetzt sind. Diese Auffassung wurde von Cumming und Henry 1961 in ihrer mittlerweile klassischen Arbeit „Growing old. A view in depth of the social and psychological processes in aging" theoretisch und empirisch fundiert. Die genannten Autoren beobachteten, daß ältere Menschen zum

Rückzug aus ihren gesellschaftlichen Rollen, zum *Disengagement*, neigten und als altersgemäßes Verhalten auch keine Wünsche auf bessere gesellschaftliche Integration äußerten. Diese Studie wurde noch zur selben Zeit vehement angegriffen und eine Aktivitätstheorie postuliert, die sich gegen die gesellschaftliche Ausgrenzung alter Menschen richtete. Die Funktionslosigkeit des Alters sollte durch Aufrechterhaltung zentraler Rollen aufgehoben werden. In diesem theoretischen Zusammenhang kann nun die Reisetätigkeit von Senioren interpretiert werden: entgegen der Disengagementtheorie weist die Zunahme von Tourismus im höheren Lebensalter darauf hin, daß von sehr vielen Aktivität gesucht wird. Die Art der Reisen scheint jedoch den Beschränkungen des Alters angepaßt zu werden. Kuraufenthalte und organisierte Reisen verschiedener Art entsprechen den verringerten körperlichen Möglichkeiten. Wie läßt sich nun der Trend zu mehr Aktivität durch Verreisen im Licht neuerer sozialer Entwicklungen interpretieren?

## 3. Neue soziale Entwicklungen: die „neuen" und die „jungen" Alten

Bei der Analyse der Urlaubshäufigkeit ist auffällig, daß die unter 70jährigen deutlich häufiger verreisen als die „Uralten" über 80. Diese Feststellung wird auch von Karl (1991, S. 86) bestätigt, der hervorhebt, daß die Gruppe der „aktiven neuen Alten", diejenige ist, die am meisten reist. Diese Menschen zeichnen sich außerdem durch ein überproportional hohes Einkommen, akademische Bildung und Wohnsitz in Großstädten aus. Diese spezifische Verteilung von Aktivität und Passivität läßt sich auch in anderen Lebensbereichen beobachten. Sie wird in der Altersforschung seit einigen Jahren besonders diskutiert und findet ihren Niederschlag in den Begriffen „neue Alte" bzw. „junge Alte" (vgl. hierzu: Karl & Tokarsky 1989; Krämer 1986; Schultz 1984). So werden diejenigen bezeichnet, die hergebrachten Altersklischees von Rückzug, Einsamkeit, Großelternrolle, Asexualität, geringem Konsum und Passivität nicht mehr entsprechen wollen. Tätigkeiten, die eher mit Jugend oder aktivem Erwachsenenalter gleichgesetzt werden, werden von älteren Menschen weiterhin ausgeübt. Die Altenrolle ändert sich und damit auch die Einstellung zum Verreisen. Die zunehmenden touristischen Aktivitäten wären in diesem Kontext als allgemeine gesellschaftliche Veränderung zu verstehen. Ihre Relevanz wird insbesondere hervorgehoben im Rahmen der Diskussion über die „Überalterung" der Gesellschaft, in der die Alten auch proportional an Gewicht gewinnen. Die „neuen Alten" werden in diesem Zusammenhang als wichtige neue Konsumentengruppe diskutiert.

Die Spaltung der reisenden Senioren in die „jungen Alten", die fast so häufig wie die Gesamtbevölkerung verreisen einerseits und die „alten Alten", die deutlich weniger wegfahren andererseits, läßt aber noch weitere Schlüsse zu. Der Generationenansatz nimmt an, daß sich unterschiedliche Generationen spezifisch unterscheiden, „junge Alte" also mehr reisen, weil dies in ihrer Generation auch in jüngeren Jahren weit verbreitet war. Diese Auffassung wird gestützt durch die Arbeit von Lohmann (1988), der anhand empirischer Untersuchungen des Starnberger Studienkreises für Tourismus nachweisen kann, daß sich das Reiseverhalten des mittleren Lebensalters bei derselben Generation im Alter fortsetzt. „Touristisch gibt es also einerseits die „neuen Alten", weil immer wieder neue Seniorengenerationen nachwachsen, die sich von ihren Vorgängern deutlich unterscheiden. Andererseits verhalten sich die einzelnen Generationen über die Jahre eher rigide, wobei diese Rigidität wahrscheinlich schon in der

Lebensmitte (zwischen 45 und 50 Jahren) beginnt." (Lohmann 1988, S. 243)

Auch in anderen Untersuchungen läßt sich die Existenz und Bedeutung der „jungen Alten" für den Seniorentourismus nachweisen. In den USA ist selbst *„Seniorencamping"* weit verbreitet. Hartwigsen und Null (1989) stellen in ihrer Studie „Full-timing: a housing alternative for older people", das ständige Leben in Campingwägen bzw. Wohnmobilen als ideale Lebensform für Pensionäre vor: „(...) full-timing is discussed as a lifestyle especially suited for older people in the context of todays's mobile society" und: „Full-timing, defined as a residing year-round in a recreational vehicle (...), is a lifestyle being experienced by a growing number of people, most of them retired." (S. 317) ($\rightarrow$ *Campingurlaub*).

Diese interessante spezifisch US-amerikanische Variante des Seniorentourismus wirft ein Licht darauf, wie kulturspezifisch die Sichtweise von alten Menschen ist und wie vielfältig die Möglichkeiten von Reiseaktivitäten älterer Menschen. Außerdem ist dies ein weiterer Hinweis, daß das Verreisen alter Menschen nicht zu abgegrenzt vom normalen Tourismus gesehen werden darf. Senioren wünschen sich keine abgeschotteten Refugien, sondern Integration mit Jüngeren. Zudem betonen etwa Wilhite, Hamilton und Reilly (1988), daß eine genaue Berücksichtigung spezifischer körperlicher Beeinträchtigungen durch entsprechende Maßnahmen leicht ausgeglichen werden können. Sie fordern eine größere Normalisierung der Bedingungen für reisende Senioren, die nicht von angeblich unpassenden Reisearten ausgegrenzt werden sollten.

## 4. Ausblick

Zusammenfassend kann festgestellt werden, daß sich Seniorentourismus einerseits signifikant durch verringerte physische Möglichkeiten und höheres Zeitbudget vom Reisen der Durchschnittsbevölkerung unterscheidet. Es können andererseits aber keine völlig abgegrenzten Formen von Seniorenreisen unterschieden werden, zumal sich der Prozentsatz der älteren Reisenden der übrigen Bevölkerung angleicht. Plausibel ist zudem der dauerhafte Anstieg von Reisen im höheren Lebensalter als Folge der Weiterführung von Urlaubsgewohnheiten im mittleren Erwachsenenalter.

## Literatur

Cumming, E. & Henry, W. E. (1961). Growing old. A view in depth of the social and psychological processes in aging. New York.

Ganser, A. (1991). Seniorenreisen. (S. 163-179) In Seitz, E. & Wolf, J. (Hg.), Tourismusmanagement und -marketing. Landsberg: Moderne Industrie.

Gruner + Jahr (Hg.) (1992). Märkte + Tendenzen. Hamburg: Gruner & Jahr 10/92.

Hartwigsen, G. & Null, R. (1989). Full-timing: a housing alternative for older people. International Journal of Aging and Human development, 29, 317-328.

Karl, F. & Tokarsky, W. (Hg.) (1989). Die ‚neuen' Alten. Kassel: Gesamthochschulbibliothek.

Karl, F. D. (Hg.) (1991). Die Älteren. Zur Lebenssituation der 55- bis 70jährigen. Bonn: Dietz.

Krämer, B. (Hg.) (1986). Die jungen Alten. Zwischen Arbeit und Rente – Berichte aus dem Vorruhestand. Berlin: Dietz

Lohmann, M. (1988). Die neuen Alten und ihre alten Reisen. (S. 240-248) In J. Fromme & M. Stoffers (Hg.), Freizeit im Lebensverlauf. Bielefeld/ Erkrath: DGFF.

Schultz, H.-J. (1984). Die neuen Alten. Erfahrungen aus dem Unruhestand. Stuttgart: Kreuz.

Wilhite, B.; Hamilton, K. & Reilly, L. (1988). Recreational travel and the elderly: marketing strategies with a normalization perspective. Activities, Adaptation & Aging, 12, 59-72.

**Ulrike Heß, München**

# Studienreisegruppen

## 1. Die Studienreisegruppe – ein Stiefkind der sozialwissenschaftlichen Reiseforschung

Die Frage nach sozialpsychologischen Vorgängen in Reisegruppen ist von der Tourismusforschung bis vor kurzem nur vereinzelt aufgegriffen worden. Am meisten interessierten dabei noch solche Gruppen, die sich an einem festen Aufenthaltsort befanden, wohl weil hier wegen der exakteren Beobachtungsbedingungen am ehesten methodisch zufriedenstellende Ergebnisse zu erwarten waren. Berühmt geworden ist das Ferienlager-Experiment von Sherif aus den Jahren 1949–1954, das sich allerdings mit einem speziellen sozialpsychologischen Problem, dem Zusammenhang zwischen Gruppenkohäsion und dem Ausdruck von Feindseligkeit, auseinandersetzte. Dagegen bezogen sich die Beobachtungsstudien, die der Studienkreis für Tourismus Anfang der 60er Jahre angeregt hatte, erstmals auf das Gruppengeschehen am Urlaubsort, auf die gegenseitigen Interaktionen und das Selbsterleben des einzelnen.

Im Gegensatz zu den Camp-, Club- und Hotelurlaubern waren die mobileren Studienreisegruppen – sieht man von zwei frühen Beobachtungsstudien der 60er Jahre (Molnos 1962; Ertel 1962) ab – lange Zeit kein Gegenstand der sozialwissenschaftlichen Forschung. Es ist zu vermuten, daß man einem Reisestil, der zunächst die Vorstellung einer Zweckgemeinschaft einzelner v.a. geistig interessierter Individualisten aufkommen läßt, gruppenpsychologische Aspekte entweder gar nicht zugestehen wollte, oder daß man solche als störende Randerscheinungen ansah, die einer weiteren Erforschung nicht wert waren.

## 2. Merkmale der Studienreisegruppe

Verschiedenen Umständen ist es zu danken, daß die Studienreisegruppe seit einiger Zeit sozialpsychologisches Interesse findet. So ist in der Gruppenforschung ein Trend spürbar, mehr über Dynamik und Erleben in bislang wenig beachteten Gruppierungen in Erfahrung bringen zu wollen. Konkretere Hinweise für das Vorhandensein sozialer Bedürfnisse und Erwartungen bei Teilnehmern von Studienreisen gibt uns seit Jahren die Reiseanalyse des Studienkreises für Tourismus (vgl. Gayler 1991). Soziale Motive mögen sogar noch tiefer verankert sein, als sie durch die direkte Befragung erfaßbar sind. Denn allein die Tatsache, daß sich so viele Menschen aufmachen, fremde Länder kennenzulernen und sich hierzu einer Gruppe anschließen, zeigt doch, daß dem Pioniergeist gleichzeitig auch entgegengesetzte, auf Schutz und Geborgenheit zielende Bedürfnisse beigemengt sind, für deren Erfüllung die Gruppe in Anspruch genommen wird. In der Tat gehören Abgrenzungstendenzen von Gruppen gegenüber der „fremden Welt" ringsum, Gruppenkohäsion und Überidentifikation einzelner Teilnehmer mit ihrer Gruppe zu den charakteristischen Kennzeichen vieler Studienreisen.

Schließlich verweisen auch die starken emotionalen Reaktionen, welche bei den Studienreiseleitern immer wieder zu beobachten sind (vgl. Peter 1991) darauf, daß diese während ihres Einsatzes als Zielscheibe für die verschiedensten Projektionen seitens der Teilnehmer benutzt werden. Solche Reaktionsbildungen bei Reiseleitern zeigen, daß in den Gruppen intensive und nicht immer bewußte Beziehungs- und Übertragungsprozesse stattfinden. Wegen seiner exponierten und zugleich neutralen Position wird der Reiseleiter zum Kristallisationspunkt für derartiges Geschehen. Daher wird in Schulungsprogrammen für Reiseleiter immer wieder die besondere Stärkung ihrer psychologischen Kompetenzen gefordert. Damit wird im Grunde die Bedeutung gruppenpsychologischer Abläufe in Studienreisegruppen auch von den Reiseveranstaltern (an)erkannt: Der für gruppendynamische Prozesse sensibilisierte Reiseleiter soll die Gruppenvorgänge so steuern können, daß sich diese für die Teilnehmer positiv auswirken.

## 3. Leitgedanken sozialwissenschaftlicher Untersuchungen zur Gruppenreise

Liegt also der Grund für die bisher vernachlässigte Erforschung gruppenpsychologischer Prozesse in Studienreisegruppen darin, daß die Hintergrundmotive vieler Teilnehmer nach kommunikativen Erfahrungen unbesehen blieben, so ist die psychologische Reiseforschung auf die neue Fragestellung noch nicht genügend vorbereitet. Denn Denkmodelle, mit Hilfe derer man die Gruppenphänomene in Studienreisegruppen fassen könnte, liegen kaum vor.

Die *experimentelle Gruppenforschung*, der wir einen Großteil unseres Wissens über Gruppenprozesse verdanken, beschäftigte sich mit Gruppen anderer Art: Deren Mitglieder trafen sich ausschließlich zum Zwecke der Gruppendynamik, d.h., es ging ihnen um die permanente Reflexion der Gruppenprozesse, die diese Gruppen selbst produzierten (vgl. Heintel 1974). Das Mittel hierzu war eine nach bestimmten Übereinkünften reduzierte Kommunikation in der Gruppe, die vor allem in der bewußten Meidung von Sachthemen zustandekam, was durch die Ausschaltung von Anregungen aus der sozialen, zeitlichen und räumlichen Umwelt erreicht wurde. Im Gegensatz hierzu besteht in der Studienreisegruppe das gemeinsame Interesse an einer anderen räumlichen und zeitlichen Umwelt – ein Merkmal, das zunächst einmal die Gruppensituation ausblendet, weil es sich auf die Außenwelt richtet. Die bei der Reise auftretenden Interaktionen entwickeln sich nicht planmäßig; eine gezielte Reflexion über sie würde zunächst auch auf Befremden stoßen.

Es bleibt also fraglich, ob diese Forschungsrichtung überhaupt geeignet ist, die gruppenpsychologischen Vorgänge in Studienreisegruppen wirklichkeitsgetreu zu erfassen. Der Mangel an empirischer Vorarbeit gibt den Tourismus-Forschern andererseits die Freiheit, selbst einen Anfang zu setzen und sich weitgehend unvoreingenommen der Frage nach gruppenpsychologischen Phänomenen der Studienreisegruppe zu nähern. Einige Ansätze liegen bereits vor.

– Beachtenswert sind zwei Arbeiten, die bereits 1962 im Rahmen der schon genannten Beobachtungsstudien des Studienkreises für Tourismus erstellt wurden. Molnos (1962) und Ertel (1962) versuchten, mittels der Methode der teilnehmenden Beobachtung Interaktionen und Gruppenprozesse während zweier Rundreisen zu beschreiben. Diese Studien sind auch heute noch als ein gutes Beispiel für das Sammeln von Beobachtungsmaterial zu betrachten, dessen die zukünftige Forschung dringend bedarf.
– Holloway (1981) versuchte, einen Teilaspekt der Interaktionsdynamik in Studienreisegruppen zu analysieren, indem er die Beziehungen zwischen einzelnen Personen (wie Reiseleiter, Busfahrer, Stadtführer usw.) untereinander wie auch zur Gruppe untersuchte,

wobei er sich an rollentheoretischen Modellen orientierte. Da die Aussagen sich nur auf Tagesausflüge beziehen, konnten Aspekte einer weiterführenden Gruppenentwicklung allerdings nicht behandelt werden.
– Beuchelt untersuchte (1988) wesentliche Parameter der traditionellen Gruppendynamik in bezug auf die Studienreisegruppe. Sowohl die Anregung für eine systematische empirische Forschung als auch die Diskussion über die Relevanz von Theorien sind sehr lesenswert, obwohl der Verfasser den Einbezug psychoanalytischer Hypothesen nicht von vornherein ausschalten möchte.
– Etwas pragmatischer auf die Bedürfnisse des Reiseleiters zugeschnitten sind die (allerdings mehr auf Gruppen mit festem Aufenthaltsort bezogenen) Beiträge von Ude (1990) und Müller (1990).
– Auch die Abhandlung über Konfliktregelung in der Gruppe von Petersen (1991) vermittelt wichtige Einblicke in die Dynamik einer Studienreisegruppe.

Ein neuer theoretischer Ansatz wurde in einer Studie des Verfassers aus dem Jahr 1982 unternommen; hier wurde versucht, ein spezifisches Merkmal von Studienreisegruppen, ihre Bezogenheit auf ein Thema, in die Beschreibung von Gruppensituation und Gruppenprozeß einzubeziehen.

## 4. Strukturelemente der Gruppensituation einer Studienreisegruppe – Angewandte Themenzentrierte Interaktion

Ein Modell, das der Wirklichkeit der Studienreise-Gruppensituation gerecht werden will, stellt die *„Themenzentrierte Interaktion (TZI)"* von Ruth Cohn (1988) dar. Es handelt sich hierbei um das Modell einer modifizierten, auf Lehr- und Lernsituationen abgestimmten Gruppendynamik, mit der das Ziel verfolgt wird, sach- und themenbezogene Lernvorgänge mit der Beachtung persönlicher Gefühle und gruppendynamischer Kommunikationsabläufe zu verbinden. Wesentliche Grundannahmen der TZI lassen sich auf die Studienreisegruppe übertragen, wodurch diese in einem ganzheitlicheren Licht gesehen werden kann, als dies durch ihre Reduktion auf rein gruppendynamische Kategorien möglich wäre. Die Reisegruppe wird in diesem Sinne als eine thematisch-interaktionelle Gruppe aufgefaßt, die sich auf die Dreiheit Ich-Wir-Thema zentriert, das heißt auf das Ich (die Persönlichkeit) des einzelnen Angehörigen der Reisegruppe, das Wir, das heißt die Gruppe aller an der Reise unmittelbar Beteiligten, und das Thema, mit dem sich der einzelne und die Gruppe auseinandersetzt. In Form eines Prozesses bewegen sich die Gruppenmitglieder von einer Ich-Basis über eine Wir-Orientiertheit zu einer themenbezogenen Gruppe.

– Das *Ich* ist die jeweils einmalige Existenz eines jeden Reisegruppenmitglieds, des Reiseleiters, des Busfahrers oder anderer Personen, die über einen längeren Zeitraum am Gruppenleben teilhaben. Seine individuelle Eigenart kommt durch seine Erfahrungen, Werthaltungen, Einstellungen, Motive, Bereitschaften, Wahrnehmungen u.a.m. zum Tragen.
– Das *Wir* der Gruppe ergibt sich aus dem verknüpfenden Band eines gemeinsamen Themas (das Reisevorhaben), dem sich jeder Einzelne – aus welchen Motiven auch immer – angeschlossen hat.
– Das *Thema* ist der Bezugspunkt der Gruppe. Besteht das Hauptthema in der Durchführung der Reise an sich, so werden sich im Laufe der Reise in Abhängigkeit von konkreten Situationen speziellere Themen ausdifferenzieren, die sich untereinander ablösen oder überschneiden können. Die Beschäftigung mit dem jeweiligen Thema stellt das Medium dar für die Beziehung der Teilnehmer untereinander.
– *Externe Einflüsse*: Die Ich-Wir-Thema-Einheit besteht nicht losgelöst von der konkreten Umwelt. Sie ist stets eingebettet in die räumliche Umwelt, in zeitlichen und historischen Gegebenheiten, sowie in das nähere und weitere soziale Umfeld.

Die drei Elemente *Ich, Wir, Thema* sind in jeder Studienreise-Gruppensituation präsent. Die Aufgabe des Reiseleiters ist es, in der Reisegruppe immer wieder die dynamische Balance zwischen den Strukturelementen herzustellen, indem er das jeweils am meisten vernachlässigte Strukturelement im Gruppenprozeß betont. Erst die Einhaltung der Balance hindert die Reisegruppe an Auseinanderstreben und Zerfall.

Für das Verständnis dieses Ansatzes ist der *Prozeßgedanke* wichtig. Das heißt: Das sich über einen bestimmten Zeitraum hin wandelnde Muster von Beziehungen zwischen den Elementen einer Gruppensituation wird als der Gruppenprozeß aufgefaßt. Dieses sich wandelnde Gesamtbild ergibt sich seinerseits aus einer Vielzahl von Einzelprozessen. Diese Einzelprozesse wiederum zeigen sich in einem idealtypisch zu denkenden Verlauf von bestimmten Phasen einer Gruppenreise.

*Typische Phasen sind:*
*(1) Die Phase der Unsicherheit* – das Vorstadium der Gruppenbildung (Reisebeginn, Eintreffen der Reiseteilnehmer unmittelbar vor der Abfahrt am Bus, gegenseitiges Inaugenscheinnehmen, einschließlich des Reiseleiters). Erste Formen vorsichtiger Kontaktaufnahme, charakteristische Unsicherheiten und Ängste angesichts des Verlassens der bisherigen vertrauten Situation und Eintauchens in eine neue Situation sind hier festzustellen; es ist typischerweise die Aufgabe des einfühlsamen Reiseleiters, Initiative zu ergreifen, um das partielle Unbehagen der Teilnehmer zu beenden und somit den Beginn einer Gruppenbildung zu erleichtern, in Termini der TZI gesprochen, den Übergang vom „Ich" zum „Wir" zu erleichtern.
*(2) Die Phase der Abhängigkeit* beginnt mit der Abfahrt des Busses der Reisegruppe und den damit involvierten Notwendigkeiten, sich räumlich und sozial-interaktionell zu arrangieren, einschließlich des Sicheinstellens auf den Reiseleiter, auf den sich ein Großteil der latenten und manifesten Erwartungen der Teilnehmer konzentrierten; auch hier dominiert noch das „Ich" der Gruppe.
*(3) Die Phase des Ausdifferenzierens* beginnt etwa mit der Ankunft am ersten Übernachtungsort, die Gruppe beginnt sich als solche zu konstituieren, persönliche Zusammenschlüsse entstehen als Zeichen einer zunehmenden „Wir"-Orientiertheit, komplizierte Identifikationsprozesse mit dem Reiseleiter zeigen sich; Unter- und Teilgruppen bilden sich.
*(4) Die Phase des „Strebens nach der Mitte"* (Battegay) beginnt quasi mit dem zweiten Tag der Reise, eine uneinheitliche situierte Gruppe mit vielen Kleingruppen und Cliquen beginnt sich zusehends zu festigen in Hinblick auf eine auf die Gesamtgruppe zentrierten Aktivität und in zunehmender Einsicht, daß sich das Reiseziel nur gemeinsam, also im „Wir" verwirklichen läßt. Die Suche nach Kommunikation, Interaktion und Informationen nimmt zu, die Gruppe wird mehr und mehr als eine Möglichkeit, Sicherheit und Geborgenheit vermittelt zu bekommen, erkannt; es gibt eine am Thema orientierte Interaktion, welche nunmehr die Gruppenmitglieder in zunehmender Intensität zu einem „Wir" verbindet und ein echtes Gruppenzugehörigkeitsgefühl schafft. Damit ist – im besten Falle – die Gruppe in ihrem dynamischen Bestand gesichert; man kann von einer Gruppenkohäsion sprechen, die die Chance birgt, daß es zu einer intensiven Reisezufriedenheit kommen wird.

Bisher fehlt es noch an einschlägigen Untersuchungen zur Anwendung der TZI im oben geschilderten Sinne auf Reise-, insbesonders auf Gruppen-/Studienreisegruppenprozesse. Dieses Denkmodell scheint aber durchaus geeignet, die herkömmlichen gruppendynamischen Analysen wirkungsvoll zu ergänzen.

# Literatur

Battegay, R. (1979). Der Mensch in der Gruppe, Bd. 2. (3. Aufl.) Bern: Huber.
Beuchelt, E. (1990). Zur Gruppendynamik in Studienreisegruppen. (S. 65-76) In A. Steinecke (Hg.), Lernen auf Reisen? Bielefeld: IFKA.
Cohn, R. C. (1988). Von der Psychoanalyse zur themenzentrierten Interaktion (8. Aufl.). Stuttgart: Klett-Cotta.
Day, M. (1976). Die Bildung und Entwicklung von Studiengruppen. (S. 85-89) In G. Ammon (Hg.), Analytische Gruppendynamik. Hamburg: Hoffmann & Campe.
Ertel, S. (1962). Romantische Italienfahrt. Beobachtungen eines Psychologen-Ehepaars während einer Gesellschaftsreise durch Italien. München: Studienkreis für Tourismus.
Gayler, B. (1991). Erwartungen und Bedürfnisse der Studienreisenden. (S. 117–131) In W. Günter (Hg.), Handbuch für Studienreiseleiter. Starnberg: Studienkreis für Tourismus.
Heintel, P. (1974). Das ist Gruppendynamik. München: Heyne.
Holloway, J.C. (1981). The guided tour. A sociological approach. Annals of Tourism Research, 8(3), 377-402.
Molnos, A. (1962). Eine Reise durch Italien. Beobachtungen einer Psychologin während einer Gesellschaftsrundreise. München: Studienkreis für Tourismus.
Müller, W. (1990). Die Kommunikation mit dem Reisegast. (S. 61-69) In M. L. Schmeer-Sturm (Hg.), Theorie und Praxis der Reiseleitung. Darmstadt: Jaeger.

Pearce, P.L. (1984). Tourist-guide interaction. Annals of Tourism Research, 11 (1), 1984, 129-146.

Peter, B. (1991). Psychohygiene des Reiseleiters. (S. 174–181) In W. Günter (Hg.), Handbuch für Studienreiseleiter (2. Aufl.). Starnberg: Studienkreis für Tourismus.

Petersen, D. (1991). Konfliktregulierung in der Reisegruppe. (S. 155–173) In W. Günter (Hg.), Handbuch für Studienreiseleiter (2. Aufl.). Starnberg: Studienkreis für Tourismus.

Schmidt, B. (1991). Auf dem Weg zu einer Psychologie der Studienreisegruppe. (S. 132–154) In W. Günter (Hg.), Handbuch für Studienreiseleiter (2. Aufl.). Starnberg: Studienkreis für Tourismus.

Sherif, M. et al. (1961). Intergroup Conflict and Cooperation. Norman: University of Oklahoma.

Stijksrud, H.A. & Datzer, R. (1981). Sozialbilität und Gruppenstudienreisen. Psychologische Beiträge 23, 303-313.

Ude, G. (1990). Das Zusammenleben in der Reisegruppe. (S. 55-61) In M. L. Schmeer-Sturm (Hg.), Theorie und Praxis der Reiseleitung. Darmstadt: Jaeger.

**Burkhard Schmidt, Würzburg**

# Themenparks

## 1. Einleitung

Das Bedürfnis nach Spiel und Unterhaltung ist sicherlich eines der ältesten in der Menschheitsgeschichte. Keine Kulturgeschichte verzichtet darauf, die Möglichkeiten und Formen zu beschreiben, die sich die Menschen verschiedener Epochen ausgedacht haben, um einem offenbar tiefverwurzelten Bedürfnis nach Abwechslung nachzugehen. Mit der Zunahme der freiverfügbaren Zeit innerhalb der letzten hundert Jahre in den Industriegesellschaften wurde auch die Nachfrage nach einem differenzierten Unterhaltungsangebot immer intensiver. Die Entwicklung der neuen Massenmedien, die Entwicklung der Massenverkehrsmittel und des Tourismus, die Freizeitbranche generell belegen dies in nachdrücklicher Weise. Die Unterhaltungsbranche erlebte schon Ende des vergangenen Jahrhunderts vor allem in England und in den USA einen Aufschwung, als einige Massenvergnügungsformen aufkamen, die für die Entwicklung der Unterhaltungs-Freizeitform eine Rolle spielen, welche wir gegenwärtig als einen ökonomischen Boomfaktor einstufen können: die Themenparks. Zu diesen für die Zeit der Jahrhundertwende und den ersten 20, 30 Jahren dieses Jahrhunderts charakteristischen Unterhaltungsangeboten gehören etwa: die Kabaretts, Varietés und Vaudevilles, die Weltausstellungen, die Lunaparks (Tivoli, Prater) und auch das Kino. Alle diese Elemente lassen sich in teilweise perfektionierter Form in den heutigen Themenparks wiederfinden.

*Zur Definition.* Unter einem „Themenpark" verstehen wir eine abgeschlossene, großflächig angelegte, künstlich geschaffene, stationäre Ansammlung verschiedenster Attraktionen, Unterhaltungs- und Spielangebote, die sich fast immer außerhalb großer Städte/ Metropolen befindet, die ganzjährig geöffnet und kommerziell strukturiert ist. Themenparks werden meist von großen Medienkonzernen oder multinationalen Unternehmen betrieben. Sie zielen traditionellerweise besonders auf den Kurzreisen- und (→) *Ausflugsverkehr* ab und versuchen, ein differenziertes Angebot für „die ganze Familie", für nach Geschlecht, Alter, Schichtzugehörigkeit, Bildungslevel unterschiedlich geartete Zielgruppen zu machen. Im deutschen Sprachraum haben sich die Ausdrücke „Freizeitpark" und „Erlebnispark" durchgesetzt. Das konstitutive Merkmal ist die *thematische Geschlossenheit*, d.h., daß entweder der ganze Vergnügungspark oder aber einzelne, in sich geschlossene Teile auf bestimmte Motive, Themata, Figuren usf. sowie deren Wiedererkennbarkeit angelegt sind. Beliebte Themen sind: Der Wilde Westen/Indianer; Piraten/abenteuerliche Seefahrt; (traditionelle) Märchen; Ritter/Mittelalter; Nostalgie der Jahrhundertwende; Weltraum-

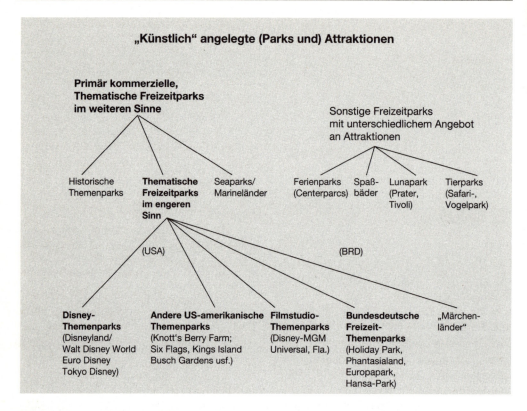

Abb. 1: Arten von Freizeit- und Themenparks

fahrt/Science Fiction; Fantasy; Liliputstädte u.ä.

Der kommerzielle Themenpark ist also zu trennen von stationären Parkattraktionen, das heißt Nationalparks und ähnlichen „natürlichen", wenn auch u. U. ausgebauten Attraktionen einerseits und andererseits historisch-didaktischen Themenparks, wie es sie in den USA und Australien, fast immer in öffentlicher Trägerschaft, gibt (vgl. Pearce & Moscardo 1985a). Er ist auch zu trennen von stationären (Lunaparks) oder gelegentlich eingerichteten Vergnügungsparks (Kirmes), die in der Regel eine nur geringe thematische Geschlossenheit aufweisen, ferner von den Ferienparks (á la „Center-Parks") und den „Spaßbädern". Eine Sonderform sind die Seaparks („Marineland") mit v.a. zirzensischen Attraktionen (Delphine, Wale usf.). Dennoch ist die Abgrenzung nicht einfach; sie kann aber durch Rückgriff auf die dominanten Charakteristika von „Disneyland", „Walt Disney World", „EuroDisney", die als Prototypen anzusehen sind, deutlich gemacht werden (vgl. Abb. 1).

## 2. Notizen zur Geschichte

Im eigentlichen Sinne kann man von einem Themenpark erst seit der Eröffnung des berühmten „Disneyland" in Anaheim, Kalifornien, 1955 sprechen. Überhaupt sind die Themenparks ohne die Ideen des Medienindustriellen Walter Elias („Walt") Disney (1901-1966), der besonders durch seine Zeichentrickfilme, Comics, Naturfilme, Spielfilme, TV-Shows usf. bekannt wurde, undenkbar, weshalb in der folgenden Beschreibung der Entwicklungsphasen der Themenparks vielfach Bezug auf die Leistungen Disneys genommen wird.

*a) Die Frühphase bis 1955* ist v.a. durch zwei Dinge bestimmt: einmal die Entwicklung spezieller Vergnügungs- und Unterhaltungssektionen in bestimmten Ausflugszielen, die „Piers" an der englischen Südküste und ihre Pendants an der amerikanischen Ostküste, einschließlich des berühmten Coney Islands (Kasson 1978), wodurch die schon im „Lunapark" (z.B. Wiener Prater) angelegte Idee des räumlich abgeschlossenen Unterhaltungsterrains, der „Amüsierstadt", noch erweitert wurde; zum zweiten die sich in der Medienbranche abzeichnenden Mehrfachverwertungen bestimmter erfolgreicher Motive und Figuren. 1928, mit dem phänomenalen Erfolgsjahr der Micky Maus-Zeichentrickfilme in den USA, begann eine Entwicklung, in deren Verlauf in immer größerem Umfange die multimediale Verwertung von erfolgreichen Figuren der Unterhaltungsmedien zu beobachten ist. Dafür sind die besten Beispiele die Figuren der Disney-Studios („Mickey Mouse", „Donald Duck"), die erst als Kinozeichentrickkurzfilme, dann als comic strips, als abendfüllende Kinofilme, als Fernsehprogramme und – schon relativ bald nach ihrer Entwicklung und als Folge der sichtbaren Akzeptanz bei einer Vielzahl von Zielgruppen – als Marketing-Instrumente (Merchandising) wiederverwertet wurden.

*b) Die „Disneyland"-Phase (1955 bis 1970).* Die Entwicklung des ersten (am 17. Juli 1955 eröffneten, auch von seinen damals bemerkenswert hohen Kosten von 17 Mio $ her außergewöhnlichen) Themenparks „Disneyland" zeigt, daß die historische Leistung von Walt Disney darin bestand, die beiden oben bezeichneten Stränge zusammenzuführen. Die Beliebtheit seiner Film- und Comicprodukte und die allgemeine Akzeptanz für deren Merchandising-Produkte wurde konzentriert in der Konzeption eines thematisch geschlossenen Vergnügungsparks umgesetzt, der seinerseits mit allen Attraktionen und Angeboten (Karussellfahrten, Paraden, Souvenirs etc.) auf die ursprünglichen Disney-Produkte zurückwirkte. Diese nicht anders als genial zu bezeichnende unternehmerische Idee verband Disney mit einigen spezifisch amerikanischen Ideen, denen er seine eigenen, nicht zu Unrecht als streng konservativ beschriebenen Werte hinzufügte: die Idee der (moralisch) „sauberen" Unterhaltung für die ganze Familie, in der bestimmte, konfliktive und tabuisierte Themen sorgfältig ausgespart wurden; die Idee der „sauberen", hundertprozentig hygienischen Umwelt; die Idee des überdurchschnittlich freundlichen Dienstleistungspersonals; die fast zwanghafte Tendenz zum Perfektionismus, einschließlich einer intensiven Schulung des Personals. Schließlich muß noch die fast hemmungslose Verwertung und Umgestaltung traditioneller Motive aus vielen Kulturen, wie besonders der europäischen Märchengestalten („Schneewittchen" u.a.) in „Disney-Manier" benannt werden, die vielfach zur einer heftigen kulturkritisch begründeten Ablehnung geführt hat.

*c) Die Boom-Phase der Themenparks (1971-1978).* Disneyland-Nachahmer und die Fortentwicklung zum umfassenden Themenpark-Resort-Angebot. In dieser Phase verdreifachte sich die Zahl der Themenparks in den USA auf 25 bei jährlich sich verdoppelnden Besucherzahlen und jährlich steigenden Einnahmenzahlen um etwa 20%. Der phänomenale Erfolg des Ursprungs-Disneylands zog Nachahmer an, darunter auch solche, die andere Akzente legten und sich ein anderes, z.B. eher auf Teenager abzielendes, Image gaben („Knotts Berry Farm"). Auch in Deutschland eröffneten die ersten Parks (Holiday Park in Hassloch/ Pfalz 1971). Eine neue Stufe der Entwicklung brachte die (Oktober 1971 eröffnete) „Walt Disney World" in Orlando, Florida. Bei diesem größten Themenpark der Welt handelt es sich um die konsequente Weiterentwicklung der Themenpark-Idee in vier Richtungen: (i) die Schaffung und Einbeziehung neuer, spezieller Attraktionen und Vergnügungsangebote für unterschiedliche Zielgruppen: Mitglieder einer Familie, von Kleinkindern bis Senioren, sollten die für sie interessanten Angebote in einem Park finden; (ii) die Idee des „Resorts", der Verbindung von Park und Hotel, im Sinne einer Weiterentwicklung des Eintagesbesuchs zum mehrwöchentlichen Ferienaufenthalt; (iii) die konsequente Nutzung neuer medialer Innovationen und technologischer Möglichkeiten, insbesondere der Lasertechnologie, Elektronik usf. (z.B. 1964: „Audio-animatronics": Roboterähnliche, elektronisch gesteuerte, sich bewegende und mit Stimmen ausgestattete, lebensechte Nachbildungen von Tieren, Menschen usf.); (iv) das Einbeziehen des gerade in den USA der 60er und 70er Jahre virulenten Interesses der Massenöffentlichkeit für Fortschritte der Raumfahrttechnik und Zukunftsvisionen (1982 Eröffnung des EPCOT-Centers, „Experimental Prototype Community of Tomorrow").

*d) Die Expansionsphase:* Export von amerikanischen Themenparks und weltweite Schaffung von Parks. Etwa um 1978 gab es eine Stagnation. Die großen Betreiber in den USA eröffneten einige Zeit keine neuen Parks. Allerdings rief der Erfolg der großen Disney-Parks – vor dem Hintergrund eines zunehmend größer werdenden Kontingents an freiverfügbarer Zeit in den westlichen

Industrieländern – in fast allen europäischen und nordamerikanischen Ländern Themenparks unterschiedlicher Größe, thematischer Geschlossenheit und Perfektion auf den Plan. Die Idee des Themenparks ist in diesen Regionen (auch in Deutschland) offensichtlich akzeptiert worden. Kulturanthropologisch wichtig ist indes der Versuch des (weltweit operierenden) Disney-Konzerns, seine ursprünglich streng an „typisch amerikanischen" Werten, Normen, Bedürfnissen, Motiven ausgerichtete Themenparkidee zu exportieren, so wie dies mit den Filmen, Comics, Videos des Konzerns bereits seit vielen Jahrzehnten geschehen war. In dieser Perspektive entstand der als ökonomisch sehr erfolgreich beurteilte Tokyo-Disneyland-Park (1983 eröffnet; ein Franchise-Park) und das am 12. April 1992 eröffnete „Euro-Disney" in Paris (das allerdings nach ersten Berichten nicht die erwartete Zugkraft auf die angezielte französische und europäische Zielgruppenschaft ausüben soll). Letztlich sind Innovationen dieser Art allerdings nur für überdurchschnittlich große multinationale Konzerne möglich. Die Disney-Company zählt zu den 28 führenden Dienstleistungsindustrien der USA; zu ihr gehören Filmgesellschaften, eine Filmverleihgesellschaft, eine bedeutende Merchandising-Abteilung, Fernsehproduktionsgesellschaften u.a.m. Konstitutiv für die neue Generation der Themenparks ist ferner in ökonomischer Hinsicht das joint venture-/Sponsoren-Geschäft mit multinationalen Konzernen verschiedener Branchen, die unter z.T. hoher finanzieller Beteiligung an der Sympathiewerbung durch die Parks profitieren wollen. – Ein Zeichen für die zunehmende Etablierung ist auch, daß sich in einigen Ländern die Betreiber von Themenparks zu Interessengemeinschaften zusammengeschlossen haben (z.B. „The British Association of Leisure Parks, Piers & Attractions", GB; „Verband Deutscher Freizeit-Unternehmen", Würzburg, BRD; „International Association of Amusement Parks and Attractions, IAAPA", USA) (vgl. Tabelle 1).

## 3. Strukturen, Aufbau, ökonomische Bedeutung der Themenparks

Typische Charakteristika von Themenparks sind:
– differenzierte, (meist) umfangreiche Serviceleistungen für verschiedene Zielgruppen (Familien, Kinder, Behinderte, Senioren);
– umfangreiche und differenzierte gastronomische Angebote;
– ein pauschales Unterhaltungsangebot (ein Eintrittspreis berechtigt i.d.R. zum Konsum aller angebotenen (nicht-gastronomischen) Leistungen in beliebiger Menge bzw. Wiederholung);

Tabelle 1: Die „Top 15" Themenparks in Nordamerika entsprechend ihrer Besucherzahl

|     | Park | Ort | Besucherzahlen in Mio. 1988 bzw. 1987 (*) |
| --- | --- | --- | --- |
| 1.  | Disney World/ EPCOT | Orlando, Florida | 23,8 * |
| 2.  | Disneyland | Annaheim, Cal. | 12,7 * |
| 3.  | Sea World, Orlanda | Orlando, Florida | 4,3 |
| 4.  | Universal Studios | Universal City, Cal. | 3,8 |
| 5.  | Knott's Berry Farm | Buena Park, Cal. | 3,5 |
| 6.  | Sea World, San Diego | San Diego, Cal. | 3,5 |
| 7.  | Busch Gardens | Tampa, Florida | 3,3 |
| 8.  | Cedar Point | Sandusky, Ohio | 3,1 * |
| 9.  | Kings Island | Kings Island, Ohio | 3,0 |
| 10. | Six Flags, Mountain | Valencia, Cal. | 2,9 |
| 11. | Sea World, San Antonio | San Antonio, Texas | 2,7 |
| 12. | Six Flags, Great America | Gurnee, Illinois | 2,5 |
| 13. | Six Flags Over Texas | Arlington, Texas | 2,3 |
| 14. | Great America | Santa Clara, Cal. | 2,3 |
| 15. | Opryland | Nashville, Tenn. | 2,2 |

(Quelle: McIntosh & Goeldner 1990, S. 115)

- „Kontinuität und Wechsel" (Faustregel:) zwei Drittel Standard-Angebote bleiben mehr oder weniger gleich, während ein Drittel der Angebote wechselt, um sowohl einen „Namen", eine Identität zu schaffen, als auch durch Abwechslung zu wiederholtem Konsum anzuregen und Stammgäste zu schaffen;
- Einsatz von Marketing-Instrumenten, z.B. Sonderpreise und Sonderaktionen; zielgruppenspezifische Angebote (z.B. Schulklassen; Incentives); Joint venture mit Unternehmen der Beförderungsbranche (z.B. Eisenbahn, Automobilhersteller, Autoverleiher), Lebensmittel- bzw. Gastronomiesparte (bis hin zum gezielten Merchandising);
- Angebot von Übernachtungs- bzw. Ferienaufenthaltsmöglichkeiten durch integrierte oder nahebei gelegene Hotels/Hotelanlagen (besonders in den USA);
- Perfektion und Professionalismus als Gütezeichen; intensive Schulung des Personals;
- Attraktionen: Das Angebot des typischen Themenparks umfaßt in erster Linie Fahrattraktionen mit dem dazugehörenden Nervenkitzel (z.B. Superachterbahnen, Hochgeschwindigkeitszüge), nostalgische Karussells, Schießbuden, Gaukler, Clowns, Artisten und zirzensische Attraktionen, Showbühnen, Stunt-Shows, Sportshows (Bungy Dive), Musikvorführungen, Paraden, Tiervorführungen, Feuerwerk u.a.m.

*EuroDisney als Beispiel.* Der Aufbau des typischen Themenparks kann am besten am Beispiel von „EuroDisneyland" gezeigt werden, der sowohl der modernste als auch am konsequentesten konzipierte Themenpark der Gegenwart ist. Das gesamte EuroDisney Resort hat *gigantische* Ausmaße und nimmt mit 1943 Hektar ein Fünftel der Fläche von Paris ein. Die Betreiber selbst bezeichnen das Unternehmen als das größte private Unterhaltungs-/Erholungszentrum in Europa (Annual Report 1990).
- Resort-Gedanke: Urlaubs-, nicht Tagesausflugsangebot durch (a) sechs verschieden teure Hotels mit insgesamt 5.300 Zimmern und einen Campingplatz mit den entsprechenden Pauschalangeboten; (b) Rahmenangebot durch Golfplätze, Tennis, Wassersportmöglichkeiten an einem künstlich angelegten See, Fitneßclubs, Eislauf u.ä.; (c) zusätzliches Shopping-Erlebnis-Show-Center („Festival Disney", außerhalb des eigentlichen Parks).
- perfekte infrastrukturelle Anbindung (u.a. durch Bau einer speziellen Nahverkehrs-Eisenbahnlinie bis vor die Tore des Themenparks);
- klare Aufgliederung thematisch bestimmter Teile des Parks mit appeal für verschiedene (verschieden alte) Zielgruppen („Fantasyland" für kleine Kinder; „Frontierland" und „Adventureland" für Schulkinder; „Discoveryland" für größere Kinder und Jugendliche", „Main Street" als Shopping Center für die ganze Familie");
- umfassendes Unterhaltungsangebot (Unterhaltungszentrum auf insgesamt 180.000 qkm);
- ein umfassendes Konsumangebot (40 Boutiquen bei 29 Attraktionen);
- umfassende Werbung im Medienverbund (sog. Konzept der „Walt Disney Synergy": Disney-Zeichentrickfilme in den Kinos, die von jährlich 70 Mio. Menschen gesehen werden; Disney-Comics und -Souvenirs in allen Ländern Europas, sowie die gleichfalls in fast allen europäischen Ländern vertretene, wöchentlich gesendete Kinder-Unterhaltungssendung „Disney-Club" mit z.T. sehr direkter Werbung für das „EuroDisney");
- Ausbaupläne für einen angeschlossenen zweiten Themenpark;
- effizienteste Sponsor- und Joint Venture-Verbindungen (Renault, Europcar, Nestlé, Kodak).

*Zur finanziellen Struktur.* Einnahmen ergeben sich hauptsächlich aus fünf Bereichen: (a) dem Eintritt in den eigentlichen Parks; (b) der Park-Gastronomie; (c) dem Angebot an Konsumartikeln (Souvenirs, Merchandising-Ware, Medien, Kleidung); (d) dem Angebot an angeschlossener oder integrierter Hotellerie; (e) Sponsor- und Merchandising-Einnahmen. Themenparks sind bei sorgfältiger Planung und stringenter Unterhaltung ein mehr als profitables Geschäft. Disneyland etwa hatte in den ersten 15 Jahren insgesamt 212 Mio. Besucher. Als in den 70er Jahren der Disney-Konzern in gravierende Krisen geriet, waren es allein die Themenparks, die Gewinn abwarfen; 1979 erbrachten die beiden amerikanischen Disneyparks einen Umsatz von 571,1 Mio $; 1986 einen von 1,55 Mia. $; 1989 trugen die Parkbesucher zu zwei Dritteln zum Konzerngewinn und -umsatz bei (Manthey 1989, Pfäffle 1989).

*„Attractions industry":* Im Bereich der Themenparks im weiteren Sinn, in der gesamten „attractions industry" also, werden in den USA 4 Mia. $ Umsatz jährlich erzielt bei 235 Mio. Besuchern und unter Einsatz von 275.000 Beschäftigten. Die größten Themenparks sind Teil von Ketten (Six Flags, Kings, Disney), die nicht selten zu multinational operierenden Unternehmen der Medien-Kommunikationsbranche gehören (Beispiele: die Sea World-Parks zum Buchverlag-Medienriesen Harcourt Brace Jovanovich; Universal Filmstudios zur Filmgesellschaft Universal; usf.).

## 4. Sozialwissenschaftliche Aspekte und Forschungsergebnisse

Das Defizit sozialwissenschaftlicher Forschung, das den Themenbereich Reisen-Urlaub-Tourismus generell kennzeichnet, zeigt sich auch bei den Themenparks. Dabei würden sie, worauf die Sozialpsychologen Pearce und Moscardo (1985a) in einer der seltenen Untersuchungen aufmerksam machen, genügend Stoff für Fragen mit psychologischer Perspektive abgeben, sind aber offensichtlich noch nicht von der Forschung „entdeckt" worden.

*(1) Marktforschung.* In der Regel beschränken sich die von den Inhabern der Themenparks selbst in Auftrag gegebenen Untersuchungen auf nicht-hypothesengebundene Marktforschungen relativ niedrigen methodischen Niveaus, mit dem Ziel, verwertbare Daten für Anzeigenkampagnen und andere Marketing-Zwecke zu gewinnen (→ *Marketing im Tourismus*).

Pearce und Moscardo (1985a) schickten einen Fragebogen an 71 amerikanische und australische kommerzielle und historische Themenparks, von denen 38 (darunter 19 kommerzielle aus den USA und 3 kommerzielle aus Australien) antworteten; allerdings waren die „Top 3" Nordamerikas vertreten („Disneyland", „Disney World", „Knott's Berry Farm"). Dabei zeigte sich, daß sich die Untersuchungen der Betreiber auf drei Bereiche konzentrierten: (i) sozio-demographische Daten der Besucher (Alter, Geschlecht, Familiengröße, Wohnort) zum Zweke des Erstellens von „(typischen) Besucher-Profilen": (ii) eher pauschale Einschätzungen der „Zufriedenheit" mit dem gesamten Park, um so einen Indiz für den Erfolg des Unternehmens zu bekommen; (iii) in der gleichen Absicht die Frage nach der Einschätzung von bestimmten Angeboten bzw. Reaktionen auf herausragende Attraktionen des Parks; diese Daten erhoben die Parks meist durch Interviews/ Befragungen der Parkbesucher am Ausgang; das Datenniveau war, methodisch gesehen, niedrig. Erstaunlicherweise wurden von den Parkbetreibern keine Anstrengungen gemeldet, psychographische Daten zu bekommen, d.h., man verzichtete auf die Erhebung psychologisch interessanter Variablen, wie Besucher-Motive, -Interessen, -Präferenzen.

In Deutschland sind zu den Themen-/Freizeitparks keine umfassenden Ergebnisse bekannt geworden, höchstens regional beschränkte Akzeptanzstudien, wie z.B. eine Untersuchung der Universität Mannheim im Auftrag des Fremdenverkehrsverbandes Rheinland-Pfalz mit dem Ergebnis, daß der dortige Freizeitpark („Holiday Park") als attraktivstes Ausflugsziel (von 58,9% der Befragten) vor verschiedenen pfälzischen Burgen und Schlössern genannt wurde.

*(2) Consumer Reports* entstehen als spezielle Marktforschungsunternehmungen unter Anleitung von Sozialwissenschaftlern. Beispielhaft ist für den deutschen Sprachraum auf eine Untersuchung der „Stiftung Warentest" (1984) hinzuweisen, in der unter Verwendung von Befragungsergebnissen von Besuchern eine empfehlende Bewertung von 18 der insgesamt ca. 50 deutschen „Ferienparks" gegeben wurde.

Im allgemeinen Teil finden sich folgende Ergebnisse: Die Besucher der deutschen Parks sind in der Mehrzahl Stammgäste; der PKW ist das für 89% wichtigste Verkehrsmittel; die Empfehlung von Freunden und Verwandten („Mundpropaganda", → *Opinion Leaders*) ist wichtigster Werbeträger; nur selten (22%) sind Kinderwünsche Auslöser des Parkbesuches, mehr als doppelt so oft entscheiden die Eltern; wichtigstes Motiv ist der Wunsch, „mit der Familie etwas zu unternehmen"; der Durchschnittsaufenthalt beträgt viereinhalb Stunden. Die drei besucherstärksten Themenparks waren: Phantasialand (Brühl) mit einem Besucheraufkommen (1983) von 1,8 Mio. Holiday-Park (Haßloch) von 1,25 Mio. und Europa-Park (Rust/Baden) von 1,0 Mio.

*(3) Soziologische Aspekte.* Aus soziologischer Perspektive gibt es drei Ansatzpunkte: (a) Die Idee des prototypischen Disneyschen Themenparks wird als Versuch zur Schaffung einer abgeschlossenen Scheinwelt betrachtet, als künstliche „Gegenwelt" zur „normalen", von Alltagssorgen, Konflikten, Aggressionen, Problemen usf. bestimmten Welt. Disney ging es bewußt darum, eine „andere Welt" zu schaffen, die völlig vom Amüsement, der Erholung usf. bestimmt ist und die die „normale Welt" vergessen läßt, ein „magic kingdom". Dies wollte er durch bestimmte bauliche Mittel erreichen, u.a. auch dadurch, daß er einen hohen Erdwall um seinen Themenpark bauen ließ, „damit die Leute nicht mehr ihre eigene Welt sehen müssen" (Reitberger 1979). In dieser Hinsicht ist der Besuch eines Themenparks mit der klassischen – „eskapistischen" – Motivation des Urlaubmachens vergleichbar: raus aus dem Alltag, weg von der Normalität. Diese Motivation hat Disney natürlich nicht erfunden, aber in ungleich perfekterer Form als andere Anbieter von touristischen und Unterhaltungsleistungen umgesetzt und ausgenutzt, wobei er allerdings aus dieser Ideologie auch keinen Hehl machte.

(b) Ferner interessieren sich Soziologen für die Themenparks unter dem Gesichtspunkt der (→) *Authentizität*.

Naturgemäß wäre anzunehmen, daß Touristen bzw. Besucher von Attraktionen um so mehr „Authentizität" erwarten, je „natürlicher" bzw. historisch unveränderter die Attraktionen sind. Dem entspricht auch ein Ergebnis einer Untersuchung von Werbematerialien für sechs bedeutende Historische Themenparks (Moscardo und Pearce, 1986), demzufolge die Suche nach „authentischen" Erlebnissen in ganz wesentliches Motiv für diese Besucher ist, weshalb auch das Gefühl, etwas „Authentisches" gesehen/ besichtigt/ erlebt zu haben, wesentlich zur geäußerten Zufriedenheit beiträgt. Tatsächlich aber ist „Authentizität" keine inhärente Eigenschaft von Attraktionen, weshalb auch kommerzielle Themenparks wie Disneyland von den Besuchern durchaus als „authentisch" in dem Sinne akzeptiert werden, als sie die Erwartungen der Rezipienten sowohl inhaltlicher als auch übergeordneter Natur (Perfektionismus) befriedigen, anders formuliert, das vorweg gegebene „Image" realisieren.

c) Schließlich gibt es noch die innerhalb der Diskussion um Massenkultur und Massenmedien angesiedelte Frage nach der *kulturellen Identität*, die – je nach Sichtweise – durch die Errichtung spezieller Themenparks gefördert oder gefährdet wird (→ *Tourismussoziologie*).

*(4) Kulturkritik.* Es kann nicht verwundern, daß von Beginn an die Themenparks und insbesondere die Disneyparks die Beachtung der Kulturkritik gefunden haben. Im Mittelpunkt der Kritik standen (und stehen) dabei drei Aspekte: Die Frage, wie akzeptabel der Versuch einer perfekten Imitation des wirklichen Lebens, die Schaffung einer künstlichen Realität ist; die Bedenken, die sich an die überaus sichtbar werdende Konsumorientierung anknüpfen (– der italienische Semiotiker und Schriftsteller Umberto Eco etwa bezeichnete die Disneyländer als „die Quintessenz der Konsumideologie"; zit. n. Der Spiegel 19/1989, S. 275), und die Kritik an einer von puritanischen Wertemustern erfüllten hundertfünfzigprozentigen „amerikanischen Ideologie."

*(5) Empirische Kulturwissenschaft.* Als einzige wissenschaftliche Disziplin hat sich die Volkskunde, v.a. in den USA, schon vergleichsweise früh mit den Amüsier- und Themenparks befaßt. Das Interesse gilt dabei allerdings vor allem den – für die Herausarbeitung und Aufrechterhaltung gewisser nationaler Charakterzüge und Werte – nicht unbedeutenden „klassischen" Unterhaltungszentren, die sich um die Jahrhundertwende herausbildeten, wie z.B. Coney Island, wobei die sich historisch abzeichnenden Veränderungen im Massengeschmack und in der Massenkultur, sowie die Aneignung der Technik und die Rolle und Ideologie der

Technik, wie sie sich in den Attraktionen zeigen, besonders beachtet worden ist (Kasson 1978; Snow & Wright 1976). Eine nicht unwichtige kulturhistorische Perspektive ist dabei die Rolle und Funktion der Amüsierbetriebe in der Gesellschaft. Betrachtet man etwa die Amüsierparks der Gegenwart als eine moderne Fortsetzung der Narrenkultur des Mittelalters (Tag der Narren, Karneval), dann zeigt sich, wie gesellschaftlich erlaubtes und verlangtes Tabu- und Grenzenüberschreiten („über die Stränge schlagen") während bestimmter Zeiten oder Anlässe in der mittelalterlichen Kultur zwar noch seine Spuren in den tendenziell lusterfüllten und anarchischen, heterogen-bunten Amüsierparks der Jahrhunderte hinterlassen hat, nicht jedoch mehr in den modernen, von Technik und Elektronik dominierten, perfektionierten und standardisierten Themenparks der Disney-Ära (vgl. ferner Johnson 1981, King, 1981, Moore 1980).

*(6) Psychologische Aspekte.* Hier ist kaum etwas bisher erforscht worden; es gäbe allerdings eine ganze Reihe von Fragen zu untersuchen. In wahrnehmungspsychologischer Richtung etwa, welche Akzeptanz mit der Ausnutzung welcher psychologischen Faktoren verbunden ist: Disney ließ z.B. alle Straßenecken und Bürgersteige abrunden; er ließ die Gebäude in seinen Parks verkleinert bauen, um eine besondere Vertrautheit, eine angenehme „heimelige" Atmosphäre zu generieren, und die Farben der Gebäude sind – angeblich – Ergebnisse intensiver psychologischer Studien (Manthey 1989, S. 154). *Motivationspsychologisch* wäre nach dem Vorhandensein eines speziellen (→) *„Flows"* der Besucher während des Aufenthaltes zu fragen. In umweltpsychologischer Perspektive (→ *Umweltpsychologie*) wäre etwa zu fragen, wie sich das Schaffen künstlicher, deutlich umgrenzter Räume („Städte") auf Erleben, Wahrnehmung und Verhalten der Menschen auswirkt. In psychophysiologischer Richtung könnte das Erleben des Fahrens auf Hochgeschwindigkeitszügen und Superachterbahnen thematisiert werden, wie dies Pearce und Moscardo (1985a) vorschlugen.

Eben diese Autoren weisen auch auf die Notwendigkeit hin, von der einfach strukturierten Marktforschung zu einer (sozial-) psychologisch fundierten „visitor evaluation" zu kommen, die in der Lage ist, bessere und validere Grundlagendaten zu liefern (Pearce & Moscardo 1985b). Dabei könnten u.a. auch kulturvergleichende Ansätze über die „Attraktivität" von Themenparks integriert werden; schließlich lassen Beiträge der Kulturkritik vermuten, daß es nationale, kulturelle Unterschiede in der Akzeptanz der Idee der („typisch amerikanischen") „Themenparks", der künstlichen Freizeitstadt per se und ihren inhärenten Erlebnisqualitäten gibt. Schließlich wäre eine Ausweitung des Untersuchungsbereiches unter Heranziehung von Ansätzen zur *Psychologie des Spiels* programmatisch denkbar. Dies gilt auch für neuere Entwicklungen der qualitativen Sozialforschung; tatsächlich könnte man die mittlerweile differenzierten und z.T. sehr phantasievollen Instrumente der nicht-aufdringlichen (nicht-reaktiven, *non-obtrusive*) Forschungsmethodik verwenden (z.B. nicht-teilnehmende verdeckte Beobachtungen; Beobachtungen physischer Spuren, feldexperimentelle Verfahren).

## 5. Ausblick

Themenparks sind eine in vielen westlichen Ländern akzeptierte Form der Unterhaltung vor allem im Kurzurlaubs-/Ausflugsbereich. Ihre Attraktivität gewinnen sie (a) aus der thematischen Geschlossenheit des Angebots, die in den erfolgreichsten Fällen der Branche (den Disney-Parks) aus der Bekanntheit, Assoziierbarkeit und dem Imagewert der dahinterstehenden Medienindustrie resultiert; (b) dem immer wieder ergänzten oder ausgetauschten Angebot an „nervenkitzelnden", „einmaligen" Attraktionen, die unter Einsatz elaborierter Elektronik geschaffen und weiterentwickelt werden; (c) der Idee der abgeschlossenen „Scheinwelt" mit einem Angebot für die „ganze Familie". Im Gegensatz zur Kulturkritik hat sich die sozialwissenschaftliche Forschung dieser speziellen Form des Tourismus bisher kaum angenommen, wiewohl es in soziologischer, psychologischer, kulturanthropologischer Hinsicht viele interessante Aspekte zu untersuchen gäbe; diese Unterrepräsentanz steht – wie der Bereich des Tourismus allgemein – in krassem Gegensatz zu der ökonomischen Bedeutung des Phänomens.

## Literatur

Verband deutscher Freizeitunternehmen/ADAC (Hg.) (1991). Freizeit- und Erlebnisparks in Deutschland. 54 ausgewählte Freizeit- und Erlebnisparks in der BRD und in angrenzenden Nachbarländern. Würzburg: VDF, München: ADAC.
Bailey, A. (1987). Walt Disney's world of fantasy. New York: Gallery Books.
Disney's 1991 Official Travel Agent Reference Guide. Worth International Communications Corp./Recommend Travel Publ. Miami Gardens, Fla.
Euro Disney [Reiseführer], von H. Verkroost u.a. (hg. von der Walt Disney Company 1992). Paris: Euro Disney Resort 1992 [Ausgaben in deutscher, englischer und französischer Sprache].
Euro Disney Annual Report/Rapport Annuel 1990. Paris: Euro Disneyland S.A. 1991.
Euro Disney Führer (1992). Fink-Kümmerly + Frey.
Johnson, D.M. (1981). Disney World as structure and symbol: recreation of the American experience. Journal of Popular Culture, 15, 157-165.
Kasson, J. F. (1978). Amusing the million: Coney Island at the turn of the century. New York: Hill & Wang.
King, M.J. (1981). Disneyland and Walt Disney World: traditional values in futuristic forms. Journal of Popular Culture, 15, 116-140.
Kyriazi, G. (1978). The great American amusement parks. New Jersey: Castle Booles.
MacCannell, D. (1976). The tourist. New York: Schocken.
MacIntosh, R.W. & Goeldner, C.R. (1990). Tourism: Principles, practices, philosophies. 6th ed. Somerset, NJ: Wiley.
Manthey, D. (Hg.) (1989). Die Filme von Walt Disney. Hamburg: Cinema.
Moore, A. (1980). Walt Disney World: bounded ritual space and the playful pilgrimage center. Anthropological Quarterly, 53, 207-218.
Moscardo, G. & Pearce, P. (1986). Historic theme parks. An Australian experience in authenticity. Annals of Tourism Research, 13, 467-479.
Pearce, P.L. (1988). The theme parks. (Chapter 4, pp. 60-89) In P.L. Pearce, The Ulysses factor. Evaluating visitors in tourist settings. New York: Springer.
Pearce, P.L. & Moscardo, G. (1984) Making sense of tourists' complaints. International Journal of Tourism Management, 5(1), 20-23.
Pearce, P.L. & Moscardo, G. (1985a). Tourist theme parks: Research practices and possibilities. Australian Psychologist, 20 (3), 303-312.
Pearce, P.L. & Moscardo, G. (1985b). Visitor evaluation. An appraisal of goals techniques. Evaluation Review, 9(3), 281-306.
Pfäffle, W. (1989). Walt Disney kann sich vor Erfolg kaum noch retten. Süddeutsche Zeitung, 31.8.1989, S. 33.
Reitberger, R. (1979). Walt Disney in Selbstzeugnissen und Bilddokumenten. Reinbek: Rowohlt.
Snow & Wright (1976). Coney Island: A case study in popular culture and technical change. Journal of Popular Culture, 9 (Spring), 960-975.
Spiegel, Der (1989). Wunderland der Technik und der Naivität. Spiegel, 19/ 89, 274-277.
Stiftung Warentest (1984). Dorfkirmes und Wilder Westen. Test, 7/84, 676-682.
Thomas, B. (1986). Walt Disney. Stuttgart: Ehapa.

**H. Jürgen Kagelmann, München**

# Trampen

## 1. Einleitung

Mit einiger Berechtigung kann man sagen, daß das „Trampen" eine Reiseform ist, die ziemlich genauso alt ist, wie das Reisen per Automobil. Während der etwa 100jährigen Geschichte des Fortbewegungsmittels Auto und der etwa 60jährigen Geschichte der individuellen Reise-Urlaubsform „Automobil" ist das Trampen oder „hitchhiking" unterschiedlich wichtig gewesen. Die Funktion und die Bedeutung haben sich dabei in den entwickelten Industrieländern, in denen es Reisen als *lebenswert*, als Motiv überhaupt gibt, stark gewandelt. (Da das Trampen in den Entwicklungsländern sowohl einen anderen Charakter hat als auch geringe Bedeutung genießt, bleibt es hier ausgeblendet.)

*Geschichtliche Notizen.* Tramp's Hitchhiking galt bis in die 30er Jahre als konstitutives Pattern der nordamerikanischen Arbeiterklasse, insbesondere der Arbeiterjugend, und hatte die primäre Funktion der Arbeitssuche mit allerdings vielen romantisierenden und die Suche nach Abenteuer betonenden Features („hobo"), verkörpert sowohl in Filmen von Charlie Chaplin als auch in der Lebensgeschichte des Kultsängers Woody Guthrie. Das charakteristische Transportmittel war die Bahn (der Güterzug). Gegen Ende der 30er Jahre hatten sich die gesamtgesellschaftlichen Bedingungen verändert; es gab kaum noch Interesse an frei verfügbarer Arbeitskraft. Kulturgeschichtlich bedeutend ist eine totale funktionale Veränderung dieses Reisens: Das „freie, ungebundene" vagabundenähnliche Herumfahren wurde von der Mittelklasse-Jugend entdeckt und für das neue Motiv des Sightseeing-Reisens umfunktioniert. Dem kam eine immer ausgeprägtere Automobilisierung entgegen. Der Wunsch, „die Welt zu sehen", löste die Notwendigkeit, jeden Tag aufs Neue eine Arbeit zu bekommen, ab. Angeblich waren in der 30er Jahren in den USA zwischen 100.000 und 250.000 (männliche) Jugendliche unter 21 Jahren in dieser Weise „auf der Straße"; damals wie heute vornehmlich in den „Sonnenstaaten" (z.B. Kalifornien) unterwegs. Nicht zuletzt auch, um moralischen Bedenken entgegenzutreten und Befürchtungen hinsichtlich eines vermittels der Tramp-Bewegung steigenden Delinquenz zu zerstreuen, d.h. soziale Kontrolle auszuüben, gab es schon damals staatlich geförderte Maßnahmen, wie etwa die Anlage von „Youth Hostels" und von Camping-Plätzen (Adler 1985).

War das Trampen früher primär eine Möglichkeit zu reisen, ohne über größere finanzielle Ressourcen zu verfügen – was für einen breiten Querschnitt der unteren und mittleren Bevölkerungsschichten galt –, so veränderte sich insbesondere ab den 50er Jahren die Idee des „Anhaltens" radikal zu einem markanten Charakteristikum für das Reisen von *Jugendlichen,* genauer: für Jugend*kultur.* Anders formuliert, veränderte sich das Trampen von einer Reise-Verkehrsform zu einem *Lebensstil.* Innerhalb der Sozialwissenschaften haben sich mit diesem Phänomen und dieser Entwicklung besonders Soziologen, z.T. auch Sozialanthropologen befaßt.

## 2. Trampen als Jugendkultur- und Subkulturphänomen

Trampen ist eines der bestimmenden Charakteristika im Wertegeflecht der Jugendkultur. Genauer gesagt: es war dies für eine bestimmte Zeitphase, bis es unter dem Einfluß gesamtgesellschaftlicher Entwicklungen und Moden von anderen Phänomenen oder Charakteristika abgelöst worden ist, so daß es also heute nur noch eine geringe Rolle spielt. Von einer eigentlichen *Jugendkultur* oder *jugendlichen Subkultur* kann erst ab den 50er und 60er Jahren die Rede sein; typische Ausdrucksformen und Bestimmungselemente dieser Jahre sind z.B.: Musik, Mode, Literatur (Undergroundcomix), Drogen (Marihuana), Selbsterfahrungsformen, Politik (APO), neu definierte oder umdefinierte Lebensformen („Zusammenleben ohne Trauschein").

Als eines der wichtigsten Charakteristika gelten vor allem musikalische Präferenzen (Rock'n'Roll, Rock Soul, Hardrock; überhaupt kann die *„Rock'n'Roll"*-Ära in der zweiten Hälfte der 50er Jahre in Nordamerika und West-Europa als eigentlicher Beginn der modernen Jugendkultur gewertet werden. Kulturhistorisch bedeutsame, teilweise einander ablösende Phasen der Jugendkultur der letzten 30 Jahre sind u.a. die Beat-Ära, die Hippiebewegung, die Mods und Rockers (Cohen & Taylor 1976), die Friedensbewegung und die Außerparlamentarische Opposition bzw. Studentenbewegung gewesen.

Die Jugendphase als schwieriger, von Unsicherheiten und Frustrationen geprägter Übergang vom Kindes- zum Erwachsenenalter zeichnet sich durch den immer vorhandenen Versuch des Zusammenschlusses Gleichaltriger zu *peergroups* aus, die in mehr oder minder intensiver Abgrenzung von der Kultur der Erwachsenen eigenständige, Verhaltenssicherheit vermittelnde Werte, Ziele und Normen verfolgen und zur spezifischen Identität des Jugendlichen beitragen. Diese „altershomogenen Gesellungen" (Wurzbacher) sind freiwilliger Natur, ohne Lenkung oder Kontrolle durch Erwachsene. Sie bewegen sich innerhalb der von Erwachsenen bestimmten Gesamtkultur (daher *Subkultur*), nicht selten am Rande von diesen, gelegentlich aber auch in direkter Konfrontation zu ihr. Sie sind soziale Experimentierfelder, in denen Verhalten geübt und Beziehungen ausprobiert werden können. Die sozialen Formen dieser Subkultur sind vielfältig, umfassen formelle wie informelle Beziehungen und reichen von Paar- und Zweierbeziehungen über lose, interessensbestimmte Zusammenschlüsse und Vereinigungen zu ausgeprägten Cliquen usf.; von ihnen wird besonders das Freizeitverhalten geprägt: gemeinsames Musikhören, Discos/Tanzen, Partys, Besuch von Musikveranstaltungen, Sport und Besuch von Sportveranstaltungen, Motorrad- u.a. Trips.

*Subkultur „Jugend" und Reisen.* In Zusammenhang mit sich verändernden Lebensformen veränderten sich auch die Formen und Funktionen des Reisens. Im gleichen Maße, wie sich Jugendliche in ihren *musikalischen* Vorlieben von der Kultur der Erwachsenen absetzen und abgrenzen, dient auch das Reisen (bzw. die Art des Reisens; die präferierten Zielgebiete und die propagierte Zielsetzung, die mit Reisen verbunden wird) dazu, den funktionalen Unterschied, mehr noch: den Gegensatz zu den Erwachsenen zu verdeutlichen. Reisen von Jugendlichen beginnt meist mit der Nachahmung erwachsenen Reiseverhaltens ohne Erwachsene, wird dann wie anderes jugendliches Handeln (s.o.) auch von wachsender Experimentierfreude geprägt, was bedeutet, daß eigene Möglichkeiten, sich durch Reisen und Urlaub auszudrücken, gesucht werden; es kann aber auch den Charakter bewußt verfolgter „Gegenkultur" (*counterculture*; vgl. ten Have 1974) annehmen, was in der von „Aussteigermentalität" geprägten Hippiebewegung und in Teilen des Alternativen Dritte-Welt-Tourismus (vgl. Vielhaber & Aderhold 1981) deutlich geworden ist. Hier zeigt sich aber wiederum auch deutlich, daß andere Identifikationsmerkmale hinzukommen, wie z.B. Drogengebrauch, Verweigerung der von protestantischer Ethik geprägten Arbeitsideologie u.a.m. Ab den 60er Jahren ist das Reisen von Jugendlichen von zwei polaren Einstellungs- und Verhaltenssets geprägt:

(a) das gesellschaftlich akzeptierte, propagierte, geförderte („normale") Reisen, ohne daß Erwachsene (Familienmitglieder) daran teilnehmen würden.

Dies umfaßt sowohl das kommerzielle („Pauschal"-) Reiseangebot und rief, da der prozentuale Anteil der Heranwachsenden und damit die potentielle Konsumentengruppe über die letzten Jahrzehnte immer größer wurde, schon früh Anbieter für die Bedürfnisse derjenigen auf den Plan, die sich nicht als Angehörige einer polaren Subkultur begriffen: ebenfalls angestoßen wurde das spezielle Segment der übergeordneten Maximen politischer Bildung und Aufklärung verpflichteten (→) *Jugendreisen* im Sinne des organisierten Jugendaustausches, wiewohl nach der Theorie der Subkultur eher anzunehmen wäre, daß mit zunehmendem Alter Jugendliche sich auf diese von den Erwachsenen organisierten Reisen nicht mehr einlassen.

(b) das differenzierte, nicht selten unüberschaubare Set von „jugendtypischen", *„alternativen"* Reiseformen von subkulturellem Charakter; und hier nahm lange Zeit das Trampen einen besonderen Stellenwert ein.

*Soziologie/Sozialanthropologie des Trampens.* Der trampende Reisende oder „Anhalter" wird von der Soziologie als ein spezieller „Typ", eine spezielle Ausprägung der Jugendkultur begriffen, und eher phänomenologisch differenziert von anderen „Typen" oder „Rollen" (vgl. dazu Cohen 1973), wie z.B.

- dem *Hippie* (vgl. z.B. Cohen 1982, Mukerji 1977; zur spezifischen „Rolle" des Hippie-Touristen vgl. die Ausführungen bei Cohen 1974 bzw. – zur Validierung davon – bei Pearce 1983 und 1983a) oder
- dem „ruhelosen", kulturübergreifend reisenden jugendlichen „Aussteiger", dem „wanderer" oder „drifter" (vgl. Cohen 1982; Vogt 1978; (→) *Marginale Paradiese*), für den im deutschen Sprachraum meist die (allerdings nicht deckungsgleichen) Bezeichnungen „Rucksack-Tourist", „Alternativtourist" verwendet werden.

Bei allen Formen von Subkultur ist das gleiche Spannungsgeflecht zu beobachten: Die meist radikale Suche nach Abgrenzung durch die Anhänger der Subkultur zieht fast immer ein großes Maß an *Kontrolle* seitens der übergeordneten Gesellschaft oder Kultur nach sich. (Von daher wäre die Tradition der Versuche von Politikern, Pädagogen, Verkehrsexperten, Interessensverbänden der Transport-/Reisebranche usf., das Trampen „in den Griff zu bekommen" und durch juristische Kodifizierungen, durch die Formulierung expliziter Verhaltensrichtlinien zu „regeln" bzw. zu erschweren, als eindeutiger Versuch gesellschaftlicher Kontrolle zu werten.)

## 3. Notizen zur aktuellen Bedeutung des Phänomens

Trampen genießt heute sicherlich nicht mehr die quantitative Bedeutung als spezielle Reiseform, die es in den 50er, 60er und 70er Jahren hatte. Dies ist – in den entwickelten westlichen Industrieländern – auf sechs (z.T. gegenläufige) Faktoren zurückzuführen:

a) die zunehmende *Motorisierung* als Folge zunehmenden Wohlstandes, die es heutzutage auch Jugendlichen ohne Probleme ermöglicht, eigene PKWs zu besitzen und damit in Urlaub zu fahren;
b) die Entwicklung spezieller, preiswerter Angebote/Reiseformen für Jugendliche, wobei besonders auf das *Interrail*-System hinzuweisen ist (vgl. Schönhammer 1987; 1989 a, b);
c) die Entwicklung von (zunehmend bei Jugendlichen attraktiver werdenden) speziellen touristischen Angebote der Touristikindustrie, die veränderten Wertkonstellationen entgegenkommen; z.B.: der „junge, jugendliche" (→) *Cluburlaub* (vgl. dazu Ganser 1979) mit seinem Prinzip der (→) *Animation*;
d) der oben erwähnte tendenzielle Rückgang des Wertes „Trampen" als identitätsstiftende Leitlinie der Jugend-Subkultur;
e) die Ablehnung des auf Motorisierung beruhenden Tourismus bei einem Teil der (ökologisch orientierten) Jugendlichen („Sanfter Tourismus"), die dementsprechend andere Reiseformen (z.B. Radfahrtourismus) präferieren oder im radikalsten Fall völlig auf Tourismus verzichten wollen (→ *Nichtreisende);*
f) die im Gefolge des postmodernen Wertewandels zu beobachtende Hinwendung vor allem eines großen Teils der heutigen Jugendlichen zu stark konsumorientierten, hedonistischen Freizeittätigkeiten, die quasi in diametra-

lem Gegensatz zu der Idee des „Sparurlaubs per Trampen" stehen.

## 4. Untersuchungen zum Trampen

Die Datenlage ist unbefriedigend; es gibt kaum repräsentative empirische Untersuchungen. Dies hängt sicherlich damit zusammen, daß das Segment der Tramper keine relevante Größe in den marktstrategischen Überlegungen der Touristikindustrie spielt, die in der Lage wäre, einschlägige Untersuchungen zu finanzieren. Nicht zuletzt dürften methodische Probleme eine Rolle spielen, die Tatsache etwa, daß beim Trampen nicht, wie in anderen tourismusrelevanten Feldern, die Möglichkeit besteht, (teilnehmende) *Beobachtungen* anzustellen, und daß *Befragungen* selten Anspruch auf Validität beanspruchen dürfen, schon alleine, weil das Kriterium der Repräsentativität selten zu erfüllen ist. Weder das Sammeln von *Erlebnisberichten* trotz z.T. eindrucksvoller Schilderung von Einzelfällen (s. Gayler 1986) noch die nicht-repräsentative teilnehmende Beobachtung (Pannenbecker 1984) können dieses Defizit ausgleichen.

*Motivpsychologische Studien.* Siemsen (1984) führte qualitative Interviews mit (allerdings nur 1=8) Frauen durch, um zu generalisierbaren Aussagen über die Motivation zum Trampen, den Emotionen der weiblichen Tramper, ihren Ängsten vor sexuellen Bedrohungen und ihren Widerstandsstrategien zu kommen. Trampen werde demnach unternommen, um ein diffuses Bedürfnis „nach Freiheit" und „Unabhängigkeit", nach neuen sozialen Kontakten zu befriedigen; eine psychologisch interessante Feststellung war die, daß sich die weiblichen Tramper überwinden mußten, Autofahrer anzusprechen, eine bewußt gesuchte „Mutprobe"; zwei Drittel der befragten Frauen berichteten über sexuelle Belästigungen, hielten sich jedoch auch als Folge der gemachten Erfahrungen für zukünftig besser in der Lage, mit diesen Bedrohungen umzugehen; schließlich wurde herausgestellt, daß „mit dem Gefühl wachsender Selbstsicherheit die Faszination des Trampens verlorengeht und die Unbequemlichkeiten stärker ins Blickfeld rücken" (Siemsen 1984, S. 37).
*Trampen und Verbrechensrisiko.* Aus jüngerer Zeit ist u.a. eine von der Universität Wuppertal im Auftrag des Bundeskriminalamtes durchgeführte Befragung von rd. 1600 Jugendlichen zu ihren Tramper-Erlebnissen bekannt geworden – mit dem Ergebnis, daß Trampen offenbar weit weniger gefährlich ist, als es dem öffentlichen Negativbild entspricht (u.a. kommt es demnach in 2 Promille aller Fälle zu einem Vergewaltigungsversuch und bei einer von 10.000 mitgenommenen weiblichen Personen zu einer vollzogenen Vergewaltigung; in 7,8% aller Fälle schließlich zu sexuellen Belästigungen; bei 2 von 10.000 Fällen seien Tramper bestohlen worden – Zahlen, die im Verhältnis zu sonstigen Gefährdungen jedenfalls nicht als hoch gewertet wurden) (ZEIT 1990; SZ 1990).

## 5. Ausblick

Trampen (das „Wegfahren ohne Geld") hatte zwischen den 50er und 70er Jahren qualitativ und quantitativ eine große Bedeutung; damals war es ein wesentliches Charakteristikum für die jugendliche Subkultur. Heute definiert sich diese Subkultur anders (z.B. über Mode- und Musik-Präferenzen, die auf die Konstruktion von (→) *Lebensstilen* hinauslaufen), ist durch postmodernen Wertewandel geprägt und zerfällt in verschiedene jugendliche Subkulturen, die zwar noch immer den Wunsch nach identitätsstiftender Abgrenzung von der Erwachsenenkultur gemeinsam haben, welche Ziele aber dominant durch andere Verhaltensweisen, Einstellungen und Präferenzen verfolgt werden, als die, die in der Wahl des Reiseverkehrsmittels bzw. der damit zusammenhängenden Reisementalität zum Ausdruck kommen. Trampen ist heute (und dies wird auch in Zukunft vermutlich so bleiben), eine unter vielen Möglichkeiten der Fortbewegung, ohne das diesem Indiz eine wesentliche ideologische Bedeutung von den Jugendlichen beigemessen wird. Es ist *eine* nicht unwichtige, aber keine prominente Möglichkeit von vielen Formen, soziale und andere Erfahrungen zu sammeln.

## Literatur

Adler, J. (1985). Youth on the road. Reflections on the history of tramping. Annals of Tourism Research, 12, 335-354.
Cohen, E. (1973). Nomads from affluence: Notes on the phenomenon of Drifter tourism. International Journal of Comparative Sociology, 14, 89-103.
Cohen, E. (1982). Marginal paradises. Bungalow Tourism on the islands of Southern Thailand. Annals of Tourism Research, 9, 189-228.
Cohen, E. (1984). The sociology of tourism: Approaches, issues and findings. Annual Review of Sociology 10, 373-392.
Cohen, S. & Taylor, L. (1976). Escape attempts. Harmondsworth: Penguin.
Ganser, A. (1979). Junge Leute im Urlaub auf Ibiza. Beobachtungen in Ferienclub-Anlagen. Starnberg: Studienkreis für Tourismus.
Gayler, B. (Red.) (1986). Jugendliche Tramper. Beiträge zum Wettbewerb „Jugend reist und lernt Europa kennen". Starnberg: Studienkreis für Tourismus.
Mukerij, Ch. (1977). Bullshitting: Road lore among hitchhikers. Social Relations, 25, 241-252.
Pannenbecker, M. (1984). Motivationen junger Rucksacktouristen. (S. 121-124) In Studienkreis für Tourismus (Hg.), Jugendtourismus. Starnberg: Studienkreis für Tourismus.
Pannenbecker, M. (1985). Club-Urlaub und Animation. Beobachtungen in einem Hotel des Robinson Club auf Fuerteventura. Starnberg: Studienkreis für Tourismus.
Pearce, P.L. (1983). The social psychology of tourism. London: Pergamon Press.
Schönhammer, R. (1987). Jugendliche Europa-Touristen. Eine psychologische Studie über das Reisen im europäischen Netz von Bahn und Jugendherbergen. Starnberg: Studienkreis für Tourismus.
Schönhammer, R. (1989 a). Interrail. Zur Phänomenologie des Jugendtourismus. Zeitschrift für Volkskunde, 85(2), 235-251 (inhaltlich unveränd. abgedr. in: H.J. Kagelmann (Hg.) (1993). Tourismuswissenschaft. München: Quintessenz).
Schönhammer, R. (1989 b). Interrail. Zum Verhalten und Erleben jugendlicher Touristen. Zeitschrift für Sozialisationsforschung und Erziehungssoziologie, 9(1), 59-76.
Siemsen, B. (1984). Zur Bedeutung des Trampens für Frauen. (S. 27-39) In B. Gayler (Red.), Jahrbuch für Jugendreisen und Internationalen Jugendaustausch 1984. Starnberg: Studienkreis für Tourismus.
SZ (1990). Trampen ist besser als sein Ruf. Süddeutsche Zeitung 22.6.1990.
ten Have, P. (1974). The counter-culture on the move: A field study of youth tourists in Amsterdam. Mens en Maatschapij, 49, 297-315 (zit. n. Cohen, 1982a).
Vielhaber, A. & Aderhold, P. (1981). Tourismus in Entwicklungsländer. Bonn: Bundesministerium für wirtschaftliche Zusammenarbeit (Materialie Nr. 67).
Vogt, J.W. (1978). Wandering: Youth and travel behavior. In Smith, V.L. (ed.), Tourism and behavior, 19-40 (Studies in third world societies, vol. 5).
Wurzbacher, G. (1987). Gesellungsformen der Jugend in der Bundesrepublik. Hypothesen über Strukturen und Sozialisationswirkungen. (S. 28-52) In H. Reimann & H. Reimann (Hg.), Die Jugend. Einführung in die interdisziplinäre Juventologie. Wiesbaden: Westdeutscher Verlag.
Die Zeit (1990). Trampen ohne großes Risiko. Die Zeit 28/ 6.7.1990.

**H. Jürgen Kagelmann, München**

# Verkaufsfahrten

## 1. Gesellschaftliche Relevanz

Verkaufsfahrten sind ein- oder mehrtägige Reisen, die zum Zwecke des Konsumgüterabsatzes an die Teilnehmer veranstaltet werden. Die synonyme Bezeichnung „Kaffeefahrten" stammt aus den sechziger Jahren, als einfallsreiche Vertriebsunternehmer begannen, potentielle Kunden zu Nachmittagsausflügen einzuladen und deren Teilnahme an einem Verkaufsvortrag mit einer Tasse Kaffee zu belohnen. Im Laufe der Zeit entwickelte sich aus dieser speziellen Form des Direktvertriebs eine Branche mit über 1 Mrd. DM Gesamtumsatz, die bei ihren Veranstaltungen in Deutschland jährlich rund 5 Mio. Teilnehmer zählt. Heute sind schon fast die Hälfte aller angebotenen Verkaufsfahrten mehrtägige Busreisen, Kreuzfahrten und Flugreisen.

## 2. Handelsunternehmen als Reiseveranstalter

Veranstalter von Verkaufsfahrten sind Handelsunternehmen, die über Einschaltung von Reiseunternehmen eine Reise durchführen, mit dem primären Zweck, den Teilnehmern bestimmte Waren zum Kauf anzubieten. Die Reise wird in der Regel zum Selbstkostenpreis weitergegeben und ist somit allein Mittel zum Zweck des Warenabsatzes. Besonders deutlich wird diese Tatsache bei eintägigen Busfahrten, deren Fahrpreis auch immer „Geschenke" an die Teilnehmer beinhaltet. Nach Abzug der Fahrzeiten und der mehrstündigen, unterwegs stattfindenden Verkaufsveranstaltung verbleibt selten mehr als eine knappe Stunde Aufenthalt am vermeintlichen Reiseziel.

Im Mittelpunkt jeder Verkaufsfahrt steht der Absatz von Waren. Die Angebotspalette erstreckt sich über Gebrauchs- und Verbrauchsgüter aus dem Bereich der Haushaltsartikel wie Kochgeschirr, Wolldecken, Heizkissen, bzw. Kräuteröle, Reinigungsmittel usw. Teilweise werden die Waren speziell für diese Absatzmethode hergestellt, um über eine Produktdifferenzierung Preisvergleiche zu erschweren.

Aufgrund der breiten Streuung der Werbemittel (meist Postwurfsendungen) und eventueller Reisesubventionen ergeben sich sehr hohe Kontaktkosten bezüglich der Teilnehmer und Käufer. Andererseits ermöglicht die spezielle Verkaufssituation dem Veranstalter, Preisschwellen des stationären Einzelhandels teils erheblich zu überschreiten. Im Rahmen der Verkaufsveranstaltung besteht die einzigartige Möglichkeit, Konsumenten in einem völlig konkurrenzfreien Raum mehrere Stunden lang von den Vorteilen des angebotenen Produktes zu überzeugen.

In Aufbau und Ablauf unterscheiden sich die Verkaufsvorträge nur wenig. Sie beruhen im wesentlichen auf verkaufspsychologischen

Grundsätzen (Spieß 1988). Herausragende Bedeutung kommt dem Prinzip der Reziprozität zu. Die Teilnehmer haben schon a priori das Bedürfnis, sich für die preisgünstige Reise und die Geschenke zu revanchieren. Ihre Verkaufsschwelle sinkt entsprechend.

Des weiteren spielt der soziale Beweis, der Hinweis auf die Bewährtheit des Produktes, eine entscheidende Rolle. Die Zufuhr konsonanter Informationen im Rahmen des Verkaufsvortrages führt bei allen Teilnehmern, die bereits Besitzer der angebotenen Waren sind, über einen eventuellen Dissonanzabbau zur einmütigen und ausdrücklichen Zustimmung zu den Argumentationsketten des Verkäufers. Dadurch wird bei den übrigen Teilnehmern Mißtrauen abgebaut. Schließlich wird versucht, die Attraktivität der angebotenen Waren durch die Suggestion ihrer Knappheit zu steigern. Der Verkäufer betont, daß das vorgestellte Produkt letztmalig und in begrenzter Menge zur Verfügung stehe. Über Reaktanzmechanismen bei den Teilnehmern wird ihre Kaufbereitschaft verstärkt.

## 3. Ältere Menschen als Teilnehmer

*Zielgruppen, Teilnehmer.* Verkaufsfahrten sind ganz überwiegend auf die Zielgruppe „Ältere Menschen" (→ *Seniorentourismus*) ausgerichtet. Nach einer Umfrage des Wickert-Institutes (Bundesverband Deutscher Vertriebsfirmen 1988) sind fast 80% der Teilnehmer über 50 Jahre, 40% über 65 Jahre alt. Die Teilnehmer, von denen 80% als Stammkunden bezeichnet werden können, sind überwiegend weiblichen Geschlechts und zu 70% Hausfrauen, Rentner und Rentnerinnen. Für eintägige Verkaufsfahrten, die an Werktagen stattfinden, dürften diese Prozentsätze noch erheblich überschritten werden.

*Motive.* Von den in obengenannter Umfrage angebotenen Teilnahmemotiven wurden „Fahrt in eine schöne Gegend" (60% der Reisenden), „günstiger Fahrpreis" (44%) und „Unterhaltung und Geselligkeit" (43%) am häufigsten gewählt. Wie eine Untersuchung von Opaschowski und Neubauer (1984) über das Freizeitverhalten im Ruhestand belegt, steht der Wunsch „einen Tag mit einem Ausflug verbracht" an ersten Stelle bei älteren Menschen. Ein mangelnder Erlebniswert der Reise (vgl. Stiftung Warentest 1991) wird von den Teilnehmern – in Relation zu ihrem normalen Tagesablauf – meist nicht wahrgenommen. Hinzu kommt eine dem niedrigen Fahrpreis entsprechende Erwartungshaltung, ein Gewöhnungseffekt und ein sozialgruppenspezifisch geringeres Anspruchsniveau.

Da 71% der Teilnehmer die Verkaufsveranstaltung als „unterhaltsam und informativ" (Bundesverband Deutscher Vertriebsfirmen 1988) bezeichnen, ist zu vermuten, daß der Teilnahmemotivation nicht nur Motive, die mit einer Reise in Zusammenhang stehen, zugrundeliegen. Laut einer Studie über die Einstellungen älterer Menschen (Arnold &Lang, 1989) fühlen sich 30% dieser Gruppe beim Einkaufen in Geschäften rücksichtslos behandelt oder nicht mehr für ganz voll genommen. In der auf ihre Interessen und Bedürfnisse zugeschnittenen Verkaufsveranstaltung wird dagegen älteren Menschen der Eindruck vermittelt, als Konsumenten ernst genommen und umworben zu werden.

Trotz der Unkenntnis des aktuellen Angebotes vor der Verkaufsfahrt entschließt sich ein Viertel aller Teilnehmer zu größeren Käufen (über 100 DM). Insgesamt gibt mindestens jeder zweite Geld für Waren aus, die er zumindest zu diesem Zeitpunkt nicht erwerben wollte. Dennoch behaupten 79% aller Käufer, mit den Produkten zufrieden zu sein (Bundesverband Deutscher Vertriebsfirmen, 1988). Es ist anzunehmen, daß die relativ hohen Preise die wahrgenommene Qualität beeinflussen, einen Zusatznutzen für die Konsumenten stiften, und ein positives Produkterleben bewirken. Dissonante Informationen, wie sie etwa durch Preisvergleiche im Einzelhandel möglich wären, werden in der Nachentscheidungsphase vermieden.

Zusammenfassend läßt sich feststellen, daß die Teilnahme an Verkaufsfahrten für einen großen Teil der älteren Menschen eine der wenigen Möglichkeiten darstellt, aus ihrem Alltag zu entfliehen. So bemerkte kürzlich Walter Tokarski während einer Podiumsdiskussion, daß er es sich abgewöhnt habe, die Kaffeefahrten für Senioren anzuprangern, da Kaffeefahrten gerade für sozial Schwache gar nicht schlecht seien, nur die Sache mit der Ausbeutung müsse man noch in den Griff bekommen (zit. nach Link 1991). Allerdings ist es utopisch anzunehmen, daß die Veranstalter von Verkaufsfahrten solche Reisen aus altruistischen Gründen durchführen würden.

## 4. Forschungsperspektiven

Verkaufsfahrten erfreuen sich relativ großer Medienpräsenz. Allein in den Printmedien finden sich jedes Jahr bis zu 1.000 Pressemeldungen zu diesem Thema. Publiziert werden in der Regel Einzelfälle, bei denen juristische Rahmenbedingungen bezüglich des Reiseablaufes oder des Rücktrittsrechtes bei Käufen nicht eingehalten wurden. Der daraus resultierende negative Tenor der Berichterstattung kann aber inhaltlich nicht repräsentativ für die jährlich etwa 125 000 Verkaufsfahrten sein.

Trotz des großen Stellenwertes in der öffentlichen Diskussion wird das Thema von Seiten der Wissenschaft weitgehend vernachlässigt. Die bislang vorliegenden Untersuchungen aus sozialpädagogischer (Retza 1984) und betriebswirtschaftlicher (Hillesheim 1987) Sicht sind lediglich deskriptiver Art, basieren überwiegend auf sekundärstatistischem Material und gehen über Erkenntnisse aus teilnehmender Beobachtung nicht hinaus.

Aus psychologischer Sicht erscheint es notwendig, das Erleben und Verhalten der Teilnehmer mit Methoden der qualitativen Sozialforschung zu erklären, Verhaltensbeeinflussungen im Rahmen der Verkaufsveranstaltung zu untersuchen und vom verbraucherpolitischen Standpunkt zu diskutieren. Mit dieser Zielsetzung arbeitet der Verfasser derzeit an einem Projekt zur Erforschung des Phänomens Verkaufsfahrten am Lehrstuhl für Organisations- und Wirtschaftspsychologie der Universität München.

## Literatur

Arnold, K. & Lang, E. (1989). Wie sieht man die Älteren und wie sehen sie sich selbst. Hamburg: Hamburg-Mannheimer Stiftung.

Bundesverband Deutscher Vertriebsfirmen (Hg.) (1988). Der Vertriebshandel Verkaufsfahrten. 5. Aufl., München.

Hillesheim, J. (1987). Der Absatz von Konsumgütern über Kaffeefahrten. Göttingen: Schwarz.

Link, C. (1991). Podiumsdiskussion „Ferien im Alter": Kaffeefahrten? Angenehm! Stuttgarter Zeitung, 2.2.91, S. 28.

Opaschowski, H.W. & Neubauer, U. (1984). Freizeit im Ruhestand. Hamburg: B.A.T. Freizeit-Forschungsinstitut.

Retza, W. (1984). Eintägige Kaffeefahrten. Bonn: Arbeitsgemeinschaft der Verbraucher.

Spieß, E. (1988). Der Verkäufer als Psychologe, 3. Aufl. München: Müller.

Stiftung Warentest (1991). Kaffeefahrten – Verkauf geht vor Vergnügen. Test, 9, 14-18.

**Walter Becker, Gräfelfing**

# Teil VII

# Marketing – Werbung – Medien

# Ansichtskarte

## 1. Historische Entwicklung

Per Definition ist die Ansichtskarte eine illustrierte Postkarte, die – ursprünglich als Korrespondenzkarte bezeichnet – 1869 in Österreich, 1870 dann in Deutschland eingeführt wurde. Sie wurde für die halbe Brieftaxe befördert, so sie den standardisierten Maßen entsprach. Im internationalen Postverkehr wurde sie ab 1875 zugelassen. Als älteste Ansichtskarte gilt ein vignettenartiger Aufdruck von A. Schwarz aus dem Jahre 1870. Motivkarten aller Art und unterschiedlichen Anspruchs hatten ihre Blütezeit zwischen 1890 und 1920 und waren von Anfang an ein beliebtes Sammelobjekt, das in Alben sortiert wurde (Jakovsky 1960). Erst in den 80er Jahren des 19. Jahrhunderts kam die typische Ansichtskarte durch den Tourismus in Handel und Gebrauch. Voraussetzungen für die Durchsetzung der Ansichtskarte waren ein gut funktionierendes internationales Transportnetz und moderne Drucktechniken (Pohl 1983, S. 96), die die fotografischen Abzüge auf dem Markt ersetzten (Till 1983).

*Vorläufer: Studioaufnahmen*
Die Studio-Fotografien zwischen 1860 und 1890 in den Handelsstädten und Häfen der Kolonien weitverbreitet, können als Vorläufer der heutigen Ansichtskarte verstanden werden (Theye 1989, S. 27 ff.). Der Abnehmerkreis bestand zum größten Teil aus den europäischen Residenten und Touristen, denen die Fotografien als Souvenir aund Erinnerungsstücke an die Zeit fern der Heimat von großer Wichtigkeit waren. Es gab allerdings auch Forschungsreisende, die ihr „wissenschaftliches" Bildmaterial mit Studiofotografien ergänzten (Theye 1989, S. 29).

Mit den neuen Reproduktionsmedien wurden die Fotos entweder als Luxusausgabe in großem Format und auf gestanzte Pappkartons aufgezogen in den Handel gebracht oder als preisgünstigere, kleinformatige „Visitenkarten" für die Fotosammelalben angeboten (Peters 1979, S. 149).

Die Reisenden konnten in den Geschäften der Fotoateliers Architekturaufnahmen, Stadtansichten, Landschaften aus dem für Reisende üblicherweise unzugänglichen Inneren der Länder und jeweilige Sehenswürdigkeiten der Region erwerben. In immer größerer Zahl wurden sorgsam inszenierte Genreszenen und Portraits der Einheimischen angeboten (Theye 1989, S. 28).

Die Darstellungskategorien beschränkten sich auf augenfällige Armut ohne kritische Gesinnung und auf ästhetisch-verklärende Inszenierungen. Man verkleidete die Einheimischen in historisch traditionelle Kostüme und schuf pittoreske Alltagsszenen in der Regel vor gemalten oder gestellten Kulissen (Wiener 1990, S. 91) (→ *Reisefotografie*: standardisierte Wahrnehmung).

Das fotografische Bild des Indianers zum

Beispiel wurde erschaffen, als der wilde und freie Indianer bereits westlichen Lebensformen unterworfen war (Schindelbeck 1989, S. 9-17). Damals begannen Fotografen wie Edward Curtis mit zur Verfügung gestellten Kostümen und Requisiten Indianer in ihrer natürlichen Lebenswelt zu fotografieren. Curtis zahlte sogar „Extrahonorare für besondere Posen und Gesten, die diesen Menschen bereits fremd waren." (Berg 1987, S. 79).

Die große Zeit der Fotostudios, in denen Fotografien und Fotoalben wie heute Postkarten als Reiseandenken verkauft wurden, ging in den 90er Jahren des 19. Jahrhunderts zu Ende. Indem sie sich auf andere Publikationsformen der Fotografie, auf Postkarten oder gedruckte Alben, einstellten, konnten sie sich einige noch ein paar Jahrzehnte halten.

Eine Zeitlang – etwa von 1880 bis 1920 – kombinierten Forscher und Reisende, wohl aus Einsicht in ihre eigene Unzulänglichkeit und da ihnen die professionellen Möglichkeiten fehlten, eigene Aufnahmen mit denen in Studios vertriebenen Fotografien und Postkarten (Theye 1989, S. 30).

Fotografen, wie F. Frith und W.H. Jackson, die sich um die Jahrhundertwende erstmals auf die Herstellung und den Vertrieb von Postkarten aus fernen exotischen Gebieten spezialisierten, wurden bald zu erfolgreichen Unternehmern. Ihre exotischen Motive hatten in Europa und den USA gerade deshalb großen Erfolg, weil in den ersten Jahrzehnten ihrer Verbreitung illustrierte Zeitschriften und andere Publikationsformen noch nicht mit ihnen konkurrierten. Man sammelte Postkarten wie Antiquitäten, Souvenirs oder fotografische Originalabzüge (Wiener 1990, S.92 ff.).

## 2. Bildliche und inhaltliche „Ansichten"

Die Bildmotive der Ansichtskarten zeigen Landschaften, Architektur, Einheimische (native types) und dies in einem Blickwinkel, der sie zu Sehenswürdigkeiten deklariert (Krauter 1987, S. 205). Der Sehenswürdigkeit liegt eine standardisierte Wahrnehmung zugrunde, die zu der inszenierten, kommerzialisierten Urlaubswelt paßt (→ *Reisefotografie*).

Die Ansichtskarte entspricht den industriellen Eigenschaften des Tourismus: Normung, Montage und Serienfertigung (Enzensberger 1991, S. 77-83). Die Normung des Motivs ist die Sehenswürdigkeit. Sehenswert ist das, was man offiziell gesehen haben muß. So bestätigt die Urlaubskarte diese Stereotype nicht nur, sondern liefert auch standardisierte Wahrnehmungsmuster. Die Montage, wie sie im Angebot der Pauschalreise zum Tragen kommt, zeigt sich bei der Urlaubskarte in ihrer kommerziellen Präsentation. Die Urlaubsbilder sind perfekt fotografiert, in praktischem Format, billig, überall zu erwerben und sofort zu gebrauchen (Albers & James 1988, S. 139). Die Montage im Bildmotiv zeigt sich in der Aufreihung vieler kleiner Bildchen, beigefügten Schriftzügen und Illustrationen, letztlich auch in der Inszenierung von Motiven. Entsprechend der touristischen Reisestrategie (→ *Reisefotografie*) zeigen Urlaubskarten gerne Panoramaansichten oder Luftaufnahmen, die informative Überblicke ermöglichen.

Wie jedes Konsumgut, so wird auch die Ansichtskarte in großen Serien hergestellt und verfügt über einen weltweiten Absatzmarkt. Als Massenartikel beeinflußt sie Wissen, Bewußtsein und Sehweise. Sie institutionalisiert und formuliert nicht nur, was Touristen sehen und wie sie es sehen, sondern ebenso wie sie verstehen, was sie sehen. In einem hermeneutischen Zirkel bedingen sich Produktion und Konsum, Reproduktion und Affirmation (Albers & James 1988, S. 136) (→ *Reisefotografie*).

Die Kartenmotive entsprechen der touristischen Wahrnehmung, die selektiv traditionsreiche Vergangenheit, Romantik und Exotik registriert. „Was sich derart als Sehenswürdigkeit verkapselt, sind die Bilder der Ferne, als welche die Romantik Natur und Geschichte aufgerichtet hat" (Enzensberger 1991, S. 77).

Neuaufgelegte Schwarz-Weiß-Motive, wie sie heute auch an Touristenorten verkauft werden, oder Aufnahmen mit Weichzeichner sprechen für nostalgische Anwandlungen und ästhetische Ansprüche der Käufer. Kunstkarten, die es ab 1900 gibt, künstlerische Detailaufnahmen oder Stimmungsbilder gehören neben „nur bunten Bildern" zum Angebot entsprechend den unterschiedlichen Ansprüchen und dem Geschmack der Touristen. Die „Crazy-Card" versucht mit Witz und Ungewöhnlichkeit mit den traditionellen Standardmotiven zu brechen. Die „Stock-Card" beinhaltet standardisierte Aufdrucke wie „Grüße von ..." gefolgt von jeweiligen Orten u.a., was dem Kommentar auf der Rückseite die wichtigste Information bereits vorwegnimmt.

*Forschungsergebnisse*
Die amerikanischen Anthropologen Albers und James (1983, 1988) untersuchten anhand touristischer Werbebilder und der Postkarte als Inbegriff touristisch stereotypisierter Fotografie „popular photographic images of the American Indian". Die Forschungsmethode bestand in bildinhaltlichen und semiotischen Analysen und im Vergleich der Bildmotive mit den Mitteilungen auf der „picture-postcard". Sie stellten einen Zusammenhang zwischen dem sich verändernden Image der Great Plain-Indianer auf den Karten und der Expansion des Tourismus fest. Die Inhaltsanalyse von Postkartenmotiven aus den Jahren 1900-1970 zeigt, daß die frühen Abbildungen die Indianer relativ authentisch in ihrem bereits durchaus europäisierten Lebensalltag darstellen. Ab den 20er, 30er Jahren hingegen gleichen sich die Motive immer mehr dem Synonym „native culture = nature" an.

Das Postkarten-Bild der Indianer weist im Laufe der Zeit durch das Fokussieren auf traditionelle Attraktionen eine deutliche Tendenz zur Homogenisierung auf. Die Tendenz zur Dekontextierung bedeutet, daß einzelne kulturelle Traditionsmuster aus ihrem Kontext heraus in touristische Funktion gestellt werden. Die Tendenz zur Mystfikation schließlich verklärt Unbekanntes zum Magischen. Der Trend zu stärkerer Inszenierung der Motive in Form aufwendiger Traditionsschauspiele oder Kostümierungen entspricht dem zunehmendem Anspruch der Touristen nach Attraktion und Action.

Die Tendenz der Homogenisierung führte teilweise sogar dazu, daß Indianer aus dem Norden ihre Identität an das Stereotyp des Wild-West Indianers, so wie er aus Filmen und Buffalo Bill's Wild West Show bekannt war, anpaßten (Albers & James 1983, S. 146 f.). Die Standardisierung der Wahrnehmung geht nach Albers und James soweit, daß heutige Indianer nicht als „real" American Indians identifiziert werden (1984, S. 89-90). Die Frage bleibt jedoch offen, ob die fotografische Abbildung nun Ursache oder Symptom dieser Entwicklung ist.

*Die kommentierten inhaltlichen Ansichten*
Die Korrespondenzkarte ist anfangs eine gesellschaftliche Sensation: zum erstenmal werden bislang intime briefliche Mitteilungen öffentlich zugänglich bzw. „lesbar". Dieser „Einbruch in die Privatsphäre" macht die Postkarte gleichzeitig zu einem sozialen Kontrollinstrument, sodaß die Kommentare entsprechend unverfänglich und kurz gehalten werden.

Nach Untersuchungen von Albers und James (1983) weisen die Mitteilungen auf den „picture-postcards" ab 1915 bis in die 70er Jahre eine sich verstärkende inhaltliche Oberflächlichkeit auf. Die Korrespondenz war anfangs, als nur lokal Ansässige und vereinzelte Touristen aus näherer Umgebung

Gebrauch von der „postcard" machten, persönlich auf das Kartenmotiv bezogen.

Mit der Expansion des Tourismus wird die Ansichtskarte zum reinen Souvenir, das „den Indianer" zu einem Fetischobjekt werden läßt und so die Kommentare ohne Bezug zu eigenen Beobachtungen und Gefühlen des Touristen bleiben. „Dear Freddy. How would You like to see this Big Indian. Love. Mama." (Albers & James 1983, S. 131-134, 141).

Das bedeutet: die Stereotypisierung der Bildmotive entspricht der Oberflächlichkeit und Standardisierung der Kommentare. Dies läßt sich auf die Flüchtigkeit und Distanz des modernen Touristen zu den ausgewählten Motiven zurückzuführen.

*Urlaubspost*

Die Volkskundlerin Cantauw-Groschek (Spiegel 1991) untersuchte Karten „ans Büro" aus den letzten vier Jahrzehnten, wobei sie zu dem Ergebnis kommt: „Die Urlaubsgrüße werden immer oberflächlicher. Den Kollegen wird ein Trugbild perfekter Ferien vorgegaukelt", um offiziell den gelungenen Urlaub zu bestätigen und damit die arbeitsfreie Zeit legitimiert zu wissen. Urlaubspost erzeugt eine „Scheinrealität" der perfekten Ferien, an die die Absender offensichtlich selber glauben, sonst wäre der Erfolg ihrer Reise in Frage gestellt. Meist werden die Karten in letzter Minute abgeschickt und in zwei Drittel der Fälle mit phantasielosen Berichten über Sonnen- und Regentage versehen, was auch auf den sozialen Druck des Kartenschreibens hinweist (Spiegel 1991).

In dieser Studie sind Ansichtskarten an die Arbeitswelt untersucht worden. Die Studien von Albers und James legen, was Postkarten an persönliche Freunde und Angehörige betrifft, eine analoge Schlußfolgerung nahe.

## 3. Funktion und Gebrauch der Urlaubspostkarte

Generell lassen sich zwei Gebrauchsweisen der Urlaubspostkarte feststellen: (a) sie wird an Freunde, Bekannte oder Familienangehörige verschickt oder (b) sie wird behalten, um die persönliche Sammlung oder die eigenen Reisefotografien zu ergänzen. Sie hat die Funktion eines sozial verwendeten oder individuellen Souvenirs, das mit seinen standardisierten Motiven ein allgemein verständliches Symbol für die Urlaubsreise geworden ist (→ *Reisefotografie*).

Öffentlich erwerbliche Postkarten sind dann wichtig, wenn der Reisende nicht selbst fotografieren kann oder will, oder seine unprofessionellen Aufnahmen ergänzen möchte. Berufsfotografen inszenieren eine perfekte idealisierte Welt, die der Tourist auf der Postkarte als seine persönlich erlebte annimmt und weitergibt. Der Postkarte als verkaufte Fotografie kommt dabei immer mehr die Rolle eines Erfahrungsersatzes zu. Denn die Urlaubskarte zeigt Motive, die die Reisenden oft, wenn überhaupt, in der Form nicht zu Gesicht bekamen (Theye 1989, S. 7).

Die deswegen auch als Alibi- und Prestigepostkarten bezeichneten Karten der Urlauber bestätigen den „Zurückgebliebenen" das Idealbild der Ferienreise (Spiegel 1991). Neben dieser Dokumentationsfunktion leisten sie gewissermaßen auch ein Stück Werbearbeit. („Der Tourismus ist die Industrie, deren Produktion mit ihrer Reklame identisch ist", Enzensberger 1991, S.83). Die Postkarte ist ein touristisches Produkt und gleichzeitig das mit gebräuchlichste Konsumgut der Tourismusbranche. Tourismus und sein visueller Ausdruck umgehen dabei ein kritisches Bewußtsein, indem Phantasievorstellungen verwirklicht und konsumiert werden (Albers & James 1983, S. 148).

Als Sammelobjekt für Philokraten erfahren Ansichtskarten eine besondere Wertung, da sie nach qualitativen Kriterien (Ästhetik, Rarität, Originalität oder ein spezielles Motiv) ausgewählt oder nur gesammelt werden. Bei der Kollektion zugesandter Karten zählt neben dem speziellen Bildmotiv, das in seltenen Fällen einen individuellen Bezug zum Empfänger hat, die persönliche Mitteilung, sei sie auch noch so kurz und belanglos. Der emotionale Wert besteht in dem Gefühl, auch aus der Ferne Sympathiezeichen zu erhalten. Für die Urlaubskarten trifft auch das Motiv der „Welteroberung" zu: Postkarten aus aller Welt bezeugen den Kosmopoliten. Die soziale Aufwertung für den Empfänger besteht in seiner damit demonstrierten Bekanntheit und Beliebtheit. Die Ansichtskarten werden zu geographischen und sozialen Orientierungsfähnchen auf der persönlichen „Weltkarte".

Mit der Urlaubskarte hat der Tourist nicht nur ein persönliches memento seiner Reise, sondern er ruft sich auch den Adressaten in Erinnerung. Damit erfüllt er seine sozialen Pflichten, obwohl man auf Reisen doch all dem zu entfliehen dachte. „Mit der Erfüllung der Pflicht gilt der Tourist die Schuld ab, die er heimlich in seiner Flucht vor der Gesellschaft erblickt." (Enzensberger 1991, S. 7). Gleichzeitig ist die Urlaubskarte eine günstige Gelegenheit, oberflächlich unter dem Schein des Exotischen alte Briefschulden zu erledigen. Über die Kürze des Textes täuscht das bunte Bild auf der Vorderseite hinweg das immerhin auch über die Reise informiert.

Traditionellen Funktionen unterworfen, besteht die Gebrauchsbestimmung der Urlaubskarte auch darin, eine Beziehung zwischen dem Reisenden und dem fotografierten Gegenstand zu signalisieren („Dort bin ich") (Bordieu 1983, S. 49). Die ursprüngliche Aura, die alte Reisefotografien hatten, geht mit der Massenproduktion von Postkarten in den Fetischcharakter des Souvenirs über. Die Postkarten markierten bereits zu Beginn die Nahtstelle, wo das Außergewöhnliche zum Normalen wurde. Insofern ging es ab diesem Punkt nur noch um die Bestätigung bekannten Bilder (→ *Reisefotografie*). Die bunten Aufnahmen der Postkarten „sind die Reise selbst, auf die er sich begibt. (...) Diese Bestätigung des Vorgespielten als eines Wahren ist die eigentliche Arbeit, die der Tourist ableistet" (Enzensberger 1991, S. 83).

## Literatur

Albers, P.C. & James, W.R. (1983). Tourism and the Changing Photographic Image of the Great Lake Indians. Annals of Tourism Research, 10, 123-148.

Albers, P.C. & James, W.R. (1988). Travel photography. A methodological approach. Annals of Tourism Research, 15, 134-158.

Berg, J. (1987). Dokumentarische Exotik im Film. Ästhetik und Kommunikation. Zukunft des Politischen, 17, (65/66) 170-182.

Bordieu, P., Boltanski, L.; Castel, R.; Chamboredon, J.C.; Lagneau, G. & Schnapper, D. (1983). Eine illegitime Kunst. Die sozialen Gebrauchsweisen der Fotografie. Frankfurt: Suhrkamp.

Brockhaus Enzyklopädie (1972). „Ansichtskarte" Bd. 2; „Postkarte" Bd. 15, Wiesbaden.

Enzensberger, H.M. (1962). Eine Theorie des Tourismus. In: Einzelheiten. Frankfurt: Suhrkamp (zit. n.: Erstes Allgemeines Nicht-Reisebuch (1991). München: dtv).

Fabian, R. & Adam, H.C. (1981). Frühe Reisen mit der Kamera. Hamburg.

Grimms Deutsches Wörterbuch. „Postkarte", Bd. 13. München: dtv.

Jakowsky, A. (1960). Postkarten-Album (1984). ... auch eine Kulturgeschichte. Köln.

Krauter, A. (1987). Imagination und Dokument. Die eigene Kultur im fotografischen Abbild der fremden Kultur. In: Austellungskatalog Exotische Welten. Europäische Phantasien, Stuttgart.

Lutz, R. (1901). Die Ansichtskarte. Ihre Entstehung, Entwicklung und Bedeutung. Baden Baden.

Meyers Enzyklopädisches Lexikon (1977). „Ansichtspostkarte", Bd. 2; „Postkarte", Bd. 19. Mannheim.

Peters, U. (1979). Stilgeschichte der Fotografie in Deutschland 1839-1900. Köln: Dumont.

Pohl, K. (Hg.) (1983). Ansichten der Ferne. Reisefotografie von 1850 bis heute. Ausstellungskatalog. Darmstadt: Anabas.

Schindelbeck, M. (Hg) (1989). Die ethnographische Linse. Photographien aus dem Museum für Völkerkunde Berlin. Staatliche Museen Preußischer Kulturbesitz Berlin.
Sontag, S. (1980). Über Fotografie, Frankfurt/M.: Fischer.
Spiegel. Ansichtkarten. Nun zum Rauschberg. Der Spiegel, 31/1991.
Till, W. (1983). Alte Postkarten.
Theye, T. (Hg) (1989). Der geraubte Schatten. Die Photographie als ethnographisches Dokument. Ausstellungskatalog. München, Luzern: Bucher.
Wiener, M. (1990). Ikonografie des Wilden. Menschen-Bilder in Ethnographie und Photographie zwischen 1850 und 1918. München: Trickster.

**Birgit Schneider**

# Kommunikationspolitik im Tourismus

## 1. Einleitung

Die Kommunikationspolitik ist ein Marketinginstrument. Wir unterscheiden als Marketing-Instrumente Leistungspolitik, Kommunikationspolitik und Distributionspolitik. Unter Kommunikationspolitik versteht man *das bewußte Vermitteln und Interpretieren einer Unternehmensleistung gegenüber einer näher zu definierenden Öffentlichkeit (Zielgruppe) mit dem Ziel, Wissen, Verhalten und Einstellungen im Sinne kommunikativer Zielsetzungen zu beeinflussen.*

Die Kommunikationspolitik hat in der Touristik sehr an Bedeutung gewonnen, da in allen Marktfeldern
- die Zahl der Anbieter erheblich zugenommen hat und damit die Notwendigkeit der Profilierung gegeben ist;
- die Leistungsangebote immer austauschbarer werden und damit der Kommunikationspolitik vermehrt die Aufgabe der Differenzierung zufällt;
- die Märkte mehr und mehr segmentiert werden, was eine immer stärker zielgruppenorientierte Ansprache erfordert.

Kommunikationspolitik darf niemals isoliert betrachtet werden, denn zwischen Kommunikationspolitik und den anderen Marketing-Instrumenten bestehen Komplementär- und Substitutionsbeziehungen. So kann sowohl von einer Überlagerung der anderen Marketing-Instrumente als auch einer Überschneidung der Wirkung gesprochen werden (Nieschlag, Dichtl & Hörschgen 1974, S. 118). Besonders wichtig ist die komplementäre Beziehung zwischen Kommunikations- und vor allem Leistungspolitik. Kommunikation und Werbung schaffen vielfach erst die Voraussetzung für das Wirksamwerden der Leistungspolitik (Bidlingmaier 1973, S. 379).

Eine entscheidende Rolle spielt Kommunikation immer dann, wenn sie bestimmte Grundnutzen, die bei einem Angebot nicht direkt erkennbar sind, herausarbeitet oder wenn sie über den (austauschbaren) Grundnutzen hinaus die Aufgabe hat, psychologisch definierte Zusatznutzen aufzubauen, die ein Angebot differenzieren (Roth 1981, S. 609).

## 2. Die Instrumente der Kommunikationspolitik

Als die klassischen Kommunikationsinstrumente werden Werbung, Verkaufsförderung und Öffentlichkeitsarbeit bezeichnet. Direktmarketing, Messen und Ausstellungen sowie der persönliche Verkauf werden vielfach der Distributionspolitik zugeordnet (Nieschlag, Dichtl & Hörschgen 1985, S. 420).

*Werbung* ist ein Instrument (Kommunikations-Submix), das bestimmte näher zu definierende kommunikative Ziele verfolgt und für die Ansprache der Zielgruppen vorselektierte Medien, in der Regel die sogenannten „klassischen Medien", nutzt.

Zu den „klassischen" Medien werden Zeitungen und Zeitschriften, Fernsehen, Funk und Plakatanschlag gerechnet. Die gewünschte Beeinflussung der Zielgruppe bezieht sich dabei meist auf ein Produkt oder Angebot (seltener auf das Unternehmen als Ganzes, wobei man von Unternehmens-Werbung sprechen würde) (→ *Werbemittel*).

Werbung ist das wichtigste Instrument des Kommunikations-Mix. Die Aufwendungen für klassische Werbung in der Bundesrepublik (alte Bundesländer) sind etwa dreimal so hoch wie diejenigen für die anderen Instrumente zusammen.

*Verkaufsförderung* verfolgt sowohl kommunikative wie distributionspolitische Ziele. Unter Verkaufsförderung versteht man alle kommunikativen Maßnahmen, die der Effizienzsteigerung der eigenen Verkaufsorganisation dienen und den Verkauf an die Absatzmittlerstufe sowie von der Absatzmittlerstufe an den Endverbraucher fördern.

*Öffentlichkeitsarbeit* oder *Public Relations*. Hierunter versteht man alle Maßnahmen, die an eine näher zu definierende Öffentlichkeit gerichtet sind und über die Darstellung von Zielen, Leistungen, Einstellungen, Verständnis und Vertrauen für die Belange des Unternehmens (als Ganzes) aufbauen wollen. Öffentlichkeitsarbeit bedient sich wie die Werbung der klassischen Medien, nur daß die zu vermittelnden Informationen und Botschaften im redaktionellen Teil veröffentlicht werden und damit weder Anzeigenraum noch Fernsehzeit gekauft werden muß.

*Sponsoring* meint die Bereitstellung von Geld, Sachmitteln, Knowhow und organisatorischen Leistungen, z.B. für Sportler und Sportveranstaltungen (Sportsponsoring), Künstler und Kultur-Institute (Kultursponsoring) sowie im sozialen und ökologischen Bereich (Sozio- und Ökosponsoring), mit dem Ziel, eine wirtschaftlich relevante Gegenleistung zu erhalten. Diese Gegenleistung ist fast ausnahmslos eine kommunikative Leistung (Roth 1989, S. 28). Unternehmen, die Personen, Einrichtungen und Veranstaltungen fördern und finanzieren, können auf diese Tatsache in Werbung und Öffentlichkeitsarbeit Bezug nehmen. Dabei ist allerdings zu berücksichtigen, daß (→) *Sponsoring* als Kommunikations-Instrument Einschränkungen unterliegt: meist sind nur reduzierte Botschaften (Hinweis auf Marke/Unternehmen) möglich; Sponsoring kann Wirkung nur entfalten, wenn in Kombination mit den Instrumenten Öffentlichkeitsarbeit, Werbung oder Verkaufsförderung eingesetzt (vgl. Abb. 1).

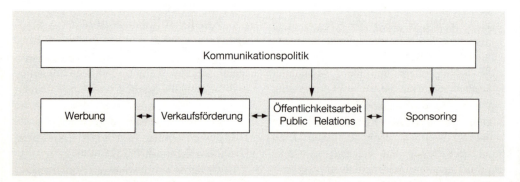

Abb. 1: Instrumente der Kommunikationspolitik (Quelle: Roth 1992, S. 166)

| Instrument | Ziele | Zielgruppen | Inhalte |
|---|---|---|---|
| **Öffentlichkeitsarbeit** | | | |
| außengerichtet | Meinungsführerschaft | Meinungsbildner LH-Zielgruppen | Umweltpolitik Flottenpolitik |
| innengerichtet | Durchsetzung der Service-Orientierung Verständnis für Unternehmensentscheidungen erreichen | alle Mitarbeiter Führungskräfte | Diskussionsbeiträge, Dialog Gespräche, Diskussionen |
| **Werbung** | | | |
| Imagewerbung | Markenprofilierung | Meinungsbildner Multiplikatoren Geschäftsreisende Privatreisende | Umweltpolitik Philosophie, Kontrovers diskutierte Themen |
| Angebotswerbung | Vermarktung von Angeboten/Zielgebieten | Privatreisende Geschäftsreisende | Preis-Leistungswertigkeit Sonderaktionen |
| **Verkaufsförderung** | | | |
| Kunden | Kundenbindung Erschließung neuer Zielgruppen | Geschäftsreisende Privatreisende Sekretärinnen | Zielgruppenspezifische Angebots- und Service-Leistungen |
| Vertriebspartner | Kundenbindung Verkaufs-Unterstützung | Vertriebspartner Personal | Verkaufshilfen Verkaufstraining |

Abb. 2: Integrierte Kommunikation am Beispiel Lufthansa (Quelle: Roth 1992, S. 167)

## 3. Die Ziele der Kommunikationspolitik

Grundsätzlich ist zwischen ökonomischen und außerökonomischen oder kommunikativen Zielen zu unterscheiden. Da die ökonomischen Ziele meist Marketing-Ziele sind und ein Erfolg nicht allein der Kommunikation zugerechnet werden kann (Ursache/Wirkungs-Zusammenhang), fehlt auch die Voraussetzung der Operationalität. Wir bezeichnen deshalb die außerökonomischen oder besser kommunikativen Ziele als die echten Kommunikationsziele. Kommunikative Ziele sind:
– *kognitive Ziele* (Aufmerksamkeit erregen, Bekanntheit schaffen, Wissensstand aufbauen);
– *affektive Ziele* (Interesse wecken, Einstellungen verändern, Emotionen auslösen);
– *konative Ziele* (Informationsverhalten beeinflussen, Kaufabsichten fördern, Reaktionen auf Aktionen auslösen).

## 4. Ablauf der Kommunikationsplanung

Um die synergistische Wirkung einer integrierten Kommunikationsplanung nutzen zu können, ist es erforderlich, die wesentlichen strategischen Festlegungen für die Gesamt-

kommunikation des Unternehmens zu treffen, bevor die Kommunikationsinstrumente einzeln geplant werden. *Integrierte Kommunikation* heißt
- Ausrichtung der Gesamtkommunikation an Unternehmens- und Marketing-Zielen, an der Corporate Identity sowie eindeutig formulierten Kommunikations-Zielen, Zielgruppen und Kommunikationsinhalten;
- Ableitung von Zielen, Zielgruppen und Inhalten für jedes der einzusetzenden Instrumente;
- Abstimmung in zeitlicher und inhaltlicher Hinsicht zwischen den einzusetzenden Instrumenten sowie im visuellen Auftreten (Corporate Design).

Beispiel: Die Lufthansa hat im Rahmen der Kommunikationspolitik den Instrumenten Öffentlichkeitsarbeit, Werbung und Verkaufsförderung eindeutig definierte Aufgaben zugewiesen (vgl. Abb. 2).

## 5. Integrierte Kommunikation

Die Notwendigkeit, die eingesetzten Instrumente im Rahmen der Kommunikationspolitik zu integrieren und abzustimmen sowie Festlegungen zu treffen, welche Ziele durch welches Instrument zu verfolgen und welche Zielgruppe jeweils angesprochen werden sollen, ist nicht nur für große Unternehmen bedeutsam. Gerade kleinere Kommunikationsbudgets können effizienter genutzt werden, wenn diese Festlegung erfolgt. So fällt zum Beispiel auf, daß auch große Tourismusverbände das kommunikative Instrumentarium oftmals wenig koordiniert einsetzen:
- die Inhalte von Werbung (Anzeigen in Zeitschriften), Öffentlichkeitsarbeit (Pressemitteilungen) und Verkaufsförderung unterscheiden sich erheblich;
- das visuelle Erscheinungsbild ist heterogen, eine gemeinsame Linie nicht erkennbar.

Dieser Integrationsprozeß ist zwingend erforderlich, wenn mehrere Kommunikationsinstrumente eingesetzt werden. Er ist in seiner Abfolge auch bindend für die Substrategien, die für die einzelnen Instrumente erarbeitet werden (vgl. Abb. 2).

## Literatur

Bidlingmaier, J. (1973). Marketing. Reinbek: Rowohlt.
Nieschlag, R.; Dichtl, E. & Hoerschgen, H. (1974). Marketing. Berlin: Drucker & Humblot, 2. Aufl. 1985.
Roth, P. (1981). Werbeplanung. In Die Werbung, Handbuch der Kommunikations- und Werbewirtschaft. Landsberg: Moderne Industrie.
Roth, P. (1989). Kultursponsoring. Landsberg: Moderne Industrie.
Roth, P. (1992). Grundlagen des Touristik-Marketing. In P. Roth & A. Schrand (Hg.), Touristik-Marketing. München: Vahlen.

**Peter Roth, München**

# Marketing im Tourismus

## 1. Grundlagen und Definitionen

Noch vor knapp zwanzig Jahren wurde von der sogenannten „Marketing-Lücke" im Bereich des Fremdenverkehrs gesprochen [Fremdenverkehr und Tourismus werden als synonyme Ausdrücke verwendet]. Zwar begann die Beschäftigung mit Marketing-Konzepten in der BRD schon Mitte der 60er Jahre, als Neckermann und Quelle ins Reisegeschäft gingen und die großen Reiseveranstalter (wie Touropa, Scharnow und Hummel) aufscheuchten; die TUI wurde gegründet, die Marketing betrieb. Dies gab Ende der 60er Jahre den Ausschlag dafür, daß der Studienkreis für Tourismus ab 1970 im Rahmen der ITB Berlin eine fünfjährige Tagungsserie „Marketing im Tourismus" durchführte.

Doch erst in den letzten Jahren hat das Thema „Marketing" eine zentrale Bedeutung innerhalb des Tourismus gewonnen; entscheidend hierfür war und ist die Verschärfung des internationalen Konkurrenzkampfes und ein sich daraus für jeden Anbieter ergebender Zwang zu einer marktgerechten Politik in einem sich immer schneller wandelnden Fremdenverkehrsmarkt. (Wegweisend in diesem Zusammenhang waren u.a. die theoretischen Erörterungen Krippendorfs in seinem 1971 erschienenen Buch „Marketing im Fremdenverkehr", einem „Klassiker" des einschlägigen Schrifttums.)

*(1) Der Marketing-Begriff und seine Anwendung auf den Tourismussektor*

Die Forderung des Marketings als marktorientierte Unternehmensführung gewinnt zunehmend an Bedeutung, wenn man davon ausgeht, daß Märkte, als Grundlage jeglicher unternehmenspolitischer Überlegungen, nicht statische Strukturen darstellen, sondern dynamische Gebilde, die gezielt beeinflußbar sind.

Nach Meffert (1991) bedeutet *Marketing* „Planung, Koordination und Kontrolle aller auf die aktuellen und potentiellen Märkte ausgerichteten Unternehmensaktivitäten. Durch eine dauerhafte Befriedigung der Kundenbedürfnisse sollen die Unternehmensziele im gesamtwirtschaftlichen Güterversorgungsprozeß verwirklicht werden".
Eine erweiterte Fassung des Marketing-Konzeptes bezieht sich auf jegliche Form des Austausches zwischen zwei Kontrahenten, so z.B. in der seit 1985 gültigen Definition der American Marketing-Association (AMA): „Marketing is the process of planning and executing the conception, pricing, promotion and distribution of ideas, goods and services to create exchanges that satisfy individual and organizational objectives." Eine derartige Interpretation beinhaltet auch das sogenannte Dienstleistungs- oder Servicemarketing, das in jüngster Zeit zunehmend an Bedeutung gewinnt und dem auch das touristische Marketing zuzuordnen ist.
Die bis heute wohl umfassendste Definition des Begriffs findet sich bei Jost Krippendorf (1971; 2. Aufl. 1980): „Danach verstehen wir unter Marketing im Fremdenverkehr die systematische und koordinierte Ausrichtung der Unternehmenspolitik von Fremdenverkehrsbetrieben sowie der privaten und staatlichen Fremdenverkehrspolitik der lokalen, regionalen, nationalen und internationalen Ebene auf eine bestmögliche Befriedigung der Bedürfnisse bestimmter Konsumentengruppen unter Erzielung eines angemessenen Gewinnes."

*(2) Grundlagen des Marketings im Fremdenverkehr*

An dieser Stelle ergeben sich zwei grundsätzliche Fragen:

(a) Unterscheiden sich die Probleme des Marketings im Fremdenverkehr von jenen des Konsumgütermarketings derart, daß es gerechtfertigt ist, das touristische Marketing als eigenes Forschungsobjekt zu betrachten?

(b) In welchem Maße können Konzepte und Prinzipien, Techniken und Methoden, die erfolgreich in anderen Industriebereichen angewendet werden, auf das touristische Marketing übertragen werden?

Beide Fragen lassen sich mit Krippendorf (1980) beantworten, wenn man die Unterschiede des Konsumgütermarketings einerseits und des touristischen Marketings andererseits näher betrachtet:

1. *Tourismus ist ein Service.* Mit einem Kauf kann keinerlei Eigentumsrecht erworben werden, vielmehr erwirbt der Käufer lediglich das Anrecht auf Inanspruchnahme der touristischen Leistung; hierbei wiederum ist er vom Dienstleister abhängig (z.B. Buchung eines Hotelzimmers).

2. *Die touristische Dienstleistung* ist eine abstrakte, immaterielle Leistung, die weder greifbar noch lagerfähig ist und nicht unter Einräumung von Lieferfristen abgesetzt werden kann. Potentielle Käufer können die gewünschte Leistung nicht wie bei den stofflichen Ge- und Verbrauchsgütern vor dem Kauf sehen. Als Ersatz dienen u.a. bildliche Darstellungen oder Beschreibungen (z.B. Darstellung verschiedenster Angebote in Reisekatalogen).

3. *Reisemotivationen* sind, entsprechend dem abstrakten Charakter der angebotenen Leistung, heterogen; d.h. es verbinden sich damit die vielfältigsten Vorstellungen und Bewertungen.

4. Im Tourismus fällt die *Leistungserstellung* (Produktion) mit dem Absatz im engeren Sinne und dem Konsum in örtlicher und zeitlicher Hinsicht zusammen. Der Kunde und nicht das Produkt überwindet dabei die Distanz zwischen Produktion und Konsum (z.B. Kauf einer Fahrkarte).

5. Die Fremdenverkehrsbetriebe sind, mit Ausnahme des als Vermittler von Leistungen auftretenden Reisebüros, „kundenpräsenzbedingte Dienstleistungsbetriebe". Ohne die *persönliche Anwesenheit des Kunden* kommen die angebotenen Dienstleistungen nicht zur Geltung (z.B. leerstehende Hotelzimmer).

6. Der *Reisevermittler* spielt eine dominante Rolle, da zum einen die eigentlichen touristischen Dienstleistungen entfernt von potentiellen Kunden angeboten werden und zum anderen die in der Tourismusindustrie meist kleinen und mittleren Unternehmen nicht die Kapitalintensität besitzen, eigene Vermittlungen zu unterhalten (z.B. lokale Sightseeing-Angebote).

7. Die Leistung ist *personalintensiv,* wobei die Arbeitskraft die Leistung entscheidend gestaltet; eine garantierte Leistungshomogenität ist undenkbar (z.B. Freundlichkeit des Service-Teams eines Restaurants; s.a. (→) *Trinkgeld*).

8. Die erbrachten Sach- und Dienstleistungen einzelner Fremdenverkehrsunternehmungen stehen im Regelfall in einem Komplementärverhältnis zu den Erzeugnissen anderer Fremdenverkehrsunternehmungen und weiterer Angebotsträger; d.h. Bedürfnisse der touristischen Nachfrage können im allgemeinen nicht durch eine oder mehrere Sach- und Dienstleistungen eines einzelnen Unternehmens befriedigt werden (z.B. fragt der Tourist nach Hotel- und Transportleistungen, nach Leistungen von Reiseleitern, Sportanlagen oder Souvenirs).

Krippendorf sieht in der Sichtbarmachung bzw. Vergegenständlichung des touristischen Leistungserzeugnisses unter Berücksichtigung der verschiedenartigen Nutzenerwartungen eine zentrale Aufgabe. Zudem muß der psychologischen Verhaltenskomponente sowie der Erfassung der Kundenzufriedenheit besonders Rechnung getragen werden. Der Einsatz der Marketing-Instrumente bedarf daher gewisser Modifikationen, insbesondere im Leistungs- und Distributionsbereich. Ein erfolgreiches Absatzmarketing setzt ein entsprechendes Beschaffungsmarketing voraus. Touristisches Marketing stellt also an die Koordination der verschiedenen Marketing-Instrumente besondere Anforderungen.

*(3) Anwendungsbereiche des touristischen Marketings*

Anhand der Komplementarität touristischer Leistungen werden auch mögliche Anwendungsfelder des touristischen Marketings deutlich. Folgende Bereiche können genannt werden:

a) Fremdenverkehrsort (Urlaubsländer, Städte, kleine Orte etc.).

b) Fremdenverkehrsbetriebe (Gastgewerbliche Betriebe: Hotels, Restaurants etc.;

Parahotellerie: Wohnungsvermietung etc.; Transportunternehmen: Eisen- und Luftseilbahnen, Schiffahrtsunternehmen, Luftverkehrsgesellschaften, Autovermietung etc.; Reiseveranstalter: Anbieter von Pauschalreisen etc.; Reisevermittler: Reisebüro etc.).

Betrachtet man die Systematisierung des Fremdenverkehrs nach Bernecker (1962, zit. n. Kaspar 1975), ergeben sich weitere Anwendungsbereiche für das Marketing im Fremdenverkehr:

*1. Fremdenverkehrsarten (Motivation als Gliederungsmerkmal):*
a) Erholungsfremdenverkehr (Nah-, Fernerholung, Kurtourismus)
b) Kultureller Fremdenverkehr (Bildungstourismus, Studienreisen, Wallfahrtstourismus)
c) Gesellschaftlicher Fremdenverkehr (Verwandtentourismus, Clubtourismus)
d) Sport-Fremdenverkehr (Sportferien, Wimbledonreisen)
e) Wirtschaftsfremdenverkehr (Geschäftstourismus, Kongreßtourismus, Ausstellungs- und Messetourismus)
f) Politischer Fremdenverkehr (Diplomatentourismus, Tourismus in Zusammenhang mit politischen Veranstaltungen)

*2. Fremdenverkehrsformen (äußere Ursachen und Einwirkungen als Gliederungsmerkmal):*
a) nach Herkunft (Inlandsfremdenverkehr/Binnentourismus, Auslandsfremdenverkehr)
b) nach der Dauer des Aufenthalts (kurzfristiger Fremdenverkehr, z.B. Durchreise, Naherholung, langfristiger Fremdenverkehr, z.B. Ferien, Kur)
c) nach der Jahreszeit (Sommertourismus, Wintertourismus)
d) nach der Zahl der Fremdenverkehrsteilnehmer (Individualtourismus, Kollektivtourismus, Gruppen-, Clubtourismus, Massentourismus (→) *Familientourismus)*
e) nach dem Alter der Fremdenverkehrsteilnehmer (→) *Jugendtourismus,* (→) *Seniorentourismus)*
f) nach dem verwendeten Verkehrsmittel (Eisenbahntourismus, Autotourismus, Schiffstourismus, Lufttourismus)
g) nach der Beherbergungsform (Hoteltourismus, Tourismus der Parahotellerie (Chalet-, [→] *Campingtourismus)*
h) nach den Auswirkungen der *Zahlungsbilanz* (aktiver Fremdenverkehr: Incomingtourismus, passiver Fremdenverkehr: Outgoingtourismus)
i) nach der Finanzierungsart (Sozialtourismus, Fremdenverkehr durch Vor- und Nachfinanzierung)
k) nach soziologischem Inhalt (Luxus- und Exklusivtourismus, traditioneller Fremdenverkehr, alternativer Jugendtourismus, Sozialtourismus)

So umfangreich jedoch die noch weitergehende Systematisierung von Bernecker ist, stellt sie doch keinen abschließenden Katalog dar. Die Fremdenverkehrsarten und -formen als eigentliches Objekt des Marketing-Managements im Tourismus ganz allgemein unterliegen den vielfältigsten Einflüssen, die die Anbieter und Nachfrager selbst auf den Reisemarkt ausüben und die einen sich immer schneller wandelnden Fremdenverkehrsmarkt bedingen. Im Rahmen der Marketing-Planung müssen diese Einflüsse, die Marktlücken und Trends rechtzeitig erkannt und die Impulse für folgerichtige Anpassungen und Reaktionen ausgelöst werden.

## 2. Strategisches Marketing als Kernelement moderner Unternehmensführung im Fremdenverkehr

Um die besonderen internen und externen Bedingungen des Fremdenverkehrsmarktes zu meistern, werden zunehmend die Erkenntnisse der modernen Absatzpolitik berücksichtigt, deren Kernstück das sogenannte *Strategische Marketing* bildet. Es kennzeichnet allgemein die langfristige Dimension des Marketings als Führungskonzeption und umfaßt in ihrer Ausrichtung und Ausgestaltung folgende Faktoren: (a) Nachfragestrukturen des Marktes; (b) Wettbewerbsbedingungen; (c) Leitbild des Unternehmens; (d) Leistungspotential des Unternehmens.

Stellung des Strategischen Marketings im Rahmen einer modernen Unternehmensführungskonzeption:

*(1) Leitbild und Unternehmensführung*
Das Leitbild der Organisation umfaßt die allgemeinen Grundsätze der Unternehmenspolitik, ihr Selbstverständnis sowie die Verhaltensweisen der Organisation gegenüber den Zielgruppen im Markt und gegenüber allen wichtigen Gruppierungen in der Gesellschaft.

Eine wichtige Akzentuierung erfährt diese konsequent kundenorientierte Denkhaltung durch Betonung der Rolle, die eine gründliche und umfassende Wettbewerbsanalyse bezüglich der Formulierung der eigenen Maßnahmen spielt. Dazu gehören die Analyse von Anforderungen des Marktes und der Gesellschaft, die systematische Analyse von Stärken und Schwächen der unternehmensinternen Potentiale (sowie der möglicher Konkurrenten) und eine sich daraus ergebende Identifikation von strategischen Erfolgsfaktoren im Fremdenverkehrsmarkt.

*(2) Touristische Marketingziele*
Das Unternehmensleitbild setzt die Eckpfeiler zur Ableitung der strategischen Unternehmensziele. Diese lassen sich (n. Ferner, Müller & Zolles 1989) wie folgt kategorisieren:
*1. Übergeordnete Ziele:*
– Beitrag zur Freizeitbefriedigung (Erholung/Bildung/Gesundheit),
– humanitäre Aspekte (bewußte Umweltgestaltung/Erholungsraum erhalten),
– Sicherung der Rentabilität (volks- und betriebswirtschaftliche Investitionen),
– Sicherung und Ausbau von Arbeitsplätzen,
– Ausbau der Infrastruktur,
– allgemeiner Beitrag zur Wertschöpfung (Devisenbilanz).
*2. Langfristige Ziele:*
– Marktstellung und Bedeutung der Region (des Angebots) verbessern,
– Pflege der Marktanteile in jetzigen und künftig aufzuschließenden Märkten,
– Profilierung des Angebots in eine ganz bestimmte Richtung (Verjüngung/Qualitätskorrektur).
*3. Mittelfristige Ziele:*
– Aufbau neuer Angebotsargumente, die außerhalb der bisherigen Hauptsaison liegen (Tagungswesen/Gesundheitsurlaub/Hobbyprogramme),
– Ausbau der vorhandenen Angebotsschwerpunkte in qualitativer Hinsicht,
– engagierte Präsenz bei vorhersehbaren Marktchancen,
– Beeinflussung der bisherigen Gästestruktur (geographisch/soziodemographisch).
*4. Kurzfristige Ziele:*
– Nächtigungszahlen steigern,
– Anteil der Nächtigungen von bevorzugten Zielgruppen überproportional steigern,
– Belebung einer bestimmten Zwischensaison (z.B. Spätsommer durch Allwetter-Aktionen),
– besondere Forcierung der Angebotssegmente, die sich erschwerten Marktverhältnissen gegenübersehen (z.B. wegen ver-

stärkter Konkurrenz oder Veränderungen der Nachfrage),
- Erhöhung der Aufenthaltsdauer und damit der Auslastung (z.B. durch attraktives Veranstaltungsprogramm).

*(3) Touristische Marketingstrategien*
Wichtiges Bindeglied zwischen einem bestimmten angestrebten Zielsystem und der Kanalisierung, d.h. dem tatsächlichen Einsatz einzelner Marketinginstrumente (Produkt-, Preis-, Distributions- und Kommunikationsplanung, vgl. hierzu Abschnitt 4) ist die Marketing-Grundsatzstrategie.

Eine Marketingstrategie ist nach Haedrich (1991) „die Zusammenstellung mittel- bis langfristig gültiger Entscheidungen über Wege (grundsatzstrategische Komponente) und Mittel (instrumentelle Komponente) zur Erreichung der Marketingziele". Strategische Überlegungen betreffen also grundsätzliche Entscheidungen, während sich die anschließende operative Werbeplanung mit der Festlegung konkreter Ziele, der Bestimmung anzusprechender Zielgruppen sowie der Gestaltung der Werbebotschaft unter kurzfristigen Aspekten beschäftigt.

Die hohe Komplexität des Touristikmarktes erfordert eine differenzierte Marktbearbeitungsstrategie (im Gegensatz zur undifferenzierten Marktbearbeitung, bei der den Kunden ein Standardprodukt angeboten wird, das den durchschnittlichen Erwartungen der Zielgruppe entspricht); d.h. es wird bewußt versucht, sich auf die Besonderheiten unterschiedlicher Kundengruppen einzustellen und das Leistungsangebot entsprechend ihren Bedürfnissen und Einstellungen zu gestalten (z.B. Club Med, dessen differenziertes Leistungsangebot auch zielgruppenadäquat kommuniziert wird; (→) *Cluburlaub*). Krippendorf (1980) spricht in diesem Zusammenhang von einem „dynamischen Marktverhalten", womit er die Fähigkeit des Fremdenverkehrsträgers benennt, „sein Verhalten ständig nach den sich wandelnden manifesten und latenten Bedürfnissen der Nachfrage zu orientieren und diese Bedürfnisstruktur im Rahmen gewisser Grenzen im Hinblick auf seine eigenen Ziele selbst zu beeinflussen"; es setzte „ein Abgehen von der im Tourismus noch weitverbreiteten passiven Zurverfügungstellung von Angebotenem voraus" (z.B. ein Hotel wartet, bis Gäste kommen). Dynamisches Marketing bedeutet also aktives Gestalten.

Hebestreit (1975) versucht, aus den Realtypen der marktbezogenen Verhaltensweisen deutscher Reiseveranstalter idealtypische Marketingstrategien abzuleiten:
- Marktsegment- und Zielgruppenkonzentration: aktive Marktbeeinflussung innerhalb definierter Marktsegmente (z.B. Interrail-Reisen für jugendliche Bahnfahrer);
- Markenpolitik: Profilierung und Alleinstellung der angebotenen Leistung in dem Sinne, daß die Marke verbraucherseits vorhandene psychologische Bedürfniskomplexe abzudecken verspricht (z.B. Club Med);
- Kontinuierliche Planung und Einführung neuer Produkte: Produktdifferenzierung, verstanden als einfache Ausweitung des bereits bestehenden Angebots (z.B. neuartige Servicekombinationen, Aufnahme neuer Zielgebiete);
- Diversifikationsstrategien: systematische Ausweitung des Leistungsprogrammes auf verschiedenen Ebenen, d.h. neue Produkte: a) für bisherige Abnehmergruppen (z.B. Bank- und Versicherungsleistungen für Reiseveranstalterkunden); b) für neue Abnehmergruppen (z.B. Sprachkurse für Senioren);
- Kooperation und Fusion: zwei oder mehrere unabhängige Partner schließen sich zusammen, um die Marketing-Schlagkraft zu potenzieren (z.B. Walt Disney Corporation u. Delta Airways bei Themenpark-Urlauben);
- Internationale Expansion: Tätigkeit im Ausland (z.B. operieren ausländische Veranstalter wie Tjaereborg aus Dänemark auch auf dem deutschen Markt).

## 3. Marktforschung im Tourismus

Die Wandlung des Tourismusmarktes von einem typischen Verkäufermarkt in den 60er Jahren zu einem von den Nachfragern bestimmten Markt machte eine Neuorientierung der Marketingaktivitäten in der Tourismuswirtschaft notwendig. Ausgangspunkt jeglicher Neukonzeption von Marketingmaßnahmen ist die Beschaffung von Informationen über die Gegebenheiten des Marktes und Prognosen über zukünftige Marktverhältnisse. Die Entdeckung der Marktforschung durch die Tourismusindustrie beginnt folgerichtig Ende der 60er Jahre. Beschränkte sich das Interesse zu Beginn der 70er Jahre noch weitgehend auf offizielle Fremdenverkehrsstatistiken (also Übernachtungszahlen u.ä.), so gibt es heute eine Reihe periodisch durchgeführter repräsentativer Stichprobenerhebungen in vielen westeuropäischen Ländern und den USA (→) *Repräsentative Reisebefragungen.*

*(1) Touristische Marktforschung und marketingrelevante Informationen*

Nach Krippendorf (1971) kann unter Marktforschung im Fremdenverkehr „die systematische Erforschung aller Faktoren verstanden werden, die den Besuch bestimmter Reiseziele und den Absatz bestimmter Sach- und Dienstleistungen am Touristen beeinflussen". Hauptaspekte der Informationsbeschaffung sind danach die optimale Marktsegmentierung und die bestmögliche Ausgestaltung des Marketing-Mix, also der absatzpolitischen Instrumente. Dafür ist ein Optimum an Informationen über Faktoren erforderlich, die Einfluß auf das Nachfrageverhalten ausüben.

Die für die Marketing-Entscheidung notwendigen Informationen können zu folgenden Faktoren zusammengefaßt werden (Krippendorf 1980):
(a) Umweltvariable (z.B. Konjunktur, Rechtsordnung)
(b) Käufervariablen (z.B. Einkommen, Einstellungen zur Pauschalreise)
(c) Konkurrenzvariablen (z.B. Preisstellung oder Vertriebssystem der Konkurrenz)
(d) Marketing-Entscheidungsvariablen (Marketing-Instrumente, wie Preise, Werbung etc. oder Kostendaten, wie z.B. Deckungsbeiträge).

Die drei erstgenannten Bereiche sind überwiegend unbeeinflußbar durch einen Reiseveranstalter (exogene Variablen). Der Bereich der Marketing-Entscheidungsvariablen ist im Prinzip für den Veranstalter frei bestimmbar (endogene Variable).

Nach Hebestreit (1975) ist die Dynamik der Veränderung wichtiger Datenkonstellationen für die Planung von Marketingaktivitäten entscheidend. Zu den entscheidenden, sich kurzfristig ändernden Variablen, die die Notwendigkeit einer flexiblen Konzeption der Marketingziele und ihrer instumentalen Umsetzung begründen, zählt Hebestreit vor allem folgende Faktoren der Nachfrage:
(a) die Wirtschaftspolitik und deren Entwicklungstendenzen im Land des Reiseaufkommens und in den Zielländern;
(b) Konjunkturverlauf und konjunktursteuernde Maßnahmen, insbesondere nachfragewirksamer Natur, im Land des Reiseaufkommens;
(c) Änderungen im Transport-, Beherbergungs- und Servicebereich;
(d) Politische Unruhen, Kriege und Naturkatastrophen;
(e) negative Umwelteinflüsse (z.B. Strandverschmutzung);
(f) regionale Saisondauer im Ziel- und Aufkommensgebiet (Ferienregelungen);
(g) Modeschwankungen im Image und in der Attraktivität eines Zielgebietes (z.B. über PR- und Werbemaßnahmen des Landes oder der Region im eigenen Absatzgebiet).

Wichtige langfristig variable Einflußfaktoren sind (nach Hebestreit):
(a) das Bruttosozialprodukt und der Anteil des tertiären Sektors am Bruttosozialprodukt;
(b) die Bevölkerungsentwicklung, besonders hinsichtlich der Altersstruktur;
(c) die Entwicklung der frei verfügbaren Einkommen;
(d) die Entwicklung von Beschäftigungsstrukturen und Urlaubsdauer;
(e) die technische Entwicklung (Personenbeförderung, Bauwesen, Kommunikation);
(f) die Einstellung der Bevölkerung zum Tourismus im Ziel- und Reiseaufkommensgebiet;
(g) die Entwicklung substitutionskonkurrierender Produkte und Märkte im Konsumbereich „Freizeit";
(h) die allgemeine wirtschaftliche und politische Entwicklung der zwischenstaatlichen Beziehungen von Heimatland und Zielland der Touristen;
(i) die rechtlichen Normen im Ziel- und Aufkommensgebiet (z.B. Verkehrsrecht).

Deutlich wird, daß die Informationsbreite des Objektbereichs „Reise" größer ist als im Konsumgüterbereich (Hebestreit, 1975). Um so mehr Bedeutung kommt deshalb umfassenden Marktforschungsaktivitäten zu, um aktuelle und zukünftige Marketingaktivitäten zielgerichtet planen zu können.

*(2) Touristische Marktforschung in der Praxis*
Krippendorf (1980) sieht zwar eine Vielzahl möglicher Träger touristischer Marktforschung (Reiseveranstalter, nationale, regionale, lokale Fremdenverkehrsorganisationen, Reisebüros usw.), beklagt aber die spärlichen und bis auf wenige Ausnahmen meist unkoordinierten Aktivitäten in der Praxis. Den Großteil der umfangreicheren Untersuchungen stellen übliche Fremdenverkehrsstatistiken auf nationaler oder regionaler Ebene dar. Hauptaspekte dieser Erhebungen sind in der Regel die Erfassung effektiver Fremdenströme und ihre Analyse nach objektiv soziologischen Sachverhalten (z.B. Einkommen) und einigen leicht erfaßbaren Verhaltenskriterien (z.B. Wahl von Reiseziel und Unterkunftsform). Die Erfassung wichtiger Umweltfaktoren (z.B. die wirtschaftliche Entwicklung in den Reiseaufkommens- bzw. Zielländern) erfolgt meist eher zufällig und unsystematisch.

Eine andere Gruppe von Markt-Untersuchungen stellen Gästeanalysen von Ferienregionen oder -orten dar (→ *Gästebefragungen*). Hier handelt es sich häufig um laienhaft durchgeführte Befragungen, die hauptsächlich den Aspekt der Zufriedenheit mit dem lokalen Angebot abklären sollen. Das dahinterstehende Marketingziel, die Gästezahlen zu steigern, würde jedoch eher eine Befragung der Besucher in Konkurrenzorten sinnvoll erscheinen lassen. Effektiver sind in diesem Bereich regionale Konzeptuntersuchungen (vgl. Hartmann 1981), die sich sowohl mit Image-Dimensionen der Region als auch mit Motiv- und Bedürfnisstrukturen auf seiten der Nachfrager befassen (→ *Images*).

Eine Sonderstellung innerhalb der touristischen Marktforschung in Deutschland nimmt die Reiseanalyse (RA) des Studienkreises für Tourismus in Starnberg (→ *Repräsentative Reiseuntersuchungen*) ein. Das in der Reiseanalyse erhobene Datenmaterial ermöglicht über statistische Weiterverarbeitung die Behandlung vielfältiger, teilweise auch erst nach der Erhebung aufgeworfener Fragestellungen.

Allgemein ist mit Datzer (1983) ein *verhaltenswissenschaftlicher* Ansatz der Marktforschung im Tourismus zu fordern, wie er im Konsumgüterbereich üblich ist und auch vom Studienkreis für Tourismus bereits mehrfach in motiv-, image- und entscheidungspsychologischen Untersuchungen realisiert wurde. Dennoch sieht Krippendorf (1980) Nachholbedarf bei der Untersuchung psychologischer Faktoren, vor allem bezüglich der Motiv- und Bedürfnislage der Nachfrager.

## 4. Die touristischen Marketinginstrumente

Aufbauend auf den globalen Handlungsplänen erfolgt eine Konkretisierung der Maßnahmen, um eine optimale Zielerreichung zu ermöglichen. Nach Nieschlag, Dichtl und

Hörschgen (1988) geht es dabei „im wesentlichen um die Auswahl, Gewichtung und Ausgestaltung der absatzpolitischen Instrumente und deren Zusammenfügen zu einem möglichst optimalen, d.h. zieladäquaten Marketing-Mix". In der Regel wird das Marketing-Mix in vier Aktionsbereiche untergliedert, die aber nicht strikt voneinander zu trennen sind (vgl. Meffert 1991):
(a) Produktpolitik (Welche Leistungen sollen wie am Markt angeboten werden?);
(b) Preis- und Konditionenpolitik (Zu welchen Bedingungen sollen die Leistungen am Markt angeboten werden?);
(c) Distributionspolitik (An wen und auf welchen Wegen sollen die Produkte an die Käufer herangetragen werden?);
(d) (→) Kommunikationspolitik (Welche Informations- und Beeinflussungsmaßnahmen sollen ergriffen werden, um die Leistungen zu kommunizieren und abzusetzen?).

*(1) Das Marketing-Mix im Tourismus*
Es ist offensichtlich, daß sich das Instrumentarium der Fremdenverkehrsbetriebe von demjenigen der Konsumgüterindustrie teilweise unterscheidet. Doch lassen sich zahlreiche erprobte Instrumente des Konsumgüter-Marketings durch kreative Anpassung im Tourismus-Marketing erfolgreich einsetzen (z.B. markante Zunahme des Einsatzes von Wettbewerben als Werbe- und Verkaufsförderungs-Instrumente, zahlreiche Tourismus-Messen).

Die wohl ausführlichste Darstellung des Marketing-Instrumentariums der Reiseveranstalter in der deutschsprachigen Literatur findet sich bei Hebestreit (1975). Aktuelle Aufstellungen finden sich auch bei Seitz und Wolf (1991) sowie bei Roth und Schrand (1992). Hebestreit (1975) unterteilt die Marketing-Instrumente des Reiseveranstalters in folgende drei Gruppen:

*(a) Produktinstrumente* (Bestimmung der Leistungsträger – Wer, Wo; Bestimmung des Leistungsumfanges – Was, Wann; Bestimmung der Leistungsqualität – Wie; Preisgestaltung; Sortimentsgestaltung; Gestaltung der Reisebedingungen und Garantiegewähr);
*(b) Distributionsinstrumente* (Reisemittler; sonstige indirekte Distributionswege; direkte Vertriebsmethoden und -wege; Organisation der Abteilung Innen-Verkauf; Buchungstechnik; Provisions- und Konkurrenzausschlußpolitik;
*(c) Kommunikationsinstrumente* Prospekte und Kataloge; klassische Werbung; sonstige Werbung; Direktmarketing; Public Relations; Verkaufsförderung und Promotionsaktionen (→ Tourismuswerbung, → Reisemedien).

Diese verschiedenartigen Mittel der Markt- und Verbraucherbeeinflussung müssen auf den Bedürfniskomplex der potentiellen Kunden abgestimmt sein (z.B. eine Pauschalreise kann nicht über den Preis allein verkauft werden, wenn der Kunde auch sein Bedürfnis nach Beratung, sein Prestigestreben oder sein Sicherheitsbedürfnis befriedigt sehen will). Daraus ergibt sich die Forderung eines kongruenten, d.h. produkt- und zielgruppenorientierten Instrumenteneinsatzes.

*(2) Der Einsatz des Marketing-Mix im Städte-Marketing*
Ein praktisches Beispiel für den Einsatz des Marketing-Mix im touristischen Marketing, das hier kurz referiert werden soll, bietet Meffert (1989) in einer Abhandlung zum Städte-Marketing:
Prinzipiell lassen sich auch für das Städtemarketing alle konkreten Marketingmaßnahmen den vier Bausteinen des Marketing-Mix zuordnen. Die *Produktpolitik* bildet dabei, ebenso wie beim Konsumgütermarketing, den Kern des Marketing-Mix. Für das Städte-Marketing bedeutet Produktpolitik die Ausgestaltung des „Produktes Stadt". Dieses Produkt wird insbesondere durch die in der Stadt angebotenen Waren und Dienstleistungen, die städtischen Einrichtungen, Veranstaltungen, aber auch durch die Atmosphäre, das Klima und die Mentalität der Bevölkerung bestimmt. Weitere Faktoren der Produkt-Wahrnehmung sind die Stadtarchitektur sowie bestimmte Wahrzeichen und Stadtsymbole. Viele dieser Produktbestandteile sind allerdings einer zielgerichteten Gestal-

tung kaum oder überhaupt nicht zugänglich. Auf jeden Fall können in diesem Bereich letztlich nur langfristige Konzeptionen angestrebte Effekte verwirklichen.

Die Marketing-Maßnahmen der *Preispolitik* spielen im Städte-Marketing eher eine untergeordnete Rolle. Das in einer Stadt herrschende Preisniveau, repräsentiert durch Mieten, Grundstückspreise und das Preisniveau des Einzelhandels, hat zwar einen wesentlichen Einfluß auf das Stadtimage, entzieht sich aber überwiegend der Gestaltung durch die Interessengruppen des Marketings.

Das nächste Marketing-Instrument, die *Distributionspolitik*, steht für die Art und Weise, wie das Produkt zum Kunden bzw. im Tourismus-Marketing eher: wie der Kunde zum Produkt kommt. Im Städte-Marketing sind damit in erster Linie die Verkehrssysteme, d.h. Straßennetz, Autobahnanschlüsse, Zug- und Flugverbindungen, gemeint. Ein gutes Beispiel für die Profilierung von Städten bzw. Regionen über Distributionsinstrumente bilden die Kampagnen des Rhein-Ruhr-Verbundes.

Eine Vielzahl von Instrumenten bietet die (→) *Kommunikationspolitik* im Städte-Marketing. Im Prinzip stehen alle Kommunikationsmaßnahmen zur Verfügung, die auch in der Konsumgüterwerbung Anwendung finden. Schwerpunkte können hier systematische Öffentlichkeitsarbeit, Werbung in Massenmedien, Direktwerbung oder Promotions sein. Eine hauptsächlich über Werbung in Massenmedien verwirklichte Imagekampagne wurde z.B. für Frankfurt konzipiert und durchgeführt. Vermehrt werden in den letzten Jahren auch Promotionsaktionen, wie Stadtjubiläen und Stadtfeste, eingesetzt. Wachsender Beliebtheit erfreuen sich auch Bemühungen um Städtepartnerschaften. Als Kommunikationsmittel nicht zu unterschätzen sind auch Sportvereine, die durch ihren Vereinsnamen den Bekanntheitsgrad der Stadt steigern (Mönchengladbach, Rosenheim).

## 5. Ausblick

Zukünftige Anforderungen an die Marketingstrategien ergeben sich in erster Linie aus den Veränderungen in Markt und Gesellschaft. So hat sich der touristische Markt mittlerweile nicht nur weitgehend zu einem Käufermarkt entwickelt, er ist längst auch vom Massenmarkt zu einem Markt mit stark segmentierten Nachfragen geworden (Haedrich 1991). Reisen ist heute für die breite Masse der Bevölkerung zu einem Grundbedürfnis geworden. Entsprechend differenziert gestalten sich auch die Ansprüche der Nachfrager. Mit Haedrich kann man die Hauptaufgabe einer differenzierten Marktbearbeitung zukünftig in der Vermittlung des psychischen (Zusatz-)Nutzens der touristischen Angebote sehen; d.h., daß das Urlaubserlebnis immer stärker in den Mittelpunkt der Kundenerwartungen rücken wird. Die Befriedigung dieses Nachfrager-Bedürfnisses wird hohe Anforderungen an das Marketing-Know-how der Anbieter stellen und über Wachstumschancen in der Zukunft entscheiden.

Einen anderen Aspekt zukünftiger Markt- und Wettbewerbsbedingungen sieht Haedrich in der Zunahme von Low-Involvement-Bedingungen in Teilbereichen des Tourismusmarktes, wie sie im Konsumgütermarkt seit langem bekannt sind. Das ökonomische, psychische und soziale Risiko des immer erfahrener werdenden Touristen, der einen Kurzurlaub oder eine klassische Pauschalreise plant, wird letztlich immer besser kalkulierbar. Als Folge der immer stärker austauschbaren Angebote werden sich auch die bisher vorausgesetzten Strukturen des Kaufentscheidungsprozesses ändern. Für die Anbieter macht dies ein grundlegendes Überdenken bisher erfolgreicher Strategien und Konzepte notwendig (→ *Reiseentscheidungen*).

Die zunehmende Sensibilisierung in der Bevölkerung gegenüber ökologisch und gesellschaftlich negativen Auswirkungen des Tourismus in den Zielländern („Kosten") stellt einen weiteren Faktor dar, den zukünftige Marketing-Konzeptionen zu berücksichtigen haben (z.B. die eher defensive und exklusive Konzeption des „sanften Tourismus"). In Zukunft wird es sicher nicht mehr ausreichen, über solche Maßnahmen die öffentliche Meinung zu beruhigen (Haedrich 1991); aktive Strategien auf diesem Sektor dürften bedeutende Wachstumsraten versprechen.

Eine grundsätzliche Zukunftsperspektive für touristische Anbieter wird die Herstellung eines für den Nachfrager wahrnehmbaren Markencharakters sein. Momentan sind die wahrnehmbaren Unterschiede zwischen den großen Veranstaltern im Tourismus-Bereich deutlich geringer als zwischen Markenunternehmen anderer Branchen (Köllgen 1991). Eine erfolgreiche Ausnahme bildet hier z.B. der Club Med. Da touristische Angebote im allgemeinen aus mehreren Einzelelementen bestehen, ist zu beachten, daß die Vermittlung eines positiv vom Wettbewerb abgrenzenden Produktnutzens durch die strategische Positionierung der Marke nur dann möglich ist, wenn alle Elemente eine identifizierbare Einheit bilden. Auch hier wird der Erfolg letztlich von der Verfügbarkeit des entsprechenden Marketing-Know-hows abhängen.

## Literatur

Berger, R. (1970). Was heißt Marketing im Tourismus? (S. 9-42) In Studienkreis für Tourismus (Hg.), Marketing im Tourismus. Starnberg: Studienkreis für Tourismus.

Datzer, R. (1983). Informationsverhalten von Urlaubsreisenden. Starnberg: Studienkreis für Tourismus.

Ferner, F.K.; Müller, R. & Zolles, H. (1989). Marketingpraxis im Fremdenverkehr: Das bessere touristische Marketing entscheidet über den Erfolg des Urlaubsangebotes. Wien: Orac.

Haedrich, G. (1991). Modernes Marketing im Tourismus. Konzepte und Strategien für heute und morgen. (S.21-37) In Studienkreis für Tourismus (Hg.), Marketing im Tourismus. Starnberg: Studienkreis für Tourismus.

Hahn, H. & Sauer, W. (1977). Marktforschung für den Tourismus – mit Fallstudie. In K. C. Behrens (Hg.), Handbuch der Marktforschung, Band 2. Wiesbaden: Gabler.

Hartmann, K.-D. (1981). Konzept-Untersuchung für Fremdenverkehrs-Marketing. In R. Neubauer & L. v. Rosenstiel (Hg.), Handbuch der angewandten Psychologie, Band 3. Landsberg: Moderne Industrie.

Hebestreit, D. (1975). Touristik Marketing. Ziele, Strategien, Instrumentarium, Organisation und Planung des Marketing von Reiseveranstaltern. Berlin: Berlin Verlag.

Kaspar, C. (1975). Die Fremdenverkehrslehre im Grundriß. Bern, Stuttgart.

Köllgen, R. (1991). Strategisches Marketing – Ansatzpunkte für Reiseveranstalter. In Studienkreis für Tourismus (Hg.), Marketing im Tourismus. Starnberg: Studienkreis für Tourismus.

Krippendorf, J. (1971). Marktforschung im Tourismus, Sonderdruck. Starnberg. Studienkreis für Tourismus (2. Aufl. 1980).

Krippendorf, J. (1980). Marketing im Fremdenverkehr. Berner Studien zum Fremdenverkehr, 7. Bern, Frankfurt /M.: Lang.

Meffert, H. (1989). Städtemarketing – Pflicht oder Kür? Planung und Analyse, 16 (8), 273- 280.

Meffert, H. (1991). Marketing: Grundlagen der Absatzpolitik. Wiesbaden: Gabler.

Nieschlag, R.; Dichtl, E. & Hörschgen, H. (1988). Marketing. Berlin: Duncker & Humblot.

Nickel, R. (1988). Medien der Tourismuswerbung. Media Spectrum, 12, 3 -41.

Roth, P. & Schrand, A. (Hg.) (1992). Touristik-Marketing. München: Vahlen.

Schmoll, G.A. (1977). Tourism Promotion. Marketing Background, Promotion Techniques, and Promotion Planning Methods. London: Tourism International Press.

Schönemann, K. (1989). Werbung: Tourismus-Marketing. Schriftenreihe des Landesverkehrsverbandes Bayern, 14.

Seitz, E. & Wolf, J. (Hg.) (1991). Touristikmanagement und -marketing. Landsberg am Lech: Moderne Industrie.

Witt, S. & Moutinho, L. (1989). Tourism marketing and management handbook. London: Prentice Hall.

**Ulf Klebl und
Nikola Maria Böck, München**

# Reisefotografie

## 1. Einleitung

Das fotografische Bild hält auf der Basis eines technischen Verfahrens nicht nur die objektive äußere Realität fest, sondern auch Inhalte individualpsychologischer Dimension. Diese beruhen auf unbewußten Bildern, Archetypen und Phantasien der Tiefenstruktur der menschlichen Psyche. Die Fotografie ist einerseits Ausdruck von Projektionen individueller Phantasien und Bedürfnisse individualpsychologischer Dimension, andererseits gleichzeitig auch Ausdruck verinnerlichter kollektiver Normen, d.h. sie wird zu sozialen Zwecken gebraucht. Das Gesellschaftliche und Psychologische konstituieren sich in der Fotographie gegenseitig (Castel 1983). Die Bilderwelt existiert als Gegenwelt zur „entzauberten Welt" des Alltags und erhält gerade in der Freizeit und auf Reisen ihre Entfaltungsmöglichkeit.

## 2. Fotografentypen

Die Mehrzahl der Amateure sind Saisonfotografen. Der Anlaß, der beinahe selbstverständlich zu fotografischer Aktivität motiviert, ist die Urlaubsreise. Die gesellschaftliche Relevanz der Reisefotografie dokumentieren statistische Erhebungen. Nach Spitzing (1985, S. 120) fotografieren etwa 90% der Amateurfotografen auf Reisen, wobei 1983 80% aller Haushalte in Besitz eines Fotoapparates waren.

Nach Bourdieu et al. 1983 erweitert der Urlaub das Spektrum des Fotografierenswerten, da die Motive als „Nichtalltägliches" auffallen. Die touristische Haltung erweckt im Gegensatz zur alltäglichen Abstumpfung Neugier. Außerdem bilden die Ferien einen Höhepunkt des Familienlebens, das als fotografisches Standardmotiv gilt. Das Fotografieren im Urlaub ist somit eine sozial anerkannte und ritualisierte Verhaltensweise (Bourdieu 1983).

Abhängig von der Art der Reise (Individual- oder Gruppenreise, mobiles oder ortsgebundenes Reisen), der individuellen Stimmungslage und Motivation existieren unterschiedliche Umgangsweisen mit dem Fotoapparat. Die Spannweite bewegt sich zwischen Amateur- und (semi-) professioneller Fotografie.

Der „Knipser" fotografiert nicht in erster Linie das fremde Land, sondern sich selbst und die Seinen, wie sie sich im fremden Land verhalten. Dabei steht die „Ehefrau vor dem Vatikan" für die (→) *Authentizität* der Reise, die in ihrem Verlauf den Sehenswürdigkeiten und damit bestimmten Wahrnehmungsstandards folgt. Das Foto belegt das Zusammentreffen beider Ereignisse: der besonderen Zeit (Urlaub) und dem besonderen Ort (Reiseland) (Spitzing 1985).

447

Der Gelegenheitsfotograf personifiziert sich in seinen Bildern stärker als der „Knipser". Er bewertet seine Fotos im Kontext seiner Motivwahl und seines fotografischen Anspruchs.

Für den „Knipser" wie für den gelegentlich Fotografierenden scheint eine gewisse Unsicherheit im Verhalten zuzutreffen. Aus der Spannung zwischen „wollen" und „sich nicht trauen" ist wohl das häufig ungeschickte Verhalten beim Fotografieren zu erklären, zu dem auch das Einhalten eines zu großen Mindestabstandes zum Motiv zählt. Diese Verhaltensweise deutet auf Hemmungen hin; eine Scheu vor Blamage und Schwierigkeiten, Scham oder ängstlicher Respekt vor der direkten Annäherung an Fremdes. Im Gegensatz dazu zeigen engagierte Fotografen keine Scheu, nahe an das Motiv heranzugehen. Mit Hilfe von Tele- oder Weitwinkelobjektiven wird in Nah- bzw Weitaufnahmen der im Alltagsleben gültige Normalabstand unter- oder überschritten. Die fotografische Szenerie erhält somit Züge einer intimen oder aggressiven Situation. Die aufwendige Technik vermittelt dem Fotografierenden dabei das Gefühl zusätzlicher Sicherheit. (Spitzing 1985).

## 3. Die psychologischen Motive

Die Motive für das Fotografieren auf Reisen weisen auf die individuelle wie auch auf die soziale Bedeutung dieser Aktivität hin. Dabei können hinter dem Wunsch, etwas auf's Bild zu bannen, mehrere Motive gleichzeitig stehen. Sie sollen im einzelnen aufgeschlüsselt werden.

*(1) Der Augensinn.* In der Fotografie vollzieht sich eine neue Art des Sehens: das Erfassen mit dem Blick. Der Fotografierende nähert sich über das fotografische Auge seinem Motiv an. Der Genuß liegt dabei gerade in der körperlich distanzierten, indirekten Teilnahme. Die Betrachtung ist die für den Gesichtssinn typische Form der Inbesitznahme im Sinne von Begreifen als Ergreifen. Dieser Akt der Sublimierung findet sich in jedem Spiel und jeder Form der Imagination (Castel 1981).

*(2) Die Abenteuerlust.* Das Fotografieren kann auf Reisen ein Ersatz für das Erleben von Abenteuern sein, die im durchrationalisierten und organisierten Alltag fehlen. Die Abenteuerlust gekoppelt mit versteckten kolonialen Allmachtsphantasien kann eine Reise im Extremfall zur Fotosafari werden lassen. Dem Besonderen und Sensationellen auf der Spur zu sein, macht einen geheimnisvollen Reiz aus. Fremde Länder, fremde Sitten können den Fotografen mit ethnischen Tabus und sozialen Grenzsituationen konfrontieren, die in ihrer Andersartigkeit eine fotografische Herausforderung darstellten. Dadurch können auch voyeuristische Interessen befriedigt werden.

*(3) Lust am Spiel.* Die Lust am Spiel mit der Kameratechnik steht in Zusammenhang mit der technisierten, industrialisierten Alltagswelt und bietet einen Kontrast zur Natur, die zum Idealbild der Urlaubswelt gehört. Das Fotografieren wird zum Erleben aus zweiter Hand und erfüllt eine gewisse Schutzfunktion, z.B. als Versteck vor hautnahen Erlebnissen auf Reisen. „Eine Erfahrung zu machen wird schließlich identisch damit, ein Foto zu machen." (Sontag 1980, S. 30).

Die Lust am ästhetischen Spiel mit Farben und Formen bewirkt, daß beliebige Motive ästhetisiert werden und der Fotograf sich als „homo creator" seiner eigenen Welt erfährt.

*(4) Beschäftigungstherapie.* Das Konstruieren eines eigenen Weltbildes auf Reisen durch Fotografieren kann eine Art Beschäftigungstherapie gegen Langeweile, Unsicherheit und Desorientierung werden (Sontag 1980). Fotografieren füllt Zeit sinnvoll, erfordert ein gewisses Maß an Konzentration und liefert noch dazu sozial verwertbare Ergebnisse. Damit erfüllt die Reisefotografie Krite-

rien der Arbeitsethik und bietet gleichzeitig die Möglichkeit der Zerstreuung oder Flucht aus dem Alltag (Bourdieu 1983). Sie ist paradoxerweise als eine freiwillige Pflicht im Urlaub mit dem Gefühl der Zwanglosigkeit verbunden und wirkt dem schlechten Gewissen des „Ferien-Faulpelzes" entgegen (Sontag 1980).

*(5) Bedürfnis nach Organisation und Orientierung.* Da eine bewußte Bewältigung allzu vieler Reize und Eindrücke – vor allem bei Reisen im Stil von „Europe in three days" – nicht möglich ist, bewahrt die Fotografie flüchtige Momente für eine spätere Ansicht auf (Spitzing 1985). Das für den Touristen typische Verhaltensmotiv des Souvenirsammelns spiegelt sich auch in der Fotografie wider. Die materielle Konsistenz eines Fotos fungiert als Schutz gegen die Vergänglichkeit der Zeit (vgl. Bourdieus Modell 1983, S. 26ff) und die Lückenhaftigkeit des Gedächtnisses (Kracauer 1977). Damit erhält die Fotografie die Bedeutung einer magischen Repräsentanz, die vergangene Augenblicke wiederbeleben kann (Sontag 1980).

*(6) Bedürfnis nach Dokumentation.* Das Foto als Souvenir (= sich erinnern) zeigt den Daheimgebliebenen, wo man war und bestätigt „objektiv" die eigenen Erzählungen (Sontag 1980). Die Fotografien ermöglichen Kommunizierbarkeit, über die Reisen und Fotografieren zum sozialen Prestige wird (Bourdieu 1983).

Gründe, *nicht* zu fotografieren, können in der Hemmung liegen, die aktive Rolle des Fotografen zu übernehmen, die stets auch etwas mit Überwindung von Scheu und Angst den Motiven gegenüber zu tun hat. Zudem wird die Kameraausrüstung in Dritte-Welt-Ländern oft als Provokation empfunden und als Diebesgut interessant. Sie zu tragen und zu bewachen kann ebenso als unangenehmer Streß empfunden werden wie das selbst unter größten Reiseanstrengungen zu praktizierende Fotografieren. Auch der soziale Zwang, Fotos machen zu müssen, kann ein Hinderungsgrund sein.

## 4. Der Prozeß des Fotografierens

Die erste Phase ist die Motivsuche, der fotografische Blick, der die Wahrnehmung lenkt und sich abhängig von inneren Motiven seine konkreten Motive sucht. Beim Fotografieren richtet sich die Konzentration auf die eigene Aktivität: die technische Einstellung, das Motiv im Sucher und eventuell auf eigene Gedanken. Der Fotografierende steht unter einer gewissen Anspannung: nach dem Auslöser-„Klick" stellt sich eine spürbare Erleichterung ein. Die „Welt hat einen wieder".

In seiner Rolle als Fotograf ist der einzelne zwar sozial integriert, befindet sich aber in einer herausgehobenen Situation. Denn als Regisseur und Beobachter der Szene nimmt er an dem tatsächlichen Geschehen, das er fotografiert, nicht direkt teil, er betreibt „distanzierte Einmischung" (Sontag 1980, S. 17).

Die dritte Phase des Fotografierens betrifft den Umgang mit den Fotografien. Bei Polaroidkameras läßt sich das Ergebnis noch vor Ort bewundern, ansonsten erfolgt dieses Ereignis, das mit Emotionen und Erwartungen verbunden ist, erst nach der Rückkehr. Durch die zeitliche Verzögerung erhöht sich die Spannung auf das endgültige, „objektive" Bild. Entsprechend der subjektiven Bedeutung, die die Reisefotos für den Fotografen haben, zeigt er sie Angehörigen und Freunden, archiviert sie in Alben, verstaut sie nach einmaligem Ansehen in Kisten, vergrößert oder verschenkt sie.

## 5. Emotionale Aspekte

*(1) Die Gefühle beim Fotografieren*
Die Gefühle beim Fotografieren hängen eng

mit den individuellen Motiven und dem jeweiligen Setting der Reise zusammen.

Bei „defensiver" Methode zu fotografieren zeigt sich meist ein ambivalentes Angst-Lust-Gefühl. Es resultiert aus der Situation des unbemerkten Fotografierens mit der ständigen Angst, entdeckt zu werden. Ist eine unbemerkte Aufnahme gelungen, stellt sich ein leises Triumphgefühl ein. Das heimliche Beobachten ist auch mit gewissen Scham- und Peinlichkeitsgefühlen verbunden, denn man erhascht verbotene Einblicke in möglicherweise intime oder tabuisierte Szenen – eine Form des Voyeurismus mit dem Hauch des Sensationellen und Nicht-Alltäglichen.

Die *Annäherung* und gleichzeitige *Distanzierung* über das Medium des Fotografierens ist ebenfalls ein ambivalentes Phänomen. Fotografieren auf Reisen kann somit Fremdes als Bedrohliches bannen, als Faszinierendes heranholen oder auf sicherer Distanz halten.

*Macht- und Überlegenheitsgefühle* können als Abwehrreaktion auf eine bedrohliche, befremdliche Vielfalt von Eindrücken gedeutet werden. Sie weisen weniger auf individuelle Stärke als auf Unsicherheit, Unwissenheit und eurozentrische Vorstellungen hin (z.B. der kolonialistische Habitus mancher Touristen in den Reiseländern der Dritten Welt).

Ein Gefühl der *Kreativität* und Stärke entsteht durch das Schaffen und Aneignen von eigenen Bildern in fremder Umgebung. Die fotografische Annäherung an Motive erfordert Selbstbewußtsein, ein gewisses Maß an Einfühlungsvermögen und gestalterischer Kreativität.

Fotografieren auf Reisen dient so der psychischen Stabilisierung und dem Sicherheitsgefühl während des Aufenthalts in fremden Ländern. Halten sich die unangenehmen Situationen, die sich durch das Fotografieren ergeben, im Rahmen der Frustrationstoleranz, kann die Überwindung solcher Erlebnisse sogar als Stärkung empfunden werden.

*(2) Gefühle beim Fotografiertwerden*

Das Fotografiertwerden ist eine emotionale (→) *Streß*-Situation, die als Eustreß oder Distreß empfunden wird, bzw. als Kombination beider Gefühle.

Eustreß ist ein positives Gefühl, das die Psyche aktiviert. Eine positive Einstellung hängt davon ab, ob das Fotografiertwerden als Aufwertung der Person verstanden wird. Voraussetzung ist das Einverständnis des Fotografierten, das auf Vertrauen und Sympathie dem Fotografen gegenüber beruht. Als Reaktion auf Eustreß setzen sich Selbstbewußte charmant in Szene, weniger Sichere wiederum suchen im Gruppenverband Schutz oder verlangen Geld als Gegenwert für das fotografische Benützt- und Eingefangenwerden.

Disstreß hingegen äußert sich als unangenehmes Gefühl. Vor allem Menschen aus der Dritten Welt fühlen sich leicht bedroht, wenn sie fotografiert werden. Ärger und Zorn zeigen sich in gegenaggressiven Reaktionen wie Schimpfen, drohenden Gesten oder unfreundlicher Mimik. Gefühle von Unsicherheit oder Scham äußern sich in Abwehrhaltungen oder Flucht (Spitzing 1985).

Exkurs zur Ethnofotografie: Seelenraub.
Kamerascheu ist als Reaktion auf eine potentielle Gefährdung von Leib und Seele zu verstehen. Ihr liegen kulturell spezifische Seelenvorstellungen zugrunde, die Körper und Seele als Einheit verstehen. Abwehrgesten beim Fotografiertwerden wie das Hand-vor-Mund-und-Nase-Halten sollen das Entströmen der „Atemseele" verhindern und vor dem Kameraauge schützen. Zum anderen gelten – und nicht nur bei Naturvölkern – die reale Erscheinung einer Person und ihr Abbild als Träger ein und derselben Lebenskraft. Schatten- und Spiegelbilder sind somit Teile der erweiterten Persönlichkeit. Der Verlust des Schattens, wie er in der fotografischen Aufnahme ersichtlich und spürbar wird, bedeutet eine Schädigung der Seele, der Lebenskraft und den Verlust des „sozialen Ich". Denn Stammesmenschen wie z.B. die Biami in Papua-Neuguinea, die ihre Identität als Gruppenpersönlichkeit erleben, fühlen sich durch den atomisierenden Blick der Fotografie der sozialen wie individuellen Einheit entrissen (Theye 1989).

Neben diesen Vorstellungen des Seelenraubes und der fotografischen Eigenschaft des Bilderzaubers tritt noch der in allen Kulturen anzutreffende Glaube an den „bösen Blick" als furchtauslösendes Moment hinzu. Der Blick als Träger von Energiekräften wird im Kameraauge als „böser Blick" empfunden, der Unheil und Krankheit bringt (Theye 1989, Wiener 1990).

## 6. Zur Soziologie und Ideologiekritik der Reisefotografie

„Die ‚Phänomenologie' der photographischen Erfahrung ist das Tor zur Soziologie der Photographie" (Bourdieu 1983, S. 236). Welches sind die Charakteristika, in denen sich die Phänomene touristischen Reisens und Fotografierens treffen und ergänzen und so zu dem bekannten symbiotischen Gespann werden? Warum entsteht gerade auf Urlaubsreisen das Bedürfnis, der vorgelebten Bilderwelt eigene Bilder entgegenzusetzen bzw. hinzuzufügen? Entsprechen die Reisefotografien den sozialen Ansprüchen und den ideologischen Werten, für die sie stehen?

*(1) Produktion, Rezeption und Reproduktion von Bildern.* Über den Prozeß der Industrialisierung und Demokratisierung entwickelt sich das Reisen zum weltweiten Massentourismus und die Fotografie zur uneingeschränkten Amateurfotografie, d.h. zu einem Massenkonsumartikel. Im Kreislauf von Produktion und Konsumption werden die privaten Reisebilder zu Reproduktionen bereits rezipierter Bilder. Über die öffentlichen Medien und die Werbung, die selbst wiederum Reproduktionsinstanzen sind, ist die Welt bereits bekannt, bevor wir sie selbst erfahren haben (Reiseberichte und -führer, Illustrierte, Kataloge, Diashows, Fernsehfilme und -dokumentationen). So vermitteln uns Fotografien das Gefühl, wir könnten die ganze Welt als eine Anthologie von Bildern in unserem Köpfen speichern. „Fotografien sammeln heißt die Welt sammeln" (Sontag 1980, S. 9).

*(2) Bildungsanspruch versus Konsum und Unterhaltung.* In ihren Anfängen vermittelte die Reisefotografie noch wirklich neue Bilder ferner, nicht erreichbarer Welten. Damit kam sie einem Bildungsanspruch im Sinne der Aufklärung nach, dem die jungen Adeligen auf ihrer *Grand Tour* folgten. Mit Beginn des massentouristischen Reisens und Fotografierens verliert sich diese Wirkung mit zunehmendem Unterhaltungswert der Reisebilder und deren Konsum (Scheurer 1987). In der Freizeitindustrie gilt v.a. die Devise des „Amusements" (Horkheimer und Adorno 1989), das als leichte Unterhaltung keinen ernsthaften Erkenntnisgewinn bringen kann. In der Flut der Bilder nivellieren sich die Eindrücke und die „Ausweitung des Erfahrungshorizonts" beschränkt sich auf ein ästhetisches Konsumverhalten (Sontag 1980, S. 29). So sieht man letztendlich doch nur, was man bereits weiß oder sehen möchte.

*(3) Dialektik des Fotografierens und Reisens.* Durch die Entwicklung moderner, effizienter Transportmittel (Eisenbahn, Dampfschiff etc.) und den damit verbundenen Vereinheitlichung der Zeit in ein lineares Zeitkonzept, kommt es im 19. Jahrhundert zu einem Wandel, wie die Welt erlebt wird. Der Topos lautete: Vernichtung von Raum und Zeit (Schivelbusch 1989). Dies gilt zum einen für das Phänomen Reisen, das die Welt größer erscheinen und doch kleiner werden läßt, und zum anderen für das der Fotografie. Sie versucht, mit Hilfe der Technik der natürlichen Vergänglichkeit der (→) *Zeit* entgegenzuwirken. „Die Fotografie ergreift rationale Vorsichtsmaßnahmen gegen das Entschwinden der Zeit, indem sie dieser ihre Spuren entreißt" (Castel 1983, S. 259). Das „Vernichtende" der Fotografie liegt in ihrer Eigenschaft, einzelne lebendige Momente dem Gesamtzusammenhang zu entreißen und einzufrieren.

*(4) Reisen und Fotografieren als Scheinwelten.* Da die Urlaubsreise sozusagen für das Glück steht, das wir im Alltag vermissen, müssen diese paar Wochen im Jahr ihr Ver-

sprechen halten (→ *(Urlaubs-)Reisemotive*). Dem dient auch die fotografische Dokumentation in ihrer eingeschränkten, idealisierenden Wahrnehmung, in der uns exotische, paradiesische Motive begegnen: Bräune und Nacktheit, Palmen, Meer, lachende Gesichter und bunte Farben. Das Fotodokument verleiht dem Ganzen den Anschein der (→) *Authentizität*.

*(5) Der Blick auf die Welt und die Standardisierung der Motive.* Eine objekive Wahrnehmung der Welt ist prinzipiell nicht möglich. Der Blick ist zum einen subjektiv geprägt über die individuelle Stimmung und Situation des Fotografen. Er kann idealistisch, romantisch verklärt oder kritisch, wissenschaftlich distanziert oder künstlerisch ästhetisierend, voyeuristisch oder flüchtig sammelnd sein. Zum anderen ist der Blick auf die Welt das Konstrukt kollektiver Erfahrungen und Sehgewohnheiten, die an die Tradition unseres Kulturkreises gebunden sind.

Unsere Sehgewohnheit ist angepaßt an die Mobilität und Flüchtigkeit unserer technisierten Industriegesellschaft. Der Blick ist gewohnt, schnell vieles, auch Flüchtiges aufzunehmen. Wir konsumieren Bilder mit wachsender Geschwindigkeit (Kleinspehn 1989). Die Kamera als Materialisierung des industrialisierten Blicks wird den modernen Sehbedürfnissen gerecht.

Das kulturelle oder individuelle Selbstbild definiert sich über Distanzierung und Abgrenzung zum Fremdbild. In seltensten Fällen erfolgt eine Identifikation mit dem Fremden. Seit den Anfängen der europäischen Welteroberung existieren zwei stereotype Vorstellungen: Der „edle Wilde", der in paradiesischem Zustand lebt, und der „schreckliche Wilde", der unzivilisierte Barbar und Heide. Beide Extreme entsprechen Vorurteilen einer eurozentrischen Weltsicht und spielen als touristische Attraktion noch heute eine Rolle. Letztlich finden sie sich in Formen des Exotismus und der Xenophobie wieder (Gewecke 1992). Bildlich tradierte Wahrnehmungsmuster mit exotischer – weil marktorientierter – Färbung entnehmen wir täglich den öffentlichen Medien: Reiseführer, Kataloge, Werbung, (→) *Ansichtskarten* etc.

Die Wirklichkeit eines Symbols – als solche sind auch fotografische Stereotype zu werten – steckt vor allem in der Bedeutung, die ihm von den Individuen oder Gruppen zugeschrieben wird. Es ist die Intention des Fotografen und die soziale Bedeutung des Beobachteten, weniger seine reale Präsenz, das es zum Motiv werden läßt (Castel 1983).

Merkmal stereotypisierter Wahrnehmung sind die Motive der Reisefotografie. Dazu gehören: „Sight seeing points", allgemein definierte Sehenswürdigkeiten; ästhetisiertes Elend und natürliche Armut oder exotische bzw. romantische Traum- und Sehnsuchtsmotive (Sonnenuntergang), die durch Eliminierung von zivilisatorischen Störfaktoren zustande kommen; auch die Inszenierung von Gruppen- und Familienaufnahmen gehört zum Standard. Als Gegenwelt zum technisierten, rationalisierten Alltag wird eine verträumte, romantische, harmonisierte Welt gesucht und gefunden. Ihr haftet eine gewisse Melancholie an, die symbolisch als Trauer um das verlorene Paradies, um die „Entzauberung" der Welt gedeutet werden könnte.

Träger klassischer Standardmotive schlechthin ist die (→) *Ansichtskarte,* die das Fotografieren auf Reisen zum Teil ersetzt oder ergänzt. Sie ist frei von individuellen Interpretationen des Fotografen und vermittelt das reine Idealbild.

Zur Vereinheitlichung der Wahrnehmung gehört die Vereinheitlichung der Gegenstände zu einem festen Katalog von Motiven, die Vereinheitlichung der Bildsprache. Stereotypisierte Wahrnehmung impliziert eine konkrete Erwartungshaltung auf Urlaubsreisen, auf denen jedes Ereignis etwas Sehenswertes und damit Fotografierenswertes ist (Sontag 1980). Damit erhält die „freie" Reise ihren

Zweck und Wert durch die genormten Grundelemente des Sehenswürdigen (Enzensberger 1991).

*(6) Dokumentation des sozialen Prestiges.* Das Reisen findet die Bestätigung seines Prestigewertes vor allem in der Dokumentation durch die Fotografie. Damit kann man sich selbst einesteils ein Stück Historie erstellen und damit dem Selbst und der Reise Bedeutung verleihen (Kracauer 1977). Andererseits beweist es dem sozialen Umfeld die Authentizität des Erlebten und Gesehenen, bestätigt die Glaubwürdigkeit des Erzählten und legitimiert die Reise gewissermaßen durch diesen Akt der Mitteilung. Der Verreiste begibt sich mit dem Vorzeigen der Fotos in die soziale Beobachtung und Kontrolle zurück (Sontag 1980).

Insofern müssen die gewählten Motive bestimmten Standards entsprechen, um die Kommunizierbarkeit zu gewährleisten. Das ganz persönliche Erinnerungsfoto genügt diesem Anspruch nicht, da nur charakteristische Standardmotive, die einem kollektiven Bild entsprechen, eine allgemeinverständliche Symbolik besitzen.

*(7) Touristische Strategie und fotografische Technik.* Bei dem auf Quantität der Reiseeindrücke abzielenden Reisestil wird die Fotokamera als visuelles Hilfsmittel der Erinnerung nahezu unerläßlich. Die Fülle der Eindrücke wird auf einem Film festgehalten, den man sich zuhause in Ruhe ansehen kann. Die Motivwahl, die sich dann gewöhnlich nach den gezielten Stops an den Sehenswürdigkeiten richtet, bleibt dabei einer ähnlichen Standardisierung unterworfen, wie es die Organisation der Reise ist.

Die Strategie der touristischen Reise funktioniert mehr oder weniger nach den zeitökonomischen Kriterien des Alltagslebens. Der fotografische Schnappschuß entspricht der Flüchtigkeit und dem Tempo des Reisestils, der in der Kritik als „Kilometerfressen und Knipsen" betitelt wird (Augstein 1990).

Ein Grund für die Wahl von Gruppen-Fotoreise ist die perfekte Organisation der Reise inklusive fotogener Motive. Im Schutz der Gruppe ist freies und ungehemmtes Fotofieren möglich, ohne die Nerven anderer Mitreisender durch diese Aktivität zu strapazieren.

Seit Erfindung der Fotografie um 1840 (Adam 1989; Newhall 1984) sind Fotografieren und Reisen ein selbstverständliches, nicht unproblematisches Gespann. Im modernen Massentourismus wird es zu einem aktuellen Phänomen, das nach einer differenzierten Forschung verlangt. Untersucht werden sollen die sozialen Gebrauchsweisen, psychologischen Prozesse und Erlebnisqualitäten beim Fotografieren auf Reisen und deren Bedeutung für das Individuum (Diss. Schneider; vorauss. 1994)

## Literatur

Adam, H. C. (1989). Frühexpeditionen mit der Kamera. GEO, 10, 36-60.

Augstein, F. (1990). Knipsen und Kilometer fressen auf Gruppenreise durch Nord- und Südjemen. Die Zeit, 11, 56f.

Benjamin, W. (1986). Das Kunstwerk im Zeitalter seiner technischen Reproduzierbarkeit. Frankfurt/M.: Suhrkamp.

Bourdieu, P.; Boltanski, L.; Castel, R.; Chamoredon, J.-C.; Lagneau, G. & Schnapper, D. (1983). Eine illegitime Kunst. Die sozialen Gebrauchsweisen der Fotografie. Frankfurt/M.: Suhrkamp.

Castel, R. (1983). Bilder und Phantasiebilder. In Bordieu, P. u.a., Eine illegitime Kunst. Die sozialen Gebrauchsweisen der Fotografie. Frankfurt/M.: Suhrkamp.

Busch, B. (1989). Belichtete Welt – Eine Wahrnehmungsgeschichte der Fotografie. München, Wien: Hanser.

Enzensberger, H. M. (1962). Eine Theorie des Tourismus. In Erstes Allgemeines Nicht-Reisebuch. München: dtv 1991 (Orig. in H.M. Enzensberger, Einzelheiten; Frankfurt/M.: Suhrkamp).

Freund, G. (1976). Photographie und Gesellschaft. (S. 40-70) München: Fischer.

Gerdes, A. (1989). Die Mühen des Weges. Notizen zur Kultur und Geschichte des Reisens. In Theye (Hg.), Der geraubte Schatten. München: Bucher.

Gewecke, F. (1992). Wie die neue Welt in die alte kam. München: dtv/Klett Cotta.

Hermann, H. (1987). Die Welt im Sucher. Handbuch für perfekte Reisefotos. Reisehandbuch „Know-How". Fulda: Fuldaer Verlagsanstalt GmbH.

Horkheimer, M. & Adorno, T. W. (1989). Kulturindustrie (S. 128–176). In Dialektik der Aufklärung. Frankfurt/M.: Suhrkamp.

Kemp, W. (1979, 1980, 1983). Theorie der Fotografie. Eine Anthologie, Bd. 1-3. München: Schirmer/Mosel.

Kleinspehn, T. (1989). Der flüchtige Blick. Sehen und Identität in der Kultur der Neuzeit. Hamburg: Rowohlt.

Kracauer, S. (1977). Das Ornament der Masse. Frankfurt/M.: Suhrkamp.

Lederbogen, J. (1989). Technikgeschichte der Fotografie. Fotoausrüstungen und Fotografieranleitungen für Forschungsreisende. In Theye (Hg.), Der geraubte Schatten. Die Photographie als ethnographisches Instrument, Ausstellungskatalog. München, Luzern: Bucher.

Newhall, B. (1984). Geschichte der Fotografie. München: Schirmer/Mosel.

Peters, U. (1979). Stilgeschichte der Fotografie in Deutschland 1839-1900. Köln: DuMont.

Pohl, K. (Hg.) (1983). Ansichten der Ferne. Reisefotografie von 1850 bis heute, Ausstellungskatalog. Darmstadt: Anabas.

Scheurer, H. (1987). Zur Kultur und Mediengeschichte der Fotografie: die Industrialisierung des Blicks. Köln: DuMont.

Schivelbusch, W. (1989). Geschichte der Eisenbahn. Zur Industrialisierung von Raum und Zeit im 19. Jahrhundert. Frankfurt/M.: Fischer.

Schneider, B. (voraussichtlich 1994). Sehen unterwegs. Zeichnen und Fotografieren als kreative Selbsttätigkeit im Tourismus (unveröffentl. Dissertation).

Sontag, S. (1980). Über Fotografie. Frankfurt/M.: Fischer.

Spitzing, G. (1985). Fotopsychologie – Die subjektive Seite des Objektivs. Weinheim: Beltz.

Theye, T. (Hg.) (1989). Der geraubte Schatten. Die Photographie als ethnographisches Dokument, Ausstellungskatalog. München, Luzern: Bucher.

Virilio, P. (1989). Krieg und Kino. Logistik der Wahrnehmung. Frankfurt/M.: Fischer.

Wiener, M. (1990). Ikonografie des Wilden. Menschen-Bilder in Ethnographie und Photographie zwischen 1850 und 1918. München: Trickster.

Winkler, H. (1983). Weltbild mit Bildschutz. In K. Pohl (Hg.), Ansichten der Ferne. Reisefotografie von 1850 bis heute, Ausstellungskatalog. Darmstadt: Anabas.

**Birgit Schneider, München**

# Sponsoring

## 1. Einleitung

*Sponsoring* oder *Sponsorship* betrachtet die *Zuwendungen von Wirtschaftsunternehmen für Einrichtungen, Organisationen oder Maßnahmen im Sport-, Kultur- oder Sozialbereich.*

Dabei sind zwei Sichtweisen zu unterscheiden:

(a) *Die Sicht des Sponsors:* Unternehmen betrachten Sponsoring als Teil ihrer gesamten Unternehmensaktivitäten (wie z.B. Image, Unternehmenskultur) oder konkreter Unternehmensstrategien (wie z.B. Imageprofilierung, Zielgruppenansprache). Spezielle Sponsoring-Maßnahmen sind dabei vor allem im Marketing- oder Kommunikationsbereich angesiedelt.

(b) *Die Sicht des Gesponserten*: Empfänger von Sponsorenleistungen sind meist nichtkommerzielle Einrichtungen. Für sie stellt Sponsoring ein wichtiges Finanzierungsinstrument für ihre verschiedenen Aktivitäten dar. Hierfür helfen sie als Gegenleistung den sponsernden Unternehmen bei der Verwirklichung ihrer Unternehmens- und Marketingziele.

Sponsoring ist ein relativ junges Instrument der Unternehmenspolitik, das erst in den 80er Jahren eine gewisse Bedeutung für kommerzielle Unternehmen (als Sponsoren) und für verschiedene – meist nichtkommerzielle – Organisationen (als Gesponserte) erlangt hat und dessen Entwicklung noch nicht abgeschlossen ist. Ursächlich für das gestiegene Interesse am Sponsoring waren veränderte Markt- und Produktionsbedingungen sowohl für die sponsernden Unternehmen als auch für die gesponserten Organisationen:

– Für Unternehmen waren es zunehmende Konkurrenzbeziehungen, die Suche nach neuen Kommunikationsinstrumenten und die gestiegene Bedeutung sozialer Werte in der Gesellschaft und für die Unternehmenspolitik;

– für die am Sponsoring interessierten Organisationen im Sport-, Kultur- und Sozialbereich waren es vor allem Finanzierungsprobleme (v.a. aufgrund stagnierender oder rückläufiger staatlicher Förderung) und das gestiegene Interesse der Gesellschaft und privater Unternehmen an gesellschaftlichen Aufgaben (v.a. im Freizeit-, Kultur- und Sozialbereich),

die zu einer verstärkten Zusammenarbeit privatwirtschaftlicher Förderer mit verschiedenen gesellschaftlichen Bereichen auf der Grundlage eines gemeinsamen Sponsoring geführt haben.

## 2. Grundlagen des Sponsoring

Sponsoring beruht auf dem Prinzip von *Leistung und Gegenleistung*. Dies wird durch

Formulierungen „helping others profitably" oder „Tu' Gutes und profitiere davon" treffend ausgedrückt. Doch was für den einen die „Leistung", ist für den anderen die „Gegenleistung". Dabei können beide im Sponsoring beteiligten Partner ihre jeweiligen Ziele nur durch eine möglichst gute Zusammenarbeit erreichen, wenn aus Sicht beider Beteiligter ein „gerechter" Tausch (am Sponsoring-Markt) erfolgt und der „Preis" des Sponsorings von beiden Seiten akzeptiert wird.

- *Sponsoren* fördern soziale, künstlerische und sportliche Aktivitäten in der Regel durch Geld-, Sach- oder Dienstleistungen. Der Sponsor erwartet hierfür als Gegenleistung die Unterstützung seiner unternehmerischen Ziele. Letztliches Interesse eines Sponsors ist es, seine Verkäufe oder Marktstellung zu sichern oder zu erhöhen. Hierzu können die gesponserten Organisationen vor allem mit Kommunikationsleistungen oder mit einem Imagetransfer beitragen.
- Die *gesponserten Organisationen* unterstützen den Sponsor bei seinen Marketingaktivitäten und erhalten als Gegenleistung hierfür materielle oder geldliche Zuwendungen vom Sponsor.

Alle einseitigen Beziehungen, also Zuwendungen ohne Gegenleistungen, sind kein Sponsoring. Durch dieses Prinzip von offener Leistung und Gegenleistung unterscheidet sich modernes Sponsoring vor allem vom „*Mäzenatentum*". Hier erfolgen einseitige Zuwendungen eines ungenannt bleiben wollenden „Mäzens" aus vorwiegend altruistischen Gründen (wie: „Menschenfreude", „Spaß an der Kunst") – ohne direkte, kommerziell verwertbare Gegenleistungen. Allerdings sind „Reinformen" des Mäzenatentums nur selten zu finden. (Zur Entwicklung vom Mäzenatentum zum modernen Sponsoring vgl. Freyer 1990, S. 356f).

An einem erfolgreichen Sponsoring sind meist noch weitere Akteure/Institutionen beteiligt:
- *Sponsoringagenturen:* Bei verschiedenen Sponsoringaktivitäten, v.a. im Sport- und Kulturbereich treten Agenturen zur Vermittlung und Gestaltung der Innenbeziehung des Sponsorings in Erscheinung.
- *Medien:* Durch ihr Sponsoring sind Unternehmen vielfach in den Medien präsent und erhalten so Werbeeffekte, die sie nicht direkt bei den Medien (z.B. TV, Rundfunk oder Printmedien) bezahlen müssen. Bekannteste Beispiele sind die Banden- oder Trikotwerbung bei Sportveranstaltungen, die vom Fernsehen übertragen werden.
- *Käufer:* Durch Sponsoring wollen Unternehmen letztlich ihre Absatzzahlen verbessern oder sichern. Dies ist nur möglich, wenn die durch das unternehmerische Sponsoring direkt oder indirekt angesprochenen Kunden auch die von diesen Unternehmen angebotenen Produkte vermehrt kaufen. Hierbei können die Gesponserten helfen, indem sie direkt für die Produkte ihres Sponsor werben (direkte Produktwerbung oder Käuferansprache) oder zur Verbreitung der Bekanntheit oder einer Verbesserung des Images der Sponsoring-Firma beitragen (vgl. Abschnitt 4).

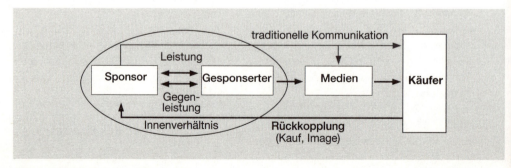

Abb. 1: Die Beteiligten im Sponsoring

## 3. Erscheinungsformen des Sponsorings

Im Sponsoring werden vor allem drei große Bereiche unterschieden, in denen Sponsoringmaßnahmen erfolgen: Sport-, Kultur- und Sozial- (oder Sozio-)Sponsoring.

Sponsoring nahm in Deutschland seinen Ausgang vor allem im Sportbereich. Eines der ersten Sponsorships war die Unterstützung des Fußballvereins Eintracht Braunschweig durch die Firma Jägermeister. Heute sind Banden-, Trikotwerbung, Werbung auf Sportgeräten und bei Veranstaltungen im Sport kaum mehr wegzudenken (vgl. zum Sport-Sponsoring ausführlich Drees 1989; Freyer 1990; Hermanns 1989; Roth 1986). Wenn auch heute noch der Sportbereich mit Abstand der bedeutendste Sponsoringbereich ist, kann man doch in den letzten Jahren immer mehr Sponsorships in den Bereichen *Kultur* und *Soziales* feststellen (vgl. dazu speziell: Bruhn 1990, Fohrbeck 1989, Hermanns 1989, Roth 1989, Zilessen & Rahmel 1991) (vgl. Abb. 2). Anfang der 90er Jahre beträgt das Verhältnis der Ausgaben für Sport- zu Kultur- und Sozio-Sponsoring ca. 70:20:10%. Die Gesamtaufwendungen für das Sponsoring betragen mit ca. 1,2 Mrd. 1990 ca. 5% der gesamten Kommunikationsaufwendungen der deutschen Wirtschaft. Bei einzelnen Firmen nimmt das Sponsoring-Budget zwischen

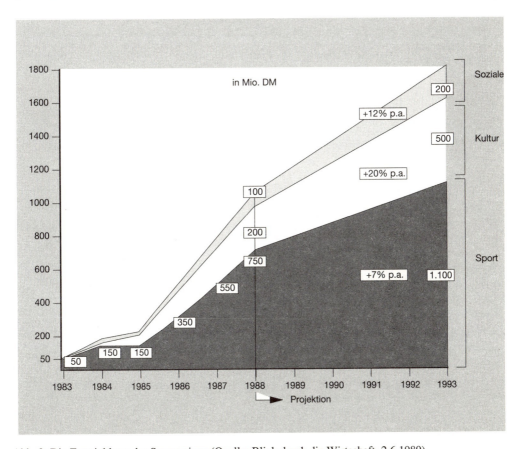

Abb. 2: Die Entwicklung des Sponsorings (Quelle: Blick durch die Wirtschaft, 2.6.1989)

2% und 60% ihres Kommunikationsbudgets ein.

*Tourismus-Sponsoring* stellt eine Schnittmenge dar, in der alle drei Maßnahmen vertreten sind, wenn auch zum Teil mit anderer Bedeutung und Gewichtung (vgl. Abb. 3). Dabei sind große Tourismusunternehmen (z.B. Lufthansa, ADAC, TUI) sowohl auf der Seite der Sponsoren als auch auf der Seite der Gesponserten zu finden. Vor allem Unterstützungen für touristische Destinationen oder Teile davon sind i.e.S. als Tourismus-Sponsoring zu verstehen („touristisches Destinationssponsoring") (vgl. Abschnitt 7).

In allen Bereichen des Sponsoring fließen die Zuwendungen der Sponsoren an Einzelpersonen, an Gruppen, Institutionen oder für bestimmte Aktionen oder Ereignisse – oder aus ökonomischer Sicht: es werden die Produzenten (einzelne oder Gruppen), die Produktionsstätten und/oder das Produktionsergebnis der Gesponserten gefördert. Man unterscheidet:

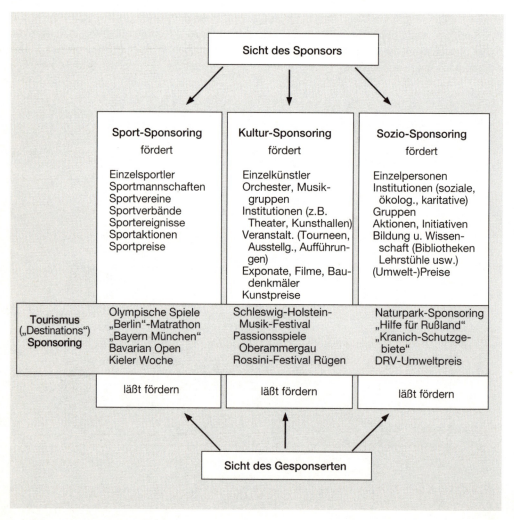

Abb. 3: Formen des Sponsorings

- *Individual-Sponsoring:* Einzelsportler/-künstler erhalten Zuwendungen und treten dafür meist aktiv für die Unternehmen und deren Produkte ein, v.a. in Anzeigen, in denen die Gesponserten für die jeweiligen Firmen(produkte) werben (sog. *Testimonial*werbung; der Prominente soll dafür „zeugen", daß das entsprechende Produkt auch „empfehlenswert" ist).
- *Team-Sponsoring* betrifft die Förderung v.a. von Sportvereinen, Orchestern, Bands und Umweltgruppen; hierbei erhoffen sich Unternehmen neben den o.g. Testimonialeffekten vor allem Verbreitung und einen Image-Transfer von den jeweiligen Gruppen. Team-Sponsoring hat oftmals auch hohe Werbeeffekte für Tourismusdestinationen, da die meisten Mannschaften oder Künstlergruppen den Herkunftsort in ihrem Namen tragen.
- *Institutionen-Sponsoring* meint die Unterstützung v.a. von Theatern, Hochschulen, Lehrstühlen, Bibliotheken, Ausstellungshallen usw. in der Hoffnung, daß dieses soziale und kulturelle Engagement von Unternehmen durch die potentiellen Käufer honoriert wird.
- *Veranstaltungs-Sponsoring („Events")* betrifft Sportveranstaltungen, die oftmals mit dem Namen des Sponsors bezeichnet werden (wie z.B. Porsche-Cup (Tennis), Volvo-Springturnier), ebenso wie klassische Konzerte, Opernaufführungen, Kunstausstellungen, Tourneen von Popkünstlern und Festivals (Schleswig-Holstein-Musikfestival, gesponsert von Bertelsmann, Audi, Lufthansa; Rossini-Festival auf Rügen – von Fiat); auch hierbei sind meist hohe Werbeeffekte für touristische Destinationen gegeben.
- *Wettbewerbs-Sponsoring („Preise"),* meist im Rahmen eines jährlichen – oder einmaligen – Wettbewerbs. Dazu zählen auch die im Tourismusbereich vorhandenen Reise-Aktionen von tourismusfremden Firmen z.B. „Camel-Trophy".
- *Soziale und ökologische Aktionen und Initiativen* werden vielfach von Sponsoren unterstützt (z.B. „Kranichschutzgebiete" von der Lufthansa, „Hilfe für Rußland" von ARD und Stern); sie versprechen sich positive Rückflüsse ihres gesellschaftspolitischen, ökologischen oder caritativen Engagements.
- *Punktuelles Sponsoring (Einzelmaßnahmen)* meint z.B. die Förderung von Filmen, (Ausstellungs-)Exponaten, die Renovierung von Baudenkmälern oder eine „Orgel für Langeoog" (vgl. Freyer 1990, S. 355).

## 4. Sponsoring aus Unternehmenssicht

Die Hauptgründe für die Hinwendung von immer mehr Unternehmen zum Sponsoring liegen in den gewandelten Marktbedingungen – von „Produzenten-" zu „Konsumentenmärkten" (vgl. ausführlich Freyer 1990, S. 10ff) – und die damit verbundene zunehmende Angleichung der Unternehmensangebote:
- starke Konkurrenzbeziehungen zu anderen Unternehmen,
- austauschbare bzw. ähnliche Produkte in vielen Branchen,
- gestiegene Kosten klassischer Werbemittel,
- Suche nach neuen Kommunikationsmitteln.

Gerade Sponsoring scheint für immer mehr Unternehmen eine gute Möglichkeit, sich von anderen Unternehmen mit gleichen Angeboten zu unterscheiden oder zu „profilieren". Zudem sind Sport, Kultur und Soziales attraktive Werbefelder, die medienwirksam in die unternehmerische Kommunikationspolitik eingebettet werden können. Dies unterstützt die traditionellen Ziele der Kommunikations- und Werbeplanung (wie Verbreitung, Bekanntheit, Kaufstimulierung).

Hinzu kommen neben diesen eher ökonomischen und quantitativen Zielsetzungen auch neue qualitative Aufgaben und Ziele, die veränderte Gesellschafts- und Unternehmenswerte widerspiegeln, etwa die zunehmende Bedeutung von Freizeit, Kultur, Umwelt und „Lebensstil" in der Gesellschaft. Vor allem soziales Engagement, ökologische Unternehmenspolitik und gesellschaftliche Verantwortung spielen für Wirtschaftsunternehmen eine immer größere Rolle. Begriffe wie „Unternehmenskultur" und „Wirtschaftsethik" sind eng mit der Entwicklung des Sponsorings verbunden. Im betrieblichen Marketing wird vielfach bereits von „publicity" oder „goodwill" als fünftem Marketinginstrument – neben den traditionellen 4 P's *(product, price, place, promotion)* – gesprochen. Eine solche Ausrichtung des Sponsoring ist eng am früheren Mäzenatentum angelehnt, wo es ebenfalls weniger um ökonomische als um immaterielle Ziele ging. Im Sponsoring wurde dieses Denken bewußt und aktiv eingesetzt. Unternehmen fördern nicht mehr im Verborgenen, sondern setzen Sponsoring bewußt und offen für ihre allgemeinen und speziellen unternehmerischen Ziele ein. Sponsoring wird zu einem neuen „Geschäft auf Gegenseitigkeit".

Die Lufthansa begründet ihr Sponsoringengagement u.a. wie folgt:
„Die Menschen sind heute kritischer, selbst- und umweltbewußter. Sie möchten das gesellschaftliche Zusammenleben selbst aktiv mitgestalten und fordern von den Unternehmen ein gegenüber gesellschaftlichen Entwicklungen offenes Vehalten. Dieser Herausforderung kann sich auch Lufthansa nicht entziehen. Demnach tritt sie mit ihrem Engagement im Sport, in der Kultur und bei anderen gesellschaftlichen Themen – wie dem Umwelt- und Naturschutz – ganz bewußt an die Öffentlichkeit. Denn Sponsoring ermöglicht ihr den geforderten Dialog mit allen gesellschaftlichen Kräften." (Look 1990, S. 70).

*Marketing-Ziele.* Neben diesen allgemeineren marktbedingten Ursachen für das Sponsoring der Wirtschaft versuchen Unternehmen, durch das Sponsoring ganz konkrete unternehmerische (Marketing-)Ziele zu verwirklichen. Hier sind es vor allem fünf Arten von Zielsetzungen, die Unternehmen durch Sponsoring – in unterschiedlichem Ausmaß – verfolgen (vgl. genauer Freyer 1990, S. 366ff u. 1991, S. 15ff):

– *Bekanntheit, Verbreitung:* Dies erreicht man v.a. durch Sponsoring medienwirksamer Veranstaltungen (wie Sportereignisse und Tourneen von Künstlern) oder durch Gesponserte mit einer hohen Verbreitung (z.B. in „Massen"-Sportarten oder durch bekannte Künstler).
– *Imagebildung und „Publicity":* Durch die Unterstützung von Sport, Kultur und sozialen Einrichtungen erhoffen sich Unternehmen, auch vom Image dieser Bereiche zu profitieren („Imagetransfer"). Diese Sponsoringinteressen sind eng mit dem bereits erwähnten Bemühen der Unternehmen um „Publicity" und „Goodwill" verbunden.
– *Kaufstimulierung:* Durch Vorbildwirkungen und Anregungen durch gesponserte Prominente erhoffen sich Unternehmen die Nachahmung der Käufer. Hierzu dienen vor allem die bereits erwähnten „Testimonialwirkungen" von Künstlern und Sportlern.
– *Kommunikation und Kontaktpflege* (nach außen und innen): Im Sport-, Kultur- und Sozialbereich bieten sich vielfältige Möglichkeiten, Geschäftspartner oder Mitarbeiter an diesen Veranstaltungen und Aktionen teilhaben zu lassen. Freikarten zu Kunst- und Sportereignissen, das Treffen in VIP-Lounges oder der direkte Kontakt zu prominenten Sportlern, Künstlern oder Politikern sind für Unternehmen gute Möglichkeiten, ihren Kunden und Mitarbeitern etwas „Besonderes" zu bieten. Diese Kommunikationseffekte unterstützen den Aufbau einer Unternehmenskultur oder „Corporate Identity" nach außen und innen.
– *Zielgruppenansprache* (i.S. modernen Marketings): Bei bestimmten Sport-, Kultur- oder Sozialveranstaltungen sind stets relativ homogene Zielgruppen vertreten, die mit Hilfe des Sponsoring sehr gezielt – ohne hohe Streuverluste – angesprochen werden können.

## 5. Sponsoring aus Sicht des Gesponserten

Immer mehr Organisationen im nichtkommerziellen Bereich können ihre bisherigen oder zukünftig gewünschten Ziele nicht (mehr) ausreichend finanzieren. Dies gilt für den Sportbereich ebenso wie für den Kultur- und Sozialbereich. Zur Deckung der Anspruchs- und Finanzierungslücke stellt Sponsoring eine wichtige *Finanzierungsquelle* dar. Um diese Finanzquellen zu erreichen, müssen auch die potentiell gesponserten Organisationen ein systematisches Sponsoringkonzept entwerfen. Sie müssen sich insbesondere überlegen,

- was sie den potentiellen Sponsoren für ihre Probleme als Lösungen anbieten können (z.B. Breitenwirkung, Image, Kaufanreize, Kommunikation und/oder Zielgruppaussprache);
- welche Bereitschaft zur Unterstützung der kommerziellen Ziele des Sponsors beim Gesponserten vorhanden ist;
- welche Sponsoren für die jeweilige Organisation in bezug auf Größe, Image, Produkt usw. geeignet sind (positive Affinität von Sponsor und Gesponsertem).

Hierfür ist ein klares Leistungsangebot seitens des Gesponserten zu entwerfen, der Preis hierfür zu benennen und eine aktive Sponsorensuche zu betreiben. Nur die wenigsten Sponsoren wenden sich an die Gesponserten, meist ist der umgekehrte Weg die Regel.

## 6. Sponsoring mit Konzept

Sowohl für die Sponsoren als auch für gesponserte Institutionen gliedert sich Sponsoring in den größeren Bereich der Unternehmensführung ein. Mit der Ausweitung und der zunehmenden Bedeutung des modernen Sponsorings hat dieses immer mehr die Form systematischer Entwicklung von Sponsoring-Konzepten angenommen – sowohl auf Seite der Sponsoren als auch auf seiten der Gesponserten. Dieses Vorgehen ist eng an der Methode des modernen Marketing-Managements orientiert und kann mit Hilfe eines 5-Phasen-Kreislaufs veranschaulicht werden. Diese Methode ist geeignet, sowohl ein Sponsoren- („Geber"-) als auch ein Gesponserten- („Nehmer"-)Konzept zu entwickeln. Für beide Beteiligte im Sponsoring gelten aber jeweils andere Sichtweisen für die einzelnen Phasen im *Sponsoring-Management* (vgl. ausführlich Freyer, 1990, S. 362ff, und Freyer, 1990, S. 44ff).

Phase 1, *Sponsoring-Analyse:* Umfangreiche Situationsanalyse: welche Ausgangssituation hat der Sponsor (oder Gesponserte) am Markt (Marktanalyse), in bezug auf die gesellschaftlichen Trends (Umfeldanalyse) und im Hinblick auf seine eigene Organisation (Betriebsanalyse); was sind Sponsor und Gesponserte im Sponsoring zu leisten bereit; welche Stärken - Schwächen und welche Chancen – Risiken sind mit – einem Sponsoring verbunden.

Phase 2, *Sponsoring-Strategie:* Hier sind die Ziele und Strategien zu entwickeln, die mit einem Sponsoring intendiert sind, und mit anderen betrieblichen Zielen und Strategien sowohl beim Sponsor als auch beim Gesponserten abzuklären (strategische Ausrichtung des Sponsoring).

Phase 3, *Sponsoring-Gestaltung:* Modernes Sponsoring umfaßt die verschiedensten Maßnahmenbereiche, die auch im modernen Marketing-Management anzutreffen sind: Produkt-, Preis-, Vertriebswege- und Kommunikationspolitik. Sie sind aufeinander abzustimmen und für ein umfassendes Sponsoring-Mix zu gestalten.

Phase 4, *Sponsoring-Realisierung:* Nach der Festlegung der grundsätzlichen Wege und Möglichkeiten wird in der Realisierungsphase die konkrete Personal-, Finanz-, Organisations- und Zeitplanung für das Sponsoring erstellt.

Phase 5, *Kontrollphase:* Eine der kritischsten Phasen, in der sowohl Sponsoren als auch Gesponserte überprüfen müssen, ob die Erwartungen an das Sponsoring auch erreicht worden sind. Bei Zielverfehlungen müssen über Rückkopplungen die Ursachen für Abweichungen von den intendierten Zielen gesucht und beseitigt werden.

## 7. Sponsoring im Tourismus

Auch im Tourismus sind bereits vielfache Sponsorenbeziehungen vorhanden, obwohl nur selten von einem Sonderbereich des Tourismus-Sponsoring gesprochen wird. Dabei tauchen sowohl touristische Unternehmen als Sponsoren als auch touristische Einrichtungen oder Gebiete als Gesponserte auf. Als *Tourismus-Sponsoring* sind – analog zum allgemeinen Verständnis von Sponsoring – vor allem die Unterstützungsleistungen von privatwirtschaftlichen Unternehmen für Fremdenverkehrsorte (oder Teile davon) zu verstehen. Hierfür könnte der Name *Destinations-Sponsoring* in Zukunft verstärkt Verwendung finden.

Der Bereich Tourismus ist in der Gesellschaft mit sehr positiven Werten besetzt (Entspannung, Gesundheit, Natur, Erholung, Freizeit usw.). Zudem bietet er mit seiner Öffentlichkeitsarbeit und Werbung eine breite Plattform für potentielle Sponsoren. Ferner leiden touristische Kommunen unter einem permanenten Finanzmangel, sodaß sie ein vorrangiges Interesse an Sponsoringleistungen aufweisen. Sie können durch Sponsoringzuwendungen vielfache Aktivitäten entfalten (z.B. im Sport-, Kultur-, Sozial- und Umweltbereich), die sonst nicht finanzierbar wären.

Auch ergibt die Partnerschaft von privatwirtschaftlichen Unternehmen und Tourismusdestinationen neue Möglichkeiten der Zielgruppenansprache – sowohl aus Sicht des Sponsors als auch der gesponserten Destination (Beispiel: Sponsoringaktionen der Kreditkartengesellschaft American Express zusammen mit der Insel Sylt 1992).

Die meisten touristischen Sponsoring-Maßnahmen werden den drei großen Bereichen des Sponsoring zugerechnet (vgl. Abb. 3):

– *touristisches Sport-Sponsoring:* Sportvereine und Sportereignisse sind meist sehr eng mit dem Namen des Heimat- oder Veranstaltungsortes verbunden. Dies bedeutet gleichzeitig einen hohen touristischen Werbewert für den jeweiligen Ort oder die Region. (Beispiele: die Austragung Olympischer Spiele, Barcelona 1992, oder anderer Sportereignisse, wie „Berlin-Marathon", „Kieler Woche", oder Sportvereine, wie „Bayern München".)
– *touristisches Kultur-Sponsoring:* Hierfür gilt aus touristischer Sicht ähnliches wie für das Sport-Sponsoring. Vor allem Sport- oder Konzertveranstaltungen haben einen hohen touristischen Wert für die jeweilige Destination.
– *touristisches Sozio-Sponsoring:* Die verstärkte gesellschaftliche Bedeutung von ökologischen Werten hat auch im Tourismus immer häufiger zu entsprechenden Sponsoring-Maßnahmen geführt: Der DRV vergibt jährlich einen „Umweltpreis" für ökologisch vorbildliche Orte oder Aktionen, die Lufthansa unterstützt „Kranich-Stationen", der ADAC sponsert die „Deutsche Alleenstraße" usw.

Allerdings dürften verstärkte Sponsoring-Aktivitäten im Tourismusbereich auf ähnliche anfängliche Widerstände stoßen wie in der Vergangenheit in den anderen Sponsoringbereichen: Freizeit und Urlaub werden gerne als werbefreie Bereiche angesehen, in denen die permanente Konfrontation mit Werbebotschaften von Sponsoren aus dem Alltag der Konsumwelt nicht auf allgemeine Zustimmung treffen wird. Gesponserte Hotels mit Sponsorenspruchbändern, Urlauber mit Sponsoren-T-Shirts und die tägliche Sponsorenbegrüßung am Frühstückstisch sind momentan sicher (noch) Negativ-Visionen für den Tourismus.

## Literatur

Bellman, A. (1989). Sport-Marketing in der Praxis. Essen: Stamm.
Bruhn, M. (1987). Sponsoring. 2. Aufl. 1991. Wiesbaden: Gabler.
Bruhn, M. (1990). Sozio- und Umweltsponsoring. Wiesbaden: Universitäts-Verlag.
Fischer, H.H. (1989). Kulturförderung durch Unternehmen in der Bundesrepublik Deutschland. Köln: Phil. Diss., Universität.
Fohrbeck, K. (1989). Renaissance der Mäzene? Köln: DuMont.
Freyer, W. (1988). Tourismus. Einführung in die Fremdenverkehrsökonomie. 4. Aufl. 1993. München, Wien: Oldenbourg.
Freyer, W. (1990). Handbuch des Sport-Marketing. 2. Aufl. 1991. Wiesbaden: Forkel.
Freyer, W. (1991). Erscheinungsformen des Sponsoring. In S. Wagner (Hg.) (1990), Der Vereinsmanager, Loseblattwerk, Ergänzungslieferungen 1991, Gruppe 10-5.3.
Grüßer, B. (1992). Handbuch Kultursponsoring. Ideen und Beispiele aus der Praxis. Hannover: Schlütersche Verlagsanstalt.
Hermanns, A. (1989). Sport- und Kultursponsoring. München: Vahlen.
Look, F. (1990). Lufthansa und Sponsoring. In Lufthansa Jahrbuch '90. Köln: Lufthansa.
Roth, P. (1986). Sportsponsoring. 2. Aufl. 1990. Landsberg: Moderne Industrie.
Roth, P. (1989). Kultursponsoring. Landsberg: Moderne Industrie.
Zilessen, R. & Rahmel, D. (Hg.) (1991). Umweltsponsoring. Wiesbaden: Gabler.

**Walter Freyer, Heilbronn**

# Tourismuswerbung

## 1. Einleitung

Die Werbepsychologie befaßt sich u.a. mit den Reaktionen auf Werbung sowie den Determinanten dieser Reaktionen. Der Beitrag der Werbepsychologie besteht darin, die psychologische Bedeutung von Produkten besser zu verstehen, Werbewirkungsmodelle aufzustellen und zu evaluieren, Methoden zur Werbeerfolgskontrolle bereitzustellen oder schließlich allgemeine theoretische Fundierung des Verhaltens am Markt zu betreiben (vgl. Moser 1990). Im folgenden wird auf drei Ansatzpunkte näher eingegangen: psychologische Merkmale zur Marktsegmentierung, den touristischen Entscheidungsprozeß und schließlich Überlegungen zu Werbewirkungsmodellen und den daraus nahegelegten Methoden zu Überprüfung der Wirkung von Tourismuswerbung.

## 2. Marktsegmentierung

Es gibt eine nahezu unüberschaubare Vielzahl von Tourismusformen und Touristentypen (→ *Urlaubertypologien*). Angesichts der relativ heterogenen Zielgruppen ergeben sich zwei strategische Alternativen für die Tourismuswerbung: a) man kann versuchen, Werbeaussagen so allgemeingültig zu formulieren, daß sie auf alle Gruppen passen; b) man kann Marktsegmentierung betreiben.

Zur Segmentierung kommen neben ökonomischen (z.B. Familieneinkommen) und demographischen (z.B. Alter) auch psychologische Kriterien in Frage (→ *Werbeplanung),* die insbesondere an den präferierten allgemeinen Urlaubs- und Reisemotiven anknüpfen; dafür sei exemplarisch eine Liste von Moutinho (1987) angeführt:

*(1) Erziehungsbezogene und kulturelle Motive*
– Zu sehen, wie Menschen in anderen Ländern oder Kulturen leben und arbeiten.
– Bestimmte Aussichtspunkte, Monumente, Kunstwerke besichtigen.
– Ein besseres Verständnis gegenwärtiger Ereignisse gewinnen.
– An speziellen kulturellen oder künstlerischen Ereignissen teilnehmen.
*(2) Entspannung, Abenteuer und Vergnügen*
– Distanz gewinnen von täglicher Routine und Verpflichtungen.
– Neue Gegenden und Menschen kennenlernen oder neue Erfahrungen machen.
– Sich gut unterhalten und Spaß haben.
– Romantische oder sexuelle Erfahrungen machen.
*(3) Gesundheitsförderung und Erholung*
– Sich ausruhen und erholen von der Arbeit und vom Streß/von der Belastung.
– Sport treiben und trainieren.
*(4) Ethnische und familiäre Motive*
– Orte besuchen, aus denen die Familie stammt.
– Verwandte und Freunde besuchen.
– Die Zeit mit der Familie (den Kindern) verbringen.
*(5) Soziale und am Wettbewerb orientierte Motive*
– Erzählen können, welche Orte man besucht hat.
– Einen bestimmten Urlaub machen, weil es „Mode" ist.
– Zeigen können, daß man es sich leisten kann.

Der nächste Schritt einer segment-orientierten Strategie könnte, auf den Urlaubsmotiven aufbauend, darin bestehen, Untersuchungen über den (→) *Lebensstil* der Urlauber anzustellen. Wenn man Beziehungen zwischen dem Lebensstil und dem präferierten oder gesuchten Urlaubstyp finden kann, dann lassen sich beispielsweise Werbeaussagen von der Art konzipieren, die bestimmte zu bewerbende Urlaubsorte/-regionen bestimmten Lebensstilen zuordnen; Konsumenten können also direkter in ihrem Selbstkonzept und dem, was ihnen persönlich bedeutsam ist, angesprochen werden (vgl. z.B. Goodrich 1979).

Die Realität bleibt allerdings hinter diesen Möglichkeiten zurück. Nach den Ergebnissen einer Befragung von Haedrich, Gussek und Tomczak (1989) verwenden Reiseveranstalter für die Marktsegmentierung (lediglich) fünf Kriteriengruppen: Reisemotive, Familienstand der Reiseteilnehmer, Bildungs- und Einkommensniveau der Reiseteilnehmer, Altersstruktur der Kunden und Unterkunftsart.

## 3. Werbung und touristische Kaufentscheidung

Die Entscheidung für touristische Leistungen und auch ihr Kauf nehmen oftmals eine beträchtliche Zeitspanne in Anspruch (→ *Reiseentscheidung*). Dabei lassen sich verschiedene Teilaspekte unterscheiden: der Ort, an den der Tourist „hin" will, die Aktivitäten, die er dort anstrebt, die Art der Beförderung, um diesen Ort zu erreichen, ob er oder sie alleine, mit Familie, Freunden, in Reisegruppen etc. reisen will, usw. Vermutlich gibt es keinen typischen, allgemein gültigen Entscheidungsablauf, sondern große individuelle Unterschiede darin, wie touristische Entscheidungen zustande kommen. So mögen sich Konsumenten darin unterscheiden, wie genau sie einen Zielort bereits kennen, wieviele touristische Erfahrungen sie haben, wie ausführlich sie es gewohnt sind, sich auf einen Aufenthalt in mehr oder weniger fremder Umgebung vorzubereiten.

Touristische Kaufentscheidungen lassen sich zwar einerseits als Spezialfälle unter die Gesetzmäßigkeiten allgemeiner Konsumentenentscheidungen subsumieren (vgl. dazu Engel, Blackwell und Miniard 1986; Moser 1990), können aber auch durch einige spezifische Aspekte charakterisiert werden. Touristische „Produkte" sind typischerweise Dienstleistungen und von daher eher nach dem Kriterium Servicequalität (z.B. Cronin & Taylor 1992) als nach den klassischerweise im Marketing diskutierten Kriterium Produktqualität zu beurteilen. Die Güte des zu bewerbenden Produkts besteht im *Erlebnis*, das das Produkt vermittelt, das aber nicht dauerhaft ist, sowie in der abschließenden Zufriedenheit (→ *Reisezufriedenheit*).

Bemerkenswert ist, daß die Qualität von Serviceleistungen einem erheblichen Unzufriedenheitspotential ausgesetzt ist. Beispielsweise befragten Meier, Noell und Zins (1991) Pauschalreisende kurz vor und drei Monate nach der Urlaubsreise hinsichtlich deren Einschätzung österreichischer Reiseveranstalter. Diese Autoren fanden bereits vor dem Abflug eine hohe Beschwerdeneigung und ein Drittel hatte nach der Reise „Gründe und Anlässe zu Beschwerden angeführt" (S. 87). Entsprechend änderte sich auch die durchschnittliche Sichtweise der Reiseveranstalter, sie wurden u.a. weniger zuverlässig und teurer eingeschätzt als vor dem Abflug.

Zu Beginn wurde bereits darauf hingewiesen, daß gerade das touristische Produkt eine Reihe von Risiken in sich birgt. Im Falle von touristischen Kaufentscheidungen kann das Risiko beinhalten: mögliche physische Verluste (z.B. HIV-Infektion; (→) *Sextourismus*), Zeitverlust (z.B. Streiks während der Urlaubszeit), finanzielle Verluste (z.B. Diebstahl des Autos am Urlaubsort) sowie erlebnisbezogene Verluste (z.B. verschmutzte Strände). Ein Teil der angesprochenen Risiken kann versichert, ein anderer kann durch Ausweichverhalten reduziert werden.

## 4. Wirkung und Evaluation von Tourismuswerbung

Zur Evaluation der Tourismuswerbung können alle Methoden eingesetzt werden, die auch für andere Arten von Werbung herangezogen werden können (vgl. dazu Spiegel 1970). Verständlich werden aber die Verwendung werbepsychologischer Methoden wie auch die Interpretierbarkeit der damit gewonnenen Ergebnisse erst dann, wenn die ihnen implizit oder explizit zugrundeliegenden Werbewirkungsmodelle mitbetrachtet werden. Einen Vorschlag, Funktionen und Wirkungen verschiedener Arten von Tourismuswerbung einzuordnen, legte Kleinert (1983) vor (vgl. Abb. 1).

Unterschieden wird danach, welche innere Beteiligung (Involvement) mit dem Produkt verknüpft ist, und ob eher „Verstand" oder „Gefühl" angesprochen werden. Abbildung 1 zeigt, daß jeweils unterschiedliche Wirkungsmodelle des Verhältnisses von Lernen, Einstellungsänderung und Handeln postuliert werden. Diese Typologie ist als Heuristik zur Einordnung verschiedener Werbemaßnahmen verwendbar:

*1. Quadrant: hohes Engagement/kognitive (verstandesmäßige) Argumente;*
(...), erklärungsbedürftige touristische Produkte wie z.B. Ferienhäuser als Kaufobjekte, äußerst hochpreisige Reisen sowie Angebote von touristischen „Newcomern" bzw. Neueinführungen, (...) Feriengebiete mit Imageproblemen aufgrund schlechter Leistungen in der Vergangenheit, die aber inzwischen ihr Angebot verbessern konnten (...). Da gestaltungsmäßig mit längeren Texten und Demonstrationen gearbeitet werden muß („informative Werbung"), eignen sich als Medien hauptsächlich Zeitschriften.

*2. Quadrant: hohes Engagement/affektive (gefühlsmäßige) Argumente;*
(...) Angebote, die aufgrund ihres Preises hohes Engagement bei den Umworbenen erwarten lassen, jedoch weniger vom Intellekt her als vom Gefühl her gekauft werden, (...wie) prestigebehaftete Zielgebiete bzw. Fern-, Luxus- oder Cluburlaub, also Produkte, deren Nutzung das Selbstwertgefühl bestätigt und fördert. Als Werbemittel kommen hier in erster Linie großformatige Zeitschriftenanzeigen in Frage („Imagewerbung").

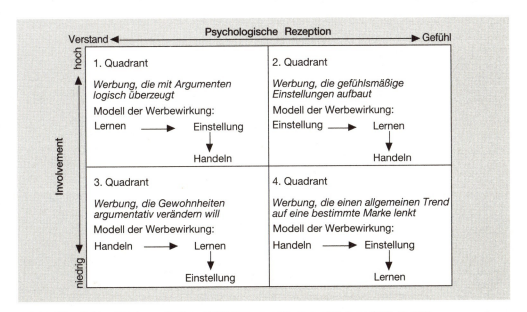

Abb. 1: Vier-Felder-Matrix zur Rolle und Wirkung von Werbung (Kleinert 1983, S. 289)

*3. Quadrant:*
*geringes Engagement/kognitive Argumente;*
(...) Produkte mit relativ hoher Kauffrequenz, wobei die Käufe mehr stereotyp ablaufen. Übertragen auf den Tourismusbereich bedeutet das die Aufgabe, Verbraucher, die eigentlich nur „aus Gewohnheit" immer bei demselben Reiseveranstalter buchen bzw. immer in das gleiche Zielgebiet reisen, durch Vermittlung von thematischen Informationen vom Vorteil des „eigenen" Angebots oder Zielgebiets zu überzeugen. Ist das gelungen, sind zur Festigung der Markentreue nur noch kontinuierliche werbliche Erinnerungsanstöße notwendig. In dieser Phase genügen dann kleinere Anzeigen, Direct Mailings oder Funkspots.

*4. Quadrant:*
*geringes Engagement/affektive Argumente;*
Produkte, die in dieses Feld fallen, werden vom Verbraucher ohne viel nachzudenken gekauft (z.B. Nahrungs- und Genußmittel, Drogerieerzeugnisse). „Da im Tourismusbereich derartige Angebotskategorien so gut wie nicht anzutreffen sind, sollten auch die hier empfohlenen Basis-Werbemittel – Displays, Plakate, Verkaufshilfen im Laden – nur flankierend eingesetzt werden." (Kleinert 1983, S. 290)

*Konversionsstudien.* Es finden sich kaum empirische Untersuchungen zur Evaluierung von Tourismuswerbung. In der Praxis bedient man sich oft sogenannter „Konversionsstudien": Dabei werden Interessenten, die z.B. Prospekte über einen Urlaubsort anfordern, über ihren Entscheidungsprozeß befragt, um festzustellen, in welchem Ausmaß die Interessenten tatsächlich Urlaub am betreffenden Ort machen werden. Diese Vorgehensweise beruht auf dem „Konversionsmodell" der Werbewirkung (vgl. Abb. 2).

Die Entscheidung eines potentiellen Urlaubers für einen Urlaubsort wird in diesem Modell als „Konversion" bezeichnet. Dieser Konversion gehen verschiedene psychologische und verhaltensbezogene Schritte voraus. Aber sowohl die spezifischen Vorgehensweisen zur Bestimmungen der Konversionsrate als auch das Werbewirkungsmodell selbst wurden kritisiert (Burke & Gitelson 1990; Woodside 1990; Siegel & Ziff-Levine 1990). Insbesondere wurde in Frage gestellt, ob die Wirkung von Werbung sich am Anteil derer messen lasse, die Informationen angefordert hatten und dann den entsprechenden Ort auch (tatsächlich) besuchten. Zum einen fragen oft solche Personen an, die bereits zuvor zur Rei-

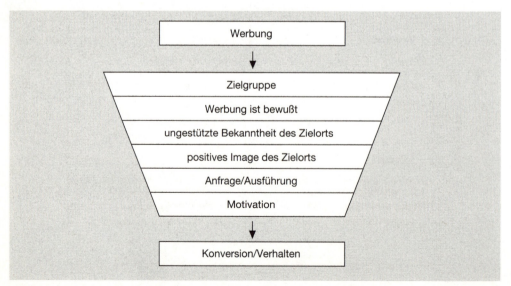

Abb. 2: Das Konversionsmodell (Siegel & Ziff-Levine 1990)

se schon weitgehend entschlossen waren. Zum zweiten werden aber auch Informationen von Personen nachgefragt, deren Status als Tourist zumindest fraglich ist (z.B. Geschäftsreisende). Und schließlich fragt nur ein kleiner Prozentsatz von tatsächlichen touristischen Besuchern die Informationen überhaupt nach. Siegel und Ziff-Levine (1990) plädieren daher für ein neues „Werbe-Prozeß-Modell" („advertising tracking model"; vgl. Abb. 3).

Wie die gestrichelten Pfeile deutlich machen, *folgt* nach diesem Modell die Anfrage einer entsprechenden Motivation, den Zielort zu besuchen. Zudem muß die Anfrage keine Vorbedingung für entsprechende Verhaltensänderung, bzw. -bereitschaften sein. Demzufolge hat auch die Frage, ob und in welchem Ausmaß Informationsanfragen erfolgen, keine entscheidende Bedeutung mehr, um Werbemaßnahmen im Tourismus angemessen zu evaluieren. Statt dessen plädieren Siegel und Ziff-Levine (1990) für Werbe-Prozeß-Studien zur Überprüfung der Wirkung von Tourismuswerbung. Eine solche Studie ist dadurch gekennzeichnet, daß auf verschiedenen Ebenen (Aufmerksamkeit, Erinnerung, Image, Motivation) Maße eingesetzt werden. Sie wird in der Regel telefonisch oder mittels persönlicher Interviews durchgeführt. Aus den Ergebnissen läß sich dann erschließen, auf welcher Stufe (vgl. Abb. 3) und mit welcher Intensität sich die Wirkung der Werbung bemerkbar macht.

Siegel und Ziff-Levine (1990) berichten in diesem Zusammenhang über eine Werbe-Prozeß-Studie der kanadischen Regierung, der zufolge eine entsprechende touristische Kampagne zu besseren Erinnerungswerten des entsprechenden Slogans, höheren Bekanntheitswerten der Werbung, einem korrigierten Image und einer erhöhten Bereitschaft, nach Kanada zu reisen, führte.

## 5. Schlußbemerkung

Aus der Überlegung, daß Werbung im Tourismus eine besondere Bedeutung hat, ist abzuleiten, daß sie auch eine besondere Verantwortung hat. Denn einige ansonsten mögliche Absicherungen bzw. Risikominderungsstrategien bei *Produktrisiken* stehen im Falle des touristischen Angebots kaum zur Verfügung. Es ist beispielsweise kaum denkbar, daß man erst einmal ein paar Tage „zur Probe" Urlaub macht, die Rückgabe des Produktes im Falle eines klaren Mangels ist nicht möglich, und finanzielle (Teil-)Entschädigungen können kaum den Ärger und die verlorenen Urlaubs-

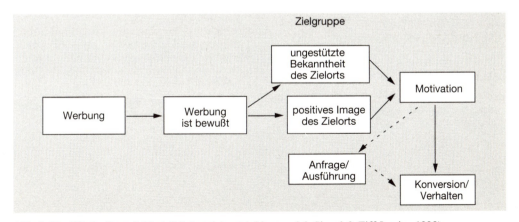

Abb. 3: Das Werbe-Prozeß-Modell (advertising tracking model; Siegel & Ziff-Levine 1990)

tage aufwiegen. Man kann sich auch nicht in der Mehrzahl der Fälle auf Produkttreue und damit Qualitätskonstanz verlassen (z.B. verliert ein ruhiger Urlaubsort seinen Wert, wenn diese Qualität allgemein bekannt wird und er deshalb „überlaufen" ist).

Ein anderes Problem besteht darin, daß die versprochenen *touristischen Erlebnisse* nicht eintreten. Einmal können Leistungen versprochen worden sein, die dann nicht gegeben waren (z.B. ein bestimmter Hotelkomfort). Hier bestehen natürlich Ansprüche von seiten des Urlaubers, aber es ist kaum möglich, adäquate Entschädigungen zu definieren. Zum anderen besteht das touristische Angebot in der Regel aus Bestandteilen, die nicht vom Veranstalter beeinflußbar sind – z.B. Ereignisse wie schlechtes Wetter, politische Unruhen oder Streiks bei Transportgesellschaften.

*Umweltgedanke.* Mit dem generell gestiegenen Umweltbewußtsein haben sich auch neue Anforderungen an touristische Veranstalter – und damit auch an die Kommunikation über Tourismus – ergeben. Sowohl ökologische Bedenken als auch kulturelle Spezifika des Urlaubsgebietes spielen von daher in den letzten Jahren eine zunehmende Rolle in der Tourismuswerbung. So verwendet beispielsweise die TUI den Slogan „Die Umwelt erhalten – das Umfeld entdecken". Weitere kritische Punkte im Tourismusmanagement und unter anderem auch in der Tourismuswerbung faßt Dehr 1983 zusammen.

# Literatur

Burke, J.F. & Gitelson, R. (1990). Conversion studies: Assumptions, applications, accuracy and abuse. Journal of Travel Research, 28(3), 46-51.

Cronin, J.J. & Taylor, S.A. (1992). Measuring service quality: A reexamination and extension. Journal of Marketing, 56, 55-68.

Dehr, G. (1983). Verbraucherpolitik. (S. 301-307) In G. Haedrich; C. Kaspar; H. Kleinert & K. Klemm (Hg.), Tourismus-Management. Berlin: De Gruyter.

Engel, J.F.; Blackwell, R.D. & Miniard, P.W. (1986). Consumer behaviour. Chicago: Dryden.

Goodrich, J.N. (1979). Benefit bundle analysis. An empirical study of international travellers. Journal of Travel Research, 16(2), 6–9.

Haedrich, G.; Gussek, F. & Tomczak, T. (1989). Differenzierte Marktbearbeitung und Markterfolg im Reiseveranstaltermarkt der Bundesrepublik Deutschland. Marketing ZFP, 11, 11-18.

Kleinert, H. (1983). Die kommunikationspolitischen Instrumente und ihre Aufgaben – Kernprobleme der Werbeplanung. (S. 287-300) In G. Haedrich; C. Kaspar; H. Kleinert & K. Klemm (Hg.), Tourismus-Management. Berlin: De Gruyter.

Meier, A.; Noell, B. & Zins, A. (1991). Das Image der österreichischen Flugpauschalreiseveranstalter. Der Markt, 30, 82-89.

Mitchell, V.W. & Greatorex, M. (1990). Consumer purchasing in foreign countries. A perceived risk perspective. International Journal of Advertising, 9, 295-307.

Moser, K. (1990). Werbepsychologie. München: PVU.

Moutinho, L. (1987). Consumer behaviour in tourism. European Journal of Marketing, 21, 1-44.

Pearce, P.L. (1982). The social psychology of tourist behaviour. Oxford: Pergamon.

Siegel, W. & Ziff-Levine, W. (1990). Evaluating tourism advertising campaigns: Conversion vs. advertising tracking studies. Journal of Travel Research, 28(3), 51-55.

Spiegel, B. (1970). Werbepsychologische Untersuchungsmethoden. Berlin: Duncker & Humblot.

Woodside, A.G. (1990). Measuring advertising effectiveness in destination marketing strategies. Journal of Travel Research, 29(2), 3-8.

**Klaus Moser, Stuttgart**

# Touristische Medien

## 1. Einleitung und definitorische Abgrenzung

Von wenigen Ausnahmen abgesehen hat sich bisher die sozialwissenschaftliche Tourismusforschung mit den „(Massen)-Medien" allgemein nicht viel beschäftigt. „Touristische Medien" ist der Oberbegriff; damit sind alle, über „neue" und „alte" Massenmedien technisch vermittelten Kommunikationsformen gemeint, die sich (1) in irgendeiner Weise mit Inhalten zu den Themen Reisen und Urlaub befassen, und von denen (2) angenommen werden kann, daß sie für die Einstellungen, Gefühle, Motive von Urlaubern oder Urlaubsinteressierten eine Rolle – vor, während und nach dem Urlaub – spielen. Gewöhnlich werden darunter v.a. die Medien verstanden, die für das Treffen von (→) *Reiseentscheidungen* und/ oder für das Verhalten im Urlaub selbst (→ *Verhalten im Urlaub*) relevant sind. Primäre Zielgruppe der touristischen Medien sind also Menschen, die an touristischen Dienstleistungen interessiert sind bzw. diese in Anspruch nehmen, nicht die Professionellen des touristischen Anbieterspektrums. Auf die wichtigsten touristischen Medien wird im folgenden eingegangen.

## 2. Zur Charakterisierung der touristischen Medien

*(1) Reisemedien im engeren Sinn: Werbemittel*

Die für die Touristikbranche interessantesten Medien sind zweifellos die, die vor dem Antritt eines Urlaubs benutzt werden, und von denen angenommen werden kann, daß sie eine gewisse Rolle für das Treffen einer (→) *Reiseentscheidung* spielen. Nach den Ergebnissen der Reiseanalyse (vgl. Braun & Lohmann 1989, S. 60 ff.) stellen Kataloge/Prospekte von Reiseveranstaltern die zweitwichtigste Informationsquelle (hinter den Berichten/Empfehlungen von Bekannten/Verwandten/Arbeitskollegen) dar. Weniger handelt es sich um Medien, die für die („allgemeine") Entscheidung, überhaupt zu verreisen, bedeutsam sein können, als vielmehr um solche Medien (oder bestimmte Inhalte davon), die eine Auswirkung auf das Treffen von speziellen Urlaubsentscheidungen haben, nämlich in bezug auf den Urlaubsort, das zu wählende Verkehrsmittel, die Unterbringungsmöglichkeiten, die Art der Reise usw. Alle diese Reisemedien sind Informationsträger, die von den Touristik-Veranstaltern selbst herausgegeben bzw. initiiert werden und sie sind daher primär als (explizite oder indirekte) Werbeträger *(→ Tourismuswerbung; → Werbemittel)* anzusehen, dienen also dem *(→) Marketing im Tourismus*. In der Form von

Kundenzeitschriften dienen sie v.a. dazu, die Kundenbindung zu erhalten bzw. zu erhöhen.

Zu den Reisemedien i.e.S. gehören in erster Linie: Urlaubsanzeigen, Urlaubsprospekte der Anbieter (Hotels, Städte, Regionen, Länder), Reisekataloge; Reiseplakate (vgl. Hartmann 1981); ferner die „Bordmagazine" der Luftfahrtunternehmen (zB. „LTU-Magazin", „Lufthansa-Bordbuch", „CityLiner") bzw. ihrer Schienenpendants („Intercity" der Bundesbahn) u.ä.; eine Sonderstellung nimmt die Zeitschrift für die ADAC-Mitglieder ein.

*Trends:* Tendenz zu umweltbewußt gestalteten Reisemedien. Speziell im Katalogbereich hat es in der letzten Zeit zunehmend Ansätze und Versuche gegeben, die ebenso teuren wie in ihrer Effizienz fraglichen und umweltbelastenden traditionellen Hochglanzprospekte (geschätzt werden mehr als 250 Mio. Reisekataloge von 1.500 Reiseveranstaltern pro Jahr in Deutschland; zit.n. Die Zeit 27.3.1992) zumindest partiell zu ersetzen: Leihkataloge, Verwendung von Umweltpapier, Ganzjahreskataloge und Versuche inhaltlicher Veränderungen (wie z.B. jener, aus dem Katalog ein längerverwendbares „Reisebuch" zu machen). Über die Akzeptanz dieser Versuche (wie überhaupt über die firmeneigenen Akzeptanztests von Reisemedien, insbesondere von Katalogen) ist aus naheliegenden Gründen wenig bekannt geworden.

*(2) Reiseführer*

Die Geschichte der Reiseführer als literarisches Genre ist vergleichsweise gut erforscht, vor allem, was die Publikationen des 18./19. Jahrhunderts angeht. Ein besonderer Schwerpunkt ist dabei die Erforschung, Katalogisierung und Analyse der legendären Baedeker-Reiseführer (vgl. z.B. Hinrichsen 1991, 1992; Lauterbach 1989). Die Gegenwart mit ihrem vielfältigen Reiseführer-Angebot harrt dagegen noch einer differenzierten (massenkommunikationssoziologischen) Analyse, was nicht zuletzt auch durch den schnellen Wandel dieses kommerziellen Angebots und durch terminologische Probleme (vgl. Steinecke 1988, S. 13) erschwert wird. Die bisher einzige Analyse des Reiseführerangebotes (schriftliche Umfrage bei Verlagen, qualitative Inhaltsanalysen, theoretische Überlegungen) führte Steinecke (1988) durch.

*Das Angebot.* Für 1985 wurde eine Zahl von 111 Verlagen, die cum grano salis als Reiseführer-Verlage einzustufen sind, mitgeteilt (Steinecke 1988); diese Zahl dürfte heute eher höher liegen und mit 140 anzusetzen sein, was aber insofern irreführend ist, als sehr viele Klein- und „alternative" Verlage dabei aufgenommen sind, die nur wenige Titel produzieren. Schätzungen belaufen sich für 1992 auf ca. 8.000 lieferbare Titel in 150 Reihen/Programmen; weitere Schätzungen gehen von 10-12 Mio. jährlich verkaufter deutschsprachiger Reiseführer aus (Maute 1992). – Als bekannteste Reiseführer-„Namen" gelten „Polyglott" (seit 1959 auf dem Markt) und „Baedeker".

*Auflagenzahlen* der Reiseführer zählen zu den bestgehüteten Geheimnissen der (Verlags-)Branche; allenfalls werden von den beteiligten Verlagen Trends zu den Erfolgen oder Mißerfolgen bestimmter Einzeltitel herausgegeben; der Umsatz des Marktführers „Polyglott" ist über die Angabe von ca. 4 Mio. verkauften Exemplaren (à DM 7,80– 9,80) der Reihe zu erschließen (Polyglott 1992; Maute 1992); von der ersten Staffel (39 Titel) der neuen Serie der „Marco Polo"-Reiseführer wurden allein im Startjahr 1991 insgesamt fast 2 Mio. Exemplare verkauft. Die über die letzten Jahre zu verzeichnenden Zuwächse im Reiseführermarkt sind vermutlich v.a. auf das verstärkte Angebot preisgünstiger „dünner" Reiseführer (-Reihen) zurückzuführen (Mair 1993).

*Typologien.* Auf der Basis einer schriftlichen Umfrage mit Antworten von 48 einschlägigen Verlagen konstruierte Steinecke (1988, S. 18ff.) sechs Grundtypen von Reiseführern entsprechend der jeweils dominanten Zielgruppenansprache: (1) „Reiseführer für alle", (2) „... für soziodemographische Gruppen", (3) „... für Interessen-Gruppen", (4) „...für Aktivitätsgruppen"; (5) „...für Verkehrsmittel-Nutzer", (6) „...für Individual- und Veranstalterreisende". Unter diesen war die Zahl der Verlage, die sich an Nutzer mit unterschiedlich definierten Schwerpunkten, Motiven oder Interessen (Kunst, Kultur, Natur, Geschichte usf.) richten (Gruppe 3) mit 37,5% die größte. – Eine zweite (theoretische) Typologie leitete Steinecke (1988, S. 22ff) aus einem von Erik Cohen (1985) entwickelten Modell von Reiseleitern ab. Hier wird eine 4-Felder-Matrix aus der Kombination zweier Variablen konstruiert: (a) Vermittlung von Orientierungen über die Fremde vs. Vermittlung von Kenntnissen und Einsichten über die besuchte Region; (b) Beziehung auf die touristische Umwelt oder „Außenbezug" vs. Beziehung auf den Touristen oder „Innenbezug". Es ergeben sich daraus vier Typen von Reiseführern mit unterschiedlicher dominanter Funktion: (1) „Wegweiser-Reiseführer" (z.B. Radwander-, Berg-, Skiwanderführer); (2) „Organisator-Reiseführer" (z.B. Hotelführer, Reiseführer für Behinderte, Traveller-Handbücher); (3) „Interpret-Reiseführer" (z.B. Land- und-Leute-Führer, Kunstführer) und (4) „Animateur-

Reiseführer" (z.B. Szene-, Sport-, Bade-, Erlebnisführer). Leider ist diese praktikable Typologie bisher nicht weiter entwickelt worden.

*Themen und Trends.* Der Kauf von Reiseführern folgt allgemeinen Reisetrends, die wiederum stark durch überdurchschnittlich bedeutsame politische Entwicklungen und Ereignisse beeinflußt werden: Z.B. verzeichnete das größte deutschsprachige Reiseführerprogramm („Polyglott") 1992 im Verhältnis zu 1991 ein Minus von 88,4% für „Ostdeutschland", 77% für die Jugoslawientitel und (als Folgen des Golfkrieges) „Saudi Arabien" minus 60,3% und „Israel" minus 76,1% (Polyglott 1992). Davon abgesehen scheint ein Trend hin zu mehr exotischen, „fernen" Reisezielen in Reiseführerform erkennbar, der ursächlich damit zusammenhängen dürfte, daß das Publikum „reiseerfahrener" geworden ist und Auslands-Fernreisen generell stark zugenommen haben.

*Leserschaft; sozio-demographische Variablen.* 1989 kauften nach Daten des Studienkreises für Tourismus etwa 5 Mio. einen Reiseführer, während es 1987 erst 3,6 Mio. gewesen waren, was ein Interessenspotential an Reiseführern von 25-30% der Urlaubsreisenden nahelegen würde. Das Ziel der Branche läuft konsequenterweise darauf hinaus, mit preiswerten Büchern die Gruppe der (z.B. typischen „Sonnen-Strand-") Urlauber zu erreichen, die bisher auf den Erwerb dieses Mediums verzichtet haben. Im Rahmen einer Sekundäranalyse der Reiseanalyse kam Steinecke (1988, S. 12) zu folgenden überdurchschnittlich vertretenen Merkmalen des typischen Reiseführerkäufers/-benutzers: relativ junge Urlauber mit einem hohen Bildungsniveau, arbeitend in gesicherten Angestellten- und Beamtenverhältnissen und mit höherem Einkommen ausgestattet, mehr interessiert an Veranstalterreisen und an Flugreisen, sowie im Urlaub an sportlichen Aktivitäten, Bildungs- und besichtigungsorientierten Aktivitäten, Filmen-/Fotografieren; sie weisen also eher eine Bildungs-, Erlebnis- und Aktivitätsorientierung im Rahmen einer „positiven Urlaubserwartung" („Hin-zu-Motivation") auf.

*Kauf- und Nutzungsmotive.* Reiseführer befriedigen offensichtlich verschiedenste Motive der Käufer, als nur zum Fällen einer Reiseentscheidung beizutragen (z.B. Vorbereitung einer schon beschlossenen Reise, Nachbereitung und Nacherleben einer Reise, und nicht zuletzt auch das Lesen anstatt einer Reise). In der Rangordnung der Informationsquellen, die deutsche Urlauber für ihre Reiseentscheidung heranziehen, stehen Reiseführer nur an nachgeordneter Stelle (im Jahr 1985: 5,8% der Urlauber, was einen sechsten Platz – hinter der eigenen Erfahrung, Empfehlungen von Bekannten usf., Touristik-Beratung und div. Werbemitteln – ergeben hat; 1989 wiesen 8,1% der Reisenden bei Befragungen den Reiseführern eine relevante Rolle bei der Reiseentscheidung zu).

Über die Zufriedenheit der Käufer mit den Reiseführern ist gleichfalls nichts bekannt; sie dürfte mit der Erfüllung inhaltlicher Grundfunktionen zusammenhängen. Hier sind einige indirekte Hinweise der Arbeit von Steinecke (1988), S. 36ff zu entnehmen: In einer Inhaltsanalyse einschlägiger Rezensionen aus der „Frankfurter Allgemeinen Zeitung" kristallisierten sich dabei als zentrale Funktionen von Reiseführern heraus, „Verständnis für andere Länder und Kulturen zu wecken" und kompetent mit umfassender Länderkenntnis zu berichten.

*Trends.* Gegenwärtig (1993) zeichnet sich eine Tendenz zur Differenzierung des Marktes entsprechend unterschiedlichen Zielgruppen ab: Einerseits ist der Markt der mit „knappen" Informationen gefüllten „dünnen", preisgünstigen Reiseführer seit langem ein Marktsegment mit gegenwärtig aufwärtsgerichter Nachfrage („Polyglott", „Marco Polo"); andererseits scheint es jedoch auch ein Bedürfnis einer anderen Käufergruppe nach möglichst umfassenden, präzisen Reiseführern (z.B. „Baedeker") zu geben (Mair 1993). Jenseits dieser Polarisierung hat sich als neuer dritter Teilmarkt der stark das unterhaltende Element betonende „Magazin-Typ" („Geo", „ADAC-Special") herauskristallisiert.

*(3) Reiseliteratur, „belletristische" Reisemedien*

„Unterhaltende" (und manchmal auch belehrend gemeinte) Reiseliteratur aller Formen (Reiseberichte, -schilderungen, -beschreibungen wissenschaftlicher oder anderer Unternehmungen, klassischer Entdeckungsfahrten, anthropologisch/ethnologisch orientierte Schilderungen) ist eine kulturhistorisch und kultursoziologisch bedeutsame Quelle. Für die Entwicklung des Genres (vgl. z.B. Brenner 1989) war die Herausbildung des mehr oder weniger explizit unter moralischen Prinzipien stehenden Typus der Apodemik bedeutsam, dessen erstes Beispiel 1574 erschien und die sich im 17. und 18. Jahrhundert großer Beliebtheit erfreute; apodemische Schriften stellen als spezielle Reiseliteratur eine Vorform des modernen Reiseführers, aber wegen ihres Charakters auch einen Vorläufer der modernen (→) *Tourismuspädagogik* dar.

*(4) Reisejournalismus*
Hier lassen sich drei Gruppen unterscheiden:

*(a) Reisejournalismus in den aktuellen Print-Medien* (ständige Rubriken und Beilagen in Tages- und Wochenzeitungen, Anzeigenblättern, Illustrierten) ist ein heute selbstverständlicher und wichtiger Bestandteil (über diesen Beruf informiert Aigner 1992; vgl. ferner Michaelsen 1985; (→) *Reisejournalismus*).

*(b) Touristische Periodika (Reise-Zeitschriften/-Magazine).* Erst um die Jahrhundertwende kamen die ersten touristischen Zeitschriften auf, wie z.B. Wandern und Reisen (seit 1903), Deutschland (seit 1992) (als Verbandsorgan des Bundes Deutscher Verkehrsvereine) und Weserland (seit 1991); hier erschienen auch Rezensionen von Reiseführern (vgl. Hinrichsen 1989). Heute ist der Markt der kommerziellen Publikumszeitschriften („Abenteuer und Reisen", „Holiday", „Reisefieber", „GEO", „Globo", „Travellers" usw.) vergleichsweise groß; sozialwissenschaftliche Untersuchungen liegen bisher nur wenige vor (vgl. z.B. Auer 1991; Walde 1989). Gleichfalls ist nur sehr wenig über die Nutzung dieser Medien im Urlaub bekannt. Ein interessantes Detail berichtet v. Consbruch (1992): Aus einer Urlauberbefragung an der oberen Adria resultierte, daß die Zeitschrift „Geo" zu Hause von 6% der Befragten, im Urlaub aber (nur) von 1,3% gelesen wurde. („Führend" im Urlaub waren die „Regenbogenpresse" mit über 30% und die Frauenzeitschriften mit über 22%). Solche Ergebnisse dürfen allerdings schon wegen der vermutlich eingeschränkten Verfügbarkeit der touristischen Fachpresse vor Ort nicht überbewertet werden.

*Trends.* Tendenz zu Special Interest-Magazinen. Nachdem der Markt der allgemeinen Reisezeitschriften und -illustrierten im deutschen Sprachraum weitgehend abgedeckt scheint, sind in den letzten Jahren – darin einem allgemeinen Trend in den Print-Medien folgend – spezielle Zielgruppen entdeckt worden, wie besonders die Geschäftsreisenden, für deren Bedürfnisse eigene Zeitschriften entwickelt worden sind („Profitravel", „Business Traveler", „Check in", sowie die einschlägige Berichterstattung in Medien wie „Manager Magazin" usf.).

*(c) Fernsehen.* Ferner sind als neuer Teilbereich die Reise-Urlaubs-Features in den (v.a. privaten, aber auch staatlichen) Fernsehsendern zu beachten.

*(5) Spezielle Verbraucherinformationen*
Einen besonderen Zweig des Reisejournalismus stellen Verbraucherinformationsdienste; in Deutschland begann die „Stiftung Warentest" 1970 damit, erste Umfragen über Urlaubszufriedenheit durchzuführen und einen neutralen Reiseinformationsauskunftsdienst aufzubauen. Heute stellen Tests und Ratgeber eine konstante Größe im Informationsangebot dieser Stiftung dar (vgl. Test 1986a, b, 1987, 1988), deren Wirkung angesichts der bekannt hohen Verbreitung dieser Medien nicht unterschätzt werden sollte.

*(6) Funktionale Literatur/touristische Fachmedien*
Eines der ersten funktionalen touristischen Medien war sicherlich die 1847 erschienene erste Ausgabe des „Continental Railway Guide", das erste umfassende europäische Kursbuch erschien mit präzisen Abfahrts- und Ankunftszeiten; 1873 erschien der von Thomas Cook veröffentlichte kontinentale Zugfahrplan, der damals für die Reisenden ein unverzichtbares Informationsmedium darstellte. Funktionale Fachmedien sind in erster Linie die Informationsquellen, auf die sich die Anbieter touristischer Leistungen stützen. Diese auf die Vermittlung von rein objektiven, sachlichen Daten ausgerichteten, somit für das Reisen funktionalen Medien werden hier nur der Vollständigkeit halber aufgeführt, da sie z.T. gleichermaßen von Professionellen wie Kunden genutzt werden können (Beispiel: „Kursbuch der Deutschen Bundesbahn").

## 3. Aktuelle Tendenzen in den touristischen Medien

*(1) Allgemeiner Trend zu den audiovisuellen/ „neuen" Medien*
Die Nutzung der AV-Medien hat in den letzten Jahren in Deutschland stark zugenommen. Das audio-visuelle Angebot auf verschiedenen Kanälen ist als Folge (a) des Eintritts der Privatsender auf den Fernsehmarkt, und (b) der Verbreitung der Videorecorder stark angewachsen.

*Fernsehen.* Mit dem Einstieg der „Privaten" in Deutschland hat es starke Veränderungen des Angebotes gegeben; u.a. die Zunahme der allgemeinen Sendezeit. In diesem Zusammenhang sind neue Themenangebote entdeckt worden; dazu gehört auch die Sparte „Reisen/Urlaub"; sie wird bisher fast ausschließlich von den kommerziellen Sendern (unter maßgeblicher Beteiligung der Touristik-Veranstalter) bestritten und ist – nicht zuletzt auch deshalb, weil sie mit dem Element Quiz/Spielshow kombiniert wird und damit zusätzliche Attraktivität gewinnt – als neues Marketingfeld anzusehen. Dieses Angebot, seine Strukturen, seine Nutzung und seine Wirkungen sind bisher nicht untersucht worden.

Im Bereich der Reisemedien/Werbemittel (s.o.) gab es erste Versuche mit der Einführung von Audiovision (d.h. Urlaubsfilmen) in einigen Reisebüros zwar schon 1972, den ersten bundesweiten Versuch, katalogähnliche Angebote per Videokassette an die Kunden zu bringen, allerdings erst 1991/92 (Tchibo/Tjaereborg). Im Bereich des Tourismusmarketing sind auch andere „neue Medien" beachtet worden, wie z.B. der Bildschirmtext, der aber aufgrund seiner strukturellen Defizite wenig Erfolg verbuchen konnte.

*Kommerzielle Reisevideos.* Traditionellerweise sind Reisemedien „Printmedien". Im Zuge des allgemeinen Videobooms gibt es jedoch seit etwa 1985 ein immer größeres Angebot an Reisevideos (in Reisebüros/-agenturen, zunehmend auch im Buchhandel, in Großkaufhäusern/-märkten, Videotheken usf.). Erste Media-Kombinationen (z.B. Video mit eingeschweißtem Reiseführertaschenbuch) sind gleichfalls auf dem Markt. – Reisevideos sind sicherlich in erster Linie Werbemedien, insofern als sie die „schönen Seiten der Welt" unter Reihentiteln wie „Rund um die Welt", „Die weite Welt auf Video", „Terra magica", „Polyglott-Video, das Fernweh-Programm", „Nützliches Reisevideo" o.ä. präsentieren. Über die Strukturen und Wirkungen des Angebotes dieser als Pendant zu den Print-Reiseführern aufzufassenden Reisefilme liegen gegenwärtig keine wissenschaftlichen Ergebnisse vor.
*Andere Neue Medien:* Erste Versuche mit Sprachführern und Weltreiseführern auf *CD-Rom*, die seit 1992 zu verzeichnen sind (Beispiele: „Polyglott Weltreiseführer in Text, Ton und Graphik", Data Disc auf Sony Data Discman; „World Travel Guide" in sechs Sprachen von Bertelsmann), spiegeln den Trend zu multifunktionalen Medien anderer Wirtschafts- und Konsumbereiche wider; ob sich diese Medien, die Text-, Bild- und Tonausgabe ermöglichen („Electronic Book"), durchsetzen, muß abgewartet werden.

*(2) Trend zu „alternativen", „sensibilisierenden" oder „didaktisch-tourismuskritischen" Reisemedien*
Dieser inhaltliche Sonderfall der touristischen Medien wird als „kritisch" bezeichnet, weil dort – im Gegensatz zu den oben aufgelisteten Gruppen/Arten – der Nutzen und der Sinn organisierten Massentourismus mehr oder weniger grundsätzlich in Frage gestellt wird. Diese Medien sind „didaktisch", weil ihre Entwickler hoffen, damit Lernprozesse in Gang zu setzen. Daher sind (besonders im Zuge der steigenden Tourismuskritik, der Formulierung des Unbehagens am Tourismus traditioneller Prägung also und der Diskussion um „Sanften Tourismus") von staatlichen, kommunalen, kirchlichen u.a. Institutionen und Gruppen mehrfach Versuche unternommen worden, touristische Medien zu entwickeln, die dank ihrer spezifisch gestalteten Inhalte, ihres Aufbaus und ihrer didaktischen Struktur geeignet sein sollten, positive soziale Wirkungen, insbesondere eine Zunahme der Sensibilität für Land und Leute, zu erreichen. Die Aufgaben dieser didaktischen Reisemedien – Broschüren, Bücher und Filme – werden also v.a. im Bereich der (→) *Einstellungsänderung* und des Vorurteilsabbaus gesehen:

Zu diesen Medien gehören im deutschen Sprachraum die „Blickwechsel-Filme" und die „Sympathie-Magazine"; im weiteren Sinne reklamieren auch neuartige Reiseführer diese Eignung („Polyglott Land und Leute").
*Zur Empirie.* Die Ergebnisse einer frühen Studie von Meyer (1977) zu den (→) *„Sympathie-Magazinen"* scheinen die Eignung dieses Medientyps nahezulegen.

Aus dem internationalen Raum sind nur wenige einschlägige Untersuchungen, wie etwa ein Versuch aus Israel, bekanntgeworden, Einstellungsänderungen über Ägypten bei (einer Gruppe von n = 352) israelischen Touristen durch ein kognitives Interventionsprogramm zu erzielen, das auch das Verteilen einer speziellen Informationsbroschüre vorsah (Amir & Ben Ari 1985); die Autoren äußerten sich gedämpft optimistisch über die Wirkungen dieser Kampagne.

Aus sozialpsychologischer und massenkommunikations-soziologischer Sicht ist indessen grundsätzliche Skepsis gegenüber „allzu gut gemeinten" Medieninhalten angebracht. Gut belegt ist die Tatsache, daß Anti-Vorurteils-Kampagnen, nicht nur bei übergroßer Penetranz, häufig ins Gegenteil umschlagen können (sog. „Bumerang-Effekt"). Der Rezipient kann sich durch die spezielle Wahl, die Intensität, die Wiederholung, den normativen Druck der Kampagnen-Argumente so unter Druck gesetzt fühlen, daß ihm quasi gar keine andere Möglichkeit bleibt, als sich ins Gegenteil zu flüchten. Damit rückt die Frage nach den Wirkungen touristischer Medien ins Blickfeld, die bisher nur sehr oberflächlich behandelt worden ist.

## 4. Wirkungs-Analysen

*(a) Verständlichkeit von Texten.* Aus dem Alltag ist bekannt (und Tests von Verbraucherorganisationen haben dies belegt; vgl. Test 1986; 1987; 1988), daß insbesondere die Reisekataloge keineswegs optimal konzipiert und realisiert sind, da sie in puncto „Verständlichkeit" viel zu wünschen übrig lassen. Eine Aufgabe besonders für die angewandte Psychologie der Informationsverarbeitung wird in der Zukunft darin bestehen, sich dieses Problems anzunehmen, so wie dies in anderen Bereichen schon geschehen ist – von der Verständlichkeit der Nachrichtensendungen im Fernsehen bis hin zur Verständlichkeit von Arzneibeipackzetteln und Computerhandbüchern.

*(b) Wirkung und Verständlichkeit bildlicher Darstellungen.* Unter den vielen Formen bildlicher Darstellungen, mit denen sich in den letzten Jahren verstärkt die Psychologie der Informationsverarbeitung und auch die Pädagogische Psychologie befaßt hat („visual literacy"; vgl. dazu z.B. Weidenmann 1988), sind etwa Land-/Autokarten und Piktogramme zu nennen.

Der Wert von Piktogrammen als schrift- und sprachunabhängiges Informationsmedium im touristischen Kontext braucht nicht erst erläutert zu werden. In einer Untersuchung von Zwaga und Boersema (1973) wurde der Frage nachgegangen, wie Benutzer der (holländischen) Eisenbahnen die (damals neu eingeführten) Piktogramme auf den Bahnhöfen verstanden; dabei kam u.a. heraus, daß besonders die Variablen „Alter" und „Reiseerfahrung" eine gewichtige Rolle spielen (jüngere Angehörige des 400 Personen umfassenden Samples verstanden die Piktogramme signifikant besser als ältere Reisende, ähnlich verhielt es sich mit „experienced travelers" im Verhältnis zu gelegentlich fahrenden Personen). Ähnliche Ergebnisse zeigten sich später in einer Untersuchung an mehr als 11.000 Reisenden (Zwaga & Boersema 1983). In einer größeren Untersuchung (31 touristische Piktogramme, Stichprobe von 220 Touristen und 80 anderen Versuchspersonen) kam Gehringer (1982) zu dem Schluß, daß es nur eine sehr geringe Zahl von Piktogrammen gibt, deren Bedeutung so zweifelsfrei visualisiert ist, daß sie von der überwiegenden Mehrzahl der Betrachter korrekt dekodiert werden können. Offensichtlich hat sich trotz einer mittlerweile viele Jahre umfassenden Existenz der Piktogramme noch längst keine intersubjektiv einheitliche Erfahrung im Umgang mit dem nonverbalen Kommunikationsmedium durchsetzen können. – Die Nützlichkeit von Straßenkarten (die offenbar nur ein Drittel der Autofahrer überhaupt benutzten), wird entscheidend durch die Unkenntnis wesentlicher Symbole eingeschränkt, wie eine Studie der Ruhr-Universität Bochum im Auftrag des ADAC 1989 ergeben hatte (Süddeutsche Zeitung 8.8.1989).

*(c) Die Wirkungsfrage touristischer Medien.* Ob es sich nun um Urlaubskataloge und andere Reisemedien und ihre konsumstimulierende Bestimmung handelt (also die Funktion, für einen Veranstalter oder eine Region zu werben; (→) *Werbemittel,* um kritische Reiseberichte im Fernsehen, oder um die erhoffte Sympathieerweckung per speziell gestalteter Broschüre, die grundsätzliche, allen Medien gemeinsame Frage ist die nach der Wirkung, die von den Medien ausgeht bzw. auszugehen erwartet wird. Touristische Anbieter und Sozialwissenschaftler sind in glei-

cher Weise daran interessiert, die vermutete Wirkung touristischer Medien zu untersuchen und wenn möglich zu belegen. Die Forschungslage macht allerdings deutlich, daß dieses Thema bisher offenbar nur wenig untersucht bzw. wenig öffentlich gemacht worden ist. (Tatsächlich muß man davon ausgehen, daß viele einschlägige Untersuchungen, ganz besonders zu den Katalogen der Touristikunternehmen, zwar vorhanden aber nicht öffentlich zugänglich sind.) Die sozialwissenschaftliche Tourismusforschung hat bisher lediglich versucht, eine Einschätzung der Wirkung von touristischen Medien, insbesondere der Reise i.e.S. (s.o.) durch Befragungen von Urlaubern/Urlaubsinteressenten zu erreichen.

Der Weg, über Befragungen von Personen, die die Absicht haben zu verreisen, oder die eine Reise hinter sich haben, den Bedeutungsanteil von Reisemedien für die verschiedenen Reiseentscheidungsprozesse (Reiseform, Reisemittel, Reiseziel, Entscheidungsphasen usf.) einzuschätzen (→ *Reisemotive*), ist erstens methodisch problematisch. Hierbei kommen die üblichen methodischen Defizite von Befragungen (Reaktivität, Phänomene sozialer Erwünschtheit usf.) ins Spiel; die Validität dieser Ergebnisse muß daher mindestens als eingeschränkt betrachtet werden. Zweitens fehlt eine theoretische Grundlage, die die wichtigsten massenkommunikationstheoretischen Annahmen mit berücksichtigen würde. Im Gegensatz zu den früher üblichen naiven Vorstellungen, Reisemedien könnten eine direkte Verhaltensstimulierung ausüben, werden heute fast überall die mediierenden Einflüsse personaler Medien (die Rolle also von (→) *„Opinion Leaders"*) in den Vordergrund gerückt. Einiges würde auch dafür sprechen, daß gerade bestimmte touristische, wie z.B. die verschiedenen reisejournalistischen Medien, eher im Sinne der Agenda-setting-Theorie wirksam sind, also bestimmte neue Reiseformen, Reiseziele, Reise-

normen „zuerst" ins Bewußtsein der Leute bringen (vgl. Dearden & Andressen 1987).

„Fälle": Dabei wäre die Untersuchung der Wirkungen gerade vor dem Hintergrund einiger in der letzten Zeit behaupteter Wirkungen „skandalöser" Medien sehr wichtig: 1992 gab es öffentliches Aufsehen, als Karikaturen, die in Medien deutscher bzw. österreichischer Luftverkehrsunternehmen erschienen waren, wegen ihrer vermeintlich vorurteilsstiftenden bzw. -stärkenden Wirkung angegriffen wurden. Eine Karikatur des österreichischen Zeichners Manfred Deix im Bordmagazin „Up" von Lauda Air etwa, die den Sextourismus nach Fernost anprangern sollte, rief Kritiker, darunter Kinderschutzgruppen auf den Plan (Süddeutsche Zeitung 10.8.92). – Der israelische Verband der Reiseunternehmen beschuldigte die Lufthansa des Antisemitismus, weil diese im Zuge der Auseinandersetzung um Ticketkonditionen eine Anzeigenserie mit einem Cartoon veröffentlicht hatte, der entfernte Ähnlichkeit zu früheren NS-Darstellungen von Juden aufweisen sollte (Der Spiegel 19/1992, S. 189).

## 5. Ausblick

Folgende methodische Aspekte sind beim gegenwärtigen Forschungsstand beachtenswert:

*(1) Anwendung differenzierter Interviews.* Wenn es um die Einschätzung der Wirkung von touristischen Medien geht, besonders hinsichtlich des Gewichtes, das bei Reiseentscheidungen aller Art den verschiedensten touristischen Medien eingeräumt wird (vgl. Braun & Lohmann 1989), sind Befragungen „vor Ort", also am Urlaubsort, zusätzlich mit aufzunehmen, da sie die Validität erhöhen können. Darüber hinaus sollte in Befragungen differenzierter vorgegangen werden. (Eine Frage nach vage definierten Gattungsbegriffen, wie dem „Reiseführer", entspricht dem – mittlerweile differenzierten – Angebot dieses Mediums absolut nicht.)

*(2) Verstärkte Anwendung von Inhaltsanalysen*

Eine notwendige Voraussetzung für alle Wirkungsdiskussionen ist die Analyse der jeweiligen Inhalte der Reisemedien/touristischen Medien: Sprechen Reiseberichte,

Illustrierte, Reiseführer usf. tatsächlich jene Motive und Erwartungen an, von denen man glaubt, daß sie für die Entscheidung zu verreisen eine Rolle spielen? Gerade die wissenschaftliche Beschäftigung mit theoriegeleiteten (→) *Inhaltsanalysen* liegt aber noch in den Anfängen (eine Ausnahme: Walde 1989); einigermaßen repräsentative, nach wissenschaftlichen Standards angelegte und um Reliabilität und Validität der Aussagen bemühte Studien zu touristischen oder Reisemedien sind sehr selten; sie sind, häufig nur auf quantitativ geringe Samples ausgerichtet, lassen also jegliche Repräsentativität vermissen.

Gelegentlich sind Fallstudien (z.B. auch unter Verwendung von psychoanalytischen, strukturalistischen, semiotischen Theoriestücken) bekannt geworden. (Beispiele: Eine Untersuchung über die Wahrnehmung von Bildern in der österreichischen Fremdenverkehrswerbung von Karmasin 1981; die Untersuchung einiger Reisebroschüren und der dort vorkommenden bildlichen Darstellungen unter Heranziehung der Bartheschen strukturalistischen Kategorien durch Uzell 1984; vgl. Chalfen 1985). Hier steht man aber noch sehr am Anfang, wie überhaupt die Verwendung von Bildern, von Visualisierungen in den Reisemedien – jenseits der evident großen Bedeutung dieses Informationsmodus – bisher kaum beachtet worden ist (→ *Fotografie;* → *Ansichtskarte*).

Über die Untersuchungen inhaltlicher Motive hinaus, die Rückschlüsse auf die von den Kommunikatoren erwarteten Motive seitens der Rezipienten erlauben würden, sind aber auch Rückschlüsse auf die Gesellschaft, d.h. kulturell dominante Themen und Werte denkbar und notwendig: Inwieweit reflektieren die touristischen Medien (normative) Trends in Richtung auf Urlaub/Freizeit oder sind sogar Vorreiter davon?

Eine der seltenen exemplarischen Untersuchungen in diesem Sinne ist die Analyse japanischer Urlaubskataloge von Moeran (1983), die Auskunft über das sich fundamental verändernde Verhältnis der Japaner zu den westlichen Gesellschaften gibt (vorsichtige Annäherung statt der früher üblichen Abschottung). Moeran hält diese Medien dabei eher für kulturelle Vorreiter. Dearden und Andressen (1987) untersuchten visuelle Motive von Anzeigen (für Konsumprodukte) in einer großangelegten quantitativen Inhaltsanalyse zweier großer nordamerikanischer Magazine hinsichtlich der dort dargestellten Freizeit- und Sportaktivitäten. Abgesehen davon, daß über die letzten 25 Jahre in solchen Anzeigen eine kontinuierliche Zunahme von Risiko- und „thrill"-Aktivitäten einerseits und sozial hochbewerteten („glamour"-) Sportarten andererseits deutlich stattgefunden hat, ist ihre Meinung mitteilenswert, daß solche visuellen Freizeitaktivitäten gewichtige „Anstoßgeber" im Sinne der Agenda-setting-Theorie darstellen dürften: Sie zeigen dem Publikum, was aktuell, „in", populär ist.

Zur Analyse können dabei (neben den klassischen Printmedien) auch andere, bisher wenig beachtete „triviale" oder „literarische" Medien herangezogen werden. Dazu zählte etwa Towner (1988) Gedichte, Satiren, Cartoons (Karikaturen), Kurzgeschichten, aber auch (für historische Fragen) Graffiti und archäologische Quellen; Aufzeichnungen diplomatischer Tätigkeiten, sowie solche von Touristikunternehmungen, und schließlich auch der (bisher wenig genutzte) Bereich der „oral history"; dem wären auch so „banale" Medien wie Kofferaufkleber u.ä. hinzuzufügen.

*(3) Verstärkte Nutzung qualitativer Verfahren*

Die Methodenfülle der Sozialwissenschaften ist nur unzureichend genutzt worden: Daher sollten qualitative Forschungsmethoden, die in der empirischen Sozialforschung generell an Boden gewonnen haben (vgl. dazu Flick et al. 1991), und besonders auch nicht-reaktive Forschungsansätze verstärkt für die Untersuchung der Wirkungen touristischer/Reisemedien herangezogen werden. Spezielle, auf der Basis psychologischer Theorien entwickelte Verfahren könnten genutzt werden, wie z.B. das (→) *Repertory Grid-Verfahren.*

Ein Beispiel für nicht-reaktive Verfahren (Webb et al. 1968) der Wirkungsmessung wäre z.B. die Analyse von Ausleihquoten einschlägiger touristischer Medien in Öffentlichen Bibliotheken oder die Analyse von typischen Gebrauchsspuren, um so auf diese Weise ein Maß für die (möglicherweise sich verändernden) Reisezielpräferenzen zu gewinnen. – Andrews untersuchte (1977) Typen von Reiseprospekten (über Ibiza) und sieben Ferientypen mit der Repertory-Grid-Methode, um den Einfluß dieser Medien auf Entscheidungsprozesse und Reisemodus einzuschätzen.

*(4) Berücksichtigung von personalen Meinungsmachern*

Um die Wirkung von touristischen Medien einschätzen zu können, muß schließlich die Bedeutung personaler Faktoren, also der Einfluß von „Opinion Leaders", in ihrem Zusammenwirken stärker berücksichtigt werden. Unstrittig ist nach dem gegenwärtigen Stand der Forschung, daß bestimmte Menschen aus der Umgebung dessen, der eine Reiseentscheidung zu treffen hat, für die Ausgestaltung dieser Entscheidung eine Rolle spielen; unklar ist der Anteil, den diese – auch in Relation zu den angesprochenen Medien – einnehmen; und ebenso unklar ist, welche Rolle sie in verschiedenen Phasen des Entscheidungsprozesses spielen.

# Literatur

Aigner, G. (1992). Ressort: Reise. Neue Verantwortung im Reisejournalismus. München: Ölschläger.

Amir, Y. & Ben Ari, R. (1985). International tourism, ethnic contact, and attitude change. Journal of Social Issues, 41(3) 105-115.

Andrew, C.A. (1977). An investigation into package holiday brochure design. Unpubl. manuscript dissertation, University of Surrey (zit. n. Stringer, P. (1984). Studies in the socio-environmental psychology of tourism. Annals of Tourism Research, 11, 147-166.)

Auer, M. (1991). Der Markt der Reisezeitschriften. Unveröff. päd. Diplomarbeit, Kath. Universität, Eichstätt.

Braun, O.L. & Lohmann, M. (1989). Die Reiseentscheidung. Einige Ergebnisse zum Stand der Forschung. Starnberg: Studienkreis für Tourismus.

Brenner, P.J. (Hg.) (1989). Der Reisebericht. Die Entwicklung einer Gattung in der deutschen Literatur. Frankfurt/ M.

Chalfen, R. (1985). An alternative to an alternative. Comment on Uzzell. Annals of Tourism Research, 12, 103-1106.

Cohen, E. (1985). The tourist guide. The origins, structure and dynamics of a role. Annals of Tourism Research, 12(1), 5-29.

Consbruch, C. v. (1992). Mediennutzung auf Urlaubsreisen. Eine Urlauberbefragung an der oberen Adria. (S. 1-40) In Jahrbuch für Fremdenverkehr, 37 (1992). München: Verlag des DWIF.

Dearden, P. & Andressen, B. (1987). Outdoor recreation in advertising: Changes in time, activites, and products. Journal of Leisure Research, 19(1), 41-60.

Flick, U.; Kardorf, E. v.; Keupp, H.; Rosenstiel, L.v. & Wolff, S. (1991) (Hg.), Handbuch qualitative Sozialforschung. München: PVU.

Gehringer, J. (1982). Untersuchung über die zeichnerische Gestaltung von Pictogrammen in Abhängigkeit von einigen Persönlichkeitsmerkmalen, sowie Überprüfung einiger Bildzeichen auf ihre Erkennbarkeit. Phil. Diss., Universität Wien.

Hartmann, K. D. (1981). Wie wirken Fremdenverkehrsplakate? (S. 247-252) In Studienkreis für Tourismus (Hg.), Reisemotive – Länderimages – Urlaubsverhalten. Neue Ergebnisse der psychologischen Tourismusforschung. Starnberg: Studienkreis für Tourismus.

Hinrichsen, A. W. (1991). Baedeker-Reisehandbücher 1932-1990. Bevern: U. Hinrichsen.

Hinrichsen, A. W. (1992). Die Baedeker. Geschichte eines Reiseführerverlages. Buchhandelsgeschichte, 1/1992, 1-13. Frankfurt: Börsenverein für den Deutschen Buchhandel.

Karmasin, H. (1981). Die Wahrnehmung von Bildern in der Fremdenverkehrswerbung. (S. 253-268) In Studienkreis für Tourismus (Hg.), Reisemotive – Länderimages – Urlaubsverhalten. Neue Ergebnisse der psychologischen Tourismusforschung. Starnberg: Studienkreis für Tourismus.

Klemm, K. (1985). Bildschirmtext, ein Medium im Tourismus-Marketing – Entwicklung überschätzt! Marketing-Report, 15, 13-14.

Lauterbach, B. (1989). Baedeker und andere Reiseführer. Eine Problemskizze. Zeitschrift für Volkskunde, 85(2), 206-234.

Mair, V. (1993). Vorstellung Marco Polo Reiseführer auf der ITB Berlin 1993, Vortrag 9.3.93. Stuttgart: Mair-Verlag (Ms.).

Maute, K. (1992). Du sollst ruhig andere neben mir haben. Börsenblatt, 17/ 28.2.92, 58-59.

Meyer, W. (1977). Sympathie-Magazine. Untersuchung zur psychologischen Wirkungsweise von Sympathie-Magazinen bei Fernreisenden. Starnberg: Studienkreis für Tourismus.

Michaelsen, K. (1985). Der Reisejournalismus in der deutschen Tagespresse. Unveröff. päd. Diplomarbeit, Universität München.

Moeran, B. (1983). The language of Japanese tourism. Annals of Tourism Research, 10, 93-108.

Polyglott (1992). Pressemitteilung zum Reiseführermarkt 1992 anläßlich der ITB 1992. München: Polyglott-Langenscheidt-Verlag.

Putschögl-Wild, A.M. (1978). Untersuchungen zur Sprache im Fremdenverkehr. Durchgeführt an den Ferienkatalogen einiger deutscher Touristikunternehmen. Frankfurt: Lang.

Reiseführer-Report (ab 1990). Bevern: U. Hinrichsen.

Steinecke, A. (1988). Der bundesdeutsche Reiseführer-Markt. Leseranalyse – Angebotsstruktur – Wachstumsperspektiven. Starnberg: Studienkreis für Tourismus.

Test (1986a). Profi Ratgeber Reisen. Berlin: Stiftung Warentest.

Test (1986b). Informationen zu verzettelt. Test (Stiftung Warentest), 9, 870-873.

Test (1987). Preisvergleiche sind fast unmöglich. Test Pauschalreise-Kataloge. Test (Stiftung Warentest), 4, 66-71 (370-375).

Test (1988). Mehr Werbung als Information. Test Pauschalreise-Kataloge. Test (Stiftung Warentest), 3, 84-87 (268-271).

Thomas-Morus-Akademie (Hg.) (1990). Wegweiser in die Fremde. Reiseführer, Reiseratgeber, Reisezeitschriften. Bensberg: Thomas Morus-Akademie.

Towner, J. (1988). Approaches to tourism history. Annals of Tourism Research, 15(1), 47-62.

Uzzell (1984). An alternative structuralist approach to the psychology of tourism marketing. Annals of Tourism Research, 11, 79-99.

Walde, S. (1989). Reisemagazine auf dem deutschen Lesermarkt. Eine vergleichende Inhaltsanalyse zur Positionierung ausgewählter Objekte. Unveröff. päd. Diplomarbeit, Universität München.

Webb, E.J.; Campbell, D.T.; Schwartz, R.D. & Sechrest, l. (1968). Nichtreaktive Meßverfahren. Weinheim: Beltz 1975.

Weidenmann, B. (1988). Psychische Prozesse beim Verstehen von Bildern. Bern: Huber.

Zwaga, H. J. & Boersema, T. (1973). Feasibility of pictograms used by the Dutch railways. Ergonomics, 16(3), 306.

Zwaga, H. J. & Boersema, T. (1983). Evaluation of a set of graphic symbols. Applied Ergonomics, 14(1), 43-54.

**H. Jürgen Kagelmann, München**

# Verkaufspsychologie im Tourismus

## 1. Personalqualifizierung: Vom „Expedienten" zum „Reiseberater"

Je erfahrener und kritischer die Touristen in den hochentwickelten Industrieländern (als Folge zunehmender Reiseerfahrung) werden, desto mehr braucht das Reisebüro anstelle von „Expedienten" qualifizierte Reiseberater und -verkäufer. Der Stellenwert des persönlichen Verkaufs nimmt in der Branche trotz des „Vorverkaufs" durch entsprechende Marketing- und Kommunikationsstrategien zu (vgl. Seitz & Wolf 1991). Betrachtet man den Kommunikationsmix im Marketing, so stellt der persönliche Verkauf einen Faktor neben anderen dar (vgl. Abb. 1).

Speziell im Reisebüro geht es weder um Außendienst noch um Messe, als vielmehr um Beratung und Verkauf. Das Reisebüro ist das „Einzelhandelsgeschäft" der Reiseveranstalter. Dort steht die direkte, unmittelbare

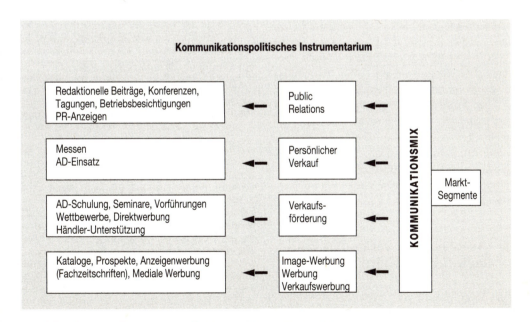

Abb. 1: Gliederung des Kommunikations-Mix (aus Wolf et al. 1989, S. 151)

Kommunikation zwischen dem Reiseberater und dem (potentiellen) Kunden „mit dem Vorteil einer direkten Rückkoppelung zwischen beiden Kommunikationspartnern" (Schweiger & Schwarz 1990, S. 367) im Mittelpunkt. Wie Datzer (1983) zeigt, hat das Reisebüro bei der Informationssuche von Urlaubsreisenden eine große Bedeutung. Deshalb gehört die Personalschulung und -qualifizierung in den Bereich der Verkaufsförderung (vgl. die Beiträge unter der Überschrift „Mitarbeiter und Führungssysteme" in Seitz & Wolf 1991, S. 241-331).

Organisationsentwicklung generell, Personalentwicklung speziell stellen wichtige Voraussetzungen für die kontinuierliche Motivierung, Förderung und Entwicklung der Mitarbeiter dar und stehen damit im Dienste der langfristigen Unternehmenssicherung auch des Reisebüros (vgl. u.a. Böhm 1981; Mentzel 1983).

Es muß leider festgestellt werden, daß im Vergleich mit der Ausbildung des Reisebüropersonals (→ *Reiseverkehrskaufmann/-frau*) in technischen Abwicklungsfragen sowie in Länderkunde eine intensive Verkäuferschulung bisher kaum stattfindet (vgl. Meyer 1991; ferner Bänsch 1990; Detroy 1985; Ebeling 1984; Klutmann 1993).Von Bedeutung ist dabei vor allem das Verständnis psychologischer Sachverhalte (vgl. Spieß 1990) und das praktische Training in der Gruppe, aber auch „Training on the job" (vgl. Bänsch 1990; Ruhleder 1991). Dabei sollten entsprechende Erfolgskontrollmaßnahmen von vornherein mit eingeplant werden (vgl. Meier-Maletz 1982).

## 2. Ansätze einer Verkaufspsychologie für Reisebüromitarbeiter

Die Ablaufphasen eines typischen Verkaufsgesprächs – quasi als „Trainerleitfaden" (auch zum Coaching des Reisebürochefs für seine Mitarbeiter, die im folgenden persönlich angesprochen werden) – können wie folgt zusammengefaßt werden (für eine ausführlichere Darstellung der Verkaufsschulung des Reisebüropersonals unter psychologischen Gesichtspunkten vgl. Meyer 1991):

a) *Die Kontaktphase I* dient der Zuwendung und ersten Begrüßung des Kunden.
Auch wenn andere Tätigkeiten oder Beratungsgespräche dadurch unterbrochen werden, ist eine – wenn auch nur kurze, z.B. körpersprachliche – „Registrierung" des neu eintretenden Kunden unverzichtbar.
Dabei sollten Unterbrechungen wichtiger Gespräche – durch Telefon oder Besucher – organisatorisch so weit wie möglich vermieden und zeitlich knapp gehalten werden.
Beim „ersten Eindruck" muß man sich übrigens vor Vorurteilen ebenso hüten wie im Verlauf des gesamten Verkaufsgesprächs. Das bezieht sich vor allem auch auf Kundentypen, die man keinesfalls schematisch sehen darf. Auf keinen Fall sollte man jemanden nur als „Prospektabholer" einschätzen, weil man dann häufig Verkaufschancen an die agilere Konkurrenz verschenkt. Wer auf jeden Kunden individuell eingeht, wird weder unentschlossenen Kunden noch Problemkunden begegnen.

b) *Kontaktphase II* wird mit Begrüßung und Vorstellung des Beraters eröffnet.
Die Kenntnis des Namens des Kunden stellt eine wichtige Möglichkeit dar, den anonymen Kontakt persönlich zu gestalten. Der Verkäufer sollte diese Chance nutzen und den Namen häufig verwenden, jedoch vermeiden, allzu aufdringlich zu wirken.Umfeld und Atmosphäre für das Beratungsgespräch sind wichtig, auch die Einstellung auf mehrere Personen als Beratungskunden, wobei Höflichkeit, Freundlichkeit und Behutsamkeit in dieser Phase von hervorgehobener Bedeutung sind.

c) *Phase Wunscherfassung: Spontanschilderung des Kunden*
Je mehr der Verkäufer in dieser Phase den Kunden ungestört sprechen läßt und ihm aktiv zuhört, desto leichter macht er sich die spätere Beratung und den effektiven Verkauf. Einer der häufigsten Fehler ist die vorschnelle Reaktion mit einem Angebot, bevor er sicher sein kann, was der Kunde wirklich wünscht. Allenfalls offene, non-direktive Fragen sind erlaubt, die der Klärung dienen, welche Erwartungen bei dem Besucher vorhanden sind oder auf welcher Basis seine Überlegungen zustandegekommen sind.Wer diese Phase der spontanen Schilderung der Wünsche und Vorstellungen des Interessenten „durchhält", erspart sich Zeit und Fehleinschätzungen.

d) *Die Phase der Bedarfsermittlung* ergänzt die vorangehende Wunschfeststellung durch gezielte W-Fragen (Wer will wann, wie lange, wohin, womit verreisen, wie wohnen, wie essen, was tun am Urlaubsort, was wird erwartet usw.). Prioritäten muß dabei der Kunde setzen, der Verkäufer muß sich vor Suggestionen hüten und vor allem auch hier noch vor vorschnellen Angeboten. Zu den konkreten Fragen gehört dabei durchaus auch die nach dem Budget bzw. den Preiserwartungen, woraus der Verkäufer sich ein klares Bild sowohl von der finanziellen Leistungsfähigkeit als auch von der Ausgabebereitschaft machen kann. Der Verkäufer sollte diese Phase mit einer Zusammenfassung der Anforderungen des Kunden beschließen und ihn zu einer Rückmeldung und evtl. Ergänzung ermuntern.

e) In der *Angebotsphase* kann der Mitarbeiter nun das systematisch gesammelte Wissen und sein Know-how im Umgang mit dem Computer zum Abruf aktueller Informationen einsetzen, um dem Interessenten ein objektiv und subjektiv möglichst passendes Angebot zu unterbreiten. Während das erste Angebot quasi ein „Versuchsballon" ist, das eine erste Reaktion auf die Vorstellungen des Verkäufers provoziert, sollte ein weiteres Alternativangebot schon nahe am endgültigen Angebot liegen.

Ein häufiger Fehler jüngerer Mitarbeiter ist die Nennung zu vieler Alternativen und die mangelnde Verarbeitung der Reaktionen des Kunden in bezug auf die Optimierung des Angebots. Stattdessen muß in dieser Phase mit der *Nutzenargumentation* die eigentliche Verkaufsbemühung beginnen, wobei nur nach eindeutiger Charakterisierung der Leistungen auch das Preisgespräch sinnvoll wird: Nicht der absolute Preis, sondern immer das (auch subjektive) Preis-Leistungs-Verhältnis ist wesentlich für den Abschluß. Je besser die Phasen der Wunsch- und Bedarfsermittlung genutzt wurden, desto eindeutiger wird das Angebot den objektiven Bedürfnissen und den subjektiven Vorstellungen des Kunden entsprechen, so daß selbst ein *Entscheidungsaufschub* nicht

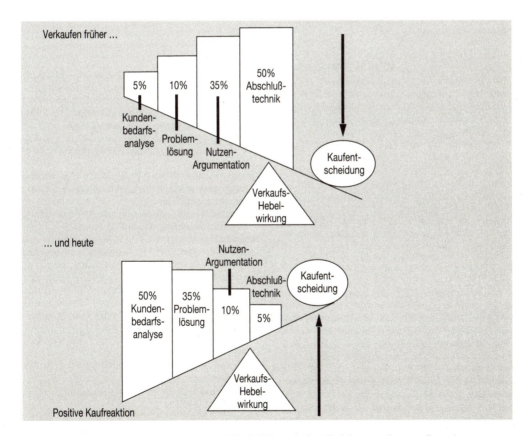

Abb. 2: Verkaufen früher und heute (aus Meyer 1991, S. 398; nach einer Trainingsunterlage von Detroy)

dazu führt, daß der Interessent abwandert und woanders bucht.

f) In der *Abschlußphase* sollte idealtypischerweise das Gespräch zu Buchung und Unterschrift führen. Wichtig ist dabei für den Verkäufer, an verschiedenen verbalen und körpersprachlichen Symptomen die *Abschlußbereitschaft* des Kunden zu erkennen und ihm jetzt die endgültige Entscheidung zu erleichtern, anstatt sie durch erneute Alternativen schwerer zu machen. Auch hier spielt die Körpersprache (vgl. z.B. Rückle 1982) eine wichtige Rolle bei der Erkennung der Abschlußbereitschaft. Allerdings können auch die Einwände des Kunden aufmerksam registriert und entkräftet werden, wobei bis zum Schluß eine Rolle spielt, daß sich der Verkäufer bei der Nutzenargumentation „in die Schuhe des Kunden stellt", die Probleme aus seiner Sicht sieht und behandelt. Gerade in der Abschlußphase kann eine mehr *emotionale* Ansprache erfolgreich sein. Sind die früheren Phasen der Wunsch- und Bedarfsermittlung, der Problemlösung für den Kunden, und die Nutzenargumentation fachgerecht durchgeführt worden, ist die eigentliche Abschlußtechnik kein Problem, die Kaufentscheidung fällt dem Kunden leicht (vgl. Abb. 2).

g) Eine freundliche *Verabschiedung* des Kunden – mit der auch einem allzu „bürokratischen" Abschluß des Verkaufsgesprächs vorgebeugt wird – ist wichtig, schon wegen der Vermeidung aufkommender *„Kaufreue"* beim Bucher. Je besser der Kontakt bis zum letzten Augenblick aufrechterhalten wird, je mehr man sich auch nach der Buchung noch um den Erfolg seiner Reise kümmert, desto eher wird ein Erstbucher zum *Stammkunden. (*Von einem hohen Stammkundenanteil aber lebt ein Reisebüro auch in schlechteren konjunkturellen Zeiten.) Auch der Nichtbucher sollte grundsätzlich als *potentieller zukünftiger* Kunde gesehen werden. Wenngleich man leicht dazu neigt, einem Interessenten, dem man viel Zeit und Mühe zugewandt hat, seinen Ärger über den Mißerfolg auch merken zu lassen, ist das ein Fehler: Man sollte umgekehrt lieber bedauern, daß der Interessent nicht gebucht hat und ihm zu verstehen geben, daß er das nächste Mal wieder willkommen ist.

g) *Konfliktsituationen* wie *Reklamationen, Stornos* usw. werden unschwer gemeistert, wenn der Verkäufer die eigene Einstellung kontrolliert und sich konsequent in die Lage des Kunden *hineinversetzt.* Psychologisch das Gegenteil erreicht ein „Abwiegeln" durch den Gesprächspartner: Redet man ihm zu, er solle sich doch erst einmal beruhigen, heißt das geradezu „Öl ins Feuer gießen". Verblüffende Erfolge erzielt man dagegen durch eine „paradoxe Reaktion": Der Verkäufer sollte sich beim Kunden dafür *bedanken,* daß er mit seiner Beschwerde zu ihm kommt! Denn: Würde er statt dessen wegbleiben, so könnte er als „negativer Multiplikator"

wirken, dessen Effektivität im Bekanntenkreis in vielen Fällen unterschätzt wird (vgl. z.B. die Wichtigkeit der informellen sozialen Kontakte bei der Information der Urlaubsreisenden bei Datzer 1983).

Von den drei Phasen der *Problem-Erkennung,* der *Problemübernahme* und der *Problem-Lösung* (nach Klutmann) ist zweifellos die psychologisch bedeutsamste die zweite: Ohne Rücksicht darauf, ob der Kunde im Recht ist oder nicht, ist wesentlich das Verständnis für seine subjektive Reaktion und eine sachliche Haltung gegenüber den Gefühlen von Ärger, Enttäuschung und Ungeduld, die man dem Kunden zubilligen muß. Es bleibt anzumerken, daß eine vernünftige Problemlösung bei Konfliktfällen zu einer stabileren Kundenbeziehung führen kann. Schließlich sollte jeder Betrieb und jeder einzelne Mitarbeiter für optimale Organisation, Zeitplanung und Selbstmanagement sorgen (vgl. dazu z.B. Geffroy & Seiwert 1988) und schließlich eine kontinuierliche Selbstkontrolle durchführen, wobei die Analyse der Mißerfolge ebenso wichtig ist wie die Freude an den positiven Ergebnissen.

# Literatur

Bänsch, A. (1990). Verkaufspsychologie und Verkaufstechnik, 4. Aufl. München: Oldenbourg.

Böhm, J. (1981). Einführung in die Organisationsentwicklung – Instrumente, Strategien, Erfolgsbedingungen. Heidelberg: Sauer.

Datzer, R. (1983). Informationsverhalten von Urlaubsreisenden. Starnberg: Studienkreis für Tourismus.

Detroy, E.-N. (1985). Abschlußtechniken beherrschen und gekonnt einsetzen, 3. Aufl. Zürich: Moderne Industrie.

Ebeling, P. (1984). 20 Stufen zum Verkaufserfolg, 5. Aufl. Landsberg: Moderne Industrie.

Fittkau, B.; Müller-Wolf, H.-M. & Schulz von Thun, F. (Hg.) (1977). Kommunikations- und Verhaltenstraining, 2. Aufl. München: Saur.

Geffroy, E. K. & Seiwert, L. J. (1988). Mehr Zeit für Verkaufserfolge. Landsberg: Moderne Industrie.

Hauser, E. (1991). Qualifizierung von Mitarbeitern. (S. 352-362) In Rosenstiel, L. v.; Regnet, E. & Domsch, M. (Hg.), Führung von Mitarbeitern. Stuttgart: Schäffer.

Klutmann, M.M.F. (o.J.). Verkaufspraxis Touristik [Sonderdruck Artikelserie aus Fremdenverkehrswirtschaft international]. Hamburg: D. Niedecken.

Klutmann, M. M. F. (1993). Beraten und Verkaufen im Reisebüro. Hamburg: Niedecken.

Meier-Maletz, M. (1982). Checklist Erfolgskontrolle im Verkaufs-Training. Landsberg: Moderne Industrie.

Mentzel, W.G. (1983). Unternehmenssicherung durch Personalentwicklung, 2. Aufl. Freiburg: Haufe.

Meyer, W. (1991). Grundlagen der Verkaufspsychologie für den Counter. (S. 367-405) In E. Seitz & J. Wolf (Hg.), Tourismusmanagement und -marketing. Landsberg: Moderne Industrie.

Meyer, W. (1986a). Motive bei der Wahl des Urlaubslandes. Hamburg: A. Springer.

Meyer, W. (1986b). Motive der Gäste bei der Wahl des Urlaubsortes. Hamburg: A. Springer.

Rückle, H. (1982). Körpersprache für Manager. Landsberg: Moderne Industrie.

Ruhleder, R. H. (1991). Verkaufstraining intensiv. 4. Aufl. Stuttgart: Taylorix.

Schweiger, G. & Schwarz, H. (1990). Kommunikation im Markt. (S. 365–377) In Hoyos, C. G.; Kroeber-Riel, W.; v. Rosenstiel, L. & Strümpel, B. (Hg.), Wirtschaftspsychologie in Grundbegriffen, 2. Aufl. München: PVU.

Seitz, E. & Wolf, J. (Hg.) (1991). Tourismusmanagement und -marketing. Landsberg: Moderne Industrie.

Spieß, Erika (1990). Der Verkäufer als Psychologe, 5. Aufl. München: N. Müller.

Wolf, J.; Seitz, E. & Neumaier, H.-G. (1989). Marketing. München: Manz.

**Wolfgang Meyer, München**

# Werbeplanung im Tourismus

## 1. Einleitung

Werbung ist ein Instrument der (→) *Kommunikationspolitik*, das bestimmte, näher zu definierende kommunikative Ziele verfolgt und für die Ansprache der Zielgruppen vorselektierte Medien nutzt.

Wenn man von Werbung spricht, ist meist die klassische Werbung gemeint. Unter klassischer Werbung versteht man Werbung in den sogenannten klassischen Medien, in Zeitungen, Zeitschriften, Funk und Fernsehen und durch Plakatanschlag. Der Prozeß der Werbeplanung muß, wie auch die Kommunikationsplanung, bestimmten Abläufen folgen:
– Definition der Werbeziele
– Entwicklung der Werbestrategie
– Festlegung von Zielgruppen, Werbeinhalten und der Tonalität
– Gestaltung der Werbung
– Fixierung des Werbebudgets
– Mediaplanung und Mediastreuung
– Werbeerfolgskontrolle.

## 2. Die Werbeziele

*Werbeziele* sind aus den Marketing-Zielen abgeleitete Ziele. Das bedeutet jedoch nicht, daß diese unverändert übernommen werden können. Einmal sind Marketingziele vielfach ökonomische, zum anderen bedürfen psychographische (außerökonomische) Marketing-Ziele meist noch der Konkretisierung als Werbeziel, das heißt, es ist festzulegen, welchen Beitrag die Werbung zur Erreichung des Marketing-Zieles leisten muß.

Schließlich können sich aus der Situations-Analyse und dem daraus entwickelten Chancen/Problem- und Stärken/Schwächen-Profil noch Konkretisierungen in der Zielsetzung oder gar neue Ziele ergeben.

Marketing-orientiert arbeitende Unternehmen führen als Grundlage für die Entwicklung der Marketing-Strategie eine Situations-Analyse durch, so daß die wesentlichen Informationen vorliegen, bevor die Kommunikations- bzw. Werbestrategie zu entwickeln ist. Dennoch sollten alle Fragen, die den bisherigen Einsatz von Kommunikation und Werbung und deren Erfolg für das eigene Unternehmen und die wesentlichen Wettbewerber betreffen, noch einmal gestellt und, wenn nicht ausreichend beantwortet, über die Markt- und Werbeforschung geklärt werden.

Selbstverständlich müssen auch Werbeziele die betriebswirtschaftlichen Anforderungen hinsichtlich Eindeutigkeit (Inhalt, Ausmaß und zeitlicher Bezug), Operationalität (Meßbarkeit) und Kompatibilität (Ergänzung der anderen Werbeziele, Unterstützung der Marketing-Ziele) erfüllen. Diese Anforderungen sind z.B. erfüllt, wenn die Werbezielsetzung für einen Urlaubsort lautet: „Erhöhung des ungestützten Bekanntheitsgrades von 5% auf 15% innerhalb von zwei Jahren."

An *kommunikativen* Werbezielen (auch psychographische oder außerökonomische Ziele genannt) sind zu unterscheiden:
- Bekanntmachung des werbungtreibenden Unternehmens, Verbandes, Ortes und seines Angebotes (kognitive Zielsetzung).
- Information über das werbungtreibende Unternehmen und die angebotenen Leistungen (kognitive Zielsetzung).
- Hinstimmung bzw. positive Imagebildung (affektive Zielsetzung).
- Handlungsauslösung (z.B. Buchungsimpulse) (konative Zielsetzung).

Mit dem Instrumentarium der Marktforschung ist es möglich, den Erfolg der Werbemaßnahmen auf diesen Wirkungsstufen zu messen.

Die werbefachliche Literatur unterscheidet im funktionalen Ablauf zwischen Konzeption, Planung, Durchführung und Kontrolle. Folgt man der heute gültigen Marketing-Terminologie, so würde Konzeption die Ziele- und Zielgruppen-Definition und die Festlegung der Inhalte betreffen. Unter Werbefachleuten wird jedoch noch immer Konzeption als Synonym für Werbegestaltung oder Gestaltungs-Konzept verwendet.

Im Sinne einer eindeutigen, den aktuellen Marketing-Begriffen und -Inhalten angepaßten Sprachregelung ist zu unterscheiden zwischen
- Zielformulierung (Werbeziele);
- Strategie (Werbestrategie) = Zielgruppe, Positionierung, Inhalte/Nutzenversprechen, Nutzenbegründung, Tonalität;
- Gestaltung (Umsetzung der Strategie, Werbegestaltung, Kreativ-Konzept).

Durch die eindeutige Trennung von Zielen, Strategie und gestalterischer Umsetzung ergibt sich eine ablauforientierte Funktionalpla-

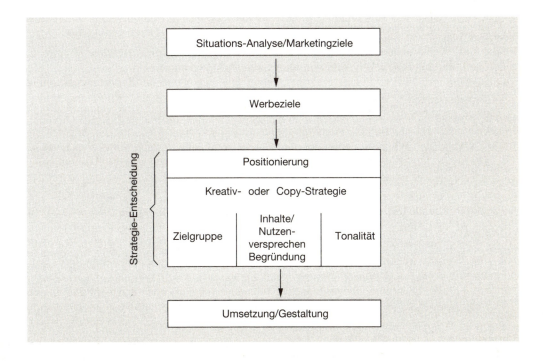

Abb. 1: Ablauf bei der Entwicklung der Werbestrategie (Quelle: Roth 1992, S. 170)

nung, die eine konsequente Planungsarbeit quasi vorzeichnet. Die Zielplanung fixiert zunächst die Aufgaben, die durch den Einsatz einer problemadäquaten Strategie gelöst werden sollen. Durch die strategischen Vorgaben hinsichtlich Zielgruppe, Inhalte und Tonalität wird eine Disziplinierung aller an dem Entwicklungsprozeß Beteiligten erleichtert (vgl. Abb. 1).

## 3. Die Werbestrategie

*(1) Die Zielgruppe*
Der Begriff Zielgruppe bringt zum Ausdruck, daß eine nach bestimmten Merkmalen zu definierende Gruppe von Verbrauchern durch die Werbung erreicht werden soll. Wurden für die Zielgruppen-Definition lange Zeit vorwiegend soziodemographische Kriterien herangezogen, so haben in den letzten Jahren die psychographischen Kriterien erheblich an Bedeutung gewonnen. Für eine segmentspezifische Zielgruppen-Definition wird heute in der Regel eine Kombination soziodemographischer und psychographischer Kriterien zugrundegelegt.

*Soziodemographische* Merkmale der Zielgruppen-Auswahl sind: Geschlecht, Alter, Familienstand, Haushaltgröße, Ausbildung, Beruf, Ausbildung, Wohnort. *Psychographische Merkmale* sind: Einstellungen und Motive sowie bestimmte Persönlichkeitsmerkmale.

*Einstellungen und Motive* einer Zielgruppe, speziell zu bestimmten Marktfeldern oder Angebotsbereichen zu kennen, in der Touristik zum Beispiel das bevorzugte Zielgebiet oder die Reiseform (→ (*Urlaubs-/)Reisemotive*) ist von großer Bedeutung für Werbeinhalte und Mediaauswahl (→ *Werbemittel*).

*Persönlichkeitsmerkmale* haben Einfluß auf Einstellungen und Verhalten. Davon ist auszugehen, wenn über großangelegte empirische Studien sogenannte Verbrauchertypologien erstellt werden, die jeweils eine bestimmte Anzahl von Verbraucher-Typen hinsichtlich Einstellungen und Motiven näher charakterisieren. (Die großen Zeitschriften-Verlage in Deutschland z.B. sind hier in den letzten Jahren vermehrt tätig geworden mit dem Ziel, die Nutzer bestimmter Medien zu typisieren und damit Merkmale der Leserschaft für den Anzeigenkunden transparent zu machen.)

*(2) Die Positionierung*
Eine bedeutsame Entscheidung ist die Festlegung der Positionierung. Darunter versteht man *den differenzierenden und alleinstellenden Inhalt, der durch die Werbung in erster Linie bei der Zielgruppe durchgesetzt werden soll.*

Positionierung bedeutet also keine Veränderung an Produkt oder Angebot, obwohl der häufig verwendete Begriff Angebots- oder Produkt-Positionierung diese Vermutung zuläßt, sondern die Verankerung von Eigenschaften oder Angebots-Merkmalen in der Vorstellungswelt der Zielgruppe. Positionierungen sind denkbar:
– Über *objektiv nachvollziehbare* Angebotsvorteile.
– Über *subjektive Angebotsvorteile*, subjektiv wahrgenommene Nutzen. Das Angebot, die Leistung werden über subjektive Kriterien differenziert. Ein Beispiel ist die sogenannte erlebnisbetonte Positionierung (vgl. Kroeber-Riel 1990, S. 47); in diesem Falle entwickelt die Werbung ein Erlebnisprofil für das Angebot.
– Über eine *Kombination subjektiver und objektiver Elemente* (bei Kroeber-Riel „Positionierung durch informative und emotionale Beeinflussung"; 1990, S. 56). In diesem Fall appelliert Werbung an ein Bedürfnis und informiert dann über die Eigenschaften (des Angebotes), die dazu dienen, dieses Bedürfnis zu befriedigen. Diese „gemischte" Positionierung wird häufig ange-

wendet, wenngleich sie in wettbewerbsintensiven Märkten, wie wir sie heutzutage häufig antreffen, zunehmend auf Schwierigkeiten stößt.
- Über eine *Aktualisierung der Marke* oder des Angebotes. Diese Positionierung zielt allein darauf ab, die Marke zu aktualisieren oder wie Kroeber-Riel sagt (1990, S. 82), „die Marke auffallend zu inszenieren", um die Aktualität des Markennamens zu erhöhen.

Seit Jahren wird darauf hingewiesen, daß vielen Touristik-Kampagnen keine eindeutige, klar definierte Positionierung zugrundeliegt. Daran hat sich bis heute nicht viel geändert. Darüber hinaus sind in der Touristik-Werbung besonders viele austauschbare Positionierungen („*me-too-Argumente*") zu beobachten.

Die Bedeutung einer eindeutigen, möglichst alleinstellenden und damit nicht austauschbaren Positionierung ist für den Marketing-Erfolg heute unabdingbar, weil:
- die Zahl der Wettbewerber in allen Marktfeldern der Touristik erheblich zugenommen hat;
- damit zwangsläufig auch die Zahl gleichwertiger, austauschbarer Angebote gewachsen ist;
- der Käufermarkt dem Kunden die Wahl zwischen vielen attraktiven Angeboten bietet;
- die Informationsflut den Verbraucher veranlaßt, Informationen sehr selektiv zu nutzen;
- das Involvement, d.h. das Interesse für viele Angebote (touristische Standard-Angebote) abgenommen hat.

In dieser Situation fällt der Werbung eine wichtige Rolle zu. Um den Primärzielen gerecht zu werden, muß trotz erschwerter Kommunikations-Bedingungen eine Darstellung erfolgen, die:
- das Angebot attraktiv macht (mit Hilfe sachlicher Argumente und/oder erlebnisbezogener Qualitäten),
- gegenüber dem Wettbewerb differenziert und
- langfristig werbliche Besitzstände aufbaut.

*(3) Die Kreativ-Strategie*
Die Kreativ-Strategie *(Copystrategie)* legt im Detail fest, mit welchem Versprechen (Nutzen) sich die Werbung an die Zielpersonen wendet, wie dieses zu begründen und in welchem Ton und Stil die Werbung zu gestalten ist. Das Versprechen muß inhaltlich mit der Positionierung identisch sein, es ist nur ausführlicher, da sich die Positionierung nur auf die Merkmale bezieht, die in erster Linie durchgesetzt werden sollen. Bei der Bedeutung von Kreativ-Strategie und Positionierung für den werblichen Erfolg empfiehlt es sich, Alternativen zu entwickeln und die Tragfähigkeit von Kreativstrategien zu überprüfen (vgl. Abb. 2).

Definiert man im Rahmen der werblichen Strategie-Entwicklung die Positionierung, die Nutzenargumentation, und werden Vorgaben gemacht zu Stil und Ton, so liegt in der Regel ein brauchbares Briefing (Aufgabenstellung) für die Gestaltung vor. Damit werden der kreative Prozeß sinnvoll gesteuert, die Zahl der möglichen Gestaltungsrichtungen eingeschränkt und das Feld potentieller Umsetzungsmöglichkeiten besser ausgeschöpft. Gleichzeitig dient die Strategie (und damit das Gestaltungs-Briefing) als Grundlage für die Bewertung der später vorgelegten Gestaltungsalternativen. Dadurch kann der Entscheidungsprozeß objektiviert werden.

## 4. Fixierung des Werbebudgets

Bei der Festlegung des Werbebudgets werden in der Praxis die sogenannten heuristischen Ansätze den Optimierungsansätzen vorgezogen, da letztere als Voraussetzung der Ermittlung von Werbereaktionsfunktionen bedürfen und diese in der jeweiligen Situation schwer

> - Ist das Versprechen bedeutungsvoll für die Zielgruppe?
> - Ist der angebotene Nutzen wichtig für die Zielgruppe?
> - Ist das Versprechen glaubwürdig?
> - Erfüllt das Angebot auch den dargestellten, hohen Anspruch?
> - Ist das Versprechen eigenständig genug?

Abb. 2: Checkliste zur kritischen Überprüfung der Copystrategie (Quelle: Roth 1992, S. 175)

zu ermitteln sind. Unter den heuristischen Verfahren sind zu unterscheiden (Rogge 1988, S. 109):

(a) Die *Restwertmethode*. Der Etat ist die Summe aller finanziellen Mittel, die nach Abzug aller Aufwendungen in den übrigen betrieblichen Teilbereichen verbleibt. Der Werbeetat ist die „Restsumme".

(b) Das *Prozentverfahren*. Werbekosten werden als feste Anteile von den Bezugsgrößen Umsatz oder Gewinn interpretiert. Dieses Verfahren wird nach wie vor in der Praxis sehr häufig angewendet. Das Budget errechnet sich hier nach einem Prozentsatz vom Umsatz. Die Prozentwerte variieren von Branche zu Branche; in konsumnahen Märkten ist der Prozentsatz hoch (10% und mehr), in konsumferneren Bereichen entsprechend niedriger. Die Methode ist jedoch ungenau, da sie die Ziele nicht berücksichtigt.

(c) *Wettbewerbsmethoden*. Die Orientierung erfolgt an den Werbeausgaben der Wettbewerber.

(d) *Ziel-Mittel-Methode*. Die Höhe des Budgets ist abhängig von den gewählten Werbemitteln, Werbeträgern, den Inhalten, der Gestaltung und dem Verhalten des Wettbewerbs. Exakter aber arbeitsaufwendig ist die Ziel-Mittel-Methode. Da alle Einzelentscheidungen im Rahmen einer Kampagne getroffen sein müssen, um die Festlegung vornehmen zu können, fehlt hier auch der realistische Bezug.

(e) *Werbeanteils-Marktanteils-Methode*. Das Budget errechnet sich als der notwendige Anteil am Gesamtwerbeaufkommen einer Branche in Relation zum Marktanteil. Marketingorientiert arbeitende Unternehmen bedienen sich immer häufiger dieser Methode. Der Marktanteil als wichtige Größe in wettbewerbsintensiven Märkten bildet die Richtgröße, wobei Branchen- und Wettbewerbsverhalten in bezug auf den quantitativen Werbeeinsatz berücksichtigt werden können. Die notwendigen Informationen über das Werbeaufkommen können von der Nielsen-Marktforschung bezogen werden.

## 5. Mediaauswahl und Mediaplanung

Für den Transport der Botschaft zur Zielgruppe müssen im Rahmen der klassischen Werbung Medien ausgewählt und im Rahmen eines Mediaplanes eingesetzt werden. Auswahlkriterien sind quantitative Daten wie Reichweite in der Zielgruppe, Kontaktqualität, Tausenderpreis sowie qualitative Werte wie Konsumverhalten, Einstellungen, Art der Mediennutzung. Über Media-Selektionsprogramme können alternative Mediapläne mit unterschiedlichen Leistungswerten errechnet werden. Großverlage führen diese Zählungen im Rahmen ihres Verlagsservice aus.

## 6. Erfolgskontrolle

Bei den Budgets, die heute in die klassische Werbung investiert werden müssen, stellt sich immer wieder die Frage, ob und auf welche Weise der Erfolg einer Werbekampagne vor Erscheinen prognostiziert und nach Erscheinen gemessen werden kann.

Die Markt- und Meinungsforschung hat über die Jahre ein umfangreiches Instrumentarium für beide Problembereiche entwickelt und stets weiter optimiert. Dennoch ist die Aufstellung von Prognosen und der Nachweis von Erfolgen nur mit Einschränkung möglich, auch wenn, wie oben ausgeführt, nicht ökonomische Zielsetzungen (Problem der Zurechenbarkeit), sondern kommunikative Zielsetzungen zugrundeliegen. Wir unterscheiden in der Werbemittelforschung *Pretest- und Posttestverfahren*.

(a) Im *Pretest*, also einer Untersuchung, die vor Einschaltung der Werbung durchgeführt wird, werden Kriterien wie Durchsetzungsfähigkeit des Werbemittels generell, Verständlichkeit und Akzeptanz der Botschaft und Attraktivität des Werbemittels untersucht. Der Werbungtreibende erhält durch einen Pretest zumindest Hinweise, ob das Werbemittel (zum Beispiel Anzeige oder Fernsehspot) in der Lage ist, sich im redaktionellen Umfeld zu behaupten, das heißt gesehen und erinnert zu werden (Recall). Diese Grundvoraussetzung muß zunächst einmal gegeben sein, um der Zielsetzung einer Kampagne (zum Beispiel Erhöhung des Bekanntheitsgrades oder Veränderung von Einstellungen) gerecht werden zu können.

(b) Im Rahmen von *Posttestverfahren*, also nach Erscheinen der Werbung, soll durch nochmalige Darbietung des belegten Werbeträgers festgestellt werden, ob die Nutzer des Mediums das Werbemittel wahrgenommen und sich mit der Botschaft beschäftigt haben (Recognition-Methode). In einem anderen Verfahren (Recall-Methode) sollen Testpersonen das entsprechende Werbemittel aus der Erinnerung reproduzieren, also ohne die Stützung durch die nochmalige Vorlage.

Einige Institute bieten kontinuierliche Testverfahren an: Über mehrere Befragungswellen im Jahr werden die Erinnerung an die Werbung generell, die Erinnerung an wesentliche Aussagen, sowie Akzeptanz- und Sympathie-Werte abgefragt. Durch diese Instrumente kann nicht nur die Effizienz der eigenen, sondern auch der Wettbewerbskampagnen beobachtet und in Beziehung zu Veränderungen in Gestaltung (Werbeinhalte) und Werbedruck (Budgetierung) gesetzt werden.

## Literatur

Kroeber-Riel, W. (1990). Strategie und Technik der Werbung. Stuttgart: Kohlhammer.

Rogge, H.J. (1988). Werbung. Ludwigshafen: Kielverlag.

Roth, P. (1992). Grundlagen des Touristik-Marketing In P. Roth & A. Schrand (Hg.), Touristik-Marketing. München: Vahlen.

**Peter Roth, München**

# Werbemittel im Tourismus (Reisemedien)

## 1. Einleitung

Tourismuswerbung wird in erster Linie aus ökonomischen Gründen betrieben. Die Tourismusindustrie hat sich inzwischen zum weltweit größten Wirtschaftszweig entwickelt. Nach Schätzungen des World Travel and Tourism Council (WTTC) beträgt der weltweite Umsatz über 5 Billionen Mark. Für die Tourismuswerbung kommen alle die Werbemittel in Betracht, die generell im Marketing bzw. zur Werbekommunikation eingesetzt werden (z.B. Moser 1990). Besonderheiten in der Verwendung von Werbemitteln ergeben sich aber nicht zuletzt aufgrund einiger spezifischer Merkmale des „touristischen Produkts".

Eine Besonderheit der touristischen Leistung besteht darin, daß *Kombinationen* von Sachleistungen und Dienstleistungen vermarktet – und auch intensiv nachgefragt – werden (Haedrich et al. 1983). Dabei handelt es sich um veränderbare und nichtveränderbare Faktoren, also auf der einen Seite Hotels oder Beförderungsmittel und auf der anderen Seite Landschaft, Klima oder Kultur. Weitere Besonderheiten des touristischen Produkts sind u.a.:
– der Abnehmer muß zum Produkt kommen;
– die Leistung ist vor deren Erwerb nicht sehbar, es sind nur bildliche Darstellungen und Beschreibungen möglich;
– touristische Leistungen sind typischerweise gebündelt bzw. komplementär, wie etwa bei der prototypischen Pauschalreise;
– eine starke emotionale Komponente: Es gibt keinen „materiell verifizierbaren Wert" der touristischen Leistung, bzw. der „Zusatznutzen", der hoch subjektiv und interindividuell unterschiedlich wahrgenommen werden kann, nimmt einen erheblichen Anteil am Gesamtprodukt ein;
– Probleme, mittels kommunikativer Mittel ausreichend zwischen verschiedenen Angeboten differenzieren zu können (vgl. das stereotype Bild von Sonne und schönem Strand);
– die zeitliche Distanz zwischen Entscheidung und Konsum, die eine erhöhte Anforderung an die Bereitschaft zum Vertrauen seitens des Kunden voraussetzt.

Insbesondere aus der Dominanz des „Erlebnischarakters" wird verständlich, daß *visuelle* Werbemittel vorherrschen. So fand Remmert (1987) in einer Untersuchung der Werbeaktivitäten regionaler Fremdenverkehrsorganisationen, daß diese vor allem Prospekte, Kataloge und Printanzeigen als Werbemittel einsetzen.

## 2. Ziele, Funktionen und Arten von Tourismuswerbung

Die Information bzw. Kommunikation über touristische Leistungen kann direkt vom Produkt kommen (z.B. persönliche Erfahrung mit dem Urlaubsort), sie kann aus der Massenkommunikation erfolgen (z.B. Werbespots), sie kann „tertiär" (Moutinho 1987) sein (z.B. Informationen von Reisebüros) oder die Informationen können persönlich erhalten werden (z.B. von anderen Personen, die am betreffenden Urlaubsort waren). Ergebnisse verschiedener Befragungen zeigen, daß neben den Informationen von Freunden und Bekannten (→ *Opinion Leaders*) der Werbung eine hohe Bedeutung zur Information über Urlaubsmöglichkeiten beigemessen wird (vgl. z.B. Zolles, Ferner & Müller 1981). Allerdings tendieren in direkten Befragungen Konsumenten dazu, die Wirkung von Werbung als eher gering auf ihre persönliche Entscheidung einzuschätzen.

Die Erscheinungsformen von Tourismuswerbung sind vielschichtig und differenziert (Hanrieder 1992). So gibt es unterschiedliche Fremdenverkehrsorganisationen (Staaten, Länder, Regionen, Städte, Orte, Heilbäder/Kurorte), verschiedene Reiseveranstalter, diverse Verkehrsträger (nationale Fluglinien, Chartergesellschaften, die Bundesbahn, Bus-Unternehmen), es gibt unterschiedliche Wege der Anbahnung eines Tourismusgeschäfts (über Reisebüros, den Versandhandel, Btx), touristische Attraktionen selbst betreiben ebenfalls Tourismuswerbung (z.B. Freizeiteinrichtungen, bauliche Sehenswürdigkeiten, Museen, (→) *Themenparks*), und genauso betreiben auch Touristenhotels und die Gastronomie Tourismuswerbung. Kooperation und Koordination in der Werbung sind sowohl

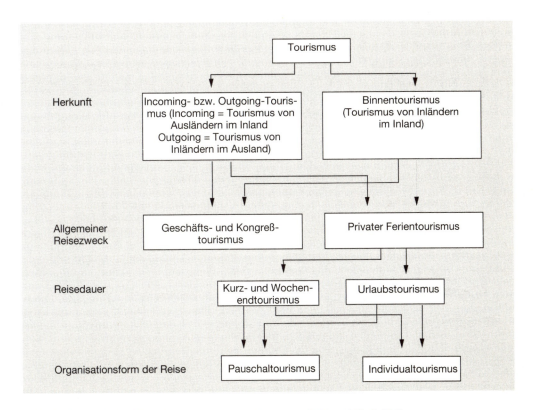

Abb. 1: Hauptsächliche Erscheinungsformen des Tourismus (Wölm 1979, S. 230)

von der Sache her als auch aufgrund ökonomischer Notwendigkeiten aus dem Bereich der Tourismuswerbung kaum wegzudenken (vgl. unten).

Entsprechend den allgemein verschiedenen Formen des Tourismus gibt es auch verschiedene Formen und Funktionen der Tourismuswerbung. Eine Differenzierung mit Hilfe der Kriterien Herkunft, allgemeiner Reisezweck, Reisedauer und Organisationsform stammt von Wölm (1979; vgl. Abb. 1).

Da sich das touristische „Produkt" oft als ein Paket aus komplementären Bestandteilen darstellt, bietet sich eine von zwei Arten von Gemeinschaftswerbungen an (vgl. Abb. 2). Ein weiterer Anlaß für Gemeinschaftswerbung besteht darin, daß bei Differenzierung bestimmte Angebote (z.B. von Hotels) ab einer bestimmten – beispielsweise geographischen – Entfernung der Reisenden nicht mehr kommunizierbar sind.

Bevor eine Werbekampagne oder auch eine einzelne Werbemaßnahme zu planen ist (→ *Werbeplanung*), sind zunächst Informationen über die Konsumenten zu gewinnen, etwa zum Zwecke der Marktsegmentierung (→ *Tourismuswerbung*). Zwar können sich die meisten Tourismusträger keine aufwendigen Werbeforschungsaktivitäten leisten, aber es existieren auch „kleine Lösungen", wie z.B. die Auswertung von Gäste-Anmeldungen, KFZ-Kennzeichen-Zählungen (→) *Gästebefragungen*, Gäste-Stammtische, eigene (kleine) Primärerhebungen, Analyse der Konkurrenzaktivitäten oder die Befragung von Multiplikatoren (Hanrieder 1992).

## 3. Werbemittel

Zu den wichtigsten *Werbemitteln* im Bereich des Tourismus, wenn es um die Frage der (→) *Reiseentscheidung* an sich geht, zählen (a) Kataloge, (b) Prospekte und (c) Printwerbungen. Nach Schätzungen werden etwa 50% der Werbeaufwendungen von Reiseveranstaltern für die Gestaltung und Produktion von Katalogen aufgewendet. In der Regel werden

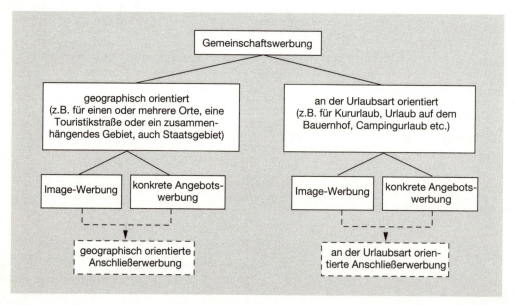

Abb. 2: Hauptarten der Gemeinschaftswerbung (Wölm 1979, S. 233)

potentielle Urlauber mehrere Kataloge zu Rate ziehen. Die Bedeutung des *Katalogs* als Werbemittel ist u.a. vor dem Hintergrund zu sehen, daß die Reiseveranstalter z.Zt. ca. 80% ihrer Reisen über Reisebüros verkaufen. Die Kataloge fungieren dort gleichermaßen als Werbemittel im engeren Sinne und als Informationsmittel für Kunden und Mitarbeiter der Reisebüros.

Bei der Gestaltung von Katalogen oder Prospekten ist zu beachten, daß die potentiellen Urlauber unterschiedlichen Informationsbedarf haben und daß der Informationsbedarf sowohl *sachlicher* als auch *emotionaler* Natur ist. Einerseits geht es darum, Informationen über Preise, das Klima, das Leistungsangebot zu erhalten, andererseits sollen in den meisten Fällen die Kataloginformationen eine Antizipation der Urlaubserlebnisse ermöglichen. Die charakteristische Vorgehensweise besteht beispielsweise darin, Bilder und Slogans zu verwenden, um die emotionale Seite zu „bedienen" und den Text zur inhaltlichen Information zu nutzen. Häufig gehen Veranstalter z.B. so vor, daß sie Unterteilungen des Katalogs vornehmen; im ersten Teil werden Informationen nur knapp gegeben und mit Bildern vom Urlaubsort, dort aktiven Urlaubern usw. ergänzt. Im zweiten Teil des Katalogs finden sich dann präzisere Informationen – beispielsweise über Komfort-Details, Anfahrtswege oder an Ort und Stelle einkaufbare Extras.

Zolles et al. (1981, S. 182ff) geben vielfältige praktische Hinweise zur Gestaltung einzelner Werbemittel, wobei sie besonders auf Formate, Titelseite, Bildauswahl, Texte, spezielle Informationen und allgemeine Einsatzmöglichkeiten eingehen (s.u.):

*„Format*
(...) Außergewöhnliche Formate beschränken die Einsatzmöglichkeiten.

*Titelseite*
(...) Die Titelseite soll plakativen Charakter haben; zu viele Details vermeiden, großzügige Darstellung bevorzugen.

*Bildauswahl*
(...) Nur Motive des betreffenden Betriebs, Ortes, der Region verwenden! Gestellte „Modeaufnahmen" vermeiden; die Fotos sollten die tatsächliche Urlaubssituation wiedergeben. Aufnahmen, denen man den „Jahrgang" anmerkt, möglichst vermeiden (Achtung auf Kleidung, Frisur, Autotypen usw.). (...) Grundsätzlich sollen abgebildete Personen geeignet und glaubhaft (wirklichkeitsnah) gekleidet sein.

*Information*
(...) Ein wichtiger Informationsteil ist die Verkehrsspinne, sie zeigt die Lage des Ortes, Entfernung und Richtung zur nächsten größeren Stadt, zum nächsten Verkehrsknotenpunkt bzw. Flugplatz. (...) Viele Einrichtungen sind leicht mit bekannten Symbolen erklärbar. So kann auf langatmige Erklärungen verzichtet werden.

*Text*
(...) Vollständige, womöglich aber kurze Sätze erleichtern das Lesen. (...) Nutzlose Aussagen, wie „Ein Ort, der alles bietet" oder „Schöne Kirche im Ort" vermeiden. (...) Mehrsprachigkeit in Prospekten kann nur ein Kompromiß sein, da jeder Urlauber mit Recht darauf Wert legt, daß die Werbemittel speziell für ihn angefertigt werden. Bei Mehrsprachigkeit geeignete Sprachpaarungen bevorzugen, z.B. deutsch/englisch oder italienisch/spanisch, schwedisch/dänisch usw. (...) Bildtexte nur dann ansetzen, wenn sie die Darstellung ergänzen bzw. erklären können.

*Einsatz*
(...) Die Erfahrungswerte zeigen eine durchschnittlich 2jährige (maximal 3jährige) Laufzeit. Bei längerem Einsatz entsteht leicht eine Überalterung durch den Gestaltungsstil, die Aufnahmen bzw. die Weiterentwicklung des Angebotes. (...) Im allgemeinen empfiehlt es sich, die Prospekte eindeutig nach Saison auszurichten. (...) Die Untersuchungen über die Urlaubsentscheidung bestätigen, daß sich der Sommerurlauber im Entscheidungszeitraum nicht für den Winter interessiert und umgekehrt." (Zoller et al. 1981, S. 182 ff.)

Empfehlungen zur Werbung für Reisebüros finden sich bei Schrand (1992). Schörcher (1992) beschreibt am Beispiel der Lufthansawerbung zwei Funktionen, die die Printwerbung hat: Imagewerbung und Angebotswerbung. Dort heißt es u.a.:
„Abgestellt auf eine konsequente Markenprofilierung ist die Imagewerbung die Basis der Angebotskommunikation. Dabei muß die Lufthansa für die wichtigen Kernzielgruppen der Meinungsbildner, der Multiplikatoren, der viel fliegenden Geschäftsreisenden und der anspruchsvollen Privatreisenden den Anspruch des qualitativen Marktführers um den des geistigen Marktführers ergänzen. (...) Es gibt keine bessere Möglichkeit, unterneh-

Tabelle 1: Merkmale der Werbemedien für Tourismusleistungen (World Tourism Organization, zit. n. Zolles et al. 1981, S. 169f.)

| Merkmal | Zeitungen | Publikumszeitschriften | Fachzeitschriften |
|---|---|---|---|
| Streuung, Reichweite | täglich, wöchentlich oder sonntags, regionale oder nationale Reichweite bis zu 80% | wöchentlich oder monatlich, nationale Reichweite bei hoher Mehrfachbenutzung | wöchentlich oder monatlich, nationale Streuung bei geringer Mehrfachbenutzung |
| Nutzerschaft/Segmentierung | begrenzte Segmentierungsmöglichkeiten | gute Segmentierungsmöglichkeiten nach Alter, Geschlecht, Einkommen usw. | spezielle Interessentengruppen |
| Allgemeine Kommunikationfunktion | Nachrichten und Information | Unterhaltung und Information | spezielle Informationen, hohe Leseintensität |
| Werbemöglichkeiten | S/w- oder Farbdruck | S/w- oder Farbdruck von hoher Qualität | S/w- oder Farbdruck, häufig von geringer Qualität |
| Planungskriterien | kurze lokale oder regionale Aktionen | langfristig angelegte Aktionen, Imagewerbung | Ansprache spezieller Interessengruppen |
| Kosten | geringe Kosten pro Exemplar und Kontakt, mittlere technische Kosten | hohe Kosten pro Exemplar, geringe Kosten pro Kontakt, hohe technische Kosten | geringe Kosten je Exemplar, mittlere Kosten pro Kontakt, mittlere technische Kosten |

rische und technische Kompetenz sowie Verantwortungsbewußtsein in Vertrauen und Glaubwürdigkeit umzusetzen, als die eigene Position offen, ehrlich und geschickt, mit aktuellen, öffentlich diskutierten Themen zu verknüpfen. (...) Die offensive Vermarktung der Lufthansa-Angebote, die Darstellung der Preis-Leistungswertigkeit, der Sonderaktionen und die Erschließung neuer Zielgruppen stehen hier [im Rahmen der Angebotswerbung; K.M.] im Mittelpunkt. 75% des Werbebudgets werden hierfür sowohl im Rahmen der überregionalen als auch der regionalen Werbung eingesetzt. Dabei wird die Angebotskommunikation auch stets mit Qualitätsargumenten versehen, denn der ‚Mehrpreis' für bessere Leistungen muß durch den ‚Mehrwert' der Marke gerechtfertigt werden (...)" (Schörcher 1992, S. 280).

Welche Art von Werbung betrieben wird bzw. zu betreiben ist, hängt insbesondere von der generellen strategischen Ausrichtung des Unternehmens ab. Ein Beispiel hierfür wird aus der Gegenüberstellung von Wettbewerb über die „Qualität" oder den „Preis" deutlich: Billiganbieter sind relativ weniger auf Werbung angewiesen, sondern konzentrieren sich eher auf Maßnahmen der Verkaufsförderung und eine aggressive Preispolitik. Neben den Katalogen und Prospekten gibt es weitere Werbemöglichkeiten. Tabelle 1 zeigt im Überblick eine Charakterisierung der bekannteren Werbemedien bzw. -mittel.

Fortsetzung Tabelle 1: Merkmale der Werbemedien für Tourismusleistungen (World Tourism Organization, zit. n. Zolles et al. 1981, S. 169f.)

| Fernsehen | Rundfunk | Kino | Plakate |
|---|---|---|---|
| hohe Reichweite und Streuung, national und regional | weit verbreitet, lokale oder regionale Reichweite | vor allem in städtischen Gebieten, Reichweite etwa 15% | an verkehrsreichen Plätzen und Straßen, Reichweite bis zu 50% |
| geringe Segmentierung | geringe Segmentierung | vor allem Personen unter 30 Jahren | große Zahl von Kontakten, keine Segmentierung |
| Unterhaltung, Nachrichten, Gruppenfernsehen abends zu Hause | Unterhaltung, Nachrichten, individuelles Zuhören tagsüber | Unterhaltung | |
| Spots in S/w oder Farbe (20–60 Sek.) | Spots (10–60 Sek.) | Filme, Dias (1–3 Min.) | Poster, Leuchtschriften |
| Hauptmedium für eine langfristig angelegte Werbung | unterstützende Funktion, geeignet für häufige Wiederholungen | geeignet für Erinnerungswerbung, geringe Wirkung | geringe Wirksamkeit, geeignet für Erinnerungswerbung |
| mittlere Kosten pro Einheit, geringe Kosten pro Kontakt, mittlere technische Kosten | mittlere Kosten pro Einheit, geringe Kosten pro Kontakt, hohe technische Kosten | geringe Kosten pro Einheit und pro Kontakt, geringe technische Kosten | geringe Kosten pro Einheit, hohe Kontakt- und technische Kosten |

## Literatur

Besler, W. (1992). Das Öko-Modell. (S. 215–226) In P. Roth & A. Schrand (Hg.), Touristik-Marketing. München: Vahlen.

Haedrich, G.; Kaspar, C.; Kleinert, H. & Klemm, K. (1983) (Hg.). Tourismus-Management. Berlin: De Gruyter.

Hanrieder, M. (1992). Marketing-Forschung und Informations-Analyse als Grundlage der Marketing-Planung. (S. 81–110) In P. Roth & A. Schrand (Hg.), Touristik-Marketing. München: Vahlen.

Moser, K. (1990). Werbepsychologie. München: PVU.

Moutinho, L. (1987). Consumer behavior in tourism. European Journal of Marketing, 21, 1–44.

Remmert, B. (1987). Die Werbung regionaler Fremdenverkehrsorganisationen in der Bundesrepublik Deutschland unter besonderer Berücksichtigung der Mediaselektion. Unveröff. Diplomarbeit, Universität Trier.

Roth, P. (1992). Grundlagen des Touristik-Marketing. (S. 111–192) In P. Roth & A. Schrand (Hg.), Touristik-Marketing. München: Vahlen.

Roth, P. & Schrand, A. (1992) (Hg.). Touristik-Marketing. München: Vahlen.

Schörcher, U. (1992). Deutsche Lufthansa: Durch Präferenzstrategie zur Markenpersönlichkeit. (S. 267–286) In P. Roth & A. Schrand (Hg.), Touristik-Marketing. München: Vahlen.

Schrand, A. (1992). Das Marketing für Reisebüros und Reisebüroketten (S. 337–392) In P. Roth & A. Schrand (Hg.), Touristik-Marketing. München: Vahlen.

Wölm, D. (1979). Marketing im Tourismus. Marketing ZFP, 1, 229–236.

Zolles, H.; Ferner, F.K. & Müller, R. (1981). Marketingpraxis für den Fremdenverkehr. Wien: Orac-Pietsch.

**Klaus Moser, Stuttgart**

# Teil VIII

# Berufssoziologische Beiträge

# Touristischer Arbeitsmarkt

## 1. Einleitung: Begriffliche Definitionen

Eine Abgrenzung des touristischen Arbeitsmarktes erfordert eine Bestimmung des Begriffes Fremdenverkehr.

Als fremdenverkehrsrelevant werden alle Wirkungen und Wechselwirkungen bezeichnet, die Personen durch Reise und Aufenthalt an einem Ort hervorrufen, der weder Arbeits- noch Wohnort ist.

Neben dem mit Übernachtung verbundenen Fremdenverkehr spielt ebenso der Tagesbesuchsverkehr, also das Verlassen des Wohnumfeldes (ohne Übernachtung), eine bedeutende Rolle. Verflechtungen durch Fahrten zum Arbeitsplatz oder durch regionalen Einkaufsverkehr zur Deckung des täglichen Bedarfs werden ebensowenig wie routine- bzw. regelmäßig durchgeführte Ortsveränderungen zum Tourismus gezählt.

Zur Befriedigung der touristischen Nachfragearten (z.B. Urlaubsreiseverkehr, Kuraufenthalte, Geschäftsreisen, Tagesbesuche) stehen unterschiedlichste Angebotssektoren zur Verfügung. Die Strukturen und Prozeßabläufe am Tourismusmarkt erfordern ein breitgefächertes vielseitiges Arbeitskräftepotential. Neben einem Überblick über die fremdenverkehrsrelevanten Beschäftigungsbereiche ist in Tabelle 1 ebenso die Zahl der touristisch abhängigen Beschäftigten in den alten Bundesländern für das Jahr 1990 ausgewiesen.

## 2. Beschäftigungseffekte

Der Grad der Abhängigkeit einzelner Beschäftigungsbereiche vom Fremdenverkehr ist von Branche zu Branche unterschiedlich. Auf der einen Seite sind Angebotssegmente wie das Gastgewerbe, die Reisemittler/-veranstalter oder Fremdenverkehrsstellen zu einem hohen Anteil von der touristischen Nachfrage abhängig, während auf der anderen Seite bei Unterhaltungs- bzw. Sportangeboten oder im Einzelhandel die Beziehungen oft weniger intensiv sind. In diesem Zusammenhang ist des weiteren auf die touristische Bedeutung der von den fremdenverkehrsrelevanten Anbietern genutzten Vorleistungen (z.B. Leistungen von Flughafenunternehmen oder Handwerksbetrieben) hinzuweisen. Addiert man die direkt vom Fremdenverkehr abhängigen Arbeitskräfte (vgl. Tab. 1) mit jenem Personal, das im Rahmen der zweiten Umsatzstufe (Vorleistungen anderer Wirtschaftsbereiche ohne PKW-Kilometerleistungen) zu berücksichtigen ist, erhöht sich der Beschäftigtenumfang für das Jahr 1990 absolut auf über 1,6 Mio. Erwerbstätige, also um 50% - 60%.

Der Beschäftigungseffekt aus der Tourismusbranche (rund 6% aller Erwerbstätigen) ist höher als sein Beitrag zur Nettowertschöpfung. Dieser Umstand deutet auf verschiedenartige Sachverhalte hin. Eine Beschäftigung im Berufsfeld Fremdenverkehr ist vielfach

Tabelle 1: Tourismusabhängige Beschäftigte in der Bundesrepublik Deutschland (ohne Beitrittsgebiet)

| Touristisch relevanter Beschäftigungsbereich | Touristisch abhängig Beschäftigte [1] 1990 absolut | in % |
|---|---|---|
| Beherbergung und Gastronomie | 652.650 | 62,6 |
| Unternehmen zur Personenbeförderung | | |
| – Straße | 24.420 | 2,3 |
| – Schiene | 82.930 | 8,0 |
| – Luft | 34.450 | 3,3 |
| – Schiffahrt | 6.600 | 0,6 |
| – Berg- und Seilbahnen | 1.350 | 0,1 |
| Reisevermittler und -veranstalter | 44.300 | 4,3 |
| Reisestellen | 1.500 | 0,1 |
| Kurortunternehmungen | 11.770 | 1,11 |
| Administrative Fremdenverkehrsstellen in Luftkurorten, Erholungsorten, Großstädten und Sonstigen Gemeinden | 5.370 | 0,5 |
| Fremdenverkehrsrelevante Verbände und Organisationen | 800 | 0,1 |
| Administrationen bei Bund, Ländern, Regierungsbezirken und Landkreisen | 410 | – [2] |
| Aus- und Weiterbildung | 2.000 | 0,2 |
| Kongreß- und Tagungswesen, Messen und Ausstellungen | – [3] | – [3] |
| Sonstige touristisch relevante Nachfrage | | |
| – Unterhaltungsbereich | 77.950 | 7,5 |
| – Einzelhandel (Einkäufe, Lebensmittel) | 96.820 | 9,3 |
| Insgesamt | 1.043.320 | 100,0 |

[1] Die Primärerhebungen wurden im Jahre 1990 durchgeführt. Bei den ausgewerteten Sekundärstatistiken wurde das jeweils aktuellste zur Verfügung stehende Datenmaterial herangezogen.
[2] Der Wert liegt unter 0,1% und wird daher nicht ausgewiesen.
[3] Die Zahl der touristisch abhängig Beschäftigten konnte in diesem Bereich nicht explizit ermittelt werden.

(Quelle: Koch, Zeiner & Harrer 1991, S. 11)

mit einem vergleichsweise niedrigen Einkommen verbunden. Zu berücksichtigen sind darüber hinaus die meist als ungünstig angesehenen Arbeitszeiten (z.B. Wochenende, Feiertag, Abend). Der Anteil an Teilzeitbeschäftigung ist relativ hoch.

Dies sind mit die Hauptprobleme, welche bei der Gewinnung von qualifiziertem Personal und Nachwuchskräften im Wege stehen und dadurch teilweise einen hohen Ausländeranteil im Tourismusgewerbe bedingen. Darüber hinaus ist mit der hohen Fluktuationsrate der Mitarbeiter in Fremdenverkehrsbetrieben vielfach keine branchenspezifische Weiterbildung oder Zusatzqualifikation verbunden.

## 3. Nachwuchsprobleme

In Anbetracht der zukünftigen natürlichen Bevölkerungsentwicklung werden die Sorgen um den Nachwuchs an touristischen Arbeitskräften verstärkt. Die räumliche Bevölkerungsentwicklung wird diese Tendenzen nicht ausgleichen können. Nicht nur aus diesem Grunde ist die Beschäftigungspolitik in der Tourismusbranche neu zu überdenken. In den Köpfen potentieller Arbeitskräfte wirken sich die genannten Strukturmerkmale von Fremdenverkehrsberufen in vielen Fällen nachteilig aus. Das Image touristischer Arbeitsplätze kann nur durch flankierende arbeitsmarktpolitische Maßnahmen aufpoliert werden.

Für die Jahre 1990/1991 ist von etwa 75.000 bis 100.000 touristisch relevanten offenen Stellen in den alten Bundesländern auszugehen. Gesucht wird sowohl gelerntes als auch ungelerntes Personal. Die Nachfrage geht vor allem von Betrieben mit einem Umsatz von über 1/4 Mio. DM im Jahr aus. Bei den kleineren Betrieben sind die mithelfenden Familienangehörigen ein wichtiger Bestandteil des Arbeitsmarktes. In Fremdenverkehrsregionen bieten sich für Familienmitglieder oft zusätzliche Einnahmequellen aus dem Tourismus. Ein mögliches Problem bei der Realisierung zusätzlicher Tourismusnachfrage für das Inland könnte im Erbringen von Mehrleistungen in den Angebotssparten, insbesondere im Gastgewerbe, liegen. In Zukunft kann es schwierig werden, das notwendige Arbeitskräftepotential zu mobilisieren.

## 4. Berufsfelder, Berufsbilder

Als tragende Säule des Fremdenverkehrs – sowohl für den übernachtenden Fremdenverkehr als auch für den Tagesbesuchsverkehr – ist das *Gastgewerbe* anzusehen. Im Beherbergungs- und Gaststättengewerbe sind die Berufsbilder im Vergleich mit anderen Sektoren dementsprechend gut beschrieben (z.B. Koch/Köchin, Restaurantfachmann/-frau, Hotelfachmann/-frau, Hotelbetriebswirt(in), Hotel- und Gaststättengehilfe/-gehilfin). Hier werden auch vielfältige Aus-, Fort- bzw. Weiterbildungsmöglichkeiten angeboten (z.B. Fachhochschule, Berufsakademie, IHK, Universität, überbetriebliche Ausbildung). In anderen Sparten ist die Situation meist differenziert zu betrachten. Bei den Reiseveranstaltern/-vermittlern ist einerseits das Berufsfeld der (→) *Reiseverkehrskaufleute* gut ausgeführt, eine Neuordnung dieses Berufsbildes ist im Gespräch, während andererseits bei der Beschreibung von (→) *Reiseleitern* oder Animateuren (→ *Animation im Urlaub*) teilweise nur Ansätze vorhanden sind. Für die Tätigkeitsbereiche in administrativen Fremdenverkehrsstellen/Kurverwaltungen wäre des weiteren anzumerken, daß es aufgrund nur grober Spezifizierung der Ausbildungsinhalte lange Zeit keinen anerkannten Ausbildungsberuf gab. Da das Spektrum touristischer Berufe immer breiter wird, sollte an eine Beschreibung bedeutender Berufsfelder mit entsprechenden staatlich anerkannten Ausbildungsmöglichkeiten gedacht werden. Dienstleistungsberufe stellen besondere Ansprüche an das Bildungswesen. Zu fordern ist insbesondere Praxisnähe sowie eine intensivere ökologische Orientierung in der Aus- und Weiterbildung (z.B. Umweltberater). Zu jenen Berufen, die hauptsächlich auf den Fremdenverkehrsbereich ausgerichtet sind (z.B. Gastgewerbe, Reiseverkehr), kommen Berufe, die neben dem Tourismus in gewissem, teilweise nicht unbedeutendem Maße weitere Betätigungsfelder haben (z.B. Verkehrswesen, Einzelhandel, Unterhaltung, Aus- und Weiterbildung).

## Literatur

Bartl, H. (1983). Qualifizierte Reiseleitung. Erfolgsrezepte und Strategien für einen modernen Beruf. München: Huss-Verlag.

Bundesanstalt für Arbeit (Hg.) (1990). Bildung und Beruf, Hotel- und Gaststättenwesen.

Bundesanstalt für Arbeit & Institut für Arbeitsmarkt- und Berufsforschung (1991). Veröffentlichungen und Forschungsdokumentationen zur Arbeitsmarkt- und Berufsforschung

Condor (Hg.) (1993). Taschenbuch für die Touristik-Presse.

Datzer, R. & Lohmann, M. (1981). Der Beruf des Reiseleiters. Starnberg: Studienkreis für Tourismus.

Deutscher Bäderverband (Hg.) (1990). Jahresberichte.

DEHOGA (Hg.) (1990/91). Jahresbericht.

Deutscher Reisebüro-Verband e.V. (1990). Geschäftsberichte.

Deutsches Fremdenverkehrspräsidium (Hg.)(1990). Tourismusbericht.

DIHT (Hg.). Berufs- und Weiterbildungsarbeit der Industrie- und Handelskammern, Jahresberichte.

DWIF (Hg.) (1991). Ursachen und Struktur des Nachwuchsproblems im Hotel- und Gaststättengewerbe, unveröffentlichtes Gutachten.

Elbe, A. & Pohl, G. (1986). Lernen und Handeln. Zur Verbesserung der Arbeitsbedingungen im Gastgewerbe. Frankfurt/M.: Campus.

Freyer, W. (1991). Tourismus. Einführung in die Fremdenverkehrsökonomie, 3. Aufl. München/Wien: Oldenbourg.

Fromme, J. & Kahlen, B. (1990). Berufsfeld Freizeit. Aus-, Fort- und Weiterbildungsangebote im tertiären Bildungsbereich. Bielefeld: IFKA.

Gayler, B. & Finger, C. (1990). Animation im Urlaub, Studie für Planer und Praktiker. Starnberg: Studienkreis für Tourismus.

Gewerkschaft Nahrung-Genuß-Gaststätten. Geschäftsbericht.

Günter, W. (1982). Handbuch für Studienreiseleiter. Starnberg: Studienkreis für Tourismus.

Hebestreit, D. (1992). Touristik Marketing. Ein Handbuch für Praktiker. Berlin: Berlin Verlag.

Hofmeister, P. & Steinecke, A. (Hg.) (1984). Geographie des Freizeit- und Fremdenverkehrs. Darmstadt: Wissenschaftliche Buchgesellschaft.

Institut für Bildungsforschung der Wirtschaft (Hg.) (1986). Bildungsstand der im Fremdenverkehr beschäftigten Personen. Wien (o. Verlag).

Koch, A.; Zeiner, M. & Harrer, B. (1991). Strukturanalyse des touristischen Arbeitsmarktes. Schriftenreihe des DWIF, 42. München: DWIF.

Koch, A. (1989). Wirtschaftsfaktor Tourismus, Eine Grundlagenstudie der Reisebranche. Melsungen: Gutenberg.

Krippendorf, J.; Kramer, B. & Müller, H. (1986). Freizeit und Tourismus – Eine Einführung in Theorie und Politik. Berner Studien zum Fremdenverkehr, 22, Universität Bern.

Kulinat, K. & Steinecke, A. (1984). Geographie des Freizeit- und Fremdenverkehrs, Darmstadt: Wissenschaftliche Buchgesellschaft.

Nahrstedt, W. (Hg.) (1992). Reiseleiter und Reisemanager. Bielefeld: IFKA.

Opaschowski, H.W. (1989). Tourismusforschung. Opladen: Leske & Budrich.

Präsidium der Spitzenverbände des deutschen Fremdenverkehrs (DFV, DBV, DEHOGA, DZT, DRV) (1984). Wirtschaftfaktor Tourismus, Schwerpunkte der Tourismuspolitik in den kommenden Jahren.

Projektgruppe Touristik an der Universität Bielefeld (o.J.). Tourismus als Berufsfeld. Handlungskompetenzen für Freizeitberufe im touristischen Bereich. Universität Bielefeld.

Ruppert, K. (1980). Grundtendenzen freizeitorientierter Raumstrukturen. Geographische Rundschau, 32, 178-187.

Schmeer-Sturm, M.-L. (1990). Theorie und Praxis der Reiseleitung. Darmstadt: Wissenschaftliche Buchgesellschaft.

Schmidt, M. & Nahrstedt, W. (Hg.) (1993). Der Reiseleiter im Europa '93 – Arbeitsfeld - Berufsbild - Ausbildung. Bielefeld: IFKA.

Statistisches Bundesamt (Hg.) (1991). Tourismus in der Gesamtwirtschaft, Schriftreihe Forum der Bundesstatistik, 17. Wiesbaden.

Statistisches Bundesamt (Hg.) (1991). Tourismus in Zahlen. Mit gesamtdeutschen Ergebnissen. Wiesbaden.

Steinecke, A. (Hg.) (1984). Interdisziplinäre Bibliographie zur Fremdenverkehrs- und Naherholungsforschung. Beiträge zur allgemeinen und regionalen Fremdenverkehrs- und Naherholungsforschung. Universität Berlin.

Steinecke, A. (Hg.) (1988). Tourismus-Umwelt-Gesellschaft. Bielefeld: IFKA.

Studienkreis für Tourismus (Hg.). Hefte der Schriftenreihe für Jugendreiseleiter. Starnberg: Studienkreis für Tourismus.

VDKF (Hg.). Wirtschaftsfaktor Tourismus, Die Arbeit in den Kur- und Fremdenverkehrsstellen. Berufspolitik in den kommenden Jahren.

**Bernhard Harrer, München**

# Besonderheiten des gastgewerblichen Arbeitsmarktes

Die umfassendste und detaillierteste Darstellung von Zahl und Struktur der im Gastgewerbe beschäftigten Personen liefert die „Arbeitsstättenzählung" vom 25. Mai 1987. Zu diesem Zeitpunkt wurden in 220.302 gastgewerblichen Betrieben insgesamt 972.475 Beschäftigte gezählt; das sind im Durchschnitt weniger als 5 Beschäftigte pro Betrieb (4.8). Charakteristisch für den gastgewerblichen Arbeitsmarkt sind u.a. folgende Sachverhalte, die sich ebenfalls aus den Ergebnissen der Arbeitsstättenzählung ableiten lassen:
– Der hohe Anteil weiblicher Arbeitskräfte von über 57%. Auch bei den Inhabern (44%) und insbesondere bei den unbezahlt mithelfenden Angehörigen der Inhaberfamilie (61%) ist der Anteil der Frauen sehr hoch.
– Die (unbezahlt) im gastgewerblichen Betrieb mitarbeitenden Inhaber und ihre Familienmitglieder spielen eine ganz entscheidende Rolle. Schon bei rein quantitativer Betrachtung wird dies deutlich, denn mehr als jeder dritte Beschäftigte (35,2%) ist dieser Gruppe, die ihr Einkommen aus dem Gewinn des Betriebes ableiten muß, zuzurechnen. Wichtiger ist jedoch, daß der Inhaber und seine Familie bei der Vielzahl der Klein- und Mittelbetriebe – über 85% der gastgewerblichen Betriebe erzielen einen Jahresumsatz von weniger als 0,5 Mio. DM – entscheidend sind für die Qualität der erbrachten Leistung.

Ein für das Gastgewerbe ebenfalls typischer Sachverhalt ist der hohe Anteil von Teilzeitbeschäftigten. Aus der Beschäftigtenstruktur eines „Durchschnittsbetriebes" läßt sich die hohe quantitative Bedeutung der Aushilfen und Teilzeitkräfte sehr genau nachweisen. Dieser normale, durchschnittliche, gutbürgerliche Betrieb erzielt z.B. in Bayern zur Zeit einen Jahresumsatz von 400 TDM und beschäftigt (das Beispiel ist entnommen aus DWIF München 1992)
– 1 Inhaber (vollbeschäftigt)
– 1 unbezahlt mithelfendes Mitglied der Inhaberfamilie (Teilzeit)
– 1 bis 2 vollzeitbeschäftigte Lohn- und Gehaltsempfänger
– 3 teilzeitbeschäftigte Lohn- und Gehaltsempfänger
– 0 Auszubildende.
Im Durchschnitt sind somit mehr als die Hälfte der Mitarbeiter (4 von 7) auf Teilzeitbasis eingestellt.
Die amtlichen Rechenwerke bringen diesen Sachverhalt nur unzureichend zum Ausdruck:
– Die Bundesanstalt für Arbeit erfaßt zum Stichtag 30. Juni 1991 für die alten Bundesländer im Gastgewerbe insgesamt 530.006 „sozialversicherungspflichtige Beschäftigte"; darunter sind nur 50.146 Teilzeitbeschäftigte (9,5%).
– Bei der Arbeitsstättenzählung 1987 wurden zwar 268.933 Teilzeitbeschäftigte registriert (27,7%); aber auch diese Zahl er-

scheint in Anbetracht der skizzierten Personalstruktur des Durchschnittsbetriebes als deutlich zu niedrig.

Diese Vermutung wird bestätigt durch die statistischen Aufzeichnungen der Gewerkschaft Nahrung, Genuß, Gaststätten. Dort wurden für das Jahr 1990 (nur alte Bundesländer) 846.083 sogenannte „Vollbeschäftigte" ermittelt. Dabei handelt es sich um einen abstrakten Wert, der sich aus der „gemeldeten Zahl geleisteter Arbeitsstunden" geteilt durch den Richtwert: „1590 Arbeitsstunden je Vollarbeiter" ergibt. Aus dieser Zahl und unter Berücksichtigung der anderen dargestellten Sachverhalte lassen sich folgende generellen Schlußfolgerungen ziehen:
– Ein nicht unerheblicher Teil der Beschäftigungsverhältnisse im Gastgewerbe werden statistisch nicht erfaßt (Aushilfen).
– Die Zahl der Personen, die im Gastgewerbe arbeiten, liegt mit Sicherheit deutlich über 1 Mio.
– Rund die Hälfte der Arbeitsverhältnisse im Gastgewerbe sind nicht sozialversicherungspflichtig.

Die Zahl der Auszubildenden im Gastgewerbe ist in den letzten Jahren deutlich rückläufig. Wurden 1987 (Arbeitsstättenzählung) noch 60.273 Auszubildende gezählt, waren es 1990 nur noch 50.837 (ein Minus von 16%). Als wichtigste Gründe für die nachlassende Beliebtheit der gastgewerblichen Ausbildungsberufe wurden vom DWIF 1991 in einer schriftlichen Umfrage unter 2.400 Auszubildenden ermittelt:
– Ungünstige Arbeits- und Urlaubszeit.
– Schlechter Verdienst.
– Geringes Ansehen und harte Arbeitsbedingungen.

Entsprechend hoch ist dann auch der Anteil der Abbrecher unter den Auszubildenden mit HOGA-Berufsziel (Hotel- und Gaststättenberufe). Während bei den Auszubildenden insgesamt die Vertragslösungen gegenüber Neuabschlüssen 20,3% betrugen, waren es bei den Fachgehilfen/-gehilfinnen 55,8%, bei dem Ausbildungsziel Restaurantfachmann/-frau 50,6%, beim Hotelfachmann/-fachfrau 30,9%, bei kaufmännischen Gehilfen/Gehilfinnen im HOGA-Gewerbe 17,8% und bei Koch/Köchin bereits 38,2%.

Diese sehr hohe Fluktuation findet sich auch bei den Beschäftigten insgesamt wieder. Im Durchschnitt wechseln rund ein Drittel der Beschäftigten pro Jahr – freiwillig oder gezwungenermaßen – ihren Arbeitsplatz, wobei natürlich gravierende Unterschiede in Abhängigkeit von Standort, Betriebstyp und Qualitätsniveau feststellbar sind. Auch sind durchaus nicht alle Arbeitsplatzwechsel negativ einzuschätzen. So wurden als die größten Vorteile gastgewerblicher Berufe die „guten Aussichten auf spätere Selbständigkeit", die „Aufstiegschancen" und „Chancen für Auslandstätigkeiten" genannt; daraus wird bereits deutlich, daß ein regelmäßiger Arbeitsplatzwechsel und die damit verbundene Horizonterweiterung wesentliche Bausteine einer erfolgreichen Karriere im Gastgewerbe sind.

Bei der Einschätzung der zukünftigen Entwicklung des gastgewerblichen Arbeitsmarktes ist zu unterscheiden zwischen branchenbezogenen und einzelbetrieblichen Notwendigkeiten.

Der Branche insgesamt muß es gelingen, der abnehmenden Attraktivität gastgewerblicher Berufsbilder entgegenzuwirken. Mit Blick auf die Arbeitnehmer sind dazu konkrete Schritte in den Problembereichen
– Arbeitszeitgestaltung
– leistungsgerechte Entlohnung
unumgänglich; aber auch breitangelegte Imagekampagnen werden notwendig sein, damit der frühere Grad der Akzeptanz wieder erreicht werden kann.

Eine besondere Aufgabe wird es jedoch sein, leistungsfähigen Nachwuchs zum Einstieg in die Selbständigkeit zu motivieren. Das Gastgewerbe wird für die nächste Gene-

ration von „Wirten" und „Hoteliers" nur attraktiv sein, wenn die Betriebe selbst
– eine echte unternehmerische Herausforderung darstellen, zu deren Führung eine fundierte Ausbildung Grundvoraussetzung ist;
– dem Inhaber und seiner Familie langfristig eine sichere, ausbaufähige Existenz garantieren;
– es auch dem Inhaber erlauben, seinen Arbeitseinsatz sinnvoll zu organisieren, so daß eine angemessene Freizeit ebenso selbstverständlich ist wie eine leistungsgerechte Honorierung.

Die Erfolgsaussichten des einzelnen Betriebes und seiner Inhaber werden davon abhängig sein, inwieweit es ihnen gelingt, sich und ihren Betrieb an die sich abzeichnenden angebots- und nachfrageseitigen Trends anzupassen; das wird auch Auswirkungen auf die Anforderungen haben, die an die im Gastgewerbe Beschäftigten gestellt werden:

*Stärkere Profilierung.* Der künftige Erfolg eines gastronomischen Betriebes wird bereits durch die „konzeptionelle Idee" programmiert. Phantasie und genaue Beobachtung von Modetrends werden in eine „Produktidee" umgesetzt.

*Kürzere Lebenszyklen.* Die Ausrichtung der Konzeption an Modeeinflüssen und bestimmten Zielgruppen macht hohe Flexibilität notwendig, weil keines dieser Konzepte auf Dauer angelegt sein kann.

*Internationalität.* Nicht nur beim Speisen- und Getränkeangebot sowie beim Image, sondern auch bei den Inhabern und den Mitarbeitern wird der Einfluß des Auslandes zunehmen (müssen).

*Systemgastronomie.* Nicht nur bei den Fast-Food-Betrieben, sondern in immer stärkerem Maße auch bei qualitativ anspruchsvollen Angebotstypen werden die Betriebs- und Produktionsabläufe systematisiert und damit Fehlerquellen beseitigt und die Produktivität erhöht. Intelligente Technik plant, steuert und kontrolliert Warenfluß, Mitarbeitereinsatz usw.

*Diversifikation.* Der Trend, gastronomische Dienstleistungen mit anderen Angebotsformen zu kombinieren, wird sich verstärken:
– Kombination mit Einzelhandelsfunktion in Form von Partyservice, eigenen Verkaufsstellen und Belieferung anderer Bereiche.
– Kombination mit kulturellen Angeboten in allen möglichen Variationen (Theater, Konzerte, Ausstellungen usw.).
– Kombination mit Produktionsfunktionen, so vor allem in der Form der „Brauerei-Wirtschaft".

*Seiteneinsteiger.* Auch in Zukunft werden „Laien" die Gastronomieszene mitbestimmen und zwar in positiver (neue Ideen, unkonventionelle Lösungen) wie auch in negativer Weise (hohe Fluktuation, Imageprobleme).

*Personalführungsprinzipien.* Entscheidend für die Entwicklung des Gastgewerbes wird sein, ob bei der Motivation der Mitarbeiter Fortschritte erzielt werden können. Neue Formen der Arbeitsplatzgestaltung (Jobsharing) werden ebenso praktiziert werden müssen wie bessere, erfolgsorientierte Besoldungsformen (Ergebnisbeteiligung) und Schaffung von Anreizen in Form von Fortbildungsangeboten, Incentives etc.

*Anforderungsprofile der Zukunft.* Der erfolgreiche Gastronom der Zukunft wird durch eine starke Dienstleistungsmentalität geprägt sein; er verbindet unternehmerische Grundprinzipien mit perfekter Beherrschung der technischen Möglichkeiten.

## Literatur

DEHOGA (Hg.) (1989). Der Arbeitsmarkt im Gastgewerbe, Delegiertenversammlung 1989.
DEHOGA (Hg.) (1990/91). Jahresbericht.
DWIF (Hg.) (1991). Ursachen und Struktur des Nachwuchsproblems im Hotel- und Gaststättengewerbe. Unveröff. Gutachten. München.
DWIF (Hg.) (1992). Betriebsvergleiche für das Gastgewerbe. München.
Elbe, A. & Pohl, G. (1986). Lernen und Handeln. Zur Verbesserung der Arbeitsbedingungen im Gastgewerbe. Frankfurt/M.: Campus.

Gewerkschaft Nahrung – Genuß – Gaststätten, Geschäftsberichte.

Zegg, R. (1987). Arbeitsplatz Hotellerie, Ein neues Konzept der flexiblen Personalführung. St. Galler Beiträge zum Fremdenverkehr und zur Verkehrswirtschaft, Reihe Fremdenverkehr, 19.

**Joachim Maschke, München**

# Gästeführung

## 1. Einleitung: Definitionen

Neben dem (→) *Reiseleiter* oder -begleiter begegnet der Tourist dem *einheimischen Ortsführer*, der für ein Objekt bzw. einen Ort zuständig ist. Während man früher dafür fast ausschließlich den Begriff *„Fremdenführer/in"* verwendet hat, spricht man heute auch von *„Gästeführern/innen"*. Als Gemeinsamkeit mit den Standortreiseleitern haben die Gästeführer (*local guides*) die Konzentration und Spezialisierung auf einen Ort; längere Reisetätigkeit entfällt im allgemeinen, dafür wird jedoch eine sehr hohe Anpassungsfähigkeit (*Zielgruppenorientierung*) an unterschiedliche, stets wechselnde Gruppen erwartet.

Sonderformen von durchgängig beschäftigten Gästeführern sind: *Museumsführer*, die sich aus dem wissenschaftlichen Personal eines Museums rekrutieren; Hausmeister, die als *Schloßführer* fungieren bzw. Mitarbeiter der Fremdenverkehrsämter. Ansonsten arbeiten Gästeführer/innen im allgemeinen freiberuflich gegen ein Stunden- bzw. Tageshonorar, z.T. auch ehrenamtlich. Freiberuflich arbeiten auch Kunsthistoriker/innen und (kunst-)historisch engagierte Autodidakten, die Museums- und Ausstellungsführungen, allerdings zumeist ohne direkte Verbindung mit dem jeweiligen Fremdenverkehrsamt und bei höherem Stundenhonorar, anbieten.

Neben den Gästeführern gibt es noch die *Gästebetreuer*, insbesondere in Kur- und Erholungsorten (Grümme et al. 1987). Diese werden z.B. bei der Vorbereitung und Gestaltung von Spielfesten, für die Animation in Pension und Hotel, für verschiedene Aktionen im Bereich der Kreativität, Bildung, Unterhaltung, Erholung, Therapie und Beherbergung eingesetzt.

Nicht nur für den Reiseveranstalter ist die qualifizierte Gästeführung ein vielfach unterschätzter Repräsentant vor Ort. Auch für den pauschalreisenden Kunden kann der Ortsführer Mittler zum bereisten Land, Moderator der Kommunikation zwischen den Gästen und Animateur (→ *Animation im Urlaub*) zu selbstbestimmter Eigenaktivität sein. Als Sympathieträger für die bereiste Region wird der Beruf des Gästeführers bisher noch zu wenig in seiner Bedeutung für die Öffentlichkeitsarbeit der Urlaubsregion erkannt.

## 2. Tätigkeiten von Gästeführern

Gästeführungen vermitteln in erster Linie einen Überblick über die verschiedenen Angebote des Fremdenverkehrsortes (Monumente, Freizeit-, Verkehrs- und Erholungseinrichtungen). Darüber hinaus ist der Ortsführer in seiner Funktion als *Sympathieträger* nicht zu unterschätzen: Eine gelungene, freundliche Führung vermittelt ein positives Verhältnis zum Urlaubsort und ermöglicht dem Gast die Identifikation mit „seinem" Ferienziel.

Nach einer Untersuchung des Deutschen Seminars für Fremdenverkehr in Berlin (Bartl et al. 1986, S. 43) sind Geschichte (86,7%) und Kultur (69,1%) sowie Landschaftskunde/Geologie (43,4%) in den meisten der untersuchten Orte mit Gästeführungen die Schwerpunkte der Führungen. Aber auch das örtliche Handwerk und die Industrie (20,4%), ortsspezifische Veranstaltungen, Verkehrseinrichtungen (7,1%) und das Sportangebot des Ortes (6,3%) werden in die Führungen mit einbezogen.

## 3. Formen und Arten von Gästeführungen

*(1) Differenzierung nach Sachgebieten und regionaltypische Sonderführungen.* Manche Fremdenverkehrsämter oder private Initiativen bieten *Spezialführungen* an, wie zu den Themen: Botanik, Geologie, Ornithologie, Land-, Forst- und Weidewirtschaft, Stadt-Sanierungsprojekte, literarische Rundgänge und -fahrten, Rundgang auf den Spuren eines Künstlers oder eine Künstlergruppe, Rundgänge zu wirtschaftlichen oder Umwelt-Aspekten, „alternative" (z.B. „antifaschistische") Stadtrundgänge. Gelegentlich bieten Fremdenverkehrsorte oder Museen auch explizit neben einer Standard-Überblicksführung *Schwerpunktführungen zu verschiedenen Themen* an, wodurch die Gäste zum Wiederkommen und Besuch unter neuen Gesichtspunkten motiviert werden.

*(2) Differenzierung des Führungsangebotes nach Zielgruppen und nach Art der Fortbewegung.* Eine Möglichkeit für den Fremdenverkehrsort, sich im touristischen Wettbewerb zu profilieren, besteht darin, durch phantasievolle, originelle und aus dem üblichen Rahmen fallende Angebote bestimmte Besuchergruppen anzuziehen. Beispiele dafür sind:

– *Differenzierung nach Zielgruppen:* Fotoführung, Stadterkundungsspiele, Kinderführungen, Führungen für Familien mit Kindern, Führungen für Frauen, Führungen für bestimmte Berufsgruppen, Mundartführungen, Führungen unter kulinarischem Aspekt, „Abenteuer"-Führungen, Führungen unter geselligem Aspekt (z.B. abendlicher Rundgang mit anschließendem Dämmerschoppen).
– *Differenzierung nach Art der Fortbewegung:* Hier kann ein Großteil des Reizes bereits in dem mehr oder weniger ungewöhnlichen Fortbewegungsmittel liegen: Busrundfahrt, Fahrt mit dem Doppeldeckerbus, Radrundfahrt, Fahrrad-Rallye, Erlebniswanderungen, Fahrt mit einer (historischen) Eisenbahn, Stadtrundfahrt mit einer historischen Straßenbahn, Stadtrundfahrt mit öffentlichen Verkehrsmitteln, Fahrt mit Geländewagen, per Pferd, Rundflug mit Flugzeug oder Ballon.

„*Stattreisen*" *contra museale Stadtbesichtigungen.* Versuche, eine „antiquarische" und „monumentalische" Geschichtsbetrachtung (Nietzsche) durch eine kritische und weniger museale Betrachtung zu ersetzen, gibt es in den letzten Jahren vielfach in der neuen Geschichtsbewegung. Ein positives Beispiel für den Versuch, die touristische Musealisierung einer Stadt aufzuheben, ist die Gruppe „Stattreisen Berlin". Der konzeptionelle Leitgedanke ist der historische Aspekt. Es werden jedoch nicht, wie bei der traditionellen Gästeführung, vorrangig die Vermittlung geschichtlicher Themen der Vergangenheit, die kunstgeschichtliche Betrachtung und Einordnung, angestrebt – im Vordergrund stehen vielmehr *Sozial-, Gegenwarts- und Alltagsgeschichte,* die exemplarisch anhand eines Stadtteils – dabei wird meist zu Fuß gegangen – vermittelt werden. Die verschiedenen Stattreiseinitiativen, z.B. in Nürnberg, Köln, Hannover, Hamburg und München, haben sich zu einem *„Arbeitskreis Neue Städtetouren"* zusammengeschlossen.

## 4. Aktuelle Probleme der Gästeführer

*Zwang zum Ortsführer?* Problematisch ist der inzwischen in vielen Ländern praktizierte Zwang zum Ortsführer: Folgende Einwände gelten insbesondere für Studienreisen mit entsprechend kompetenten Reiseleitern, die durch einen hohen Grad an Allgemeinwissen und sehr gute Ortskenntnisse großteils in der Lage sind, Orts- und Museumsführungen qualifiziert und in Abstimmung mit den Bedürfnissen ihrer Gruppe durchzuführen: Neben *sprachlichen Verständigungsschwierigkeiten* kommen *inhaltliche* und *methodische Zielsetzungen* leicht zu kurz: Anbindungen an größere Zusammenhänge entfallen. Der local guide ist vielfach nur für einen Ort zuständig, muß also bei Rundreisen ständig gewechselt werden, was eine inhaltliche und formale Kontinuität fast unmöglich macht. Dazu kommen ggf. *organisatorische Schwierigkeiten* in der Zeitplanung und eine finanzielle Belastung für den Veranstalter, denn jener muß einen Reiseleiter/-begleiter für die Organisation und zusätzlich die örtlichen Führer bezahlen.

## 5. Einige Perspektiven

Um die genannten Schwierigkeiten zu beheben, sind (1.) folgende allgemeine Maßnahmen sinnvoll:
– Verbesserung der *Aus- und Weiterbildung von local guides*,
– Ausbildung von *regionalen Gästeführern*,
– Unterscheidung *verschiedener Niveaustufen*: Reisebegleiter und (Studien-) Reiseleiter,
– Ausbildung und Lizensierung von *europäischen Studienreiseleitern*, die auch Ortsführungen machen.

Bislang war das Augenmerk der Ortsführer und ihrer Verbände im wesentlichen darauf gerichtet, Besitzstände zu wahren. Bei zukünftigen Überlegungen sollten jedoch nicht nur wirtschaftliche Aspekte des Ziellandes, sondern auch pädagogische Gedanken Eingang in die Diskussion finden.

Daher sind (2.) folgende *Kompetenzen* bei der Ausbildung und Weiterbildung von Gästeführern zu trainieren: Sachkompetenz (Objekt- und Ortskenntnisse), methodisches Können, Fähigkeit zu Einfühlung und Kommunikation, sozial-integrativer Führungsstil sowie gruppendynamische Kenntnisse und Fähigkeiten, organisatorische und planerische Kompetenz, Führungskompetenz und Durchsetzungsfähigkeit, Belastbarkeit.

(3.) Schließlich sind *pädagogische Prinzipien* (z.B. Zielorientierung, Strukturierung, Motivierung, Aktivierung, Anpassung, Differenzierung) zu üben ebenso wie *Prinzipien der Geschichtsdidaktik* (z.B. Bezüge zur Gegenwart, Anschaulichkeit, Darstellung gegensätzlicher Standpunkte, exemplarisches Vorgehen, Personalisierung, Quellenbefragung, Elementarisierung) – diese wurden im Hinblick auf die Gästeführung bereits von Schmeer-Sturm (1990) ausführlich behandelt.

Nicht zuletzt spielen auch (4.) für den Bereich der Gästeführung *Umweltaspekte* eine immer stärkere Rolle und sind dementsprechend stärker zu berücksichtigen. Viele historische Stadtzentren sind für Busse inzwischen gesperrt; es liegt nahe, stärker zu forcieren, attraktive *Stadtwanderungen* anzubieten bzw. Pauschalangebote zu machen, die die *Benutzung öffentlicher Verkehrsmittel* einschließen.

(5.) Spielerische, unterhaltungs- und erlebnisorientierte, offene und teilnehmerorientierte *Tätigkeitsformen* im Sinne von Freizeitpädagogik und Animation greifen auch auf das bisher stärker faktographisch-historisch ausgerichtete Tätigkeitsfelder wie die Gästeführung über und sind gleichfalls stärker zu berücksichtigen.

## Literatur

Bartl, H.; Schöpp, U. & Wittpohl, A. (1986). Gästeführung in der Fremdenverkehrspraxis. München: Huss.

Grümme, W.; Hamann, S., Nahrstedt, W. & Thevis, W. (1987 ). Gästebetreuung in Kur- und Erholungsorten. Bielefeld: IFKA.

Schmeer-Sturm, M.-L. & Springer, W. (1987). Trainingsseminar für Gästeführer, 2. Aufl. 1991. Darmstadt: Jaeger.

Schmeer-Sturm, M.-L.; Müller, W.; Ude, G. & Schmidt, M. (1990). Theorie und Praxis der Reiseleitung, 2. Aufl. 1992. Darmstadt: Jaeger.

Müller, W. (o.J.). Dokumentation der Modellseminare zur Stadt- und Landerkundung. Starnberg: Studienkreis für Tourismus.

**Marie-Louise Schmeer-Sturm, München**

# Reisejournalismus als Beruf

## 1. Einleitung: Zur Geschichte

Der antiken Reisebeschreibung und dem literarischen Reisebericht gesellte sich erst im 19. Jahrhundert Hegels (1770–1831) Idee des „begreifenden Erkennens" zu. Die Umsetzung der Theorie in die Praxis vollzog Johann Gottfried Seume, der, von Landgraf Friedrich II. als Soldat an England verkauft, Nordamerika kennenlernte und beschrieb. Spätere Reisen führten ihn nach Rußland, Finnland und Schweden. Höhepunkt seiner klaren, präzisen und sachlichen Schilderung fremder Länder und Menschen ist der sogenannte „Spaziergang nach Syrakus im Jahre 1802" – nicht schwärmerische Schilderung oder ablenkende Reflexion der Antike, sondern sozialkritische, „hautnahe Erfahrung der italienischen Wirklichkeit" (Albert Meier). Seume gab zum (Reise-)Journalismus in seiner besten Form den Anstoß:

*Dokumentation* durch Recherche, *Authentizität* durch in Augenscheinnahme (genau und kritisch betrachten), *Glaubwürdigkeit* durch Überprüfbarkeit, *Unmittelbarkeit* durch persönliche und konkrete Beobachtung, *Redlichkeit* durch dem gestellten Thema gewidmete Energie.

Noch war die Zeit nicht reif, noch gab es keine breite Leserschicht, die solche Erwartungen an journalistische Reisebeschreibungen knüpfte. Erst mußte des Adels Pferdekutsche durch Lokomotive und Auto abgelöst werden. Tourismus im modernen Sinne erfand als erster Thomas Cook, der am 5. Juli 1841 mit 530 Temperenzlern die erste Gesellschaftsreise mit dem Zug von Leicester nach Loughborough veranstaltete, 1845 das erste Reisebüro eröffnete, Fahrschein-Kombinationen für Bahnen verschiedener Länder und Hotelvouchers erfand, gedruckte Reiseführer und 1850 eine Kundenzeitschrift für Reisebüros, „The Excursionist", herausgab, 1869 die erste Pauschalreise nach Ägypten und Palästina durchführte und 1890 das Monopol für Schiffsreisen auf dem Nil erhielt.

## 2. Die Entwicklung des Reisejournalismus in Deutschland

Heute eine Selbstverständlichkeit, war es am 15. März 1904 eine verlegerische Sensation: die Reisebeilage „Für Reisen und Wandern" der „Vossischen Zeitung" in Berlin. Zwei Weltkriege und zwei Geldentwertungen ließen dann ein halbes Jahrhundert lang den Traum vom Reisen für jedermann in den Hintergrund treten: fremde Länder existierten lediglich als Kriegserlebnis. Diese entbehrungsreichen 50 Jahre sind auch Erklärung für einen plötzlichen Ausbruch des Reisefiebers, der „Sonnen-Sehnsucht" in den 50er Jahren. Dieser Boom brachte eine neue Industrie in den Wirtschaftskomplex der Bundesrepublik. Und dies war auch die Geburtstunde eines neuen Ressorts in den Tageszeitungen, das keine direkten Vorbilder hatte. Der moderne Reisejournalismus war geboren.

1950 fand die erste Pressefahrt an die Romantische Straße statt; 74 Ansprachen von Offiziellen mußten die Reisejournalisten über sich ergehen lassen.

In den Anfängen des Tourismus konnte die heutige Bedeutung der Reiseindustrie von niemandem vorhergesehen werden. Zu dieser Zeit durfte in den Redaktionen über ein Urlaubsziel schreiben, wer Zeit dafür hatte. Weil einerseits das Bedürfnis der Leser wuchs, andererseits die Aufträge der Anzeigenkunden immer mehr Umfeld verlangten, reiften allmählich eigenständige Reiseressorts heran. Doch die wenigsten Verleger oder Chefredakteure verwendeten ausreichende Gedanken an die Qualifikation der Schreibenden. Es galt das Motto: Urlaubsreisen machen kann jeder, also kann auch jeder darüber schreiben. In manchen Verlagen hatte man endlich das Abschieberessort für Kollegen gefunden, die aus Alters- oder sonstigen Gründen nicht mehr für andere Aufgaben in Frage kamen, oder aber die Belohnung für absolvierte Überstunden im Nachrichten-Ressort verdienten. Wo diese Personalpolitik System wurde und auch heute noch üblich ist, kann bei den Reiseseiten kaum von Qualität gesprochen werden.

Die Erkenntnis, wie bedeutend Reiseinformationen für den Leser sind, setzte sich erst durch, als in den Urlaubsgebieten der Konkurrenzkampf der Veranstalter harte Formen annahm. Für die sehr unterschiedliche Qualität der Unterkünfte waren die Beschreibungen in den Katalogen noch dürftig, verschwiegen viele Mängel, täuschten sogar. Als erste unternahm es die Zeitschrift „test" (der „Stiftung Warentest"), die Leser durch Hotel- und Zielgebietetests zu informieren. In dieser Zeit wuchsen die verbraucherorientierten Zeitschriften in Deutschland heran und bezogen auch Reiseangebote in ihren Service ein, sezierten Katalogtexte, machten Preisvergleiche und ersparten zweifellos vielen Lesern viel Geld. Sie konnten, wie die „DM", sogar zu ihren Erfolgen rechnen, zu Verbesserungen beigetragen, z.B. die Initialzündung zum heutigen Reisegesetz gegeben zu haben. Allerdings bildeten sich neben den ernstzunehmenden auch schönfärberische und dem Anzeigenkunden hörige Zeitungen und Zeitschriften mit Reiseberichterstattung heraus.

## 3. Qualifikation und Verantwortung – ein Berufsbild entsteht

Im Gegensatz zum propagierten Ideal jener Zeit, wonach die Reise ein wichtiges Vehikel für die Völkerverständigung zu sein hatte, stand die Tendenz in fast allen Reiseressorts, das sogenannte Bereisen der Länder ausnahmslos zu unterstützen. Die Berichterstattung beschränkte sich vorwiegend auf Stimmungsbilder und Informationen über Kleingeld und Klima. Das Leben der Bereisten blieb Nebensache.

Dem kritischen Publizisten fiel erst relativ spät auf, wie sehr sich die Gewohnheiten der Einheimischen in den Urlaubsländern verwandelten. Dies äußerte sich nicht zuletzt in einer Verfälschung der Folklore, im Prosperieren der Prostitution, in der Zerstörung von Landschaften und Stränden.

Die Geschichte des Tourismus hat bekanntlich einen neuen Abschnitt erreicht. Dem entspricht, daß auch die Zahl der nachdenklichen Blattmacher mehr und mehr zunimmt und auf ihre Weise unübersehbare Umweltschäden, Zerstörung von Kulturen, rücksichtsloses Bereisen und andere negative Folgen des Tourismus anprangern und für ein neues Denken werben. Auch die Reiseindustrie hat begonnen, den verantwortungsbewußten Berichterstattern zuzuhören und mit ihnen zu diskutieren.

Kritisches Verantwortungsbewußtsein und

das Erkennen weltweiter Zusammenhänge sollten zur Aus- oder Weiterbildung der Reisejournalisten gehören. Die Zeit der Pioniere im Reisejournalismus geht zu Ende. Verleger und Chefredakteure müssen sich Gedanken über ein Berufsbild des Reisejournalisten machen.

Die Verantwortlichen der Medien haben bisher den Beruf der Reisejournalisten weitgehend dem Zufall überlassen. Mit der wachsenden Bedeutung des Tourismus, seiner ökonomischen Macht, begleitet von Auswirkungen auf Bildung und Kultur, Gesundheit, Umwelt und Soziales, muß dem Reise-Ressort und den mit ihm zusammenarbeitenden selbständigen Reisejournalisten größere Bedeutung verliehen werden. Verbunden mit einer neuen Aufgabenstellung ist die Verpflichtung zur permanenten Weiterbildung gegeben. Das Berufsbild des Reisejournalisten muß während des Volontariats bzw. bei der Ausbildung an Journalistenschulen, Hochschulen, Journalistik-Aufbau- und Nebenfach-Studiengängen Basis sein für jene, die sich später dem Reisejournalismus widmen wollen. Zu den Rahmenbedingungen gehören die folgenden:

(1) Verleger und Chefredakteure sind angehalten, ihre Budget-Politik neu zu überdenken. Denn: Das Reise-Ressort hat gegenüber früher erheblich an Bedeutung bzw. Verantwortung gewonnen. Reise-Ressorts und die von ihnen beauftragten „Freien" müssen die Möglichkeit haben, auch ohne Unterstützung der Tourismus-Industrie recherchieren zu können.
Kritische Reiseteile dienen allen, auch der Tourismus-Industrie. Es stimmt nicht, daß kritische Berichterstattung die für Verlage wichtigen Anzeigenerlöse schmälert.
Daraus ergibt sich: Die lukrativen Einnahmen aus dem Anzeigenaufkommen der Reisebranche müssen zu einem adäquaten Anteil dem Budget des Reise-Ressorts zugeschlagen werden.
(2) Schaffung eines festen Stammes freier Mitarbeiter mit einer Abnahmegarantie.
(3) Erhöhung des derzeit üblichen Honorars.
(4) Entwicklung einer verpflichtenden Konzeption eines Grundsatzpapieres.
(5) Kontinuierliche Diskussionen mit Verlegern, Chefredakteuren über die Prinzipien des Reisejournalismus.
(6) Zugang zu Daten über das Urlaubsverhalten, Erkenntnisse über negative Auswirkungen des Tourismus, Statistiken über neu erfragte Meinungen der Urlauber etc.
(7) Zugang zu möglichst aktuellen Leseranalysen, um die ökologisch-sozial erkannten Notwendigkeiten mit den für die Leser/Zielgruppe wichtigen Faktoren der Erholung und der Freizeitgestaltung, auch Weiterbildung im weiten Sinne, vergleichen zu können.
(8) Vergabe von Einladungen zu Informationsreisen nur an kompetente Journalisten. Das impliziert die eindeutige Ablehnung der Rolle des Reisejournalisten als eines Vermittlers von Anzeigenaufträgen (schon gar nicht über die Veröffentlichung von Berichten im Tausch gegen Anzeigenaufträge).

## 4. Anforderungen an den Beruf des Reisejournalisten und Weiterbildung

Reisejournalisten sollten, entsprechend ihrer verantwortungsvollen Aufgabe, über gesundheits- und werterhaltende Freizeit- und Erholungsmöglichkeiten zu berichten, über folgende Fähigkeiten und Eigenschaften verfügen:
– Einfühlungsvermögen in die Bedürfnisse der betreuten Leser;
– Einfühlungsvermögen in die Wünsche der Bereisten;
– Kenntnisse über Geschichte und Kultur, Wirtschaft und Sozialprodukt, Religion und Sitten, Geographie und Vegetation, Regierungssystem, Menschenrecht usw. der von den Lesern bevorzugten Zielgebiete, einschließlich neu erschlossener Urlaubsziele.

Aus diesen Anforderungen ergeben sich die Zugangsvoraussetzungen zum Beruf des Reisejournalisten:

(a) In Zusammenarbeit mit speziellen Institutionen (wie z.B. dem Studienkreis für Tourismus, der Thomas Morus-Akademie) und/oder den für überbetriebliche Bildungsmaßnahmen zuständigen Akademien bzw. Arbeitsgemeinschaften der Presse sind vierteljährlich Seminare, Kurse, Lehrgänge zu erarbeiten, zu denen die Zeitungen und Zeitschriften jeweils ein Mitglied des Reise-Ressorts oder einen mit der Publikation zusammenarbeitenden Freelancer schicken.

(b) Bei Zielgebieten, die neu erschlossen werden (sollen), müssen kurzfristig Seminare über die aktuelle Problematik oder Akzeptanz informieren.

## Literatur

Aigner, G. (1992). Ressort Reise. Neue Verantwortung im Reisejournalismus. München: Oelschläger.

Paulick, J. (1984). Reisejournalismus als Beruf. Eine explorative Untersuchung zur beruflichen Situation der Reisejournalisten. Magisterarbeit Sozialwissenschaftliche Fakultät der Universität München.

**Gottfried Aigner, München**

# Reiseleiter, Reiseführer

## 1. Der „Beruf" des Reiseleiters – ein historischer Abriß

In allen uns bekannten Perioden, in denen Reisen zu Bildungs- oder Vergnügungszwecken unternommen wurden, nahmen sich Reisende einen Führer, Erklärer oder Begleiter.

*Antike.* Der römische Jüngling, der in Begleitung seines Lehrers seine zur Erziehung zählende Bildungsreise absolvierte und die antiken Stätten aufsuchte, wurde dort von einer großen Zahl von „exegetai" (= Erklärer) oder von „perjegetai" (= Herumführer) erwartet (Günter 1989, S. 9). Es läßt sich dabei nicht klären, ob es sich hier bereits um Berufsbezeichnungen oder lediglich um Funktionsbezeichnungen handelte. Diese Erklärer und Herumführer erwarteten den Reisenden an den Stätten der Sehenswürdigkeiten oder suchten ihn gar bei seiner Ankunft in seinem Quartier auf, um ihre Dienste anzubieten. Das Angebot dieser Führer erstreckte sich sogar auf mehrtägige Arrangements in die nähere und weitere Umgebung, wobei bereits Unterkunft/Verpflegung und Fortbewegungsmittel vom Führer organisiert und in einer Art Pauschalangebot zusammengefaßt wurden. Was es wahrscheinlich noch nicht gab, war eine Ausbildung dieser Führer, und entsprechend waren auch die Qualitätsunterschiede, denen sich der Reisende gegenüber sah.

*Mittelalter: Grand Tour.* Der reisende Reiseleiter jedoch war eine Erscheinung, die erst die Zeit der Renaissance und der Grand Tour mit sich brachte, eben weil es in der Antike noch keine Veranstalter von Gruppen- und Pauschalreisen gegeben hat (Günter 1989, S. 11). Auch zu dieser Zeit gab es entlang der Reiserouten Führer, die, ähnlich wie in der Antike, keinen guten Ruf hatten. Knebel (1960, S. 24) sieht einen Bedarf an Fremdenführern hingegen erst mit Einsetzen des Alpentourismus, als es um die Bezwingung und Bewältigung von wegloser Natur und Naturgewalten ging. So schlossen sich 1821 bereits die (Berg-)Führer von Chamonix, von wo aus der geführte Alpentourismus seinen Anfang nahm, zu einer „Berufsgruppe" zusammen.

Die jungen Adeligen, die im Rahmen ihrer höfischen Erziehung ihre Bildungsreise absolvierten, bedienten sich eines Reisebegleiters („Mentor"), dessen Amt häufig mit dem höfischen Amt des Reisemarschalls identisch war. Dessen Aufgabenbereich umfaßte den des Organisators, Wissensvermittlers und Erziehers gleichzeitig; sehr wohl griff er auch auf das Wissen und die Dienste lokaler Fremdenführer zurück. Da nach der glücklichen Rückkehr des nunmehr wohlgebildeten jungen Adeligen jeweils ein ‚Bericht' über den Verlauf der Bildungsreise verfaßt wurde, läßt sich erkennen, daß gerade die Qualifikation des jeweiligen Mentors von entscheidendem, prestigeförderndem Gewicht war. Wenn sich auch nicht jeder Reisende einen Mentor leisten konnte, so wurden dennoch gewisse Ansprüche an den Mentor gestellt, ohne deren Erfüllung er keine Aussicht auf Erlangung einer derartigen Anstellung gehabt hätte: „(...) ein Akademiker sollte es auf jeden Fall sein. Und dies war auch von der Sache her geboten. Denn der Mentor benötigte gediegene Kenntnisse der antiken Literatur, Kunst und Kulturgeschichte, aber auch solche der Renaissance und des Barock; er sollte Italienisch und Französisch sprechen und die entsprechenden Landeskunden beherrschen." (Günter 1989, S. 13). Das Anforderungsprofil war hoch.

*Neuzeit: Bürgerliches Reisen.* Mit Beginn der bürgerlichen Reisewelle setzte eine starke Nachfrage nach Stadtführern ein, und bereits um die Mitte des 19. Jahrhunderts war Angebot und Vermittlung von Reiseführern fest geregelt.

Seit Thomas Cook organisierte Gruppenreisen mit obligatorischer Reisebegleitung angeboten hatte, lag der Schwerpunkt der Reiseleitertätigkeit auf organisatorischem Gebiet; landeskundliche Erklärungen erfolgten eher am Rande und dienten in erster Linie der Orientierung. Erst mit aufkommendem Volkshochschultourismus in den 30er Jahren dieses Jahrhunderts änderten sich die Ansprüche an die Reiseleitung, da nun der Reiseleiter in erster Linie Pädagoge war und die Reise primär der Aneignung von Wissen diente.

*20. Jahrhundert, Nachkriegszeit.* Ab den 50er Jahren stieg in Deutschland mit aufkommendem Pauschal-Massentourismus und zunehmender individueller Mobilität der Bevölkerung der Bedarf an Reiseleitern und lokalen Führern stark an. Mit dem Wiederaufkommen des Bildungstourismus, anknüpfend an die Tradition der VHS-Reisen der 30er Jahre, entstand wieder Bedarf an Reiseleitern, die neben ihrer organisatorischen Tätigkeit zunehmend als Wissensvermittler fungierten. In den Folgejahren erfolgte eine zunehmende organisatorische und inhaltliche Spezialisierung der Reiseveranstalter, was zu unterschiedlichen Anforderungen an die Reiseleitung führte. Es kam zu einer Diversifizierung der Reiseleitertätigkeiten: Reiseleiter, Rundreiseleiter, Standortreiseleiter, Studienreiseleiter, Gästeführer, Stadtbilderklärer (ein Terminus aus der früheren DDR), Animateure u.a.

Das Interesse, die unterschiedlich gelagerten Aufgabenbereiche voneinander abzugrenzen, kamen in Bezeichnungen wie den folgenden zum Ausdruck:
– Der Standortreiseleiter, der von seiner Agentur oder seinem Veranstalter für einen längeren Zeitraum ins Zielgebiet geschickt wird, um die Gäste vor Ort zu betreuen und deren Ferienaufenthalt vor Ort optimal zu organisieren.
– Der Rundreiseleiter, der entweder für einen längeren Zeitraum im Zielgebiet lebt und von dort aus Reisen begleitet und der sehr häufig ein Einheimischer ist, oder aber Reisegruppen während der gesamten Reise begleitet und betreut.
– Der Studienreiseleiter, der die Aufgaben des Rundreiseleiters und des lokalen (→) Gästeführers in sich vereinigt und sich nach dem Selbstverständnis der Studienreiseveranstalter und des Verbandes der StudienreiseleiterInnen als „Interkultureller Lehrer" sieht, d.h. „als Reisepädagoge, der auf dem Hintergrund seiner persönlich erworbenen Landeskenntnis sowie seiner (meist) fachwissenschaftlichen Kompetenz (Kunstgeschichte, Ethnologie, Geologie) als Interkulturelle(r) Lehrer und Moderator wirkt. (...). Die Verknüpfung der vom Kunden mitgebrachten Kenntnisse und Phantasien mit neuen vertiefenden Aspekten des Erlebens und Erfahrens ist angestrebt (...). (Er) will nicht vordringlich Spezialist eines Museums, einer Stadt etc. sein, sondern qualifizierter Anreger und Fragensteller, der die Gäste zur Reflexion und Mitgestaltung (ihrer) Reise herausfordert." (Kaechele 1990, S. 1–7).
– Der (→) *Animateur* ist ein Beruf, der mit dem Entstehen der Ferienclubs erforderlich wurde; seine primäre Aufgabe ist die Anleitung der Clubgäste zu aktiver/kreativer/sportlicher/kommunikativer Freizeitgestaltung; erst in zweiter Linie trägt er zur passiven Unterhaltung der Gäste bei (Theaterspielen, Musikvorführungen etc.).

*Die 80er Jahre: Studien-Reiseleiter.* Das letzte Jahrzehnt war durch das Bemühen gekennzeichnet, vor allem das Produkt „Studienreise" zu schützen bzw. Begriffsabgrenzungen zu anderen Reisetypen vorzunehmen (vgl. Datzer 1980; Albrecht & Kunze 1982). Es entstanden verschiedene Bezeichnungen für Reiseleiter, die aber alle keinen rechtlichen Schutz genießen und sich auch nicht eindeutig festlegen lassen. Folgen sind fehlende tarifliche Absicherung, in der Regel keine festen Arbeitsverträge etc., fehlendes einheitliches Aus- und Fortbildungssystem. Dies führte 1987 zur Gründung des „Verbandes der StudienreiseleiterInnen e.V." mit dem Ziel der Entwicklung und Verbreitung eines klaren Berufsbildes und geregelten und staatlich anerkannten Aus- und Fortbildungen.

*Lokale Führer*, deren hauptsächliche Aufgabe die Vermittlung von Wissen über touristische Sehenswürdigkeiten sowie Verständnis der lokalen und regionalen Bedingungen ist (→ *Gästeführer*).

Neuere Ansätze einer Untersuchung der Reiseleitertätigkeiten konzentrierten sich eher auf die Erwartungshaltung von (Studien-)Reisenden, wovon auf die Bedeutung der bzw. die Erwartungen an die Reiseleitung rückgeschlossen werden konnte (vgl. Tab. 1).

## 2. Untersuchungen

Datzer und Lohmann (1981) untersuchten berufliche Anforderungen an Reiseleiter. Die Gästebefragung der Touristik Union International (TUI) von 1982 (vgl. Tab. 2) umfaßte das Gesamtspektrum der Reiseleiter des Konzerns, bezog also Standort-Reiseleiter, Rund-Reiseleiter etc. mit ein. Für Dr. Tigges Studienreisen, eine Tochter des TUI-Konzerns, wurde 1986 ein Anforderungsprofil für deren Studienreiseleiter erstellt.

So kam bei der Befragung deutlich heraus, daß sich der Reisende dem Reiseleiter in erster Linie „anvertraut": Er erwartet, daß er sich um keinerlei organisatorische Probleme kümmern muß und daß die Reise mehr oder weniger reibungslos verläuft, daß der Reiseleiter eventuell auftretenden Schwierigkeiten

Tabelle 1: Die Entstehung der Reiseleitertätigkeit

| Reise Zeit/Gründer | Zweck/Art der Reise | Bezeichnung der Reiseleitung | Beschreibung der Tätigkeiten | zusätzliche Funktionen |
|---|---|---|---|---|
| Antike | „Vergnügungsreisen" | „Exegetai" „Perjegetai"; Heloten (Sklaven) | Erklärungen, Führungen; Reiseorganisation | Schriftsteller (Pausanias) |
| Mittelalter | Pilgerfahrt | Leitung durch Vertreter des Klerus | | Schriftsteller bzw. Handbücher auf Pilgerfahrt abgestimmt |
| Jahrhundert der Entdeckungen (17./18. Jh.) | „Bildungstour" der jungen Kavaliere durch die Hauptstädte Europas („Grand Tour", „Kavalierstour") | Reisemarschall bzw. Hofmeister, „Mentor", „Tutor"; (erste Ansätze von Ausbildung durch A. Schlötzer, 1772/95) | meist ein kenntnisreicher, ehemaliger, wenig bemittelter Student, übernahm Aufgaben d. Mentors u. leitenden Organisators, sprachenkundig | Abbés: landes- u. stadtkundige Gelehrte (Frühformen der örtlichen Fremdenführung und Reiseleitung) |
| 18./19. Jh. | Aufkommender Alpentourismus (sportliche Gentlemen als Gipfelstürmer) | „Bergführer" „Skiführer" | einheimischer, landes- u. gebirgskundiger Organisator | |
| 5.6.1841 | Erste „Gesellschaftsreise" durch Thomas Cook | Reiseleiter und Organisator | Allround-Fachmann | Schriftsteller Reiseliteratur |
| 1878 | Erste Gesellschaftsreise um die Welt durch Carl Stangen | Reiseleiter und Organisator | Schriftsteller | Reiseliteratur |
| Jahrhundertwende | Gesellschaftsreisen  Seereisen | Organisator, Reiseleiter u. Gesellschafter („Maitre de plaisir"), „Cruise Director", Lektor | | |
| Nach 1924 | organisierte Pauschalreisen (z.B. durch Mitteleuropäisches Reisebüro MER) | „Reiseleiter" | überwiegend organisatorische Aufgaben | |
| Seit 1928 | Volkshochschule (Dr. Tigges) | Sonderform der Reiseleitung: der Reiseleiter als „Volksbildner"; Reiseleitung als volkspädagogische Aufgabe | | |
| 30er Jahre | Erholungsreisen für alle Bevölkerungsschichten; KdF,-organisierter, „politischer" Tourismus | meist Funktionäre zur politischen Betreuung der Erholungssuchenden | | |

Fortsetzung Tabelle 1:

| 50er Jahre | Aufkommen des (organisierten) Pauschal-/Massentourismus und „Wiedergeburt" des Studientourismus oft auf wiss.Niveau | Ortsreiseleiter bzw. Gästeführer und Reisebegleiter, (wissenschaftl.) Studienreiseleiter | Organisation und landeskundliche Hinweise, Organisation und permanente Reisebegleitung |
|---|---|---|---|
| Ab 70/80er | zunehmende Spezialisierung: Rundreise Studienreise, wissenschaftliche Studienreise | Bemühen um Schaffung eines Berufsbildes bzw. Schutz des Begriffes „Studienreise" Tätigkeit u. Bezeichnung wie in den 50er Jahren | |

(unter Verwendung von Angaben in: Günter 1989; Spode 1987; Studienkreis für Tourismus 1966).

gewachsen ist und für schnelle Abhilfe sorgen kann. (Daher buchen u.a. viele Reisende eine organisierte Gruppenreise.) Dagegen gibt es nur relativ geringe Ansprüche an die Unterhaltungsfunktion, die Reisende mit der Person des Reiseleiters verbinden.

Frühere Versuche, die Aufgabenbereiche von Reiseleitern gemäß den Gästeerwartungen zu umreißen, gründeten nicht auf empirischen Untersuchungen, sondern verfolgten primär den Zweck, praktische Hinweise für eine Tätigkeit zur Verfügung zu stellen, für die es weder ein festes Berufsbild noch eine Ausbildung gab (so z.B. das „Handbuch für Reiseleiter",Studienkreis für Tourismus 1966).

## 3. Die soziale Stellung von Reiseleitern

*(1) Tätigkeitsbeschreibung bzw. Anforderungsprofil*

Die vermutlich gravierendsten Probleme, die das Bild vom Reiseleiter beeinflussen, sind a) Vorurteile über den sogenannten „Traumberuf", b) die schlechte soziale Absicherung.

Tabelle 2: Erwartungshaltung an einen (Studien-)Reiseleiter (der Dr. Tigges Reisen)

| | |
|---|---|
| Guter Organisator | 1,2 |
| Gute Landeskenntnisse | 1,3 |
| Freundlich und hilfsbereit | 1,4 |
| Gute Allgemeinbildung | 1,5 |
| Programm flexibel gestalten | 1,6 |
| Perfekte Sprachkenntnisse | 1,7 |
| Gutverständliche Erklärungen | 1,8 |
| Wissenschaftlich vorgebildet (d.h. „Fachexperte" [d. Verf.]) | 2,1 |
| Gute Kontakte zu Einheimischen | 2,8 |
| Autorität haben | 2,6 |
| Guter Gesellschafter sein | 3,5 |
| Gut aussehen (gepflegte Erscheinung) | 4,4 |

Vorgestellt am 4./5.11.1986 von H. Birkhäuser, Studienkonferenz „Reisen bildet?!", Köln. (Gewicht von 1 (= sehr wichtig) bis 5 (= unwesentlich). (Quelle: Marktforschungsabteilung der Touristik Union International (TUI), Hannover)

Der Grund dafür ist eine fehlende Berufsausbildung im Sinne des Berufsbildungsgesetzes; deshalb gibt es auch äußerst heterogene Anforderungsprofile und vor allem keine gesetzlich anerkannte Qualifikation.

Generell wurden die Tätigkeitsmerkmale und Kriterien für die Reiseleitertätigkeit u.a. durch das Präsidium der Deutschen Touristikwirtschaft festgelegt, und zwar in Zusammenhang mit den Streitigkeiten um eine freie Berufsausübung innerhalb der EG, die allerdings einen festumschriebenen, anerkannten Berufsabschluß für bestimmte berufliche Tätigkeiten voraussetzt (vgl. unten). Es wurde deshalb von den deutschen Touristik-Unternehmerverbänden die Schaffung eines Berufs-Zertifikats mit folgendem Anforderungsprofil beschlossen:

*1. Länderkunde.* „Der Reiseleiter ist Vermittler zwischen Urlaubsgast und Urlaubsland. Er befriedigt das Bedürfnis des Touristen nach Informationen und Orientierungen, er gibt Anregungen und erteilt Auskünfte, er erklärt und erläutert Aspekte fremder Kulturen, und er trägt damit zur Bereicherung des Weltbildes, zum Abbau von Vorurteilen und zum Verständnis zwischen den Nationen bei."

*2. Organisation.* „Der organisatorisch einwandfreie Ablauf ist eine Grundvoraussetzung für eine erfolgreiche Reise." – „Der organisatorische und abwicklungstechnische Bereich ist ein Kern der Reiseleitung. Eine Vielzahl der Tätigkeiten, Aufgaben und Abläufe, die der Reiseleiter beherrschen muß, sind allgemeiner Natur trotz des hohen Maßes an betriebsspezifischen Organisationsabläufen (...). Folgende Tätigkeiten müssen ihm dabei vertraut sein:

– Tourismuskunde. Die Kenntnis der Grundzüge der Tourismuskunde ist ein unabdingbares Muß für die Tätigkeit des Reiseleiters. Hierunter fällt zum Beispiel das Wissen um die Arbeit von Reisebüros, Reiseveranstaltern, Fluggesellschaften, Hotels, Busunternehmen, Schiffahrtsagenturen, Fremdenverkehrsämtern u.v.m. In den Zielgebieten soll der Reiseleiter über Beherbergungsarten, touristische Einrichtungen jeder Art, touristische Infrastruktur und Umweltschutzmaßnahmen Bescheid wissen.

– Recht, Reiserecht und Reklamationsbearbeitung. Der Reiseleiter soll nicht den aus rechtlichen Fehlern resultierenden Prozeß führen können – vielmehr soll er durch seine Tätigkeit dies zu vermeiden helfen durch vorbeugende Maßnahmen, Qualitätskontrolle und -sicherung sowie durch qualifizierte Reklamationsbearbeitung. Dazu muß er (Haftungs-)Risiken erkennen und die Folgen mangelhafter Leistungserstellung beurteilen können.

– Didaktik, Methodik, soziale Kompetenz. Die Vermittlung von Informationen zum Zielgebiet und zu Besichtigungsobjekten an Erwachsene, die sich während eines Urlaubs erholen wollen, erfordert eine besondere Form der Präsentation. Zur sozialen Kompetenz des Reiseleiters gehören auch die Motivation der Reisenden sowie der Abbau von Konflikten und Spannungen innerhalb von Reisegruppen, die Förderung der Kommunikation und die Betreuung beim Erleben der Urlaubsregion. Eine wichtige Aufgabe ist die Förderung des Umweltbewußtseins, des Respektes für die Menschen, Natur und Kultur des Gastlandes.

(Aus: Pressemitteilung vom 8. März 1990 des Präsidiums der deutschen Touristikwirtschaft, zitiert in: Reiseleiten Nr. 6, Juni 1990, S. 1–3).

Kritik an diesem Anforderungsprofil kam in erster Linie vom Verband der StudienreiseleiterInnen und war keineswegs inhaltlicher Art. Es ging vielmehr um die Frage, ob ein derartiges Zertifikat ohne entsprechende Ausbildung (vor der Prüfung) überhaupt Anerkennung in Europa finden würde und somit zu einer Verbesserung der Arbeitssituation beitragen könnte.

Die Tätigkeit von Studienreiseleitern wurde bisher als einzige innerhalb des Spektrums „Reiseleiter" juristisch festgeschrieben bzw. es wurde eine Art Anforderungsprofil im weitesten Sinne erstellt:

(1) Kammergericht Berlin (AZ 16 U 3823/79):
Teilnehmer einer Studienreise haben Anspruch darauf, „(...) in einer sich von reinen Besichtigungen abhebenden Weise durch den Reiseleiter und/oder die örtlichen Reiseleiter Erläuterungen zu bekommen, die sich gegenüber den allgemeinen Bemerkungen als qualitativ höherwertig darstellen."

(2) Amtsgericht Frankfurt (2/24 S. 64/84):
Entscheidend sei, „... was der Reisende erwartet, wenn er eine Studienreise bucht: bei dieser Reiseart nicht ein-

fach einen Begleiter, der sich um die technische Abwicklung der Reise kümmert, sondern eine Person, die durch ‚gründliche, zumindest wissenschaftsbezogene Aus- und Vorbildung sowie entsprechende wissenschaftliche Kenntnisse' in der Lage sei, durch ihre Führung das über den Durchschnitt von Touristengruppen hinausreichende Interesse der Studienreisenden an Land und Leuten, Historie und Gegenwart zu befriedigen."

*(2) Arbeitsbedingungen und Verdienstmöglichkeiten*

Die Verdienste von Reiseleitern zeigen ein weites Spektrum: Grundsätzlich ist zu unterscheiden nach der Beschäftigungsform: Reiseleiter sind in den allerwenigsten Fällen (fest-)angestellt bzw. „employed" nach internationaler Terminologie. In den meisten Fällen arbeiten sie als freiberufliche Mitarbeiter (free-lance) oder selbständig freiberufliche Mitarbeiter (self-employed). Freiberufliche Reiseleiter legen in der Regel ihr Gehalt selbst fest, wobei nur sehr schwierig konkrete Angaben zu erreichen sind. 1992 bewegten sich z.B. die Gagen für deutsche Studienreiseleiter von ca. 100,--DM/Tag für Anfänger bis ca. 280,-- DM/Tag maximal. Rundreiseleiter und Standortreiseleiter haben meist niedrigere Gagen, verdienen jedoch durch Verkauf von fakultativen Ausflügen, Provisionen bei Souvenirkäufen ihrer Gäste etc. z.T. erheblich dazu. Davon müssen jedoch in der Regel Sozialversicherung und alle anderen Abgaben (Krankenversicherung, Steuern etc.) selbst bestritten werden. Sehr unterschiedlich können Trinkgelder ausfallen, die in der Branche üblich sind.

Als durchschnittliche Arbeitsdauer gelten für freiberufliche Rund- und Studienreiseleiter 150 bis 200 Tage/Jahr; daneben gibt es jedoch die nebenberuflich tätigen Reiseleiter, wobei nahezu sämtliche Berufsgruppen vertreten sind. Die Arbeitsdauer pro Jahr ist völlig unterschiedlich, überschreitet jedoch in der Regel 50 Tage nicht.

Standortreiseleiter werden in der Regel für die Dauer einer Saison im Zielgebiet eingesetzt (z.B. Badesaison von Mai bis Oktober); nicht selten werden zwei Zielgebiete pro Jahr gewählt, wenn dies möglich ist, also in der Wintersaison z.B. Einsatz in einem Skigebiet oder aber in subtropischen bzw. tropischen Zielgebieten. Auch Animateure werden in der Regel saisonweise beschäftigt, wobei auch hier häufig pro Saison zwei Zielgebiete abgedeckt bzw. zwei Einsätze getätigt werden.

## 4. Reiseleiter im gemeinsamen europäischen Markt

Das Problem der freien, ungehinderten Berufsausübung im Gemeinsamen Europäischen Markt war und ist durch §59 der Römischen Verträge und die Ratsrichtlinie Nr. 75/368 EWG vom 16.06.75 festgelegt, wurde jedoch von einigen Mitgliedern nicht beachtet. Reiseleiter wurden an der Führung ihrer Reisegruppen gehindert, und zwar nicht nur in Museen oder sonstigen geschlossenen Sehenswürdigkeiten, sondern hatten selbst bei der Erteilung von Anweisungen auf Parkplätzen, vor Hotels etc. oder bei Erklärungen innerhalb des Busses Restriktionen zu befürchten. Aus diesem Grund wurde durch die Kommission der Europäischen Gemeinschaft beim Europäischen Gerichtshof Klage gegen Griechenland, Italien und Frankreich eingereicht und dieser Klage mit Urteil vom 26. Feb. 1991 auch stattgegeben.

Nach wie vor bestehen jedoch Behinderungen v.a. für Studien- bzw. RundreiseleiterInnen in verschiedenen Ländern Europas, die eine freie, unbeschränkte Ausübung der Reiseleitertätigkeit verhindern, und zwar mit dem Argument, daß zwar eine freie Berufsausübung innerhalb der EG zu ermöglichen sei, aber eben nur für bestimmte „Berufe". Da es sich jedoch bei Reiseleitern, die nicht aus den genannten Ländern stammen, in der Regel um Tätige ohne Ausbildung bzw. Berufsqualifikation handele, gelte 59 EWGV eben für diese Personen nicht.

Darüber hinaus versucht man, eine grundlegende Differenzierung zwischen „Tour Manager" und „Guide" zu konstruieren: „Tour Manager (Reiseleiter) sind danach Organisatoren und Supervisoren der technischen Reiseabwicklung und beschränken sich nach Maßgabe der nationalen Bestimmungen auf allgemeine landeskundliche Erläuterungen während der Fahrt (...). Sie leiten die Touristen an die Besichtigungspunkte und übergeben sie dort der Obhut der 'local guides', die die Besichtigungen, Stadtrundfahrten, Museumsbesuche etc. durchführen. Die 'Guides' beschränken ihren Einsatz auf ihre Gebietslizenz und einen zuvor vereinbarten Rahmen.

Danach übernimmt der Tour-Manager wieder die Gruppe und führt sie ins Hotel, zum Essen, zur Weiterfahrt usw." (Kächele 1990).

Diese Position wird jedoch sowohl von dem Verband der StudienreiseleiterInnen als auch von seiten der Veranstalter bzw. deren Verbände entschieden abgelehnt, da nach dem Selbstverständnis von Studienreiseleitern beide Aufgabenbereiche („Tour Manager" und „Guide") zusammenfallen und die Reiseleitung nur von einer Person geleistet wird, die die Gruppe von Anfang bis Ende der Reise ständig betreut und die vor allem auch mit der Sozialisation, Denkweise und Gefühlswelt der jeweiligen Reisegruppe vertraut sein muß.

Kritik richtet sich auch auf die bei lokalen Fremdenführern oder „Guides" häufig fehlende „soziale Kompetenz", die sie in die Lage versetzten, ausländische Reisegruppen methodisch und didaktisch zu betreuen, Konflikte abzubauen und die Kommunikation zwischen der einzelnen Gruppenmitgliedern zu fördern, um so das Reiseerlebnis für den Kunden optimal zu gestalten (Gauf 1990).

Jüngste Versuche, einen „Beruf" – und, damit verbunden, eine entsprechende Berufsausbildung zum Reiseleiter – zu schaffen, wurden vom Berufsbildungsinstitut in Berlin BIBB, den Unternehmer- und Arbeitnehmerverbänden sowie vom Studienkreis für Tourismus unternommen: Ein geplanter „Modellversuch Reiseleiter" (unter Leitung des Studienkreises für Tourismus) ist jedoch aufgrund der schlechten Haushaltslage der öffentlichen Hand vorerst gestoppt, womit die Bemühungen der Verbände um die Schaffung eines Berufsbildes „Reiseleiter" vorerst gescheitert sind, da ein wie auch immer geartetes Zertifikat mit einer damit verbundenen Prüfung ohne eine entsprechende Ausbildung zu einer europaweiten oder internationalen Anerkennung führen wird.

## Literatur

Albrecht, U. & Kunze, H. (1982). Konzepte der Studienreise. (S. 157-170) In W. Günter (Hg.), Handbuch für Studienreiseleiter. Starnberg: Studienkreis für Tourismus.

Braun-Moser, U. (1990). Europäische Tourismuspolitik. Sindelfingen: Libertas.

Datzer, R. & Lohmann, H. M. (1981). Studienkreis für Tourismus, Starnberg

Datzer, R. (1980). Reiseart: Organisierte Rund- und Studienreise. Ergebnisse einer Untersuchung zum Marketing der Reiseveranstalter. Das Reisebüro, 4, 5-7.

Gauf, D. (1990). Freie Fahrt für Reiseleiter – Problem der freien Dienstleistungsverkehre. (S. 107-112) In U. Braun-Moser (Hg.), Europäische Tourismuspolitik. Sindelfingen: Libertas.

Günter, W. (1989). Kulturgeschichte der Reiseleitung. Bergisch Gladbach: Thomas Morus-Akademie Bensberg.

Günter, W. (1991). Handbuch für Studienreiseleiter. Starnberg: Studienkreis für Tourismus.

Kaechele, H. (1990). Fremdenführung und Reiseleitung in der EG. (S. 96-106) In U. Braun-Moser (Hg.), Europäische Tourismuspolitik Sindelfingen: Libertas (und In Reiseleiten Live, 7 (Okt.), 1–7).

Kaechele, H. & Vogel, H. (1991). Was sind StudienreiseleiterInnen eigentlich wert? Markierungen auf dem Weg zu einem leistungsbezogenen Entgelt. (S. 556-565) In W. Günter (Hg.), Handbuch für Studienreiseleiter. Starnberg: Studienkreis für Tourismus.

Knebel, H.J. (1960). Soziologische Strukturwandlungen im modernen Tourismus. Soziologische Gegenwartsfragen, N.F., Stuttgart: Enke.

Präsidium der Deutschen Touristikwirtschaft (1991). Reiseleiterzertifikat, Prüfungsordnung. (S. 565-576) In W. Günter (Hg.), Handbuch für Reiseleiter. Starnberg: Studienkreis für Tourismus.

Schmeer-Sturm, M.-L. (1991). Berufsbild Reiseleitung und Gästeführung in Europa – Perspektiven für die Professionalisierung in der Bundesrepublik. Freizeitpädagogik, 13 (2), 163-169.

Schmidt, M. & Nahrstedt, W. (Hg.) (1993). Der Reiseleiter im Europa '93. Arbeitsfeld - Berufsbild - Ausbildung. Bielefeld: IFKA.

Spode, H. (1987). Zur Geschichte des Tourismus. Eine Skizze der Entwicklung der touristischen Reisen in der Moderne. Starnberg: Studienkreis für Tourismus.

Studienkreis für Tourismus (Hg.) (1966). Handbuch für Studienreiseleiter. Starnberg: Studienkreis für Tourismus.

Vogel, H. (1991). Das Problem der freien, ungehinderten Berufsausübung für Reiseleiter im Gemeinsamen Europäischen Markt. Reiseleiten Live, Nr. 8 (Febr.), 7-10.

**Helmer Vogel, Würzburg**

# Reiseverkehrskaufmann/-frau

## 1. Arbeitsfelder

Für die Aufgaben und Tätigkeitsfelder im Tourismus gibt es eine Reihe von Qualifikationen, die Menschen die Kompetenz geben, in einem oder in mehreren Arbeitsbereichen sinnvolle Arbeit zu leisten. Für große Teile des Aufgabenfeldes, insbesondere für administrativ-konzeptionell-planerische Tätigkeiten, scheint es ausreichend, wenn die Funktionen von Personen wahrgenommen werden, die Fachqualifikationen erworben haben, deren Ziel nicht speziell auf das Arbeitsfeld angelegt waren.

Es charakterisiert aber solche Aufgabenstellungen, daß besonders dort, wo die Aufgaben auch kaufmännisch aufgefaßt werden, Sachlichkeit und Professionalität die Tätigkeit prägen. Das gilt insbesondere für den Aufgabenbereich „Beratung und Verkauf" im Reisebüro. Die Aufgaben nehmen hier in der Regel ausgebildete Reiseverkehrskaufleute wahr. Die Tätigkeitsbereiche sind in den Reisebüros in erster Linie durch die Vermittlung von touristischen Leistungen unter ökonomischen Gesichtspunkten geprägt, im Gegensatz zu den Verkehrsämtern (Kur- und Fremdenverkehrsbereich), wo sich das Verwaltungspersonal mehr um hereinkommende Touristen kümmert, also Dienstleistungen vor Ort anbietet.

Die Tätigkeit im Reisebüro, umfassend auf Verkauf und Beratung zur Vermittlung von Urlaubsangeboten ausgerichtet, ist in den kleinen Reisebürounternehmen meistens nur wenig arbeitsteilig differenziert. Dagegen wird bei den Großunternehmen der Branche jeder Mitarbeiter nochmals zum Teilarbeiter. TUI z.B. unterscheidet intern etwa 60 verschiedene Tätigkeitsfelder, wie Absatzförderung, Katalogherstellung, Einkauf von Transportkapazität usw., die prinzipiell alle auch für ausgebildete Reiseverkehrskaufleute zugänglich sind.

Ein(e) „Reiseverkehrskaufmann/-frau" ist für diese Tätigkeiten auch bestens gerüstet. Der Beruf hat eine gewichtige, rein kaufmännische Seite, die sich von anderen kaufmännischen Tätigkeiten, insbesondere durch die Anwendung von Branchenkenntnissen zur Unterstützung der Vermarktung eines touristischen Angebotes unterscheidet.

Prinzipiell ist der Zugang zu solchen Aufgaben auch für die tourismus„fernen" Fachberufe, wie Vertriebsfachleute, Werbefachleute usw. möglich, die gerade hier durchaus erfolgreich arbeiten können, wenn sie sich ein gewisses touristisches Zusatzwissen angeeignet haben. Gehen wir aber von der Definition „Beruf" aus, d. h. der spezialisierten und dauerhaften Wahrnehmung bestimmter Kombinationen von Tätigkeiten durch dafür ausgebildete und dafür entlohnte Experten, dann wird der Betrachter feststellen, daß es eigentlich nur einen einzigen touristischen Fachberuf gibt, nämlich den Beruf „Reiseverkehrskaufmann/Reiseverkehrskauffrau". Das ist der Fachmann, der ausschließlich touristische Aufgaben wahrnimmt, speziell dafür ausgebildet wurde und dessen berufliche Qualifikation auf Dauer angelegt ist.

## 2. Geschichte und Entwicklung des Berufsbildes

Die Geschichte dieses Berufes weist drei Etappen auf.
– 1940 wurde die erste geregelte Ausbildung für den Bereich Reisevermittlung festgelegt. Es handelte sich dabei um die Ausbildung zum Reisebürogehilfen. Wie aus der Berufsbezeichnung erkennbar, war das Arbeitsfeld für diese Qualifikation das Reisebüro.
– 1962 wurde diese Ausbildung durch den Beruf „Reisebürokaufmann/Reisebürokauffrau" ersetzt. Damals ging es immer noch im wesentlichen um Tätigkeiten der Reisevermittlung. Der Reisebürokaufmann wurde im Schwerpunkt im Reisebüro eingesetzt. Er war aber auch in der Lage, verwaltende Aufgaben z. B. im Bereich der Reiseveranstaltung durchzuführen.
– 1979 erfolgte eine weitere, bis heute letzte Neuordnung des Berufes. Die Bezeichnung lautet seit damals „Reiseverkehrskaufmann/Reiseverkehrskauffrau". Daran war neu, daß die zu vermittelnden Fertigkeiten und Kenntnisse jetzt auf zwei Schwerpunkte (Tätigkeitsbereiche) erweitert wurden. Von der ausschließlichen Ausrichtung auf die Tätigkeiten im Reisebüro wurde abgegangen, zusätzliche Fachqualifikationen für einen weiteren Bereich – Kur- und Fremdenverkehr – wurden aufgenommen. Hintergrund dieser Erweiterung war, daß für den Bereich „Kur- und Fremdenverkehr" (bes. Gästebetreuung im Fremdenverkehrsort) bis dahin keine geregelte Ausbildung existierte, obwohl die Aufgaben im Kur- und Fremdenverkehr nach speziellen Qualifikationen verlangten. Eine gesonderte Ausbildung war insbesondere deshalb unmöglich, weil keine Ausbildungsbetriebe zur Verfügung standen. Darüber hinaus gab es kaum Beschäftigungschancen für derart Ausgebildete, da Kur- und Fremdenverkehrsaufgaben im wesentlichen kommunale Aufgaben waren und das Beschäftigungssystem des öffentlichen Dienstes außerhalb dieses Bereiches ausgebildete Personen für diese Aufgabe nicht aufnahm.

Seit einigen Jahren bestehen Bestrebungen, diesen Ausbildungsberuf einer neuerlichen Neuordnung zu unterziehen. Es ist damit zu rechnen, daß damit kurzfristig (spätestens 1994) begonnen wird.

## 3. Grundlegendes zur Ausbildungssituation

Der Ausbildungsberuf wurde in seiner gegenwärtigen Form am 12.9.1979 genehmigt. 1990 wurden etwa 6.500 Auszubildende registriert. Das stellt eine Steigerung der Ausbildungsbemühungen der Branche dar, denn 1970 gab es z.B. nur 2.885 Auszubildende. In den neuen Bundesländern wurden bisher, obwohl eine Nachfrage seitens der Jugendlichen besteht, kaum Ausbildungsplätze für diesen Bereich zur Verfügung gestellt.

*Gegenstände* der Berufsausbildung sind die Fertigkeiten und Kenntnisse in den Bereichen Organisation/Verwaltung, Marktbeobachtung, Kundenberatung, Verkauf und Rechnungswesen. Dies beinhaltet im einzelnen:

(1) *Organisation und Verwaltung*, bes. Kenntnisse über Rechtsgrundlagen und Organisation des Ausbildungsbetriebes, Büroorganisation, arbeits-und sozialrechtliche Vorschriften und Bestimmungen, Arbeitsschutz und Unfallverhütung sowie Personalverwaltung;
(2) *Marktbeobachtung*, bes. Kenntnisse über Struktur und Aufgaben verschiedener Reiseverkehrsunternehmen und Einrichtungen des Kur- und Fremdenverkehrs, Leistungsträger im Beherbergungs- und Verkehrswesen, Einholen und Erstellen von Marktinformationen unter Berücksichtigung sinnvoller Werbeaktivitäten;
(3) *Kundenberatung*, bes. Kenntnisse über die Bedeutung von Kundenberatung und über Angebotserstellung;
(4) *Verkauf von Sach- und Dienstleistungen*;
(5) *Rechnungswesen*, insbesondere Kenntnisse über die Abwicklung des Zahlungsverkehrs, über Buchführung und die Kosten- und Leistungsrechnung.

Von der Ausbildungsstruktur her handelt es sich um einen Ausbildungsberuf mit den Schwerpunkten (a) Reisevermittlung und (b) Kur- und Fremdenverkehr. Eine solche Gestaltung des Ausbildungsrahmens ist eine theoretische Konstruktion, die davon ausgeht, daß die Inhalte einer Ausbildung, die zwar entweder im Kur- und Fremdenverkehrsbereich oder im Reisebüro stattfindet und dabei entweder für den einen oder für den anderen Bereich notwendiges Wissen vermittelt, zum größeren Teil identisch sind. Es bleibt Tatsache, daß die Anwendung des gemeinsam formulierten qualifikatorischen Anforderungsprofiles in beiden Bereichen sehr unterschiedlich ist. Hier wurden eigentlich zwei Berufe mittels einer Verordnung geregelt.

## 4. Probleme

In den letzten 13 Jahren hat sich, abgesehen von allgemeinen Entwicklungen (wie etwa auf dem Gebiet der Kommunikationstechnologien), die sich auf beide Bereiche gleichermaßen auswirken, die berufliche Situation in den Bereichen (a) Reisevermittlung- und (b) Kur- und Fremdenverkehr auseinander entwickelt.

*Konflikte und Gegensätze.* Bei Untersuchungen zum Qualifikationsbedarf im Berufsfeld wurde von den Experten am Berufsbild des Reiseverkehrskaufmannes insbesondere kritisiert, daß mit dieser Ausbildung Ansprüche erheblich unterschiedlicher Bereiche abgedeckt werden müssen. Problematisch scheint die Ausbildung vor allem dann, wenn sie in einem Reisebüro durchgeführt wird, der Auszubildende aber später in einem Kuramt oder Fremdenverkehrsverband tätig werden soll. Während im Reisebüro eine professionelle Vermittlungsleistung auf der Basis wirtschaftlichen Erfolgs zu erbringen ist, sind die Handlungsaspekte im Kur- und Fremdenverkehrsbereich inhaltlich mehr von der Initiative der dort Handelnden, von Konzeptionen und Handlungsrichtlinien der Anbieter vor Ort geprägt. Diese Problematik zeigt sich gerade beim *„sanften Tourismus"* – eine Idee, die dem Massentourismus, der bislang Basis wirtschaftlichen Erfolgs der Tourismusunternehmen war, konträr ist. Solange sich der „sanfte Tourismus" nicht als marktwirtschaftlich ebenso gewinnbringend erweist, wie das beim Massentourismus der Fall ist, dürften Reiseverkehrskaufleute in ihrem beruflichen Handeln dessen Ausbreitung eher blockieren.

Der Reiseverkehrskaufmann steht also entsprechend der gegebenen beruflichen Strukturverhältnisse nicht nur ökonomisch, sondern auch inhaltlich in einem Interessensgegensatz zu touristischen Anbietern im Kur- und Fremdenverkehrsbereich. Das macht auch verständlich, daß es einerseits meist wenig geglückte Versuche gab, in Reisebüros Reiseverkehrskaufleute einzusetzen, die in Fremdenverkehrsämtern ausgebildet worden waren, und daß andererseits im Kur- und Fremdenverkehrsbereich nur etwa 3% der Gesamtausbildung für Reiseverkehrskaufleute stattfindet. Wenn dieser Gegensatz im beruflichen Handeln in den einzelnen Bereichen doch durch Qualifikation überbrückt wurde, geschah es häufig, daß die regionale Tourismusentwicklung nicht als gestalterische, sondern als reine Verkaufsförderungsaufgabe angesehen wird, denn solche Komponenten, die eine gestalterische Entwicklung des regionalen Tourismus ermöglichen, fehlen im Berufsbild des Reiseverkehrskaufmannes. Damit wird aber auch deutlich, daß sich auf der Seite der Angebotsentwicklung in den Regionen, also im Kur- und Fremdenverkehrsbereich, ein durchaus eigenständiges Aufgabenfeld bzw. ein eigenständiges Berufsbild abzuzeichnen beginnt, das nicht auf dem Beruf „Reiseverkehrskaufmann/- frau" aufbaut, sondern bei dem die Gestaltungs- und Managementkomponenten im Mittelpunkt notwendiger Qualifikationsbestrebungen stehen. Der Inhaber eines solchen Berufes müßte selbstverständlich auch kaufmännisch denken und einen Sinn für Marketing haben; vor allen Dingen aber müßte er bewußt politisch handeln und mit politischen Einflüssen und deren Wirkungen auf seine Tätigkeit umzugehen wissen.

## 5. Aspekte der Fort- und Weiterbildung

Vor dem Hintergrund des sich ständig bewegenden Marktes, einer rasanten technologischen Entwicklung der Kommunikationsmöglichkeiten und insbesondere des gesellschaftlichen Wandels der Bewertung von Freizeit und Urlaub wachsen die Ansprüche an die Qualifikation. Mit dem Instrument beruflicher Weiterbildung wäre die Chance gegeben, die aufgeführten Defizite der Erstausbildung auszugleichen. Allein, es gibt keine Weiterbildungsmaßnahme, die direkt auf der Basis des Ausbildungsberufes „Reiseverkehrskaufmann/-frau" ansetzen würde.

Viele Industrie- und Handelskammern haben jedoch die Verantwortung für zwei konkrete Erwachsenenqualifizierungen übernommen:
– Fremdenverkehrsfachwirt/Fremdenverkehrsfachwirtin
– Touristikfachwirt/Touristikfachwirtin

Dieses sind Weiterbildungsmaßnahmen, die nach § 46 Abs.1 BBiG (Berufsbildungsgesetz) als sogenannte Kammerregelungen (keine staatliche Anerkennung) rechtsgültig sind. Darüber hinaus gibt es zahlreiche (auch privatkommerzielle) Fort- und Weiterbildungsangebote, allerdings unterschiedlicher Qualität.

Für Interessenten im Bereich des öffentlich orientierten Kur- und Fremdenverkehrs sind die wichtigsten Ansprechpartner: der Verband Deutscher Kur- und Tourismusfachleute (VdKF), Bonn; die regionalen Fremdenverkehrsverbände und die Landesfremdenverkehrsverbände; die Heilbäderverbände der Bundesländer. Im Bereich Reisevermittlung/Reiseveranstaltung sind die wichtigsten Ansprechpartner: der Deutsche Reisebüro-Verband, Frankfurt/Main, und der Bundesverband mittelständischer Reiseunternehmen „asr", Frankfurt/Main.

## Literatur

Bundesanstalt für Arbeit (1976). Reiseverkehrskaufmann. Blätter zur Berufskunde, Bd. 1. Bielefeld: Bertelsmann.

Denia, W. (1984). Die Tätigkeiten von Angestellten in Kurverwaltungen und Fremdenverkehrsstellen. Nürnberg: Verband Deutscher Kur- und Tourismusfachleute.

Fürth, G.; Walter, E. & Weber, M. (1991). Betriebswirtschaftslehre für Reiseverkehrsunternehmen. Ein Lehr- und Übungsbuch. Melsungen: Gutenberg.

FVW International (1988). Hinter dem Counter. Berater, Verkäufer und Abwickler? Fremdbild und Selbstbild der Reisebüroangestellten. Hamburg: Fremdenverkehrswirtschaft International.

Klutmann, M. (1990). Verkaufspraxis Touristik. Ein Ratgeber für den Reiseberater. Hamburg: Fremdenverkehrswirtschaft International.

Lohmann, R. (1989). Die Ausbildung von Reiseverkehrskaufleuten in Fremdenverkehrsstellen und Kurverwaltungen. Ein Leitfaden für gewerbliche Ausbildung im öffentlich orientierten Fremdenverkehr. Bonn: Verband Deutscher Kur- und Tourismus-Fachleute.

Schöpp, U. (1985). Die Tätigkeiten und Angestellten in Kurverwaltungen und Fremdenverkehrsstellen. Teil 1: Das Berufsbild der Kur- und Tourismus-Fachleute.

Stockburger, D. (1974). Das Berufsbild der Kur- und Fremdenverkehrsfachleute. München: Verband Deutscher Kur- und Tourismus-Fachleute.

**Michael Noack, Berlin**

# Teil IX

# Methoden

# Methoden und Verfahrensweisen qualitativer Tourismusforschung

## 1. Begrifflicher Hintergrund

Qualitative Forschung im Tourismus ist ein Teil der allgemeinen qualitativen Sozialforschung; die hier angewendeten Methoden finden sich auch in anderen Bereichen wieder. Sie wurden auch nicht für die Tourismusforschung speziell entwickelt, sondern in der Regel aus der qualitativen Marktforschung übernommen.

Qualitative Forschung setzt sich ab von quantitativer Forschung. Die quantitative Forschung im Bereich Tourismus bemüht sich um Zahlen, Mengen, Häufigkeiten, Verteilungen, die qualitative Forschung sucht nach Begründungen und Motiven für Verhalten und analysiert Reaktionen und Wirkungsweisen. Ihre „Felder" im Bereich Tourismus sind Motivuntersuchungen, Image-Untersuchungen (→ *Touristische Images*) und Untersuchungen für die Öffentlichkeitsarbeit im weitesten Sinn (von Katalogen über Anzeigen und Plakate bis zu Werbespots und PR-Kampagnen).

Zielgruppen für die qualitative Tourismusforschung sind die (a) Urlauber, dabei sowohl die Nutzer von touristischen Einrichtungen und Angeboten als auch die Ablehner solcher Angebote; (b) die Meinungsbildner (→ *Opinion Leaders*) und (c) die Verantwortlichen im touristischen Geschehen (Anbieter).

## 2. Methoden der qualitativen Tourismusforschung

Der Tourismusforschung stehen grundsätzlich alle Methoden qualitativer Sozialforschung zur Verfügung; ebenso wichtig wie schwierig ist es jedoch immer, die richtige Methode für eine Fragestellung zu finden. Es wird sich in der Praxis empfehlen, einen Methoden-Mix einzusetzen und die Methoden den Anforderungen der Fragestellungen anzupassen.

a) *Interviews*. Die zentrale Methode ist sicher das *qualitative Einzelinterview* anhand eines teilstrukturierten Fragebogens, in dem offene Fragen mit quantitativen und quantifizierbaren Verfahren abwechseln. Ein Beispiel dafür ist der für einen Verkehrsträger wichtige Vergleich der Meinungen über verschiedene Transportmöglichkeiten, die zunächst mit den Probanden durchdiskutiert werden (offene Fragen) und bei dem dann ein Zuordnungsversuch mit Eigenschaften von Transportmöglichkeiten (Listenvorgabe) die spontanen Befunde unterstreicht und absichert.

Das qualitative Einzelinterview, auch Exploration oder Tiefeninterview genannt, ist zeitaufwendig. In der touristischen Praxis ist auf jeden Fall eine Dauer von einer Stunde anzusetzen, zwei bis zweieinhalb Stunden sind keine Seltenheit. Weiter wichtig ist der sorgfältige Aufbau des Fragebogens (auch

Leitfaden oder Fragenschema genannt), der im optimalen Fall in Form eines „Trichters" von sehr allgemeinen Themen immer konkreter auf den besonders interessierenden Gesichtspunkt führt.

Im Einzelinterview können verschiedene Verfahren eingesetzt werden: z.B. offene Fragen, geschlossene Fragen, Auswahlversuche, auch Methoden, die aus der experimentellen Psychologie bekannt sind wie der Satzergänzungstest (z.B. Vorgabe von Slogan-Anfängen), projektive Methoden ähnlich dem TAT (Situationsdarstellungen müssen erläutert, z.B. Urlaubsszenen bestimmten Dimensionen zugeordnet werden) oder Anzeigensujets, die via Tachistoskop kurzfristig dargeboten und auf ihre Wirkung hin untersucht werden. Der Einsatz des Tachistoskops empfiehlt sich vor allem bei der Untersuchung von Anzeigen, Katalogvorderseiten oder Plakaten, also immer dann, wenn die besondere Wirkung von optischem Material analysiert werden soll. Durch die Projektion der Vorlagen mit einer bestimmten Dauer (die experimentell festzulegen und abzustufen ist, in der Regel zwischen 1/50 und 1/10 sec. beträgt, aber auch länger oder kürzer sein kann) an eine weiße Wand, wird eine „natürliche Situation" simuliert, etwa das Durchblättern einer Illustrierten oder das Vorbeigehen an einem Reisebüro oder einer Plakatwand (Hartmann 1973, Meyer 1973, Pressmar 1973).

b) *Gruppendiskussionen.* Eine aktive Interaktion ist auch gegeben bei der Methode der Gruppendiskussion: eine Reihe von Teilnehmern, deren Verhalten in einer bestimmten Dimension bekannt ist (z.B. Wahl des gleichen Urlaubslandes, Präferenz für ein bestimmtes Verkehrsmittel oder Teilnahme an einer bestimmten Reiseform, wird zu einem Gespräch eingeladen, das der Versuchsleiter („Moderator") anhand eines vorbereiteten Fragebogens führt. Dabei gibt es Gruppendiskussionen, die nur gelenkte Unterhaltungen sind und solche, in denen Spielmaterial eingesetzt wird (Bilder, Skalen) oder in denen Fernsehspots oder Anzeigen miteinander verglichen werden sollen. Eine Gruppendiskussion dauert in der Regel 90 Minuten; es gibt aber auch Versionen des Gruppenverfahrens – dabei handelt es sich um neuere Ansätze besonders aus Frankreich und England –, die fünf und mehr Stunden dauern. In der qualitativen Tourismusforschung bieten sich Gruppendiskussionen als Methode an, wenn die Auseinandersetzung mit einem Themenkreis noch am Anfang steht. Es empfiehlt sich, eine Diskussionsrunde nicht mit mehr als sechs bis acht Personen zu besetzen. Sind es mehr Teilnehmer, dann werden nicht automatisch mehr Meinungen erfaßt, sondern der einzelne kommt mit seinen Ansichten kaum zu Wort, eine Fragestellung kann nicht richtig entwickelt werden und es besteht die Gefahr, daß die Gruppe in zwei oder mehr Untergruppen zerfällt.

c) *Beobachtungsverfahren.* Nicht alle Fragestellungen in der qualitativen Tourismusforschung lassen sich durch Befragung oder Diskussion klären. Es wird immer wieder notwendig sein, daß Vorgänge beobachtet werden und diese Beobachtungen dann analysiert werden. (Z.B. kann der Ablauf eines Buchungsvorgangs analysiert werden, um festzustellen, welcher Partner in diesem Buchungsvorgang, Expedient oder Reisebürokunde, das konkrete Ziel oder einen bestimmten Veranstalter mit welchen Argumenten einführt. Das geschieht dann durch einen Dritten, der anhand eines speziell entwickelten Bogens genau protokolliert.)

Eine solche Verhaltensbeobachtung kann mit und ohne Wissen der Beteiligten ablaufen, was jedoch vorher entschieden werden muß, weil es Einfluß auf den Ablauf und die Ergebnisse hat. Das Wissen darum, daß z.B. der Buchungsvorgang beobachtet und protokolliert wird, führt dazu, daß der Expedient sich kontrolliert fühlt und anders reagiert, als wenn dieses Gefühl nicht bestünde (Problem der „Reaktivität").

Bei bestimmten Fragen wird es notwendig sein, die „teilnehmende Beobachtung" als Untersuchungsmethode einzusetzen. Etwa in Reisegruppen, bei denen ein Partner nicht nur Teilnehmer, sondern auch Beobachter ist, was den anderen Teilnehmern aber nicht bekannt ist (z.B. ein Teilnehmer mit Familie in einer Gruppe von Familien in einem speziellen touristischen Angebot).

d) *Schriftliche Befragungen* spielen in der Tourismusforschung eine vergleichsweise geringe Rolle, aber auch sie sind ein Instrument, das bei bestimmten Fragestellungen eingesetzt wird. (Z.B. wenn ein Urlaubstagebuch geführt werden soll oder wenn nach Abschluß einer Reise die Teilnehmer aufgefordert werden, einen Fragebogen auszufüllen.) Das generelle Problem bei schriftlichen Befragungen liegt darin, daß die Befragungssituation nicht durch den Versuchsleiter bestimmt und kontrolliert werden kann. Jeder, der einen Bogen ausfüllen soll, wird diesen zuerst einmal ganz durchlesen und das Wissen um spätere Fragen wird suggestiv in die Beantwortung der ersten Fragen eingehen, genauso wie das vorgegebene Zeitraster eines Tagebuchs dazu führt, daß in diesen Zeiträumen erdacht und gehandelt wird und Dinge ausgelassen werden, die als zu kurz eingestuft werden oder als deren Folge Komplikationen beim Protokollieren späterer Vorgänge erwartet werden. Der Aufbau schriftlichen Materials, das einem Urlauber zur Ausarbeitung übergeben wird, muß ganz besonders sorgfältig vorgenommen werden, ebenso die Rekrutierung der Teilnehmer und ihre Instruktion (→ *Gästebefragungen*).

## 3. Auswertung

Die Auswertung der Daten der qualitativen Tourismusforschung geschieht in der Regel durch Verfahren der (→) *Inhaltsanalyse*: Aussagen zu den einzelnen Fragestellungen werden gesammelt, zu Kategorien zusammengefaßt und meist nach der Häufigkeit ihres Auftretens und ihrer Bedeutung gewichtet. Alles quantitative Material, also die Daten aus Zuordnungsversuchen, Polaritätsprofilen, Skalierungen, Rangreihen-Versuchen oder Einstufungen, wird mit den entsprechenden statistischen Verfahren und Methoden weiterverarbeitet.

## Literatur

Becker, C. (1992). Erhebungsmethoden und ihre Umsetzung in Tourismus und Freizeit. Trier: Geographische Gesellschaft Trier.
Bosold, J. (1988). Gästebefragungen. Starnberg: Studienkreis für Tourismus.
E.S.O.M.A.R. (ed.) (1990). Seminar on qualitative research: How are we preparing for the future. Amsterdam: ESOMAR.
Cohen, E. (1988). Traditions in the qualitative sociology of tourism. Annals of Tourism Research, 15, 29-46.
Flick, U.; Kardorff, E. von; Keupp, H.; Rosenstiel, L. v. & Wolff, S. (Hg.) (1991), Handbuch Qualitative Sozialforschung. München: PVU.
Hallwachs, H. (1969). Beobachtungsverfahren in der Tourismusforschung. (S. 190-196) In Studienkreis für Tourismus (Hg.), Motive – Meinungen – Verhaltensweisen. Starnberg: Studienkreis für Tourismus.
Hartmann, K. D. (1973). Zur Gestaltung von Titelseiten bei Urlaubskatalogen und -prospekten. In Studienkreis für Tourismus (Hg.), Werbung im Tourismus. Starnberg: Studienkreis für Tourismus.
Lamnek, S. (1988/89). Qualitative Sozialforschung. Bd. 1 (1988): Methodologie; Bd. 2 (1989): Methoden und Techniken. München: PVU.
Meyer, W. (1969). Befragungsverfahren in der Tourismusforschung. (S. 171-189) In Studienkreis für Tourismus (Hg.), Motive – Meinungen – Verhaltensweisen, Starnberg: Studienkreis für Tourismus.

Meyer, W. (1970). Comments on Mr. H.F. Boss' Paper 'Some aspects of attitude measurement – multidimensional scaling'. (pp. 119-127) In Proceedings of the ESOMAR Seminar on „Attitude and Motivation Research". Helsingor.

Meyer. W. (1973). Die Durchführung von Konzept- und Slogan-Tests für die Reise-Werbung. In Studienkreis für Tourismus (Hg.), Werbung im Tourismus. Starnberg: Studienkreis für Tourismus.

Meyer, G. & Meyer, W. (1984). Familienurlaub in Bibione – Beobachtungen und Erfahrungen eines Psychologenehepaares beim Urlaub in einer Ferienwohnung. Starnberg: Studienkreis für Tourismus.

Pressmar, F. (1973). Die Durchführung von Anzeigen-Tests für die Reise-Werbung. In Studienkreis für Tourismus (Hg.), Werbung im Tourismus. Starnberg: Studienkreis für Tourismus.

Molinari, G.F. (1971). Das Tiefeninterview in der Absatzforschung. Winterthur.

Rosenstiel, L. von & Neumann, P. (1982). Einführung in die Markt- und Werbepsychologie. Darmstadt: Wissenschaftliche Buchgesellschaft.

Rudinger, G.; Chaselon, F.; Zimmermann, E.J. & Henning, H.J. (1985). Qualitative Daten. Neue Wege sozialwissenschaftlicher Methodik. München: Urban & Schwarzenberg.

Rudinger, G. & Schmitz-Scherzer, R. (1969). Möglichkeiten eines multivariaten Ansatzes in der psychologischen Tourismusforschung. (S. 205-211) In Studienkreis für Tourismus (Hg.), Motive – Meinungen – Verhaltensweisen. Starnberg: Studienkreis für Tourismus.

Schäflein, S. (1992). Das qualitative Interview in der Freizeitforschung. In C. Becker, Erhebungsmethoden und ihre Umsetzung in Tourismus und Freizeit. Trier: Geographische Gesellschaft Trier.

Sampson, P. (Ed.) (1987). Qualitative research: The „new", the „old" and a question mark. E.S.O.M.A.R. Marketing Research Monograph Series, 2. Amsterdam.

Schillinger, M. (1988). New qualitative research. (S. 369-389) In Berufsverband deutscher Markt- und Sozialforscher (Hg.), 23. Kongreß 1988.

Webb, E.J.; Campbell, D.T.; Schwartz, R.D. & Sechrest, L. (1968). Nichtreaktive Meßverfahren. Weinheim: Beltz 1975.

**Gudrun Meyer, München**

# Attraktionsanalyse

Hierunter ist eine Analyseform zu verstehen, die sich speziell mit dem Attraktionswert von Urlaubssituationen vor Ort (z.B. Ortsbild, Hotel, Umgang mit Gästen, Museum, Landschaft, Urlaubsregion als Ganzes) und ihrer kommunikativen Vermittlung (z.B. Werbemittel, Gästeinformation, Reiseführer) beschäftigt. Im Mittelpunkt der Analyse steht das Ausloten gewinnender oder abweisender Elemente, zugrundeliegender Ursachen und möglicher Attraktivierungsansätze.

Dabei ist die Interessenlage der bestehenden oder angestrebten Zielgruppe zu berücksichtigen, ohne allerdings in einen „Zielgruppenfetischismus" zu verfallen.

Wegen ihrer Unmittelbarkeit hat die Attraktionsanalyse eine besonders enge Beziehung zur kreativen Umsetzung, die teilweise schon während der Analyse beginnt. Deshalb empfiehlt sich die arbeitstechnische Einheit von Attraktionsanalyse und Angebotsgestaltung bzw. Kommunikationsstrategie.

## 1. Sensorische Prüfung

Die direkteste Analyseform besteht in der sensorischen Prüfung durch einen qualifizierten „Erlebnistester". Ähnlich der Verkostung durch Weinprüfer oder Restauranttester untersucht der „Erlebnistester" den touristischen Attraktionswert bzw. seine Vermittlungsweise durch eigenes Erleben. Es handelt sich also nicht um eine Befragung, sondern um eine Sinnesprüfung nach bestimmten Kriterien. Subjektive Positionen der untersuchenden Persönlichkeit können und sollen durchaus in die Bewertung eingehen, sie geben ihr Profil.

Wenn man sich in eine Urlaubssituation hineinbegibt, um sie zu testen, befindet man sich in einem Erlebnis- und Verhaltensraum, einem sogenannten Behavior-Set(ting) (→ *Ökologische Psychologie/Umweltpsychologie*), z.B. in einem Hotel, auf einer Promenade, in einem Museum, auf einem Fahrradweg. Das Testen der Urlaubssituation darf hier keine Aufmerksamkeit wecken oder die Situation verändern. Daher gilt das Prinzip der *nicht-reaktiven teilnehmenden Beobachtung*. Der Untersucher versetzt sich in die Lage des Urlaubers bzw. der am Urlaubsort Anwesenden, teilt ihre Erwartungen und ihr Erleben, öffnet sich den Eindrücken vor Ort. Dabei kommt es darauf an, sich das für den Urlaub charakteristische herabgesetzte Bewußtsein anzueignen.

*(a) Vorbereitung: Einstellung auf die Attraktionsanalyse*

Geht es um ein bestimmtes Problem, z.B. Besucherrückgang, Zielgruppenverschiebungen? Soll eine allgemeine Standortbestimmung durchgeführt werden? Sollen Ansatzpunkte gesucht werden, um einem Fremdenverkehrsort mehr Atmosphäre zu geben? Gilt es, negative Entwicklungen vordringlich abzuwehren? Sollen Innovationen gesucht werden? – Häufig besteht die Aufgabe darin, geeignete Möglichkeiten für Attraktions „reparaturen" zu finden.

*(b) Durchführung*

1. Möglichst unbefangenes Hineinbegeben in die Situation; Ziel des Untersuchers ist es, sich dafür zu öffnen, wie die Situation auf ihn wirkt. Was reizt es einen, hier zu tun? – Der wichtige, d.h. der verhaltenssteuernde Eindruck ist zu registrieren. Entfernt man sich von der Situation, so ist interessant, was als Bild stehen bleibt und was nicht. Es kommt darauf an, sich von der Situation anmuten zu lassen und doch ein wenig in sich hineinzusehen und -zuhören, also darauf zu achten, was bei einem abläuft (Selbstbeobachtung).
2. Analyse des „Gästeausdrucks": Der Untersucher sollte auf die Gesichter und Bewegungen der Gäste achten, sie auf sich einwirken lassen. Es ist immer erstaunlich, wie unterschiedlich der Gästeausdruck von Ort zu Ort ist. Schon wenn man sich einen ersten Eindruck verschafft hat, ahnt man, was für eine Art Urlaub an einem bestimmten Ort möglich und üblich ist. Die Angestellten der touristischen kommunalen Einrichtungen (z.B. Angestellte in Leihbüchereien, Wanderführer usw.) bleiben von der Analyse nicht ausgenommen.
3. Charakterisierung der erlebten Situation.
4. Erste Zwischenbilanz: Die erhaltenen Eindrücke müssen strukturiert werden; einzelne Merkmale sind herauszuarbeiten; Gründe für bestimmte positive und negative Wirkungen werden „eingekreist".
5. Dokumentation der bisher erlangten Erkenntnisse (mittels Fotoapparat, Diktiergerät, Notizblock).
6. Ruhephase: Günstig ist es, das Projekt eine Weile zur Seite zu legen; quasi „unbewußt" arbeitet es weiter. Dann ist ein zweiter Besuch durchzuführen.
7. Ideenfindung zur Optimierung: Erste Ideen sind fällig. Wie soll es weitergehen? Die Situation wird umgedacht, also optimiert.
8. Erstellen des Schlußberichts: Dieser beinhaltet eine Beschreibung und Qualifizierung des Attraktionswertes mit seinen Problemen und Möglichkeiten.

## 2. Gespräche

Freie Gespräche über Erfahrungen vor Ort mit Urlaubern, Leistungsträgern, Einwohnern und engagierten Personen erfassen den Attraktionswert von einer anderen Seite. Günstig ist die Kombination mit einer sensorischen Prüfung,

1. Um ein anschauliches Bild zu erhalten und
2. Um die Stimmigkeit bestimmter Einschätzungen mit der Realität abzugleichen, z.B. in Bezug auf den hier so gennnaten „einheimischen Effekt" (Einheimische neigen oft dazu, Positives etwas weniger positiv und Negatives etwas weniger negativ zu sehen).

a) Bei den freien Gesprächen mit Urlaubern ist zunächst der Zweck offen zu legen. Dann ist durch Small Talk eine persönliche Beziehung herzustellen. Der einzelne, die Familie oder die Wandergruppe müssen wissen, daß es nicht um unverbindliches „Wie gefällt es Ihnen – danke gut" geht, sondern um alles, was sie als reizvoll oder weniger reizvoll empfinden, was sie sich wünschen etc. (Vorsicht vor professionellen Nörglern und Jublern, die man allzu leicht als Gesprächspartner gewinnen kann). Für die kreative Umsetzung sind die Aussagen meist wenig brauchbar.

Es empfiehlt sich, einen kleinen Satz von Themen bereitzuhalten, an deren Klärung einem gelegen ist. Ergibt sich die Behandlung dieser nicht spontan, ist an geeigneter Stelle ein noch ausstehendes Thema anzuschneiden. Von besonderem Wert ist die Auswahl von Themen, ihre Prioritätensetzung und ihre Art der Verzweigung, wie sie von den Urlaubern selbst ins Spiel gebracht werden.

b) Beim freien Attraktionsgespräch mit Verantwortlichen aus Politik, Verwaltung, Verbänden, Leistungsträgern vor Ort und anderen wird man ähnlich vorgehen wie bei der Unterhaltung mit Urlaubern. Hinzu kommt der häufige Wunsch – ein kompetenter Gesprächspartner vorausgesetzt – nicht nur über Stärken und Schwächen zu sprechen, sondern auch einen Dialog über mögliche Lösungen zu führen.

Über die Gesprächsaufgabe hinaus ist durch den geschlossenen Kontakt eine gute Hilfe für den späteren Ergebnistransfer gegeben, dessen Anforderungen man nicht unterschätzen sollte, s. „Schrankuntersuchungen".

Im folgenden vier bewährte Fragekonzeptionen zur Befragung von Zielgruppen:
– Was spricht alles dafür, XY zu besuchen? Und warum? Was spielt da alles mit? Und was spricht alles dagegen ...?
– Denken Sie einmal zurück, wie kam es, daß Sie sich für XY entschieden (nicht entschieden) haben?
– Setzen Sie bitte den Satz fort: „Schöner wäre es bei XY, wenn ...
– Zeichnen Sie bitte die jetzige Atmosphäre von XY in Form eines Gesichtes. Dann die, die Sie sich wünschen. Sagen Sie anschließend, was Sie „mit den beiden Gesichtern zum Ausdruck bringen wollten. Um was für Menschen" handelt es sich?

Für die Auswertung der Protokolle kommt es auf eine Auswertungsweise an, in der nicht kategorisierende Antwortbeispiele, sondern das gesamte Antwortmaterial tabellarisch verfügbar gemacht wird (Verfahren nach Verf.).

## 3. Qualitative Befragung

Drittes Instrument der Attraktionsanalyse ist die qualitative Befragung (→ *Gästebefragungen*). Wegen der spezifischen Thematik und Methodik sprechen wir auch von Attraktionsforschung.

Befragt werden hauptsächlich Gäste oder potentielle Urlauber, aber in Form von Expertenbefragungen auch touristische Verantwortungsträger, Gastgeber und sonstige Experten, wie z.B. Heimatpfleger.

Große Bedeutung hat der Fragebogenaufbau mit überwiegend offenen Fragen (Gesprächseröffnungen anstelle vorgefertigter Listen zum Ankreuzen).

## 4. Schnittstelle Attraktionsanalyse/Erlebnisdesign

Im anschließenden Arbeitsgang wird auf der Basis der Attraktionsanalyse ein Ideenpool eingerichtet. Aus ihm wird das – von uns so genannte – Erlebnisdesign entwickelt. Es besteht aus dem Leitkonzept und dem Gestaltungskonzept für bestimmte Bereiche der (→) *Urlaubsszenerie*. Dies umfaßt: neue Sichten, Optimierungen, Innovationen.

**Reinhard Schober, München**

# Die Delphi-Umfrage

Die Delphi-Umfrage ist eine Methode der wirtschafts- und sozialwissenschaftlichen Zukunftsforschung. Sie wurde Anfang der 60er Jahre von Mitarbeitern der Rand Corporation (Santa Monica, Kalifornien) entwickelt. Mit dieser Methode werden individuelle Kenntnisse und Erfahrungen einer Gruppe von Befragten in einem strukturierten Erhebungsverfahren zu einer prognostischen Aussage verdichtet.

Kocher (1976, S. 362) definiert die Delphi-Umfrage als „eine mehrphasige, schriftliche, anonyme Befragung ausgewählter Personen mit jeweiliger Bekanntgabe der Ergebnisse (statistische Auswertungen, Argumente, Gegenargumente) der Vorrunde."

Die Delphi-Umfrage wird nach einem vorher festgelegten Ablaufplan organisiert, dessen Einhaltung durch den Befragungsleiter bzw. das Delphi-Team kontrolliert wird. Das wesentliche Merkmal der Delphi-Umfrage besteht in der mehrmaligen Wiederholung der Befragung, deren Ergebnisrückmeldung jeweils in der nächsten Runde mitverwendet wird. In der ersten Runde werden den Versuchsteilnehmern Bewertungsfragen vorgelegt, die in der zweiten Runde nach Bekanntgabe der statistischen Ergebnisse der Vorrunde nochmals zu beantworten sind. Für die Teilnehmer besteht die Aufgabe in der zweiten Runde darin, das quantitativ-statistische Ergebnis mit Argumenten qualitativ zu untermauern. Die statistischen Ergebnisse der ersten beiden Befragungsrunden werden mit einem komprimierten Katalog an Begründungen, die aus der zweiten Runde stammen, angereichert und den Teilnehmern als Informationen in der dritten Runde zur Verfügung gestellt. Die dritte Runde ergibt somit eine Art komprimierter Bewertung, die auf den Erkenntnissen der ersten beiden Befragungsrunden und dabei vorwiegend auf den genannten Argumenten aufbaut.

Der Ablaufplan der Delphi-Umfrage wird in Abbildung 1 dargestellt.

Die wichtigsten Merkmale der Delphi-Umfrage sind (vgl. Albach 1970, S. 17):
– *Gruppenbefragung*
  Im Gegensatz zu Prognosen, die von einzelnen Wissenschaftlern mit Hilfe mathematisch-statistischer oder intuitiver Methoden formuliert werden, stützen sich die Ergebnisse der Delphi-Umfrage auf eine Gruppenmeinung. Damit sind die Prognosen intersubjektiv überprüfbar und prinzipiell reproduzierbar (Busch 1972, S. 145).
– *Verwendung eines formalen Fragebogens*
  Die Delphi-Umfrage wird als schriftliche Befragung organisiert. Der Fragebogen besteht aus offenen bzw. geschlossenen Fragen, die üblicherweise in jeder Befragungsrunde gleichlautend sind. Zudem können in der ersten Befragungsrunde ergänzende Informationen abgefragt werden, um eventuell vernachlässigte Aspekte des Prognoseproblems erfassen zu können.

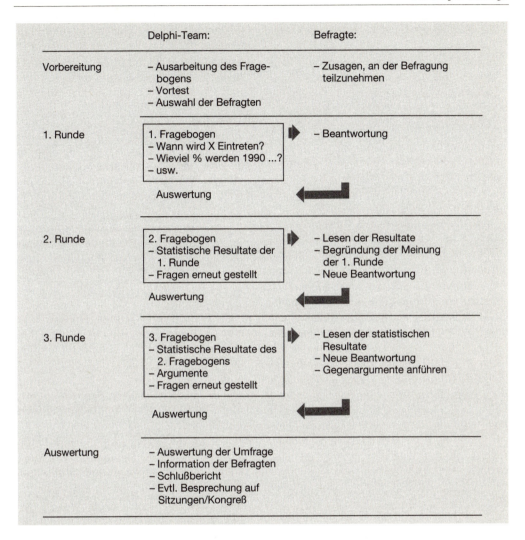

Abb.1: Ablaufschema der Delphi-Umfrage (Quelle: Kocher 1976, S. 363)

– *Anonyme Einzelantworten*
Die Befragungsteilnehmer tauschen über die Fragebögen Argumente und Stellungnahmen aus, bleiben untereinander aber anonym. Damit werden drei Nachteile offener Gruppendiskussionen vermieden: die Dominanz von Individuen in der Gruppe, der Trend der Gruppe zu Konformität und die Möglichkeit der irrelevanten Kommunikation innerhalb der Gruppe.

– *Ermittlung einer statistischen Gruppenantwort*
Nach jeder Runde werden die Einzelurteile der befragten Experten mit Hilfe mathematisch-statistischer Methoden zu einem Gruppenurteil zusammengefaßt. Mit diesem Verfahren wird eine Objektivierung und Vergleichbarkeit der Befragungsergebnisse erreicht, es dient außerdem zur raschen Information über die Prognoseergebnisse.

– *Information der Teilnehmer über die Gruppenantwort*
In jeder Befragungsrunde werden die Teilnehmer über das Gruppenurteil der Vorrunde und die darin vorgebrachten Argumente informiert. Die kontrollierte Informationsrückkopplung hat die Aufgabe, den Kenntnisstand der Teilnehmer von Runde zu Runde anzugleichen (Becker 1974, S. 19).

– *Wiederholung der Befragung*
Durch die Informationsrückkopplung und die Wiederholung der Befragung (mindestens zwei, zumeist drei Befragungsrunden) wird die anonyme Diskussion der Teilnehmer während der Umfrage zugleich zu einem Lernprozeß: Die Experten lernen die Argumente für konträre Meinungen kennen, sie können diese neuen Informationen überdenken und für ihr eigenes Urteil nutzen. Der Diskussionsprozeß innerhalb der Delphi-Umfrage hat normalerweise zur Folge, daß der Grad an Konsens von Runde zu Runde zunimmt. Die Resultate der Delphi-Umfrage ergeben sich aus der Gruppenmeinung der beteiligten Experten, wobei individuelle Kenntnisse und Erfahrungen von Fachleuten zu einem sachverständigen Gruppenurteil zusammengefaßt werden. Im Vergleich zu einer Einzelprognose wird damit die Aussagekraft und der Realitätsbezug der Ergebnisse wesentlich erhöht.

Die Delphi-Umfrage wurden bislang in zahlreichen Sachgebieten (überwiegend im Bereich der Wirtschaftswissenschaften, speziell der Betriebswirtschaft) und von unterschiedlichen Institutionen (Firmen, Regierungen, Verbände etc.) als Prognosemethode speziell für mittel- und langfristige Vorhersagen eingesetzt.

Innerhalb der Tourismusforschung sind Delphi-Umfragen vor allem im Rahmen der Erarbeitung nationaler Tourismuskonzepte (Krippendorf 1979, Schlußbericht 1980, Zimmermann 1992) und bei Prognosen zum Reiseverhalten der großstädtischen Bevölkerung (Steinecke 1987) verwendet worden.

## Literatur

Albach, H. (1970). Informationsgewinnung durch strukturierte Gruppenbefragung: Die Delphi-Methode. Zeitschrift für Betriebswirtschaft, Ergänzungsheft, 40, 11-26.

Becker, D. (1974). Analyse der Delphi-Umfrage und Ansätze zu ihrer optimalen Gestaltung. Frankfurt/M., Zürich: Deutsch.

Busch, H. (1972). Delphi-Methode. (S. 144-161) In W. Tumm (Hg.), Die neuen Methoden der Entscheidungsfindung. München.

Kocher, G. (1976). Ein zweckmäßiges Prognoseverfahren für die Unternehmensplanung: Die Delphi-Umfrage. Management-Zeitschrift io, 45(10), 362-364.

Krippendorf, J. (1979). Tourismus im Jahr 2010. Eine Delphi-Umfrage über die künftige Entwicklung des Tourismus in der Schweiz. Interpretation und Schlußfolgerungen, 2. Aufl. Bern: Eidgenössisches Amt für Verkehr, Fremdenverkehr.

Schlußbericht der Delphi-Seer-Expertenbefragung 1978-1980 über Fremdenverkehrsentwicklung in Österreich" (1980). Wien.

Steinecke, A. (1987). Freizeit in räumlicher Isolation. Prognosen und Analysen zum Freizeit- und Fremdenverkehr der Bevölkerung von Berlin (West). Berliner Geographische Studien, 21. Berlin.

Steinecke, A. (1987a). Die Delphi-Umfrage als Methode freizeit- und fremdenverkehrsgeographischer Forschung. (S. 222-229) In W.D. Hütteroth; H. Becker & R.R. Beyer (Hg.), 45. Deutscher Geographentag Berlin, 30.9.-5.10.1985. Tagungsbericht und wissenschaftliche Abhandlungen. Stuttgart: Steiner.

Zimmermann, F. (1992). Prognosen in der Tourismusforschung: Trends, Szenarien, Delphi-Umfragen am Beispiel der Tourismusentwicklung in Österreich. (S. 9-69) In C. Becker (Hg.), Erhebungsmethoden und ihre Umsetzung in Tourismus und Freizeit. Materialien zur Fremdenverkehrsgeographie, 25. Trier: Geographische Gesellschaft.

**Albrecht Steinecke, Trier**

# Gästebefragungen

## 1. Begriffseinordnung

Gästebefragungen sind ein Teil des Methodenapparates der Tourismusforschung und wesentlicher Bestandteil der touristischen Marktforschung. Viele unverzichtbare statistische Daten in den Sozialwissenschaften, im Wirtschaftsleben und ganz besonders in Angelegenheiten der öffentlichen Verwaltung werden gesammelt, indem man Menschen mündlich oder schriftlich um Auskünfte ersucht. Aber obwohl es eine sehr große Zahl auch allgemein zugänglicher Untersuchungen gibt, in denen Gästebefragungen eine Rolle spielen, sind nur wenige theoretische Arbeiten über die methodischen Probleme der Durchführung von Gästebefragungen verfügbar.

Gästebefragungen lassen sich als ein Spezialfall der weitverbreiteten Datenerhebung durch Umfragen betrachten, und alle allgemein methodischen und theoretischen Grundlagen aus der Statistik, der Soziologie und der Psychologie, die bei der Durchführung von Befragungen zu beachten sind, gelten entsprechend auch für die Befragung von Gästen.

Dabei ist der Begriff des Gastes durchaus vielschichtig zu verstehen. Es kann sich um Tagesgäste handeln, um Übernachtungsgäste mit unterschiedlich langem Aufenthalt, Urlauber, Geschäftsreisende, Kurgäste usw. In der Regel wird es sich also um Personen handeln, die die in Frage stehenden touristischen Einrichtungen bereits aus eigenem Augenschein kennen. Für bestimmte Fragestellungen ist aber eine Befragung potentieller Gäste sinnvoll.

## 2. Planung und Durchführung von (Gäste-)Befragungen

In der allgemeinen Statistik wird unter Planung (Design) die Aufstellung eines konkreten Planes für eine bestimmte Erhebung und die anschließende Analyse der Daten verstanden. Für diese Zwecke wurden in der statistischen Wissenschaft eigene Theorien der Erhebungsplanung formuliert, die im wesentlichen erst nach 1935 entwickelt wurden.

Wie jede andere statistische Erhebung bedarf auch die Durchführung einer Gästebefragung entsprechend genauer Planung, sehr sorgfältigen Nachdenkens über die Ziele der Untersuchung, einer klaren Vorstellung über denkbare Wege zu diesen Zielen und der schließlichen Wahl eines dieser Wege als optimaler Lösung. Genaue Zielanalysen sind deshalb so wichtig, weil mit Gästebefragungen zu sehr unterschiedlichen Fragekomplexen Informationen gewonnen werden können. Primär sind dies:
– Nachfrage-Analysen,
– Angebots-Analysen,
– Konkurrenz-Analysen,
– Image-Analysen.

Durch Nachfrage-Analysen wird versucht, der Gesamtmenge der Gäste eines touristischen Komplexes Strukturen zu verleihen. Bei der Strukturierung der Nachfrage werden die Gäste in „Schichten" gegliedert, um Zielgruppen für eine differenzierte, auf die spezifischen Gruppenbedürfnisse ausgerichtete Marketingpolitik definieren zu können.

Kriterien für derartige Strukturierungen gibt es unendlich viele. In den zahlreichen durchgeführten Gästebefragungen reduzieren sich diese allerdings auf einen begrenzten Katalog von Kriterien, die sich den vier großen Hauptgruppen sozio-demographische Faktoren, Reisemotive sowie Angebotsbewertungen, Urlaubsgewohnheiten und -erfahrungen zuordnen lassen.

Meist wird mit einer Gästebefragung aber nicht nur untersucht, wie die Struktur der Nachfrageseite beschaffen ist, sondern auch, wie die Nachfrageseite, das heißt die Gäste, mit dem Angebot zufrieden sind. Eine derartige Angebots-Analyse aus der Sicht der Nachfrager kann die gesamten Angebotsgruppen Unterkunft, Verpflegung, Unterhaltung, Aktivitäten, Ort, Ortsbild und Landschaft umfassen oder sich bei kleineren spezialisierten Untersuchungen auch auf eine einzige touristische Einrichtung beschränken.

Im Gegensatz zu den bereits erwähnten Analyseansätzen können Ergebnisse aus Gästebefragungen im Rahmen von Konkurrenz-Analysen zwischen Fremdenverkehrsorten oder -regionen zwar wichtige, aber nur beschränkte Informationen liefern. Wird sie aber richtig angelegt, so können mit Hilfe sog. Konkurrenzfragen relativ genaue Daten über konkurrierende Orte oder Regionen gewonnen werden, die für Planungszwecke von Interesse sind.

Die logische Ergänzung zur *Konkurrenz-Analyse* stellt die *Image-Analyse* dar (→ *Touristische Images*). Mit einer Konkurrenz-Analyse wird versucht, die Frage der Entscheidung für oder gegen eine Region oder einen Ort aus sachlich faßbaren Tatbestand wie Qualität und Umfang des Angebotes, Höhe der Preise etc. zu erklären. Andererseits ist bekannt, daß die Motive für die Wahl beispielsweise eines bestimmten Urlaubszieles in hohem Maße auch von psychologischen Faktoren und damit vom Image eines Reisezieles bestimmt sind. Ein Image entsteht immer aus einer Mischung von real nachvollziehbaren Sachverhalten, subjektiven Bewertungen und Voreinstellungen. Die Image-Analyse versucht, über diesen Komplex der unbewußten Entscheidungsgründe Informationen zu beschaffen, und so wichtige Grundlagen für Image-Kampagnen zu erhalten.

Ein wesentlicher Unterschied zwischen Nachfrage- und Angebots-Analysen einerseits und Konkurrenz- bzw. Image-Analysen andererseits besteht schließlich darin, daß bei den ersteren beiden ausschließlich aktuelle Gäste vor Ort befragt werden, während bei den beiden letzteren auch (oder nur) potentielle Gäste zu interviewen sind.

Da es bei Gästebefragungen in der Regel nicht möglich ist, alle Gäste zu befragen, muß der richtigen Auswahl der zu Befragenden große Aufmerksamkeit geschenkt werden, da nur so die Daten aus der Stichprobenerhebung statistisch haltbare Ergebnisse bringen können. Es ist nur zielorientiert zu entscheiden, ob die Auswahl der Probanden nach dem Konzentrationsprinzip, nach der Quotenauswahl, als einfache zufallsgesteuerte Stichprobe, als proportional geschichtete Stichprobe oder nach anderen Kriterien erfolgen soll. Eine ganze Gruppe von Techniken ist nur entwickelt worden, um sicherzustellen, daß Befragungen zu tatsächlich gültigen Schlüssen über verstreute oder größere Grundgesamtheiten von Menschen gelangen können.

Formulierung der Fragen, Layout des Fragebogens, Art und Durchführung der Interviews, Auswertung der Befragung sind weitere Problembereiche, die für eine erfolgreiche

Befragung sehr sorgfältig geplant und durchgeführt werden müssen.

## 3. Schlußfolgerung

Gästebefragungen bringen, wie jede Datenerhebung, eine Fülle praktischer Probleme mit sich, die nur mit einer sorgfältig vorausschauenden Planung einigermaßen lösbar sind. Das schwerwiegendste dieser Probleme ist der Ausfall von Beobachtungen. Bei Befragungen kann eine derartige Nichtbeantwortung einzelner oder aller Fragen eine Beeinträchtigung der gesamten Schlußfolgerungen durch systematische Fehler bedeuten. Sorgfältige Planung ist Vorbedingung bei der Sammlung und Analyse von Daten jeder Art. Gedankenlosigkeit bei der Auswahl eines Erhebungsplanes kann im besten Fall teilweise durch Energie und Intelligenz bei der Analyse der Ergebnisse ausgeglichen werden. Im schlimmsten Fall werden die gesammelten Daten dem formulierten Ziel nicht gerecht, und die Befragung liefert unzureichende Ergebnisse.

Obwohl Gästebefragungen in der touristischen Marktforschung gerne eingesetzt werden, fehlt eine eigene theoretische Aufarbeitung der Forschungsmethodik aus der Sicht der Fremdenverkehrsforschung fast völlig. Hier müssen theoretischen Ansätzen aus Statistik, Soziologie und Psychologie auf ihre Brauchbarkeit überprüft werden.

## Literatur

Bosold, J. (1988). Gästebefragungen. Ein Leitfaden für Praktiker. Starnberg: Studienkreis für Tourismus.

Busch, H. R. & Leitner, B. (1992). Urlauberbefragungen in Zielgebieten. In C. Becker. (Hg.), Erhebungsmethoden und ihre Umsetzung in Tourismus und Freizeit. Trier: Geographische Gesellschaft Trier.

**Joachim Bosold, Darmstadt**

# Inhaltsanalyse

## 1. Einleitung

Die Vertreter der Inhaltsanalyse gehen davon aus, daß sich Verstehen immer im Rahmen einer sozialen Beziehung konstituiert – sowohl im Alltag als auch auf der wissenschaftlichen Ebene. Für eine kodifizierte, methodische Analyse ist deshalb die Kommunikationsbeziehung unerläßlich. Unter Kommunikationen sind nicht nur Akte zu verstehen, die durch unmittelbaren sozialen Kontakt entstehen. Auch historische Quellen, musikalisches oder visuelles Material können untersucht werden. Voraussetzung sind allerdings immer (a) die Protokollierung des Textes und (b) die Einbeziehung des Kontexts: Weil das Datenmaterial immer nur als kleiner Ausschnitt aus der sozialen Realität betrachtet wird, allein nicht aussagekräftig genug ist, muß es im Rahmen des Kontextes interpretiert werden. Die Inhaltsanalyse (oder präziser: das Arsenal verschiedenster inhaltsanalytischer Methoden) wird heute in den unterschiedlichsten Disziplinen angewandt. Publizistik/Kommunikationswissenschaft, Pädagogik, Psychologie, Geschichtswissenschaften und die Soziologie machen Gebrauch von ihr. In der Tourismuswissenschaft steht man allerdings noch am Anfang, obwohl sich angesichts der vielfältigen Medieninhalte im Kontext von Urlaub und Reisen eine Anwendung anbietet. Ursprünglich wurde die Inhaltsanalyse aber in einem völlig anderen Bereich entwickelt.

## 2. Zur Geschichte der Methode

Um der zunehmenden Flut der Massenmedien, vor allem der Zeitungen und des Radios analytisch beizukommen, bediente man sich schon in den 20er Jahren dieses Jahrhunderts einer Art Vorläufer der Inhaltsanalyse. Zunächst wurden rein quantitativ Bestandteile von Texten in Tageszeitungen ausgewertet, z.B., welcher Politiker wie häufig erwähnt wurde.

In der zweiten Hälfte der 30er Jahre führte die evidente Zunahme der politischen Propaganda und der kommerziellen Werbung, denen man eine gewisse Wirkung zuschrieb, zu einem weiteren Entwicklungsschub für die Inhaltsanalyse. Harold D. Lasswell erarbeitete während des Zweiten Weltkrieges einen „World Attention Survey". Im Auftrag des amerikanischen Kriegsministeriums, als Leiter der „Experimental Division for the Study of War-Time Communications", analysierte er die damalige Weltpresse. „Ähnliche Projekte wurden insbesondere in bezug auf die deutsche Rundfunkpropaganda während des Zweiten Weltkrieges an der New School for Social Research in New York (Ernst Kris & Hans Speier 1944) vom amerikanischen Foreign Broadcast Intelligence Service in Washington (Berelson & Sebastian de Grazia 1947) und von anderen offiziellen und halboffiziellen Stellen durchgeführt" (Silbermann 1974, S. 255).

Lasswell sorgte mit seinen Untersuchungen für eine entscheidende Wende. „Wer sagt was zu wem mit welcher Wirkung?", so lautet seine griffige Definition des Massenkommunikationsprozesses aus dem Jahr 1948, und das „was" zu untersuchen sollte Aufgabe für die empirische (d.h. lange Zeit rein quantitativ arbeitende) Inhaltsanalyse sein, wobei nach wie vor das größte Interesse den Print-Medien (Tagespresse, Illustrierte, Parteienpresse/Flugblätter) und dem traditionellen Rundfunk galt, aber auch erste spannende Pilotuntersuchungen zu „mehrkanaligen" Medien (wie Film, Comics) durchgeführt wurden.

Hervorzuheben ist z.B. Siegfried Kracauers Untersuchung „National Types as Hollywood Presents Them" aus dem Jahre 1949, in der gesellschaftliche Stereotypen analysiert wurden. Georges Friedman und Edgar Morin wiederum kümmerten sich um die Validierung der Inhaltsanalyse auf dem Gebiet der Filmforschung. Relevant für den Bereich der Comic-Forschung sind v.a. Lyle W. Shannons Untersuchung von 1954 und Gerhard Saengers Analyse aus dem darauf folgenden Jahr.

Zwischen 1950 und 1970 nahm das Interesse an der Inhaltsanalyse, v.a. im angloamerikanischen Raum bezogen auf die boomartig expandierenden Massenmedien, eingeschlossen das neuartige Fernsehen, stark zu. Dementsprechend wurde auch die theoretische Basis weiter entwickelt und mit z.T. ausgeklügelten und innovativen Untersuchungen untermauert. Die erste Phase dieses Zeitraum war durch das Überwiegen quantitativer Formen der Inhaltsanalyse bestimmt; später sollte in immer stärkerem Maße Kritik am positivistischen Vorgehen der klassischen Inhaltsanalyse geäußert und der Weg zu alternativen, hermeneutischen, qualitativen Methoden gefordert werden.

## 3. Die quantitative Inhaltsanalyse

Hierfür steht die bewußt normativ gehaltene Aussage des amerikanischen Kommunikationswissenschaftlers Bernard Berelson (1952); die Inhaltsanalyse solle *objektiv, systematisch* und *quantitativ* sein und außerdem ausschließlich den *manifesten,* offensichtlichen Inhalt beschreiben.

Mit *Objektivität* ist schlicht Nachprüfbarkeit jedes konkreten Schrittes in der Analyse gemeint. Systematisch geht der Forscher dann vor, wenn er (ganz im Sinne traditioneller empirischen Vorgehens) zuerst seine Hypothesen formuliert, dann geeignete Analyseeinheiten präzise und nachvollziehbar festlegt („Analyseeinheiten können entweder nach formalen Merkmalen abgegrenzt werden: z.B. untersucht man jedes Wort eines Textes oder jeden abgeschlossenen Satz (...)", Lamnek 1989, S. 181), ein repräsentatives Sample des zu untersuchenden Mediums oder Genres festlegt, ein Training für die an der Analyse direkt beteiligten Untersucher (Verkoder) durchführt, und in der folgenden Analyse darauf achtet, daß die Ergebnisse reliabel und möglichst valide sind.

Die quantitative Inhaltsanalyse geht also reduktiv vor, faßt im wesentlichen auf der Basis vorher entwickelter Fragestellungen oder Vermutungen Daten zusammen und ordnet das Material. An dem so gewonnenen Datensatz werden die Forschungshypothesen verifiziert oder falsifiziert. Die wichtigsten Verfahren der quantitativen Inhaltsanalyse sind:

*Frequenzanalyse.* Hier werden Elemente des Textes – formaler und/oder inhaltlicher Art – ausgezählt. In einem zweiten Schritt werden sie mit anderen vorhandenen Elementen verglichen. Von diesen Datensets verspricht man sich relevante Erkenntnisse. In einer Therapeut-Klient-Interaktion soll zum Beispiel eine Verlangsamung des Redeflusses beim Klienten auf einen Angstzustand schließen lassen.

*Dokumentenanalyse.* Ähnlich dem Vorgehen bei der Frequenzanalyse werden Dokumente analysiert, und zwar mit Hilfe vorab definierter Variablen.

„Der Unterschied zwischen Dokumentenanalyse und Frequenzanalyse besteht im Skalenniveau der erhobenen Daten. Durch die Frequenzanalyse werden, da sie die Häufigkeit bestimmter Elemente auszählen, Daten auf Intervallniveau gehoben. Dabei ist aber zu beachten, daß die ursprünglich im Text enthaltenen Variablen jedes beliebige Meßniveau haben können." (Lamnek 1989, S. 188).

*Valenz- und Intensitätsanalyse.* Die Valenzanalyse geht in der Vorstrukturierung des Materials noch weiter. Der Forscher stuft bestimmte Kommunikationsbestandteile – bezogen auf entwickelte Kategorien – als „positiv" oder „negativ" ein. Die Intensitätsanalyse versucht, etwas differenzierter vorzugehen: Sie operiert mit mehr als zwei Abstufungen.

*Kontingenz- und Bedeutungsfeldanalyse.* Beide Methoden schließen vom Text auf die Persönlichkeit des Sprechers. In einer Art Stimulus-Response-Verfahren untersucht man, welche Symbole wie oft im Zusammenhang mit vorgegebenen Symbolen geäußert werden. In der Bedeutungsfeldanalyse wird ebenfalls die 'Zusammengehörigkeit', die assoziative Nähe von Begriffen untersucht. Sinngehalte werden aber nicht vorgegeben. Stichproben aus den Texten genügen.

## 4. Inhaltsanalyse als qualitative Forschungstechnik

Die qualitative Inhaltsanalyse geht explikativ vor. Latente Inhalte sind ebenso wichtig wie manifeste. Vier weitere Punkte unterscheiden sie von der quantitativen Methode. Kommunikativität, Offenheit und Naturalistizität beziehen sich auf die konkrete Datenerhebung, die Interpretativität auf die darauf folgende Analyse. Die Konstituierung sozialer Realität wird nach der Inhaltsanalyse von den Beteiligten vollzogen. Wesentlich ist dabei die Kommunikation. Für den Inhaltsanalytiker ist es deshalb wichtig, daß „ein kommunikativer Akt über einen vergangenen oder fiktiven Handlungsablauf initiiert wird. (...) In diesem kommunikativen Akt wird Wirklichkeit dadurch geschaffen, daß sich die beteiligten Akteure der gemeinsamen Deutung der Situation vergewissern: Sie kommunizieren über die Bedeutung der Handlungssituation." (Lamnek 1989, S.195)

Konstitutiv ist das Prinzip *Offenheit*. Das heißt, die Forschungsissues entwickeln sich erst aus dem Material und nicht vorab. *Naturalistizität* meint, daß die Exploration dem Interviewten möglichst natürlich erscheinen soll. Für die Auswertung ist das sowieso unerläßlich: Hier geht der Forscher im Rahmen der *Interpretativität* vor. Er versucht, die Bedeutungszuschreibungen, die im Alltag vorgenommen werden, nachzuvollziehen, und anschließend einen Typus zu erarbeiten. Lamnek spricht in diesem Zusammenhang von einer „Form wissenschaftlich kontrollierten Fremdverstehens." (Lamnek 1989, S. 197)

*Resümee.* Mit der Inhaltsanalyse ist ein verallgemeinerter Textbegriff verbunden: Nicht ausschließlich schriftliche Texte, auch Bilder, audiovisuelles Material und Musik kommen als „Texte" (i.w.S.) oder als „Inhalte" in Betracht. Daraus ergibt sich die Anwendung und zunehmende Bedeutung dieser Methode für die Untersuchung gerade von audio-visuellen (oder „neuen") Medien. Im Gegensatz zu manchen anderen sozialwissenschaftlichen Methoden bemüht sich die Inhaltsanalyse – zumindest nach der klassischen Definition von Berelson (s.o.) – um Objektivität, Nachprüfbarkeit, Reliabilität. Was jedoch fehlt, ist eine objektive Begründung der Methode, eine Methodologie. In der konkreten Forschungspraxis verfahren beide Forschungsstränge – quantitative wie qualitative Inhaltsanalyse – subsumptiv. Das gilt vor allem für das vermeintliche Aufdecken latenter Bedeutungen. Hier wird oft in einem schlechten Sinne intuitiv, jedenfalls kaum objektiv begründbar verfahren.

Da der Text vorab entwickelten Kriterien untergeordnet wird, besteht die Gefahr, daß diejenige (soziale) Realität, die nicht abgefiltert werden kann, durch das Raster fällt. Das Prinzip, möglichst viel Kontextwissen an den Gegenstand heranzutragen, verstärkt diese Gefahr noch. Nützlicher wäre es, ihn zunächst einmal in seiner Eigenständigkeit zu erfassen, bevor man sich an Generalisierungen heranwagt. Was vordergründig wie eine effiziente Forschungsstrategie aussieht – vor allem bei einer großen Menge an zu analysierendem Material – kann sich als bloße Paraphrasierung des Textes herausstellen.

## 5. Inhaltsanalysen in der Tourismuswissenschaft

In der Grundlagenforschung oder angewandten Tourismuswissenschaft gibt es bisher bedauerlicherweise nur wenige Inhaltsanalysen, die den oben genannten Prinzipien quantitativen oder qualitativen Vorgehens genügen. Meistens beschränken sich die Beiträge auf nicht weiter explizierte, Untersuchungen eher individuell-interpretativer Art. Sie sind weder durch Hypothesen gestützt noch repräsentativ. Die Methodengruppe der Inhaltsanalyse weist aber in den Sozialwissenschaften eine mittlerweile ebenso differenzierte wie innovative Vielfalt auf. Außerdem ist im engeren und weiteren Bereich des Tourismus ein außerordentlich großes Potential an „Medien" oder „Inhalten" vorhanden, das alleine deshalb zu analysieren lohnt, weil sich die Branche gewisse „Wirkungen" (z.B. auf die Kaufentscheidung touristischer Dienstleistungen oder auf die Einstellungen der Rezipienten) verspricht (→*Touristische Medien*), für deren Untersuchung die Beantwortung der Frage nach den jeweils vermittelten Inhalten unerläßlich ist. So weisen der Bereich der Tourismusforschung und die Inhaltsanalyse eine hohe Affinität auf, denn beide haben mit Kommunikation und dem Verstehen der Kommunikation zu tun.

Wolfgang Meyer zeigte (1977), daß dieses Fremdverstehen auch im touristischen Forschungskomplex fruchtbar anzuwenden ist. Er ging der Frage nach, welche psychologischen Wirkungen die bekannten „Sympathie-Magazine" des Studienkreises für Tourismus haben. Ergebnis war, daß diese neuartigen Broschüren offenbar ihren Zweck, Sympathie und eine gewisse Sensibilität für das touristische Ziel zu erwecken, erfüllen. Seine Untersuchung darf als vergleichsweise methodisch ausgefeilt und in ihrer Detailliertheit durchaus aussagekräftig angesehen werden, auch wenn das Untersuchungsmaterial (mit gerade drei Beispielbroschüren) relativ beschränkt war (→ „*Sympathie-Magazine*").

– Mit einem vergleichsweise noch wenig untersuchten (→) *touristischen Medium* beschäftigten sich die amerikanischen Anthropologen Albers und James (1983) in ihrer qualitativ-semmiotischen Inhaltsanalyse von traditionellen Ansichtskarten (1900 bis 1970) mit Abbildungen von Indianern aus dem Gebiet der Großen Seen. Während in frühen Jahrzehnten die Indianer relativ authentisch (→ *Authentizität*) gezeigt wurden, nahmen im Laufe der Zeit mystifizierende, verklärende und inszenierende Darstellungen zu.

– Groves untersuchte 1981 in einer themabezogenen Inhaltsanalyse vom Charakter der Frequenzanalyse alle größeren Artikel, die zwischen 1960 und 1980 in einer „special interest"-Zeitschrift – „Camping Magazine" – erschienen waren. Dabei dominierten Artikel, in denen explizit auf Ziele und Werte Bezug genommen wurde, die für die Persönlichkeitsentwicklung als positiv angesehen werden und durch Camping erreicht werden sollten. Camping könne daher – neben der Tatsache, daß es eine bestimmte Freizeit- oder Urlaubsform darstelle – zu einer quasi übergeordneten sozialen Einrichtung werden.

– Eine interessante Datenquelle im touristischen Bereich sind *Tagebücher*; erfahrungsgemäß werden von vielen, v.a. jugendlichen Reisenden, immer wieder Tagebuchaufzeichnungen vorgenommen. Bisher wurden sie aber selten systematisch ausgewertet. Pearce (1981) analysierte die Tagebücher von 48 Touristen, die zwei tropische Inseln in North Queensland aufgesucht hatten, um herauszufinden, was sich während der verschiedenen Tage bzw. Phasen in der Einstellungswelt dieser Reisenden abspielte bzw. veränderte. Dabei zeigten sich u.a. signifikante Wechsel in der gesundheitlichen Verfassung und in den Aktivitäten der Urlauber: z.B. gab es am 2. oder 3. Tag, und v.a. am Abend, negative Gefühle und frustrierte Stimmungen, vermutlich als Folge eines „environment shocks". Dies könnte möglicherweise darauf zurückzuführen sein, daß idealisierte Vorannahmen („Urlaubs-Paradies") durch den tatsächlichen Kontakt falsifiziert wurden.

*Qualitative* Inhaltsanalysen gibt es durchaus einige, wenngleich man den Eindruck hat, daß der Begriff „qualitativ" nicht selten mit „theorielos" oder „hypothesenlos" übersetzt wird. Aus der Vielzahl im weiteren Sinne qualitativer und hypothesengestützter Analysen seien folgende herausgegriffen:

– Die Auswertungen von Aufsätzen/ Interviews jugendlicher Reisender („Interrail"-Benutzer/ Jugendherbergsgäste in der phänomenologisch orientierten Arbeit von Schönhammer (1987), mit dem Ziel, Mentalitätsunterschiede zu untersuchen, die verschiedenen Völkern von jugendlichen Bahntouristen zugeschrieben werden. (Vgl. auch Gaylers (1986) Auswertung von Erlebnisberichten jugendlicher Tramper aus Fahrten innerhalb Europas, die in Zusammenhang mit einem Wettbewerb entstanden waren.)

– Cohens (1986) Analyse des Briefwechsels „westlicher" Touristen mit ihren thailändischen Partnerinnen; dies waren Prostituierten, mit denen sie während eines kürzeren oder längeren Aufenthaltes eine aus ihrer Sicht emotional sehr bindende Freundschaft eingegangen waren. Entgegen den weitverbreiteten und vermeintlich plausiblen Annahmen, wonach in jedem Fall die Prostituierten in Südostasien reine Objekte des Sextourismus von Amerikanern und Europäer werden, zeigte sich aus dieser Briefanalyse, daß nach der Rückkehr der westlichen Sextouristen Formen emotionaler (und ökonomischer) Ausbeutung *seitens der Prostituierten* häufig vorkommen.

– Und schließlich könnte man noch Jakles (1981) Durchsicht eines Reisetagebuches anführen, das in der

Frühzeit des Automobiltourismus, im Jahre 1932, auf einem Trip von St. Paul nach San Francisco geführt worden ist - mit dem Ziel, daraus die Reisemotive und die Umweltwahrnehmung dieser „ersten Automobilreisenden" zu extrahieren.

Die Möglichkeiten qualitativer Inhaltsanalyse sind also vielfältig. Vor dem Gesichtspunkt der immer differenzierter werdenden Diskussion um qualitative Forschungsverfahren hat Giegler (1991) vor kurzem vorgeschlagen, die Möglichkeiten qualitativer Inhaltsanalysen bei der Bearbeitung zeitgeschichtlicher Themen zu nutzen, konkret: die Beschreibung von „Lebenswelten" im Nationalsozialismus am Beispiel der „KdF"-Bewegung per Inhaltsanalyse vorzunehmen. Darüber hinaus könnten die verschiedenen audio-visuellen (→ *touristischen Medien*) analysiert werden, da hierzu nur minimale Forschungsergebnisse vorliegen.

## Literatur

Albers, P.C. & James, W.R. (1983). Tourism and the changing photographic image of the Great Lake Indians. Annals of Tourism Research, 10, 123-148.

Berelson, B. (1952). Content analysis in communication research. Glencoe, Ill.

Cohen, E. (1986). Lovelorn farangs. The correspondence between foreign men and Thai girls. Anthropological Quarterly, 59(3), 115-127.

Gayler, B. (1986). Jugendliche Tramper. Beiträge zum Wettbewerb „Jugend reist und lernt Europa kennen" (zusammengestellt von B. Gayler). Materialien für Tourismusforschung. Starnberg: Studienkreis für Tourismus.

Giegler, H. (1991). Freizeit. (S. 334-339) In U. Flick; E.v. Kardorff; H. Keupp; L. v. Rosenstiel & S. Wolff (Hg.), Handbuch Qualitative Sozialforschung. München: PVU.

Groves, David L. (1981). Camping – its past and future contribution to adolescent development. Adolescence, 16 (62) [Summer], 331-334.

Jakles, J. (1981). Touring by automobile in 1932. The American West as stereotype. Annals of Tourism Research, 8, 534-549.

Kagelmann, H.J. (1988). Tourismus. (S. 497-517) In D. Frey; C. G. Hoyos & D. Stahlberg (Hg.), Angewandte Psychologie. Ein Lehrbuch. München: PVU (2. Aufl. 1992).

Kracauer, S. (1947). From Caligari to Hitler: A psychological history of the German film. Princeton.

Lamnek, S. (1989). Inhaltsanalyse. (S.192-233) In S. Lammek, Qualitative Sozialforschung, Bd. 2. München: PVU.

Mayring, P. (1991). Qualitative Inhaltsanalyse. (S. 209-213) In Flick et. al. (Hg.), Handbuch Qualitative Sozialforschung. München: PVU.

Meyer, W. (1977). Sympathiemagazine. Untersuchung zur psychologischen Wirkungsweise von Sympathiemagazinen bei Fernreisenden. Starnberg: Studienkreis für Tourismus.

Pearce, P.L. (1981). „Environment shock": a study of tourists' reactions to two tropical islands. Journal of Applied Social Psychology, 11, 268-280.

Saenger, G. (1955). Male and female relations in the American comic strip. Public Opinion Quarterly, 19, 169-205.

Scheuch, E.K. (1981). Tourismus. (S. 540-565) In F. Stoll (Hg.), Kindlers ‚Psychologie des 20. Jahrhunderts', Bd. 2, Weinheim: Beltz.

Schönhammer, R. (1987). Jugendliche Europa-Touristen. Eine psychologische Studie über das Reisen im europäischen Netz von Bahn und Jugendherbergen. Starnberg: Studienkreis für Tourismus.

Shannon, L.W. (1954). The opinions of Little Orphan Annie and her friends. Public Opinion Quarterly, 18, 169-179.

Silbermann, A. (1974). Systematische Inhaltsanalyse. (S. 253-316) In R. König (Hg.), Handbuch der empirischen Sozialforschung, Bd. 4. Stuttgart: Enke.

Steinecke, A. (1988). Der bundesdeutsche Reiseführer-Markt. Leseranalyse – Angebotsstruktur – Wachstumsperspektiven. Starnberg: Studienkreis für Tourismus.

Walde, S. (1989). Reisemagazine auf dem deutschen Lesermarkt. Eine vergleichende Inhaltsanalyse zur Positionierung ausgewählter Objekte. Unveröff. päd. Diplomarbeit, Universität München.

**Frank Winter, Frankfurt/M.**

# Urlaubertypologien

## 1. Begriff und Bedeutung von Urlaubertypologien

Die Anwendung von Klassifikationssystemen hat im Tourismus ein breites Anwendungsfeld gefunden, wie z.B. bei Reiseverkehrsmitteln (Klassen), Hotels (Sterne), Tourismusorten (Prädikatisierung) und umweltgerechten Tourismusangeboten (Umweltgütesiegel). Diesen touristischen Leistungsgruppierungen auf der Angebotsseite steht auf der Nachfrageseite die Konstruktion von Urlaubertypologien gegenüber, die eine möglichst zielgruppengenaue Zusammenführung der jeweiligen Teilnehmer bewirken soll.

In einer klassischen Definition der Psychologie wird der Begriff des *Typus* wie folgt umschrieben: „Theoretisch bedeutet Typus den konstruierten Idealfall eines Menschen, der alle charakteristischen Merkmale seiner Gruppe und nur sie, besitzt; praktisch bedeutet Typus einen wirklich einzelnen Menschen, der die charakteristischen Merkmale seiner Gruppe in besonders großer Häufung und Ausprägung aufweist." (Rohracher 1948, S. 27). Diese Definition orientiert sich weitgehend an Max Webers Unterscheidung vom „*Idealtypus*" und „*Realtypus*" (Weber 1978, S. 191).

Analog hierzu sind *Urlaubertypologie* und Urlaubertyp wie folgt zu definieren:
– Eine *Urlaubertypologie* teilt eine heterogene Urlauberpopulation nach spezifischen Kriterien der psychosozialen Differenzierung in verschiedene, relativ in sich homogene Gruppen von Urlaubern ein.
– Ein *Urlaubertyp* ist innerhalb einer Urlaubertypologie ein empirisch gewonnenes idealtypisches Konstrukt einer Anzahl von Urlaubern mit ähnlichen Reisemotiven, Urlaubsverhaltensweisen und Urlaubsformen. Dabei besteht eine Urlaubertypologie i.d.R. aus vier bis sechs Urlaubertypen.

Urlaubertypologien und Urlaubertypen verändern sich durch den sozialen Wandel permanent und geben so einen Ausschnitt aus der jeweiligen Sozialstruktur einer Gesellschaft wieder, was in einem Vergleich der Urlaubertypen in der vorindustriellen, industriellen und nachindustriellen Gesellschaft deutlich wird. Auch ein *interkultureller* Vergleich von Urlaubertypologien ist recht aufschlußreich. Z.B. ergeben sich für Ostdeutschland ganz andere Urlaubertypologien und quantitative Verteilungen als für Westdeutschland, für Japan andere als für die USA.

Die Konstruktion von Urlaubertypologien der deutschen Reisebevölkerung hat sich in den letzten Jahren zu einem Lieblingskind der Tourismusforscher entwickelt. Dieser Trend kann u.a. mit einer Bedeutungszunahme des Strategischen Marketings hinsichtlich erhöhter Wettbewerbsintensität auf den sich differenziert entwickelnden spezifischen touristischen Käufermärkten erklärt werden. Insofern wird der Konstruktion von *multidi-*

*mensionalen Urlaubertypen* und deren operationaler Umsetzung immer mehr Beachtung geschenkt, zumal die klassischen *monodimensionalen sozio-demografischen Segmentierungskriterien* (wie: Geschlecht, Alter, Familienstand, Bildung, Beruf und Einkommen) für die Entwicklung touristischer Angebote und einer feinsegmentierten medialen Zielgruppenansprache aufgrund eines sich ausdifferenzierenden und höheren touristischen Anspruchsniveaus nicht mehr ausreichen.

Untrennbar verbunden mit den Urlaubertypologien sind die Lebensstiltypologien. (→) *Lebensstile* konstituieren sich durch eine spezifische Lebensführung in der alltäglichen Lebenswelt. „Lebensstile artikulieren sich auf drei Ebenen: im Denken, in Interessen und Weltvorstellungen; im Verhalten in Arbeit und Freizeit; in materieller und kultureller Ausstattung der persönlichen Lebensführung." (Romeiß-Stracke 1989, S. 18). Spezifische Lebensstilgruppen weisen auch daher ein spezifisches Reiseverhalten auf und kommen damit spezifischen Urlaubertypen sehr nahe. So hat z.B. der Studienkreis für Tourismus in seiner *Reiseanalyse* 1990 die Lifestyle-Typologie „Autoklas" des Gruner & Jahr-Verlages übernommen und den einzelnen Lifestyle-Typen ein repräsentativ erfaßtes Reiseverhalten zugeordnet (Studienkreis für Tourismus 1991, S. 119 ff.).

## 2. Methoden und Techniken zur Konstruktion von Urlaubertypologien

Grundsätzlich lassen sich zwei Verfahrensweisen zur Konstruktion von Urlaubertypologien unterscheiden: (a) mathematisch-statistische Methoden bzw. Techniken der quantitativen Sozialforschung wie Faktoren-, Cluster- und Längsschnittanalyse, (b) Methoden und Techniken der qualitativen Sozialforschung aus der verstehenden handlungstheo-retischen Soziologie wie qualitatives Interview, teilnehmende Beobachtung und biographische Methode (→ *Reisebiographien*).

– Bei der *Faktorenanalyse* werden z.B. die mit einer Urlauberbefragung gewonnenen umfangreichen Datensätze anhand einer Vielzahl von Antworten (Statements, Items, Indikatoren) verdichtet und die Antwortenkomplexität auf wenige Dimensionen (Faktoren) reduziert. Mit diesen multivariaten Verfahren können vorher nicht bekannte Zusammenhänge zwischen den Antworten (Variablen) anhand von Faktorladungen und Korrelationsparametern dargestellt werden.

Bei der *Clusteranalyse* werden dann Personengruppen herausgefiltert, die z.B. bei einer Urlauberbefragung die vorgelegten Statements gleich oder ähnlich beantwortet haben. Durch diese Häufung (*clustering*) der Antworten kann man Urlaubertypen bilden (Kanthak 1973).

Erste Urlaubertypologien wurden vom Institut für Demoskopie (Geiger 1969) und vom Studienkreis für Tourismus (Hahn & Sommer 1974, 1977; Richter 1981) anhand der Aktivitäts- und Erwartungsfragen mit jeweils 6000 Versuchspersonen durchgeführt. So hat beispielsweise Richter anhand der Reiseanalyse 1978 aufgezeigt, wie man mit der Faktoren- und Clusteranalyse deutsche Urlauber typologisieren kann. (Richter 1981, S. 88 ff.) In einer ersten Rechenoperation wurden dazu anhand einer Faktorenanalye 61 Statements (Urlaubsmotive, Urlaubsortpräferenzen, Urlaubsprioritäten) zu neun Dimensionen/Faktoren verdichtet (Unterhaltung, Erholung, Klima, Landschaft, Bildung, Preis, Kinderfreundlichkeit, Bekanntheitsgrad und Sicherheit des Urlaubsortes). In einer zweiten Rechenoperation konnten dann anhand einer Clusteranalyse aufgrund ähnlicher Beantwortung der Statements fünf relativ in sich homogene Urlaubertypen gebildet werden (anspruchsloser, erlebnisorientierter, badeorientierter, aktiv-erholungsorientierter und preisbewußter-familienorientierter Urlauber).

– Ein innerhalb der empirischen Tourismusforschung erstmals angewandtes Verfahren zur Konstruktion von Urlaubertypologien hat Becker innerhalb des Pilotprojektes „Lebenslanges Urlaubsreiseverhalten" mit der *Kohorten- und Längsschnittanalyse* vorgestellt (Becker 1992, S. 70 ff.; (→) *Reisebiographien*). Anhand einer repräsentativen Stichprobe (n=256) wurden drei Alterskohorten aus 50-, 60- und 70jährigen Einwohnern der Stadt Trier gebildet und innerhalb einer standardisierten mündlichen Befragung zu ihrer Reiseintensität und zu ihrem Reiseverhalten von 1921-1990 befragt. Aus den Antworten wurden dann sechs Häufigkeitstypen hinsichtlich ihrer Reiseintensität konstruiert.

Dieses Verfahren ermöglicht die Typisierung von quantitativen Daten in der Zeitdimension des Lebenslaufes von Alterskohorten (Reiseintensität, Reisedauer, Reisezeit, Reiseziel, Reiseausgaben etc.) und personale Zuordnung sozio-demographischer Merkmale wie Geschlecht, Alter, Familienstand, Bildung, Beruf, Einkommen. Die Längsschnittanalyse ist jedoch für die Konstruktion „ganzheitlicher" Urlaubertypologien mit lebensstil-, erlebnis-, motiv-, einstellungs- und handlungsorientiertem Erklärungsanspruch weniger geeignet.

Die zweite Verfahrensweise, Urlaubertypologien zu konstruieren, kommt aus der verstehenden und handlungstheoretischen Soziologie (Phänomenologie, Ethnomethodologie, Symbolischer Interaktionismus).

Analog dem „Interpretativen Paradigma" – alle Motive und Handlungen von Urlaubern sind sinnhaft, interpretationsfähig und typisierbar – können Handlungstypen (= Urlaubertypen) gebildet werden. Zur Erfassung und Einteilung von (→) *Urlaubertypologien* werden Methoden und Techniken der qualitativen empirischen Sozialforschung wie qualitatives Interview, teilnehmende Beobachtung und biographische Methode angewandt. Die Anwendung dieser Methoden und Techniken kann auch standardisierten Befragungen und Faktoren-, Cluster- und Längsschnittanalysen vorgeschaltet bzw. nachgeschaltet werden, um durch die Erhebung von qualitativen Daten Tiefendimensionen von Urlauberhandlungen aufzudecken.

Um Urlauber typologisieren zu können, muß die Lebenswelt des Probanden, d.h. seine Alltags- und Urlaubswelt, zum Untersuchungsbereich jeder qualitativ orientierten Tourismusforschung gemacht werden. In diesem Zusammenhang ist das sog. „methodisch kontrollierte Fremdverstehen" von großer Bedeutung. Bei diesem „to go inside the tourist's world" werden an den Tourismusforscher hohe Ansprüche gestellt. Er muß sich in die Alltags- und Urlaubssituation des Gesprächspartners mit viel Empathie hineinversetzen und durch Einnahme der Urlauberrolle („role taking") und Übernahme des Fremd-Ich („alter ego") die Urlauberhandlungen so nachvollziehen und interpretieren können, als hätte er sie selbst vollzogen. Die Fokussierung auf Erfassung und Interpretation der Sinnzusammenhänge von Urlaubern („Um-zu-Motive") und Urlauberhandlungen ist also der erste Schritt eines qualitativ-interpretativ orientierten Tourismusforschers, um dann in einem zweiten Schritt aus den gewonnenen verbalen und visuellen Daten und Dokumenten Urlaubertypologien konstruieren zu können.

*Das qualitative Interview* (auch als exploratives und narratives Interview oder Tiefen- und Intensiv-Interview bezeichnet) sollte immer dann zum Einsatz kommen, „(...) wenn die Verhaltens-, Meinungs-, Einstellungs- oder Anmutungsvariabilität (...)" (Marktpsychologische Beratungsgruppe Oppermann 1981, S. 1) von Urlaubern unbekannt ist und aus den verbalen und visuellen Äußerungen der Interviewpartner Urlaubertypologien gebildet werden können. Bei dieser Erhebungsmethode strukturiert der Interviewer die Interaktion lediglich durch einen Gesprächsleitfaden. Mit einer Einverständniserklärung des Interviewten kann das Gespräch auf Tonband aufgezeichnet werden und später eine Transskription vorgenommen werden, also das gesprochene Wort in das geschriebene Wort transferiert werden. Diese sehr aufwendige, aber auch sehr aussagefähige Erhebungs- und Auswertungsmethode ist bei der Konstruktion von Urlaubertypologien bisher allerdings kaum zur Anwendung gekommen.

Knebel traf z.B. eine sozialgeschichtliche Unterscheidung zwischen dem traditionsgeleiteten, innengeleiteten und außengeleiteten Touristen (Knebel, 1960, S. 11 ff.). Eine recht populäre, oft zitierte und für die touristische Marktsegmentierung gut anwendbare Urlaubertypologie entwickelte Hahn, indem er den verschiedenen Motiv- und Verhaltenspräferenzen der Urlauber bestimmte Buchstaben zuordnete – A-, B-, F-, S-, W-Typ (Hahn 1974). Bei Cohen (1979, S. 179 ff.) sind es wiederum die spezifischen Erfahrungen, die der Tourist auf seiner Reise macht, die zum Ausgangspunkt seiner phänomenologischen Urlaubertypologie wurden (vgl. Tab. 1).

*Spezielle Urlaubertypologien* fokussieren lediglich nur *eine* touristische Dimension, wie z.B. ein ganz spezifisches touristisches Verhalten. So hat Smith Touristen danach typisiert, inwieweit sie sich den sozio-kulturellen Normen der einheimischen Bevölkerung anpassen (Smith 1977, S. 9). Die Wahl der Interaktionspartner der Touristen war für Meyer das Kriterium für seine Typisierung von Touristen (Meyer 1978, S. 45 ff.), während Hartmann eine aussagefähige Urlaubertypologie nach Landschaftspräferenzen entwickelte (Hartmann 1981, S. 29 ff.)

*„Typ im Typ"* meint, daß ein spezifischer Urlauber-Grundtypus noch einmal in verschiedene Ausprägungen ausdifferenziert wird. Bekannt geworden in diesem Zusammenhang ist z.B. Freyers Typologie des Alternativtouristen (Freyer 1988, S. 356) oder auch eine Manager-Urlaubertypologie (Hyatt-Hotels, 1991). Typ im Typ-Konstruktionen sind für viele touristische Angebote denkbar, z.B. für Reiseverkehrsmittel (Bahn, Flugzeug), Beherbergung (Hotel, Ferienwohnung), Destinationen (Deutschland-Urlauber, Fernreisender) und Reiseformen (Studienreise, Cluburlaub) (vgl. Tab. 2).

Die *teilnehmende Beobachtung* ist eine weitere Möglichkeit, Urlauber zu typisieren. Die Anwendung dieser Methode bietet sich insbesondere bei Urlaubsformen an, in denen

Tabelle 1: Allgemeine Urlaubertypologien

| Verfasser | Urlaubertypen |
| --- | --- |
| Knebel (1960) | traditionsgeleiteter, innengeleiteter, außengeleiteter Tourist |
| Hahn (1974) | Abenteuerurlauber (A-Typ), Bildungsurlauber (B-Typ), Erlebnisurlauber (F-Typ), Erholungsurlauber (S-Typ), Bewegungsurlauber (W1-Typ), Sporturlauber (W2-Typ) |
| Richter (1978) | anspruchsloser U., Erlebnis-U., aktiver Erholungs-U., Bade-U., preisbewußter Familien-U. |
| Cohen (1979) | Erholungstyp, Ablenkungstyp, Erfahrungstyp, Experimentiertyp, Existenztyp |
| Opaschowski (1985) | erholungssuchende, bewegungsaktive, heimzentrierte, erlebnisbezogene, vergnügungsorientierte, kulturinteressierte, hobbybegeisterte, umweltbewußte Urlauber |
| Romeiß-Stracke (1989) | aktive Genießer, Trendsensible, Familiäre, Nur-Erholer |
| Gallup-Institut (zit.n. o.V. 1989b) | Abenteurer, Ängstliche, Träumer, Sparsame, Verschwender |
| Studienkreis für Tourismus (1991) | gesundheitsbewußte, vielfältig Engagierte, passive, häusliche, unauffällige aufgeschlossene Freizeitorientierte, gutsituierte Familienorientierte, genügsame Fleißige, dynamische Egozentriker |
| Schwarze (1992) | Selbstfindungs-Typ, Maß- und Ziel-Typ, Abenteuer-Typ, Urlaub-vom-Ich-Typ |

Tabelle 2: Spezielle Urlaubertypologien

| Differenzierungskriterium | Urlaubertypen |
|---|---|
| *Interaktionsintensität* (Molnos 1962) | Kontaktsucher, Kontaktfreudiger, Kontaktarmer, Kontaktvermeider |
| *Destinationspräferenz* (Plog 1972) | psychocentric, mid-centric, allocentric tourist (→ *Psychozentrismus/Allozentrismus*) |
| *Reiseorganisationsform* (Cohen 1972) | organized mass tourist, individual mass tourist, explorer, drifter (→ *Marginale Paradiese;* → *Trampen*) |
| *Aktionsräumliches Verhalten* (Fingerhut 1973) | Wandertyp, Freiraumtyp, Landschaftstyp, Rundfahrertyp, Promeniertyp, Sporttyp, Bildungstyp |
| *Grad der Anpassung* (Smith 1977) | Forschungsreisender, Elite-Tourist, „Off-Beat"-Tourist, „Ungewöhnlicher Tourist", Massentourist, Chartertourist |
| *Interaktionspartner* -(Meyer 1978) | Partner-Kontakt-Typ, Personal-Kontakt-Typ, Urlauber-Kontakt-Typ, Kolonisten-Kontakt-Typ, Brückenkopf-Kontakt-Typ, Typ der bewußten Kontaktsuche im fremden Land |
| *Landschaftspräferenz* (Hartmann 1981) | Mittelgebirgs-, Hochgebirgs-, Nordsee-, Ostsee-, Mittelmeer-, Binnensee-, Flachland-Urlauber |
| *Kritik am Touristen* (Krippendorf 1984) | lächerlicher, einfältiger, organisierter, häßlicher, kulturloser, reicher, ausbeuterischer, umweltverschmutzender, alternativer Tourist |
| *Ökonomische Bedeutung* (Aguilo, zit. n. o.V. 1989a) | Marginaltourist, Qualitätstourist |
| *Reiseintensität* (Becker 1992) | Reisefanatiker, Ständig-Reisende, Intervall-Reisende, Häufig-Reisende, Wenig-Reisende, Selten-Reisende |
| **Typ im Typ-Grundtypus** | **Typ im Typ-Ausprägungen** |
| *Kreuzfahrer* (Struck 1970) | Vergnügungs-Reisender, Prestige-R., Bildungs-R., Gesundheits-R., Entdeckungs-R., Gesellschafts-R. |
| *Alternativ-Tourist* (Freyer 1988) | Polit-Tourist, Globetrotter, Abhauer (→ *Marginale Paradiese;* → *Trampen*) |
| *Manager-Urlauber* (Hyatt Hotels 1991) | Power-Player, Streß-Bekämpfer, Flüchtender, Vergnügungssüchtiger, Plänemacher |

sich Urlauberverhalten räumlich konzentriert vollzieht und damit für den Tourismusforscher beobachtbar, d.h. wahrnehmbar, dokumentierbar, interpretierbar und typisierbar wird; z.B. bei Gruppenreisen, (→) *Cluburlaub*, (→) *Kreuzfahrten*, (→) *Campingurlaub*, Jugendlager usw. Der Studienkreis für Tourismus hat das Instrument der teilnehmenden Beobachtung in seinen Anfangsjahren vielfach eingesetzt und seinen freien Mitarbeitern dazu einen Beobachtungsleitfaden (Art der Aufzeichnung der Beobachtungen, Einstellungen, Erleben, Verhalten der Urlauber, usw.) mit an die Hand gegeben. Molnos typologisierte z.B. auf diese Weise als teilnehmende Beobachterin einer Italien-Rundreise Urlauber nach ihrer Interaktionsintensität (Molnos 1962, S. 21 ff.). Der Vorteil der teilnehmenden Beobachtung liegt u.a. darin, daß der Tourismusforscher inkognito als „Pseudo-Urlauber" voll im Urlaubsgeschehen seiner Miturlauber integriert ist, und somit an Tiefendimensionen hinsichtlich Motiven, Erwartungen, Einstellungen, Bewertungen und Handlungen von Urlaubern herankommt, die mit einer standardisierten Befragung nicht aufdeckbar gewesen wären.

Die *biographische Methode* als qualitative Methode umfaßt die Analysen von aussagefähigen biographischen Dokumenten und erzählten Lebens- und Urlaubsgeschichten („Oral history"), die zu Urlauberbiographien konstruiert und zu Urlaubertypologien verdichtet werden können. Anhand verbaler und visueller Dokumente (Reiseerzählungen, Reisetagebücher, Reisedokumente, Fotos, Dias, Videos, (→) *Ansichtskarten*) kann die Konstitution und Modifikation von Urlaubsmotiven, Urlaubshandlungen und Urlaubsformen zu spezifischen Urlaubertypen rekonstruiert werden.

## 3. Ausblick: Allgemeine und spezielle Urlaubertypologien

Der Tourismus als Massenphänomen ist eine recht junge Erscheinung (→ *Tourismuspsychologie*). Insofern können auch die theoretische und empirische Tourismusforschung auf eine erst kurze Geschichte zurückblicken. Die meisten Urlaubertypologien wurden erst in den letzten beiden Jahrzehnten von 1970-1990 konstruiert. Dabei haben *die allgemeinen Urlaubertypologien* die größte Beachtung erfahren. Hierbei handelt es sich um idealtypische Konstrukte, bei denen Urlaubsmotive, Urlaubsverhalten und Urlaubsformen innerhalb einzelner Urlaubertypen stark miteinander korrelieren. Im Hinblick auf eine zunehmende Individualisierung des Reiseverhaltens und einer daraus resultierenden verstärkten Feinsegmentierung touristischer Partialmärkte werden Typ im Typ-Konstruktionen in Zukunft sicher eine Bedeutungszunahme erfahren.

## Literatur

Becker, C. (1992). Lebenslanges Urlaubsreiseverhalten – Erste Ergebnisse einer Pilotstudie. (S. 70–82) In C. Becker (Hg.), Erhebungsmethoden und ihre Umsetzung in Tourismus und Freizeit. Trier: Geographische Gesellschaft Trier.
Cohen, E. (1972). Towards a sociology of international tourism. Social Research, 39, 164–182.
Cohen, E. (1979). A phenomenology of tourist experiences. Sociology, 13, 179–201.
Freyer, W. (1988). Tourismus. Einführung in die Fremdenverkehrsökonomie. München: Oldenbourg.
Fingerhut, C. (1973). Arbeitsmethoden zur Bewertung der Erholungseignung eines landschaftlichen Angebotes für verschiedene Typen von Erholungsuchenden. In Landschaft und Stadt, S. 162–171.
Geiger, H. (1969). Interessen und Verhaltensweisen von Urlaubsreisenden (S. 119–131). In Studienkreis für Tourismus (Hg.), Motive – Meinungen – Verhaltensweisen. Starnberg: Studienkreis für Tourismus.
Hahn, H. (1974). Wissen Sie eigentlich, was für ein Urlaubstyp Sie sind? Für Sie, 25.1.1974.
Hahn, H. & Sommer, R. (1974). Urlaubsreisen 1972. Psychologische Segmentationsstudie. Berichtsband. Starnberg: Studienkreis für Tourismus. (Unveröff. Untersuchung).
Hahn, H. & Sommer, R. (1977). Urlaubsreisen 1976. Psychologische Typologie. Berichtsband. Starnberg: Studienkreis für Tourismus. (Unveröff. Untersuchung).
Hartmann, K.D. (1981). Zur Psychologie des Landschaftserlebens im Tourismus. Starnberg: Studienkreis für Tourismus.
Hyatt Hotels Corporation (1991). Time off: The psychology of vacations. A Hyatt travel project. Chicago. (Unveröff. Manuskript).
Kanthak, J. (1973). Möglichkeiten der Marktsegmentierung durch die Ermittlung von Urlaubertypen. (S. 49–57) In Studienkreis für Tourismus (Hg.), Urlaubsreisen 1972. Auswertungstagung. Starnberg: Studienkreis für Tourismus. (Unveröff. Untersuchung).
Knebel, H.J. (1960). Soziologische Strukturwandlungen im modernen Tourismus. Stuttgart: Enke.
Krippendorf, J. (1984). Die Ferienmenschen. Für ein neues Verständnis von Freizeit und Reisen, 2. Aufl. 1986. München: DTV.
Laßberg, J. von & Steinmassl, C. (1991). Urlaubsreisen 1990. Kurzfassung der Reiseanalyse 1990. Starnberg: Studienkreis für Tourismus.
Marktpsychologische Beratungsgruppe Oppermann (1981). Richtlinien zur Durchführung von psychologischen Forschungsgesprächen. Bonn. (Unveröff. Manuskript).
Meyer, W. (1978). Typologie der Touristen unter dem Aspekt der sozialen Kontakte beim Auslandsurlaub. (S. 41–48) In Institut für Auslandsbeziehungen (Hg.), Tourismus und Kulturwandel. Stuttgart.

Molnos, A. (1962). Eine Reise durch Italien. Beobachtungen einer Psychologin während einer Gesellschaftsrundreise. München: Studienkreis für Tourismus.

Opaschowski, H. (1985). Neue Urlaubsformen und Tourismustrends. Hamburg. (Unveröff. Manuskript).

o. V. (1989a). Mallorcas Segen mit den Touristen. Süddeutsche Zeitung, 22.8.1989.

o. V. (1989b). Abenteurer und Ängstliche. Wie Meinungsforscher Reisende in Kategorien einteilen. Süddeutsche Zeitung, 14.11.1989.

Plog, C. (1972). Why destination areas rise und fall in popularity. Los Angeles. (Unveröff. Manuskript der Travel Research Association).

Richter, R. (1981). Urlaubertypologien. Typologien als Methodik der Datenanalyse und der Zielgruppendefinition. (S. 85–96) In Studienkreis für Tourismus (Hg.), Reisemotive – Länderimages – Urlaubsverhalten. Starnberg: Studienkreis für Tourismus.

Rohracher, H. (1948). Kleine Charakterkunde. Wien.

Romeiß-Stracke, F. (1989). Neues Denken im Tourismus. München: ADAC-Verlag.

Smith, V. L. (1977). Hosts and guests. The anthropology of tourism. University of Pennsylvannia Press.

Schwarze, K. (1992). Was wünschen Sie sich vom Urlaub? Cosmopolitan, 4, 254-258.

Struck, U. (1970). Marketingprobleme der Seetouristik. (S. 254–258) In Studienkreis für Tourismus (Hg.), ITB-Kongreßband-Marketing im Tourismus Starnberg: Studienkreis für Tourismus.

Studienkreis für Tourismus (1991). Urlaubsreisen 1990. Kurzfassung der Reiseanalyse. Starnberg: Studienkreis für Tourismus.

Weber, M. (1978). Gesammelte Aufsätze zur Wissenschaftslehre. Tübingen: Mohr-Paul Siebeck.

**Axel Schrand, München**

# Die Repertory Grid-Technik

## 1. Einleitung: Geschichte und theoretische Basis der Methode

Die Repertory Grid-Technik hat ihren Ursprung in der *Psychologie der persönlichen Konstrukte*, die im Jahre 1955 von dem amerikanischen Psychologen George Kelly formuliert wurde. Grundpostulat von Kellys Theorie ist, daß die psychischen Prozesse einer Person (z.B. die Entscheidung für einen bestimmten Urlaubsort) durch die Art und Weise vermittelt und geprägt werden, in der sie Ereignisse antizipiert. Diese Antizipation von Ereignissen erfolgt auf der Basis eines individuell unterschiedlichen Systems vernetzter, hierarchisch gegliederter persönlicher Konstrukte. Das Menschenbild der Psychologie der persönlichen Konstrukte ist der *Mensch als Forscher*, da ein solches Konstruktsystem mit einer wissenschaftlichen Theorie und den aus ihr abgeleiteten Hypothesen vergleichbar ist.

Die Repertory Grid-Technik wurde ursprünglich in klinisch-therapeutischen Kontexten als Methode der Erhebung *individueller* Konstruktsysteme entwickelt. Aufgrund der potentiellen Entscheidungsrelevanz von Konstruktsystemen war sie jedoch ebenso für nicht-klinische Bereiche, z.B. für die Marktforschung, interessant, zumal die hohe Flexibilität der Methode auch die Auswertung von *Gruppendaten* erlaubt. In der Tourismusforschung ist das Verfahren sowohl für Einzelfallstudien (z.B. Botterill 1989) als auch für Gruppenuntersuchungen zu verschiedensten Objekten (etwa die Analyse des Images von Badeorten, Riley & Palmer 1975) eingesetzt worden.

Die Auswertung eines Grids erfolgt i.d.R. computergestützt in Form von Faktorenanalysen. Von besonderem methodischen Interesse ist im Kontext der Tourismuspsychologie ein von Potter und Coshall (1988) vorgestelltes *manuelles* Auswertungsverfahren, das auch zur grundsätzlichen Einführung in die Grid-Technik gut geeignet ist (s.u.).

## 2. Darstellung des Verfahrens

*(1) Grundelemente und Datenerhebung.* Als Methode der Daten*erhebung* kann die Grid-Technik zunächst als ein *strukturiertes Interview* zur Erhebung individueller Konstrukte betrachtet werden. Ein Konstrukt ist – im Gegensatz zu einem Begriff – eine *bipolare Unterscheidungsdimension*, beispielsweise die Dimension „schön-häßlich" oder auch „schön-interessant" (es muß sich also bei den beiden Polen des Konstrukts nicht unbedingt um semantische Gegensätze handeln). Die Konstrukte einer Person werden erhoben durch die Vorgabe von im Prinzip beliebigen *Elementen* (z.B. Gegenstände, Fotografien, Personen-, Orts- oder Landesbezeichnungen),

Die Repertory Grid-Technik

die jedoch zwei Kriterien erfüllen müssen: die zu erhebenden Konstrukte müssen auf die Elemente *anwendbar* sein (also bei einer Untersuchung über Freizeit keine Elemente aus dem Bereich Arbeit), und sie müssen für den zu untersuchenden Bereich *repräsentativ* sein. Die häufigste Methode zur Erhebung der Konstrukte ist die sog. *Triadenmethode*: dem Interviewpartner werden drei der Elemente vorgelegt mit der Aufforderung, einen für ihn wichtigen Aspekt zu nennen, in dem sich zwei der Elemente *ähnlich* sind und durch den sie sich von dem dritten Element *unterscheiden* (zu weiteren Methoden der Konstrukterhebung s. Fransella & Bannister 1977). Je nach Fragestellung der Untersuchung ist es auch möglich, die Konstrukte vorzugeben und den Interviewpartner lediglich die Elemente zuordnen zu lassen; falls diese Zuordnung auf Ratingskalen erfolgt, entspricht die Methode einem semantischen Differential.

*(2) Ein Beispiel.* Erhebung und manuelle Auswertung eines Grids. Das folgende Beispiel (nach Potter & Coshall 1988) soll sowohl die Konstrukterhebung verdeutlichen als auch in die bereits erwähnte Methode der manuellen Auswertung einführen.

Der Interviewpartner wurde gebeten, sechs europäische Länder im Sinne einer Imageanalyse in ihrer Attraktivität als mögliche Ferienziele einzuschätzen (vgl. Abb. 1). Zur Konstrukterhebung wurde die Triadenmethode verwendet. Die erste vorgegebene Elementetriade bestand aus den Niederlanden, Deutschland und Portugal (in der Abb. markiert durch die Kreise in der ersten Spalte). Der Interviewpartner nannte als Gemeinsamkeit von Deutschland und den Niederlanden den Wunsch, in diese beiden Länder zu reisen, und als Unterschied oder Kontrast, bezogen auf Portugal, das Fehlen dieses Wunsches. Die Vorgabe der nächsten Triade Frankreich – Deutschland – Portugal ergab als Gemeinsamkeit für Frankreich und Deutschland „viel Interessantes" im Gegensatz zu „nur am Strand liegen" für Portugal. Es werden so lange neue Triaden (entweder nach dem Zufallsprinzip oder auch mit dem Ziel der Gegenüberstellung ganz bestimmter Elemente) vorgegeben, bis keine neuen Konstrukte mehr genannt werden. Zum Abschluß der Erhebung wird der Interviewpartner gebeten, für alle (also nicht nur die in den Triaden vorgegebenen) Elemente anzugeben, ob das Konstrukt auf sie zutrifft oder nicht. Im Fall der ersten Triade trifft also der Wunsch, das Land zu besuchen, auch noch auf Frankreich zu, jedoch nicht auf Spanien und Dänemark (in der Abbildung markiert durch die Häkchen).

Abb. 1: Beispiel für die manuelle Auswertung (non-parametrische Faktorenanalye) eines Grids (nach Potter & Coshall 1988)

Die Auswertung über eine non-parametrische, manuelle Faktorenanalyse beruht auf dem Grundgedanken, daß Zeilen mit einem ähnlichen Muster der Zuordnung von Elementen zu Konstrukten korreliert sind und die Extraktion eines Faktors innerhalb des Konstruktsystems der Person erlauben. Dazu ist zunächst eine Schätzung des ersten Faktors erforderlich, die durch Aufsummierung der Fälle erfolgt, in denen die Elemente den Konstrukten zugeordnet werden; das ergibt für die erste Spalte (Frankreich) 6, für die zweite (Spanien) 4 usw. (siehe die Testzeile 1To unten). Etwa die Hälfte dieser Summenwerte mit den höchsten Werten werden mit Kreisen markiert. Im nächsten Schritt werden die Korrelationen zwischen dieser Testzeile und allen anderen Konstrukten ermittelt, wobei die Kreise als Häkchen und die nicht markierten Werte als Leerstellen betrachtet werden. Maximale Korrelation besteht entsprechend zwischen der Testzeile und den Konstrukten „landschaftlich ähnlich/interessant" sowie „Gebirgslandschaft" (+6); eine negative Korrelation (– 4), d.h. eine Übereinstimmung mit dem Kontrast, besteht zu „historisch interessant". Diese Summenwerte werden rechts in der Spalte 1To eingetragen; es ergeben sich insgesamt 29 (positive wie negative) Übereinstimmungen. Die Übereinstimmungen zwischen diesem Faktor und den Konstrukten „landschaftlich ähnlich/interessant" sowie „Gebirgslandschaft" sind mit +6 signifikant; der so extrahierte Faktor wurde als „landschaftlich interessant" bezeichnet. Zur Extraktion eines zweiten Faktors werden diese beiden Konstrukte ausgeschlossen und die Prozedur mit einer zweiten Testzeile (2To) und eventuellen weiteren wiederholt. Nach der Extraktion der Faktoren ist es möglich, die Ladung der Elemente auf den Faktoren zu errechnen. Die Ergebnisse dieser manuellen Prozedur sind mit denjenigen einer computergestützten Hauptkomponentenanalyse identisch (Potter & Coshall 1986).

Für die Tourismuspsychologie/-forschung ist dieses Verfahren deshalb besonders interessant, weil es eine computerunabhängige, aber dennoch präzise und aussagekräftige Datenanalyse „im Feld" ermöglicht und den Forscher in engem Kontakt mit seinen Daten hält.

Das referierte Beispiel kommt den ursprünglichen Intentionen der Psychologie der persönlichen Konstrukte insofern recht nahe, als es um die Analyse eines individuellen, nicht vorgegebenen Konstruktsystems geht. Eine tourismuspsychologische Studie, die sich in noch exemplarischerer Weise auf diese humanistischen, individuumsorientierten Grundlagen von Kellys Ansatz bezieht, legte Botterill (1989) vor.

Grid-Techniken werden auch häufig (nur) für die *heuristische,* „qualitative" Phase einer Untersuchung eingesetzt, um zu erheben, welche Konstrukte überhaupt etwa zur Beurteilung von Reiseprospekten, Hotelanlagen oder Urlaubsregionen herangezogen werden. Für die quantitative Phase werden die gefundenen Konstrukte dann meist in uni- oder bipolare Ratingskalen konventioneller Fragebögen umgesetzt, obwohl durch den Verzicht auf die weitere Analyse der Grid-Daten erhebliche Informationspotentiale verlorengehen (vgl. Riley & Palmer 1975).

## 3. Die Analyse von Gruppendaten

Abschließend soll kurz auf Möglichkeiten der Analyse von *Gruppendaten* eingegangen werden. Potter und Coshall (1988) ließen insgesamt zehn Personen auf acht bipolaren Ratingskalen elf vorgegebene Elemente einschätzen (es handelte sich um verschiedene Regionen auf Barbados). Die Zusammenfassung der Gruppendaten zu einem einzigen Grid erfolgte danach, für bzw. gegen welchen Pol der Skalen sich die Befragten mehrheitlich entschieden hatten (der resultierende 8x11-Grid ist im übrigen immer noch manuell auswertbar). Ein komplexeres Verfahren (und Computerunterstützung) wird notwendig, wenn auf eine Vorgabe der Konstrukte verzichtet wird und eine Gruppe von Befragten eine hohe Anzahl unterschiedlicher, aber auch teilweise identischer Konstrukte generiert. Mehrfachnennungen von Konstrukten müssen dann durch entsprechende Gewichtung ausgeglichen werden. Riley und Palmer (1975) analysierten einen solchen aus Daten von 60 Personen zusammengefaßten Grid mit 25 Elementen und 672 Konstrukten, dessen Faktorenanalyse 24 Hauptkomponenten ergab.

In beiden Fällen entspricht der zusammengefaßte Grid demjenigen einer hypothetischen Durchschnittsperson – was bei sehr unterschiedlichen individuellen Grids das Problem aufwirft, daß der durch die Zusammenfassung entstehende Durchschnitt für niemanden wirklich repräsentativ ist. Dennoch ist nach Riley und Palmer (1975) dieses Verfahren für Gruppendaten einer Analyse der einzelnen Grids (die keinen gemeinsamen Interpretationsrahmen ermöglicht) und einer Aufteilung in verschiedene Grid- bzw. Personentypen (die meist nur eine große Gruppe mit einigen wenigen „Abweichlern" ergibt) vorzuziehen. Sinnvoll kann es jedoch sein, die Daten zwar zusammenzufassen, jedoch innerhalb des gefundenen Faktorenraumes die Abweichungen einzelner Personen(-gruppen) mathematisch bzw. grafisch darzustellen und sie eventuell zu Variablen wie Alter, Geschlecht und sozialer Schicht in Beziehung zu setzen.

## 4. Ausblick

Die Repertory Grid-Technik ist eine vielfältig einsetzbare spezielle Methode der Psychologie, deren Wert für die Tourismusforschung bislang nur wenig erkannt worden ist. Angesichts des sichtbaren Trends hin zur Verfeinerung und Differenzierung des methodischen Inventars in der Freizeit- und Tourismusforschung ist damit zu rechnen, daß in Zukunft verstärkt auf dieses Instrument zurückgegriffen wird.

## Literatur

Bannister, D. & Fransella, F. (1971). Der Mensch als Forscher. Die Psychologie der persönlichen Konstrukte. Münster: Aschendorff 1981.

Botterill, T.D. (1989). Humanistic tourism? Personal constructions of a tourist: Sam visits Japan. Leisure Studies, 8, 281–293.

Fransella, F. & Bannister, D. (1977). A manual for repertory grid technique. London: Academic Press.

Kelly, G.A. (1955). The psychology of personal constructs. 2 vols. New York: Norton.

Potter, R.B. & Coshall, J. (1986). Nonparametric factor analysis in urban geography: Method and validation. Urban Geography, 7, 515–529.

Potter, R.B. & Coshall, J. (1988). Sociopsychological methods for tourism research. Annals of Tourism Research, 15, 63–75.

Riley, S. & Palmer, J. (1975). Of attitudes and latitudes: A repertory grid study of perceptions of seaside resorts. Journal of the Market Research Society, 17, 74–90.

**Stefan Granzow, München**

# Repräsentative Reisebefragungen

## 1. Einleitung

In der Tourismusforschung werden heute fast alle empirischen Methoden angewandt. Auf der einen Seite sind dies die mehr qualitativen Methoden (wie Explorationen, Gruppendiskussionen, Beobachtungen und Experimente), die zur Erfassung von Motivationen und anderen komplexen, nur schwer zugänglichen Sachverhalten benutzt werden. Auf der anderen Seite gibt es die mehr *quantitativen* Erhebungsmethoden (wie die einfache Befragung anhand eines normierten Fragebogens), die besonders dann angewandt werden, wenn es um die Erhebung von Tatsachen, von erlebten Sachverhalten oder von Marktkenntnissen geht. Beide Methodengruppen haben in der Tourismusforschung eine große Bedeutung.

Zur Gruppe der quantitativen Untersuchungen zählen die *repräsentativen Reisebefragungen*. Ihr Ziel ist in erster Linie die Ermittlung von tatsächlichen und beabsichtigten Verhaltensweisen sowie die Erforschung von Meinungen und Einstellungen, die neben anderen Faktoren auch die Ursachen für bestimmte Verhaltensweisen sein können. Repräsentative Erhebungen sind Stichprobenerhebungen, die sich auf eine bestimmte Grundgesamtheit, z.B. die Bevölkerung oder bestimmte Bevölkerungsgruppen (wie Urlauber/Urlaubsreisende usw.) beziehen. Sie ermöglichen sowohl allgemeingültige Aussagen als auch Hochrechnungen auf die Grundgesamtheit, die sie repräsentieren, falls bestimmte Voraussetzungen erfüllt sind:

(a) Die Stichprobe muß *repräsentativ* sein, d.h. ein Spiegelbild der Grundgesamtheit darstellen. Dies geschieht entweder durch eine Zufallsauswahl der zu befragenden Personen aus der Grundgesamtheit, oder durch eine Quotenauswahl, bei der bestimmte soziografische Merkmale wie Alter, Geschlecht, Ortsgröße oder Bundesland als Quoten vorgegeben werden. Diese Quoten entsprechen in ihrer Gesamtheit der Struktur der Grundgesamtheit.

(b) Die Gesamtstichprobe (= Anzahl der Interviews) muß entsprechend *groß* sein, um den statistischen Auswahlfehler möglichst klein zu halten.

(c) Die Stichprobe der ausgewählten Personen muß möglichst vollständig „ausgeschöpft" werden, so daß keine strukturellen Verzerrungen gegenüber der Grundgesamtheit auftreten.

Im folgenden wird auf die wichtigsten Repräsentativuntersuchungen zum Urlaubs- und Reiseverhalten der Deutschen eingegangen. Berücksichtigt werden dabei nur solche Untersuchungen, deren Ergebnisse entweder der Öffentlichkeit oder zumindest breiten Fachkreisen zugänglich sind.

## 2. Untersuchungen der 50er und 60er Jahre

Die ersten Untersuchungen über das Urlaubs- und Reiseverhalten Anfang und Mitte der 50er Jahre wurden von den großen deutschen Marktforschungsinstituten in eigener Regie vorgenommen. Sie nutzten das Instrument des *„Omnibusses"* (der *Mehrthemenerhebung*), um Fragen über das Urlaubs- und Reiseverhalten zu stellen und diese dann anschließend in ihren Pressediensten oder anderen Publikationen zu veröffentlichen.

Die erste bekannte Untersuchung zum Reise- und Urlaubsverhalten führte im Januar 1950 das *Institut für Demoskopie Allensbach* durch. Es befragte damals einen repräsentativen Querschnitt von rund 2000 Personen über ihr Reiseverhalten im vorangegangenen Jahr (1949) und über ihre Reiseabsichten für das laufende Jahr (1950): 21% der deutschen Bevölkerung über 18 Jahren hatten 1949 eine Urlaubsreise gemacht; fast ausschließlich in deutsche Urlaubs- und Feriengebiete, nur 1% reiste damals im Urlaub ins Ausland. Die Urlaubsreise war damals noch sehr stark ein Besuch von Verwandten und Freunden, bei denen man übernachten konnte (Institut für Demoskopie 1956/1986).

Im Laufe der Jahre hat das Institut für Demoskopie Allensbach noch weitere Erhebungen zu diesem Thema, insbesondere im Rahmen der „Allensbacher Werbeträgeranalysen", durchgeführt. Teilweise sind diese in den „Allensbacher Berichten", teilweise in den vom Institut für Demoskopie herausgegebenen Jahrbüchern veröffentlicht worden (Institut für Demoskopie 1956/1986).

Anfang 1955 begann das *DIVO-Institut Frankfurt* (Deutsches Institut für Volksumfragen) mit regelmäßigen Untersuchungen zum Thema „Urlaubsreiseverkehr". Im Rahmen von Omnibuserhebungen wurden im Zeitraum von 1955 - 1968 regelmäßig Fragen zum Urlaubs- und Reiseverhalten der Deutschen gestellt. Diese Untersuchungen basierten in der Regel auf repräsentativen Stichproben von rund 2000 Befragten, die jeweils am Jahresanfang über ihr Urlaubs- und Reiseverhalten im Vorjahr befragt wurden. Inhalt dieser Reiseuntersuchungen waren neben der Reiseintensität und der Reisehäufigkeit Merkmale wie Reiseziele, Reiseverkehrsmittel und Reiseunterkunft, die ziemlich regelmäßig in jedem Jahr erhoben wurden. Darüber hinaus wurden in manchen Jahren die Erhebungen noch durch Fragen über die Reisevorbereitung, wie z.B. die Informationsquellen oder die Inanspruchnahme von Reisebüros, über die Reisebegleitung oder den Zeitpunkt und die Dauer der Urlaubsreise erweitert (DIVO 1961).

Aus den regelmäßigen Untersuchungen des DIVO-Instituts von 1955 – 1968, die alle sowohl in ihrer methodischen Anlage (zufallsgesteuerte Stichprobe), als auch in der Art der Durchführung (persönliche Interviews im Rahmen von Omnibuserhebungen) identisch waren, läßt sich die Entwicklung der Urlaubsreisen und der Reisegewohnheiten der Deutschen in den 50er/60er Jahren sehr deutlich erkennen (DIVO 1969).

Zu den Reiseabsichten hat das *EMNID Institut Bielefeld* von 1951 bis 1959 regelmäßig einige Fragen gestellt. Dabei ging es darum, inwieweit Urlaubsreisen beabsichtigt und welche Ziele hierbei bevorzugt werden. Anfang der 60er Jahre wurde dieser Komplex dann noch durch Daten über das vergangene Reiseverhalten ergänzt (EMNID 1956).

Waren die bisherigen Untersuchungen mehr oder weniger auf Initiativen der einzelnen Marktforschungsinstitute zu PR-Zwecken durchgeführt worden, so gab das *Deutsche Wirtschaftswissenschaftliche Institut für Fremdenverkehr* an der Universität München 1959 zum ersten Mal eine umfassende Untersuchung des gesamten Erholungsreiseverkehrs der Bevölkerung der Bundesrepublik in Auftrag. Mit den Befragungen zu dieser Untersuchung, die mit Unterstützung der Deutschen Forschungsgemeinschaft und Unternehmen der Fremdenverkehrswirtschaft durchgeführt wurde, wurde das DIVO Institut Frankfurt betraut. Insgesamt wurden für diese Untersuchung rund 8.500 Personen in fünf Wellen befragt, die über ihr Urlaubs- und Reiseverhalten im Fremdenverkehrsjahr 1957/58 berichteten. Die Untersuchung befaßte sich sowohl mit der Struktur des Erholungsreiseverkehrs als auch der Reiseintensität der westdeutschen Bevölkerung und ihren wirtschaftlichen Auswirkungen (Deutsches Wirtschaftswissenschaftliches Institut 1959).

In den Jahren 1965 bis 1967 beauftragte der *Deutsche Reisebüro-Verband*, Frankfurt/M., das Deutsche Wirtschaftswissenschaftliche Institut für Fremdenverkehr mit der Durchführung von marktanalytischen Untersuchungen, um die Werbung, die Beratung und den Verkauf ihrer Mitglieder auf die speziellen Marktverhältnisse ausrichten zu können. Die Befragungen für diese Untersuchungen wurden von Infratest München durchgeführt. Befragt wurden im ersten und dritten Jahr jeweils rund 4000 Personen, im zweiten Jahr über 6400. Die Ergebnisse wurden in Form von drei Broschüren veröffentlicht (Deutscher Reisebüro-Verband 1966, 1967, 1968).

In den folgenden Jahren 1968 und 1969 führte das Deutsche Wirtschaftswissenschaftliche Institut für Fremdenverkehr diese Untersuchungen ohne den Deutschen Reisebüro-Verband weiter, da der DRV seine Forschungsförderung einstellte. Die Untersuchungen basierten jetzt auf Stichproben von rund 2000 Personen, die im Rahmen einer Mehrthemenbefragung („Omnibus") zu den Themen Urlaub und Reisen befragt wurden. Die Ergebnisse mit detaillierten Analysen wurden im Rahmen des Jahrbuchs für Fremdenverkehr veröffentlicht (Deutsches Wirtschaftswissenschaftliches Institut 1968, 1969).

Das *Statistische Bundesamt Wiesbaden* stellte zum erstmals 1963 im Rahmen der Mikrozensurerhebungen auch Fragen zu Urlaubs- und Erholungsreisen. Damit lagen für 1962 zum ersten Mal auch Daten der amtlichen Statistik vor. Die Erhebungen des Mikrozensus zum Thema Urlaubs- und Erholungsreisen wurden mit einigen Unterbrechungen relativ regelmäßig jährlich durchgeführt. Die letzte Erhebung erfolgte im Mikrozensus 1990/91; zukünftig wird der Mikrozensus auf Erhebungen zum Urlaubs- und Reiseverhalten verzichten, da der Deutsche Bundestag das nicht für notwendig ansieht. Themen des Mikrozensus waren sowohl die Struktur der Urlaubs- und Erholungsreisenden als auch die Anzahl der Reisen, die sehr detailliert analysiert wurden. Hinzu kam noch ein detailliertes Kapitel über „Haushaltsreisen", das in dieser Form nur im Rahmen des Mikrozensus erhoben werden konnte (Statistisches Bundesamt 1963 ff.).

## 3. Die Reiseanalyse

Auf Initiative des *Studienkreises für Tourismus, Starnberg,* wurde Ende 1970 unter Mitwirkung von touristischen Unternehmen und Verbänden, Verlagen und wissenschaftlichen Instituten eine *„Arbeitsgemeinschaft Reiseanalyse"* gegründet. Sie hatte sich zum Ziel gesetzt, die Reise- und Urlaubsgewohnheiten der westdeutschen Bevölkerung kontinuierlich, systematisch und unabhängig zu untersuchen.

Mit Repräsentativerhebungen, die
– jährlich zum selben Zeitpunkt,
– mit gleichbleibenden Untersuchungsmethoden,
– mit hohen Stichprobenzahlen
durchgeführt werden, sollten vergleichbare Daten gesammelt werden, die Situationsanalysen und Prognosen zu den Reisetrends ermöglichen.

Die Reiseanalyse war in den 70er Jahren die einzige repräsentative Untersuchung zum Reise- und Urlaubsverhalten der westdeutschen Bevölkerung. Sie ist sowohl eine soziologische Grundlagenuntersuchung, die auch allgemeine, für das Urlaubs- und Reiseverhalten relevante Aspekte untersucht, als auch eine aktuelle Marktanalyse, die sowohl den wissenschaftlich arbeitenden Instituten als auch den am Markt interessierten touristischen Unternehmen zuverlässiges Datenmaterial für die Wahrnehmung ihrer wissenschaftlichen und geschäftliche Interessen liefern soll.

Da die Reiseanalyse, die seit 1971 regelmäßig jährlich durchgeführt wird, mittlerweile die wichtigste repräsentative Untersuchung über das Reiseverhalten der deutschen Bevölkerung ist, werden im folgenden anhand dieser Untersuchung einige wichtige, allgemeingültige Merkmale für repräsentative Untersuchungen näher erläutert.

Wie alle anderen Repräsentativuntersuchungen ist die Reiseanalyse eine Stichprobenerhebung. Grundgesamtheit der Stichprobe ist die in Privathaushalten lebende deutsche Bevölkerung in der Bundesrepublik. Aus dieser Grundgesamtheit wird nach einem mehrstufigen geschichteten Zufallsverfahren eine Stichprobe von ca. 6000 Personen ausgewählt und befragt. Das angewandte Zufallsauswahlverfahren auf der Basis des ADM-Master-Samples ermöglicht die Berechnung des Auswahlfehlers und gewährleistet damit die Sicherheit und Aussagefähigkeit der Ergebnisse. Es ermöglicht ferner die Hochrechnung der Ergebnisse auf die in Privathaushalten lebende deutsche Bevölkerung in der Bundesrepublik (= Grundgesamtheit).

Für die Reiseanalyse wurden im ersten Jahr 4000, in den folgenden Jahren 6000 repräsentativ ausgewählte Personen im Alter von 14 Jahren und älter befragt. Diese großen Stichprobenzahlen ermöglichen eine detaillierte Auswertung und Analyse der Einstellungen, Verhaltensweisen und Absichten der deutschen Bevölkerung. Bei der hohen Fallzahl der Gesamtstichprobe sind in der Regel auch noch die Untergruppen (wie Flugreisende, Veranstalterreisende etc.) so groß, daß über sie noch gesicherte, repräsentative Aussagen gemacht werden können.

Die Befragungen der Reiseanalyse werden im Rahmen von mündlichen Interviews anhand eines strukturierten Fragebogens durchgeführt. Inhalt der Erhebungen sind dabei zum einen Reisefragen aus verschiedenen Problembereichen, die jedes Jahr immer wieder in der gleichen Form gestellt werden, zum anderen Fragen zu speziellen Schwerpunktthemen, die von Jahr zu Jahr wechseln. Alle Reiseanalysen werden jeweils zu Anfang des Jahres (im Januar/Februar) durchgeführt und beziehen sich jeweils auf das vorangegangene Jahr als Untersuchungszeitraum.

Aufgrund der gleichbleibenden Untersuchungsmethoden ist gewährleistet, daß die Ergebnisse aus den jährlichen Befragungen ohne weiteres miteinander verglichen werden können. Aus den Ergebnissen der Reiseanalysen von 1970 bis 1991 – seit 1990 werden auch die neuen Bundesländer in die Untersuchung einbezogen – können deshalb unmittelbar die Entwicklungen im Reiseverhalten und in den Reisegewohnheiten der Deutschen abgelesen werden. Für die einzelnen Jahre liefert die Reiseanalyse gesicherte Marktanalysen, die nicht nur die Verhaltensweisen beschreiben, sondern auch die Ursachen für das Verhalten bzw. die zugrundeliegenden Einstellungen und Meinungen aufzeigten. Darüber hinaus bilden die Ergebnisse die Basis für Prognosen über zukünftige Entwicklungen und mögliche Veränderungen in den Verhaltensweisen.

Die Befragungen für die zurückliegenden Reiseanalysen wurden von den Instituten Infratest München, Marplan Frankfurt/Offenbach, GFK Nürnberg, M & E Frankfurt, Basis Research Frankfurt und GFM/GETAS Hamburg durchgeführt.

## 4. Andere aktuelle Reiseuntersuchungen

Neben der Reiseanalyse gibt es noch einige andere Repräsentativuntersuchungen, die sich regelmäßig mit dem Freizeit- und Reiseverhalten der Deutschen beschäftigen. Diese Untersuchungen haben teilweise andere thematische Schwerpunkte. Teilweise sind sie Bestandteil einer international vergleichenden Untersuchung und von daher schon an gewisse internationale Vorgaben gebunden.

*(a) Der TouristScope,* der seit 1986/87 jährlich im Auftrage von Reiseveranstaltern und Transport- und Verkehrsunternehmen – von Infratest Sozialforschung München – durchgeführt wird, zählt zu den großen touristischen Untersuchungen, die zur Zeit auf dem Markt sind; die Ergebnisse der (1992 zum fünften Mal durchgeführten) Untersuchung stehen ausschließlich den Auftraggebern zur Verfügung.

Untersuchungsgegenstand ist die Urlaubsreise und zwar sowohl die normale Urlaubsreise (5 Tage und länger) als auch die Kurzurlaubsreise (2 bis 4 Tage). Für jede im Untersuchungszeitraum gemachte Reise werden wichtige Aspekte wie Reiseziel, Reiseverkehrsmittel, Reisebegleitung, Reiseform bzw. Reiseorganisation erhoben. Ziel dieser Untersuchung ist die Erfassung des Reiseverhaltens zur Errechnung der Anzahl der Reisen und der Marktanteile der im touristischen Markt tätigen Unternehmen. Der TouristScope basiert auf der telefonischen Befragung eines repräsentativen Querschnitts der Bevölkerung: Alle drei Monate wird eine repräsentative Stichprobe von 4000 Personen
- zu ihren normalen Urlaubsreisen in den *letzten 12 Monaten,*
- zu ihren Kurzurlaubsreisen in den *letzten 3 Monaten*
- und zu ihren geplanten normalen Urlaubsreisen in den *nächsten 12 Monaten*

befragt. Diese zeitversetzte Befragung gibt einen guten Überblick über die Anzahl der getätigten Kurzurlaubsreisen pro Quartal und Jahr, sowie ermöglicht durch Kumulierung auch gesicherte Aussagen über die Zahl der längeren Urlaubsreisen, die in einem Jahr gemacht wurden bzw. für das folgende Jahr geplant sind.

*(b) Das B.A.T. Freizeit-Forschungsinstitut,* Hamburg, führt seit 1986/87 ebenfalls regelmäßig einmal pro Jahr eine Untersuchung zum Urlaubs- und Reiseverhalten der deutschen Bevölkerung durch. Dazu werden zum Jahreswechsel jeweils ca. 4000 repräsentativ ausgewählte Bundesbürger persönlich befragt. Seit 1990 werden auch die neuen Bundesländer in die Untersuchung einbezogen. Die Befragungen werden vom Sample-Institut, Mölln, durchgeführt.

Neben Fragen zum allgemeinen Reiseverhalten beinhaltet jede Untersuchung ein Sonderthema oder deren mehrere, die in den Untersuchungen vertiefend behandelt werden. Die Ergebnisse dieser Untersuchungen werden in der Regel im März eines jeden Jahres in der Presse und in Institutspublikationen veröffentlicht (B.A.T. 1992).

*(c) Der Deutsche Reisemonitor,* ein Kooperations-Projekt von IPK München in Zusammenarbeit mit dem EMNID Institut Bielefeld, ist Teil des Euromonitors, der in gleicher Form auch in verschiedenen europäischen Ländern durchgeführt wird. Der Reisemonitor wird seit 1988 jährlich durchgeführt und erfaßt den *gesamten* deutschen Reisemarkt, also sowohl die privaten Urlaubs- und Erholungsreisen als auch die Geschäftsreisen. Dafür wurden bisher in den alten Bundesländern jeden Monat 2.000 Interviews, in den neuen Bundesländern alle drei Monate je 1.000 Interviews durchgeführt. Für die Jahresauswertung standen dann eine Gesamtstichprobe von 24.000 Fällen für die alten,

bzw. 4.000 Fällen für die neuen Bundesländer zur Verfügung. Inhalte der Befragung sind, neben der Ermittlung der Zahl der Reisen und Übernachtungen, Merkmale wie Reiseanlaß, Reisedauer, Reiseziel, Reiseverkehrsmittel, Reiseorganisation oder die Art des Urlaubs. Die Ergebnisse des Reisemonitors stehen ausschließlich den Beziehern dieser Untersuchung zur Verfügung.

(d) *Die Reiseabsichtanalyse*, vom Druck- und Verlagshaus Gruner + Jahr, Hamburg, seit 1990 im Januar mit 3.000 mündlichen Interviews durch das Sample Institut, Mölln, durchgeführt. Es werden 8 Fragen nach den Reiseabsichten und den Gründen für die Reisezielwahl im Rahmen von Mehrthemenumfragen in den alten und neuen Bundesländern gestellt. Die Ergebnisse werden vom G + J Marketing Service zur ITB Berlin veröffentlicht und stehen Fachinteressenten der Forschung, Wirtschaft und Werbung frei zur Verfügung. Auch Zielgruppenzählungen sind möglich.

## Literatur

B.A.T. Freizeit-Forschungsinstitut (1987). Urlaub 86/87. Was Reiseziele bieten müssen. Hamburg: B.A.T Freizeit-Forschungsinstitut. [Entsprechend für die Jahre 1987-1992].

DIVO-Institut (1961). Umfragen Band 3/4. Frankfurt: DIVO.

DIVO-Institut (1969). Urlaubsreisen 1968. Frankfurt: DIVO.

Deutsches Wirtschaftswissenschaftliches Institut für Fremdenverkehr (1959). Jahrbuch für Fremdenverkehr: Der Urlaubsreiseverkehr. München: DWIF.

Deutscher Reisebüro-Verband (DRV) (1966). Grundlage für die Betriebsberatung im Reisebürogewerbe. Frankfurt/M.: DRV.

Deutscher Reisebüro-Verband (1967). So reisen die Deutschen 1966. Frankfurt/M.: DRV.

Deutscher Reisebüro-Verband (1968). So reisen die Deutschen 1967. Frankfurt/M.: DRV.

Deutsches Wirtschaftswissenschaftliches Institut für Fremdenverkehr (1968). Jahrbuch für Fremdenverkehr, 17. Tourismus der Deutschen 1968. München: DWIF.

Deutsches Wirtschaftswissenschaftliches Institut für Fremdenverkehr (1969). Jahrbuch für Fremdenverkehr, 16. Tourismus der Deutschen 1969. München: DWIF.

EMNID Institut (1956). EMNID-Informationen Nr. 16. Bielefeld: EMNID.

Gruner + Jahr (1990). Reiseabsichtsanalyse. Hamburg: Gruner + Jahr, Marketing Service.

Institut für Demoskopie (1986). Allensbacher Berichte Nr. 7. Allensbach am Bodensee: Institut für Demoskopie.

Institut für Demoskopie (1956). Jahrbuch der öffentlichen Meinung 1947/1955. Allensbach am Bodensee: Institut für Demoskopie.

Statistisches Bundesamt (1963 ff.). Fachserie: Handel, Gastgewerbe, Fremdenverkehr. Stuttgart: Kohlhammer.

Studienkreis für Tourismus (StfT) (1971). Urlaubsreisen 1970. Starnberg: Studienkreis für Tourismus. [entsprechend für die Jahre 1971 – 1992].

**Rainer Wohlmann, Frankfurt/M.**

# Reisebiographien

## 1. Ziele und Probleme der Sozialforschung im Tourismus

Vom Grundsatz her ist alle Sozialforschung zukunftsorientiert – hieraus bezieht sie ihre gesellschaftliche Legitimation. Während diese Zukunftsorientierung bei der Grundlagenforschung teilweise nur schwer zu erkennen ist, wendet die Tourismuswirtschaft erhebliche Mittel auf, um die neuesten Trends beim Reiseverhalten zu erfahren.

Das Dilemma der empirischen Sozialforschung im Tourismus liegt jedoch darin, daß zwar die Daten des Reiseverhaltens z.B. im jeweils vorangegangenen Jahr zuverlässig bei den Probanden erhoben werden können, daß aber die Angaben zum Reiseverhalten in den folgenden Jahren nur ziemlich global und mit einem hohen Unsicherheitsfaktor erfragt werden können. So können sich die Marktforscher in der Tourismuswirtschaft beim Ermitteln des künftigen Reiseverhaltens neben den unsicheren Zukunftsfragen vor allem nur darauf stützen,
- daß sie die Entwicklung der Globaldaten über die letzten Jahre und Jahrzehnte hin verfolgen und in die Zukunft projizieren, wobei diese Daten ziemlich generalisiert sind, und
- daß sie Typisierungen (→ *Urlaubertypologien*) insbesondere anhand der Reisemotive, aber auch anhand des Reiseverhaltens durchführen, obwohl der einzelne Proband mit seinen verschiedenen Reisen oft unterschiedlichen Typen zuzuordnen wäre.

Ein neuer, bisher im Tourismus nur in einer ersten Pilotstudie erprobter Ansatz (Becker 1992) bezieht sich auf das *lebenslange Urlaubsreiseverhalten*. Dieser scheinbar stark vergangenheitsbezogene Ansatz macht sich zunutze, daß der einzelne im Laufe seines Lebens bestimmte Reisegewohnheiten entwickelt, die er – abgesehen von manchen Brüchen, altersbedingten Änderungen und bestimmten Entwicklungstrends – meist über viele Jahre hin beibehält. Diese erhebliche Kontinuität kann als Basis für die Prognose des künftigen Reiseverhaltens genutzt werden.

## 2. Zur Erhebungsmethodik

Es überrascht, daß Reisebiographien bislang noch nicht erhoben worden sind. In der Marktforschung sind zeitbezogene Untersuchungspläne nicht mehr neu (Kaas 1983). Auch zur Wohn- und Beschäftigungsmobilität gibt es inzwischen eine Reihe von Untersuchungen (Akademie für Raumforschung und Landesplanung 1992). Hindernisse für das Erheben von Reisebiographien waren vor allem (a) die Zweifel, ob die Erinnerungsfähigkeit der Befragten ausreiche, und (b) der befürchtete vergleichsweise hohe Aufwand für eine solche Erhebung. So äußert auch

Kaas (1983, S. 169) Zweifel, ob die Erinnerung der Probanden genüge, um differenzierte Informationen über den gesamten Lebenslauf zu ermitteln, die über markante Lebensereignisse wie Heirat, Wechsel von Wohnort und Arbeitsstätte sowie den Kauf herausragender Gebrauchsgüter hinausgehen.

Bei der Pilotstudie zu Reisebiographien von Becker (1992) zeigte sich jedoch, daß die Urlaubsreisen bei den einzelnen Befragten in der Regel einen so starken Ereignischarakter besaßen, daß die Reisen (mit wenigstens fünf Tagen Dauer) – unterstützt durch manche Hilfen – offensichtlich sehr vollständig genannt werden konnten. So wurde der Besuch des Interviewers schriftlich angekündigt, auf das Thema der Befragung hingewiesen und um das Bereitlegen von Tagebüchern, Fotoalben u.ä. gebeten. Zudem war es hilfreich und erwünscht, wenn weitere Familienangehörige sich am Zusammenstellen der Reisebiographie des Probanden beteiligten. Schließlich hat es sich bewährt, den Fragebogen so zu gestalten, daß das Reiseverhalten von der frühen Jugend an im zeitlichen Ablauf – gegliedert nach den Jahrzehnten – abgefragt wird. Einzelne 'Familiendaten' stützen ebenfalls die Erinnerung. Bezeichnend war, daß die länger zurückliegenden Reisen aus der Jugendzeit und die Reisen mit den Kindern von den älteren Probanden sehr genau angegeben werden konnten, während die Reisen in den 80er Jahren häufiger nicht mehr eindeutig einem bestimmten Jahr zugeordnet werden konnten.

Um Brüche im Reiseverhalten erklären zu können, ist es wichtig, einige „zentrale" Familiendaten oder wichtige Lebensereignisse wie Heirat, Geburt des ersten Kindes und den Termin, ab dem die Kinder nicht mehr mitreisen, festzuhalten. Verweigerungen von Probanden kommen angesichts der Attraktivität des Themas nicht besonders häufig vor. Allerdings treten häufiger Verweigerungen von Personen auf, die – angeblich – nie in ihrem Leben verreist sind (→ *Nichtreisende*); insoweit erlaubt eine solche retrospektive Longitudinalstudie nach den vorläufigen Erkenntnissen keine Angaben über den Anteil der Nie-Gereisten.

## 3. Reisebiographien als Grundlage zukunftsgerichteten Handelns

Die Auswertung von Reisebiographien bietet über die großen jährlichen Repräsentativerhebungen – wie die Reiseanalyse, den Reisemonitor des IPK und den TouristScope von Infratest (→ *Repräsentative Reisebefragungen*) – hinaus eine zusätzliche, ergänzende Datenbasis, aus der das künftige Urlaubsreiseverhalten abgeleitet werden kann. Auf dieser Basis können zukunftsgerichtete Entscheidungen getroffen werden. Es bieten sich insbesondere die folgenden Auswertungsmöglichkeiten:

– Es können Typisierungen nach der Reisehäufigkeit, nach der Kenntnis von Reisezielen, nach der Reisezieltreue oder -fluktuation, nach bevorzugten Landschaftsformen sowie nach bestimmten Lebenszyklusphasen gebildet werden.

– Bestimmte thematische Schwerpunkte können direkt analysiert werden, wie etwa das Reiseverhalten in den Jahren vor und nach Fernreisen oder wie sich Ferienwohnungen oder Reisemobile auf das Reiseverhalten auswirken.

– Eine tiefergehende Analyse der Bruchstellen in den Reisebiographien bzw. das Fehlen solcher Brüche kann Aufschluß über einschneidende persönliche (kritische Lebens-)Ereignisse geben.

– Aus dem Verhalten der Probanden bei wirtschaftlichen und politischen Krisen können Schlüsse gezogen werden, wie sich diese Gruppen bei künftigen, sich anbahnenden Krisen verhalten werden.

- Es kann herausgearbeitet werden, wie der einzelne individuell die touristische Welt entdeckt, welchen Einflüssen, Leitpersonen und v.a. Moden der Tourist folgt.
- Es kann die Frage geklärt werden, ob die Touristen im Alter zu früher präferierten Reisezielen wieder 'zurückkehren'.
- Für den nicht unerheblichen Anteil an Intervall-Reisenden können die Voraussetzungen für häufigeres Reisen ermittelt werden.
- Schließlich kann erkundet werden, aus welchem Grund von einem Land zu einem anderen Reiseziel land gewechselt wurde.

Bei allen diesen Gruppen kann auch die sozio-demographische Struktur angegeben werden, um diese Gruppen auch zielgerichtet ansprechen zu können.

Im Jahr 1993 plant das Europäische Tourismus Institut GmbH an der Universität Trier eine Repräsentativbefragung in Deutschland zu den Reisebiographien.

## Literatur

Akademie für Raumforschung und Landesplanung (Hg.) (1992). Regionale und biographische Mobilität im Lebensverlauf. Forschungs- und Sitzungsberichte, Bd. 189, Hannover.

Becker, C. (1992). Lebenslanges Urlaubsreiseverhalten – Erste Ergebnisse einer Pilotstudie. (S. 70-82) In C. Becker (Hg.), Erhebungsmethoden und ihre Umsetzung in Tourismus und Freizeit, Materialien zur Fremdenverkehrsgeographie, 25. Trier: Geographische Gesellschaft Trier.

Kaas, K.P. (1983). Zeitbezogene Untersuchungspläne – Neue Analysemethoden der Marktforschung. (S. 161-176) In Forschungsgruppe Konsum und Verhalten (Hg.), Innovative Marktforschung, Würzburg: Physica-Verlag.

Studienkreis für Tourismus (Hg.). Urlaubsreisen 1973-1991. Kurzfassungen der Reiseanalyse 1973-1991. Starnberg: Studienkreis für Tourismus.

**Christoph Becker, Trier**

# Tourismusprognosen

## 1. Einleitung

„Das Problem der Vorausschau zu lösen, ist wohl eines der ältesten Anliegen des Menschen überhaupt; es fasziniert seinen Geist seit jeher. Die Reaktion des Menschen auf Behauptungen über die Zukunft, die ihn selbst betreffen könnten, ist zwiespältig: sie pendelt zwischen der Bereitschaft, diese prognostizierte Zukunft ergeben hinzunehmen und der sich ihr widersetzenden Einstellung, die in einem tatkräftigen, gestaltenden Überwinden künftiger Problemlagen besteht. (...) der Mensch scheint auf dem Wege zu sein, mit Hilfe der Wissenschaft die Prognose als ein Mittel seiner eigenen rationalen Zukunftsgestaltung in den Dienst zu nehmen. Die Aufforderung ergeht allenthalben an die Wissenschaft, hierfür „das geeignete Instrumentarium bereitzustellen" (Backe 1975).

Die folgende Darstellung von Prognosemethoden bezieht sich in erster Linie auf solche Verfahren, die für Voraussagen im Tourismus in den 70er und 80er Jahren häufiger angewandt wurden. Dabei werden sowohl quantitative (Trendberechnungen) als auch qualitative Methoden (→) *Delphi-Umfragen*; Ad-hoc-Prognosen, Szenario-Techniken) vorgestellt und bewertet, inwieweit die Vorhersagen in einem derart komplexen Gefüge wie dem Tourismus überhaupt sinnvoll anwendbar sind, worin der Praxisbezug besteht und wo die Stärken und Schwächen der Anwendbarkeit liegen.

## 2. Quantitativ-ökonomisch orientierte Prognosen

Der ersten Phase der Prognostik im Tourismus gehören die kritisch-rationalen, quantitativen Prognosen an, die auf logisch-deduktive Art Einflüsse auf das touristische System erfassen und diese als Erklärungsrahmen definieren, unter dem das quantitative Prognosemodell gültig ist.

(1) Den „Versuch einer langfristigen Prognose der touristischen Frequenzen im Berggebiet" machte Annasohn (1975), der in einem Ansatz von einem ungebrochenen weltweiten Wirtschaftswachstum ausging und die Logiernächte, ausgehend von 1970, für 1980 und 1985 in einer pessimistischen (Trendregression), mittleren und optimistischen (Regression unter Einbezug des BSP) Variante für unterschiedliche Herkunftsländer in Hotellerie und Parahotellerie berechnete. Die durch die Energiekrise ausgelösten weltweiten Stagnationstendenzen machten es notwendig, daß die Aussagekraft der Prognoseergebnisse bereits im Vorwort relativiert werden mußte, was den wissenschaftlichen Wert der Arbeit keineswegs schmälert. Der Autor hat versucht, Bestimmungsfaktoren wie Wohlstand, Mobilität, Reisefähigkeit, Freizeitentwicklung, Verstädterung, Schulbildung, Entwicklung des Gesellschaftslebens, Mode und Medien etc. in ein quantitatives Prognosemodell einzubauen, was nur sehr eingeschränkt gelang, trotzdem aber sehr viel zur Verdeutlichung der Komplexität touristischer Aktivitäten beigetragen hat. Zudem wurden Prognosemethoden kritisch beleuchtet und sehr deutlich auf die Grenzen exakter Prognosen hingewiesen.

(2) Schulmeister (1978) hat, unter dem Eindruck der Auswirkungen der „Energiekrise" auf die bis dahin ungebremste Tourismusentwicklung, „Modellprognosen für den Reiseverkehr" entwickelt. Diese skizzieren anhand ökonomisch orientierter Bestimmungsgründe, wie Einkommen, privater Konsum, touristische Preise, Wirt-

schaftserwartungen etc., die kurzfristige Entwicklung der touristischen Nachfrage. Für die Bereiche Binnen- und Gesamtreiseverkehr, Einnahmen und Ausgaben Österreichs im internationalen Reiseverkehr werden Einflußfaktoren einer ökonometrischen Modellanalyse unterzogen und als Ergebnis die Vorhersagen für die Reisejahre 1978 und 1979 quantitativ dargestellt. Eine Verknüpfung von Teilmodellen erfolgte, für die 70er Jahre verständlich, ebensowenig wie der Einbau nichtökonomischer Parameter in ein Gesamtmodell.

(3) In einer Studie des Österreichischen Instituts für Wirtschaftsforschung wurden die zukünftigen Tendenzen des österreichischen Tourismus bis zum Jahr 2000 dargestellt und quantifiziert (Smeral et al. 1984). Diese prognostischen Ansätze wurden 1985 in einem Gutachten des Österreichischen Instituts für Raumplanung kritisch beleuchtet (Bernt et al. 1988) und 1986 von Smeral selbst revidiert.

Das Hauptproblem quantitativ orientierter Prognosen liegt in der Unmöglichkeit, die komplexe touristische Realität modellhaft abzubilden, somit bleiben Teilabbildungen übrig, die speziell auf ökonomischen Annahmen beruhen und vergangene Trends in die Zukunft extrapolieren. Außerökonomische Parameter werden zwar erwähnt, können aber in die Prognoserechnung nicht einfließen. Die Chance für eine praktische Umsetzung und Problemlösung ist, da es sich meist um volkswirtschaftliche Prognosemodelle handelt, auf föderalistischer, regionaler und kommunaler Ebene nicht gegeben.

## 3. Prospektives Denken, Visionen und Ad-hoc-Prognosen

Eine Reihe von Prognosen im Tourismussektor basiert auf prospektivem Denken und Brainstorming: Individuelle Vorhersagen skizzieren ein subjektiv bewertetes Zukunftsbild, es folgt der Versuch, Strategien zu entwickeln, um die zu erwartende Zukunft zu beeinflussen und sie der menschlichen Wunschvorstellung anzunähern. Prospektives Denken und Handeln benötigt zumindest drei Fähigkeiten (Annasohn 1975):
– Den Wissenschaftler, der Erklärungsmodelle und Gesetzmäßigkeiten für das Tun des Menschen liefert;
– den Philosophen, der sich mit den Wunschvorstellungen für die Zukunft beschäftigt;
– den Praktiker mit seiner Problemlösungskompetenz, der realitätsbezogen in der Gegenwart für die Zukunft handelt.

(1) Eine der ersten Zukunftsvisionen war die Arbeit von Jost Krippendorf (1975): „Die Landschaftsfresser. Tourismus und Erholungslandschaft – Verderben oder Segen". In ihr wurden in einem populärwissenschaftlich-journalistischen Stil, in Schwarz-Weiß-Malerei, die Auswirkungen des Massentourismus auf die Natur- und Kulturlandschaft skizziert und vor einer grenzenlosen Ausweitung unter Heranziehung visionärer Beispiele gewarnt.

(2) Eine Reihe von Zukunftsperspektiven für das Freizeit- und Urlaubsverhalten wurden vom BAT Freizeit-Forschungsinstitut veröffentlicht (Opaschowski 1987, 1988). Haupttrends im künftigen Urlaubs- und Reiseverhalten sind:
– Sonnige Reiseziele
– Kurzreisen
– Spontane, kurzfristige Reiseentscheidung
– Individuelle und flexible Reisegestaltung (zeitlich und inhaltlich)
– Spezialisierung und Zielgruppenorientierung
– Intensiver Erlebnisbedarf
– Anspruchsvolle Reisen, Qualität und hoher Komfort
– Steigende Bedeutung der Umweltqualität.

(3) Die Studie *Freizeit 2001*, basierend auf Befragungen von rund 2000 Personen über 14 Jahre in Deutschland West, läßt sich wie folgt zusammenfassen (Opaschowski 1992):
– Freizeit als *Medien*zeit (die elektronischen Medien verdrängen das Buch)
– Freizeit als *Konsum*zeit (für den Erlebniskonsumenten bedeutet Shopping Lebenslust und Langeweileverhinderung)
– Freizeit als *Eigen*zeit (Erfüllung möglichst vieler persönlicher Freizeitwünsche führt zu Zeitknappheit)
– Freizeit als *Aktiv*zeit (Kurzreisen rund ums Jahr)
– Freizeit als *Sozial*zeit (trotz sozialer Unlust sinkt die Bereitschaft zur Sozialarbeit)
– Freizeit als *Kultur*zeit (Bildungsexplosion führt zu wachsendem Interesse an Kultur).

Die durch eine solche Entwicklung entstehenden Risiken lassen sich in Schlagworte kleiden, wie:
– Zunehmende Umweltbelastung
– Erhöhter Leistungsdruck am Arbeitsplatz
– Konsumrausch
– Steigender Vandalismus und steigende Kriminalität

- Zunahme an physischen und psychischen Freizeitproblemen
- Rückzug ins Privatleben
- Freizeitsituation begünstigt die Entwicklung zur Single-Gesellschaft.

Resultat dieser Überlegungen ist, daß Gesellschaft und Politik stärker als bisher über die „Sicherstellung einer umwelt- und sozialverträglichen Freizeitentwicklung" nachdenken und rechtzeitig entsprechende Weichenstellungen treffen müssen.

Das Problem derartiger Vorhersagen liegt vor allem im einzelprognostischen Ansatz und im intersubjektiv schwer überprüfbaren methodischen Bereich (vgl. auch Steinecke 1989). Dennoch ist die Stärke dieser Zukunftsbilder der plakative Effekt, die Aussagen über Zukunftsprobleme werden von den Medien gerne aufgegriffen und könnten mittelfristig zu einem Umdenkprozeß in der Handhabung von Freizeit führen.

## 4. Delphi-Umfragen im Tourismus

Ein Prognoseverfahren, das sowohl quantitative als auch qualitative Aussagen ermöglicht, ist die Delphi-Experten-Befragung, eine mehrphasige, schriftliche, anonyme Befragung ausgewählter Personen mit jeweiliger Bekanntgabe der Ergebnisse (statistische Auswertung, Argumente, Gegenargumente) der Vorrunde (ausführliche Darstellung vgl. (→) *Delphi-Umfrage*).

## 5. Szenarien im Tourismus

Eine in jüngster Zeit immer stärker ins Blickfeld getretene Methode touristischer Zukunftsforschung ist die Szenario-Technik (zur Methodik vgl. Kocher (1976); Geschka & v. Reibnitz (1981):

„Man geht von der Gegenwart oder von einer oder mehreren Situationen aus und versucht Schritt für Schritt aufzuzeigen, wie sich eine künftige Situation als Abfolge von Ereignissen entwickeln könnte. Ein Ziel ist, jene Verzweigungspunkte aufzuzeigen, an denen grundsätzliche Entscheidungen getroffen werden müssen. Die Folgen der möglichen Entscheidungen können als alternative Entwicklungen dargestellt werden, so daß alternative Szenarien entstehen, wobei man sich auf die Verfolgung jener Alternativen beschränkt, die nach heutigem Wissensstand nicht utopisch erscheinen" (Segner 1976).

*Durchführung:*
(1) Der erste wichtige Schritt im Rahmen der Szenario-Technik ist die Analyse der für die Zukunftsentwicklung entscheidenden Problembereiche.

(2) Darauf aufbauend werden die wesentlichsten Einflußsphären auf das touristische Geschehen erfaßt und strukturiert.

(3) In der Folge werden die Entwicklungstendenzen der definierten Umfelder mit Hilfe sog. Deskriptoren im Sinne von Kenngrößen ermittelt, der Ist-Zustand bewertet und Trends für die Entwicklung im Prognosezeitraum abgeschätzt. Trotz der Komplexität des Tourismusgeschehens gelingt es, für einige Kenngrößen relativ eindeutige Einschätzungen der Entwicklung durchzuführen, demnach sog. unkritische Deskriptoren für eine Zukunftsprojektion auszufiltern. Aus den skizzierten Umfeldannahmen ergeben sich aber auch Merkmale, deren Entwicklung nicht eindeutig vorhersehbar ist, bzw. – und dies sei als Erweiterung des Szenario-Ansatzes angedeutet – deren Entwicklung durch „menschliche Eingriffe" (Veränderungen im legistischen, politischen, organisatorischen etc. Umfeld) zu neuen Dimensionen führen könnte; diese werden als kritische Deskriptoren, die die prognostischen Unsicherheitsfaktoren beinhalten, in das Prognosemodell eingebracht.

(4) Diese kritischen Kenngrößen sind es in der Folge, die nach erfolgter Variablenselektion und Abstrahierung von Einflußsphären, durch die Bildung von alternativen Hypothesenpaketen zu unterschiedlichen Zukunftsszenarien führen und damit mögliche, wenn auch oft extreme Zukunftsprojektionen umschreiben, die als äußerer Rahmen für die anzunehmende Entwicklung zu betrachten sind. Ausgewählt und als Szenario ausformuliert bzw. interpretiert werden konsistente, aber sehr unterschiedliche Annahmenbündel.

(5) Der nächste Schritt gilt der Überprüfung der Stabilität der skizzierten Szenarien durch die Einführung signifikanter Störfaktoren, die in ihren verschiedenartigen Auswirkungen auf die dargestellten Szenarien bewertet werden; dieser Schritt ist von besonderer Bedeutung, weil er zu einer Sensibilisierung der in den Planungs- und Entwicklungsprozeß involvierten Fachleute für störende Einflüsse führt, die somit beim Eintritt unvorhersehbarer Ereignisse bereits mit bestimmten Vorgaben konfrontiert, schneller und flexibler reagieren können.

(6) Abschließend werden die Teilaspekte in synthetischer Sicht verknüpft, um die wesentlichsten zukünftigen Problemfelder und Entwicklungschancen zu umreißen und konsequenterweise Strategien und Maßnahmen bereitzustellen. Damit werden die in den Szenarien umrissenen „wenn – dann"-Projektionen in die Zukunft auf eine operationalisierbare und damit auch realisierbare Basis gestellt.

Als Konsequenz der vorangegangenen Betrachtungen muß eine methodische Verknüpfung von Szenario-Technik und Expertenbefragung vorgeschlagen werden. Diese resultiert aus der Erkenntnis, daß wissenschaftliche Prognosen ohne Praxisbezug einer Ausklammerung handlungstheoretischer Ansätze gleichkommt und somit zum wissenschaftlichen Selbstzweck ohne Chance auf praktische Umsetzung degradiert werden. Essentiell ist bei diesem theoriegegründeten Prognoseansatz, daß die (Teil-) Ergebnisse von politischen Entscheidungsträgern und von, gerade im Tourismus extrem diversifizierten, Interessensgruppen evaluiert werden, wodurch das Identifikationspotential und somit die Realisierungschancen deutlich verbessert werden.

## 6. Methodische Bilanz

Prognosen sind in der Wissenschaft seit jeher umstritten, da sich Wissenschaft auf bestehende Tatsachen und objektiv geltende Erkenntnisse beziehen muß, zukünftige Sachverhalte diesen Ansprüchen aber zum Zeitpunkt der Forschungsarbeit naheliegenderweise nicht entsprechen können (vgl. etwa Seiffert 1969). Dies und die Unsicherheit bei der Zukunftsschau eröffnet die generelle Frage nach der Sinnhaftigkeit von Prognosen: „Da ich nicht wissen kann, wie sich Einflußfaktoren und Rahmenbedingungen in Zukunft entwickeln werden, ist eine Prognose ohnehin nutzlos", dieses häufig verwendete Argumentationsmuster deutet auf die Notwendigkeit eines Verzichtes auf Vorhersagen als naheliegende Konsequenz hin.

Andererseits aber läßt die von der expansiven Entwicklung der ersten Nachkriegsjahrzehnte deutlich abgehobene Dynamik des touristischen Geschehens und der daraus resultierende Handlungsbedarf von Politik und Wirtschaft den Ruf nach „exakt quantifizierten Prognosen" immer lauter werden. Wie die quantitativ-ökonomisch orientierten Prognosen gezeigt haben, muß gerade bei der Erforschung der aktuellen Tourismusentwicklung der Versuch, Simulationsmodelle zu erstellen, scheitern, da nur Teile der komplexen Einflußbereiche und Wirkungsverflechtungen im Sinne von Modellen quantifizierbar sind (nicht einmal die Verwendung solcher Teilabbildungen erscheint opportun, da eine losgelöste Betrachtung mittels Teilmodellen realitätsfern ist). Es sind aber keineswegs alle wichtigen Einflußsphären, wie z.B. Verhaltenstrends, Veränderungen von Motiven, Normen und Wertvorstellungen, modellhaft abzubilden, was die Voraussetzung für die Arbeit mit Simulationsmodellen wäre. Dies ist auch der Grund für die Schwachstellen rein ökonomisch orientierter Prognosen, die in einem von einer Vielzahl außerökonomischer Umfelder und Unsicherheiten beeinflußten Wirtschaftszweig wie dem Tourismus ungleich schwieriger sind, als in anderen Wirtschaftssparten, die ebenfalls an Komplexität zunehmen und deren Dynamik störungsanfälliger geworden ist.

Will man als Wissenschaftler dennoch touristische Prognosen erstellen, so gilt als Voraussetzung die Anwendung exakter wissenschaftlicher Methoden und deren intersubjektive Überprüfbarkeit. Dies ist eine der zentralen Schwächen von *Visionen, prospektivem Denken* und *Ad-hoc Prognosen*, die aber durch plakative, populärwissenschaftliche Formulierungen in ihrer Breitenwirkung nicht zu unterschätzen sind.

Die *Delphi-Experten-Befragung* – als Methode quantitativer und qualitativer Prognostik – scheint auf den ersten Blick für tourismusorientierte Zukunftsforschung optimal zu sein, aber auch diese Methode unterliegt Gegenwartsannahmen und kann unvorhersehbare Entwicklungen logischerweise nicht berücksichtigen und von diesen ad absurdum geführt werden. Dennoch ist durch die iterative Gruppenbefragung eine Optimierung von Zukunftseinschätzungen aus Expertensicht möglich, die Stärke liegt speziell in den qualitativen Aussagedimensionen, häufig werden bereits Ansätze für alternative, schwer vorstellbare Entwicklungen formuliert, so daß die strategische Diskussion diese zumindest marginal berücksichtigen kann.

Die jüngste Methode der Zukunftsforschung sind *Szenarien*, mindestens zwei alternative, synthetisch konzipierte Zukunftseinschätzungen, die durch die schrittweise Skizzierung von Entwicklungen jene Verzweigungspunkte aufzeigen, an denen unterschiedliche Wege in die Zukunft möglich sind. Mit der Szenario-Technik zu arbeiten heißt, exakte Kenntnis von Gegenwartssituation, Problemdimensionen, Entwicklungstendenzen und Störfaktoren zu haben, um in der Lage zu sein, die für die Formulierung von Alternativszenarien notwendigen Voraussetzungen im Sinne von Deskriptoren zu erarbeiten. Der Vorteil der Szenarien ist die Möglichkeit, gesellschaftspolitisch gewünschte Entwicklungen einzubauen, der Nachteil liegt in der oft fehlenden Exaktheit der Aussagen.

Bezogen auf die Tourismusprojektion erscheint die Arbeit mit Szenarien nur dann sinnvoll, wenn die Annahmen von einer breiten Gruppe von Experten evaluiert werden und somit garantiert ist, daß eine Vielzahl von Erkenntnissen in der Szenarienformulierung enthalten ist sowie möglichst viele Rahmenbedingungen, Steuerungsfaktoren und interne Verflechtungen erkannt und berücksichtigt werden. Diese Ausführungen seien als Plädoyer für die *Verknüpfung von Methoden der Szenario-Technik mit jenen der Delphi-Experten-Befragung* verstanden, um einerseits die quantitativen und qualitativen Dimensionen für die Szenario-Technik methodisch einwandfrei zu erarbeiten und andererseits die Identifikation mit und die Umsetzung von Ergebnissen durch die Experten, die in der Gegenwart als Gestalter der Zukunft handeln, zu gewährleisten.

*Fazit.* Deutlich wird, daß es in der touristischen Prognostik keine exakten, quantitativen Punktprognosen geben kann, daß aber die Erarbeitung von Vorhersagen aufgrund der Komplexität im modernen Tourismus unumgänglich nötig ist, da Entscheidungsträger bei ihrer Entscheidungsfindung maßlos überfordert sind. Dennoch: Prognosen im Tourismus, bevorzugterweise in Form einer qualitativen Skizzierung des Zukunftsbildes, können immer nur den Charakter von Orientierungshilfen für Politik und Praxis haben.

## Literatur

Annasohn, K. (1975). Versuch einer langfristigen Prognose der touristischen Frequenzen im schweizerischen Berggebiet. Berner Studien zum Fremdenverkehr, 17. Bern, Frankfurt/M.

Backe, B. (1974). Zur Methodologie praktischer sozialwissenschaftlicher Geographie. In Berichte zur Raumforschung und Raumplanung, 18 (5-6) 9-18.

Backe, B. (1975). Prognosen in der Raumplanung – Grundlagen und Anwendungsprobleme. Habilitationsschrift, Technische Universität Berlin.

Bernt, D. & P. Bauer (1988). Internationale und nationale Trends im Tourismus. Rahmenbedingungen für die Fremdenverkehrsentwicklung in Österreich. Aktualisierung 1988 der von der ÖROK 1985 veröff. ÖIR-Studie. Kurzfassung. Wien: Bundesministerium für wirtschaftliche Angelegenheiten.

Butler, R.W. (1979). Problems in the prediction of tourist development: A theoretical approach. (S. 9–64) In Der Tourismus als Entwicklungsfaktor in Tropenländern. Frankfurter Wirtschafts- und Sozialgeographische Schriften, 30, Frankfurt.

Freyer, W. (1991). Tourismus 2000. Von Boomfaktoren zu Megatrends und Zukunftsszenarien. Forschungsinstitut für Tourismus und Sport, Diskussionspapier Nr. 2, Bonn (unveröff.).

Geschka, H. & Reibnitz, U.v. (1981). Die Szenario-Technik als Grundlage von Planungen. Frankfurt/M.: Battelle-Institut.

Institut für Fremdenverkehrstechnik Wien (1980). Schlußbericht der Delphi–Seer–Expertenbefragung 1978-1980 über Fremdenverkehrsentwicklung in Österreich. Wien.

Kocher, G. (1976). Ein zweckmäßiges Prognoseverfahren für die Unternehmungsplanung: Die Delphi-Umfrage. Management-Zeitschrift, 45 (10).

Krippendorf, J. (1980). Tourismus im Jahre 2010. Eine Delphi-Umfrage über die zukünftige Entwicklung des Tourismus in der Schweiz. Interpretationen und Schlußfolgerungen, 3. Aufl. Berlin.

Krippendorf, J.; Kramer, B. & Müller, H. (1986). Freizeit und Tourismus. Eine Einführung in Theorie und Politik. Berner Studien zum Fremdenverkehr, 22. Bern.

Maier, J. (1971). Methoden und Probleme von Fremdenverkehrsprognosen. WGI-Berichte zur Regionalforschung, 6, 33-47.

Maier, J. (1974). Zur Vorausschätzung von Freizeit und Erholung: Methoden und ihre Probleme. Raumforschung und Raumordnung, 33(5), 202-207.

Mazanec, J. (1981). The tourism/leisure ratio, anticipating the limits of growth. Zeitschrift für Fremdenverkehr, 4, 2-12.

Müller, H.; Kaspar, C. & Schidhauser, H. (1991). Tourismus 2010. Delphi-Umfrage 1991 zur Zukunft des Schweizer Tourismus. Bern, St. Gallen: IVT.

Opaschowski, H.W. (1982). Freizeit-Daten. Zahlen zur Freizeit-Situation und -Entwicklung in der BRD. Hamburg: B.A.T. Freizeit-Forschungsinstitut; Düsseldorf: Deutsche Gesellschaft Freizeit.

Opaschowski, H.W. (1987). Wie leben wir nach dem Jahr 2000? Szenarien über die Zukunft von Arbeit und Freizeit. Hamburg: B.A.T. Freizeit-Forschungsinstitut.

Opaschowski, H.W. (1988). Urlaub 87/88. Traumziele und Urlaubsträume. Daten, Träume und Trends. Hamburg: B.A.T. Freizeit-Forschungsinstitut.

Opaschowski, H.W. (1992). Freizeit 2001. Ein Blick in die Zukunft unserer Freizeitwelt. Hamburg: B.A.T. Freizeit-Forschungsinstitut.

Prognos, A.G. (1982). Politik, Wertewandel, Technologie. Ansatzpunkte für eine Theorie der sozialen Entwicklung. Düsseldorf, Wien: Econ.

Schulmeister, S. (1978). Modellprognosen für den Reiseverkehr. Österreichisches Institut für Wirtschaftsforschung. Stuttgart: G. Fischer.

Segner, M. (1976). Szenario-Technik. Methodische Darstellung und kritische Analyse. Forschungsreihe „Systemtechnik", Bericht Nr. 8. Berlin: Technische Universität.

Seiffert, H. (1969). Einführung in die Wissenschaftstheorie, Bd. 1: Sprachanalyse – Deduktion – Induktion in den Natur- und Sozialwissenschaften. München: Beck.

Smeral, E., Kramer, H. & Walterskirchen, E. (1984). Situation des österreichischen Fremdenverkehrs und Perspektiven bis zum Jahr 2000. Österreichisches Institut für Wirtschaftsforschung, Wien.

Smeral, E. (1985). Längerfristige Entwicklung und struktureller Wandel im internationalen und im österreichischen Tourismus. Österreichischer Strukturbericht 1984, Abschnitt 8, Wien.

Smeral, E. (1986). Strukturwandel in der österreichischen Außenwirtschaft. In Länderbank Report. Aktueller Wirtschaftsdienst, 41, Mai, 1-7.

Steinecke, A. (1985). Die Delphi-Umfrage als Methode Freizeit- und Fremdenverkehrsgeographischer Forschung. In Tagungsbericht und wissenschaftliche Abhandlungen. 45. Deutscher Geographentag Berlin: F. Steiner.

Steinecke, A. (1987). Freizeit in räumlicher Isolation: Prognosen und Analysen zum Freizeit- und Fremdenverkehr der Bevölkerung von Berlin (West). Berliner Geographische Studien, Bd. 219. Berlin.

Steinecke, A. (1989). Wohin geht die Reise? Tourismus im Jahr 2000. (S. 7-28) In A. Steinecke (Hg.), Tourismus – Umwelt – Gesellschaft. Wege zu einem sozial- und umweltverträglichen Reisen. Bielefeld: IFKA.

Zimmermann, F. (1987). Aktuelle Tendenzen des Tourismus in den österreichischen Alpen. In Zeitschrift für Wirtschaftsgeographie, 31(2), 106 - 117.

Zimmermann, F. (1988). Austria: Rapid Expansion of Winter Tourism and Problems with the Summer Season. (S. 145–161) In G. Shaw & A. Williams (eds.), Tourism and Economic Development. The Western European Experience. London: F. Pinter.

Zimmermann, F. (1989). Ende des Wachstums und Umbau des Fremdenverkehrs: Szenarien und Modellrechnungen zum österreichischen Femdneverkehr im Jahr 2000. (S. 177-202) In E. Lichtenberger (Hg.), Österreich zu Beginn des 3. Jahrtausend. Raum und Gesellschaft. Prognosen, Modellrechnungen und Szanrien. Beiträge zur Stadt- und Regionalforschung, Bd. 7. Wien: Verlag der österreichischen Akademie der Wissenschaften.

Zimmermann, F. (1989). Tourismus zur Jahrtausendwende – eine Delphi-Expertenbefragung zur Zukunft des Fremdenverkehrs in Österreich. (S. 33-72) In Institut für Tourismus, Freie Universität Berlin (Hg.), Berichte und Materialien, 4. Sitzung des Arbeitskreises „Freizeit- und Fremdenverkehrsgeographie" in Pörtschach am Wörthersee.

Zimmermann, F. (1989). Szenarien zur Zukunft des Tourismus in Österreich zur Jahrtausendwende. In: Bundesministerium für wirtschaftliche Angelegenheiten (Hg.), Voraussichtliche Entwicklung des Fremdenverkehrs bis zum Jahr 2010. Österreichischer Fremdenverkehrstag 18.-20. April 1989, Baden/Wien.

Zimmermann, F. (1992). Prognosen in der Tourismusforschung: Trends, Szenarien, Delphi-Umfragen am Beispiel der Tourismusentwicklung in Österreich. (S. 9-69) In Becker (Hg.), Erhebungsmethoden und ihre Umsetzung in Tourismus und Freizeit. Materialien zur Fremdenverkehrsgeographie, 25. Trier.

Zimmermann, F. (1992). Issues, Problems, and Future Trends in the Austrian Alps: Changes within Traditional Tourism. In Proceedings of the Vail Conference on „Recreation Trends and Mountain Resort Development", Denver/Col., 1992.

**Friedrich Zimmermann,
Klagenfurt**

# Teil X

# Ausgewählte Studien und Projekte

# Die Studie „Alpendorf".
# Auswirkungen des Massentourismus auf das ökonomische und soziale System eines Bergdorfes

## 1. Einleitung

Ziel der Studie *Alpendorf* war es, den ökonomischen und sozialen Wandel und die damit verbundenen Auswirkungen auf die psychische und physische Gesundheit der Bewohner eines Bergdorfes zu erkunden. Das Dorf, um das es sich hier handelt, heißt Saas Fee und liegt in den Schweizer Alpen, nahe der italienischen Grenze. Durch den Bau einer Verbindungsstraße im Jahre 1951 entwickelte sich der vormals sechs bis acht Monate im Jahr von der Außenwelt abgeschnittene Ort zu einem bekannten Weltkurort, der nun den Massentourismus anzieht.

Saas Fee fand das Interesse des Schweizer Arztes und Psychiaters Gottlieb Guntern, der dort über ein Jahr als Allgemeinarzt praktizierte und dabei zu dieser Fragestellung angeregt wurde. *Alpendorf* war ursprünglich als Längsschnittstudie mit Meßzeitpunkten in zehnjährigem Abstand (1970, 1980 ...) geplant. Bislang liegen aber in den Veröffentlichungen Gunterns (1974, 1975, 1978, 1979) nur die Ergebnisse der ersten Erhebung von 1970 vor. Als praktizierender Arzt gewann Guntern seine Erkenntnisse aus direkter Feldbeobachtung. Zudem führte er Interviews mit Schlüsselpersonen durch (Bürgermeister, Arzt, Kurdirektor, etc.). Eine repräsentative Stichprobe von 120 Personen bearbeitete einen strukturierten Fragebogen.

## 2. Das Dorf

Saas Fee liegt in 1800 Metern Höhe über dem Meer. Von mächtigen drei- bis viertausend Metern hohen Bergen eingerahmt, wird es auch die „Perle der Alpen" genannt. In dieser Hochgebirgsregion suchten Naturgewalten und -katastrophen in Form von Erdrutschen, Lawinen, Schlechtwettereinbrüchen die Einwohner immer wieder heim. Zugang zu Saas Fee hatte man bis 1951 von Saas Grund im Saastal aus nur über einen Pfad, der aber im Winter nicht passierbar war. Jahrhundertelang lebten die Bewohner als Bergbauern und waren wegen der isolierten Lage Selbstversorger (Imseng 1985). Eine weitere Erwerbsquelle stellte die Möbelschnitzerei dar. Der Tourismus machte in Saas Fee bereits Ende des 19. Jahrhunderts einen ersten kleinen Anfang. Das erste Hotel wurde 1881 gebaut. Es stellte sich ein moderater Sommertourismus ein. Um die Jahrhundertwende waren es – wie im nahen Zermatt – hauptsächlich Engländer, die Saas Fee besuchten.

1951, mit dem Bau der Verbindungsstraße, fand eine dramatische Entwicklung statt. Saas Fee wurde als Wintersportort entdeckt, und erschlossen. Abbildung 1 zeigt die Entwicklung der Übernachtungszahlen. Sie stiegen seit dem Bau der Straße sprunghaft an. 1984 konnten 717 636 Übernachtungen gezählt werden (Imseng 1985). Damit hat sich deren Zahl gegenüber 1950 mehr als verzehnfacht.

1985 verfügt Saas Fee über 51 Hotels und 1500 Ferienwohnungen. Dem Skifahrer werden 80 km Skipisten geboten, die durch 25 Seilbahnen und Skilifte bedient werden. Zusätzlich entstand ein Freizeitzentrum. Speisen kann der Gast in über 60 Restaurants („Berge" 1985).

## 3. Ökonomischer und sozialer Wandel

Die drastische Veränderung der ökonomischen Basis zog einen alle Lebensbereiche er-

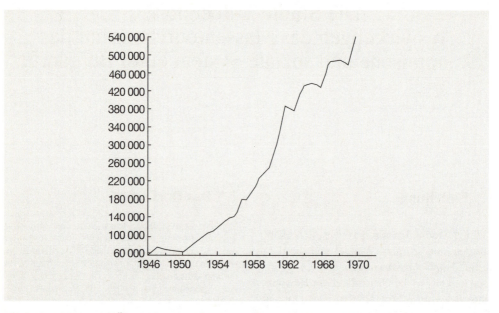

Abb.1: Entwicklung der Übernachtungszahlen in Saas Fee (nach Guntern 1979, S. 136)

fassenden soziokulturellen Wandel nach sich. Die Landwirtschaft als Erwerbsquelle verschwand fast völlig (primärer Sektor). Seilbahnen und Skilifte wurden gebaut. Mit immer mehr neuen Hotels und Ferienwohnungen wurde versucht, den steigenden Gästezahlen zu entsprechen. Damit entstanden neue Berufsrollen. Als Seilbahnpersonal, Pistendienst, Angestellte im Transportwesen oder Hotel- oder Restaurantangestellte waren die Bewohner nun zu fast 70% (1970) in Dienstleistungsberufen tätig (tertiärer Sektor). Viele Bewohner machten sich selbständig und verschuldeten sich, um die nötigen Investitionen aufbringen zu können.

*Akkulturation* meint die Übernahme neuer Werte und Verhaltensweisen. Die Gäste tragen neue Werte in das Dorf. Vor allem die Jugend orientiert sich an der hedonistischen Lebensweise der Gäste, die trinken, essen und sich amüsieren, damit aber ein einseitiges Bild der Wirklichkeit abgeben. Diese vorgelebte Lebensweise tritt in Kontrast zum entbehrungsreichen und im Vergleich wenig attraktiven Leben der Eltern. Die Gäste dienten als Rollenvorbilder. Für die Jugend stand nicht mehr die Leistung im Zentrum: Saas Fee rekrutierte 1970 keinen einzigen bekannten Wintersportler mehr, im Gegensatz zur Zeit vor 1951.

Dennoch macht der traditionelle Wert des Zusammenhalts, der in dieser Lebensumwelt bisher so wichtig war, vermehrt einem neuen Wettbewerbsdenken Platz. Man will besser sein, dem Gast mehr bieten als der Nachbar. Erfolg wird ein wichtiges Ziel.

Ein weiterer Faktor im Kontext der Übernahme neuer Werte und Verhaltensweisen stellt die Tatsache dar, daß einheimische Männer vermehrt Frauen von außerhalb heiraten. Sie kommen vorwiegend aus Städten oder industrialisierten Regionen und stellen die traditionelle patriarchalische Rollenteilung in Frage. Immerhin stammen schon 1970 bei über 50% der Familien die Frauen nicht aus dem Dorf. Es entwickelt sich ein sogenanntes *„verstecktes Matriarchat"*. Im Sinne einer erweiterten Haushaltsführung tragen die Frauen die Hauptlast bei der Beherbergung der Touristen. Da deren Männer als Bergführer, Skilehrer oder Pendler teilweise mehrere Tage am Stück außer Haus sind, übernehmen die Frauen Verantwortung und treffen eigenständig Entscheidungen in bezug auf Gäste, Angestellte oder Arbeiten von Handwerkern. Durch ihre höhere Bildung ist die Sprachbarriere niedriger, sie treten in Kommunikation mit den Gästen, verfügen damit über mehr Informationen, was ihre zentrale Rolle stärkt. Dies hat seinen Preis, über 50% der Frauen arbeiten mehr als 12 Stunden am Tag, während dies nur bei einem Drittel der Männer zutrifft.

Alte Riten und Bräuche geraten mehr und mehr in Vergessenheit. Tracht wird nur noch zu besonderen Anlässen getragen und dient der Folklore. Das Fronleichnamsfest und der Faschingsumzug verlieren ihre symbolische Bedeutung und laufen Gefahr, zu touristischen Attraktionen zu degenerieren.

*Cultural lag.* Die Bewohner von Saas Fee befinden sich zum Erhebungszeitpunkt (1970) im Zustand des cultural lag. Das meint, daß Verhaltensweisen und Denkmuster nicht den Anforderungen der aktuellen ökonomischen Situation entsprechen, sondern hinterherhinken, den Anforderungen vergangener Zustände entsprechen. Diese Lücke gilt es aufzuholen.

Vor allem die älteren Bewohner sind betroffen. Nach Bellwald und Jaeger (1973, zit. in Guntern 1979) empfinden 47% der Gäste die Einheimischen als reserviert, abweisend und unfreundlich. Freundlichkeit, Aufgeschlossenheit, Einfühlungsvermögen, Flexibilität, Organisationstalent und das Beherrschen von Fremdsprachen sind jedoch bei Dienstleistungsberufen im Tourismusbereich gefragte Eigenschaften. Vor allem die älteren Bewohner zeigten der Agrargesellschaft entsprechende Eigenschaften wie Wortkargheit, Zurückhaltung oder Bescheidenheit.

Die junge Generation paßt sich dem Wandel leichter an als die ältere. Es verhält sich laut Aussagen der Bewohner so, als seien heute zwei Generationen genausoweit voneinander entfernt wie vormals zehn Generationen. Alte und neue Werte treten miteinander in Konflikt oder bestehen gleichzeitig nebeneinander. So herrscht im Zustand des *cultural lag* Verhaltensunsicherheit und Widerspruch.

## 4. Stressoren und Streß

Das Interesse galt der Frage, inwieweit der soziale Wandel und die damit erforderlichen Anpassungsleistungen bei den Bewohnern eine Belastung darstellten und (→) *Streß* hervorriefen. Guntern entwickelte hierfür ein eigenes systemisches Streßmodell, das an die Überlegungen von Selye (1956), Lazarus (1966) und Levi (1974) anknüpft. Demnach erzeugen Dissonanzen in der Entwicklung des demographischen, ökonomischen, religiösen, politischen und soziokulturellen Subsystems Widersprüche und zerstören das homöostatische Gleichgewicht. Reichen die vorhandenen Bewältigungsmöglichkeiten der Betroffenen nicht mehr aus, so entfalten die Stressoren ihre Wirkung und rufen Streß hervor. Diese ziehen kurz- und langfristige Streßfolgen nach sich. Die Streßfolgen sind für Guntern Indikatoren zur indirekten Messung von Streß. Zu den Indikatoren gehören psychosomatische Störungen, Alkohol-, Tabak-, Tabletten- und Drogenkonsum, psychische Erkrankungen sowie Kriminalität.

Der Bau der Verbindungsstraße 1951 zog Folgen nach sich, die das Gleichgewicht in Saas Fee zerstörten. Die dadurch hervorgerufenen rapiden ökonomischen und sozialen Veränderungen überfordern die Bewohner und führen zu Streß. Diesen versuchte Guntern nun in Saas Fee durch eine Erhebung der Streßindikatoren empirisch zu belegen; in einer Längsschnittstudie wollte er das Zusammenspiel zwischen dem stattfindenden sozialen Wandel und den Streßfolgen erkunden.

Nach einer Aufstellung der von Guntern angeführten *Stressoren* sollen hier überblicksartig die Ergebnisse zu den Streßfolgen aus der Querschnittsuntersuchung von 1970 dargestellt werden.

1. Auf die Bewohner einwirkende *Stressoren* (Belastungsfaktoren) sind nach Guntern folgende:
– Die durch den cultural lag hervorgerufene Verhaltensunsicherheit und Infragestellung des bisherigen Wertmusters (vgl. Dohrenwend 1973).
– Die hohe Verschuldung und die damit verbundene Bedrohung, bei konjunkturellen Schwankungen durch sinkende Gästezahlen die Existenzgrundlage zu verlieren, rufen Ängste und damit antizipatorischen Streß (sensu Lazarus 1966) hervor.
– In der zehnmonatigen Hochsaison liegt die tägliche Arbeitszeit an 7 Tagen in der Woche oft zwischen 12 bis 15 Stunden. Die Folge ist eine quantitative Überforderung. Sie betrifft insbesondere die Frauen.
– Die Überstimulierung in Zeiten der Hochsaison wird abgelöst durch eine tote Phase der sensorischen und psychischen Deprivation in der Nach- und Zwischensaison. Auch eine Über- oder Unterstimulierung, als Abweichung von einem mittlerem Belastungsniveau, stellt (sensu Levi 1974) einen Stressor dar.
– Das ständige Kommen und Gehen der Gäste erfordert es, sich ständig auf neue Personen einstellen zu müssen, deren Sprache man zudem in vielen Fällen nicht beherrscht. Es handelt sich dabei um sogenannte kritische Lebensereignisse (nach Holmes & Rahe 1967). Jede Veränderung erfordert eine Neuorientierung und kann in der Summe Streß erzeugen, besonders wenn Anpassungsleistungen sehr häufig erforderlich sind.

2. *Streßfolgen* in Saas Fee sind die folgenden:
a) Alkohol-, Tabak-, Tabletten- und Drogenkonsum:
Der Alkoholkonsum ist in Saas Fee deutlich erhöht. Er liegt 1970 dreimal so hoch wie im damaligen Schweizer Durchschnitt. Annähernd die Hälfte der Befragten gibt an, mehr als einen halben Liter alkoholische Getränke am Tag zu konsumieren. Bauern, Bergführer, Gastwirte und Hoteliers stechen besonders hervor. Im Gastronomiegewerbe tätige Personen sind ohnehin einer Risikogruppe zuzurechnen, bei den Bauern mag die Krise der Landwirtschaft die Ursache sein. Bei den Bergführern führt Guntern entweder Angstreduktion oder die Tendenz, einem männlichen Geschlechtsrollenmuster entsprechen zu wollen, an. Obwohl Männer sehr viel mehr trinken als Frauen, zeigen letztere auch einen zunehmend erhöhten Alkoholkonsum, besonders bei hochprozentigen Getränken – für Guntern ist dies ein Korrelat des oben bereits erwähnten „versteckten Matriarchats", das lange Tagesarbeitszeiten und hohe Verantwortung mit sich bringt. Die Anzahl der Fälle von Alkoholismus bewegt sich im Normalbereich.

Der Tabakkonsum der Dorfbevölkerung ist nicht erhöht. Es wird sogar nur halb soviel geraucht wie im Schweizer Durchschnitt.

Die Zahlen zum Tablettenkonsum: 12% der Befragten nehmen mindestens zweimal in der Woche Tranquilizer. (Dieses Ausmaß entspricht dem Stand der USA im Jahre 1960). In Saas Fee sind hauptsächlich Frauen der Altersgruppe 45–55 Jahre betroffen. Guntern vermutet, daß besonders diese, durch lange Arbeitszeiten, Rollenakkumulation und hohe Verantwortung belasteten Frauen versuchen, so ihre Leistungsfähigkeit aufrechtzuerhalten. 29% dieser Altersgruppe arbeiten über 15 Stunden am Tag. Der Tablettenkonsum der Frauen ist zwei- bis dreimal so hoch wie derjenige der Männer. Tabletten stellen damit die typische „Frauen-Droge" dar und sind das Komplement zum Alkohol der Männer. Fälle von Drogenkonsum waren 1970 in Saas Fee nicht bekannt. Guntern vermutet aber, daß dieses Problem bei zukünftigen Meßzeitpunkten der Längsschnittstudie (1980, 1990...) auftreten könnte.

b) An psychosomatischen Beschwerden traten auf:
Psychosomatische Erkrankungen stellen eine bedeutende Streßfolge dar und können entstehen, wenn Stressoren langfristig auf den Organismus einwirken. Deshalb hatten die Befragten aus Gunterns Stichprobe im Fragebogen Angaben zum Auftreten psychosomatischer Symptome zu machen. Mittels der Methode der Konfigurationsanalyse (Lienert 1971) wurden Gruppierungen aus Symptomen psychosomatischer Erkrankungen gewonnen. Die so entstandenen Symptomgruppen bilden psychosomatischen Syndrome. (Diese sind mit den Häufigkeiten ihres Auftretens und den zugehörigen Beispielsymptomen in Abbildung 2 wiedergegeben). Jeder Befragte wird einem Syndrom zugeordnet, wenn mindestens zwei Symptome einer Gruppe, mindestens ein- bis zweimal in der Woche bei ihm auftreten. Das Symptom Kopfschmerz war in mehreren Syndromen enthalten und ragte mit einer Gesamthäufigkeit von insgesamt 27% heraus. Fast alle Beschwerden treten bei Frauen häufiger auf. Dies mag mit der Funktionskumulierung zu tun haben, die ihnen ein Mehr an Verantwortung aufbürdet und eine Rollenüberforderung bewirkt.

| | |
|---|---|
| **Herz-Kreislaufbeschwerden** (Schmerzen in der Herzgegend [Präkardialgie], Herzrasen, Bluthochdruck, Schweißausbrüche, Schwindel, Ohrensausen, Kopfschmerzen etc.) | 24% |
| **Motorische Störungen** (Gelenkschmerzen, Lendenschmerz, Fingertremor etc.) | 17,5% |
| **Psychisches Syndrom** (Gereiztheit, Schlaflosigkeit, schnelles Ermüden etc.) | 12,5% |
| **Magen/Darm-Beschwerden** (Magenschmerzen, Appetitlosigkeit, Verstopfung etc.) | 10% |

Abb. 2: Psychosomatische Syndrome und ihre Auftretenshäufigkeiten bei einer repräsentativen Stichprobe der Bevölkerung von Saas Fee im Jahre 1970 (in Prozent der Befragten, N=120)

Für Guntern belegen die Zahlen, daß Streßkrankheiten in nicht unbeträchtlichem Maße vorliegen. Die Bewohner attribuieren ihre Beschwerden auf den Tourismus und den dadurch bedingten sozialen Wandel. Besonders die interviewten Schlüsselpersonen waren der Überzeugung, daß die Zahl psychosomatischer Beschwerden und der Alkoholkonsum seit dem Bau der Straße und der Zunahme des Tourismus angestiegen sei.

## 5. Diskussion

Saas Fee befand sich 1970 im Umbruch und im Stadium des sozialen Wandels. Dieser erforderte von den Einwohnern Anpassungsleistungen, die ihre Kräfte stark strapazierten. Streßfolgen wie Alkohol und Tablettenkonsum sowie psychosomatische Erkrankungen konnten daher nachgewiesen werden.

Kritisch zu vermerken ist, daß außer einigen verklärten Rückblicken der Bewohner zur „guten alten Zeit" keine quantitativen Daten zum Zeitraum vor 1951 vorliegen. Ob sich in der Summe die psychophysische Gesundheitssituation der Bevölkerung im Vergleich zu damals verschlechtert oder gar verbessert hat, bleibt im Dunkeln. Sicherlich haben neue Belastungen die Leiden von einst ersetzt. An die Stelle der physischen Belastungen durch körperliche Arbeit in einer hochalpinen Region treten jetzt vermehrt psychische Belastungsfaktoren, wie Zeitdruck, quantitative und qualitative Überforderung, Reizüberflutung oder Fremdbestimmung.

Guntern plante weitere Erhebungszeitpunkte für die Studie Alpendorf. Augenscheinlich wurden diese Erhebungen aber nicht mehr durchgeführt. So liegt die Frage offen, wie sich die Streßsituation nach erfolgter Anpassung der Bewohner an die neuen Lebensbedingungen weiter entwickelt hat. Unaufgeklärt bleibt weiterhin ein etwaiger Kausalzusammenhang zwischen Streß und sozialem Wandel, denn die korrelativen Daten einer Querschnittsuntersuchung lassen solche Schlüsse nicht zu.

Dennoch liegt mit den Arbeiten Gunterns die Momentaufnahme eines Dorfes vor, das sich 19 Jahre nach seiner Erschließung auf dem turbulenten Weg zu einem touristischen Zentrum der Alpen befindet. Die Studie Gunterns hat dabei paradigmatischen Wert, was auch in der Wahl des Namens *Alpendorf* zum Ausdruck kommen soll. Die Entwicklung in Saas Fee ist mit der vieler anderer Orte der Alpen vergleichbar, obgleich der Wandel dort meist nicht so abrupt vonstatten ging.

Heute, nach einer langen Zeit des steten Wachstums, hat man in Saas Fee die Probleme erkannt und propagiert nun den qualitativen Tourismus. In der Phase der Konsolidierung sollen neue Investitionen „landschaftsfreundlich und im Sinne der langfristigen Interessen der Bevölkerung getätigt werden" („Berge" 1985, S. 62).

## Literatur

Bellwald, A. & Jaeger, E. (1973). Touristische Planung Alpendorf, Dorf- und Regionalplanung im Auftrag der Gemeinde Saas Fee. Saas Fee.

„Berge" (1985). Qualitativer Tourismus – mehr als ein Schlagwort? „Berge" [Zeitschrift]: Berge um Saas Fee. Wabern-Bern: Büchler, 15, 62.

Dohrenwend, B. S. (1973). Life events as stressors: a methodological inquiry. Journal of Health and Social Behavior, 14, 167-175.

Guntern, G. (1974). Sozialer Wandel und seelische Gesundheit: Der Wandel eines Bergdorfes von der Agrikultur zum Gastgewerbe. Psychiatria clinica, 7, 287-313.

Guntern, G. (1975). Changement social et consommation d'alcool dans un village de montagne. Schweizer Archiv für Neurologie, Neurochirurgie und Psychiatrie, 116(2), 353-411.

Guntern, G. (1978). Alpendorf: tourisme, changement social, stress et problèmes psychiatriques. Social Psychiatry, 13, 41-51.

Guntern, G. (1979). Social change, stress and mental health in the Pearl of the alps. Berlin: Springer.

Holmes, T. H. & Rahe, R. H. (1967). The social readjustment rating scale. Journal of Psychosomatic Research, 11, 213.

Imseng, W. (1985). Vom Leben im Saastal. „Berge" [Zeitschrift]: Berge um Saas Fee. Wabern-Bern: Büchler, 15, 36-42.

Lazarus, R. S. (1966). Psychological stress and the coping process. New York: Mc Graw-Hill.

Levi, L. (1974). Stress, distress and psychosocial stimuli. In A. McLean (ed.), Occupational stress. Springfield, Ill.: C. C. Thomas.

Lienert, G. A. (1971). Die Konfigurationsfrequenzanalyse: Ein neuer Weg zu Typen und Syndromen. Klinische Psychologie und Psychotherapie, 19, 99-115.

Selye, H. (1956). The stress of life. New York: McGraw-Hill.

**Michael Anft, München**

# Eine Theorie des Tourismus – die Enzensberger Studie

## 1. Einleitung

Hans Magnus Enzensberger, Jahrgang 1929, ist selbst ein Reisender: U. a. besuchte er die USA (1957), UdSSR (1963), den Nahen Osten (1964), Argentinien (1965), Indien (1967). Als Zeit- und Gesellschaftskritiker argumentiert er zynisch und satirisch gegen Zeitgeist und Konvention. Grundsätzlich kritischem Bewußtsein verbürgt, mildert er in seinem Duktus Pathos und Aggression (von Wilpert, 1975). Etwa in diese Schaffensphase fällt die Veröffentlichung seines folgenden Essays. Er erschien 1958 in der Zeitschrift „Merkur", 1962 in seinem Werk „Einzelheiten I", einem Sammelband mit zahlreichen Aufsätzen zur zeitgenössischen Publizistik und Literatur. Der Nachbemerkung dieses Bandes ist die explizit kritische Position des Autors bei der Bearbeitung seiner Themen zu entnehmen: „Kritik, wie sie hier versucht wird, will ihre Gegenstände nicht abfertigen oder liquidieren, sondern dem zweiten Blick aussetzen: Revision, nicht Revolution ist ihre Absicht" (Enzensberger 1962).

## 2. Zusammenfassung der Grundgedanken

Gemäß seiner Provenienz als Autor leitet H. M. Enzensberger seine „Theorie des Tourismus" mit der Gegenüberstellung zweier Textpassagen aus der Literatur ein. Diese sind – beide die Thematik des Reisens behandelnd – aus Jean Pauls „*Blumen-, Frucht- und Dornenstücke; oder Ehestand, Tod und Hochzeit des Armenadvokaten F.St. Siebenkäs*" bzw. aus Max Frischs „*Homo faber*" entnommen. Sie spiegeln nicht nur – durch die Distanz der Jahrhunderte bedingt – den unterschiedlichen Autorenstandpunkt zur selben Sache, dem Reisen wieder, sondern markieren zugleich den geschichtlichen, d.h. den politischen, sozialen, wirtschaftlichen, technischen und geistigen Zeitraum, den Enzensberger für die Entwicklung seiner Theorie des Tourismus aufzuspannen gedenkt.

Begründet wird die Entscheidung für diesen historischen Rahmen zum einen durch den Hinweis auf das erstmalige Auftreten der Begriffe „Tourist" und „Tourismus" zu Zeiten Jean Pauls in den Wörterbüchern, bzw. einer blühenden Tourismuskritik zu Zeiten des „*Homo faber*" von Max Frisch. Diese, auf eine lange Tradition zurückblickend, sei weniger Kritik denn Denunziation. Sie würde – dialektisch gesehen – auf das Wesen des Tourismus selbst hinweisen sowie die Enttäuschung über dasselbe wiederspiegeln. Insofern werde von den Zeitgenossen die Existenz des Phänomens Tourismus zwar abgehandelt, lasse jedoch die Perspektive des historisch Gewachsenen dieses Phänomens außer acht. Diese zu thematisieren sei der Ansatzpunkt für die Entwicklung der Theorie.

Folgende historische Etappen lassen sich laut Enzensberger nachzeichnen, um den Tourismus schließlich als spezifisch historisches Phänomen vom sogenannten Reisen isolieren und dessen Ausdehnung nachvollziehen zu können: Bis in das 18. Jahrhundert hinein ist das Reisen als Selbstzweck unbekannt gewesen. Es ist biologischen, geographischen, klimatischen, aber besonders wirtschaftlichen Zwängen unterlegen. Im Lauf des 18. Jahrhunderts ist die Zweckhaftigkeit des Reisens durch die Kavalierstour der jungen Adligen sowie durch die Bäderreise aufgeweicht worden. (→ *Reisepädagogik;* → *Tourismusgeschichte*)

Der Beginn des klassischen Kapitalismus bezeichnet die Wende von der Reise zum Tourismus: Diese historische Situation hat die Etablierung des Bürgertums als politische, soziale und wirtschaftliche Macht, die Organisation eines Weltmarktes und die Sicherung eines expandierenden Verkehrsnetzes, eingeleitet durch den technologischen Fortschritt, ermöglicht.

Je weiter die Konsolidierung der bürgerlichen Gesellschaft vorangeschritten ist, desto mehr ist die Bedeutung des Tourismus als Möglichkeit, eben dieser Gesellschaft zu entkommen, gewachsen. Die Indienstnahme derselben Mittel, die auch der industriellen Zivilisation zur Verfügung standen, sind dabei für diesen kennzeichnend. Insofern ist die Begründung und Ausbreitung des Kapitalismus mit der des Tourismus Hand in Hand gegangen. Genährt wird dieses dialektische Verhältnis durch den geistigen Hintergrund der englischen, französischen und deutschen Romantik. Ihr Schlüsselwort der „Freiheit" ist letztlich das Geheimnis des Tourismus: Die Sehnsucht nach deren Verwirklichung, die Berührung mit dem noch Unberührten ist das Movens des Bürgers, als Tourist der Gesellschaft zu entkommen.

Gerade das Fehlen einer solcherart gespeisten ideellen Dimension unterscheidet den so skizzierten beginnenden modernen Tourismus letztlich von dem frühen touristischen Ansatz des römischen Imperiums zur Zeit des späteren Kaiserreichs. Diese Zeit hatte den Charakter einer geschichtlichen Ausnahme insofern gehabt, als sie von der wirtschaftlichen, politischen und technischen Situation her gesehen das touristische Phänomen zugelassen hat. Aufgrund des erwähnten Mangels der geistigen Komponente ist sie allenfalls als ein „Tourismus vor dem Tourismus" zu bezeichnen.

Die ideelle Freiheit aus der Romantik zog sich wie ein roter Faden durch die Geschichte des Tourismus: Die Sehnsucht nach der Berührung mit dem noch Unberührten hat zunächst ihren ersten touristischen Ausdruck in der Grundlegung der alpinistischen Bewegung (→ *Bergsteigen*) gesucht. Dieselbe Sehnsucht hat in der Nachahmung der Entdeckungsfahrten und Expeditionen einzelner, der romantischen Sehnsucht folgender Pioniere in Form der zivilisierten Urlaubsreise ihre weitere touristische Fortführung gefunden.

Die fortschreitende Entwicklung des Kapitalismus bis hin zum Spätkapitalismus findet in der Ausdehnung des Tourismus seine Entsprechung. So ist Hand in Hand mit dem jeweiligen historisch-gesellschaftlichen Stand das gesamte Schichtengefüge der Gesellschaft nach und nach quasi touristisch erschlossen worden. England, das aufgrund seines industriellen Vorsprungs gegenüber anderen Nationen auch hinsichtlich der touristischen Entwicklung tonangebend, also in Bezug auf die Dialektik von industrieller Zivilisation und Tourismus quasi Vorreiter gewesen war, ist auch hier, mit der Reiseorganisation des Thomas Cook, führend gewesen. Hatte dieser als erster bereits etwa 1841 das Kleinbürgertum für den Tourismus erschlossen, so vollzog sich ein ähnlicher Prozeß in Deutschland erst gegen Ende desselben Jahrhunderts. Hatte die Arbeiterschaft erst nach dem Ersten Weltkrieg ihre touristische Integration erfahren, so blieb die bäuerliche Schicht davon weiterhin ausgeschlossen.

Analog der industriellen Entwicklung und unter Verwendung ihrer Begriffe Normung, Montage und Serienfertigung läßt sich die Entfaltung des Tourismus nachzeichnen:

In der „sight", der Sehenswürdigkeit, hat der Tourismus – und das gilt bereits für die Erfindung des ersten Reiseführers um 1836 in der Form des „Red Book" von Murray – einen genormten Bestandteil. Dieser, das romantische Motiv der Freiheit verheißend, hatte als ein gesellschaftliches „must" die Besichtigung derselben eingefordert. Die Montage mehrerer „sights" zur Reiseroute, wie sie Thomas Cook mit seiner Erfindung des Fahr- und Gutscheinheftes begründet hatte, trieb den Tourismus voran. Erst in Form der kostengünstigen Gesellschaftsreise ist er schließlich in eine serienhafte Ausführung gegangen und als Massenprodukt expansionsfähig geworden.

Die Dialektik – Freiheit verheißend und in ihrer Verwirklichung an der gesellschaftlichen Realität scheiternd – ist der Teufelskreis und das Lebensgesetz des Tourismus. Beispiele dafür sind die deutsche Jugendbewegung, die, dem Komfortverzicht verschrieben und das „echte" Abenteuer vor Augen, durch die vorgebliche Bewegungsfreiheit der Hitlerjugend gesellschaftlich aufgesogen worden ist; die Camping-Bewegung, deren ideelle Postulate wie Naturverbundenheit, Zivilisationsferne, Ungebundenheit durch Reglementierungen, wie etwa den Verweis auf spezifische Lagerplätze, gesellschaftlich eingeholt worden sind; das sogenannte life-seeing, das durch die Instrumentalisierung der Gastfreundschaft dieselbe zerstörte.

Enzensberger komplettiert seine Theorie des Tourismus mit der Darstellung der Geschichte des Hotels, der Bedeutung der Wahl des Reiseziels, Berichterstattung des Heimkehrers sowie der Trostlosigkeit des Touristen per se.

Analog der Entwicklung des Tourismus hat sich die der Hotels gestaltet. Die Verdrängung der Beherbergung von Fremden in anspruchslosen Post-Gasthöfen ist durch das erste moderne Hotel, den „Badischen Hof" in Baden-Baden, Anfang des 19. Jahrhunderts eingeleitet worden. Sein Modellcharakter in Bezug auf die Hierarchie der Hotelangestellten und den Apparat seiner Räumlichkeiten hat auch gegenwärtig noch Gültigkeit.

Ob das Grand Hotel 1850 in Paris, das erste seiner Art in Form einer Aktiengesellschaft, oder die Ritz-Kette 1880 als Exempel des ersten Hotel-Trusts bis hin zu den ersten Mammuthotels um die Jahrhundertwende in den USA, immer berühren sie den Touristen in seiner Sehnsucht nach romantischer Freiheit: im Angebot der gesellschaftlich gesehen höherstehenden Lebensform des „high-life".

Ist noch bei der Wahl des Reiseziels das soziale Prestige handlungsführend, so wird der heimgekehrte Tourist in der Berichterstattung seiner Reise als Bestätigung des von der Reklame Verheißenen die eigene Prestigesicherung betreiben. Gleichzeitig fungiert er damit selbst als Werbeträger. Tatsächlich aber ist er sich stets – vor, während und nach seiner Reise – bewußt, daß sich der Tourismus letztlich als Verheißung und nicht als Erfüllung derselben definiert. Insofern besteht die Trostlosigkeit des Touristen darin, um die Vergeblichkeit seiner Flucht zu wissen, diese sich selbst zwar einzugestehen, nicht aber öffentlich kundzutun, um die eigene Enttäuschung nicht als persönliches Versagen zurückgespiegelt zu bekommen.

Damit ist der Massentourismus in seiner skizzierten Dialektik als Flucht vor der Wirklichkeit und Eingeholtsein von derselben nicht nur lesbar als Kritik an dem, von dem sie sich abwendet, sondern auch lesbar als Eingeständnis des Vergessens, was Freiheit letztlich ist.

## 3. Stellungnahme

Enzensbergers Tourismuskritik ist breit rezipiert worden. Kaum ein deutsches Lehrbuch kommt ohne einen Verweis auf ihn aus, und in vielen Veröffentlichungen zum „sanften Tourismus" wird immer wieder auf ihn als frühen Kritiker des Massentourismus und seiner negativen Folgen Bezug genommen. Hingegen finden sich kaum Versuche, die Ergebnisse seiner Analyse zu widerlegen. In seinem Artikel „Aspekte der Kulturgeschichte des Tourismus" nimmt Dietmar Kramer (1982) auf Enzensbergers Essay zweifach kritisch Bezug: Dessen Theorie des Tourismus als Flucht vor der Wirklichkeit einerseits und ihrer Vergeblichkeit andererseits sei zu relativieren: Tourismus könne auch bewußtes Handeln, die Möglichkeit der physischen und psychischen Erholung beinhalten. Auch wenn Enzensberger diese Möglichkeit zwar ansatzweise andeute, indem er der Flucht die geistige Wurzel des Ideals der romantischen Freiheit zugrundelege, unterlasse er inkonsequenterweise eine reflektierend-interpretierende Rückkoppelung des ideellen Hintergrunds der Flucht und ihrer Tatsache.

Tourismus ließe sich darüber hinaus auch als eine spezifische Ausgestaltung des menschlichen Neugierde- und Aneignungsverhaltens verstehen, die durch den gesellschaftlichen Reichtum bedingt werde.

Die von Enzensberger vertretene Theorie einer exakten Entsprechung von industrieller und touristischer Entfaltung ist nach Kramer fragwürdig. Sie übersehe durchaus bestehende Inkongruenzen von Marktgeschehen und Tourismus. Diese ließen sich am Beispiel des Alpinismus dahingehend veranschaulichen, daß der Vereinstourismus als nicht profitorientierter Tourismus vom kommerziellen Tourismus abzugrenzen sei.

## Literatur

Enzensberger, H. M. (1958). Vergebliche Brandung der Ferne. Eine Theorie des Tourismus. Merkur, 12(8), 701-720.

Enzensberger, H. M. (1962). Eine Theorie des Tourismus. (S. 147–168) In H.M. Enzensberger (Hg.), Einzelheiten 1 (S. 147-168). Frankfurt/M.: Suhrkamp; zuletzt wieder abgedruckt in Universitas 42(1987).

Kagelmann, H. J. (1988). Tourismus. (S. 499-517) In D. Frey; C.G. Hojos & D. Stahlberg (Hg.), Angewandte Psychologie. München: PVU.

Kramer, D. (1982). Aspekte der Kulturgeschichte des Tourismus. Zeitschrift für Volkskunde, 1-13.

Wilpert, G. v. (Hg.) (1975). Lexikon der Weltliteratur (2. Aufl., Bd. 1). Stuttgart: Kröner.

**Katja Asmodi, München**

# Urlaub als Auszug aus dem Alltag – die Catania-Studie von Helmut Kentler

## 1. Einleitung

Anfang der 60er Jahre rückte das Verhalten junger Leute im Urlaub in das Blickfeld wissenschaftlicher Analysen. In der vom Studienkreis für Tourismus veranlaßten Beobachtungsstudie (die heute als „Catania-Studie" als klassische tourismuswissenschaftliche Forschungsarbeit eingeordnet wird) ging der Psychologe Helmut Kentler der Frage nach, inwieweit Urlaub als „Auszug aus dem Alltag" und als Möglichkeit, auf eigenen Füßen zu stehen, verwirklicht wird. Als Mitarbeiter des Studienzentrums für evangelische Jugendarbeit hatte er sich damals mit sozial- und jugendpädagogischen Fragestellungen, vor allem im Bereich der Urlaubsgestaltung und Sexualerziehung, befaßt. Im Sommer 1962 hielt sich der Autor drei Wochen lang in einem Jugendferienlager bei Catania (Sizilien) auf; der daraus entstandene Bericht (erstmals unter dem Titel „Urlaub als Auszug aus dem Alltag" 1963 veröffentlicht) soll nun einer näheren Betrachtung unterzogen werden.

## 2. Die Studie: Anlage und wichtigste Ergebnisse

Da die zu beobachtenden Verhaltensweisen nicht durch die Anwesenheit eines 32jährigen „außenstehenden" Forschers beeinflußt werden sollten, fungierte ein jüngerer Mitarbeiter als „verdeckter" Beobachter. Durch Einzelgespräche kontrollierte Kentler als „Zuschauer am Rande" die Beobachtungen seines jüngeren Mitarbeiters, des „Teilnehmers".

Mit Wasser, Sonne, Strand, kleinen Bungalows und einer zentral gelegenen Tanzfläche bot das Ferienlager für 80-120 vorwiegend deutsche Jugendliche im Alter zwischen 18 und 25 Jahren alles Nötige, um unter sich sein und fern des alltäglichen Drucks ihre Vorstellungen vom Erwachsensein möglichst uneingeschränkt verwirklichen zu können.

Fast ausnahmslos waren die jungen Urlauber Angehörige der unteren Mittelschicht (Angestellte, Kinder von Kaufleuten) mit einem nur relativ gering ausgeprägten Aufstiegs- und Bildungsstreben. Den Verhaltensstilen der Eltern fühlten sie sich überlegen. Ihre finanzielle Unabhängigkeit erlaubte ihnen einen hohen Lebensstandard in Zusammenhang mit großem Anspruchsdenken. Doch fehlten die Erfahrungen und die Initiative für eine eigenwillige Lebensgestaltung, so daß sich ihre Vorstellungen und Wünsche nach unerreichbaren Vorbildern aus Filmen und Illustrierten richteten. Waren sie allein auf sich gestellt, verhielten sie sich hilflos.

Im Sinne David Riesmans und seiner Theorie von der „einsamen Masse" trafen die beiden verdeckten, teilnehmenden Beobachter in diesem Lager den „total außengeleiteten Typ" an, der – innerlich leer – rein affektiv auf äußere Reize reagiert. Von sich selbst nichts erwartend, erwartet er alles von außen. Im Urlaub sollte der Traum vom „richtigen, wahren Leben" wenigstens vorübergehend durch die externen vergleichsweise optimalen Bedingungen erfüllt werden.

Insgesamt hatte der Urlaub so zwanglos und komfortabel wie möglich zu sein. Der Tag diente der passiven Erholung und wurde pärchen- oder cliquenweise mit Essen, Schwimmen und Faulenzen verbracht. Besonders dem Sonnenbaden wurde große Aufmerksamkeit geschenkt. Nach dem Abendessen suchte man die unverbindliche Geselligkeit, sei es auf der Tanzfläche oder bei kleinen privaten Festen, um im Nachtleben, das bis in die frühen Morgenstunden dauerte, vollends die Rolle des Durchschnittsmenschen abzulegen. Generell gelang der Rollenwechsel zwischen Alltagsperson und Urlauber sowohl zu Beginn als auch zum Ende des Urlaubs sehr rasch. Nach dem Motto: „Jeder schläft mit jedem" wurden entpersonalisierte Erfahrungen gesammelt, damit in dieser Ausnahmesituation endlich die „Liebe" erlebt werden konnte, die die Jugendlichen aus den Medien zu kennen glaubten. Gerade auf sexuellem Gebiet wurde den jungen Frauen der aktivere Part zugesprochen. Doch ging es bei derartigen Kontakten nicht um die Person der Frau oder deren Befriedigung, sondern allein um das eigene Ausprobieren. Somit pendelte das Lagerleben im Rhythmus von Tag und Nacht zwischen den Polen „Gammelklima" und „Karneval" hin und her. Die Sehnsüchte nach Wasser, Sonne und Liebe sollten erfüllt werden.

Nur durch die Anonymität der Masse konnten diese „Ferien vom Ich" verwirklicht werden. Die Menge, bestehend aus Gleichaltrigen, deren Nachnamen man nicht kannte und die man wahrscheinlich nie wieder sehen würde, bot soviel Schutz, daß sich die jungen Urlauber, ohne aufzufallen, selbst ausprobieren konnten. Angeregt durch die Masse machte man mit, ließ sich herumwirbeln, um Hemmungen zu überwinden und neue Seiten an sich zu entdecken.

Als Verhaltensstütze dienten Lagerbräuche, die sich aus den Urlaubserfahrungen früherer Lagerteilnehmer entwickelt hatten und widerspruchslos von den Neuen angenommen wurden. Gleich zu Beginn des Ferienaufenthaltes wurden die von der langen Anreise mit einem Eisenbahnsonderzug her erschöpften Neuankömmlinge der „Fleischbeschau" unterworfen. Durch diesen Initiationsritus zwangen die „Alten" den „Neuen" Ton und Stil ihrer Gemeinschaft auf. Nach den ersten „Bewährungsproben" erfolgte das Einfügen in die Lagergemeinschaft ohne große Komplikationen. Regelmäßig fanden in kleineren bzw. größeren Gruppen Bungalow- und Strandfeste statt, die entweder damit endeten, daß sich einzelne Pärchen zurückzogen oder sich alle Teilnehmer endlich einmal nackt im Schutze der Dunkelheit in das Wasser stürzten. Somit brauchte man nur ritualisierte Verhaltensweisen nachzuahmen, um ohne großes Risiko durch gegenseitiges Aufschaukeln seine Grenzen zu überwinden.

Das Lagerleben war von einem offenen, kameradschaftlichen und toleranten Umgang miteinander geprägt. Die Affekte waren auf Sparstrom geschaltet. Als einziges zählte die augenblickliche Zufriedenheit. Durch die geringe Differenziertheit der Teilnehmer und die weitergegebenen Verhaltensregeln kam es weder zu Streitigkeiten noch zum Ausschluß einzelner. Am besten läßt sich diese Form des Zusammenseins als „gemeinschaftslos" beschreiben, so daß der einzelne einzeln bleiben konnte, ohne sich einsam zu fühlen. Über das Essen wurde ebenso offen gesprochen wie über das freizügige Sexualleben, doch die Person des anderen war Tabu. Als oberste Regel galt: „So wie ich selbst frei sein will, so gestehe ich auch anderen Freiheiten zu."

Nachdem Helmut Kentler mit dieser Studie versucht hatte, die Erwartungen und das Sozialverhalten junger („typischer") Reisender psychologisch und soziologisch zu beschreiben, entwickelte er aufgrund seiner Beobachtungen und einem zwei Jahre später folgenden Bericht eines Reiseleiters über dasselbe Ferienlager ein soziologisches Modell zur Analyse des Jugendtourismus.

Zu den Haupturlaubsmotiven gehören (nach Kentler) neben dem Erwachseneinwollen und der Geselligkeit mit Gleichaltrigen der Lösungsversuch von Anpassungskonflikten. Mit dem letzten Motiv greift der Autor auf die von dem Soziologen Albert Cohen entwickelte Theorie der „Subkultur" zurück. Die Jugend, die auf Ferienlagern am homogensten als Subkultur der Gesellschaft anzutreffen ist, steht vor der Aufgabe, eine eigene Identität zu finden. In der Sicherheit der Bezugsgruppe suchen junge Menschen Anerkennung und Selbstwertbestätigung. Gleichzeitig läuft der Prozeß der Selbstfindung im Rahmen der Anpassung an die Normen der Erwachsenenwelt ab (→ *Trampen*).

Kentler leitet aus dem Konflikt zwischen der Suche nach dem Ich und den gesellschaftlichen Regeln folgende These ab: „Es ist kennzeichnend für die Situation der Jugend in einer repressiven Gesellschaft, daß sie sich in den Sichtschatten der Erwachsenen verzieht und dort die Nähe der Gleichaltrigen suchen muß, wenn sie sich erwachsenähnliches Verhalten erlauben will."(Kentler 1965 b, S. 77).

## 3. Zur Bewertung der Studie

Inhaltlich gesehen, muß man herausstellen, daß die „Catania-Studie" eine lebhafte Diskussion bewirkte, die man nur unter Bezug auf den damaligen „Zeitgeist" verstehen kann. Es herrschte vor allem in Pädagogenkreisen damals laute Empörung, da zum ersten Mal deutlich gemacht wurde, daß 18-25jährige im Urlaub neben Spaß, Erholung und Geselligkeit ihre Vorstellungen vom Erwachsenenleben eben auch auf sexuellem Gebiet verwirklichen wollen. Als Folge dieser Erkenntnis wurde speziell gefordert und auch realisiert, die Aufsichtspflicht der Reiseleiter zu erhöhen. Indessen muß die selektive Wahrnehmung der berichteten Ergebnisse aus heutiger Sicht auch sehr verwundern, da andere gleichfalls herausgekommene Ergebnisse nicht oder kaum beachtetet wurden, wie z.B. die Tatsache, daß im Ferienlager in Catania eine höhere Urlaubszufriedenheit und Zwanglosigkeit gekoppelt mit geringerer Aggressionsbereitschaft und vermindertem Alkoholkonsum zu verzeichnen gewesen war.

Methodisch gesehen war die Kentler-Studie für die aufkommende Tourismuswissenschaft eine wertvolle und nicht zu unterschätzende Pionierarbeit. Daher diente auch – neben der Anregung öffentlicher Diskussionen – der Bericht dazu, im Sinne einer Vorstudie den Weg für eine großangelegte Untersuchung zu bereiten, die die Einstellungen und Verhaltensweisen junger Urlauber in den Alpen und am Mittelmeer erfassen sollte. Die Ergebnisse dieser Hauptstudie sind in den zwei Bänden „Jugend im Urlaub" (Kentler, Leithäuser & Lessing 1969) zusammengestellt. Durch Projekte solcher Art wurde der Versuch unternommen, das Feld „Jugendurlaub" anhand verschiedener Methoden (verdeckte teilnehmende Beobachtung, Fragebögen, Interviews, Tagebücher) bei unterschiedlichen jugendlichen Gruppierungen zu beleuchten. Daraus entwickelte sich eine Tradition gerade im deutschen Sprachraum, unterschiedlichste Phänomene des Urlaubmachens mittels Beobachtungsstudien zu untersuchen, die in der Mehrzahl vom Studienkreis für Tourismus angeregt und organisiert wurden.

## Literatur

Beck, P. (1964). Urlaub auf Sizilien. Beobachtungen in einem Jugendferienlager am Mittelmeer. München: Studienkreis für Tourismus.

Cohen, A. (1961). Kriminelle Jugend. Hamburg: Rowohlt.

Kentler, H. (1963a). Urlaub als Auszug aus dem Alltag. Deutsche Jugend, 11(3), 118-124.

Kentler, H. (1963b). Urlaub auf Sizilien. Beobachtungen in einem Jugendferienlager am Mittelmeer. München: Studienkreis für Tourismus.

Kentler, H. (1965a). Urlaub als Auszug aus dem Alltag. (S. 63-72) In H. Hahn (Hg.), Jugendtourismus. München: Juventa (wieder abgedruckt in H.J. Kagelmann (Hg.), Tourismuswissenschaft. München: Quintessenz 1993).

Kentler, H. (1965b). Urlaub als Subkultur. Ein soziologisches Modell zur Analyse des Jugendtourismus. (S. 73-86) In H. Hahn (Hg.), Jugendtourismus. München: Juventa.

Kentler, H.; Leithäuser, T. & Lessing, H. (1969). Jugend im Urlaub. 2 Bände. Weinheim: Beltz.

Riesman, D. (1982). Die einsame Masse. [Orig.: The lonely crowd]. Hamburg: Rowohlt.

**Astrid Podsiadlowski, Pullach**

# Die Reisen Sigmund Freuds
– die Tögel-Studie

## 1. Zur Einordnung des Themas

Im Gegensatz zu verschiedenen anderen Praxisfeldern und Gesellschaftsphänomenen haben psychoanalytische Gedanken und Ansätze bisher nur wenig Eingang in die Untersuchung von Reisen und Urlaub gefunden. (Eine Ausnahme stellt die allerdings noch junge Tradition der (→) *Psychogeographie* dar.) Um so interessanter ist deshalb der Ansatz des deutsch-bulgarischen Psychologen und Wissenschaftshistorikers Christfried Tögel, der in einer 1989 veröffentlichten Monographie (unter dem Titel *„Berggasse – Pompeji und zurück"*) die Reisen des Begründers der Psychoanalyse, Sigmund Freud, untersucht hat. Die Beachtung dieser Arbeit ist dreifach zu begründen:

Erstens ist der theoretische Hintergrund für diese Arbeit die Betrachtungsweise, derzufolge jede Psychoanalyse eine Reise ist, allerdings ins Unbewußte, in die Vergangenheit oder in noch nicht erforschte Winkel der menschlichen Seele. Zweitens ist im Sinne psychoanalytischen Denkens anzunehmen, daß in jede Reise die man unternimmt, auch Motive aus dem Unbewußten hineinragen können. Drittens ist die Psychoanalyse heute eine weltweit verbreitete Wissenschaftsrichtung, die es notwendig macht, daß auch ihr Begründer (und das, was er privat unternommen hat, wie z.B. sein Privatleben, seine Reisen u.a.m.) in die kritische Betrachtung dieser Wissenschaft einbezogen werden: Aspekte, die nicht in direktem Zusammenhang mit der Psychoanalyse stehen, werden im Sinne der wissenschaftshistorischen Betrachtung wichtig. So gewinnen lebensgeschichtliche Daten, persönliche Vorlieben und menschliche Schwächen einen hohen Stellenwert, wenn es darum geht, eine Theorie aus der Sicht des Begründers und seiner Auffassung von der Welt, zu betrachten.

Pointiert könnte sogar behauptet werden, daß es Freuds Reisen zu verdanken ist, daß so manche Theorie, die heute ein wesentlicher Teile des psychoanalytischen Gerüstes bildet, überhaupt formuliert werden konnte. Z.B. läßt sich die Formulierung des Theoriekonstrukts „Ödipuskomplex", das heute auch vielen psychologischen Laien bekannt ist, in wichtigen Phasen seiner Entstehung mit einigen der Reisen Freuds in Verbindung bringen.

Doch auch andere revolutionierende psychoanalytische Ideen entstanden in nicht unwesentlichen Teilen bzw. bekamen ihren letzten Schliff bei Gelegenheiten, in denen er sich außerhalb der Heimat aufhielt. Z.B. wurde der „Fall Schreber" mit Sandor Ferenczi während einer Sizilienreise diskutiert, was später zu der Arbeit „Psychoanalytische Bemerkungen über einen autobiographisch beschriebenen Fall von Paranoia (Dementia Paranoides)" (Freud 1911) führte. „Der Moses von Michelangelo" (1914) beschäftigte Freud spätestens seit seinem Romaufenthalt im September 1912. Und im September 1913 in Rom schloß er die Vorbereitungen zu seiner Studie „Zur Einführung in den Narzißmus" (1914) ab.

Daß die Reisen für den Begründer der Psychoanalyse eine wichtige Phase in seinem Leben und Quelle für später bedeutsame theoretische Entwicklungen waren, zeigt sich auch daran, daß Freud häufig in seinen wissenschaftlichen Werken seine Reiseaufenthalte berichtete oder erwähnte. (Z.B. findet der aufmerksame Leser in der „Traumdeutung" Hinweise auf einen Besuch auf Schloß Miramare, 1894 oder 1895, einen Venedig-Aufenthalt im September 1897 und einen Osterausflug nach Aquileia und Grado 1898).

Somit ist es sicher gerechtfertigt, den Zusammenhang zwischen dem Entstehen der Theorien Freuds und seiner Reiseleidenschaft zu analysieren, wie es Christfried Tögel getan hat. Die wichtigsten Ergebnisse sind die folgenden:

*(1) Der Zusammenhang von Reisen, Archäologie und Psychoanalyse.* Freud ging nicht nur leidenschaftlich touristischen Aktivitäten nach, er hatte auch eine weitere Leidenschaft, die er mit den Reisen zu verbinden vermochte: die Archäologie. Viele seiner Reisen waren sogar ausschließlich archäologischen Zwecken gewidmet. Hier werden die Parallelen deutlicher: Will man die Psychoanalyse mit einem Satz paraphrasieren, so könnte man sagen, sie sei eine Reise in die Vergangenheit, ausgehend von den Resten, die aktuell sichtbar geblieben sind. Die Archäologie, die sich damit beschäftigt, aus verschütteten Fragmenten rekonstruktiv vergangene Ganzheiten wiederherzustellen und besser verständlich zu machen, in der Hoffnung, die Gegenwart besser erklären zu können, findet eine Entsprechung in der Psychoanalyse ebenso wie das Reisen (in die Vergangenheit).

*(2) Reisen als Flucht.* Freuds Reisen können auch als eine Art Flucht gedeutet werden: Flucht vor den für ihn sehr problematischen Verhältnissen, die in Wien, der Stadt, wo er lebte und arbeitete, herrschten. Freuds Beziehung zu seiner Heimatstadt Wien und der als bedrückend und einengend empfundenen Atmosphäre war mehr als ambivalent – er nannte die Stadt sein „geliebtes Gefängnis" – und phasenweise von starken negativen Eindrücken geprägt „(...) Du weißt doch nicht, wie ekelhaft mir diese Stadt Wien ist", schrieb er an seinen Freund Fließ). Der Forscher und Entdecker Freud gestattete es sich nicht, in dieser Stadt seinen Forschungsdrang voll auszuleben. Von Zeit zu Zeit brach er daher aus dieser einengenden Umgebung aus und unternahm Reisen. Wir haben es also auch mit dem (aus der neueren Tourismus-Theorie bekannten) „Weg von"-Motiv zu tun.

Es sollte nicht vergessen werden, daß es sich um eine sehr konservative Zeit gehandelt hat, die stark von moralischen Auffassungen und strengen Tabus (besonders das sexuelle Tabu) diktiert wurde. Ein Mann wie Freud, der für seine Verhältnisse rebellische und unmoralische Auffassungen vertrat (besonders was die Sexualität anbelangt), mußte es besonders schwer gehabt haben. Bewußt oder unbewußt suchte er sich also solche Orte aus, die es seinem Geist und Intellekt erlaubten, produktiv zu sein und seine Theorien zu formulieren. „Die Stadt Wien hat aber auch alles dazu getan, um ihren Anteil an der Entstehung der Psychoanalyse zu verleugnen. An keinem anderen Orte ist die feindselige Indifferenz der gelehrten und gebildeten Kreise dem Analytiker so deutlich verspürbar wie gerade in Wien."

*(3) Übergroße Reisemotivation – Neurotischer Reisedrang.* Freuds Interesse am Reisen und der damit verbundene überdurchschnittliche Wissensdurst an antiken Stätten nahm so große Ausmaße an, daß er schon im April 1987 (fünf Jahre vor seinem ersten Pompejibesuch) an seinen Freund Wilhelm Fließ schreibt, er studiere in freien Stunden die Straßen Pompejis, oder, daß seine Sehnsucht nach Rom dermaßen stark sei, daß er zeitweilig zu nichts anderem fähig war,

„(...) außer etwa die Topographie von Rom zu studieren(...)". Diese Sehnsucht, die Welt zu sehen und zu erkunden, erstreckt sich durch sein ganzes Leben. Schon in seiner Gymnasialzeit wurde er von seinem „neurotischen Reisedrang" beherrscht und noch im Alter von 72 Jahren schreibt er in einem Brief an Ferenczi: „Dem einstigen Reisegefährten, der sich jetzt auf eigene Faust die Erfüllung meiner nicht gesättigten Reisewünsche gestattet, will ich einen herzlichen Gruß aus neidvoller Teilnahme nicht versagen" (Freud 1960, S. 378, zit. n. Tögel).

Sein Reisedrang ließ Freud nicht einmal in seinen Träumen Ruhe. In der „Traumdeutung" teilt er eine Reihe von Rom-Träumen mit, „(...) denen die Sehnsucht nach Rom zu kommen zu Grunde liegt". Er begnügte sich nicht einfach damit, einen Reisedrang zu haben, er mußte diese, wie er es nannte, „Neurose" auch analysieren, und kam dabei zu folgendem Schluß:

„Ich habe (...) daran gezweifelt, daß ich Athen je werde sehen können. So weit zu reisen, ‚so weit zu bringen', erschien mir außerhalb jeder Möglichkeit. Das hing mit der Enge und der Armseligkeit unserer Lebensverhältnisse in meiner Jugend zusammen. Die Sehnsucht zu reisen war gewiß auch ein Ausdruck des Wunsches, jenem Druck zu entkommen, verwandt dem Drang, der so viele halbwüchsige Kinder dazu antreibt, vom Hause durchzugehen. Es war mir längst klar geworden, daß ein großes Stück der Lust am Reisen in der Erfüllung dieser frühen Wünsche besteht, also in der Unzufriedenheit mit Haus und Familie wurzelt. Wenn man zuerst das Meer sieht, den Ozean überquert, Städte und Länder als Wirklichkeiten erlebt, die so lange ferne, unerreichbare Wunschdinge waren, so fühlt man sich wie ein Held, der unwahrscheinlich große Taten vollbracht hat." (Mit Held ist hier wahrscheinlich Hannibal gemeint, der schon in Freuds Gymnasialzeit sein Heros war. Seine Bewunderung gegenüber Hannibal ist so groß, daß er sich stark mit ihm identifiziert. (S.a. S. 206f in der „Traumdeutung") Hannibal war es vom Schicksal nicht vergönnt, den Boden Roms zu betreten; Freud hingegen schaffte es 1901 und danach noch sechs Mal Rom „einzunehmen".

Reisedrang wird hier also als Flucht, Wunscherfüllung und Heldentat gesehen. Jedoch gab es auch Analytiker, die Reisedrang pathologisch interpretierten. So etwa ein Dr. Alfred Freiherr von Winterstein, der Libido, infantile Phantasien, mißglückte Elternablösung, Inzest, Todeswunsch und sogar Kriminalität mit dem Reisedrang in Verbindung brachte und (am 6. März 1912) schrieb: „In der Mehrzahl der von uns zur Analyse herangezogenen Fälle konnten wir den spontan und in scheinbar unerklärlicher Weise auftretenden Trieb zum Reisen (....) auf seine psychosexuelle Wurzel zurückführen, mochte es sich nun um den Wunsch nach wie immer gearteter Befriedigung der Libido (Homosexualität!), um die Verwirklichung infantiler Phantasien und Regungen, um eine reale Darstellung der in den Pubertätsjahren zuerst in vorbildlicher Weise versuchten und mißglückten inneren Ablösung von den Eltern (große Bedeutung des Inzestkomplexes) oder um direkt als sexualsymbolisch aufzufassende Todeswünsche (gemeinsame Rache – gemeinsames Sterben – coitus) handeln. In den restlichen Fällen wurde Kriminalität und Todeswunsch als treibender Faktor nachgewiesen. Freilich wie innig die Beziehungen zwischen Kriminellem, Sexuellem und dem Tod sind, vermögen wir zwar zu ahnen, jedoch nicht befriedigend klarzustellen."

*(4) Kindheitsgeschichtliche Motive für Freuds Reisedrang.* Entsprechend dem Ansatz von Helm Stierlin über das Prinzip der „Delegation" muß man davon ausgehen, daß in jeder Familie – bewußt oder unbewußt – bestimmte „Aufträge" von einer Generation zur nächsten weitergegeben werden. Eltern geben also wichtige Aufgaben an ihre Kinder weiter, wie z.B. reich oder berühmt zu werden, bestimmte Berufe zu ergreifen usf.

Aber auch der umgekehrte Fall ist möglich, bei dem gewisse Ziele von vornherein verboten sind. Ein solch verbotenes Ziel, welches öfters zu beobachten ist: es weiter zu bringen als die Eltern selbst. Nicht erfüllte Aufträge können ihre Weitergabe über mehrere Generationen hinweg erfahren. Man spricht von unbewußt geführten Verdienstkonten, in denen in einer Art Bilanz der aktuelle Stand der erfüllten und noch nicht erfüllten Aufträge verzeichnet ist. Durch die Lupe dieser Theorie betrachtet, bekommt Freuds Reisetätigkeit – aber nicht nur diese – eine weitere Facette, welche seine Kindheit in den Mittelpunkt rückt.

Im konkreten Fall von Freud könnte eine gewisse Ambivalenz zwischen zwei solcher „Aufträge" bestanden haben. Ein Auftrag könnte gewesen sein: „Werde ein großer Wissenschaftler und Entdecker". Ein zweiter, daß Sigismund (oder Schlomo, gleich Salomon) Freud, wie er zu seiner Geburt (1856) hieß, von seinem Vater unbewußt den Auftrag erhalten haben mag, Nachsicht und Verständnis für seinen Vater Jacob aufzubringen, was dieser von seinem Vater und dem Großvater Freuds, der auch Schlomo hieß, nie erfahren hatte. Die Ambivalenz zwischen diesen beiden Aufträgen könnte für Freud eine große Last gewesen sein und die Funktion eines Riegels übernommen haben, der seine konfrontierenden und aufdeckenden Gedanken hinsichtlich gewisser lebensgeschichtlicher Aspekte hinter Verschluß hielt. Seine Reisen können demnach als Flucht begriffen werden, als Flucht vor den Aufträgen seines Vaters. Fern der Heimat fühlte er sich wahrscheinlich weniger an diese gebunden und konnte – ohne größere Gewissensbisse haben zu müssen – an seinen Ideen, die teilweise diesen Aufträgen zuwider liefen, arbeiten.

*(5) Einige reisehistorisch wichtige Details*
*Organisation.* Reisen verlangten zur damaligen Zeit eine besondere Sorgfalt. Reisebüros gab es nicht und dennoch war es von großer Wichtigkeit für Freud, schon aus Effizienzgesichtspunkten seine Reisen gut geplant anzutreten. Die Mehrzahl seiner Unternehmungen startete Freud von einem Standquartier aus, in dem zumeist die Familie zurückblieb, während er von dort aus Rundreisen unternahm. Zuallererst mußte also für die Familie ein solches Quartier gefunden werden. Diese Aufgabe wurde meist von Alexander, dem Bruder Freuds, übernommen. So suchten Freud und sein Bruder Pfingsten 1901 in Vorarlberg nach einem Sommerquartier und 1905 wurde ein Osterausflug auf den Ritten ins Grödnertal (mit diesem Zweck) unternommen.
Auch bei der Festlegung der Reiseroute sowie der günstigsten Verbindungen war Alexander (zwischen 1995-1905) in seiner Funktion als Redakteur des „Allgemeinen Tarifanzeigers" und der Erstellung des Eisenbahnstationsverzeichnisses der geeignete Mann. Laut Freud war er „die erste Autorität im österreichischen Tarifwesen". Später wurde diese Aufgabe von Oliver, einem Sohn Freuds, übernommen.

*Reiseliteratur.* Studieren von Reisehandbüchern und Literatur über die entsprechenden Gegenden, die man zu besuchen beabsichtigte, war, als inhaltlich wichtigste Teilkomponente, die Domäne von Freud. Rom, Pompeji, Paestum und generell Stätten der klassischen Antike veranlaßten ihn zu besonders gründlicher Vorbereitung. Seine Bibliothek umfasste zu diesem Zweck mannigfaltige Literatur. Daneben hatte Freud als Reisehandbuch den damals schon renommierten „Baedeker", der wohl seinem Bruder Alexander gehörte.

*Reisebegleiter.* Die Begleitung spielte für Freud eine wichtige Rolle, zumal er nie allein zu reisen pflegte. Am häufigsten reiste er mit seinem jüngeren Bruder Alexander (– er war nämlich „(...) der nächste und billigste Reisegefährte(...)" und verstand viel vom Transport- und Tarifwesen).
Wenn Alexander – aus welchen Gründen auch immer – ausfallen mußte, war der nächstliegende Ersatz seine Frau Martha. Ihr zuliebe verbringt Freud auch (widerwillig) zwei Wochen in Lovrana in Istrien. Jedoch erwies sich Martha nicht als ideale Reisegefährtin, da sie häufig kränkelte und wohl auch Symptome vorschützte, um nicht auf die anstrengenden Reisen gehen zu müssen. Freuds Reisedrang war übrigens so stark, daß er seine Frau zurückließ, wenn sie während einer Reise erkrankte (wie z.B. im August 1989 auf einer Reise nach Dalmatien, als er sie, die Magenprobleme hatte, in Dubrovnik zurückließ und allein weiterreiste). An Stelle von Martha tritt ab 1898 deren Schwester Minna. Freud scheint nicht gerade unglücklich über die Schwägerin als Reisegefährtin gewesen zu sein, denn als er, während einer Südtirolreise, jeweils zur Hälfte von Martha und von Minna begleitet wird, schreibt er: „Endlich (...) kam die Ablösung; ich meine Minna (...)". Fünf weitere Reisen sollten mit ihr folgen. (Ein aus dieser Konstellation abgeleitetes, u.a. von C.G. Jung behauptetes, Verhältnis Freuds mit Minna ließ sich bis jetzt allerdings nicht beweisen.)
Zwischen 1910-1912 war der ungarische Arzt und Analytiker Sandor Ferenczi der Reisebegleiter Freuds auf einer Südtirolreise, einem Osterausflug und einem Rombesuch. Zwischen den beiden hatte sich eine enge Freundschaft entwickelt, die die Konstellation einer Vater-Sohn-Beziehung hatte. Will man dem Freud-Biographen Ernest Jones glauben, dann war Ferenczi allerdings auf den Reisen „gehemmt, mürrisch und unzuverlässig", was zum Teil sicherlich an den Ansprüchen Freuds gelegen haben mag.
Auf zwei seiner Reisen (Venedig im März 1913 und Rom im September 1923) wurde Freud auch von seiner Tochter Anna begleitet, einen Osterurlaub verbrachte er mit Otto Rank auf der Insel Brioni.

*Reiseausgaben.* Zwar schreibt Jones (1984): „Freud reist zweifellos auf recht bescheidene Weise. Er begnügte sich im wesentlichen mit einfachen Gasthöfen und Postkutschen", doch waren die meisten Hotels, in denen er zu übernachten pflegte, in Wirklichkeit gute bis erstklassige Häuser, z.T. auch Grand- und Luxushotels und somit alles andere als einfache Gasthöfe. Außerdem ist Freud selten mit der Postkutsche gereist, die im übrigen auch nicht billiger war, als die dritte Klasse eines Personenzuges.

Freuds finanzielle Situation seit 1897 erlaubte ihm auch diesen Luxus. Laut Baedeker (1895) waren damals 15-25 Lire pro Tag ausreichend und bei längerem Aufenthalt im selben Ort kam man auch mit 10-12 Lire täglich aus. Freuds Praxis war in den 90er Jahren großen Schwankungen unterworfen, doch verdiente er (lt. Jones), ca. 100 Gulden pro Tag, also umgerechnet etwa 200 Lire. Ein Tagesverdienst reichte ihm also, um einen zweiwöchigen Italienurlaub zu finanzieren. In diesem Zusammenhang schreibt Freud an Fließ: „Ich habe z.B. eine Woche von fl 700 hinter mir, das bekommt man nicht umsonst. Reichwerden muß sehr schwer sein". Seine Ausgaben dürfen aber auch nicht unberücksichtigt bleiben. Er war ein starker Raucher und eine Havanna kostete damals zwischen 25-60, eine Virginia zwischen 8-18 centisimi. 1-2 Lire täglich wurden für Briefe, Telegramme und Postkutschen ausgegeben.

*Reisetempo.* Wenn Freud reiste, dann legte er ein schnelles Tempo ein. Minna berichtet, daß es sein Ideal gewesen sei, jede Nacht woanders zu übernachten. Hans Sachs schreibt dazu, „(...) die Begleiter auf seinen Reisen klagten, daß er sie übermüde (...)" Hier wird ein wichtiger Aspekt berührt. Freud war sehr aufnahmefähig und konnte viele Details seiner Reisen behalten, um sie dann in seinen Werken zu verwenden.

Der fliegende Ortswechsel Freuds während seiner Reisen hatte wohl die Funktion, ein Gegengewicht zu den Wiener Verhältnissen zu schaffen. So schreibt er an Fließ im März 1890: „Heute in drei Wochen, wenn nichts dazwischen kommt, wollen wir abdampfen, vier Tage lang leben wie Studenten und Touristen, wie wir es immer tun." Der von Tögel benutzte Ausdruck „Flucht" scheint somit nicht weit hergeholt zu sein.

## Literatur

Freud, S. (1900). Die Traumdeutung. Frankfurt/M.: Fischer.

Freud, S. (1901). Zur Psychopathologie des Alltagslebens. Frankfurt/M.: Fischer.

Freud, S. (1960). Briefe 1873-1939. Frankfurt/M.: Fischer.

Freud, S. (1986). Briefe an Wilhelm Fließ 1887-1904. Frankfurt/M.: Fischer.

Krüll, M. (1979). Freud und sein Vater. München: Beck.

Stierlin, H. (1978). Delegation und Familie. Frankfurt/M.: Suhrkamp.

Tögel, C. (1989a). Berggasse–Pompeji und zurück. Sigmund Freuds Reisen in die Vergangenheit. Tübingen: Edition Diskord.

Tögel, C. (1989b). „Gestern träumte ich wieder vom Reisen". Bemerkungen zu Sigmund Freuds Fernweh. Luzifer–Amor. Zeitschrift zur Geschichte der Psychoanalyse, 3, 72-81.

**Markos Maragkos und Gerhard Schmidt, München**

# Die Wirkung der „Sympathie-Magazine"

## 1. Einleitung

Jeder, der ein Produkt, z. B. eine Fernreise, verkaufen möchte und dafür Werbung macht, sollte eigentlich daran interessiert sein, wie sein Werbemittel auf den Verbraucher wirkt. Um so erstaunlicher ist es, daß fast keine Untersuchungen zur Evaluierung, zur Werbewirksamkeit (→ *Werbung*) von Reiseführern, -magazinen oder -broschüren (→ *Touristische Medien*) existieren, obwohl der Markt damit überschwemmt wird. Eine der wenigen Ausnahmen bildet die 1977 von Wolfgang Meyer vorgelegte „Untersuchung zur psychologischen Wirkungsweise von Sympathie-Magazinen bei Fernreisenden". Interessant ist sie nicht nur deshalb, weil erstmals der Versuch unternommen wurde, die psychologische Wirkung von Reisemagazinen allgemein zu untersuchen, sondern weil gleichzeitig praktische Anregungen gegeben werden, wie derartige Magazine gestaltet werden sollten, um vom Rezipienten optimal aufgenommen zu werden.

## 2. Beschreibung der Sympathie-Magazine

„Sympathie-Magazine" sind eine eigene Gattung von sozialkundlichen Reiseführern in Broschürenform, die vom Starnberger Studienkreis für Tourismus herausgegeben und vorwiegend von Reisebüros vor Beginn der Reise mit den Reiseunterlagen verschickt werden. Sie sind seit 1974 auf dem Markt; 1987 wurde die Reihe auf europäische Reisezielländer erweitert. Gefördert wird die Reihe vom Bundesministerium für wirtschaftliche Zusammenarbeit (BMZ), der Deutschen Gesellschaft für Technische Zusammenarbeit (GTZ), dem Internationalen Katholischen Missionswerk (MISSIO), dem Zentrum für Entwicklungsbezogene Bildung (ZEB) und anderen in der Entwicklungspolitik tätigen öffentlichen und konfessionellen Trägern. Zuletzt erschienen Broschüren zu Spanien, Singapore und zum Islam; die Erstauflage beträgt derzeit zwischen 40.000 und 60.000 Exemplare; die Gesamtauflage aller bisher erschienenen Titel wird mit 2,8 Mio. Exemplaren (bis Ende 1992) angegeben (Arbeitsbericht des Studienkreises für Tourismus 1992).

„Sympathie-Magazine" sind spezielle Informationsbroschüren innerhalb der (→) *Touristischen Medien*, mit denen das primäre Ziel verfolgt wird, Sympathie und Verständnis für die Andersartigkeit fremder Völker und Kulturen zu wecken und Vorurteile und Klischees abzubauen. Der Impetus für die Gestaltung einer derartigen „Sympathie-Information" ging ursprünglich vom Referat Öffentlichkeitsarbeit des Bundesministeriums für wirtschaftliche Zusammenarbeit aus. Aufgrund dieser Anregung wurde eine Konzeption „Sympathie-Magazine" entwickelt, die unter der Federführung des Studienkreises für Tourismus mit Unterstützung des Bundesministeriums für wirtschaftliche Zusammenarbeit realisiert wurde. Ziel der Sympathie-Magazine war (und ist) es, „ (…) die Distanz gegenüber Fernreise-Urlaubsländern der Dritten Welt abzubauen und durch gezielte Informationen das Interesse für die Andersartigkeit der Lebensumstände zu wecken, gleichzeitig eine sympathische und unmittelbare Beziehung des Lesers zu dem Land und eine ‚positive Betroffenheit' von dessen Problemen zu erreichen." (Meyer 1977, S. 21)

Neben dem Ziel zu *informieren* wird ausdrücklich angestrebt, *Sympathie und Verständnis für die Menschen und das Gastland zu wecken*. Gedacht sind Sympathie-Magazine nicht in erster Linie für den Studien- oder Bildungsreisenden, sondern für den „normalen", durchschnittlichen Ferntouristen. Aus diesem Grund steht bei der Konzeption der Beiträge die *Verständlichkeit* im Vordergrund.

*Zum Aufbau der Hefte.* Bei den Sympathie-Magazinen handelt es sich um kleinformatige, ca. 50 Seiten umfassende Broschüren. Mit kurzen, leicht verständlichen, ein- bis zweiseitigen Beiträgen wird ein breites inhaltliches Spektrum abgedeckt. Berichtet wird über Land und Leute, über aktuelle politische, soziale und wirtschaftliche Verhältnisse. Bunt gemischt wird exemplarischen Einzelschicksalen derselbe Raum eingeräumt wie der Schilderung historischer Ereignisse. Eßgewohnheiten und Kochrezepte der Einheimischen finden ebenso Platz wie nüchterne Strukturdaten. Beschrieben werden Landschaften, Brauchtum, vorherrschende Religionen und wichtige kulturelle Ereignisse. In der Mitte des Heftes werden auf acht Seiten die für Touristen relevanten Reiseinformationen zusammengefaßt. Die kurzen, mit Fotos ausgestatteten, teilweise informativ und beinahe essayistisch gehaltenen Beiträge sollen einen hautnahen Zugang zu Land und Leuten schaffen, ohne belehrend zu wirken.

## 3. Konzeption der Untersuchung

Erreichen die Sympathie-Magazine tatsächlich ihren erklärten Zweck, Sympathie und Verständnis für das bereiste Land und das besuchte Volk zu erzeugen? Dieser Frage ging Wolfgang Meyer in seiner 1977 durchgeführten Untersuchung der psychologischen Wirkungsweise der Sympathie-Magazine nach. Mit der Untersuchung wurden zwei Ziele verfolgt: a) zu erkunden, welchen Informations- und Kommunikationswert die Magazine für die Zielgruppe der Fernreisenden besitzen; b) welche Anhaltspunkte sich dafür ergeben, wie künftige Sympathie-Magazine (oder ähnliche Infobroschüren) optimal gestaltet werden können, um das oben beschriebene Kommunikationsziel bestmöglichst zu erreichen, d.h., besonders zur Völkerverständigung beizutragen.

*Zum Aufbau der Untersuchung.* Meyer kombinierte bei seiner Befragung von 60 Versuchspersonen verschiedene Befragungsmethoden: neben dem weitgehend unstrukturierten Interview wurden strukturierte Befragungstechniken miteinbezogen bzw. Verfahren zur Einstellungsmessung (→ *Einstellungen, Stereotypen, Vorurteile*) wie Skalometer und Polaritätenprofile. Die Auswertung erfolgte per (→) *Inhaltsanalyse*. Die Befragung bezog sich auf zwei ausgewählte Sympathie-Magazine („Ägypten verstehen", „Kenia verstehen") und eine als „Kontrollmedium" dienende Broschüre („Erleben Sie Afrika in Dahomey"), die den Versuchspersonen jeweils einzeln vorgelegt wurden.

## 4. Zusammenfassung der wichtigsten Ergebnisse der Untersuchung

Mit seiner Untersuchung gelang Meyer eine durchaus differenzierte Analyse der einzelnen psychologischen Faktoren, die bei der Rezeption eines solchen Heftes wirksam sind. Anerkannte Grundsätze für eine effektive Kommunikation galten als Leitlinien für die Untersuchung: die Forderung nach *Verständlichkeit*, nach *Glaubwürdigkeit* und der Schaffung eines *Aufforderungscharakters* zur weiteren Auseinandersetzung mit dem Inhalt der Botschaft. So wurde z.B. der „Aufforderungscharakter" des Heftes auf verschiedenen Bekanntheitsebenen untersucht: welcher Eindruck entsteht durch das Titelblatt, welcher durch die Rückseite, welcher beim erstmaligen Durchblättern und welcher bei intensivem Studium der einzelnen Beiträge? – Ohne auf alle Ergebnisse im einzelnen eingehen zu können, sollen exemplarisch einige herausgegriffen werden.

Das wesentliche Ziel der Sympathie-Magazine, durch Information eine sympathische, unmittelbare Beziehung des Lesers zu dem betreffenden Land herzustellen, wird erreicht. Es wird Interesse und Verständnis geweckt für die besondere Situation des Reiselandes und eine positive Betroffenheit hervorgerufen. Als Mittel, die eingesetzt werden, um diese Wirkung zu erreichen, nennt Meyer:

– das Anknüpfen an den Vorkenntnissen der Leser, aber auch an deren Stereotypien und Vorurteilen, um diese teilweise zu bestätigen oder zu widerlegen;
– als positiv erweist es sich grundsätzlich, über den Vergleich mit dem eigenen Land (Deutschland), z. B. durch den Vergleich von Strukturdaten, auf die Verhältnisse im Gastland aufmerksam zu machen, wodurch dessen Andersartigkeit deutlich wird;
– die Kürze der Beiträge erhöht tatsächlich deren Lesbarkeit;
– die Analyse der Anmutungsqualitäten zeigt, daß die Magazine als glaubwürdige, objektive und sachlich informierende Publikationen gelten, die ehrlich und realistisch wirken; Ziel und Zweck der Sympathie-Magazine werden richtig aufgefaßt und positiv bewertet.

Einen Schwerpunkt von Meyers Arbeit bilden die Anregungen zur Gestaltung weiterer Sympathie-Magazine, die er aufgrund der Untersuchungsergebnisse formuliert. Er gibt Hinweise zur Gestaltung des Titelblattes (das keine negativen Assoziationen wecken sollte), der Rückseite (für die sich ein Bild der geographischen Gliederung des Landes anbietet), des Titels usf. Das Inhaltsverzeichnis sollte einen schnellen Überblick verschaffen, die einzelnen Beiträge sollten zwar kurz und klar gegliedert, aber nicht oberflächlich sein. Breitgestreute Informationen aus wirtschaftlichem, politischem und kulturellem Bereich erweisen sich als günstig, vor allem auch überraschende Informationen, die im Gegensatz zu den Lesererwartungen stehen.

## 5. Kritische Würdigung

Die von Meyer vorgelegte Untersuchung ist methodisch ausgefeilt und in ihrer Detailliertheit aussagekräftig. Einen besonderen Stellenwert erhält sie durch ihre Einmaligkeit: seither sind keine ähnlichen Untersuchungen zur Rezeption dieser oder anderer Formen von Reiseführern (im breitesten Sinne) durchgeführt worden. Positiv zu bewerten ist auch die praktische Relevanz dieser Untersuchung. Die Verbesserungsvorschläge sind tatsächlich bei der Gestaltung weiterer Sympathie-Magazine berücksichtigt worden, sowohl was die äußere bildliche Gestaltung des Heftes betrifft (Titelblatt, Rückseite usf.) als auch die Gestaltung der einzelnen Heftbeiträge.

Kritisch anzumerken bleiben Bewertungsaspekte. Meyer beurteilt die Intention der

Sympathie-Magazine durchweg positiv und trägt mit seiner Untersuchung zur Verbesserung dieses Mediums bei. Dabei muß berücksichtigt werden, daß die Untersuchung in den 70er Jahren zu einer Zeit entstand, als die Ankurbelung des Tourismus als uneingeschränkt positiver Wert galt und die Idee der Völkerverständigung „per" Reisen noch allgemein akzeptiert war. Sympathie-Magazine wurden mit der Intention entwickelt, bei einem Massenpublikum vorurteilsabbauende Strategien durchzusetzen (→ *Einstellungsänderung*). Dieses Ziel ist nach Meyer auch erreicht worden, wenn er feststellt, „daß intensivere Informationen durch die Sympathie-Magazine nicht nur der Verständigung zwischen den Völkern dienen, sondern durchaus auch im Sinne einer Stabilisierung der Reisewünsche für ein bestimmtes Land wirksam sind." (S. 196)

Inzwischen bezweifeln viele Experten, daß Tourismus zur Völkerverständigung beiträgt. Krippendorf z.B. (1986) hält die Möglichkeit einer interkulturellen Kommunikation in den meisten Fällen für eine „illusionäre Klischeeformel". Die Möglichkeit zu einer echten Kontaktaufnahme am Urlaubsort sei gar nicht gegeben, denn, „was für den einen Freiheit und Vergnügen ist, bedeutet für den anderen Belastung und Arbeit" (S. 112). Das Zusammentreffen von Touristen und Einheimischen im touristischen Dienstleistungsgewerbe mit der typischerweise strikten Rollenaufteilung von Gast und Dienstpersonal bringt häufig keinen Abbau, sondern im Gegenteil eine Verstärkung von Vorurteilen auf beiden Seiten.

Auch die Intention, mit Hilfe der Sympathie-Magazine die Reisefreudigkeit der Ferntouristen anzuregen, wird heutzutage eher mit Skepsis beurteilt, wenn man bedenkt, welche Schäden durch den Massentourismus bereits entstanden sind. Abbau von Vorurteilen, das Schaffen von Sympathie und Verständnis für die Bevölkerung in den bereisten Ländern sollte gleichzeitig auch beinhalten, Achtung vor den Einheimischen zu vermitteln und zu einem verantwortungsbewußteren Umgang mit den ökologischen und wirtschaftlichen Ressourcen des Landes aufzufordern.

## Literatur

Hartmann, K. D. (1974). Auslandsreisen. Dienen Urlaubsreisen der Völkerverständigung? Starnberg: Studienkreis für Tourismus.

Krippendorf, J. (1984). Die Ferienmenschen. Für ein neues Verständnis von Freizeit und Reisen. 2. überarb. Aufl. München: dtv (1986).

Meyer, W. (1977). Sympathie-Magazine. Untersuchung zur psychologischen Wirkungsweise von Sympathiemagazinen bei Fernreisenden. Starnberg: Studienkreis für Tourismus.

Schmidt, H. G. (1973). Urlaub in der Dritten Welt. In Bundesministerium für wirtschaftliche Zusammenarbeit. Materialien Nr. 40, Bonn.

Vielhaber, A. (1990). Die Sympathiemagazine des Studienkreises für Tourismus. (S. 121-128) In Wegweiser in die Fremde? Reiseführer, Reiseratgeber, Reisezeitschriften. Bergisch Gladbach: Thomas-Morus-Akademie.

**Martina Gast-Gampe, München**

# Die Modellseminare für Jugendreisen und Internationale Begegnungen

## 1. Entstehung und Hintergrund

Seit es gemeinnützige Jugendreiseorganisationen gibt, ist die Aus- und Fortbildung der pädagogischen Mitarbeiter ein Dauerthema, denn einerseits gibt es zum Teil beachtliche inhaltliche Ansprüche, die sich in den niedergeschriebenen Konzepten wiederfinden und andererseits werden zur Umsetzung dieser Ansprüche zum größten Teil „reisepädagogische Laien" eingesetzt, die für ein Taschengeld einen Kurzeinsatz von (in der Regel) zwei bis vier Wochen Dauer übernehmen.

Die Aus- und Fortbildung dieser Mitarbeiter wird von jeder Organisation gesondert durchgeführt und dauert im besten Fall bis zu einer Woche. Zum Vergleich: die Reiseleiter von „twen tours", dem Jugendtourismus-Veranstalter der TUI, erhielten 1991 eine dreiwöchige Schulung auf Mallorca, die bereits zur bezahlten Arbeitszeit zählte. Die Leiter der Schulungskurse im gemeinnützigen Bereich sind fast immer Autodidakten, die Fluktuation bei den pädagogischen Referenten dieser Organisationen ist aufgrund schlechter Arbeitsbedingungen hoch.

Um dem abzuhelfen, führte der Studienkreis für Tourismus bereits in den 60er Jahren Modellschulungen mit großen Jugendreiseveranstaltern durch. Leider fehlte es in den Folgejahren an geeigneten Anschlußinitiativen, auch wenn in einschlägigen Veröffentlichungen die Diskrepanz zwischen Anspruch und Wirklichkeit der internationalen Jugendarbeit offengelegt wurde (sog. *Breitenbach-Studie*) (Breitenbach 1979). Nach einer inhaltlichen Stagnation des Jugendreisens in den 70er Jahren kam es zu Beginn der 80er zu einer Welle von neuen Initiativen. Dabei spielte sicherlich die zunehmende Stellenknappheit in pädagogisch gelagerten Berufsfeldern eine Rolle.

All dies führte dazu, daß ab 1982 nach einer mehrjährigen Pause wieder Fachtagungen zum Thema Jugendreisen veranstaltet wurden. Besonders wegweisend war dabei die „Lernbörse Reisen" der Bensberger Thomas-Morus-Akademie (heute „Projektbörse Reisen") und im Oktober 1985 die dort durchgeführte Tagung „Barrieren in der Zusammenarbeit?". Die Teilnehmer, 60 Jugendreiseorganisationen bzw. deren Dachverbände, Vertreter des Bundesjugendministeriums und des Studienkreis für Tourismus, votierten für ein Modellprojekt, das vor allem den Initiativen zugute kommen sollte, die selbst nicht in der Lage waren, qualifizierte Schulungsarbeit durchzuführen. Beauftragt mit der Erstellung der Konzeption wurden der Studienkreis für Tourismus und die damalige Jugendreiseleiter-Selbsthilfe Transfer. Das zunächst bis Ende 1987 befristete Projekt sah vier Modellseminare für die Zielgruppe der Jugendreiseleiter und vier weitere für die Leiter von Ausbildungskursen vor. Wegen des großen Erfolges wurden die ‚Modellseminare' bis heute mit

Zuschüssen des Bundesjugendministeriums weiter gefördert.

## 2. Konzeption, Inhalte und Methoden

Zielgruppen der Modellseminare sind: Kursleiter von Aus- und Fortbildungsseminaren, junge Wissenschaftler und Bildungsreferenten sowie erfahrene Reiseleiter und Gästeführer des Jugendreisens. Von Anbeginn an wurden folgende inhaltliche Kernbereiche behandelt:
- Methoden des Lehrens und Lernens,
- Praxis der Animation,
- Methoden der Stadt- und Landerkundung,
- Interkulturelle Begegnung.

Dazu kamen im Lauf der Jahre folgende weitere Themen:
- Jugendreisen und Umwelt,
- aktuelle Jugendkulturen,
- Konzepte der Verpflegung auf Reisen,
- Organisationsentwicklung,
- Dialog zwischen Forschern und Praktikern.

Das Jahresprogramm enthält zur Zeit ca. 12-15 Veranstaltungen (Seminare, Tagungen und Arbeitskreise). Die durchschnittliche Dauer eines Programms liegt bei drei bis sechs Tagen je nach Zielgruppe. Als wesentliche Arbeitsprinzipien lassen sich festhalten:
- Durch die Zusammenarbeit von Forschern und Praktikern sollen die Kursteilnehmer wissenschaftliche Ergebnisse im Rahmen attraktiver didaktischer Konzepte kennenlernen.
- Die methodische Darstellung des Stoffes soll sich stets an den Alltagsrealitäten des Jugendreisens und der Jugendbegegnung orientieren.
- Neben der Wissensvermittlung wird gleichbedeutend die affektive Dimension des Lernens betont.
- Auf übliche Referate-Schemata wird weitgehend verzichtet. Stattdessen wird ein breiter Raum zur Reflexion der bisherigen Praxis und für eine sorgfältige Problemsammlung zur Verfügung gestellt.
- Eine experimentelle Ausrichtung der Modellseminare, wie z.B. die Verknüpfung von Animation und Wissenschaft. Methoden- und Medienvielfalt ist eine Selbstverständlichkeit.
- Das wesentliche und spezielle Merkmal der Modellseminar-Programme ist jedoch die Tatsache, daß sie stets trägerübergreifend besetzt sind. Dieser Ansatz unterstützt Fachkontakte über institutionelle Grenzen hinweg und ermöglicht die gemeinsame Entwicklung von Schulungskonzepten sowie die Etablierung mehrerer Anschlußprojekte.

## 3. Angebote, Instrumente und Produkte

Zum jeweiligen Jahresbeginn liegt das Programm der Modellseminare vor. Von 1986 bis 1991 fanden 44 Seminare und Fachtagungen mit 870 Teilnehmern von 96 Organisationen in 29 Bildungsstätten statt. Neben Organisationen des Jugendreisens und der internationalen Begegnung waren besonders Universitäten, Jugend- und Wohlfahrtsverbände sowie Jugendämter häufig vertreten. Über die Seminare hinaus ermöglicht der „Referentenpool" kleinen gemeinnützigen Organisationen ein bis zwei Mal im Jahr eine bezuschußte Beratung bzw. eine Referentenförderung im eigenen Haus.

Den Referenten der Modellseminare werden Gesprächs- und Arbeitskreise angeboten, die Fachwissen verdichten sollen und zum Teil berufsbegleitend gedacht sind wie z.B. S.P.A.C.E, das Beratergremium der Modellseminare für aktuelle Jugendkulturen, und der Verein KSZE Consult, der als selbständige Organisation Forschung und Fortbildung mit interkulturellen Ansätzen betreibt.

Zusätzliche Projekte außerhalb der normalen Modellseminare werden oft zusammen mit Partnern gestaltet:
- Der „Forscher-Praktiker-Dialog in der internationalen Jugendbegegnung" engagiert sich für einen engen Kontakt zwischen Wissenschaft und Praxis. Mit der Partnerorganisation, dem Sozialwissenschaftlichen Studienkreis für Internationale Probleme (SSIP), werden Tagungen und Praxisprojekte durchgeführt sowie Veröffentlichungen herausgegeben (vgl. Thomas 1991).
- Beim Projekt „Jugendreisen mit Einsicht" des Deutschen Jugendherbergswerks arbeitet das Team der Modellseminare mit 17 weiteren Verbänden zusammen. Es geht um die Entwicklung jugendgerechter und dabei umwelt- und menschenschonender Reisekonzepte. Förderer ist das Bundesumweltamt.
- Die Bundeszentrale für Gesundheitliche Aufklärung (BZGA) hat für ihr JES-Projekt („Jugend – Ernährung – Sport") auch den Schwerpunktbereich Jugendreisen vorgesehen, der vom Modellseminar-Büro koordiniert wird. Auch hier geht es um jugendgerechte Konzepte und Medien für ein erweitertes Verhaltensrepertoire von jungen Leuten.
- Mit dem Deutsch-Französischen Jugendwerk zusammen läuft eine mehrjährige „Beratung von kleinen Begegnungsorganisationen" nach Selbsthilfe-Prinzipien.
- Unter dem Titel „Jugendreise-Forum" wird seit 1992, zusammen mit der Thomas Morus-Akademie und KSZE Consult, ein Unterstützungssystem für die neuen Bundesländer aufgebaut.
- Der „Arbeitskreis Neue Städtetouren" ist der Zusammenschluß der sogenannten Stattreisen-Gruppen, die alternative Stadtprogramme für junge Reisende anbieten. Der Aufbau einiger Gruppen und die Gründungsversammlung des Zusammenschlusses fanden bei Modellseminaren statt.
- Die „Zentrale für Aus- und Fortbildung e.V." ist ein Zusammenschluß von Kursleitern für Jugendreisen aus mehreren Organisationen. Sie führen gemeinsame Grundschulungen durch und arbeiten, oft durch die Vermittlung über die Modellseminare, auch bei anderen Trägern. Die ZAF entstand durch ein Hospitationsprojekt von fünf gemeinnützigen Jugendreiseveranstaltern.
- „Dinner For Fun" nennt sich ein kleines Expertenteam, das bei den Modellseminaren Fortbildungen im Verpflegungsbereich besucht hat. Dabei wurde auch das 'Thematische Kochen' entwickelt, ein Ansatz, bei dem Verpflegung in das sonstige Programm von Jugendfreizeiten und Internationaler Begegnung integriert wird (Kosmale, Kraft & Müller 1991).

Mediatoren heißen erfahrene Experten der internationalen Jugendbegegnung, die sich sowohl in der Forschung als auch in der Praxis auskennen. Sie wurden in Modellprojekten als Vermittler und Moderatoren zwischen Wissenschaftlern und Praktikern, aber auch zwischen Angehörigen von verschiedenen Kulturen, eingesetzt. Ab 1994 soll der interkulturellen Mediation ein spezieller Strang bei den Modellseminaren gewidmet sein, der das Ziel anstrebt, professionelles Fachwissen bei den Verantwortlichen der internationalen Jugendbegegnung abzusichern.

Bis 1993 werden vier thematisch gegliederte Bände (Stadt- und Landerkundung, Animation, Methoden des Lehrens und Lernens, interkulturelle Begegnung) zur Darstellung von insgesamt 25 Seminaren vorliegen.

## Literatur

Breitenbach, D. (Hg.) (1979). Kommunikationsbarrieren in der internationalen Jugendarbeit, Bd. 1-5. Saarbrücken: Breitenbach.

Hahn, H. (1965). Ferienwerke und Reisedienste für junge Leute. (S. 41-53) In H. Hahn (Hg.), Jugendtourismus. München: Juventa.

Kosmale, J.D.; Kraft, M. & Müller, W. (Hg.) (1991). Thematisch Kochen. Frankfurt: BEJ.

Müller, W. (1988). Die Modellseminare für Jugendreiseleiter und Begegnungsleiter. (S. 108-112) In Studienkreis für Tourismus (Hg.), Festschrift zum 60. Geburtstag von Paul Rieger. Starnberg: Studienkreis für Tourismus.

Studienkreis für Tourismus (Hg.) (1992). Methoden der Stadt- und Landerkundung. Starnberg: Studienkreis für Tourismus.

Thomas, A. (Hg.) (1991). Kulturstandards in der internationalen Begegnung. SSIP Bulletin 61. Saarbrücken: Breitenbach.

**Werner Müller, Köln**

# Angaben zu den Autoren

*Aigner*, Gottfried, geb. 1933, Journalist, war als stellvertretender Chefredakteur beteiligt am Aufbau der Zeitschrift „*test*" (Stiftung Warentest), leitete längere Zeit die „*DM*"-Redaktion in Frankfurt. Schreibt als selbständiger Reisejournalist für verschiedene Buchverlage, Tageszeitungen und Magazine und widmet sich vor allem der Umwelt-Thematik. Adresse: Redaktionsbüro aigner impuls, Bergsonstr. 62a, 81245 München.

*Anft*, Michael, geb. 1965, Dipl.-Psych.; Studium der Psychologie (Schwerpunkt Arbeits- und Organisationspsychologie), Betriebswirtschaftslehre, Arbeitsrecht und Publizistik in München. Arbeitsbereiche: Arbeits- und Organisationspsychologie, Mensch-Computer-Interaktion, Einführung neuer Techniken, Ergonomie, Tourismuspsychologie. 1990-1993 Mitarbeit an mehreren, vom BMFT geförderten Forschungsprojekten der Reihe „Arbeit & Technik". Adresse (priv.): Betzensteinstr. 1a, 81245 München.

*Asmodi*, Katja, geb. 1963, M.A. (Germanistik), Dipl.-Psych.; Studium der Neueren Deutschen Literatur und der Psychologie in München, seit 1989 Lektoratsarbeit an der Hochschule für Fernsehen, Film und Drehbuchwerkstatt München. Seit 1993 Fortbildung in Familientherapie am Institut für Phasische Familientherapie und Beginn der Promotion. Adresse (priv.): Liebergesellstr. 11, 80802 München.

*Bamberg*, Eva, geb. 1951, PD Dr.phil., Dipl.-Psych.; Studium der Psychologie am Institut für Psychologie der FU Berlin, Wissenschaftliche Mitarbeiterin im Forschungsprojekt „Psychischer Streß am Arbeitsplatz", an der TU Berlin und an der Universität Osnabrück. Z.Zt. wissenschaftliche Assistentin an der TU Berlin. Promotion zum Thema „Arbeit und Freizeit", Habilitation zum Thema „Alltagstheorien über geschlechtstypische berufliche Orientierungen – 1934, 1946, 1986". Arbeitsschwerpunkte: Streß am Arbeitsplatz, Trainings, Psychologie der Partizipation. Adresse (priv.): Hochwildpfad 34, 14169 Berlin.

*Becker*, Christoph, geb. 1938, Studium der Geographie, Kartographie, Geologie und Volkswirtschaft in Berlin und Frankfurt, Dipl.-Geograph, Dr. rer. nat., Univ.-Prof. an der Universität Trier, Abt. Angewandte Geographie/Fremdenverkehrsgeographie, Fachdirektor am Europäischen Tourismus Institut GmbH an der Universität Trier. Arbeitsgebiete: Regionalentwicklung durch Fremdenverkehr, regionalpolitische Effekte des Fremdenverkehrs, aktionsräumliches Verhalten von Urlaubern, Kulturtourismus, Reisebiographien. Adresse (dienstl.): Universität Trier, Postfach 3825, 54296 Trier.

*Becker*, Walter, geb. 1958, Dipl.-Kfm., Dr. oec. publ.; Studium der Betriebswirtschaftslehre, Sozialgeographie und Psychologie in München. Veröffentlichungen: Messen und Ausstellungen – eine sozialgeographische Untersuchung am Beispiel München (1986), Zeitschriftenaufsätze über den Messe- und Ausstellungstourismus. Derzeit Doktorand am Institut für Psychologie der Universität München. Adresse (priv.): Tassilostr. 20, 82166 Gräfelfing.

*Böck*, Nikola Maria, geb. 1968, Dipl.-Psych.; Studium der Psychologie und Italienischen Philologie an der Universität München; Zusatzstudium Direktmarketing am Deutschen Forschungszentrum für Direktmarketing an der Universität München; seit 1990 selbständige Unternehmerin; derzeit Promotion im Bereich Marketing. Arbeitsschwerpunkte: Marktpsychologie, Marketing in den Bereichen Mode und Tourismus. Adresse (priv.): Neue Bergstr. 45, 84036 Landshut.

*Bosold*, Joachim, G., geb. 1941, M.A., Studium der Geographie, Entwicklungsökonomie und Geologie in Heidelberg, Magister Artium, Ausbildung zum Systemanalytiker, z.Zt. Leiter der Koordinierungsgruppe der Planungsabteilung beim Umlandverband Frankfurt. Daneben weiterhin Arbeiten im Bereich Tourismus-Forschung, v.a. über Fremdenverkehrssysteme, räumliche Strukturen und Planungsansätze. Adresse (priv.): Sandbergstr. 52, 64285 Darmstadt.

## Angaben zu den Autoren

*Braun,* Ottmar L., geb. 1961, Dr. phil., Dipl.-Psych.; Studium der Psychologie an der Universität Bielefeld; Promotion 1989 ebenda; seit 1987 kontinuierlich mit der Untersuchung von Motiven und Erwartungen jugendlichen Urlauber (u.a. für den Bielefelder Jugendreiseveranstalter »RUF-Reisen«); derzeit Wissenschaftlicher Projektleiter beim Europäischen Tourismus-Institut GmbH an der Universität Trier mit dem Forschungsschwerpunkt „Reisebiographien"; letzte Buchveröffentlichung: *Vom Alltagsstress zur Urlaubszufriedenheit* (München 1993); Adresse (dienstl.): Europäisches Tourismus Institut GmbH, Bruchhausenstraße 1, 54290 Trier.

*Feldmann,* Olaf, geb. 1937, Dr. jur., MdB; Studium der Jura und Volkswirtschaft in Freiburg/Br., ergänzende Studien in Frankreich, Italien und den USA; seit 1973 Geschäftsführer im Landesverband des Hotel- u. Gaststättenverbandes Baden-Württemberg e.V., seit 1976 Vorsitzender der FDP-Kommission „Fremdenverkehr/Tourismus", Baden-Württemberg; seit 1981 Mitglied des Deutschen Bundestages und fremdenverkehrspolitischer Sprecher und Vorsitzender der Arbeitsgruppe „Fremdenverkehr" der FDP-Bundestagsfraktion; 1987 Vorsitzender des Fremdenverkehrsausschusses des Bundestages, Gründungsvorsitzender und seit März 1989 stellv. Vorsitzender; 1990 Mitglied im ersten gesamtdeutschen Bundesvorstand der FDP, Mitglied u.a. im Ausschuß für Fremdenverkehr, Erster Vorsitzender des neuen Ausschusses für Fremdenverkehr des Deutschen Bundestages, fremdenverkehrspolitischer Sprecher der FDP-Bundestagsfraktion und stellvertr. Vorsitzender des Arbeitskreises der FDP-Bundestagsfraktion „Außen- und Sicherheitspolitik, Europa- und Entwicklungspolitik". Adresse (dienstl.): Bundeshaus, 5300 Bonn 1.

*Finger,* Claus, Dipl.-Soz. und MA (Anglistik); Studium der Anglistik/Amerikanistik, Geographie und Soziologie in Kiel, Berlin und Köln; Pädagogischer Referent des Deutschen Studenten Reisedienstes, Bonn; Aufbau von „twen tours" (TUI) Hannover; Chefanimateur des „Robinson-Club"(14Jahre);Veröffentlichung des Fachbuches *Animation im Urlaub* im Auftrage des Studienkreises für Tourismus (1974; 2. Aufl. 1990); Zeitschriftenartikel in touristischen Fachpublikationen; Lehraufträge der Fachhochschule Heilbronn und der Universität Innsbruck; Inhaber zweier Beratungsinstitute („animation consult", Heusenstamm bei Frankfurt;„IAK,Institut für Animation und Kommunikation", in Seekirchen bei Salzburg); arbeitet als Tourismusberater und Personaltrainer für Hotellerie, Tourismus und Dienstleistung. Adresse (priv.): Birkenweg 25, Postfach 1203, 63150 Heusenstamm.

*Freyer,* Walter, geb. 1950, Dr. rer.pol., Dipl.-Volkswirt, Professor an der Fachhochschule Heilbronn, FB Touristikbetriebswirtschaft; Lehrgebiete: Tourismuspolitik, Tourismus-Marketing; Forschungsgebiete: Ökonomie und Marketing in den Bereichen Tourismus und Sport. Nach Studium der Volkswirtschaftslehre Wiss. Ass. für VWL an der TU Berlin, Gesellschafter-Geschäftsführer eines Reiseveranstalters in Berlin, Vorstand des FIT-Forschungsinstitutes für Tourismus, Beratertätigkeit für private und öffentliche Institutionen im Tourismus und Sport. Wichtige Buchveröffentlichungen: *Tourismus. Einführung in die Fremdenverkehrsökonomie* (München 1988, 4. Aufl. 1993); *Tourismus-Ökonomie* (Bad Harzburg 1993); *Sport-Marketing* (Wiesbaden 1990, 2. Aufl. 1991); *Modernes Marketing-Management* (Bonn 1990); zahlreiche Fachartikel. Adresse (dienstl.): Fachhochschule Heilbronn, FB Touristikbetriebswirtschaft, Max-Planck-Str. 39, 74081 Heilbronn.

*Ganser,* Armin, geb. 1930, Studium der Kommunikationswissenschaften, Volkswirtschaft und Germanistik an der Universität München, Dipl.-Arbeit „Struktur der Jugendpresse". Wirtschaftsredakteur an Tages- und Wochenzeitungen bis 1978. Ab 1970 eigenes Redaktionsbüro für Touristik und Verkehr. Seit 1989 Dozent im Studiengang Tourismus an der Fachhochschule München. Veröffentlichungen: Freizeitbücher, Reiseführer, Fachbuch. Adresse: Redaktionsbüro für Touristik und Verkehr, Kathi-Kobus-Str. 28/V, 80797 München.

*Gast-Gampe,* Martina, geb. 1958 in München, Dipl.-Psych.; Studium der Germanistik, Psychologie und Philosophie an der LMU München, seit 1992 wiss. Mitarbeiterin am Lehrstuhl Entwicklungspsychologie der Universität München, Veröffentlichungen im Bereich Organisations- und Tourismuspsychologie. Adresse (priv.): Renatastr. 38, 80634 München.

*Gayler,* Brigitte, Sozialpädagogin; 3jährige Tätigkeit an der Deutschen Schule in Madrid, seit 1965 beim Studienkreis für Tourismus. Referentin für Jugendreisen und Familienferien. Zweijährige Zusammenstellung der Begegnungsangebote von rund 150 deutschen Veranstaltern in Deutschland, Europa, Übersee (Gesamtauflage 1991–1992: 250.000), Initiatorin des Wettbewerbs „Jugend reist und lernt Europa kennen". Herausgabe des Jahrbuches für Jugendreisen und Internationalen Jugendaustausches sowie vieler Beobachtungsstudien, Organisation der repräsentativen Untersuchung „Jugendtourismus 1987". Dokumentationen zu den Bundeswettbewerben „Familienferien in Deutschland". Mitautorin von *Animation im Urlaub,* Autorin vieler Aufsätze zum Themenbereich Jugendreisen. Adresse (priv.): Hardorfer Str. 5a, 82319 Starnberg.

*Granzow,* Stefan, geb. 1961; Dipl.-Psych.; Studium der Psych. und Psycholinguistik an den Universitäten Bonn, Trier und Heidelberg; z.Zt. Promotion zum Thema „Autobiographisches Gedächtnis". Tätigkeit als Verlagslektor in München. Arbeitsschwerpunkte: Gedächtnis- und Bewußtseinspsychologie, Psychoanalyse. Adresse (priv.): Schellingstr. 83, 80799 München.

*Großmann,* Margita, geb. 1946, Studium der Ingenieurökonomie mit der Spezialisierung Fremdenverkehr in Dresden. Dr. oec. habil. 1985. Dozentin für Ökonomie des Tourismus an der Hochschule für Verkehrswesen „Friedrich List", jetzt Technische Universität in Dresden. Forschungen und Publikationen auf dem Gebiet des ganzheitlichen Managements touristischer Prozesse. Zahlreiche Applikationsprojekte und empirische Studien zu Problemen des umweltverträglichen, sozialverantwortlichen und ökonomisch ergiebigen (Qualitäts-)Tourismus. Adresse (priv.): Bischofswerder Str. 4, 01099 Dresden.

*Grümer,* Karl-Wilhelm, Dipl.-Volkswirt; Studium der Volkswirtschaftslehre, Finanzwissenschaft, Soziologie und Sozialpsychologie in Köln; wissenschaftlicher Angestellter und Geschäftsführer des Instituts für Angewandte Sozialforschung der Universität Köln; Forschungsinteressen: Methoden der empirischen Sozialforschung, Sozialstrukturanalyse, Freizeitsoziologie, Wirtschaftssoziologie; verschiedene Buch- und Zeitschriftenveröffentlichungen im Bereich Methoden und Sozialstrukturanalyse. Adresse (dienstl.): Institut für Angewandte Sozialforschung der Universität Köln, Greinstr. 2, 50939 Köln.

*Günter,* Wolfgang, geb. 1941, Dr. phil., Fachleiter am Staatl. Seminar für Schulpädagogik Freiburg und Lehrbeauftragter an weiteren Hochschulen, Studium der Geschichte, Germanistik, Religionswissenschaft, Pädagogik. Nach ausgedehnter Reiseleitertätigkeit Ausbildungsleiter eines führenden Studienreiseunternehmens, Beratertätigkeit für in- und ausländische Institutionen und Touristikunternehmen. Forschungsschwerpunkte: neben Geschichtswissenschaft und Geschichtsdidaktik vor allem Tourismusgeschichte und Reisepädagogik, zahlreiche Buch- und Zeitschriftenveröffentlichungen. Herausgeber des *Handbuches für Studienreiseleiter.* Adresse (priv.): Schirkenhof, 79199 Kirchzarten.

*Haas,* Winfried, geb. 1951, Dr. oec., Dipl.-Volkswirt; Soziologiestudium, Martin-Luther-Universität Halle-Wittenberg. Abschluß als Diplom-Volkswirt (1971/1975), zehnjährige Tätigkeit in einem großen Industrieunternehmen/Bereich Arbeits- und Betriebsorganisation. Leitung komplexer arbeitssoziologischer Studien. Aspirantur, Institut für Soziologie, Berlin-Ost. Studien zu sozialen Randgruppen in der DDR (1984/1988); Mitbegründer der Interessengemeinschaft Tourismussoziologie (1990) und des Leipziger Instituts für empirische Forschung LEIF (1991), Leitung von Forschungsprojekten auf den Gebieten Freizeit, Tourismus und Wohnen. Zahlreiche Forschungsberichte. Adresse (priv.): Alte Salzstr. 56, 04209 Leipzig.

*Hahn,* Heinz, geb. 1930, Dipl.-Psych.; Studium der Psychologie, Soziologie, Pädagogik in Würzburg, Bonn und München; Mitgründer der Europäischen Bildungs- und Aktionsgemeinschaft (1952), des Sozialwissenschaftlichen Studienkreises für Internationale Probleme (1959), des Studienkreises für Tourismus (1961); Geschäftsführer des Studienkreises für Tourismus von 1961 bis 1991; Lehrbeauftragter für Tourismuspsychologie an der Fachhochschule München seit 1972; verschiedene Buch- und Zeitschriftenveröffentlichungen, u. a.: *Jugendtourismus* (München 1965), *Handbuch für Reiseleiter* (1966). Organisator der Reiseanalyse, der Psychologischen Leitstudien, der Beobachtungsstudien des StfT zum Tourismus; Forschungsschwerpunkte: Sozialpsychologie internationaler Beziehungen, Völkerpsychologie, Vorurteilspsychologie, Tourismuspsychologie. Adresse (priv.): Giselastr. 4, 82319 Starnberg.

*Harrer,* Bernhard, geb. 1962, Diplom-Geograph (Univ.), Studium der Fächer Geographie, Raumforschung, Raumordnung und Landesplanung sowie Volkswirtschaftslehre an der Ludwig-Maximilians-Universität und an der Technischen Universität München. Stipendiat einer Stiftung mit dem Zweck der Förderung von Wissenschaft und Forschung. Nach Ablegung der Diplomhauptprüfung wissenschaftlicher Assistent am Lehrstuhl für Didaktik der Geographie der Universität München. Seit 1989 wissenschaftlicher Mitarbeiter beim Deutschen Wirtschaftswissenschaftlichen Institut für Fremdenverkehr an der Universität München. Nebentätigkeiten als Leiter von Seminaren, Redakteur, Referent und Autor. Veröffentlichungen u.a. zu den Themenschwerpunkten Bodenpreise, Raumstrukturen in Bayern sowie zu unterschiedlichen Teilbereichen des Fremdenverkehrs. Adresse (priv.): Passauerstr. 132, 81379 München; (dienstl.): DWIF, Hermann-Sack-Str. 2, 80331 München.

*Heß,* Ulrike, geb. 1964, Soziologiestudium, Psychologie und Philosophie in München; Dipl.-Soziologin 1989; promoviert z.Zt in München über Ausländerfeindlichkeit in Deutschland nach der Wiedervereinigung. Adresse (priv.): Tegernseer Landstr. 34, 81541 München.

*Hoefert,* Hans-Wolfgang, Dr. phil., Dipl.-Psych., Professor für Sozialpsychologie und Institutionsberatung an der Staatl. Fachhochschule für Sozialarbeit und Sozialpädagogik Berlin. Seit 1982 in der Fortbildung für Ärzte, Pflegekräfte, Verwaltungspersonal tätig. Organisationsberatung im Gesundheits- und Sozialwesen. Mitherausgeber der Fachzeitschrift „Psychomed"; letzte Buchveröffentlichung: *Angst Depression, Panik* (als Hg., zus. mit W. Göpfert & H.P. Rosemeier, München 1993). Adresse (priv.): Curtiusstr. 77, 12205 Berlin.

*Höflich,* Joachim R., geb. 1954, Dipl. oec., Dr. rer. pol., Studium der Wirtschafts-, Sozial- und Kommunikationswissenschaft, Akad. Rat am Lehrstuhl für Soziologie und Kommunikationswissenschaft an der Universität Augsburg, seit 1988 wissenschaftlicher Mitarbeiter am Institut für Sozialwissenschaft, Fachgebiet Kommunikationswissenschaft und Sozialforschung an der Universität Hohenheim. Forschung und Veröffentlichungen auf den Gebieten Werbekommunikation, interpersonale Kommunikation, neue Informations- und Kommunikationstechnologien und Organisationskommunikation. Adresse (priv.): Morellstr. 25, 86159 Augsburg.

*Kagelmann*, Jürgen H., geb. 1948, Dr. phil., Dipl.-Psych.; Studium der Psychologie, Soziologie und Pädagogik in Regensburg und Düsseldorf; Promotion zum Dr. phil. 1981 in Psychologie, Soziologie und Kriminologie an der Universität Freiburg/Br.; Lektor und Verlagsleiter für verschiedene psychologische Fach- und Sachbuchprogramme; Lehrbeauftragter für Medienpsychologie/Massenkommunikationssoziologie und Tourismuspsychologie an Münchener Universitäten; Arbeits- und Interessensgebiete: Massenmedien, insbes. für Kinder und Jugendliche; Psychologie-Geschichte; Lateinamerika; Tourismuspsychologie und -soziologie; Zeitschriften- und Buchveröffentlichungen dazu, zuletzt: *Tourismuswissenschaft. Soziologische, sozialpsychologische und sozialanthropologische Arbeiten* (München 1993, als Hg.); *Psychologie in Peru* (als Hg. zus. mit R. León; München 1993); *Comics Anno, Jahrbuch der Forschung zu populär-visuellen Medien* (als Hg., 3 Bde., München 1991, 1992, 1993); *Kinder und Medien* (als Hg. zus. mit H.J. Wirth; München 1990); Adresse (priv.): Veilchenstr. 41, 80689 München.

*Kinzel*, F. Christian, geb. 1965, Dipl.-Psych.; Studium der Psychologie und Politischen Wissenschaften an der LMU in München; Absolvent des Deutschen Forschungszentrums für Direktmarketing. Seit 1992 tätig als wissenschaftl. Mitarbeiter am Lehrstuhl für Klinische Psychologie des Instituts für Pädagogik und Psychologie der LMU, als Geschäftsführer der Milton Erickson Gesellschaft und als selbständiger Psychologe. Interessensgebiete: Psychoanalyse, Hypnotherapie/Hypnoanalyse; interdisziplinäre Psychologie auf psychoanalytischer Grundlage und Politische Psychologie. Veröffentlichungen, Vorträge und Workshops zu psychoanalytischen und hypnotherapeutischen Themen, letzte Veröffentlichung: *Psychoanalyse und Hypnose* (München 1993). Adresse (priv.): Halskestr. 32, 81379 München.

*Klebl*, Ulfried C., geb. 1967, Dipl.-Psych.; Studium der Psychologie und Jurisprudenz an der Universität München; derzeit als Wirtschaftspsychologe bei einer Großbank, Promotion im Bereich Marktpsychologie und als selbständiger Psychologe tätig. Arbeitsschwerpunkte: Marktpsychologie, Dienstleistungspsychologie und Eignungsdiagnostik. Adresse (priv.): Mariabrunner-Str. 2, 85356 Freising.

*Kleiber*, Dieter, geb. 1950, Prof. Dr. phil., Dipl.-Psych.; Hochschullehrer für Psychologie (Schwerpunkt Psychologie in der psychosozialen Versorgung) an der FU Berlin; leitender Wissenschaftler im Bereich AIDS-Forschung am Sozialpädagogischen Institut Berlin (spi Berlin); Arbeits- und Forschungsschwerpunkte: Sozialepidemiologie, Gemeinde- und Gesundheitspsychologie, psychosoziale Versorgungsfragen, Klinische Psychologie, Psychotherapie, sozialwissenschaftliche Aids-Forschung. Adresse (dienstl.): Psychologisches Institut der FU Berlin, Habelschwerdter Allee 45; 14195 Berlin.

*Klopp*, Helmut, geb. 1940, Dr. rer. oec. Dipl. Hdl., Professor an der Fachhochschule Heilbronn, Fachbereich Touristikbetriebswirtschaft; Lehrgebiete: Allgemeine Betriebswirtschaftslehre, Touristikbetriebswirtschaft, Kur- und Bäderwirtschaft. Forschungsgebiete: Tourismusplanung und Entwicklung bes. für Heilbäder/Kurorte/Fremdenverkehrsorte und -gebiete. Seit 1978 Vorstand des IVT-Institut für angewandte Verkehrs- und Tourismusforschung Heilbronn. Mitglied verschiedener Kurbeiräte. Beratungstätigkeit für eine Vielzahl privater und öffentlicher Auftraggeber im In- und Ausland. Verschiedene Publikationen zum Thema Tourismus/Kur. Adresse (dienstl.): Fachhochschule Heilbronn, Fachbereich Verkehrswirtschaft, Max-Planck-Str. 39, 74081 Heilbronn.

*Kramer*, Dieter, geb. 1940, PD Dr. phil., Sachbuchautor, familiäre und eigene Erfahrungen im Industriearbeitermilieu. Studium in Mainz und Marburg in den Fächern Ev. Theologie, Germanistik, Wissenschaftliche Politik und Europäische Ethnologie (Volkskunde). Promotion über ein Thema zur Geschichte der Erwachsenenbildung in Hessen; Habilitation in Wien 1987 mit einer Arbeit zur Theorie der historischen Arbeiterkultur. Privatdozentur an der Universität Wien mit Lehrveranstaltungen dort und an anderen Universitäten. 1968-1976 wissenschaftlicher Mitarbeiter im Fachgebiet Europäische Ethnologie an der Philipps-Universität Marburg/Lahn; 1977-1990 im Dezernat Kultur und Freizeit der Stadt Frankfurt/M. als Mitarbeiter von Hilmar Hoffmann. Seit 1990 Kustos im Museum für Völkerkunde der Stadt Frankfurt, dort als Europäischer Ethnologe zuständig für die neu zu schaffende Abteilung Europa. Seit 1978 Mitglied im Vorstand der Kulturpolitischen Gesellschaft (BRD, Sitz Hagen). Adresse (dienstl.): Museum für Völkerkunde, Schaumainkai 29, 60594 Frankfurt/M.

*Krauß*, Harald, geb. 1949, Dr. phil., Dipl.-Psych. und Psychotherapeut, Lehrbeauftragter an der Universität Bonn und Leiter von Fortbildungsveranstaltungen für Psychologen und Ärzte, v.a. in Verhaltenstherapie; seit 1979 freiberufliche Tätigkeit als Verhaltenstherapeut in Köln; Interessensgebiete: Motivationspsychologie, Klinische Psychologie, Streß. Buchveröffentlichung: *Verhaltensmedizin und Verhaltensanalyse* (München 1993). Adresse (priv.): Fliederweg 129, 51143 Köln.

*Lohmann,* Martin, geb. 1956, Dr. phil., Dipl.-Psych., ist seit dessen Gründung im Frühjahr 1991 wissenschaftlicher Leiter und Geschäftsführer des Instituts für Tourismus- und Bäderforschung in Nordeuropa (N.I.T.) in Kiel. Wissenschaftliche Ausbildung in Düsseldorf, Kiel und Würzburg. Erste tourismuspraktische Erfahrungen als Reiseleiter; nach einer Tätigkeit als Assistent am Psychologischen Institut der Universität Würzburg (bei Proff. Heller und Krüger) von 1984-1991 als Referent für Forschung beim Studienkreis für Tourismus in Starnberg tätig. Adresse (dienstl.): N.I.T., Institut für Tourismus- und Bäderforschung in Nordeuropa GmbH, Schaßstr. 5, 24103 Kiel.

*Maragkos,* Markos, geb. 1969, cand. Dipl.-Psych., studiert Psychologie in München, Schwerpunkt Klinische Psychologie, Adresse (priv.): Rosenheimer Str. 125, 81667 München.

*Marcinkowski,* Bettina, geb. 1967, M.A. (Phil.); Studium der Amerikanistik und Wirtschafts- und Organisationspsychologie an der Universität München, seit 1990 Tätigkeit in der Passagierabfertigung und -betreuung bei einer internationalen Fluggesellschaft, lizensierte Flugfunkerin. Adresse (priv.): Baaderstr. 71, 80469 München.

*Maschke,* Joachim, geb. 1942, Dr., Diplom-Kaufmann, geschäftsführender Vorstand, seit 1971 im DWIF. Arbeitsschwerpunkte: Wirtschaftlichkeitsrechnungen, Standortanalysen und Ertragswertschätzungen für touristische Projekte im Rahmen von Entwicklungsstudien und gerichtlichen Auseinandersetzungen, Fremdenverkehrsentwicklungspläne für Gemeinden und Regionen, Marktforschung, Betriebsvergleiche im Gastgewerbe, für Kurortunternehmungen und Campingplätze. Adresse (dienstl.): Deutsches Wirtschaftswissenschaftliches Institut für Fremdenverkehr, Hermann-Sack-Str. 2, 80331 München.

*Meyer,* Gudrun, geb. 1937, Dipl.-Psych., Studium der Psychologie in Berlin und Erlangen, seit 1960 Arbeit in der qualitativen Marktforschung, bis 1968 bei der Arbeitsgruppe für Psychologische Marktanalysen in Nürnberg, seitdem selbständig tätig zusammen mit Dipl.-Psych. Wolfgang Meyer in der MEYER MARKETING-FORSCHUNG München. Adresse: Brunhamstr. 19, 81249 München.

*Meyer,* Wolfgang, geb. 1933, Studium in Erlangen und München, Dipl.-Psych. 1959, Arbeitsgruppe für psychologische Marktanalysen Nürnberg bis 1967; 1968 Leiter der Abteilung Psychologie der GfM, Gesellschaft für Marktforschung Hamburg, seither zusammen mit Gudrun Meyer Geschäftsführender Gesellschafter der MEYER MARKETING-FORSCHUNG, München. Adresse: Brunhamstr. 19, 81249 München.

*Miller,* Rudolf, Dr. phil., Akademischer Oberrat; Arbeitsbereiche: Sozialpsych., Ökologische Psychologie, Psychologiegeschichte. Fernuniversität – Gesamthochschule -, Fachbereich Erziehungs- Sozial- und Geisteswissenschaften. Adresse (dienstl.): Fernuniversität, Arbeitsbereich Psychologie, Postfach 940, 58097 Hagen.

*Moser,* Klaus, Dr., geb. 1962, Dipl.-Psych., Studium der Psychologie in Mannheim, Diplom 1986; Promotion zum Dr. rer. soc. 1989 in Stuttgart-Hohenheim; Wiss. Mitarbeiter am Lehrstuhl für Psychologie der Universität Hohenheim; Arbeits- und Interessensschwerpunkte: Personalauswahl, Personalmarketing, Werbepsychologie. Wichtige Buchveröffentlichungen: *Werbepsychologie* (München 1990), *Konsistenz der Person* (Göttingen 1991), *Personalmarketing* (München 1992). Adresse (dienstl.): Lehrstuhl für Psychologie (430 B), Universität Hohenheim, Postf. 70 05 62, 70569 Stuttgart.

*Müller,* Hansruedi, geb. 1947, Prof. Dr. rer. pol., Studium der Ökonomie an der Universität Bern, Promotionen an der Universität Bern zu touristischen Themen 1985, seit 1989 Leiter des Forschungsinstituts für Freizeit und Tourismus (FIF) der Universität Bern. Wichtige Buchveröffentlichungen: *Freizeit und Tourismus – Eine Einführung* (Bern 1992), *Ferienwohnungen 2002* (Zürich 1990), *Achtung Steinschlag – Wechselwirkungen zwischen Wald und Tourismus* (Bern 1991), *Tourismus 2010 – eine Delphiuntersuchung* (Bern 1991). Adresse (dienstl.): FIF, Forschungsinstitut für Freizeit und Tourismus, Monbijoustr. 29, CH - 3011 Bern.

*Müller,* Werner; Dr. phil., geb. 1951, Studium der Soziologie, Freizeitpädagogik, Sozial- und Wirtschaftsgeschichte an der Universität Hamburg, Dissertation über den internationalen Jugendaustausch; Zusatzausbildung als Gruppendynamiker und Gruppentrainer. Seit 1986 Koordinator der „Modellseminare für Jugendreisen und internationale Begegnungen" (Studienkreis für Tourismus in Zusammenarbeit mit Transfer e.V., Köln). Modellprojekte, Studien und Veröffentlichungen zum Jugendreisen und zum interkulturellen Austausch. Adresse (dienstl.): Modellseminare – Koordination, Ostmerheimer Str. 397, 51109 Köln.

*Nahrstedt,* Wolfgang, geb. 1932, Prof. Dr. phil., Professor an der Universität Bielefeld; Arbeitsschwerpunkte: Freizeitpädagogik, Kulturarbeit, Tourismuswissenschaft. Vorsitzender des Instituts für Freizeitwissenschaft und Kulturarbeit e.V. (IFKA), Bielefeld. Lehrbeauftragter an der University of Illinois, USA, an der TU Chemnitz-Zwickau und an der Universität Potsdam. Chairman der Beratergruppe „Ausbildung" der „European" Leisure and Recreation Association" (ELRA). Jüngste Buchveröffentlichungen: *Die Wiederentdeckung der Muße. Freizeit und Bildung in der 35-Stunden-Gesellschaft* (Baltmannsweiler 1989), *Leben in freier Zeit.*

*Grundlagen und Aufgaben der Freizeitpädagogik* (Darmstadt 1990), *Reiseleiter und Reisemanager. Weiterbildung für den Tourismus von morgen* (Bielefeld 1992); *Freizeitbildung. Konzepte freizeitorientierter Weiterbildung* (Forschungsbericht, Bielefeld 1992), *Freizeit-Barometer. Daten, Analysen, Trends für die 90er Jahre* (Bielefeld 1992), *Neue Modelle der Gästebetreuung in Heilbädern und Kurorten* (Düsseldorf 1993), *Der Reiseleiter in Europa '93. Arbeitsfeld, Berufsbild, Ausbildung* (Bielefeld 1993), Mitherausgeber der Fachzeitschrift „Freizeitpädagogik". Adresse (dienstl.): Universität Bielefeld Fakultät für Pädagogik, Studienrichtung Freizeitpäd./Kulturarbeit/Reisepäd., Universitätsstr. 25, 33615 Bielefeld.

*Noack,* Michael, geb. 1942, Dipl.-Betriebswirt, Wissenschaftlicher Mitarbeiter des Bundesinstitus für Berufsbildung. Adresse (dienstl.): Bundesinstitut für Berufsbildung, Fehrbelliner Platz 3, 10707 Berlin.

*Opaschowski,* Horst W., geb. 1941, Prof. Dr., Hochschullehrer an der Universität Hamburg, Vorsitzender der Sachverständigenkommission „Arbeit-Technik-Freizeit„ im Bundesministerium für Forschung und Technologie und Leiter des B.A.T. Freizeit-Forschungsinstituts. Wurde 1973 mit der Erarbeitung einer freizeitpolitischen Konzeption der Bundesregierung beauftragt und mit 33 Jahren als Professor an die Universität Hamburg berufen. Autor des offiziellen Filmbeitrags der Bundesrepublik Deutschland auf der Weltausstellung Expo '88 in Brisbane/Australien und Berater des Bundeswirtschaftsministers bei der Planung der Weltausstellung Expo ´92 in Sevilla/Spanien. Wurde 1992 als Sachpreisrichter in die Jury des Architekturwettbewerbs OLYMPIA 2000 in Berlin berufen. Adresse (priv.): Hellholzkamp 1, 21039 Börnsen.

*Podsiadlowski,* Astrid, geb. 1969, Studium der Psychologie in München, Vertiefungsfach: Arbeits- und Organisationspsychologie, Nebenfach: Soziologie. Schwerpunkte: empirische Sozialforschung, Personalentwicklung, Training; eineinhalbjährige Mitarbeit bei Bergmann & Partner: Personalentwicklung und Management-Training; seit 1993 Mitarbeit als wissenschaftliche Hilfskraft beim Projekt „Selektion und Sozialisation von Führungsnachwuchskräften" am Lehrstuhl Prof. Dr. Lutz von Rosenstiel. Adresse (priv.): Wettersteinstraße 24, 82049 Pullach.

*Rochlitz,* Manfred, geb. 1936, Studium der Philosophie und Soziologie in Leipzig. Dr. phil. habil. 1980. Von 1980-1991 Prof. für Soziologie an der Hochschule für Verkehrswesen „Friedrich List" Dresden. Forschungen und Publikationen zur Sozialisation von Ingenieurstudenten und Universitätsabsolventen im Beruf. Seit 1980 erfolgte eine verstärkte Zuwendung zu verkehrs- und tourismussoziologischen Themen. Mitarbeit an zahlreichen empirischen Studien zur touristischen Mobilität nach der Wende in Ostdeutschland 1989. Gegenwärtig als freischaffender Wissenschaftler tätig. Adresse (priv.): Langobardenstr. 94, 01239 Dresden.

*Rosacker,* Horst Dieter, geb. 1939, Studium der Philosophie, Psychologie, Soziologie, Kunstgeschichte, Vergleich. Sprachwissenschaften; Wissensch. Übersetzer/Außenlektor. Buchübersetzungen u.a.: H. J. Eysenck, *Die Ungleichheit der Menschen* (München 1975); C. S. Hall &. G. Lindzey, *Theorien der Persönlichkeit* (2 Bde., München 1978/1979); H. J. Eysenck, *Sigmund Freud: Niedergang und Ende der Psychoanalyse* (München 1985); H. J. Eysenck & M. W. Eysenck, *Persönlichkeit und Individualität: Ein naturwissenschaftliches Paradigma* (München 1987). Adresse (priv.): Cimbernstr. 13, 81377 München.

*Roth,* Peter, geb. 1934, Dipl.-Kfm., Professor an der Fachhochschule München, Fachbereich Betriebswirtschaft. Lehrgebiete: Marketing, Marktkommunikation, Touristik-Marketing. Forschungsgebiete: Kulturtourismus, Kommunikation und Wertewandel, Integrierte Kommunikation, Sponsoring. Buch-Veröffentlichungen: *Kultursponsoring* (Landsberg 1989), *Sportsponsoring* (2. Aufl., Landsberg 1990), *Touristik-Marketing* (München 1992). Adresse (priv.): Oberföhringerstr. 25, 81925 München.

*Sauter,* Johanna, geb. 1958, Dipl.-Psych., Ausbildung und Berufstätigkeit als Med.-techn. Assistentin. Studium der Psychologie in München. Diplom 1990, seit 1990 an der Hochschule der Bundeswehr, Institut für Empirische Pädagogik und Pädagogische Psychologie, Neubiberg. Arbeitsschwerpunkte: Pädagogische Psychologie, Motivationspsychologie. Adresse (priv.): Max-Weber-Platz 9, 81675 München.

*Scherer,* Brigitte, geb. 1943, Redakteurin der „Frankfurter Allgemeinen Zeitung", Studium der Soziologie in Frankfurt, Volontariat und Redakteurin beim „Darmstädter Echo". 1969 Eintritt in die Feuilleton-Redaktion der „Frankfurter Allgemeinen Zeitung" mit dem Hauptarbeitsgebiet Tourismus. Später zuständig für Touristik und Luftverkehrspolitik, häufig in Afrika, später in Amerika, vor allem New York, dort einige Zeit Kulturkorrespondentin (1984/85). Theodor-Wolff-Preis (1981), für ihre Kritik am Tourismus. Adresse (dienstl.): Frankfurter Allgemeine Zeitung, Hellerhofstraße 2–4, 60327 Frankfurt/Main; (priv.) Trajanstr. 10, 55131 Mainz.

*Schmeer-Sturm,* Marie-Louise, geb. 1954, Gästeführerin in München, Studienreiseleiterin, Trainerin für Gästeführer und Reiseleiter; Studium der Pädagogik, Kunstgeschichte, Psychologie und Italienische Philologie sowie Lehramt für Grund- und Hauptschulen, 1981 Zweite Lehramtsprüfung, 1984 Promotion, 1984-1991 Wissenschaftliche Mitarbeiterin am Lehrstuhl für Pädagogik an der Universität München. Arbeits- und Forschungsgebiete: Ausbildung von Reiseleitern, Gästeführern, Museumsführern in Theorie und Praxis sowie im europäischen Vergleich. Wichtigste Veröffentlichungen: *Handbuch der Reisepädagogik. Didaktik und Methodik der Bildungsreise am Beispiel Italien* (München 1984), *Stadtrundfahrt in München* (München 1985), *Die Neue Pinakothek in München* (München 1987), *Die Alte Pinakothek in München* (München 1987), *Trainingsseminar für Gästeführer* (Darmstadt 1987), *Oberbayern – Kunstführer* (München 1990), *Theorie und Praxis der Reiseleitung* (Darmstadt 1990); Mitherausgeberin von: *Museumspädagogik. Grundlagen und Praxisberichte* (Baltmannsweiler 1990)*, Literaturschau Museum – Bibliographie zur Museologie mit dem Schwerpunkt Museumspädagogik* (München 1992), *Museumskompaß Bayern* (München 1992). Adresse (priv.): Ignaz-Günther-Str. 18, 81927 München.

*Schmid,* Gerhard, geb. 1964, cand. Dipl.-Psych., Studium der Psychologie in München, Schwerpunkt Klinische Psychologie, Adresse (priv.): Boschetsriederstr. 13, 81379 München.

*Schmidt*, Burkhard, geb. 1939, Dr. phil., Dipl. Psych.; wissenschaftlicher Mitarbeiter am Institut für Psychotherapie und med. Psychologie der Universität Würzburg. Psychotherapeut, Veranstalter und Leiter erlebnisorientierter Abenteuer-Studienreisen (z.B. Balkan, Irland, Baltikum). Adresse (priv.): Allerseeweg 37, 97204 Höchberg bei Würzburg.

*Schmidt,* Harald, geb. 1950, Dr. oec., Dipl.-Soziologe; nach dem Soziologie-Studium Tätigkeit von 1980 bis 1990 am Leipziger Institut für Jugendforschung (Gebiete Jugend, Beruf, Bildung, Freizeit und Tourismus); 1990 zusammen mit Wissenschaftlern der Dresdner Verkehrshochschule Gründung der Interessengemeinschaft „Tourismussoziologie" e.V. Leipzig, die tourismussoziologische Forschungen und Ausbildungen in den fünf neuen deutschen Bundesländern initiiert und durchführt (Interkulturelle Wirkung des Tourismus; Camping und Fremdenverkehrsregionen in Sachsen). 1991 Leiter der Leipziger Forschungsgruppe LEIF (Leipziger Institut für empirische Forschung), die empirisch und theoretisch auf den Gebieten Freizeit und Urlaubsgestaltung, Reisen und Verkehr in Ostdeutschland, CSFR, Polen, Ungarn und im Baltikum arbeitet; zahlreiche wissenschaftliche und populärwissenschaftliche Publikationen; v. a. über Jugendtourismus, Tourismusentwicklung, Tourismus und Umwelt sowie Marktforschung für Tourismus. Adresse (dienstl.): Leipziger Institut für empirische Forschung (LEIF), Postfach 1028, 04279 Leipzig; (priv.): Hettelweg 39, 04279 Leipzig.

*Schneider,* Birgit, geb. 1963, M.A., Studium der Kunstpädagogik; Kunstgeschichte und Psychologie an der LMU in München; Freiberufliche Malerin und Kunstpädagogin; Lehrtätigkeit in der Erwachsenenbildung; zeitweise Lehrauftrag am Lehrstuhl „Didaktik der Bildenden Kunst" (LMU München); Ferienkurse „Kreativität auf Reisen" in Italien; Dozentin beim Deutschen Entwicklungsdienst, Berlin: „Ich- und Fremdbilder in Theorie und Praxis". Derzeit Promotion in Sozialpsychologie zum Thema: „Reisebilder: Fotografieren und Zeichnen als kreative Selbsttätigkeit im Tourismus." Adresse (priv.): Buttermelcherstr. 21, 80469 München.

*Schober,* Reinhard, Dipl.-Psych.; Studium in Göttingen, Erlangen, Bonn, München, Marplan-Forschungsgesellschaft und Werbeagentur Busskamp & Koch, Gründung des Instituts für Verhaltensanalyse in München. Arbeitsschwerpunkte: Attraktionsanalysen, Angebotsgestaltung, Kommunikationsstrategien, Seminare, redaktionelle Beiträge. Adresse (dienstl.): Institut für Verhaltensanalyse, Seestr. 6, 80802 München.

*Schrand,* Axel, geb. 1947, Dipl.-Betriebswirt (FH) und Dipl.-Soziologe, Ausbildung und Berufstätigkeit im Reisebüro, Studium der Betriebswirtschaft und des Tourismus an der Fachhochschule München, Studium der Soziologie und Psychologie an der Universität München, Dozent für Tourismuslehre an der Fachhochschule München und Berufsakademie Ravensburg; Arbeitsschwerpunkte: Reisebüroforschung, Social Impact-Forschung in touristischen Zielgebieten. Wichtige Veröffentlichung: *Touristik Marketing* (als Hg. zus. mit P. Roth, München 1992). Adresse (priv.): Kühbachstr. 4, 81543 München.

*Spechtenhauser,* Michael, Dipl.-Geograph, Absolvent des Fremdenverkehrskollegs in Innsbruck, Mitarbeiter des Arbeitskreises „Freizeit und Tourismus" an der Universität Innsbruck, Adresse (dienstl.): Tirol Informations System, c/o Tirol Werbung, Bozener Platz 6, A-6010 Innsbruck.

*Spode,* Hasso, geb. 1951, Dr. phil., M.A., Historiker und Soziologe, Studium der Geschichte, Soziologie, Philosophie und Ethnologie, wiss. Mitarbeiter an der Historischen Kommission zu Berlin, Sektion Kulturgeschichte. Arbeitsgebiete: Geschichte des Eß- und Trinkverhaltens, Regionalgeschichte, Historische Tourismusforschung, quantitative Historische Sozialwissenschaft. Wichtige Veröffentlichungen: *Zur Geschichte des Tourismus* (1987), *Alkohol und Zivilisation* (1991), *Beiträge zur Tourismusgeschichte* (1991), *Historische Statistik von Deutschland, Bd.15: Arbeitskämpfe* (1992, zus. mit H. Volkmann u.a.), *Die Macht der Trunkenheit* (1993). Adresse (priv.): Geisbergstr. 12, 10777 Berlin.

*Stehr,* Ilona, geb. 1953, Dr. phil., Dipl.-Päd., Studium der Pädagogik mit Schwerpunkt Freizeitpädagogik und

Kulturarbeit an der Universität Bielefeld. 1983–1990 kontinuierliche Forschungs- und Lehrtätigkeit in den Bereichen Freizeit und Kultur an der Universität Bielefeld. Seit 1991 wissenschaftliche Leiterin des Instituts für Freizeitwissenschaft und Kulturarbeit e.V., Forschungsprojekte in den Bereichen Freizeit, Bildung und Kur; Lehraufträge an der Universität Potsdam und an der Fachhochschule Esslingen. Wichtige Veröffentlichungen: *Kompetenztransfer. Zur theoretischen Begründung einer Freizeitpädagogik mit älteren Erwachsenen* (Baltmannsweiler 1992). Adresse (dienstl.): IFKA e.V., Heidsieker Heide 114, 33739 Bielefeld.

*Steinecke*, Albrecht, geb. 1948, Prof. Dr. rer. nat. habil., Dr. phil., M.A.; Studium der Geographie, Soziologie und Literaturwissenschaft an der Universität Kiel und am Trinity College Dublin; Promotion 1977 in Kiel mit einer Arbeit über die sozioökonomischen Wirkungen des Tourismus in der Republik Irland; anschließend Wissenschaftlicher Assistent an der TU Berlin; 1985–1990 Forschungs- und Lehrtätigkeit an der Universität Bielefeld (Studiengang Freizeitpädagogik); 1987 Habilitation an der TU Berlin für das Fach Geographie; 1990–1991 Arbeitsbereichsleiter am Institut für Entwicklungsplanung und Strukturforschung GmbH an der Universität Hannover; gegenwärtig Geschäftsführer des Europäischen Tourismus Instituts GmbH an der Universität Trier und außerplanmäßiger Professor für Geographie an der TU Berlin; zahlreiche Veröffentlichungen zur Tourismus- und Freizeitforschung, u.a.: *Tourismus in Irland* (Starnberg 1977), *Der Millionen-Urlaub*, (Darmstadt/Neuwied 1979, Nachdruck Bielefeld 1989 – mit H.-W. Prahl), *Geographie des Freizeit- und Fremdenverkehrs* (Darmstadt 1984 mit K. Kulinat), *Freizeit in räumlicher Isolation* (Berlin 1987), *Tourismus – Umwelt – Gesellschaft* (Bielefeld 1988), *Berufe im Tourismus* (2. Aufl. Bielefeld 1993 – mit K. Klemm), *Kulturtourismus in Europa* (Trier 1992 – mit C. Becker, Adresse (dienstl.): Europäisches Tourismus Institut GmbH an der Universität Trier; Bruchhausenstr. 1; 54290 Trier.

*Thiem*, Marion, geb. 1957, Dr. rer. pol.; Studium der Ökonomie und der Musikwissenschaften an der Universität Bern, Assistentin am Forschungsinstitut für Freizeit und Tourismus in Bern, Promotion an der Universität Bern zum Thema „Tourismus und kulturelle Identität" (1992). Adresse (dienstl.): Forschungsinstitut für Freizeit und Tourismus, Universität Bern, Monbijoustr. 29, CH-3011 Bern; (priv.): Rutschbahn 25, 20146 Hamburg.

*Thomas*, Alexander, Prof. Dr., Dipl.-Psych.; Studium der Psychologie; Diplom 1968, Promotion 1970; 1974-1979 Prof. für Sportpsychologie an der FU Berlin; ab 1979 Prof. für Psychologie an der Universität Regensburg, Arbeitsgebiete: Sozial- und Angewandte/ Organisationspsychologie; Forschungsschwerpunkte: Handlungspsychologie, Psychologie interkulturellen Handelns, Kulturvergleichende Psychologie, Organisationspsychologie. Wichtige Veröffentlichungen: *Einführung in die Sozialpsychologie* (zus. mit E.F. Mueller, 2. Aufl. Göttingen 1976), *Psychologie der Handlung und Bewegung* (1976), *Einführung in die Sportpsychologie* (Göttingen 1978), *Entwicklung durch Erziehung. Zum Problem der Förderung von Schülerheimerziehung in Entwicklungsländern am Beispiel Indien* (1980), *Sportpsychologie. Ein Handbuch in Schlüsselbegriffen* (Hg., München 1982), *Grundriß der Sozialpsychologie* (2 Bde, 1991), *Einführung in die Kulturvergleichende Psychologie* (1992), div. Beiträge über Interkulturellen Austausch, interkulturelles Lernen und Handeln im SSIP-Bulletin, zuletzt: Interkulturelles Orientierungstraining für die USA (zus. mit A. Müller, SSIP-Bulletin 62/1991). Adresse (dienstl.): Universität Regensburg, Institut für Psychologie, Universitätsstr. 31, 93053 Regensburg.

*Vester*, Heinz-Günter, Dr. phil., Dr. rer.pol. habil., Dipl.-Soziologe. Studium, Promotion, Habilitation, Assistenztätigkeit und Privatdozent an der Universität München, z.Zt. Professor an der Universität Würzburg. Arbeitsgebiete: Allgemeine Soziologie, Wissenssoziologie, Kultursoziologie, Soziologie der Emotionen, Freizeit- und Tourismussoziologie. Veröffentlichungen (Auswahl): *Zeitalter der Freizeit* (Darmstadt 1988), *Emotion, Gesellschaft und Kultur* (Opladen 1991). Adresse: (dienstl.): Institut für Soziologie, Universität Würzburg, Wittelsbacherplatz 1, 97074 Würzburg; (priv.): Feldafinger Str. 43 d, 82343 Pöcking.

*Vogel*, Helmer; geb. 1952, Dr. rer.nat., Dipl.-Geograph; Studium der Anglistik, Germanistik, Geographie an den Universitäten Würzburg, Erlangen, Norwich/England; 5 Jahre Lehrertätigkeit in den Fächern; 1985 Diplom in Geographie (Geologie/ Mineralogie); seit 1986 am Lehrstuhl für Didaktik der Geographie der Universität Würzburg. Arbeitsschwerpunkte: Entwicklung von Ausbildungsmodellen für Reiseleiter und Gästeführer; Verhaltensstrukturen für Touristen; Umwelterziehung; seit 1990 auch Konzeption, Aufbau und päd. Leitung der Umweltstation Würzburg. Vorstandsmitglied im Verband der StudienreiseleiterInnen e.V. und des Studienkreises für Tourismus e.V.; Beratertätigkeit für öffentliche und private Tourismus- und Umweltinstitutionen. Letzte Veröff.: „Stadtführung für Behinderte. Eine Konzeption". (in: *Freizeitpädagogik* 15). Adresse (dienstl.): Lehrstuhl für Didaktik der Geographie, Wittelsbacherplatz 1, 97074 Würzburg.

*Weiß*, Joachim, geb. 1966; Studium der Psychologie in München; 1987-1992 Mitarbeit an Forschungsprojekten der Allgemeinen und Experimentellen Psychologie des Psychologischen Instituts der Universität München. Vertretungen in Lehre und Studienberatung des Psychologischen Instituts. 1992 dreimonatige Forschungstätigkeit im Team des Familienpsychologen D.H. Olson an der University of Minnesota/USA. Arbeitsschwerpunkte: Familienpsychologie, Streß und Gesundheit in Partnerschaft, Familie und Arbeitsleben. Adresse (priv.): Karl-Theodor-Str. 49, 80803 München.

*Wilhelm*, Ursula, Dr. phil., geb. 1953, Studium der Psychologie und Anglistik in Innsbruck; Klinische Psychologin und Gesundheitspsychologin, Psychotherapeutin; bisherige Arbeitsgebiete: Tourismuswerbung, Internationales Wissenschaftliches Kongreß-Institut, Betreuung von Kurgästen, Erwachsenenbildung, seit 1982 Schulpsychologie; Interessensschwerpunkte: Werbung, Psychosomatik und Tourismuspsychologie. Adresse (priv.): Tiergartenstr. 27, A-6020 Innsbruck.

Wilke, Martin, geb. 1960, Dipl.-Psych.; Studium an der TU Berlin, Aufenthalt in Südamerika, Arbeit als Reiseleiter und Reisebuchautor, Aufbaustudium „Tourismus" an der FU Berlin; z.Z. wissenschaftlicher Angestellter im Forschungsprojekt AIDS und (Sex-)Tourismus am spi Berlin. Arbeitsschwerpunkte und Interessen: Tourismuspsychologie, Ethnopsychoanalyse, Sexualwissenschaft, Reiseliteratur. Adresse: Sozialpädagogisches Institut Berlin (spi), Schulenburgring 130, 12101 Berlin.

Wilken, Udo, geb. 1939, Dipl.-Päd., Dr. phil., Professor für Sonderpädagogik und Rehabilitation an der Fachhochschule Hildesheim, Fachbereich Sozialpädagogik seit 1973. Publikationsbereiche: Beruflich-soziale Rehabilitation, Geschichte der Körperbehinderten-Pädagogik, Sozialethik; Rehabilitation in der Dritten Welt (Indien), Tourismus und Behinderung. Adresse (priv.): Große Venedig 39, 31134 Hildesheim.

Winter, Frank, geb. 1963, Studium der Germanistik, Soziologie und Philosophie in Frankfurt/Main, M.A. 1991. Arbeitet zur Zeit an einer Dissertation. Hauptinteressen: Psychoanalytische Theorie und Praxis, Kinder- und Jugendbuchforschung, Comic-Forschung, Inhaltsanalyse. Veröffentlichungen hierzu: „Karnevalisierung der Pornographie" (zus. mit Rainer Winter in: *Comics Anno*, Bd. 1, München 1991); „Der kinematographische Charakter der Asterix-Alben" (in: *Comics Anno*, Bd. 3, München 1993). Adresse (priv.): Marbachweg 108, 60435 Frankfurt/Main.

Winter, Gerhard, geb. 1933, PD. Dr. phil., Dipl.-Psych., Dozent (Sozialpsychologie) am Psychologischen Institut der Universität Tübingen; Studium der Psychologie an der FU Berlin; Promotion am Institut für Psychologie der Universität München; Lehr- und Forschungsgebiete: Ökologische Psychologie/Umweltpsychologie (speziell Freizeit- und Tourismusforschung), interkulturelle Kommunikation und Training, Politische Psychologie (speziell ‚Europabewußtsein'), Arbeitslosigkeitsforschung. Buchveröffentlichungen: *Bedingungsanalyse internationaler Kommunikation und Einstellungsänderung* (Frankfurt/M. 1980), *Umweltbewußtsein und persönliches Handeln* (hg. zus. mit R. Günther, Weinheim 1986), *Wende im Tourismus* (hg. zus. mit K.H. Klingenberg u. M. Trensky, Stuttgart 1991). Adresse (dienstl.): Psychologisches Institut der Universität Tübingen, Friedrichstr. 21, 72072 Tübingen.

*Wöhler*, Karlheinz, Prof. Dr., Studium der Betriebswirtschaftslehre und Soziologie an der Universität Mannheim. Lehrgebiete Angebotsgestaltung, Distributionsmanagement, Umweltmanagement und Qualitätsservice; Forschungsgebiete: Umweltmanagement, Gästezufriedenheit und Qualitätsmanagement. Adresse (dienstl.): Universität Lüneberg, Wilschenbrucher Weg 84, 21335 Lüneburg.

*Wohlmann*, Rainer, geb. 1934, Dipl.-Soziologe, Studium der Politik und Soziologie in Köln und Frankfurt. Seit 1961 in der Marktforschung tätig. Von 1961-1968 DIVO-Institut, Frankfurt: Aufbau und Leitung der Abteilung Sozialforschung; 1969-1984 MARPLAN Frankfurt/Offenbach: Aufbau und Leitung der Abteilung Wirtschafts- und Sozialforschung; seit 1984 geschäftsführender Gesellschafter bei M & E Deutsche Gesellschaft für Markt und Engpaßforschung, Frankfurt. Verantwortlich für die Wirtschafts- und Sozialforschung mit Schwerpunkt Tourismus, Verkehr und Telekommunikation. Adresse: Waidmannstr. 2, 60596 Frankfurt/M.

*Zeiner*, Manfred, geb. 1954 in Bad Reichenhall, Dr. oec. publ., Studium der Volkswirtschaftslehre 1975-1980 in München. 1986 Promotion zum Thema „Saisonverlauf im Reiseverkehr, Meßmethoden, Ursachen und ökonomische Bedeutung"; seit 1981 als wissenschaftlicher Mitarbeiter am Deutschen Wirtschaftswissenschaftlichen Institut für Fremdenverkehr an der Universität München (DWIF), seit 1991 stellvertretender Geschäftsführer des DWIF. Schwerpunkte der wissenschaftlichen Arbeit liegen bei Untersuchungen zum ökonomischen Stellenwert des Tourismus und zum Ausflugsverhalten. Zahlreiche Publikationen in verschiedenen Fachzeitschriften. Adresse (dienstl.): DWIF, Hermann-Sack.-Str. 2, 80331 München.

*Zimmermann*, Friedrich M., geb. 1951, Dr. Dr. habil., Universitätsdozent an der Universität Klagenfurt; Forschungsgebiete: Wirtschaftsgeographie und Tourismusforschung; Gastprofessoren in den USA (Pennsylvania), an der Universität München und an der Universität Graz; Beratertätigkeit für private und öffentliche Institutionen, mehrere tourismusbezogene Entwicklungskonzepte; zahlreiche internationale und interdisziplinäre Forschungskooperationen und Mitgliedschaften. Verschiedene Publikationen zu Fragen touristischer Strukturen und Prozesse. Adresse (dienstl.): Universität Klagenfurt, Universitätsstr. 65–67, A-9020 Klagenfurt.

# Sachregister

Vorbemerkung für die Benutzer des Registers: Da die Begriffe „Reise", „Tourismus" und „Urlaub" vielfach synonym verwandt worden sind, empfiehlt es sich, bei der Suche nach einem bestimmten Wort jeweils auch unter dem synonymen Begriff nachzuschlagen. Die Stichwörter (Schlüsselbegriffe) dieses Handbuches sind halbfett markiert.

Abenteuerlust 448
„Advertising tracking model" 467
Agenda setting 475f.
AIDS-Prävention 317f.
Akkulturation 578f.
Aktivität 283 (s.a. Animation)
– -stheorie (alte Menschen) 399
Akzeptanzstudien 412
**Alkoholkonsum 239-244**
– psychologische Wirkung 241f.
– soziale Funktion 241
– -tourismus 241f.
– in Gastgemeinden 242f., 580
– und Sexualität 241
**Alleinreisende (Singleurlauber)** 318, **341-343**, 360f.
Allensbacher Institut für Demoskopie 10, 295
Allozentrismus 195ff.
Alpentourismus 286, 515, 577ff., 584 (s.a. Bergsteigen)
**„Alpendorf"-Studie** 95, 222, 243, **577-582**
Alte (ältere) Menschen s. Seniorentourismus
Alternativtourismus s. Aussteiger-/Drifter-Tourismus
Amüsierbetriebe 407, 414
Angebotsanalyse 540
Angst, Ängste 94, 193, 388 (s.a. Flugangst)
– Angstlust 353
**Animation (im Urlaub)** 63, **245-252**, 268, 509, 602
– Begriffsbestimmung 245, 247
– Bereiche 247f.
– Cluburlaub 366ff.
– Freizeit-A. 246
– Historische Aspekte 245f.
– Kreuzfahrt 387f.
– -smodell Länderkunde 63
– partizipative A. 245, 248f.
– Prinzip Motivation 246
– Prinzip Lernen-vs.-Unterhaltung 246f.
– psychische/soziale Belastungen 250
– soziokulturelle A. 245ff.
– touristische (Urlaubs-)A. 245, 247ff.
Animateur (als Beruf) 72, 249f., 501, 516
Anregungsucher 146

**Ansichtskarte 427-432** (s.a. Reisefotografie)
– Funktionen 430f.
– Forschungsergebnisse 429
– Historische Aspekte 427f.
– Inhalte 428f., 545
Anthropologie 30ff. (s.a. Tourismus-Anthropologie; Kulturanthropologie des Tourismus)
Apodemiken 60ff., 471f.
– Kerninhalte 61
Arbeitszeit 22, 176, 222f., 254, 267 (s.a. Lebensstile; Wertewandel; Zeit)
„Arbeitsgemeinschaft Reiseanalyse" s. Reiseanalyse
Assimilations-Kontrast-Theorie 151
**Atmosphäre 119-121**
– -art 119
– Definition 119
– -feld 120
– -störungen 121
– -träger 120f.
– Methoden 119, 121
– zentrale Begriffe 119f.
Attraktivität 119, 139, 414 (s.a. Atmosphäre; Image; Landschaftsbewertung)
– Attraktionsanalyse 205
– (der) Urlaubsszenerie 331f.
Attraktionen (Themenparks) 408ff., 411
– Attractions industry 412
**Attraktionsanalyse 533**
– Sensorische Prüfung 533f.
– Gespräche 534f.
– Qualitative Befragung 535
**Attribution**, 89, **215-220**
– Anwendung kombinierter A.-Schema-Theorien 217
– psychogeographische A. 190
– -smuster 217f.
– -stheorie 216
– Selbstattribution (bei Reiseentscheidung) 160
– Theorie der korrespondierenden Inferenz 218f.
Aufforderungscharakter 598
Augensinn 448
**Ausflugsverkehr 345-346**, 407, 499
– Begriff 344
– Verkaufsfahrten 421ff.

Aussteiger 418
– -/Drifter-Tourismus 299ff., 418f.
Austauschforschung 58, 153, 324
– Trainingsprogramme kulturellen Lernens 173
Auswanderung s. Migration
**Authentizität** 38, 51, **122-124**
– Definition 122
– Konzepte 122f.
– psychologische Motive 448f.
– der Fotografie 443, 453
– und Postmoderne 123f.
– und Themenparks 413
Autogenes Training 261
Autonomiebedürfnis s. Selbstaktualisierung
autotelische Handlung s. Flow
Autoverkehr, -tourismus 14, 19f., 181f., 228, 371 (s.a. Verkehrssoziologie; Mobilität)

Baedeker 4, 470
Badetourismus
– Geschichte 4f., 253, 391f.
Bahntourismus, -reisen 14, 381f., 418, 474
Balneotherapie s. Badetourismus
Barotrauma 239
BAT Freizeit-Forschungsinstitut Hamburg 562, 568
Bedürfnis, psychologisches (Begriff) 86
Begegnung s. Jugendbegegnung
Behavior setting-Ansatz 101, 106, 533
Behinderung
– definitorische Probleme 348f.
**Behindertentourismus 346-350** (s.a. „Therapeutische Gemeinschaft")
– Nutzungsschwierigkeiten/-hindernisse 347f.
– Überwindung sozialer Barrieren 349f.
Beobachtung s. Methoden
**Bergsteigen/-tourismus** 146, 223, **351-354** (s.a. „Alpendorf"-Studie)
– Motive, Motivationen 351f.
– Psychologische Erklärungen 352f.
Berufssoziologie 497ff.
Bewußtsein(sbegriff) 231
**Bildungs-/Studienreise** 3f., 60ff., **355-362**, 516

## Sachregister

- Angebot 357
- historische Aspekte 355ff.
- Reiseleiterberuf. (Studienreiseleiter) 516
- Urlaubertypus 358f.

Biographie s. Reisebiographie
biopsychosoziales Modell 395
„Blickwechsel-Filme" s. touristische Medien
Breitenbach-Studie 270, 600
„Bürgerrecht auf Urlaubsreisen" 346
„Bumerang-Effekt" 474
Bummelstrecke 333
Bungalowtourismus 301
Bustourismus, -reisen 14

**Catania-Studie** (Kentler; Urlaub als Auszug aus dem Alltag) 379, **587-590**
Camping, therapeutisches 97
**Campingurlaub 363-365**
- Begriff 363
- historische Aspekte 363f.
- Motive 364
- Seniorencamping 401
- Zeitschrift 545

„carry over"-Effekt (der Arbeit) 82
„Circadian rhythm" (zirkadianer Rhythmus) s. Jet lag
„Circumplex Modell für Ehe- u. Familiensysteme" 376
**Clubtourismus, -reisen 145, 268, 366-369** (s.a. Animation)
- Animation 368
- Club Aldiana 366f.
- Club Méditerranée 245, 366, 441, 445
- Geschichte 366
- Robinson Club 366f.

Clusteranalyse 548
Compliance 395
Consumer reports 412
Coping 96
Counter-culture (Gegenkultur) 418
Critical life events s. Life events
**Crowding 125-126**
Cultural lag 579
„Cultural shock" s. Kulturschock

Daheimbleiber 397
**Delphi-Methode** 54, **536-537**, 569f.
Depression(en), -stherapie s. Klinische Psychologie und Tourismus
Desynchronisation 276f.
Deutscher Alpenverein 351
Deutscher Reisebüro-Verband 560
Deutscher Reisemonitor 562f.
Deutsches Kundenbarometer 311
Deutsches Wirtschaftswissenschaftliches Institut für Fremdenverkehr (München) 559f.
Dienstleistungskultur 280ff.
Disengagementtheorie (Cumming/Henry) 399f.
Disneyland 408ff.
Dispositionszeit s. Freizeit
Dissonanz s. Kognitive Dissonanz
Distress 221, 450
DIVO-Institut, -Studien 10, 295, 302f., 380, 559f.

Dokumentenanalyse 543
Drifter-Tourismus 299ff.
Dritte Welt (-Tourismus) 41, 103, 299ff., 315ff., 417f.
„Drittes Reich" s. Tourismusgeschichte
Drogen(konsum, -mißbrauch) 242, 580

Echtheit s. Authentizität
„Ego-enhancement" 210
„Ego-Massage" 328
**„Eine Theorie des Tourismus"** (Enzensberger) 201, 428, **583-586**
**Einstellungen, Stereotype, Vorurteile 127-131**, 212, 215ff., 264, 312, 322, 429, 452, 596ff.
- Dreikomponentenansatz 127f., 129
- Einstellungsbegriff 127f.
- Informationsverarbeitungsprozeß 128
- Methoden zur Erfassung 128f., 429
- Einstellungsskalen 128
- psychoanalytische Aspekte 131
- psychodynamische Funktionen 130f.
- Stereotypbegriff 128f.
- Vorurteilsbegriff 127f., 130
- Wahrnehmung 129
- gegenüber Behinderten 349
- gegenüber anderen Rassen/Völkern 475
- und Verhalten 128, 227f.
- und interkulturelle Kommunikation 163
- vs. Image 321

**Einstellungsänderung** 58, **132-136, 598** (s.a. Opinion Leader)
- innerhalb des Kommunikationsprozesses 132
- Einstellungs-Verstärker-Diskriminationsmodell 143
- durch Fernreisen 134f.
- durch gezielte Programme 133f.
- durch Jugendaustausch/-begegnung 271f.
- durch Medien 473f., 596ff.

EMNID 10, 380, 559, 562
Emotionen 449f.
„Enryo-sasshi" 161f.
Enzensberger-Theorie s. Eine Theorie des Tourismus
Entropie, psychische 141f.
Entscheidung s. Reiseentscheidung
Entwicklung des Tourismus s. Tourismus-Entwicklung
„Environment shock" 95, 545
„Environmentel Quality Index" 104
Erholung 253ff., 337, 368 (s.a. Reisemotive; Langfristige Erholung)
- Begriff 253
- -sbedürftigkeit 255ff.
- -seffekte 256
- -sforschung 254ff.
- -sgestaltung 256
- -smodell 254
- -sziele 256

Erleben 137ff. (s.a. Urlaubserleben)
- Begriff 137
- biotisches 138, 205
- exploratives 138, 205

- optimierendes E.; Optimierungsstrategien 138f., 205
- soziales 138, 205
- als Reisemotiv 205

Erlebnis 137ff., 468 (s.a. Animation; Flow; Urlaubserlebnis)
- Begriff 137
- -charakter 490
- Crowding-E. 125
- -intensivierung 139
- Landschafts-/Natur-E. 286ff.
- -mobilität 17, 180
- -parks s. Themenparks
- -test(er) 533
- -Urlaub 139f.
- -verlängerung 139
- und Animation 248

Erlernte Hilflosigkeit s. Lernen
Erwartungs-x-Wert-Modell 303f.
Eskapismus s. Flucht
Ethnofotografie 450f.
„Euro Disney" 410f.
Euromonitor 562
Europäisches Tourismus-Institut (Trier) 566
Eurozentrismus 450
Eustress 221, 450
evaluative Einschätzungen 103
„Evoked Sets" 158
„Eysenck Personality Inventory" 196
exploratives Verhalten s. Neugierverhalten
„Experience Sampling Method" 143f.
Exotismus 452
Extraversion/Introversion 196f.
Extrembergsteigen s. Bergsteigen

Familienpsychologie 370ff.
**Familienurlaub 370-377**, 407, 412
- Reisebiographie 565
- Reiseentscheidung 372
- Reiseintensität 370f.
- Reisemotive 373
- Reiseunterkünfte 371f.
- Reiseziele 371f.
- Urlaubszufriedenheit 373f.
- Wirkungen 375f.

„Family Adaptability and Cohesion Evaluation Scales (FACES)" 376
Feldtheorie 101
Ferien
- -kultur 280ff.
- -lagerexperiment (Sherif) 129, 402

Ferntourismus s. Dritte Welt-Tourismus
Figur-Grund-Verhältnis 120
„Fight-or-flight"-Syndrom 260
Fischaugeneffekt 167
**Flow 141-147**, 205, 415
- Begriff 141
- Entwicklung des Konzeptes 141
- -komponenten 142
- -methoden 143f.
- Strukturmerkmale 143
- -tätigkeiten 143
- Theorien 141f.
- beim Bergsteigen 353
- und Tourismus 144f.
- und Zeiterleben 232

613

## Sachregister

Flucht (-Theorie des Tourismus) 33, 57, 201, 281f., 413, 450, 583ff., 592
**Flugangst** (Flugphobie) 94, **259-262**
– Auslöser/Ursachen 259
– Definition 259
– soziodemographische Variablen
– Symptome 260
– Therapie 261
Flugreisen/-verkehr/-tourismus 14, 259f., 275
– und Alkoholismus 239f.
Fluß s. Flow
Folklorismus 58 (s.a. Authentizität)
„Forscher-Praktiker-Dialog" 602
Fortbewegung, -stheorien 145 (s.a. Mobilität; Verkehrspsychologie)
„Forscher-Praktiker-Dialog" 273
Fotografie s. Reisefotografie
Freizeit 22f., 79ff., 146, 223ff., 227f., 267ff., 568f.
– Begriff 70
– -beschäftigungen 295
– -einrichtungen 72
– -forschung 79, 175 (s.a. Freizeitpsychologie, -soziologie)
– -handeln s. Freizeitpädagogik
– -instruktion 72
– -kommunikation 72
– -management 72
– -pädagoge/in s. Freizeitpädagogik
– -parks s. Themenparks
– -politik 73
– -soziologie 79
– -stil s. Lebensstil(e)
– -spektrum 81f.
– -streß 219, 223, 225
– -welten 70
– -verschwendungstheorie 144, 146
– „Freizeit 2001" 568
**Freizeitberatung** 72f., 98, **267-269**
– Definition 267
– historische Aspekte 267f.
– psychologische Modelle 268f.
– psyhotherapeutische Aspekte 268f.
– Themen 268
**Freizeitpädagogik 70-76** (s.a. Freizeitberatung)
– Begriffsklärungen 70
– berufliche Schwerpunkte 73
– -Curricula 75
– Handlungsfelder 72ff.
– Handlungskompetenzen 72f.
– historische Entwicklung 71, 73
– „kommunikativer Tourismus" 74f.
– „Pädagogik des Jugendreisens" 73
– neue Konzepte s. „Sanfter Tourismus"; Animationsmodell Länderkunde
– schulische 73
– vs. Tourismus-, Reise-, Urlaubspädagogik 60, 73f.
– Zielsetzungen 70f.
**Freizeitpsychologie 79-84** (s. a. Lebensstile)
– als Teil interdisziplinärer Freizeitwissenschaft 79f.
– als neue Spektrumswissenschaft 81f.
– Fragestellungen 80
– historische Entwicklung 79
– qualitative Forschungsansätze 80f.

– vs. -soziologie 79f.
– und Freizeitberatung 268 f.
– Zeiterleben 233
**Freizeit- und Fremdenverkehrsgeographie 51-55**
– Ansätze 52
– Erkenntnisinteresse 51f.
– Forschungsstand 53f.
– historische Entwicklung 52
– methodische Aspekte 54
– Resort cycle 312
– Sozialgeographie 52f.
– Tourismusdimensionen
Fremd, -e, -er
– Begriff 163
– -gruppenwahrnehmung s. Fremdheitskonzepte
– psychosoziale Situation s. Kulturschock
– Typologie 164
– -enführer s. Gästeführung; Reiseleiter,-führer
Fremdenverkehr (s.a. Tourismus)
– Begriffsbestimmung 499
– -sarbeitsmarkt 499f., 523f.
– -sarten 439
– -sbetriebe, -einrichtungen 333, 439
– -sfachwirt 525
– -sformen 439f.
– -smarketing 438f.
– -spolitik s. Tourismuspolitik
– -sstatistiken 443
– -swissenschaft 31, 263
Fremdeln 149
**Fremdheitskonzepte** 103, **149-154**, 215ff.
– allgemeinpsychologische Aspekte 149f.
– entwicklungspsychologische Aspekte 149
– Geschichte der Konzeptentwicklung 148f.
– Konsequenzen für die Praxis 152
– sozialpsychologische Aspekte 150ff.
– und Identität 212
– und interkulturelle Kommunikation 163f.
Frequenzanalyse 543, 545
**Freud (Sigmund) – Reisen 591-595**

Gast, Gäste
– -ausdruck 534
– Definition 164, 539
– -freundschaft 327
– -geberkultur 58f.
– Gästetypen s. Urlaubertypologien
**Gastgewerblicher Arbeitsmarkt** 46f., 501, **503-506**
**Gast-Gastgeber-Beziehungen 263-266**, 312, 577ff., 599 (s.a. Animation; Kulturschock)
– Einstellungen 264
– Erwartungen 263f.
– Sozialdistanz 264
– sozio-kultureller Wandel 247, 577f.
– Trinkgeldgeben 326ff.
**Gästebefragungen** 309, 443, **539-541**
– Begriff 539
– Planung/Durchführung 539f.

**Gästeführung 507-510**
– Ausbildung 509
– Definition 507
– Formen, Arten 508f.
– Perspektiven 509
– Probleme 509
– Tätigkeitsmerkmale 507f.
– vs. Gästebetreuer 507
Geschichtswissenschaft und Tourismus(forschung) s. Historische Tourismusforschung; Tourismusgeschichte
Geographie des Tourismus s. Freizeit- und Fremdenverkehrsgeographie
geographische Schätzungen s. Kognitive Karten
Geopsyche (Hellpach) 288
Geschenke 327f.
gesundheitliche Gefahren 239f.
– AIDS-Prävention 317f.
Gesprächstherapie 269
Grand Tour 356, 451, 515, 517
Grunddaseinsfunktion 52f.
Gruner & Jahr 563
Gruppe(n)
– -nbefragung 535f.
– -nbeziehungen 129
– -ndaten 556
– -ndynamik 336f., 403f.
– -nforschung 403
– -nmeinung 537
– -nreise s. Bildungs-/studienreise; Studienreisegruppe
– -nverhalten im Urlaub 337
– TZI 405

„High-Context"-Kommunikation/-Kultur 161f.
Hilflosigkeit (helplesness) s. Lernen
Hippies 417f. (s.a. Marginale Paradie; Drifter-Tourismus)
**Historische Tourismusforschung 27-29**
Historische Anthropologie 31
HIV 315ff., 464
Höhenkrankheit 240
Hotel 585
Hypothesentheorie der Wahrnehmung (Bruner/Postman) 291

Ich 404
– -Identität 279
– Ich-Wir-Thema-Einheit (TZI) 404
Identität 264
– Definitionen 212, 279
– Ich-I. 279
– Jugend-I. 416ff.
– kulturelle 279f.
– multikulturelle 212ff.
– soziale 212ff.
Image(s) (von touristischen Gegenständen) 102, 107, 248, 293, 321ff., 460
– -Analysen 322ff., 540, 555
– -Begriff 289, 321
– -forschung 322
– -profil 323
– -schwankungen 442
– -werbung 435, 492f.
– Landschafts-I. 289
– Reiseländer-I. 321ff.

614

## Sachregister

- Reiseverkehrsmittel 322
Indianer 429
**Informationsverhalten 155-160**, 491
  (s.a. Reiseentscheidung)
- Reihenfolge der Informationsaufnahme 158f.
- -squellen 157f., 302f., 305, 372 (s.a. Touristische Medien)
- -stypen 156f.
- und wahrgenommenes Risiko einer Urlaubsentscheidung 155f., 464
- Modelle der Informationsgewinnung 159
Infratest (München) 561f.
**Inhaltsanalyse** 429f., 470f., 476, 531, **542-546**
- Dokumentenanalyse 543
- Frequenzanalyse 543, 545
- Kontingenzanalyse 543f.
- Valenzanalyse 543
- Historische Aspekte 542f.
- quantitative I. 543
- qualitative I. 544
Instinkt(theorien) s. Motivationspsychologie
Institut für Demoskopie Allensbach 559
Interaktionsanalysen, ökopsychologische 103
Intergruppenbeziehungen 163
Intergruppenprozeß 185
Interkulturell, -e, -es
- -e Begegnung 150, 153 (s.a. Austauschforschung)
- -er Vergleich 547
- -es Training 219
**Interkulturelle Kommunikation 161-165**
- Prinzip der Differenz 161f.
- und Kommunikationsregeln 162f
- als Intergruppenkommunikation 162
- als regelgeleitetes Handeln 162
**Interkulturelles Lernen bei Jugendaustausch/-begegnung/-tourismus 270-274**, 600ff.
- Begriff 270f.
- methodisch-didaktische Aspekte 271f.
- Perspektiven 273
- Ziele 271
Interpretatives Paradigma 549
Interrail(reisen) 419, 545
Interview s. Methoden der Tourismusforschung

**Jet lag** 240, **275-278**
- Auswirkungen 276
- Entstehung 240f.
- therapeutische Maßnahmen 277
„Jerusalem-Syndrom" 94
Journalismus s. Reisejournalismus
Jugend
- -austausch/-begegnung 64, 270ff., 418
- -ferienwerke 379
- -phase 417
- -(sub-)kultur 416ff., 589f.
**Jugendreisen/-tourismus** 64, 294, 299ff., 309, **378-385**, 418, 600f. (s.a. Catania-Studie; Trampen)

- Alkohol-/Drogenprobleme 242
- Aussteiger-/Drifter-Tourismus 299ff., 417
- Begriffsgeschichte 378f.
- Bildungs-/Studienreise 356f.
- internationaler J. 270ff.
- Interrailreisen 381, 418, 545
- „J. mit Einsicht" 602
- Modellreisen 600ff.
- nicht-organisierte J. 380 (s.a. Drifter-Tourismus; Trampen)
- phänomenologische Psychologie 381
- Reiseabsichten 383
- Reiseintensität 381f.
- Reiseziele 381
- Typen 418
- Wettbewerb „Jugend reist..." 381

Kaffeefahrten s. Verkaufsfahrten
Kavalierstour s. Grand Tour
Kataloge s. touristische Medien
Katharsis 353
Kfz-Verkehr s. Autoverkehr
Kinder s. Familienurlaub; Jugendreisen
Klimatherapie s. Kurwesen
**Klinische Psychologie (und Tourismus) 92-99** (s.a. Alkoholkonsum; Crowding; Kulturschock; Streß)
- Ängste, Phobien 94 f.
- Depressionen 98, 260
- diagnostische Probleme 96
- Flugangst 259ff.
- Familientherapie 376
- Forschungsthemen 92f.
- Jet lag-Probleme 276f.
- Krisenintervention 242
- Präventionsgesichtspunkt 98
- psychische Kosten der Animateure 250
- psychische Kosten der „Gastgeber" 95f., 265
- psychische Kosten der „Gäste/Reisenden" 93ff., 580f.
- psychische Kosten der Reisebegleiter 389f.
- psychoanalytische Aspekte 193
- psychosomatische Beschwerden 580
- psychotherapeutische Freizeitberatung 267f.
- psychotherapeutischer Nutzen 96f.
- Rehabilitation s. Kurwesen
Klischees s. Einstellungen/Vorurteile/Stereotype
„König/in für einen Tag" 329
kognitive Balance 86
Kognitive Dissonanz(theorie) 86f., 134, 150, 305
- bei Reiseentscheidungen 160
**Kognitive Karten 166-170**
- Begriff 166f.
- Bedeutung für die Tourismusforschung 169
- kognitives Kartieren 166
- methodische Verfahren 168f.
- Verzerrungen 167f.
„Kognitive Wende" 128f., 166
Kohäsion 377
„Kommunikativer Tourismus" 74
Kommunikation (s.a. Opinion Leader;

Massenmedien)
- direkte (face-to-face) K. 184
- integrierte K. 436
- kulturspezifische Wahrnehmung 161
- nicht-sprachliche (nonverbale) K. 161f.
- -sbeziehung 542, 544
- -smix 434
- -regeln 162f.
- -sprozeß 132ff.
- -stechnologien 161 (s.a. Massenmedien)
- Two-step-flow of communication 184ff.
**Kommunikationspolitik im Tourismus 433-436**, 444f., 479
- Definition 433
- Instrumente 433ff., 444
- Planungsablauf 435
- Ziele 435, 489
Kompensationsmodell 224
Kontingenzanalyse 543
Konkurrenzanalyse 540
Konstrukt(e,) -psychologie 554
KONTIV (kontinuierliche Erhebung des Verkehrsverhaltens) 180
Kontrastgruppenanalyse 323
Kontrolle,-bedürfnis 87, 142, 353
„kontrollierte Unsicherheit" 146
Konversion 466f.
Konzeptbegriff 287
„Kosten und Nutzen"-Theorie 92, 265
Kraft durch Freude (KdF) 6f., 546
Kraftfahrzeugdichte 20
Kreativ-Strategie (Copystrategie) 487f.
Kreativität 353, 450
**Kreuzfahrt(en) 386-390**
- Definition 386
- psychische Anforderungen an das Personal 389
- Reisezufriedenheit 386f.
- soziale Beziehungen 387
- Zielgruppen 388
Kriminalität 39
Krisenintervention 242
Kritische Lebensereignisse s. Life event-Forschung; Streß
Kultur (s.a. Kulturelle Identität; Kulturschock)
- Akkulturation 578
- -begriff 279
- -austauschforschung s. Austauschforschung
- Cultural lag 579
- Dienstleistungsk. 280
- Ferienk. 280
- Gegenk. 418
- High-context/ Low-context-K. 161
- interkulturelle Kommunikation 161-165
- -kritik (des Massentourismus) s. Tourismuskritik
- Quellregion-K. 280f.
- regelgeleitetes Handeln 162f.
- -soziologie 31
- -wandel 58 (s.a. Tourismussoziologie)
- Zielregion-K. 280, 282f.

615

## Sachregister

**Kulturanthropologie** (des Tourismus) 30, 38, **56-59**, 414
**Kulturelle Identität** 212f., **279-285**, 414
– Begriff 279
– Vier-Kulturen-Modell 279ff.
**Kulturschock** (psychosozialer) 94, 97, 150, **171-174**
– Definition 171
– kulturelles Lernen 173
– positive Konsequenzen 173
– Symptome 171f.
– bei den „Bereisten" 173
– bei Touristen 172f.
Kursbuch 472
**Kurwesen** (Kurlaub) 96, 256, 333, **391-396** (s.a. Langfristige Erholung)
– Geschichte 391ff.
– psychosoziale Faktoren 395f.
– Selbstverständnis der Kurorte 393f.
– wirtschaftliche Gesichtspunkte 394
– als „kritische Lebensphase" 395
Kurzreisen s. Ausflugsverkehr

Landschaft 286ff., 334, 352
– -sbewertungsverfahren, subjektive 103f.
– -sbeschreibung 103 f.
– „-sfresser" 568
– -sschutz 102, 105
– auf Fotografien/Ansichtskarten 428f.
**Landschaftserleben/-wahrnehmung 286-293**
– Landschaftsästhetik 287f.
– Landschaftsimages 289
– landschaftsbezogene Urlaubertypologien 289
– psychologische Ansätze 288
„länderkundliche Spurensuche" 66
Langeweile 232 (s.a. Sättigung)
Langzeiturlaub 95
**Langfristige Erholung 253-258**
– Begriff Erholung 253
– -sforschung 254f.
– Kurlaub 253
– Modell 254
Lebensereignisse, kritische s. Life-event
Lebensqualität 279
**Lebensstil(e)** 23, 39, **175-179**, 239, 280, 297, 464, 548 (s.a. Wertewandel)
– Begriffsklärung 175
– -Differenzierung 176
– Freizeitorientierung 176ff.
– Jugendkultur 416f.
– Problemlagen 176
**Lebenswert „Reisen" 294-298**
– Begriff 294
– soziodemographische Variablen 296f.
– im Wertewandel 297
LEIF. (Leipziger Institut für empirische Forschung) 298, 336, 397
Leipziger Jugendforschungsinstitut 294, 296
Leisure counseling/guidance 268 (s.a. Freizeitberatung)
Lernen 70f
– funktionales L. 71
– erlernte Hilflosigkeit 87, 89
– intentionales L. 71
– innovatives L. 71

– interkulturelles L. 270-274
– kognitive Prozesse 89
– Konditionierung 88f.
– kulturelles L. 171
– Modellernen 89
– soziales L. 271
– als Animationsprinzip
– und Motivation 88ff.
„Lernbörse (Projektbörse) Reisen" 64, 381, 600
„Lifestile" s. Lebensstile
Life event, -Forschung 222, 396, 580
Lokale Führer s. Gästeführung
„Low-context"-Kommunikation/-Kultur 161f.
Lufthansa 459f., 493f.

Mäzenat s. Sponsoring
Magen-Darm-Erkrankungen 240
„Marco Polo"470
Marginalität 300
„Marginal man" 164
„Marginal paradise" s. Marginale Paradiese
**Marginale Paradiese 299-301**
**Marketing (im Tourismus)** 48, 72, 313, **437-446** (s.a. Sponsoring; Werbeplanung)
– Anwendungsbereiche 438f.
– Definitionen 437ff.
– Instrumente 433, 443f.
– Kommunikationspolitik 433ff.
– -mix 440, 442, 444, 479
– Marktforschung 442f.
– Öffentlichkeitsarbeit 434f.
– strategisches M. 439ff.
– -strategie 441f.
– Verkaufsförderung 434f.
– Werbeplanung 484ff.
– -ziele 440f., 484
– und Sponsoring 460
– von Städten 444f.
– von Themenparks 411f.
Marplan Institut (Frankfurt) 561
Massenkommunikation/-medien 64, 132f., 161, 184f., 316, 407, 434, 456, 484 (s.a. Touristische Medien; Werbemittel)
Massenvergnügungsformen, -kultur 407ff., 413
„Matriarchat, verstecktes" 579
Medienverbund 411
Merchandising 409, 411f.
Mediating persons 213
Mediatoren 273, 602
Meinungsführer s. Opinion Leader
Melatonin 277
Methoden der Tourismusforschung (s.a. Reisebefragungen, repräsentative; qualitative Forschungsmethoden; Reiseanalyse; Tourismusprognosen)
– Aufsatzanalyse 545
– Attraktionsanalyse 205, 533
– Befragungen, Interviews 54, 201ff., 297, 306, 317f., 323, 352, 375, 412, 474, 529f., 536, 539ff., 549f., 554, 561, 565, 597 (s.a. Reiseanalyse)
– Beobachtung 54, 317, 380, 402f., 414, 423, 530f., 550f., 577, 587ff.

– Biographieforschung 205, 551f., 564ff., 591ff.
– Briefanalyse 545
– Clusteranalyse 548
– Delphi-Methode 54, 536-537
– „Experience Sampling Method" 143f.
– Einstellungsskalen 128
– Erlebnisberichte 419
– experimentelle M. 306
– Fremdverkehrsstatistiken 443
– Faktorenanalysen 196f., 202, 304, 352, 548, 555
– Fallstudien 476
– Gästebefragungen 309, 443, 539-541
– Gruppenbefragungen 536
– Gruppendiskussionen 530
– Imageanalyse 322ff., 443
– Inhaltsanalyse 429f., 470f., 476, 531, 542ff., 597
– Kohorten-/Längsschnittanalyse 549, 577
– Konversionsstudien 466
– Marktforschung 442f.
– Medienwirkungsanalysen 474
– nicht-reaktive M. 476f.
– Primärerhebungen 54
– Repertory grid 479, 554ff.
– Repräsentative Reisebefragungen 10ff., 15, 36f., 47, 309, 380f., 558ff.
– Schlüsselinformanten-Verfahren 186
– Sekundärerhebungen 54
– Selbstbeobachtung 143
– Selbsteinschätzungsverfahren 186f.
– Semantisches Differential 128, 555
– semiotische Analysen 428
– Skalierungsmethoden 309
– Stichprobenprobleme 558, 561
– soziometrische Verfahren 186
– subjektive Einschätzungsverfahren 103f.
– Tagebuchanalysen 545
– Typologien 97, 103f., 193, 195ff., 336f., 547ff.
– Visitor evaluation 412, 414
– Werbeforschungs-M. 492
– in der Geographie 54
– zur Erfassung subjektiver Landkarten 168f.
„Microflow" 143
Migration (psychosoziale Probleme) 171, 173 (s.a. Kulturschock; Mobilität)
Mikrozensus 560
**Mobilität** 109ff., **180-183**, 345 (s.a. Reiseverkehrsmittel; Verkehrssoziologie)
– alltägliche M. 181
– Begriff 112, 180
– Erlebnismobilität 180f.
– historische Aspekte 4f., 113f., 181
– Formen 17, 180f.
– migrationelle M. 114, 181
– Modal split 180f.
– räumliche (horizontale) M. 17, 112ff., 180ff.
– Problemfelder 181
– qualitative Messung (KONTIV) 180
– soziale (vertikale) M. 180
– -ströme 20f.
– touristische M. 17f., 114, 181
– Zweckm. 180f.

## Sachregister

- und Lebensstil 175
Modal split 180f.
**Modellseminare für Jugendreisen/ Internationale Begegnungen** 382, **600-602**
Montage 428
Moralität 392
Motiv,-e
- -anregung 199, 204f.
- Begriff 199
- -genese 199, 204
- -klassikation 199f., 204
- -messung 199ff.
- Motive für Reisen, Tourismus s. Reisemotive
Motivation 85ff.
- Anspruchsniveau 88
- Aufforderungscharakter (Valenz) 87
- Begriff 85
- Leistungs- 87
- „Schub-Faktoren 85f.
- -skonstrukte 85ff.
- und Lernfaktoren 88ff.
- Zielantizipation 87
- „Zug"-Faktoren 87f.
- als Animationsprinzip 246
**Motivationspsychologie 85-91**, 199f.
- Definition 85
- Balance, kognitive 86f.
- Bedürfnis, -theorien 86
- Grundprobleme 199
- Instinkt(e),-theorien 85f.
- Selbstaktualisierungstheorie (Maslow) 208ff.
- Theorien 85ff.
Motorradfahren, -reisen 145f.
Motorisierung s. Mobilität, Reiseverkehrsmittel
Mundpropaganda s. Opinion Leader
Multidimensionale Skalierung 166ff.
multikulturelle Identität 212ff.
Musik 417
Mythos
- Ferienkultur 281f.
- „Paradies" 299ff.

Natur
- als Forschungsgegenstand der Ökopsychologie 102
- -begeisterung 4, 33, 61
- -schutz 105, 459
- -wahrnehmung 33, 103f., 286ff.
Negentropie 141f.
Neugier
- -forschung 149f.
- -motiv 149
- -verhalten 56
**Nichtreisende** 346, **397-398**
Nonverbale Kommunikation s. Kommunikation, nichtsprachliche

Objektivationen, kulturelle (des Tourismus) 56 (s.a. Reisefotografie; Ansichtskarte)
Objektivität (methodische) 543
**Ökologische Psychologie/Umweltpsychologie 100-108**
- als Baustein einer Tourismuswissenschaft 102f.

- Begriffsklärung 100f.
- Behavior setting 101
- ethisch-normative Aspekte 100f.
- feldtheoretischer Ansatz 101
- Forschungsperspektiven 102ff.
- holistischer Ansatz 100f.
- objekt-(stimulus) vs. subjekt- (erlebnis)-zentrierte Betrachtungsweise 101
- theoretische Positionen 101f.
- zukünftige Perspektiven 106f.
Öffentlichkeitsarbeit 434f., 529
Österreichisches Institut für Wirtschaftsforschung 568
Omnibuserhebungen 559f.
**Opinion Leader** 157, **184-189**, 303, 305, 341, 413, 475, 477, 491
- Begriffsgeschichte 184f.
- Merkmale 185f.
- Methoden 186f.
- Multi-step-flow of communication 185
- Two-step-flow of communication 184ff.
- und Reiseentscheidung 187f.
Ort
- -sbild 333
- -sführer 507, 509
- -sveränderung 110, 180f. (s.a. Mobilität)
„Outdoor recreation"-Forschung 126

Paradies s. Marginale Paradiese
Parks s.Themenparks
Peer group 417
Persönlichkeit
- -sforschung 195
- -smerkmale (Urlauber) 336, 352
- -stypen s. Urlaubertypologien
- „Persönlichkeitsstärkenbestimmung" 187
Phänomenologie/phänomenologische Psychologie 382, 450, 545, 549
Phobie 94f., 259f.
Piktogram(me) 474
PKW-Verkehr s. Autoverkehr
Pluralismus 283
Politische Bildung 272
Politische Psychologie 192
„Polyglott" 470f.
Positionierung 486f.
Postkarte s. Ansichtskarte
Postmoderne 123f., 297f.
„Post-Tourist" 123
„Prinzip der Differenz" s. Interkulturelle Kommunikation
„Prinzip der Reziprozität" 421
Printmedien s. Touristische Medien
Privacy s. Crowding
Prognose-/Szenarienforschung s. Tourismusprognosen; Delphi-Methode
Prospekte s. Touristische Medien
Prostitution (-stourismus) s. Sextourismus
„Pseudo-Ereignis" 123
psychische Probleme/Störungen 93, 260 s. Klinische Psychologie und Tourismus
psychische Kosten s. Klinische Psychologie und Tourismus

Psychoanalyse 190ff., 591ff.
**Psychogeographie 190-194**, 591ff.
- Anwendungsgebiete 192
- Begriff 190
- historische Aspekte 191
- theoretische Grundlagen 191f.
- und Reisen/Tourismus 192ff.
Psychohistorie 192, 591ff.
Psychologie der persönlichen Konstrukte (Kelly) 554f.
Psychotherapie s. Klinische Psychologie und Tourismus
**Psychozentrismus/Allozentrismus 195-198**, 551
- Begriffliches Konzept 195
- Faktorenanalysen 196f.
Public Relations s. Öffentlichkeitsarbeit

**qualitative Forschungsmethoden** 54, 80f., 414, 476, **529-532**, 535, 549
- Attraktansanalyse 533ff.
- Begriff 529
- Beobachtung, teilnehmende B. 530f., 533, 550f.
- biographische Methoden 551f.
- Gästebefragung 535
- Gespräche 534
- Gruppendiskussionen 530
- Inhaltsanalyse 544
- „natürliche Situation" 530
- qualitatives Einzelinterview 529f., 549
- Reaktivitätsproblem 531
- schriftliche Befragungen 531
- vs. quantitative Methodik 81, 529, 543
Quellregion 281f.

Raumwahrnehmung s. Umweltwahrnehmung
Reaktanz-Theorie (Brehm) 208
Referenzperson(en) s. Opinion Leader
Refugium 331f.
Regeln, regelgeleitetes Handeln 162
Rehabilitation 96
- medizinische 396
Reise(n) (s.a. Tourismus; Urlaub)
- Begriff 199
- normative Repräsentation 294ff.
Reiseabsichtsanalyse 563
Reiseanalyse (des Studienkreises für Tourismus) 10, 20, 47, 187, 202ff., 287, 295, 297, 302ff., 308f., 322, 349, 356, 367, 370, 372, 380, 382, 402, 471, 548, 560ff.
**Reisebefragungen, repräsentative** 10ff., 15, 36f., 47, 309, 380f., **558-563** (s.a. Reiseanalyse)
Reiseberatung 74
**Reisebiographien** 205, **564-566**
Reisebüro(kaufmann) s. Reiseverkehrskaufmann
Reisedrang 593f.
**Reiseentscheidung 302-307**, 336, 373, 386, 469
- Begriff 302
- Bedeutung von professioneller Beratung 188

617

## Sachregister

- extrinsische/intrinsische Leistungskriterien 156
- Geschichte der R.forschung 302f.
- -smodelle 303f.
- Zielgebietswahl 303
- und Informationsverhalten 155ff. (s.a. Touristische Medien)
- und Medien/Werbemittel 475, 492ff.
- Opinion Leaders 187f., 305
- und Urlaubszufriedenheit 306
- und Werbung 464, 469f.

Reiseerwartungen s. Reisemotive
Reisegewohnheiten s. Reisebefragungen, repräsentative; Reiseanalyse
**Reisefotografie** 427ff.
- Ansichtskarten 427ff.
- emotionale Aspekte 449f.
- Fotografentypen 448f.
- Prozeß des Fotografierens 449f
- soziologische Aspekte 451ff.

Reiseführer (Medien) 60, 65, 470f., 585
**Reisejournalismus (Beruf) 511-514**
- historische Aspekte 511f.
- Berufsbild 512
- Aus-/Weiterbildungsfragen 513f.

Reiseinformationen s. Reiseführer; Touristische Medien
Reiseintensität 11ff., 21f., 549
- BRD, Neue Bundesländer 14f., 382
- von Behinderten 346
- von Familien 370
- von Senioren 399

Reiseländerimages s. Touristische Images
**Reiseleiter, -führer** 62f., 74f., 501, **515-521**
- Arbeitsbedingungen 520
- Arten 516
- Erwartungshaltungen 518
- Gästeführung 507ff.
- historische Aspekte 515ff.
- Modelle für Ausbildung 63, 65f., 519, 521, 600ff.
- psychosoziale Kompetenzen 403
- soziale Stellung 518f.
- Typologie 470, 516
- im Europäischen Markt 520f.

Reiseliteratur s. Touristische Medien
Reisemedien s. Touristische Medien; Werbemittel
Reisemonitor 562
**Reisemotive (Urlaubsmotive)** 37, 47f., 96f., 181f., **199-207**, 210, 294f., 308, 438
(s.a. Neugierverhalten; Reiseentscheidung; Wertewandel)
- Abwechslungswunsch 200f., 203
- Abenteuer 342, 463
- Alleinreisende 342
- Behinderte 347
- Bildung 203, 342 s.a. Bildungs-/Studienreise
- Distinktion 188
- DIVO-Studie 200f.
- „Fort-von-/Hin-Zu"-Motive 201, 471
- Erlebnisdrang 200, 203
- Erforschung 200ff.
- Gesellligkeit 342
- gesundheitsfördernde R. 463]
- Faktorenanalysen 202ff.

- Jugendliche 382f., 417f.
- historische R. 3f., 44
- Klassifikation 199ff., 204
- kritische Bewertung 204
- kulturelle R. 463]
- Messung, Methoden 201, 204f.
- Naturerleben 203
- neurotischer Reisedrang 592
- Nichtreisende 397f.
- Regeneration/Erholung 5, 33, 96f., 200, 203f., 253, 286f., 306, 463
- Selbstaktualisierung 49, 90, 144, 208-211
- Selbständigkeit/Besinnung/Hobby 203
- soziale R. 463
- theoriegeleitete Forschung 205
- für Ausflüge 345
- für Bergsteigen 351f.
- für Bildungs-/Studienreise 355
- für Camping 364
- für Cluburlaub 367
- für Familienurlaub 373
- für Trampen 419
- für Verkaufsfahrten 422
- und soziale Faktoren 49
- und Motivationspsychologie 89f.

Reisepädagogik (s.a. Bildungsreise; Reiseleiter)
- aktuelle Tendenzen 63ff.
- Aufgabenbereiche 74
- Begriff 74
- emanzipatorischer Anspruch 62
- für Schüler/Jugendliche 63
- für Reiseleiter 65f.
- für Veranstalter 66f.
- vs. Tourismuspädagogik, Freizeitpädagogik 60, 74

Reiseveranstalter 464, 479
**Reiseverkehrsmittel** 12ff., 110, 322, 371 (s.a. Mobilität)
**Reiseverkehrskaufmann/-frau** 75, 479f., 501, **522-525** (s.a. Tourismus-Berufe)
- Arbeitsfelder 522f.
- Ausbildungssituation 523f.
- Berufsbild 501
- Fort- u. Weiterbildung 524f.
- historische Aspekte 523
- Kur- und Fremdenverkehr 523
- Probleme 524
- verkaufspsychologische Ausbildung 480f.

**Reisezufriedenheit** 306, 308-311, 373f., 386, 464
- Erwartungs-Erfüllungs-Modell 308f., 311
- und Organisationsentwicklung 309f.
- und Reisemotive 308

Reizsuche 352
Rentner s. Seniorenurlaub
**Repertory Grid-Technik 554-557**
Resort(s) 410, 412
**Resort cycle** 40, **312-313**
Risikostrategien (bei Reiseentscheidungen) 156f., 464, 467
„Rites de passages" 191
Rituale, touristische 57 (s.a. Authentizität)

ritueller Charakter (der Ferienkultur) 282
Robinson Club 366f.
Rolle s. touristische Rolle
Romantik 286
Rucksacktourismus s. Drifter-Tourismus

Saas-Fee s. „Alpendorf-Studie"
Sättigung, psychische 205, 232, 255, 306
Sample Institut (Mölln) 562f.
„Sanfter Tourismus" 63, 66, 105, 272, 398, 418, 444, 473, 524
- „Neuer Sanfter Tourist" 210
- Humanisierung des Reisens 58
- „Tourismus mit Einsicht" 73
Schauplätze 332f.
**Schema und Attribution** 153, **215-220**, 287 (s.a. Fremdheitskonzepte)
- Anwendung kombinierter A.-Schema-Theorien 217
- Ereignisschemata (Skripte) 215f.
- Fremdgruppenschemata 217
- Personenschema(ta) 215f.
- Schematheorie (der Informationsverarbeitung) 215
- Selbstschemata 215, 217
Schiffsreisen s. Kreuzfahrten
Schlafprobleme 240, 276
„Schub"-Theorien s. Motivation
Seeurlaub s. Kreuzfahrt(en)
Segmentierungskriterien 548
Sehenswürdigkeit 428
Sehgewohnheiten 452
Selbstachtung(sbedürfnis) s. Selbstaktualisierung
**Selbstaktualisierung** 49, 90, 144, **208-211**
- Maslows Bedürfnis-Modell 208ff.
Selbstkonstruktion 205
Selbstwerterhöhung 152
Selbstverwirklichung s. Selbstaktualisierung
**Seniorentourismus** 95, 341, 398, 399-401
- Begriff 399
- soziologische Theorien 399f.
- „Neue" Alte 400
- Seniorencamping 401
- Verkaufsfahrten 422f.
Sensation-seeking/ -Scale (Zuckerman) 352f
**Sextourismus** (Prostitutionstourismus) 39, **315-320**, 545
- Begriffsgeschichte 315f.
- Definition 316
- Forschungsstand 317f.
- Setting 318
- Typologie 317
- und Massenmedien 315f.
Sexualität, Sexualverhalten (s.a. Sextourismus)
- Einfluß von Alkohol 241
- Jugendliche 587ff.
Shopping mall 124
Sicherheit 283
„Sixteen Personality Factor Questionnaire (Cattell)" 196
Skalenmodelle 128
Skript(e) 215f.
Sozialdistanz 264

# Sachregister

**Soziale/multikulturelle Identität 212-214**
- Begriff „Soziale I." 212
- Begriff „Kulturelle I." 212f.
- Begriff „Multikulturelle I." 213
- Mediating persons 213

Soziale Vergleichstheorie 151f.
Soziale Wahrnehmung 166
soziales Prestige 453
sozial-kognitive Theorie (Bandura) 98, 208
Sozialstrukturanalyse (des Tourismus) 38
Sozialgeographie s. Freizeit- und Fremdenverkehrsgeographie
Sozialisation 290
Sozialtourismus 7
Soziometrische Verfahren s. Methoden
soziokultureller Wandel 578f.
Spannungsreize 120f.

**Sponsoring** 434, **457-463**
- Definition 455
- Destinations-S. 461
- Grundlagen 455f.
- Erscheinungsformen 457f.
- 5-Phasen-Modell 461
- historische Aspekte 457
- -konzepte 461
- Kultur-S. 458f., 462
- Sozio-S. 458f. 462
- Sport-S. 457f., 462
- Tourismus-S. 458f., 461ff.

Stadt-/Stattreisen, Städtetouren 508, 602
Statistisches Bundesamt (Wiesbaden) 560
Stereotype s. Einstellungen/Stereotype/Vorurteile
„Stiftung Warentest" 413, 472, 512

**Streß** 94, 125, 171f., **221-225**, 290, 579f.
- Arbeitsstreß/-stressoren 222f.
- Begriff 221
- Forschungsperspektiven 224f.
- Kompensationsmodell 224
- -prozeß 221f.
- reaktionszentrierte S.modelle 221
- reizzentrierte S.modelle 221
- systemisches S.modell 579
- transaktionelles S.konzept 221
- -verarbeitung (coping) 96, 125, 251
- im Animationsberuf 250f.
- beim Fotografieren 450f.
- und Alkohol 241, 243
- und Tourismus 222ff.
- und Zeiterleben 232

Stressor 221f., 580
Studienreise s. Bildungs-/Studienreise
Studienreisegruppe
- Merkmale 402f.
- -nleiter 403, 516, 518f.
- TZI-Analyse 404ff.

Studienkreis für Tourismus, Starnberg 10, 254, 335, 349, 379f., 402, 437, 560, 587, 596ff., 600 (s.a. Reiseanalyse)
„Survival camping" s. Therapeutisches Camping
subjektive Landkarte(n) s. Kognitive Karte(n)
Subkultur 416ff., 589f.
systemische Analyse 95
Systematische Desensibilisierung 261
Szenerie s. Urlaubsszenerie

**„Sympathie-Magazine" – Wirkungen** (Meyer-Studie) 473, 545, **596-599**
Synchronisation 276f.
Szenarios s. Tourismusprognosen

**Themenparks** (theme parks, Erlebnisparks) 38, 123f., **407-415**
- Boomphase 409
- Charakteristika 410f.
- Definition 407f.
- Forschungsthemen 412f.
- Historische Aspekte 408ff.
- kulturanthropologisch relevante Aspekte 410
- ökonomische Struktur 411f.
- Prinzip der thematischen Geschlossenheit 407
- soziologische Aspekte 413

Themenzentrierte Interaktion TZI 404ff.
Theorie der sozialen Identität (Tajfel) 212
Theorie der korrespondierenden Inferenz 218f.
Therapeutische Gemeinschaft 97
Therapeutisches Camping 97
Thomas-Morus-Akademie 381, 600f.
Thrill (Angstlust) 353
Tipping s. Trinkgeldgeben
Totalitätsprinzip 32
Tour-Manager 520f.
Tourismus s.a. Fremdenverkehr; Reise(n); Urlaub
- Definition 270

**Tourismus-Anthropologie 20-35**
- Forschungsperspektiven 30f.
- Schwerpunkte 32 f.

Tourismus-Berufe
- Arbeitsmarkt 499ff.
- Berufsfelder 501
- Alkoholkonsum 243, 580
- Berufsfeld Animation 249f.
- Gästeführung 507ff.
- Interaktion mit Gästen 263
- Reiseleiter (Studienreisegruppen) 402f., 515ff.

**Tourismus-Entwicklung 10-16**, 44f., 347, 559, 567ff. (s.a. Tourismus, gesellschaftliche Rahmenbedingungen)

**Tourismusforschung IXf.**
- als Zweig der Sozialwissenschaften IX-X

**Tourismusgeschichte 3-9**, 13f., 96, 517, 584f. (s.a. Tourismus-Entwicklung; Reiseuntersuchungen, Reiseintensität; Historische Tourismusforschung; Reisepädagogik)
- Alpentourismus 325
- Auslandsreisen 12f.
- Bildungs-/Studienreise 355ff.
- Campingurlaub 363
- Entstehung des modernen Tourismus 4f., 286f., 355f., 392, 511, 515, 583ff.
- Durchsetzungsphase 7
- Konsolidierungsphase 7
- Einführungsphase 4ff.
- Hotelgeschichte 585
- Jugendtourismus 378f.
- prototypische Reiseformen 3f.

- romantische Reise 4, 61f., 286, 584
- Thomas Cook 584f.
- [in der] Antike 253, 391, 515
- [in der] Industriellen Revolution 286f.
- [in der] Weimarer Zeit 5f.
- [im] Mittelalter 391, 515
- [im] Nationalsozialismus 6
- [in der] DDR 7
- [in der Nachkriegszeit] 7, 10ff., 62, 356, 516

**Tourismus, gesellschaftliche Rahmenbedingungen 17-24**, 28, 182, 296f.
(s.a. Mobilität)
- Arbeitszeitverkürzung 44
- Alter 21, 297, 359
- Bildung 21, 296, 360
- Einkommen 22, 44, 296, 359f., 397
- Geschlecht 358
- Modelle 18f.
- Motorisierung 44, 418
- soziale Faktoren 49, 296
- sozio-ökonomische Faktoren 21f., 49
- Zeitbudget 22
- Wertewandel 19, 23

Tourismuserziehung s. Reisepädagogik
Tourismusindustrie 45ff., 519 (s.a. Touristischer Arbeitsmarkt)
- Beschäftigungsbereiche 500
- Beschäftigungseffekt 499f.
- Beschäftigungspolitik 501
- Heilbäder/Kurorte 394, 523f.
- Hotel-/Gastgewerbe 46f., 501, 503ff.
- Kommunale Fremdenverkehrswirtschaft 47f.
- Reisevermittlung s. Reiseverkehrskaufmann
- Reisewirtschaft 47, 501
- soziologische Aspekte 37
- Veranstalter von Studienreisen 357

Tourismuskritik 37, 39, 512, 583ff.
Tourismusmarketing s. Marketing

**Tourismusökonomie 44-50**, 490
- betriebswirtschaftliche Betrachtungsweise 45
- Fremdenverkehrssubjekt 48f.
- gesamtwirtschaftliche Themen 45f.
- Marketing 437ff.
- Modelle 46
- zyklisches Entwicklungsmodell s. Resort cycle

**Tourismuspädagogik 60-69**, 381 (s.a. Interkulturelles Lernen)
- Begriff 60
- vs. Reisepädagogik, Freizeitpädagogik 60
- historische Entwicklung 60ff. (s.a. Apodemik)

Tourismuspolitik IXf.

**Tourismusprognosen** 54, 536ff., **567-573**
- Delphi-Methode 54, 536ff., 569f.
- prospektive T. 568f.
- quantitativ-ökonomische T. 567f.
- Szenarien 569f., 571

Tourismuspsychologie 37, 316, 328f. (s.a. Freizeitpsychologie; Reisemotive)
- theoretische Konzepte 117ff.
- und Ökonomie 47f.

619

## Sachregister

**Tourismussoziologie 36-43** (s.a. Tourismus-Berufe)
- Auswirkungen (Kosten) des Tourismus 39 (s.a. Tourismuskritik)
- berufssoziologische Aspekte 37
- Fachpublikationen 36
- historische Entwicklung 36
- organisationssoziologie Aspekte 37f.
- theoretische Konzepte 38f; 117ff.
- Untersuchungsgegenstände 36ff.
- vs. Tourismuspsychologie 37
- zukünftige Aufgaben 40f.
- und Ökonomie 47f.

Tourismusunternehmen s. Tourismusökonomie; -industrie

**Tourismuswerbung** 433, **463-468**
- Angebotswerbung 435
- Evaluation 465f.
- Imagewerbung 435
- Konversionsstudien 466
- Marktsegmentierung 463f.
- Werbemittel 469
- Werbung 158f.
- und Reisemotive 463
- und touristische Entscheidung 464f.

Tourismuswissenschaftliche Disziplinen 25-76 (s.a Freizeit-/Fremdenverkehrsgeographie, Freizeitpädagogik, Freizeitpsychologie, Fremdenverkehrswissenschaft, Historische Tourismusforschung, Kulturanthropologie des Tourismus, Tourismusanthropologie, Tourismussoziologie, Tourismusökonomie, Tourismuspädagogik)
- Aufbaustudiengänge 75

Tourist
- Definition 199
- Scope 562

Touristikfachwirt 525

touristisch, -e, -er, -es
- -e Bedürfnisse s. Reisemotive
- -e Dienstleistungen 438
- -e Mobilität s. Mobilität
- -e Rituale s. Rituale
- -es Risiko 464
- -e Rolle 201, 263f., 331, 418, 549, 599
- -e „Wegweisung" 65
- -er Blick 38
- -es Verhalten s. Verhalten

**Touristische Images (Reiseländerimages) 321-325**
- Begriff 321f.
- Image-Analysen 322f.
- Forschungsperspektiven 324

**Touristische Medien** 187f., 300, 372, **469-478**, 490 (s.a. Reiseführer; Informationsverhalten; Werbemittel)
- „alternative T." 473
- Ansichtskarte 427ff.
- Apodemiken 60ff., 471f.
- Art der Informationsdarbietung 133
- audiovisuelle 66
- Baedeker 4, 470
- „Blickwechsel-Filme" 65, 473
- Bordmagazine 475
- Definition 469
- Fachzeitschriften 494
- Fernsehen 472, 495

- Fotografien 427ff.
- Informationsbroschüren 474
- Kataloge/Prospekte 66, 304, 372, 466, 469f., 474 476f., 491ff.
- Karikaturen 475
- Kino 495
- Korrespondenz-, Postkarte s. 427ff.
- multifunktionale T. 473
- Piktogramme 474
- Plakate 495
- Printmedien 64f., 424, 511
- Publikumszeitschriften 494
- Reiseberichterstattung 511ff.
- Reiseführer 60, 65, 470f., 511, 585
- Reiseliteratur, belletristische 471f., 511
- Reisemedien i.e.s. 470, 490ff.
- Reisetagebücher 545
- Reisevideos 473
- Reisezeitschriften 472
- Rundfunk 495
- Straßenkarten 474
- „Sympathie-Magazine" 473, 545, 596ff.
- Wirkung 474f
- und Einstellungswandel 132f., 272, 473f.
- und Reiseentscheidung 157f.

**Touristischer Arbeitsmarkt 499-502**
- begriffliche Definitionen 499
- Berufsbilder, -felder 501
- Beschäftigungseffekte 499f.
- Nachwuchsprobleme 500f.

**Trampen 416-420**, 545
- aktuelle Bedeutung 418f.
- historische Aspekte 416
- als Jugendkultur (Subkultur) 416f.

Transfer (Köln) 600
Transmeridianflüge s. Jet lag
Trieb (-begriff) 86

**Trinkgeldgeben 326-330**
- wissenschaftliche Erklärungen 327ff.

Two-step-/two-cycle-flow of communication s. Opinion Leader
TUI 468, 516, 522, 600
Typus, Typen s. Fremder; Informationsverhaltenstypen, Urlaubertypologien

Überich 193
Umwelt
- -bewußtsein 105, 468, 470
- -erziehung 103
- -psychologie s. Ökologische Psychologie
- -schutz 106 (s.a. Naturschutz; „sanfter Tourismus")
- -wahrnehmung 290ff., 414
- Szenerie 331ff.

Unbewußtes 190f., 591f.
Unterhaltung s. Animation
- -smedien s. Massenmedien; Themenparks

Urbanisierung 227, 313
Urlaub (s.a. Reise(n); Tourismus)
- Definition 398
- -erolle s. touristische Rolle
- -sausgaben 343
- -serwartungen s. Reisemotive
- -sdauer s. Freizeit

- -sgestaltung s. Animation
- -smotive s. Reisemotive
- -spädagogik 73 (s.a. Reisepädagogik; Tourismuspädagogik)
- -spost 430
- -spsychologie 137 (s.a. Tourismuspsychologie)
- -sverzichtler 397
- -swelt 205
- -swirkungen 375f.
- -swünsche 177
- -szeitregelungen 254
- -szufriedenheit s. Reisezufriedenheit
- als Auszug aus dem Alltag s. Catania-Studie
- als Subkultur 378

**Urlaubertypologien/** -typen 97, 103f., 193, 195ff., 336f., **547-553**, 564f.
- Begriff 547
- Clusteranalyse 548
- Faktorenanalyse 548
- landschaftsbezogene 289, 550
- Methoden 548f.
- phänomenologische 550
- Typ-im-Typ 550f.
- von Bergsteiger 353
- von Jugendlichen 587
- von Sextouristen 317
- von Studienreisenden 358f.

**Urlaubserleben/-erlebnis** 119, **137-140**, 155
- emotionale Aspekte 138f.
- Erlebnisbereiche (im Urlaub) 138
- Optimierungsstrategien 139
- Prozeßmodell 137f.
- und Informationsverhalten 155ff.

**Urlaubsszenerie 331-334**

**Urlaubsverhalten** 119, **335-338**
- Aktivitäten-Systematik 335
- Einflußfaktoren 335f.
- lebenslanges U. 564

Valenzanalyse 543
Verbraucherinformationen 472, 512
Verbrechen, -srisiko 419

**Verkaufsfahrten 421-424**
- Forschungsperspektiven 424
- Teilnehmer 422

Verkauf,
- -sförderung 435

**Verkaufspsychologie** 421, **481-483**
Verkehr
- stüchtigkeit 240

**Verkehrspsychologie 109-111** (s.a. Mobilität; Verkehrssoziologie)
- Begriffsbestimmung 109
- Forschungskonzeption 110
- Psychologie der Verkehrsmittel s. Reiseverkehrsmittel

**Verkehrssoziologie 112-115** (s.a. Mobilität; Verkehrspsychologie)
- Begriffsbestimmung 112f.
- Problemlagen 113f.

Vermassung s. Tourismuskritik
Verhalten 51, 291, 316f., 329, 335
- -smodifikation 94, 97, 103, 261
- -sraum 331
- im Raum 292f.
- im Urlaub s. Urlaubsverhalten

Vergleichsprozesse s. Soziale Vergleichstheorie
Verständlichkeit (Texte, visuelle Darstellungen) 474
Verstärkungs-Affekt-Theorie 150f.
Videos/audiovisuelle Medien s. Touristische Medien
„Vier-Kulturen-Modell" (der kulturellen Identität) 279ff.
„Vier-Phasen-Modell" (der Reiseentscheidung) 304
Völkerverständigung X, 212, 271f., 597f. (s. a. Einstellungsänderung)
Vorurteile s. Einstellungen/Stereotype/Vorurteile
Vorurteilsabbau s. Einstellungsänderung

Wahrnehmung 290ff.
- Fremdwahrnehmung s. Fremdheitskonzepte
- -shypothesen 291
- Landschafts-/Natur-W. 286ff.
- Raum-/Umwelt-W. 290ff., 414
- Rolle von Einstellungen 168
- selektive W. 289, 291f.
- soziale W.; soziale Einflüsse 166ff. (s.a. Einstellungen)
- standardisierte, stereotypisierte W.428, 452f.
„Wilderness camping" s. Therapeutisches Camping

Testimonial-W. 459
Werbe-Prozeß-Modell 467
**Werbeplanung 484-489**
- Erfolgskontrolle 489
- Mediaauswahl/-planung 488f.
- Positionierung 486
- Werbebudgetverfahren 487f.
- Werbestrategie 486f.
- Werbeziele 484f.

**Werbemittel (touristische)** 157, 469, **490-495** (s.a. Tourismuswerbung; Touristische Medien)
- Arten, Erscheinungsformen 490ff.
- Merkmale 494
- visuelle W. 490

Werte 335
- Definition 226, 294
- Lebenswert „Reisen" 294ff.

**Wertewandel** 19, 23, 58, 82f., 176, 181, **226-229**, 297f., 418f., 579 (s.a. Kulturwandel; Lebensstile; Lebenswert „Reisen")
- Historische Aspekte 226ff.
- und Tourismus 227f.

Willy-Scharnow-Stiftung 382
Wintertourismus
- Geschichte 5f.

Xenophobie 12, 264

Zeit 71 (s.a. Freizeit; Zeiterleben)
- -budget, Veränderungen 22
- -freiheit 71
- -konzept 230f
- Uhrz. 230f.
- Verzeitlichung 33
- -verschiebung s. Jet lag
- -zonen 275, 277
- -wohlstand 178

**Zeiterleben** 71, **230-236**
- Psychologie der Zeit 231
- –situationsspezifische/-übergreifende Merkmale 232f.
- Zeitbewußtsein 230ff.
- zeitbezogenes Handeln 233f.
- Zeitperspektive 233
- und Fotografieren 451
- Flow 232
- und Streß 232

Zentrum für Entwicklungsbezogene Bildung ZEB 315
Zielregion 282f.
Zielanalysen 539
zirkadianer Rhythmus 240, 275 (s.a. Jet lag)
Zivilisationstheorie (Elias) 32
Zufriedenheit s. Reisezufriedenheit
„Zug"–Theorien s. Motivation
Zukunftsforschung 536, 564, 567ff.

# Personenregister

Abelson, R.P. 102, 108, 131
Ackermann, L. 319
Adam, H.C. 262, 431, 453
Adams, T. 276f.
Aderhold, P. 417, 420
Adler, J. 38, 41, 384, 420, 416
Adler, P.S. 172f., 212ff.
Adorno, T.W. 451, 453
Aengenendt, H. 347, 350
Aigner, G. 472, 477, 514, 603
Albach, H. 537, 539
Albers, P.C. 428, 429, 430, 431, 546, 547
Albrecht, G. 112, 115, 180, 183
Albrecht, U. 517, 521
Aldhous, M. 277
Alfano, G. 126
Algozzine, B. 97f.
Alkjaer 322
Allport, G.W. 85, 90, 127, 131, 134f., 219
Alper, S. 97f.
Altman, I. 107f., 125f.
Amelung, W. 391, 396
Amir, Y. 134f., 474, 477
Ammon, A. 405
Andersen, P. 161, 165
Anderson, J.R. 165, 287, 293
Andersson, G. 259-262
Andressen, B. 476, 478
Andrew, C.A. 477
Anft, M. 206, 235, 353f., 582, 603
Angst, J. 242, 244
Annasohn, K. 568, 569, 572
Arbogast, C. 273
Arce, C. 169
Arendt, J. 277
Arensberg, C.M. 191, 194
Argyle, M. 161, 165
Armanski, G. 263ff.
Arndt, H. 42
Arnold, K. , 422, 423
Arnold, W.Y. 135
Aronson, E. 151, 153, 219
Asanger, R. 98, 236
Aschenbrenner, E. 103f., 107
Ash, J. 36, 43, 300f.
Asklepios 391
Asmodi, K. 586, 603
Asuncion-Lande, N.C. 161, 163, 165
Atkinson, J.W. 85, 90

Attias-Donfut, C. 178
Auer, M. 64, 67, 472, 477
Aufmuth, U. 352, 354
Augstein, F. 453
Avicenna 391

Baacke, D. 81, 83
Backé, B. 568, 572
Bacon, F. 60
Baedeker, K. 4
Bagger, W. 7
Bähr, J. 24
Bailey, A. 415
Balint, M. 353f.
Balmat 351
Bamberg, E. 223, 225, 603
Bandura, A. 89f., 208, 211
Bannister, D. 558
Bänsch, A. 480, 482
Bar-Tal, D. 131
Barker, R.G. 101, 107
Barlow, D.H. 94, 98
Barras, C. 183
Barth, M. 396
Bartl, H. 65ff., 501, 508, 510
Battegay, R. 405
Battman, W. 224f.
Baudrillard, J. 123f.
Bauer, P. 572
Baum, A. 126
Bausinger, H. 7, 34, 56, 58f.
Bayaz, A. 262
Becher, U.A.J. 177f.
Beck, H. 28f.
Beck, P. 590
Beck, U. 175, 178
Becker, C. 54ff.,. 205f.,. 531f., 539, 542, 549f., 552f., 565ff., 573, 603, 610
Becker, D. 539
Becker, W. 603
Beckmann, K. 76
Bedall, T. 364
Behm K. 254, 257
Behrens 445
Becker, H. 539
Belch, G.E. 372, 376
Belch, M.A. 376
Bellak, L. 264f.
Bellman, A. 462
Bellwald, A. 578, 582

Ben-Ari, R. 135, 474, 477
Ben Zion, V. 330
Beneke, F. 392
Benesch, H. 92f., 98
Benjamin, W. 453
Bennett, J. 262
Bente, G. 103, 105, 108
Benussi, V. 235
Berber, E. 153
Berelson, B 184, 188, 543ff., 547
Berg, J. 428, 431
Bergau, L. 278
Berger, L.J. 242, 244
Berger, P.A. 176, 178, 227f.
Bergler, R. 321, 324f., 445
Bergman, A. 194
Bergmann, W. 30, 34
Berkowitz, L. 219
Berlitz 386, 390
Berlyne, D.E. 121
Bernard, P.F. 4f., 8
Bernecker 439
Bernt, D. 569, 572
Berube, P. 97f., 225
Besel, K. 182, 309, 311
Besler, W. 495
Beuchelt, E. 96, 98, 404f.
Beutel, M. 264f.
Beyer, R.R. 539
Beyrer, K. 4, 8, 59
Biener, K. 243f.
Biesterfeld, W. 282, 284
Bildingmaier, J. 433, 435
Binion, R. 192, 194
Birbaumer, N. 91
Birkenhauer, W. 293
Birkhäuser, H. 518
Bischof, N. 90, 208, 211
Blackwell, R.D. 464, 468
Blau, P. 330
Blitz, G. 245, 366
Blomert, A.F. 125f.
Bochner, S. 150, 152ff., 172ff., 213f., 219
Böck, N.M. 603
Boersema, T. 475, 478
Boesch, E.E. 102, 107
Böhm, J. 480, 482
Böhm, W. 201, 206, 384
Böhn, D. 293
Bolte, K.M. 179

## Personenregister

Book, A. 168f.
Boorstin, D.J. 36, 41, 123f., 321, 324
Bordieu, P. 431
Borg, I. 231, 235
Bortz, J. 81, 83
Boskovic, R.M. 43
Bosold, J. 309, 531, 542, 603
Botterill, T.D. 555, 556, 557, 558
Boulding, K.E. 321, 324
Bourdieu, P. 175, 177, 179, 447, 449, 451, 453
Bowen 192
Boyle, R. 60
Braem, H. 232, 235
Braly, K.W. 128, 131
Brasch, I. 262
Braudel, F. 286, 293
Braun, O.L. 64f., 67, 102, 107, 206, 255, 257, 305f., 308f., 311, 470, 476, 477, 603
Braun, R. 236
Braun-Moser, U. 521
Braunburg, R. 259, 262
Breckler, S.J. 128, 131
Brehm, J.W. 90, 131, 208, 211
Brehmer, H. 392
Breitenbach, D. 64, 67, 270f., 274, 600, 602
Brenner, J.P. 3, 8, 477
Breuer, S. 32f., 34
Brinkmann, D. 79, 83
Brislin, R.W. 154, 214
Brooke, M.Z. 43
Brown, P.J. 106f.
Bruhn, M. 457, 462
Bruneau, T. 161, 165
Bruner, E.M. 264f.
Bruner, J. 291
Brunner, J.S. 166, 169
Brunner, O. 35
Brunswik, E. 102, 107
Bryson, L. 135
Buchholz, W. 6, 8
Buckley, P.J. 43
Bungard, W. 323f.
Burch, W.R.Jr. 312, 314
Burdge, R.J. 125f.
Burguière, A. 30, 34
Burke, J.F. 466, 468
Busch, B. 453
Busch, H.R. 537, 539, 542
Busche, H.v.dem 293, 324
Butler, R.W. 40f., 312, 314, 572
Butler, S. 327, 330
Buunk, B.P. 126
Byers, E.S. 97f.
Byrne, D. 150, 153

Campbell, D.T. 306f., 478, 532
Canguilhem, G. 32, 34
Cantauw-Groschek 430
Carli, C. 143f., 146
Carlsmith, J.M. 134f.
Carr, J.E. 259, 262
Carreiras, M. 169
Cartano, D.G. 186ff.
Casmir, F.L. 161, 163, 165
Casson, L. 4, 8, 253, 257
Castel, R. 447, 448, 451, 452, 453

Cater, E.A. 40f.
Cattell, R.B. 196ff.
Ceresino, G. 376
Chalfen, R. 477
Chaplin, Ch. 416
Chartier, R. 34
Chaselon, F. 532
Chesney-Lind, M. 39, 41
Childers, T.L. 187f.
Christaller, W. 52, 55
Cicero 393
Cloerkes, G. 349f.
Clyne, M. 162, 165
Cohen, A. 589, 590
Cohen, E. 34, 36ff., 41, 122ff., E. 210f., 299ff., 317, 319, 418, 420, 471, 478, 531, 546f., 551ff.
Cohen, S. 255f., 301, 417, 420
Cohn, R.C. 404f.
Conring, H. 60
Consbrush, C. v. 472, 478
Conze, W. 32, 34
Cook, J. 584, 585
Cook, S.W. 134f.
Cook, T. 4f., 356, 473, 511, 515f.
Cook, T.D. 306f.
Cooper, C.L. 126
Corbin, A. 4f., 8, 31
Corsini, R.J. 321, 324
Coshall, J. 555, 556, 557, 558
Costa, P.T. 125f.
Coutinho, R.A. 319
Craik, K.H. 104, 107
Cranach, M.v. 88, 90
Cronin, J.J. 464, 468
Crutchfield, R.S. 209, 211
Csikszentmihalyi, I.S. 141, 143, 146f., 354
Csikszentmihalyi, M. 141, 143-147, 205f., 232, 235, 353f.
Cumming, E. 399, 401
Cunin, T. 309, 311
Curtis, E. 428
Cushman, D.P. 162, 165
Czuchra, A. 66f.

Dadder, R. 274
Danckwortt, D. 64, 67, 274, 380, 384
Dann, G. 211, 311
Datzer, R. 37, 41, 201, 206, 302, 307, 337, 357, 361, 406, 443, 445, 480, 482, 501, 517, 521
David, K. 172, 174
Davis, K.E. 130f., 218f.
Day, M. 405
de Grazia, S. 543
Dearden, P. 476, 478
Debbage, K.G. 313f.
deCharms, R. 89f., 142, 146
Dechêne, H. 380, 384
Deci, E. 144, 146
DeFleur, M.L. 185, 188
Degener, C. 7
Dehr, G. 468
DeLongis 222
DeMause, L. 192
Denia, W. 525
Dennis, W. 161, 165
Detroy, E.-N. 480, 481, 482

Dettweiler, P. 392
Deutsch, J.A. 86, 90
Dichtl, E. 321, 325, 433, 435, 443, 445
Dietrich 392
Disney, W.E. 409, 414
Doctor, R.M. 260ff.
Dogan, H.Z. 173f.
Dohrenwend, 579
Donelly, J.H. 159f.
Donnerstag, J. 185, 189
Döring-Seipel, E. 105,108
Dorsch, F. 85, 90, 137, 140, 153
Douglas, T. 30, 34
Dowd, E.T. 269
Dowd, P. 275
Downs, R.M. 166, 168f., 291, 293
Doxey, G.V. 312, 314
Draguns, J.G. 150, 153
Drees, N. 324, 457
Driver, B. 106f.
Droysen, J.G. 8, 27
Dryander, J. 392
Dundler, F. 7f., 16, 24, 41, 145f., 247, 251, 295, 297f., 343
Dunning, J.H. 37, 41
Durkheim, E. 31f.

Eaves, R.C. 97f.
Ebel, H. 192, 194
Ebeling, P. 480, 482
Eber, H.W. 197
Echterhoff, W. 111
Eckensberger, L. 153
Eco, U. 123f., 413
Eder, W. 29, 63, 67
Edington, J.M. 39, 41
Eibach, D. 75
Eichmann, A. 319
Eiser, J.R. 151, 153
Ekman, G. 167, 169
Elbe, A. 502, 505
Elder, L. 375f.
Elias, N. 32f., 34, 81, 83, 230, 232, 235
Elsaesser, P.S. 264, 266
Emminghaus, W.B. 94, 98
Emrich, H. 87, 90
Engel, J.F. 464, 468
Engelhardt, U. 35
English, J. 277
Enzensberger, H.M. 33f., 201, 206, 283f., 428-431, 453, 583f., 586
Epiktet 190
Epstein, Y.M. 126
Erikson, E.H. 282, 284
Ertel, S. 402f., 405
Escales, Y. 328, 350
Escher-Gräub, C.D. 149, 153
Etzel, M.J. 146f.
Ewert, A. 352, 354
Eysenck, H.J. 196ff.
Eysenck, M.W. 608
Eysenck, S.B.G. 196f.

Faber, K.-G. 34
Fabian, R. 431
Fadul, R. 317, 319
Fahrenberg, J. 256f.
Falk, G. 80, 83
Febvre, L. 31, 34

623

Fegert, J. 94, 98
Feifer, M. 123f.
Feige, J. 79, 83
Feige, M. 54f., 345
Feige, S. 365
Feimer 104
Feinsod, F.M. 94, 99
Feldmann, O. X, 604
Felke 393
Ferenczi, S. 591, 593
Ferner, F.K. 440, 445, 491, 495
Festinger, L. 86, 90, 134f., 150, 153, 305, 307
Fichtinger, R. 293
Fick, W. 364
Fietkau, H.-J. 100, 103, 105, 107f.
Fillip, S.-H. 395f.
Fine, R. 191-194
Finger, C. 37, 41, 63, 65, 67, 73ff., 241, 244, 251, 368, 502, 604
Fingerhut, C. 55, 552, 553
Fischer, E. 231, 236
Fischer, H.H. 462
Fischer, W. 236
Fisher, S. 126, 225
Fittkau, B. 482
Flammer, A. 87, 90
Flick, U. 478,, 531, 547
Fließ, W. 592
Florek, H.-C. 74, 76
Fohrbeck, K. 457, 462
Folkman 222
Föllmer, E.M. 384
Ford, B.J. 277
Forgas, J.P. 293
Forster, J. 36, 41
Förster, W. 125f.
Foucault, M. 34
Fraisse, P. 230ff., 235
Francken, D.A. 311
Frank, L.K. 233, 235
Franken, R.E. 353f.
Frankl, V.E. 354
Fransella, F. 556, 558
Frantz, K. 95, 98
Franz, P. 112, 115, 180, 182f.
Freud, A. 88, 90, 594
Freud, J. 594
Freud, M. 594
Freud, S. 87, 90, 591-595, 608
Freund, G. 453
Frey, D. 151, 153, 219, 293, 319, 547, 586
Freyer, W. 24, 40, 42, 44, 50, 322, 324, 456f., 459-462, 502, 551ff., 572, 604
Fridgen, J.D. 102, 107, 169
Friedman, G. 544
Frieling, E. 255, 257
Frieling, H. 120f.
Frisch, M. 583
Frith, F. 428
Fromme, J. 9, 63, 67, 75, 502
Fuchs, B.C. 239, 244
Funke, P. 154, 214
Furnham, A. 150, 152f., 171-174, 214, 219
Fürth, G. 525
Fuss, K. 4, 8

Gabriel, E. 271, 274
Gabriel, Y. 37, 42
Gabriel-Luzon, J. 319
Gagnon, J.H. 174
Galanter, E. 91
Galanter, M. 244
Gallinat, W.H. 231f., 235
Ganser, A. 356, 361, 386, 390, 401, 418, 420, 604
Garling, T. 167ff.
Gast-Gampe, M. 599, 604
Gaudet, H. 188
Gauf, D. 521
Gayler, B. 37, 41, 65, 67, 73ff., 241, 244, 251, 309, 311, 346f., 349f., 368, 371f., 374, 376, 379f., 382, 384, 402, 405, 419f., 502, 546f., 604
Gebauer, O.J. 97f.
Geffroy, E.K. 482
Gehlen, A. 30, 32, 34
Gehringer, J. 475, 478
Gehrke, A. 257
Geiger, H. 337, 549, 553
Geipel, R. 293
George, W.H. 241, 244
George, W.R. 159f.
Gerber, W.D. 91
Gerdes, A. 453
Geschka, H. 570, 572
Getz, D. 40, 42
Gewecke, F. 452, 453
Gibson, J.J. 102, 107
Giegler, H. 179
Giegler, H. 547
Giese, F. 140
Giesecke, H. 60, 62, 64, 67, 73ff., 246, 251, 378, 380, 384
Gilbert, G.M. 129, 131
Gilbrich, M. 22, 24, 42, 182f., 398
Gilbrich, W. 157ff.
Gitelson, R. 466, 468
Glatzer, W. 176f., 179
Glauber, H. 211
Gleichmann, P.R. 31, 33ff.
Gluchowski, P. 23f., 175f., 179, 228
Göckeritz, H. 387, 390
Goeldner, C.R. 196, 198, 410, 415
Goethe, J.W.v. 355
Goffman, E. 122, 124, 339f.
Goldberg, A. 38, 42
Gonen, J.Y. 192, 194
Goodman, C.C. 166, 169
Goodrich, J.N. 564, 468
Göpfert, W. 605
Görne, H. 257
Gottlieb, A. 329f.
Gottlieb, B.H. 133, 135
Gottschaldt, K. 235
Graburn, N.H.H. 38, 42
Graeber, R.C. 278
Graf, O. 254, 256f.
Gramann, J.H. 125f.
Grandjean, E. 254, 257
Gränig, B. 316, 319
Granovetter, M.S. 188
Granzow, S. 558, 604
Graßl, A. 378, 384
Graumann, C.F. 85f., 90, 101, 107f., 121, 131, 153, 235, 325

Greatorex, M. 468
Greco, S. 259-262
Green, P.E. 322, 324
Greenberg, P. 79, 83
Greenblat, C.S. 174
Greene, D. 208, 211
Greenwald, A.G. 136
Greenwood, D.J. 38, 42, 122, 124
Greif, S. 221, 223, 225, 293
Greverus, I.M. 265, 279, 284
Griep, W. 8
Grimm, J. & W. 431
Groh, D. 4, 8, 31, 35
Groh, R. 4, 8, 31, 35
Gröper, K. 8
Grosjean, G. 103, 107
Großkreuz, H. 236
Groves, D.L. 364, 546, 547
Groves, S.L. 364
Grümer, K.-W. 605
Grümme, W. 507, 510
Grundmann, S. 112, 114f.
Grüßer, B. 462
Gudykunst, W.B. 162-165
Guggenberger, B. 368
Gugler, B. 90
Gukenbiehl, H.L. 335, 337
Günter, W. 8, 42, 61-64, 66-69, 73ff., 286, 293, 355f., 358, 361, 406, 502, 515, 517f., 521, 605
Guntern, G. 95, 98, 222, 225, 577-582
Guseman, D.S. 156, 159
Gussek, F. 464, 468
Guthrie, W. 416
Gutzwiller, F. 319
Gyr, U. 57, 59

Haag, G. 396
Haas, H.-D. 293
Haas, W. 605
Haase, H. 324
Hachmann, H. 343
Hacker, W. 255, 257
Haeberlin, C 392
Haedrich, G. 441, 445, 464, 468, 490, 495
Haen, I. de 83
Hahn, H. 62, 64, 67, 75, 110f., 182f., 201, 206, 302, 307, 372, 376, 380, 384, 445, 549, 551, 553, 590, 602
Hahn, Heidi 187f., 303, 307, 356, 361
Haimayer, P. 55
Haisch, J. 151, 153, 219
Halisch, F. 147
Hall, C.S. 197, 608
Hall, E.T. 161, 165, 191, 194
Haller, A.v. 4
Hallwachs, H. 531
Hamann, S. 510
Hamele, H. 65, 67, 73, 182f.
Hamilton, K. 401
Hammers-Kaplan, S.K. 347, 350
Hanhart, D. 79
Hanisch, E. 5, 8
Hannibal 593
Hanrieder, M. 491, 492, 495
Harrer, B. 42, 365, 500, 502, 605
Harris, P.A. 153
Harrison, K. 353f.

# Personenregister

Hartfiel, G. 284, 293
Hartmann, K.D. 58f., 64, 67, 103, 106f., 140, 200ff., 204, 206, 287ff., 293, 298, 302f., 305, 307, 324, 334, 337f., 355, 358, 361, 364, 369, 443, 445, 470, 478, 530f., 552f., 599
Hartwigsen, G. 401
Has, M. 42
Haseloff, O. 97
Haubner, K. 257
Haug, T. 261f.
Hauser, E. 482
Hauty, B.J. 276f.
Hawkes, S.J. 317, 319
Hawkins, D.E. 40, 42
Hayes, S.C. 94, 98
Haywood, K.M. 40, 42, 313f.
Heberlein, T.A. 126
Hebestreit, D. 441-445, 502
Heckhausen, H. 85ff., 90, 199f., 206, 209, 211
Heckmaier, A. 354
Heckmann, W. 319f.
Hegel, F. 511
Heidegger, M. 235
Heider, F. 86, 89f.
Heimann, P. 194
Heinemann, K. 230, 233ff.
Heintel, P. 403, 405
Heinze, T. 80, 83
Hellhammer, D. 87, 90
Hellpach, W. 101, 121, 257, 288, 293
Henik, A. 167, 169
Hennings, H.J. 532
Henry, W.E. 399, 401
Hentig, H.v. 82f.
Herkner, W. 265f.
Hermann, R. 453
Hermanns, A. 457, 462
Herold, E. 317, 319
Herr, D.E. 97f.
Herrmann, S.K. 4, 8
Heß, U. 605
Hesse, R. 33, 35
Hey, B. 65, 67, 74, 76
Higgins, E.T. 207
Hildebrandt, G. 256f., 391, 396
Hillesheim, J. 423
Hillmann, K.-H. 293
Hinrichsen, A.W. 4, 8, 470, 472, 478
Hinske, N. 206
Hintzke, A. 347, 350
Hippokrates 391
Hitler, A. 194
Hittmair, A. 254, 257
Hoadley, J.F. 239, 241, 244
Hobbs, T.R. 97, 99
Hochschild, A.R. 265f.
Hoefert, H.-W. 393, 396, 605
Hoeth, F. 131
Hoff, E.H. 223, 225
Hoffmann, H. 279, 284, 606
Hoffmann, W.G. 5-8
Höflich, J.R. 161f., 165, 185, 189, 605
Hofmeister, B. 55
Hofmeister, P. 502
Hojos, C.G. 586
Holder, H.D. 244
Holder, J.S. 40, 42

Holfort, F. 134f.
Holloway, J.C. 330, 403, 405
Holmes, T.H. 579, 582
Hoopes, L.L. 375ff.
Hoppe, F. 88, 91
Horkheimer, M. 451, 453
Hörning, K.H. 177, 179
Horrasch 351
Hörschgen, H. 321, 325, 433, 435, 443, 445
Horst, R.v.d. 251
Höttler, R. 112, 115
Houweling, H. 317, 319
Hovinen, G.R. 313f.
Hovland, C.F. 151, 153
Hovland, C.I. 127, 131ff., 135
Hoxter, A.L. 195f., 198
Hoyos, C.D. 319
Hoyos, C.G.v. 322, 324f., 547
Hradil, S. 176, 179, 227f.
Hübner, K. 281, 284
Hudman, L.E. 40, 42
Hull, C.L. 86f., 91
Hunziker, M. 104, 106f.
Hunziker, W. 31, 35, 270, 274
Husbands, W.C. 96, 99
Huston, T.L. 153
Hahn, H. 605
Hütteroth, W.D. 539

Imseng, W., 577, 582
Indermühle, K. 90
Ingendoh, L. 271, 274
Inglehart, R. 226, 229
Irle, M. 153, 219, 322, 324
Isenberg, W. 64, 66f., 75, 102, 107, 381
Ishii, S.A. 161, 165

Jackson, W.H. 428
Jacobowski, C. 318f.
Jacobson, E. 261
Jacobson, I.D. 276, 278
Jacoby, J. 159
Jaeger, E. 578, 582
Jafari, J. 280, 284
Jäger, H.-W. 8
Jagodzinsksi, W. 226, 229
Jakles, J. 546, 547
Jakowsky, A. 427, 431
James, W.R. 428-431, 546f.
Jander, L. 293
Janich, P. 235
Janis, I.L. 134f.
Jasper, M. 322, 324
Jauhar, P. 277
Jebens, E. 278
Joerges, B. 265f.
Johannsen, U. 321, 324
Johnson, D.M. 38, 42, 123f., 414f.
Jokinen, E. 241, 244
Jones, E. 594f.
Jones, E.E. 216, 218f.
Jones, M.R. 91
Jung, C.G. 594
Jungk, R. 63, 68, 73, 75
Jurczek, P. 54, 56
Jüttemann, G. 235

Kaas, K.P. 565. 566, 567

Kaase, M. 189
Kaechele, H. 517, 521
Kagelmann, H.J. 170, 301, 316f., 319, 330, 376, 385, 420, 478, 547, 586, 590, 606
Kahlen, B. 63, 67, 75, 502
Kalbermatten, U. 90
Kaminer 392
Kaminski, G. 100f., 106f., 121
Kant, I. 232
Kanthak, J. 204, 206, 549, 553
Kaplan, S. 97, 99
Karbowski, J. 42
Kardorf, E. v. 478, 531, 547
Karen, A.L. 327f., 330
Karl, F.D. 400f.
Karmasin, H. 476, 478
Karni, E. 330
Karsten, A. 205f., 306f., 324
Karsten, D. 266
Karsten, K. 232
Kaspar, C. 24, 44, 49f., 103, 107, 439, 445, 468, 495, 573
Kassargian, H.H. 322, 325
Kasson, J.F. 409, 414f.
Katschnig, H. 222, 225, 376
Katz, D. 127f., 131
Katz, E. 185, 188
Katz, P.A. 135
Keck, R. 67
Keil, A. 75
Keil, H. 62, 64, 67, 380, 384
Keipinger, F. 16
Keipinger, R. 295, 297f.
Keller, C.P. 313f.
Keller, E. 121
Keller, H. 149, 153f., 214
Keller, J.A. 86f., 91, 211
Kelley, H.H. 87, 89, 91, 135
Kelly, G.A. 555, 557, 558
Kemp, W. 454
Kentler, H. 36, 42, 64, 68, 73, 76, 202, 378ff., 384, 587-590
Kessel, H. 100, 103, 107f.
Keupp, H. 478, 531, 547
Keykowski, J. 140
Kielholz, P. 262
King, B.T. 134f.
King, C.W. 187f.
King, L.J. 94, 99
King, M.J. 38, 42, 123f., 414f.
King, S.S. 162, 165
Kinzel, F.C. 606
Klages, H. 226, 229, 294, 297f.
Klatt, F. 62, 68, 71, 73, 75f., 79, 83
Klebelsberg, D. 109ff.
Klebl, U.C. 446, 606
Kleiber, D. 317-320, 606
Klein, M. 191, 194
Kleinbeck, U. 225
Kleinert, H. 76, 465f., 468, 495
Kleining, G. 81, 83, 293
Kleinspehn, T. 452, 454
Klemm, K. 29, 42, 63, 67, 76, 343, 468, 478, 495, 610
Klingenberg, K.-H. 103, 105, 107f.
Klipstein, M. 226, 229
Klopp, H. 606
Kluckert, E. 63, 68

625

## Personenregister

Klugermann, G. 112, 115
Klutmann, M.M.F. 480, 482, 525
Knab, B. 240, 244
Knebel, H.J. 5, 8, 31, 35f., 42, 201, 206, 263, 266, 286, 515, 521, 551, 553
Kneipp, S. 392f.
Knopf, R. 102, 104, 107
Knüsel, R. 235
Koch, A. 37, 42, 345, 501f., 365
Koch, U. 396
Koch-Hildebrecht, M. 324
Kocher, G. 537, 539, 570, 572
Kocka, J. 8, 27
Koeber-Riel, W. 486, 487, 489
Koeppler, K. 324
Kohen, R. 257
Köhler, W. 223ff.
Kohlmann, M. 16
Köllgen, R. 445
König, R. 24, 35, 547
Köppen, W. 347, 350
Korbus, T. 309, 311, 384
Korff, G. 59
Koring, B. 75 f.
Koselleck, R. 9, 28f., 33, 35
Koslowski 176
Kosmale, J.D. 274, 602
Kowal, S. 131
Kracauer, S. 449, 453f., 543, 547
Kraft, M. 602
Kramer, B. 251, 295, 298, 338, 502, 573
Kramer, D. 8, 586, 606
Kramer, F.W. 282, 284
Kramer, G. 293
Kramer, H. 573
Krämer, B. 400f.
Krampen, M. 100, 102, 104, 107
Krapf, K. 270, 274
Krasnobaev, B.I. 3, 8f.
Krause, G. 65, 68
Krauß, H. 87, 89, 91, 606
Krauter, A. 428, 431
Krech, D. 209, 211
Krefting, R. 262
Krippendorf, J. 39, 42, 49f., 57ff., 63, 68, 73, 76, 97, 103, 107, 182f., 210f., 251, 281, 284, 295, 297f., 336, 338, 437f., 441ff., 445, 502,. 539, 552f., 569, 573, 599
Kris, E. 543
Krizek, V. 391, 396
Krobath, J. 96, 99
Kroeber-Riel, W. 324f.
Kroiß, E. 382, 384
Krueger, F. 83
Kruglanski, A.W. 131
Krüll, M. 595
Kruse, L. 102, 107f., 121, 153, 325
Kübler, H.D. 80, 83
Kubsch, W. 356f., 361
Kuhl, J. 147
Kuhnert, R.P. 3, 8
Kulinat, K. 55, 502, 610
Kunze, H. 517, 521
Küppers, H. 121
Kutter, E. 112, 115
Kyriazi, G. 415

La Pierre, R.T. 128, 131

Laermann, K. 230f., 234f.
Lamnek, S. 531, 545ff.
Lang, A. 231, 236, 278
Lang, E. 422, 423
Lange, W.R. 95, 99, 239f., 243f.
Langemeyer, A. 66, 68, 355, 361
Langenbucher, W.F. 188
Lantermann, E.D. 105, 107f., 121, 325
Laquer, W.Z. 8
Laßberg, D.v. 202, 206
Laßberg, J. v. 553
Lasswell, H.D. 132, 135, 543
Latimer, H. 40, 42
Latza, B. 317, 319
Laucken, U. 89, 91
Launer, E. 316, 319
Launier, R. 221, 225
Lauterbach, B. 4, 8, 470, 478
Laws, E. 156, 159
Lay, R. 264, 266
Lazarsfeld, P.F. 184f., 188
Lazarus, R.S. 221f., 225, 579, 582
Lea, J. 40, 42
Lederbogen, J. 454
Lefevre, J. 143f., 146
LeGoff, J. 34
Lehmann, A.C. 40, 42
Lehner, W. 4, 8
Lehr, U. 79, 83, 201, 204, 206
Leiser, D. 167, 169
Leithäuser, T. 36, 42, 64, 68, 76, 202, 380, 384, 589f.
Leitner, B. 542
Lenhard, H. 273
Lenner, K. 386, 390
León, R. 606
Lepenies, W. 30, 33, 35
Lepovitz, H.W. 5, 8
Lepper, M.R. 208, 211
Lepsius, R.M. 35
Lersch, P. 140, 200, 206, 232, 235f.
Leser, H. 293
Lessing, H. 36, 42, 64, 68, 76, 202, 380, 384, 589f.
Lester, D. 195f., 198
Lettl-Schröder, M. 347, 350
Leuthe, E. 112, 115
Levi, L. 579, 582
Lévi-Strauss, C. 30ff., 35, 319
Levine, D. 91, 135
Levy-Valensi, E. 257
Lewin, K. 87, 91, 101, 107, 119, 121, 233, 236, 255, 257
Lichtenberger, E. 573
Liebner, K. 231, 236
Lienert, G.A. 580, 582
Likert, R. 128
Lilli, W. 287, 291, 293, 321, 324
Lind, I.Y. 39, 41
Lindberg, E. 168f.
Lindzey, G. 90, 197, 219, 608
Link, C.423
Lipka, S. 316, 319
Lippmann, W. 129
Little, B.R. 106, 108
Locke, J. 60
Locke, S.A. 94, 99
Lohmann, M. 37, 41, 65, 67, 99, 102, 107f., 182f., 204, 206 253ff., 256f., 304f., 306f., 308f., 311, 388, 390, 400f., 470, 476, 477, 501, 517, 521, 607
Lohmann, R. 525
Lonner, W. 154, 214
Look, F. 460, 462
Lounsbury, J.W. 375ff.
Lowenstein, L.F. 97, 99
Lowery, S.A. 185, 188
Lück, H.E. 233, 236
Ludes, P. 230, 233, 234 f.
Lüdtke, H. 23f., 175, 179, 229
Ludwig, K. 40, 42
Luhmann, N. 35
Lumbsdaine, F.D. 135
Lundberg, U. 167, 169
Luthe, H.O. 226, 229, 264, 266
Luther, M. 286
Lüthke, F. 94, 99
Lutz, F. 382, 384
Lutz, R. 431
Lysonski, S. 158, 160

Macbeth, J. 145f.
MacCannell, D. 30, 35f., 38, 42, 122, 124, 164f., 415
MacGregor, R.R. 239, 244
Machlis, G.E. 312, 314
Macinkowski, B. 607
MacIntosh, R.W. 196, 198, 410, 415
MacNaught, T.J. 39, 42
Mäder, U. 58f., 263, 266, 338
Maggi, R. 183
Mahler, M.S. 191, 194
Maier, J. 52f., 55, 573
Mair, V. 471, 472, 478
Malin, A. 317, 319
Mandelbrot, B.B. 120f.
Manning, R.E. 125f.
Manthey, D. 412, 414f.
Marakos, M. 595 , 607
Marcelissen, F.H.G. 126
Markides, K.S. 126
Marks, V. 277
Marlatt, G.A. 241, 244
Martin, K.-R. 350
Marx, K. 31f.
März, F. 354
Maschke, J. 506, 607
Maslow, A.H. 24, 90f., 142-147, 208-211
Massimini, F. 143f., 146
Mathieson, A. 40, 42
Maul, D. 244
Maurer, M. 316, 319
Mauss, M. 30, 35, 330
Maute, K. 471, 478
May, S. 316, 319
Mayer, H. 185, 188
Mayring, P. 547
Mazanec, J. 573
McCrae, R.R. 125f.
McCune, B.A. 95, 99, 239f., 244
McDougall, W. 86, 88, 91
McDowell 269
McEwen, D. 365
McFarland, R.A. 275f., 277
McGrath, J.E. 232, 236
McGuire, W.J. 131
McHamm, A. 94, 99

## Personenregister

McKinsey 367
McKusick, L. 244
McLean, A. 582
McQueen, M. 37, 41
McReynolds, P. 108
Meffert, H. 324, 437, 444f.
Meier, A. 464, 468, 511
Meier-Maletz, M. 480, 482
Meissner, M. 82f., 224f.
Meja, V. 30, 35
Menges, G. 5, 8
Mentzel, W.G. 480, 482
Menzel, H. 185, 188
Merckens, M. 391, 396
Merleau-Ponty, M. 236
Merton, R.K. 31, 35
Messerli, P. 284
Mettee, D.R. 151, 153
Meulemann, H. 24, 226, 229
Meumann, E. 232
Meyer, A. 155, 159, 308, 311
Meyer, G. 201f., 206, 322ff., 338, 377, 532, 607
Meyer, W. 68, 97, 99, 289, 293, 321-325, 338, 377, 474, 478, 480ff., 530f., 546f., 551ff., 596-599, 607
Meyer, W.-H. 230, 236
Meyer-Arendt, K. 313f.
Michaelsen, K. 64, 68, 472, 478
Michelangelo 591
Mikolaschek, P. 65, 68
Mill, R.C. 40, 42
Miller, G.A. 88, 91
Miller, R. 233, 236, 607
Miltner, W. 91
Miniard, P.W. 464, 468
Minors, D.S. 277
Minsel, W.-R. 103, 105, 108
Minuchin, S. 191, 194
Miossec, J.M. 313f.
Mitchell, R.G. 145f., 353f.
Mitchell, V.W. 468
Mitford, N. 36, 42
Mitscherlich, A. 131
Moeran, B. 478
Molinari, G.F. 532
Moline, M.L. 278
Molnos, A. 402f., 405, 552, 554
Money-Kyrle, R. 194
Monk, T.H. 275f., 278
Montagnes, J.A. 268f.
Montaigne, M. 61
Moore, A. 38, 42, 123f., 414f.
Moran, R.T. 153
Morin, E. 544
Moritz, K.P. 190
Morrison, A.M. 40, 42
Moscardo, G.M. 38, 42, 123f., 408, 412f., 414f.
Moser, K. 321, 325, 463f., 468, 490, 495, 607
Moser, S. 262
Mosimann, T. 293
Moutinho, L. 156-159, 446, 463, 468, 491, 495
Mueller, E.F. 610
Mukerij, Ch. 418, 420
Müllenmeister, H.M. 63, 66, 68, 76
Müller, A. 610

Müller, H. 251, 295, 298, 338, 502, 573, 607
Müller, L. 251
Müller, M.J. 206
Müller, R. 440, 445, 491, 495
Müller, W. 64, 68, 271f., 274, 381, 384, 404f., 510, 602, 607
Müller-Freienfels 288
Müller-Wichmann, C. 234, 236
Müller-Wolff, H.M. 482
Mundt, J.W. 16, 99, 102, 107f., 232, 236, 253ff., 257
Murphy, J.F. 177, 179
Murray, H.A. 86, 91
Murray, K.B. 157f.
Murray 585

Naether, E.-A. 289, 293, 322, 325
Nagels, E. 145, 147
Nahrstedt, W. 9, 62f., 68, 70, 73-76, 251, 269, 502, 510, 521, 608
Nerlove, S.B. 168, 170
Neubauer, R. 445
Neubauer, U. 422, 423
Neubert, D. 349f.
Neuer, M. 42
Neulinger, J. 256f.
Neumaier, H.G. 483
Neumann, K.-D. 104, 108
Neumann, P. 325, 532
Neumann, Y. 308, 311
Newcomb, T.M. 91
Newhall, B. 453, 454
Newig, J. 52, 55
Newton, I. 232
Nickel, R. 445
Nickelsen, T. 277f.
Nicklas, H. 130f., 274
Niederland, W.C. 192, 194
Niemeyer, W. 66, 68
Nieschlag, R. 321, 325, 433, 435, 443, 445
Nietzsche, F 508
Nisbett, R.E. 208, 211, 216, 219
Nitsch, J. 225
Nitschke, A. 34
Noack, M. 608
Noell, B. 464, 468
Noelle-Neumann, E. 186ff., 226, 229
Noesjirwan, J. 162, 165
Nohl, W. 104, 108
Norval, A.J. 36, 42
Null, R. 401
Nuñez, T.A. 36, 42

O'Morrow, G. 267, 269
Oberg, K. 174
Oberste-Lehn, H. 274
Oesterreich, R. 88, 91
Oestreich, G. 34
Oestreich, H. 53, 55
Ogilvie, F.W. 36, 42
Ohler, N. 3, 8
Olds, J. 86, 91
Olds, M. 86, 91
Ölmüller, K. 65, 68
Olshavsky, R.W. 159
Olson, D.H. 376f., 610
Olson, J. 159

Opaschowski, H.W. 39, 42, 62f., 68, 74, 76, 79, 82f., 103f., 108, 144, 177ff., 182f., 204, 206, 229, 245f., 251, 336, 338, 343, 346, 349f., 378, 384, 422f., 502, 551, 554, 569, 573, 608
Oppenheim, L. 148, 153
Oppenheimer, R. 132
Oppermann 550, 553
Orlovius, A. 382, 384
Osgood, C.E. 128, 131
Osmond, H. 94, 99
Ostermann, A. 130f., 274
Ott, H. 274
Otten, H. 274
Otto, G. 80, 83
Otto, V. 66, 68

Paccard 351
Packeiser, F. 380, 384
Paesler, T. 293
Palmer, J. 555, 557, 558
Palmer 323, 325
Pankova, G. 319
Pannenbecker, M. 368f., 419, 420
Pappi, F.U. 24
Papst Sabinianus 230
Park, R.E. 171, 174
Park 36
Parker, S. 80, 83
Parkinson 368
Parsons, T. 91
Passariello, P. 300f.
Pataleno, A.P. 94, 99
Paul, J. 583
Paulick, J. 514
Pausanias 516
Pawlik, J. 121
Pawlow, I.P. 87f., 91
Pearce, D. 313f.
Pearce, P.L. 38, 42, 95, 99, 123f., 168f., 406, 408, 412-415, 418, 420, 468, 547
Peccei, A. 71, 76
Perle, U. 62, 64, 67, 75, 380, 384
Perner, J. 290, 293
Perpfahl, I. 351, 354
Pestalozzi, H.A. 279, 285
Peter, B. 403, 406
Peters, T.J. 309, 311
Peters, U. 427, 431, 454
Petersen, D. 404, 406
Pettigrew, T.F. 217, 219
Pfäffle, W. 412, 415
Pfäfflin, G.F. 319
Pi-Sunyer, O. 264, 266
Piaget, J. 149, 153, 194
Piepenschneider, M. 382, 384
Pieritz, R.J. 259, 262
Pietropinto, A. 374f., 377
Pigram, J.J. 43
Pikulik, L. 35
Pillmann, W. 293
Pine, F. 194
Pitt, D. 102, 108
Pivonas, G. 201f., 206, 303, 305ff.
Pizam, A. 308, 311
Plath, H.-E. 257
Plattner, I.E. 231, 233, 236
Plessner, H. 30, 35
Plog, C. 552, 554

Plog, S.C. 195f., 198
Plutarch 393
Podsiadlowski, A. 590, 608
Poesler, R. 293
Pohl, G. 502, 505
Pohl, H. 8, 29
Pohl, K. 427, 431, 454
Pompl, W. 273
Porter, R.E. 161, 165
Portmann, T. 378, 385
Porwol, B. 309, 311
Poser, H. 52, 55
Postman, L. 291
Potter, R.B. 555, 556, 557, 558
Prahl, H.-W. 8, 55, 73, 76, 610, 206, 361
Prange, K. 234, 236
Predel, S. 293
Preglau, M. 58f.
Preiser, S. 87, 91, 208, 211
Pressel, A. 66, 68
Pressmar, F. 530, 532
Pribram, K.H. 91
Pride, J.P. 165
Priessnitz, V. 392f.
Prignitz, H. 8
Prokop, H. 95, 99
Pudney, J. 4, 8
Purucker, H.K. 308, 311
Putschögl-Wild, A.M 66, 68, 478

Raalj, W.F. 311
Rabin, A.I. 231, 236
Raddatz, G. 83
Rademacher, H. 271, 274
Radka, J.E. 97, 99
Rahe, R. H. 579, 582
Rahmel, D.457, 462
Ramée, P. de la (Ramus, P.) 61
Ranft, F. 64, 68
Rank, O. 594
Ranke, L.v. 28
Rapoport, R. 80, 83
Rases 391
Raske, W. 350
Ratti, R. 183
Raulff, U. 8, 27
Reason, J. 126, 225
Redfoot, D.L. 38, 42
Reed, J. 326
Rehberg, K.-S. 31, 35
Reibnitz, U.v. 570, 572
Reichel, A. 308, 311
Reihl, D. 375f.
Reilly, L. 401
Reimann, H. 165, 420
Reinecker, H. 262
Reiss, M. 168, 170
Reitberger, R. 413, 415
Remmert, B. 490, 495
Rempel, J.K. 128, 131
Renschler, R. 316, 319
Rerek, M.D. 97, 99
Retza, W. 423
Reulecke, J. 5, 8, 28f.
Revel, J. 34
Revers, W.J. 236
Rheinberg, F. 145, 147
Richards, L.G. 276, 278
Richberg, I.M. 262

Richter, P. 255, 257
Richter, R. 358, 361, 549, 551,554
Riegel, K.F. 102, 108
Rieger, P. 361, 602
Riesman, D. 267, 587, 590
Rifkin, J. 236
Riley, S. 323, 325, 555, 557f.
Risser, R. 110f.
Rittelmeyer, C. 374, 377
Ritter 4
Roberts, R.J. 259, 261f.
Robertson, T.S. 322, 325
Robinson, D.W. 353f.
Rochlitz, M. 113, 608
Rödl, M. 126
Rödling, M. 369
Rogers, C.R. 269
Rogers, E.M. 186ff.
Rogge, H.J. 488, 489
Rohracher, H. 236, 548, 554
Romeiß-Stracke, F. 24, 177, 179, 549, 551, 554
Romney, A.K. 168, 170
Ropers, N. 274
Rosacker, H.D. 197f., 608
Rosegger, P. 5
Rosemeier, H.P. 605
Rosenberg, M.L. 127, 131
Rosenblatt, P.C. 374f., 377
Rosenmayr, L. 178
Rosenstiel, L.v. 226, 229, 321, 324f., 377, 445, 478, 531f., 547, 608
Roth, P. 24, 66, 68, 355, 361, 433f., 436, 445f., 457, 462, 485, 487, 489, 495, 608f.
Rotter, J.B. 88, 91, 330
Rousseau, J.J. 4, 286
Rowland, G.L. 353f.
Rückle, H. 481, 483
Rüdiger, H. 9
Rudinger, G. 201, 206, 532
Rüger, U. 125f.
Ruhleder, R.H. 480, 483
Ruppert, K. 52, 55, 502
Rürup, R. 35
Rusinko, W.T. 242, 244
Russel, R. 392
Russell, M.G. 374f., 377
Rutenfranz, J. 225
Ryan, C. 39f., 42, 158f.
Ryan, R. 144, 146
Ryan, S. 192, 194

Sachs, H. 595
Sachße, C. 34
Saenger, G. 544, 547
Saerberg, S. 347, 350
Saleh, F. 158f.
Samovar, L.A. 161, 165
Sampson, P. 532
Sander, F. 235
Sato, I. 145, 147
Sauer, W. 445
Sauermann, P. 321, 325
Sauter, J. 608
Sbandi, P. 148, 153
Schade, B. 99, 201, 206
Schäfer, B. 135
Schäfers, B. 337

Schäflein, S. 54f., 532
Schank, R.C. 102, 108
Schanze, R. 265
Schenk, M. 185, 189
Scherer, B. 357, 361, 608
Scheuch E.K. 24, 28f., 31, 35, 227, 229, 296, 298, 547
Scheuerer-Englisch, H. 149, 153
Scheurer, H. 451, 454
Schidhauser, H. 573
Schiller, F. 71, 76
Schillinger, M. 532
Schima, P. 105, 108
Schindelbeck, M. 428, 431
Schivelbusch, W. 31, 35, 451, 454
Schlötzer, A. 516
Schmalfuß, A. 35
Schmeer-Sturm, M.-L. 37, 42, 63, 66, 68, 73, 76, 272, 274, 406, 502, 509f., 521, 609
Schmid, G. 609
Schmidt, B. 406, 609
Schmidt, G. 595
Schmidt, H. 16, 294, 296, 298, 361, 398, 609
Schmidt, H.G. 599
Schmidt, K. 271, 274
Schmidt, M. 75f., 502, 510, 521
Schmitz, A. 319
Schmitz-Scherzer, R. 79f., 83f., 177, 179, 201, 204, 206, 266, 532
Schmoll, G.A. 445
Schneewind, K.A. 370, 372f., 377
Schneider, A. 63, 68
Schneider, B. 432, 453f., 609
Schneider, G. 104, 108, 321, 325
Schneider, H. 185, 188
Schneider, R. 241, 244
Schober, R. 139f., 205f., 334, 536, 609
Schober, R.C. 121
Schön 380
Schönemann, K. 446
Schönhammer, R. 31, 35, 102f., 108, 110f., 145, 147, 168, 170, 182f., 381, 385, 418, 420, 546f.
Schöpp, U. 67, 510, 525
Schörcher, U. 493, 494, 495
Schott, A. 392
Schramke, W. 293
Schramm, W. 188
Schrand, A. 24, 435, 444f., 489, 493, 495, 554, 609
Schrattenecker, G. 325
Schreiber, H. 343
Schrest, J. 478
Schrettenbrunner, H. 293
Schroeder, G. 365
Schulmeister, S. 568, 573
Schultz, H.-J. 400f.
Schulz von Thun, F. 482
Schulz, W. 189
Schulze, G. 140
Schulze, H. 81, 83, 177, 179
Schuntermann, M. 396
Schuster, M. 120f.
Schütz, A. 32, 36
Schwartz, B. 330
Schwartz, R.D. 478, 532
Schwarz, A. 427

Schwarz, H. 480, 483
Schwarze, K. 551, 554
Schwarzenbach, F.H. 351, 354
Schweiger, G. 480, 483
Scitovsky, T. 179
Sechrest, L. 532
Segner, M. 570, 573
Seiffert, H. 571, 573
Seitz, E. 322, 325, 361, 390, 401, 444, 446, 479, 483
Seiwert, L.J. 482
Seligman, M.E. 89, 91
Sellin, V. 31, 35
Selye, H. 221, 225, 579, 582
Semmer, N. 223, 225
Seneca 393
Seume, G.F. 511
Shamir, B. 326, 329f.
Shannon, L.W. 544, 547
Shaw, G. 40, 43, 573
Sheffield, F.D. 135
Shelby, B. 125f.
Shepard, R.N. 168, 170
Sherif, C.W. 129, 131, 151, 153
Sherif, M. 129, 131, 402, 406
Shils, E. 91
Shimanoff, S.B. 162, 165
Shniderman, C.M. 97, 99
Sieber, M. 242, 244
Siebert, H. 60, 67
Sieferle, R.P. 32, 35
Siegel, W. 466, 467, 468
Siemsen, B. 382, 385, 419f.
Silbereisen, R.K. 153
Silbermann, A. 321, 325, 543, 547
Silverman, H.B. 242, 244
Simmel, G. 32, 36, 163, 165, 175, 179, 330
Simmons, R. 91
Simos, A.T. 192, 194
Singer, M.R. 165
Six, B. 131 135
Skinner, B.F. 89, 91
Skipper, J.K. 330
Sloderdijk, P. 110f., 182f.
Smeral, E. 59, 569, 573
Smith, K.L. 365
Smith, V.L. 124, 266, 301, 420, 551f., 554
Snizek, W.I. 327, 330
Snow 414f.
Sobel, M.E. 176f., 179
Soeffner, H.G. 81, 83
Sokolov, E.N. 87, 91
Sommer, R. 553
Sommer 204
Sontag, S. 432, 448f., 451-454
Sorokin, P.A. 112, 115
Sorrentino, R.M. 207
Spada, H. 100, 103, 105, 108
Spechtenhauser, M. 609
Speck, O. 350
Speichert, E. 265
Speier, H. 543
Sperling, W. 293
Spiegel, B. 321, 325, 465, 468
Spiegel, E. 112, 115
Spielberger, C. 262
Spieß, E. 422f., 483

Spilka, B. 261f.
Spillner, B. 165
Spitzing, G. 447, 448, 449, 450, 454
Spode, H. 4ff., 9, 27ff., 31f., 35, 56, 59, 67, 286, 293, 518, 521, 610
Spöhring, W. 81, 83
Springer, W. 66, 68, 510
Sputz, K. 52, 55
Staats, A.W. 134f.
Stagl, J. 4, 9, 60f., 68
Stahlberg, D. 319, 547, 586
Stall, R. 239, 244
Stangen, C. 516
Stangen, Gebrüder 356
Stangen 5
Stea, D. 166, 168f.
Steffen, R. 319
Stehr, I. 76, 267ff., 610
Stehr, N. 30, 35
Steidle, J. 373f., 377
Stein, H. 190, 192, 194
Stein, H.F. 194
Steinecke, A. 8, 42, 53ff., 63, 65ff., 69, 73, 76, 206, 343, 358, 361, 405, 471, 472, 478, 502, 539, 547, 570, 573, 610
Steinecke, R. 66, 69
Steinert, H. 80, 83
Steinmassl, C. 202, 206, 553
Stengel, M. 226, 229
Stephan, W.G. 217, 219
Stephani 257
Stern, W. 236
Sternheim, A. 79, 84
Stewart, L.P. 165
Stierlin, H. 192, 194, 593, 595
Stijksrud, H.A. 406
Stockburger, D. 525
Stokols, D. 108, 125f.
Stonequest, E. 171, 174
Storbeck, D. 9, 35, 258, 361
Stoyke, B. 394, 396
Stradner 56
Strapp, J.D. 313f.
Streltzer, J. 95, 99
Strian, F. 259-262
Stricker, M. 317, 319
Stringer, P. 263, 265ff., 477
Stroebe, W. 131, 151, 153
Struck, U. 552, 554
Struck 97
Strümpel, B. 24, 226, 229, 324f.
Suci, G.J. 131
Summers, J.O. 187f.
Sundstrom, E. 126
Süssmuth, H. 31, 35
Sydenham, T. 392
Szallies, G. 179

Tajfel, H. 129, 131, 154, 212, 214, 220
Talbot, J.F. 97, 99
Tannenbaum, P.H. 131
Tatsouka, M.M. 197
Taylor, I.L. 94, 99
Taylor, L. 301, 417, 420
Taylor, S.A. 464, 468
ten Have, P. 417, 420, 301
Tennstedt, F. 34
Texter, S. 262
Thanh-Dam, T. 39, 42

Thevis, W. 510
Theye, T. 427, 430, 432, 450f., 453f.
Thiem, M. 280, 285, 610
Tholey, V. 131
Thoma, L. 5
Thomae, H. 79, 84, 91, 200, 207, 232, 235f.
Thomas, A. 131, 136, 152, 154, 214, 274, 602
Thomas, B. 415
Thomas, C.Y. 40, 43
Thompson, E.P. 230f., 236
Thorndike, E.L. 89, 91
Thurstone, U. 128
Tigges, H. 356
Till, W. 427, 432
Ting-Toomey, S. 165
Tinsley, D.J. 268f.
Tinsley, H.E.A. 268f.
Tögel, C. 591, 592, 593, 595
Tokarski, W. 80, 84, 177, 179, 423, 400f.
Tolman, E.C. 87, 91
Tomczak, T. 464, 468
Torbiorn, I. 174
Towner, J. 478
Trapp, J.T. 91
Trensky, M. 100, 105, 107f.
Triandis, H.C. 154, 214
Trigano, G. 245, 366
Troldahl, V.C. 185, 189
Trommsdorf, V. 325
Tsartas, P. 263f., 266
Tull, S. 322, 324
Tumm, W. 539
Tunner, W. 232, 236
Turler, H. 61
Turner, L. 36, 43, 300f.
Tüting, L. 385
Twight, B.W. 365
Tzelgov, J. 167, 169

Ude, G. 272, 274, 404, 406, 510
Uemoto, N. 95, 99
Ulich, E. 395 f.
Ungefug, H.-G. 343
Unger, K. 309, 311, 380, 384
Urry, J. 37f., 43, 123f.
Uthoff, D. 54f.
Uttitz, P. 23f., 229
Uzell 476, 478

Valnet, J. 121
Vaske, J.J. 126
Veil, C. 257
Velten, D. 318ff.
Verkroost, H. 415
Vester, H.-G. 24, 39, 43, 179, 267, 269, 610
Vielhaber, A. 103, 108, 417, 420, 599
Virilio, P. 454
Vogel H. 290, 292f., 521, 610
Vogler, M. 183
Vogt, J.W. 301, 418, 420
Voigt, W. 180, 183
Vojola, S. 241, 244
Vokac, M. 276, 278
Vokac, Z. 276, 278
Volkan, V.D. 192, 194
Volkmann, H. 236, 610

629

## Personenregister

Voltaire 286
Voss, H.-G. 149, 153f., 214

Wagner, F.A. 36, 43, 102, 108, 121, 245, 252, 334
Wagner, H.-G. 292f.
Wagner, S. 462
Wahlers, R.D. 146f.
Wahrlich, H. 31, 35, 58f., 265
Walde, S. 64, 69, 472, 476, 478, 547
Waldheim, K. 164
Walker, E. 239, 244
Walker, F.I. 85, 91
Wall, G. 40, 42f., 313f.
Wallace, M. 231, 236
Wallraven, K.P. 73, 76
Walmsley, D.J. 39, 43
Walter, E. 525
Walterskirchen, E. 573
Wanschura, E. 376
Waschulewski, E. 63, 68, 76
Waterhouse, J.M. 277
Waterman, R.H. 309, 311
Watson, J.S. 353f.
Webb, E.J. 478, 532
Weber, M. 32, 34, 166, 175, 179, 525, 548, 554
Wegener, D. 52, 56
Wegener-Spöhring, G. 73f., 76, 103f., 108, 251, 268f.
Weich, G. 180, 183
Weichler, K. 251
Weidenmann, B. 475, 478
Weiner, B. 87f., 91, 218, 220
Weiss, W. 132, 135
Weiß, J. 610
Weller, M.P. 277
Wellhoener, B. 322, 325
Wells, A.J. 144, 146f.
Wende, W. 274
Wendorf, R. 230, 236
Wenninger, G. 98, 236
Wenzel H.J. 290f., 293

Westermeyer, J. 242, 244
Whyte, W.F. 37, 43
Wicker, A.W. 102, 108
Wicklund, R.A. 205, 207
Wiemann, I. 201, 207
Wiener, M. 427f., 432 451, 454
Wiersing, E. 67
Wiese, L.v. 36, 43 263, 266
Wießner, R. 291, 293
Wiley, J. 244
Wilhelm, U. 263, 265 f. 611
Wilhite, B. 401
Wilke, M. 316f., 319f., 611
Wilke-Launer, R. 319
Wilken, U. 347-350, 611
Williams, A. 40, 43, 573
Williams, G. 239, 244
Wilpert, G. v. 583, 586
Wimmer, H. 290, 293
Winkler, H. 454
Winnubst, J.A.M. 126
Winter, F. 611
Winter, G. 31, 33, 35, 64, 69, 102, 105, 107f., 258, 611
Winter, R. 611
Winterstein, A. Freiherr v. 593
Wirawan, D.N. 317, 320
Wirth, H.J. 606
Wissinger, G.H. 365
Wiswede, G. 179, 185, 188f.
Witassek, F. 319
Witt, S.F. 43, 446
Wittpohl, A. 67, 510
Wöhler, K. 155ff., 160, 611
Wohlmann, R. 204, 206, 304, 307, 309, 311, 564, 611
Wohlwill, J. 104, 107f.
Wolf, H.E. 321, 324f.
Wolf, J. 361, 390, 401, 446, 479, 483
Wolf, W. 180-183
Wolff, E.C. 262
Wolff, K. 54, 56
Wolff, S. 343, 373f., 377, 478, 531, 547

Wölm, D. 491, 492, 495
Wolschke-Bulmahn, J. 9
Wood, R.C. 37, 43
Woodruff, M. 277f.
Woodside, A.G. 158, 160, 467f.
Woolridge, W.E. 276ff.
Wright, C.W. 414f.
Wundt, W. 231
Wurzbacher, G. 417, 420
Wyer, R.S. 215, 220

Yaffé, M. 262
Young, G. 36, 43
Young, P.T. 85, 91
Yuan, M. 365
Yum, J.O. 168, 170, 324f.

Zajonc, R.B. 136
Zanna, M.P.128, 131
Zapf, W. 176f., 179
Zborowski, M. 161, 165
Zegg, R. 506
Zeigarnik, B. 87, 91
Zeiner, M 42, 345, 365, 500, 502, 611
Zeithamel, V.A. 155f., 159f.
Ziegler, V.W. 262
Ziff-Levine, W. 466, 467, 468
Zilessen, R. 457, 462
Zimmer, J. 5f., 9
Zimmer, P. 211
Zimmermann, E.J. 532
Zimmermann, F. 54, 56, 539, 572, 573, 611
Zins, A. 464, 468
Zoll, A. 252
Zolles, H. 440, 445, 491, 493, 494, 495
Zorn, W. 4, 9
Zube, E.H. 102, 104, 107f.
Zuckerman, M. 352ff.
Zuzan, W.D. 266
Zwaga, H.J. 475, 478

# Die Psychologie des Touristen

Der Tourismus ist ein Phänomen, dessen Bedeutung in den letzten 20 Jahren erheblich zugenommen hat. Von Seiten der psychologischen Forschung ist dieser Tatsache durch umfangreiche Marktstudien Rechnung getragen worden. Es fehlte jedoch bisher die Betrachtung verschiedener Teilaspekte touristischen Verhaltens unter einer einheitlichen theoretischen Perspektive und deren empirische Überprüfung.

Der vorliegende Band will diese Lücke schließen. Aus einer theoretischen Perspektive, die den Prozess der Selbstkonstruktion erklärt, werden Hypothesen zu den Themenbereichen Reisebedürfnisse, Reiseentscheidungen, Reiseverhalten und Urlaubszufriedenheit abgeleitet und in insgesamt 11 Studien (Experimente und Korrelationsstudien im Feld und im Labor) überprüft und bestätigt.

Beeindruckend ist dabei die lebendige Darstellung und Vorhersagen und die kreative Umsetzung in empirische Studien. Auf spannende Weise wird eine Vielfalt von tourismuspsychologischen Themen (Flucht aus dem Alltag, Informationsverhalten bei der Reiseentscheidung, aktivitätsbegleitende Gedanken bei Urlaubsaktivitäten, Urlaubszufriedenheit) angesprochen. Der Band vermittelt so grundlegende Einsichten in kognitive, motivationale und emotionale Prozesse, die mit der Entstehung von Reisebedürfnissen und dem touristischen Verhalten in Zusammenhang stehen.

Ottmar L. Braun

**Vom Alltagsstress zur Urlaubszufriedenheit**

Untersuchungen zur Psychologie des Touristen
1993, 111 S., 15 Abb./Tab.
brosch.,
(Quintessenz Tourismuswissenschaft Bd. 1)
ISBN 3-86128-150-3

Verlagsbestellnr. 5150

**Quintessenz Verlags-GmbH, München**